ABOUT FACE

인터랙션 디자인의 본질

4TH EDITION

ABOUT FACE

인터랙션 디자인의 본질

목표 지향 디자인부터 스마트기기 환경까지, 시대를 초월하는 UX 방법론

앨런 쿠퍼, 로버트 라이만, 데이비드 크로닌, 크리스토퍼 노셀 지음
최윤석, 고태호, 유지선, 김나영 옮김

에이콘

 에이콘출판의 기틀을 마련하신 故 정완재 선생님 (1935-2004)

인생의 모든 모험을 거치는 동안 내 가장 친한 벗인 수에게 – 앨런

알렉스, 맥스, 줄리에게 – 로버트

재스퍼, 아스트리드, 그레첸에게 – 데이비드

인내와 영감을 보여준 벤과 마일즈에게 – 크리스토퍼

그리고 더 나은 미래를 상상하고 이룩하도록 돕는
우리 업계의 모든 디자이너와 엔지니어에게 바칩니다.

지은이 소개

앨런 쿠퍼^{Alan Cooper}

40년 이상 소프트웨어 업계의 선구자였고, 지금도 여전히 새로운 세대의 개발자, 기업가, 사용자 경험 전문가에게 영향을 주고 있다.

1976년에 첫 회사를 시작해 '마이크로컴퓨터를 위한 최초의 진지한 비즈니스 소프트웨어'라 불리는 회사로 성장시켰다. 1988년에는 동적으로 확장 가능한 시각적인 프로그래밍 툴을 고안해 빌 게이츠에게 매각했으며, 빌 게이츠는 이를 비주얼 베이직^{Visual Basic}이라는 툴로 세상에 선보였다. 이 업적으로 앨런은 '비주얼 베이직의 아버지'라는 별명을 얻었다.

1992년에 앨런과 아내 수^{Sue}는 첫 인터랙션 디자인 컨설팅 업체 쿠퍼^{Cooper}를 공동으로 창업했다. 1997년, 쿠퍼는 오늘날 업계 전반에 걸쳐 사용되는 핵심 디자인 방법들을 개발했다. 앨런이 고안해 이후 그의 두 베스트셀러 『About Face』와 『The Inmates are Running the Asylum』[1]에서 대중화된 퍼소나^{persona}라는 개념은 거의 대부분의 사용자 경험 실무자들이 보편적으로 활용한다.

현재는 샌프란시스코 롤링 힐즈 노스에 있는 농장에서 기거하며, 좀 더 인간적인 기술을 지속적으로 주창하고 있다.

로버트 라이만^{Robert Reimann}

지난 20여 년을 디자이너, 작가, 전략가, 컨설턴트로 디지털 제품의 경계를 확장하는 데 종사했다. 소비재, 비즈니스, 학계, 전문직 영역에서 스타트업 기업과 포춘지 선정 500대 기업들을 위해 수십 건의 데스크탑, 모바일, 웹, 임베디드 디자인 프로젝트를 이끌어왔다.

쿠퍼 사의 초기 디자이너들 중 한 명인 로버트는 이 책에서 설명한 목표 지향 디자인 방법 중 상당수의 개발과 상세화를 주도했다. 2005년에는 인터랙션 디자인 협회 IxDA(www.ixda.org)의 초대 회장이 됐다. 쿠퍼, 보스^{Bose}, 프로그^{frog}, 소노스^{Sonos}에서 사용자 경험 팀을 이끌었고, 현재는 페이션츠라이크미^{PatientsLikeMe}의 대표 인터랙션 디자이너다.

---

1 『정신병원에서 뛰쳐나온 디자인』이라는 제목으로 한국어판이 출간됨 - 옮긴이

데이비드 크로닌 Dave Cronin

GE의 디자인 디렉터이며, GE의 디자인앤익스피리언스Design and Experience 스튜디오 리더십 팀의 일원이다. 그 전에는 스마트 디자인Smart Design의 샌프란시스코 스튜디오 인터랙션 디자인 디렉터였고, 쿠퍼 사에서는 인터랙션 디자인 매니징 디렉터였다.

디자인 제품이 의사, 미술관 방문객, 투자 포트폴리오 관리자, 간호사, 운전기사, 치과의사, 금융 애널리스트, 방사선 기사, 필드 엔지니어, 제조공정 기획자, 마케터, 촬영기사, 만성 환자의 니즈에 부합하도록 도왔다. 쿠퍼 사에서 재직하는 동안에는 목표 지향적인 디자인의 원칙, 패턴, 실무에 상당히 기여했다.

크리스토퍼 노셀 Christopher Noessel

쿠퍼 사 최초의 디자인 펠로우Design Fellow로서 의료, 금융, 소비재 영역의 제품, 서비스, 전략을 설계한다. 테러 대응의 미래를 시각화하도록 도왔고, 마이크로소프트의 신기술 프로토타입을 구축했으며, 원격 의료기기를 설계해 현대 의료의 혼란스러운 상황을 조정했다.

쿠퍼 사에 합류하기 전에는 작은 인터랙션 디자인 대행사를 공동 창업했는데, 거기서 박물관을 위한 전시와 환경을 개발했다. 마치퍼스트marchFIRST의 인포메이션 디자인 디렉터로 일하며, 인터랙션디자인센터오브엑셀런스Interaction Design Center of Excellence의 설립을 도왔다. 2012년에는 『Make It So: Interaction Design Lessons from Science Fiction』을 공동 저술했다. 정기적으로 「쿠퍼 저널Cooper Journal」에 기고하고, 전 세계를 돌며 끊임없이 발표와 강의를 한다.

감사의 글

우리 저자진은 이 4판이 너무나 자랑스럽다. 우리를 비롯해 많은 사람이 열심히 업데이트하고 일러스트 작업을 하고 개선했지만, 와일리^{Wiley} 메리 제임스의 노력이 없었다면 가능하지 않았을 것이다. 메리의 조용하지만 변함없는 지원 덕에 방대한 프로젝트가 막판에는 가능해 보였다. 일단 시작한 후 메리는 계속해서 필요한 자료를 정리하고 모두에게 이 책을 실현하도록 격려했다. 메리는 와일리의 우수한 재원을 선발해 다음과 같은 프로젝트의 여러 구성원을 유지했다. 프로젝트 에디터 아다오비 오비 털튼은 기어가 맞물려 바퀴가 부드럽게 돌게 하는 멋진 일을 해냈다. 마케팅 관리자 애슐리 저커의 프로젝트 조기 지원 덕에 우리가 그토록 바라던 종이, 색상, 그래픽, 프로모션을 확보했다. 그녀의 열정 덕에 우리는 최선을 다하겠다는 다짐을 할 수 있었다.

애플이 소비자 컴퓨팅의 지평을 스마트폰과 태블릿 컴퓨터로 바꾼 이래, 로버트 라이만은 내게 이 책을 업데이트하도록 가볍게 권유했다. 내가 입장이 바뀌어 그에게 주요부의 저작을 요청했을 때, 그도 주저하지 않고 동의해줬다. 이 책의 변경사항 중 대부분은 그의 덕이다. 크리스 노셀은 너그럽게도 기술 감수자 역할을 하기로 동의했고, 그의 공헌은 원고 전반에 걸쳐 느낄 수 있다. 데이비드 크로닌과 더그 르모인의 역량 넘치는 글쓰기는 이 개정판의 심도와 완벽성에 많은 가치를 더했다.

시각적으로 이 판은 이전 판들보다 훨씬 진보했는데, 쿠퍼 사의 디자인 직원들이 재능을 발휘해줬다. 재능이 많은 시각 디자이너 제이슨 시즈마디는 밤늦게까지 드로잉과 포토샵 작업은 물론 정돈과 조정 등의 노력을 주도했다. 이 책의 처음부터 끝까지(그리고 표지도 포함해) 그의 노고가 맺은 아름다운 결실을 볼 수 있다. 작업물이 실린 디자이너로는 케일 르로이, 크리스티나 비어드, 브렌단 네램, 그리첼 팰리스건 외에 마티나 말레이케, 제임스 라슬라빅, 닉 마이어스, 글렌 데이비스가 있다.

그 밖의 쿠퍼 사 직원들에게서도 1년에 걸친 저술 기간 동안 많은 배려를 받았다. 특히 일과 삶이 가져오는 산만함에도 불구하고 프로젝트의 궤도를 유지하는 데 엄청난 도움을 준

제이슨 맥콜리프, 켄드라 쉬멜, 수잔 딥스에게 큰 감사를 드린다. 마찬가지로, 스티브 칼데와 카렌 레멘은 프로젝트가 진화함에 따라 항상 도울 준비가 돼 있었다.

이 판과 전판들에 도움을 준 다음 동료들과 쿠퍼 디자이너들에게도 감사하고 싶다. 이들에게 우리는 많은 빚을 졌다. 1부에서 설명하는 개념과 방법의 개발과 표현에 상당히 기여한 킴 굿윈, 7장 끝에서 설명하는 원칙의 개발에 도움을 줬고, 1장에서 찾을 수 있는 다이어그램의 초기 버전으로 목표 지향적 프로세스를 명료화하도록 도와준 휴 더벌리, 2장에서 사용자 및 시장 조사에 기여한 그레첸 앤더슨과 일레인 몽고메리, 5장에 나오는 사용성 테스트에 관해 여러 통찰을 준 릭 본드, 19장에서 임베디드 시스템 설계에 관한 통찰을 준 크리스 월드레이어, 12장에서 컨트롤 매핑에 기여한 웨인 그린우드, 17장에서 시각적 인터페이스 디자인과 브랜딩에 기여한 네이트 포틴과 닉 마이어스다. 이 책에 나오는 쿠퍼 디자인과 일러스트에 기여한 엘리자베스 베이컨, 스티브 칼데, 존 더닝, 데이비드 포어, 네이트 포틴, 킴 굿윈, 웨인 그린우드, 노아 가이엇, 레인 할리, 어니스트 킨솔빙, 다니엘 쿠오, 범 리, 팀 맥코이, 일레인 몽고메리, 닉 마이어스, 라이언 올샤브스키, 안젤라 퀘일, 수지 톰슨, 크리스 월드레이어에게도 감사드리고 싶다. 인지적 프로세싱에 관한 3장의 내용이 원래 UXMatters.com에 로버트 라이만이 쓴 기사에서 나왔고, 허가하에 사용했음도 밝혀야겠다.

셰어드 헬스케어 시스템즈^{Shared Healthcare Systems}의 클라이언트인 데이비드 웨스트, 후지쯔 소프텍^{Fujitsu Softek}의 마이크 케이와 빌 장, 크로스컨트리^{CrossCountry}의 존 채핀즈, 테라데이터 ^{Teradata}의 크리스 투굿, 맥케슨^{McKesson}의 크리스 달러에게도 이 책에 나오는 쿠퍼 디자인 프로젝트의 사례를 사용하도록 허가해준 데 감사드린다. 우리와 함께 작업하고 우리를 지원해준, 비전과 예지력을 갖춘 그 밖의 여러 클라이언트에게도 감사하고 싶다.

여러 해에 걸쳐 우리의 사고에 영향을 주고 명료화해준 다음 저자와 업계 동료들에게도 감사를 전한다. 크리스토퍼 알렉산더, 에드워드 터프티, 케빈 뮬렛, 빅터 파파넥, 도널드 노먼, 래리 콘스탄틴, 챌리스 호지, 셸리 에븐슨, 클리포드 나스, 바이런 리브스, 스티븐 핑커,

테리 스웩이다.

이 모든 일이 일어나도록 성공적인 사업 프레임워크를 다시 만들어준 내 대리인 빌 글래드스톤에게 고마움을 전한다.

언제나 이런 작업에 가장 오래 고생하며 기여해주는 사람은 저자들의 가족이다. 우리가 이 책을 만들 수 있게 해준 배우자와 아이들의 수많은 희생에 고마움을 전한다.

지은이의 말

20년 전 이 책의 초판 작업을 처음 시작했다. 때마침 나는, 한걸음 진보해 사용자가 사랑할 소프트웨어를 만들려다 좌절한 실무자에게 제시하는 과제인 선언문을 작성했다. 당시에는 사용할 때 골머리를 쓰지 않아도 되는 소프트웨어는 극히 드물었고, 그렇게 만드는 디자이너도 거의 없었다. 강력한 조치가 필요했다.

오늘날은 기술의 지평이 사뭇 다르다. 결과적으로 이 개정4판도 매우 다른 책이다. 1994년 당시 최상의 개인용 소프트웨어는 주소록이나 스프레드시트였다. 오늘날 모든 미디어 형식의 디지털화로 인해 기술이 넘쳐나 소비자의 목구멍까지 꾸역꾸역 차오르고 있는 상황이다. 수많은 강력한 휴대용 앱들이 이제 아마추어와 비 기술자 사용자들 손에서 활용된다. 여기에는 음악 감상과 제작 앱, 사진, 동영상, 뉴스, 커뮤니케이션 앱, 가정용 보안, 환경 제어 앱, 의료, 피트니스, 개인상태 추적 앱, 게임, 교육 앱, 쇼핑 앱 등을 들 수 있다.

10억 명이 넘는 사람들이 자신의 호주머니에 매우 진보한 성능의 컴퓨터를 넣어 다니며 수백만 개의 애플리케이션과 웹사이트에 접근한다. 이처럼 사용자와 대면하는 제품을 잘 이해해서 사용하기 더 쉽게 만들 때의 가치는 분명하다. 우리 인터랙션 디자이너들은 이제 각 사무실에서 한 자리씩을 차지하고, 성공적이고 널리 사용되는 디지털 제품을 제작하는 팀의 일원으로서 잘 자리 잡았다.

인터랙션 디자인 실무의 첫 20년 동안 주요 과제는 성공에 필요한 프로세스와 도구, 규칙, 방법을 고안해내는 것이었다. 이를 성공적으로 입증해낸 오늘날에는, 조직 내 다른 실무자와의 관계가 바뀌고 있다. 인터랙션 디자이너들이 업무 스킬을 더 깊숙이 팀에 통합하면서, 이와 같은 모범 사례들도 새로이 진화하고 있다. 특히 디자이너들은 사업가나 개발자와 함께 더 효과적으로 작업해야 한다.

20년 전에는, 개발자도 이 범주에 포함되기 위해, 그리고 관련성을 얻기 위해 싸워야 했다. 기업의 계층구조에 굳건히 내재화되기는 했지만, 신뢰성과 권위가 부족했다. 소비자의 디지털화가 심화되면서, 사용자의 난처함을 대변하듯 개발자의 불만도 늘어갔다. 그들은 자신들이 더 잘할 수 있음을 알고 있었다.

애자일^{agile} 운동과 더 최근의 린^{lean} 사례들의 성장은 자신들의 미래에 더 큰 영향력을 발휘하려는 소프트웨어 개발자들의 노력의 산물이다. 디지털 인터랙션의 유감스러운 상황에 대해 디자이너만큼이나 좌절한 개발자들도 더 나은 개선을 원했다. 그들은 소프트웨어 구축 프로세스가 새로운 디지털 미디어에 어울리지 않는 산업의 원형을 모델링했음을 깨달았다.

일부 용감한 개발자들이 단계를 잘게 나눠 소프트웨어를 제작하면서 클라이언트와 좀 더 긴밀한 접촉을 유지하는 비정통적인 방법의 실험을 개시했다. 사용자를 우울하게 만드는, 일정이 늘어지는 개발 기간, 즉 '죽음의 행진'을 피하고자 했다. 신뢰할 만한 개선된 제품을 만들어내는 프로세스를 찾아내겠다는 자연스러운 욕망으로 동기부여가 되기도 했다.

방법론이 바뀔 때마다 추종자와 반대자가 생겨났지만, 이 새로운 접근법으로 인해 소프트웨어 개발 과정은 대대적으로 바뀌게 되었다. 기존의 방법이 그리 효과적이지 않다는 의견은 오늘날 대다수가 인식하고 있으며, 모두들 새로운 방법을 지속적으로 찾고 있다.

개발 커뮤니티의 이와 같은 새로운 자기 인식은 인터랙션 디자이너에게 엄청난 기회다. 이전에 개발자들은 디자이너들이 많지 않은 자원을 놓고 서로 경쟁한다고 생각했다. 오늘날 개발자들의 생각이 바뀌어, 인터랙션 디자이너들은 유용한 조력자로서 개발자들이 할 수 없는 불가능한 스킬, 경험, 관점에 기여할 수 있다고 여겨진다. 개발자와 디자이너가 경쟁 대신 협력을 시작했기에, 나란히 앉아 작업함으로써 그 힘이 배가됨을 발견했다.

디자이너뿐만 아니라 개발자 등 모든 실무자는 스스로가 자랑스러워할 수 있는 제품을 만들고자 한다. 결과물을 개선하기 위해 두 집단 모두 전체 개발 프로세스를 재고하고, 더 나은 도구와 안내, 접근 방식을 요구해오고 있다. 그럼에도, 역사적으로 개발자와 인터랙션 디자이너는 별개의 사일로^{silo}에서 작용하는 도구와 프로세스를 개발하며 개별적으로 공동의 목표를 추구해왔다. 두 분야의 관행은 여러 면에서 꽤 다르고, 둘 중 무엇도 다른 하나에 종속된 채 작업하지는 않을 것이다. 이제 남은 과제는, 서로 도우며 함께 효과적이고도 성공적으로 일할 수는 있는 방법을 익히는 데 있다.

선견지명이 높은 대다수 회사에서는 이미 이와 같은 상황이 벌어지고 있음을 알 수 있다. 개발자와 디자이너는 서로 나란히 앉아 협동, 협업으로 일한다. 디자이너와 개발자, 그리고 함께 일하는 여러 실무자가 전적으로 협업할 때, 그 결과는 우리가 실험해본 다른 어떤 방법보다도 훨씬 더 뛰어나다. 일을 해내는 속도도 훨씬 빠르고, 최종 제품의 품질도 더 우수하다. 그리고 사용자도 더 즐겁다.

사업적인 측면에서 임원진은 인터랙션 디자인의 역할을 종종 오해하기도 한다. 진정 이해하는 곳은 스타트업뿐인 듯도 하다. 규모가 큰 회사에는 인터랙션 디자이너가 여럿 있을지는 모르나, 끊임없이 관리자는 시기를 한참 놓치며 디자이너들의 디자인 전문성을 프로세스에 통합하지 못한다.

세상의 모든 디자인 스킬과 프로세스는 기업의 문화가 인터랙션 디자인과 그 목표를 전폭적으로 지원하기 전까지는 성공하지 못할 가능성이 크다. 애플은 자사 직원의 디자인 스킬 때문이 아니라, 과거의 (그리고 믿기 어려울 만큼 전제적 군주로 군림했던) 리더인 스티브 잡스가 디자인의 동력을 끊임없이 옹호했기 때문이었기에, 애플의 성공 사례는 사용자 경험의 전형은 아니었다.

잡스만큼 담대한 리더를 둔 회사는 거의 없다. 소규모 스타트업은 특히 더 그러하다. 디자인 협업의 가치를 사업 인력에게 납득시키기란 어렵다는 사실을 누구든 깨달을 것이다. 그러나 매년 더 많은 성공담을 목격할 테고, 그만큼 이 새로운 패러다임의 가치에 대한 증거도 늘어날 것이다. 구글과 페이스북은 물론, 애플과 마이크로소프트도 많은 사람들이 의혹을 품은 작은 스타트업이던 시절이 떠오른다.

오늘날 인터랙션 디자이너가 직면한 두 가지 기회는 사업 측면에서 지지자를 찾거나 만들기, 그리고 새로이 공감하게 된 개발 커뮤니티와의 협업 방식 익히기다.

인터랙션 디자인의 놀라운 힘은 논란의 여지가 없다. 즉 사용자들이 테크놀로지 제품을 가지고 일하고, 놀며, 소통하는 동안, 그들에게 기억에 남고 효과적이며 쉽고도 보람 있는 경험을 안겨주는 힘이다.

앨런 쿠퍼

옮긴이 소개

최윤석 (yoonsuk@gmail.com)

엠파스, SK 커뮤니케이션즈, 링크나우, 야후, KT 하이텔, 네오위즈 인터넷 등 인터넷 기업에서 검색, 소셜 네트워크, 미디어, 게임, 음악, 결제 분야의 분석, 기획, 전략, 마케팅 업무를 담당했다. 현재는 신세계 I&C를 거쳐, 이마트에서 소매, 전자상거래 분야의 연구 개발 업무를 맡고 있다. 서울대 불어불문학과를 졸업한 후 동 대학원을 수료했다. 에이콘출판사에서 출간한 『ROI를 높이는 실용 웹 분석』(2008), 『고객을 끌어오는 검색엔진 최적화』(2008), 『인바운드 마케팅』(2011), 『검색 엔진 최적화 A to Z』(2012), 『A/B 테스트를 통한 웹사이트 전환율 최적화』(2013), 『액션영화에서 배우는 웹 분석 전략』(2015)을 번역했다.

고태호 (taehok@me.com)

올바른 방법론을 바탕으로 더 나은 사용자 경험을 추구하는 UX 디자이너. 웹을 비롯한 다양한 플랫폼의 인터랙션을 연구 중이다. 구글의 신기술을 좀 더 많은 사람이 편하게 사용할 수 있도록 돕는 일을 하고 있다.

KAIST와 프랑스 INSA에서 인터랙션 디자인을 공부하고, 미시간 대학교University of Michigan에서 HCI를 전공했다. NHN 네이버와 샌프란시스코에 위치한 IDEO 등 다양한 분야에서 UX 연구원으로 활동했다. 현재는 캘리포니아 실리콘밸리에 위치한 구글 본사에서 UX 전문가로 일하고 있다. 에이콘출판사에서 출간한 『실전 UX 디자인』(2009), 『The Design of Sites 한국어판』(2011)을 번역했다.

유지선 (dyoo@ymail.com)

HCI 분야의 디자인 연구원. 디자인을 통한 리서치, 리서치를 통한 디자인의 올바른 방법론을 모색한다. KAIST 산업디자인학과를 졸업하고, 카네기 멜론 대학교Carnegie Mellon University에서 인터랙션 디자인을 공부했다. 현재는 워싱턴 대학교University of Washington의 가치 기반 디자인 연구소Value Sensitive Design Research Lab에서 박사 과정을 밟고 있다.

김나영 (cchocco@gmail.com)

사용자의 더 나은 경험을 위해 생각하고 고민하는 꿈 많은 UX 디자이너다. KAIST 산업디자인과를 졸업하고, LG전자 디자인 경영센터에서 제품 디자이너로 재직 후, 카네기 멜론 대학교Carnegie Mellon University에서 Master of Product Development 석사 학위를 취득했다. 어도비Adobe 샌프란시스코 본사에서 플래시, 에지 애니메이트Edge Animate의 리드 디자이너로 프로덕트를 이끌었으며, 크리에이티브 클라우드Creative Cloud를 위한 새로운 서비스 기획 디자인을 도맡아 해왔다. 현재는 스타트업 지퐁고Zipongo에서 크리에이티브 디렉터로 디자인 팀을 이끌고 있다.

개정4판 옮긴이의 말

지난 3판 이래 아이폰, 안드로이드와 함께 인터랙션에 대한 우리의 경험과 관점은 180도 전환했다. 사실 3판도 2판 이후 웹 2.0을 계기로 웹 사용자 경험에 대한 180도 전환된 사고를 반영했다. 그리고 2판 역시 소프트웨어에서 웹으로의 전환기에 영향을 받았으며, 1판은 더 설명할 필요 없이 데스크탑 소프트웨어 인터랙션의 개념을 개척한 명저 중 한 권이다. 늦게나마 4판 번역에 참여하게 돼 영광이다.

3판의 기본적인 명제는 여전히 유효하지만, 시대에 맞춰 해체된 후 재구성되었다. 그러나 3판의 한국어판은, 대의에 맞는 한, 시대상을 감안해 부분적으로 용어만 수정했다. 그리고 4판에는 모바일 및 기타 인터넷을 활용한 기기에 관한 부분이 대폭 추가됐고, 3판에서 다룬 내용 중 더 이상 시대에 맞지 않는 내용은 축소됐다. 그럼에도 불구하고 이 책이 나오는 순간에도 의문점이 있다면, 그만큼 모바일과 함께 시대가 점점 더 빨리 변하기 때문일 것이다.

3판을 이미 읽은 독자라면 1, 2부를 가볍게 훑어보며 여전히 유효한 개념들을 되새겨봐도 좋을 듯하다. 과거 선구적인 개념들이 이미 세상에서 인정을 받아 흔히 통용되는 개념으로 자리 잡았다. 하지만 그 기원과 역사가 궁금하다면 1, 2판으로 거슬러 올라가서 한 번쯤 다시 읽어봐도 좋을 것이다. 3부는 모바일과 기타 기기에 관심 있는 독자라면 당연히 주의 깊게 읽을 만한 부분이다. 세상이 빨리 변하고 있으니, 시간이 흐르면서 조심스럽게 해석할 부분도 분명 있을 것이다. 그리고 그때쯤이면 5판이 나오지 않을까 싶다.

최윤석

개정3판 옮긴이의 말

오래전 우리 나라에 있을 때 작업했던 UX 프로젝트를 미국의 동료들과 공유했을 때 누군가 이렇게 물은 적이 있다. "같은 프로젝트를 해외의 다른 나라에서 진행했더라면 많이 달랐을 것 같아?" 내가 대답하기도 전에 누군가 선수를 쳤다. "컴퓨터, 특히 인터넷은 전 세계에 걸쳐 한 문화권인데, 뭐"라고 말이다.

이 말을 들으면 발끈하고 성을 낼 친구의 모습이 그려진다. 문화적 차이에 따른 UX 방법론을 연구 주제로 삼고 엄청난 노력을 투자하는 친구들이 주변에 있기 때문이다. 하지만 완전히 틀린 말도 아니다. UX란 그때그때 국가에 따라, 프로젝트에 따라, 상황에 따라 유연하게 적용하는 게임 규칙이 아니기 때문이다. 상식에만 의존해서 누구나 행할 수 있는 주먹구구식의 계산법도 아니다. 그렇다면 어딘가 UX 전문가라면 누구나 알아야 하는 기본 법칙이 있지 않을까? UX의 기본을 다루는 교과서 같은 책이 있지 않을까?

국내 UX의 열기가 뜨겁다. UX란 말이 유행처럼 급속도로 번지고 있다. 같은 업계의 사람에게도 UX를 어떻게 설명할지 몰라 난처해하던 상황은 줄어들어 한편으로는 다행이다. 하지만 이제는 저마다 UX를 각기 다른 방식으로 정의 내리고 있는 듯하다. 오히려 UX라는 말의 뜻이 더 모호해지는 것은 아닌가 걱정도 된다. 최근 미투데이나 트위터에 올라오는 UX 관련 글을 보면 절반은 무슨 뜻인지 이해가 가질 않아 고개를 갸우뚱하곤 한다. 제품의 컨셉 혹은 전략, 기능, 디자인, 인터페이스 등 좀 더 구체적이고 적절한 단어로 상황을 묘사할 수 있는 때에 '서비스의 UX'라는 말로 뭉뚱그려 설명하는 경우가 많다. 심지어 그래픽 디자인이 예쁘다거나 깔끔한 폰트를 두고 UX가 좋다라고 말하는 사람도 있었다. 많은 이들의 노력으로 UX에 대한 관심이 전에 없이 높다. 스스로 UX를 한다고 자부한다면 이제 UX가 뭔지 제대로 알아야 할 때가 아닐까?

『퍼소나로 완성하는 인터랙션 디자인 About Face 3』는 UX 분야의 교과서 같은 책이다. 아니, 실제로 미국에서는 여러 학교에서 교과서로 활용되고 있다. UX와 인터랙션 디자인의 기본 원칙을 꼼꼼하게 설명한다. 사용자가 진정으로 원하는 것이 뭔지 알아가는 과정을 중심으로 전반적인 프로젝트 라이프사이클을 생동감 있게 소개한다. 이 책의 저자인 앨런 쿠퍼는 '퍼소나 방법론'을 처음 체계적으로 정리한 창시자다. 앨런 쿠퍼는 프로젝트의 큰 그림을 보지 못하는 프로그래머, 컴퓨터로 시안부터 만들고 보는 디자이너를 신랄하게 꼬집는다. 사용자 리서치와 사용성 테스트의 차이도 명쾌하게 설명한다.

이 책에서 소개하는 '정석'과도 같은 UX 방법론을 누구나 회사 전체의 프로세스에 적용하기란 쉽지 않다. 아직 UX의 중요성을 제대로 이해하지 못하는 집난의 장벽에 부딪힐 수도 있다. 하지만 이 책은 기획자, 디자이너, 개발자 스스로 시도해볼 수 있는 유용한 자료도 다수 담고 있다. 본인의 프로세스부터 하나하나 좀 더 체계적으로 바꿔보면 어떨까?

개발이나 비즈니스를 전혀 모르는 순진한 디자이너의 입장에서만 쓴 UX 서적은 많다. 이 책의 저자인 앨런 쿠퍼는 비주얼 베이직의 아버지로 불리는 동시에 유명한 UX 컨설팅 회사인 쿠퍼를 운영하고 있다. 경험과 지식에서 우러나오는 그의 한마디 한마디는 우리 UX 전문가 모두에게 새로운 시야를 열어줄 것이다.

훌륭한 책이 국내에 출판될 수 있도록 애써주신 에이콘 출판사의 김희정 부사장님, 황지영 과장님, 김경희 편집자님, NHN의 양주일 센터장님께 감사드린다. 항상 힘이 되어준 가족들과 함께 열심히 애써준 공동 역자 유지선, 김나영에게도 감사의 말을 전한다.

고태호

목차

들어가며

이 책은 **인터랙션 디자인**^{interaction design}에 관한 책이다. 인터랙티브 디지털 제품은 물론 환경과 시스템, 서비스를 디자인하는 과정을 다룬다. 여타 디자인 분야와 마찬가지로 인터랙션 디자인도 제품의 형태를 고려한다. 하지만 인터랙션 디자인은 그동안의 전통적인 디자인에서 손대지 않은 분야를 더욱 우선시한다. 바로 '행동' 디자인에 관한 것이다.

대부분의 디자인은 사람의 행동에 영향을 미친다. 건축 디자인은 사람이 물리적인 공간을 어떻게 사용하는지 고민한다. 그래픽 디자인은 보는 이를 자극하고 특정 반응을 불러일으킨다. 하지만 이제는 거의 모든 제품에 반도체 칩이 심어지고 있다. 컴퓨터는 물론 자동차에서 전화기, 가전제품에 이르기까지 다양하다. 복잡한 행동을 드러내는 제품을 디자인하는 일은 일상이 됐다.

오븐처럼 간단한 기기를 예로 들어보자. 디지털 시대 이전의 오븐은 조작이 아주 간단했다. 스위치 하나만 돌려서 특정 위치에 놓으면 된다. 특정 위치로 돌리면 오븐은 꺼진다. 스위치를 돌려서 원하는 온도로 오븐을 조절할 수 있다. 언제 누가 스위치를 돌리든 오븐은 항상 같은 방식으로 작동한다. 이것도 '행동'이라면 '행동'이라고 부를 수도 있다. 하지만 극히 단순하고 기계적인 행동에 지나지 않는다.

요즘 오븐에는 반도체 칩이 들어 있고 LCD 화면도 달려 있다. '굽기'와 '달구기' 등의 버튼이 나열돼 있다. 요리와는 상관없어 보이는 '시작', '취소', '프로그램' 등의 버튼도 달려 있다. 오래된 가스레인지는 스위치를 돌리면 불이 켜진다. 하지만 이런 오븐은 버튼을 눌렀을 때 어떤 결과가 발생할지 예측하기 어렵다. 오븐의 현재 상태에 따라 버튼의 반응이 전혀 달라지기도 한다. 버튼을 누르는 순서에 따라 달라지는 경우도 있다. 오늘날의 제품은 훨씬 복잡한 행동을 보인다.

복잡한 행동을 수반한 제품이 등장하면서 새로운 관리 방법론이 필요해졌다. 인터랙션 디자인은 전통적 디자인과 엔지니어링, 사용성 분야의 원리와 기술을 접목한 접근법이다. 하지만 단순히 여러 이론을 한데 합쳐놓은 데서 끝나는 것은 아니다. 인터랙션 디자인만의 독특한 방법론도 제시한다. 한 가지 분명히 할 것은 인터랙션 디자인은 디자인 원칙이란 점이다. 과학이나 엔지니어링 원칙과는 다르다. 현상을 논리적으로 분석하고 파악하는 일도 중요하다. 하지만 인터랙션 디자인은 꼭 지금 존재하는 현상에 대한 것만이 아니다. 앞으로 어떻게 될지를 상상하고 창조해내는 작업에 관한 것이다.

인터랙션 디자인은 본질적으로 인간 중심적이다. 제품과 서비스와 인터랙션하는 사용자의 니즈와 욕구를 만족시키는 일이 가장 중심이 된다. 이 목표와 니즈는 장기적인 논리적, 감정적 진행인 내러티브로 이해하는 편이 가장 좋을 수 있다. 이 사용자 내러티브에 대응해 디지털 제품은 자체적인 작동의 내러티브를 표현해야 하는데, 논리와 데이터 입력 및 제시 수준만이 아니라 더 인간적인 수준으로도 적절히 대응해야 한다.

이 책에서는 목표 지향적 디자인 방법이라 부르는 인터랙션 디자인에 대한 특별한 접근법을 설명한다. 목표란 사용자가 제품을 사용하는 본질적인 이유를 말한다. 디자이너가 사용자의 목표에 초점을 맞추면 훌륭한 디자인을 완성할 수 있다. 동시에 사용자의 기대와 태도, 적성에도 주의를 기울여야 한다. 사용자에게 강력하고 즐거운 경험을 제공하는 지름길이다.

인터랙티브 제품은 자칫 매우 복잡해지기 쉽다. 기술 개발 분야에 관심이 있는 사람이라면 누구나 쉽게 알 만한 사실이다. 기계화 시대의 제품은 기껏해야 열 개 정도의 모드를 변경할 수 있다. 하지만 디지털 제품은 수천 개의 모드를 탑재할 수 있다(그 이상도 가능하다). 디지털 제품은 끔찍할 정도로 복잡해질 수 있다. 사용자와 디자이너 모두에게 악몽과 같다. 매우 체계적이고 논리적인 방법론을 도입하면 이 문제를 해결할 수 있다. 창의력을 바탕으로 한 새로운 시도가 불가능하다는 말은 아니다. 오히려 적절한 방법론은 창의적인 접근에도 도움이 된다. 혁신이 가능한 부분과 기회를 분명히 파악할 수 있기 때문이다. 새로운 아이디어의 효과를 측정할 수 있는 기준도 제공한다.

게슈탈트 이론^{Gestalt Theory}을 떠올려보자. 사람은 사물을 볼 때 개개인의 특징과 속성을 바탕으로 인지하지 않는다. 주변과의 관계를 바탕으로 전체를 받아들인다. 인터랙티브 제품을 디자인할 때도 마찬가지다. 제품을 아주 세부적인 요구사항으로 하나하나 분해한 뒤, 각각에 맞는 해결책을 찾는 방식으로는 효과적인 디자인을 완성할 수 없다. 아무리 단순한 제품이라도 전체적인 관점에서 바라봐야 한다. 주변 세계와 어우러지는 정황 속에서 판단해야 한다. 올바른 방법론은 넓은 시야에서 디자인을 바라보는 방법도 제시한다. 사용자가 매력적이고 사용성 높게 느끼는 제품을 설계할 수 있다.

인터랙션 디자인의 간략한 역사

70년대 후반에서 80년대 초반의 일이다. 미국 서부 샌프란시스코 지역의 선견지명 있는 연구원과 개발자, 디자이너는 미래 컴퓨터 인터랙션을 개발하는 데 정신이 팔려 있었다. 미래에는 사용자가 컴퓨터와 어떻게 소통할지를 고민한 것이다. 제록스 파크^{Xerox Parc}와 SRI 연구소, 애플 등에서 디지털 제품의 '휴먼 인터페이스'를 고민하기 시작했다. 어떻게 하면 사용성 높은 인터페이스를 디자인할 수 있을지 토론했다. 80년대 중반에 빌 모그리지^{Bill Moggridge}와 빌 버플랭크^{Bill Verplank}가 처음으로 '인터랙션 디자인'이라는 용어를 만들어냈다. 두 사람은 첫 노트북 컴퓨터인 그리드 콤파스^{GRiD Compass}를 설계한 산업 디자이너로서, 본인들이 연구하던 디자인 업무에 새로운 이름을 붙인 것이다. 하지만 인터랙션 디자인이 세계에 알려지고 부상하기 시작한 건 이로부터 10년 뒤의 일이다.

이 책의 원서 제목은 『About Face』로, 초판이 1995년 8월에 세상에 나왔다. 당시 인터랙션 디자인 세계는 아직 개척하지 않은 미지의 땅이었다. 사용자 인터페이스 디자이너라는 직함을 단 용감한 사람들이 고작 몇 있을 뿐이었다. 그나마도 소프트웨어 엔지니어링의 그늘에 가려 있는 세계였다. 티라노사우루스의 그림자 밑에서 재빠르게 뛰어다니는 아주 작은 동물 따위에 비유할 수 있다. 초판에서는 이를 '소프트웨어 디자인'이라고 불렀다. 많은 이가 무시하고 제대로 이해하지 못한 분야였다. 실무에 적용되는 일은 거의 없었다. 프로그래머가 전담해서 이를 처리하고 있었다. 점점 더 많은 사람이 변화가 필요하다고 느꼈다. 기술 분야 기자들과 교육자, 제품 지원 담당자는 당시 상황에 문제가 있다고 느꼈다. 마찬가지로 아직 신생아 단계에 있던 사용성 분야의 전문가도 동참했다.

웹의 엄청난 성장과 인기에 힘입어 변화가 생기기 시작했다. 이런 변화는 마치 하룻밤 새에 일어난 것처럼 보였다. '높은 사용성'이라는 말이 사람들의 입에 오르기 시작했다. 90년대 초반에 '멀티미디어'라는 말이 잠시 유행했을 때, 전통적인 디자이너들이 디지털 제품에 잠시 발을 담그기도 했었다. 그러나 이제는 수많은 디자이너가 웹 분야로 대거 옮겨오기 시작했다. 정보 디자이너, 정보 아키텍트, 사용자 경험 전략가, 인터랙션 디자이너 등 새로운 직함이 여기저기서 등장하기 시작했다. 처음으로 사용자 중심의 제품과 서비스를 디자인하는 데 책임을 지는 C 레벨의 임원진 직책이 탄생하기도 했다. 경험 담당 최고 책임자^{Chief Experience Office}가 그것이다. 여러 대학에서도 인터랙션 디자이너를 교육하는 체계화된 프로그램을 설립했다. 사용성과 인간공학 전문가도 부상하기 시작했다. 더 나은 디자인을 부르짖는 집단이다.

웹은 인터랙션 디자인 숙어[1]의 발전 가능성을 10년 이상 늦춘 주범이기도 하다. 하시만 여러 기업이 사용자의 요구사항에 귀 기울이게 하는 데 큰 기여를 한 건 사실이다. 『About Face』 2판은 2003년에 출판됐다. 그 이후 디지털 제품의 사용자 경험은 세계의 이목을 끌어 왔다. 「비즈니스 위크」와 「타임」 등 유명 잡지의 표지를 장식하기도 했다. 하버드와 스탠퍼드 경영 대학 등에서도 사용자 경험 교육의 필요성을 인식했다. 디자인 관점에서 생각할 줄 아는 새로운 세대의 MBA와 기술자를 양성해야 했다. 사업 계획에 디자인에 대한 고민을 담아낼 수 있어야 했다. 사람들은 끝없이 쏟아지는 기술에 질리기 시작했으며, 사용자가 진정 원하는 것은 좋은 기술이다. 훌륭하고 효과적인 사용자 경험 디자인을 제공하는 기술 말이다.

---

1 디자인 문법의 '관용적 표현'을 이 책에서 '숙어(idiom)'라고 표현했다. - 옮긴이

2판에서는 '인터랙션 디자인'이라는 새로운 분야의 존재를 전 세계에 알렸다. 그로부터 5개월 뒤인 2003년 8월, 브루스 '토그' 토그나치니[Bruce 'Tog' Tognazzini]가 이 신생 분야에 비영리 전문 조직을 만들자고 열성적으로 나섰다. 곧이어 챌리스 호지[Challis Hodge]와 데이비드 말루프[David Malouf], 릭 세실[Rick Cecil], 짐 자렛[Jim Jarrett]을 중심으로 위원회가 형성됐다.

마침내 2005년 9월 인터랙션 디자인 협회인 IxDA[Interaction Design Association](www.ixda.org)가 탄생했다. 2008년 2월, 『About Face』 3판을 출간한 후 1년이 채 지나지 않아, IxDA는 조지아 주 사바나에서 첫 국제 디자인 컨퍼런스 인터랙션08[Interaction08]을 개최했다. 2012년 IxDA는 전 세계에서 등록한 우수한 디자인에 대해 첫 연간 인터랙션 어워즈[Interaction Awards]를 발표했다. 현재 IxDA는 20개국 이상에서 7만 명이 넘는 회원이 가입해 있다. 인터랙션 디자인은 학문으로서, 또 전문 분야로서 굳건히 자리매김하기 시작한 것이다. 매우 기쁜 일이 아닐 수 없다.

IxD와 사용자 경험

『About Face』의 초판은 소프트웨어 디자인의 세계를 소개했다. 이와 더불어 사용자 인터페이스 디자인도 함께 다뤘다. 소프트웨어 디자인이라는 용어는 자취를 감춘 지 오래지만 인터페이스 디자인은 지금까지 이어져 왔다. 이 책에서도 인터페이스 디자인이라는 용어를 종종 사용한다. 특히 화면에 여러 위젯을 배열하는 방법을 소개하는 부분에서 인터페이스 디자인이라는 말을 볼 수 있다. 하지만 이 책에서 다루는 주요 내용은 사용자 인터페이스 디자인 그 이상의 것이다. 디지털 세계에서 제품의 형태와 기능, 내용과 행동은 아주 밀접하게 연결돼 있다. 인터랙티브 제품을 디자인할 때 단순히 인터페이스만 고려해서는 안 된다. 이 제품이 무엇인지, 어떤 일을 하는지 제품의 핵심을 깊이 이해해야 한다.

인터랙션 디자인은 전통적인 디자인 영역에서 다양한 접근법을 차용해왔다. 그뿐 아니라 인터랙션 디자인만의 독특한 방법론을 개발하고 발전시켜왔다. 산업 디자인과 그래픽 디자인도 디지털 제품의 디자인 문제를 해결하려고 애써왔다. 하지만 이런 디자인 분야는 정지된 상태의 디자인에 초점을 맞춘다. 인터랙션에 대한 이해가 부족하며, 시간에 따라 변하는 형태와 사용자의 입력에 반응하는 디자인을 다루지 않는다. 풍부하고 역동적인 인터페이스 행동 디자인을 설명하는 디자인 언어가 부재돼 있다.

지난 10년간 특히 인기를 얻은 용어는 사용자 경험UX, user experience 디자인이다. UX야말로 다양한 디자인 분야와 사용성 업무를 통칭해 일컫는 말이라고 주장하는 사람도 많다. UX는 각기 다른 분야가 협업해 제품 및 시스템, 서비스를 제작하려는 노력이다. 박수를 쳐줄 만큼 훌륭한 목표다. 하지만 UX에서는 이 책에서 소개한 인터랙션 디자인의 주요 문제는 다루지 않는다. 복잡한 인터랙션 시스템의 행동을 어떻게 디자인해야 하는지는 구체적으로 알 수 없다. 분명 UX와 인터랙션 디자인에는 유사점이 많다. 실제 상점에서의 소비자 경험을 디자인하는 일과 인터랙티브 제품의 경험을 디자인하는 일을 비교해보면 시너지 효과를 얻을 수 있다. 하지만 디지털 세계의 디자인에 임할 때 명확하고 분명한 방법론을 고려하는 일은 필수다.

실제로 경험을 디자인한다는 일이 가능한지도 의문이다. 다양한 분야의 디자이너는 사용자의 경험에 영향을 주려고 노력한다. 하지만 경험이란 사용자가 접하는 매체 자체의 속성을 조심스럽게 조절할 때만 디자인할 수 있는 것이다. 그래픽 디자이너는 글자와 사진, 일러스트레이션을 다양하게 배치해서 포스터를 제작한다. 포스터를 보는 경험을 만드는 셈이다. 의자를 제작하는 가구 디자이너는 재질과 조립 기술을 바탕으로 경험을 디자인한다. 인테리어 디자이너도 재료와 조명, 배치, 심지어 소리까지 동원해 경험을 창조한다.

이제 디지털 제품의 경우를 생각해보자. 디지털 제품과 인터랙션하는 메커니즘과 행동 양식을 디자인할 때 사용자의 경험에 영향을 미칠 수 있다. 모그리지Moggridge가 만들어낸 '인터랙션 디자인'이라는 말이 이 책에서 소개하는 디자인 영역을 잘 대표하는 셈이다(대부분의 회사는 인터랙션 디자인을 IxD로 줄여서 표기한다).

물론 프로젝트에 따라 여러 디자인 영역이 함께 어울려야 하는 경우도 있다. 적절한 사용자 경험을 만들어내려면 다양한 분야의 전문가가 협업해야 하는 경우다(그림 1 참조). 이럴 때는 '사용자 경험 디자인'이라는 말이 더 적절하다.

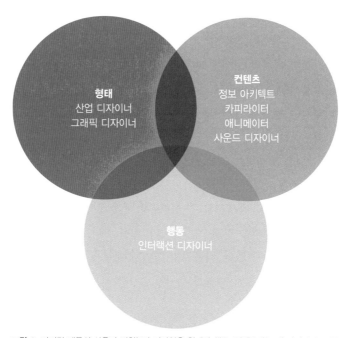

그림 1 디지털 제품의 사용자 경험(UX) 디자인은 형태와 행동, 컨텐츠라는 세 가지 요소로 구성된다. 이 세 요소는 서로 겹치는 부분이 있다. 인터랙션 디자인은 행동 디자인에 초점을 맞춘다. 하지만 동시에 제품의 행동이 어떻게 형태 및 컨텐츠와 연결되는지 고려해야 한다. 정보 아키텍트는 정보를 설계하고 컨텐츠를 구성한다. 동시에 컨텐츠로 어떻게 접근할 수 있는지, 컨텐츠가 사용자에게 어떻게 제공되는지 등의 행동 디자인을 고민해야 한다. 산업 디자인과 그래픽 디자인은 제품과 서비스의 형태를 주로 다룬다. 하지만 이 형태가 사용되는 정황을 고려해야 한다. 결국 행동과 컨텐츠에 주의를 기울여야 하는 셈이다.

이 책에서 다루는 내용

이 책에서는 효과적이고 실용적인 인터랙션 디자인 도구를 제공한다. 디자인 원칙과 패턴, 프로세스는 훌륭한 인터랙션 디자인 도구다. 디자인 원칙은 디자인을 적용하는 데 필요한 상위 개념을 알려준다. 특정 사용자 인터페이스와 인터랙션 디자인 숙어를 최고의 방법으로 활용하는 규칙과 팁도 포함한다. 디자인 패턴은 다양한 인터랙션 디자인 숙어의 모음이다. 특정 사용자 요구사항과 디자인 문제를 다루는 일반적인 해결책을 알 수 있다. 디자인 프로세스는 사용자의 요구사항을 이해하고 정의하는 방법을 제시한다. 사용자 요구사항을 디자인 설계도로 탈바꿈하는 방법도 알 수 있다. 주어진 프로젝트와 정황에 따라 디자인 원칙과 패턴을 훌륭하게 적용하는 방법도 소개한다.

디자인 원칙과 패턴을 소개하는 책은 많다. 하지만 디자인 프로세스를 담고 있는 책은 많지 않으며, 세 가지 도구를 모두 소개하는 책은 거의 없다. 원칙과 패턴, 프로세스를 함께 조화시켜야만 효과적인 디자인을 탄생시킬 수 있다. 이 책의 목적은 세 가지 인터랙션 디자인 도구를 조화롭게 활용하는 방법을 알려주는 것이다. 이를 바탕으로 효과적이고 사용성 높은 대화상자나 메뉴를 디자인할 수 있다. 사용자가 디지털 제품을 받아들이고 인터랙션하는 방법도 깊이 이해할 수 있다. 이 모든 이해를 바탕으로 어떻게 멋진 디자인을 만들어낼 수 있는지 살펴보고자 한다.

디자인 원칙과 패턴, 프로세스를 조화롭게 적용하는 것만이 효과적인 인터랙션과 인터페이스를 설계하는 길이다. 절대적으로 훌륭한 사용자 인터페이스란 없다. 디자인 점수는 정황에 따라 달라진다. 사용자가 누구인지, 하는 일은 무엇인지, 동기는 어떤 것인지를 살펴야 한다. 언제 어디에나 적용할 수 있는 마법 같은 인터페이스 원칙이 있다면 디자인이 매우 쉬울 것이다. 하지만 원칙만 적용한다고 최종 제품이 항상 좋은 것은 아니다. 노력 없이 훌륭한 디자인은 나오지 않는다. 실제로 제품과 인터랙션하는 사용자를 깊이 이해하려는 끝없는 노력이 요구된다. 그 다음에서야 디자인 원칙 및 패턴 등의 도구가 빛을 발하게 된다. 각 정황에 맞춰 적절한 도구를 활용할 수 있기 때문이다. 이 책이 사용자를 좀 더 깊이 이해하는 데 도움이 되길 바란다. 사용자에 대한 이해를 멋진 디자인으로 탈바꿈하는 방법을 배우는 길도 제시하려 한다.

이 책은 스타일 가이드나 인터랙션 표준을 제공하지는 않는다. 사실 그런 도구의 한계에 관해서는 17장에서 배울 것이다. 특정 스타일 가이드를 선택했다면, 가이드를 적용하는 과정에서 이 책의 디자인 원칙과 프로세스가 도움을 줄 수 있길 바란다. 스타일 가이드는 어떤 디자인을 적용해야 하는지는 잘 설명해준다. 하지만 왜 이런 디자인을 해야 하는지는 알려주지 않는다. 이 책은 "왜?"라는 질문에 대한 답을 제공한다.

인터랙티브 시스템을 디자인하는 과정은 크게 네 가지로 나눌 수 있다. 전문 영역 리서치, 사용자와 요구사항에 대한 이해, 디자인 해결책 설계도 정의, 디자인 세부사항 채워넣기가 그것이다. 다섯 번째 단계를 추가하는 전문가도 많다. 다섯 번째 요소는 바로 점검으로, 사용자와 함께 디자인의 효과를 측정해보는 것이며, 사용성 전문 분야로 잘 알려져 있다.

디자인 점검과 사용성 테스트는 인터랙션 디자인 과정에서 매우 중요한 요소다. 하지만 인터랙션 디자인의 일부라기보다는 고유의 연구 및 실무 분야로 보는 것이 적절하다. 디자인 점검과 사용성 테스트는 5장에서 간략히 다룬다. 사용성 관련 서적은 전에 없이 엄청나게 쏟아지고 있다. 사용성 테스트를 진행하고 결과를 분석하는 더 자세한 내용은 해당 분야의 전문서적을 참고하길 권한다.

이 책의 구성

이 책은 사용하기 쉬운 참조 구조로 아이디어를 제시하는 방식으로 구성됐고, 세 부분으로 나뉜다.

- 1부는 목표 지향적 디자인 프로세스 외에 디자인 팀의 구축, 프로젝트 팀과의 통합을 소개하며 상세히 설명한다.

- 2부는 거의 모든 플랫폼의 어떤 인터랙션 디자인 문제에도 적용할 수 있는 상위 수준의 인터랙션 디자인 원칙을 다룬다.

- 3부는 모바일, 데스크탑, 웹 등을 위한, 플랫폼에 한정된 로우레벨 인터페이스 디자인 원칙과 숙어를 다룬다.

개정4판에서 새롭게 달라진 내용

『About Face』 3판 원서가 출간된 지 겨우 두 달이 지난 2007년 6월, 애플은 아이폰과 iOS로 디지털의 지평을 완전히 바꿔놨다. 이어서 2010년 애플은 상업적으로 처음 성공한 태블릿 컴퓨터인 아이패드를 출시했다. 이와 같은 센서가 달린 터치 기반 제품들과 그 뒤를 이은 경쟁업체들은 기존의 인터랙션 언어에 완벽히 새로운 숙어집과 디자인 패턴을 새로이 추가하고 창출해냈다. 『About Face』 4판은 이를 비롯한 현대적인 인터랙션 숙어들을 반영하고 다룬다.

이 개정판에서도 변치 않는 사실들은 그대로 실었다. 바뀐 부분은 업데이트하고, 업계가 지난 7년간 어떻게 변했는지 반영하는 새로운 내용을 추가했다. 변화하는 시대에 대응하기 위해 실무에서 개발해온 새 개념도 담았다.

개정4판에서 크게 바뀐 점은 다음과 같다.

- 더 간결하고 사용하기 쉬운 구조와 순서로 아이디어를 제시하기 위해 이 책을 재구성하고 정돈했다. 일부 장은 더 나은 흐름을 위해 재배치했고, 나머지는 병합했으며, 약간은 압축했고, 여러 장들을 새로이 추가했다.

- 용어집과 사례를 업데이트해 업계의 최근 상황을 반영했다. 텍스트를 전체적으로 다시 편집해서, 명료함과 가독성을 개선했다.

- 1부는 목표 지향 디자인 프로세스를 더 상세히 설명하고, 쿠퍼의 최신 관행을 더 정확히 반영한다. 디자인 팀 구축과 개발, 프로젝트 팀과의 통합에 관한 추가 정보도 포함한다.

- 2부는 개념과 원칙을 더 분명히 제시하기 위해 많은 부분을 재구성했고, 시각 디자인 통합에 관한 새로 업데이트된 정보를 포함한다.

- 3부는 새로운 모바일 및 터치 기반 플랫폼과 인터랙션 숙어를 반영하기 위해 철저히 재작성, 업데이트, 확장했다. 웹 인터랙션을 비롯해, 기타 유형의 기기와 시스템의 인터랙션도 더 상세히 다룬다. 이러한 변화로 이 책이 전보다 더욱 관련성 있고 유용한 참고자료가 되기를 바란다.

이 책에서 다루는 인터랙션 디자인 예시

이 책은 온갖 종류의 인터랙티브 디지털 제품을 다룬다. 하지만 인터랙션 디자인의 근간은 데스크탑 소프트웨어 디자인에 있다. 오늘날 대부분의 컴퓨터는 마이크로소프트 윈도우를 운영체제로 쓰고 있다. 그래서 데스크탑 소프트웨어를 다룬 대상에 대해서는 약간 선입견이 있다. 마찬가지로 네이티브 모바일 앱의 여러 개발자에게 첫 초점은 iOS이기에, 모바일 사례 중 상당수가 이 플랫폼에서 나온다.

이 책에서 소개하는 예시는 특정 플랫폼에만 제한되지 않는다. 맥 OS와 윈도우, iOS, 안드로이드 등의 플랫폼에 적용할 수 있다. 대부분의 내용은 키오스크나 임베디드 시스템, 텔레비전 UI를 비롯한 여러 플랫폼에도 적용 가능하다.

여기서 소개된 예시 중 상당수는 마이크로소프트 오피스군, 어도비 포토샵과 일러스트레이터에서 가져왔다. 대기업의 유명한 애플리케이션을 주요 예시로 삼은 데는 두 가지 이유가 있다. 첫째, 많은 독자가 해당 예시를 이미 사용해봤을 확률이 높기 때문이다. 둘째, 아무리 정교하게 다듬어진 제품이라도 발전 가능성이 충분히 남아 있음을 보여주고 싶기 때문이다. 목표 지향 방법론을 바탕으로 사용자 인터페이스를 효과적으로 발전시킬 수 있다. 이번 개정판은 모바일 앱과 웹 외에, 여러 낯선 애플리케이션의 새로운 사례도 보여준다.

또한 이 책에서는 거의 멸종 위기에 처한 소프트웨어나 운영체제의 예시도 찾아볼 수 있다. 이런 예시는 특히 유용하고 중요한 관점을 제시하기 때문에 이번 판에서 삭제하지 않았다. 하지만 대부분의 예시는 현 시점에 활발히 사용되고 있는 소프트웨어와 운영체제를 기반으로 했다.

이 책의 대상 독자

주요 주제는 모두 인터랙션 디자인 분야의 학생과 실무자를 대상으로 했다. 하지만 디지털 기술의 인터랙션에 관심이 있는 사용자라면 누구나 읽을 수 있으며 이 책에서 흥미로운 식견을 얻을 수 있을 것이다. 디지털 제품 디자인에 참여하는 모든 디자이너와 프로그래머에게 큰 도움이 될 책이다. 사용성 전문가뿐 아니라 프로젝트 관리자에게도 유용하다. 이 책의 전판이나 『정신병원에서 뛰쳐나온 디자인』을 읽은 독자 모두, 이번 개정판에서 새롭게 추가되고 업데이트된 디자인 방법론과 원칙을 찾아볼 수 있을 것이다.

이 책이 풍부한 지식을 전달하고 흥미로운 주제를 제공하길 바란다. 무엇보다 디지털 제품의 디자인을 새로운 시야에서 바라볼 수 있게 되길 기원한다. 인터랙션 디자인은 끊임없이 진화하고 있다. 인터랙션 디자인은 여전히 새롭고 다양하다. 이 분야에서 다양하고 엇갈리는 의견이 계속해서 쏟아지고 있다. 흥미로운 의견을 가진 독자라면 아래의 이메일 주소로 저자에게 연락하길 바란다. 그저 저자와 이야기를 나누고 싶은 독자도 환영이다.

- 앨런 쿠퍼(alan@cooper.com)

- 로버트 라이만(rmreimann@gmail.com)

- 데이비드 크로닌(davcron@gmail.com)

- 크리스토퍼 노셀(chrisnoessel@gmail.com)

1 목표 지향 디자인

1장

디지털 제품의 디자인 프로세스

이 책에서 소개하는 내용은 매우 간단하다. 사용자가 쉽게 목표를 달성할 수 있게 제품과 서비스를 디자인해야 한다는 것이다. 효과적인 서비스에 만족한 사용자는 얼마든지 기쁘게 비용을 지불하고, 주변 사람에게도 추천할 것이다. 나아가 비용까지 고려한다면 사업 측면에서의 성공도 보장된다.

"사용자를 만족시키면 서비스는 성공한다." 얼핏 듣기에는 무척 간단하고 당연한 말이다. 그런데 왜 그리도 많은 사용자가 짜증을 내고 어려움을 겪는 걸까? 왜 모든 서비스가 쉽게 성공하지 못할까? 왜 더 빠르고 비용도 적으며 접근성도 높은 기술이 끊임없이 나오는데도 여전히 그렇게 자주 좌절하게 될까?

간단히 말해 답은 제품 기획과 개발 프로세스의 근본적이고 동등한 부분으로 디자인이 존재하지 않는다는 데 있다.

빅터 파파넥Victor Papanek은 **디자인**design이란 직관적이고 의미 있는 질서를 부여하는 과정이라고 정의했다. '인간 중심 디자인'의 정의를 좀 더 구체적으로 살펴보자.

- 제품 사용자의 요구와 니즈, 동기, 정황을 이해하는 과정

- 사업 측면과 기술 측면의 요구사항과 제약, 시장 기회를 파악하는 과정

- 이 두 가지 요소의 이해를 바탕으로 기능이 훌륭할 뿐만 아니라 사용성도 높고, 경제와 기술 면에서도 성공적인 제품을 디자인하는 과정

이 같은 정의는 제품과 서비스를 디자인할 때 기본이 된다. 하지만 서비스의 종류에 따라 구체적인 컨텐츠와 기능, 인터페이스는 조금씩 달라진다. 예를 들어 정보 중심의 웹사이트는 컨텐츠의 비중이 큰 반면, 단순한 TV 리모콘을 디자인할 때는 형태가 더 중요하다. '들어가며'에서 살펴본 바와 같이 인터랙티브한 디지털 제품을 디자인하는 일은 해당 서비스만의 복잡한 기능 요소에 생명을 불어넣는 작업이 매우 중요하다.

올바른 방법론을 적용한 디자인은 사용자에게 좀 더 가깝게 다가간다. 인간성이 결여된 기술 중심의 제품에 생명을 불어넣는 셈이다. 최근의 디지털 서비스 디자인은 결코 올바른 접근 방식이라 할 수 없다.

형편없는 제품 동작의 결과

이 책의 초판 원서가 출간된 지 거의 20년이 지나면서 소프트웨어와 인터랙티브한 디지털 제품은 상당히 개선됐다. 많은 회사가 사람들의 니즈에 맞춰 제품을 제공하고, 디자인 프로세스 지원에 필요한 시간과 돈을 쓰는 데 집중하기 시작했다. 하지만 그렇게 하지 못해 스스로 화를 자초하는 회사들이 여전히 많다. 사업이 계속 기술과 시장 데이터에만 집중하고 디자인은 단기적인 수정만 하는 한, 계속해서 우리 모두가 경멸할 제품을 만들어낼 것이다.

이어지는 절들에서는 적절한 디자인을 못 하고 사용자의 니즈와 욕구를 무시하는 제품을 만든 결과들을 설명한다. 얼마나 많은 디지털 제품이 이런 특성을 내비치는가?

버릇없는 디지털 제품

잘못 디자인된 디지털 제품은 오류가 발생할 때마다 사용자를 비난한다. 그림 1-1의 팝업은 갑자기 불쑥 튀어나와 사용자의 실수를 경고하고 있다. 이런 오류 메시지는 사용자가 '승인' 버튼을 누름으로써 자신의 과오를 인정하도록 강요한다.

그림 1-1 이 경고창은 사용자에게 아무런 정보도 주지 않는다. 왜 라이브러리가 지정되지 않은 것일까? 어떤 라이브러리를 말하는 것일까? 이 사실이 사용자에게 왜 중요할까? 도대체 사용자는 무엇을 '승인'해야 하는 걸까? 프로그램의 엉뚱한 과오를 '승인'하도록 강요해서는 안 된다.

디지털 제품과 소프트웨어는 답하려는 기분도 아니고 준비도 안 된 무뚝뚝한 질문을 계속 사용자에게 던지는 경우가 많다. "그 파일을 어디에 숨겼습니까?" 등이다. "확실합니까?" 와 "정말 지우겠습니까?" 등의 못 미더워하는 질문이라든가 "정말 이 파일을 지울 겁니까, 아니면 실수로 삭제 버튼을 누른 겁니까?"처럼 불필요하게 재차 확인을 요구하면 사용자는 짜증이 난다.

소프트웨어가 탑재된 제품도 불쾌한 사용자 경험을 주기란 마찬가지다. 사용자가 입력한 내용을 기억하지 못하거나, 사용자의 단순한 니즈조차도 고려하지 못한 경우가 많다. 일반 적으로 디지털 기기의 좋은 사용자 경험에 있어 기준선인 아이폰조차 아이폰 자체 캘린더에 바로 상주해 있는 업무 미팅 중간에 사람들이 무작위로 전화가 마구 걸려오기를 바라지 않을 수 있음을 예상하지 못한다. 왜 가족의 전화가 아닌 경우 조용히 보이스메일로 돌리지 못 하는가?

사용자를 로봇으로 만드는 디지털 제품

디지털 제품을 사용하려면 사람도 컴퓨터처럼 생각해야 한다. 마이크로소프트 워드를 예로 들어보자. 지금 작업 중인 파일의 이름을 변경하려면 보고 있는 문서를 종료해야만 한다. 아 니면 '다른 이름으로 저장하기'를 선택하고 기존 파일을 삭제해야 한다. 일상생활에서 서류 철을 분류할 때 문서 이름을 변경하는 경험과는 거리가 멀다. 사용자도 컴퓨터 작동 방식대 로 생각하도록 강요하고 있다.

디지털 제품의 세계는 불투명하다. 사용자에게 명쾌한 인터랙션과 기능, 의미를 일일이 설명해주지 않는다. "SSID가 무엇입니까?" 같이 일반 사용자가 전혀 이해할 수 없는 문장을 난발한다. 때로는 "IRQ를 명시하시오." 같이 전문가조차 당황할 만한 메시지를 표시하기도 한다.

말썽꾸러기 디지털 제품

대부분의 소프트웨어나 디지털 디바이스는 10살짜리 꼬마 녀석들과 다를 바 없다. 이런 꼬 마들은 결국 부모님에게 혼이 나게 마련이다. 냉장고 문을 연 채로 내버려두거나, 신발을 아 무렇게나 벗어 던지고, 5분 전에 한 얘기도 새까맣게 잊어버린다. 마이크로소프트 워드도 마 찬가지다. 문서를 열고 출력한 뒤, 다시 닫으려고 하면 "변경사항을 저장하시겠습니까?"라 고 묻는다. 출력만 했을 뿐인데도 문서를 수정했다고 생각하는 모양이다. 엄마가 말한 내용 이 뭔지 주의를 기울이지 않는 꼬마와 같다.

소프트웨어는 별도의 인터페이스에 추가적인 내비게이션으로 접근하게 하지 말아야 하는 기능을 수행하기 위해 종종 주요 태스크 흐름flow에서 벗어나도록 요구한다. 반면 치명적인 결과를 가져오는 위험한 버튼은 꼭 실수로 누를 만한 위치에 노출돼 있다. 예를 들어 드롭박스는 그 정황(컨텍스트) 메뉴에서 삭제 버튼을 '다운로드'와 '다른 이름으로 저장하기' 사이에 끼워놔서, 실제로 사람들이 안전하게 보관하려고 클라우드에 업로드한 작업을 날리도록 유도한다.

게다가 소프트웨어의 겉모습은 특히 업무용, 개발용 애플리케이션의 경우 복잡하고 혼란스러울 수 있어서, 내비게이션과 의미 전달도 불필요하게 어려워진다.

더 많은 노동을 요구하는 디지털 제품

컴퓨터 기술이니 반도체 산업이니 하는 말들은 모든 작업이 자동화되는 시대를 꿈꾸게 한다. 하지만 사람들이 실제로 컴퓨터를 활용하는 모습을 관찰해보자. 소프트웨어를 제대로 작동시키는 일이 얼마나 어려운지 가히 놀랄 만하다. 여러 개의 창을 띄워놓고 복사하기와 붙여넣기를 반복하면서 데이터를 이리저리 옮기는 일은 매우 고된 작업이다. 매일 쓰는 기능이 프로그램 깊숙이 숨겨져 있어서 팝업창을 끝없이 열어야 하는 경우도 많다.

형편없는 동작에 관한 한 디지털 제품에 대해 할 말이 많다는 증거는 곳곳에 있다.

디지털 제품이 엉터리인 이유

대부분의 디지털 제품은 거품 나는 탱크에서 출현하는 SF의 괴물 같은 개발 프로세스에서 나온다. 제품 사용자의 니즈에 초점을 두고 기획하고 실행하는 대신, 회사는 결국 기술적으로는 진보했지만 사용과 제어가 어려운 솔루션을 만들어내고 만다. 미친 과학자처럼 인간성을 제작물에 충분히 불어넣지 않았기에 실패한다.

왜 이런 문제가 발생하는 것일까? 기술 업계에서 디지털 제품의 인터랙티브한 부분을 제대로 디자인하는 일이 왜 이렇게 힘든 것일까? 소프트웨어를 쓸 수 있지만 그런 소동을 낳고 마는 제품을 제작하는 현재 프로세스에서 무엇이 그렇게 잘못돼 있는가?

네 가지 이유가 있다.

- 제품 관리와 개발 팀 간의 잘못된 우선순위
- 제품의 실사용자와, 성공의 기준선이 되는 니즈에 관한 무지
- 사용자 경험 디자인과 구축을 개발 팀이 책임질 때의 이해관계 충돌
- 최종 경험의 개발을 주도하기 위해 수집, 분석, 사용할 사용자 니즈 관련 지식을 허용하는 디자인 프로세스 부족

잘못된 우선순위

디지털 제품 디자인 프로세스에서 개발 팀과 마케팅 팀의 밀고 당기는 팽팽한 긴장은 어디에나 있다. 마케팅 팀은 시장을 이해하고, 판매 가능성을 수치화하는 데 전문가다. 업계에 제품을 소개하고, 최적의 홍보 방법을 찾아낸다. 하지만 실제 디자인 프로세스에서의 역할은 극히 제한적이다. 마케팅 팀에서 제작한 시장 요구사항 목록은 사용자의 니즈와는 관계가 없다. 마케팅 팀은 경쟁사 비교 분석과 IT 업계 자원 관리, 소비자가 구매율을 추측하는 설문조사 등을 이용해 목록을 구성하기 때문이다(시장 설문 조사로 사용자의 니즈를 파악하기란 어렵다. 원하는 바를 명쾌하게 설명할 수 있는 사용자는 극히 드물기 때문이다. 현재 제품에 대해 어떻게 생각하는지를 물어보면, 마음속 깊이 내재된 니즈보다는 제품의 표면적인 기능이나 오류에만 초점을 맞춘다).

디자인은 복잡한 기술을 유용한 서비스로 탈바꿈하는 과정이다. 수백 개의 시장 설명이 나열된 목록은 전혀 도움이 되지 않는다. '사용이 쉬울 것'이라는 항목은 인터랙티브 서비스를 디자인할 때 아무런 정보도 주지 못한다.

개발 팀은 컨텐츠와 인터페이스를 결정할 때 매우 중요한 역할을 한다. 서비스를 구축하고 기능을 구현하는 일이 개발 팀의 몫이기 때문이다. 하지만 항상 사용자의 니즈를 심도 있게 고민하기란 어렵다. 복잡한 기술 문제를 해결하거나 호환성 기준, 웹 표준을 준수하고 마감일자를 지키는 것만이 훌륭한 개발자의 표본으로 여겨져 왔기 때문이다. 불완전하거나 애매모호한 지시가 전달되는 경우도 많다. 더 나은 사용자 경험을 고찰하고 싶어도 시간이 매우 촉박하거나 배경지식이 부족할 수도 있다.

서비스 디자인 프로세스에서 사용자의 목표와 니즈, 동기 같은 중요한 정보는 종종 무시되곤 한다. 시장의 트렌드와 기술 제약사항이 우선시되는 경우도 많다. 형편없는 사용자 경험으로 가는 지름길이다. 이 책에서는 사용자의 목표가 중요한 이유를 살펴본다.

기본적인 니즈를 고려하지 않은 서비스는 사용자를 짜증 나게 할 뿐 아니라 생산성도 저하시킨다. 다양한 서비스 개발 방법론에서 인터랙션 디자이너의 역할을 살펴보자(그림 1-2 참조). 위의 세 가지 방법론에서 디자이너의 역할은 매우 작다. '호박에 줄긋기' 식으로 볼품없는 프로그램에 표면적인 디자인만 입히는 셈이다. 대부분의 서비스가 이와 같은 방식으로 제작되고 있다. 사용자를 만족시키려면 인터랙션 디자인은 반드시 개발과 QA 이전에 진행해야 한다.

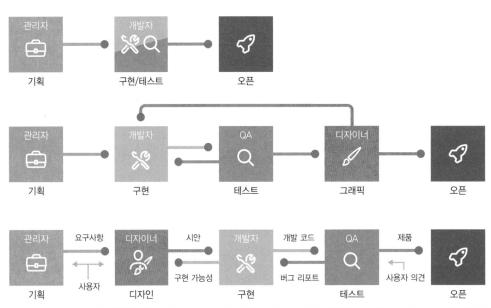

그림 1-2 소프트웨어 개발 방법론의 변화 과정. 첫 번째 그림은 개발자 혼자 모든 업무를 담당하던 초기 단계의 제작 과정이다. 똑똑한 개발자가 제품을 기획하고 구현한 뒤, 테스트까지 알아서 처리했다. 이후, 개발을 좀 더 수월하게 진행할 수 있도록 전문적인 프로젝트 관리자가 필요해졌다. 관리자가 시장을 분석해 제품과 서비스의 요구사항 목록을 제작했다. 세 번째 그림에는 테스트 담당자와 그래픽 디자이너가 추가됐다. 시장이 커지면서 테스트가 중요해지고, 그래픽 사용자 인터페이스(GUI, graphical user interface)가 보편화됐다. 아이콘 같은 시각적 요소를 제작하는 그래픽 디자이너가 필요해졌다. 마지막 그림은 목표 지향 디자인 방법론을 보여준다. 서비스의 기능과 인터페이스, 인터랙션을 디자인 프로세스의 초기에 설계한다.

사용자에 대한 무지

디지털 제품을 디자인하는 회사는 사용자를 모른다. 어떻게 해야 사용자를 기쁘게 할 수 있는지 전혀 알지 못한다. 사용자에 대한 깊은 이해를 바탕으로 제작되는 서비스는 극히 드물다. 사용자의 월 수입이 얼마나 되는지, 소비액은 얼마인지, 어떤 차를 타는지 등의 마케팅 기반 정보만 겨우 알고 있을 뿐이다. 사용자의 직업이나 정기적으로 처리하는 중요한 업무 등의 정보를 간단히 수집하는 경우도 있다. 하지만 사용자를 만족시키는 서비스를 제작하는 데는 전혀 도움이 되지 않는다. 제품을 디자인하는 데 아무런 방향도 제시해주지 않기 때문이다. 제품을 활용해 사용자가 성취하고자 하는 바는 무엇인지, 경쟁사의 제품 대신 이 서비스를 선택한 이유는 무엇인지, 어떻게 제품을 더 향상할 수 있을지를 알아내는 데 전혀 도움이 되지 않는다.

하지만 희망을 버리지는 말아야 한다. 사용자가 아주 좋아할 훌륭한 제품을 만들기에 충분할 만큼 사용자를 이해할 수 있다. 2장과 3장에서는 사용자의 니즈를 깊이 이해하는 방법을 살펴본다. 사용자가 디지털 제품을 활용하는 행동 패턴도 알아본다.

이해관계의 충돌

세 번째 문제는 사용자를 기쁘게 하기 위한 판매업체, 제조업체의 능력에 영향을 준다. 디지털 제품 개발 업계는 중요한 이해관계의 충돌이 있다. 제품을 구현하는 프로그래머가 디자인까지 도맡아서 하는 경우가 많다. 꽤 이해할 만하지만, 보통 무엇을 구축하고, 구축하지 말지 결론을 내리는 사람들이기도 하다. 따라서 프로그래머는 코딩이 용이한 개발 방법과 사용자에게 편리한 디자인 중에 고민하게 된다. 하지만 빠르게 코드를 제작하고, 마감일을 정확히 맞추는 개발자만이 훌륭한 직원으로 평가되는 경우가 많다. 대부분의 개발자가 어느 방법을 택할지는 보지 않아도 뻔하다. 한 사람이 판사와 변호사, 검사의 일을 모두 수행할 수는 없다. 디지털 제품의 개발 프로세스에서도 프로그래머와 디자이너는 결코 같은 사람일 수 없다. 아무리 뛰어난 디자인 능력을 지닌 사람일지라도, 사용자의 니즈와 사업 측면의 요구사항, 기술 제약사항을 충분히 이해하고 반영하기란 어렵다.

6장에서 디자인 팀을 구축해 기획, 개발 프로세스에 어울리게 하는 이슈를 어떻게 다룰지 본다.

디자인 방법론의 부재

성공적인 디자인이 어려운 마지막 이유는 사용자를 이해하는 방법론의 부재 때문이다. 좀 더 정확히 말하면 올바른 방법론을 활용하고 있지 않기 때문이다. 개발 팀은 제품의 단단한 개발 프로세스를 갖추고 꼼꼼히 따라야 한다. 구현 가능한 기술을 활용해 최고의 질을 자랑하는 제품을 개발해야 한다. 마케팅 팀과 영업 팀은 제품의 상업적 성공과 판매량을 보장할 수 있는 마케팅 방법론을 따라야 한다. 이제 남은 것은 사용자를 이해하는 일이다. 사용자에 대한 깊은 이해를 바탕으로 니즈를 도출하고 기대감을 불러일으키는 과정은 매우 중요하다. 어느 프로젝트에나 적용할 수 있는 명쾌하고 분석적인 디자인 방법론이 필요하다.

디지털 제품의 인터랙션은 제작 과정 초기에 미리 계획해야 한다. 하지만 그저 프로그램 코드에 맞춰 생각 없이 만들어지는 제품이 많다. 최악의 소프트웨어를 만드는 지름길이다. 사용자를 전혀 고려하지 않는다. 프로그래머가 코드를 작성하는 데 맞춰 인터랙션을 대충 디자인한다. 도시 계획 없이 건물을 짓고 지하차도를 파내는 것과 마찬가지다. 그때그때 도시의 풍경이 제멋대로 바뀐다. 우연히 만들어지는 대로 인터랙션을 설계해서는 안 된다. 올바른 디자인 방법론이 부재된 회사는 결코 성공할 수 없다.

최근 들어 디자인 프로세스를 도입하는 회사가 많아지고 있다. 하지만 만족스러운 수준은 아니다. 요즘은 개발자도 디지털 제품을 개발하는 과정에서 사용자의 중요성을 인식하고 있다. 반복적인 사용자의 참여가 인터페이스 디자인에 얼마나 도움이 되는지 깨닫고 있다. 하지만 이런 움직임이 지금까지의 문제를 한꺼번에 해결해주진 않는다. 디자인 방법론을 심도 있게 이해하는 경우는 아직 많지 않기 때문이다. 기본 개념만 이해하는 것과 전문 디자인 지식을 갖춘 것은 분명히 구분돼야 한다.

사용자는 현재 버전의 문제점은 짚어낼 수 있을지 모른다. 하지만 미래를 내다보고 적절한 디자인 해결책을 제시하는 데는 약하다. 프로그래밍과 마찬가지로 인터랙션 디자인도 전문적인 기술이다. 개발자가 사용자에게 프로그래밍 코드를 작성해달라고 하지 않는 것과 마찬가지다. 인터랙션 디자인 역시 전문 디자이너가 설계해야 한다. 디자인 프로세스에 있어 소비자와 사용자의 미묘한 차이점도 명확히 구분해야 한다. 제품을 구매하는 소비자와 실제 서비스를 이용하는 사용자의 차이는 매우 중요하다. 마지막으로, 한 영역의 전문가가 태스크와 흐름을 정의할 때 덜 전문적인 사용자의 입장에서 생각하기가 쉽지 않을 수도 있다. 흥미롭게도 정보 시스템을 구축할 때 영역별 지식과 디자인 지식을 가장 자주 혼동하는 두 직업, 즉 법률과 의료는 사용하기 어려운 제품을 낳는 것으로 악명 높다. 우연의 일치라고? 아마 아닐 것이다.

물론 인터랙션 디자이너가 모든 문제를 혼자 해결할 수는 없다. 개발자와 사용자의 도움이 필수적이다. 다만, 디자이너와 제품을 위해서는 문제에 관해 듣는 편이 훨씬 낫지, 액면 그대로 솔루션을 취할 수는 없다. 피드백 해석 시 다음 비유는 유용하다. 심각한 복통으로 병원을 찾은 환자를 예로 들어보자. "의사 선생님, 배가 너무 아파요. 맹장염인 것 같아요. 얼른 맹장을 제거해주세요." 환자의 말만 듣고 바로 수술을 집행하는 의사는 없다. 환자는 본인의 증상을 설명할 수는 있지만, 정확한 진단과 해결책은 전문가인 의사의 몫이다.

행동 디자인

건축가가 엄청난 땀과 노력을 쏟아야만 수많은 사람이 드나드는 웅장한 건물을 세울 수 있다. 디지털 소프트웨어를 제작할 때도 마찬가지다. 사용자와 소통하는 프로그램을 제작할 때, 인터랙션 디자이너의 노력을 빼고는 생각할 수 없다. 건물을 설계할 때는 내부에 거주하는 사람들의 생활을 잘 이해해야 한다. 사람들이 업무를 수월하게 진행할 수 있도록 공간을 디자인해야 하기 때문이다. 디지털 소프트웨어를 디자인할 때는 사용자의 행동 패턴과 주요 업무를 속속들이 이해해야 한다. 사용자가 작업을 용이하게 수행할 수 있는 인터페이스를 제공해야 한다. 건축은 오랫동안 잘 확립된 분야다. 제품과 시스템 동작의 디자인인 **인터랙션 디자인**interaction design은 아직 많은 이들에게 생소한 분야로, 최근 들어 중요한 이슈로 급부상하고 있다. 그리고 이 새 디자인은 제품의 시장 성공 방식을 근본적으로 바꿔놨다.

산업 제품 공정의 역사를 되돌아보자. 초기에는 산업 공학과 마케팅만으로도 충분히 훌륭한 제품을 만들 수 있었다. 적당한 기술과 합당한 가격만 제시하면 제품을 생산하고 판매하는 데 문제가 없었기 때문이다. 망치나 디젤 엔진, 치약 튜브 따위를 만들었다. 시간이 지나면서 기능이 똑같은 경쟁사 상품과 차별화할 수 있는 뭔가가 필요했다. 디자인이 해결책으로 등장했다. 사용자의 감성과 욕구를 채워주기 때문이다. 그래픽 디자인은 상품의 포장과 광고를 멋지게 제작해냈다. 산업 디자인은 사용하기 편리하고 기분 좋은 제품의 형태를 만들었다.

도블린 그룹Doblin Group의 래리 킬리Larry Keeley는 제품 개발 프로세스에서 고려해야 할 세 가지 요소를 소개한 바 있다. 구현 가능성과 판매 가능성, 사용자 만족도다(그림 1-3 참조). 이 중 어느 하나라도 충족하지 못하면 실패는 시간 문제인 셈이다.

컴퓨터의 등장은 인터랙션의 다양한 가능성을 제시했다. 제대로 개발된 소프트웨어의 힘을 빌릴 때, 컴퓨터 인터랙션의 가능성에는 끝이 없다. 정교한 인터랙션은 제품의 본래 특성을 완전히 뒤바꿔버릴 만큼 강력하다. 컴퓨터와 사람이 소통하기 시작하면서 인터랙션 외의 기능은 부수적인 요소가 돼버렸다. 못생긴 컴퓨터 본체는 책상 밑으로 숨어버렸다. 사용자와 대화하는 모니터 화면과 키보드, 마우스가 인터랙션을 담당하고 있기 때문이다. 아이패드와 그 경쟁 제품 등의 터치스크린 기기로 인해, 눈에 띄는 하드웨어는 인터랙티브한 표면뿐이다. 하지만 소프트웨어 및 기타 디지털 제품의 동작은 디자인에 관한 대부분의 관심을 받아야 하는데도, 너무나 자주 관심을 받지 못한다.

지금까지 대부분의 회사에서 차용해온 전통적인 디자인 방법론은 인터랙션을 디자인할 때는 도움이 되지 않는다. 과거의 디자인 방법론은 시각적으로 안정적인 구도를 배치하는 방법만 소개한다. 브랜딩을 제대로 하는 방법도 인터랙션과는 거리가 멀다. 컴퓨터가 사용자에게 어떻게 반응하는지를 디자인해야 하기 때문이다. 주변환경과 사용자의 정황에 대한 깊은 이해가 필요하다. 제품을 구매하는 시점에서 폐기하는 순간까지 사용자와 서비스 사이의 관계를 잘 알고 있어야 한다. 무엇보다 사용자가 어떻게 제품을 이용하는지, 서비스에서 무엇을 얻고자 하는지, 어떻게 프로그램을 종료하는지 꼼꼼히 이해해야 한다.

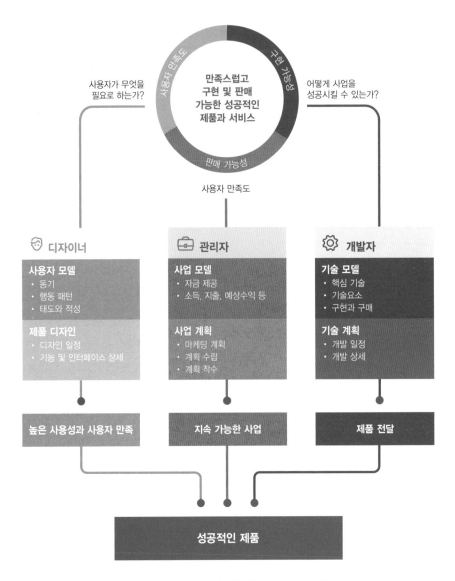

위의 세 가지 요소를 균형 있게 적용하는 데 어려움을 겪은 사례

애플	마이크로소프트	노벨
애플은 사용자 만족도에 큰 관심을 기울였지만 사업 모델에서 잦은 실패를 겪었다. 하지만 훌륭한 사용자 경험 덕분에 다수의 충성 고객을 보유하고 있다.	마이크로소프트는 세계 최대 기업 중 하나지만 사용자 만족도가 높은 제품을 생산하는 데는 어려움을 겪는다. 사용자 경험 분야에서는 타사의 경쟁에 위협받고 있다.	노벨은 기술에만 초점을 맞추고 사용자 만족도에 신경을 쓰지 않았다. 결과적으로 타사 제품과의 경쟁에서 실패했다.

그림 1-3 성공적인 디지털 제품을 디자인할 때 필요한 세 가지 요소. 사용자 만족도와 판매 가능성, 구현 가능성은 디자인 프로세스에서 꼭 고려해야 한다. '훌륭한 사용자 경험을 디자인하려면 어떻게 해야 하는가'를 고민해야 한다. 이 책의 전반적인 주제이기도 하다.

인터랙션 디자인은 단순히 소프트웨어를 좀 더 예쁘게 만드는 게 아니다. 사용자에 대한 이해와 인지과학에 바탕을 둔 방법론을 활용한다. 인터랙션 디자인 방법론은 다양한 프로젝트에 적용할 수 있다. 그러나 이런 방법론을 적용하기만 하면 수학 문제의 정답처럼 인터랙션 결과물이 자동으로 나온다는 뜻은 아니다. 해당 프로젝트만의 특성을 잘 고려해야 한다. 컨텐츠와 인터페이스를 구성할 때도 마찬가지다. 대신 방법론을 활용하면 좀 더 체계적인 접근이 가능하다. 인터랙션 디자인을 설계할 때, 인터페이스와 그래픽 디자인 가이드라인도 함께 고려해야 한다. 사용자의 최종 목표를 쉽게 달성할 수 있는 인터랙션을 좀 더 넓은 시야에서 탐색해야 한다.

이 책에서는 새로운 행동 지향적 디자인에 대응하는 방법인 **목표 지향 디자인**Goal-Directed Design을 소개한다. 사용자의 목표, 니즈, 동기를 이해하는 완벽한 프로세스를 제공한다. 인터랙션을 설계하는 데 훌륭한 접근법이기 때문이다. 목표 지향 디자인을 이해하려면 먼저 사용자의 목표와 그 기원을 둔 멘탈 모델을 좀 더 깊이 살펴봐야 한다. 사용자 목표가 훌륭한 인터랙션을 하는 데 어떤 도움이 되는지 살펴보자.

사용자 목표 탐색

과연 사용자 목표란 무엇일까? 진정한 사용자 목표를 어떻게 알 수 있을까? 사용자가 정말로 원하는 것이 있는지, 아니면 엉터리로 디자인된 프로그램 때문에 억지로 작업을 하고 있는지 어떻게 구분할 수 있을까? 모든 사용자의 목표가 똑같을까? 시간이 지나면 목표도 바뀔까? 1장에서는 이런 궁금증을 속 시원히 해결해본다.

사용자의 진정한 목표는 쉽게 겉으로 드러나지 않기 때문에 파악하기 쉽지 않다. 화물 처리 부서의 회계 담당으로 고용된 직원을 예로 들어보자. 송장을 좀 더 효율적으로 처리하는 것이 회계 직원의 목표일까? 사실은 그렇지 않다. 이것은 회계 직원을 고용한 상사의 목표이기 때문이다. 직원의 입장에서는 능력 있는 회계사로 보이는 게 더 중요하다. 반복되는 지루한 작업에 집중력을 잃지 않는 것도 목표가 될 수 있다. 하지만 일반적으로 당사자는 본인의 목표를 명확하게 인지하거나 말로 설명하지 못하는 경우가 많다.

어떤 업무를 하든지 대부분의 사용자는 개인적인 목표를 하나씩 갖는다. 열정과 포부의 크기에는 상관없이 업무 자체와는 구분된 개인적 목표가 반드시 존재한다. 다음 평가에서 승진하는 것, 이 분야에서 전문지식을 쌓는 것, 타 직원의 모범이 되는 것 등이 될 수 있다.

사용자의 개인적 목표를 고려하지 않고 사업 측면의 목표만을 생각한 소프트웨어는 실패하게 마련이다. 사용자 개인의 목표를 만족시키면 사업 측면의 목표도 동시에 달성되는 경우가 많다. 이 부분에 대해서는 이후의 장들에서 좀 더 자세히 다룬다.

대부분의 소프트웨어와 웹사이트, 디지털 제품은 효과적으로 사용자의 목표를 만족시키지 못한다. 이런 제품을 살펴보면 다음과 같은 공통점을 찾을 수 있다.

- 사용자 스스로 멍청하다고 생각하게 만든다.

- 사용자가 실수를 하도록 유도한다.

- 효율적으로 사용하려면 너무 많은 노력이 요구된다.

- 훌륭한 사용자 경험을 제공하지 않는다.

사용자의 목표를 고려하지 않은 제품은 사업 측면의 목표도 만족시키지 못한다. 송장이 제대로 처리되지 않고, 사용자가 제때에 서비스를 받지 못하는 것은 모두 사업 목표가 실패한 사례다. 사업 계획이 올바로 진행되지 않는 건 말할 것도 없다. 이는 결코 우연의 일치라할 수 없다.

이렇게 실패한 제품을 만드는 이유는 디자인 프로세스에서 뭐가 더 중요한지를 모르기때문이다. 대부분의 회사는 기능을 구현하고 서비스를 오픈하는 데만 모든 신경을 쏟는다. 사용자의 니즈에는 관심이 없다.

사용자의 중요성에 눈 뜬 회사도 올바른 디자인 방법론을 적용하지 못하는 경우가 많다. 기존의 전통적인 제품 개발 방식만 고집한다. 프로그램 코딩이 이미 끝난 뒤에 사용자 인터페이스를 바꾸려고 해봤자 훌륭한 사용자 경험을 제공하기란 어렵다. 건물의 뼈대가 세워진 뒤에 설계도를 수정하려고 하는 것과 마찬가지다. 사용자의 니즈를 고려하지 않은 채 이미코딩을 시작했다면 실패가 눈앞에 있는 셈이다.

종종 올바른 디자인 방법론을 적용해가며 사용자를 고려하는 회사도 있다. 그러나 진정한 사용자의 목표를 파악하지 못하는 경우가 많다. 사용자가 필요로 하는 세부 기능에만 주의를 기울인다면 효과적인 디자인을 이끌어낼 수 없다. 하나하나의 기능은 괜찮을지 모르나전반적으로 훌륭한 사용자 경험은 제공할 수 없다. 세부 기능도 중요하다. 그러나 왜 이런 세부 기능을 사용하려고 하는지 사용자의 목표를 좀 더 큰 시야에서 바라보는 일이 훨씬 중요하다.

목표와 과업(업무)

사용자의 목표는 과업이나 업무와는 다르다. 목표란 사용자가 이루고자 하는 기대치를 의미한다. 반면 과업과 업무는 사용자가 목표를 성취하려고 밟아가는 중간 과정을 말한다. 과업과 업무는 사용자가 목표를 설정하고 달성하는 과정에서 여러 단계에 걸쳐 일어난다.

도널드 노먼^{Donald Norman}은 과업과 업무의 상하관계를 좀 더 구체적으로 설명했다.[1] 노먼의 설명에 따르면 사용자의 업무는 여러 개의 과업으로 구성된다. 하나의 과업은 다수의 액션이 모여 만들어지고, 이 액션은 여러 세부 기능을 조작하는 것으로 이뤄진다. 도널드 노먼은 과업 중심 디자인^{ACD, Activity-Centered Design}을 소개한 바 있다. 디자인 프로세스에서 사용자의 과업과 업무를 이해하는 일이 중요하다고 강조한다. 노먼은 사용자의 과업을 관찰하면 좀 더 영향력 있는 인터페이스를 디자인할 수 있다고 주장했다. 도구와 인터페이스에 따라 사용자의 과업도 달라지기 때문이다. 과업 중심 디자인 방법론은 구 소련 심리학의 활동 이론을 바탕으로 만들어졌다. 사람이 주변환경과 소통하는 방법을 관찰함으로써 그 사람의 특성을 이해할 수 있다는 내용이다. 최근 문헌정보학자인 보니 나르디^{Bonnie Nardi}를 비롯한 여러 학자가 이 이론을 휴먼 컴퓨터 인터랙션^{HCI, human-computer interaction} 분야에 도입했다.[2]

노먼은 디지털 소프트웨어를 디자인할 때는 과업 중심 디자인이 적절하지 않다고 지적했다. 그러나 여전히 많은 개발자와 사용성 전문가가 사용자의 과업에만 초점을 맞추고 있다. 적당한 소프트웨어를 만들기엔 충분할지 모르나 전반적인 사용성 경험을 향상하기란 불가능하다. 타사의 경쟁 상품과 차별화할 만한 디자인을 제시하지 못할뿐더러, 사용자의 니즈를 만족시키기도 어렵다.

노먼이 소개한 과업 중심 디자인은 사용자를 이해하는 일이 얼마나 중요한지 잘 설명하고 있다. 하지만 더 나은 사용자 경험을 제시하기에는 여전히 부족한 부분이 있다. 과업 중심 디자인은 사용자가 '어떤' 행동을 보였는지, '어떤' 인터랙션을 선택했는지 세세하게 설명할 때는 매우 유용하다. 하지만 정작 디자이너에게 가장 중요한 정보는 제공하지 못한다. 도대체 사용자가 '왜' 이런 행동을 취했는지, '왜' 이 과업과 업무를 완료하려고 하는지를 설명하지 않는다. 특정 업무를 수행하도록 동기를 부여하는 것이 바로 사용자의 목표다. 사용자의 목표를 이해하면 사람들 마음속의 열정을 알 수 있다. 프로그램으로부터 뭘 기대하는지도 쉽게 알아낼 수 있다. 어떤 과업이 더 중요한지 판단이 수월해진다. 과업을 분석하면 사용자 업무의 세세한 정보를 쉽게 이해할 수 있다. 하지만 사용자의 목표를 이해하지 못하면 이런 정보는 전혀 도움이 되지 않는다. 사용자의 목표를 알고 나면 사용자의 인터랙션이 의미하는 바를 더욱 깊이 이해할 수 있기 때문이다. 더 훌륭한 사용자 경험을 디자인하는 지름길인 셈이다.

목표와 과업의 차이를 시간에 따라 비교해보면 더욱 확실하게 알 수 있다. 사용자의 목표는 마음속 깊은 곳에서 우러나온다. 그만큼 시간이 지나더라도 쉽게 변하지 않는다. 아무리 시간이 흘러도 전혀 변하지 않는 목표도 있다. 반면 과업과 업무는 시간에 따라 달라진다. 가

1   Norman, 2005
2   Nardi, 1996

능한 기술과 인터페이스에 따라 과업과 업무도 변하기 때문이다. 미국의 중부 세인트루이스에서 서부 끝자락의 샌프란시스코까지 이동하는 경우를 생각해보자. 사용자의 목표는 빠르고 편안하게 안전한 여행을 하는 것이다. 이 사용자가 1850년대의 서부 개척자라면 가장 편하고 빠른 이동 방법은 말과 마차를 타는 것이다. 안전을 위해 권총도 잊어서는 안 된다. 하지만 현재의 회사원이 샌프란시스코로 출장을 떠나는 경우라면 비행기만큼 좋은 방법은 없다. 안전을 생각한다면 권총 따위는 집에 고이 모셔둬야 한다. 서부 개척자와 출장을 떠나는 회사원의 목표는 시간이 흘러도 변하지 않지만 과업과 업무는 판이하게 달라졌다. 사용할 수 있는 기술과 환경이 바뀌었기 때문이다.

과업과 업무에만 초점을 맞추다 보면 좀 더 넓은 시야에서 디자인을 바라볼 수 없다. 구시대의 기술을 적용한 프로그램을 만들기 일쑤다. 사업 계획에는 들어맞지만 사용자의 니즈와는 거리가 먼 소프트웨어를 만들 수도 있다. 사용자의 목표로 시야를 돌려보자. 적절한 기술과 과업을 선택하는 데도 중요할 뿐 아니라, 사용자의 업무를 효과적으로 향상하는 데도 큰 도움이 된다. 사용자의 목표를 이해하면 올바른 신기술을 선택해 불필요한 과업과 업무를 줄일 수 있다.

정황을 고려한 디자인

이해하기 쉬운 디자인만이 최고의 인터페이스라고 생각하는 사람이 많다. 물론 처음 접하더라도 사용하기 쉬운 인터페이스는 매우 중요하다. 하지만 사실 디자인 타깃은 사용자의 정황에 따라 다르다. 사용자가 누구인지, 뭘 하려고 하는지, 목표가 무엇인지 알아야 한다. 알기 쉬운 인터페이스를 제작하는 원칙만 따라서는 훌륭한 디자인을 할 수 없다. 사용자의 목표와 니즈를 깊이 이해해야 한다.

콜센터 전화 교환원의 기기를 생각해보자. 이 제품의 사용자는 하루에 몇 통의 전화를 성공시키는가에 따라 급여가 결정된다. 이들에게 초보자에게도 쉬운 인터페이스는 그다지 중요하지 않다. 걸려온 전화를 얼마나 빠르게 적절한 부서에 연결하는지가 관건이기 때문이다. 물론 이 제품의 사용법이 무척 배우기 쉽다면 좋은 점도 많다. 사용자는 더욱 만족스러울 것이고, 이직률도 낮아질 것이다. 하지만 시간당 작업처리량이 가장 중요한 디자인 요소라는 점에는 변함이 없다. 초보자에게 쉬운 사용법은 그 다음 문제다. 콜센터 직원이 인터페이스에 충분히 익숙해지고 난 뒤의 상황도 고려해야 한다. 전화를 연결할 때마다 친절한 사용법을 일일이 들어야 한다면 오히려 짜증이 날 수도 있기 때문이다.

일반 사용자를 대상으로 한 키오스크^{kiosk}라면 얘기가 전혀 다르다. 방문객에게 길을 안내해주는 인터페이스를 생각해보자. 이런 기기는 보통 회사 건물 1층에 설치돼 있다. 당연히 명쾌하고 쉬운 사용법이 사용자의 첫 번째 목표가 된다.

언제나 공통적으로 적용되는 기본적인 인터랙션 디자인 원칙이 있다. 훌륭한 디자인은 사용자의 생산성을 향상해야 한다. 스스로 '멍청하다고 느끼지 않는 것'은 모든 사용자의 공통된 목표이기 때문이다. 사용자를 현명하게 만드는 개인적 목표뿐 아니라 생산 효율성과 사용성을 높이는 사업 목표도 만족시킬 수 있다.

사용자의 생산성을 향상하는 방법은 매우 다양하다. 어떤 방법을 택하는지는 디자이너의 몫이다. 하지만 사용자의 목표를 고려하지 않는다면 결코 훌륭한 방법이라 할 수 없다. 5000명의 이름과 주소를 입력해야 하는 데이터베이스 프로그램을 생각해보자. 특별한 문제 없이 5000명의 정보를 입력할 수 있는 디자인과, 데이터베이스에서 정보를 불러와 자동으로 내용을 입력해주는 디자인이 있다면 과연 어느 쪽이 더 훌륭한 디자인일까? 과업 자체보다는 사용자의 목표를 먼저 고려해야 사용자를 만족시킬 수 있다.

사용자를 관찰할 때 표면에 드러나는 건 과업과 업무다. 하지만 디자이너는 그 너머의 것을 볼 수 있어야 한다. 제품의 주요 사용자가 '누구'인지, 사용자의 목표가 '무엇'인지, '왜' 그 목표를 달성하려고 하는지 정확히 이해해야 한다.

구현 모델과 멘탈 모델의 전쟁

인터넷 업계에서는 컴퓨터 능숙도^{computer literacy}라는 말을 자주 사용한다. 개발자들끼리 모여 사용자가 컴퓨터에 얼마나 능숙한지를 논한다. 정보의 바다에서 컴퓨터 능숙도가 높은 사람만이 성공한다고 믿는다. 컴퓨터 능숙도가 낮으면 사회 경제에 뒤처진다는 논리다. 그럴싸하게 들릴지는 몰라도 결코 사용자를 고려한 측정 기준이 아니다. 기계의 작동 방식은 우리의 사고방식과 다르다. 하지만 컴퓨터 능숙도는 사용자가 기계의 법칙을 암기하도록 강요한다.

디지털 제품을 사용하려 할 때 실제 일어나는 일, 코딩된 기능을 사용자가 이해할 수 있고 즐길 수 있는 경험으로 바꿀 때 디자인의 역할을 살펴보자.

구현 모델

기계는 특정 규칙을 따라 작동한다. 주어진 목적을 달성해야 하기 때문이다. 영화관의 영사기를 살펴보자. 내부의 복잡한 부품이 순서에 따라 작동한다. 결과적으로 스크린에 화면을 보여준다. 먼저 이미지가 새겨진 투명한 필름으로 밝은 빛을 통과시킨다. 아주 짧은 순간 동안 검은 판이 빛을 차단하고 필름이 다음 장면으로 넘어간다. 다시 빛이 필름을 통과하면 스크린에 화면이 뿌려진다. 이 과정이 1초 동안 24번 반복된다. 컴퓨터 프로그램도 영사기와 마찬가지다. 소프트웨어는 기어나 모터 같은 부품으로 작동하지 않는다. 대신 복잡한 프로그램 코드와 알고리즘, 모듈로 구성된다. 도널드 노먼은 디지털 제품이 동작하는 방식을 대표하는 시스템 모델system model을 소개한 바 있다. 이 책에서는 시스템 모델과 유사한 구현 모델implementation model을 알아본다. 구현 모델이란 컴퓨터 코드를 바탕으로 프로그램이 구현되는 과정을 말한다.

구현 모델을 따라 디자인하기는 쉽다. 개발자의 입장에서 생각해보자. 모든 기능마다 버튼을 하나씩 만들기는 쉽다. 입력이 필요한 정보마다 입력창을 만들고, 로딩이 필요할 때마다 새 페이지를 넣고, 코드 모듈마다 팝업창을 띄우면 된다. 프로그램의 내부 구조를 그대로 드러내는 아주 쉬운 디자인이다. 하지만 사용자에게는 터무니없이 어려운 인터페이스가 되고 말 것이다. 사용자의 목표를 달성할 수 없다. 혼란을 불러일으키는 디자인인 셈이다. 테리 길리암Terry Gilliam 감독의 영화 〈브라질〉에서는 복잡하게 얽혀 있는 끔찍한 도시의 하수도가 나온다. 이처럼 복잡한 인터페이스를 만들어서는 안 된다. 멘탈 모델을 고려하지 않으면 사용자를 좌절시키는 괴상한 인터페이스가 탄생하고 말 것이다.

멘탈 모델

영화 관람객의 입장에서 생각해보자. 영화를 즐기는 동안 영사기 렌즈라든지 빛 투과 조절기 같은 것은 중요하지 않다. 영화관을 찾은 사람들 중 영사기 작동 방법을 알고 있는 사람은 거의 없다. 텔레비전과 영사기의 차이점을 이해하는 사람도 많지 않다. 영사기 덕분에 영화를 큰 화면에서 볼 수 있다고 아는 정도면 충분하다. 사용자가 제품을 이해하는 방식을 멘탈 모델mental model 또는 컨셉 모델conceptual model이라고 한다.

사용자가 제품의 작동 방식을 전부 이해할 필요는 없다. 복잡한 기계 부품을 살펴볼 필요도 없다. 사용자는 스스로에게 쉬운 방식으로 제품의 작동법을 이해한다. 사용자가 인지하는 내용이 실제 제품의 작동 방식과 일치할 필요도 없다. 청소기나 믹서기를 생각해보자. 대부분의 사용자는 전기 코드를 콘센트에 꽂는 순간, 벽에서 전기가 코드를 따라 흘러나온다고 상상한다. 수도꼭지에서 호스를 타고 물이 흘러나오는 것과 마찬가지다. 하지만 실제 전기가 작동하는 방식은 사용자의 멘탈 모델과 다르다. 그러나 실제 구현 모델에서 전기가 코드를 따라 물처럼 흐르지 않는다는 사실은 사용자에게 중요하지 않다. 사용자가 가정에서 전기기구를 사용하는 데 전혀 문제가 없기 때문이다. 전기의 위치 에너지인 전위 값이 초당 120번씩 진동한다는 식의 정보는 사용자에게 전혀 도움이 되지 않는다. 이런 상세한 내용은 전기 회사에나 중요한 내용이다.

디지털 제품의 경우 멘탈 모델과 구현 모델의 차이는 매우 뚜렷하다. 유선전화와 휴대폰은 전혀 다른 방식으로 작동한다. 유선전화는 전화선 신호를 이용하지만 휴대폰은 무선 신호를 활용한다. 휴대폰으로 2분간 통화한다면 6~7개 정도의 기지국 신호가 필요하다. 하지만 전화를 걸 때마다 이를 인지하는 사용자는 많지 않다. 친구에게 전화를 걸 때 이런 정보는 쓸모가 없다.

소프트웨어를 디자인할 때 사용자 멘탈 모델과 구현 모델을 부드럽게 연결하기란 쉽지 않다. 프로그램이 너무 복잡한 방식으로 구현된 경우도 있다. 이때는 사용자가 제품 자체를 이해할 수 없다. 정보를 입력할 때마다 시스템이 어떻게 반응할지 예상할 수 없는 경우도 있다. 사운드와 동영상을 편집하는 소프트웨어를 예로 들어보자. 음원과 도형을 다른 형태로 부드럽게 변형하는 몰핑morphing은 디지털 세계에만 존재하는 기능이다. 현실에서는 찾아볼 수 없기 때문에 이 기능에 대한 사용자의 멘탈 모델이 전혀 없다. 사용자는 구현 모델을 이해하기 힘들 수밖에 없다. 멘탈 모델과 구현 모델 사이의 연결고리가 있는 경우도 있다. 하지만 여전히 두 모델 사이의 거리를 좁히기란 쉽지 않다.

완벽을 향한 노력: 표현 모델

소프트웨어(그리고 소프트웨어에 기반한 디지털 제품)는 가면을 쓰고 있다. 이 가면은 제품의 인터랙션을 대표한다. 제품의 가면은 디자이너와 프로그래머가 창조해낸 것이다. 디자이너가 만들어낸 외형이 컴퓨터 내부의 작동 방식을 대변할 필요는 없다. 하지만 안타깝게도 대부분의 제품이 구현 모델에만 집중해서 디자인되고 있다. 복잡한 내부 구조를 알기 쉽게 재창조하는 능력은 매우 중요하다. 컴퓨터 내부의 실제 작동 방식과는 상관없이 새로운 겉모습을 창조해야 한다. 현명한 디자이너는 사용자에게 중요하지 않은 정보를 무대 뒤편으로 보내버린다. 사용자는 실제 구현 방식과는 다른 제품의 가면을 보게 된다. 이 가면은 제품이 작동하는 방식을 쉽게 설명해준다. 이를 표현 모델represented model이라고 부른다. 디자인 표현 방식을 통해 제품의 기능을 사용자에게 전달하기 때문이다. 도널드 노먼은 이를 디자이너 모델designer's model이라고 소개했다.

표현 모델이 복잡한 실제 정보 처리 과정을 보여줄 필요는 없다. 파일 탐색기를 생각해보자. 탐색기에는 내 하드디스크에 저장된 폴더와 네트워크로 연결된 공유폴더가 있다. 하지만 두 폴더의 모습은 크게 다르지 않다. 공유폴더라는 컨셉을 현실에서는 찾아보기 힘들다. 컴퓨터에서 공유폴더는 수십 킬로미터나 멀리 떨어져 있을 수도 있다. 하지만 디자인 표현 모델은 물리적인 거리를 보여주지 않는다. 그림 1-4는 구현 모델과 멘탈 모델, 표현 모델의 관계를 보여준다.

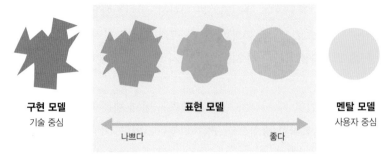

구현 모델
기술 중심

표현 모델

나쁘다   좋다

멘탈 모델
사용자 중심

그림 1-4 디지털 제품을 개발할 때는 수많은 제약사항이 따른다. 기술적인 측면과 사업적인 측면의 제약이 있다. 실제로 제품이 작동하는 방식을 구현 모델이라고 부른다. 사용자가 제품을 이용하면서 인터랙션을 인지하는 방식은 멘탈 모델이라고 한다. 멘탈 모델은 사용자의 입장에서 제품을 이해하는 관점을 대표한다. 제품이 사용자를 어떻게 도와주는지를 나타낸다. 디자이너가 제품의 작동 방법을 사용자에게 설명하는 방식을 표현 모델이라고 한다. 표현 모델은 구현 모델이나 멘탈 모델과는 달리 디자이너의 능력이 매우 중요하다. 표현 모델은 가능한 한 사용자의 멘탈 모델과 유사하게 만들어야 한다. 주요 사용자가 제품을 이해하고 사용하는 방식을 상세하게 이해해야 한다.

표현 모델이 멘탈 모델과 유사할수록 사용자에게는 유리하다. 프로그램을 훨씬 쉽게 이해하고 사용할 수 있기 때문이다. 표현 모델이 구현 모델과 비슷하다면 사용성은 급격히 떨어진다. 사용자가 과업을 수행할 때 떠올리는 멘탈 모델과 소프트웨어의 구현 모델에는 큰 차이가 있기 때문이다.

사용자는 제품을 좀 더 단순하게 이해하려는 경향이 있다. 디자인 표현 모델이 실제 구현 모델보다 단순할수록 사용자에게는 큰 도움이 된다. 스프레드시트를 예로 들어보자. 스크롤바를 움직이면 보이지 않던 셀이 화면에 나타난다. 사용자는 모니터 바깥에 있던 영역이 화면 안으로 들어온다고 생각한다. 하지만 컴퓨터의 작동 방법은 사용자 멘탈 모델과 다르다. 실제로 창 밖에 보이지 않는 셀이 있는 것은 아니다. 컴퓨터 내부에 복잡하게 나열된 정보와 데이터베이스 포인터만 있을 뿐이다. 사용자가 스크롤바를 움직일 때마다 컴퓨터는 실시간으로 데이터를 처리해서 사용자에게 뿌려준다.

실제로 컴퓨터의 작동 방식을 이해하는 것도 도움이 될 수 있다. 하지만 매번 컴퓨터의 내부 구조를 이해하기란 매우 어렵다. 복잡한 프로세스에 이해하기 쉬운 가면을 씌운다면 사용자에게 매우 편리하다. 구현 모델을 그대로 보여주면 안 된다. 사용자의 멘탈 모델과 유사한 인터페이스를 설계해야 한다. 이는 성공적인 디지털 제품을 디자인하는 필수 과정이다.

디자인 원칙 ▶ 인터페이스는 구현 모델이 아닌 사용자 멘탈 모델에 맞게 디자인해야 한다.

아이패드의 어도비 포토샵 익스프레스^{Adobe Photoshop Express}에서 사용자는 노이즈, 대비, 노출, 틴트 등의 10가지 비주얼 필터를 조정할 수 있다. 구현 모델인 필터 값 입력을 위한 숫자 필드나 여러 조절판을 제공하는 대신, 인터페이스는 편집된 이미지의 섬네일 이미지들을 보여주는데, 각각 다른 필터가 적용된다(그림 1-5 참조). 사용자는 기대하던 결과를 가장 잘 나타내는 이미지를 태핑해 하나의 큰 슬라이더로 수정할 수 있다. 인터페이스는 사용자의 멘탈 모델을 더 긴밀히 따른다. 아마추어 사진가 같은 사용자에게 추상적인 숫자가 아닌 사진이 어떻게 보이는가라는 맥락에서 생각하고 있기 때문이다.

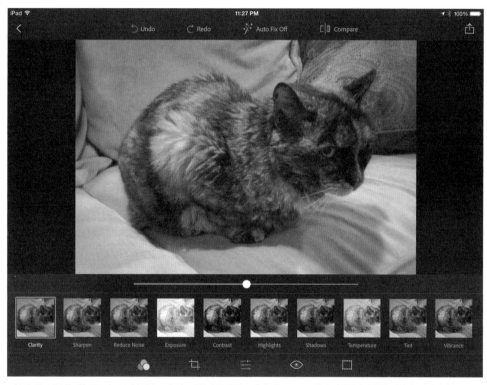

그림 1-5 아이패드용 어도비 포토샵 익스프레스는 사용자의 멘탈 모델에 맞는 소프트웨어 디자인의 훌륭한 사례다. 인터페이스는 편집 중인 사진의 섬네일들을 표시한다. 사용자는 기대하던 설정을 가장 잘 나타내는 섬네일을 태핑하는데, 이어서 사진 아래 큰 슬라이더 하나로 설정을 수정할 수 있다. 인터페이스는 추상적인 숫자 값들이 아닌 사진이 어떻게 보이는가라는 사진가들의 멘탈 모델을 따른다.

소프트웨어의 표현 모델이 멘탈 모델과 유사할수록 제품이 쉬워진다. 사용자의 목표와 니즈를 만족시키는 방법이 분명해지기 때문이다. 불필요하게 복잡한 요소는 말끔히 제거할 수 있다.

디자인 원칙 목표 지향 디자인의 인터랙션은 멘탈 모델을 바탕으로 해야 한다.

그래서 이제 대부분의 디지털 제품이 진정으로 성공하지 못하게 빠진 연결고리가 방해함을 알았다. 디자인 프로세스는 기능 구현을 목표 달성을 향한 과업 수행에 관한 사람들의 사고방식과 맞는 직관적이고 바람직한 제품 동작으로 풀이한다. 그러나 실제로 어떻게 하는가? 사용자의 목표는 무엇이며, 활동과 과업에 대해 어떤 멘탈 모델이 있는가?

1부에서 설명하는 목표 지향 디자인 프로세스는 이 질문들에 대한 답을 결정하는 구조(이 정보에 근거를 둔 솔루션을 체계적으로 달성할 수 있는 구조)를 제공한다.

목표 지향 디자인 프로세스

제대로 된 사용자 중심 디자인 프로세스를 갖춘 회사는 많지 않다. 물론 디자인 프로세스가 전혀 없는 회사도 엄청나게 많다. 적절한 방법론을 적용하더라도 훌륭한 사용자 경험을 디자인하는 데는 어려움을 겪는다. 디자인 리서치를 진행하는 도중에 많은 문제가 발생한다. 대부분의 문제가 기술 중심의 구식 방법론으로부터 생긴 것이다.

훌륭한 제품을 만드는 데 사용자 조사의 중요성을 인식하는 회사가 점점 늘고 있다. 하지만 제대로 사용자 조사를 진행하는 방법은 모르고 있다. 마케팅 리서치는 제품을 판매하는 데 큰 도움이 된다. 여러 수치 자료를 제공하기 때문이다. 하지만 사용자가 제품을 어떻게 사용하는지 이해하는 것과는 거리가 멀다. 특히 복잡한 인터랙션을 다루는 프로그램의 경우는 사용자 조사가 매우 중요하다(이 내용은 2장에서 더 자세히 다룬다). 사용자 조사 결과 자료를 분석하는 일도 결코 쉽지 않다. 구식 리서치 방법론의 데이터만으로는 디자인 가이드라인을 만들 수 없다. 사용자 조사 결과물은 그저 수백 페이지의 보고서일 뿐 어떤 디자인이 좋은 것인지 알 수 없기 때문이다. 인터페이스는 어떻게 디자인해야 하는지, 어떻게 해야 사용자가 만족하는 디자인을 도출할 수 있는지 아무런 정보도 제공하지 않는다. 리서치 결과와 최종 디자인 사이에는 커다란 공백이 있다. 조사 내용과는 상관없이 '마법'처럼 디자인이 탄생하곤 한다. 사용자와 디자인을 연결해주는 효과적인 연결고리가 없기 때문이다. 목표 지향 디자인 프로세스는 이 문제를 해결하는 훌륭한 방법이다.

리서치와 디자인 연결고리

제품을 개발하는 과정에서 디자인의 역할은 매우 중요하다. 과거의 디자인 프로세스와는 다른 접근 방식이 필요하다. 새로운 시야로 디자인을 생각해보자. 디자인 의사결정을 내리는 방식을 완전히 다른 측면에서 시도해보자.

제품을 결정짓는 디자인

디자인의 역할이 극히 제한적인 경우가 많다. 그림 1-2의 세 번째 모델을 살펴보자. 중요한 업무는 관리자와 개발자가 담당한다. 디자이너의 역할은 다 만들어진 결과물에 그래픽만 입히는 데 그친다. 구현 모델의 성형수술을 담당하는 셈이다. 올바른 프로세스는 그림 1-2의 네 번째 모델이다. 디자이너의 역할이 빛을 발하면 프로그램의 겉모습뿐 아니라 상세한 인터랙션도 꼼꼼히 설계할 수 있다. 사용자를 효과적으로 만족시킬 수 있다. 디자인이야말로 제품의 본질을 결정하는 핵심 요소인 셈이다. 사용자의 목표와 사업 계획, 기술 구현 가능성을 조화롭게 묶어주는 것이 디자인이기 때문이다.

디자이너 = 연구원

디자인이 제품의 본질을 결정짓는다. 디자이너의 책임은 막중하다. 소프트웨어의 겉모습만 치장하는 것으로 여겨지던 때와는 다르다. 디자이너는 훨씬 더 많은 역할을 떠맡게 된다. 특히 인터랙션이 복잡한 프로그램의 경우는 해야 할 일이 무척 많다.

그림 1-6은 대부분 회사에서 차용하는 프로세스를 보여준다. 이런 프로세스는 담당자의 역할이 너무 세분화되기 때문에 문제가 많다. 연구원은 리서치만 하고 디자이너는 디자인만 한다. 마케터의 마케팅 리서치 자료와 사용성 전문가의 테스트 자료가 아무런 해석 없이 디자이너와 개발자에게 던져지곤 한다. 리서치 자료를 바탕으로 어떻게 디자인해야 하는지 알 수 없다. 리서치 결과를 효과적으로 분석하고 고민하는 중간 과정이 없는 셈이다. 디자이너 스스로 리서치 연구원의 자세를 배우고 리서치에 함께 참여함으로써 이 문제를 해결할 수 있다.

그림 1-6 리서치와 디자인의 역할이 지나치게 세분화되면 의사소통에 문제가 생긴다. 진행하는 리서치라고는 마케팅 팀의 마케팅 리서치가 전부였다. 디자이너의 역할은 제품의 외관을 치장하는 데 그치곤 했다. 사용자 조사의 등장으로 에스노그라피(ethnography) 자료를 비롯해 디자인에 필요한 사용자 행동 자료를 풍부하게 얻을 수 있게 됐다. 하지만 리서치 프로세스에 디자이너가 함께 참여하지 않는다면 소용이 없다. 리서치 자료를 바탕으로 적절한 디자인을 도출해내기 어렵다.

디자이너가 리서치에 참여하면 훌륭한 성과를 볼 수 있다. 디자이너는 감정 이입에 뛰어나기 때문이다. 다른 사람의 입장에서 생각하고 체험해보는 능력은 매우 중요하다. 사용자 리서치에 참여한 디자이너는 누구보다 빨리 사용자의 세계에 푹 빠지게 된다. 디자인 시안을 제작하기 전부터 사용자를 고려하고 그들의 니즈를 이해하게 된다. 디자이너를 사용자로부터 격리시키는 디자인 프로세스는 큰 실수를 범하는 셈이다. 디자이너의 감정 이입 능력을 충분히 활용하지 못하기 때문이다.

리서치 담당자는 사용자로부터 발견한 정보 중 어떤 내용이 디자인 측면에서 중요한지 잘 모른다. 디자이너가 직접 리서치에 참여하면 디자인에 필요한 핵심 정보를 쉽게 발견할 수 있다.

디자이너가 효과적으로 리서치 방법론을 배우는 과정은 2장에서 자세히 소개한다. 실제로 리서치 기술을 터득한 디자이너는 전문가의 도움 없이도 훌륭한 리서치를 수행해냈다. 디자이너를 능력 있는 리서치 전문가로 교육시킬 만한 비용과 시간이 허락된다면 더할 나위가 없다. 그러나 대개는 디자이너와 사용성 전문가가 협업할 수 있는 환경을 제공하는 것이 바람직하다.

디자이너가 리서치 과정에 적극적으로 참여한다면 '목표 지향 디자인'을 반은 성취한 셈이다. 하지만 리서치 자료를 어떻게 디자인으로 풀어낼지는 쉬운 문제가 아니다. 빈 퍼즐 조각을 맞추듯 리서치와 디자인 사이의 공백을 채워보자.

리서치와 디자인 사이의 공백: 모델, 요구사항, 디자인 설계도

사용자 조사를 진행하는 동안 얻은 귀중한 자료를 효과적인 디자인으로 풀어내기란 매우 어렵다. 대부분 회사의 디자인 프로세스에는 리서치와 디자인 사이에 큰 공백이 존재한다. 디자이너가 리서치 과정에 적극적으로 참여하지 못했기 때문일 수도 있다. 리서치 전문가가 디자인에 중요한 정보가 무엇인지 파악하지 못했을 수도 있다.

디자인 방법론 자체에 문제가 있는 경우도 있다. 제품의 본질을 결정하는 사용자의 행동 패턴을 정확히 짚어내기란 무척 힘들다. 사용자의 목표를 도출하는 데 집중하지 않고 표면적인 과업과 업무에만 초점을 맞추는 경우가 많다. 이런 방법론을 적용하면 세부 기능 인터페이스를 설계할 때는 도움이 된다. 레이아웃과 화면의 흐름을 구성할 때도 도움이 될지 모른다. 하지만 가장 중요한 프로그램의 기본 구조를 디자인할 때는 쓸모가 없다. 이 프로그램이 무엇인지, 어떤 역할을 수행하는지, 사용자의 니즈를 어떻게 만족시키는지 아무런 정보도 제공하지 않기 때문이다.

리서치와 디자인을 부드럽게 연결하려면 좀 더 구체적이고 체계적인 디자인 방법론이 필요하다. 사용자 모델과 디자인 요구사항을 바탕으로 적절한 인터랙션 디자인을 설계할 수 있는 접근 방식을 도입해야 한다. 그림 1-7은 목표 지향 디자인 방법론을 도표로 보여준다. 목표 지향 디자인을 도입하면 리서치와 디자인 사이의 공백을 탄탄하게 메울 수 있다. 기존에 디자이너와 개발자에게 익숙한 방법론뿐 아니라 새로운 접근 방식을 효과적으로 접목했기 때문이다.

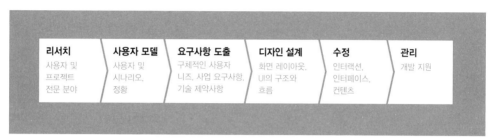

그림 1-7 목표 지향 디자인 프로세스

디자인 프로세스

목표 지향 디자인은 다양한 디자인 기술을 접목한 새로운 디자인 방법론이다. 에스노그라피와 경영진 인터뷰, 마케팅 리서치, 사용자 모델, 시나리오 기반 디자인을 비롯해 인터랙션 디자인의 주요 기술과 패턴을 활용한다. 사용자의 목표와 니즈를 만족시킬 뿐 아니라 사업 측면의 요구사항과 기술 구현 가능성을 효과적으로 조화시킬 수 있는 접근 방식이다. 목표 지향 디자인 프로세스는 크게 6단계로 구분할 수 있다. 그림 1-7과 같이 리서치, 사용자 모델, 요구사항 도출, 디자인 설계, 수정, 관리로 구성된다. 인터랙션 디자이너인 질리언 크럼프턴 스미스Gillian Crampton Smith와 필립 타보Philip Tabor가 제안한 디자인 5단계를 따른다. 인터랙션을 디자인할 때는 이해, 일반화, 구조 설계, 표현, 세부화의 5단계를 거쳐야 한다. 목표 지향 디자인은 특히 사용자 행동 모델과 디자인 설계에 초점을 맞추고 있다.

　목표 지향 디자인의 프로세스를 좀 더 들여다보자. 각 단계에서 적용하는 구체적인 기술과 방법론은 2장에서부터 6장에 걸쳐 상세히 알아본다. 그림 1-8은 각 단계마다 필요한 방법론을 보여준다. 타 부서와의 협업 내용과 디자인 고려사항, 산출물도 확인해보자.

| 기획 | → | 디자인 | ⇄ | 구현 | ⇄ | 테스트 | ⇄ | 오픈 |

목표 지향 디자인

	단계	대상	임원진 참여	결과물
리서치	**프로젝트 범위 설정** 프로젝트의 목적과 일정 산정	프로젝트 목적, 일정, 예산편성, 프로세스, 주요 이정표	회의 프로젝트 범위 및 컨셉 토의	보고서 프로젝트 기획서
	감사 기존 자료 분석	사업 계획, 마케팅 계획, 브랜딩 전략, 마케팅 리서치, 제품 포트폴리오 계획, 경쟁사 분석, 관련 기술 분석		
	임원진 인터뷰 제품 전략과 제약 이해	제품 전략, 기회와 위험 요소, 제약사항, 세부계획, 사용자	인터뷰 임원진 및 사용자	
	사용자 인터뷰 및 관찰 사용자의 니즈와 행동 이해	사용자, 잠재 사용자, 행동, 태도, 적성, 동기, 환경, 도구, 문제점	점검 사전 리서치 결과	
사용자 모델	**퍼소나** 사용자 및 소비자 전형	사용자 및 소비자 행동 패턴, 태도, 적성, 목표, 환경, 도구, 문제점	점검 퍼소나	
	기타 모델 사용자와 소비자 외의 제품 분야 특성	다수 사용자 사이의 업무의 흐름, 환경, 사물		
요구사항 도출	**정황 시나리오** 이상적인 사용자 경험을 이야기로 소개	제품이 퍼소나의 삶과 환경에 어떻게 적용되는가? 사용자의 목표를 어떻게 달성시키는가?	점검 시나리오 및 요구사항	
	요구사항 필요한 기능을 설명	기능 및 자료 니즈, 사용자 멘탈 모델, 디자인 중요도, 제품 전략, 사업 요구사항, 기술	프리젠테이션 사용자 및 프로젝트 영역 분석	보고서 사용자 및 프로 젝트 영역 분석
디자인 설계	**디자인 요소** 정보와 기능의 노출 방식 결정	정보, 기능, 구현 기술, 행동, 전문 분야의 디자인 요소 모델	점검 디자인 설계도	
	디자인 설계도 전반적인 구조와 사용자 경험 설계	요소 간의 관계, 컨셉에 따른 그룹, 내비게이션 순서, 원칙 및 패턴, 흐름, 스케치, 스토리보드		
	주요 경로 및 점검 시나리오 퍼소나와 제품의 인터랙션 설명	디자인과 이상적인 사용자 행동 순서의 관계, 다양한 활용 사례에의 대응	프리젠테이션 디자인 비전	
수정	**디자인 세부요소** 세부요소 수정 및 점검	시각적 요소, 숙어, 인터페이스, 위젯, 인터랙션, 정보, 시각화, 브랜드, 경험, 언어, 스토리보드	점검 디자인 수정	보고서 인터페이스 및 인터랙션 상세 보고서
관리	**디자인 관리** 새로운 일정과 제약사항 관리	디자인의 본래 컨셉 유지, 변경된 기술적 제약사항 점검	참여 디자인	수정문서 인터페이스 및 인터랙션 상세 보고서

그림 1-8 세부적인 목표 지향 디자인 프로세스

리서치

리서치 단계에서는 사용자를 이해하는 데 필요한 자료를 수집한다. 이때 사용자란 제품의 실제 사용자와 잠재 고객을 모두 말한다. 에스노그라피의 필드 스터디$^{field\ study}$ 방법론이 무척 유용한 단계다(에스노그라피 필드 스터디란 사용자의 행동을 직접 관찰하고, 질의응답 인터뷰로 정황을 파악하는 방법론을 말한다). 경쟁사 제품 비교와 마케팅 리서치, 기술 보고서, 브랜딩 전략 문서를 분석하는 일도 중요하다. 프로젝트에 따라 경영진과 개발자, 해당 분야의 전문가^{SME,} $_{subject\ matter\ expert}$, 기술 전문가를 심도 있게 인터뷰하면 큰 도움이 된다.

직접 현장에 나가 사용자를 관찰하고 인터뷰를 해보면 사용자의 행동 패턴$^{behavior\ pattern}$을 분명하게 파악할 수 있다. 이런 관찰 내용은 기존 제품을 수정하거나 새로운 서비스를 디자인할 때 큰 도움이 된다. 다양한 활용 사례를 고려할 수 있기 때문이다. 사용자가 제품을 이용하면서 바라는 것을 파악할 수 있다. 행동 패턴을 바탕으로 사용자의 목표와 동기를 예측할 수 있다. 사업과 기술적인 측면에서도 사용자 관찰은 매우 중요하다. 라이프 스타일에 따라 사용자의 행동도 달라지기 때문이다. '사용자 모델' 단계에서는 행동 패턴과 목표를 결합해 퍼소나^{persona}를 만든다. 마케팅 리서치 자료는 사업 목표에도 들어맞는 적절한 퍼소나를 설계하는 데 도움을 준다. 경영진 인터뷰와 관련 자료 분석, 경쟁사 비교를 거치면 디자이너가 해당 프로젝트를 더욱 깊이 이해할 수 있다. 사업 목표는 물론 프로젝트의 브랜딩과 기술 제약사항을 고려해 효과적인 디자인을 할 수 있다.

목표 지향 디자인의 리서치 방법론은 2장에서 더욱 상세히 다룬다.

사용자 모델

사용자 모델 단계에서는 행동 패턴과 업무의 흐름을 파악하는 일이 중요하다. 필드 리서치와 인터뷰 자료를 분석해서 프로젝트의 전문 영역을 파악하고 사용자 모델을 만든다. 제품의 전문 영역을 깊이 이해하려면 업무의 흐름을 도표로 그려보는 것이 좋다. 흔히 퍼소나라고 부르는 사용자 모델은 제품의 주요 사용자 그룹을 대표하는 가상의 사용자를 말한다. 리서치 단계에서 관찰한 사용자의 행동과 태도, 적성, 목표와 동기를 효과적으로 보여준다.

퍼소나는 시나리오를 제작할 때 매우 중요한 역할을 한다. 퍼소나가 시나리오 이야기 속의 주인공이기 때문이다. 실제로 인터랙션을 설계하는 디자인 설계 단계에서는 시나리오를 바탕으로 디자인 컨셉을 조금씩 수정한다. 수정 단계에서 퍼소나를 활용하면 디자인을 좀 더 일관성 있고 탄탄하게 다듬을 수 있다. 퍼소나는 관리자와 개발자가 디자인을 쉽게 이해할 수 있도록 도와주는 효과적인 의사소통 수단이다. 사용자를 항상 염두에 두고 기능의 중요도를 판단할 수 있기 때문이다. 우선 몇 개의 퍼소나를 제작한 뒤, 중요도에 따라 대표 퍼소나와 부가적 퍼소나를 구분한다. 퍼소나는 다양한 사용자의 목표를 두루 고려해야 한다. 두 개의 퍼소나 사이에 중복되거나 누락된 목표가 없는지 점검하는 것이 중요하다.

주요 사용자의 목표를 비교하고 중요도를 판단해서 퍼소나를 분류해야 한다. 더 중요한 퍼소나의 목표를 만족시키면 기타 퍼소나의 목표를 달성하는 데도 도움이 된다. 퍼소나를 어떻게 구성하는지에 따라 소프트웨어의 인터랙션이 크게 달라진다. 중요한 퍼소나일수록 디자인에 큰 영향을 미치기 때문이다.

사용자의 목표를 바탕으로 퍼소나를 제작하는 방법은 3장에서 더욱 자세히 다룬다.

요구사항 도출

요구사항 도출 단계에서는 사용자 모델과 디자인을 부드럽게 연결하는 것이 중요하다. 사용자 과업에만 초점을 맞추면 사용자가 정말로 원하는 인터랙션을 찾아내기 어렵다. 시나리오 기반 디자인은 퍼소나를 바탕으로 사용자와 목표와 니즈를 만족시키는 데 큰 도움이 된다. 퍼소나를 활용하면 사용자에게 어떤 과업이 중요한지, 그 이유가 무엇인지 쉽게 이해할 수 있다. 사용자가 힘들게 고생하지 않아도 원하는 결과를 얻을 수 있어야 한다. 시나리오를 활용하면 사용자에게 쉽고 편리한 인터페이스를 제작할 수 있다. 퍼소나는 시나리오 이야기 속의 주인공이다. 디자이너는 직접 사용자의 입장에서 제품을 점검해볼 수 있다.

대표 퍼소나를 만족시키는 인터페이스를 설계하려면 퍼소나가 원하는 기능을 분석해야 한다. 요구사항 도출 과정에서는 사용자에게 필요한 인터페이스와 기능을 생각해본다. 대표 퍼소나 자료를 분석할 때는 퍼소나의 목표와 행동 패턴, 여타 퍼소나와의 인터랙션을 다양한 측면에서 고려한다.

퍼소나를 분석하면서 사용자 시나리오도 조금씩 수정해간다. 시나리오는 퍼소나가 제품을 사용하는 상황을 고려해 '사용자의 하루 일상'을 그리는 것으로 시작한다. 사용자의 일상에서 제품이 필요한 시점을 대략적으로 생각해본 뒤, 좀 더 구체적인 상황을 추가해간다. 시나리오를 바탕으로 요구사항을 도출하는 과정에서 퍼소나가 제품을 사용하는 주변환경을 고려한다. 퍼소나가 제품을 다루는 기술 수준은 어느 정도인지, 신체적인 제약사항은 없는지도 살핀다. 사업 측면의 목표와 브랜딩, 기술 구현 가능성도 생각해야 한다. 이 단계를 성공적으로 마치고 나면 사용자와 사업, 기술 측면의 니즈가 효과적으로 어우러진 탄탄한 디자인 요구사항을 파악할 수 있게 된다.

4장은 시나리오를 사용해 요구사항을 확립하는 프로세스를 다룬다.

디자인 설계

디자인 설계 단계는 제품의 구체적인 컨셉을 결정하는 단계다. 제품의 기본적인 기능과 인터랙션을 결정한다. 더 나아가 인터페이스와 시각적인 요소, 적용 가능한 경우 물리적 형태까지 결정할 수도 있다. 시나리오를 바탕으로 인터랙션을 설계할 때 효과적인 두 가지 접근 방식을 살펴보자. 첫 번째 방법은 인터랙션 디자인 원칙^{interaction design principle}을 활용하는 것이다. 인터랙션 디자인 원칙은 다양한 상황에서 적절한 기능과 인터랙션을 결정하는 데 도움이 된다. 2부에서는 디자인 설계 단계에서 적용할 수 있는 디자인 원칙을 살펴본다.

두 번째 방법은 인터랙션 디자인 패턴^{interaction design pattern}을 적용하는 것이다. 디자인 패턴은 기존의 다양한 디자인을 분석한 결과를 바탕으로 상황별로 적절한 디자인 예시를 제시한다. 건축가인 크리스토퍼 알렉산더^{Christopher Alexander}는 건물을 설계할 때 활용할 수 있는 건축 디자인 패턴을 소개한 바 있다.[3] 최근 들어 에릭 감마^{Erich Gamma}를 비롯한 개발자가 이와 유사한 디자인 패턴을 컴퓨터 분야에도 적용했다.[4] 인터랙션 디자인 패턴은 프로젝트의 종류에 따라 잘 구분돼 있다. 새로운 분야의 사이트와 소프트웨어가 등장하면서 인터랙션 디자인 패턴도 함께 발전하고 있다. 디자인 패턴은 디자이너의 창의력을 죽이려는 것이 아니다. 이미 검증된 해결책을 제시함으로써 더 어려운 문제를 효과적으로 해결할 수 있는 발판을 제공하는 셈이다.

데이터와 주요 기능에 대한 니즈가 대략적으로 결정되고 나면 인터랙션 디자인 원칙과 패턴을 활용해 디자인 요소를 설계해야 한다. 디자인 스케치를 바탕으로 인터랙션을 설명하는 문서를 작성한다. 이 단계를 성공적으로 마치고 나면 탄탄한 디자인 컨셉을 갖추게 된다. 사용자가 이해하기 쉬운 논리적인 인터랙션과 사이트 구조를 설계할 수 있다. 좀 더 구체적인 시나리오를 반복해서 적용하면서 세부요소를 결정한다. 수정 단계에서는 제품의 세부요소를 계속해서 다듬어간다. 패턴을 기반으로 디자인을 구체화하는 접근 방식과 가이드라인을 바탕으로 사이트의 컨셉을 확대해가는 방식을 적절히 조화시킨다.

소프트웨어가 아니라 하드웨어를 디자인할 때도 마찬가지다. 이때는 인터랙션 디자이너와 제품 디자이너가 밀착해서 디자인 설계 단계를 진행해야 한다. 시나리오를 기반으로 대략적인 제품의 외형과 인터랙션 요소를 여러 개 만들어본다. 각 시안의 장단점을 꼼꼼히 살핀 뒤, 적절한 디자인을 선택한다. 제품 디자이너는 선정된 시안을 바탕으로 하드웨어 프로토타입을 제작하고 인터랙션이 제대로 작동하는지 점검해본다. 디자인 프로세스의 초기 단계부터 인터랙션 디자이너와 제품 디자이너가 협업하는 것은 매우 중요하다. 제품 디자인의 컨셉이 인터랙션과 동떨어져서는 안 되기 때문이다.

---

3 Alexander, 1979
4 Gamma, et al, 1994

서비스를 디자인할 때, 서비스 디자이너와 협업해 서비스 맵service map과 청사진blueprint 시안을 만들 것이다. 이는 채널들 간의 접점과 경험을 조정하는데, 서비스 제공업체와는 백스테이지 역할을, 사용자의 관점에서는 무대 전면 역할을 한다.

인터랙션이 조금씩 모습을 드러내기 시작하면 시각 디자이너는 몇 가지 인터페이스 시안을 만든다. 시각적인 언어를 활용해 제품의 전략을 표현하는 셈이다. 시각적인 요소를 디자인할 때는 제품의 브랜딩과 인터페이스 구조를 깊이 이해해야 한다. 타이포그래피와 색상 구성, 디자인 스타일을 결정하는 중요한 요소이기 때문이다.

수정

수정 단계는 디자인 설계 단계와 크게 다르지 않다. 하지만 세부적인 요소와 실제 구현 과정에 더 주의를 기울여야 한다. 사용자의 과업이 일관되게 흘러가는지 점검한다. 주요 경로 시나리오key path scenario와 점검 시나리오validation scenario를 바탕으로 스토리보드에 문제가 없는지 인터페이스를 살펴본다. 시각 디자이너는 폰트의 종류와 크기, 아이콘을 비롯한 여타 그래픽 요소를 꼼꼼히 확인한다. 제품의 시각적 요소는 사용자 경험을 결정짓는 중요한 부분이다. 어포던스affordance와 상하관계 등의 정보를 효과적으로 전달해야 한다. 제품 디자이너는 엔지니어와 밀착해서 작업한다. 마감 재질을 결정하고 제품 조립법 등의 기술적인 이슈를 해결해야 한다. 수정 단계를 진행하는 동안 다수의 상세한 디자인 문서를 작성한다. 인터페이스와 인터랙션을 상세하게 설명하는 문서와 실제 조작 가능한 프로토타입을 제작한다.

요구사항 도출 단계와 디자인 설계 단계, 수정 단계에 필요한 방법론은 5장에서 더욱 상세하게 다룬다. 퍼소나와 시나리오를 제작하고 인터랙션 원칙과 패턴을 활용하는 방법을 알아본다.

관리

아무리 훌륭한 디자인이라 할지라도 완벽할 수는 없다. 개발 단계에서 발생하는 모든 문제와 기술적인 오류에 완벽히 대처할 수는 없기 때문이다. 제품을 구현하는 과정에서 문제가 발생한다면 이를 즉각 해결할 수 있어야 한다. 바로 인터랙션 디자인 대안을 설계할 수 있는 환경을 마련해야 한다. 개발 팀은 마감일을 맞추는 것이 중요하기 때문에 문제의 중요도에 따라 해결할 수 있는 문제를 선택한다. 중요한 디자인이 수정되거나 처음 설계한 대로 인터랙션이 구현되지 않는 경우도 많다. 인터랙션 디자이너가 새로운 해결책을 제시하지 않으면 개발자는 시간 내에 구현할 수 있는 엉뚱한 코드를 제작할 수도 있다. 제품의 디자인을 망치는 지름길인 셈이다.

6장에서 인터랙션 디자인 활동과 프로세스를 더 큰 제품 팀에 통합시킬 수 있는 방법을 논한다.

기능이 아닌 목표, 성공으로의 지름길

개발 팀과 마케팅 팀은 제품의 성능과 기능에만 초점을 맞추는 경우가 많다. 성능과 기능을 상세하게 나열하는 것만이 제품을 잘 설명하는 방법이라고 생각한다면 큰 실수를 범하는 셈이다. 사용자의 니즈와 목표를 만족시키려면 기술적인 요소와 사용자 경험을 부드럽게 조화시켜야 하기 때문이다. 멋들어진 기술만 가지고 엉터리로 만들어진 제품은 수도 없이 많다. 사용자는 전혀 고려하지 않았다. 마케팅 판매 전략이나 구현 가능성에만 초점을 맞춘다.

성공적인 인터랙션 디자인은 사용자의 목표를 항상 염두에 둬야 한다. 제품을 디자인하는 과정은 매우 바쁘고 정신이 없다. 그 와중에도 사용자의 목표를 잊어서는 안 된다. 이 책에서 소개하는 다양한 방법론과 인터랙션 디자인 기술은 모두 사용자의 목표를 효과적으로 만족시키기 위한 것이다. 사용자의 목표는 인터랙션 디자인이라는 건물을 세우는 데 필요한 초석인 셈이다.

목표 지향 디자인 방법론은 명쾌하고 논리적인 디자인 사고를 필요로 한다. 이런 디자인 프로세스는 개발 팀과 사업 팀의 의사소통을 원활하게 한다. 추측을 바탕으로 인터랙션을 디자인해서는 안 된다. 문득 떠오르는 창의적인 생각에 의존해서도 안 된다. 디자이너의 개인적 취향을 따라서도 안 된다.

디자인 원칙   추측을 바탕으로 인터랙션을 디자인해서는 안 된다.

목표 지향 디자인은 개발 프로세스에서 중요한 정보를 쉽게 찾아내는 매우 훌륭한 방법론이다. 디지털 제품을 디자인하는 과정에서 다음과 같은 질문에 답을 구해야 한다.

- 사용자가 누구인가?
- 사용자가 무엇을 성취하고자 하는가?
- 사용자가 스스로 성취하고자 하는 목표에 대해 어떻게 생각하는가?
- 어떤 종류의 경험을 중요하게 생각하는가?
- 제품이 어떤 식으로 동작해야 하는가?
- 제품이 어떤 모습을 갖춰야 하는가?

- 사용자가 어떻게 제품과 상호작용하는가?

- 제품의 기능을 가장 효과적으로 구성하는 방법은 무엇인가?

- 처음 접하는 사용자에게 친근한 제품을 디자인하는 방법은 무엇인가?

- 제품의 기술을 바탕으로 이해와 조작이 쉽고 매력적인 인터페이스를 설계하려면 어떻게 해야 하는가?

- 제품을 사용하면서 접하는 문제를 어떻게 해결할 수 있는가?

- 제품을 자주 사용하지 않거나 조작이 미숙한 사용자도 쉽게 이해하고 목표를 빠르게 달성하려면 어떻게 해야 하는가?

- 전문 사용자에게도 충분한 고급 기능을 제공하려면 어떻게 해야 하는가?

2장부터는 질문의 답을 하나씩 차근차근 살펴본다. 여기서 소개하는 디자인 방법론은 수년간의 경험을 바탕으로, 다양한 프로젝트에 적용해본 뒤 테스트를 거쳐 완성된 것이다. 제품의 주요 사용자를 도출한 뒤 그들의 니즈와 목표를 이해하는 방법을 소개한다. 리서치 결과를 효과적이고 매력적인 디자인으로 이끌어내는 방법도 알아본다.

문제의 이해: 디자인 리서치

오랜 시간 공들인 디자인을 어떻게 평가해야 할까? 회사의 요구사항은 물론 사용자의 니즈를 얼마나 효과적으로 만족시켰는지 판단해야 한다. 아무리 재능 있는 디자이너라도 사용자를 이해하지 못하면 소용이 없다. 제품의 사용자를 명확히 이해하고, 제약사항과 문제점을 파악해야 한다. 사업 측면의 목표도 분명히 알고 있어야 한다. 회사의 요구사항은 디자인의 기본 바탕이 되기 때문이다. 이런 요소를 이해하지 못하면 성공적인 디자인은 불가능하다.

정량적^{quantitative} 자료는 디자인에 큰 도움이 되지 않는다. 시장 조사 등의 마케팅 리서치로 얻은 수치를 아무리 들여다봤자 얻는 건 별로 없다(디자인 프로세스에 해당하는 말이다). 디자인에 필수적인 요소를 깊이 이해하려면 반드시 정성적^{qualitative} 리서치를 도입해야 한다. 정성적 리서치에는 다양한 방법론이 있다. 각 방법론마다 디자인에 중요한 실마리를 제공한다. 2장에서는 정성적 리서치 방법론을 소개한다. 이 책의 뒷부분에서 각 방법론을 더 자세히 살펴볼 것이다. 특정 정성적 리서치를 풍요롭게 하는 법과 정량적 리서치로 정성적 리서치 기법을 풍요롭게 하는 법도 논할 것이다. 2장의 마지막에서는 보완적인 정성적 기법 몇 가지와 그 적절한 리서치 정황도 간략히 다룰 것이다.

정성적 리서치와 정량적 리서치

'리서치'라고 하면 수학이나 과학 실험을 떠올리곤 한다. 하지만 리서치에는 한 종류만 있는 게 아니다. 수학의 정답처럼 명확히 떨어지는 결과를 도출하는 것만이 리서치가 아니다. 그러나 정량적인 자료만 우선시되는 경우가 많다. 학교뿐 아니라 회사에서도 수치 자료만이 믿을 만한 자료로 여겨지곤 한다. 하지만 수치 자료가 항상 정확할까? 통계 자료는 어떻게 해석하는지에 따라 그 내용이 달라진다. 어떤 해석 방법을 택하는지에 따라 전혀 다른 의미로 전달될 수 있다. 정성적 자료와 정량적 자료는 동일한 가치가 있다.

물리 등의 기초과학 자료는 일반 사용자를 관찰해 얻는 자료와는 전혀 다르다. 물리학에서 전자는 시시각각 변한다. 하지만 사람은 그렇게 쉽게 변하지 않는다. 물리학자는 현상을 명확히 관찰하려고 실험 환경을 철저히 통제한다. 하지만 사용자를 관찰할 때는 불가능한 일이다. 사람의 행동 패턴을 통계 자료로 일축하다 보면 중요한 정보를 놓치기 쉽다. 제품을 디자인할 때 중요한 뉘앙스를 파악하는 일은 매우 중요하다. 정량적 자료는 "얼마나 많은가?"라는 질문에만 답할 수 있다. 수치 자료를 바탕으로 추론해낼 수 있는 정보는 그리 많지 않다. 정성적 리서치는 '무엇을', '어떻게', '왜' 해야 하는지 명쾌한 답을 제공한다. 실제 사용자의 정황을 고려해 복잡한 현상에 대한 정보를 풍부하게 도출해낸다.

사회학자들은 이미 오래전부터 정량적 자료로는 사용자를 이해할 수 없다고 주장해왔다. 사람의 행동은 무척 복잡하기 때문이다. 수치 자료로 설명하기에는 변수가 너무 많다. 사용성 전문가는 인류학과 사회학의 리서치 방법론을 인터랙션 디자인 분야에도 적용하기 시작했다. 사용자의 행동을 이해하는 데 유용한 정성적 방법론을 다수 개발했다. 이런 방법론은 사용자의 니즈를 좀 더 효과적으로 만족시키는 데 큰 도움이 된다.

정성적 리서치의 가치

정성적 리서치 방법론을 활용하면 제품을 더 깊이 이해할 수 있다. 정량적 리서치와는 비교할 수 없다. 제품의 종류와 영역뿐 아니라 주변 정황과 제약사항 등의 중요한 정보를 습득할 수 있다. 현재 사용자뿐 아니라 잠재 사용자의 행동 패턴도 파악할 수 있다. 정량적 리서치보다 훨씬 쉽고 빠르게 핵심적인 정보를 도출할 수 있다. 정량적 리서치로 얻을 수 있는 구체적인 정보는 다음과 같다.

- 잠재 사용자의 행동 패턴과 태도, 특성과 적성
- 제품의 주변 정황과 기술적 배경, 사업 측면의 요구사항 등 제품 영역에 관련된 정보
- 제품 영역에서 활용되는 언어와 사회적인 측면의 고려사항

- 기존 제품이 활용되는 사례

정성적 리서치는 디자인 프로젝트를 진행하는 데 큰 도움이 된다. 대표적으로 도움을 얻을 수 있는 부분은 다음과 같다.

- 디자인 팀의 의견에 힘을 실어주고 신뢰도를 높인다. 리서치 결과를 디자인 의사결정의 근거로 제시할 수 있기 때문이다.
- 팀원 모두가 제품의 영역과 사용자를 깊이 이해하고 의견을 하나로 모을 수 있다.
- 관리자는 디자인 이슈가 발생할 때마다 명확한 자료를 바탕으로 현명한 판단을 내릴 수 있다. 개인적인 선호도나 추측에 의한 의사결정을 피할 수 있다.

정성적 리서치의 위력은 이미 경험을 바탕으로 검증된 바 있다. 정성적 리서치는 훌륭한 디자인을 이끌어내는 지름길이다. 중요한 자료를 좀 더 빠르고 저렴한 비용으로 얻어낼 수 있다. 정성적 리서치는 다음과 같은 질문에 명쾌한 답을 제공한다.

- 넓은 시야로 볼 때 사용자의 삶에서 제품이 차지하는 위치는 어디인가?
- 사용자가 제품을 이용하는 목표와 동기는 무엇인가? 목표를 달성하려면 어떤 과업을 행해야 하는가?
- 사용자가 매력을 느끼는 경험은 어떤 것인가? 우리 제품에서 어떻게 매력적인 경험을 제공할 수 있는가?
- 기존의 방법으로 작업을 수행하는 동안 어떤 어려움을 겪는가?

정성적 리서치가 유용한 정보를 제공하는 데 그치는 것은 아니다. 인류학 및 사회학적 접근으로 사용자를 이해하면 얻을 수 있는 게 매우 많다. 전통적인 마케팅 리서치로는 도출할 수 없는 사업적인 통찰력도 이끌어낼 수 있다.

예전에 참여했던 사용자 리서치를 예로 들어보자. 윈도우용 동영상 편집 툴을 디자인할 때의 일이다. 초보 사용자를 대상으로 사용자 리서치를 진행했다. 클라이언트는 동영상 편집 분야의 전문 개발자로 구성된 회사였다. 이 회사는 지금까지 전통적인 마케팅 리서치만을 도입해왔다. 제품의 사업 영역을 파악하기 위해서였다.

마케팅 리서치 결과를 바탕으로 리서치 대상을 결정했다. 비디오 카메라와 컴퓨터는 갖고 있지만 촬영한 동영상을 컴퓨터로 옮겨보지 않은 사용자가 대상이었다. 실제 사용자 중 12명을 선정해 리서치를 진행했다. 첫 번째 결과는 그리 놀랍지 않았다. 주요 사용자의 대부분이 아이를 둔 부모라는 점이다. 동영상 녹화와 편집, 공유 욕구가 가장 큰 사람은 부모들이었다. 하지만 두 번째 결과는 매우 흥미로웠다. 직접 방문한 12명의 사용자 중 비디오 카메라를 컴퓨터에 연결하는 방법을 아는 사람은 겨우 한 명뿐이었다. 그나마 그 한 명의 사용자도 서비스 직원이 알려준 것이었다. 사용자가 카메라를 컴퓨터에 연결하는 법을 모른다면 이 소프트웨어의 성공 가능성은 없다. 일단 동영상을 컴퓨터로 옮겨야 편집을 할 수 있기 때문이다. 하지만 당시에는 이 작업이 매우 까다로웠다. 파이어와이어^{FireWire}만 지원하는 카메라는 문제가 더 심각했다. 특정 컴퓨터에서는 비디오 캡처 보드가 오동작하는 경우도 많았다.

나흘에 걸쳐 리서치를 진행한 뒤, 결국 동영상 편집 소프트웨어의 출시를 잠시 미루도록 권고했다. 클라이언트도 이 제안을 받아들였다. 엉뚱한 곳에 투자했다가 손해를 보는 것보다 훨씬 나은 선택이었다.

정량적 방법의 강점과 한계

마케팅 팀은 다양한 기법을 활용해 사용자가 왜 물건을 구매하려고 하는지 알아낸다. 시장 세분화는 매우 대표적인 기법이다. 잠재 고객을 대상으로 진행한 포커스 그룹이나 시장 설문조사에서 얻은 자료를 활용한다. 어떤 특성을 가진 사람이 물건을 구매할지 예측한다. 잠재 고객은 나이나 성별, 교육 수준, 거주지 등의 인구통계 자료를 활용해 선정한다. 시장 세분화 기법으로 특정 제품이나 홍보 수단에 가장 긍정적으로 반응할 만한 고객을 결정한다. 고객 세분화는 좀 더 발전된 기법이다. 개인의 성격 특성이나 행동 변수 등을 포함한다. 사용자의 태도와 생활양식, 가치, 신념, 위험부담 수준, 의사결정 방식 등의 정보를 제공한다. SRI의 발스^{VALS} 세분화나 조너선 로빈$^{Jonathan Robbin}$이 소개한 지리인구통계학적 프리즘^{PRIZM} 세분화가 대표적인 예다. 고객의 구매의사나 동기를 예측하는 데 큰 도움이 된다. 고객이 제품과 본인 스스로에 대해 인식하는 내용을 명확하게 파악할 수 있다.

하지만 누가 제품을 살지 안 살지를 예측하는 것만으로는 충분하지 않다. 실제 제품에 대해서는 아무것도 말해주지 않기 때문이다. 시장 세분화는 제품의 기회를 측정하고 판단할 수 있는 훌륭한 리서치 기법이다. 하지만 이 기회를 제대로 활용하려면 새로운 리서치 기법이 필요하다. 훌륭한 제품을 디자인할 수 있는 접근이 요구된다.

마케팅 리서치와 정성적 사용자 리서치를 조화시키는 것이 가장 좋다. 각 리서치에서 얻어진 자료가 서로에게 큰 도움이 되기 때문이다. 마케팅 리서치는 제품의 기회를 명확히 분석할 수 있다. 디자인을 시작하기 위한 발판을 마련하는 셈이다. 시장에서 제품이 어떻게 받아들여질지 모른다면, 아무도 이 제품을 디자인하는 데 투자하지 않을 것이다.

디자인 리서치의 방향성에 도움이 되는 정량적 리서치

정성적 리서치는 디자이너가 사용자를 위해 제품을 정의, 디자인하도록 도울 행동 관련 지식을 수집할 때 거의 언제나 가장 효과적인 수단이다. 하지만 정량 데이터는 디자인 리서치라는 정황 내에서만 용도가 있다.

예를 들어 시장 모델링 기법은 제품과 서비스의 시장 수용을 정확히 예측할 수 있다. 그만큼 제품의 가능성 측정에 가치가 높다. 그러므로 임원진에게 제품 구축을 납득시키는 강력한 도구일 수 있다. 결국 X명의 사람이 Y 금액으로 제품이나 서비스를 구매하리라는 사실을 알면, 잠재적인 투자 대비 효과를 측정하기가 더 쉬울 것이다. 마케팅 리서치가 사업 기회를 확인, 정량화할 수 있기에, 종종 디자인 노력의 예산을 마련하는 데 필요한 출발점이된다.

게다가 사용자를 인터뷰, 관찰하려는 디자이너는 인터뷰 대상을 선정할 때 도움을 얻기위해 (존재할 경우) 마케팅 리서치를 참조할 수 있다. 특히 소비자 대상 제품 및 서비스의 경우, 라이프스타일 및 생애 단계 등 인구통계 속성은 사용자 행동에 더 강하게 영향을 준다. 시장 세분화 모델과 사용자 모델(퍼소나) 간의 차이는 3장에서 더 자세히 논할 것이다.

마찬가지로 웹 사용 등 기타 데이터 분석은 솔루션이 필요할 디자인 문제를 확인하는 훌륭한 방법이다. 사용자가 웹사이트의 한 영역에 머무르거나, 다른 어떤 영역도 방문하지 않을 경우, 디자인 개편 전에 확보할 중요한 정보다. 그러나 그런 통계적으로 수집한 행동의 근본 원인을 판단하도록 도움을 얻어 잠재적 솔루션을 추출하기 위해서는 정성적 리서치가 필요할 가능성이 크다. 그리고 물론 분석은 구동할 기존 제품이 있을 때만 유용하다.

마케팅 리서치에 정보를 제공하는 사용자 리서치

정성적 리서치는 거의 언제나 사용자 행동과 잠재적 니즈를 특징지을 때 선호하는 도구다. 그러나 종종 임원진은 중요하다고 보지만 정성적 리서치가 그 자체로 도와줄 수 없는 정보 유형이 있으니, 바로 행동 모델의 시장 규모다. (설문조사 등) 정량적 기법을 활용해 이 빠진 정보를 채우기에 이상적인 곳이다.

일단 사용자에게 행동 모델(3장에서 더 자세히 살펴볼 퍼소나)을 성공적으로 제시한 후에는 설문조사를 구성할 수 있다. 이 다양한 사용자 유형을 구분해 이어서 행동 데이터와 상관관계를 찾을 수 있는 전통적인 인구통계 마케팅 데이터를 포착할 것이다. 성공적일 경우 특히 소비재에 있어서, 기능과 전반적인 사용자 경험을 디자인할 때, 어떤 사용자 유형에 우선순위를 둘지 결정해줄 수 있다. 3장에서 이 퍼소나 기반 시장 규모에 대해 더 논할 것이다.

그림 2-1은 이 장에서 논한 다양한 유형의 정량적 리서치와 정성적인 목표 지향 디자인 리서치 기법의 관계를 보여준다.

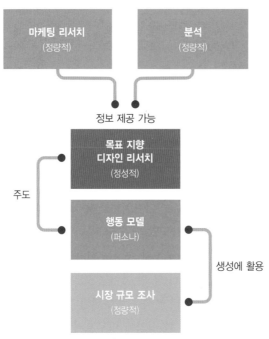

그림 2-1 정량적 리서치와 정성적인 목표 지향 디자인 리서치의 관계

목표 지향 디자인 리서치

사회학이나 사용성 관련 서적을 보면 정성적 방법론을 설명하는 내용을 쉽게 찾아볼 수 있다. 이 책을 읽는 독자들도 다양한 사용성 관련 도서를 탐독하길 바란다. 2장에서는 지난 10년에 걸친 경험을 바탕으로 특히 효과적으로 판명된 방법론에 대해 알아본다. 요즘 디자인 업계에서 활발하게 적용되고 있는 방법론은 좀 더 자세히 소개한다. 이 책에서는 가급적 이론적인 내용은 짧게 설명한다. 실제 적용할 수 있는 리서치 기술이 더욱 유용하기 때문이다.

그동안의 경험에 비추어볼 때 특히 중요한 정성적 리서치 방법론은 다음과 같다.

- 킥오프 미팅
- 문헌 조사
- 기존 제품/프로토타입 및 경쟁사 분석
- 임원진 인터뷰
- 영역 전문가 인터뷰
- 사용자 및 구매자 인터뷰

- 사용자 관찰 조사 및 에스노그라피 연구

그림 2-2는 이 활동들을 보여준다.

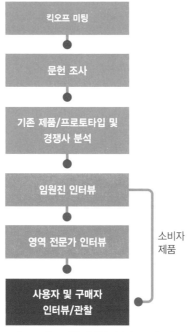

그림 2-2 목표 지향 디자인 리서치 프로세스의 개요

킥오프 미팅

프로젝트 킥오프 미팅^{kickoff meeting}은 엄밀히 말해 리서치 활동이 아니지만 중요한 리서치 요소를 포함한다. 디자이너가 미팅에 모인 가장 중요한 임원진에게 초기의 핵심 질문을 할 기회다.

- 제품은 무엇인가?
- 누가 사용하며, 사용할 것인가?
- 사용자가 무엇을 가장 필요로 하는가?
- 어떤 고객과 사용자가 사업에 가장 중요한가?
- 디자인 팀과 회사는 진행 중에 어떤 과제에 직면하는가?
- 어디를 가장 큰 경쟁사로 보는가? 그 이유는 무엇인가?

- 내외의 어떤 문헌을 참고해 제품이나 사업 및 기술 영역 혹은 이 모두와 친숙해져야 하는가?

이 질문들이 기본적으로 보일 수도 있으나, 이를 통해 디자인 팀에 제품 자체뿐 아니라 임원진이 앞으로의 제품, 사용자, 디자인 문제에 관해 어떻게 생각하는지의 통찰도 생긴다. 이후의 임원진 인터뷰와 사용자 인터뷰의 구성 방식에 관한 중요한 단서도 제공할 가능성이 크고, 제품 영역의 이해를 위한 지침도 제공할 것이다(그 영역이 좁거나 기술적인 경우 특히 중요하다).

문헌 조사

임원진 인터뷰와 동시에(혹은 사전에), 기존 문서의 내용을 잘 파악해야 한다. 제품 자체는 물론 해당 제품의 영역에 관련된 보고서를 찬찬히 살핀다. 여기에 해당하는 문서는 매우 많다.

- 제품 마케팅 계획과 브랜드 전략, 마케팅 리서치, 사용자 설문조사, 기술 상세 보고서 및 백서, 경쟁사 분석, 사용자 조사 결과와 분석 내용, 콜센터 통계 자료나 스크립트 같은 사용자 지원 자료, 사용자 게시판 자료 등의 **내부 문서**
- **사업 및 기술 관련 기사**
- 관련 제품과 경쟁사 제품 소식, 뉴스 기사, 독립적인 사용자 포럼, 블로그 포스트, 소셜 미디어 토론 주제의 **웹 검색**

관련 자료 수집은 매우 중요하다. 임원진과 영역 전문가 인터뷰에서 질문할 내용을 준비할 때도 큰 도움이 될 뿐만 아니라, 제품의 영역을 이해하고 특성을 깊이 이해할 수 있다. 사용자 조사에서 얻어진 자료를 분석할 때도 중요한 밑거름이 된다.

기존 제품/프로토타입 및 경쟁사 분석

임원진 인터뷰와 영역 전문가 인터뷰를 진행하는 동안(또는 사전에), 기존의 제품과 주요 경쟁사 제품을 분석한다. 지금까지 제작된 시안과 프로토타입이 있다면 함께 분석한다. 디자인 진행상황을 파악할 수 있을뿐더러 차후 인터뷰에 필요한 질문을 준비하는 데도 필요한 과정이다. 기존 제품과 경쟁사 제품에 대해 간단한 휴리스틱heuristic 평가와 전문가 리뷰expert review 를 진행하는 것도 좋다. 책의 후반부에서 소개하는 인터랙션 및 시각 디자인 원칙을 바탕으로 각 디자인 요소를 비교, 평가한다. 제품의 강점과 약점을 상세히 확인한다. 기존의 제품에 익숙해지는 데 매우 좋은 방법이다. 사용자에게 제공되고 있는 기능과 기존 제품으로 가능한 기술 영역을 이해할 수 있다.

임원진 인터뷰

디자인 리서치를 시작할 때는 반드시 제품의 사업적, 기술적 측면의 요소를 깊이 이해해야
한다. 사업적 목표를 바탕으로 디자인 프로세스가 시작되기 때문이다. 가장 일반적인 사업
목표는 더 많은 이윤을 내는 것이다. 디자이너는 사업 측면의 목표를 항상 염두에 둬야 한다.
디자인 작업을 시작하기 전에 사업 목표를 분명히 이해하는 일은 매우 중요하다. 기술적 제
약사항도 잘 알고 있어야 한다.

리서치 전문가 도널드 쇤^{Donald Schön}은 "디자인은 물질을 통한 대화"라고 했다.[1] 디자이너
는 특정 문제의 적절한 해결책을 찾는 사람이다. 다양한 재료를 활용해 결과물을 만들어낸
다. 따라서 사용하는 재료의 특징과 장단점을 깊이 이해하고 있어야 한다. 최종 결과물은 컴
퓨터 코드를 이용한 소프트웨어일 수도 있고, 플라스틱으로 만든 휴대기기일 수도 있다. 어
떤 제품을 디자인하든 재료를 잘 알아야 한다.

임원진^{stakeholder}은 제품의 소유권을 갖고 책임을 지는 사람이다. 일반적으로 디자인 팀을
관리하고 명령한다. 기업의 주요 직책을 맡은 사람인 경우가 많다. 이사급 관리자와, 각 팀의
대표급 직원으로 구성되는 게 일반적이다. 개발 팀과 영업 팀, 제품 관리 팀과 마케팅 팀, 고
객지원 팀, 디자인 팀, 사용성 전문 팀 등 다양한 팀이 포함된다. 협업관계에 있는 회사의 인
사도 임원진에 포함된다.

임원진 인터뷰는 반드시 사용자 리서치를 시작하기 전에 진행해야 한다. 여기서 얻은 결
과를 토대로 효과적인 리서치를 계획할 수 있기 때문이다.

임원진 인터뷰는 여러 명을 한꺼번에 하는 것보다 개별로 진행하는 것이 좋다. 한 명씩
따로 인터뷰를 하면 좀 더 솔직한 의견을 들을 수 있다. 다수의 목소리에 묻혀 개인의 중요
한 의견을 놓칠 위험이 없다(임원진 인터뷰에서 회사의 정보 공유 상황을 파악할 수 있다. 흥미로운
사실을 발견하는 경우도 있다. 주요 구성원이 어떻게 정보를 공유하고 있는지, 어떤 내용을 모르고 있
는지가 드러난다). 각 인터뷰는 한 시간을 넘어서는 안 된다. 특히 중요한 내용을 많이 알고 있
는 임원의 경우는 차후에 추가 인터뷰를 요청한다.

임원진 인터뷰에서 얻을 수 있는 중요한 정보는 다음과 같다.

- **초기 비전과 기대**: 장님과 코끼리의 우화처럼 임원들의 비전은 각기 다를 수 있다. 초기
  에는 완성된 제품에 대한 기대치가 제각각인 경우가 많다. 적절한 방법론으로 저마다
  다른 시각을 하나로 통일해야 한다. 사용자와 고객, 회사의 비전을 일치시키는 일도

---

1 Schön, D. and Bennett, J., 1996

매우 중요하다.

- **비용과 일정**: 비용과 일정을 파악하는 건 매우 중요하다. 얼마나 많은 자원을 디자인에 투자할 수 있는지 명확히 정산할 수 있기 때문이다. 사용자 리서치 규모를 결정할 때도 도움이 된다.

- **기술적 제약과 가능성**: 현재 기술로 구현 가능한 범위를 깊이 이해하는 것은 필수적이다. 주어진 비용과 시간, 기술 제약사항을 정확히 알고 있어야 한다. 신제품은 대부분 신기술을 바탕으로 제작된다. 활용되는 기술의 특징을 파악하는 일은 특히 중요하다. 현재 기술의 발전 가능성을 파악하면 디자인의 미래와 방향을 제시할 수 있다.

- **사업 전략**: 회사에서 성취하려는 사업 목표가 무엇인지 명확하게 이해해야 한다. 중요한 의사결정을 내릴 때 큰 도움이 되는 정보다. 사용자 리서치를 진행하는 동안 사업 목표와 사용자의 니즈가 상충하지는 않는지 점검해야 한다. 훌륭한 디자인은 사용자와 고객, 기업이 모두 만족하는 결과를 가져다준다.

- **임원진이 생각하는 사용자**: 임원진 중에는 사용자와 자주 소통하는 사람도 있다. 예를 들어 고객지원 팀 대표는 항상 사용자와 긴밀한 관계를 유지한다. 이런 임원진이 들려주는 이야기는 사용자 리서치를 계획할 때 큰 도움이 된다. 임원진마다 사용자가 누구인지 서로 다르게 생각하는 경우도 많다. 리서치에서 밝혀낸 사실과 임원진이 생각하는 내용이 매우 다를 수 있다. 임원진 인터뷰에서 수집한 내용을 바탕으로 사용자에 대한 이해를 도울 수 있다. 임원진 인터뷰의 결과는 디자인 방향을 결정하는 데 큰 영향을 미친다.

임원진의 전략을 깊이 이해하면 훌륭한 제품을 디자인하는 데 무척 도움이 된다. 아무리 디자인이 멋지더라도 제품의 지속 가능성과 구현 가능성을 고려하지 않으면 성공적인 제품을 디자인할 수 없다.

임원진 인터뷰를 마치고 나면 관찰한 내용을 함께 토론해야 한다. 디자인 팀과 관리 팀, 개발 팀이 의견을 하나로 모으는 자리다. 디자인 팀은 참여자 전원이 공감할 수 있는 비전을 제시해야 한다. 디자인 팀에서 제시하는 시안은 타 구성원의 의견을 반영해야 한다. 임원진과 다른 팀의 생각을 이해해야만 가능한 일이다. 임원진은 완성된 제품을 시장에 출시하고 책임을 진다. 시장과 제품에 대한 깊은 이해와 지식을 갖고 있어야 한다. 초기에 임원진 인터뷰를 진행하지 않는다면 완성된 디자인 시안에 대한 신랄한 비평을 피할 수 없다.

임원진으로부터 수집한 관점이 명백히 중요하기는 하지만, 액면 그대로 받아들이지 말아야 함을 명심하라. 나중에 사용자 인터뷰에서 발견하겠지만 어떤 사람은 해결책을 제안하려고 문제를 제기할 수 있다. 이 제안들의 행간을 읽고, 실제 문제의 근원을 드러내, 회사와 사용자 모두에 적절한 해결책을 제안하는 일이 디자이너의 몫이다.

영역 전문가 인터뷰

디자인 프로젝트의 초기 단계에 영역 전문가^{SME, subject matter expert}의 의견을 듣는 일은 매우 중요하다. 영역 전문가란 디자인하는 제품의 분야를 매우 잘 아는 사람을 말한다. 아주 복잡하거나 기술적이거나 법적 고려를 해야 하는 영역에서 특히 중요하다(의료 영역은 이 세 항목 모두를 건드린다).

영역 전문가는 해당 제품을 오래전부터 이용해온 고급 사용자인 경우가 많다. 제품의 관리자나 컨설턴트, 사용법을 가르치는 강사로 활동하기도 한다. 임원진은 영역 전문가가 아니다. 임원진이 영역 전문가를 따로 고용하곤 한다. 임원진 인터뷰처럼 영역 전문가 인터뷰를 진행하면 디자인에 큰 도움이 되는 값진 정보를 얻을 수 있다. 하지만 디자이너는 영역 전문가의 관점이 어느 정도 편향돼 있음에 주의해야 한다. 불가피하게 종종 현재 존재하는 제품/영역의 이해에 매몰돼 있기 때문이다. 제품의 특수성과 영역별 한계에 대한 이 깊은 이해는 혁신적인 디자인에 기회인 동시에 장애물일 수 있다.

영역 전문가 인터뷰를 진행할 때 주의사항은 다음과 같다.

- **영역 전문가는 고급 사용자다.** 영역 전문가는 해당 제품을 너무 잘 알고 있다. 오랫동안 사용해왔기 때문이다. 기존의 인터랙션에 지나치게 익숙해져 있기 때문에 더 나은 디자인을 찾기 어렵다. 중급자에게 적절한 인터랙션보다는 전문가만 사용할 수 있는 기능을 선호하는 경향이 있다(이 고려사항의 중요성을 이해하기 위해서는 10장을 참고하라). 영역 전문가는 가장 중요한 사용자가 될 수 없다. 사용자라기보다는 관리자에 가깝다.

- **영역 전문가의 의견은 중요하지만, 그들이 인터랙션 디자이너는 아니다.** 영역 전문가는 제품을 발전시키는 데 다양한 아이디어를 제공한다. 실제로 도움이 되는 의견도 있고 그렇지 않은 아이디어도 있다. 영역 전문가가 새로운 의견을 제시할 때마다 곰곰이 따져봐야 한다. 과연 이 아이디어를 받아들일 만한 근거가 명확한지 고민해보자. "이 기능이 사용자에게 어떤 도움이 될까?"라고 자문해보자. 사용자의 입장에서 다시 한 번 점검해봐야 한다.

- **복잡하고 전문적인 분야일수록 영역 전문가가 필수적이다.** 의학 분야의 소프트웨어를 디자인한다고 생각해보자. 고급 과학 분야나 금융 분야의 서비스처럼 전문지식이 필요한 제품을 디자인할 때는 반드시 영역 전문가의 도움을 받아야 한다. 해당 분야의 지식

을 배우는 데 큰 도움이 된다. 반드시 고려해야 할 복잡한 규율을 쉽게 전수받을 수 있으며, 과거의 성공 사례도 파악할 수 있다. 영역 전문가의 지식을 활용하면 복잡한 사용자 리서치를 훨씬 쉽게 설계할 수 있다.

- **지속적으로 영역 전문가를 만나야 한다.** 영역 전문가가 꼭 필요한 제품이라면, 디자인을 진행하는 동안 지속적으로 여러 번 만나야 한다. 시안이 나올 때마다 세세한 부분까지 잘 디자인됐는지 현실적으로 점검하고 조언을 줄 수 있는 사람이 필요하다. 영역 전문가를 처음 인터뷰하는 자리가 중요하다. 향후에도 계속 연락이 가능하도록 관계를 형성해야 한다.

구매자 인터뷰

사용자user와 구매자customer를 혼동하는 사람이 많다. 소비 제품의 경우에는 사용자와 구매자가 일치하기도 한다. 하지만 대부분의 경우 사용자와 구매자는 다른 사람일 때가 많다. 전문 지식을 요구하는 서비스일수록 사용자와 구매자는 다른 특성을 지닌다. 사용자와 구매자를 모두 조사하는 일은 매우 중요하다. 제품에 대해 생각하는 바가 서로 다르기 때문이다. 두 그룹의 의견을 모두 디자인에 반영해야 한다.

구매자란 제품의 구매 의사결정을 내리는 사람을 말한다. 소비 제품에서는 사용자와 구매자가 일치하는 경우가 많다. 하지만 어린이용 제품은 사용자와 구매자가 다르다. 이 제품의 구매자는 부모나 교사 등 실제 사용자의 보호자가 된다. 기업용 상품이나 의학, 기술 제품에서도 사용자와 구매자가 전혀 다르다. 이런 제품의 구매자는 이사급 임원진이나 IT 관리자가 된다. 사용자와 구매자는 목표도 다르고 니즈도 같지 않다. 성공적인 제품을 디자인하려면 반드시 구매자의 목표를 이해하고 만족시켜야 한다. 구매자는 실제로 제품을 사용하는 사람이 아니다. 구매자가 실제 사용자와는 전혀 다른 방식으로 제품을 접하게 된다.

구매자 인터뷰에서 초점을 맞춰야 하는 내용은 다음과 같다.

- 제품을 구입하는 목표
- 현재 사용하는 제품에서 겪는 어려움
- 유사한 제품을 구입할 때 의사결정 과정
- 제품의 설치와 유지, 관리에서 구매자의 역할
- 사업 영역의 특징과 이슈

영역 전문가처럼 구매자도 다양한 의견을 제공한다. 제품을 향상할 수 있는 다양한 방법을 제시해준다. 구매자가 왜 그런 의견을 냈는지 분석하는 것이 매우 중요하다. 겉으로 드러난 문제 뒤에 어떤 이슈가 숨어 있는지 상세히 살펴본다. 구매자의 니즈를 깊이 이해하면 더 훌륭한 디자인 아이디어를 발견할 수 있기 때문이다.

사용자 인터뷰

디자인의 중심에는 항상 사용자가 있어야 한다. 사용자는 실제로 제품을 가장 활발하게 활용하는 사람이다. 관리자나 지원 부서는 제품의 주요 사용자가 될 수 없다. 사용자는 제품을 통해 개인적인 목표를 달성하고자 한다. 기존 제품의 디자인을 수정하는 경우를 생각해보자. 이때는 현재 사용자와 잠재 사용자를 모두 이해해야 한다. 잠재 사용자란 지금은 제품을 사용하지 않지만 차후 선택 가능성이 높은 이들을 말한다. 잠재 사용자potential user는 디자인이 주시하고 있는 대상 사용자 집단에 속한다. 새로운 제품은 잠재 사용자의 니즈를 만족시켜야 한다. 현재 사용자와 잠재 사용자를 모두 조사하면 기존 사용자의 경험을 좀 더 깊이 이해할 수 있다. 사용자가 제품에 대해 어떻게 생각하는지 기존의 디자인이 끼친 영향을 밝혀낼 수 있다.

사용자 인터뷰에서는 다음과 같은 정보에 초점을 맞춰야 한다.

- 사용자의 삶에서 제품(기존 제품이 없는 경우는 유사한 제품)이 차지하는 위치는 어디인가? 언제, 어떻게, 왜 제품이 활용되는가? 앞으로는 어떻게 활용될 것인가?

- 사용자가 제품의 영역에 대해 얼마나 알고 있는가? 제품을 활용할 때 어떤 정보를 필요로 하는가?

- 기존의 과업과 활동은 무엇인가? 업무를 수행할 때 기존 제품이 달성해야 하는 목표는 무엇인가? 과업을 수행하는 데 기존 제품이 지원하지 않는 부분은 무엇인가?

- 제품을 이용하도록 동기를 부여하는 목표는 무엇인가?

- 멘탈 모델이 무엇인가? 사용자가 주어진 업무와 역할에 대해 어떻게 생각하는가? 제품을 사용할 때 어떤 기대를 하고 있는가?

- 제품(기존 제품이 없는 경우는 유사한 제품)을 사용하는 동안 겪는 문제점과 어려움이 있는가?

사용자 관찰 조사

대부분의 사람은 스스로의 행동을 정확히 관찰하고 분석하지 못한다.[2] 세부적인 업무가 모여 만들어지는 전반적인 정황을 파악하지 못하기 때문이다. 개개인의 행동을 관찰하기란 더욱 어렵다. 제품을 사용하는 동안 이해하지 못하는 부분이나 어려움이 있더라도 얘기하지 않고 넘어가는 경우도 많다. 제품을 능숙하게 사용하지 못하는 이유가 본인의 잘못이라고 생각하기 때문이다. 사용자 스스로가 실력이 부족하고 멍청하다고 느낀다. 제품의 문제점에 대해 떠드는 게 무례하다고 걱정하기도 한다.

사용자를 깊이 이해하려면 실제로 사용자가 제품을 이용하는 공간에서 조사를 진행해야 한다. 그렇지 않다면 불완전하고 부정확한 자료밖에 얻을 수 없다. 사용자를 이해하는 데는 두 가지 방법이 있다. 첫째, 사용자에게 직접 물어보면 된다. 스스로의 행동에 대해 어떻게 생각하는지 물어본다. 둘째, 사용자의 행동을 관찰하는 방법이 있다. 당연히 두 번째 방법이 훨씬 뛰어나다.

사용자를 이해하는 가장 효과적인 방법은 관찰 조사와 인터뷰를 병행하는 것이다. 실제로 사용자의 행동을 관찰한 뒤 좀 더 상세히 질문을 한다. 방금 일어난 상황에 대해 구체적이고 직접적인 설명을 요구할 수 있다.

사용자를 관찰하는 동안 음성을 녹음하거나 동영상을 촬영하는 것도 좋다. 사용자의 행동과 언급한 내용을 쉽게 기록할 수 있다. 하지만 이런 녹화 장비가 지나친 방해가 돼서는 안 된다. 사용자가 녹화 장비에 신경 쓰다 보면 평소와는 다르게 행동할 수 있기 때문이다. 대개 비디오 카메라와 수첩 하나면 충분하다. 중요한 내용을 놓치지 않고 필요한 정보를 기록할 수 있다. 일반적으로 카메라는 처음부터 들이대지 않는 게 좋다. 편안한 분위기를 조성한 뒤 카메라를 꺼내야 한다. 동영상을 촬영하면 수첩에는 기록할 수 없는 주변 상황 정보를 담아낼 수 있다. 촬영한 영상을 잘 활용하면 훌륭한 리서치 결과를 도출해낼 수 있다. 조사 결과를 이해하기가 훨씬 쉬워지기 때문이다. 더욱 정교한 사용자 연구를 지속적으로 진행할 수 있도록 임원진을 설득할 때도 매우 효과적이다. 움직이는 차 안에서 진행하는 리서치를 생각해보자. 동영상을 촬영하면 글씨로는 적을 수 없는 유용한 상황 정보도 놓치지 않는다.

소비재는 사람들의 행동을 제대로 포착하기 어려울 수 있다. 특히 외부에서나 공개적으로 제품을 사용 중일 경우 그렇다. 이런 제품은 일상의 사용자 관찰 접근법이 효과적일 수 있다. 이 접근법으로 디자인 팀은 공개된 공간에서 사람들의 제품 관련 행동을 캐주얼하게 관찰한다. 이런 기법은 온라인 행동으로 풀이할 수 있는 오프라인 상거래 관련 행동, 온갖 모바일 관련 행동, 놀이공원, 박물관 같은 특수한 환경에 연관된 행동을 이해할 때 유용하다.

---

2 Pinker, 1999

사용자 관찰과 인터뷰

사용자 관찰과 일대일 인터뷰를 병행하는 건 매우 효과적인 방법이다. 수년간의 리서치 경험을 바탕으로 이 방법론이 매우 강력하다는 사실이 밝혀진 바 있다. 사용자의 목표를 파악할 수 있는 강력한 무기인 셈이다. 다양한 정성적 자료를 수집할 수 있다. 이 방법론을 에스노그라피 인터뷰ethnographic interview라고 한다. 사용자와 밀착해서 진행하는 관찰 방법론과 직접적인 인터뷰를 조화시킨 리서치 기법이다.

휴 바이어Hugh Beyer와 캐런 홀츠블랫Karen Holtzblatt이 에스노그라피 방법론을 처음 개발했다. 바이어와 홀츠블랫은 이 방법론을 정황 조사contextual inquiry라고 소개한 바 있다. 정황 조사 방법론은 디자인 업계에서 빠른 속도로 큰 관심을 모았다. 정성적 사용자 조사의 기초적인 발판을 마련한 셈이다. 바이어와 홀츠블랫의 저서 『Contextual Design』(Morgan Kaufmann, 1998)을 보면 이 방법론을 좀 더 상세히 배울 수 있다. 몇 가지 차이점을 제외하면, 정황 조사 방법론은 여기서 소개하는 에스노그라피 인터뷰와 매우 유사하다.

정황 조사

정황 조사 방법론은 장인과 도제의 교육 방식에서 비롯됐다. 인터뷰를 진행하는 동안 사용자는 뛰어난 장인이 되고 관찰자는 도제가 된다. 사용자의 행동을 관찰한 뒤 왜 그렇게 했는지 질문해보는 것이다. 바이어와 홀츠블랫이 설명한 에스노그라피 인터뷰의 기본 원칙은 다음과 같다.

- **정황**: 아무것도 없는 깨끗한 실험실에서 리서치를 진행해서는 안 된다. 사용자가 업무를 진행하는 실제 공간에서 관찰하고 소통하는 것이 중요하다. 이것이 불가능하다면 제품을 사용하기에 적절한 환경을 마련해야 한다. 사용자가 매일 사용하는 물건이 배치돼 있어야 한다. 평소에 제품을 사용하는 공간에서 사용자를 관찰하고 질문의 답변을 듣는 것은 큰 차이를 불러온다. 사용자의 행동에서 얻을 수 있는 중요하고 세세한 정보를 모두 파악할 수 있기 때문이다.

- **협업**: 관찰과 인터뷰는 사용자와의 협업으로 이뤄진다. 사용자와 함께 제품을 탐색하는 과정이다. 사용자가 제품을 활용하는 모습을 관찰한 뒤, 제품의 구조와 특성에 대해 함께 토론하는 과정을 반복한다.

- **분석**: 인터뷰를 마치고 나면 수많은 자료를 분석해야 한다. 사용자가 언급한 내용과 관찰한 행동, 주변환경에 대한 정보를 검토한다. 리서치 자료를 모두 한곳에 모은 뒤 전체적으로 파악하고 분석해야만 중요한 디자인 전략을 도출해낼 수 있다. 질문자의

가정이나 자기 해석은 반드시 피해야 한다. 인터뷰는 실제 사용자가 어떻게 생각하는지 검증을 거치는 과정이다.

- **목표**: 이미 정해진 질문지에 따라서만 인터뷰를 진행하는 것은 좋지 않다. 목적 없이 아무 질문이나 생각나는 대로 물어서도 안 된다. 리서치의 목표를 설정하고 인터뷰가 흘러가는 방향을 적절히 조정해야 한다. 디자인에 도움이 되는 적절한 정보를 최대한 도출해야 하기 때문이다.

정황 조사에서 한 걸음 더

정황 조사는 정성적 리서치를 진행하는 데 튼튼한 기반을 마련해준다. 하지만 이 방법론에는 여러 제약사항이 있다. 정황 조사 방법론을 좀 더 효과적으로 발전시킬 수 있는 기술이 있다. 성공적인 디자인을 도출하기 위해 더욱 의미 있는 리서치를 진행하는 방법은 다음과 같다.

- **인터뷰 프로세스를 단축한다**. 본래 정황 조사 방법론은 사용자를 하루 종일 인터뷰하도록 지시한다. 하지만 여러 사용자가 참여한다면, 한 시간 정도 인터뷰하는 것만으로도 충분한 자료를 얻을 수 있다(리서치를 진행하기 전에 가상으로 사용자의 역할과 타입을 설정한다. 각 역할과 타입마다 6명의 참여자를 신중히 선택하는 게 적절하다). 하루 종일 리서치에 참여할 수 있는 사용자를 찾는 일은 매우 어렵다. 한 시간씩 투자할 수 있는 다양한 사용자를 탐색하는 게 훨씬 쉽고 효과적이다.

- **소규모 디자인 팀을 구성한다**. 정황 조사 방법론은 대규모 디자인 팀을 요구한다. 동시에 여러 인터뷰를 진행하고, 모든 팀원이 모여 인터뷰 내용을 토론해야 하기 때문이다. 하지만 동일한 사람이 모든 인터뷰를 순차적으로 진행하는 게 훨씬 효과적이다. 이렇게 하면 두세 명의 디자이너만으로도 팀을 구성할 수 있다. 하지만 무엇보다 모든 팀원이 사용자와 직접 소통한다는 점이 중요하다. 팀원이 함께 사용자 자료를 이해하고 분석함으로써 더욱 의미 있는 결과를 가져올 수 있다.

- **사용자의 목표를 먼저 파악한다**. 정황 조사 방법론은 사용자의 과업에 좀 더 초점을 맞추고 있다. 하지만 에스노그라피 인터뷰는 사용자의 목표에 초점을 맞춘다. 과업은 목표를 바탕으로 생겨난 것이다. 과업을 살펴보기 이전에 사용자의 목표를 확인하고, 각 목표의 중요도를 판단하는 것이 더욱 중요하다.

- **기업용 제품 외의 디자인을 생각한다**. 정황 조사 방법론은 기업용 제품 디자인을 위주로 구성돼 있다. 기업의 환경에 맞춰 설계된 방법론이다. 구매자 중심의 디자인 리서치

를 진행할 때는 조금 다른 접근이 필요하다. 에스노그라피 인터뷰는 두 분야에 모두 적용할 수 있다. 좀 더 자세한 내용은 2장 뒷부분에서 다룬다.

2장의 나머지 부분에서는 에스노그라피 인터뷰를 준비하고 진행하는 데 필요한 일반적인 기술을 소개한다.

에스노그라피 인터뷰 준비

에스노그라피ethnography는 인류학에서 주로 사용하는 용어다. 인류와 문화에 대한 체계적이고 집중적인 연구를 의미한다. 인류학자는 에스노그라피 연구를 진행할 때, 해당 문화를 직접 체험하면서 수년간 자료를 기록하고 분석한다. 에스노그라피 인터뷰는 이런 기본 컨셉을 빌려와 소규모 리서치에 적용한 것이다. 사용자 조사에서는 문화 전체의 사회적 의미와 인류의 행동 패턴을 관찰하지 않는다. 사용자와 제품이 어떻게 인터랙션하는지 사용자의 행동 패턴과 태도를 이해하는 게 리서치의 목표다.

참여자 선정

제품을 디자인할 때는 모든 사용자의 행동 패턴을 깊이 이해해야 한다. 인터뷰를 진행하기 전에 주요 사용자 그룹을 파악하고 인터뷰 참여자를 선정해야 한다. 임원진 인터뷰와 영역 전문가 인터뷰, 문헌 조사 등을 통해 얻은 정보를 바탕으로 사용자 그룹에 대한 가설을 세운다. 어떤 사용자를 인터뷰할지, 어떤 특성을 가진 참여자를 선정해야 하는지 결정하는 첫걸음인 셈이다.

퍼소나 가설

첫 단계는 퍼소나 가설persona hypothesis을 설정하는 일이다. 이 단계는 실제 퍼소나를 설계하고 구성하는 기초가 된다. 퍼소나 가설이라는 이름이 이를 잘 암시하고 있다. 퍼소나는 사용자 그룹을 대표하는 가상의 인물이다(퍼소나는 3장에서 좀 더 자세히 다룬다). 퍼소나 가설을 세울 때, 인구통계학적 정보만 포함해서는 안 된다. 실제로 제품을 이용할 법한 사용자의 행동 패턴을 바탕으로 제작해야 한다. 각 퍼소나의 행동 패턴은 명확히 구분돼야 한다. 소비 제품의 경우에는 성별이나 나이 같은 인구통계학적 정보도 중요하다. 이런 정보를 바탕으로 리서치 참여자를 결정하는 경우도 있다. 하지만 소비 제품이라 할지라도 사용자의 행동 패턴은 무엇보다 중요하다. 인구통계학 정보는 가상의 행동 패턴을 도출해내기 위한 기본 정보로만 활용해야 한다.

제품의 특성과 영역에 따라 퍼소나 가설을 세우는 과정도 크게 달라진다. 예를 들어 기업에서 근무하는 사용자는 일반 소비자와 매우 다르다. 행동 패턴뿐 아니라 제품을 사용하는 동기도 다르다. 퍼소나 가설을 제작하는 데 사용하는 방법론과 기술도 달라진다.

퍼소나 가설은 제품을 활용하는 다양한 타입의 사용자를 파악하는 첫 단계다. 때때로 구매자를 이해하는 데 적용하기도 한다. 퍼소나 가설은 에스노그라피 인터뷰를 계획하는 데 중요한 밑거름이 된다. 인터뷰를 진행하는 동안 가설로 세운 사용자 타입에 포함되지 않은 새로운 사용자 그룹을 발견할 수도 있다. 이때는 추가적인 인터뷰가 필요하다.

넓은 시야에서 볼 때 퍼소나 가설은 다음과 같은 질문에 답할 수 있어야 한다.

- 어떤 특성을 가진 사람이 이 제품을 사용하는가?

- 각 사용자 그룹의 니즈와 행동 패턴은 어떻게 다른가?

- 어떤 종류의 사용자 행동을 관찰해야 하는가?

비즈니스 영역의 역할과 소비자 영역의 역할

기업용 제품과 일반 소비자 제품기업에서 근무하는 사용자를 대상으로 한 제품은 일반 소비자 제품과 다르다. 기업용 제품은 사용자의 역할^{role}이 디자인을 결정짓는 중요한 정보가 된다. 사용자의 역할이 주요 과업으로 연결되기 때문이다. 사무실에서 사용하는 전화기를 예로 들어보자. 이 제품의 사용자는 역할에 따라 다음과 같이 분류할 수 있다.

- 본인의 책상에서 전화를 걸고 받는 직원

- 출장이 잦기 때문에 외부에서 사무실 전화 시스템에 접속하는 직원

- 외부로부터 수많은 전화를 받아야 하는 전화 응답원

- 사무실 전화 시스템을 관리하는 기술자

기업용 제품이나 기술이 중요한 환경에서는 역할이 사용자의 업무에 대해 많은 것을 설명해준다. 제품을 활용하는 사용자와 잠재 사용자의 직업적 역할을 이해하는 것이 매우 중요하다. 리서치에 참여하는 사용자 타입을 결정하는 첫걸음을 쉽게 뗄 수 있게 해준다.

일반 소비자 제품은 기업용 제품과 다르다. 사용자의 명확한 역할이나 직업적 의무가 분명하지 않다. 제품을 활용하는 정황도 매우 다양하다. 역할을 바탕으로 퍼소나 가설을 세우기란 어렵다. 사용자의 행동을 관찰한 뒤, 중요한 패턴을 바탕으로 퍼소나 가설을 설계해야 한다. 사용자의 행동을 관찰함으로써 그들의 태도와 적성, 라이프스타일, 생애 단계에서 나온 가장 중요한 패턴을 발견할 수 있다.

사용자 변수(행동 변수 및 인구통계 자료)

퍼소나 가설에서 사용자의 역할이 어떻게 활용되는지 살펴봤다. 사용자의 역할과 더불어 행동 변수와 인구통계 자료도 고려해야 한다. 사용자의 니즈와 행동 패턴을 바탕으로 여러 사용자의 차이점을 이해할 수 있다. 사용자 변수를 활용하면 각기 다른 사용자 타입을 쉽게 구분할 수 있다. 구분된 사용자 타입은 실제 퍼소나를 제작하는 기초가 된다(사용자 타입 구분에 대한 내용은 3장에서 자세히 다룬다). 완벽한 사용자 변수는 실제 리서치를 통해서만 도출할 수 있다. 하지만 초기에 사용자 변수를 미리 예측해두면 퍼소나 가설의 귀중한 밑거름이 된다. 온라인 쇼핑몰을 예로 들어보자. 사용자가 인터넷에서 물건을 구매할 때는 다양한 행동을 보인다. 주의 깊게 생각해볼 만한 행동 변수는 다음과 같다.

- 구매 빈도(매우 자주 구매 ~ 가끔 구매)

- 쇼핑 선호도(매우 좋아함 ~ 매우 싫어함)

- 쇼핑 동기(최적의 상품 탐색 혹은 세일 정보 검색)

여러 행동 변수를 잘 조합하면 사용자 타입을 대략석으로 파악할 수 있다. 행동 변수는 기업용 제품의 사용자 타입을 이해할 때도 매우 중요하다. 회사 내에서 역할이 동일한 두 사용자를 생각해보자. 이들은 니즈와 동기가 각기 다를 수 있다. 행동 변수를 활용하면 각 사용자의 차이점을 쉽게 도출해낼 수 있다. 하지만 반드시 사용자 조사를 거쳐야 한다.

더 많은 정보를 수집하기 전까지는 정확한 행동 변수를 알아내기 어렵다. 리서치 자료 없이 행동 변수를 정확히 예측하기란 매우 어렵다. 인구통계학적 자료를 활용하면 좀 더 쉽게 퍼소나 가설을 세울 수 있다. 마케팅 리서치 자료를 활용해 주요 사용자의 나이와 성별, 사는 지역과 평균 수입 등의 자료를 파악한다. 이 자료를 바탕으로 인터뷰를 계획할 수 있다. 인터뷰 참여자는 파악한 변수를 모두 포함하도록 골고루 선정해야 한다. 중요한 행동 패턴을 빠뜨리지 않고 관찰할 수 있도록 다양한 사용자 그룹을 충분히 조사해야 하기 때문이다.

영역 전문지식과 기술 지식 수준

사용자 행동 변수를 조사할 때는 영역 전문지식과 기술 지식 수준을 파악해야 한다. 영역 전문지식 수준이란 제품의 특징과 영역에 대해 사용자가 이해하는 정도를 말한다. 기술 지식 수준이란 디지털 기술에 대해 사용자가 얼마나 알고 있는가를 의미한다. 사용자의 지식 수준은 저마다 다르다. 가계부 프로그램을 예로 들어보자. 사용자 중에는 회계 분야의 전문가도 있고, 일반 초보 사용자도 있다. 누구를 대상으로 하는가에 따라 디자인도 달라진다. 하지만 두 경우 모두, 누구나 영역 전문지식과 기술 지식을 쉽게 이해할 수 있게 도와주는 장치가 필요하다. 전문지식을 배우려고 하지 않는 사용자도 있다. 본인이 이해할 수 있는 부분만 제한적으로 활용할 수도 있다. 주요 사용자가 이런 특징을 지니고 있다면 그들의 행동을 이해하고 도와줘야 한다. 사용자가 전문지식을 쉽게 이해할 수 있는 디자인을 제공해야 한다.

환경 변수

마지막으로, 제품이 사용되는 환경과 문화를 이해해야 한다. 특히 기업용 제품의 경우에는 직원이 근무하는 부서마다 문화적 차이가 큰 경우가 많다. 소규모의 회사에서는 개개인의 책임이 비교적 크다. 직원끼리 직접적인 의사소통이 활발하게 일어난다. 대규모 회사의 경우는 직원의 역할이 세분화되고 관료 제도도 복잡하다. 업무 환경에 따른 변수는 다음과 같다.

- 회사 규모(소규모 조직 ~ 다국적 기업)
- 회사 위치(북미, 유럽, 아시아 등)
- 산업 분야(전기전자, 소비 상품 등)
- IT 관련도(일부 관련 ~ 전문 IT)
- 보안 수준(낮음 ~ 높음)

사용자 행동 변수는 실제로 리서치를 하기 전에는 파악하기 어렵다. 환경 변수도 마찬가지다. 이런 정보는 산업 분야와 지리적 위치에 따라 크게 달라진다.

인터뷰 계획

사용자 가설을 완성한 뒤 사용자의 역할과 행동 변수, 인구통계 자료, 환경 변수를 모두 파악했다면 인터뷰 계획을 세워야 한다. 인터뷰를 진행하고 일정을 관리하는 담당자에게 계획 내용을 전달한다.

앞서 사용자의 행동 패턴을 미리 예측해봤다. 각 행동 패턴마다 6명의 사용자를 인터뷰하는 게 적절하다. 인터뷰를 통해 미리 예측한 행동 패턴의 옳고 그름을 판단한다(제품의 영역이 특히 복잡한 경우라면 더 많은 인터뷰를 진행한다). 퍼소나 가설에 등장하는 각기 다른 역할과 행동 변수, 인구통계 자료, 환경 변수마다 4명에서 6명 정도의 사용자를 인터뷰한다.

인터뷰 한 번에 여러 변수를 동시에 검증할 수도 있다. 기업용 제품의 리서치를 진행하는 경우를 생각해보자. 사용자가 회사의 지리적 위치와 규모, 산업 분야에 따라 달라진다고 가정하자. 타이완에 위치한 소규모 전자회사를 대상으로 리서치를 진행하면 다양한 변수를 한꺼번에 탐색할 수 있다. 리서치 대상자를 선정할 때 여러 변수를 현명하게 배분해야 한다. 이렇게 하면 불필요하게 많은 인터뷰를 하지 않고도 필요한 정보를 수집할 수 있다.

소비재는 보통 행동이 훨씬 더 다양하니, 차이를 가려내기 위해 보통 더 많은 인터뷰가 필요하다. 불문율은 방금 논한 숫자를 두 배로 해, 퍼소나 가설에서 가정한 사용자 유형마다 8명에서 12명을 인터뷰하는 것이다. 이전처럼 복잡한 소비재는 정확히 행동과 동기 범위를 포착하기 위해 가끔 훨씬 더 많은 인터뷰를 요할 수도 있다. 소비재에서 염두에 둘 점은 라이프스타일 선택과 생애 단계(미혼, 기혼, 어린아이, 더 자란 아이, 출가시킨 후)가 특정 제품에 대해 인터뷰를 배로 늘릴 수 있다는 것이다.

에스노그라피 인터뷰 진행

퍼소나 가설을 설정한 뒤 인터뷰 계획을 세웠다. 실제 인터뷰를 진행할 준비가 완료된 셈이다. 인터뷰 참여자를 선정하고 연락을 취한다. 인터뷰 계획을 세우는 동안 실제 사용자 목록을 쥐고 있는 임원진과 지속적으로 진행 과정을 의논한다.

특히 기업용 제품이나 기술 전문 제품은 실제 사용자와 직접 연락하는 일이 쉽지 않다. 사용자 목록을 관리하는 임원진의 도움을 받는 것이 최선이다. 소비재는 더 어려울 수 있다 (특히 함께 일하는 회사가 사용자와 현재 관계가 좋지 않은 경우).

임원진의 도움을 기대할 수 없는 경우라면 마케팅 팀의 정보를 활용할 수도 있다. 리서치 리크루팅 전문 업체를 알아보는 것도 좋다. 설문조사나 포커스 그룹 인터뷰에 참석하는 사용자를 찾아주는 전문 업체가 있다. 리크루팅 전문 업체를 활용하면 다양한 특성을 지닌 사용자를 모집하는 데 매우 효과적이다. 하지만 실제 사용자의 집이나 사무실에서 인터뷰를 허가하는 참석자를 찾기는 어렵다.

일반 소비자 제품의 경우에는 마지막 방법으로 친구나 지인을 인터뷰할 수 있다. 자연스럽게 참석자를 관찰하는 데 큰 도움이 된다. 하지만 사용자 변수 측면에서는 다양한 사용자를 모집하기 어렵다.

인터뷰 시간과 진행자

각 인터뷰마다 두 명의 디자이너가 참석하는 것이 좋다. 한 명은 인터뷰를 진행하면서 동시에 간단한 노트를 작성한다. 다른 한 명은 인터뷰 내용을 상세히 기록한다(인터뷰마다 두 명이 서로의 역할을 교체할 수 있다). 각 인터뷰마다 한 시간이면 충분하다. 의학 제품이나 과학, 금융 전문 제품 같이 복잡한 제품의 경우는 좀 더 길어질 수 있다. 사용자의 목표를 깊이 이해하는 데 좀 더 시간이 걸리기 때문이다. 두 인터뷰 사이의 이동 시간도 고려해야 한다. 다음 사용자의 인터뷰 장소로 이동하는 시간이 무척 긴 경우도 있다. 외부에서 사용자가 제품(주로 휴대용 제품)을 활용하는 모습을 관찰하는 '쉐도잉shadowing'의 경우는 이동 시간이 길어지는 경우가 많다. 인터뷰는 하루에 최대 6개로 제한한다. 각 인터뷰를 마칠 때마다 주요 내용을 정리하고 다음 인터뷰 전략을 세울 시간이 필요하기 때문이다. 진행자가 너무 지치면 효과적인 인터뷰를 진행하기 어렵다.

단계별 에스노그라피 인터뷰

에스노그라피 인터뷰는 세 단계로 나뉜다. 인터뷰를 완벽하게 진행하려면 이 세 단계를 순차적으로 밟아야 한다. 각 단계는 이전 단계에서 조금씩 달라진다. 인터뷰를 진행할 때마다 사용자의 행동 패턴에 대한 지식이 점점 쌓이기 때문이다. 초기에는 좀 더 광범위한 영역의 정보를 파악한다. 사용자의 목표와 제품의 구조적 이슈를 이해하는 데 목적이 있다. 인터뷰의 마지막 단계에는 좀 더 구체적인 내용에 초점을 맞춘다. 사용자의 과업과 제품의 상세한 기능을 이해해야 한다.

- **초기 인터뷰**early interview는 넓은 시야에서 다양한 정보를 탐색한다. 사용자의 시각에서 제품 영역에 대한 지식을 폭넓게 습득하는 데 초점을 맞춘다. 상세한 내용을 다루는 구체적인 질문은 가급적 피한다. 일반적이고 자유 해답식의 질문을 묻는다.

- **중기 인터뷰**middle interview는 제품의 사용 패턴을 발견하기 시작하는 때다. 자유 해답식 질문과 더불어 흩어져 있는 정보를 하나로 연결하는 확인 질문을 던진다. 이 단계에서는 제품 영역의 기본적인 특징과 구조, 규칙을 이해한 상태다. 좀 더 구체적인 내용을 다루는 질문을 준비한다.

- **후기 인터뷰**late interview는 이미 발견한 패턴을 검증하는 과정이다. 사용자의 역할과 행동 패턴을 좀 더 분명히 파악한다. 사용자에 대한 가설을 적절히 수정한다. 다지 선택식 혹은 '예/아니오' 식의 질문도 던진다. 그동안 수집한 정보에서 부족한 부분을 보완한다.

인터뷰 참석자를 결정하고 나면 각 단계에 가장 적절한 사용자를 배분해야 한다. 임원진의 도움을 받는 것도 좋다. 복잡한 기술을 다루는 제품을 예로 들어보자. 인내심이 강하고 생각하는 바를 말로 조리 있게 잘 풀어내는 사용자를 초기에 인터뷰하는 게 좋다. 해당 영역에 대한 지식이 많고 설명하는 데 능숙한 사용자는 나중에 다시 인터뷰할 수도 있다. 초기 단계에서는 알지 못했던 부분이나 빼먹은 이슈를 다시 한 번 짚고 넘어갈 수 있기 때문이다.

기본 규칙

훌륭한 에스노그라피 인터뷰를 진행하는 기본 규칙은 매우 쉽고 단순하다. 복잡한 기술은 필요 없다. 물론 인터뷰를 능숙하게 진행하는 노하우를 쌓으려면 시간이 걸리게 마련이다.

하지만 기본적인 규칙만 따라도 정성적 자료를 멋지게 뽑아낼 수 있다. 에스노그라피 인터뷰를 진행하는 데 염두에 둬야 하는 내용은 다음과 같다.

- 직접 사용자를 찾아가 인터뷰하라.
- 정해진 질문지를 피하라.
- 전문가가 아니라 초심자의 역할을 가정하라.
- 끝이 있는 질문과 없는 질문으로 논의를 유도하라.
- 사용자의 목표를 먼저, 과업을 나중에 파악하라.
- 사용자는 디자이너가 아님을 명심하라.
- 기술에 대한 토론은 피하라.
- 사용자의 이야기를 들어라.
- 사용자의 업무와 작업물을 관찰하라.
- 유도 질문을 피하라.

에스노그라피 인터뷰의 기본 규칙을 자세히 살펴보자.

직접 사용자를 찾아가 인터뷰하라

정황 조사의 첫 번째 규칙은 사용자가 실제로 제품을 활용하는 현장을 찾아가 인터뷰하라는 것이다. 제품이 활용되는 생생한 현장을 직접 관찰하는 일은 매우 중요하다. 사용자와 제품의 인터랙션이 일어나는 주변환경을 모두 체험할 수 있는 멋진 기회를 제공한다. 사용자의 니즈와 목표, 제품의 제약사항을 이해하는 데 매우 큰 도움이 된다.

사용자의 업무 환경을 자세히 관찰한다. 업무 환경은 중요한 과업과 관련된 단서로 가득 차 있게 마련이다. 이런 중요한 정보를 사용자는 말로 설명해주지 않는다. 사용자가 어떤 정보를 필요로 하는지 살펴보자(책상 위의 문서나 모니터에 붙은 포스트잇을 확인한다). 불필요한 시스템은 없는지 확인하자(컨닝 페이퍼나 사용자 매뉴얼은 없는지 살핀다). 과업의 빈도와 중요도를 알아보자(받은메일함, 보낸메일함 등을 확인한다). 어떤 순서로 업무의 흐름이 진행되는지 살펴보자(달력, 그래프, 메모 등을 체크한다). 허락 없이 이것저것 들춰서는 안 된다. 하지만 흥미로워 보이는 물건을 발견하면 사용자와 토론해보자.

정해진 질문지를 피하라

정해진 질문지에만 집착하면 많은 위험이 따른다. 사용자가 집중하지 못하고 거리감을 느끼게 된다. 중요한 정보를 놓칠 위험도 크다. 인터뷰 진행자는 제품의 전문 분야에 대해 잘 모르는 경우가 많다. 질문을 미리 완벽히 준비하는 건 불가능하다. 인터뷰를 도중에 사용자로부터 어떤 내용이 중요한지 배워가야 한다. 질문의 종류를 대략적으로만 기억해둔다. 제품의 영역별로 중요한 주제를 미리 생각해본다. 빠뜨리지 말고 짚고 넘어갈 주제를 정리해둔다. 경험이 쌓일수록 주제의 개수도 많아지게 마련이다. 그만큼 각 인터뷰마다 중요한 내용을 도출해낼 수 있다. 핵심적인 행동 패턴을 파악하는 데 큰 도움이 된다.

사용자의 목표를 이해하는 데 필요한 질문은 다음과 같다.

- **목표**: 어떤 일로 하루가 즐거워지는가? 어떤 일이 하루를 망치는가?

- **기회**: 시간을 낭비하게 만드는 일은 무엇인가?

- **중요도**: 개인적으로 무엇이 가장 중요한가?

- **정보**: 결정을 내리는 데 도움이 되는 것은 무엇인가?

제품 시스템과 관련된 질문을 하는 것도 도움이 된다.

- **기능**: 제품을 사용해서 일반적으로 어떤 일을 하는가?

- **빈도**: 어떤 부분을 가장 많이 사용하는가?

- **선호도**: 마음에 드는 부분은 무엇인가? 어떤 부분이 짜증 나게 하는가?

- **문제**: 문제가 발생했을 때 어떻게 대처하는가?

- **전문지식**: 단축키나 고급 기능을 활용하는가?

기업용 제품의 경우에는 **업무 흐름과 관련된 질문**을 준비한다.

- **프로세스**: 오늘 출근하자마자 어떤 일을 했는가? 그 다음에는 뭘 했는가?

- **반복 업무**: 이 업무를 얼마나 자주 하는가? 매일 하지는 않지만 주간, 월간으로 하는 업무에는 어떤 게 있는가?

- **예외**: 일상적인 하루에는 어떤 업무를 하는가? 예외적인 업무나 이벤트는 무엇인가?

사용자의 동기를 이해하려면 **태도와 관련된 질문**을 해야 한다.

- **포부**: 5년 뒤에는 어떤 일을 하고 있을 것 같은가?

- **회피**: 하고 싶지 않은 일은 무엇인가? 어떤 일을 뒤로 미루는가?

- **동기**: 업무와 일상생활에서 어떤 일을 가장 즐기는가? 항상 먼저 시작하는 일은 무엇인가?

전문가가 아닌 초심자의 역할을 가정하라

인터뷰 동안 전문적인 디자이너나 컨설턴트의 입장에서 벗어나, 초심자의 역할을 맡아라. 목표는 인터뷰 대상자가 말하고 싶은 전부를 닥치는 대로 판단 없이 흡수하고 그들이 상세하고 사려 깊은 설명으로 적극 참여하도록 유도하는 데 있다. 멍청한 질문을 두려워하지 마라. 그러면 사람들은 마음이 편해져서, 놀랍게도 멍청해 보이는 질문이 결국 과거의 가정을 지나쳐 실제 통찰로 이어지는 경우가 아주 많다. 공감, 수용하는 청취자가 되면 사람들도 거의 어떤 정보든 공유하고자 하리라는 점을 발견할 것이다.

끝이 있는 질문과 없는 질문으로 논의를 유도하라

킴 굿윈Kim Goodwin이 훌륭한 저서 『Designing for the Digital Age』(Wiley, 2009)에서 논한 대로, 끝이 있는 질문과 없는 질문을 쓰면 인터뷰 대상자는 인터뷰의 생산상과 초점을 유지할 수 있다.

끝이 없는 질문은 인터뷰 대상자에게 상세한 답변을 유도한다. 이런 질문으로 추가 정보를 수집해야 할 주제에 관해 더 세부사항을 유도하라. 보통 끝이 없는 질문은 '왜', '어떻게', '무엇을' 등으로 시작한다.

끝이 있는 질문은 간략한 답변을 유도한다. 끝이 있는 질문으로 질문을 마치거나 인터뷰 대상자가 비생산적인 방향으로 인터뷰가 이어질 경우 다시 궤도로 되돌려라. 끝이 있는 질문은 보통 '했습니까?', '합니까?', '하겠습니까?' 등으로 시작한다.

인터뷰 대상자가 끝이 있는 질문에 답한 후, 보통 대화가 자연스럽게 잠시 중단된다. 그러면 끝이 없는 새 질문으로 논의를 새로운 질문으로 되돌릴 수 있다.

사용자의 목표를 먼저, 과업을 나중에 파악하라

정황 조사를 비롯한 정성적 리서치 방법론은 '무엇'에 초점을 맞춘다. 사용자가 어떤 과업을 수행하는지를 조사한다. 하지만 에스노그라피 인터뷰에서는 '왜'가 더 중요하다. 다양한 사용자가 왜, 어떤 동기로 특정 행동을 보이는지, 사용자의 목표를 왜, 어떻게 달성하고자 하는지 살핀다. 과업을 이해하는 일도 중요하다. 하지만 사용자의 목표를 먼저 이해해야 한다. 목표를 바탕으로 더 적절한 과업을 설계할 수 있기 때문이다.

사용자는 디자이너가 아님을 명심하라

사용자와 함께 제품의 문제점을 탐색하는 일은 매우 중요하다. 하지만 사용자가 직접 해결책을 제시하고 디자인을 해서는 안 된다. 사용자의 의견은 개인적인 선호도에 의존하는 경우가 많다. 한 명의 사용자에게는 필요한 기능이 다른 사용자에게는 필요하지 않다. 사용자는 여러 요소를 두루 고려하지 못한다. 섬세한 인터랙션 디자인은 수년에 걸친 리서치 경험을 통해서만 얻을 수 있다. 사용자가 디자인 의견을 제시할 때 의견 자체에 초점을 맞춰서는 안 된다. 왜 그렇게 생각하는지 뒤에 깔린 목표를 파악하는 게 더 중요하다. 기존 시스템에서 어떤 문제점을 겪고 있는지 파악해보자. 사용자는 여러 흥미로운 의견을 제시해준다. "그렇게 하면 어떤 문제가 해결될 것 같은가요?", "왜 그렇게 바꾸고 싶은가요?"라고 질문해보자.

기술에 대한 토론은 피하라

사용자는 디자이너가 아니다. 마찬가지로 프로그래머나 기술자도 아니다. 사용자와 기술에 대해 토론하는 건 아무 의미가 없다. 특정 기술을 선택하고 논의하기 전에 그 바탕에 깔린 목표를 이해하는 게 훨씬 중요하다. 기술 중심의 제품이나 과학 전문 제품은 기술에 대한 토론이 중요하다. 이 경우에도 제품 영역의 기술과 구현에 필요한 기술을 구분해야 한다. 제품을 구현하는 데 필요한 기술에 대한 논의는 피한다. 제품을 어떻게 개발해야 하는지 열정적으로 의견을 제시하는 사용자도 있다. 이럴 때는 그 뒤에 숨어 있는 사용자의 목표와 동기에 대해 설명하도록 유도한다. "그 기술이 어떤 면에서 도움이 될까요?"라고 물어보자.

사용자의 이야기를 들어라

사용자에게 디자인 조언을 구하는 건 도움이 되지 않는다. 하지만 사용자가 제품을 활용하면서 겪은 경험담은 매우 귀중하다. 이전 버전이나 유사한 타사 제품을 사용하면서 일어난 일을 얘기하도록 유도한다. 제품을 어떻게 사용하는지, 제품에 대해 어떻게 생각하는지, 다른 사람과 함께 사용한 적이 있는지, 제품을 들고 어디를 갔는지 등의 다양한 이야기를 들어본다. 작은 부분까지 상세한 내용을 파악한다. 사용자와 제품이 어떤 관계를 맺는지, 어떻게 인터랙션하는지 이해하는 가장 좋은 방법이다. 일상적인 사건은 물론 예외적인 경우의 이야기도 들어보자.

사용자의 업무와 작업물을 관찰하라

수많은 질문을 주고받고 나면 사용자의 업무가 어떻게 구성되는지, 인터랙션이 어떤 순서로 흘러가는지 대략적으로 이해하게 된다. 그 다음에는 사용자가 어떻게 업무를 진행하는지 직접 보여주면서 설명하도록 요구해본다. 관련된 작업물을 보여달라고 요청하는 것도 좋다. 제품의 전문 영역에 관련된 작업물이나 소프트웨어 인터페이스, 문서 시스템 등을 확인해본다. 업무 환경을 둘러보는 것도 좋다. 이 모든 것을 다 관찰하는 게 가장 좋다. 디지털 카메라나 캠코더로 기록을 남길 수도 있다. 하지만 촬영만 하고 끝내는 것은 좋지 않다. 사용자의 설명을 들어봐야 한다. 좀 더 구체적인 내용을 이끌어내려면 다양한 확인 질문을 던져야 한다.

사용자 환경에서 나온 작업물을 포착하려 하면서, 특히 기존 기자인이 충족하지 못한 니즈나 실패의 징후를 살펴라. 예를 들어 우리의 과거 프로젝트 중 하나는 비싼 과학 장비의 일부로 소프트웨어 인터페이스를 새로 디자인하도록 권장받았다. 주로 화학자인 사용자를 인터뷰하다 관찰하던 모든 기기 옆에 그 기기에서 구동한 모든 실험의 세부사항들로 가득한 노트가 있음을 관찰했다. 어떤 과학자가 했고, 어떤 주제였는지, 언제 실험했는지 등이었다. 장비가 실험마다 세부 결과를 기록했는데도 일련의 ID 번호 외에는 실험에 관해 다른 어떤 정보도 기록하지 않았음이 드러났다. 종이 노트를 잃어버리면, ID 번호가 사용자에게 전혀 의미가 없었기에, 실험 결과는 거의 소용없어질 것이었다. 분명히 충족시키지 못한 사용자 니즈였다!

유도 질문을 피하라

사용자의 대답을 유도하는 질문을 반드시 피한다. 법정 드라마를 보면 변호사가 증인으로부터 유리한 대답을 들으려고 유도심문을 하는 장면을 종종 볼 수 있다. 에스노그라피 인터뷰 중에도 사용자의 답변을 한 방향으로 몰고 갈 수 있다. 이는 큰 실수다. 대표적인 유도 질문은 다음과 같다.

- 이 기능이 도움이 될까요?
- 이 기능이 너무 좋지 않나요? 마음에 들죠?
- 이 기능이 출시되면 사용하시겠어요?
- 이 기능이 좋은 아이디어 같나요?

인터뷰를 마치고

각 인터뷰를 마칠 때마다 참여자의 메모를 모아 토론한다. 특히 흥미로운 관찰 내용은 없는지, 이전에는 발생하지 않았던 예외 경우는 없는지 살핀다. 시간이 허락한다면 지나간 인터뷰 메모도 다시 한 번 검토한다. 새롭게 알게 된 부분은 없는지, 리서치의 방향이 올바로 흘러가고 있는지 검토한다. 팀 내부의 토론을 바탕으로 남은 인터뷰의 방향과 전략을 적절히 조절한다.

인터뷰를 모두 마치고 나면 그동안 작성한 메모를 다시 한 번 검토한다. 중요한 패턴은 확실히 표시해둔다. 여기서 정리한 자료는 다음 단계에서 퍼소나를 만들 때 무척 도움이 된다. 주제 그룹으로 마킹된 답변을 정리하기도 하는데, 심각하게 에스노그라피를 진행하는 사람은 이 마킹을 코딩coding이라 한다. 그런 수준의 정리는 보통 과하지만, 복잡하거나 뉘앙스가 있는 영역에서는 유용할 수 있다.

메모는 하나로 묶어 노트로 정리해둔다. 촬영한 비디오를 다시 한 번 살핀다. 사진으로 기록한 작업물 이미지를 출력해서 서류철에 정리해둔다. 회의실 벽처럼 넓은 공간에 붙여두는 것도 좋다. 팀원들이 동시에 확인할 수 있기 때문이다. 이렇게 정리해두면 디자인을 진행할 때 매우 유용하다.

기타 리서치 방법론

2장에서는 유용한 사용자 정보를 수집할 수 있는 정성적 리서치를 알아봤다. 정성적 리서치는 훌륭한 사용자 모델과 제품 모델을 설계하는 밑거름이 된다. 이를 바탕으로 목표 지향 디자인 방법론을 적용하게 된다. 목표 지향 디자인 방법론은 3장에서 자세히 알아본다. 디자인과 사용성 분야에는 에스노그라피 인터뷰 외에도 다양한 리서치 기법이 있다. 과업 상세 분석과 포커스 그룹, 사용성 테스트 등 셀 수 없이 많다. 이는 모두 제품 디자인에 큰 도움이 된다. 높은 사용성과 훌륭한 경험을 제공하는 데 중요한 리서치 기법이다. 하지만 제품 디자인에 가장 가치 있는 정보를 수집하려면 지금까지 2장에서 소개한 정성적 리서치 기법을 도입해야 한다. 넓은 시야에서 제품의 큰 그림을 볼 수 있을뿐더러 세세한 기능까지 분석할 수 있기 때문이다. 큰 노력과 비용을 투자하지 않고도 값진 결과를 얻을 수 있다. 이는 오직 정성적 리서치로만 가능한 일이다.

마이크 쿠니아브스키^{Mike Kuniavsky}는 그의 저서 『Observing the User Experience』(Morgan Kaufmann, 2012)에서 다양한 사용자 리서치 방법론을 소개하고 있다. 디자인과 개발 과정에서 적용할 수 있는 유용한 방법론을 찾아볼 수 있다.

여기서는 실무에서 활발하게 적용되고 있는 몇 가지 방법론을 살펴본다.

포커스 그룹

포커스 그룹^{focus group}은 마케팅 팀에서 특히 선호하는 리서치 기법이다. 제품의 대상 시장에 맞는 사용자 그룹을 인구통계 자료를 바탕으로 선정한 뒤, 한 방에 모여 토론하는 방식이다. 토론은 정해진 질문지와 선택 가능한 답변에 따라 진행된다. 토론하는 모습을 녹화한 뒤 분석하는 경우가 많다. 포커스 그룹은 전통적인 마케팅 리서치의 대표적인 기법이다. 제품을 처음 출시하려고 할 때 사용자의 첫인상을 알아보는 데 유용하다. 사용자가 디자인과 외관, 형태에 대해 어떻게 느끼는지 알아볼 수 있다. 그동안 사용해온 제품에 대한 의견을 수집할 때도 포커스 그룹을 진행할 수 있다.

포커스 그룹은 실제 사용자를 만나고 이야기를 들어보는 좋은 기회를 제공한다. 하지만 디자인에 필요한 정보를 수집하기에는 부족한 면이 많다. 포커스 그룹은 구매의사가 있거나 이미 구매한 제품에 대한 의견을 수집하는 데는 유용하다. 하지만 실제로 제품을 어떻게 활용하고 있는지 알아보기는 어렵다. 제품을 이용해 어떤 일을 왜 하는지 알 수 없다. 포커스 그룹은 여러 사람이 한꺼번에 진행하는 인터뷰다. 개인의 목소리는 묻혀버리는 경향이 있다. 다수의 의견이나 목소리가 큰 사용자의 주장이 전체의 의견이 된다. 이런 의견을 디자인에 적용하면 매우 위험하다. 다양한 사용자의 패턴을 모두 고려할 수 없기 때문이다. 포커스 그룹은 각기 다른 사용자의 의견을 하나로 뭉뚱그려버린다. 디자이너는 각색의 행동 패턴과 의견을 깊이 이해해야 한다. 포커스 그룹은 바람직하지 않다.

사용성 테스트

사용성 테스트란 사용자가 제품을 어떻게 사용하는지 관찰하고 분석하는 다양한 기법을 통칭하는 말이다(부정확하지만 '사용자 테스트'라고 불리는 경우도 많다). 제품의 사용성을 효과적으로 측정할 수 있는 리서치 기법이다. 일반적으로 사용자에게 미리 준비된 과업을 주고 얼마나 빠르게 작업을 완료하는지 확인한다. 사용자가 과업을 진행하는 동안 어떤 어려움을 겪는지도 검토한다. 사용자가 제품의 기능을 이해하고 활용하는 데 어떤 문제점이 있는지 쉽게 찾아낼 수 있다. 특히 쉽게 받아들이는 부분도 알 수 있다.

사용성 테스트를 진행하려면 테스트 대상이 준비돼 있어야 한다. 이미 완성된 소프트웨어일 수도 있고 반만 작동하는 프로토타입일 수도 있다. 전혀 작동하지 않는 종이로 만든 프로토타입이 될 수도 있다. 사용성 테스트는 이미 완성한 디자인을 검증하는 과정이다. 사용성 테스트는 디자인 과정의 뒷부분에 올 수밖에 없다. 프로토타입을 제작할 만한 디자인 컨셉과 세부 내용이 결정된 이후에만 사용성 테스트를 적용할 수 있다. 사용성 테스트를 바탕으로 디자인을 평가하고 수정하는 방법은 5장에서 자세히 다룬다.

기존 제품을 재디자인하는 경우라면 사용성 테스트가 큰 도움이 된다. 어떤 부분을 고치고 발전시켜야 하는지 쉽게 찾아낼 수 있기 때문이다. 하지만 앞서 소개한 정성적 리서치 방법론으로도 기존 제품의 문제점을 효과적으로 찾아낼 수 있다. 리서치 비용이 제한된 경우도 있다. 기존 제품의 사용성 테스트를 한두 번밖에 할 수 없다면 하지 않는 편이 낫다. 사용성 테스트는 프로토타입이 완성된 이후에 적용해야 더 빛을 발하기 때문이다. 새로 추가한 디자인 요소의 효과를 측정할 수 있다.

카드 소팅

카드 소팅card sorting은 정보 설계 분야에서 활발하게 사용되는 리서치 기법이다. 사용자가 정보를 어떻게 이해하고 구성하는지 알아볼 수 있다. 카드 소팅을 진행하는 방법은 매우 다양하다. 일반적으로 사용자가 카드 묶음을 가지고 원하는 대로 분류하는 방식으로 진행된다. 각 카드에는 제품과 관련된 컨셉이나 기능이 적혀 있다. 카드 소팅의 결과를 분석하는 방법도 다양하다. 다수의 사용자가 정보를 분류하는 패턴을 확인할 수도 있고, 수치 통계를 분석할 수도 있다. 어떤 방식을 선택하든 사용자의 행동 패턴과 연관관계를 이해하는 게 가장 중요하다.

카드 소팅은 사용자의 멘탈 모델을 엿볼 수 있는 훌륭한 리서치 기법이다. 하지만 정보를 분류하고 구성하는 데 능숙한 사용자에게만 효과가 있다. 사용자가 카드 소팅에서 정보를 분류하는 방식과 실제 행동 패턴은 다를 수도 있다. 카드에 적힌 추상적인 단어만 보고 분류하는 방식과 제품을 이용할 때 기능을 분류하는 방식은 다를 수 있기 때문이다.

과업을 수행하는 순서에 따라 기능을 나열해보라고 하면 이 문제를 해결할 수 있다. 어떤 순서로 기능을 디자인하고 배치해야 하는지 알아볼 수 있다. 카드 소팅을 마친 후 직접 설명을 들어보면 큰 도움이 된다. 컨셉을 분류하고 그룹화하는 데 어떤 기준을 적용했는지 사용자의 생각을 들어본다.

카드 소팅 뒤에는 사용자의 생각을 묻는 인터뷰를 진행해야 한다. 사용자가 자유롭게 본인의 생각을 표현할 수 있게 한다. 사용자의 멘탈 모델을 이해하는 데 큰 도움이 된다. 적절한 과업과 질문을 선택하고 사용자의 답변에 주의를 기울인다. 본인의 행동에 대해 어떻게 설명하는지, 제품의 전문 영역을 얼마나 이해하고 있는지를 파악한다. 중요한 정보와 기능을 어떻게 받아들이는지 복잡한 사용자의 정신 세계를 알아볼 수 있는 방법이다.

과업 분석

과업 분석은 사용자가 기존의 프로그램을 사용할 때 어떤 과업을 수행하는지 상세하게 분석하고 이해하는 리서치 기법이다. 과업 분석을 진행하는 방법은 여러 가지가 있다. 설문지를 이용할 수도 있고, 자유 응답식 인터뷰를 진행할 수도 있다. 과업 분석에서 주의를 기울여야 할 부분은 다음과 같다.

- 사용자가 왜 해당 과업을 수행하는지 이해한다(사용자 내면의 목표).
- 과업의 중요도와 빈도를 파악한다.
- 시작 포인트: 과업의 시작 시점을 확인한다.
- 의존도: 과업을 수행하는 데 필요한 요소를 알아본다. 과업을 완료하는 데 없어서는

안 될 요소를 살핀다.

- 과업을 수행하는 데 참여하는 주변인물의 역할과 책임을 조사한다.

- 사용자의 특정 행동을 관찰한다.

- 의사결정 과정을 이해한다.

- 의사결정에 필요한 정보를 파악한다.

- 발생하는 오류나 예외상황을 살펴본다.

- 발생한 오류를 어떻게 수정할 수 있는지 알아본다.

인터뷰가 끝나고 설문조사 자료를 모두 수집하고 나면 과업을 명확하게 분류하고 분석해야 한다. 순서도나 관계도 같은 도표를 활용하는 경우가 많다. 여러 과업 사이의 관계를 쉽게 표현할 수 있기 때문이다. 여러 사용자와 프로세스 간의 관계도 확인할 수 있다.

과업 분석은 에스노그라피 인터뷰와 함께 진행해야 한다. 과업 분석은 다양한 디자인 모델을 제작할 때 큰 도움이 된다. 디자인 모델은 3장에서 자세히 살펴본다. 과업 분석으로 사용자가 기존의 제품을 어떻게 이용하는지 알아볼 수 있다. 어려움을 겪는 부분이나 수정이 필요한 부분을 파악하는 데도 적절하다. 하지만 과업을 파악하기 이전에 사용자 내면의 목표를 파악하는 일이 무엇보다 중요하다. 기존에 익숙한 과업은 이미 구식이 돼버렸을 수도 있기 때문이다. 인터페이스가 엉망이기 때문에 어쩔 수 없이 그렇게 사용하고 있을 수도 있다. 실제로 사용자가 원하는 과업이나 이상적인 인터랙션과는 거리가 먼 경우가 많다.

좋은 디자인에 중요한 리서치

사용자 리서치는 훌륭한 디자인을 하는 데 튼튼한 반석을 제공한다. 적절한 사용자 리서치를 계획하고 알맞은 방법론을 선택하는 데 시간과 노력을 투자해야 한다. 적절한 시점에 알맞은 기법을 적용하는 일은 매우 중요하다. 시간과 자원의 낭비를 미리 막을 수 있다. 관찰실에서 틀에 짜인 리서치를 진행하면 의미 없는 자료를 얻는 경우가 많다. 디자인 프로세스의 초기 단계에 에스노그라피 인터뷰를 진행하면 매우 값진 결과를 얻을 수 있다. 사용자를 깊이 이해할 수 있을뿐더러 사용자의 니즈와 목표를 파악할 수 있다. 디자인 프로세스의 후반부에는 사용성 테스트를 진행한다. 정성적 리서치를 토대로 디자인 모델을 설계하고 탄탄한 컨셉을 찾아냈다면 사용성 테스트를 진행하기 아주 좋은 시점이다. 지금까지 만든 디자인 시안의 효과를 눈으로 확인해볼 수 있기 때문이다. 목표 지향 디자인 리서치는 훌륭한 디자인을 향한 지름길이다.

3장

사용자 모델링: 퍼소나와 목표

앞서 2장에서는 사용자를 깊이 이해할 수 있는 다양한 리서치 방법론을 살펴봤는데, 사용자의 삶과 환경, 목표와 동기를 알아봤다. 하지만 아직 중요한 질문이 남아 있다. 그동안 수집한 자료를 어떻게 멋진 디자인으로 탈바꿈시킬 수 있을까? 리서치에서 얻은 방대한 자료를 어떻게 분석해야 할까? 사용자 중에 서로 똑같은 사람은 아무도 없다. 작은 요소를 하나 디자인할 때마다 수백 페이지의 리서치 자료를 들춰보기란 불가능한 일이다. 끝도 없는 리서치 결과 자료를 뒤적이는 건 아무 도움이 되지 않는다. 리서치 결과에 어떻게 의미와 우선순위를 부여하는가?

모델model이라는 강력한 개념을 적용해 이 문제를 해결한다.

왜 모델인가?

모델은 자연과학과 사회과학에서 자주 등장하는 컨셉이다. 복잡하고 다양한 현상을 일반화해 중요한 의미를 찾는 기법이다. 복잡한 구조와 관계를 쉽게 표현하는 데 매우 강력하기 때문이다. 어려운 자료를 빠르게 이해할 수 있다. 정보를 시각화하는 데도 무척 도움이 된다. 디자인 모델을 적용하면 정보의 중요한 의미와 구조를 쉽게 파악할 수 있다. 덜 중요한 정보를 가려내기도 쉽다. 사용자 중심 디자인에서 사용자를 이해하는 일보다 중요한 것은 없다. 사용자 간의 중요한 관계를 시각화하면 큰 도움이 된다. 사용자가 사회적, 물리적인 주변환경과 어떤 관계에 놓여 있는지, 우리가 디자인하려는 제품과는 어떤 관계를 맺는지 살펴야 한다.

경제학자는 시장의 변화와 흐름을 파악하기 위해 디자인 모델을 활용한다. 물리학자는 디자인 모델을 적용해 분자의 특성을 이해한다. 인터랙션 디자인 분야에서는 사용자를 이해하는 데 디자인 모델을 활용할 수 있다. 리서치 자료를 바탕으로 주요 사용자를 설명하는 상세한 모델을 설계하는 것이다. 이런 사용자 모델을 **퍼소나**persona라고 부른다.

퍼소나는 사용자를 정확히 이해할 수 있도록 돕는다. 사용자가 어떻게 행동하고 생각하는지, 무엇을 왜 달성하려고 하는지 깊이 살펴볼 수 있다. 퍼소나는 실제 인물이 아니다. 하지만 실제 사용자의 행동 패턴과 동기를 바탕으로 만들어진다. 직접 관찰한 사용자의 행동을 퍼소나로 표현하는 것이다. 퍼소나란 사용자 전형을 대표하는 가상의 인물이다. 에스노그라피 인터뷰에 참여한 수많은 실제 사용자를 대표하는 셈이다. 퍼소나는 리서치에서 수집한 자료와 사용자 행동 패턴을 바탕으로 만들어진다. 리서치 단계를 마친 뒤 모델링 단계에서 퍼소나를 제작한다. 퍼소나를 활용하면 사용자의 목표를 명쾌하게 이해할 수 있다. 퍼소나는 리서치 자료를 훌륭한 디자인으로 탈바꿈시키는 데 필수적이다.

퍼소나는 매우 단순하게 들릴 수 있다. 하지만 실제로 적용하려면 무척 세심한 주의가 필요하다. 대부분의 훌륭한 리서치 기법은 적용할 때 많은 노력을 투자해야 한다. 일반적인 사용자라고 생각되는 자료를 대충 일반화해서 사용자 프로필을 만드는 것만으로는 충분하지 않다. 사용자를 묘사하는 자료에 근사한 사진과 이름만 붙인다고 '퍼소나'가 되는 것은 아니다. 디자인에 도움이 되는 참된 퍼소나를 만들려면 훨씬 까다로운 접근이 필요하다. 사용자 관찰 내용을 분석해서 의미 있는 패턴을 찾아내야 한다. 다양한 사용자를 대표할 수 있는 사용자 전형을 발견해야 하기 때문이다.

인터랙션 디자인에 도움이 되는 디자인 모델이 퍼소나만 있는 것은 아니다. 업무 흐름 모델이나 공간 모델 등 다양한 모델을 활용할 수 있다. 하지만 퍼소나는 가장 강력한 모델이라 할 수 있다. 기타 디자인 모델의 핵심만 골라 퍼소나와 함께 적용할 수도 있다.

3장에서는 퍼소나와 퍼소나 목표를 살펴본다. 3장 뒷부분에서는 퍼소나와 병행해서 진행 가능한 그 밖의 디자인 모델도 간략히 소개한다.

퍼소나

누구나 만족하는 제품을 디자인할 수 있을까? 다양한 기능을 모두 갖춘 제품을 디자인하는 것이 좋을까? 결코 그렇지 않다. 각기 다른 사용자를 만족시키는 디자인을 하려면 어떻게 해야 할까? 가장 좋은 방법은 분명한 니즈를 가진 특정한 사용자 그룹을 중심으로 디자인하는 것이다.

수많은 기능을 다 넣으려고 하면 제품은 복잡해지기만 한다. 사용자는 혼란을 겪을 수밖에 없다. 명확한 특정 사용자 그룹을 만족시키는 게 중요하다. 한 명의 사용자가 만족하는 제품은 다른 사람도 만족할 확률이 높다(그림 3-1 참조).

그림 3-1 퍼소나가 없다면 사용자가 누구인지 알기 어렵다. 모든 사용자를 한꺼번에 만족시키는 자동차를 디자인한다고 생각해보자. 수많은 기능을 모두 갖춘 자동차를 디자인한다면 아무도 사려고 하지 않을 것이다. 누구나 만족하는 제품을 디자인하기란 불가능하다. 오히려 사용자를 혼란스럽게 할 뿐이다. 그림 3-2는 퍼소나를 활용한 효과적인 사용자 모델을 소개한다.

퍼소나의 핵심은 가장 중요한 사용자 그룹을 파악하는 데 있다. 전체 사용자의 니즈를 대표할 수 있는 대표적인 사용자 그룹을 선택하는 것이다(그림 3-2 참조). 선택한 사용자 그룹을 중요도에 따라 분류한다. 1순위 사용자 그룹의 니즈는 가장 중요하게 다뤄야 한다. 2순위 사용자 그룹의 니즈도 중요하다. 하지만 2순위 사용자를 만족시키려고 1순위 사용자의 기능이 축소돼서는 안 된다. 퍼소나를 활용하면 다양한 사용자의 특성과 니즈를 이해하기가 무척 쉬워진다. 가장 중요한 사용자가 누구인지 한눈에 파악할 수 있다. 제품의 인터페이스와 기능을 디자인하기가 수월해진다.

그림 3-2 퍼소나를 활용하면 다양한 사용자의 목표에 부합하는 제품을 디자인할 수 있다. 사용자의 목표가 다르면 자동차의 디자인도 달라져야 한다. 세 명의 운전자로 표현된 퍼소나에게 적합한 자동차를 디자인하면 니즈가 비슷한 더 많은 다양한 사용자를 만족시킬 수 있다. 자동차뿐 아니라 디지털 제품과 소프트웨어를 디자인할 때도 퍼소나는 매우 유용하다.

퍼소나의 강점

퍼소나는 매우 강력한 디자인 기법이다. 구식의 디자인 방법론으로는 어려웠던 문제도 쉽게 해결해준다. 퍼소나의 주요 강점은 다음과 같다.

- **어떤 제품을 디자인해야 하는지, 어떤 기능을 갖춰야 하는지 쉽게 결정할 수 있다.** 퍼소나의 목표와 과업은 디자인에 중요한 밑거름을 제공한다.

- **임원진은 물론 개발자, 디자이너와의 의사소통이 수월해진다.** 중요한 디자인을 토론할 때 퍼소나를 활용하면 누구나 사용자가 누구인지 쉽게 이해할 수 있다. 디자인 프로세스의 각 단계마다 사용자 중심 디자인을 적용하기도 쉬워진다.

- **팀의 의견을 하나로 모으기가 쉬워진다.** 퍼소나를 활용하면 팀원 모두가 사용자와 디자인 컨셉을 쉽게 이해할 수 있기 때문이다. 팀원을 이해시키려고 불필요한 다이어그램을 그릴 필요도 없다. 퍼소나는 사용자의 특성을 이야기로 풀어 설명한다. 사용자 행동의 세세한 뉘앙스도 쉽게 파악할 수 있다. 퍼소나는 한 명의 사용자로 표현되기 때문에 이해가 쉽고 빠르다. 복잡한 기능 목록이나 순서도보다 훨씬 친숙하게 다가온다.

- **디자인이 적절한지 판단할 수 있는 기준을 제공한다.** 실제 사용자에게 디자인을 보여주고

의견을 듣는 것처럼, 퍼소나의 입장에서 과연 디자인이 올바른지 판단해보는 것이다. 물론 이 방법이 실제 사용성 테스트를 완전히 대체할 수는 없다. 하지만 적절한 디자인을 찾는 데 매우 유용한 방법이다. 디자인 시안 제작과 테스트를 반복하는 과정을 훨씬 쉽고 빠르게 해준다. 사용자와의 테스트를 진행하지 않고도 적은 비용으로 디자인을 점검할 수 있다. 실제 테스트를 진행할 때는 훨씬 탄탄하고 훌륭한 디자인을 준비할 수 있게 된다.

- **영업과 마케팅 등에도 도움이 된다.** 마케팅 팀에서 퍼소나를 홍보 수단으로 활용하기도 한다. 전략 팀에서 디자인 계획을 세울 때 적용하는 예시도 볼 수 있다. 회사에서 팀을 재구성할 때 퍼소나를 사용하는 경우도 있다. 관리 팀은 사용자를 정확히 이해하지 못하는 경우가 많다. 제품 개발에 직접적으로 참여하지 않기 때문이다. 관리자는 제품의 주요 사용자를 상세하게 알아야 한다. 이때 퍼소나를 활용하면 매우 효과적이다.

퍼소나로 피할 수 있는 디자인 문제

제품 개발 과정에서는 다양한 문제가 발생한다. 퍼소나를 활용하면 다음과 같은 문제를 쉽게 해결할 수 있다.

- 유연한 사용자
- 본인 중심 디자인
- 극단적 사용자

유연한 사용자

누구나 사용자 중심 디자인을 한다고 주장한다. 하지만 과연 누가 '사용자'인지 명확하지 않다. 사용자가 누구인지 명쾌하게 정의하지 않으면 디자인에 큰 문제가 된다. 누구나 제멋대로 사용자라는 말을 해석하게 된다. 저마다 사용자가 누구인지 다른 의미로 받아들인다. 중요한 의사결정을 할 때 '사용자'라는 말은 매우 '유연'해진다. 본인의 의견을 주장하는 데 편리하도록 아무 때나 사용자라는 말을 쓰곤 한다.

어떤 개발자는 상하구조의 폴더로 구성된 복잡한 트리 형태의 인터페이스를 좋아한다. 이 개발자는 컴퓨터 전문지식이 뛰어난 '파워유저'를 사용자라고 지칭한다. 마법사 인터페이스를 선호하는 개발자도 있는데, 이 개발자는 컴퓨터를 다뤄본 경험이 없는 초보자를 사용자라고 부를 것이다. 사용자라는 말이 유연해지면 개발 팀은 마음에 드는 아무 디자인이나 할 수 있게 된다. 어떤 선택을 하더라도 유연한 '사용자' 중심 디자인을 하는 셈이기 때문이다. 하지만 훌륭한 디자인은 참된 사용자의 니즈를 만족시켜야 한다. 퍼소나는 실제 사용자를 대표한다. 참된 사용자는 결코 유연해지지 않는다. 실제 사용자는 그들의 목표와 능력, 주변 정황을 바탕으로 구체적인 니즈와 요구사항을 갖추고 있다.

사용자의 역할이나 직업에만 초점을 맞추는 것도 위험하다. 퍼소나와 같이 명확한 사용자 전형을 활용해야만 '유연한 사용자' 문제를 해결할 수 있다. 병원용 제품을 디자인하는 경우를 생각해보자. 간호사라는 직업을 가진 사람은 누구나 니즈가 똑같다고 생각하기 쉽다. 하지만 실제로 병원에 가보면 서로 똑같은 간호사는 아무도 없다. 응급실 간호사, 소아과 간호사, 수술실 간호사 등 하는 일도 다르다. 저마다 니즈와 태도, 적성, 동기가 각기 다르다. 사용자가 누구인지 정확히 알지 못하면 제품의 질도 떨어지게 마련이다. 제품의 행동을 명확히 정의하려면 사용자를 확실히 파악해야 한다.

본인 중심 디자인

디자이너와 개발자는 스스로의 목표를 더 중요하게 생각하는 경우가 많다. 그들의 동기와 능력, 멘탈 모델을 중심으로 제품을 디자인한다. 겉만 번지르르한 제품이 여기에 해당된다. 이런 제품은 몇 명의 디자이너 말고는 아무도 사용하지 않는다. 소규모 디자이너 그룹을 대상으로 한 제품이라면 이 방법이 적절할 수도 있다. 하지만 일반적인 제품에서는 반드시 피해야 한다. 개발자는 본인의 생각을 바탕으로 구현 모델이 적용된 제품을 개발하는 경우가 많다. 제품이 어떻게 작동하고 구성하는지 정확히 이해하고 있기 때문이다. 구현 모델의 제품이 개발자에게는 편리할 수 있다. 하지만 대부분의 사용자를 혼란스럽게 한다.

극단적 사용자

극단적 사용자에 집착해서는 안 된다. 퍼소나를 활용하면 이 문제를 해결할 수 있다. 극단적 경우란 간혹 일어날 수도 있는 상황을 말한다. 하지만 대부분의 사용자에게는 일어나지 않는다. 물론 완벽한 제품을 디자인하려면 극단적 사용자도 고려해야 한다. 하지만 극단적 사용자를 지나치게 고려해서는 안 된다. 디자인의 중심에 극단적 사용자를 둬서는 안 된다. 퍼소나는 현실적인 제품을 디자인할 수 있게 도와준다. "우리의 퍼소나인 줄리가 이 기능을 얼마나 자주 사용할까? 한 번이라도 써볼까?"라고 자문해볼 수 있다. 어떤 기능이 더 중요한지 결정하는 데 큰 도움이 된다.

퍼소나가 효과적인 이유

퍼소나는 특별한 개성을 지닌 한 명의 사람으로 표현된다. 퍼소나는 사용자 디자인 모델로서, 특정 실제 인물을 나타내진 않는다. 리서치에서 관찰한 여러 명의 실제 사용자 그룹을 바탕으로 만들어진 가상의 인물이다. 퍼소나의 특징은 디자인에 필요한 주요 정보를 의인화한다는 점이다.[1] 이 덕분에 디자이너와 개발자는 사용자에게 쉽게 공감할 수 있게 된다. 사용자의 특성과 니즈를 한 명의 사람으로 친숙하게 표현했기 때문이다. 이는 디자인 모델로서 강력한 힘을 발휘하는 퍼소나만의 뛰어난 특징이다.

퍼소나는 사용자에게 쉽게 '감정 이입'할 수 있는 통로를 제공한다. 이는 중요한 디자인 의사결정에 매우 중요하다. 제품의 큰 뼈대는 물론 세세한 부분까지 퍼소나가 생각하고 느끼는 대로 디자인할 수 있기 때문이다. 퍼소나의 목표를 쉽게 이해할 수 있게 도와준다(퍼소나와 목표, 사용자 행동 사이의 관계는 3장 뒷부분에서 자세히 다룬다). 감정 이입의 힘은 인터랙션 디자이너뿐 아니라 팀원 전체에 도움이 된다. 퍼소나는 실제 사용자의 니즈를 명확히 파악하고 디자인 문제를 해결하는 데 훌륭한 방법론이다. 퍼소나는 임원진에게도 도움이 된다. 임원진이 디자인을 좀 더 쉽게 이해힐 수 있도록 도와준다. 섬세한 노력을 들여 퍼소나를 제작하면 임원진과 개발자도 퍼소나가 실제 사용자라고 생각하게 된다. 실제 사용자가 만족스러운 경험을 할 수 있도록 제품을 설계하는 일이 훨씬 쉬워지는 셈이다.

누구나 책이나 영화, 텔레비전을 보다가 주인공의 배역에 푹 빠져본 경험이 있을 것이다. 조너선 그루딘Jonathan Grudin과 존 프루잇John Pruitt은 인터랙션 디자인에서도 사용자에게 깊이 공감할 수 있는 방법론을 연구해왔다.[2] 연기자들이 흔히 활용하는 **몰입 연기**(메소드 연기method acting)와 유사한 방법이다. 몰입 연기란, 맡은 배역을 최대한 소화해내려고 해당 인물의 삶을 체험해보는 것이다. 퍼소나를 적용하는 과정은 몰입 연기와 매우 흡사하다. 사용자를 관찰한 뒤 퍼소나를 제작하고, 가상인물의 시각에서 시나리오를 구성하고 풀어나가기 때문이다. 퍼소나 방법론을 목표 지향 디자인과 인터랙션 디자인 분야의 의인화 기법(스태니슬라브스키 기법Stanislavsky Method)이라고도 한다.

리서치 기반 퍼소나

모든 디자인 모델은 실제 관찰을 바탕으로 제작된다. 퍼소나도 마찬가지다. 2장에서 사용자를 직접 관찰하고 인터뷰하는 방법을 살펴봤다. 이 리서치 결과가 퍼소나의 중요한 근거 자료가 된다. 에스노그라피 인터뷰와 정황 조사 등의 기법을 적절히 활용한다. 잠재 고객과 기

---

1   Constantine and Lockwood, 2002
2   Grudin and Pruitt, 2002

존 사용자를 자세히 관찰할 수 있는 방법론이다. 퍼소나를 제작할 때 중요한 정보를 수집할 수 있다. 퍼소나의 제작 방법에 따라 디자인 효과도 크게 달라진다. 에스노그라피 인터뷰 자료와 더불어 적용할 수 있는 자료는 매우 많다. 효과가 높은 순서에 따라 나열하면 다음과 같다.

- 관찰실에서 진행하는 사용자 인터뷰

- 임원진과 영역 전문가가 제공하는 사용자 자료

- 마케팅 리서치 자료(포커스 그룹, 설문조사 등)

- 시장 세분화 자료

- 문헌 조사 및 이전 리서치 자료

위의 자료는 큰 도움이 된다. 하지만 사용자를 직접 관찰하고 인터뷰하는 과정을 대체할 수는 없다. 훌륭한 퍼소나는 세세한 내용 하나까지도 실제 리서치 결과에서 나온 것이어야 한다.

다수의 사용자를 대표하는 퍼소나

퍼소나는 한 명의 가상인물로 표현된다. 대표적인 사용자를 의미한다. 하지만 실제로 한 명의 퍼소나는 다수의 특정 사용자 그룹을 나타낸다. 퍼소나는 여러 사용자의 특정 **행동 패턴** behavior pattern을 하나로 묶어서 만든 것이기 때문이다. 제품이 아직 디자인되기 전에는 유사한 제품을 사용하는 행동 패턴을 바탕으로 퍼소나를 제작한다. 퍼소나는 여러 번의 인터뷰를 거쳐 만들어진다. 리서치 자료에 적절한 추가 자료를 보태어 제작한다. 리서치 단계에서 참여자의 유사한 행동 패턴을 관찰하는 일은 매우 중요하다. 사용자의 목표와 동기, 행동 패턴을 바탕으로 퍼소나를 완성한다. 퍼소나는 **사용자 전형의 혼합물** composite user archetype인 셈이다.[3]

퍼소나 재사용

다수의 제품을 생산하는 기업에서는 한 번 제작한 퍼소나를 다른 제품에도 적용하는 경우가 많다. 하지만 이때는 퍼소나가 진정한 빛을 발할 수 없다. 퍼소나는 특정 제품과 특정 상황에 따라 다르게 제작해야 한다. 제품의 전문 분야에 따라 사용자의 목표와 행동 패턴도 달라지기 때문이다. 퍼소나는 실제 사용자의 행동을 관찰한 뒤 만들어진다. 그만큼 여러 번 재사용

---

3   Mikkelson and Lee, 2000

하기가 쉽지 않다. 유사한 제품이라 동일한 퍼소나를 활용하는 것은 좋지 않다.[4]

여러 제품에 적용할 수 있는 퍼소나를 제작하려면 초기부터 이를 계획해야 한다. 리서치 단계부터 다양한 제품의 행동 패턴을 관찰할 수 있도록 사용자 조사를 설계해야 한다. 리서치의 규모를 늘리는 것만이 문제는 아니다. 다양한 상황의 행동 패턴을 일관성 있게 관찰할 수 있도록 주의를 기울여야 한다. 한 제품을 사용할 때 유사한 행동을 보인 두 사용자가 다른 제품을 사용할 때는 전혀 다른 행동을 취할 수도 있다.

더 많은 제품을 고려할수록 리서치는 더 복잡해지고, 리서치 설계와 자료 관리가 어려워진다. 각기 다른 사용자를 대표하는 퍼소나를 명쾌하고 일관성 있게 제작하기란 쉽지 않다. 가장 좋은 방법은 제품별로 리서치를 진행하고 따로 퍼소나를 제작하는 것이다.

사용자 전형과 전형적인 사용자

사용자 전형이라는 말을 틀에 박힌 **전형적인 사용자**stereotype로 오해해서는 안 된다. 전형적인 사용자는 훌륭한 퍼소나와는 전혀 반대되는 개념이기 때문이다. 퍼소나는 실제 관찰한 사실을 바탕으로 제작해야 한다. 전형적인 사용자는 디자인 팀이나 리서치 팀의 편견과 추측을 바탕으로 제작한 사용자 모델을 말한다. 잘못 제작된 퍼소나는 전형적인 사용자 모델을 만드는 지름길이다. 인터뷰 참여자를 제대로 이해하지 못하거나 질문 내용을 세심하게 준비하지 않으면 훌륭한 퍼소나를 제작할 수 없다. 디자인 팀은 퍼소나를 자신 있게 내세울 수 있어야 한다. 퍼소나를 이해한다는 건 퍼소나가 대표하는 수많은 사용자를 안다는 뜻이기 때문이다. 인터랙션 디자이너가 퍼소나를 신뢰하지 않으면 아무도 퍼소나를 활용하지 않을 것이다.

퍼소나를 활용하면 사회적, 정치적 이슈도 명확하게 이해할 수 있다.[5] 퍼소나는 주요 사용자를 정확하게 짚어낸다. 개발 팀과 사용자에 대해 논의하는 일이 수월해진다. 생생한 퍼소나를 제작하려면 나이, 성별 등의 인구통계학적 정보를 신중하게 선택해야 한다. 실제 인터뷰에서 관찰한 참여자의 자료를 종합해 반영하는 게 가장 좋다. 마케팅 팀에서 제공하는 자료도 참고해야 한다. 퍼소나는 믿음직해야 한다. 너무 틀에 박힌 전형적인 사용자는 의미가 없다. 적절히 일반적인 사용자라야 실제감이 느껴진다. 상세한 퍼소나를 제작하기에 리서치 자료가 충분하지 않은 경우도 있다. 인구통계학적 자료가 디자인에 크게 중요하지 않은 경우도 있다. 이럴 때도 성별, 인종, 나이, 사는 지역 등의 정보는 포함하는 게 좋다.

---

4   Grudin and Pruitt, 2002
5   Grudin and Pruitt, 2002

다양한 행동 패턴을 포함하는 퍼소나

마케팅 리서치 자료는 상세한 인구통계학적 자료를 제공한다. 생활방식이나 업무, 역할 등의 자료를 포함하는 경우도 있다. 하지만 주요 사용자가 어떤 상황에서 어떤 행동 패턴을 보이는지, 그 행동 패턴이 얼마나 다양하게 달라지는지는 설명하지 않는다. 퍼소나는 다양한 행동 패턴을 모두 포괄한다. 대략적인 평균값만 보여주는 게 아니다. 평균적인 사용자를 이해하는 건 도움이 되지 않기 때문이다. 다양한 사용자는 가지각색의 행동을 드러낸다. 이 중 대표적인 것을 명확하게 파악하는 일이 훨씬 중요하다.

인터랙션 디자이너는 주요 퍼소나를 상세하게 파악해야 한다. 다양한 사용자의 행동과 태도, 적성을 모두 이해해야 한다. 각 퍼소나가 모여 전체적인 행동 패턴의 다양성을 보여주기 때문이다. 하나의 퍼소나는 한 사용자 그룹의 행동 패턴을 정확하게 나타낸다. 실제 리서치 자료를 바탕으로 만들었기 때문에 가능한 일이다. 리서치 과정에서 사용자의 행동 패턴을 효과적으로 도출하는 방법은 3장 뒷부분에서 자세히 다룬다.

퍼소나 뒤에 숨어 있는 동기

사용자가 특정 행동을 보일 때는 그 뒤에 어떤 동기가 숨어 있게 마련이다. 명확하게 드러나는 동기가 있는 반면 쉽게 파악할 수 없는 동기도 있다. 사용자의 동기는 퍼소나의 목표로 드러난다. 퍼소나 목표는 3장 뒷부분에서 자세히 다룬다. 퍼소나의 목표란 사용자가 왜 어떤 행동을 취하는지 그 동기를 글로 풀어 설명한 것이다. 목표는 특정 행동 패턴을 구체적으로 설명해준다. 왜 그런 행동이 나타나게 됐는지 알려준다. 사용자가 왜 특정 과업을 선택했는지 이해하는 일은 매우 중요하다. 해당 기능의 인터랙션을 발전시키거나 삭제하는 근거가 되기 때문이다. 사용자의 기본 목표는 그대로 유지하면서 과업 디자인만 수정하는 것이다.

비사용자를 대표하는 퍼소나

제품의 인터랙션을 디자인할 때 사용자와 잠재 사용자는 누구보다 중요하다. 하지만 때로는 제품을 사용하지 않는 사람들의 니즈와 목표도 고려해야 한다. 디자인 프로세스에서 이들의 생각이 중요하게 작용하기 때문이다. 기업용 소프트웨어나 아이들 장난감을 예로 들어보자. 이 제품의 사용자와 구매자는 다른 사람이다. 이럴 때는 한 개 이상의 **구매자 퍼소나**customer persona를 만드는 것이 좋다. 구매자 퍼소나는 사용자 퍼소나와 다르다. 구매자 퍼소나 역시 에스노그라피 인터뷰에서 관찰한 행동 패턴을 바탕으로 제작해야 한다.

의학기기의 경우를 생각해보자. 환자는 직접 의학기기의 인터페이스를 조작하지 않는다. 제품의 실제 사용자는 의사다. 하지만 환자의 목표와 동기는 이 제품 디자인에 매우 중요하다. 환자의 니즈와 의사의 니즈는 매우 다르다. 이럴 때는 **접대받는 퍼소나**^{served persona}를 제작하는 게 좋다. 환자의 입장에서 니즈를 이해하는 데 도움이 된다. 구매자 퍼소나와 접대받는 퍼소나는 3장 뒷부분에서 자세히 다룬다.

거의 모든 네트워크 기반 소프트웨어 제품은 잠재적인 사기꾼과 악의적인 해커를 고려해야 한다. 그리고 때로는 정치적인 이유로 제품이 구체적으로 접대할 의도가 없는 퍼소나도 체화해야 한다. 이 비사용자 유형마다 전략, 보안, 디자인 논의를 거치며 **안티퍼소나**^{anti-persona}로 체화할 수 있다.

퍼소나와 기타 사용자 모델

퍼소나 외에도 활용할 수 있는 다양한 사용자 디자인 모델이 있다. 사용자 역할 모델이나 사용자 프로필, 시장 세분화 등이 있다. 이런 디자인 모델은 사용자를 이해하는 데 큰 도움이 된다. 제품과 사용자의 관계를 묘사하기 때문에 퍼소나와 유사한 점이 많다. 하지만 핵심적인 내용은 매우 다르다. 제작되는 과정과 활용되는 방법에서 큰 차이점이 있다.

사용자 역할 모델

래리 콘스탄틴^{Larry Constantine}은 사용자 역할 모델을 소개한 바 있다.[6] 사용자 역할 모델은 특정 사용자 그룹의 특성을 일반화해 표현한 것이다. 사용자의 니즈와 관심사, 기대, 행동 패턴 등을 설명한다. 마찬가지로 애자일 개발 프로세스도 사용자를 그 역할로 축소한다.[7] 일반적인 특성을 목록으로 나열한다. 퍼소나처럼 실제 사용자로 표현되지 않기 때문에 실제감이 떨어지고, 사용자의 동기와 제품이 활용되는 주변 정황 등의 중요한 정보는 전달하지 못한다.

홀츠블랫과 바이어도 사용자 역할 모델을 활용했다. 업무의 흐름과 문화, 업무 공간, 작업 순서 디자인 모델 내에 사용자의 역할을 명시했다. 사용자의 특성과 관계를 일반화해 표현한 모델이다.[8]

사용자 역할 모델에는 다음과 같은 제약점이 있다.

- 사용자 행동 패턴을 생생하게 전달하기 어렵다. 내용을 일반화해 목록으로 작성했기 때문에 실제 사용자와는 거리감이 있다. 퍼소나를 활용하면 사용자에게 쉽게 감정 이입을 할 수 있다. 의인법을 활용하지 않은 목록으로는 사용자 간의 관계를 이해할 수 없다.

6　Constantine and Lockwood, 1999
7　Steinberg and Palmer, 2003
8　Beyer and Holtzblatt, 1998

- 사용자의 목표를 포함하지 않는다. 표면적인 과업에만 지나치게 초점을 맞추는 경향이 있다. 사용자의 목표는 일관성 있고 의미 깊은 디자인을 하는 데 필수적이다.

- 홀츠블랫과 바이어가 소개한 디자인 모델은 다양한 주제의 정보를 파악하는 데는 매우 유용하다. 하지만 일관성 있는 디자인 의사결정을 하는 데는 큰 도움이 되지 않는다. 다양한 정보를 통일성 있게 엮는 힘이 부족하기 때문이다.

퍼소나를 활용하면 사용자 역할 모델의 문제점을 효과적으로 해결할 수 있다. 사용자 역할 모델은 행동 패턴과 사용자 간의 관계를 잘 보여준다. 퍼소나는 이런 정보를 모두 포함할 뿐 아니라 가장 중요한 목표까지도 설명해준다. 사용자의 이야기를 생생하게 전달해주기 때문에 이해하기도 쉽다. 디자이너와 임원진이 중요한 디자인 의사결정을 할 때마다 사용자의 입장에서 문제를 검토할 수 있게 해준다. 퍼소나의 목표를 이해하면 세부적인 과업을 더 큰 그림에서 볼 수 있다. 과업이 진행되는 주변 정황을 이해할 수 있기 때문이다. 사용자의 행동에 영향을 미치는 전체적인 업무 흐름과 문화를 파악할 수 있다.

사용자를 이해할 때는 복잡한 행동 패턴을 파악하는 일이 가장 중요하다. 사용자의 역할에 신경을 쓰다 보면 중요한 정보를 놓치기 쉽다. 다양한 사용자의 유사점과 차이점을 파악하기 어렵다. 서로 역할이 다르더라도 니즈는 동일한 퍼소나도 있을 수 있다(휴대폰 디자인의 퍼소나를 생각해보자. 회사의 임원진과 출장이 잦은 영업직원의 니즈는 같을 수 있다. 항상 바쁘게 돌아다니며 많은 전화를 받아야 하기 때문이다). 역할은 같지만 니즈와 생각이 다른 퍼소나도 있을 수 있다(각 회사마다 상품조달 부서 직원이 있지만 서로의 니즈는 다르다. 화학제품에 종사하는 직원과 전자제품 회사에 다니는 직원이 같을 리 없다). 기업용 제품이 아닌 경우에는 역할이 전혀 쓸모없는 경우가 많다. 자동차 회사의 홈페이지를 생각해보자. '자동차 구매자'라는 역할은 아무 도움이 되지 않는다. 똑같은 구매자라도 각자의 목표에 따라 의사결정이 크게 달라지기 때문이다.

퍼소나는 사용자와 주변 정황을 넓은 시야에서 이해할 수 있는 큰 그림을 제공하는 반면, 그 밖의 사용자 모델은 세세한 정보에만 초점을 맞추는 경향이 있다. 가장 좋은 방법은 퍼소나와 함께 그 밖의 사용자 모델 기법을 활용하는 것이다. 기타 디자인 모델 기법은 3장 뒷부분에서 자세히 살펴본다. 퍼소나를 중심으로 다른 디자인 모델을 조금씩 보태면 훌륭한 디자인을 진행하는 데 큰 도움이 된다.

퍼소나와 사용자 프로필

퍼소나와 **사용자 프로필**user profile이라는 말을 혼동해서 사용하는 경우가 많다. 사용자 프로필이 에스노그라피 인터뷰를 바탕으로 제작됐다면 문제가 없다. 사용자의 중요한 정보를 모두 포함하고 있다면 용어의 차이는 문제가 되지 않는다. 하지만 사용자 프로필은 사전적 정의처럼 간단한 사용자 소개에서 그치는 경우가 많다. 대부분의 사용자 프로필은 사진과 이름, 간단한 설명으로만 구성돼 있다. 설명이라고 해봐야 인구통계학적 정보와 짧은 소개글이 전부다. 사용자가 어떤 차를 타는지, 자녀는 몇 명인지, 어디에 사는지, 직업은 뭔지 등을 설명한다. 이런 사용자 프로필은 디자이너가 생각하는 전형적인 사용자 타입에서 비롯된 경우가 많다. 중요한 디자인 의사결정에는 전혀 도움이 되지 않는다. 퍼소나에도 사용자의 이름과 차종 등의 정보를 기록하는 경우가 있다. 하지만 이런 정보는 더 중요한 정보를 생생하게 전달하려고 조심스럽게 덧붙인 추가 요소일 뿐이다. 퍼소나에서는 크게 중요하지 않은 부가적인 정보다. 퍼소나를 좀 더 생생하게 만드는 역할을 할 뿐이다.

퍼소나와 시장 세분화

마케팅 전문가에게는 퍼소나를 만드는 과정이 친숙하게 들릴 수도 있다. 시장 세분화 모델을 만드는 과정과 매우 흡사하기 때문이다. 하지만 퍼소나와 시장 세분화는 그 목적과 특성이 매우 다르다. 마켓 세분화는 사용자의 인구통계학석 정보를 중심으로 제작하고, 구매 패턴과 제품 구매의사에 초점을 맞춘다. 하지만 퍼소나는 사용자의 목표와 동기, 행동 패턴이 더 중요하다. 마케팅 퍼소나는 영업과 판매에 중요하다. 제품을 결정하고 개발을 진행하려 할 때는 디자인 퍼소나가 필요하다.

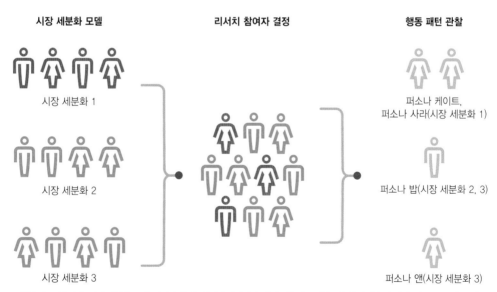

그림 3-3 퍼소나와 시장 세분화 모델 사이의 관계. 리서치 단계에서 어떤 사용자를 인터뷰할지 결정할 때 시장 세분화 모델을 활용할 수 있다. 하나의 시장 세분화 모델이 하나의 퍼소나와 맞아떨어지는 경우는 거의 없다.

퍼소나를 제작할 때 시장 세분화 모델은 큰 도움이 된다. 퍼소나 가설을 제작할 때 어떤 인구통계학적 특성을 지닌 사용자를 설정할지 기본 뼈대를 제공하기 때문이다(퍼소나 가설은 2장에서 자세히 다뤘다). 시장 세분화 모델은 인구통계학적 특성과 구매 행동을 중심으로 구성된 반면, 퍼소나는 제품을 사용하는 행동 패턴이 더 중요하다. 하나의 시장 세분화 모델이 하나의 퍼소나와 맞아떨어지는 경우는 거의 없다. 퍼소나를 제작하기 전에 어떤 사용자를 대상으로 인터뷰를 진행할지 결정해야 한다. 이때 시장 세분화 모델을 평가 기준으로 활용할 수 있다(그림 3-3 참조). 퍼소나의 중요도에 따라 어떤 제품을 시장에 출시할지 마케팅 전략을 세울 수 있다(퍼소나의 종류와 중요도는 3장 뒷부분에서 자세히 다룬다). 마케팅 자료를 깊이 이해해야만 훌륭한 퍼소나를 만들 수 있다. 사용자 퍼소나와 시장 세분화 모델 사이의 관계를 명확히 이해해야 한다.

목표

퍼소나는 사용자의 행동과 주변 정황을 상세하게 전달해준다. **목표**는 왜 사용자가 그런 행동을 보였는지 뒤에 숨어 있는 동기를 담고 있다. 목표를 고려하지 않은 퍼소나는 의미가 없다. 사용자라는 말을 대신할 수 있을지는 몰라도 디자인에는 전혀 도움이 되지 않는다. 제품의 기능을 디자인할 때마다 사용자의 목표를 고려해야 한다. 제품의 기능과 사용자의 과업, 목표는 긴밀하게 연결돼 있기 때문이다. 사용자는 목표를 바탕으로 과업을 수행하면서 기능을 활용한다. 과업은 더 중요한 목표를 달성하기 위한 표면적인 수단인 셈이다.

행동의 동기를 부여하는 목표

사용자는 목표를 갖고 있기 때문에 동기를 부여받아 특정 행동을 보인다. 목표는 사용자가 왜 그런 행동을 했는지, 얼마나 제품을 활용하고 싶어하는지 알려준다. 목표를 이해하면 복잡한 사용자의 행동 패턴을 명쾌하게 파악할 수 있다. 사용자의 목표는 퍼소나의 행동과 과업을 묘사하는 것으로 표현된다.

정성적 자료 분석

사용자에게 그들의 목표가 무엇인지 직접 물어보는 건 아무 소용이 없다. 자신의 목표를 정확하게 알고 있는 사용자는 거의 없다. 스스로의 목표를 알고 있더라도 명쾌하게 말로 풀어 설명하기란 힘들다. 자기의 목표를 솔직하게 얘기하지 않는 사람도 있다. 목표를 단도직입적으로 물어보면 바로 대답할 수 있는 사람은 아무도 없다. 리서치 과정에서 관찰한 사용자의 행동을 바탕으로 목표를 도출해야 한다. 사용자의 답변과 몸짓, 주변환경에서 얻어낸 단서를 조심스럽게 분석해야 한다. 사용자가 일하는 공간에 놓인 책 제목을 살펴보는 것만으로도 많은 정보를 얻을 수 있다. 사용자의 목표를 파악하고 명쾌하게 글로 풀어내는 일은 매우 중요하다. 퍼소나의 목표는 한 문장으로 이해하기 쉽게 작성해야 한다.

사용자 사고 프로세스

도널드 노먼은 그의 저서 『Emotional Design』(Basic Books, 2005)에서 제품을 디자인할 때 고려해야 하는 세 가지 사용자의 사고 프로세스를 소개했다. 사용자가 지성적, 감성적으로 어떤 사고 과정을 거치는지 이해해야 한다. 도널드 노먼이 소개한 세 가지 사고 과정은 본능적 반사, 행동 반사, 심사숙고 반사다. 도널드 노먼은 수년간의 연구 결과를 바탕으로 사용자가 제품과 브랜드, 주변환경을 접할 때 어떻게 생각하는지 명쾌하게 설명했다. 인터랙션 디자이너에게 큰 도움이 되는 내용이다. 도널드 노먼이 소개한 사용자의 세 가지 사고 과정은 다음과 같다.

- **본능적 반사**: 제품을 접하자마자 순간적으로 일어나는 사고 과정이다. 감각기관을 통해 보고 느낀 것을 인식하게 된다. 본능적 반사는 제품을 제대로 사용해보기도 전에 끝이 나버린다. 제품이 좋은지 나쁜지, 안전한지 위험한지 빠르게 판단한다. 모든 사람에게 나타나는 자동적인 반응이다. 매우 흥미로운 현상이 아닐 수 없다. 말콤 글래드웰Malcolm Gladwell은 그의 저서 『Blink』(Little, Brown and Company, 2005)에서 본능적 과정을 자세히 소개했다. 반사적인 의사결정을 심도 있게 공부해보고 싶다면 게리 클라인Gary Klein의 『Sources of Power』(MIT Press, 1998)와 가이 클랙스턴Guy Claxton의 『Hare Brain, Tortoise Mind』(Ecco, 1999)를 추천한다.

- **행동 반사**: 행동 반사는 중간 수준의 사고 과정이다. 단순한 일상 행동을 하는 데 필요한 과정이다. 도널드 노먼은 사람의 대부분의 행동이 이 사고 과정을 바탕으로 이뤄진다고 지적했다. 지금까지 인터랙션 디자인과 사용성 연구는 오로지 행동 반사를 중심으로만 진행돼왔다. 행동 반사는 또 다른 본능적 반사나 심사숙고 반사를 불러일으킨다. 여타 사고 과정을 멈추게 할 수도 있다. 마찬가지로 본능적 반사나 심사숙고 반사가 행동적 반사를 자극하거나 잠재울 수도 있다.

- **심사숙고 반사**: 심사숙고 반사는 일정 시간 동안 깊은 생각에 잠긴 뒤에야 일어난다. 과거의 경험을 되새겨본 뒤 반응하는 것이다. 심사숙고한 내용을 행동으로 옮기거나 자제할 수 있다. 하지만 심사숙고 반사는 본능적 반사와 직접 연결되지 않는다. 심사숙

고 반사는 머리로 기억한 내용을 바탕으로만 일어나기 때문이다. 표면적인 감각과는 연관이 없다. 과거의 경험을 바탕으로 한 사고 과정이기 때문에 디자인을 할 때 매우 흥미로운 요소로 작용한다. 사용자가 그동안 경험한 내용과 제품의 디자인을 연결하는 순간이다. 사용자의 전반적인 삶을 바탕으로 제품의 디자인에 의미와 가치를 부여하게 된다.

본능적 반사에 맞는 디자인

본능적 반사를 만족시키는 디자인을 하려면 제품을 접하자마자 사용자가 보고 느끼는 내용을 이해해야 한다. 제품을 자세히 살펴보고 사용해보기 이전에 벌어지는 일을 파악해야 한다. 외관이나 제품의 동작 등이 여기에 해당된다. 소리가 중요하게 작용하는 경우도 있다. 맥 유저라면 전원 버튼을 누르자마자 울리는 특유의 시작음을 기억할 것이다. 소프트웨어가 아닌 물리적인 제품을 디자인하는 경우라면 촉각도 고려해야 한다.

감각 중심의 디자인이 제품을 예쁘게 꾸미는 게 전부라고 생각하면 위험하다. 군사용 소프트웨어나 의학 치료 기기는 감각 중심의 디자인이 필요하지만 예쁜 디자인은 전혀 중요하지 않다. 본능적 반사를 다룰 때는 감각이 미치는 영향을 고려해야 한다. 외적인 아름다움이 아니라 제품을 사용할 때 받아들이는 심리적이고 감정적인 느낌을 파악해야 한다. 미적인 부분도 틀림없이 고려해야 한다. 외관이 예쁠수록 사용자도 기쁨을 느끼기 때문이다. 하지만 이는 전반적인 감각 중심 디자인의 일부일 뿐이다. MP3 플레이어와 인터넷 뱅킹 사이트에 필요한 감각은 전혀 다르다. 아름다움은 전체적인 감각 중 하나에 해당한다. 건축이나 영화, 연극, 산업 디자인 분야에서도 감각 중심의 디자인은 매우 중요하다.

기업용 제품이 아닌 일반 소비자 대상의 제품은 매력적인 사용자 인터페이스가 무척 중요하다. 사용자는 인터페이스가 보기 좋을수록 사용성도 높다고 생각하는 경향이 있기 때문이다. 이런 첫인상은 오랫동안 지속된다. 제품을 충분히 사용해보고 불편한 점을 찾아낸 뒤에도 예쁜 인터페이스가 더 편리하다고 믿곤 한다.[9] 이미 많은 시간을 투자해 제품을 이해하려고 노력했기 때문이다. 제품의 첫인상에 현혹됐기 때문이다. 그동안의 노력이 헛된 투자였다고 인정하기 싫기 때문인 경우도 있다. 훌륭한 디자이너라면 본능적 반사뿐 아니라 행동 반사도 만족시켜야 한다. 제품의 외관으로 사용하기 쉽다는 느낌을 충분히 전달한 뒤, 실제로도 사용성이 높은 인터랙션을 제공해야 한다.

---

9   Dillon, 2001

행동 반사에 맞는 디자인

행동 반사를 만족시키는 디자인을 하려면 제품의 행동이 사용자의 행동을 뒷받침해야 한다. 사용자의 행동과 멘탈 모델, 말로 전달되지 않는 신호를 이해해야 한다. 도널드 노먼은 세 가지 사고 과정 중 행동 반사가 가장 흔히 일어난다고 지적했다. 인터랙션 디자이너와 사용성 전문가에게는 가장 익숙한 사고 과정이다.

　세 가지 사고 과정의 상호관계를 이해해야 한다. 행동 반사는 본능적 반사 및 심사숙고 반사와 직접 연결돼 있다. 행동 반사가 나머지 두 사고 과정에 영향을 미치기도 하고, 영향을 받기도 한다. 인터랙션을 디자인할 때는 매일같이 일어나는 행동 반사에 가장 큰 초점을 둬야 한다. 본능적 반사와 심사숙고 반사는 행동 반사를 보조하는 셈이다. 행동 반사를 훌륭하게 만족시키는 디자인은 훌륭한 경험을 제공할 수 있다. 본능적 반사와 심사숙고 반사도 이 행동 중심의 디자인과 잘 조화시켜야 한다. 사용자가 제품을 사용하는 동안 긍정적이고 즐거운 경험을 하도록 유도할 수 있다. 행동 중심의 디자인은 사용자의 일상을 대변한다. 이를 고려하지 않으면 매일 경험하는 친숙한 것과는 거리가 먼 엉뚱한 디자인을 하게 된다. 심사숙고 반사를 만족시키는 디자인도 어렵다. 사용자의 행동과 목표를 파악해야만 더 깊은 사고 과정을 이해할 수 있기 때문이다. 훌륭한 사용자 경험을 설계하려면 세 가지 사고 과정을 잘 조화시켜야 한다. 행동 반사를 중심으로 본능적 반사와 심사숙고 반사를 고려한다.

　이런 추론을 따르지 않으면 사용자의 초기 인상은 현실과 맞지 않을 수 있다. 또한 확고한 목적과 행동들을 지금 여기서 준비하지 않은 채 기억에 심사숙고 반사를 위해 디자인하기란 상상하기 어렵다. 따라서 제품이나 결과물의 사용자 경험은 이상적으로는 행동 반사에 집중한 채 본능적 반사, 심사숙고 반사에 맞는 디자인 요소를 조화시켜야 한다.

심사숙고 반사에 맞는 디자인

심사숙고 반사는 세 가지 사고 과정 중 가장 복잡한 단계에 해당한다. 그만큼 심사숙고 반사를 만족시키는 디자인은 어렵게 마련이다. 심사숙고 중심의 디자인은 제품과 사용자의 장기적인 관계를 넓게 바라보고 진행해야 한다. 과연 이런 디자인이 가능한지, 어떻게 해야 심사숙고 중심의 디자인을 훌륭하게 마칠 수 있는지는 매우 어려운 문제다. 적절한 시기와 장소에 제품을 내놓음으로써 기회를 잡는 것이 중요할까? 아니면 기회를 만들 수 있도록 철저한 준비를 하는 게 필요할까?

　도널드 노먼은 심사숙고 중심의 디자인은 컨셉 자체만으로도 큰 영향을 미친다고 지적했다. 그의 저서인 『Emotional Design』 표지를 장식한 필립 스탁^{Phillipe Starck}의 오렌지 주스 제조기를 예로 들어보자. 이런 제품의 목적은 실용성이 아니라 제품의 미적 가치에 있다. 구입해놓고 전혀 사용하지 않는 찻주전자도 마찬가지다. 독특하고 세련된 이미지 때문에 사용자가 매력을 느끼게 된다. 사용자 스스로 미적인 만족을 느끼게 한다.

기능 면에서 유용하면서 미적으로도 세련되고 감각적인 제품을 디자인하기란 쉽지 않다. 애플의 아이폰은 두 가지 요소를 성공적으로 만족시킨 좋은 예다. 직접 조작하는 터치 인터페이스는 멋진 산업 디자인과 거의 매끄럽게 통합된다. 아이폰과 물론 아이팟이라는 제품 자체도 사용자와 음악을 깊이 연결해주기 때문에 심사숙고 반응도 깊이 만족시키고 있다. 사용자는 제품에 대단한 애착을 느끼게 된다.

아이폰이나 소니의 워크맨은 일상생활 속의 아이콘으로 자리 잡았다. 이렇게 뗄 수 없는 관계로 자리매김하는 제품은 그리 많지 않다. 제품의 특징 자체 때문에 생활 속에서 깊은 의미를 갖기가 더욱 어려운 경우도 있다. 인터넷 공유기를 생각해보자. 아무리 멋지게 만들어진 공유기라도 깊은 애착을 느끼기는 쉽지 않다. 하지만 목표와 동기를 효과적으로 만족시키면 사용자는 제품과 좀 더 깊은 관계를 맺곤 한다. 기본적인 기능만 제공하기보다는 사용자가 중요하게 생각하는 가치와 문화적 요소를 고려해야 한다. 사용자는 제품에 더 큰 가치를 부여하게 된다.

3단계 사용자 목표

도널드 노먼은 그의 저서 『Emotional Design』에서 사용자의 3단계 사고 과정을 소개했다. 이 내용은 제품을 디자인할 때 매우 중요하다. 하지만 노먼은 이 세 가지 사고 과정을 어떻게 디자인 과정에 활용해야 하는지는 설명하지 않았다. 실제로 제품을 디자인하고 사용자 리서치를 하는 과정에서 적용 가능한 실무적인 방법론은 언급하지 않았다. 이 책에서는 퍼소나를 제작할 때 사용자의 세 가지 사고 과정을 언제 어떻게 고려해야 하는지 소개한다. 사용자의 사고 과정을 바탕으로 세 가지 종류의 사용자 목표를 설정하는 게 중요하다.[10]

3단계 사용자 목표는 다음과 같다. 노먼이 소개한 본능적 반응, 행동 반응, 심사숙고 반응의 3단계 사고 과정을 바탕으로 설계된 것이다(그림 3-4 참조).

- 경험적 목표

- 궁극적 목표

- 인생의 목표

---

10 Goodwin, 2001

그림 3-4 사용자 목표의 세 단계

경험적 목표

경험적 목표는 단순하고 일반적이다. 지극히 개인적인 경우가 많다. 사용자는 경험적 목표를 구체적으로 설명하기 어려워하는 경우가 많다. 특히 사무적인 환경에서는 경험적 목표를 얘기하기 힘들다. 경험적 목표란 사용자가 제품을 사용하면서 어떻게 느끼고 싶어하는지를 말한다. 제품을 사용하는 동안 체험하는 인터랙션의 질을 의미한다. 시각적인 요소와 소리를 디자인할 때는 경험적 목표를 고려해야 한다. 애니메이션이나 로딩 시간, 버튼을 클릭할 때의 타격감 등 인터랙션의 감각을 디자인할 때 중요한 정보를 제공한다. 물리적인 외관을 디자인할 때도 경험적 목표를 살펴야 한다.

퍼소나의 경험적 목표에는 다음과 같은 것이 있다.

- 제품을 다루는 동안 스스로 현명하다고 느끼고 싶다.

- 즐겁게 사용하고 싶다.

- 보안과 민감한 정보에 대해 안심한다.

- 편안한 마음으로 멋진 제품을 즐기고 싶다.

- 제품의 조작에 집중하고 싶다.

제품을 사용하는 동안 사용자가 불편해하거나 스스로 멍청하다고 느낄 때, 그 괴로움은 말로 표현할 수 없다. 제품의 효과는 바닥을 치게 된다. 다음 단계의 사용자 목표도 전혀 소용이 없어진다. 사용자는 제품에 큰 반감을 갖게 된다. 쉽게 다른 제품을 찾아 떠날 것이다. 경험적 목표를 만족시키지 못하는 제품은 결코 성공할 수 없다. 다른 목표를 아무리 신중히 고려하더라도 소용없다.

인터랙션 디자이너와 시각, 산업 디자이너가 힘을 모아 퍼소나의 목표를 디자인에 반영해야 한다. 제품의 형태와 행동, 움직임, 소리 등의 요소를 활용해 적절한 느낌과 감정, 분위기를 전달해야 한다. 시각적인 영감을 주는 분위기 보드나 이미지 패널 등을 만드는 것도 좋다. 퍼소나의 태도와 행동 패턴을 시각적으로 표현할 수 있기 때문이다. 퍼소나가 경험하는 내용을 좀 더 생생하게 체험해볼 수 있다.

궁극적 목표

궁극적 목표는 사용자가 왜, 어떤 동기로 특정 제품을 사용하는지 설명해준다. 핸드폰을 열거나 워드 프로세서에서 문서를 불러올 때는 어떤 결과물을 기대하게 된다. 사용자 마음속으로 기대하는 바를 만족시켜야 한다. 이 방법은 직접적일 수도 있고 그렇지 않을 수도 있다. 제품의 인터랙션과 정보 구조를 설계할 때 궁극적 목표를 반드시 고려해야 한다. 산업 디자인 분야에서도 기능을 결정할 때 궁극적 목표가 중요하다. 사용자의 행동은 본능적 반사와 심사숙고 반사에 깊은 영향을 미친다. 행동 반사가 중심이 되는 궁극적 목표는 제품의 전반적인 경험을 설계할 때 가장 중요한 요소인 셈이다. 궁극적 목표를 만족시켜야만 제품을 사용하는 데 투자한 시간과 돈이 아깝지 않다고 느낀다.

퍼소나의 궁극적 목표에는 다음과 같은 것이 있다.

- 심각한 문제가 발생하기 전에 미리 알고 싶다.

- 가족 및 친구들과 지속적으로 연락하고 싶다.

- 매일 오후 5시에 할 일 목록을 정리하고 싶다.

- 마음에 드는 음악을 찾고 싶다.

- 싼 값에 좋은 제품을 구입하고 싶다.

궁극적 목표는 매우 중요하다. 인터랙션을 설계할 때 제품의 행동과 과업, 시각적 요소의 기본 바탕이 되기 때문이다. 정황 시나리오와 일상 시나리오, 인지적 단계 설명을 활용하면 사용자의 목표와 멘탈 모델을 쉽게 이해할 수 있다. 적절한 기법을 활용하면 사용자의 행동 반사를 충분히 고려해 궁극적 목표를 만족시키는 방법을 찾아낼 수 있다.

인생의 목표

인생의 목표는 지금 제품을 사용하는 순간을 넘어 개인적으로 성취하고자 하는 열망을 말한다. 사용자가 왜 제품을 사용하는지, 이 제품으로 지금의 궁극적 목표를 달성하려고 하는 이유가 뭔지 설명해준다. 인생의 목표는 장기적인 계획과 동기, 욕구를 표현한다. 이런 개인적인 마음가짐 때문에 특정 제품과 관계를 맺게 되는 것이다. 제품의 전략과 브랜딩, 전반적인 디자인을 결정할 때는 반드시 인생의 목표를 고려해야 한다.

퍼소나 인생의 목표에는 다음과 같은 것이 있다.

- 즐거운 삶을 살고 싶다.

- 내 꿈을 달성하고 싶다.

- 이 분야의 전문가가 되고 싶다.

- 매력적이고 인기 있어지고 싶다. 동료들로부터 인정받고 싶다.

인터랙션 디자인을 설계할 때는 인생의 목표를 디자인에 반영해야 한다. 브랜드 전략과 디자인 컨셉, 시스템 성능을 구성할 때 인생의 목표를 고려해야 한다. 사진을 모아 분위기를 파악하는 이미지 보드와 정황 시나리오를 만들면 제품의 컨셉을 구성할 때 도움이 된다. 에스노그라피 리서치로 다양한 사용자 정보와 문화적 요소를 파악하는 디자인 모델을 만들면 사용자의 행동 패턴과 마음속 깊이 자리 잡은 동기를 파악할 수 있다. 인생의 목표가 인터페이스의 특정 요소로 명확하게 드러나는 경우는 거의 없다. 모든 요소를 디자인할 때 항상 마음속에 염두에 두고 진행해야 하는 정보다. 현재의 궁극적 목표뿐 아니라 인생의 목표까지 만족시키는 제품은 사용자의 마음을 사로잡을 것이다. 이는 일시적인 광고나 마케팅 전략보다 큰 효과를 가져다준다. 여타 목표가 달성된 상태에서 인생의 목표까지 만족시키는 제품은 '만족스런 사용자'를 '충성 고객'으로 바꿔준다.

목표로 표현되는 사용자 동기

퍼소나를 제작할 때는 인구통계학적 자료나 세세한 과업을 이해하는 것보다 더 중요한 게 있다. 바로 사용자의 목표와 동기를 파악하는 일이다. 노먼이 소개한 세 가지 사고 과정을 바탕으로 볼 때, 제품을 사용하게 되는 사용자의 주요 동기는 다음과 같다.

- 본능적 사고를 바탕으로 한 경험 목표: 사용자가 어떻게 느끼고 싶어하는가?

- 행동 사고를 바탕으로 한 궁극적 목표: 사용자가 무엇을 하고 싶어하는가?

- 심사숙고를 거친 인생의 목표: 사용자가 되고 싶어하는 꿈이 무엇인가?

퍼소나와 목표, 사용자 시나리오를 잘 이해하면 훌륭한 디자인을 완성할 수 있다(시나리오는 4장에서 자세히 다룬다). 사용자의 세 가지 사고 과정을 충분히 이해해야 한다. 3단계 목표를 모두 만족시키는 디자인이야말로 진정한 사용자 경험을 전달할 수 있다. 훌륭한 인터랙션 디자이너는 언제나 사용자의 본능적, 행동적, 심사숙고적 사고방식을 고려해서 제품을 설계한다. 사용자의 3단계 목표를 항상 염두에 두면 훨씬 훌륭한 제품을 디자인할 수 있다. 더욱 만족스럽고 즐거운 사용자 경험을 제공하는 방법이다.

비사용자 목표

사용자만 목표를 갖고 있는 것은 아니다. 구매자 목표와 사업 목표, 기술 목표 등도 고려해야 한다. 이런 비사용자 목표는 디자인의 방향성을 제시하지는 않는다. 비사용자 목표도 충분히 고려해야 하지만, 사용자 목표만큼 중요하지는 않다.

구매자 목표

앞서 설명한 대로 구매자는 사용자와 다르다. 구매자와 사용자는 목표가 각기 다르다. 구매자 목표는 제품의 종류에 따라 크게 달라진다. 기업용 제품인지 일반 소비자 제품인지에 따라 다르다. 일반 소비자 제품의 구매자는 부모님이나 친구, 지인이 된다. 제품을 실제로 사용하는 사람의 안전과 행복이 가장 큰 목표다. 기업용 제품의 구매자는 IT 부서의 직원이다. 제품의 안전성과 관리의 용이성, 개인화 가능성 등을 고려한다. 구매자 퍼소나도 사용자 퍼소나와 크게 다르지 않다. 저마다 중요하게 생각하는 삶과 경험에 대한 의견을 보인다. 제품을 활용하는 궁극적인 목표도 지닌다. 구매자의 목표도 넓은 시야에서 함께 고려해야 한다. 하지만 사용자의 목표보다 중요한 것은 없다.

사업 목표 및 조직 목표

기업에서는 사업 목표를 필요로 한다. 제품이 어떻게 디자인돼야 하는지 여러 요구사항을 제시한다. 사업 목표는 중요한 디자인 의사결정에 매우 중요하다. 사업 목표는 사용자와 구매자의 퍼소나에도 영향을 미친다. 명확한 기업 목표는 디자인에도 큰 도움이 된다. 제품의 디자인과 개발, 배포 및 판매에 관여하기 때문이다. 기업은 제품을 디자인하고 개발하는 데 큰 자본과 노력을 투자한다. 그만큼 사업적으로 달성하고자 하는 목표를 파악하는 일은 매우 중요하다.

사업 목표에는 다음과 같은 것이 있다.

- 회사의 수익을 올린다.
- 시장 점유율을 높인다.

- 고객을 유지한다.

- 경쟁에서 승리한다.

- 자원을 효과적으로 활용한다.

- 제품과 서비스를 확장한다.

- 지적 재산권을 보호한다.

비영리 조직의 경우는 이윤 창출이 주 목적이 아니다. 박물관이나 학교를 대상으로 디자인하는 경우도 고려해야 한다. 최근에는 완전한 비영리 조직은 찾아보기 힘들다. 대부분의 사업이 어느 정도는 이윤 창출을 목표로 한다. 비영리 단체의 사업 목표는 다음과 같다.

- 일반인을 대상으로 한 교육 프로그램을 제공한다.

- 단체 운영이 어렵지 않을 정도의 자금을 마련한다.

기술 목표

소프트웨어 중심의 제품을 디자인할 때는 기술 측면에서의 목표를 고려해야 한다. 프로그래머의 목표인 소프트웨어 제작, 유지보수, 확장성, 수평적 확대를 쉽게 하려는 목표가 대부분이다. 하지만 사용자의 목표를 무시한 채 기술만 생각해서는 안 된다. 기술 목표에는 다음과 같은 것이 있다.

- 다양한 브라우저를 지원한다.

- 자료를 안전하게 관리한다.

- 효과적인 알고리즘으로 빠른 실행을 보장한다.

- 특정 프로그램 언어와 라이브러리를 활용한다.

- 여러 플랫폼에서 일관된 기능을 유지한다.

제품 개발에 직접 참여하는 사람에게는 기술 목표가 특히 중요하다. 하지만 기술 목표는 사용자의 목표와 사업 목표를 중심으로 고려해야 한다는 점을 잊어서는 안 된다. 사용자가 원하는 내용을 전혀 고려하지 않는다면, 기술 목표는 아무런 소용이 없다. 회사 입장에서는 제품을 제작하는 데 어떤 기술을 활용하는지가 중요하다. 하지만 사용자는 이런 문제에 전혀 관심이 없다. 사용자가 특정 자료를 검색하는 경우를 생각해보자. 사용자에게는 이 프로그램이 어떤 종류의 데이터베이스를 기반으로 만들어졌는지가 중요하지 않다. 필요한 목표를 달성할 수 있다면 상하구조 데이터베이스라든가 관계구조 데이터베이스, 모듈형 데이터베이스, 통합형 파일 시스템 등의 정보는 사용자에게 의미가 없다. 복잡한 중간 과정이 마술처럼 일어난다고 믿어도 사용자에게는 문제가 없다. 원하는 작업이 쉽고 빠르게, 세련된 방법으로 처리되기를 바랄 뿐이다.

성공적인 제품의 필수 조건인 사용자 목표

목표가 명확한 사용자에게만 디자인이 의미가 있다. 사용자와 목표가 분명할 때만 훌륭한 디자인을 도출할 수 있다. 사용자와 목표는 뗄 수 없는 관계에 있다. 퍼소나는 사용자와 목표를 효과적으로 이해하는 데 매우 강력하다. 뚜렷한 목표를 가진 특정 사용자 그룹의 행동 패턴을 정확하게 묘사하기 때문이다.

실제로 제품을 사용하는 사용자의 목표는 무엇보다 중요하다. 제품의 구매자도 아니고, 사용자를 고용한 기업이나 사용자를 도와주는 IT 전문기사도 아니다. 제품과 직접적으로 인터랙션을 하는 사용자를 먼저 고려해야 한다. 사용자가 일하는 회사의 고용주나 IT 전문기사의 개인적인 목표는 중요하지 않다. 실제 사용자는 개인적인 목표를 항상 소중하게 생각한다. 본인이 소속된 회사의 사업 목표도 만족시키려고 열심히 일한다. 제품을 사용하는 동안 스스로 멍청하다고 느끼고 싶어하는 사용자는 아무도 없다. 즐거움과 만족을 느낄 수 있는 제품을 설계해야 한다.

사용자가 제품을 사용하면서 큰 실수를 저지르면 스스로 멍청하다고 느끼게 된다. 불필요한 반복 작업을 끝없이 해야 하거나 제품을 활용하는 일이 지루해지면 반감을 사게 된다.

| 디자인 원칙 | 사용자가 스스로 멍청하다고 느껴서는 안 된다. |

가장 중요하면서도 기본적인 디자인 원칙이다. 사용자가 멍청하다고 느끼도록 만드는 제품은 수도 없이 많다. 이 책에서는 이런 기존 제품도 함께 살펴볼 것이다. 어떻게 하면 이런 문제를 피할 수 있는지 함께 알아보자.

훌륭한 인터랙션 디자인은 사용자와 기업의 목표를 모두 만족시킨다. 사용자의 목표를 우선시하면서 제품을 제작하고 서비스를 제공하는 기업의 목표도 달성해야 한다.

퍼소나 제작

앞서 소개한 대로 퍼소나는 리서치에서 사용자를 관찰하고 인터뷰한 내용을 바탕으로 제작해야 한다. 기존 사용자는 물론 잠재 고객과 구매자의 행동 패턴을 상세히 파악한다. 영역 전문가와 임원진 인터뷰, 문헌 조사로 부족한 자료를 채운다. 제품을 사용하는 동안 발생하는 다양한 행동 패턴을 폭넓게 퍼소나에 표현해야 한다. 사용자의 행동과 동기, 태도와 적성, 멘탈 모델, 업무의 흐름, 주변환경, 겪고 있는 어려움 등을 모두 이해한다.

생생하고 의미 있는 퍼소나를 제작하려면 자료를 꼼꼼하게 분석해야 한다. 그만큼 창의적인 상상력을 동원하는 것도 중요하다. 기본적인 절차를 잘 따르면 이 두 가지 작업을 무리 없이 진행할 수 있다. 여기서는 쿠퍼^{Cooper} 사의 로버트 레이만^{Robert Reimann}과 킴 굿윈^{Kim Goodwin}, 레인 핼리^{Lane Halley}가 정리한 퍼소나 제작 과정을 소개한다.

수도 없이 많은 프로젝트를 경험하면서 발전시켜온 퍼소나 제작 과정의 정석인 셈이다. 행동 패턴을 파악하고 사용자 모델을 제작하는 리서치 방법론은 여러 가지가 있다. 하지만 여기서 소개하는 내용은 강력하고 유용한 퍼소나를 제대로 제작하는 가장 좋은 방법이다. 퍼소나를 처음 제작하는 사람도 쉽게 이해할 수 있다. 이미 퍼소나에 익숙한 인터랙션 디자이너는 더욱 중요한 패턴에 집중할 수 있게 도와준다. 특히 일반 소비자 제품에서는 더욱 큰 힘을 발휘한다. 그림 3-5는 원칙의 단계를 보여준다.

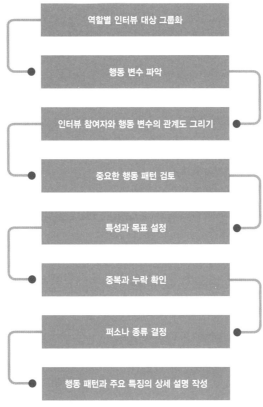

그림 3-5 퍼소나 제작 프로세스 개요

1 역할별로 인터뷰 대상을 그룹화한다.

2 행동 변수를 파악한다.

3 인터뷰 참여자와 행동 변수의 관계도를 그린다.

4 중요한 행동 패턴을 검토한다.

5 특성과 목표를 설정한다.

6 중복된 내용이나 누락된 부분을 확인한다.

7 퍼소나의 종류를 결정한다.

8 행동 패턴과 주요 특징을 중심으로 상세 설명을 작성한다.

1단계: 역할별로 인터뷰 대상을 그룹화한다

리서치를 마치고 데이터를 대충 구성한 후 인터뷰 대상자를 역할에 따라 그룹화하라. 기업용 애플리케이션은 역할을 구별하기 쉽다. 보통 직책이나 설명에 매핑되기 때문이다. 소비재는 가족 내 역할, 관련 활동에 대한 태도나 접근법, 라이프스타일에 관한 관심사나 적성 등 더 미묘한 역할 구분이 있다.

2단계: 행동 변수를 파악한다

리서치와 인터뷰를 마친 뒤에는 수집한 자료를 빨리 정리해야 한다. 사용자가 행동하는 방식을 관찰한 내용을 **행동 변수**^{behavioral variable}로 구성한다. 사용자의 나이나 사는 지역 등의 인구통계학적 변수도 중요한 자료다. 하지만 사용자의 행동 변수가 더욱 중요한 자료라는 점을 잊어서는 안 된다. 사용자 모델을 제작할 때 특히 도움이 되는 중요한 정보가 있다.

자료를 정리하면서 주의를 기울여야 하는 변수는 다음과 같다.

- **활동 내역**: 사용자가 어떤 행동을 하는가? 얼마나 자주, 얼마나 폭넓게 하는가?
- **태도**: 사용자가 제품의 기술과 전문 영역에 대해 어떻게 생각하는가?
- **적성**: 사용자가 어떤 교육을 받았는가? 제품을 이해하는 능력은 얼마나 되는가?
- **동기**: 제품의 전문 영역에 발을 들인 이유가 무엇인가?
- **기술**: 제품의 기술과 전문 영역과 관련된 사용자의 능력과 기술이 무엇인가?

제품과 프로젝트에 따라 변수의 개수는 달라진다. 일반적으로는 역할 하나당 15개에서

30개 정도의 변수를 배분하는 게 좋다.

리서치에서 파악한 자료를 바탕으로 미리 제작해둔 퍼소나 가설에 문제가 없는지 확인한다. 여기서 파악한 행동 변수는 퍼소나 가설의 변수와 비슷할 수도 있다. 퍼소나 가설을 만들면서 추측했던 내용과 실제 행동 변수의 내용을 비교한다. 사용자의 역할이 서로 명확히 구분되는지도 확인한다. 미리 예상하지 못했던 추가적인 내용은 없는지, 추측했던 내용 중 리서치 결과로 증명할 수 없는 부분이 있는지 살핀다(퍼소나 가설은 2장에서 자세히 다뤘다).

관찰한 행동 변수를 모두 나열한다. 퍼소나 가설을 바탕으로 내용을 추가하거나 삭제한다. 사용자의 역할이나 행동을 수정해야 하는 경우도 있다. 퍼소나 가설과 실제로 관찰한 내용이 판이하게 다를 때는 추가 인터뷰를 진행하는 것이 좋다. 새롭게 파악한 사용자 행동에 대한 자료를 더 수집해야 하기 때문이다.

3단계: 인터뷰 참여자와 행동 변수의 관계도를 그린다

2단계에서는 관찰한 내용을 행동 변수로 정리한 뒤 모든 변수를 완벽하게 나열했다. 이제 각 인터뷰 참여자와 행동 변수의 관계를 연결해야 한다. 사용자별로 명확히 구분되는 행동 변수도 있다. 카메라 사용 유무라는 변수를 생각해보자. 디지털 카메라를 사용하는지 필름 카메라를 사용하는지는 '예/아니오'로 확실히 구분할 수 있다. 하지만 컴퓨터 능숙도라는 행동 변수는 연속적인 개념이다. 초보자에서 고급 사용자까지는 초급 중급자, 중급자, 고급 중급자 등 중간 단계가 많다.

행동 변수별로 인터뷰 참여자의 위치를 도식화한다. 정확한 위치는 중요하지 않다. 서로 간의 상대적인 위치가 더 중요하다. 특정 사용자가 45%에 놓이는지, 50%에 놓이는지는 크게 신경 쓰지 않아도 된다. 행동 변수의 절댓값을 계산할 수 있는 방법은 없다. 관찰한 내용에 따라 서로 다른 사용자를 비교한 뒤 적절한 곳에 참여자를 위치시킨다. 이 과정을 훌륭하게 마치고 나면 유사한 행동을 보인 사용자끼리의 그룹을 확인할 수 있게 된다. 중요한 행동 패턴이 무엇인지 파악할 수 있다(그림 3-6 참조).

그림 3-6 인터뷰 참여자와 행동 변수의 관계도. 이 관계도는 온라인 쇼핑몰의 퍼소나를 제작하려고 만든 것이다. 각 행동 변수별로 참여자의 위치를 표시했다. 참여자의 절대적인 위치는 중요하지 않다. 서로 간의 상대적인 위치가 더 중요하다. 유사한 행동을 보인 사용자끼리의 그룹을 확인하면 중요한 행동 패턴을 파악할 수 있다.

4단계: 중요한 행동 패턴을 검토한다

인터뷰 참여자와 행동 변수의 관계를 그림으로 표현하고 나면, 각 행동 변수마다 사용자 그룹을 확인한다. 6개에서 8개 정도의 행동 변수에서 항상 같은 그룹에 속한 사용자들을 찾는다. 이들의 행동은 중요한 행동 패턴으로 간주할 수 있다. 이 행동 패턴은 퍼소나를 만드는 기본이 된다. 특별히 전문화된 역할의 경우는 행동 패턴이 하나만 드러나는 경우도 있다. 일반적으로는 두세 개의 행동 패턴을 찾아낼 수 있다.

발견한 행동 패턴이 정말 의미가 있는지 합당한 논리와 근거를 생각해본다. 우연히 일치하는 행동 변수는 적절하지 않다. 예를 들어, CD를 자주 구매하는 사용자가 MP3도 많이 구매했다면 의미 있는 행동 패턴으로 엮을 수 있다. 하지만 CD를 자주 구매하는 사용자 그룹이 채식주의자에도 해당한다면 단지 우연의 일치일 수 있다.

5단계: 특성과 목표를 설정한다

찾아낸 행동 패턴마다 세부적인 내용을 결정한다. 사용자가 제품을 활용하는 주변 정황을 생각해본다. 일반적인 하루의 업무나 환경을 묘사한다. 기존에 사용하는 제품의 특성과 문제점을 설명한다. 주변 사람들과 어떤 관계를 맺는지도 서술한다. 예를 들어 임원 퍼소나는 종종 분기별, 연간 실적 보고와 관련된 특정 행동을 보인다. 소비자는 종종 문화적인 휴일에 특정한 행동을 하니, 조사해봐야 한다.

확인한 주요 행동 패턴마다 데이터로부터 세부를 종합해야 한다. 세부적으로는 최소한 다음을 포함해야 한다.

- 행동 자체(활동과 그 뒤에 숨은 동기)
- 사용 환경(들)
- 현재 해결책을 사용하는 행동에 관한 좌절과 난점
- 행동에 관련된 인구통계
- 행동에 관한 스킬, 경험, 역량
- 행동에 관련된 태도와 감정
- 다른 사람, 제품, 서비스와의 관련 상호작용
- 같은 일을 하는 대안적이거나 경쟁하는 방법, 특히 유사한 기법

이 단계에서는 사용자의 행동 특성을 간단한 목록으로 정리하는 것만으로도 충분하다. 리서치에서 관찰한 행동을 중심으로 정리한다. 퍼소나의 성격을 잘 드러낼 수 있는 설명을 한두 개 추가하는 편이 효과적이다. 너무 인위적이거나 특이한 설명은 퍼소나의 실제감을 떨어뜨린다. 믿음직한 퍼소나를 만들어야 한다. 퍼소나는 소설의 주인공이 아니다. 효과적인 디자인 기법이라는 점을 명심해야 한다. 탄탄한 리서치 자료를 기반으로 제작해야만 중요한 디자인과 사업 의사결정에 도움이 된다.

이 단계에서 창의적인 상상력이 필요한 요소는 하나밖에 없다. 퍼소나의 이름을 붙이는 일이다. 퍼소나의 성격을 잘 표현해주는 이름을 골라야 한다. 캐릭터스럽거나 전형적인 느낌을 주는 이름은 피한다. 아기 이름 사전을 이용하는 것도 좋은 방법이다. 약간의 인구통계학적 정보를 추가할 수도 있다. 나이와 사는 지역, 직업 등을 표기하고, 가능하다면 평균 수입도 지정한다. 이런 세부적인 정보를 더하면 사용자의 행동 특성과 함께 퍼소나를 머릿속에 그려보기가 쉽다. 이제부터는 여기서 지정한 이름으로 퍼소나를 불러야 한다.

목표 도출

퍼소나에서는 사용자의 목표가 가장 중요하다. 목표는 리서치에서 관찰한 행동과 인터뷰 내용을 바탕으로 제작해야 한다. 각 퍼소나의 기반이 되는 행동 패턴을 면밀히 관찰한 뒤 목표를 설정한다. 퍼소나 행동의 논리와 근거를 파악하면, 사용자가 왜 그런 행동을 하는지 내면의 목표를 찾아낼 수 있다. 사용자의 행동을 직접 관찰하고 인터뷰 답변을 분석함으로써 목표를 도출해낸다. 행동 패턴 도표에서 한 그룹에 속하는 인터뷰 참여자가 어떤 행동을 왜 했

는지를 이해해본다. 2장에서는 사용자의 목표를 파악하는 질문을 소개했다. 리서치 참여자가 어떤 대답을 했는지 확인한다.

효과적인 퍼소나를 제작하려면 제품과 직접 관련이 있는 목표를 신중히 선택해야 한다. 일반적으로 궁극적 목표가 유용하다. 대부분 퍼소나당 3개에서 5개의 궁극적 목표를 설정한다. 인생의 목표는 구매자 중심의 제품을 디자인할 때 유용한 경우가 많다. 기업용 제품의 퍼소나를 제작할 때는 회사에서의 역할이 중요하다. 이때도 장기적인 인생의 목표를 잘 알아야 한다. 퍼소나당 0개 혹은 1개의 인생의 목표를 설정한다. '스스로 멍청하게 느끼지 않는다'라든가 '시간을 낭비하지 않는다' 등의 지극히 일반적인 경험 목표는 굳이 명시하지 않아도 된다. 대부분 기본적으로 해당하는 내용으로 생각하기 때문이다. 제품의 전문 영역에 따라 특수한 경험 목표가 필요한 경우가 있다. 이럴 때는 적절한 경험 목표를 0개에서 2개씩 설정한다.

퍼소나 관계

각기 다른 퍼소나가 개인적이거나 사회적인 관계에 놓이는 경우도 있다. 두세 개의 퍼소나가 한 가족의 구성원이라든가 같은 회사에 근무하는 직원인 경우도 있다. 대부분 퍼소나는 서로 독립적으로 행동한다. 완전히 다른 지역에 살고 있거나 사회적인 관계가 전혀 없는 경우가 많다.

퍼소나 간의 사회적, 업무적 관계가 적절한 경우도 있고 그렇지 않은 때도 있다. 퍼소나끼리의 관계를 생각할 때 고려할 점은 다음과 같다.

- 리서치에서 관찰한 사용자의 행동이 회사의 크기나 업무 분야, 가족의 특성이나 사회적 요소에 따라 달라지는지 검토한다. 사회적, 업무적인 환경이 달라질 때마다 퍼소나에도 의미 있는 차이점이 생기는지를 확인한다.
- 회사의 동료나 가족, 사회단체 구성원 사이의 업무 흐름, 사회적 상호관계가 얼마나 중요한지 생각해본다.

같은 회사나 조직에 속해 있는 여러 퍼소나를 제작하는 경우를 생각해보자. 이런 퍼소나에는 차후에 새로운 관계를 추가하기가 쉽지 않다. 처음 퍼소나를 제작할 때 주요 관계도가 정해져 버린다. 이후에는 새로운 목표를 보태기가 어려워진다. 모든 퍼소나가 한 집단에 속해 있다면 사회적 인터랙션이 하나뿐이기 때문에 비교적 퍼소나 제작이 쉽다. 구체적인 연결고리가 없는 퍼소나의 사회적 관계를 정의하거나, 외부 사용자와의 관계를 설정하기는 훨씬 어렵다. 하지만 처음부터 다양한 사용자를 포함할 수 있도록 노력을 기울이는 게 좋다. 제작이 쉽다는 이유만으로 모든 퍼소나를 하나의 사회적 관계 속에 놓는 것은 위험하다.

6단계: 중복된 내용이나 누락된 부분을 확인한다

5단계를 마치고 나면 퍼소나는 사실감과 생동감이 넘치게 된다. 3단계의 관계도를 보면서 퍼소나의 특징과 목표 중에 빠져 있는 중요한 정보는 없는지 검토한다. 필요하다면 추가 리서치를 진행할 수도 있다. 부족한 행동 변수 정보를 채워 넣어야 하기 때문이다. 리서치를 진행하면서 정리했던 노트도 확인해본다. 임원진의 요구사항을 만족시키는 데 필요한 정보는 없는지, 정치적인 퍼소나가 필요하지는 않은지 검토한다. 중복된 퍼소나는 없는지 확인한다. 다른 내용은 거의 비슷하고 인구통계학적 정보만 살짝 다른 퍼소나가 있다면 하나는 삭제하는 게 좋다.

두 퍼소나의 차이를 명확하게 드러낼 수 있도록 퍼소나의 특징을 수정할 수도 있다. 각 퍼소나의 행동 패턴은 적어도 한 부분에서 크게 달라야 한다. 3단계에서 퍼소나의 관계를 명확히 정의했다면 이런 문제는 발생할 리 없다.

빠진 부분 없이 모든 퍼소나가 완벽하게 준비됐는지, 각 퍼소나가 명확하게 다른 특성을 지니고 있는지 확인한다. 퍼소나는 실제 사용자의 다양한 행동 패턴과 니즈를 효과적으로 대변해야 한다. 훌륭한 피소나는 수많은 사용자를 몇 명의 사용자 전형으로 쉽고 간단하게 표현해준다. 인터랙션을 디자인하고 설계할 때 무척 도움이 되는 기법이다.

7단계: 퍼소나의 종류를 결정한다

이쯤 되면 퍼소나는 실제로 아는 사람처럼 친숙하게 느껴진다. 마지막 8단계를 마치고 나면 그동안 사용자 리서치로 모은 정성적 자료가 훌륭한 디자인 기법으로 탈바꿈하게 된다.

제품을 디자인할 때는 항상 대상이 되는 주요 사용자가 있어야 한다. 1순위 대상이 명확할수록 훌륭한 디자인에 한 걸음 가까워진다. 서너 개의 퍼소나를 동시에 만족시키기란 결코 쉽지 않다.

가장 중요한 1순위 대상이 누구인지를 결정해야 한다. 지금까지 제작한 퍼소나를 중요도에 따라 구분한다. 하나의 인터페이스로 기쁘게 만족할 수 있는 중요한 퍼소나 하나를 결정하는 것이다. 여타 퍼소나를 무시하지 않으면서 가장 중요한 한 명의 퍼소나를 만족시킬 수 있어야 한다. 퍼소나를 종류에 따라 분류해보면 가장 중요한 퍼소나를 찾아낼 수 있다. 이 책에서는 6종류의 퍼소나를 소개한다. 퍼소나의 종류를 중요도에 따라 나열하면 다음과 같다.

- 1순위 퍼소나
- 2순위 퍼소나
- 추가 퍼소나

- 구매자 퍼소나

- 접대받는 퍼소나

- 부정적 퍼소나

각 퍼소나의 특징과 중요도를 상세히 살펴보자.

1순위 퍼소나

1순위 퍼소나primary persona는 인터페이스 디자인의 대상이 되는 가장 중요한 사용자 그룹이다. 하나의 제품에는 한 명의 1순위 퍼소나만 있을 수 있다. 하지만 몇몇 제품의 경우에는 여러 명의 1순위 퍼소나가 있을 수 있다. 특히 기업용 제품의 경우는 로그인하는 사람에 따라 다른 인터페이스가 나올 수 있기 때문이다. 각기 다른 인터페이스당 1순위 퍼소나를 한 명씩 배정한다. 예를 들어 병원의 내부 정보 시스템은 의사와 간호사, 회계부 직원의 인터페이스가 서로 다를 수 있다. 여기서 인터페이스란 여러 의미로 해석될 수 있다. 똑같은 정보를 단순히 다른 형태로만 보여주는 인터페이스가 될 수도 있다. 혹은 역할이나 특성에 따라 전혀 다른 두 사용자를 대상으로 한 별개의 기능이 될 수도 있다.

1순위 퍼소나는 가장 중요한 사용자를 대상으로 디자인해야만 만족시킬 수 있다. 다른 퍼소나를 중심으로 디자인하면 1순위 퍼소나는 만족하지 않는다. 반면, 1순위 퍼소나가 만족하는 디자인은 다른 퍼소나도 만족시킬 수 있다. 최소한 다른 퍼소나가 불만족한 상황은 없다. 3장 뒷부분에서는 1순위 퍼소나의 기능을 축소하지 않으면서 그 밖의 퍼소나도 만족시키는 방법을 알아본다.

> **디자인 원칙** ▶ 하나의 인터페이스 디자인마다 한 개의 1순위 퍼소나를 배정한다.

1순위 퍼소나를 선정하는 일은 적절하지 않은 후보를 제거하는 작업이다. 각 퍼소나의 목표를 서로 비교하면서 모든 후보 대상을 점검해야 한다. 1순위 후보가 명확하게 드러나지 않는다면 두 가지 가능성이 있다. 첫째는 여러 개의 인터페이스가 필요한 경우다. 각 인터페이스마다 다른 1순위 퍼소나가 적용된다(기업용 제품이나 전문 기술 제품에서 찾아볼 수 있다). 둘째는 제품이 과도한 목표를 달성하려고 하는 경우다. 일반 소비자 제품이 여러 개의 1순위 퍼소나를 가진 경우는 드물다. 이는 제품의 범위가 너무 넓다는 뜻이다.

단지 가장 큰 시장 세분화에 매핑되는 퍼소나를 선택하는 함정을 피하라. OXO 굿 그립스Good Grips 제품 라인은 원래 관절염 환자가 쓰기 쉽게 해주려 고안됐다. 결국 (전체 시장의

미미한 일부이며) 가장 제약이 많은 사용자를 만족시키려다 보니 다수의 고객을 상당히 만족시킨다는 사실이 드러났다. 가장 큰 세분화가 1순위나 가장 활용도 높은 퍼소나가 아닐 수 있다.

2순위 퍼소나

1순위 퍼소나가 만족하면 2순위 퍼소나$^{secondary\ persona}$의 니즈도 대부분 해결된다. 하지만 2순위 퍼소나는 추가적으로 특정 니즈를 갖고 있다. 1순위 퍼소나의 니즈를 방해하지 않으면서 2순위 퍼소나의 추가 니즈를 만족시켜야 한다. 2순위 퍼소나가 항상 필요한 건 아니다. 만약 2순위 퍼소나가 서너 개를 넘어간다면 제품이 달성하려고 하는 바가 너무 크다는 신호다. 우선 1순위 퍼소나를 만족시키는 인터페이스를 디자인해야 한다. 그 다음 추가적으로 2순위 퍼소나를 만족시킬 수 있는 기능을 추가한다.

추가 퍼소나

1순위, 2순위 퍼소나가 아닌 나머지 사용자 모델은 추가 퍼소나$^{supplemental\ persona}$가 된다. 1순위와 2순위 사용자의 니즈를 만족시킴으로써 추가 퍼소나의 니즈도 모두 만족된다. 추가 퍼소나가 필요로 하는 내용은 주요 퍼소나의 니즈에 모두 포함되기 때문이다. 추가 퍼소나의 개수는 필요한 대로 만들 수 있다. 임원진이 요구하는 내용을 반영하려고 정치적 퍼소나를 만드는 경우가 있다. 이런 정치적 퍼소나도 모두 추가 퍼소나에 해당한다.

구매자 퍼소나

앞서 소개한 대로 구매자와 사용자는 다르다. 구매자 퍼소나$^{customer\ persona}$는 사용자가 아닌 구매자의 니즈를 대변한다. 구매자 퍼소나는 2순위 퍼소나와 비슷한 수준으로 다뤄야 한다. 하지만 몇몇 기업용 제품의 경우에는 구매자 퍼소나가 특히 중요한 경우도 있다. 이럴 때는 구매자의 관리용 인터페이스를 따로 만들고 구매자를 1순위 퍼소나로 지정해야 한다.

접대받는 퍼소나

접대받는 퍼소나$^{served\ persona}$는 앞서 소개한 퍼소나와는 차이가 있다. 이 퍼소나는 제품을 전혀 사용하지 않는다. 하지만 제품을 사용하는 사람으로부터 직접적인 영향을 받는다. 병원의 환자를 예로 들어보자. 의사가 방사선 치료 기기를 사용하는 동안 환자는 이 기기의 인터페이스를 조작할 일이 전혀 없다. 하지만 이 환자는 방사선 치료 기기와 밀접하게 연관이 있다. 접대받는 퍼소나를 활용하면 제품을 사용하면서 발생하는 이차적인 영향을 이해할 수 있다.

제품이 사회적, 물리적으로 끼치는 영향을 파악할 수 있다. 접대받는 퍼소나는 2순위 퍼소나와 비슷한 수준으로 다뤄야 한다.

부정적 퍼소나

부정적 퍼소나^{negative persona}는 제품을 디자인할 때 피해야 하는 사용자를 말한다. 디자인의 주요 대상이 아닌 사용자를 명시할 수 있다. 임원진과 개발 팀을 쉽게 이해시킬 수 있는 효과적인 의사소통 수단이다. 접대받는 퍼소나처럼 부정적 퍼소나도 제품을 전혀 사용하지 않는다. 실제 사용자를 더욱 잘 이해할 수 있게 돕는다. 디자인할 때 절대 고려해서는 안 되는 부분을 명확히 한다. 일반 소비자 제품을 생각해보자. 기술적인 지식이 무척 뛰어난 얼리어답터가 부정적 퍼소나가 될 수 있다. 기업용 제품의 경우는 IT 부서의 관리자, 범죄자, 사기꾼, 트롤이 부정적 퍼소나의 예다.

8단계: 행동 패턴과 주요 특징을 중심으로 상세 설명을 작성한다

5단계에서 퍼소나의 특성과 목표를 간단한 목록으로 작성했다. 이 목록은 퍼소나 행동 패턴의 핵심이다. 하지만 자세한 세부 내용은 보여주지 않는다. 제3자의 입장에서 퍼소나의 특징을 글로 풀어 서술하면 퍼소나가 훨씬 더 생생해진다. 퍼소나의 니즈와 태도, 겪고 있는 어려움을 상세히 설명한다. 이해가 쉬워질뿐더러, 퍼소나의 성격과 동기를 생동감 있게 느낄 수 있다. 퍼소나와 인터랙션 디자이너의 관계가 형성되는 셈이다.

퍼소나 상세 설명

퍼소나 상세 설명은 리서치에서 관찰된 내용을 바탕으로 작성해야 한다. 각 퍼소나와 관련된 중요한 리서치 결과를 신중하게 선택한다. 퍼소나는 사용자 리서치 결과를 효과적으로 전달할 수 있는 방법인 셈이다. 대부분의 리서치 결과 내용을 퍼소나에 담아낸다. 리서치 결과를 디자인에 직접 반영할 수 있는 훌륭한 방법이기도 하다. 퍼소나를 디자인에 활용하는 방법은 앞으로 자세히 다룬다.

퍼소나 상세 설명은 두 장 이내로 간결하게 작성한다. 파워포인트도 가능하며 5단계의 특성에서 나온 문단별 한두 항목의 개요 정도면 적당하다. 리서치에서 관찰한 세부 내용을 모두 포함할 필요는 없다. 모든 인터랙션 디자이너가 리서치에 함께 참여하는 게 가장 좋다. 디자인 팀 외부의 사람들은 세세한 내용보다는 중요한 내용을 중심으로 파악하는 게 좋다.

퍼소나 상세 설명을 작성하다 보면 몇몇 상황 정보는 창의적으로 꾸며내야 한다. 하지만 퍼소나는 소설 주인공이 아니라는 점을 명심해야 한다. 상세 설명의 목적은 퍼소나를 소개하고 직업과 생활 양식을 알기 쉽게 전달하는 데 있다. 일상적인 하루의 삶이 어떤지, 무슨 고민이 있는지, 어떤 부분에서 짜증을 내는지, 관심사는 무엇인지 등 제품과 관련된 사용자의 특성을 묘사해야 한다. 상세 설명은 미리 작성해둔 목록을 중심으로 발전시켜야 한다. 리서치를 진행하는 동안 보고 들은 내용을 추가한다. 궁극적으로 이 상세 설명은 퍼소나가 제품을 활용하면서 무엇을 얻고자 하는지를 설명해준다.

퍼소나 상세 설명을 작성할 때 얼마나 세세한 내용을 기록할지 신중히 결정해야 한다. 리서치에서 관찰한 내용 이상으로 상세한 내용을 적어서는 안 된다. 물리학에서 실험 결과가 35.421미터라고 표시된 경우를 생각해보자. 이 결과 값은 실험의 정확도가 1000분의 1미터의 정확도 수준으로 진행됐다는 사실을 암시한다.

또한 퍼소나 상세 설명에 디자인 솔루션에 관한 힌트를 소개하지 않도록 주의하라. 상세 설명은 대처 방안이 아니라 퍼소나의 행동과 난점을 설명하려는 것이다. 디자인 프로세스의 다음 단계이며, 4장에서 다룬다.

요약하면 이렇다.

- 상세 실명에 모든 주요 행동 패턴의 설명을 요약하지 마라.

- 과도한 가공의 설명을 포함하지 마라. 적당한 세부만 포함해 기본 인구통계만 다루고 이야기에 행동 패턴을 조직하라.

- 관찰하지 않은 행동 설명에 세부 단계를 추가하지 마라.

- 퍼소나 상세 설명에서 솔루션을 소개하지 마라. 오히려 난점을 강조하라.

마지막으로, 결코 퍼소나의 상세 설명으로 범위나 평균을 열거하지 마라. 퍼소나는 개인이며, 결코 1.5명의 자녀가 있거나 연간 35,000~45,000달러를 벌지 않는다. 이는 시장 세분화의 값이다. 이 상세 설명이 퍼소나에 중요하다면 구체적 수치를 선택하라.

퍼소나 사진

상세 설명과 함께 퍼소나를 대표하는 사진도 찾아야 한다. 사진을 추가하면 퍼소나를 더욱 생생하게 느낄 수 있다. 완성된 퍼소나는 누구나 쉽게 이해할 수 있어야 한다. 사진을 고를 때는 특히 주의를 기울여야 한다. 훌륭한 퍼소나 사진은 다음과 같은 사항을 만족시켜야 한다. 기본적인 인구통계학적 정보를 전달해준다. 주변환경의 정보도 함께 알려준다. 예를 들어, 간호사 퍼소나의 사진은 병원을 배경으로 환자와 함께 간호사복을 입고 있는 사진이 될 수 있다. 퍼소나의 일반적인 태도도 포함한다. 서류 뭉치를 앞에 두고 울상을 짓고 있는 사진은 사무원 퍼소나의 태도를 전달해준다. 퍼소나 사진을 찾는 데 유용한 유·무료 사진 검색 서비스를 정리해두는 게 좋다. 퍼소나 사진에서 주의할 그 밖의 사항들은 다음과 같다.

- 특이한 카메라 앵글이나 왜곡이 있는 사진은 사용하지 마라. 이러면 퍼소나가 캐리커 처 같아 보여 산만하다.

- 과장된 표정이 있는 사진은 쓰지 마라. 이래도 캐리커처 같아 보인다.

- 사람들이 분명히 포즈를 잡고 카메라를 보고 웃는 사진은 쓰지 마라.

- 피사체가 모델보다는 평균적인 사람처럼 보이는 사진을 써라.

- 현실적인 배경에 적절한 활동에 피사체가 참여하는 사진을 써라.

- 스타일, 크롭상 유사한 설정을 퍼소나 사진마다 유지하라.

각 퍼소나마다 이미지 콜라주를 만드는 것도 좋은 방법이다. 퍼소나의 감정과 경험을 시 각적으로 이해할 수 있기 때문이다(그림 3-7 참조). 퍼소나를 표현하는 사진을 모아 나열해본 다. 말로는 표현하기 힘든 특징을 쉽게 전달할 수 있다. 퍼소나가 활동하는 공간을 모델로 제 작해보는 것도 좋다. 예를 들면 퍼소나의 업무 공간을 단면도로 그려볼 수 있다. 주변환경을 좀 더 생생하게 확인해볼 수 있다.

그림 3-7 퍼소나 상세 설명과 함께 이미지 콜라주를 제작하면 퍼소나를 이해하는 데 도움이 된다. 말로는 설명하기 힘든 퍼소나의 감정 과 경험을 효과적으로 전달할 수 있다.

이미지 콜라주나 공간 모델은 퍼소나를 좀 더 쉽게 이해하기 위한 의사소통 수단이다. 이런 자료를 제작할 때는 퍼소나가 디자인 완성품이 아니라는 점을 명심해야 한다. 퍼소나는 실제 제품을 디자인하는 데 활용하는 중간 과정으로서의 방법론일 뿐이다. 콜라주나 모델을 제작하면 퍼소나의 전체적인 느낌을 쉽게 전달할 수 있다. 하지만 이런 자료를 만드는 데 너무 많은 시간을 투자해서는 안 된다. 지나치게 화려하거나 세련된 퍼소나 자료는 시간낭비일 뿐이다. 훌륭한 사용자 모델로서의 퍼소나의 효과를 감소시키는 셈이다.

퍼소나의 실제

지난 10년에 걸쳐 퍼소나 제작 프로세스를 이 책의 2판에서 설명한 이래로 퍼소나의 적절한 사용에 관해 질문이 제기돼왔다. 이번 절에서는 퍼소나 기반의 디자인 방법에 대한 비판 중 일부에 답하려 한다. 우리가 실행하며 사용한 추가적인 퍼소나 관련 개념도 논한다.

퍼소나에 관한 오해

『정신병원에서 뛰쳐나온 디자인The Inmates Are Running the Asylum』은 1998년 처음으로 목표 지향 디자인 컨셉을 낳은 접근법으로 퍼소나를 소개했다. 그 후로 퍼소나는 일부 디자이너와 사용자 조사 전문가 사이에서 논란의 주제로 남았다. 불행히도 퍼소나 방법에 대한 격렬한 반대 중 상당수는 퍼소나의 구성 방식에 대한 오해, 가장 적절한 성취 대상에 대한 혼동, 퍼소나 방법의 잘못된 적용에 대한 반응의 결과다. 이러한 일부 오해를 분명히 바로잡으려 한다.

디자이너가 만들어낸 퍼소나

퍼소나에 관한 가장 큰 비판은 만들어낸 것뿐이라는 말이다. 퍼소나를 정확히 구성하면 진실로부터 가장 멀어진다. 퍼소나로 포착한 행동 패턴은 현실적이며 이상적으로는 실제 에스노그라피 데이터, 즉 사용자 인터뷰와 직접적인 관찰로부터 나온다. 퍼소나 목표는 이 데이터를 해석할 때 디자이너의 연역과 추론으로 구성한다.

이 오해는 가공의 이름, 피상적인(그러나 실제 수집한 데이터에 맞는) 인구통계 정보, 내러티브 스토리텔링 기법이 행동 데이터에 덧씌워진다는 사실에서 비롯될 가능성이 아주 크다. 디자이너의 공감을 더 잘 유도하고, 제품 팀원들에게 사용자 니즈를 전달하기 위해서다. 이 상세 설명은 커뮤니케이션을 도울 뿐이다. 퍼소나에 캐릭터를 부여할 때 쓰고 결국 이뤄질 디자인 의사결정에 실제 행동 데이터에 영향을 주지 않는다.

불행히도 퍼소나를 쓴다 하는 모두가 2장에서 개괄한 상세 데이터 수집 프로세스나 3장에서 설명한 퍼소나 제작 프로세스를 따르지 않는다. 때로 인구통계 사용자 프로필은 약간의 내러티브 과시에 지나지 않는 퍼소나로 제시될 수도 있다. 퍼소나를 사용한다고 주장하는 제품 팀이나 디자인 팀, 또는 클라이언트에 관여하면, 퍼소나의 구성 방식, 수집된 사용자 데이터 유형, 제작을 위한 분석 과정을 물어보라. 어떤 목표도 결부되지 않은 퍼소나는 즉시 경고 대상이다. 인구통계 정보만으로도 팀이 사용자 기반에 관해 약간 전달하는 데 도움이 되지만, 그 정보는 상세 디자인 컨셉에서 유용할 퍼소나를 구축하기에는 충분하지 않다.

실제 사람을 개입시키는 것만큼 유용하지 않은 퍼소나

퍼소나는 실제(그리고 잠재) 사용자로부터 수집한 데이터를 취합해 의도적으로 구성한다. 여러 해에 걸쳐 일부 실무자는 실제 사진, 인구통계, 특정 행동과 함께 사용자를 디자인 프로세스에 끌어들이면 더 효과적이며 현실적이지 않은지 의문을 제기해왔다.

참여 디자인participatory design이라 알려진 이 접근법은 철학적, 정치적 관점으로 문제를 해결하는 듯하다. 컨설팅 대상이 있을 때 실제 사용자가 어떻게 할지 논쟁할 수 없기 때문이다. 하지만 사실 디자인의 개념화를 위해 중대한 문제를 일으킨다. 여러 사람의 행동을 군집화, 분석하면 본질적인 목적에 부합한다. 즉 디자이너가 폭넓은 사용자들에 걸쳐 공통적인 주요 행동과 니즈를 주어진 사용자에 특수한 개별적 행동으로부터 분리할 수 있다. 분류된 사용자 행동보다 개별 사용자에 집중하면, 개별 사용자(와 그 개별 행동)가 하지 않거나 대부분의 사용자와 다르게 할 핵심 행동을 놓칠 가능성이 커진다.

클라이언트나 제품 팀이 실제 사용자를 개입시키겠다고 주장하면, 일단 퍼소나는 실제 사용자의 관찰로 제작한다고 설명해줄 수 있다. 그 후 인터뷰 세션의 오디오, 비디오 원고를 제공해준다(인터뷰 대상자들에게 이 사실을 알려줘야 한다). 혹은 인터뷰 동안 임원진을 초대할 수 있다. 일단 퍼소나가 실제 사용자 행동 패턴을 근거로 한다는 증거가 팀에 있으면, 그런 반대가 저절로 해결될 수도 있다.

효과가 없으면 개별 사용자 피드백이 리서치상 더 넓은 패턴에 비춰 종합하거나, 같은 세션에 피드백을 제공한 다른 사용자와 취합해야 함을 납득시켜야 할 것이다.

과업을 하지 않는 사람들

특히 소비재와 소셜 시스템에서 과업에 관한 한 사람들은 거의 생각하지 않는다 해도 무방하다. 특정 과업을 마치겠다 생각한 채, 페이스북에 뛰어들거나 TV를 켜거나 뉴스 사이트를 방문하는 사람은 거의 없다. '그냥 뭐가 있나 본 후' 답하려는 것에 가까울 수 있다. 일부 디자이너는 결과적으로 과업 기반 접근법이 이 영역에 부합하지 않으리라 변호했고, 퍼소나를 제거해 영감으로만 디자인하겠다고 주장한다. 모든 사용자가 과업에 관해 생각하지는 않는다 해도 옳을 수 있으나, 속단하지는 마라. 과업은 퍼소나의 본질이 아니다. 목표가 본질이며, '뭐가 있는지 보다 걸려들기'도 아주 합리적인 목표다.

추적 가능한 퍼소나

모든 주요 퍼소나 특성은 리서치에서 추출해야 하지만, 일부 디자이너는 정확한 특성이 사용자 인터뷰에서 보일 경우에만 퍼소나 특성에 포함시키려 한다. 강력한 사용자 중심 방법론을 따르고, 디자이너가 '만들어내지 않도록' 보장하고 싶은 조직에게 유용하다. 그러나 목표를 간결히 표현하는 인터뷰 대상자는 거의 없다. 대부분 한 특정 인터뷰 대상자가 한 말이 아니라, 여러 인터뷰 대상자가 한 말을 체화한 경우가 최상이다. 추적 가능성을 보장하라는 압박을 받으면, 퍼소나는 구체적인 개별 인터뷰가 아닌 리서치 전반에 걸쳐 보이는 패턴으로 추적 가능하다고 반박하라.

퍼소나의 정량화

일부 디자인 실무자는 정량 데이터가 퍼소나 검증이 필요하다고 믿는다. 사실 2장과 3장에서 설명한 프로세스를 긴밀히 따르면, 상세한 정성적 정보의 형태로 필요한 검증을 모두 한 셈이다.

정량 데이터에 아주 경도된 임원진이나 팀으로부터 받는 이에 대한 전형적인 반응은 "이 퍼소나가 사용자 대부분을 실제로 나타내는지 어떻게 아느냐"다. 이 질문은 퍼소나와 시장 세분화를 혼동한 데서 비롯된다. 시장 세분화는 잠재 고객을 인구통계적, 심리학적 차이를 기반으로 그룹으로 구분한다. 반면 퍼소나는 제품을 사용하는 행동을 나타내며, 인터페이스에 관한 한 배타적인 그룹화를 항상 나타내지는 않는다. 주어진 인터페이스 디자인이 그 인터페이스 구조를 결정하는 1순위 퍼소나 외에 하나 이상의 2순위 퍼소나(외에 추가 퍼소나)의 니즈도 지원할 수 있다. 그래서 1순위 퍼소나 혼자 시장 대부분을 나타내지 못할 수 있더라도, 인터페이스가 부합하는 1순위, 2순위, 추가 퍼소나의 조합은 보통 그럴 수 있다.

즉 퍼소나의 시장 규모를 이해할 때 유용할 수 있다. 특히 개발 팀이 (배타적이지 않은 퍼소나 그룹화에 관한 정보를 고려하며) 세부 수준으로 기능의 우선순위를 정할 때가 그렇다. 2장에서 언급했듯이, 참여자마다 어떤 퍼소나와 관심사가 가장 가까운지 확인하는 '퍼소나 성격'을 구성할 수 있다. 그 프로세스는 다음과 같다.

1 행동 변수와 매핑된 인터뷰 대상자를 재고하라.

2 변수마다 선다형 질문을 구성하라. 답은 퍼소나마다 구별될 것이다(때로 주어진 변수마다 여러 퍼소나의 행동이 유사함에 주의하라).

3 같은 질문을 다르게 묻는 변수마다 2~4개의 질문을 추가로 구성하라. 그러면 참여자의 정확한 답이 보장된다.

4 무작위로 설문조사 질문을 배치하라.

5 설문조사를 참여자에게 배포하라. 샘플 크기가 중요하다. http://www.surveysystem.com/sscalc.htm 같은 온라인 계산기로 제품의 적절한 샘플 크기를 찾을 수 있다.

6 참여자의 답변마다 표로 만들어 얼마나 많은 답이 퍼소나마다 맞는지 추적하라. 주어진 참여자에 대해 가장 답변이 많은 퍼소나가 참여자의 관심사가 있는 퍼소나다.

7 얼마나 많은 참여자가 퍼소나마다 관심사가 있는지 표로 만들어, 이 수치를 전체 참여자 수로 나눠라. 퍼소나의 시장 규모(비율)다.

1순위 퍼소나가 가장 큰 세분화가 아니어도 괜찮음을 기억하라. 2순위, 추가 퍼소나의 영향도 알아내야 한다. 모두 단일 디자인을 쓸 것이기 때문이다.

조직적 퍼소나

퍼소나는 사람들의 행동 패턴에 캐릭터를 부여하는 도구다. 하지만 유사하면서도 훨씬 더 단순한 개념도 퍼소나를 활용하거나 관련짓는 조직organization의 행동을 설명할 때 유용함을 발견했다. 예를 들어. 급료 체계를 설계할 경우 소상공인의 니즈와 그 안에서 퍼소나의 상호 작용은 다국적 기업과 다르다. 퍼소나는 약간 다르며(어쩌면 소상공인에서 더 전문화된 역할이 있기에), 상호작용 외에 사업 자체의 규칙과 행동도 다르다. 디자인해야 할 다른 유형의 조직, 어쩌면 다양한 생애 단계의 가족 등 사회적 단위에도 해당되리라 상상할 수 있다.

퍼소나의 정보를 수집하면서, 틀림없이 근무 중이거나 관련된 조직에 관해 정보를 포착했을 것이다. 종종 퍼소나와 연관된 가공의 분류된 조직적 퍼소나를 유사한 내러티브 접근법으로 개발하면 유용하다. 보통 상징적인 조직명과 조직의 행동과 디자인 중인 제품이나 서비스에 관한 난점을 설명하는 한두 문단이면 필요한 정황을 제공하는 데 충분하다. 사진 대신 우리 디자이너는 발표 자료에서 쓸 이 회사들의 로고를 제작했다.

조건적 퍼소나: 정교한 리서치가 불가능할 때

정확한 정량적 자료를 바탕으로 퍼소나를 제작하는 게 가장 좋다. 하지만 시간과 근거 자료가 충분하지 않은 경우도 많다. 회사의 여러 사정으로 사용자 리서치를 진행하기가 어려울 수도 있다. 이럴 때는 조건적 퍼소나를 만드는 게 좋다. 도널드 노먼은 '즉흥적 퍼소나'라고 불렀다. 가장 중요한 사용자가 누구인지, 그들의 니즈가 무엇인지 등의 기본적인 가정을 퍼소나를 활용해 묘사하는 것이다. 어떻게 해야 주요 사용자를 만족시킬 수 있는지 생각해둔 내용을 효과적으로 전달할 수 있다(즉흥적 퍼소나는 리서치로 검증하지 않더라도 유용한 경우가 많다).

조건적 퍼소나의 형태는 실제 퍼소나와 매우 유사하다. 구할 수 있는 자료를 바탕으로 부족한 부분은 인터랙션 디자이너가 판단해 제작한다. 사용자의 행동 패턴과 목표, 동기를 결정한다. 임원진 인터뷰나 영역 전문가 인터뷰를 진행했다면 여기서 얻은 자료를 최대한 활용하는 게 좋다. 마케팅 리서치 자료에서 이해한 내용도 충분히 포함한다. 조건적 퍼소나는 2장에서 설명한 퍼소나 가설의 발전된 형태라고도 할 수 있다.

퍼소나 제작을 위한 정교한 리서치를 진행할 수 없는 경우도 있다. 이럴 때도 조건적 퍼소나를 제작하는 게 좋다. 사용자 모델을 전혀 사용하지 않는 것보다는 조건적 퍼소나를 사용하는 게 훨씬 효과적이기 때문이다. 실제 퍼소나와 마찬가지로 조건적 퍼소나를 활용하면 디자인에 참여하는 모든 팀원이 제품의 특성과 기능을 깊이 이해할 수 있게 된다. 하지만 조건적 퍼소나를 사용할 때는 특히 주의를 기울여야 한다. 정량적인 자료를 기반으로 만들어진 것이 아닌 일시적 대용품이라는 사실을 염두에 둬야 한다. 조건적 퍼소나는 팀원 모두가 디자인과 사용자에게 초점을 맞추는 데 큰 도움이 된다. 하지만 다음과 같은 위험이 있다.

- 잘못된 사용자에게 초점을 맞출 수 있다.
- 제대로 된 사용자에게 초점을 맞추더라도 중요한 행동 패턴을 놓칠 수 있다.
- 조건적 퍼소나 제작에 참여하지 않은 사람을 이해시키기 어렵다.
- 퍼소나에 대한 신뢰가 떨어질 수 있다. 퍼소나의 장기적인 활용이 어렵다.

조건적 퍼소나를 활용할 때는 다음과 같은 부분에 주의를 기울여야 한다.

- 조건적 퍼소나라는 점을 명시해야 한다.
- 사진보다는 그림을 활용한다. 조건적, 임시적이라는 느낌을 전달한다.
- 주어진 자료를 최대한 활용한다(설문조사, 제품 전문 영역 리서치, 영역 전문가 인터뷰, 유사 제품의 시장 조사 자료 등).

- 어떤 자료와 어떤 추측을 기반으로 한 것인지 표기한다.

- 전형stereotype은 피한다(필드 데이터가 없으면 더 어렵다).

- 인구통계학적 자료보다는 사용자의 행동과 동기에 초점을 맞춘다.

기타 디자인 모델

퍼소나는 매우 중요한 디자인 방법론이다. 하지만 퍼소나 외에도 다양한 디자인 모델 기법이 있다. 모두 사용자와 업무, 주변환경을 이해하는 데 도움이 되는 방법론이다. 홀츠블랫과 바이어는 정황 조사 기법과 함께 다양한 디자인 모델을 소개했다. 주요 디자인 모델을 살펴보자.

업무 흐름 모델

업무 흐름 모델work flow model은 의사결정의 순서를 파악하는 데 큰 도움이 된다. 일반적으로 순서도나 한 방향으로 흐르는 그래프로 표현한다. 업무 흐름 모델에서 파악할 수 있는 정보는 다음과 같다.

- 업무 프로세스의 목표와 바람직한 산출물

- 프로세스 각 단계의 중요도와 수행 빈도

- 각 단계의 시작점

- 의존도: 각 단계를 시작하거나 종료할 때 기본 조건으로 완료가 돼야 하는 이전 단계의 업무

- 각 단계를 수행하는 데 필요한 인원, 참여 인원의 역할과 책임

- 각 단계별 구체적인 업무

- 단계별 의사결정 내용

- 의사결정에 필요한 정보

- 발생하는 오류와 예외 경우

- 오류와 예외 경우에 대응할 수 있는 방법

훌륭한 퍼소나는 업무 흐름 모델의 내용을 이미 반영하고 있다. 개인의 업무가 어떻게 흘러가는지 잘 보여주기 때문이다. 하지만 기업 내에서 역할 간의 업무 흐름을 파악하려면 업

무 흐름 모델이 필요하다. 반면, 업무 흐름 모델에만 주의를 기울이다 보면 제품을 '구현 모델' 중심으로 디자인하기 쉽다. 제품이 어떻게 작동하는지 내부적인 구조에 초점을 맞추기 때문이다. 제품이 작동하는 방법에 따라 업무가 흘러가는 경우가 많다. 업무 흐름 중심의 디자인은 기업의 '사업적 구현 모델'을 반영하는 셈이다. 중요한 기능은 모두 반영하고 있을지 몰라도 사용자의 니즈는 고려하지 않은 제품을 만들기 쉽다.

문서 모델

문서 모델artifact model은 사용자가 업무를 수행하는 동안 활용하는 다양한 서류와 문서를 잘 보여준다. 종이로 작성된 문서는 물론 컴퓨터로 만든 전자 문서와 온라인 문서도 모두 여기에 속한다. 문서 모델은 사용자가 활용하는 다양한 문서의 공통점과 차이점을 명확하게 보여준다. 성공적인 디자인을 완성하기까지 여러 문서가 활용되기 마련이다. 유사한 문서가 여러 목적으로 사용되는 경우에는 문서 모델을 활용하면 큰 도움이 된다. 기존에 사용하는 문서를 조사하면 제품의 인터페이스를 디자인할 때 큰 도움이 된다. 하지만 종이로 제작된 문서를 그대로 디지털화하는 것은 피해야 한다. 사용사의 목표와 디자인 원칙을 중심으로 효과적인 디자인을 재창조해야 한다. 기존 시스템보다 더 높은 사용성을 추구해야 하기 때문이다. 상세한 디자인 원칙은 2부에서 자세히 다룬다.

업무 환경 모델

업무 환경 모델physical model은 문서 모델과 함께 사용자의 주변 정황을 파악하는 데 매우 좋은 기법이다. 사용자의 업무 공간에서 어떤 물건이 어디에 놓여 있는지를 잘 보여준다. 사용자가 어떤 도구를 얼마나 자주 사용하는지를 이해하면 디자인에 큰 도움이 된다. 생산성을 향상하는 데 물리적인 장벽은 없는지 이해한다. 훌륭한 퍼소나는 이미 업무 환경에 관한 설명을 포함하고 있다. 하지만 사용자가 속한 공간이 특히 복잡한 경우는 업무 환경 모델을 활용하는 게 좋다. 층별로 전문 분야가 다른 병원이나 공장의 조립라인은 업무 환경 모델이 적절한 공간이다. 층별 단면도나 지도를 바탕으로 사용자의 주변 정황을 상세하게 이해할 수 있다.

퍼소나를 비롯한 디자인 모델은 복잡한 사용자 데이터를 쉽고 빠르게 이해하는 데 큰 도움이 된다. 이런 디자인 모델을 적절히 활용하면 훌륭한 디자인에 필요한 정보를 모두 갖출 수 있다. 4장에서는 디자인 모델을 바탕으로 얻어낸 사용자의 니즈와 목표를 어떻게 훌륭한 제품으로 탈바꿈시킬 수 있는지 알아본다. 실제로 디자인에 적용 가능한 다양한 방법론을 살펴보자.

4장

비전 설정: 시나리오와
디자인 요구사항

2장과 3장에서는 사용자를 이해하는 데 도움이 되는 정성적 자료를 수집하는 방법을 알아봤다. 리서치에서 얻은 자료를 바탕으로 디자인 모델을 제작하는 방법도 배웠다. 사용자 리서치 자료를 신중하게 분석하고 훌륭한 퍼소나를 설계하는 일은 매우 중요하다. 실제 사용자의 목표를 명확하게 이해할 수 있기 때문이다. 이제 사용자에 대한 깊은 이해를 어떻게 디자인에 적용해야 할까? 사용자를 만족시키는 디자인을 고안해내는 일이야말로 모든 방법론의 핵심인 셈이다. 사용자의 니즈를 충족시키는 동시에 사업 목표와 기술 제약을 충분히 고려한 제품을 디자인하는 방법을 알아보자.

리서치와 디자인의 절충

제품 팀은 종종 새 프로젝트를 시작하자마자 심각한 장애물과 마주친다. 시작은 아주 좋다. 시장 리서치든, 사용자 리서치든, 경쟁사 제품 리서치든, 많은 리서치 데이터를 모으거나, 보통은 대신 수집할 사람을 고용한다. 혹은 어쩌면 리서치는 제쳐두고 특히 멋지거나 유용해 보이는 아이디어들을 브레인스토밍해 수집한다.

리서치를 수행하면 분명히 사용자에 관한 통찰이 생기며, 브레인스토밍 세션은 재미있고, 팀은 영감을 얻는다. 그러나 상세 디자인과 개발 관련 결정을 할 때가 되면, 팀은 곧 리서치와 실제 제품 디자인 간의 중요한 연결고리가 빠져 있음을 깨닫는다. 리서치 전반에 걸쳐 길을 가리키는 나침반이나, 실제 사용자와 관련된 기능과 요소를 강조하고, 사용자와 사업의 목표를 모두 만족시키는 일관된 제품으로 모두 맞추는 방법을 설명하는 구성 원칙 없이는, 분명한 해결책이 보이지 않는다.

4장은 이 리서치와 디자인을 절충하는 프로세스 중 첫 절반을 설명한다. 퍼소나를 주인공으로 삼아 제품의 디자인을 이끌어내는 기법을 알아본다. 이 디자인 방법론을 활용하면 쉽고 빠르게 디자인 해결책을 제시할 수 있다. 시안 제작과 점검을 반복해서 진행하는 기법이다. 이 기법은 크게 네 단계로 구성된다.

- 이상적인 사용자의 인터랙션을 소개하는 시나리오를 작성한다.
- 작성한 시나리오를 바탕으로 사용자 요구사항을 정의한다.
- 사용자의 요구사항을 고려해 기본적인 인터랙션의 틀을 제작한다.
- 세부적인 디자인을 추가해 인터랙션 가이드라인을 완성한다.

여기서 특히 중요한 부분은 퍼소나를 활용해 이야기를 풀어나가는 것이다. 서술적인 이야기로 인터랙션을 설명함으로써 일관성 있는 디자인을 도출할 수 있다.

스토리텔링 도구로서의 시나리오

스토리텔링storytelling의 역사는 무척 깊다. 아이디어를 효과적으로 전달하는 데 이야기를 풀어나가는 것만큼 좋은 것은 없다. 이야기를 서술해나가는 건 새로운 아이디어를 발견할 수 있는 매우 창의적인 방법론이다. 아주 어린 아이들도 상상의 나래를 펼치기 위해 이야기를 만들어내는 걸 즐긴다. 디자인에서도 마찬가지다. 서술적인 이야기는 사용자에게 더 나은 제품을 제공하는 데 매우 좋은 기법이 된다. 실제로 제품을 활용하는 사용자를 주인공으로 창의적으로 이야기를 만들어보면 훌륭한 디자인을 완성할 수 있다. 화면의 요소나 제품의 형태를 분석하는 일만으로는 좋은 디자인을 할 수 없다. 이야기는 사회적인 의사소통 수단이기도 하다. 임원진과 팀원에게 아이디어를 효과적으로 전달할 수 있는 방법이다. 스토리텔링을 기반으로 디자인한 제품은 사용자를 쉽게 사로잡는다. 이 제품만의 독특한 이야기를 들려주는 디자인은 사용자에게도 더 친숙하게 느껴지기 때문이다.

스토리텔링의 효과는 일일이 설명할 필요가 없다. 주변에서 성공적인 사례를 쉽게 찾아볼 수 있기 때문이다. 디즈니는 이야기를 중심으로 성공적인 디자인 제품을 만드는 것으로 유명하다. 현대판 신화를 바탕으로 새로운 경험을 제공하는 셈이다.

서술적인 이야기의 장점을 책에서 소개한 사례도 많다. 브렌다 로럴[Brenda Laurel]은 『Computers as Theater』에서 드라마처럼 풀어낸 이야기의 강점을 설명했다. "본질적인 이야기를 디자인하는 데 주의를 기울여야 한다. 사물이나 캐릭터, 주변환경은 이차적인 요소다."라고 언급했다.[1] 존 레인프랭크[John Rheinfrank]와 셸리 에븐슨[Shelley Evenson]도 복잡한 인터랙션 시스템을 디자인할 때 서술적인 이야기가 무척 효과적이라고 설명했다.[2] 존 캐럴[John Carroll]은 시나리오 중심 디자인 방법론을 체계적으로 소개했다. 캐럴의 방법론은 4장 뒷부분에서 자세히 다룬다.

인터랙션이 많은 제품을 설명할 때도 서술적인 이야기가 큰 도움이 된다. 인터랙션 디자인은 시간이 흐름에 따라 변하는 제품의 행동을 설계하는 일이기 때문이다. 시각적인 자료와 함께 이야기를 풀어나가면 인터랙션을 효과적으로 구성할 수 있다(칠판이나 화이트보드처럼 쉽게 활용할 수 있는 시각적 도구가 좋다). 서술적 이야기를 활용하면 인터랙션을 쉽게 표현할 수 있을뿐더러, 컨셉을 검증해보기에도 좋다.

인터랙션 디자인을 이야기로 풀어나가는 과정은 스토리보드를 만드는 일과 비슷하다. 스토리보드란 영화를 제작할 때 주요 장면을 만화책처럼 표현한 것이다. 서술적 이야기와 스토리보드는 모두 간결한 줄거리를 중심으로 만들어진다. 영화의 대본은 스토리보드를 바탕으로 제작한다. 마찬가지로 훌륭한 인터랙션 디자인은 서술적 이야기의 줄거리를 따라 설계해야 한다. 지나치게 상세한 스토리보드는 시간낭비일 뿐이다. 스토리보드의 장면을 꼼꼼하게 그려봐야 아무 소용이 없다. 중요하지 않은 부분에 집중해서는 안 된다.

요구사항을 도출하는 초기 단계에는 줄거리의 중요한 기점에만 초점을 맞춘다. 디자인 컨셉을 좀 더 자유롭게 탐색해보는 게 좋다. 서술적인 이야기는 제품의 잠재적 경험과 기능을 효과적으로 전달한다. 할리우드는 수백만 달러의 영화 자본을 연필로 대충 그린 단순한 스케치를 바탕으로 투자하고 있다. 이야기에 초점을 맞추면 최종 디자인의 큰 그림을 쉽게 예상해볼 수 있다. 처음부터 상세한 프로토타입이나 렌더링을 제작하느라 많은 비용을 소비하는 것은 의미가 없다(고수준의 프로토타입은 디자인의 기본 뼈대가 완성되고 나서 제작해야 한다).

시나리오와 활용 사례, 유저 스토리

활용 사례[use case] 역시 시나리오와 마찬가지로 사용자가 제품을 어떻게 사용하는지를 설명해준다. 하지만 그 목적이 크게 다르다. 시나리오는 인터랙션 디자인의 매우 중요한 디자인 기법이다. 디자인 프로세스의 처음부터 끝까지 실제 사용자인 퍼소나의 시각에서 중요한 의

---

1   Laurel, 2013
2   Rheinfrank and Evenson, 1996

사결정을 할 수 있도록 돕는다. 기능의 중요도를 결정하고 표현 방법을 선택할 때 큰 도움이 된다. 세부적인 기능을 결정할 때도 필수적이다. 사용자와 시스템 간의 인터랙션을 어떻게 설계해야 하는지 쉽게 알 수 있다.

반면, **활용 사례**use case란 시스템의 기능 요구사항을 상세하게 설명한 것을 말한다. 사용자가 특정 행동을 할 때 시스템이 어떤 식으로 반응하는지를 세세하게 기술한 경우가 많다.[3] 제품의 전반적인 행동이나 인터랙션은 다루지 않는다. 활용 사례만으로는 훌륭한 인터랙션을 설계할 수 없다. 인터페이스를 어떻게 구성해야 하는지, 시스템의 행동을 어떻게 설계해야 하는지 파악하기 힘들다.[4] 활용 사례는 다양한 상황에서 발생하는 사용자의 과업을 기록하는 데는 효과적이다. 하지만 과업은 표면적인 정보만을 전달할 뿐이다. 과업을 어떤 중요도에 따라 나열해야 하는지 파악할 수 없다. 어떤 방식으로 사용자에게 과업을 제공해야 하는지 말해주지 않는다. 활용 사례는 사용자의 니즈에 따른 중요도를 따지지 않고 모든 인터랙션을 똑같이 처리한다. 디자인 과정에서는 큰 도움이 되지 않는다. 활용 사례의 가장 큰 약점인 셈이다. 인터랙션 디자인이 아닌 전통적인 제품 개발 프로세스에서 필요에 의해 생겨난 것이기 때문이다. 제품이 기능적으로 완벽한지, 극단적 활용 사례에도 대응할 수 있는지 확인해보려고 만들어진 기법이다. 제품의 디자인을 모두 완료한 뒤 점검 과정에서만 제한적으로 적용하는 게 좋다.

유저 스토리user story는 애자일 프로그래밍 방법에서 사용하지만 보통 실제 이야기나 내러티브가 아니다. 오히려 '사용자로서 나는 온라인 뱅킹 계좌에 로그인하고 싶다' 같이 표현된 짧은 문장이다. 보통 인터랙션을 성취하기 위해 필요한 인터페이스를 짧게 설명하는 또 다른 문장들이 이어진다. 유저 스토리는 시나리오보다 비공식적으로 표현된 요구사항에 훨씬 더 가깝다. 큰 그림 수준에서 사용자의 전체적인 흐름이나 사용자의 최종 목표를 설명하지 않는다. 둘 다 불필요한 인터랙션을 걷어내고 사용자의 실제 니즈를 타깃팅할 때 중요하다 (이 주제에 관한 더 자세한 내용은 12장을 참고하라).

시나리오는 애자일 방법에서 설명한 대로 **에픽**epic에 더 가깝다. 시나리오처럼 에픽은 과업 수준의 인터랙션이 아니라, 오히려 사용자 목표를 맞추려는 더 폭넓고 멀리 도달하는 인터랙션들을 설명한다. 에픽은 사용자 행동보다 사용자 인터페이스와 인터랙션의 기능과 재현에 더 초점을 맞춘다. 그러나 단계별 범위와 적절한 수준에 관해서는 유저 스토리보다 시나리오와 공통점이 훨씬 더 많다.

3　Wirfs-Brock, 1993
4　Constantine and Lockwood, 1999

시나리오 기반 디자인

1990년대부터 휴먼 컴퓨터 인터랙션^{HCI, human-computer interaction} 분야에서는 실제 사용자가 제품을 활용하는 행동 중심의 디자인 방법론을 연구해왔다. 사용자 시나리오 기법은 여기서 비롯된 것이다. 구체적인 이야기를 풀어나감으로써 적절한 디자인을 찾아낼 수 있다. 디자인 문제를 설명하고 해결하는 데 서술적인 이야기는 매우 효과적이다. 존 캐럴은 그의 저서 『Making Use』에서 다음과 같이 설명하고 있다.

> 시나리오는 단순함과 상세함, 유연함과 명쾌함을 동시에 지니고 있다. (중략) 디자인 과정에서 '이렇다면 어떨까?'라고 끊임없이 자문하게 해준다. 창의적인 디자인을 제공해준다. 동시에 가능한 대안을 구체적으로 설명하는 데 매우 효과적이다. (중략) 시나리오를 적용하면 제품이 어떻게 사용될지 미리 예상해볼 수 있다. 다양한 목적으로 활용되는 상황을 매우 상세하게 묘사하는 데 도움이 된다. 디자인 프로젝트를 수월하게 진행할 수 있도록 힘을 불어넣는 매우 강력한 기법이다.[5]

캐럴이 소개한 시나리오 기반 디자인^{scenario-based design}은 사용자가 과업을 어떻게 달성하는지를 잘 설명해준다. 사용자가 업무를 수행하는 환경은 물론 중간에 개입되는 주변인물과 도구도 파악할 수 있다. 캐럴은 '회계사', '개발자' 등 역할 중심의 주인공을 선정했다.

시나리오 기반 디자인은 매우 강력한 디자인 기법이다. 하지만 몇 가지 단점은 보완할 필요가 있다. 캐럴의 시나리오에서 부족한 점은 다음과 같다.

- 캐럴의 시나리오에서 사용자는 매우 추상적이다. 역할 중심의 모델은 사용자를 이해하기에 충분하지 않다. 실제 사용자에게 감정 이입을 하기도 어렵다. 사용자를 제대로 이해하지 못하면 훌륭한 인터랙션을 디자인할 수 없다. 제품의 실제 사용자를 좀 더 상세하게 파악해야 한다.

- 사용자의 목표와 동기에 대한 깊은 이해가 빠져 있다. 표면적인 과업에만 지나치게 초점을 맞추는 경향이 있다. 하지만 왜 특정한 과업이 필요한지를 설명하려면 목표와 동기를 먼저 이해해야 한다. 캐럴도 목표를 일부 설명하기는 했지만, 사용자의 목표가 아닌 시나리오의 목표만 언급했다. 시나리오의 목표는 결국 특정 과업을 완료하는 것에 지나지 않는다. 표면적인 과업을 파악하고 중요도를 따지기 전에 사용자의 목표를 이해하는 일은 매우 중요하다. 사용자 행동의 동기를 먼저 이해하지 않으면 훌륭한 디자인은 불가능하다. 넓은 시야에서 제품의 큰 그림을 파악해야 한다.

---

5 Carroll, 2001

캐럴의 시나리오 기법에 퍼소나를 적용하면 이 문제를 해결할 수 있다. 퍼소나는 시나리오의 훌륭한 주인공으로 적합하다. 실제 사용자를 대표하기 때문이다. 퍼소나를 활용하면 사용자의 행동 패턴과 동기를 쉽게 이해할 수 있다. 사용자의 동기를 어떻게 디자인에 반영해야 하는지 쉽게 결정할 수 있다. 과업의 중요도를 판단하기도 쉽다. 퍼소나는 표면적인 과업이 아닌 사용자 내면의 목표에 더 초점을 맞춘다. 퍼소나를 시나리오에 적용하면 그 힘은 더욱 강력해진다. 제품의 컨셉을 넓은 시야에서 바라볼 수 있기 때문이다. "이 제품이 무엇을 해야 하는가?", "형태와 행동을 어떻게 설계해야 하는가?"와 같은 질문의 답을 찾을 수 있게 된다.

퍼소나 기반 시나리오

퍼소나 기반 시나리오^{persona-based scenario}란 퍼소나가 목표를 달성하려고 제품을 사용하는 상황을 간단하게 소개하는 이야기를 말한다. 일반적으로 한 개 이상의 퍼소나를 활용한다. 퍼소나 기반의 시나리오는 실제 사용자의 시각에서 제품을 디자인할 수 있게 해준다. 사용자가 제품을 활용하는 이상적인 상황을 설명하기 때문이다. 기술과 사업적인 목표에만 신경을 쓰면 훌륭한 제품을 디자인할 수 없다. 사용자가 어떻게 생각하고 행동하는지 주의를 기울여야 한다.

시나리오를 활용하면 구체적으로 드러나지 않는 사용자와 제품의 관계를 이해할 수 있다.[6] 사용자가 제품을 사용하는 환경을 파악할 수 있다. 시간의 흐름에 따라 변하는 내용도 드러난다. 인터랙션이 복잡한 기능의 구조와 행동도 알려준다. 먼저 사용자의 목표를 바탕으로 중요한 과업을 선택한다. 사용자가 과업을 수행하는 과정을 시나리오에서 설명한다. 중요한 정보를 어디에 배치하고 인터페이스를 어떻게 구성해야 하는지 결정할 때도 사용자의 목표는 매우 중요하다. 사용자의 목표를 기준으로 시나리오가 적절히 구성되고 있는지 반복해서 점검해야 한다.

시나리오는 리서치 단계와 사용자 모델 단계에서 수집한 자료를 바탕으로 제작해야 한다. 시나리오를 구성하는 내용과 정황은 정확한 자료를 기반으로 해야 한다. 연기자가 극중의 역할을 연구하듯, 인터랙션 디자이너는 시나리오의 주인공인 퍼소나를 깊이 이해해야 한다.[7] 퍼소나를 바탕으로 사용자의 행동을 다양하게 탐색해본다. 칠판이나 화이트보드에 여러 아이디어를 적어본다. 여기서 정리한 내용은 나중에 시각 디자인에도 큰 도움이 된다. 디자인의 정당성을 점검할 때 퍼소나와 시나리오를 기준으로 활용할 수 있다. 디자이너가 추측

---

6 Buxton, 1990
7 Verplank, et al, 1993

한 내용이나 아이디어가 적절한지 판단할 수 있는 기준을 제공한다.

시나리오의 종류

목표 지향 디자인 방법론에서는 세 종류의 퍼소나 기반 시나리오를 활용한다. 디자인 프로세스를 진행하는 과정에서 단계적으로 다른 시나리오를 적용한다. 3단계의 시나리오는 후반부로 갈수록 상세한 인터페이스에 초점을 맞춘다. 첫 번째는 정황 시나리오^{context scenario}다. 정황 시나리오는 사용자의 니즈를 만족시키는 과정을 넓은 시야에서 바라본 큰 그림을 제시한다(과거에는 정황 시나리오를 '하루 일상의 시나리오'라고 불렀다. 너무 폭넓은 개념이기 때문에 좀 더 구체적으로 변경했다). 정황 시나리오는 디자인 작업을 시작하기 전에 작성해야 한다. 퍼소나의 시각에서 사용자의 행동과 인식, 욕구를 표현한다. 정황 시나리오를 작성하면 가장 이상적인 사용자 경험을 예상해볼 수 있다. 정황 시나리오를 작성하는 자세한 방법은 4장 뒷부분에서 다룬다. '4단계: 정황 시나리오를 제작한다' 절을 참고하기 바란다.

제품의 기능과 정보를 모두 결정했다면 디자인 설계도를 제작한다(디자인 설계도를 만드는 방법은 5장에서 자세히 다룬다). 성황 시나리오도 좀 더 상세하게 구체화한다. 주요 경로 시나리오^{key path scenario}는 사용자가 제품을 활용하는 과정을 좀 더 자세하게 소개한다. 제품의 기능과 메뉴의 명칭을 시나리오에도 적용한다. 주요 경로 시나리오는 핵심적인 인터랙션을 중심으로 제작해야 한다. 퍼소나가 제품을 활용해 목표를 달성해가는 과정이 가장 중요하기 때문이다. 디자인을 상세하게 발전시켜가면서 주요 경로 시나리오도 구체적으로 수정해간다.

디자인을 발전시키는 과정에서 제품이 올바르게 제작되고 있는지 점검할 필요가 있다. 다양한 상황의 문제점을 포괄할 수 있도록 점검 시나리오^{validation scenario}를 활용한다. 지나치게 상세하게 서술할 필요는 없다. 문제가 발생할 만한 상황을 예상해볼 수 있도록 "이럴 때는 어떻게 될까?"라는 질문으로 시작한다. 주요 경로 시나리오와 점검 시나리오의 제작 방법은 5장에서 자세히 다룬다.

디자인 요구사항: 무엇을 디자인할 것인가?

요구사항 도출 단계에서는 '무엇'을 디자인할지 결정해야 한다. 퍼소나는 명확한 목표를 갖고 있다. 이 목표를 바탕으로 필요로 하는 정보와 기능이 무엇인지를 파악해야 한다. '어떻게'를 결정하기 이전에 '무엇'을 이해하는 것은 매우 중요하다. 제품의 형태와 행동, 느낌, 작동법을 결정하려면 무엇을 디자인할지가 명확해야 한다. 무작정 디자인을 시작해버리면 인터랙션은 망가져버리고 만다. 대부분의 디자이너가 제품과 사용자에 대한 충분한 지식 없이 바로 디자인으로 뛰어드는 경우가 많다. 일단 화면부터 그리고 보는 것이다. 아무리 뛰어나고 창의적인 디자이너라도 이런 식의 접근은 매우 위험하다. 수많은 시안을 만들어봤자 사용자를 만족시키는 디자인이란 불가능하다. 디자인의 대상이 명확하지 않을뿐더러, 적합성을 판단하는 기준도 없기 때문이다. 요구사항이 명확하지 않으면 생산성 없는 토론만 계속되기 마련이다.

인터랙션 디자이너와 임원진, 디자인을 의뢰한 고객이 서로 자기의 고집만 주장하기 쉽다. 이런 접근 방식은 반드시 피해야 한다.

다른 크리에이티브 분야에서도 일단 무엇을 정의할지의 중요성은 잘 알려져 있다. 만화가는 잉크와 색상으로 시작하지 않는다. 캐릭터에 이어 개요와 스토리보드를 탐구한 후 대략 내러티브와 형태를 모두 스케치한다. 디지털 컨셉의 정의도 마찬가지다.

| 디자인 원칙 | '어떻게' 디자인할지 결정하기 이전에 '무엇'을 디자인할지 결정한다. |

디자인 요구사항은 기능이 아니다

디자인에서 '요구사항'이란 일상생활에서 쓰는 말과는 차이가 있다. '요구사항'이라는 말을 잘못 사용하는 경우도 많다. 대부분의 디자이너가 '요구사항'을 '기능'이나 '구성요소' 목록 정도로 생각하고 있다. 물론 기능과 요구사항은 밀접한 관계가 있다(기능과 요구사항의 관계는 5장에서 자세히 다룬다). 하지만 요구사항은 기능보다는 니즈에 가깝다. 요구사항을 정의할 때는 제품이 만족시켜야 하는 사용자 니즈와 사업 니즈를 명확히 이해하는 게 중요하다. 인터랙션 디자이너는 기능보다 니즈를 깊이 이해해야 한다. 사용자가 제품으로부터 바라는 니즈를 이해함으로써 강력하고 훌륭한 디자인을 도출할 수 있기 때문이다.

디자인 요구사항은 스펙이 아니다

'요구사항'이라는 용어의 또 다른 업계 용도는 보통 제품 관리자가 생성하는 기능 목록이다. 이 마케팅 요구사항 문서^{MRD, marketing requirements document}나 제품 요구사항 문서^{PRD, product requirements document}는 잘 실행될 경우 제품의 정의를 설명하려는 시도지만, 몇 가지 함정이 있다. 먼저 이 목록은 어떤 심각한 사용자 니즈의 탐구도 없이, 종종 어떤 종류의 사용자 리서치와도 느슨하게만 연결된다. 이 문서에서 설명하는 바가 (운 좋게도) 일관된 제품을 반영하더라도 사용자가 바람직하다고 생각하는 제품이리라는 보증은 거의 없다.

둘째, 여러 MRD와 PRD는 제품의 '무엇'과 '어떻게'를 혼동하는 함정에 빠진다. '다음을 포함하는 메뉴가 있어야 한다'와 같은 인터페이스의 상세 설명은 사용자나 사용자의 업무 흐름에 부적절한 솔루션을 가정할 수 있다. 디자인 프로세스 전에 솔루션을 강제하면 문제가 되기 마련이다. 매끄럽지 않고 따로 노는 인터랙션과 제품으로 이어지기 쉽기 때문이다.

회사의 임원진이 사용하는 데이터 분석 툴을 개발하는 경우를 생각해보자. 이 프로그램의 목적은 임원진이 회사의 운영 상태를 좀 더 쉽게 파악하는 것이다. '무엇'을 디자인할지 파악하지 못한 채 바로 디자인을 시작하면 큰 실수를 저지르기 쉽다. 평범한 보고서 형식의 프로그램을 만들어버릴 수 있기 때문이다. '어떻게'에만 초점을 맞춘 채 디자인했기 때문이다. 스프레드시트 형식의 보고서가 가장 일반적일 거라는 디자이너의 가정에 의거한 것이다. 하지만 임원진의 니즈는 전혀 다를 수 있다. 임원진의 시나리오를 제작한 뒤 분석해보면 중요한 요구사항을 파악할 수 있다. 임원진은 회사에서 발생하는 예외적인 문제 상황을 파악하고 싶어한다. 중요한 기회를 놓쳐서 발생한 오류를 확인하려고 한다. 임원진의 니즈는 주어진 자료를 바탕으로 트렌드를 조사하는 것이다. 이런 니즈를 만족시키려면 숫자만 잔뜩 보여주는 보고서는 소용이 없다. 사용자가 직접 여러 장의 보고서를 넘겨가며 문제 상황과 트렌드를 검토해야 하기 때문이다. 자료를 바탕으로 자동으로 예외적인 상황을 알려주거나, 트렌드를 분석해 보여주는 프로그램이 필요하다.

이런 요구사항 문서의 마지막 문제는 그 자체로는 사업 임원진이나 개발자에게 별로 쓸모가 없다는 점이다. 이 목록의 내용을 시각화해, 목록이 설명하는 바를 반영하는 디자인을 볼 방법이 없다면, 임원진이나 개발자 모두 설명 내용을 근거로 결정하기 어려울 것이다.

디자인 요구사항은 전략적이다

바로 디자인에 착수하기보다 문제를 파악하고 요구사항을 이해하는 것이 중요하다. 표면적인 디자인에만 초점을 맞추다 보면 기술적인 제약사항에 얽매이기 쉽다. 근본적인 문제를 이해하면 훨씬 유연하게 접근할 수 있다. 인터랙션 디자이너와 개발자가 사용자의 니즈를 명확하게 파악하면, 사용자의 문제를 가장 효과적으로 해결할 수 있는 방안을 찾아낼 수 있다. 기능을 변경하거나 축소하지 않고도 사용자의 목표를 성공적으로 달성할 수 있다. 사용자의 니즈를 기반으로 접근하면, 구현 과정에서 문제가 발생하더라도 무리가 없다. 문제를 수정하는 과정에서 제품의 기본 컨셉이 뒤바뀌는 일도 없다. 세세한 기능 구현에 연연하지 않고 디자인을 넓은 시야에서 바라볼 수 있게 된다. 사용자에게 만족스러운 경험을 제공하는 방법이라 할 수 있다.

다양한 자료를 토대로 디자인 요구사항을 도출해야 한다

디자인 요구사항의 주요 출처로 퍼소나와 시나리오를 이미 이야기해왔다. 요구사항 가공 시 가장 중요한 부분일지도 모르지만, 그 밖의 요구사항도 디자인의 요소다. 기술적, 법적 제약 외에 사업 니즈와 제약은 보통 제품의 사업, 기술 임원진 인터뷰를 토대로 파악할 수 있다. 다음 절에서 더 상세한 요구사항 목록을 제공한다.

요구사항 도출 프로세스

탄탄한 모델을 디자인 솔루션으로 옮기는 일은 두 가지 주요 단계로 구성된다. 그림 4-1에 보이는 요구사항 도출은 제품의 정의와 해야 할 일에 관해 폭넓은 질문을 한다. 디자인 설계는 제품의 작동 방식과 사용자 목표를 맞추기 위한 구성 방식에 관한 질문에 답한다.

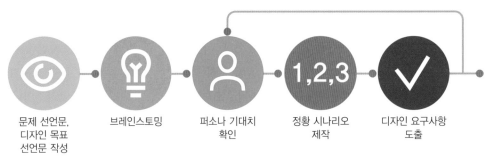

문제 선언문,   브레인스토밍   퍼소나 기대치   정황 시나리오   디자인 요구사항
디자인 목표   확인   제작   도출
선언문 작성

그림 4-1 요구사항 도출 프로세스의 개요

이번 절에서는 요구사항 도출 단계를 좀 더 깊이 살펴본다. 디자인 설계 단계는 5장에서 자세히 다룬다. 요구사항 도출 단계는 퍼소나 기반의 시나리오 방법론을 중심으로 이뤄진다. 이 방법론은 쿠퍼[Cooper] 사의 로버트 레이먼[Robert Reimann]과 킴 굿윈[Kim Goodwin], 데이브 크로닌 [Dave Cronin], 웨인 그린우드[Wayne Greenwood], 레인 핼리[Lane Halley]가 개발했다.

요구사항 도출 단계에서는 다음의 다섯 가지 절차를 밟아야 한다.

1 문제 선언문, 디자인 목표 선언문을 작성한다.

2 브레인스토밍

3 퍼소나의 기대치를 파악한다.

4 정황 시나리오를 제작한다.

5 디자인 요구사항을 도출한다.

다섯 단계가 정확히 순서대로 진행되는 것은 아니다. 수시로 진행상황을 점검하면서 각 단계를 반복해서 진행해야 한다. 만족스러운 요구사항이 완성될 때까지 3~5단계를 여러 번 반복한다. 요구사항을 정확히 도출하는 일은 매우 중요하다. 위의 다섯 단계를 무시하거나 축소해서는 안 된다. 각 단계의 내용을 자세히 살펴보자.

1단계: 문제 선언문, 디자인 목표 선언문을 작성한다

아이디어를 생각하기 전에 해야 할 일이 있다. 디자인 방향을 결정하는 동기를 명확히 하는 것이다. 목표 지향 디자인 방법론은 퍼소나와 시나리오, 사용자 요구사항을 활발하게 적용하면서 제품을 구성해나간다. 요구사항 도출 단계를 시작할 때 퍼소나와 시나리오가 나아가는 방향을 파악하는 일은 매우 중요하다. 퍼소나를 제작할 때 디자인의 주요 대상과 그들의 목표를 파악하는 것과 마찬가지다. 제품을 개발하기 전에 해결해야 하는 중요한 문제를 파악하지 못하면 훌륭한 디자인을 도출할 수 없다. 문제 선언문, 디자인 목표 선언문을 작성하면 이 문제를 해결할 수 있다. 디자인에 참여하는 모두가 같은 목표를 설정하는 것은 무엇보다 중요하다. 목표 선언문은 모든 임원진이 동일한 생각을 할 수 있도록 돕는다.

문제 선언문problem statement은 왜 디자인을 해야 하는지를 큰 시야에서 설명해준다.[8] 퍼소나가 어려움을 겪는 부분은 효과적으로 고쳐줘야 한다. 디자인 문제 선언문은 퍼소나뿐 아니라 회사 입장에서도 매우 중요하다. 기업과 퍼소나의 이해는 매우 밀접한 인과관계에 놓여 있기 때문이다. 문제 선언문의 예시는 다음과 같다.

> 회사 X의 사용자 만족도 평가가 낮아지고 있다. 작년에 시장 점유율이 10% 감소했다. 사용자가 X, Y, Z라는 과업을 수행하고 싶어하지만 필요한 기능이 없기 때문이다. 이 기능은 사용자가 G라는 목표를 달성하는 데 필요한 것이다.

사업적인 이슈와 사용성 문제를 동시에 파악해야 한다. 임원진이 디자인의 중요성을 이해할 수 있도록 효과적으로 설득할 수 있게 된다. 디자인을 진행하는 동안 항상 사용자와 사업 목표를 염두에 둘 수 있다.

디자인 목표 선언문vision statement은 문제 선언문을 바탕으로 재구성한 것이다. 디자인이 달성하고자 하는 바를 명시한다. 이때는 사용자의 니즈가 중심이 된다. 디자인을 완성함으로써 어떻게 사업 목표를 달성할 수 있는지도 설명한다. 디자인 목표 선언문의 예시는 다음과 같다.

8　Newman and Lamming, 1995

제품 X의 새 디자인은 사용자가 목표 G를 달성할 수 있도록 돕는다. X, Y, Z라는 과업을 수행할 수 있는 기능을 제공하기 때문이다. 훨씬 뛰어난 정확도와 효율성이 특징이다. 기존 디자인의 문제점인 A, B, C도 해결해준다. 새 디자인은 사용자 만족도 평가를 극대화할 것이다. 결과적으로 시장 점유율도 상승할 것이다.

문제 선언문과 디자인 목표 선언문은 리서치와 사용자 모델의 내용을 바탕으로 제작해야 한다. 사용자의 목표와 니즈는 1순위와 2순위 퍼소나로부터 도출한다. 사업 목표는 임원진 인터뷰 내용을 참고한다.

문제 선언문과 디자인 목표 선언문을 작성하면 기존 제품을 재디자인할 때 무척 유용하다. 그뿐 아니라 지금까지 존재하지 않았던 신기술을 디자인할 때도 큰 도움이 된다. 사용자의 목표와 그들이 겪고 있는 어려움을 충분히 파악한 뒤 선언문을 구성해야 한다. 이런 과정은 팀원 모두가 동일한 목표를 갖고 항상 가장 중요한 문제에 초점을 맞출 수 있도록 도와준다.

2단계: 브레인스토밍

요구사항 도출 단계의 초기에 브레인스토밍을 진행한다. 인터랙션 디자이너가 창의력을 마음껏 발휘할 수 있는 시기다. 이 단계에 이르기까지 수많은 리서치와 사용자 모델 제작을 진행해왔다. 제품의 전문 영역을 이해하려고 몇 달 동안 리서치를 진행하는 경우도 있다. 이쯤되면 제품의 최종 디자인을 대략 상상해볼 수 있다. 하지만 이런 생각은 고정관념으로 자리잡기 쉽다. 훌륭한 정황 시나리오를 제작하려면 모든 편견을 버려야 한다. 퍼소나가 실제로 제품을 어떻게 사용할지에만 초점을 맞춰야 한다. 초기 단계 브레인스토밍은 매우 중요하다. 편견을 버린 상태에서 사용자를 중심으로 다양한 아이디어를 쏟아내는 것이 좋다. 떠오르는 다양한 생각을 깊이 고민하지 말고 기록해둔다.

브레인스토밍 중에는 가능한 한 편견에 얽매이지 않는 것이 좋다. 창의적이고 분석적인 접근을 동시에 적용한다. 최대한의 상상력을 발휘해 열린 마음으로 다양한 가능성을 생각해본 뒤 시나리오를 제작해야 한다. 시나리오를 면밀히 분석한 결과를 토대로 사용자 요구사항을 도출한다. 이 단계에서는 잠시 두뇌를 '창조 모드'로 변경해야 한다. 리서치와 사용자모델 단계에서는 해결책을 제시하기보다는 자료를 분석하는 일이 중요했다. 그동안 수집하고 분석한 자료를 디자인으로 탈바꿈시키려면 생각의 모드를 전환할 필요가 있다.

브레인스토밍을 하는 동안 의견을 제한하거나 아이디어를 비판해서는 안 된다. 아무리엉뚱한 생각이라도 일단 모두 꺼내놓고 보는 게 좋다. 그동안 생각해왔던 아이디어와 즉흥적으로 떠오르는 생각을 빠짐없이 기록한 뒤 보관해둔다. 아이디어를 평가하는 일은 프로세스의 뒷부분에서 이뤄질 것이다. 여기서 나온 아이디어를 전부 적용할 필요는 없다. 하지만 이 중에 한두 개는 매우 값지게 활용되는 경우가 많다.

창의적인 솔루션과 기간에 맞는 진정한 니즈를 발견하는 수단으로 임원진, 클라이언트와 공유할 탐구적인 컨셉을 골라도 유용하다. 임원진이 '엉뚱한 아이디어'를 원한다고 하면, 세심히 고른 탐구적인 컨셉으로 엉뚱한 아이디어를 테스트해 그들의 반응을 볼 수 있다. 논의가 부정적이라면 시나리오로 진행하면서 생각을 약간 더 보수적으로 조정할 수 있다.

홀츠블랫과 바이어는 특히 팀에 임원진, 클라이언트, 솔루션에 관한 사고를 시작하는 데 열심인 개발자까지 있을 경우, 탐구 세션을 시작할 때 유용한 브레인스토밍 방법을 설명한다.[9] 브레인스토밍에 너무 많은 시간을 투자하는 건 좋지 않다. 몇 시간 정도면 충분하다. 엉뚱하고 새로운 아이디어를 수집할 수 있다. 더 이상 톡톡 튀는 아이디어를 찾을 수 없거나, 똑같은 의견이 반복해서 나오기 시작한다면 브레인스토밍을 멈춰야 한다.

3단계: 퍼소나의 기대치를 파악한다

1장에서 소개한 것처럼 멘탈 모델mental model이란 사용자가 어떻게 주변 세계를 이해하는지를 보여준다. 멘탈 모델은 현상에 대해 사용자가 인지하는 방법을 대표한다. 멘탈 모델은 일생에 걸쳐 형성된 것이기 때문에 사용자의 마음속 깊이 뿌리 박혀 있다. 멘탈 모델을 이해하면 사용자가 제품으로부터 바라는 바를 쉽게 파악할 수 있다.

표현 모델represented model이란 제품의 디자인이 어떻게 구성되고 행동하는지를 나타낸다. 1장에서 설명했듯이 인터페이스의 표현 모델은 가능한 한 멘탈 모델과 유사하게 디자인해야 한다. 구현 모델을 바탕으로 표현 모델을 디자인하는 일은 피해야 한다. 구현 모델이란 제품이 내부적으로 작동하는 방식을 나타낸다.

멘탈 모델을 바탕으로 한 훌륭한 표현 모델을 이끌어내려면 사용자의 기대치를 정확히 파악하고 기록해야 한다. 정확한 요구사항을 도출하는 첫걸음인 셈이다. 1순위 퍼소나와 2순위 퍼소나를 활용해 사용자의 기대치를 조사한다. 중요하게 파악해야 하는 내용은 다음과 같다.

- 사용자의 기대치에 영향을 미치는 다양한 요소를 파악한다. 경험과 열정, 태도 등 사회적, 문화적, 환경적, 인지적 요소를 조사한다.
- 제품을 사용하는 동안 어떤 경험을 바라는지 일반적인 기대와 욕구를 파악한다.
- 제품이 어떻게 행동하기를 바라는지 이해한다.

---

9 Holtzblatt and Beyer, 1998

- 정보의 기본 구성요소를 어떻게 인지하는지 확인한다(예를 들어 이메일 프로그램의 경우, 정보의 기본 구성요소는 메일, 수신자, 발신자 등이다).

퍼소나를 제대로 제작했다면, 퍼소나 상세 설명만으로도 충분한 정보를 이끌어낼 수 있다. 하지만 이전의 리서치 결과 자료를 참고하면 훨씬 더 많은 정보를 파악할 수 있다. 사용자가 주변에서 일어나는 일을 어떻게 인지하고 묘사하는지 확인해본다. 제품을 활용하는 동안 관여하는 사물과 사건은 사용자의 행동 패턴을 결정짓는 중요한 요소다. 인터뷰를 하는 동안 사용자가 어떤 말투와 단어를 사용하는지도 점검한다. 다음과 같은 부분에 주의를 기울여야 한다.

- 인터뷰 참여자가 가장 먼저 언급하는 것은 무엇인가?
- 어떤 단어를 활용하는가?
- 작업을 진행하는 동안 말로 설명하지 않고 넘어가는 중간 단계나 과업, 사물이 있는가?(이런 내용은 사용자가 사물을 어떻게 인지하는지 이해하는 데 매우 중요하다.)

4단계: 정황 시나리오를 제작한다

정황 시나리오와 주요 경로 시나리오, 점검 시나리오는 모두 사용자의 행동을 설명한다. 하지만 가장 서술적인 이야기 형식을 띠는 것은 정황 시나리오다. 멘탈 모델과 동기를 바탕으로 퍼소나의 행동을 상세히 묘사한다. 넓은 시야에서 사용자의 중요한 행동 패턴을 서술한다. 주변환경의 구성도 고려한다. 특히 기업용 제품의 경우에는 퍼소나가 속한 조직의 구조도 참고해야 한다.[10]

정황 시나리오를 제작하면 본격적인 디자인이 시작되는 셈이다. 퍼소나가 쉽게 목표를 달성할 수 있는 디자인을 염두에 두고 시나리오를 제작한다. 정황 시나리오는 1순위, 2순위 퍼소나와 제품 사이의 첫 번째 연결고리를 제공한다. 그 밖의 퍼소나도 함께 고려해야 한다. 일반적으로 정황 시나리오는 하루 동안 일어나는 일을 묘사한다. 제품에 따라 적절하고 의미 있는 길이의 시간을 선택한다.

정황 시나리오의 범위는 넓고 깊이는 얕다. 다양한 내용을 포함하되 너무 깊은 내용을 다뤄서는 안 된다. 제품의 상세한 기능이나 세세한 인터랙션을 설명하는 일은 피한다. 사용자의 시각에서 제품의 큰 그림을 묘사한다. 사용자의 요구사항을 구체적으로 이해하려면 먼저 제품을 넓은 시야에서 바라보는 일이 중요하다. 제품의 전반적인 컨셉을 명확히 이해해야만 훌륭한 인터랙션을 디자인할 수 있기 때문이다.

---

10 Kuutti, 1995

정황 시나리오에는 다음과 같은 내용이 있어야 한다.

- 제품이 어떤 환경에서 사용되는가?

- 얼마나 오랜 시간 동안 사용되는가?

- 퍼소나가 제품을 사용하는 동안 방해받는 외부 요소가 있는가?

- 여러 명이 한 제품을 사용하는가? 한 공간에 몇 명이 함께 업무를 진행하는가?

- 함께 사용하는 다른 제품에는 어떤 것이 있는가?

- 퍼소나가 목표를 달성하려면 어떤 활동을 해야 하는가?

- 제품을 사용함으로써 얻을 수 있는 최종 결과는 무엇인가?

- 제품을 복잡하게 설계하더라도 사용자가 이해할 수 있는가? 퍼소나의 능숙도와 친숙도는 어느 정도인가?

정황 시나리오는 기존 제품을 사용하는 상황을 설명하는 것이 아니다. 목표 지향 방법론을 적용해 새롭게 디자인하려고 하는 제품을 소개해야 한다. 정황 시나리오를 제작하는 초기 단계에는 제품의 작동법과 구현 방법은 걱정하지 않아도 된다. 우선 사용자의 목표에만 집중한다. 디자인하려는 제품이 마술 상자처럼 사용자의 목표를 만족시킨다고 가정한다.

제품마다 한 개 이상의 정황 시나리오를 만든다. 1순위 퍼소나가 여러 명인 경우라면 정황 시나리오도 여러 개 만들어야 한다. 하지만 퍼소나가 한 개인 경우라도 다수의 정황 시나리오가 필요할 때가 있다.

정황 시나리오는 이야기를 들려주듯 서술적으로 풀어나가야 한다. 구체적인 인터페이스나 형태는 고민하지 않아도 된다. 사용자와 제품의 행동을 중심으로 내용을 작성한다. 서술적인 이야기야말로 가장 효과적인 방법이다.

정황 시나리오 예시

PDA^personal digital assistant형 휴대폰 사용자의 정황 시나리오를 살펴보자. 다음은 초기 단계의 정황 시나리오다. 제품과 서비스를 사용하는 상황을 모두 보여주고 있다. 퍼소나의 이름은 비비언 스트롱이다. 비비언은 인디애나폴리스에서 부동산을 운영하고 있다. 비비언의 목표는 일과 가족 간에 적절한 균형을 찾는 것이다. 비비언은 계약을 훌륭하게 성사시키고 싶어하며, 모든 고객이 만족하는 부동산을 운영하고 싶어한다.

비비언의 정황 시나리오는 다음과 같다.

1 비비언은 아침에 일어나 출근 준비를 하면서 핸드폰으로 이메일을 확인했다. 아침에는 무척 바쁘기 때문에 컴퓨터를 켜는 것보다 핸드폰으로 메일을 확인하는 편이 훨씬 좋다. 이 핸드폰은 화면도 크고 연결 속도도 빠르기 때문에 편리하다. 딸 앨리스를 깨우고 도시락을 준비해야 한다.

2 비비언은 최근 부동산을 찾은 프랭크로부터 메일을 받았다. 프랭크는 오늘 오후에 집을 둘러보고 싶어했다. 핸드폰이 자동으로 프랭크의 연락처 정보를 저장한다. 프랭크에게 연락할 일이 생기면 이메일에서 한 번 클릭하는 것만으로 전화를 걸 수 있다.

3 프랭크와 전화통화를 하는 동안 스피커폰 모드로 설정했다. 통화 중에도 전화기를 조작할 수 있기 때문이다. 약속 시간을 잡기 위해 전화기로 일정을 확인했다. 새로운 일정을 입력하니 전화기가 자동으로 '프랭크와 약속'으로 저장했다. 프랭크와 통화 중임을 인식했기 때문이다. 비비언은 통화를 마치고 약속 장소의 주소를 전화기에 입력했다.

4 비비언은 딸 앨리스를 등교시키고 나서 부동산 사무실로 향했다. 프랭크와의 약속에 필요한 서류를 챙겨야 했기 때문이다. 핸드폰이 자동으로 아웃룩 일정을 업데이트했다. 부동산의 다른 직원도 비비언의 오후 일정을 미리 파악할 수 있다.

5 다른 일을 처리하다 보니 벌써 약속 시간이 돼 있었다. 비비언은 프랭크에게 보여주기로 한 집으로 향했다. 핸드폰이 약속 시간이 15분 남았다고 울리기 시작했다. 핸드폰을 열자 약속 내용뿐 아니라 필요한 문서 목록과 프랭크와 주고받은 이메일, 메모, 문자 메시지, 통화 기록까지 확인할 수 있었다. 통화 버튼을 누르자 자동으로 프랭크에게 전화가 연결됐다. 프랭크와의 약속 때문에 전화를 한다는 사실을 인식했기 때문이다. 비비언은 프랭크에게 20분 뒤에 도착할 거라고 얘기했다.

6 비비언은 찾아가는 곳의 주소는 알고 있지만 정확한 위치는 기억나지 않았다. 차를 잠시 멈추고 핸드폰에 주소를 입력했다. 지도와 함께 현재 위치에서 찾아가는 방법을 확인할 수 있었다.

7 목적지에 도착한 비비언은 프랭크에게 집을 보여줬다. 갑자기 가방에서 핸드폰이 울리기 시작했다. 보통 비비언이 일하고 있을 때는 핸드폰이 자동 응답 모드로 전환된다. 하지만 앨리스는 자동 응답기로 넘어가지 않고 바로 엄마에게 전화를 걸 수 있는 비밀번호를 알고 있다. 앨리스로부터 전화가 오면 따로 지정된 벨소리를 들려준다.

8 전화를 받았다. 앨리스는 버스를 놓쳤다고 데리러 오라고 얘기했다. 비비언은 남편에게 전화를 걸어 앨리스를 데리러 갈 수 있는지 확인했다. 남편은 통화 가능 지역이 아니었기 때문에 자동 응답기로 넘어갔다. 비비언은 지금 고객과 함께 있다고 응답기에 녹음

했다. 5분 뒤에 문자 메시지가 도착했다. 따로 지정된 알림음 덕분에 핸드폰을 보지 않고도 남편임을 알 수 있었다. "내가 데리러 갈게. 꼭 계약 성사하길 바래!"라는 문자가 도착해 있었다.

상세한 기능을 설명하지 않고 대략적인 컨셉만 설명하고 있다. 구체적인 인터페이스나 기술은 언급하지 않는다. 물론 기술적으로 구현 가능한 시나리오를 제시하는 것도 중요하다. 하지만 초기 단계부터 지나치게 세부적인 내용을 고민하는 건 좋지 않다. 참신하고 훌륭한 디자인을 도출해내려면 최대한 가능성을 열어둬야 한다. 차후에 조금씩 구현 범위를 축소할 수도 있다. 현실적으로 가능하면서도 최적의 경험을 설계하는 것이 최종 목표이기 때문이다. 위에서 소개한 시나리오는 다양한 상황에서 핸드폰을 활용하는 사례를 보여주고 있다. 가능한 한 많은 과업을 포함해야 한다. 과업과 활동 내용은 비비언의 목표를 중심으로 연결돼 있다. 목표야말로 가장 중요한 요소다.

인터페이스 마술 상자

시나리오를 제작하는 초기 단계에는 인터페이스가 마술 상자라고 가정하면 매우 유용하다. 제품이 어떻게든 사용자의 목표를 마술처럼 만족시켜준다면 어떨까? 실제로 제품이 마법을 부릴 수 있다면 인터랙션은 매우 단순할 것이다. 이런 식의 접근은 매우 창의적인 디자인을 할 수 있게 도와준다. 물론 이런 생각만으로 디자인을 완성할 수는 없다. 마법처럼 사용자의 목표를 만족시키는 인터페이스와 가장 유사한 형태의 실질적인 디자인을 찾아내야 한다. 퍼소나의 목표를 마술처럼 달성해주는 제품이야말로 최고의 인터랙션 디자인이라 할 수 있다. 최소한의 노력으로 니즈를 만족시키는 제품은 사용자에게 마술 상자나 다름없다. 비비언의 시나리오에서도 몇몇 기능은 구체적인 설명 없이 마술처럼 서술돼 있다. 하지만 요즘은 대부분 구현 가능한 기술이 마련돼 있는 경우가 많다. 기술에만 초점을 맞춰선 안 된다. 목표를 바탕으로 한 사용자의 경험을 설계하는 것이야말로 마법과 같은 인터랙션 디자인이다.

> **디자인 원칙**   디자인의 초기 단계에는 인터페이스를 마술 상자라고 가정한다.

5단계: 디자인 요구사항을 도출한다

정황 시나리오의 초안을 완성하고 나면, 시나리오의 내용을 바탕으로 퍼소나의 니즈, 즉 사용자 요구사항을 도출한다. 일반적으로 요구사항은 주변 정황과 대상, 사용자의 행위로 구성된다.[11] 앞서 설명한 대로 요구사항이란 기능이나 표면적인 과업을 의미하는 게 아니다. 시나리오를 바탕으로 도출한 비비언의 니즈는 다음과 같다.

> 약속한 내용을 확인한 뒤(주변 정황) 고객에게(대상) 바로 전화를 건다(행위).

주변 정황과 대상, 행위의 형태로 사용자의 니즈를 도출할 수 있다면 훌륭한 요구사항이라 할 수 있다. 한 문장 안에 세 가지 요소를 포함하기가 어렵다면 각 내용을 분리해서 정리하는 것도 좋은 방법이다. 정보, 기능, 정황 요구사항을 따로 제작한다. 세 가지 요구사항을 자세히 살펴보자.

정보 요구사항

퍼소나는 제품을 사용하면서 얻고자 하는 정보가 있다. 시스템에 포함돼야 하는 정보를 파악한다. 정보 요구사항은 사용자가 필요로 하는 정보 요소를 목록으로 보여준다. 각 요소를 설명하는 문구도 함께 첨부한다. 일반적으로 사용자 ID, 이름, 문서, 메시지, 노래, 이미지 등의 요소를 정보 요구사항 목록에 포함한다. 정보의 하위 요소인 날짜, 크기, 작성자, 주제, 현재 상태 등도 고려한다.

기능 요구사항

사용자는 제품을 사용하는 동안 조작하거나 작동하고 싶은 기능적 니즈가 있다. 이런 요구사항은 인터페이스에 직접 반영되는 경우가 많다. 기능 요구사항은 제품이 어떻게 작동하는지를 결정한다. 정보를 어떻게 구성하고 어디에 배치해야 하는지를 결정할 때도 매우 중요하다. 인터페이스에 노출되는 정보 자체가 기능은 아니지만, 특정 기능을 수행할 때마다 정보가 어떻게 반응하는지도 고려해야 한다.

정황 요구사항

정황 요구사항은 시스템 내 개체들 간의 관계나 종속성을 설명한다. 어떤 시스템 내 개체를 함께 표시해 업무 흐름에 의미 있게 하거나, 특정 퍼소나 목표를 맞춰야 하는지를 포함할 수 있다(예를 들어 구매 항목을 선택할 때, 이미 구매를 위해 선택된 요약된 품목 목록이 보여야 할 것이다). 그 밖의 정황 요구사항으로는 제품이 사용될 물리적 환경(사무실, 이동 중, 험난한 조건), 제품을 사용하는 퍼소나의 스킬과 역량에 관한 고려가 있을 수 있다.

---

11 Shneiderman, 1998

기타 요구사항

인터페이스가 마술 상자라고 가정하고 시나리오를 작성한 뒤에는 현실적인 요구사항을 파악하는 것도 중요하다. 제품의 사업적, 기술적 측면의 요구사항을 면밀히 파악해야 한다. 기술 요구사항에 따라 인터랙션을 설계하는 방법도 달라진다. 하지만 인터랙션 디자이너가 어떤 기술을 적용할지 직접 결정하는 것이 가장 바람직하다. 사용자의 목표에 큰 영향을 미치는 요소의 경우는 특히 필수적이다.

- **사업 요구사항**은 사업 우선순위, 개발 일정, 자원 빛 예산 제약, 규제, 제품의 가격 선정 방법, 사업 모델 등을 포함한다.
- **브랜드 및 경험 요구사항**은 사용자가 제품을 활용하는 동안 어떤 경험을 제공해야 하는지를 설명한다. 회사 입장에서 제품의 이미지를 정의한다.
- **기술 요구사항**은 제품의 무게와 크기, 형태와 비율, 화면, 전원, 소프트웨어 플랫폼 등을 설명한다.
- **구매자 및 거래처 요구사항**은 용이한 설치와 관리, 환경 설정 방법, 고객지원 비용, 저작권 관리 등을 어떻게 설정해야 하는지를 명시한다.

4장에서는 정황 시나리오를 제작하는 방법을 알아봤다. 리서치 결과와 사용자 모델, 시나리오를 바탕으로 사용자의 니즈와 요구사항 목록을 작성하는 방법도 배웠다. 이 단계를 마치고 나면 제품이 어떻게 사용자의 목표를 만족시켜야 하는지 대략적인 개념을 잡을 수 있게 된다. 이 디자인 요구사항은 디자인과 개발 방향성을 제시할 뿐 아니라, 업무 범위를 임원진에게 진달도 해준다. 이 시점 이후 어떤 새 디자인 요구사항이든 반드시 업무 범위를 변경해야 한다.

이제 제품의 행동을 깊이 연구해야 할 차례다. 기능을 어떻게 표현해야 하는지도 구상해야 한다. 5장에서는 디자인 설계도를 제작하는 방법을 소개한다.

5장

제품 디자인: 설계도와 상세화

4장에서는 정황 시나리오와 사용자 요구사항을 도출하는 방법을 알아봤다. 본격적인 디자인을 시작하는 첫걸음인 셈이다. 시나리오를 제작하면 이상적인 사용자 인터랙션을 가늠해볼 수 있다. 추가 자료를 바탕으로 사용자의 니즈를 파악할 수 있다. 이제 디자인에 생명을 불어넣을 차례다.

디자인 설계도

처음부터 세세한 부품의 나사를 돌리고 볼트를 조여서는 안 된다. 큰 그림을 볼 수 있도록 전체적인 컨셉을 먼저 생각해야 한다. 중요한 사용자 행동과 인터페이스를 중심으로 전반적인 구조를 설계한다. 목표 지향 디자인 방법론의 인터랙션 설계 단계에 도달한 것이다. 집을 짓는 경우를 생각해보자. 설계를 시작할 때 각 방의 정확한 크기는 천천히 생각해도 된다. 먼저 몇 개의 방이 필요한지, 방의 위치는 어디인지부터 정해야 한다. 문 손잡이의 종류나 싱크대의 재질, 수도꼭지의 색상은 지금 고민할 문제가 아니다.

　디자인 설계도^{design framework}는 전반적인 사용자 경험을 설명해준다. 화면에 기능적 요소를 어떻게 배치해야 하는지, 제품이 어떤 식으로 인터랙션해야 하는지 등을 설명한다. 정보를 설계할 때 적용한 원칙과 시각적인 디자인 요소의 의미, 컨셉, 기능, 브랜드 특징을 소개하는 정보도 포함한다. 제품의 형태와 행동은 항상 조화를 이뤄야 한다. 디자인 설계도는 크게 인터랙션 설계도$^{interaction\ framework}$와 시각 디자인 설계도$^{visual\ design\ framework}$로 나뉜다. 간혹 산업 디자인 설계도를 제작하기도 한다. 인터랙션 디자이너는 시나리오와 요구사항을 바탕으로 화면의 구성을 대략적으로 스케치한다. 인터랙션 설계도를 제작할 때는 제품이 어떻게 행동해야 하는지를 묘사한다. 시각 디자이너는 제품의 시각적인 요소를 어떻게 표현할지 결정한다. 시각 디자인 설계도는 대표적인 화면을 하나 선택해 상세한 그래픽 요소를 추가해 완성한다.

기타 팀 내 전문가도 자체적으로 설계도 작업을 할 수 있다. 산업 디자이너는 산업 디자인 설계도$^{industrial\ design\ framework}$와 함께 대략적인 제품의 프로토타입을 제작한다. 서비스 디자이너는 서비스 설계도의 접점마다 정보 교환 모델을 구축한다. 5장에서는 각 디자인 설계도를 좀 더 상세히 소개한다.

인터랙션을 설계할 때 처음부터 너무 세세한 내용에 주의를 기울여서는 안 된다. 세부적인 기능과 추가적인 위젯은 비교적 중요도가 낮다. 초기 단계부터 픽셀 하나까지 정확하게 디자인하려고 해서는 안 된다. 큰 그림을 그리는 데 오히려 방해가 되기 때문이다. 제품의 모든 인터랙션을 포함하는 큰 틀이 되는 전반적인 설계도를 먼저 생각해야 한다. 세부적인 내용은 잠시 미뤄두고 전반적인 디자인을 설계해보는 것이 좋다. 저수준의 프로토타입을 제작해보면 가장 중요한 내용이 무엇인지 파악할 수 있다. 임원진이 항상 퍼소나의 목표와 요구사항을 잊지 않도록 유도할 수 있다.

한 술에 배부를 수는 없다. 반복해서 수정하는 과정이 필수적이다. 임원진과 디자이너가 함께 시안을 검토하고 토의해야 한다. 올바른 방향으로 디자인을 진행하고 있는지 확인할 수 있다. 사용자의 니즈를 효과적으로 만족시킬 수 있는 방법을 깊이 고민해볼 수 있다. 디자인 시안을 제작할 때는 꼭 필요한 세부적인 요소만 포함해야 한다. 각 단계별로 정말 중요한 내용만 포함한다. 차후에 수정하거나 교체할 수도 있는 부분에 너무 많은 시간과 노력을 쏟아서는 안 된다. 스케치 수준의 스토리보드와 서술적인 이야기로 작성한 시나리오를 활용하면 핵심적인 내용을 효과적으로 전달할 수 있다. 어떤 방식으로 디자인을 풀어가야 할지를 충분히 전달할 수 있다. 쓸데없이 상세한 디자인은 시간낭비일 뿐이다. 초기 단계에는 디자인 시안을 스케치 수준으로 제작하면 유용하다.

컴퓨터로 제작한 여러 시안 이미지를 보여준 뒤 사용자 의견을 수집한 사례를 살펴보자. 정교한 렌더링보다 연필로 그린 듯한 스케치 시안을 보여줬을 때 의미 있는 의견을 수집할 수 있는 것으로 나타났다. 사용자의 참여도 더욱 활발했다. 아직 완성된 것이 아니라 중간 결과물이라는 느낌을 전달하기 때문이다.[1] 캐럴린 스나이더$^{Carolyn\ Snyder}$는 종이 프로토타이핑$^{paper\ prototyping}$의 효과를 상세히 설명한 바 있다. 저수준의 프로토타입일수록 활발한 토론과 의견

1   Schumann et al., 1996

을 유도할 수 있다. 사용성 테스트는 디자인 프로세스의 뒷부분인 수정 단계에서 가장 빛을 발한다. 하지만 디자인 설계 단계의 초기에 저수준의 테스트를 진행하는 것도 큰 도움이 된다(사용성 테스트와 관련된 상세한 내용은 5장 뒷부분에서 다룬다).

인터랙션 설계도 제작

디자인 설계 단계에서 제작하는 인터랙션 설계도는 다양한 정보를 제공한다. 대략적인 화면 구성뿐 아니라 과업의 흐름과 제품의 행동, 정보 구조를 보여준다. 인터랙션 설계도를 제작할 때는 다음의 6단계를 따라야 한다(그림 5-1 참조).

1 형태와 포스처, 입력 방식을 결정한다.

2 기능 요소와 정보 요소를 판단한다.

3 유사한 요소를 그룹으로 묶고 상하관계를 결정한다.

4 인터랙션 설계도를 스케치한다.

5 주요 경로 시나리오를 작성한다.

6 점검 시나리오를 바탕으로 디자인을 테스트한다.

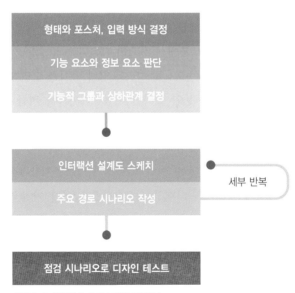

그림 5-1 인터랙션 설계도 제작 프로세스

여섯 단계의 과정이 꼭 순서대로 진행되는 것은 아니다. 디자인과 점검 과정을 되풀이해서 진행해야 한다. 특히 3단계부터 5단계까지는 여러 번 반복해서 진행하는 경우가 많다. 프로젝트에 따라 순서가 조금씩 달라지기도 한다. 인터랙션 설계도 진행 순서에 대해서는 5장 뒷부분에서 자세히 다룬다. 각 단계를 좀 더 자세히 살펴보자.

1단계: 형태와 포스처, 입력 방식을 결정한다

인터랙션 설계도를 제작할 때는 가장 먼저 제품의 형태^{form factor}를 결정해야 한다. 최종 디자인이 어떤 모습일지 결정한다. 컴퓨터 모니터 화면으로 보이는 웹 애플리케이션이 될 수도 있고, 핸드폰의 작은 화면에 뿌려지는 앱^{App}이 될 수도 있다. 작은 화면을 디자인할 때는 해상도는 어느 정도인지, 밝은 대낮이나 어두운 곳에서는 어떻게 보이는지도 고려해야 한다. 공공장소에 설치된 키오스크에 나타나는 소프트웨어가 될 수도 있다. 키오스크의 경우는 이 인터페이스를 처음 접하는 수천 명의 초보자를 대상으로 디자인해야 한다. 매우 혼잡한 장소에 설치되는 경우도 고려해야 한다. 각 형태마다 디자인에 영향을 미치는 제약요소는 무엇인지 파악한다. 제품의 형태에 따라 접근 방식도 달라진다. 디자인 프로세스에도 큰 영향을 미친다. 제품의 형태를 결정하기 힘들다면 퍼소나와 시나리오를 다시 검토해보는 게 좋다. 사용자의 입장에서 다시 한 번 생각해본다. 어떤 환경에서 어떤 형태의 제품을 이용하는 게 가장 적절한지 고민해본다. 소프트웨어뿐 아니라 하드웨어까지 디자인해야 하는 경우라면 산업 디자인 면에서도 제품의 형태를 점검해야 한다. 인터랙션 디자인과 시각 디자인을 부드럽게 조화시키는 방법은 5장 뒷부분에서 자세히 다룬다.

형태를 결정하고 나면 제품의 기본 포스처^{posture}와 입력 방식을 고민해야 한다. 제품의 구조는 사용자가 제품과 인터랙션하는 동안 얼마만큼 집중해야 하는지를 결정한다. 사용자가 주의를 기울이는 동안 제품은 어떻게 반응해야 하는지에도 영향을 미친다. 정황 시나리오는 제품의 기본 구조를 결정하는 데 큰 도움이 된다. 제품을 활용하는 상황과 주변환경을 이해한다. 정황 시나리오는 4장에서 소개한 바 있다. 제품의 포스처는 9장에서 자세히 다룬다.

입력 방식이란 사용자가 제품과 인터랙션하는 수단을 말한다. 제품의 형태와 구조에 따라 입력 방식도 크게 달라진다. 퍼소나의 선호도와 태도, 적성은 입력 방식에 큰 영향을 미친다. 키보드나 마우스가 될 수도 있고, 터치스크린, 키패드, 터치패드, 마이크, 게임 컨트롤러, 리모컨 등 다양한 입력 방식을 고려할 수 있다. 특수한 입력기기를 따로 제작할 수도 있다. 1순위, 2순위 퍼소나의 시각에서 가장 적절한 입력 방식을 선택한다. 두 가지 이상의 입력 방식을 활용할 수도 있다(대부분의 웹사이트와 프로그램은 마우스와 키보드를 동시에 사용한다). 이 경우에는 1순위 입력 방식을 결정해야 한다.

2단계: 기능 요소와 정보 요소를 판단한다

기능 요소와 정보 요소는 인터페이스에서 사용자에게 제공되는 다양한 요소를 결정한다. 요구사항 도출 단계에서 파악한 기능과 정보 측면의 사용자 니즈를 어떻게 표현할지 판단해야 한다. 요구사항은 서술적인 목록으로 표현된다. 퍼소나의 입장에서 작성한 것이다. 이 요구사항 목록을 인터페이스 디자인 요소로 풀어내야 한다. 인터페이스에 포함되는 모든 디자인 요소는 사용자의 요구사항을 바탕으로 제작해야 한다. 작은 부분 하나까지도 명확한 목표를 가지고 설계해야만 훌륭한 인터페이스를 디자인할 수 있다. 사용자 시나리오와 사업 목표를 항상 염두에 둬야 한다.

정보 요소^{data element}는 인터랙션이 많은 제품에서 매우 중요하다. 인터랙션이 일어나는 대상이 되기 때문이다. 프로그램에서 활용하는 사진과 이메일, 고객 정보, 상품 주문 내역 등이 정보 요소에 속한다. 사용자는 이런 정보를 클릭하고, 확인하고, 입력하게 된다. 사용자가 활발하게 이용하는 대상이다. 정보 요소는 퍼소나의 멘탈 모델에 맞게 구성해야 한다. 제품에 필요한 정보 요소를 빠짐없이 파악해두면 큰 도움이 된다. 기능도 정보 요소에 따라 결정되기 때문이다. 각 정보 요소별로 속성을 파악하는 일도 중요하다. 예를 들어 이메일의 경우에는 발송자가 주요 속성이 된다. 사진의 경우에는 촬영한 날짜를 파악할 수 있다. 하지만 이 단계에서 모든 속성을 일일이 파악할 필요는 없다. 각 정보 요소별로 퍼소나에게 중요한 속성이 얼마나 되는지 정도만 알면 된다. 이 시점에 팀의 소프트웨어 아키텍트를 개입시키면 도움이 될 수 있다. 그는 이 목표 지향 데이터 모델로 개발자가 나중에 사용할 더 공식적인 데이터 개체 모델을 만들 수 있다. 개발 접점은 6장에서 더 자세히 논한다.

정보 요소 간의 관계를 파악하는 일도 중요하다. 한 개의 정보 요소가 그 밖의 정보 요소를 포함하는 경우도 있다. 두 개의 정보 요소가 밀접하게 연결돼 있을 수도 있다. 사진 앨범은 여러 장의 사진을 포함한다. 뮤직 플레이리스트 안에는 여러 음악 파일이 존재한다. 고객 관리 데이터베이스 내의 각 고객 정보 페이지를 생각하면 쉽게 이해할 수 있다. 이 관계는 들여쓰기를 한 블릿 있는 목록을 만들어 간단히 문서화할 수 있다. 더 복잡한 관계는 더 정교한 '박스와 화살표' 도식이 적절할 수 있다.

기능 요소^{functional element}란 정보 요소를 다루는 다양한 기능과 명령을 말한다. 인터페이스에는 다양한 정보 요소가 드러난다. 여기에 적용하는 각종 조작 명령이 기능 요소에 해당한다. 기능 요소를 활용해 정보 요소를 가공하거나 수정할 수 있다. 기능 요소는 기능 요구사항을 바탕으로 풀어내야 한다. 인터페이스가 비로소 형태를 갖추기 시작하는 시점이다. 정황 시나리오는 사용자 경험의 전반적인 컨셉을 전달한다. 기능 요소는 이 컨셉을 구체적인 디자인으로 발전시키는 역할을 한다.

한 개의 요구사항에서 여러 개의 기능 요소를 추출할 수 있다. 4장에서 소개한 퍼소나인 비비언의 시나리오를 생각해보자. 비비언은 핸드폰에 저장된 전화번호부에서 고객을 찾아 전화를 걸어야 한다. 이 니즈를 만족시키는 데 필요한 기능 요소는 다음과 같다.

- 음성 인식(전화번호부 목록과 연결된 음성 데이터)

- 단축 통화 목록

- 전화번호부 검색

- 이메일, 일정, 메모에서 바로 클릭 가능한 전화번호

- 상황에 따라 수신자를 자동으로 변경해주는 통화 버튼(통화 버튼을 누르면 바로 다음 일 정의 고객에게 연결)

기능 요소를 도출한 뒤에는 과연 이 기능이 사용자에게 필요한지 점검해야 한다. 정황 시 나리오와 퍼소나의 목표, 사용자의 멘탈 모델을 바탕으로 기능을 되돌아보는 과정이 필수적 이다. 디자인 원칙과 패턴을 활용하면 큰 도움이 된다. 이미 효과가 검증된 내용을 새롭게 개 발할 필요 없이 훌륭한 디자인을 적용할 수 있기 때문이다. 동시에 디자이너의 창의력과 통 찰력을 최대한 발휘하는 일은 무엇보다 중요하다. 패턴을 적용한 디자인 해결책이 하나만 있는 건 아니다. 요구사항을 만족시킬 수 있는 디자인은 매우 다양하다. 어떤 디자인을 선택 할지 신중하게 결정해야 한다. 다음과 같은 내용을 자문해보자.

- 사용자의 목표를 효과적으로 만족시키는가?

- 디자인 원칙을 잘 따르고 있는가?

- 구현과 비용 측면에서 문제가 없는가?

- 경쟁사의 인터랙션과 차별화될 가능성이 있는가?

- 기타 요구사항의 디자인과도 잘 어우러지는가?

제품의 의인화

4장에서 제품을 마술 상자라고 가정하는 방법을 살펴봤다. 마술처럼 사용자의 니즈를 해결 해주는 것이다. 제품이 마술이라고 생각하고 이상적인 사용자 경험을 그려보면 정황 시나리 오의 컨셉을 결정하는 데 큰 도움이 된다. 이번에는 제품이 사람이라고 생각해보자. 제품을 의인화하면 상세한 인터랙션을 쉽게 결정할 수 있다. 같은 원칙을 8장에서 상세히 논한다. 훌륭한 인터랙션을 설계하려면 제품이 무척 친절하고 예의 바른 사람이라고 가정해야 한

다.[2] 제품의 행동과 인터랙션, 기능 요소를 설계할 때마다 친절한 사람이라면 어떻게 대처할지 자문해보자. 이럴 때 매우 자상하고 사려 깊은 사람은 어떻게 할까? 사용자가 다른 사람과 대화하듯 제품과 소통할 수 있을까? 사용자를 짜증 나지 않게 하면서도 유용한 정보를 전달하려면 어떻게 할까? 힘들이지 않고도 목표를 달성하려면 어떻게 해야 할까?

핸드폰이 무척 사려 깊은 사람이라고 생각해보자. 전화번호부에 저장되지 않은 번호로 전화를 했다면 어떻게 할까? 버튼 하나로 이 전화번호를 쉽게 저장할 수 있어야 할 것이다. 전화번호를 기억한 뒤 손바닥에 옮겨 적었다가 메뉴를 찾아 들어가 새로 입력을 해야 한다면 불편한 점이 이만저만이 아니다.

디자인 원칙과 패턴 적용

요구사항을 바탕으로 기능을 설계할 때 인터랙션 디자인 원칙과 패턴을 활용하면 큰 도움이 된다. 비슷한 기능 요소끼리 인터페이스를 배치할 수 있다. 시나리오와 스토리보드를 바탕으로 상세한 인터랙션을 정의할 때도 마찬가지다. 디자인 패턴은 이미 효과적으로 검증된 인터랙션 디자인 사례를 담고 있다. 이미 해결된 문제를 다시 처음부터 디자인하려고 애쓰는 건 시간낭비일 뿐이다. 디자인 패턴은 사용자에게도 좋다. 이미 익숙한 인터랙션을 접할 수 있기 때문이다. 기존에 익숙한 것과 동떨어진 디자인은 사용자에게도 매우 불편하다. 디자인 패턴을 활용하는 방법은 7장에서 자세히 다룬다. 물론 문제를 접할 때마다 창의적인 디자인을 고안해보는 것도 중요하다. 하지만 사용자에게 익숙하지 않은 새로운 디자인을 제시할 때는 합당한 이유가 있어야 한다. 17장에서는 새로운 디자인 해결책을 고안하는 방법을 자세히 논의한다.

시나리오를 활용하면 큰 그림을 먼저 그려본 뒤, 상세한 요소를 디자인할 수 있다. 가장 중요한 첫 페이지의 대략적인 구조를 먼저 설계한다. 작은 팝업창 같은 세부적인 부분의 인터랙션을 반복적으로 수정하게 된다. 반대로 디자인 원칙과 패턴은 세부적인 인터랙션을 먼저 생각하게 해준다. 시나리오와 디자인 패턴을 동시에 활용하면 두 가지 접근 방식의 균형을 찾을 수 있다. 디자인 원칙과 패턴을 활용하면 상세한 디자인 요소를 효과적으로 구성할 수 있다. 자세한 활용 방법은 7장에서 다룬다. 이어서 2부에서는 다양한 인터랙션 디자인 원칙과 패턴을 하나씩 깊이 있게 살펴본다.

---

2   Cooper, 1999

3단계: 유사한 요소를 그룹으로 묶고 상하관계를 결정한다

기능 요소와 정보 요소를 대략적으로 확인했다면, 유사한 기능에 따라 그룹으로 묶어야 한다.[3] 각 요소별로 상하관계를 확인해본다. 사용자가 특정 과업을 수행하는 동안 기능 요소와 정보 요소를 활발하게 조작하게 된다. 퍼소나의 입장에서 과업의 흐름을 생각해본다. 가장 편리한 방법으로 그룹을 결정해야 한다. 이 내용은 11장에서 자세히 다룬다. 기능 요소와 정보 요소의 상하관계를 결정할 때 고려해야 할 점은 다음과 같다.

- 인터페이스를 설계할 때 각 요소별로 얼마만큼의 영역을 할당해야 하는가?

- 다른 요소를 포함하고 있는 상위 요소는 무엇인가?

- 업무의 흐름을 최적화하려면 주요 요소를 어떻게 배치해야 하는가?

- 함께 사용되는 요소는 어떤 것이 있는가?

- 서로 관련 있는 요소를 어떤 순서로 사용하는가?

- 퍼소나가 서로의 결정을 알거나 참조할 때 어떤 정보 요소가 유용한가?

- 적용 가능한 인터랙션 패턴과 원칙이 있는가?

- 정보 구조에 영향을 미치는 멘탈 모델이 있는가?

다른 세부요소를 포함하는 상위 요소를 확인한다. 이런 정보 요소와 기능 요소를 우선적으로 배치해야 한다. 전체적인 화면 구성과 프레임, 주요 패널을 먼저 구성한다. 디자인을 진행하는 과정에서 처음에 설정했던 그룹을 변경해야 할 수도 있다. 상세한 인터페이스를 스케치하는 과정에서는 정보의 그룹을 크게 바꾸는 경우도 있다. 하지만 초기 단계에 미리 유사한 기능을 구분해보는 일은 매우 중요하다. 첫 인터페이스 스케치를 훨씬 손쉽게 할 수 있도록 도와준다. 들여쓰기를 한 목록이나 단순한 벤다이어그램이면 이 단계에서 관계를 문서화하기에 충분하다.

디자인해야 하는 주요 화면을 파악한다. 각 화면마다 어떤 모드를 설계해야 하는지 검토한다. 대략적으로 작성해둔 정황 시나리오를 검토하면 어떤 화면과 모드가 필요한지 확인할 수 있다. 사용자는 정보와 기능에 대해 다양한 목표와 니즈를 갖고 있다. 각기 다른 니즈마다 다른 모드를 제공해야 한다. 유사한 니즈는 하나의 화면으로 만족시킬 수 있다. 일정을 잡으려는 니즈와 달력 및 전화번호부를 확인하려는 니즈는 한 화면에서 해결할 수 있다.

기능 요소와 정보 요소를 구성할 때는 제품의 특성을 고려해야 한다. 제품의 플랫폼과 화면 크기, 형태와 입력 방식을 확인한다. 자주 함께 사용하는 기능은 가까운 곳에 배치해야 한

---

3 Shneiderman, 1998

다. 업무의 흐름을 알려주는 요소는 순서에 따라 나열한다. 상세한 인터랙션 디자인 원칙과 규칙을 활용하면 큰 도움이 된다. 3부에서는 다양한 디자인 원칙을 소개한다.

4단계: 인터랙션 설계도를 스케치한다

이제 인터페이스를 그려볼 차례다. 아주 단순한 형태로 그리기 시작해야 한다. 이 과정을 '사각형 단계'라고 부르기도 한다. 네모를 여러 개 그려가면서 화면의 영역을 대충 구분해보기 때문이다. 패널이나 툴바 같은 조작 부분 등 큼직한 요소를 사각형으로 표현한다(그림 5-2 참조). 각 사각형에 영역 이름을 붙이고 간단한 설명을 적어둔다. 여타 요소와 어떻게 연결되는지도 기록한다.

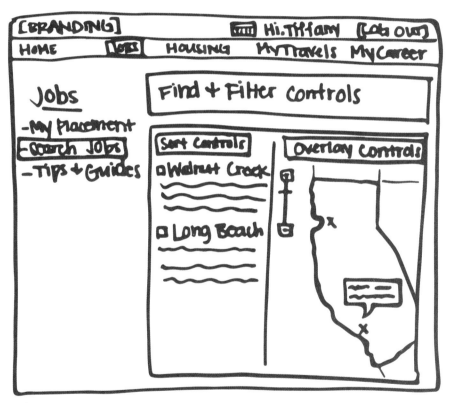

그림 5-2 쿠퍼 사에서 제작한 초기 단계의 인터랙션 설계도. 출장 간호사 포털 사이트인 크로스 컨트리 트래블 센터(Cross Country Travel Center)를 디자인하는 과정에서 제작한 것이다. 초기 인터랙션 설계도는 매우 단순하게 스케치한다. 큼직한 사각형과 이름, 간단한 설명이면 충분하다. 여타 영역과 어떻게 연결돼 있는지 기록한다. 어떤 정보가 들어가는지 대략적으로만 표시해둔다. 지나치게 상세하게 디자인은 피한다.

중요한 요소만 큼직하게 그려넣은 인터페이스를 다양하게 시도해본다. 인터랙션 설계도를 스케치할 때는 여러 번 수정하고 다시 그리는 과정을 거쳐야 한다. 한두 명의 인터랙션 디자이너와 시각 디자이너 한 명 혹은 산업 디자이너 한 명이 함께 협동해서 진행하는 게 가장 좋다. 초기 설계도는 아주 간단하게 스케치하는 게 핵심이다. 중요한 그룹과 영역마다 박스를 하나씩 그려넣는다. 이름과 설명을 적고 다른 영역과의 관계를 설명한다(그림 5-2 참조).

큰 그림을 먼저 보고 대략적인 설계도를 그려보자. 세부적인 내용을 디자인하는 데 정신이 팔려서는 안 된다. 물론 커다란 사각형을 그릴 때마다 이 안에 뭐가 들어갈지 짐작해보는 것도 좋다. 전체적인 영역과 구성을 결정하는 데 도움이 된다. 하지만 위젯 같이 상세한 디자인은 나중에 고민하는 게 좋다. 세부 내용을 고민하다 보면 각 영역 간의 일관성이 떨어질 수 있다. '사각형 단계'에서는 기능 요소와 정보 요소를 이리저리 배치해보면서 다양한 인터페이스 구성을 탐색해보는 게 중요하다. 고민해보고 재배치하는 과정을 반복한다. 나중에 6단계에서 설명할 점검 시나리오를 적용해가면서 다양한 시안을 제작해본다. 여러 개의 설계도를 그려본 뒤, 가장 훌륭한 디자인을 선택한다. 처음부터 작은 부분에 너무 많은 노력을 투자하면, 전반적인 구성을 수정하기가 어려워진다. 더 좋은 화면 구성을 탐색할 수 있는 기회를 놓치는 셈이다. 큼직한 사각형으로만 구성한 화면 설계는 이리저리 옮기고 수정하기가 훨씬 쉽다.

인터랙션 설계도를 스케치할 때는 팀원이 함께 참여해서 디자인과 수정을 반복하는 게 가장 좋다. 한두 명의 인터랙션 디자이너와 시각 디자이너 한 명 혹은 산업 디자이너 한 명이 함께 설계도를 스케치한다. 서술적인 이야기를 작성하는 데 뛰어난 인터랙션 디자이너가 적어도 한 명 참여해야 한다. 이런 사람은 '디자인 커뮤니케이터design communiator'라고 부른다.

초기 스케치를 진행할 때는 화이트보드가 가장 좋다. 지우고 다시 그리기가 무척 쉽기 때문이다. 여러 명이 함께 작업하고 토론하기에도 좋다. 화이트보드에 제작한 인터랙션 설계도는 사진으로 찍어 보관해둔다.

최근에는 공유 모니터에 연결된 원노트OneNote가 있는 태블릿 컴퓨터로 초기 스케치를 하는 편이 좋아졌다. 어떤 도구든 빠르고 협업 기반에 팀 내 모두에게 보이며, 반복과 공유가 쉬워야 한다.

어느 정도 스케치가 완성되면 컴퓨터로 인터랙션 설계도를 제작한다. 인터랙션 설계도를 만들 수 있는 프로그램은 여러 가지가 있다. 각 프로그램마다 장단점이 있다. 대표적으로는 어도비 파이어웍스Fireworks나 일러스트레이터Illustrator, 마이크로소프트 비지오Visio, 파워포인트PowerPoint, 어슈어Axure, 옴니그룹의 옴니그라플OmniGraffle 등을 사용한다. 본인에게 가장 익숙하고 편한 프로그램을 선택하는 게 중요하다. 대략적인 설계도를 재빨리 그려내는 게 중요하기 때문이다. 완성되지 않은 스케치라는 느낌을 잘 전달해준다면 더욱 좋다. 앞에서 소개한 대로 활발한 토론을 유도하려면 스케치 느낌의 설계도를 제작해야 한다. 주요 경로 시나리오를 바탕으로 제품의 행동 방식을 표현하는 것도 중요하다. 화면의 모드가 순서에 따라 어떻게 변해가는지 나타낼 수 있어야 한다(파이어웍스의 '프레임' 기능은 순서에 따른 화면 모드 전환을 쉽게 표현할 수 있다).

5단계: 주요 경로 시나리오를 작성한다

주요 경로 시나리오key path scenario란 사용자가 제품과 인터랙션하는 방식을 묘사하는 서술적인 이야기를 말한다. 사용자가 제품을 활용하는 주요 경로를 인터랙션 설계도의 용어와 영역의 이름을 사용해 설명한다. 퍼소나가 가장 많이 수행하는 과업을 선택한 뒤, 인터페이스에서 해당 과업을 어떻게 진행하는지 묘사한다. 주요 경로 시나리오는 사용자의 과업을 중심으로 제작한다. 이메일 프로그램을 예로 들어보자. 메일 읽기, 메일 작성 등이 주요 경로 시나리오가 된다. 새로운 메일 계정 등록은 자주 있는 일이 아닌 만큼 주요 경로 시나리오가 될 수 없다.

주요 경로 시나리오는 정황 시나리오를 바탕으로 제작한다. 좀 더 상세하게 퍼소나의 인터랙션을 묘사한다. 인터랙션 설계도에 포함된 기능 요소와 정보 요소를 어떻게 조작하는지 설명한다. 인터랙션 설계도를 수정할 때마다 주요 경로 시나리오의 내용에도 반영해야 한다. 계속해서 설계도와 주요 경로 시나리오에 세부적인 내용을 추가한다. 사용자가 특정 요소를 조작할 때마다 제품이 어떻게 반응하는지 상세한 인터랙션을 고민해보자.

정황 시나리오는 사용자의 목표를 바탕으로 제품의 전반적인 컨셉을 묘사한다. 주요 경로 시나리오는 상세한 과업을 구체적으로 설명한다. 정황 시나리오에서 대략적으로 설정한 컨셉을 한 단계 발전시키는 셈이다. 이런 면에서 애자일 활용 사례와 비슷하다. 주요 경로 시나리오를 제작할 때도 사용자의 목표를 항상 염두에 둬야 한다. 모든 디자인은 사용자의 목표와 니즈를 바탕으로 진행해야 한다. 중요한 요소와 불필요한 요소를 선택하는 기준을 제공하기 때문이다. 사용자가 중요한 과업을 수행하는 과정을 차근차근 설명해나간다. 핵심적인 인터랙션이 일어나는 과정을 정확하고 상세하게 묘사해야 한다.

스토리보드

스토리보드storyboard란 인터페이스를 스케치한 설계도를 순서대로 나열한 뒤, 설명을 덧붙인 것을 말한다. 스토리보드를 활용하면 사용자의 목표를 만족시키는 과정을 효과적으로 전달할 수 있다. 스토리보드는 영화나 만화를 제작할 때 자주 사용하는 기법이다. 실제로 만화를 정교하게 그리거나 영화를 찍지 않고도 결과를 미리 확인해볼 수 있기 때문이다. 제품과 사용자 간에 인터랙션이 일어날 때마다 한두 장의 화면을 그린다. 전반적인 흐름에 문제는 없는지, 일관성이 흐트러지지는 않는지 점검할 수 있다(그림 5-3 참조).

그림 5-3 좀 더 발전된 형태의 인터랙션 설계도. 트래블 센터 사이트의 업무 탐색(Job Search) 페이지를 구성한 화면이다.

반복적인 프로세스

인터랙션 설계도를 제작하는 과정은 결코 한 번에 정해진 순서대로 완료되지 않는다. 새로운 디자인을 창조할 때는 항상 수정과 반복을 거듭해야 한다. 만족스런 디자인 시안을 완성할 때까지 처음으로 돌아가 이전 단계를 다시 밟아야 할 수도 있다. 특히 3단계에서 5단계의 과정은 프로젝트에 따라 접근 방식과 순서가 크게 달라진다. 프로젝트의 특징과 선호도에 따라 적절한 순서를 선택한다.

그림보다는 글로 설명하는 편이 이해가 빠른 사람도 있다. 이럴 때는 시나리오를 먼저 제작하는 것이 좋다. 3단계에서 5단계를 다음과 같은 순서로 진행할 수 있다.

1 주요 경로 시나리오를 작성한다.

2 시나리오 내용을 유사한 것끼리 그룹으로 묶는다.

3 설계도를 스케치한다.

글보다 그림이 편한 사람은 스케치를 먼저 시작한다.

1 설계도를 스케치한다.

2 주요 경로 시나리오를 작성한다.

3 설계도에서 그룹으로 묶은 요소가 시나리오에도 적용되는지 점검한다.

6단계: 점검 시나리오를 바탕으로 디자인을 테스트한다

주요 경로 시나리오를 바탕으로 스토리보드를 제작하고 나면, 시나리오의 내용이 좀 더 부드럽게 흘러가도록 여러 번 수정을 거듭한다. 탄탄한 인터랙션 설계도는 전반적인 디자인 방향을 확고하게 해준다. 이제 부수적인 인터랙션을 설계할 차례다. 사용자가 덜 자주 이용하는 기능을 말한다. 부수적인 인터랙션의 내용을 점검 시나리오로 작성한다. 점검 시나리오는 주요 경로 시나리오처럼 상세하게 제작할 필요는 없다. "이런 경우에는 어떻게 될까?"라고 발생 가능한 상황을 생각해본다. 이미 대략적인 틀이 잡힌 디자인을 여기저기 찔러본 뒤 문제가 발생하는 부분을 수정하는 작업이다. 점검 시나리오는 크게 세 종류로 나눌 수 있다. 각 시나리오를 자세히 살펴보자.

- **변형된 주요 경로 시나리오**: 주요 경로 시나리오에서 조금 변형된 형태를 말한다. 주요 경로 시나리오와 비슷한 순서로 흘러가지만 중요한 결정을 해야 하는 순간에 다른 선택을 한 경우가 여기에 해당한다. 조금은 덜 중요한 기능을 선택한 경우나, 자주 발생하는 예외 상황을 생각해본다. 추가 퍼소나의 목표와 니즈를 고려하는 것도 도움이 된다. 4장에서 살펴본 PDA 폰의 시나리오를 떠올려보자. 주요 경로 시나리오는 비비언이 프랭크에게 전화를 거는 것이었다. 전화 대신 이메일을 보내는 상황이 변형된 주요 경로 시나리오가 될 수 있다.

- **초기 설정 시나리오**: 꼭 한 번은 거쳐야 하지만 자주 발생하지 않는 상황을 말한다. 프로그램의 초기 정보를 설정하거나, 처음으로 데이터베이스를 구성하는 경우가 여기에 해당한다. 자주 사용하는 기능이 아니기 때문에 아주 쉽고 친절한 인터랙션이 필요하다. 가끔씩 발생하는 상황인 만큼 사용법을 기억하는 사용자는 거의 없기 때문이다. 하지만 초기 설정 시나리오에서도 개인화 기능이나 단축키처럼 고급 기능을 고려해야 하는 경우도 있다. 중고 스마트폰을 산 경우를 생각해보자. 저장된 모든 데이터를 삭제하고 개인 정보를 다시 입력하는 과정이 초기 설정 시나리오가 될 수 있다.

- **극단적 활용 사례 시나리오**: 자주 발생하지는 않지만 문제가 발생할 경우 대처해야 하는 상황을 말한다. 극단적 활용 사례를 처리하지 않으면 제품의 버그로 남게 된다. 시스템의 성능과 연관이 있기 때문에 개발자는 극단적 활용 사례에 집착하는 경향이 있

다. 이런 상황에 완벽히 대처하려면 엄청난 시간과 노력이 필요하다. 인터랙션을 설계할 때는 좀 더 중요한 요소에 초점을 맞춰야 한다. 물론 극단적 사례를 무시하고 넘어가서는 안 된다. 하지만 이런 상황에 대처하는 일은 중요도가 매우 낮다. 인터페이스에서 잘 보이지 않는 부분을 클릭했을 때 발생하는 경우가 많다. 극단적 활용 사례를 완벽히 처리했는지 아닌지는 제품의 성공에 큰 영향을 미치지 않는다. 사용자가 매일 사용하는 중요한 기능을 먼저 고려해야 한다. 4장에서 소개한 비비언의 시나리오를 생각해보자. 두 명의 연락처를 동시에 저장하려고 하는 경우가 극단적 활용 사례가 될 수 있다. 주요 사용자인 비비안이 전화번호 두 개를 한꺼번에 저장하려 하는 경우는 거의 없다. 하지만 인터랙션을 설계할 때는 이런 극단적 경우도 고려해야 한다.

시각 디자인 설계도 제작

인터랙션 설계도는 주요 인터페이스를 바탕으로 제품이 어떻게 행동하는지 상세하게 묘사한다. 인터랙션 설계도와 더불어 시각 디자인 설계도가 필요하다(스타일 가이드가 미리 제공된 경우는 시각 디자인 설계도를 생략할 수 있다). 시각 디자인 설계도의 제작 과정도 앞서 살펴본 내용과 크게 다르지 않다. 먼저 큰 그림을 파악한 뒤 세부적인 내용을 고민한다. 17장은 시각 디자인과 인터랙션 디자인의 통합에 관한 자세한 내용을 제공한다.

시각 디자인 설계도를 제작할 때는 다음의 순서를 따른다.

1 경험의 속성을 개발한다.

2 시각 디자인 언어를 결정한다.

3 결정한 스타일을 설계도에 적용한다.

1단계: 경험의 속성을 개발한다

시각 디자인 설계도 제작의 첫 단계는 제품의 톤, 보이스, 브랜딩 정의를 돕기 위해 사용할 3~5개의 형용사를 고르는 것이다(이 속성들이 퍼소나의 목표와 관심사에 맞지 않을 경우 전략 논의를 해야 한다). 이 설명적인 키워드 세트를 한데 모아 경험의 속성^{experience attribute}이라 한다.

시각 디자이너는 보통 경험의 속성 개발을 주도한다. 인터랙션 디자이너는 브랜드보다 제품 동작을 생각하는 데 더 익숙하기 때문이다. 이 프로세스에 임원진을 개입시키거나, 적어도 세트에 관해 의견을 구하는 건 좋은 생각이다. 경험의 속성을 생성하기 위해 쿠퍼에서 쓰는 프로세스는 다음과 같다.

1 기존 브랜드 가이드를 모두 수집한 후 그에 적응한다. 회사가 디자인 중인 한 제품을 중심으로 분명히 구축된 브랜드 가이드가 있다면, 상당 부분의 업무가 이미 완료돼 있을 수 있다.

2 강력한 브랜드의 제품, 인터페이스, 개체, 서비스의 사례를 취합한다. 특정 영역의 여러 사례를 포함시키면 임원진이 그 차이를 생각하게 될 것이다. 예를 들어 자동차의 이미지를 포함시킨다면, BMW, 토요타, 페라리, 테슬라의 사례를 넣을 수 있다.

3 임원진과 작업해 직·간접적인 경쟁사를 확인한다. 사례에 포함시킬 그 제품 및 서비스의 제품과 인터페이스를 수집한다.

4 정성적인 리서치 동안 인터뷰 대상자가 언급한 관련 용어를 끌어오라. 언급한 모든 난점에 특히 주목하라. 예를 들어 경쟁사나 제품의 기존 버전이 사용하기 어렵거나 '직관적이지 않다'고 많이들 언급한다면, '친근한', '쉬운', '이해하기 쉬운' 등이 속성이어야 할지 논하고 싶을지도 모른다.

5 참고용으로 브랜드 가이드, 제품 사례, 경쟁 관계, 사용자 메모를 전시한 채, 임원진과 디자인 중인 제품의 하위 브랜드에 관해 토론한다. 우리는 거기에 붉은색, 녹색 스티커를 배치해 사례에 찬반투표를 해달라고 임원진에게 요청한 후 분명한 승자, 패자, 논쟁이 되는 사례를 논하는 경우가 많다.

6 이 토론의 결과물로부터 제품을 정의, 구별하는 최소한의 형용사 수를 확인한다.

7 어떤 단어라도 여러 의미가 있다면, 정확히 의도한 의미를 문서화한다. 예를 들어 '예리한sharp'은 정확도와 멋을 가리킬 수도, 지능과 위트를 의미할 수도 있다.

8 경쟁사를 고려한다. 속성들이 경쟁사와 브랜드상 구분이 되지 않으면, 될 때까지 상세화한다. 또한 개별 속성이 분명히 야심 차도록 한다. '스마트한'은 좋다. '천재적인'은 더 좋다.

9 제안한 속성 세트에 관해 임원진(과 특히 모든 마케터)과 다시 확인해, 진행 전에 논의 후 완성한다.

2단계: 시각 디자인 언어를 결정한다

다음 단계는 시각적인 언어를 결정하는 것이다(그림 5-4 참조). 시각적인 요소를 활용해 다양한 시안을 제작해본다. 경험의 속성을 근거로 색상과 글꼴, 위젯 구성을 여러 가지로 시도해본다. 각 요소의 입체감과 인터페이스의 질감도 고민해야 한다(투명한 느낌의 그래픽이 될 수도 있고, 종이처럼 평면적인 느낌이 될 수도 있다).

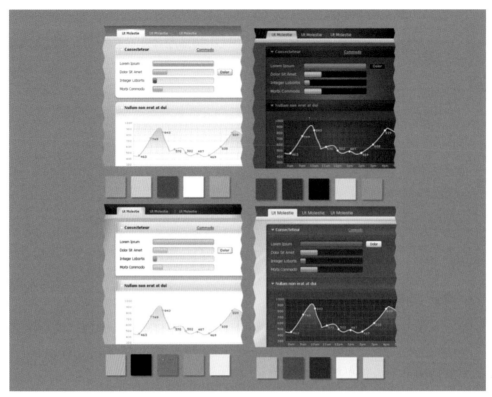

그림 5-4 시각적인 요소에 변화를 주면서 다양한 시안을 제작해본다. 시각적 언어를 결정하는 과정은 인터랙션을 설계하는 과정과 별개로 진행해야 한다. 다양한 인터랙션에 공통적으로 적용할 수 있는 전반적인 디자인 느낌을 결정해야 하기 때문이다. 디자인 과정의 뒷부분에서는 시각 디자인과 인터랙션 디자인을 적절히 조화시킨다.

시각 디자인 설계도는 인터랙션 설계도와 분리해서 진행해야 한다. 시각 디자인 언어는 특정 인터랙션에 따라 달라지는 게 아니기 때문이다. 제품 전반에 모두 적용할 수 있는 공통적인 느낌을 결정하는 과정이다. 인터랙션 설계도에 시각 디자인 요소를 포함하는 것도 위험하다. 중요한 인터랙션보다 시각적인 요소에 신경을 쓰게 되기 때문이다. 지나치게 그래픽 요소를 많이 포함한 인터랙션 설계도를 임원진에게 보여주면 핵심적인 인터랙션을 이해하지 못하는 경우가 많다.

시각적 언어를 결정할 때는 퍼소나의 경험적 목표를 고려해야 한다. 브랜드나 사용자 경험 측면에서 전달하려는 가치를 참고한다. 요구사항 도출 단계에서 파악한 내용을 토대로 시각 디자인을 결정해야 한다. 브랜드 가이드라인 문서는 좋은 출발점이 된다. 하지만 브랜드 가이드라인은 인터랙션과 관련된 경험은 고려하지 않는 경우가 많다. 기업의 이미지를 시각적으로 어떻게 전달해야 하는지만 설명한다.

마케팅 관련 문서를 바탕으로 시각적 언어를 도출할 수도 있다. 하지만 제품에 바로 적용할 수 있는 시각적 요소를 결정하는 과정은 결코 쉽지 않다. 제품이 활용되는 상황과 사용자가 인터랙션에 참여하는 정도에 따라 시각 디자인도 크게 달라진다. 핸드폰은 밝은 야외에서도 잘 보여야 한다. 멀리서 확인하는 용도로 제작되는 화면도 있다. 이럴 때는 높은 채도와 대비를 적용해야 한다. 고연령자나 시력이 좋지 않은 사람을 대상으로 디자인할 때는 큼직한 서체를 사용한다.

인터랙션 설계도는 최적의 시안 하나만 완성하는 경우가 많다. 반면, 시각 디자인 설계도는 3~5개 정도를 제작한다. 각각 특정 경험 속성을 최적화하기 위해 사용하는 경우가 많다. 제품이 전달하고자 하는 가치와 브랜드를 표현하는 방법은 여러 가지가 있기 때문이다. 시각적으로 여러 다양한 스타일은 모두 경험의 키워드와 목표에 일관성이 있을 수 있다. 여러 개의 시안을 임원진에게 보여주고 토의한다. 미의 기준은 보는 사람마다 다르다. 특정 색상을 반드시 적용해야 한다고 주장하는 임원진도 있을 수 있다.

극단적인 시안을 한두 개 제작하는 것도 유용하다. 적절한 디자인과 확실히 구분되는 시안이기 때문이다. 임원진에게 좋은 디자인을 이해시키는 데 도움이 된다. 하지만 지나치게 과도한 디자인은 피해야 한다. 모두 어느 정도는 실현 가능한 것이어야 한다. 직접 제작하고도 스스로 마음에 들지 않는 시안은 바로 폐기한다. 희한하게도 임원진이나 디자인을 의뢰한 고객은 꼭 이 시안을 점찍는 경향이 있다.

> **디자인 원칙**　마음에 들지 않는 시안은 바로 폐기한다. 임원진은 꼭 이런 시안을 점찍는다.

퍼소나의 경험적 목표와 브랜드가 전달하고자 하는 가치를 바탕으로 시각적 언어를 결정한다. 완성된 시각 디자인 설계도를 임원진에게 보여주고 의견을 수집한다. 사용자의 목표와 경험이 시각 디자인과 어떻게 연결되는지 잘 설명해야 한다. 왜 이런 디자인을 결정했는지, 각 시안의 장점이 뭔지 논리적으로 설득한다. 임원진으로부터 디자인의 첫인상을 들어본다. 그 다음 각 시안을 차근차근 논리적으로 토론해본다. 프리젠테이션을 마치고 나면 시각 디자인이 어떤 방향으로 나아가야 하는지를 결정할 수 있다. 다음 단계로 넘어가기 전에 시각 디자인 언어를 다시 한 번 검토하고 시안을 발전시킨다.

3단계: 결정한 스타일을 설계도에 적용한다

주요 화면에 한두 개의 시각 디자인 스타일을 적용해본다. 지금까지 진행해온 시각 디자인과 인터랙션 디자인이 함께 어우러지는 단계다. 인터랙션 설계도 역시 어느 정도 완성돼 있어야 한다. 시각 디자인 스타일을 꼼꼼하게 적용해볼 수 있을 만큼 세부적인 인터랙션 요소가 준비돼 있어야 한다. 인터페이스의 주요 정보와 인터랙션을 바탕으로 시각 디자인이 적절한지 검토해본다. 전반적으로 디자인의 방향이 올바른지, 구현하는 데 무리가 없는지도 확인해본다. 수많은 페이지에 실제로 디자인을 적용하기 전에 주요 페이지를 검토하는 일은 매우 중요하다. 주요 화면을 바탕으로 임원진의 의견을 들어본다.

산업 디자인 설계도 제작

산업 디자인 설계도를 제작하는 과정도 매우 유사하다. 제품의 형태와 비율, 입력 방식은 인터랙션에도 큰 영향을 미친다. 초기에 설계도를 작성하고 문제가 없는지 점검한다.

다음과 같은 순서로 산업 디자인 설계도를 제작한다.

1 인터랙션 디자이너와 함께 제품의 형태와 입력 방식을 결정한다.

2 대략적인 프로토타입을 제작한다.

3 산업 디자인 언어를 결정한다.

1단계: 인터랙션 디자이너와 함께 제품의 형태와 입력 방식을 결정한다

휴대폰이나 의료 제품처럼 특수한 디바이스를 디자인해야 하는 경우도 있다. 이럴 때는 인터랙션 디자이너와 산업 디자이너의 공동작업이 중요하다. 제품의 물리적인 형태와 입력 방식을 결정한다. 초기 단계에 대략적인 크기와 형태, 화면 크기 등을 결정한다. 버튼의 개수와 위치, 터치스크린이나 키보드, 음성 인식 적용 여부 등을 확인한다. 물론 세부적인 내용은 설계도를 제작하는 과정에서 계속 다듬어나간다. 인터랙션 디자이너와 산업 디자이너가 화이트보드에서 함께 아이디어를 발전시키는 것이 좋다. 여기서 나온 다양한 의견을 시나리오로 발전시킨다.

산업 디자인 설계도를 제작할 때는 고려해야 하는 요소가 많다. 퍼소나의 경험적 목표(3장 참조)와 태도, 적성은 물론 환경적 요소도 생각해야 한다. 전달하고자 하는 브랜드 가치와 경험, 마케팅 리서치 자료와 공정 비용도 참고한다. 제품의 가격도 짐작해본다. 물리적인 제품은 제작 공정에 따라 이윤이 크게 달라지기 때문이다. 배터리처럼 내부적인 요소는 외부 디자인에 큰 영향을 미친다. 초기 단계에 전기전자 및 기계 엔지니어와 디자인을 점검하는 것이 매우 중요하다.

조화로운 사용자 경험을 디자인해야 한다. 산업 디자인과 인터랙션 디자인이 별개의 경험을 제공해서는 안 된다. 제품의 물리적인 형태와 소프트웨어의 인터랙션이 조화롭게 어울려야 한다. 제품 디자인에서 흔히 인용하는 말처럼 '형태는 기능을 따른다'. 인터랙션 디자인을 바탕으로 제품의 형태를 결정해야 한다. 인터랙션을 설계할 때는 물리적인 재질이나 공정 비용도 염두에 둬야 한다.

| 디자인 원칙 | 조화로운 사용자 경험을 제공한다. 형태와 인터랙션이 부드럽게 어울려야 한다. |

2단계: 대략적인 프로토타입을 제작한다

제품의 형태와 입력 방식을 결정한 뒤에도 고려해야 할 요소가 많다. 사무실에 놓이는 전화기나 의료기기를 디자인하는 경우를 생각해보자. 대략적인 형태가 결정됐다면 세부적인 요소를 고려해야 한다. 모니터의 각도를 조절할 수 있는지, 좌우로 움직일 수 있는지 등을 고민한다. 산업 디자이너는 제품을 스케치해보고, 폼보드 같이 부드러운 재질로 대략적인 프로토타입을 만들어본다. 임원진에게 여러 개의 시안을 보여주고 토의한다. 형태에 따라 가격은 물론, 인간공학 측면에서도 고려해야 할 사항이 크게 달라진다.

3단계: 산업 디자인 언어를 결정한다

시각 디자인 언어를 고민하던 것과 마찬가지로 제품의 형태를 결정짓는 언어를 결정해야 한다. 물리적인 형태와 스타일을 고민해본다. 시각 디자인 언어를 탐색할 때는 색상과 글꼴 등을 다양하게 적용해봤다. 산업 디자인 언어는 1, 2단계에서 이미 결정한 내용을 바탕으로 하기 때문에 훨씬 구체적이다. 이미 대략적인 틀을 잡아둔 형태와 비율, 입력 방식을 조금씩 다르게 표현해보는 것이다. 형태와 부피, 재질, 색상, 마감처리 등을 여러 가지로 시도해본다.

　　시각 디자인과 마찬가지로 산업 디자인 언어도 퍼소나의 목표를 바탕으로 결정해야 한다. 퍼소나의 태도와 적성, 주변환경이 미치는 영향, 전달하고자 하는 가치와 경험, 제작 공정과 비용을 고려한다. 구현 가능성을 점검하는 일도 중요하다. 훌륭한 산업 디자인 언어를 도출하려면 여러 번 수정을 반복해야 한다.

서비스 디자인 설계도 제작

서비스 디자인이 종종 조직의 사업 모델에 영향을 주기에, 서비스 디자인 설계도는 다른 디자인 영역 전에 수행할 수도 있다.

　　서비스 디자인 설계도를 제작할 때는 다음의 순서를 따른다.

　　■ 고객 여정을 설명한다.

2 서비스 청사진을 제작한다.

3 경험의 프로토타입을 제작한다.

폴레인[Polane], 뢰블리[Løvlie], 리즌[Reason]의 저서 『Service Design』(Rosenfeld Media, 2013)은 사례와 함께 이 주제를 훨씬 더 철저히 다룬다.

1단계: 고객 여정을 설명한다

인터랙션 디자인의 정황 시나리오와 유사한 고객 여정은 첫 노출부터 최종 트랜잭션까지 설명적인 내러티브로 개별 퍼소나의 서비스 사용을 설명한다. 여정마다 각기 다른 퍼소나 목표를 설명하며, 서비스의 각기 다른 측면을 강조한다. 고객 여정마다 디자이너가 퍼소나를 2순위 경로로 데려갈 기회도 제공하는데, 거기서 서비스는 암시된 문제로부터 벗어나도록 돕는다.

2단계: 서비스 청사진을 제작한다

서비스 청사진은 서비스의 '큰 그림'이다. 모바일 사이트나 쇼핑몰 첫 페이지 등 퍼소나가 서비스를 사용하는 접점들을 모아 설명한다. 전화를 처리하는 고객 서비스 담당자가 사용하는 인터페이스 등 서비스가 전달되는 '백스테이지'의 프로세스도 설명한다.

초기 청사진은 접점들 간의 연결을 설명하는 순서도였다. 더 최근의 트렌드는 맨 위에 사용자, 하단에 서비스 조직, 페이지 전반에 마케팅, 영업, 고객 서비스 등의 채널을 두는 스윔레인[swimlane] 도식으로 그린다.

청사진의 수평으로 '눈에 보이는 선'은 종종 스테이지와 백스테이지의 접점을 구분한다.

고객 여정 대신 서비스 청사진으로 시작하기를 선호하는 디자이너도 있다. 각각 서로 영향을 주며 프로젝트 전반에 걸쳐 반복되지만, 우리는 보통 디자인 대행인인 퍼소나를 통해 고객과 함께 시작하는 편이 가장 좋다 믿는다(기존의 성숙한 서비스에 대한 업데이트가 아닌 한). 고객 경험으로 시작하면 그렇지 않을 경우 무시할 수 있는 서비스 맵 내 예상하지 못한 접점을 찾아줄 수 있다.

3단계: 경험의 프로토타입을 제작한다

특정 채널을 철저히 디자인하는 일이 인터랙션, 시각 디자이너의 일인 경우가 대부분 맞지만, 서비스 디자이너도 퍼소나의 개별 경험(과 접점 간의 연속성)을 경험의 프로토타입으로 묘사한다. 거의 분명히 모바일 앱, 웹사이트 같은 핵심 접점의 목업[mock-up]을 포함하지만, 그 이

상일 수도 있다. 경험을 영화처럼 묘사하는 짧은 동영상 장면으로 제작하는 경우도 많다.

이 프로토타입은 목업이 집중하는 잠재 고객과의 간단한 인터뷰부터 잠재적인 서비스의 고해상도 파일럿까지 여러 수준의 해상도로 다양한 형태를 띤다.

디테일에서 나오는 힘

전반적인 인터랙션 설계도를 제작하고 나면 세부적인 요소를 추가해야 한다. 디자인 프로세스의 수정 단계에 접어든 것이다. 인터랙션 설계도의 틀이 제대로 잡혀 있다면 디테일을 추가하는 과정은 매우 쉽다. 주요 경로 시나리오에 좀 더 구체적인 내용을 더하고, 수정한 내용을 설계도에도 반영한다. 반복 과정을 통해 디자인을 더욱 튼튼하고 일관성 있게 발전시킬 수 있다. 수정 단계에서는 디자인을 완벽한 최종안으로 다듬어야 한다.

제품의 형태와 행동을 수정하는 과정에서 디자인 원칙과 패턴을 적용하면 큰 도움이 된다. 2부와 3부에서는 수정 단계에서 활용할 수 있는 다양한 디자인 패턴을 소개한다. 이 단계에서는 개발 팀과 밀접하게 디자인을 점검해보는 것이 중요하다. 제품의 컨셉과 주요 인터랙션이 모두 결정된 만큼, 실제 제품을 구현하는 개발팀과 최종 디자인을 다듬어가야 한다.

스토리보드의 스케치와 인터랙션 설계도를 실제 디자인으로 발전시킨다. 픽셀 하나까지 정확하게 고민하면서 인터페이스를 디자인한다(그림 5-5 참조).

디자인을 수정하는 과정은 처음 설계도를 제작하는 과정과 크게 다르지 않다. 세부적인 내용을 깊이 고민하면서 다시 한 번 디자인 프로세스를 반복하는 셈이다. 전반적인 컨셉과 형태, 입력 방식을 다시 개발할 필요는 없다. 이미 결정한 컨셉을 구현하는 데 문제는 없는지, 예상하지 않았던 문제가 발생하지는 않는지 점검한다. 디테일에 주의를 기울이면서 인터랙션 설계도 제작 과정의 2~6단계를 반복한다. 그동안 발전시켜온 시각 디자인과 산업 디자인 요소도 추가한다. 시나리오를 바탕으로 상세한 요소를 어떻게 디자인할지 연구해본다.

주요 화면 모드를 모두 검토한다. 발생할 수 있는 상황을 다양하게 확인해본다. 수정 단계에서 시각 디자이너는 스타일 가이드를 제작한다. 개발자가 제품을 구현하는 동안 일관성 있는 디자인을 유지하는 데 매우 중요하다. 덜 중요한 세부적인 요소는 디자이너 없이 개발자가 직접 구성해 추가하는 경우도 있다. 이때 스타일 가이드가 필수적이다. 산업 디자이너는 엔지니어와 함께 부품을 구성하고 조립한다.

그림 5-5 그림 5-3의 인터랙션 설계도를 바탕으로 완성한 트래블 센터 사이트의 최종 디자인이다. 실제 화면에 보이는 수준으로 발전시킨 비트맵 이미지다. 실제 화면 크기를 고려해서 픽셀 하나까지 정확하게 디자인한다. 인터페이스를 크게 수정해야 하는 경우도 많다. 이전 설계도에서 바뀐 요소를 확인할 수 있다. 디자인을 수정할 때는 시각 디자이너와 인터랙션 디자이너가 밀접하게 작업해야 한다. 시각적인 요소를 변경하더라도 중요한 인터랙션이 흐트러지지 않는지 점검한다. 1순위 퍼소나의 목표를 항상 염두에 둬야 한다.

디자인의 최종 결과물 형태는 매우 다양하다. 물리적인 제품일 수도 있고 소프트웨어일 수도 있다. 어떤 경우든 항상 디자인을 문서화해야 한다. 제품의 형태와 행동을 묘사하는 문서를 제작한다. 개발자가 제품을 올바로 구현할 수 있도록 예시 화면도 포함한다. 인터랙션을 상세히 묘사하는 스토리보드도 중요하다. 실제로 조작해볼 수 있는 프로토타입을 제작하는 것도 좋다. 이런 프로토타입은 HTML이나 플래시를 활용할 수 있다. 복잡한 인터랙션을 설명하는 데 매우 효과적인 방법이다. 하지만 디자인 문서 없이 프로토타입만으로는 제품을 완전히 이해할 수 없다. 개발자에게 주요 컨셉과 디자인 원칙, 패턴을 효과적으로 전달하려면 디자인 문서가 필수적이다. 최종 결과물을 바탕으로 제품 구현 과정을 함께 지켜보고 지속적으로 의견을 주고받아야 한다. 디자인 문서에 명시된 컨셉이 올바로 구현되고 있는지 마지막까지 점검하는 게 중요하다.

디자인 점검 및 사용성 테스트

실제 사용자와 함께 디자인을 점검하는 과정도 인터랙션 디자인의 일부다. 디자이너끼리 퍼소나와 점검 시나리오를 활용해 제품을 검토하는 것보다 확실한 방법이다. 사용자와 테스트를 진행하려면 디자인 시안이 어느 정도 완성돼 있어야 한다. 사용자가 직접 사용해보고 의견을 제공할 만한 대상이 있어야 하기 때문이다. 리서치에서 발견한 내용을 바탕으로 디자인을 수정할 만한 충분한 시간을 확보해둔다.

사용성 테스트를 바탕으로 사용자의 의견을 수집하면 인터랙션 설계도의 문제점을 쉽게 발견할 수 있다. 과업의 순서나 중요도가 잘못 구성된 부분은 없는지, 버튼의 이름이 이해하기 어렵진 않은지 확인한다. 화면을 스크롤하는 속도가 적절한지 등의 의견을 수집할 수 있다. 사용성 테스트의 참여자는 제품을 난생 처음 사용해보게 된다. 초보자의 입장에서만 제품을 점검할 수밖에 없다. 중급자와 전문가를 대상으로 사용성 평가를 진행하는 기법도 있다. 하지만 시간도 무척 오래 걸릴뿐더러 결과도 부정확한 경우가 많다.

사용자와 함께 디자인을 점검하는 방법은 매우 다양하다. 비공식적인 평가를 진행할 수도 있고 철저한 준비를 거친 사용성 테스트를 진행할 수도 있다. 비공식적인 평가에서는 대략적인 아이디어와 스케치를 보여주고 사용자의 생각을 들어본다. 사용성 테스트는 준비해둔 과업을 제시하고 사용자가 어떻게 제품을 활용하는지 관찰한다. 각 방법에는 장단점이 있다. 비공식적인 평가는 복잡한 준비 없이도 재빨리 디자인을 점검해볼 수 있어 좋다. 하지만 정확하고 중립적인 테스트를 진행하기 어렵다. 사용자가 스스로의 생각을 말로만 설명해야 하기 때문이다. 특정 대답을 유도하는 질문을 하기도 쉽다. 비공식적인 평가는 이미 디자인과 기술에 익숙한 사용자를 대상으로 한다. 몇 장의 스케치만 보고도 최종 디자인을 머릿속에 그려본 뒤 의견을 제시할 수 있기 때문이다. 공식적인 사용성 평가를 준비할 시간이 없을 때만 비공식적인 평가를 진행한다.

시간이 허락한다면 탄탄하게 준비된 사용성 테스트를 진행하는 게 좋다. 사용자가 특정 과업을 얼마나 성공적으로 수행할 수 있는지 점검할 수 있다. 좀 더 넓은 시야에서 테스트를 진행할 수도 있다. 디자인이 사용자의 궁극적인 목표를 얼마나 만족시키는지 확인한다.

사용성 테스트는 제품을 디자인하는 방법론이 아니다. 디자인을 평가하는 방법론이다. 사용성 테스트가 앞서 소개한 인터랙션 디자인 방법론을 대체할 수 없다. 훌륭한 디자인 아이디어는 인터랙션 방법론에서 얻을 수 있기 때문이다. 사용성 테스트는 이미 디자인한 제품의 효과를 검증하는 데 적용해야 한다. 테스트 결과를 바탕으로 디자인을 더욱 훌륭하게 다듬을 수 있다.

사용성 테스트는 사용자 리서치와 구분해야 한다. 사용성 테스트는 디자인의 정당성을 점검하는 데 초점을 맞춘다. 정황 조사와 과업 분석 등 사용자 리서치 방법론을 섞어 진행해서는 안 된다. 사용성 테스트의 목적을 흐리기 때문이다. 참여 디자인을 시도하는 경우도 있다. 사용자와 함께 새로운 디자인을 고안하는 것이다. 테스트를 한 번 진행하는 데 이 모든 사항을 포함하는 건 무리다.

사용자 리서치는 디자인을 시작하기 전에 진행해야 한다. 사용성 테스트는 디자인이 어느 정도 마무리된 후 진행한다. 에스노그라피 사용자 리서치와 사용성 테스트를 모두 진행할 시간이 없다면, 사용자 리서치를 선택하는 것이 현명하다. 초기 리서치는 훌륭한 디자인을 도출하는 밑거름을 제공하기 때문이다. 테스트를 하는 데 지나치게 많은 시간과 노력을 투자해서는 안 된다. 실제 디자인에 집중하는 게 좋다. 탄탄한 리서치 결과를 바탕으로 복잡한 디자인 결정을 좀 더 쉽게 내릴 수 있다. 리서치 없이 어설프게 완성된 디자인을 테스트하는 건 소용이 없다. 에스노그라피 리서치는 사용자의 목표와 니즈를 바탕으로 분명한 모델을 설계할 수 있게 해준다.

테스트 대상

사용성 테스트의 발견 내용이 정량적인 경우가 많기에, 사용성 리서치는 특히 특정 디자인 시안들을 비교해 가장 효과적인 솔루션을 선택할 때 유용하다. 사용성 테스트에서 수집한 고객 피드백은 특정 인터랙션 장치, 특정 디자인 요소의 형태와 표현을 검증하거나 상세화해야 할 때 가장 유용하다.

사용성 테스트는 다음을 검증할 때 특히 효과적이다.

- **네이밍**naming: 섹션/버튼 레이블은 뜻이 통하는가? 더 반향이 큰 단어가 있지 않은가?

- **구성**: 정보는 의미 있는 범주로 그룹화되는가? 항목은 고객이 찾을 곳에 있는가?

- **최초 사용과 발견 가능성**: 흔한 항목은 새 사용자가 찾기 쉬운가? 도움말은 분명한가? 도움말이 필요한가?

- **유효성**: 고객은 특정 과업을 효율적으로 완료할 수 있는가? 실수하지 않는가? 어디서 실수하는가? 얼마나 자주 하는가?

사용성 테스트는 속성상 제품의 최초 사용을 측정하는 데 집중하는 점도 지적할 만하다. 솔루션을 50번째 사용할 때, 다시 말해 가장 흔한 타깃인 영원히 중간 단계인 사용자에게 얼마나 효과적인지 측정하기는 꽤 어려운 경우가 많다(그리고 항상 고되다). 이는 중간 혹은 전문 단계의 사용자를 위해 디자인을 최적화할 때 꽤 난제다. 이를 완료하는 한 기법은 제품과의 인터랙션을 상세히 적는 일지를 주체가 계속 적는 다이어리 스터디diary study다. 엘리자베스 굿맨Elizabeth Goodman 등은 『Observing the User Experience』(Morgan Kaufmann, 2012)에서 이 기법을 잘 설명해준다.

사용성 테스트를 수행할 때는 반드시 테스트 대상을 실제로 측정할 수 있는지, 테스트를 정확히 관리하는지, 결과가 디자인 이슈를 수정할 때 유용할지, 사용성 조사에서 관찰한 문제를 해결할 때 필요한 자원이 있는지 확인하라.

테스트 시기: 총괄적 평가와 조형적 평가

제이콥 닐슨Jakob Nielsen은 사용성 평가를 크게 총괄적 평가와 조형적 평가로 분류했다. 1993년에 펴낸 저서 『Usability Engineering』(Morgan Kaufmann, 2012)을 보면 자세한 내용을 확인할 수 있다. 총괄적 평가summative evaluation는 이미 완성된 제품을 테스트하는 것이고, 조형적 평가formative evaluation는 디자인 도중에 반복적으로 점검하는 작업이다.

기존 제품을 재디자인할 때는 먼저 다른 유사한 제품과 비교해야 한다. 이때 총괄적 평가를 적용하면 매우 효과적이다. 기존 제품의 문제점을 쉽게 파악할 수 있기 때문이다. 어떤 부분을 개선해야 하는지, 사용자가 어떤 부분에서 어려움을 겪는지 밝혀낼 수 있다. 제품 개발에 직접 참여하지 않는 리서치 전문가가 객관적으로 진행하는 것이 좋다. 평가 내용을 상세히 기록한 보고서를 전달받는다. 경쟁사 제품을 분석할 때도 총괄적 평가가 유용하다. 수치로 평가할 수 있는 각종 요소를 비교한 뒤 정량적 통계 자료를 도출한다.

제품 개발이 거의 완료된 프로세스 후반부에서야 사용성 평가를 진행하는 것은 옳지 않다. 사용성 평가를 품질 보증QA, quality assurance 테스트와 함께 진행해서는 안 된다. 디자인을 크게 수정하기에는 너무 늦은 시점이기 때문이다. 사용성 평가는 반드시 본격적인 개발을 시작하기 전에 진행해야 한다. 중요한 문제점을 발견했을 때 디자인을 수정할 만한 충분한 시간을 확보해야 한다. 디자인 문제를 조명할 때 사용성 테스트만큼 훌륭한 방법은 없다. 아무리 간단한 과업이라도 사용자에게는 어려울 수 있다. 사용자가 어려움을 겪는 모습을 직접 관찰하면 누구나 문제 상황을 쉽게 이해할 수 있기 때문이다. 디자인을 올바른 방향으로 진행할 수 있도록 임원진을 설득할 때도 효과적이다.

조형적 평가는 디자인을 진행하는 도중에 진행한다. 효과적인 정성적 자료를 수집할 수 있다. 디자인 수정 단계에서 빠른 속도로 적용하는 경우가 많다. 조형적 평가를 제대로 적용하면 사용자를 깊이 이해할 수 있다. 주요 사용자가 제품을 어떻게 활용하고 이해하는지 알수 있다. 사용자가 세부적인 과업을 완료하는 과정을 직접 관찰할 수 있는 좋은 방법이다.

총괄적 평가는 기존의 제품을 평가하는 데 주요 목적이 있다. 하지만 지금 디자인하고 있는 제품의 수명을 측정할 때도 유용하다. 디자인을 완료하기 전에 마지막으로 심각한 문제가 없는지 확인할 수 있다. 하지만 이 단계에서 디자인을 뒤바꾸려면 시간과 비용, 노력이 엄청나게 요구된다. 디자인 프로세스를 진행하는 중간 중간에 조형적 평가를 진행해야 한다.

조형적 사용성 테스트 진행

사용성 테스트를 진행하고 결과를 분석하는 방법은 매우 다양하다. 사용성 평가를 실시했다고 모든 디자인 결정을 쉽게 내릴 수 있는 건 아니다. 지나치게 정량적 자료에만 초점을 맞취 결과를 분석해서도 안 된다. '사용자가 이 과업을 수행하는 데 몇 분이 걸렸다'라는 내용은 디자인에 아무런 도움이 되지 않는다. 사용성 테스트는 목표 지향 디자인 방법론과 밀접하게 연결시켜 진행해야 한다. 캐럴린 스나이더의 저서 『Paper Prototyping』(Morgan Kaufmann, 2003)을 보면 자세한 내용을 확인할 수 있다. 이 책은 모든 사용성 테스트 방법론을 보여주지는 않는다. 평가 결과를 디자인에 반영하는 방법을 전부 알려주는 것도 아니다. 하지만 사용성 테스트를 진행하기 전에 알아야 하는 중요한 기본 사항을 잘 소개하고 있다. 사용성 테스트에 적용할 수 있는 다양한 기법을 배울 수 있다.

조형적 사용성 테스트를 진행할 때 중요한 기본 사항은 다음과 같다.

- 평가에 활용할 만큼 디자인이 형태를 갖춘 후에 사용성 테스트를 진행한다. 중요한 발견점을 디자인에 반영할 수 있는 충분한 시간을 확보한다.
- 전반적인 사용자 경험에 적합한 평가 요소와 과업을 준비한다.
- 주요 사용자를 대상으로 평가를 진행한다. 퍼소나를 바탕으로 참석자를 결정한다.
- 구체적이고 명확한 과업을 제시한다. 과업을 진행하는 동안 머릿속으로 생각하는 내용을 말로 설명하게 한다.
- 스케치 느낌의 저수준 프로토타입으로 평가를 진행한다(물리적인 제품이 필요하거나 종이 프로토타입으로 중요한 인터랙션을 표현할 수 없는 경우에는 다른 방법을 선택한다).
- 중요한 문제점과 이유를 파악하는 데 초점을 맞춘다.
- 편견과 선입관을 최소화한다. 디자인과 개발에 참여하지 않는 리서치 전문가를 도입하는 게 좋다.
- 사용자가 제품을 어떻게 사용하는지, 그 이유가 무엇인지 신중하게 관찰한다.
- 평가를 마친 후 관찰자와 함께 평가 내용을 토의한다. 표면적인 이슈가 아닌 문제가 발생한 이유를 논의한다. 평가 과정에 인터랙션 디자이너가 참여한다.

인터랙션 디자이너의 역할

대부분의 사용성 문제는 사용자를 깊이 이해하지 못하기 때문에 발생한다. 퍼소나는 사용자의 목표와 니즈를 이해하는 훌륭한 방법이다. 인터랙션 디자이너와 사용자가 효과적으로 소통할 수 있는 통로인 셈이다. 사용성 테스트는 사용자의 머릿속을 들여다볼 수 있는 기회다. 말과 행동을 직접 관찰할 수 있기 때문이다. 사용자가 제품과 인터랙션하는 동안 어떤 의도로 과업을 수행하는지 이해할 수 있다.

사용성 테스트는 인터랙션 디자이너뿐 아니라 디자인 결정에 관여하는 모든 사람에게 도움이 된다. 중립적인 입장을 유지하면서 평가를 진행할 수 있는 디자이너는 많지 않다. 하지만 테스트를 계획하고 진행하는 동안 인터랙션 디자이너가 함께 참여하는 것은 매우 중요하다. 평가를 진행하는 동안 관찰자로서 참여한다. 결과를 분석하고, 발견한 문제를 해결할 수 있는 방안을 함께 토의한다. 인터랙션 디자이너가 참여해야만 사용성 테스트를 성공적으로 완료할 수 있다. 다음과 같은 부분에서 인터랙션 디자이너가 사용성 테스트에 도움을 줄 수 있다.

- 사용성 테스트를 계획할 때 중요한 과업을 선택할 수 있도록 돕는다.

- 퍼소나를 바탕으로 참여자를 선택한다.

- 시나리오를 참고해 평가 과업을 설계한다.

- 테스트를 진행하는 동안 관찰자로서 참여한다.

- 결과를 함께 분석하고 토의한다.

6장

창의적인 팀워크

이 책의 '들어가며'에서 목표 지향 방법론이 3P, 즉 원칙^{principle}, 패턴^{pattern}, 프로세스^{process}로 구성된다고 설명했다. 하지만 네 번째 P인 실행^{practice}도 언급할 만하다. 이 책은 대체로 첫 세 가지에 연관되지만, 6장에서는 목표 지향 디자인의 실행, 디자인 팀이 더 큰 제품 팀에 통합되는 법에 관한 생각을 나누고자 한다.

디자인과 사업에서 팀은 흔하지만, 성공적이거나 생산적인 경우는 거의 없다. 팀워크의 더 미묘한 점은 흔히 교육이나 전달이 어렵다. 팀은 회의 시간과 논의를 요하며, 커뮤니케이션의 층위를 더한다. 내재적인 단점이 아니라, 팀워크를 세심히 관리하지 않으면 그 결과물이 단지 타협에 지나지 않을 수 있다. 팀원들은 너무 예의가 바른 나머지 다른 이의 아이디어를 무시하지 못하거나, 너무 고집 센 나머지 자신의 아이디어를 버리지 못할 수 있다.

고도로 생산적인 팀에서 일해본 적이 있다면, 함께 일할 경우 개인 한 명에게 아주 어렵고 때로 불가능할 결과물을 낳을 수 있음을 알 것이다. 소프트웨어와 서비스 개발에서는 팀 동료들에게 적절한 문제를 처리하고, 아이디어가 흐르며, 솔루션을 효과적으로 평가하고, 막다른 길을 재빨리 인식하도록 보장해야 한다. 잘 돌아가는 팀은 실제로 제품 개발 프로세스를 더 효율적으로 만들고, 그 결과물을 사용자에게 더 효과적으로 만들 수 있다.

6장에서는 함께 일하는 전략, 제품 개발의 보완적인 접근법, 조직 전반에 걸쳐 팀을 모으는 전술을 논한다. 디자인 문제 중 가장 흥미롭고 중요한 일들은 혼자 해결하기에 너무 크며, 혼자 하면 외로운 경우가 너무나 많다.

작고 집중된 팀

다음 논의는 두 차원에서 팀의 개념에 대응한다.

- **핵심 팀**은 작고 집중된다. 종종 엔지니어링 노하우, 창의성, 마케팅 숙련도, 사업 리더십 등 특정한 전문성을 중심으로 구성된다. 그러나 스타트업이나 소규모 제품 조직에도 작고 여러 직무를 넘나드는 팀이 있을 수 있다.

- **확장된 팀**은 크고 때로 지리적으로 분산된다. 임원진을 포함할 수 있는데, 그 업무는 프로젝트의 결과에 달려 있지만, 디자인 자체는 책임지지 않는다. 거의 모든 제품 개발 노력에서 확장된 팀은 (적어도) 마케팅, 디자인, 엔지니어링을 위한 별개의 핵심 팀을 포함한다.

대규모 조직에서도 실제 업무 중 대부분은 핵심 팀의 맥락 내에서 이뤄진다. 그러므로 이번 장에서는 작은 팀 내에서 업무를 개선하는 기법을 다룬다. 그 팀이 여러 업무를 하든, 제품 개발의 특정 측면에 집중하든, 6장의 전략은 단순한 실행들을 중심으로 팀워크를 구성해줄 수 있다. 이 실행들은 아이디어가 흐르고, 업무가 효율적이며, 비평이 시의적절하도록 보장해줄 수 있다.

함께 하는 더 나은 생각

작은 팀은 업무 목록의 항목에 대해 계속 우선순위를 잡아 처리한다. 사소한 것도 있고, 단지 사소해 보이는 것도 있다. 모두 적절한 깊이로 우선순위를 잡아 고려해야 한다. 효과적인 전담 팀이나 여러 업무를 하는 팀은 끝없는 목록에 대면할 때 '각개격파' 이상을 한다. 우리가 '사고의 파트너십thought partnership'이라 부를 협업 노력으로 번뜩이고, 때로 혼란스러운 팀원들의 에너지를 갖춘다.

사고의 파트너를 지적인 보완, 즉 목표를 공유하지만 다른 스킬 세트와 다른 각도로 문제에 접근하는 협업자로 생각할 수 있다. 『생각에 관한 생각Thinking, Fast and Slow』에서 저자 대니얼 카너먼Daniel Kahneman은 학술 연구에서 아모스 트버스키Amos Tversky와의 파트너십을 좋은 사고의 파트너십처럼 보이게 설명한다.

> 함께 작업하며 우리가 찾은 즐거움으로 많은 인내심을 갖게 됐다. 지루하지 않을 때 완벽을 추구하기가 훨씬 쉽기 때문이다. 아모스와 나는 모두 비평적이고 논쟁적이지만... 협업해온 세월 동안 우리 중 누구도 서로의 말을 즉시 거부한 적이 없다.[1]

---

1 Kahneman, 2011, p 5

사고의 파트너십은 어떻게 진화했는가? 쿠퍼의 컨설팅 실무 초기에 회의실 중 하나는 소리지르는 방(이 이름은 비슷한 생각을 하는 사람들을 채용하더라도 화이트보드를 놓고 항상 조화가 이뤄지는 건 아니라는 증거다)으로 알려졌다. 그 시절에는 디자이너가 흔히 디자인 아이디어를 요란하게 홍보했다. 그런 정신은 협업 중심에 적극적이었지만, 산출물은 종종 불분명했다. "다시 묻는데, 뭘 결정했었죠?", "누구 아이디어가 이겼나요?", "이제 뭘 처리해야 하죠?"

시간이 흐르며 새로운 협업 전략이 출현했다. 한 디자이너에게는 대화를 주도할 책임이 주어졌고, 또 다른 디자이너는 아이디에이션ideation과 탐구에 집중했다. 오늘날 우리 실무에서는 훨씬 더 깊은 정의와 구별을 두 접근법마다 적용한다.

- **생성**generation: 생성 기반의 접근법에서 고안은 끊임없이 이뤄지며, 결과물은 사람들에게 자유롭게 제안하고 수평적으로 생각하며 개방적으로 탐구할 공간이 있을 때 가장 성공적이다.

- **합성**synthesis: 합성 기반의 접근법에서 고안은 인도와 집중이 이뤄질 때 가장 결실이 있으며, 결과물은 사용자 니즈에 대처했을 때만 보증된다.

이 접근법들을 혼합하는 팀은 복잡한 문제를 뚫고 빨리 진행한다. 제품 개발 프로세스에서 어떤 역할을 맡든, 다음을 실행해 가장 좋은 사고를 도울 팀 동료를 찾을 수 있다.

생성하는 동료와 합성하는 동료

쿠퍼의 채용 프로세스에서는 강력한 사고의 파트너가 될 사람을 가려내려 하며, 구체적으로 보완적인 스킬과 자질이 있는 디자이너를 찾으려 한다. 우리는 이 역할을 '생성하는 동료generator', '합성하는 동료synthesizer'라 부른다. 이 두 가지 스타일의 창의성은 복잡한 디자인 문제에 대처할 때 강력한 균형을 이룬다. 생성하는 동료와 합성하는 동료는 심플한 솔루션으로 사용자를 기쁘게 할 책임을 공유하며, 프로세스 동안 각기 다른 책임을 진다. 최상의 경우, 파트너가 가장 편하게 맡을 수 있는 창의적 역할을 완벽히 수행하게 해준다.

생성과 합성은 창의성의 같은 스펙트럼에 존재한다(그림 6-1 참조). 대부분의 디자이너는 스펙트럼의 한쪽에 상주하며, 생성이나 합성 중 한 스킬을 선호한다. 생성에 강한 동료는 보통 건전한 균형을 맞추기 위해 합성에 그만큼 강한 파트너가 필요하다. 혼자 작업하면 너무 빨리 불완전한 솔루션을 확대하거나, 브레인스토밍의 불분명함을 헤쳐나가느라 너무 많은 시간이 소비된다. 적시에 적절한 수준으로 결정하도록 돕고, 디자인을 계속 진행할 합성하는 동료가 필요하다.

생성   합성

그림 6-1 생성과 합성은 창의적인 스펙트럼을 형성한다.

합성하는 동료는 팀 내 대화를 시작한다. 새 아이디어와 솔루션을 제안하는 대신, 이미 제안된 아이디어 내에서 의도와 가치를 찾기 위한 질문을 한다. 대화가 진행되면서 명료함을 찾고, 간극을 노출하며, 연결고리를 그린다. 혼자 작업하면 합성에 강한 동료는 목록 작성과 시나리오 사고를 벗어나기 어려울 수 있다. 아이디어를 구체적이고 연결된 형태로 끌어내기 위해 생성하는 동료가 필요하다.

이 두 균형 간의 대화는 평가와 의미 부여로 아이디에이션에 영감을 준다. 복잡한 인터랙션 문제에 대면할 때 강력한 파트너십의 토대를 닦는다. 생성된 아이디어는 모호하거나 영감을 얻은 아이디어로 출현할 수 있으며, 역량 있는 합성은 재빨리 그 내재적 가치를 드러내거나, 막다른 길과 총아를 재빨리 인식해 대처하도록 보장한다.

이어지는 절들에서는 역할들 간의 자질, 특성, 인터플레이^{interplay}를 개괄한다. 자체적으로 창의적인 자질을 찾고, 자신에게 최상의 결과를 끌어낼 수 있는 사람의 유형을 설명할 방법으로 비교를 활용한다.

전형적인 디자인 회의에서 역할들 간의 구별은 그림 6-2에 보이는 대로 종종 첫 순간부터 스스로를 드러낸다. 디자인 문제에 직면할 때, 누가 본능적으로 마커로 다가가 화이트보드로 향하는가?

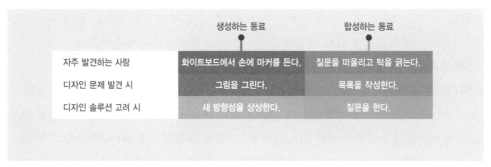

그림 6-2 생성하는 동료와 합성하는 동료는 서로 보완해준다.

역할마다 디자인 회의 동안 특정한 물리적, 정신적 공간을 차지하는 경향이 있다. 생성에 강한 동료는 마커를 쥐고 그림 6-3에 보이듯 아이디어를 시각화하는 경향이 있다. 합성에 강한 동료는 좋은 솔루션의 자질을 열거하거나 문제, 사용자 목표, 활용 정황에 대한 이해를 재고하는 등 정리를 하는 경향이 있다.

그림 6-3 생성하는 동료와 합성하는 동료는 디자인 문제에 다른 각도로 접근한다.

생성하는 동료는 쉴 새 없이 구체적으로 사고하는 경향이 있는 반면, 합성에 강한 동료는 스토리텔링과 자극으로 주도한다.

상상의 프로젝트에서 나온 샘플 토론은 다음과 같다.

생성하는 동료: 목록에 새로 추가할 아이디어가 있어요(화이트보드에 화면을 그리기 시작한다). 제스처에요. 주 목록에서 풀다운하면 새로 추가할 컨트롤이 보이기 시작해요. 그냥 빈 필드에요.

합성하는 동료: 아주 좋아요. 그래도 약간 빈 느낌일 수 있겠네요. 제프의 시나리오에서는 몇 주에 한 번만 새로 추가하는 거 맞죠?

생성하는 동료: 네, 맞아요. 거기 있는 걸 잊을 수도 있어요.

합성하는 동료: 그래도 UI 위젯보다 계속 정보에 집중하는 아이디어가 좋아요.

생성하는 동료: 흠. 이 메인 화면이 로딩될 때 '새로 추가하기' 도움말 텍스트로 필드를 보여 준 다음, 화면이 휙 올라가서 가리면 어떨까요? 그래서 보이지만 이후 목록에 집중하는 거죠.

합성하는 동료: 마음에 들어요. 같은 세션에 여러 번 일어나면 짜증 날 수 있지만, 어떤 규칙을 제시할 수 있다는 생각이에요.

디자인 회의가 진행되면서 생성하는 동료와 합성하는 동료는 함께 일하며 솔루션을 탐구하고 아이디어를 개발한다. 합성하는 동료는 영역의 심도를 약간 좁혀주며, 토론을 형성해 줘야 한다. 대화는 보통 문제의 폭넓은 논의로 시작해 거기서부터 솔루션의 세부로 더 좁혀 파고든다.

창의적인 사고들도 특히 각기 다른 방향에서 문제에 접근할 때, 종종 서로 의견이 다르다 (그림 6-4 참조). 창의적인 파트너십의 초기에는 신뢰를 확립해야 한다. 생성하는 동료는 컨셉의 방향성을 주도해야 한다. 즉 합성하는 동료는 실제와 상상 속의 화이트보드 마커를 모두 내줘야 한다는 뜻이다. 동시에 생성하는 동료는 합성하는 동료가 방향을 돌리고, 세부에 집착하지 않게 하며, 필요시 문제의 틀을 다시 잡도록 신뢰해야 한다. 즉 생성하는 동료는 새로 형성된 아이디어를 도입할 때 편하게 느끼고, 파트너가 그 아이디어를 평가하고 비평할 때 위협을 느끼지 말아야 한다. 대부분의 아이디어는 결국 좋지 않으며, 사고의 파트너십에서 주요 목표는 아이디어의 품질이나 약속을 조기에 확인하고 불쾌한 일에서 벗어나는 것이다.

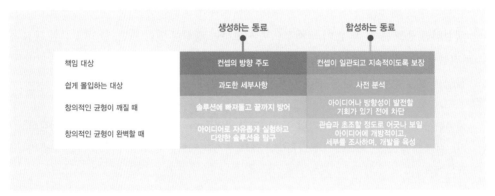

그림 6-4 생성하는 동료와 합성하는 동료는 각기 다른 책임, 강점, 함정이 있다.

세부적인 디자인 단계에서 팀은 종종 함께 작업하며 아침을 보낸 후, 그림 6-5에 보이는 것처럼 문서화의 세부를 각자 작업한다. 생성하는 동료는 보통 드로잉 도구를 열어 드로잉 형태로 결정사항을 포착하기 시작한다. 합성하는 동료는 흐름을 설명해주는 구조로든, 근거를 설명하는 텍스트로든 포착한다. 팀이 문서화하는 세부사항은 팀의 규모와 니즈에 따라 다양한 방법으로 전달할 수 있다. 공식적인 문서화의 마일스톤보다 잦고 가볍고 비공식적인 메모를 선호한다.

그림 6-5 생성하는 동료와 합성하는 동료는 화이트보드에서 떨어져 각기 다른 과업을 수행한다.

사고의 파트너십으로 시작하기

실무에서 사고의 파트너십을 확립하고 싶다면, 생성하는 동료나 합성하는 동료의 역할을 만든 후 채울 사람을 찾으며 시작할 수 있다. 업무에 적절한 실행 요소를 적용할 간단한 방법을 찾으며 더 작게 시작할 수도 있다. 필요한 파트너십 유형을 결정하는 데 약간의 시간이 걸릴 수 있지만, 간단한 단계로 시작할 수 있다.

생성하는 파트너 찾기

- 시작 전에 해결하고 싶은 문제를 밝힌다.

- 동료나 친구의 생성하는 역량에 어필한다. "아이디어를 제안해줄 사람이 필요해요."

- 처음에 회의가 잘 안 되면, 보드로 걸어나가 안 좋은 아이디어를 그린다. 파트너가 생성에 강한 동료라면, 나서서 안 좋은 아이디어를 근거로 구축하거나 반대하는 제안을 제시할 것이다.

합성하는 파트너 찾기

- 시작 전에 상위 수준의 '스토리'나 시나리오에 맞춰 디자인 중인지 확인한다. 이러면 파트너에게 회의 동안 작업할 항목이 생길 것이다.

- 파트너의 평가 역량에 어필한다. "이 아이디어가 가치 있는지 파악하도록 도와줄 수 있나요?"

- 회의가 즉시 잘 돌아가지 않으면, 스토리 작업을 한다. 사용자가 하는 일과 이유가 둘 다에게 명확한지 확인한다.

즉석으로 역할 바꾸기

파트너십을 시작할 때 기본 규칙을 확립한다. 합성하는 동료는 조사와 인도를 해야 한다. 생성하는 동료는 탐구와 아이디에이션을 해야 한다. 회의 내에 역할을 서로 바꿀 수 있지만, 이 전환을 명시해두는 것이 좋다. 합성하는 동료는 훌륭한 아이디어를 제시할 때, 생성하는 동료의 마커를 빼앗고 싶은 욕구에 저항해야 한다. 대신 그냥 역할을 바꾸자고 제안할 수 있다. "내가 약간 아이디어를 내도 괜찮을까요?"

한곳에 갇히지 않기(15분 규칙)

창의적인 사람들의 소집단은 때로 벽에 부딪힌다. 아이디어가 흐르지 않고 대화가 빙빙 돌거나 세부사항에 갇힌다. 우리 실무에서는, 논의가 15분 동안 진전이 없으면 팀에게 또 다른 디자이너를 끌어들이도록 권장한다. 핵심 팀은 단순한 정황의 세부사항인 사용자, 시나리오, 고려 중인 아이디어에 관해 이 외부자에게 브리핑해야 한다. 반면 외부자는 디자이너들의 근거를 조사한다. 왜 좋은가? 어떻게 도움이 되는가? 거의 언제나, 이러한 간단한 대화는 디자이너들을 세부사항에서 벗어나 사소한 문제의 막다른 골목을 넘어서게 해준다.

핵심 팀의 적절한 규모

둘이 좋으면 셋은 분명 더 좋고, 넷은 놀라울 정도며, 열은 시공을 초월할 수 있지 않겠는가? 크든 작든 조직은 팀을 구축할 때 수를 늘리려는 욕구에 희생된다. 경험상, 팀원에게 분명한 역할이 있으며 팀이 작고 기민할 때 가장 효과적이다. 그래서 일을 완수할 책임이 있는 유닛에게 우리는 '핵심 팀'이라는 별명을 적용했다.

『Scaling Up Excellence』에서 스탠퍼드의 경영학 교수 로버트 서튼[Robert Sutton]과 허기 라오[Huggy Rao]는 더 큰 팀이 실제로 더 나쁜 결과물을 낳는 수많은 사례를 인용하며, 이 현상을 '더 많은 수의 문제'라 부른다.

> 더 큰 팀의 직원은 다른 직원에게 지원을 덜하며 더 돕지 않았다. 너무나 많은 사회적 관계를 유지하고 더 많은 인력과 조정하기가 더 어려워졌기 때문이다.… 핵심 과제는 [유휴 인력]을 만들지 않고 규칙, 도구, 인력을 늘리는 방법이다.[2]

쿠퍼에서는 실무 시 작은 팀, 분명한 역할, 긴밀한 의사결정 루프, 최소한의 '일에 관한 일' 등 네 가지를 주장하며 유휴 인력 문제를 벗어난다. 그 마지막 단계는 제품 개발의 핵심 목표 진행에 직접 결부되지 않은 모든 활동을 설명한다. 훌륭한 아이디어 제시와 훌륭한 제품의 선적이다. 상황에 관한 이메일과 빠르고 중요하지 않은 확인은 누적돼 결국 중대한 노력과 조정을 요할 수 있는 '작은' 과업의 사례다. 핵심적이지 않은 회의 동안 이 책을 읽을 경우, '일에 관한 일'의 수렁에 빠질 것이다.

의사결정을 분산하고 기획 마일스톤과 확인에 관해 적극적으로 대응함으로써, 창의적인 팀원들의 소집단을 위한 공간을 따로 양성한다. 구체적인 수치로 말하자면, 개별 문제에 집중하는 데 적절한 규모의 핵심 팀에 관한 우리의 불문율은 최소 둘에서 최대 넷이어야 한다

---

2   Sutton and Rao, 2014

는 것이다. 최소한 둘이면 빠른 평가와 반복이 가능하다. 팀원이 네 명을 넘어선다면 잉여 인력이 너무 많고, 만족시킬 사람도 너무 많으며, 너무 기회가 많아 속도를 잃는다.

마지막으로 작은 팀은 역할이 분명하고, 성공의 책임을 공유하며, 능력이 보완적일 때만 기민할 수 있다. 다음 절에서는 크고 작은 팀들의 다양한 참가자를 논하며, 팀으로부터 최대한을 끌어내는 팁을 제공한다.

디자인 분야를 넘나들며 작업하기

합성-생성 모델은 창의적인 논의에 참여하는 모든 전문가에게 적용할 수 있다. 우리 실무에서는 시각 디자이너와 인터랙션 디자이너, 두 인터랙션 디자이너, 디자이너와 개발자, 인터랙션 디자이너와 크리에이티브 리드 등 어떤 두 개별 디자이너가 협업할 때라도 구조를 제시한다. 사용자 경험 디자인 관행이 더 확립되는 동안, 실무자는 종종 여러 배경을 가진 창의적인 전문가들과의 새로운 협업 상황에 처한다. 이 모델은 다양한 분야의 참여자와 함께 여러 핵심 팀 상황에 유용하게 적용할 수 있다.

제품의 수명 내내 여러 분야의 디자이너는 단지 커뮤니케이션 이상의 일을 해야 한다. 인터랙션 디자이너는 시각 디자이너, 산업 디자이너와 조정하고 협동해, 분야마다 가장 효과적으로 일하기 위해 필요한 소재를 갖추도록 의사결정을 준비해야 한다. 이어지는 절들에서는 분야마다 함께 효과적으로 일하는 방법의 요약과 함께, 분야마다 구별되는 책임을 이해하기 위한 프레임워크를 제공한다.

인터랙션 디자인

인터랙션 디자이너는 제품의 동작 방식을 이해하고 지정할 책임이 있다. 이 작업은 몇 가지 중요한 방식으로 시각 디자이너, 인터랙션 디자이너 모두와의 작업과 중복된다. 물리적 제품을 디자인할 때 인터랙션 디자이너는 초기부터 물리적 입력의 요구사항을 지정하고 그 뒤에 숨은 장치의 동작에 대한 영향을 이해하기 위해 산업 디자이너와 작업해야 한다. 인터랙션 디자이너는 프로젝트 내내 시각 디자이너와 경로를 넘나든다. 우리 실무에서는 시각 디자이너가 사용자, 확장된 팀과의 논의와 함께 경험의 감정적 측면과 브랜드의 논의를 안내하면서, 협업이 일찍 시작된다.

시각 인터페이스 디자인

우리 실무에서는 시각 인터페이스 디자인이 인터랙션 디자인 및 (적절한 경우) 산업 디자인과 조화를 이루며 수행해야 하는 중요하며 구별된 분야임을 인정하게 됐다. 제품의 효과와 매력에 영향을 주는 엄청난 힘을 지녔다. 그러나 이 잠재력을 완전히 실현하려면 시각 디자인은 사후에 이뤄지는 생각이 아니어야 한다. '페인트칠'이 아니기 때문이다. 사용자와 사업 니즈를 충족시킬 핵심적인 도구 중 하나로 간주해야 한다.

시각 인터페이스 디자이너의 작업은 디자인의 구성 측면과 시각적 단서와 어포던스가 어떻게 사용자에게 동작을 전달하는지를 강조한다. 이 디자이너는 인터랙션 디자이너와 긴밀히 작업해 인터페이스에서 정보, 흐름, 기능의 우선순위를 이해하고, 적절한 감정적 분위기를 조성해야 한다.

시각 인터페이스 디자이너는 인터페이스의 시각적 구조를 사용자의 멘탈 모델, 애플리케이션의 동작 모두의 논리적 구조에 맞추는 법에 집중한다. 애플리케이션 상태를 사용자에게 전달하고(읽기 가능 대 편집 가능), 기능의 사용자 인식을 둘러싼 인지적 이슈(레이아웃, 시각적 계층구조, 도면-지면 이슈 등)에도 관심을 갖는다.

시각 인터페이스 디자이너는 색상, 타이포그래피, 형태, 구성 등 기본적인 시각적 속성도 잘 다뤄야 하며, 이를 이용한 어포던스, 정보 계층구조, 무드의 효과적인 전달 방식도 알아야 한다. 또한 브랜드 심리학, 그래픽 디자인 역사도 알아야 하며, 현재 트렌드에도 친숙해야 한다. 접근성의 원칙과 인지과학 역시 알아야 한다. 인터페이스 관행, 표준, 흔한 숙어에 대한 근본적인 이해도 필요하다(목표 지향 시각 인터페이스 디자인은 17장에서 더 자세히 다룬다).

그래픽 디자인

20년 전까지만 해도 그래픽 디자인 분야는 패키징, 광고, 환경 그래픽, 문서 디자인에 적용된 출판용 잉크 매체가 지배했다. 이 전통적인 관행은 픽셀 기반의 산출물 수요에 대응하기 위해 발전하지 않았다. 하지만 이 분야는 지난 20년간 상당히 진화했고, 그래픽 디자인은 디지털, 스크린 기반 매체에 대한 접근법에 있어 엄격해졌고 설득력을 얻었다.

재능 있고 디지털에 능한 그래픽 디자이너는 풍부하고 미학적으로 즐거우며 흥미로운 인터페이스를 제공하는 데 탁월하다. 무드나 기업 브랜드에 대한 연결고리를 확립하는 인터페이스를 위해 아름답고 적절한 표면을 만들 수 있다. 그들에게 디자인은 종종 브랜드 경험을 전달하는 톤, 스타일, 프레임워크가 우선이다. 그 다음에야 정보의 판독성과 가독성이며, 어포던스를 통한 동작의 전달은 마지막이다(13장 참조).

시각 정보 디자인

시각 정보 디자인은 인터랙티브한 기능보다 데이터, 컨텐츠, 내비게이션의 시각화에 관심을 둔다. 컨텐츠의 에디토리얼, 정보 구조 이슈에는 별로 관심을 두지 않고, 대신 그래픽 제시에 집중한다는 점에서 정보 디자인과 구별된다. 이 스킬 세트는 특히 사용자가 복잡한 컨텐츠에 대부분의 시간을 쓰는 데이터 집약적인 애플리케이션 디자인에서 중요하다.

시각 정보 디자인의 주요 목표는 이해를 증진하는 방식으로 데이터를 제시하는 데 있다. 타이포그래피, 색상, 형태, 위치, 크기 등 시각적 속성 외에 장기적으로 이 속성이 변하는 방식을 이용해 정보 계층구조를 제어하며 완수한다. 세부사항이나 추가 정보의 연결고리를 노출하는 정보 표시와 함께 마이크로인터랙션도 포함할 수 있다. 시각 정보 디자인의 흔한 응용으로는 차트, 그래프, 스파크라인sparkline, 기타 정량적인 정보 표시 수단 등이 있다. 에드워드 터프티Edward Tufte는 이 주제를 상세히 다루는 『The Visual Display of Quantitative Information』(Graphic Press, 1993) 등 여러 중요한 저서를 남겼다.

산업 디자인

컨버전스 제품을 디자인할 때 산업 디자이너는 물리적 제품의 형식을 정의해, 형태와 소재로 브랜드를 체화해야 한다. 인터랙션 디자인의 목적을 위해 물리적인 입력장치를 지정한다. 인터랙션 디자이너는 사용자의 전반적 니즈와 기기의 목표에 대해 전반적으로 조사를 수행할 수 있다. 산업 디자이너는 비교 분석과 소재 조사로 컨셉의 기반을 닦는다. 입력장치는 기대하던 인터랙션 패러다임이 알려지기 전에는 지정하지 말아야 한다. 소프트웨어 주요 요소의 인터랙션 반복은 각 결과물이 이어지는 단계에 정보를 줄 수 있도록 산업 디자인 컨셉과 평행하게 수행해야 한다. 인터랙션 디자이너는 그 과정 내내 산업 디자이너의 소재 전문성과 인체역학의 통찰력으로부터 혜택을 입으며, 산업 디자이너는 인터랙션 디자이너가 만든 전체적인 경험의 비전으로부터 혜택을 얻는다.

그래픽 디자이너와 시각 인터페이스, 정보 디자이너 간의 스킬 차이와 아주 비슷하게, 산업 디자이너의 서열 간에도 유사한 차이가 발생한다. 개체의 설득력 있고 적절한 형태 제작에 더 강한 사람이 있고, 사용자 목표에 맞고 기기 동작을 전달하는 방식으로 물리적 제어의 논리적, 역학적 매핑을 강조하는 사람도 있다. 풍부한 시각적 표시를 이용하는 소프트웨어가 가능한 기기가 늘어나면서 완벽하고 효과적인 솔루션을 제작하기 위해 인터랙션 디자이너, 시각 인터페이스 디자이너, 산업 디자이너 측에서 노력을 조율해야 한다.

이 역할들 간의 인터플레이는 훨씬 더 많은 미묘함이 개입하며, 이 주제를 상세히 탐구하는 훌륭한 자료가 여럿 있다. 킴 굿윈Kim Goodwin의 저서 『Designing for the Digital Age』

(Wiley, 2011)는 디자인 프로젝트의 정황에서 역할을 정의하고 사고의 파트너십을 확립하는 실용적인 기법과 팁을 제공한다.

확장된 팀

이전 논의에서는 훌륭한 디자인이 작은 핵심 팀 간에 이뤄지게 하는 실행을 다뤘다. 그러나 디자인이 선적 제품으로 바뀌려면, 디자인은 훨씬 더 많은 사람의 사고와 마음속으로 들어가야 한다. 확장된 팀의 나머지가 그 가치를 이해할까? 개선을 위한 비평을 할 만큼 오랫동안 사용해줄까? 초기 화이트보드 세션에서 살아남더라도 제품 오너에게 프리젠테이션한 후에도 살아남을까? 제품 오너를 통과하더라도 제품 엔지니어가 효과적으로 이해해 구현하고 확장할까?

다음 논의에서는 대규모 제품 중심의 팀에서 디자인을 통합하는 단순한 전략들을 개괄하려 한다. 제품이나 서비스 디자인 및 개발에서 모범 사례를 포괄적으로 설명하려는 의도가 아니다. 진정 훌륭한 아이디어는 아주 드물다. 그래서 핵심 팀 간에, 그리고 확장된 제품 팀 전반에 걸쳐서도 역량 있는 협업자로부터 적시에 솔직한 피드백이 필요하다. 이번 절에서는 제품 팀 내에서 자주 함께 일하는 주요 실무자를 논한다. 아이디어가 적시에 필요한 유형의 비평을 얻도록 언제, 어떻게 협업하는지를 강조한다.

책임과 권한의 영역

디자이너는 결코 훌륭한 인터랙티브 경험 제작의 유일한 참여자가 아니다. 디지털 제품 조직에서 엔지니어, 마케터, 사업 임원진의 전문성은 제품 제작과 진화에서 디자인 작업과 엮여야 한다. 다음 목록은 그 다양한 분야 간에 동등한 권한 분리로 균형이 잡힌 책임의 분리를 설명한다.

- **디자인**은 제품의 사용자 목표를 책임진다. 여러 조직은 현재 목표를 책임지는 특정 개인, 팀을 두고 있지 않다. 이 책임을 수행하기 위해 디자이너는 제품의 룩앤필, 동작을 결정할 권한이 있어야 한다. 정보에 대한 접근권도 필요하다. 니즈에 관해 잠재적인 사용자와, 기술적 기회와 제약에 관해 엔지니어와, 기회와 요구사항에 관해 마케팅과, 조직이 결의를 보이는 제품 유형과 경영진이 기대하는 결과에 관해 경영진과 함께 이야기해야 한다.

- **사용성**은 사용자가 의도대로 디자인에 반응하는지, 전반적인 경험과 세부 인터랙션이 기대하던 효과를 낳는지, 즉 유용하고 사용성 높으며 바람직한지 검증할 책임을 진

다. 효과적이려면 사용성은 디자인 그룹에서 독립하되 함께 협업해야 하고, 사용성과 디자인 모두 정보를 바탕으로 객관적인 입장에서 결과를 가늠할 수 있는 의사결정자에게 보고해야 하며, 디자인이나 구현의 실행에 필요한 수정 권한이 있다. 사용성의 강점은 문제 확인에 있는 반면, 디자인의 강점은 솔루션 확인에 있다. 협업은 이 업무 분장을 유지할 때 가장 효과적이다.

- **엔지니어링**은 구성을 책임진다. 즉 백로그 항목의 상대적인 난이도 및 비용과 함께 원자재와 구성 프로세스, 예를 들어 개발 플랫폼과 라이브러리에 대한 권한이 있어야 한다는 뜻이다. 엔지니어링, 디자인 팀은 그 항목에 우선순위를 부여할 때 연락을 유지해야 한다. 디자이너는 형태와 동작의 구현을 검토하고 반응을 보여야 하며, 두 팀 모두 개발 및 테스트 과정에서 전반적인 경험의 성패를 측정해야 한다. 디자이너는 엔지니어에게 의존해 기술적 제약과 기회 외에 제안된 디자인 솔루션의 현실성에 대해서도 지침을 제공해야 한다.

- **마케팅**은 고객 니즈, 선호도, 동기들로 시장 기회를 정의할 책임이 있다. 이 팀은 결국 제품을 구매하도록 고객을 설득해야 한다. 그러기 위해 마케팅 팀은 가장 구매력 있거나 혜택이 되는 고객 세분화를 옹호할 권한이 있어야 한다. 그 구성원은 적절한 사용자로 디자인 리서치를 타깃팅할 때 가이드를 제공해야 하며, 팀은 디자인 리서치의 결과물에 접근할 수 있어야 한다(3장에서 논한 대로 고객과 사용자는 종종 각기 다른 니즈의 각기 다른 사람임을 지적할 만하다).

- **사업 선임**은 제품의 수익성도 책임지기에 사업 기회의 정의를 책임진다. 이 집단은 차별화 기회가 존재하는 곳, 확장된 팀 전반에 걸쳐 우선순위를 잡아야 하는 기능과 요소에 관해 의사결정을 유도해야 한다. 그 결정을 위해 사업 선임은 디자인의 리서치와 제품 정의, 마케팅의 리서치와 영업 전망, 엔지니어링의 제품 제작 기간 및 비용 추산 등 다른 집단으로부터 분명한 정보를 얻어야 한다.

이 팀들 간의 협업은 두 곳에서 가장 잘 이뤄진다. 새 아이디어를 탐구, 평가, 가공하는 잦은 비공식 업무 회의, 그리고 확립된 프로세스의 단계가 끝날 때마다 상응하는 체크포인트다. 업무 회의는 디자인이 형상화되기 시작한 후 엔지니어에게 특히 중요하며, 프로젝트의 초기와 후기에서 마케팅에 중요하다.

제품 비전이 진화하면서 팀마다 지속적으로 그 핵심 관심사에 대처하려 해야 한다.

- **디자이너**: 경험을 가공할 때 가장 단순하면서도 일관성 있고 즐거움을 주는 장치는 무엇인가?

- **사용성 전문가**: 디자인은 유용성, 사용성, 기대감에 대한 약속에 맞춰 전달되는가? 사용자는 실제로 제품을 디자인에서 가정한 대로 사용하는가?

- **엔지니어**: 빠르고 탄탄하며 확장, 확대 가능한 방식으로 경험을 어떻게 전달하는가?

- **마케터**: 수용을 어떻게 유도하는가?

- **사업 리더**: 제품 기능과 시장 수요가 어디서 가장 명백히 중첩되는가?

팀원들이 이 질문들에 집중해서 우선순위가 적절하도록 보장할 때, 확장된 팀의 인터랙션은 분명하고 직접적이다.

애자일 개발자와의 협업

디자이너는 적절한 경험을 상상하고 지정한다. 사용자를 즐겁게 하는 형태, 맞다는 느낌의 경험, 용도에 맞는 동작이다. 개발자는 결과를 제공한다. 적절한 경험이 적절히 구축돼야 한다. 예전에는 모든 디자인이 코딩 시작 전에 완료돼야 한다고 믿었지만, 바람직하지도, 실용적이지도 않음을 깨닫게 됐다. 방법론적으로 테스트하고, 그 과정에서 디자인 가설의 현실성을 입증할 때 분명한 혜택이 드러난다.

애자일 개발 방법은 몇 년에 걸친 개발 기간, 수백 페이지의 요구사항, '품질'을 보장하기 위한 다양한 '게이트'가 있는 프로세스, 수십 명의 참여자가 특징인 '폭포수^{waterfall}' 방법의 아주 현실적인 결함에 대한 답으로 출현했다. 애자일 방법은 시간과 에너지를 최적화하고, 낭비를 줄이며, 컨셉이 실제로 가치를 사용자에게 전달하도록 보장하려 한다. 6장 초반부에서 논한 같은 원칙 중 상당수, 즉 작은 팀, 집중된 작업, 잦은 논의를 권장한다. 하지만 소프트웨어 개발 관행이 진화했더라도 애자일 방법 역시 복잡하며, 경우에 따라 디자인 작업을 단축한다.

이번 절에서는 디자이너의 작업이 애자일 방법으로 개발한 제품 개발에 어떻게 정보를 주고 형태를 잡도록 보장하는지 논의한다. 일단 애자일 방법에 관한 몇 가지 근본 관점을 이해해보자.

- 사업 임원진은 애자일 개발이라는 아이디어를 아주 좋아하는 경향이 있다. 경제적이고 효율적으로 들리기 때문이다. 하지만 사업 임원진은 종종 훨씬 나중까지도, 빠른 구축이 빠른 사고를 의미하며 빠른 사고는 탄탄한 가정의 토대와 예상되는 결과물을 요한다는 사실을 깨닫지 못한다. 기저의 토대나 공유된 비전이 구축 및 테스트 대상에 대해 존재하지 않으면, 애자일 작업은 목표가 없고, 약속과 반대로 시간만 낭비한다.

- 개발자는 애자일 방법을 아주 좋아하는 경향이 있다. 그런 방법은 그들이 좋아하는

것(코딩)을 더 지원하고, 좋아하지 않는 것(회의 참석, 요구사항 문서 해석)을 덜 지원하기 때문이다. 하지만 잘못 적용하면 이 작업 방식은 모호하게 지정된 목적지로 곧장 달려가, 고전적인 폭포수 방법만큼이나 좌절감을 주는 막다른 길에 이를 수 있다.

경험상 애자일 개발은 핵심 제품 요소를 분명히 그리고, 폭넓게 이해하며, 잘 테스트할 수 있을 만큼 구현할 때 아주 성공적이다. 따라서 경험의 주요 요소를 구축 전에 계획, 시각화, 논의해야 함을 깨달았다. 아주 반복적인 프로세스에서도 정보 기반의 기획은 구성에 선행해야 한다. 실행 전에 생각을 해야 한다. 디자인, 구성의 단정한 순차적 분화보다 훨씬 엉망인 현실이지만, 디자이너, 개발자, 사업 의사결정자 간의 생산적인 대화를 시작할 수 있다.

이 절의 나머지 부분에서는 상위 수준의 몇 가지 단순한 질문을 다룬다.

- 애자일 정황에서 디자인은 어떤 의미인가?

- 디자이너는 빠른 애자일 방식에 실무상 어떻게 적응해야 하는가?

애자일 팀의 디자이너 작업

인터랙션 디자이너는 일관된 솔루션이 첫날부터 완벽히 형성되지 않을 것임을 알기에, 단순함과 일관성을 추구한다. 자주 인용되는 앙투안 드 생텍쥐페리[Antoine de Saint-Exupéry] 디자인 잠언의 정신에 따르면, 장기적으로 출현한다. "완벽이란 더 이상 더할 것이 없을 때 얻어지는 게 아니다. 더 이상 뺄 것이 없을 때 완성된다."[3] 폭포수 방법은 이런 작업 방식에 더 친숙하다. 아이디어를 개발하고 결함을 노출해 제거할 시간을 제공하기 때문이다. 애자일 방법은 작은 반복으로 속도와 집중을 높이 사지만, 디자이너에게 사용자가 진행 중인 디자인을 어떻게 해석할지 이해할 기회로 보상한다.

애자일 정황에서 디자이너는 우선순위 부여와 시각화를 해야 한다. 기대하던 결과물에 명료함과 구체성을 가져다주고, 어떤 요소를 개발해 이를 달성해야 할지를 놓고 대화를 도와줄 수 있다. 여러 다른 정황의 디자인 작업과 유사하게 들리지만, 중요한 차이점 두 가지가 있다.

- 사람들이 애자일 팀에서 작업할 때 경험을 정의하는 방법에 있어서 긴장이나 완전한 불일치가 있을 수 있다. 디자이너는 사용자 경험의 주요 요소를 정의하면서도 그 정의에 대한 제약이나 장애를 드러낼 개발자와 조화롭게 작업할 수 있어야 한다.

- 디자이너는 실행 시 입력과 결과물에 관해 다르게 생각해야 한다. 애자일 개발자는 초기부터 자주 사용자로부터 피드백을 허용한다. 이는 기회이며, 디자이너는 그만큼

---

3   Saint-Exupéry, 2002

좋게 받아들여야 한다.

디자이너는 애자일 환경에서 사용자 경험의 비전을 완벽히 시각화하고 완성할 기회가 좀처럼 없다. 그러나 제품 정의와 개발 중인 항목의 우선순위 부여에서 목표 지향성을 옹호해야 한다.

애자일 팀의 사용자 경험 정의

애자일 개발자와의 협업 노력을 시작할 때 디자이너는 경험 중 상당 부분이 어떻게 이미 정의, 지정, 암시됐는지 재빨리 측정하고 싶을 것이다. 이 정의는 선임 아키텍트나 사업 임원진이 제작한 와이어프레임의 형식으로 명시적일 수도 있고, 작업 방식에 관한 공유된 가정, 사용된 기술 요소 등의 형식으로 암시적일 수도 있다. 디자이너는 사용자 경험의 주요 요소, 즉 레이아웃과 내비게이션 메타포, 정보 구조, 윤색된 느낌을 확립하는 전환 및 애니메이션을 형성하리라 기대한다. 그러므로 미리 결정된 암시와 제약으로 판단해야 한다.

최상의 애자일 팀에서는 디자이너가 경험의 토대를 지정하는 동안, 개발자는 사용자가 대면하지 않는 기술 토대를 닦는다. 최적이지 않은 경우, 디자이너는 가정된 스펙, 특히 경험의 중요한 측면을 미숙하게 정의한 스펙에 대면해 재빨리 움직여야 한다. 이 대화는 어려울 수 있지만, 사용자 경험의 모든 요점은 사용자 경험을 통해 제품의 가설을 표현하는 것이다.

우리 실무에서 애자일 개발자는 이 단계에서 역량 있는 사고의 파트너일 수 있다. 재능 있는 개발자는 인터랙티브한 제품의 인프라와 연결고리에 관해 깊이 생각하며, 진정한 엔지니어링 복잡성이 있는 곳에 건전한 관점을 가져다준다. 최상의 경우 디자인을 적용할 적절한 수준을 향해 유용한 방향성을 제시해, 디자인 작업이 유용하고 제대로 구현되도록 보장한다. 최악의 경우에는, 개발자도 디자이너도 다른 이의 전문성이 지니는 가치를 이해하지 못한다.

애자일 팀에서 가치 있는 작업을 하는 것은 다른 정황에서 작업할 때와 거의 같다. 항상 사용자의 목표, 정황, 흐름을 표현하고, 기대하던 경험을 시각화하고 반복하며, 잦은 사용자 피드백을 유도, 수집, 해석하는 일로 귀결된다. 애자일 팀에서 디자이너는 가장 큰 사용자 경험의 과제가 어디 있는지 재빨리 결정해, 관련 요소 흐름이 개발 시작 전에 정의되도록 보장할 수 있어야 한다.

사용자 경험 디자이너와 애자일 개발자 협업의 사례 연구는 제프 고셀프[Jeff Gothelf]와 조시 사이든[Josh Seiden]의 「스매싱 매거진[Smashing Magazine]」 기사 'Lean UX: Getting Out of the Deliverables Business'를 읽어보라.[4] 특정 애자일 개발 정황에서 사용자 경험 디자인을 적

---

4 http://www.smashingmagazine.com/2011/03/07/lean-ux-getting-out-of-the-deliverables-business/

용할 수 있는 방법에 관한 좋은 안내다.

사용자 피드백 통합

디자이너에게 애자일 프로세스의 가장 가치 있는 부산물은 사용자 경험에 관한 많은 피드백이다. 이 피드백은 적절히 유도, 수집, 해석하는 한 아주 유용할 수 있다. 디자이너라면 새 기능이나 요소를 출시할 때마다 사용자 경험에 관해 무엇을 알고 싶은지 결정해야 한다.

애자일 정황의 피드백은 빠르지만 친숙하다. 초기에는 근본적인 사용자 가설이 정확한지 이해하는 방향으로 유도해야 한다. 기대하던 사용자가 기대하던 가치를 뽑아내는가? 주요 요소는 얼마나 잘 부합하는가? 무엇을 작업하고 싶은지 상관없이 효과적인 것도 찾아야 한다. 사람들이 무엇을 사용하는가? 왜?

개발이 진행되면서 피드백은 더 집중될 수 있다. 주요 요소는 잘 흐르는가? 어떻게 접근하는가? 사용자는 어디서 실수하는가? 무엇 때문에 놀라는가?

창의적인 문화의 조성

팀의 확립도 중요하지만, 역량 있는 인력으로 가득 찬 팀도 좋은 산출물을 보증하지는 않는다. 훌륭한 팀은 물리적이든 가상이든 육성하는 환경에 위치하기에 출현하고 발전한다. 경험상 팀의 문화적, 사회적 역학은 역할을 중심으로 한 명료성만큼 중요하다. 팀은 함께 하는 작업을 즐기는가? 같이 있으면 즐거운가? 서로 일정이 맞는가? 관심사는? 작업 방식은? 유머 감각은?

유명 음반 프로듀서 스티브 알비니Steve Albini는 녹음 스튜디오에 들어가기 전, 밴드에게 자신의 기대 수준을 편지로 남긴 적이 있다.

> 수백 장의 음반 작업을 해왔습니다만, 최종 결과물의 품질과 밴드 분위기의 직접적인 상관관계를 프로세스 내내 봐왔습니다. 음반이 오래 걸리면 모두들 실망해서 모든 단계를 검토합니다만… 최종 결과물은 좀처럼 칭찬할 만하지 않아요.[5]

유명한 녹음 스튜디오가 좋은 음반을 보증하진 못하며, 훌륭한 프로듀서도 마찬가지다. 이 요소들도 중요하지만 세션이 비생산적이면 투자는 낭비다. 프로세스는 구조를 제공할 수 있지만, 아이디어 자체는 출현과 발전을 위해 빛과 생명이 필요하다. 긍정적이고 생산적인 조직 문화를 만드는 일은 너무 큰 주제라 여기서 완벽히 탐구할 수는 없지만, 너무 중요해서

---

5 http://dontpaniconline.com/magazine/music/steve-albinis-letter-to-nirvana-before-he-produced-in-utero

그냥 넘어갈 수 없다. 조직 문화의 원재료 몇 가지는 다음과 같다. 창의성의 불꽃을 일으킬 때 필요한 문화적 산소 발생을 위해 이 요소들을 어떻게 사용할지 생각해보자.

- **환경적인 우연**: 창의적인 조직은 환경 디자인에 대해 과도할 수 있지만, 그런 과도함도 방법일 수 있다. 인력, 산출물, 구조적 요소의 캐주얼한 인터랙션이 창의적인 분위기를 조성한다. 작은 환경상의 놀라움(대담한 색, 새로운 텍스처, 흥미로운 표면)이 톡톡 튀는 아이디에이션의 외부적인 격려가 된다.

- **작은 작업 공간**: 이상적인 작업실은 돌아다닐 공간과 함께 스케치 표면과 도구를 제공하는 창의성에 친숙한 곳이다. 산만함만큼 속도를 방해하는 것은 없으니, 작업실은 가능한 한 외부 세계와 차단돼야 한다. 이 목표를 달성하는 전형적인 구조적 방법은 문이지만, 개방된 도면의 작업 공간에서 문은 드물 수 있다. 구석을 찾아 장벽을 치고, 문제를 파고드는 동안 나머지 세상을 차단한다.

- **협업 행동 강령**: 팀은 함께 작업하는 방식에 관해 합의해야 한다. 서로의 역할, 책임, 작업 습관에 대한 명료성과 신뢰가 중요하다. 간단한 의식은 좋은 팀워크의 토대다. 회의 시작 시간, 지속 시간, 휴식, 안건은 사소해 보일 수도 있지만, 문제가 누적될 수 있다. 함께 초점을 확립해야 하니, 전화는 *끄고* 노트북은 닫는다. 부엌 싱크대에 쌓인 더러운 접시더미처럼, 사소한 부주의는 좋은 의도를 쉽게 압도할 수 있다. 설거지를 하고, 팀 동료들에게 책임을 지운 후, 작업에 들어간다.

- **긍정적인 일탈의 공간**: 일탈은 예상하지 못한 통찰력을 전달하기 전까지는 어처구니없어 보일 수 있다. 팀이 시간에 쫓길 때, 일탈은 낭비라는 느낌에 에너지를 소진할 수 있다. 일탈에 개방적인 팀은 더 광범위하게 논의하고 더 흥미로우면서도 세심히 고려한 솔루션에 도달하는 경향이 있다. 방황의 시간을 좀 남겨두라는 교훈이다.

파트너십의 수명 내내 사회적 역학에 주목해야 한다. 팀 내에 갈등이 있으면, 진행이 더디고, 품질은 악화되며, 최종 결과는 누구에게도 칭찬받을 만하지 않다. 디자인 팀에게 질 낮은 솔루션은 결국 실망일 것이다.

디자이너 스킬 수준의 확인

디자이너의 스킬은 디자인 문제의 규모나 심도에 맞아야 한다. 장인은 단순한 문제를 지루해한다. 견습자는 결국 그들의 스킬에 맞지 않는 미묘하고 복잡한 문제에 봉착하고 만다. 두 경우 모두 제품은 고통을 겪고, 디자인 조직의 평판은 타격을 받을 수 있다. 디자인 리더는 실무에서 디자이너의 능력에 문제가 맞도록 보장해야 한다. 그러려면 문제의 위치, 규모, 영향을 디자인 시작 전부터 깊이 감지해야 한다.

수준마다 필요한 스킬과 경험의 수준에 관한 우리의 사고방식은 이렇다.

- **견습자**: 스킬 개발을 안내해줄 멘토와 짝을 이뤄야 하는 초년의 디자이너다. 견습자가 디자인 문제의 과업에 정말 맞고, 신뢰할 만하게 탄탄하고 건전한 아이디어를 제시할 수 있는 디자인 판단력을 개발하려면, 상당한 시간과 노력이 필요할 수 있다. 이 스킬을 개발하는 과정에 견습자는 스킬 수준을 넘는 문제를 해결하도록 성장할 수 있어야 하지만, 그동안 상위 팀 동료의 강력한 지원과 안내가 필요하다.

- **장인**: 시간이 흐르며 디자이너는 기교를 마스터하면서 점점 더 독립성을 얻는다. 그러면 핵심 팀 내의 리더십 역할을 맡아 매일 창의적인 비전을 주도할 수 있다. 여러 디자이너는, 특히 조직의 리더십 책임을 맡으려는 경향이 덜할 경우, 이 수준에서 전체 경력을 보낸다.

- **리더**: 조직적 리더십을 제공할 의지와 자질과 함께 높은 수준의 디자인 기교를 보유한다. 대량 생산품 제조사에서 디자인 리더는 디자인 팀에게 안내와 구조를 제시하고, 예산과 권한을 변호하며, 프로젝트 범위와 우선순위를 잡고, 디자인의 대의를 홍보하며, 디자이너를 채용하는 데 있어 핵심적이다.

디자인 스킬의 수준을 높이는 일은 디자인 판단력의 개발로 귀결된다. 디자이너는 그 과업에 대한 솔루션의 적절성을 얼마나 빨리 인식할 수 있는가? 그리고 문제의 더 나은 해결책이나 더 깊은 이해를 행해 팀을 얼마나 안정적으로 인도할 수 있는가? 리더는 디자인 판단력의 딱딱한 스킬을 멘토 스킬과 조직적 숙련도로 보완해야 한다. 모든 디자이너가 이 역량의 개발을 열망하지는 않으며, '리더십'은 아주 재능 있는 장인에게 절대 유일하지도 않고 가장 최적도 아닌 최종 지점이다.

협업이 핵심이다

창의적인 비전이나 좋은 디자인 판단력은 비결이 없다. 적절한 컨셉이 있다고 믿을 때조차 잘 실행하려면 고된 작업, 근면, 스킬이 상당히 필요하다. 가장 까다롭고도 혼란스럽지만 궁극적으로 보상이 있는 이 고된 작업의 측면 중 하나는 제품 팀, 사업 팀 나머지와의 협업이다. 이 노력과 과제가 일으키는 현기증 때문에 우리는 방법론적인 접근법을 취하겠다는 동기가 생겼다.

디자이너가 프로젝트 팀의 다른 인력 모두와 협업할 수 있어야 함을 깨달았다. 그들의 작업은 전반적인 사용자 경험에 영향을 준다. 프로젝트에 따라 디자인 전략가, 사용자 및 시장 조사 담당자, 사용자 문서화 담당자, 패키징 디자이너, 어쩌면 매장 및 POS 디자이너까지 포함할 수 있다. 이 협업의 요점은 사용자 경험의 모든 측면이 조화를 이루도록 보장하는 것이다. 여러 목적으로 작업하거나, 궁극적으로 사용자를 혼란에 빠뜨리거나 제품 메시지를 모호하게 할 수 있는 서로 다른 디자인 언어를 사용하지 말아야 한다.

결국 사람들의 니즈에 맞는 제품을 성공적으로 전달하려면, 수많은 인력의 노력을 세심히 조정해야 한다. 효과적이려면 디자이너는 궁극적으로 제품을 밀고 당기는 수많은 힘들 사이에 섬세한 균형을 조율할 상당한 책임을 맡아야 한다. 6장에서 설명한 도구가 사용자와 고객을 진정으로 만족시키는 훌륭한 디지털 제품을 제작하는 데 도움이 되길 바란다.

2 행동과 형태 디자인의 세계로

7장

훌륭한 디자인의 탄생

1부에서는 바람직하고 효율적인 제품을 디자인하는 방법을 알아봤다. 이제 효과적인 디자인 프로세스를 속속들이 알게 됐다. 하지만 프로세스를 따라가는 동안 올바른 디자인 의사결정은 어떻게 내려야 할까? 훌륭한 디자인을 가치 있게 만드는 요소는 무엇일까? 앞서 살펴본 대로 디자인은 사용자의 목표와 니즈를 만족시켜야 한다. 동시에 기술적 제약 안에서 사업적 목표를 멋지게 달성해야 한다. 이를 바탕으로 디자인의 질을 평가할 수 있다. 그렇다면 다양한 목표를 얼마나 성공적으로 달성했는지는 어떻게 평가할 수 있을까? 좋은 디자인을 판단하는 잣대가 되는 속성이 존재할까? 유사한 문제를 접할 때마다 일반적으로 적용할 수 있는 모범 디자인 같은 건 없을까? '훌륭한' 디자인만이 갖고 있는 공통적인 특징은 무엇일까?

해답은 인터랙션 디자인의 가치와 원칙, 패턴에서 찾을 수 있다. 디자인 가치design value는 성공적이고 적절한 디자인 실행의 가이드라인이다. 디자인 원칙design principle은 사용자에게 유용한 가이드라인으로, 누구나 갖고 싶은 제품과 서비스, 시스템을 디자인할 수 있게 도와준다. 디자인 패턴design pattern이란 모범적이고 일반화된 디자인 솔루션을 말한다. 구체적인 문제를 해결할 때마다 적용해볼 수 있다.

디자인 가치관

디자인 가치관이란 사용자의 행동을 관리하고 조절하는 규칙을 뜻한다. 이 장 뒷부분에서 논의할 원칙과 패턴에 정보와 동기를 제공한다.

디자인 원칙의 핵심에는 가치관과 믿음이 존재한다. 사용자의 니즈를 충족시키는 데 기본 목적이 있다. 로버트 라이만^{Robert Reimann}과 휴 듀버리^{Hugh Dubberly}, 킴 굿윈^{Kim Goodwin}, 데이빗 포어^{David Fore}, 조너선 코어맨^{Jonathan Korman}이 디자인 가치관을 개발했다.

훌륭한 디자인은 항상 다음과 같은 가치를 지닌다.

- **디자인 윤리**(사려 깊은, 도움이 되는)

    - 해가 되지 않는다.

    - 사용자가 처한 상황을 개선한다.

- **유용성**(쓸모 있는, 사용성 높은)

    - 사용자가 목표를 달성하도록 돕는다.

    - 사용자의 정황과 능력을 뒷받침한다.

- **실용성**(지속 가능성 있는, 구현 가능성 있는)

    - 조직이 세운 경영 목적을 달성하는 데 도움이 된다.

    - 기술, 사업 측면의 요구사항을 잘 조화시킨다.

- **우아함**(효율성, 예술성, 감성)

    - 가장 간단하면서도 완성도 높은 디자인 해결책을 제시한다.

    - 내재된 의미를 명확히 전달하고 이해하기 쉬운 내부적 일관성을 유지한다.

    - 논리적 이해와 감성을 적절히 자극하고 반영한다.

이러한 디자인 가치를 하나씩 자세히 알아보자.

인터랙션 디자인의 윤리

인터랙션 디자이너라면 누구나 디자인 윤리와 관련된 질문에 한 번쯤 봉착하게 된다. 인간의 삶에 큰 영향을 미치는 제품을 디자인하려면 흔히 발생하는 일이다. 이 질문에 대한 답이 사용자를 비롯한 많은 사람에게 직·간접적인 영향을 미친다. 시각 디자인은 주로 표현의 문제를 다룬다. 설득력 있게 제품을 표현하고 효과적으로 마케팅하는 방법을 고민한다. 반면, 인터랙션 디자인은 더 높은 수준의 고민을 다룬다. 표현의 문제는 일종의 수단에 지나지 않는다. 디자이너의 역할은 사용자가 제품을 더 나은 방향으로 사용할 수 있도록 이끄는 것이다.

제품은 끊임없이 사용자와 인터랙션한다. 디자이너의 역할은 제품이 옳은 인터랙션을 행할 수 있도록 이끄는 것이다. 제품을 직접 사용하는 사용자에게 득을 주는 디자인은 비교적 명쾌하다. 하지만 제품이 주변 사람들에게 미치는 영향은 쉽게 가늠할 수 없다.

해가 되지 않는다

제품은 지구에 존재하는 어떤 생명에게도 해가 돼서는 안 된다. 어쩔 수 없는 상황이라면 그 피해를 최소화해야 한다. 제품이 줄 수 있는 해악의 종류를 나열해보자.

- **대인관계 해악**: 모욕, 품위 상실, 창피
- **심리적 해악**: 혼란, 불편, 좌절, 강압, 지루함
- **물리적 해악**: 고통, 상해, 빈곤, 죽음, 허술한 안전
- **경제적 해악**: 이윤, 생산성, 부나 저축금의 손실
- **사회적 해악**: 노동력 착취, 부정부패
- **환경적 해악**: 오염, 생태계의 파괴

대인관계 해악과 심리적 해악을 피하려면 사용자를 깊이 이해해야 한다. 제품 개발에 참여하는 모든 이가 위의 내용을 충분히 숙지해야 한다. 2부와 3부에서는 해가 되지 않는 옳은 디자인을 하는 방법을 살펴본다. 인간의 사고와 감정에 영향을 미치는 디자인에 도움이 되는 다양한 컨셉을 논의한다. 물리적인 해악을 피하려면 인간공학에 대한 깊은 이해를 바탕으로 인터페이스를 설계해야 한다. 물리적 해악은 단순하게는 반복적인 스트레스성 부상이나 과도한 마우스 사용 등에서 비롯될 수 있다. 형편없는 디자인의 훨씬 더 심각한 이슈는 사망을 초래하는 것인데, 과도하게 복잡하고 산만한 차량 내비게이션 시스템에서 일어날 수 있다.

마지막 세 유형의 해악에 관한 사례는 일반적인 소비자 제품보다는 주식 거래 애플리케이션, 핵발전소, 석유 굴착기나 전자 투표 시스템 등에서 심도 깊게 고려해야 한다.

군사용이나 도박용 애플리케이션 혹은 어떤 의미에서 의도적으로 해가 되는 기타 애플리케이션, 혹은 노동력의 효율을 높이기 위해 고용자가 노동력을 줄일 수 있게 해주는 애플리케이션은 디자이너의 양심이라는 다른 과제를 제기한다. 그런 윤리적 회색지대는 답이 쉽지 않다.

표면적으로 환경적, 사회적 해악은 대부분의 소비재와 관련된 이슈로 보이지 않을지 모르나, 더 깊이 검토해보면 지속 가능성이라는 중요한 이슈를 노출한다. 디자이너는 디자인 중인 제품의 전체 수명을 폐기한 후까지도 주의해야 한다. 제품 사용자의 행동이 더 넓은 환경에 어떤 영향을 줄지도 인식해야 한다. 예를 들어, 아이폰과 그 관련 생태계는 이동통신 및 기타 네트워크의 데이터 사용을 극적으로 늘렸다. 한편으로는 이동통신 중계기를 더 많이 구축하고, 서버 팜을 방대하게 확장하고, 전력 수요도 급증하게 했다.

환경적 영향은 소비재의 2, 3차 효과라서 예측하기 어려울 수 있지만, 그럼에도 불구하고 궁극적인 결과는 아주 중대할 수 있다. 저서 『User Experience in the Age of Sustainability』(Morgan Kaufmann, 2012)에서 켐 로린 크레이머^{Kem-Laurin Kramer}는 지속 가능성에 영향을 주는 제품 수명의 핵심 단계를 다음과 같이 확인한다.

- **제조업** 내에서도 자재, 유형, 추출, 가공 프로세스와 소재 활용은 제품의 환경에 대한 영향을 정의하기 시작한다.

- **운수업** 내에서도 제품을 시장에 내놓을 때 쓰는 교통 수단, 관련 전력원은 환경에 영향을 남긴다.

- **제품 활용과 에너지 소비** 중에서도 제품을 제작하고 제품에 전력을 공급하며 서비스를 유지하는 에너지는 환경에 영향을 미친다.

- **재활용** 중에서도 재료 재사용, 수리/서비스 편의, 업그레이드 경로, 대체 부품 사용 가능성은 환경에 미치는 영향을 감안하게 된다.

- **시설** 중에서도 제조, R&D, 영업, 물류, 서버 팜 등 기타 물리적 지원 입지의 환경 요건은 제품의 환경적 영향 중 나머지의 윤곽을 그린다.

이 다섯 단계는 신제품 디자인을 생각할 때 많은 고려를 해야 할 듯한데, 디지털 제품은 훨씬 덜 한다. 전형적인 웹 서비스의 에너지 소비와 시설 등 소프트웨어 제품에 대해서는 사실 소수만 적용된다. 그러나 그런 요인을 고려하는 애플 같은 회사를 볼 수 있다. 애플의 최근 제품 중 상당수는 특히 재료를 최소화하고, 재활용성을 극대화하며, 전력 소비를 줄이기 위해 디자인됐다. 애플이 소프트웨어 측면에서도 앞을 내다보는 지속 가능한 접근법에 맞출 수 있었는지는(예를 들어 아이클라우드, 아이튠즈 서비스를 지원하는 엄청난 전력 소비를 하는 거대한 서버 팜을 생각해보자) 어쩌면 의문일 것이다. 구글과 페이스북을 비롯한 전체 웹 서비스 산업은 이 이슈에 대처해야 한다.

사용자가 처한 상황을 개선한다

해를 끼치지 않는다고 디자인 윤리가 성립되지는 않는다. 훌륭한 제품은 사용자가 처한 상황을 개선한다. 몇 가지 예를 제시해보겠다.

- 개인적, 사회적, 문화적 이해의 개선
- 개인 또는 집단의 효율성 증가
- 개인과 집단 사이의 효과적인 의사소통
- 개인과 집단 사이의 사회적, 문화적 긴장 상태 완화
- 법적, 물질적, 사회적 평등의 개선
- 사회적 이해를 통한 문화 다양성과 균형

디자이너는 이와 같이 폭넓은 이슈를 항상 염두에 두고 있어야 한다. 새로운 디자인 프로젝트에 참여할 때마다 되짚어봐야 한다. 선의를 행할 수 있는 기회가 있다면 항상 고민해보도록 한다. 목적지까지 조금 돌아가더라도 말이다.

인터랙션 디자인의 유용성

이 책의 근본적인 주제는 사용자의 목표를 정확히 이해하고 훌륭한 디자인을 제시하는 데 있다. 1부에서 목표 지향 디자인을 바탕으로 유용한 디자인을 도출하는 방법론을 살펴봤다. 유용한 디자인을 완성하려면 사용자의 목표를 정확히 이해하는 것뿐 아니라, 사용상의 제약을 이해하는 일도 중요하다. 사용자 리서치와 퍼소나는 이런 제약을 이해하는 데 유용한 도구다. 실제 사용자의 행동 패턴을 관찰하면 사용자의 강점과 약점을 쉽게 이해할 수 있다. 이전에는 알지 못했던 사용자의 면모를 발견할 수 있다. 목표 지향 디자인은 사용자의 약점을 보완하고 강점을 이끌어내는 디자인을 도출하는 지름길이다.

인터랙션 디자인의 실용성

책장에 쌓여 있는 먼지는 아무 쓸모가 없다. 실용성이 없는 디자인은 쓸모없는 먼지와 마찬가지다. 디자인은 반드시 '가치'를 지녀야 한다. 사용하면 할수록 사용자에게 이득을 남겨야 한다. 의미 있는 가치를 지니려면 기술, 사업적 측면의 요구사항을 고려해야 한다. 디자이너가 개발 팀과 사업 부서로부터 세세한 사항을 직접 듣고 혼자 고민해야 한다는 뜻은 아니다. 어느 조직이든 경영 팀, 개발 팀, 디자인 팀은 의견이 각기 다르다. 조금씩 다르게 제품을 정의하기 마련이다. 활발한 의사소통과 논의를 바탕으로 조금씩 다른 관점을 통일해나가야 한

다. 개발자가 말하는 '불가능'을 예로 들어보자. 새로운 디자인 시안을 보고 개발자는 '불가능'하다고 말한다. 개발자가 말하는 불가능은 '현재의 스케줄 내에서' 불가능하다는 뜻이다. 마케팅 팀은 사용자 행동에 대한 이해 없이, 수치적 통계 자료에만 근거해 사업 계획을 세우곤 한다. 반면 디자인 팀은 수치 자료보다는 정성적인 리서치 자료에 익숙하다. 디자이너가 제시하는 사업 모델은 그만큼 새롭고 색다른 관점을 제시하기도 한다. 결국 훌륭한 디자인을 하려면 각 조직 간의 원활한 의사소통이 필수적이다. 디자인과 경영, 기술 그룹 사이에 서로 믿고 존중하는 관계를 형성해야 한다.

인터랙션 디자인의 기품

'기품'이라는 말을 사전에서 찾아보면 '고상하고 우아한 아름다움' 또는 '검소하고 꾸밈 없는 간결함'이라고 기술한다. 인터랙션 디자인에서의 기품이란 무엇일까? 여기서 소개하는 세 가지 요소 중 두 가지 이상을 통합한 것이다.

간결하고 완성된 디자인

'더 크게 이루기 위해 더 적게 쓴다'는 형태 경제economy of form의 논리를 생각해보자. 이는 훌륭한 디자인의 공통 요소이기도 하다. 인터페이스 디자인 관점에서 해석해보자. 주어진 과업을 수행하는 데 꼭 필요한 공간과 요소만을 사용해야 한다. 사용자 행동의 관점에서 보면 더 넓게 해석할 수 있다. 간단한 도구만으로도 대단한 결과물을 만들어낼 수 있다는 뜻이다. 시각 디자인에서는 최소한의 요소만으로도 전하고자 하는 의미를 효과적으로 전달할 수 있다. 좋은 디자인은 많은 요소를 지니지 않는다. 디자이너는 최소한의 디자인 모델을 활용해 디자인 문제를 풀어나가야 한다. 퍼소나의 멘탈 모델에 부합하는 결과물을 도출해야 한다. 이 경제 논리는 개발자에게도 잘 알려져 있다. 좋은 알고리즘일수록 짧고 명쾌하다.

유명한 레저의류 회사인 파타고니아Patagonia의 창시자인 이본 취나드Yvon Chounard는 프랑스 작가이자 비행사인 생텍쥐페리의 말을 인용해 다음과 같이 말했다. "완벽이란 더 이상 더할 것이 없을 때 얻어지는 게 아니다. 더 이상 뺄 것이 없을 때 완성된다."

내적인 일관성

훌륭한 디자인은 모든 요소를 넣었을 때 전체적으로 균형과 조화를 이룬다. 조잡한 디자인은 일관성 없는 조각을 아무렇게나 끼워 맞춘 듯한 느낌을 준다. 엉터리 디자인 프로세스의 결과인 경우가 많다. 개발 팀 간의 커뮤니케이션이 원활하지 못했을 수도 있다. 각기 다른 인터페이스 모듈로 작업했을 수도 있다. 하드웨어 팀과 소프트웨어 팀이 완전히 독립적으로 일을 했을 수도 있다. 이런 사례는 목표 지향 디자인과는 거리가 멀다. 제품의 전반적인 컨셉을 바탕으로 반복적인 디자인 프로세스를 거쳐야 한다. 세부요소에 주의를 기울이면서 일관성 있는 디자인을 도출해야 한다. '사용자 시나리오'를 바탕으로 디자인의 일관성을 살펴보는 것도 좋은 방법이다. '사용자 시나리오'의 서술적인 이야기를 활용해 디자인에 동기를 부여하고 검증한다.

인지와 감정의 적절한 조화

전통적인 디자인 교육은 사용자가 제품에 열정을 느껴야 한다고 주장한다. 물론 이런 접근법이 틀렸다는 말은 아니다. 하지만 특정 감정만 부각시키다 보면, 가장 중요한 큰 그림을 못보게 되는 경우가 많다.

제품에 있어서 열정이란 사소한 감정에 지나지 않는다. 특히 기업용 제품이나 전문 기술을 다루는 제품의 경우에는 열정이 크게 중요하지 않다. 방사선 치료 시스템을 다루는 기술자를 생각해보자. 과연 제품에 대해 느끼는 열정이 이 사용자에게 중요할까? 이 사용자는 오히려 제품에 신중한 주의를 기해야 한다. 이 제품이 위험할 수도 있다는 사실도 인지해야 한다. 디자이너는 기술자가 환자를 치료하는 데 집중할 수 있도록 제품을 디자인해야 한다. 이 책에서는 열정 대신 디자인의 기품을 강조하고자 한다. 여기서 말하는 기품이란 인지적, 감성적으로 조화를 이룬 디자인을 말한다.

2부와 3부에서는 인터랙션 및 시각 인터페이스의 디자인 원칙을 낱낱이 살펴본다. 물론 실제로 디자인을 하다 보면 훨씬 많은 원칙을 발견할 수 있을 것이다. 이 책에서 소개하는 원칙은 좋은 시작점이 될 것이다. 1부에서는 목표 지향 디자인의 컨셉과 프로세스를 소개했다. 목표 지향 디자인을 바탕으로 훌륭한 디자인을 도출할 수 있다. 2부에서는 여기에 필요한 통찰력을 배워보자.

인터랙션 디자인 원칙

인터랙션 디자인 원칙은 행동과 형태, 내용을 디자인할 때 보편적으로 적용 가능한 가이드라인이다. 디자인 원칙을 바탕으로 제작된 제품은 사용자의 니즈와 목표를 효과적으로 만족시킨다. 사용자에게 훌륭한 사용자 경험을 제공하는 셈이다. 디자인 원칙은 디자이너가 가져야 할 가치관도 담고 있다. 수많은 디자이너의 노력과 경험을 바탕으로 한 주요 원칙의 농축액이라고 할 수 있다. 중요한 가치관의 핵심을 요약해보자. 첫째, 기술이 인간의 이해력과 상상력을 지배해서는 안 된다. 둘째, 사용자의 습득력, 지각력, 성장 가능성에 따라 기술의 경험 디자인이 달라져야 한다.

디자인 원칙은 제품 개발 프로세스 전반에 걸쳐 매우 큰 영향을 미친다. 사용자 시나리오에서 얻어낸 주요 과업과 요구사항을 효과적으로 분석할 수 있게 해준다. 과업과 요구사항을 바탕으로 인터페이스 형태와 제품의 행동을 디자인할 때도 큰 도움이 된다.

다양한 영향을 미치는 디자인 원칙

디자인 원칙은 다양한 영역에서 영향력을 행사한다. 전반적인 인터랙션 디자인에서 상세한 인터페이스 세부항목까지 디자인 원칙의 손길이 닿지 않는 곳이 없다. 각 영역을 명확히 구분하기란 쉽지 않다. 인터랙션 디자인 원칙을 대략적으로 구분해보자.

- **개념적 원칙**: '이 제품이 무엇인가'에 대한 답을 제공한다. 적절한 환경에 맞는 제품을 디자인하는 방법을 구체적으로 설명한다. 개념적 원칙은 8~13장에 걸쳐 자세히 살펴본다.

- **행동적 원칙**: '제품이 어떻게 반응해야 하는가'에 대해 구체적인 상황을 설명한다. 14~17장에 걸쳐 전반적인 행동적 원칙을 배워보자.

- **인터페이스 원칙**: '행동과 정보의 시각화'를 위한 효과적인 전략을 소개한다. 18~21장에 걸쳐 인터페이스 원칙에 초점을 맞춘다.

인터랙션 원칙과 시각 디자인 원칙은 매우 유사하다. 하지만 특별한 차이를 보이는 경우도 많다. 모바일 기기나 임베디드 시스템 같이 독특한 제한 요소가 있는 경우에는 세심한 주의가 필요하다. 화면 크기나 입력 방식, 사용 정황이 크게 달라지곤 한다.

불필요한 작업을 줄여주는 디자인 원칙: 행동적 원칙과 인터페이스 원칙

디자인 원칙이 추구하는 기본적인 목적은 무엇일까? 바로 사용자 경험의 최적화라고 할 수 있다. 특히, 생산성이 중요한 제품에서는 '불필요한 작업을 최소화한다'라는 뜻으로도 해석할 수 있다. 엔터테인먼트 제품에는 해당되지 않는다.

이 책에서 설명한 디자인 원칙 중 대부분은 어떤 식으로든 작업을 최소화하면서도 사용자에게 더 높은 수준의 피드백과 정황상 유용한 정보를 제공하려 한다. 최소화해야 할 다양한 작업 유형 외에 이를 완수하기 위한 몇 가지 구체적인 전략은 12장의 주제다.

게임 등 기타 유사한 엔터테인먼트 제품은 작업을 단순히 최소화해주기와 어느 정도 다른 접근법을 요한다. 적당량의 일을 하고 나서 보상을 받는 방식이기 때문이다. 〈팜빌 Farmville〉 같은 소셜 게임은 플레이어가 가상의 농장을 관리, 발전시키는 데 필요한 노동(과 다른 이와 그 성공을 나누는 자부심)에 중독됐기에 엄청난 인기를 얻었다. 하지만 많은 노동량에 비해 극히 미비한 보상은 큰 단점이다. 결국 사람들은 점차 이 게임을 귀찮은 허드렛일로 여기게 된다. 엔터테인먼트 제품의 인터랙션 디자인은 매우 세심한 터치가 필요하다.

인터랙션 디자인 패턴

디자인 패턴은 유용한 디자인 해결책을 말한다. 비슷한 문제 상황에 적용할 수 있는 일반화된 디자인 대안이다. 디자인 지식을 정리하고 최고의 방법만을 가려내는 노력이라 할 수 있다. 디자인 패턴의 주요 목적은 다음과 같다.

- 새로운 프로젝트에 들어가는 시간과 노력을 줄인다.
- 디자인의 질을 향상한다.
- 디자이너와 개발자 사이의 원활한 의사소통을 돕는다.
- 디자이너를 교육한다.

디자인 패턴은 프로젝트 효율성과 디자이너 교육의 측면에서 매우 중요하다. 하지만 새로운 디자인 패턴을 만든다는 것은 훨씬 흥미진진한 일이다. 디자인 패턴이란 최적의 인터랙션을 뜻하기 때문이다. 특정 영역에서 사용자에게 최고의 경험을 제공하는 디자인을 말한다.

건축 디자인 패턴과 인터랙션 디자인

크리스토퍼 알렉산더^{Christopher Alexander}는 처음으로 건축 디자인 패턴을 소개한 바 있다. 『A Pattern Language』(Oxford University Press, 1977)와 『The Timeless Way of Building』(Oxford University Press, 1979)은 그의 독창적인 작업이었다. 이 건축 디자인 패턴은 인터랙션 디자인에서도 패턴을 포착해낼 수 있다는 생각의 시초가 됐다. 알렉산더는 사람들이 행복해지려면 어떤 건축 요소가 필요한지 설명했다. 이를 바탕으로 건축 디자인 패턴을 상세하게 정의했다.

인터랙션 디자인도 크게 다르지 않다. 알렉산더처럼 사용자를 행복하게 하는 것이 주 목적이다. 개발 디자인 패턴은 프로그래밍 코드를 재활용하는 데 기본 목적이 있다. 표준화된 코드를 만드는 것이 중요하다. 하지만 건축 디자인 패턴과 인터랙션 디자인 패턴은 인간적인 관점과 양상에 더 초점을 맞춘다.

건축 디자인 패턴과 인터랙션 디자인 패턴은 각 디자인 요소의 구성과 구조를 다룬다. 하지만 인터랙션 디자인 패턴에는 건축 디자인과 다른 부분도 있다. 인터랙션 디자인 패턴은 사용자의 행동에 따른 역동적인 변화도 포함하기 때문이다. 이는 단순히 시간에 따른 상태의 변화만을 의미하는 게 아니다. 사용자의 행동과 제품의 상태에 따라 인터랙티브하게 반응하는 것이다. 정해진 각본에 따라 흘러가는 영화나 정적인 제품과는 차별화된다(이런 제품에는 또 다른 디자인 패턴이 필요하다).

인터랙션 디자인 패턴 제작과 활용

디자인 패턴이란 비슷한 정황과 주어진 제약사항에서 일반적으로 적용할 수 있는 디자인 대안을 말한다. 디자인 패턴은 항상 정황이 가장 중요하다. 디자인 패턴을 제작할 때 필요한 요소를 살펴보자. 디자인 대안이 적용될 수 있는 전반적인 정황을 명시해야 한다. 패턴이 적용된 구체적인 예시를 한두 개 소개한다. 모든 예시가 공유하는 공통적인 특징을 제시한다. 해당 대안이 선택된 이유를 설명한다(왜 이 디자인이 좋은 것인지 증명한다).

　　몇몇 유용한 디자인 패턴이 모여 패턴 세트가 만들어진다. 주어진 정황에 따라 유기적으로 다른 세트를 구성할 수 있다. 이렇게 만들어진 세트를 패턴 라이브러리pattern library 또는 패턴 카탈로그pattern catalog라고 한다. 패턴 세트가 매우 엄격하게 세분화됐을 때는 패턴 언어pattern language라고 부르기도 한다. 최근에는 하루가 다르게 디지털 제품이 변화하고 있다. 안정된 패턴 언어가 만들어지려면 시간이 좀 더 필요할 것 같다.

　　디자인 패턴은 따라만 하면 되는 레시피가 아니다. 꽂으면 바로 실행되는 플러그앤플레이 장치도 아니다. 제니퍼 티드웰Jenifer Tidwell은 저서 『Designing Interfaces』에서 다양한 패턴을 소개했다. 티드웰은 패턴의 무분별한 사용에 대해 경고하며 다음과 같이 말했다. "디자인 패턴은 출하대기 중인 기성품이 아니다. 모든 패턴은 상황에 따라 다른 방법으로 적용해야 한다."[1]

　　소프트웨어 디자이너는 완벽한 디자인 패턴 카탈로그를 꿈꾼다. 패턴만 보고 사용자의 니즈를 명쾌하게 이해할 수 있다면 어떨까? 풋내기 디자이너도 패턴만 적용하면 훌륭한 인터페이스를 설계할 수 있지 않을까? 실로 멋질 것이다. 노련한 인터랙션 디자이너에게는 이런 일이 가능할 수도 있다. 하지만 디자인 패턴은 쿠키 틀이 아니다. 기계적으로 일관된 디자인을 찍어낼 수는 없다. 크리스토퍼 알렉산더는 건축 디자인 패턴은 결코 조립식 건축법을 뜻하는 게 아니라고 주장했다. 건축 디자인 패턴을 적용할 때도 항상 정황을 고려해야 하기 때문이다. 패턴이 적용되는 환경을 깊이 이해하는 일은 매우 중요하다. 다른 패턴과 동시에 적용되는 경우도 많기 때문이다. 각 패턴의 일부만 차용해 도입할 수도 있다. 인터랙션 디자인 패턴은 구체적인 디자인이 아니라 각 디자인 요소 사이의 관계를 정의한다. 인터페이

1　Tidwell, 2006

스와 사용자 간의 관계를 명시한다(이미 정해진 스타일 가이드라인의 효과는 정황에 따른 디자인 패턴보다 크게 떨어진다). 각 패턴이 적용된 최종 결과물은 제품마다 다를 수밖에 없다. 패턴을 결정짓는 주요 요소도 크게 달라진다. 하지만 각 요소 간의 관계는 항상 일관성을 유지한다.

다양한 인터랙션 디자인 패턴

상위 레벨의 컨셉을 제공하는 패턴이 있는가 하면 세부적인 내용을 명시하는 패턴도 있다. 인터랙션 디자인 패턴도 마찬가지다. 전반적인 시스템 수준부터 세세한 인터페이스 요소까지 포괄한다. 디자인 원칙과 패턴은 다양한 수준에서 적용할 수 있다. 하지만 각 레벨을 명확하게 구분하는 일은 쉽지 않다.

- **상태 패턴**postural pattern: 전반적인 제품의 본질을 결정짓는 패턴을 말한다. 일반적으로 컨셉 단계에서 적용한다. '일시적 제품'은 상태 패턴의 예다. 아주 짧게만 사용하는 제품 디자인을 말한다. 다른 제품으로 궁극적인 목표를 달성하는 과정에 일어나는 일이다. 상태 패턴의 컨셉 및 주요 패턴은 9장에서 더 자세히 다룬다.

- **구성 패턴**structural pattern: 화면상의 기능적 요소나 정보의 구성에 관련된 패턴이다. 구성 패턴은 특히 모바일 사용자 인터페이스, iOS, 안드로이드 등 플랫폼의 인기가 늘면서 점차 문서화되고 있다. 3부에서 논하겠지만, 시각적인 요소의 그룹화와 모드, 패널 등의 요소를 다룬다.

- **행동 패턴**behavioral pattern: 구체적인 인터랙션에서 직접적이고 실질적인 답을 제공해준다. 주요 기능과 정보 요소를 다루는 인터랙션을 말한다. 특정 위젯의 조작법 같은 패턴이 여기에 해당한다. 대부분의 사용자가 제품을 사용하면서 궁금해하는 내용이다. 이런 세부적인 패턴은 3부에서 꼼꼼히 소개한다.

패턴의 멘탈 카탈로그를 구축하는 일은 인터랙션 디자이너의 교육에서 가장 중요한 측면이다. 서로의 작업에서 최상인 부분을 모두 인식하면서, 사용자에게 제공하는 인터랙션 숙어를 집단적으로 진전시킬 수 있다. 기존 작업을 활용해 새로 창조하기보다 새 문제 해결에 집중할 수 있다.

인터랙션 디자인 패턴 샘플

이어지는 절들에서는 몇 가지 인터랙션 디자인 샘플을 설명한다. 나머지는 이 책의 3부에서 더 상세히 논한다.

데스크탑: 내비게이션-워크스페이스

데스크탑 애플리케이션 영역에서 가장 흔히 사용하는 상위 구성 패턴 중 하나는 마이크로소 프트 아웃룩에서 명백하다. 좌측의 내비게이션 패널과 우측 상단의 개요 패널, 우측 하단의 본문 패널로 구성된다(그림 7-1 참조).

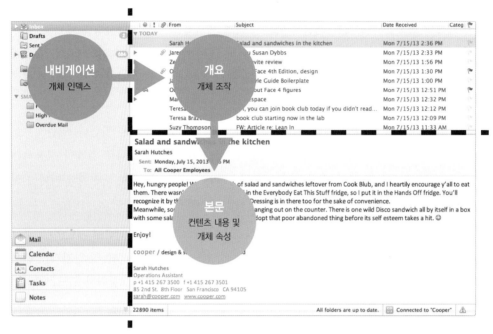

그림 7-1 마이크로소프트의 아웃룩 구성 패턴. 이 패턴은 분야를 막론하고 다양하게 사용되고 있다. 좌측에 내비게이션 패널이 있다. 이 패널은 우측 상단에 있는 개요 패널의 내용을 조절한다. 개요 패널에서 요소를 선택하면 우측 하단의 본문 패널 내용이 바뀐다.

여러 요소가 복합적으로 얽혀 있는 제품에 효과적인 패턴이다. 다양한 요소가 공존하지 만 개별 특성이 골고루 드러나야 하는 경우에 강력하다. 다른 창을 띄울 필요 없이 단일 화 면 안에서 자연스럽게 모든 일을 처리할 수 있다. 대부분의 이메일 시스템이 이 패턴을 활 용한다. 다양한 정보를 빠르게 처리하는 것이 중요한 정보 관리 시스템에도 널리 적용되고 있다.

모바일: 더블 드로어

페이스북과 패스^Path 모바일 앱이 개척한, 우측(좌측 드로어를 노출)이나 좌측(우측 드로어 노 출)에 주요 컨텐츠 보기를 스와이프해 노출되는 드로어는 이제 iOS와 안드로이드의 여러 모 바일 앱에서 흔하다(그림 7-2 참조). 좌측 드로어는 보통 모바일 앱의 주요 내비게이션을 포함한다. 우측 드로어가 존재할 경우, 보통 개체의 보조 목록 접근에 사용한다(페이스북의 경우 친구 목록).

그림 7-2 페이스북의 더블 드로어는 데스크탑 앱의 내비게이션-워크스페이스 패턴만큼 모바일 앱에서 거의 보편적인 또 다른 구성 패턴이 됐다. 좌측의 드로어는 내비게이션을 제공하며, 앱의 컨텐츠 보기를 주도한다. 우측 패널은 보조 개체 목록의 빠르고 보편적인 접근에 사용한다. 이 경우는 페이스북 친구 목록이다.

내비게이션-워크스페이스 패턴처럼 더블 드로어는 거의 그 정황에 완벽히 최적화돼 있는데, 이 경우는 데스크탑보다는 모바일이다. 내비게이션이나 커뮤니케이션 옵션 목록을 드러내는 주요 컨텐츠 패널 전반의 스와이프는 한 손으로 사용할 때 이상적인 단순한 대근육 동작이다. 열린 드로어에서 선택하기란 엄지로 할 수 있을 만큼 쉬우며, 드로어의 애니메이션 기반 열고 닫기는 미학적으로도 만족스럽다. 이 패턴이 그렇게 빠르고 폭넓게 수용된 것도 당연하다.

8장

끝내주는 행동 디자인

『The Media Equation』(Cambridge University Press, 1996)에서 스탠퍼드의 두 사회학자인 클리퍼드 나스^{Clifford Nass}와 바이런 리브스^{Byron Reeves}는 인간이 컴퓨터 및 기타 인터랙티브한 제품을 사람처럼 취급해 반응한다는 설득력 있는 주장을 한다. 따라서 디지털 제품이 투영하는 '개성'에 정말 관심을 기울여야 한다. 은근히 능력 있고 유용한가? 아니면 불평 많고 잔소리하며 조르고 핑계를 대는가?

나스와 리브스의 연구 결과에 따르면 사람에게는 주변 사물을 효과적으로 인지하는 능력이 있다고 한다. 어떤 물체를 보면 본능적으로 어떻게 행동해야 할지 깨닫는다는 뜻이다. 특정 물체가 충분한 인터랙션 가능성을 드러내면 사용자의 본능도 눈을 뜬다. 대부분의 소프트웨어를 사용할 때도 마찬가지다. 사용자가 소프트웨어를 접할 때 취하는 행동은 무의식적이고 불가항력적인 본능에 따른 것이다.

이 연구가 내포하는 바는 꽤 심오하다. 디자인한 제품이 사랑받으려면 충분히 매력적이고 호감 가는 사람과 같은 태도를 가져야 한다는 뜻이다. 소프트웨어의 가장 큰 목적이 사용자의 작업 능률을 높이는 데 있다면 소프트웨어는 마치 듬직한 직장 동료처럼 듬직하게 행동하도록 만들어야 한다. 제품을 사용하는 인간과 컴퓨터 사이의 관계를 먼저 생각해보고, 이 관계에 따라 디자인하면 큰 도움이 될 것이다.

사람은 생각을 하고, 컴퓨터는 일을 한다.

컴퓨터 세상에서 이상적인 노동의 분리는 매우 분명하다. 사람은 생각을 하고, 컴퓨터는 일을 한다. 물론 공상과학 소설가와 컴퓨터 과학자는 인공지능을 이용해 컴퓨터도 생각할 수 있다며 사람들을 충동질한다. 하지만 사실상 그 생각하는 부분에 있어서 인간은 그다지 도움이 필요하지 않을 뿐만 아니라, 패턴을 파악하고 복잡한 문제를 창의적으로 풀어내는 인간의 사고 능력은 실리콘 세상의 그 어느 무엇과도 비교가 불가능할 정도로 뛰어나다. 물론 정보에 접속하고, 분석하고, 정리하고, 시각화하는 등의 간단한 정보 관리는 큰 도움이 될 수 있다. 하지만 그 정보를 바탕으로 실질적인 결정을 하는 건 인간의 두뇌여야 한다.

사려 깊은 제품을 디자인하자

나스와 리브스는 소프트웨어가 '공손'해야 한다고 제안했지만, 여기서는 이를 '사려 깊다'라는 단어로 바꾸어 이야기하고 싶다. 예를 들어 "이것을 해주세요"나 "감사합니다"라고 예의 바르게 말을 할 수는 있지만, 이 공손함이 문제를 해결할 수는 없다. 이처럼 공손함이 매너나 프로토콜의 문제라면 진짜로 사려 깊다는 것은 상대방의 니즈가 무엇인지를 파악하는 것에서 출발한다. 기본적인 기능을 성실히 수행하는 것을 시작으로 사려 깊은 소프트웨어는 사용자가 어떤 목적으로 어떤 니즈를 갖는지를 먼저 이해하고자 노력한다.

만약 인터랙티브 제품이 정보에 인색하게 굴고, 프로세스를 불투명하게 보여주고, 기본적인 기능 따위를 찾으려고 사용자가 이리저리 뛰어다녀야만 하고, 작은 실수도 사용자의 탓으로 돌린다면, 사용자에게 불쾌하고 비생산적인 경험으로 기억될 것이다. 소프트웨어가 아무리 공손하고, 귀엽고, 시각적으로 아름답고, 들어 있는 컨텐츠가 흥미롭더라도, 이런 불쾌한 경험이 생겨날 수 있다는 점을 명심하자.

반면, 친절하고 너그럽고 유용한 인터랙션은 제품을 사용하는 사용자에게 긍정적인 경험을 가져다줄 것이다.

소프트웨어는 사려 깊은 인간처럼 행동해야 한다.

사려 깊은 제품을 만드는 게 그렇지 못한 제품을 만드는 것보다 꼭 더 어렵다고 말할 수는 없다. 단지 더 사려 깊은 제품을 만들려면 디자이너는 사용자를 세심하게 배려할 수 있는 인터랙션을 상상하고 이를 어떻게 실제로 반영할지 그려낼 수 있어야 한다. 인간에게는 그들을 더욱 사려 깊게 만드는 좋은 성향이 많다. 그중 몇 가지는 인터랙티브 제품에 다양한 방법과 레벨로 적용할 수 있다. 아래 기재된 것은 그중에서도 가장 중요하다고 생각되는, 인터랙티브 제품과 사람들의 공통적인 성향이다.

- 관심을 더 갖는다
- 존중할 줄 안다
- 명백하게 밝힌다
- 상식적으로 생각한다
- 신중하다
- 사람의 니즈를 예상한다
- 의식적이다
- 개인적인 문제를 남에게 짐 지우지 않는다
- 계속 정보를 제공한다
- 직관적이다
- 자신감에 차 있다
- 너무 많은 질문을 하지 않는다
- 실수도 아름답다
- 언제 규칙을 굽혀야 하는지 안다
- 책임감을 갖는다
- 당황스러운 실수를 피하게 해준다

대부분의 반도체 제품에 깔려 있는 '더 나은 데이터 처리'라는 실용적인 목적은 어쩌면 당연한 기본이다. 각 성향을 상세히 알아보자.

사려 깊은 제품은 관심을 더 갖는다

사려 깊은 친구라면 당신에 대해 더 알고 싶어한다. 먼 훗날에 그 친구가 아직도 당신이 무엇을 좋아하고 싫어하는지를 기억하고 있다면, 당신은 그의 따뜻한 마음에 감동을 받을 것이다. 누구든지 자신의 취향이 존중받고 있다는 사실은 참 고맙게 느껴지기 마련이다.

이에 비해 대부분의 소프트웨어는 누가 사용하는지 아예 모르거나 아니면 크게 신경조차 쓰지 않는다. 간혹 당신의 컴퓨터에 깔려 있는 소프트웨어가 아주 조금 당신을 기억하는 것처럼 행동해도 너무 감동받을 만한 일은 못 된다. 당신이 사용하는 빈도와 사용 시간을 생각하면 그다지 대단한 건 아니기 때문이다. 자주 사용하는 파이어폭스나 마이크로소프트 인터넷 익스플로러 등의 브라우저에서 주기적으로 반복되는 배송주소지나 사용자 이름 같은 정보를 어떻게 다루고 있는지를 생각해보면 이해가 더 쉬울 것이다. 구글 크롬은 이 세부정보를 기기와 세션 전반에 걸쳐서까지 기억한다.

소프트웨어는 사용자의 버릇과 했던 말 등 모든 것을 기억하기 위해 더 노력해야 한다. 애플리케이션을 만드는 개발자의 입장에서 보면 사용자는 거대한 데이터베이스이고 소프트웨어가 필요할 때면 그 데이터베이스에서 정보를 끄집어내어 쓰는 셈이다. 언제든 정보가 필요할 때, 제품은 사용자에게 일일이 그 정보를 물어보는 셈이다. 사용자가 조금이라도 귀찮아하면, 소프트웨어는 정보가 혹시 바뀌었을지도 모른다고 필요하면 그냥 언제든지 사용자에게 물어볼 수 있지 않느냐며 오히려 가볍게 생각한다. 재미있는 사실은 디지털 제품이 인간보다 기억력이 훨씬 좋은데도 불구하고, 정보를 잊어버렸을 때면 쉽게 사용자에게 책임을 돌리는 사려 깊지 못한 모습을 보여준다는 점이다. 사용자의 행동과 선호사항을 기억하는 것은 소프트웨어를 통한 긍정적인 경험을 만들어내는 데 매우 효과적인 방법이다. 이번 8장에서 이 기억력에 대해 더 자세히 이야기해볼 것이다.

사려 깊은 제품은 존중할 줄 안다

좋은 서비스는 고객을 존중한다. 좋은 서비스는 그가 돕고 있는 고객이 그의 왕이라고 생각하며 일한다. 음식점에 가서 웨이터가 테이블을 안내해줄 때, 웨이터의 추천으로 그 테이블에 앉는다고 생각하지, 명령에 의해 그 테이블에 앉아야 한다고 생각하지는 않는다. 만약 공손하게 비어 있는 다른 테이블에 앉아도 되겠냐고 묻는다고 해도 웨이터가 과히 기분 나빠하지는 않을 것이다. 하지만 웨이터가 절대 안 된다고 거절한다면, 손님을 존중하지 않는 이 레스토랑을 다시 찾고 싶지 않을 것이다.

사려 깊지 않은 제품은 인간의 행동을 감독하고 평가하려 한다. 물론 소프트웨어는 사용자가 실수를 할 때 그의 의견을 표출할 수 있는 권리가 있다. 하지만 사용자의 행동을 평가하고 제한하는 것은 주제넘고 건방지다. 팩스를 거는 간단한 소프트웨어를 상상해보자. 소프트웨어는 팩스번호를 다 입력하고 '실행' 버튼을 누르라고, 만약 그 전에 이 버튼을 누르면 어떤 결과가 올 수 있는지 등을 알려줄 수 있다. 하지만 여기서 주의 깊게 살펴봐야 하는 사항은 이 '실행'이라는 단어다. 이 단어가 내포하는 의미와 인터랙티브 제품에게 기대하는 바는 사뭇 엇갈린다. 소프트웨어가 사용자를 위해 실행되기를 바라지만, 여기서 '실행' 버튼을 누르라고 강요하는 소프트웨어는 사용자로 하여금 누가 명령을 내리는 건지 헷갈리게 만든다.

사려 깊은 제품은 명백하게 밝힌다

어떤 상점에서 사고 싶은 물건을 찾고 있다고 치자. 훌륭한 점원이라면 해당 물건이 어디 있느냐는 당신의 질문에 그저 대답만 해주는 게 아니라, 그와 관련된 유용한 정보, 예를 들면 비슷한 가격에 질이 더 좋은 물건은 무엇인지 등까지 자진해서 알려줄 것이다.

대부분의 소프트웨어는 관련 정보를 잘 공개하지 않는 편이다. 보통 사용자가 찾는 것에 대한 아주 자세하고 한정된 대답만 할 뿐이고, 비록 관련 정보가 목적에 큰 영향을 미칠지라도 명백하게 정보를 밝히는 경우는 드물다. 문서를 출력하려고 워드 프로세서에게 말을 걸때, 워드 프로세서는 어떤 종이가 부족한지, 혹 다른 40개의 문서가 지금 대기 중인지, 현재 사용 가능한 프린터는 무엇인지 쉽게 말해주지 않는다. 하지만 인간이라면 아마 말해줬을 것이다.

유용한 정보를 적절하게 사용자에게 주기 위해서는 꽤 정교한 터치가 필요하다. 마이크로소프트의 '클리피Clippy'는 "지금 편지를 쓰고 계시나 봐요, 도와드릴까요?"와 같은 조금은 부담스러운 호의로 거의 대부분의 사용자에게 외면당하고 있다. 물론 클리퍼의 풍부한 감성에 박수를 보내고 싶지만, 가능하다면 도움이 필요 없을 때는 방해하지 않았으면 하는 바람이다. 어쨌든 좋은 웨이터라면 굳이 물이 더 필요하냐고 묻지 않는다. 그저 잔이 다 비워졌을 때는 항상 물을 채워주고, 진지한 대화가 오가는 중인 듯 보이면 손님을 방해하지 않는다.

사려 깊은 제품은 상식적으로 생각한다

부적절한 장소에서 부적절한 기능을 제시하는 것은 잘못 디자인된 제품의 전형적 증거다. 아직도 많은 인터랙티브 제품이 자주 사용되는 기능을 거의 사용되지 않는 기능과 함께 섞어 배치하고 있다. 비상시 사용될 만한 위험한 메뉴도 사용자가 쉽게 닿을 수 있는 곳에서 찾을 수 있다. 가스레인지 바로 옆에 탁자를 붙이고 앉아서 식사하는 것과 같다.

많은 컴퓨터 시스템에서 무시무시한 사례가 비일비재하게 일어나고 있다. 예를 들면, 컴퓨터 시스템은 아무렇지도 않게 $0.00짜리 수표나 $957,142,039.58짜리 현금 영수증을 기계적으로 사용자에게 들이댄다. 인간을 미수금계정이나 수취어음 정도로 생각하는지 모르겠지만, 인간의 상식선에서 이 시스템은 말이 되지 않는다.

사려 깊은 제품은 신중하다

일반적으로 우리는 소프트웨어가 우리의 일과 우리가 말한 바를 기억하기 바란다. 그러나 신용카드번호, 세무신고 ID, 은행 계좌, 비밀번호 등 구체적으로 시키지 않는 한 아마 소프트웨어가 기억하지 말아야 할 것도 있다. 더구나 안전한 비밀번호 선택을 돕고, 확인되지 않은 컴퓨터나 지역에서 접속한 계정 등 비정상성의 가능성도 모두 보고해 그런 개인 정보를 보호하도록 도와줘야 한다.

사려 깊은 제품은 사람의 니즈를 예상한다

다른 도시를 여행하려 한다. 만약 당신의 비서라면, 그 도시에서 머물 호텔이 필요하다는 정도는 생각하고 있을 것이다. 당신이 선호하는 종류의 호텔 방을 이미 알고 있어서 굳이 물어보지 않고 바로 예약을 해줄 수도 있다. 당신의 니즈를 예상하는 것이다.

하지만 대부분의 웹사이트는 사용자가 사이트에 있는 내용을 정독하는 동안에 아무것도 안 하고 그저 기다리기만 한다. 실제로 사용자의 니즈를 예상하고 사이트를 읽는 동안에 무언가를 준비하는 일은 그다지 어렵지 않다. 빈둥거리는 시간에 현재 창에 연결돼 있는 모든 링크를 미리 로딩해놓을 수도 있다. 솔직히 사용자가 하나 또는 몇 개의 링크를 호기심에 눌러볼 가능성은 꽤 크다. 물론 원치 않았을 때 다시 이전 창으로 돌아오는 게 어렵진 않지만, 솔직히 이렇게 왔다 갔다 하는 것은 생각보다 큰 시간낭비다. 8장에서는 놀고 있는 시간을 소프트웨어가 어떻게 더 효과적으로 사용할 수 있는지에 대해 알아볼 것이다.

사려 깊은 제품은 의식적이다

의식적인 사람은 일을 수행하는 데 있어 더 넓은 관점으로 접근한다. 예를 들어 설거지를 할 때 의식적인 사람은 그저 그릇만 닦는 게 아니라, 주변을 정리하고 휴지통을 비운다. 이런 일이 '부엌을 깨끗이 하기'라는 더 큰 목적과 관련되기 때문이다. 의식적인 사람이라면 고객 리포트를 준비할 때도 앞에 멋진 표지를 만들고 관련된 부서 사람이 볼 수 있도록 몇 부를 더 복사해놓을 것이다.

상상해보자. 만약 서류철 한 묶음을 시각 자료를 보관하는 비서인 영수 씨에게 던지면서 정리를 해달라고 한다면, 먼저 그 서류철의 탭을 확인하고(그럼 거기에 '마이크로블리츠 계약'이라 써 있다고 하자), 이 서류철을 캐비닛 어디에 넣을 것인지를 생각할 것이다. 아마 'ㅁ'으로 시작하는 서류철이 모여 있는 서랍을 확인한 후, 놀랍게도 똑같은 '마이크로블리츠 계약'이라는 또 다른 서류철을 발견한다. 영수 씨는 이 차이를 발견하고 확인 작업에 들어간다. 기존의 서류철에서 4개월 전 마이크로블리츠로 이미 배달이 완료된 17개의 소형 장치를 발견한다. 새로운 서류철은 다음번 분기 안에 배달해야 할 34개의 톱니바퀴를 위한 것임을 확인하게 된다. 의식적인 비서는 이전 서류철의 이름을 '마이크로블리츠 소형 장치 계약 7/13'이라고 바꾸고, 새로운 서류철에는 '마이크로블릿츠 톱니바퀴 11/13'을 써넣는다. 이런 행동을 바탕으로 영수 씨가 매우 의식적인 사람임을 확인했다.

하지만 이전 비서인 광태 씨는 정말 바보 같았다. 그는 전혀 의식적이지 않아서 만약 같은 상황이었다면 두 번 생각도 안 하고 새로운 서류철을 이전 서류철 바로 옆에 떡 하니 포개어 놓았을 것이다. 물론 안전하게 서류를 정리했지만, 조금만 더 생각했더라면 나중에 다른 사람이 이 서류철을 다시 찾게 될 때 고생하지 않고 쉽게 찾을 수 있지 않았을까? 아마 그래서 광태 씨가 시각 자료 보관일을 더 이상 하지 않는 것일지도 모르겠다.

디지털 환경으로 바뀌어서 계약서가 폴더에 저장돼 있고 새로운 톱니바퀴 관련 계약을 워드 프로세서에서 작성한다고 하자. 만약 마이크로블리츠 디렉토리에 '마이크로블리츠 계약'이라고 이름 저장하고 싶다면, 소프트웨어는 기존의 '마이크로블리츠 계약' 파일을 없애고 그 위에 덮어쓰든지, 아니면 저장하지 말라는 두 가지 옵션을 제시할 것이다. 결국 두 개의 파일 이름이 똑같으니 하나는 버려야 한다고 생각하는 이 소프트웨어, 영수 씨만큼은 턱도 없고 광태 씨만큼도 못 되는 것이다.

소프트웨어라면 최소한, 두 개의 파일이 생성된 날짜를 확인하고 둘 다 모두 저장할 수 있게 해줘야 한다. 물론 소프트웨어는 이런 '극단적인' 행동을 일방적으로 거부하겠지만, 새 파일을 저장하기 전에 예전 파일의 이름을 바꾸거나 아니면 최소한 예전 파일의 존재를 알려주기라도 해야 한다. 생각보다 소프트웨어가 의식적이 될 수 있는 방법은 무궁무진하다.

사려 깊은 제품은 개인적인 문제를 남에게 짐 지우지 않는다

서비스 데스크에서 일하는 안내원이라면 최소한 개인적인 문제에 대해서는 말을 아끼고 고객에게 알맞은 호의를 보여주는 게 정상이다. 물론 제공해야 하는 일방적인 호의가 불공평하다 할 수도 있겠지만 이는 이런 서비스 사업의 기본적 자세이자 책임이다. 인터랙티브 제품도 가능하면 내부적 문제에 대해서는 조용히 하고 이를 사용하는 사람에게 상냥하게 호의를 베풀어야 한다. 컴퓨터에게는 자아도 감성도 없기 때문에 항상 상냥한 목소리를 내주길 기대하지만 일반적으로 그 반대인 경우가 더 많다.

소프트웨어는 오류 메시지로 징징거리고, 확인 대화창으로 방해하고, 불필요한 알림장치로 떠벌린다. "문서가 성공적으로 저장됐습니다!" 그럼 막 이렇게 화내고 싶다. "이봐요, 소프트웨어 양반, 정말 심하게 자상하세요. 그런데 언제 저장에 실패한 적도 있었나요?" 애플리케이션이 자신감을 잃고 휴지통을 비워야 할지 말아야 할지 등의 사소한 일로 방황한다고 해도, 그것이 과히 크게 신경 쓰이지는 않는다. 파일을 어디에다 둬야 할지 소프트웨어가 모르겠다며 계속 귀찮게 구는 것도 정말 짜증 나는 일이다. 서비스 데스크 안내원이 어제 애인에게 차인 이야기에 대해 눈곱만큼의 관심도 없듯이, 컴퓨터의 데이터 전송 속도나 로딩 순서 같은 세부 이야기를 들여다봐야 할 필요성을 못 느낀다. 소프트웨어는 본인의 문제에 대해 조용해야 할 뿐만 아니라, 자신감과 지능, 권한을 가지고 본인의 문제는 본인이 알아서 처리할 줄 알아야 한다. 더 자세한 내용은 15장에서 이야기하겠다.

사려 깊은 제품은 계속 정보를 제공한다

물론 소프트웨어가 별것도 아닌 일로 작은 걱정이나 작은 성과를 일일이 보고해 성가시게 하는 것은 싫지만, 그래도 상관 있는 일이라면 이에 대해 정보를 계속 보고하기를 바란다. 집 근처 바의 바텐더가 떠드는 그의 이혼 이야기에는 전혀 관심이 없지만, 그가 잘 보이는 곳에 주류의 가격이나 축구경기에 맞춘 해피아워 메뉴가 무엇인지를 적어놓는다면 정말 고마울 것이다. 그 누구도 이런 가치 있는 정보와 그 정보를 알려주는 방식에 성가셔하는 사람은 없다. 그 정보는 아주 잘 보이는 곳에 있고 언제든지 필요하면 보면 된다. 소프트웨어도 비슷한 방식으로 무엇이 어찌 돌아가고 있는지 더 풍부한 피드백과 정보를 제공할 수 있다. 이에 대해서는 15장에서 더 자세히 이야기해보겠다.

사려 깊은 제품은 직관적이다

대부분의 현존하는 소프트웨어는 직관적이지 못한 편이다. 상황을 이해하는 부분에 있어서도 매우 편협하다. 소프트웨어가 어려운 일을 기꺼이 하겠다고 자청할지라도 결국에는 정확하게 정해진 명령어를 적절한 타이밍에 집어넣어야만 그 일을 수행할 수 있다. 예를 들어, 당신이 지금 전국 창고에 얼마나 많은 제품이 쌓여 있는지 알아보려고 재고 관리 시스템에 접속했다고 하자. 이 시스템은 충직하게 데이터베이스에 접속해서 당신이 물어본 그 시각을 기준으로 개수를 찾아낼 것이다. 그런데 만약, 딱 20분 후에 경남 지부에서 제품 재고를 모두 치워버렸다면 어떻게 될까? 20분 차이로 당신의 데이터는 바뀌어버릴 테고, 이 데이터를 바탕으로 일을 처리한다면 결국 큰 실수를 하거나, 최악의 경우 큰 돈을 헛되이 날려버릴 수도 있다. 이는 정말 직관적이지 못하다. 만약 사용자가 한 번 재고 물량을 검색했다면, 나중에 이 사용자가 또 재고 물량을 찾아볼 가능성이 높다는 건 당연하지 않을까? 물론 매일 그 재고 상황을 전해받는 건 좀 귀찮을 수도 있겠지만, 혹시 이번 주 안에 이 재고 상황이 바뀐다면, 사용자에게 그 정보는 중요하게 느껴질 수 있다. 직관력이 있는 소프트웨어는 현재 사용자가 무엇을 하고 있는지를 관찰하고, 관련 있는 정보를 제공하기 위해 그 관찰사항을 충분히 사용한다.

제품은 사용자가 무엇을 선호하는지를 관찰해서 다음번에 같은 상황이 발생할 때 귀찮게 다시 묻지 않는 것이 좋다. 만약 사용자가 애플리케이션을 쓸 때 항상 전체화면으로 창을 최대화한다면, 애플리케이션은 처음 몇 번 동안은 이를 관찰했다가 다음번에 열 때는 그 배치 상태를 기억했다가 창을 최대화해 열면 좋을 듯하다. 팔레트와 기본 도구, 자주 사용하는 템플릿 그리고 유용한 세팅 등도 이와 마찬가지로 생각해볼 수 있다.

사려 깊은 제품은 자신감에 차 있다

인터랙티브 제품은 그들의 신념을 가져야 한다. 만약 어떤 파일을 지우라고 컴퓨터에 명령했다면, 컴퓨터는 "정말 지우시겠습니까?" 따위는 묻지 말아야 한다. 당연히 확실하지, 아닌 말로 왜 지우라고 명령을 내렸겠느냔 말이다. 컴퓨터는 절대 본인 스스로에게도 두 번 생각하게 해서는 안 된다.

반면에, 내린 명령이 혹시라도 잘못 내려진 것 같은 의심이 든다면, 컴퓨터는 나중에 사용자가 그 명령을 번복할 상황에 대비해 파일을 복구할 수 있도록 준비하는 것이 좋다.

솔직히 프린트를 하려고 대화창에서 '인쇄' 버튼을 눌러놓고도, 홀가분하게 커피 한 잔을 마시러 가지 못하는 게 현실이다. 혹여 커피를 가지고 돌아오면, 화면 중간에 무서운 대화창 하나가 "정말 인쇄하시겠습니까?"라고 떡 하니 버티고 있을지도 모를 일이다. 이런 불안함은 극도로 짜증스러울 뿐만 아니라 사려 깊은 인간의 행동과 극단적으로 대조된다.

사려 깊은 제품은 너무 많은 질문을 하지 않는다

사려 깊지 않은 제품은 귀찮은 질문을 끊임없이 물어본다. 사용자에게 주어지는 과하게 많은 선택옵션은 점점 혜택이 아니라 시련이 된다.

질문을 하는 것과 선택의 기회를 제공하는 것은 엄연히 다르다. 둘의 차이는 물건을 사려고 얼마냐고 묻는 것과 취업 인터뷰에 온 사람에게 인터뷰 질문을 하는 것만큼이나 크다. 질문을 하는 사람은 질문을 받는 사람보다 좀 더 상위에 있다. 권한을 가진 사람이 질문을 하면, 종속된 사람이 대답을 한다. 질문을 하는 것은 사용자가 프로그램보다 더 열등하다고 느끼게 만들 수도 있다.

권력의 역학 이슈를 넘어서 질문은 사람들에게 난처함과 불쾌함을 느끼게 하는 경향이 있다. 수프와 샐러드 중 무엇을 선택하시겠습니까? 샐러드요. 양배추와 시금치 중 무엇을 선택하시겠습니까? 시금치요. 프렌치 소스, 사우전드 아일랜드, 이탈리안 소스 중 무엇을 선택하시겠습니까? 프렌치 소스요. 기본과 저지방 중 무엇을 선택하시겠습니까? 어이쿠 그만!

그냥 수프 주세요. 그렇다면 차우더와 치킨 누들 중 무엇을 선택하시겠습니까?

사용자는 질문받는 것을 좋아하지 않는다. 질문이 많은 소프트웨어는 다음과 같이 여긴다.

- 무지하다

- 건망증이 심하다

- 약하다

- 독창성 없다

- 스스로 처리할 능력이 없다

- 화를 잘 낸다

- 지나치게 요구한다

친구로서도 그다지 환영받지 못하는 성격이다. 소프트웨어에서 환영받을 리 없다. 일반적으로 프로그램이 의견을 물을 때, 그 태도는 절대로 친구와 저녁을 같이하는 따뜻한 느낌은 아니다. 오히려 무관심한 태도와 잘못된 권력행사로 사용자의 눈살을 찌푸리게 한다. 소프트웨어는 사용자의 의견에 관심이 있는 게 아니라 그저 정보가 더 필요할 뿐이다. 이런 정보는 굳이 묻지 않아도 이미 프로그램이 갖고 있는 경우가 많다.

이런 단방향 질문보다 더 나쁜 건, 질문을 반복해서 불필요하게 물어보는 것이다. 현금인출기는 사용자에게 '스페인어, 영어, 중국어' 중 어떤 언어를 선택할 것인지 끊임없이 물어본다. 하지만 이런 질문은 사용하는 과정 중간에 바꿀 만한 성격의 것이 아니다. 인터랙티브 제품이 이런 질문을 물어볼 때는 사용자에게 더 똑똑하고 친절하게 다가가야 한다.

사려 깊은 제품은 실수도 아름답다

누군가에게 큰 무례를 범했다는 사실을 알게 된다면, 나중에 이를 사과하고 어떻게든 만회해 보려고 노력할 것이다. 애플리케이션이 치명적인 문제를 발견했을 때 두 가지 상황이 발생할 수 있는데, 하나는 사용자에게 최소한으로 피해가 가는 선에서 최악의 상황을 준비하는 것이고, 다른 하나는 그냥 무턱대고 애플리케이션을 닫아버리는 것이다.

애플리케이션은 무수한 데이터와 세팅 등으로 가득 차 있다. 만약 무책임하게 그냥 닫아버리면 그 많은 정보와 데이터는 날아가 버리는 것이다. 남겨진 사용자는 멍하니 그냥 바라만 보고 있어야 한다. 예를 들어, 이메일 애플리케이션이 아무 생각 없이 주어진 임무를 수행하고 있다고 치자. 이를 진행하면서 서버에 접속해 당신의 이메일을 다운로드하다, 순간 기존에 있던 정보와 충돌하면서 무리하게 일을 진행시키려다 메모리가 모자란다는 사실을 발견한다. 대부분의 데스크탑 소프트웨어는 이럴 경우 "오류가 생겼습니다" 등의 간단한 메시지를 보여주고, 사용자가 'OK'를 누르는 순간 그 소프트웨어는 허무하게 종결돼버린다. 아마 당신은 애플리케이션을, 또는 전체 컴퓨터를 다시 켜야 할 것이다. 다운로드 중이던 당신의 그 이메일은 이미 지워져 있음을 발견하게 된다. 서버를 찾아본 결과, 서버에서는 이미 그 이메일을 보냈고, 데스크탑에서는 받던 중간에 문제가 생겼기에 양쪽에서 별생각 없이 이메일을 지워버린 것이다. 이는 분명히 좋은 소프트웨어라고 할 수 없다.

위의 이메일 사례에서 애플리케이션은 서버로부터 이메일을 받았고, 서버는 그 복사본을 지웠다. 하지만 문제는 서버가 컴퓨터에 이메일이 제대로 저장됐는지를 확인하지 않았다는 데서 출발한다. 이 이메일 소프트웨어가 로컬 디스크에 분명히 복사됐는지를 확인했더라면, 아니면 서버에게 다운로드가 성공적으로 끝났다는 정보만 보냈더라도 이런 문제는 일어나지 않았을 것이다.

예를 들어, 악기연주 툴인 에이블튼 라이브^{Ableton Live} 처럼 꽤 잘 디자인된 소프트웨어는 이런 급작스러운 종결을 복구하기 위해 '취소' 캐시에 꽤 의존하는 편이다. 이는 제품이 쉽게 사용자 행동을 추적할 수 있는 좋은 예이고, 혹 문제가 있는 상황에서도 쉽게 상황으로부터 해방되어 나올 수 있다.

애플리케이션을 그냥 닫아버리는 상황이 아니더라도 이런 사려 깊지 못한 행동은 주변에 만연하다. 특히나 웹에서는 더욱 흔하게 볼 수 있다. 간혹 웹 페이지에서 자세한 정보를 입력해야 할 때가 있다. 11개의 빈칸 중 10개의 빈칸을 채운 후에 사용자가 실수로 '확인' 버튼을 눌렀다고 치자. 남아 있는 빈칸이 있기에 또는 처리상의 실수로 사이트는 다음 페이지로 넘어가기를 거부하고 사용자에게 이를 수정하라고 지시한다. 사용자는 당연하다는 듯이 이전 페이지로 돌아가지만 이미 예전에 입력했던 10개의 칸은 텅 비어 있다. 단 하나의 실수로 이 모든 내용이 사려 깊지 못하게 다 지워져 버린 것이다. 혹시 고등학교 시절에 당신이 제출한 남아메리카에 대한 리포트를 검정 볼펜이 아니라 연필로 썼다는 이유로 찢어버렸던 지리 선생님을 기억하는가? 혹시 그날 이후로 지리라는 과목 자체가 싫어지지는 않았는가? 제발 이런 지리 선생님 같은 제품은 만들지 말아주길 바란다.

사려 깊은 제품은 언제 규칙을 굽혀야 하는지 안다

수동으로 처리되던 정보 시스템이 컴퓨터로 디지털화될 때, 그 과정에서 무언가를 꼭 잃어버리기 마련이다. 비록 자동으로 순서를 정리해주는 시스템이 사무직 직원보다 몇 백만 배 더 많은 일을 할 수 있을지는 모르지만, 사람인 직원은 보통의 자동화 시스템에는 있을 수 없는 시스템을 조정하는 능력을 갖고 있다. 자동화된 시스템은 조금씩 유동적으로 기능을 조정하고 바꿔가면서 일하는 것 자체가 거의 불가능하기 때문이다.

수동 시스템이라면, 영업 부서에서 일하는 친구가 그 직원에게 전화를 걸어 빠르게 처리해야 할 중요한 주문이 있다고 부탁하고, 그 직원은 신속하고 빠르게 그 주문을 처리할 수 있을 것이다. 만약 중요한 정보가 없이 어떤 주문이 들어왔다면, 그 직원은 정보를 직접 찾으러 다닐 것이며, 나중에라도 그 정보를 잊지 않고 다시 시스템에 입력하기 위해 메모를 남겨놓을지도 모른다. 하지만 이런 유동성을 자동화 시스템에서 기대하기란 참 힘들다.

대부분의 컴퓨터화된 시스템을 보면 극단적으로 모든 정보가 완벽하게 존재하거나 아니면 아예 아무 정보도 존재하지 않는 딱 두 가지 상태만을 갖고 있다. 어떤 그 중간 단계도 인정되지 않고 받아들여지지 않는다. 수동 시스템에서는 어느 정도 이해는 가지만 한편으로는 역설적인 **미결**^{suspense} 상태라는 것이 존재한다. 이런 미결 상태는 보통 문서화되지 않았거나 완전히 처리가 끝나지 않았지만, 받아들여질 수는 있는 경우다. 컴퓨터 시스템이 아니라 사람이 처리를 한다면, 아마도 그의 머릿속에, 그의 책상 위 메모지에, 또는 그의 수첩에서 이런 상태는 곧잘 만들어진다.

예를 들어, 디지털 시스템은 주문을 받아 제품을 보내기 전에 사용자 정보와 주문 정보 모두를 갖고 있어야만 제품을 배송한다. 사람이라면 상세한 사용자 정보 없이도 제품을 보내는 데 무리가 없을 테지만, 컴퓨터화된 이 시스템은 사용자 정보가 없이는 이를 처리할 수 없다는 이유로 이 주문을 거절할 수도 있다.

순서에 상관없이 아니면 전제조건 없이도 일을 진행할 수 있게 해주는 이런 수동 시스템의 유동적인 성향을 '폭신폭신한' 인터페이스라고 부른다. 폭신폭신한 성향이 점점 사라지는 것은 시스템이 자동화되는 과정에서 생긴 피해 중 하나이고, 디지털 시스템을 더욱 비인간적으로 만드는 요소다. 구현 모델의 자연스러운 결과이기도 하다. 컴퓨터 프로그램은 모 아니면 도라는 식의 결정 방법을 갖고 있어서 이런 미결 단계는 불필요하다고 생각해왔다. 물론 사용자의 니즈가 굉장히 강해서, 시스템이 꼭 이런 중간 단계를 가져야만 하는 경우라면 달라지겠지만, 프로그래머도 이런 상황적인 단계를 신경 써야 할 필요를 느끼지 못해왔다.

이런 폭신폭신한 시스템의 또 다른 혜택으로서 실수를 줄일 수 있다는 점을 들 수 있다. 일시적으로 생기는 시스템의 작은 실수를 인정하고, 그 실수가 더 큰 문제가 되기 전에 사용자에게 고칠 수 있는 기회를 줌으로써 영구적인 실수를 미연에 방지할 수 있다. 우습게도 컴퓨터 시스템의 규칙들 대부분은 이런 실수를 방지하기 위해 존재한다는 사실이 아이러니하다. 이런 융통성 없는 규칙은 인간과 소프트웨어를 서로 적수로 만든다. 인간은 시스템을 너무 믿었다가는 자칫 큰 실수를 할 수도 있다는 두려움 때문에, 중요한 문제를 해결할 때 소프트웨어를 사용하길 점차 꺼릴 것이다. 이렇게 융통성 없는 규칙이 유연한 인간의 사고와 충돌하는 상황은 양쪽 모두에게 득 될 게 없다. 사업의 관점에서 볼 때 사용자가 하려는 일을 못하게 막는 것도 좋지 않고, 컴퓨터 시스템도 잘못된 데이터를 우격다짐으로 소화해야 하는 상황에 처하게 될 것이다.

현실 세계에서 정보는 규격에 맞지 않을 수도 있고, 군데군데 빠질 수도 있으며, 넘치게 많을 수도 있다. 하지만 정보 처리 시스템은 이런 현실 세계의 정보를 잘 처리하지 못한다. 매매 업무는 실제 약속한 계약 날짜보다 몇 주가 지난 후에 종결될지도 모른다. 실제로 많은 회사는 어마어마한 돈이 걸린 거래를 할 때는 애매모호하게 계약 날짜를 잡아서 만약의 상황을 대비하기도 한다. 이런 식으로 현실 세계에서 애매모호함은 어디에서나 존재한다. 사려 깊은 제품이라면 이런 사실을 깨닫고 받아들여야 한다.

사려 깊은 제품은 책임감을 갖는다

가끔씩 인터랙티브 제품은 '이건 제 책임이 아닙니다'와 같은 태도를 취하곤 한다. 소프트웨어가 본인의 일을 다하고 하드웨어 기기로 그 일을 넘기는 과정에서, 마치 자기 일은 다했고 이제부터는 자기와 상관없다는 듯이 손을 싹싹 씻고, 바보 같은 하드웨어는 이 일을 처리하기 위해 골머리를 썩어야 한다. 이렇게 사려 깊지도 의식적이지도 않은 소프트웨어는 하드웨어와의 효율적인 협동을 단순히 부담스러운 짐으로 여길 뿐이다.

전형적인 출력 작업에서 애플리케이션은 스무 장의 페이지를 인쇄하기 위해 프린터에 데이터를 보내는 동시에 대화창을 열고 이 대화창에는 인쇄 업무를 취소할 수 있는 버튼이 있다. 순간 사용자는 중요한 부분을 고치지 않았다는 사실을 발견하게 된다. 그리고 프린터에서 첫 번째 장이 인쇄되고 있음을 확인하고, 바로 취소 버튼을 누른다. 물론 애플리케이션은 즉각적으로 프린터에게 인쇄를 중단하라는 메시지를 보낸다. 하지만 사용자에게는 알리지 않은 상태로 프린터에서 1면이 인쇄되고 있는 순간에 이미 컴퓨터는 15장의 페이지를 프린터에 전송해놓은 상태였던 것이다. 물론 컴퓨터가 남은 5장의 페이지를 취소했지만 프린터로서는 사용자가 어떤 명령을 내렸는지 알 턱이 없다. 그저 이미 명령받은 15장을 인쇄해야 한다는 사실만이 명확할 뿐이다. 그래서 프린터는 그냥 그 15장을 묵묵하게 인쇄한다. 그러는 동안 애플리케이션은 사용자에게 취소가 성공적으로 됐다고 의기양양하게 말한다. 애플리케이션은 거짓말을 한 셈이고, 쓸데없이 인쇄되는 15장을 사용자는 괴롭게 보고 있을 뿐이다.

이런 애플리케이션과 프린터 사이의 의사소통 문제는 사용자가 충분히 공감하는 안 좋은 인터랙션의 예다. 사용자는 이 대화가 일방적이라는 사실을 알 리 없다. 단지 그가 아는 것이라고는, 첫 번째 페이지가 인쇄될 때 취소 버튼을 눌렀고, 그가 무수히 그만두라고 그렇게 클릭했음에도 불구하고 바보 같은 애플리케이션은 15장을 고스란히 인쇄했다는 사실이다. 괘씸한 애플리케이션은 분명히 그의 취소 명령을 받았음에도 불구하고, 사용자의 아까운 종이 15장을 낭비했던 것이다.

하지만 상상해보자. 애플리케이션이 프린트 드라이버와 연결되고, 또 이 프린트 드라이버가 프린터와 연결됐다면 어땠을까? 소프트웨어가 충분히 똑똑했다면, 이 인쇄 작업은 두 번째 장을 낭비하기 전에 중단됐어야 했다. 프린터에는 분명히 취소 기능이 있지만, 소프트웨어가 이를 다루기에 태도가 너무 나태하지 않았나 싶다.

사려 깊은 제품은 당황스러운 실수를 피하게 해준다

도움이 되는 인간 동료는 내가 사생활을 낯선 사람들로 가득한 방에서 소리치거나, 상사에게 내용 없는 메일을 보내는 등, 나중에 분명히 후회할 만한 일을 하려는 참이면, 조용히 불러내 부드럽게 실수를 경고해줄 것이다.

디지털 제품도 마찬가지로 예를 들어 몰래 보내려던 한 친구 대신 연락처 전체 목록에게 실수로 문자를 보내려 할 때, 혹은 메시지 본문에 첨부하겠다고 언급한 분기 보고서 없이 부서장에게 이메일을 보내려는 참에 알려줘야 할 것이다.

하지만 행동을 막는 데다 설상가상인 표준 모드의 에러 메시지 형식이 아니라, 개인이 아닌 그룹에게 메시지를 보내는 중이며, 앞서 언급했는데도 첨부 파일을 포함하지 않았음을 알려주는 세심한 시각적, 텍스트 피드백이어야 한다.

후자의 상황에서 이메일 앱은 소프트웨어가 의도를 오해했을 경우 계속 그냥 진행해 첨부 파일 없이 메시지를 보내는 옵션도 동시에 주는 한편, 첨부 파일을 드래그할 드래그 영역을 모드 없이 하이라이트할 수도 있다.

사용자의 당황스러운 실수를 막아줘 난처하지 않게 해줌으로써 배려까지 해주는 제품은 곧 신뢰와 헌신을 얻을 것이다. 다른 모든 조건이 같다면, 사려 깊은 제품 디자인은 그냥 지나칠 만한 앱과 진정 훌륭한 앱을 구분해주는 조건 중 하나이거나, 어쩌면 유일한 조건일지도 모른다.

똑똑한 제품을 디자인하자

깊은 사려 외에도 유용한 제품과 사람은 모두 똑똑해야만 한다. 공상과학 소설을 쓰는 작가와 미래학자의 훌륭한 업적 덕분에 똑똑한 인터랙티브 제품에 대해 많은 사람이 잘못된 오해를 하고 있다. 순진한 사람들은 똑똑한 소프트웨어란 그냥 지능적으로 행동할 수 있는 컴퓨터라고 착각하기도 한다.

물론 이는 분명히 맞는 소리다. 하지만 문제의 핵심은 현실 세계의 반도체 제품은 꿈에서 그릴 법한 그것과는 살짝 동떨어져 있다는 사실이다. 혹 현실 세계의 제품을 생산하려 한다면, 똑똑한 소프트웨어란, 아무리 어려운 환경에서도 아무리 사용자가 바쁘더라도 항상 열심히 일하는 소프트웨어를 의미한다. 꿈 속에서 상상하는 컴퓨터가 무엇이든 간에 현존하는 컴퓨터는 더 열심히 더 즉각적으로 일할 수 있어야 하고 그 가능성 또한 무궁무진하다. 8장에서는 인간의 욕구를 충족시킬 수 있도록 소프트웨어가 더 열심히 일할 수 있는 중요한 방법에 대해 이야기해본다.

일할 때는 쉬는 시간도 같이 주자

모든 애플리케이션의 명령어는 CPU를 통해 파일 하나로 통합돼야 하기 때문에, 프로그래머는 이 작은 바늘구멍에 모든 코드를 최적화하려는 경향이 있다. 물론 프로그래머는 명령어의 수를 최소화해서 간결하고 효율적인 제품을 만들기 위해 정말 열심히 노력한다. 하지만 실제 상황을 생각해보자. CPU는 사용자가 명령을 입력할 때만 모든 일을 허겁지겁 처리하고 일을 다 처리하면 그냥 아무것도 하지 않는 대기 상태로 돌아간다. 이 대기 상태에서는 사용자가 그 다음 명령을 내리기 전까지는 정말 아무것도 하지 않는다. 그동안 컴퓨터의 반응 속도를 줄이기 위해 정말 많은 노력을 해왔다. 그러나 정작 컴퓨터가 바쁘지 않은 때에 어떻게 더 능동적으로 행동해야 하는지에 대해서는 전혀 또는 상대적으로 적게 노력을 한 것 같다. 소프트웨어는 마치 군대에서와 같이, CPU에게 무조건 빨리 하라고 재촉을 하거나 무조건 기다리라고 명령을 했다. 물론 이 재촉하는 부분은 충분히 이해가 가지만 무조건 기다리라고 하는 부분은 재고돼야 한다.

최근 컴퓨터 시스템을 쓰는 사용자는 많은 것을 기억해야만 한다. 예를 들어 파일의 이름과, 그 파일이 시스템의 어디에 있는지 정확한 위치 등을 기억해야 한다. 사용자가 어떤 스프레드시트와 이의 분기별 예상도를 찾고자 한다면, 이 파일의 이름을 기억하고 있어야 한다. 기억하지 못한다면 마냥 폴더를 뒤져야 할 것이다. 이렇게 찾고 뒤지는 동안 프로세서는 그저 거기에 앉아서 수백만 번 같은 작업을 계속 반복할 것이다.

유감스럽게도 대부분의 소프트웨어는 정황적인 이해가 부족하다. 마감일이 코앞에 닥친 사용자가 어려운 스프레드시트 때문에 고생하고 있다면, 사용자가 이 숫자를 만지작거리고 있을 때 애플리케이션은 가능한 한 더 많은 도움을 제공하려고 노력하는 것이 바람직하다. 소프트웨어는 더 이상, 물론 좋은 취지에서, 사용자가 일을 하는 동안 빈둥거리면서 시간을 낭비해서는 안 된다. 컴퓨터에게 이 시간은 일상 속에서 존재하는 사용자의 작고 큰 짐을 덜어주기 위한 시작점인 셈이다.

　일반적인 상황에서 주어진 일을 보통의 사용자가 몇 초 안에 다 처리해내는 건 거의 불가능하다. 하지만 전형적인 데스크탑 컴퓨터에게 이 몇 초는 최소 몇 백만 개의 명령행을 처리하기에 충분한 시간이다. 실패도 거의 없이 컴퓨터는 묵묵히 이를 조용히, 하지만 빠르게 처리해버린다. 하지만 일반적으로 컴퓨터는 그냥 조용히 사용자의 명령을 기다리는 일 외에는 아무것도 하지 않는다. 재미있게도 이 중간 쉬는 시간에 효과적으로 컴퓨터 스스로 일을 처리하게 하자는 의견에 많은 이들은 "이 상황에서 어떤 추측도 만들 수 없습니다. 왜냐하면 이런 추측이 잘못될 수도 있으니까요."라며 반박해왔다. 설령 이 주장이 사실이라고 치자. 그렇더라도 현대의 컴퓨터는 굉장히 파워풀하기 때문에 애플리케이션이 잘못된 추측을 해도 그다지 큰 문제가 되지 않는다. 그냥 작업을 진행해라. 오늘날의 컴퓨터는 충분히 빠르다. 가능성 있는 몇 가지 옵션은 먼저 추측해서 준비해놓았다가 나중에 사용자가 그중 하나를 고르면 그 옵션을 진행시키고 나머지 옵션은 그냥 버리면 된다.

　윈도우와 맥 OS X이 선점하고 있는 멀티태스킹, 멀티코어, 멀티칩 컴퓨터를 활용해 현재 눈앞에서 일어나고 있는 작업에 큰 영향을 주지 않는 한도에서 별도의 일을 그 뒤에서 진행할 수 있게 됐다. 예를 들어 애플리케이션에서 사용자가 여러 개의 문서를 열고 고치고 닫는 반복 작업을 하고 있다고 치자. 타이핑을 하고 있을 때는 아무것도 할 수 없을 것이다. 하지만 결국에 사용자는 생각을 하기 위해 잠시 쉴 것이고, 그때 애플리케이션은 전체 디스크를 스캔할 시간을 가질 수 있다. 다음 문서를 열기 위해 사용자보다 먼저 앞서서 준비해놓을 수 있다. 사용자는 물론 어떤 일이 일어나는지 알 필요가 없다. 맥 OS X에서 스팟라이트^{Spotlight} 검색기의 작은 창 안에서 만들어내는 강력한 기능과 일맥상통한다. 운영체제에서는 검색 결과가 거의 즉각적으로 나타난다. 컴퓨터가 켜져 있지만 사용하지 않는 시간을 활용해 하드 드라이브의 인덱스(검색에 필요한 색인 정보)를 정리해두기 때문이다.

　애플리케이션이 움직이지 않는 대화창을 띄우는 경우, 사용자의 명령이 없다면 애플리케이션은 그냥 아무것도 못하고 무작정 기다려야만 하고 사용자도 대화창 때문에 애를 먹는 동안 하고 있던 원래 작업을 멈춰야 한다. 이런 경우 신중하게 대처해야만 한다. 대화창과 상관없이 애플리케이션은 사용자에게 필요한 도움을 제공해야 한다. 좋은 예로, 지난번 사용자가 어떤 선택을 했는지 애플리케이션이 기억했다가 알려주면 사용자에게 큰 도움이 될 것이다.

　더 새롭고 더 능동적인 방법으로 소프트웨어가 사용자의 목적을 이루고 임무를 완성하기 위해 어떻게 도울 수 있는지 함께 고민해보자.

똑똑한 제품은 기억한다

사용자가 어떤 인터랙티브 제품을 사려 깊고 똑똑하다고 생각하고 있다면, 아마도 그 제품이 자신을 충분히 잘 이해해주고 자신의 행동을 파악할 것이라 기대할 수 있다. 사려 깊은 제품의 특성을 뒤돌아볼 때 다음과 같은 사실이 더 주목된다. 제품이 더 유용하고 사려 깊어지려면 제품과 인터랙션하는 사용자에 대한 주요한 사실을 기억해야만 한다. 소프트웨어는 논리적이고 합당한 추측에 근거해 움직이지만, 불행히도 그 추측이 꽤 자주 틀리기 때문에 사용자는 이를 사용하는 데 있어 어려움을 겪고 있다.

프로그래머와 디자이너는 사용자의 행동이 임의적이고 예측할 수 없다고, 그리고 원하는 작업을 하기 위해 사용자가 애플리케이션에게 일일이 물어볼 것이라고 쉽게 지레짐작한다. 물론 인간의 행동이 디지털 컴퓨터처럼 바로 결정을 내리기는 어렵지만 그렇다고 애플리케이션을 사용하면서 애매모호하게 행동하지도 않는다. 목적 없이 바보 같은 질문을 계속 물어보는 것도 사용자의 입장에서는 성가시고 귀찮을 것이다.

많은 프로그램은 쉽게 잊어버리고 실행 이후에는 거의 아무것도 기억하려 하지 않는다. 혹 프로그램이 반복적인 사용을 통해 사용자 정보를 기억할 수 있을 만큼 똑똑하다고 해도 보통은 사용자가 아니라 프로그래머의 일을 쉽게 만들어주는 정보를 기억하도록 만드는 경우가 더 많다. 이런 프로그램은 지난번에 사용자가 어떤 방식으로 사용했는지, 어떻게 바뀌었는지, 어디서 사용됐는지, 어떤 데이터가 처리됐는지, 누가 사용했는지, 얼마나 자주 그리고 어떤 다양한 기능이 사용되는지와 같은 정보 따위는 별생각 없이 쉽게 버려버린다. 그러는 동안 애플리케이션은 드라이버 이름과 포트 배치 등 프로그래머의 짐을 덜어줄 수 있는 세부사항 따위를 기본 저장함에 차곡차곡 기억한다. 기억할 수 있는 용량이 한정돼 있다면, 사용자에게 더 도움이 되는 쪽으로 그 기억력을 사용해보자. 소프트웨어는 놀랍도록 똑똑하게 느껴질 것이다.

애플리케이션, 웹사이트, 또는 기기가 사용자의 다음 행동을 예측할 수 있다면 더 나은 인터랙션을 제공할 수 있지 않을까? 사용자가 주어진 대화창이나 양식에서 무엇을 선택할지를 애플리케이션이 예측할 수 있다면 인터페이스 중 어느 부분은 그냥 건너뛸 수 있지 않을까? 사용자의 행동을 예측할 수 있는 이런 심미안을 갖는다면 인터페이스가 강력한 비밀 병기가 될 수 있지 않을까?

사용자가 무엇을 할지 충분히 추측할 수는 있다. 좀 과장해서 말해보면, 애플리케이션에 '식스센스'를 심어서 사용자의 다음 행동을 불가사의하게도 정확히 맞춰낼 수 있다! 어찌 보면 낭비라고 느껴질 수 있는 백만 번의 프로세싱 과정도 어쩌면 뜻있게 사용될 수 있다. 사용자는 그저 인터페이스에 **기억력**memory을 불어넣어 주기만 하면 된다.

이런 정황에서 사용되는 '기억'이라는 단어는 RAM을 의미하는 게 아니라, 수차례에 걸쳐 패턴화된 사용자 행동을 기억하고 이에 따라 행동하는 것을 뜻한다. 혹 애플리케이션이 그냥 지난 몇 차례의 사용자 행동을 파악하고 이를 기억할 수만 있다면 다음번에 사용자가 어떻게 행동할지 예상하는 데 좋은 지침으로 사용할 수 있을 것이다.

과거 사용자의 행동에 바탕을 둔 정보와 기능을 바탕으로 사용자 행동과 메모리, 유연성을 제품에 부여할 수 있다면, 사용자의 효율성과 만족도에 지대한 이익을 가져올 수 있을 것이다. 자발적인 성격, 좋은 판단력, 그리고 날카로운 기억력을 갖춘 똑똑하고 능동적인 조수를 마다할 사람은 아무도 없다. 기억력이 좋은 제품은 자발적으로 행동하는 조수와도 같은데, 이런 조수는 물어볼 필요도 없이 유용한 정보와 개인적 선호도를 항상 기억하고 있다. 이 작은 기억력이 큰 차이를 만든다. 그 차이는 사용자가 참고 견디며 써야 하는 제품과 사용자의 사랑을 듬뿍 받는 제품으로 나타난다. 언젠가는 지금 디자인하는 소프트웨어도 마치 본인이 사람인 줄 알 사용자에게 친절히 질문하고 있을지도 모른다.

업무 일관성

과거의 사용자 행동을 바탕으로 사용자가 어떻게 행동할지 예측하는 일은 업무 일관성[task coherence]의 원칙에 근거하고 있다. 이 원칙은 주기적으로 이용하는 사용자의 목적과 이를 성취하는 방법은 일반적으로 항상 비슷하다고 이야기했다. 매일 이를 닦고 아침을 먹는 일에만 적용되는 것이 아니라, 워드 프로세서나 이메일 프로그램, 모바일 기기 그리고 사무용 애플리케이션을 이용하는 데까지도 적용될 수 있다.

한 소비자가 제품을 사용할 때, 지난번에 이 제품을 사용했던 것과 동일한 방법으로 다시 사용할 가능성은 농후하다. 마지막으로 열었던 문서를 다시 열거나 아니면 같은 폴더에 위치하는 비슷한 문서를 열어 작업할 가능성이 크다. 물론 매번 정확히 같은 일을 하진 않을 것이다. 하지만 작업은 몇 가지 비슷한 패턴의 조합으로 이뤄질 것이라 추측해보는 데는 큰 무리가 없다. 지난 몇 차례의 사용자 행동을 그냥 간단히 기억했다가, 다음번에 사용자가 어떻게 사용할지 예측하는 것에 대해 확신을 가져도 된다. 이러한 방법을 통해 사용자에게 물어야 하는 질문의 양을 현저하게 줄일 수 있다.

예를 들어 지영이가 범석이보다 아무리 더 많은 기능을 알고 훨씬 더 능숙하게 사용한다고 해도, 결국 두 사람 모두 매번 비슷한 방법으로 엑셀을 사용할 것이다. 범석이는 9포인트 타임즈 로만[Times Roman]체를 즐겨 쓰지만, 지영이는 12포인트 헬베티카[Helvetica]를 기본적으로 사용한다. 이런 경우 지영이에게 어떤 폰트를 쓸지 일일이 꼬치꼬치 물어보는 일은 정말 불필요하다. 그냥 12포인트 헬베티카를 기본 폰트로 맞춰서, 언제나 이 폰트로 시작할 수 있다면 지영이에게 굉장히 편리하지 않을까?

애플리케이션은 행동군에도 더 주목할 수 있다. 예를 들어, 워드 프로세서에서 종종 텍스트를 반전해 검은 바탕에 흰색으로 바꾼다고 해보자. 이러려면 텍스트를 선택해 폰트색을 흰색으로 바꾼다. 그런 다음, 선택을 바꾸지 않고 배경색을 검정으로 설정한다. 애플리케이션이 충분히 주목했다면, 선택옵션에 개입하지 않고 두 포맷 단계를 요청했음을 알아차렸을 것이다. 생각해보면 사실 단일 실행이다. 이 고유의 패턴이 여러 번 반복되면 애플리케이션이 자동으로 이런 새 포맷 유형을 생성하거나, 더 나아가 새 반전 툴바 컨트롤을 생성하면 좋지 않겠는가?

대부분의 주요 애플리케이션은 사용자에게 디폴트를 설정하게 해주지만, 스마트한 동작이라 하기에 적절하지 않다. 이런 설정은 파워유저를 제외하면 귀찮은 프로세스다. 많은 사용자는 마음에 들게 디폴트를 커스터마이징하는 방법을 결코 이해하지 못할 것이다.

선택사항과 기본 설정을 기억한다

어떤 정보를 애플리케이션이 기억해야 하는지를 가늠하는 방법은 의외로 간단한 기준에 의해 정해진다. 사용자가 직접 입력해야 하는 정보라면, 최소한 애플리케이션이 이 정보를 기억할 만한 가치는 있다.

사용자가 하는 모든 일은 기억해야 한다. 하드 드라이브에는 저장 공간이 충분하고, 이를 애플리케이션의 기억력 증강에 사용하는 것은 좋은 투자라고 생각한다. 자칫 애플리케이션이 굉장히 무겁고 많은 공간을 차지한다고 생각할 수 있다. 실제로 큰 프로그램 같은 경우 200MB 이상의 저장 공간을 필요로 하기 때문에, 군이 사용자가 하는 모든 일까지 기억해야 할 여유는 없을 것이라고 지레짐작한다. 하지만 그 큰 저장 공간은 사용자 데이터가 아닌 프로그램만을 위해 사용되고 있다. 예를 들어보자. 워드 프로세서가 프로그램을 열 때마다 1KB의 실행 노트를 저장한다고 치자. 이 워드 프로세서를 하루에 10번씩 평일에 사용하고, 한 해에는 근무일수가 대략 250일 이상이다. 결국 1년에 2500번 이상 이 프로그램을 돌리는 셈이다. 그렇다고 해도 전체 데이터 소비량이 2MB밖에 되지 않는다. 1년에 2MB라면 그다지 큰 부담으로 느껴지지 않는다. 한 해 동안의 사용 재검토 용도로 생각해보면 절대 아깝지 않은 투자다. 어쩌면 이 2MB는 당신의 데스크탑 배경 이미지 파일 크기보다 더 작을지도 모른다.

> **디자인 원칙**   사용자가 직접 입력해야 하는 정보라면, 애플리케이션도 이 정보를 기억할 만하다.

애플리케이션이 선택을 해야 하는 기로에 서 있다면, 특히 사용자에게 선택을 하라고 종용하는 상황이라면, 애플리케이션은 선택 정보를 기억해야만 한다. 굳이 모든 설정이 지정되지 않아도 그냥 지난번 세션의 마지막 상황을 기본 설정으로 가정할 수 있다. 사용자가 무엇을 원했는지를 확인시켜줄 수 있는 더 좋은 방법이다. 사용자에게 결정을 내려달라고 조르기보다는 프로그램이 알아서 과거에 내려진 결정을 바탕으로 먼저 실행에 옮기고, 혹시 이것이 아니라면 쉽게 사용자가 이 실행사항을 바꿀 수 있도록 만들어야 한다. 그러나 혹시 사용자가 이런 소프트웨어의 선처를 계속 무시하거나 설정을 그때마다 바꾸려 한다면, 굳이 이렇게 먼저 나서지 말고 필요할 때마다 사용자에게 결정하라고 하면 된다.

기억을 하지 못하는 소프트웨어 때문에 가장 짜증 나는 경우는 파일과 그 위치 정보를 전혀 기억하지 못하고 헤맬 때다. 사용자가 가장 기본적으로 필요로 하는 도움은 파일 이름이나 파일이 저장된 장소에 관한 정보일 것이다. 워드 같은 프로그램은 사용자가 마지막으로 열었던 파일과 그 파일의 위치를 정확히 기억하고 사용자에게 제공한다. 예를 들어, 한 사용자가 항상 파일을 '편지'라는 폴더에 저장한다고 하자. 어느 날 딱 한 번 문서 템플릿 작업을 하면서 '형식' 폴더에 문서를 저장한 적이 있었다. 프로그램은 이를 곧이곧대로 받아들여, '형식' 폴더를 최근 저장문서의 위치로 인식해 다음번에 작업하는 모든 문서를 '편지' 폴더가 아니라 이 '형식' 폴더에 저장해버렸다. 나중에서야 사용자가 이를 발견하고 일일이 하나씩 확인해가며 문서를 이동해야 하는 불편함을 겪게 된다. 프로그램은 단지 마지막에 접속했던 위치가 어디인지만 기억해서는 안 된다. 각 타입별 파일이 어디에 저장되는지까지 기억해야 한다.

창의 위치도 분명히 기억해야 한다. 마지막에 문서창을 최대로 해놓고 작업했다면, 다음번에 열었을 때도 최대화가 되어 있어야 한다. 만약 창이 다른 창 바로 옆에 위치해 있었다면, 굳이 사용자의 명령이 없어도 똑같은 배치로 열어야 할 것이다. 마이크로소프트 오피스 프로그램은 이런 면에서 모두의 모범이 될 만한 인터페이스를 제공하고 있다.

파일의 위치

파일을 열어 사용하는 장치라면 응당 사용자가 파일을 어디서 가져오는지 일일이 기억하는 게 마땅하다. 대부분의 사용자는 특정 프로그램을 사용할 때, 몇 개의 정해진 폴더 안에서 파일에 접속한다. 그렇다면 프로그램은 당연히 그 저장 폴더가 어디였는지 기억하고, '파일 열기' 대화창을 통해 콤보상자로 사용자를 도와야 한다. 따라서 사용자가 모든 트리 구조를 파헤쳐 파일을 찾는 일은 처음 딱 한 번으로 족하다.

단축된 정보

소프트웨어가 명확한 사실을 문자 그대로 단순하게 기억해서는 안 된다. 대신 이 사실로부터 연역적 방법을 통해 더 유용한 정보를 찾아내고, 그 함축된 정보의 핵심을 기억해야 한다. 예를 들어, 애플리케이션이 매회 프로그램을 돌릴 때마다 하나의 파일 크기의 변화 수치를 기억한다고 하자. 그 파일의 크기 변화는 126, 94, 74, 81, 70, 110, 92바이트로 어느 정도 일정했다. 만약 사용자가 파일을 열었을 때 크기가 100바이트로 바뀌었다면, 그다지 이상해 보일 것은 없다. 하지만 갑자기 파일 크기가 5000바이트가 됐다면, 프로그램은 분명히 무언가가 잘못됐다고 의심해볼 만하다. 물론 사용자가 무심코 실수로 어떤 작업을 잘못했을 수도 있지만 그럴 가능성은 희박하다. 무턱대고 확인 대화창을 열어서 사용자를 괴롭히는 것도 좋은 방법은 아니다. 이때 애플리케이션의 입장에서 그 5000바이트로 커져버리기 직전의 이전 100바이트짜리 파일을 저장하고 있는 것은 굉장히 현명한 방법이다. 나중에 사용자가 실수임을 알아채고 이전의 100바이트 파일로 돌리고 싶어한다면, 간단히 '되살리기' 기능을 사용해 다시 이전 파일을 불러들여 복구할 수 있다.

다중 '되살리기' 기능

많은 프로그램은 해당 문서나 프로그램을 닫을 때 모든 '되살리기' 기능의 히스토리를 그냥 없애버린다. 이는 애플리케이션의 근시안적인 행동이라고 생각한다. 무조건 지워버리기보다는, 이 '되살리기' 기능이 사용된 히스토리 정보를 파일로 저장해뒀다가, 나중에 사용자가 다시 그 문서를 열 때, 저장해뒀던 '되살리기' 히스토리를 재장전하는 것이다. 그 히스토리가 몇 주 전의 것이더라도 말이다.

과거 데이터 내역

기억력이 더 좋은 소프트웨어는 사용자의 실수를 미연에 방지해줄 수 있다. 간단히 말해 사용자가 입력해야 할 정보가 줄어들기 때문이라고 볼 수도 있다. 많은 정보가 소프트웨어의 똑똑한 기억력을 통해 자동적으로 입력될 수 있을 것이다. 대금 청구서를 작성하는 프로그램을 예로 들어보자. 만약 프로그램이 날짜와 부서 번호 그리고 그 밖의 기본 정보를 기억했다가 필요할 때 자동적으로 입력할 수 있다면, 그 대금 청구를 담당하는 서기로서는 입력 시 생길 수 있는 오타 및 다양한 실수를 애초에 줄일 수 있다.

사용자가 입력했거나 사용했던 정보를 애플리케이션이 비슷한 상황에서 계속 재사용한다고 할 때, 애초에 그 정보가 잘못된 정보라면 이는 큰 문제가 될 수 있다. 인터넷 익스플로러나 파이어폭스 같은 현대 웹 브라우저는 입력 칸에 사용자가 입력했던 데이터를 차곡차곡 기억했다가, 나중에 사용자가 다시 이 칸을 이용할 때 콤보상자를 통해 과거에 입력했던 데이터 중 하나를 선택해 사용할 수 있는 기능을 제공하고 있다. 물론 보안의식이 강한 사용자는 이런 기능을 끌 수 있도록 되어 있지만, 나머지 사용자에게는 그저 시간도 줄이고 실수도 줄일 수 있는 똑똑한 기능이다.

파일 속에 남겨지는 프로그램 외적인 행동

애플리케이션은 실행과 실행 사이에 작은 단서를 남긴다. 이런 작은 단서는 작업했던 문서나 파일을 감시할 수 있다. 그 파일이 어디로 갔는지 누가 읽고 누가 수정을 했는지 등을 추적할 수 있다. 이런 정보는 사용자가 다음번에 프로그램을 돌릴 때 유용하게 쓸 수 있다. 한 파일을 열 때, 혹 파일의 위치가 바뀌었더라도 애플리케이션은 쉽게 그 문서의 위치를 추적해 사용자의 편의를 도모할 수 있다. 게다가 애플리케이션은 그 사이에 누가 이 문서를 열었는지, 혹 누군가가 프린트를 하지는 않았는지 아니면 누구에게 팩스로 보내졌는지와 같은 정보를 해독해 사용자에게 보고할 수도 있다. 물론 이런 정보가 모든 상황에서 필요한 건 아니지만, 컴퓨터가 남는 시간에 할 수 있는 아주 작은 일일 뿐이고, 나중에 필요 없다면 그냥 지우면 된다.

애플리케이션에 기억력을 보충하자

개발자가 작업 일관성의 힘을 이해하고 받아들일 때, 소프트웨어 디자인 프로세스에는 놀라운 일이 일어날 것이다. 디자이너는 완전히 새롭고 질 높은 생각과 사고를 발견할 것이다. 아무 이유 없이 무작위로 마구 열리던 대화창도 더욱 잘 다듬어진 방법으로 대체될 것이고, 디자이너는 미묘하고 세심한 자세로 질문을 던질 수 있다. 질문은 아마 이런 게 아닐까 싶다. 이 소프트웨어가 얼마만큼의 정보를 기억해야 할까? 어떤 면이 기억돼야 할까? 지난번 세팅보다 더 많이 기억해야 하나? 무엇이 이미 만들어진 사용자 행동 패턴을 바꿀 수 있을까? 그런 후 디자이너는 이런 상황 또한 상상할 것이다. 예를 들어 사용자가 오십 번을 연달아 같은 날짜 형식으로 사용하다가, 단 한 번 다른 날짜 형식을 직접 수동으로 바꿔서 저장했다. 다음번에 사용자가 다시 날짜 형식을 써야 할 때, 어떤 형식을 애플리케이션이 제시해야 할까? 오십 번 연달아 썼던 그 형식? 아니면 단 한 번 사용했지만 가장 마지막으로 사용한 그 형식? 사용자가 도대체 몇 번이나 같은 형식을 연달아 사용해야 기본 세팅으로 정의할 수 있는 걸까? 이런 애매모호함이 존재하기 때문에 프로그램은 아직도 사용자에게 묻지 말아야 한다. 스스로의 직감을 이용해 가장 합리적인 결정을 내려야 한다. 또한 이 직감이 틀렸다면, 사용자는 이 애플리케이션의 직감을 그냥 무시해버리면 된다.

작업 일관성에 관련한 복잡한 문제를 해결하는 데 도움이 될 만한 방법 중 특징적인 몇 가지 패턴을 살펴보자.

선택옵션의 축소

사람들은 무한대의 선택옵션을 한정된 몇 개의 선택사항으로 줄이려고 한다. 매번 완전히 똑같은 일을 하는 것은 아닐지라도, 가능하면 몇 개의 반복된 옵션 중 하나를 고르길 원할 것이다. 사람은 무의식적으로 이런 선택옵션의 축소^{decision-set reduction}를 행하고 있다. 그리고 소프트웨어는 이를 알아채고 이에 맞춰 행동한다.

집 앞 큰집마트에 가서 쇼핑을 했다고 해서, 항상 큰집마트에서만 쇼핑을 해야 하는 것은 아니다. 하지만 다음번에 또 장을 보러 갈 때, 아마도 큰 이변이 없는 한 큰집마트로 다시 장을 보러 갈 것이다. 비슷한 이치로, 가장 좋아하는 중국집 메뉴에 250개의 음식 종류가 나열돼 있을지라도 아마도 주문은 다섯 개나 여섯 개 정도의 자주 찾는 음식 중 하나를 선택할 가능성이 높다. 회사로 출퇴근을 할 때, 보통 선호하는 몇 개의 경로 중 하나를 교통 체증 상황에 맞춰 선택하는 게 정상이다. 이와 마찬가지로 컴퓨터도 힘들게 애쓰지 않고 네다섯 개의 상위 선택옵션을 기억하면 된다.

그냥 마지막 행동을 기억하는 것이 아무것도 기억 못 하는 것보다는 낫지만, 선택옵션이 단 두 개밖에 없다면 사용자를 잘못된 길로 인도할 수도 있다. 예를 들어 한 폴더에 들어 있는 파일을 번갈아가며 읽은 후 이들을 각각 다른 곳에 저장했다면, 매번 애플리케이션은 그저 마지막 장소만을 기억하기 때문에 사용자가 이전 폴더의 다른 파일을 열려고 해도 애플리케이션은 잘못된 장소를 가리킬 것이다. 이를 해결하기 위해, 그냥 단순히 마지막 정보만 기억할 게 아니라 그와 관련된 더 많은 정보를 함께 기억하는 편이 좋다.

선택옵션의 축소를 통해 애플리케이션은 사용자의 선택에 앞서 기억해야만 하는 정보를 몇 개의 그룹으로 수렴하고 종국에 하나를 선택하도록 이끌어준다. 단 하나의 딱 떨어지는 방법보다는 어느 정도 이치에 타당한 몇 가지 선택옵션을 고려하는 편이 좋다. 애플리케이션은 또한 이 몇 개의 옵션 중 어느 것이 옳은지 그른지 가려낼 수 있어야만 한다. 예를 들어, 요금을 지불하기 위해 수표를 써주는 애플리케이션을 사용하고 있다고 하자. 이 애플리케이션은 당신이 주기적으로 두 개 내지는 세 개의 계좌를 사용하고 있다는 사실을 빠르게 파악할 것이다. 하지만 이 세 개 중 어떤 계좌를 지금 사용해야 할지 어떻게 결정할 수 있을까? 이때 지난 몇 달간 주기적으로 빠져나간 돈의 액수와 수신자를 기억하고 있다면, 이 결정은 쉬워진다. 매달 월세를 내고 있다면, 그 액수는 정확히 똑같을 것이기 때문이다! 이는 자동차 할부금에도 똑같이 적용된다. 물론 월별 전기세는 조금씩 다를 수 있지만, 그래도 이 차액도 전월의 10%나 20% 이내의 변화 범위 안에서 그칠 것이다. 이 모든 정보는 소프트웨어가 상황을 파악하고 사용자를 돕는 데 유용하게 쓸 수 있다.

선호도계점

내리는 결정은 보통 둘 중 하나다. 중요하거나 중요하지 않거나. 주어진 모든 행동에는 수백 개의 결정이 관여되지만, 그중 오직 몇 개만이 중요하게 여겨진다. 나머지는 대수롭지 않은 사소한 것으로 치부된다. 소프트웨어 인터페이스는 이 선호도계점preference threshold의 컨셉을 사용자 작업을 단순화하는 데 사용할 수 있다.

특정 자동차를 구입하기로 결정했다면, 모두 조건이 비슷비슷하다는 전제하에 어느 대부업체에서 할부를 받을지는 그다지 큰 문제가 되지 않는다. 장을 다 보고 난 후, 어느 줄에 서서 계산을 할지도 그다지 큰 문제가 아니다. 디즈니랜드에서 마터호른(놀이기구)을 타기로 결정했다면, 어느 터보건(앞쪽이 위로 구부러진, 좁고 길게 생긴 썰매)에 앉을 것인지는 큰 문젯거리가 못 된다.

선호도계점은 우선순위에 대해 사용자에게 일일이 물어보는 것이 불필요하다는 사실을 각인시켜주면서 더 나은 인터페이스를 디자인하도록 이끌어준다. 사용자가 출력을 하라고 명령한 후라면, 몇 장을 인쇄할지, 가로 방향인지 세로 방향인지 굳이 물어볼 필요가 없다. 그냥 몇 가지는 간단한 추측으로 결정해버리고, 그 후에 혹 생기는 불만이나 탄원에 대해서는 기억해두자. 만약 나중에 사용자가 이 세팅을 바꾸고자 한다면, 언제든지 프린트 옵션이라는 대화창을 통해 바꿀 수 있게 되어 있다.

선호도계점을 이용하면, 사용자가 애플리케이션의 어떤 부분을 조절하고 어떤 부분을 무시해도 좋은지 등을 쉽게 추적할 수 있다. 사용자가 관심이 없는 결정에 대해서는 방해받지 않고, 사용자가 원하는 사항에 대해서는 직접 조정권을 잡을 수 있다는 기대심리를 구축하면, 프로그램은 지식과 정보를 바탕으로 사용자에게 더 알맞은 선택옵션을 제공할 수 있다.

거의 맞는 이야기

작업 일관성은 사용자가 미래에 어떤 행동을 할지 사리에 맞게 추측하는 것이지만, 그렇다고 항상 정확하게 맞아떨어지는 건 아니다. 애플리케이션이 원칙을 따른다면, 아마도 만들어내는 추측의 불확신성에 대해 궁금해하는 것이 당연하다. 사용자가 전체 시간의 80%에 무엇을 할지를 신뢰가 가는 한에서 추측할 수 있다고 해도, 결국 나머지 20%는 추측이 틀릴 수도 있다는 의미로 해석된다. 100% 확신이 가는 추측을 만들지 못하는 한, 사용자에게 선택하도록 하는 게 더 적합한 방향이라는 결론에 도달한다. 그러나 결국 사용자가 선택하도록 만든 대화창의 80%가 사용자를 괴롭히는 것밖에는 되지 않는다. 선택을 하도록 종용하기보다는, 프로그램이 우선 가장 적합하다고 판단되는 옵션을 선택해서 행한 후, 사용자가 원하지 않을 때는 쉽게 이를 번복할 수 있도록 길을 열어줘야 한다. 이런 번복 기능이 충분히 쉽고 이해하기에도 어렵지 않다면, 사용자도 귀찮게 느끼지 않을 것이다. 종국에는 열 번 중 여덟 번 불필요한 대화창과 씨름하는 대신, 열 번 중 두 번만 원하지 않는 선택을 번복하면 된다. 이는 인간에게 훨씬 더 나은 거래조건이 아닐까 싶다.

소셜 제품의 디자인

현대적인 소프트웨어에서 제작한 컨텐츠 중 대부분은 그 저자만 사용하려고 만들지 않는다(과업 목록, 리마인더, 일기는 어쩌면 예외다). 대부분의 컨텐츠는 다른 사람에게 전달된다. 프리젠테이션은 들리고, 문서는 읽히며, 이미지는 보이고, 스테이터스 업데이트는 '좋아요'를 받는다. 컨텐츠도 리뷰 대상이며, 애플리케이션과 함께 어떤 사업 프로세스의 다음 단계에 사용된다. '기계를 위한' 애플리케이션 코드 행들조차 여전히 구조 속에 작성하며, 다른 개발자가 읽을 수 있는 언어를 사용한다.

연결되지 않은 전통적인 소프트웨어는 이 컨텐츠 공유를 문서와 과업 전용으로 구축된 이메일 클라이언트 등의 소프트웨어를 통해 사용자에게 남긴다. 그러나 소프트웨어가 더 복잡해지고 그 사용자의 목표를 더 존중하면서, 공유 및 협업 기능은 바로 내장된다. 소프트웨어는 작업물을 산출하러 사라진 후 나중에 당면한 일이 출현하는 사적인 사무실보다, 협업자와 소비자마저 바로 소리가 들릴 만큼 가까이 있는 개방된 도면의 사무실과 같아진다.

지금까지 이 장에서는 좋은 소프트웨어가 인간에 대해 어떻게 사려 깊어야 하는지 논했다. 소프트웨어가 중재하는 장치를 통해 다른 사용자와 소통할 때도 원칙은 같지만, 추가로 사회적 규범과 다른 사용자의 기대수준을 고려해야 한다.

소셜 제품은 사회적 규범과 시장 표준의 차이를 안다

모든 집단에는 구성원들이 고수하는 규칙이 있지만, 가장 큰 범주는 사회적 규범social norm과 시장 표준market norm이다.

사회적 규범은 친구, 가족에게 허용된 상호성의, 말로 표현하지 않는 규칙이다. 필요할 때 손 내밀기, 감사 표시 등을 포함한다.

시장 표준은 사업을 함께 하는 사람에게 허용된, 말로 표현하지 않는 다른 규칙들이다. 좋은 제품에 대한 공정가의 보장, 거래의 정직성 등을 포함한다.

이 두 개념은 서로 많이 다르다. 사회적 맥락에서 실수로 시장 표준을 사용하면 극히 무례하다고 인식될 수 있다. 친구 집에서 좋은 식사를 즐긴 후 식탁에 돈을 남기고 떠난다고 상상해보라. 시장 표준에서 실수로 사회적 규범을 사용하면 구속될 수도 있다. 식당 웨이터와 악수를 하며 "고마워, 맛있었어!"라고 말한 다음, 돈도 안 내고 떠난다 상상해보라.

소프트웨어가 무례하거나 불법이지 않으려면 사용자가 운영하는 기준을 알아야 한다. 영역을 감안하면 명백한 경우가 많지만, 더 모두를 포괄하는 시스템은 그 경계가 모호할 수 있다. 링크드인LinkedIn을 통해 친구들과 연결돼 있다. 페이스북Facebook 페이지가 있는 회사도 있다. 조직 내에서 사용하는 소프트웨어는 반쯤은 사회적인 규범에 따라 운영된다. 그 구성원이 조직의 사업을 하기 위해 서로 돕기 때문이다. 데이팅 소프트웨어는 사실 만나기로 합의하는 거래의 시장이다.

시장 표준을 고수하는 소프트웨어는 거래가 공정하도록 거래 양 당사자를 안심시켜, 때로 '중매'나 신뢰할 만한 에스크로escrow 대행사 역할을 해야 한다. 사회적 규범을 고수하는 소프트웨어는 그 사용자가 상호적이고 보상을 해주는 방식으로 하위 문화의 규칙과 계층구조를 준수하도록 도와야 한다.

사용자에게 최상의 측면을 제시하게 해주는 소셜 소프트웨어

소셜 인터페이스에서 사용자를 나타내고자 할 때, 디자이너에게는 그 대표성을 고유하고 인식 가능하고 설명적이고 유용하게 만드는 법 등의 과제가 제시된다. 다음 전략은 사용자가 온라인에서 자신을 나타내도록 도울 수 있다.

사용자 정체성

사용자의 정체성을 사용자 이름으로 나타내고 싶은 유혹이 느껴지겠지만, 이름이 항상 충분히 고유하지는 않으며, 항상 간결한 대표성을 띠지는 못한다.

구글 문서도구의 색깔 있는 동물 아이콘처럼 반쯤 무작위적인 아바타를 할당하고 싶은 유혹도 든다(이 글을 쓰는 동안 나는 사랑스러운 마젠타 팬더가 됐다). 반쯤 무작위적이지만 미리 준비된 시각화로 디자이너는 사용자 아바타를 소프트웨어의 룩앤필과 맞출 수 있다. 그러나 사용자가 나중에 그 아이콘 뒤에 숨은 사람을 기억해야 하기에 인지적 부담도 는다. 이 부담을 최소로 유지하기 위해 저 반대편의 사용자에게 가장 효과적인 시각화를 제공한다. 고유한 아이콘-색상 조합을 스스로 선택하거나, 자신의 이미지를 업로드하는 것이다.

이미지 업로드는 부적절한 컨텐츠를 선택할 수 있는 위험을 가져오지만, 옵트인opt-in 네트워크와 책임감 있는(비익명성) 소셜 소프트웨어 내에서는 이를 확인할 사회적 압박이 있을 것이다. 어쨌든 실명을 위해 툴팁을 추가하면 사용자는 필요할 경우 누가 누구인지 알 수 있는 빠른 리마인더가 생긴다.

동적인 사용자 프로필과 정적인 사용자 프로필

사용자 프로필은 사용자가 자신을 위해 온라인에서 존재감을 만들어낼 수 있는 전통적인 방식이지만, 모든 사용자에게 자신을 설명하는 수많은 정적인 필드를 채울 시간이나 욕구가 있지는 않다. 하지만 네트워크에 대한 사용자의 사회적 기여는 동적으로 수집해 요약하여 표시할 수 있다. 들은 음악, 팔로우했거나 친구가 된 사람들, 추가했거나 '좋아요'를 한 업데이트, 언급한 책이나 영화, 올리거나 공유한 링크 등이다. 페이스북의 타임라인은 이런 정보를 제시하는 방법의 한 사례다. 소셜 네트워크에서 행동은 자기 설명보다 더 강하며, 평점이 가장 높거나 '좋아요'가 가장 많은 기여를 요약하면 정적인 약력에 대한 훌륭한 보완이나 대안도 형성할 수 있다.

사용자 프로필의 어떤 부분과도 마찬가지로 사용자는 이 정보를 누가 볼 수 있는지 완벽히 통제해야 하며, 디폴트가 상대하고 싶지 않은 사용자에게도 좋아 보여야 하지만, 적절한지 보면서 큐레이션과 구성을 할 수 있어야 한다.

소셜 소프트웨어는 쉬운 협업을 허용한다

협업은 소프트웨어를 소셜하게 만드는 가장 흔한 이유 중 하나다. 사용자는 동료의 의견, 또 다른 도움, 허락을 원할 수 있다. 협업 중심의 소셜 소프트웨어는 이런 기능을 인터페이스에 깊이 내장할 수 있다.

예를 들어 마이크로소프트 워드로 사람들은 문서에 검토 주석을 추가할 수 있고, 다른 이들은 이전 주석을 참조하는 주석을 추가할 수 있다. 유행을 따르지만, 불행히도 서로 주석이 엉켜 해당 출처에서 분리될 수 있다.

구글 문서도구는 협업자에게 주석에 직접 답하게 해줘, 거의 스레드 기반의 토론처럼 취급하고, 어떤 협업자에게도 버튼 클릭으로 이슈를 '해결'하게 해주며, 이전의 해결된 이슈를 다시 제기할 수 있는 곳을 제공해, 워드보다 한 수 위다. 구글 문서도구 모델은 사람들이 질문을 논하고 해결하는 방식에 더 잘 맞는다. 디자이너는 협업 도구가 명백하고 사용 가능하며 퍼소나의 협업 니즈, 커뮤니케이션 행동에 맞는지 확인해야 한다.

소셜 제품은 언제 차단할지 안다

구글 문서도구 같이 주변부만 소셜한 생산성 소프트웨어에서 소프트웨어의 소셜함이 주요 과업을 압도하거나 산만하게 해서는 안 된다. 물론 소셜 소프트웨어는 다른 사용자에게 알려야 하지만, 진정한 존중으로 사용자의 관심을 대하면서 세심히 알려야 한다. 이미 초대받은 사용자가 내 문서를 방문했음을 순간적으로 요란하게 알리면 분명히 다른 대안을 찾는 원인이 될 것이다. 게다가 사용자는 사용자가 과업의 완수에 집중해야 하는 시간 동안 소셜한 간섭을 지연하는 정중하면서도 확고하게 '차단하는' 방법에 접근 가능해야 한다.

소셜 제품은 네트워크의 성장을 유기적으로 돕는다

회원이 가입, 연결, 상호작용, 입지 확보, 이탈을 하면서, 인적 네트워크는 장기적으로 성장, 변화한다. 소셜 소프트웨어는 새 회원이 네트워크를 발견하고 가입해 존재감을 구축하고 규칙을 배우며 참여하고, 회원이 하위문화 규범에 어긋날 때 가벼운 압박을 받을 방법이 있어야 한다. 중간 등급의 회원은 마스터 수준을 구축해주고, 후발 회원을 육성하며, 상위 회원으로부터 도움을 구하는 도구가 있어야 한다. 상위 회원은 네트워크 관리 도구가 있어야 한다. 모든 회원은 한동안 참여를 미루거나 우아하게 탈퇴할 방법이 필요하다. 그리고 끔찍한 생각일지도 모르지만, 네트워크는 회원이 죽을 때 우아하게 처리해야 한다.

특히 어려운 사회적 문제는 한 사용자가 연결에 동의하지 않는 다른 사용자와 연결되고 싶은 경우의 처리 방식이다. 사회적 규범에 따르면 기피하는 사용자는 냉담하거나 퉁명스럽게 비칠 수 있다. 수발실의 새 인턴이 링크드인으로 대기업의 CEO와 연결하려 할 때, CEO는 원치 않겠지만, 그 직원이 소중하지 않다는 신호를 보내고 싶지도 않다. 열정적인 사용자의 면을 세워주기 위해 기피하는 사용자는 책임을 커뮤니티의 명시적인 규칙들, 게이트키퍼 gatekeeper 역할을 자처하는 다른 사용자, 시스템 제약 등으로 넘겨야 한다.

소셜 제품은 사회적 집단의 복잡성을 반영한다

디자이너가 염두에 둬야 할 네트워크 규모의 심리학적 기준선이 있다. 영장류학 연구에 따르면 영장류 두뇌의 신피질 크기는 부족의 평균 규모와 직접적인 상관관계가 있다. 이 값보다 구성원이 적은 부족은 덜 안전할 위험이 있다. 이 값보다 구성원이 많은 부족은 불안정해진다.

이 한계를 처음 제안한 인류학자의 이름 로빈 던바 Robin Dunbar 를 따, 던바의 수 Dunbar's number 라 한다. 영장류 관찰의 명백한 후속 질문은 물론 인간에게 그 값은 얼마인지다. 우리 신피질 크기를 감안하면 아마 값은 150 정도일 것이다. 어느 한 사람이든 완전히 유지할 수 있는 사회적 관계의 일반화된 최대치다. 소프트웨어가 이 값보다 큰 네트워크를 허용하면, 행동을 금하는 명시적인 규칙과 장치나 결과적인 복잡성을 관리할 도구가 있지 않는 한, 불안정성의 위험이 있다.

구글 문서 등 어떤 소프트웨어는 약간 소셜한데, 한 사용자에게만 다른 사용자를 초대하게 해, 개별 문서에 관해 협업하게 한다. 여기서 사회적 집단은 엄격히 초대에 옵트인 기반이다. 사용자에게는 원 문서의 소유자가 결정하는 몇 단계의 접근권이 있을 수 있다. 이런 소프트웨어 때문에 사용자는 복잡한 연습을 해야 한다.

더 의도적인 네트워크와 참여 규칙이 있는 소프트웨어도 있을 수 있다. 예를 들어 드랍박스는 사용자에게 공유 파일 그룹에 누가 접근권이 있는지 네트워크를 정의하게 해주는 파일 공유 소프트웨어다. 사용자는 정의된 조직 밖의 다른 이도 개별 폴더나 파일에 초대할 수 있다.

명백히, 소셜 소프트웨어는 대규모의 다양한 인간 집단을 개입시킬 수 있다. 사용자가 10억으로 추정되는 페이스북은 동료, 핵가족, 대가족, 친구, 적이자 친구, 이웃, 예전 이웃, 급우, 동창, 지인, 취미 모임, 고용인, 잠재적 고용인, 직원, 고객, 잠재 고객, 연인, 정부, 의심스러운 라이벌 등과 연결된 사용자를 찾을 수 있다. 이 각 하위 집단의 규칙과 규범은 집단을 별개로 유지할 수 있을 만큼 사용자에게 중요할 수 있다.

예를 들어 대학 친구는 지난 밤의 무책임한 음주가무 사진을 좋아할 수 있지만, 가족 중에서는 일부만 그럴 것이며, 고용인이나 고객은 거의 분명히 좋아하지 않을 것이다. 불행히도 이 집단의 관리 및 컨텐츠 공개 지정 장치는 찾기 어렵고 사용도 불편해, 때로 아주 당황스러운 페이스북 사용자가 생긴다. 그 자리에서 권한을 수정하고 액션을 철회하는 기능은 그런 정황에서 중요하다. 페이스북의 라이벌 소셜 네트워크인 구글 플러스는 사용자에게 사회적 집단의 이해 및 관리를 위해 훨씬 더 분명한 장치를 제공한다. 애니메이션과 현대적인 레이아웃 때문에 숙제보다 재미로 다가온다.

다른 더 명시적인 실행 커뮤니티는 역할과 사용 기간에 따라 회원에게 특정 권한을 부여할 수도 있다. 위키피디아는 엄청난 수의 독자, 페이지를 작성, 편집하는 더 작은 집단, 권한을 부여할 관리 능력이 있는 더욱더 작은 집단이 있다.

소프트웨어가 더 크고 복잡할수록 소셜 네트워크의 복잡성에 더 많은 디자인 관심을 기울여야 할 것이다.

소셜 제품은 다른 이의 프라이버시를 존중한다

페이스북, 구글 플러스 같은 광고 주도의 소셜 미디어는 사용자의 프라이버시를 존중하지 않을 만한 강한 재무적 동기가 있다. 특정 사용자에 관해 더 알려지고 공유될수록, 더 광고가 타깃팅되고, 광고주에 부과할 수 있는 요금도 높아진다.

반면 사용자는 사생활이 존중받는다는 느낌을 받고 싶고, 너무 심한 서비스는 떠날 수 있다. 페이스북은 특히 때로 그 정책 변화로 인해 사용자 데이터가 더 노출되는 문제를 겪어왔다. 변화를 사용자가 만족할 만큼 설명하지 않고, 변경사항 설정을 찾거나 이해하거나 사용하기 어렵게 만든다. 따라서 위험한 사진에 댓글을 남긴 사용자가 친척한테 혼나고는 갑자기 놀라기도 한다. 페이스북의 반복적이고 사려 깊지 않은 실수 때문에 사용자들은 서서히 브랜드를 등질 수 있다.

사려 깊은 소셜 소프트웨어는 추가적인 공유를 세심히 설명한 옵트인 건으로 만든다. 그리고 사업 규범의 경우는 지적 재산권 침해일 수 있으니, 아주 조심해야 한다.

소셜 제품은 반사회성을 적절히 다룬다

그리퍼griefer는 트랜잭션에 개입하고, 대화에 노이즈를 더하고, 작업을 방해하기까지 해 소셜 시스템을 어뷰징하는 사용자다. 아마존은 판매 중인 상품에 냉소적인 리뷰를 즐기는 그리퍼의 전체 하위문화에 대응해야 했다. 익명의 계정을 만들기 쉬운 대규모 네트워크 시스템에서 그리퍼는 행동에 대한 책임이 거의 없다는 점이 주된 문제일 수 있다. 소셜 소프트웨어는 사용자에게 그리퍼를 조용히 시켜 그들이 트랜잭션을 망치지 않도록 하는 도구, 카테고리별로 그리퍼를 제외하는 도구, 그리퍼를 커뮤니티 관리자에게 보고하는 도구를 제공한다. 이도구에서 비결은 관리자가 순수한 반사회적 사용자와 진심이지만 인기 없는 사용자를 구별하는 데 있다.

9장

플랫폼과 포스처

5장에서 인터랙티브 제품과 서비스를 디자인하는 순서를 살펴봤다. 이때 가장 먼저 '어떤 플랫폼과 어떤 포스처가 가장 적합한가?'를 고민해야 한다.

제품의 **플랫폼**platform은 하드웨어와 소프트웨어의 조합으로서, 사용자 인터랙션과 제품의 내부 운영이라는 의미에서 제품이 작동하게 만드는 기능적인 역할을 일컫는다.

제품의 **포스처**posture란 제품이 취하는 행동적 성격, 즉 사용자에게 보이는 모습을 뜻한다. 포스처는 제품과 동화되기 위해 사용자가 어떠한 관심을 보여야 하는지, 특정 사용자의 관심이 제품 행동에 어떻게 반응하는지 등을 설명한다. 모든 포스처는 당연히 사용상의 정황과 환경적 요소를 바탕에 둔다.

제품 플랫폼

여러분은 틀림없이 인터랙티브한 제품의 가장 흔한 플랫폼 중 상당수에 친숙할 것이다.

- 데스크탑 소프트웨어
- 웹사이트와 웹 애플리케이션
- 전화, 태블릿, 디지털 카메라 등 모바일 기기
- 키오스크

- 자동차 계기판

- 홈 엔터테인먼트 시스템(게임 콘솔, TV 셋톱박스, 스테레오 홈 시어터)

- 다양한 전문기기(의료기기나 기초 과학 연구 장비)

여기에 열거된 예를 보면 알 수 있듯이, 이 '플랫폼'이라는 개념은 아직 구체적인 정의나 틀이 제대로 잡히지는 않은 상태다. 이제껏 플랫폼은 형태, 해상도, 입력 방식, 네트워크 연결, 운영체제, 데이터베이스 성능 등의 주요한 제품 특성을 총체적으로 설명하는 단어로 사용돼왔다.

물론 각 특성은 제품을 디자인하고, 개발하고, 실제로 사용하는 방법에 지대한 영향을 미친다. 적절하고 알맞은 플랫폼을 선택하는 일은 매우 중요하다. 퍼소나의 니즈와 정황을 가장 잘 받쳐주고, 경영 목표와 기술 능력까지 한데 어우르는 가장 적합한 균형점을 찾을 수 있게 된다.

많은 회사의 프로세스는 플랫폼, 특히 하드웨어 플랫폼을 결정한 후에 인터랙션 디자이너를 투입하고 있다. 하지만 인터랙션 디자이너가 먼저 작업을 끝낸 후에 플랫폼을 결정하는 것으로 순서를 바꾼다면 전체적으로 더욱 효과적인 작업 프로세스로 개선할 수 있다.

디자인 원칙 ▶ 기술 플랫폼을 결정할 때는 인터랙션 디자이너의 의견을 충분히 반영해야 한다.

제품 포스처

누구나 독특한 본인만의 행동과 성격을 갖고 있다. 개개인의 성격은 직업과 연결해서 쉽게 유추해볼 수 있다. 예를 들어 군인은 방심하지 않고 항상 조심할 것 같지만, 톨게이트 접수원은 좀 지루하고 무관심하게 보인다. 연기자는 굉장히 화려할 것 같고, 전화상담원은 낙관적이고 친절한 성격일 것이라고 생각한다. 마찬가지로 제품도 사용자에게 보이는 특정한 성격이 있다.

플랫폼과 포스처는 서로 밀접한 관계에 놓여 있다. 하드웨어 플랫폼의 종류는 이 제품을 사용하는 행동적 자세, 즉 포스처에 영향을 미친다. 스마트폰에서 구동하는 소셜 네트워킹 애플리케이션은, 이를테면 큰 화면의 데스크탑 컴퓨터에서 구동하는 페이지 레이아웃의 애플리케이션과 다른 사용자 관심과 인터랙션 수준에 맞춰야 한다.

소프트웨어를 예로 들어보자. 어떤 소프트웨어는 색채가 강하고 모습이 화려하지만, 어떤 것은 전체적으로 조용하고 밋밋하다. 굉장히 직설적인 어투를 사용하는 프로그램도 있고, 조용하고 소심한 성격의 소프트웨어도 있다. 프로그램의 성격은 수행해야 할 목적에 근거해 형성된다. 사용자가 어떤 방법으로 프로그램을 사용하는지, 사용자와 프로그램 사이의 관계가 제품의 사용성에 얼마나 큰 영향을 미치는지를 고려한다. 애초에 추구하는 목적에 맞지 않는 외형과 성격을 가진 프로그램은 굉장히 거슬리고 부적합해 보인다.

제품의 모습과 행동도 마찬가지다. 디자이너의 개인적인 미적 취향보다는 어떻게 쓰이느냐에 따라 외형을 설계해야 한다. 포스처의 관점으로 볼 때, 모양과 분위기는 단순히 미관적 결정만은 아니다. 오히려 제품의 작동과 행동에 근거해 선택해야 한다. 포스처는 소프트웨어가 갖는 모든 행동적인 모습의 일부분이다. 어떤 미관적 선택을 하든지 포스처와 조화를 이루는 범위 내에서 결정해야 한다.

인터페이스의 포스처는 흑백논리처럼 딱 잘라 말할 수 없다. 디자인을 비롯한 여러 가이드라인에 의해 정한다. 자기소개를 하는 상황을 생각해보자. 누구나 정황, 대상, 장소, 시간에 따라 조금씩 다른 방법으로 자신을 설명한다. 이처럼 제품도 다양한 포스처를 바탕으로 상황에 맞게 제품의 성격을 다르게 보여준다. 예를 들어, 사용자가 기차를 타고 가면서 스마트폰으로 이메일을 읽는 상황을 상상해보자. 사용자가 제품과의 인터랙션에 매우 집중하고 있으리라 짐작할 수 있다. 하지만 중요한 미팅 도중에 재빨리 전화번호를 찾으려고 블랙베리를 사용한다면 그 집중도는 훨씬 떨어질 것이다.

또 다른 예로 워드 프로세서를 들 수 있다. 일반적으로 워드 프로세서는 집중을 요하는 프로그램으로서 주기적으로 매일 사용하는 사용자에게 최적화돼 있다. 하지만 표 마법사처럼 일시적이고 가끔 쓰이는 기능 또한 함께 존재한다. 이렇듯, 포스처를 이야기할 때는 전체적으로 제품의 가장 두드러지는 포스처를 정의하는 동시에, 사용 환경에 따른 개별 기능의 포스처를 함께 고려하는 것이 더욱 바람직하다.

9장에서는 다양한 플랫폼(데스크탑 프로그램, 웹사이트, 설치기기, 휴대기기, 태블릿 등)에 따른 적합한 포스처와 디자인 고려사항에 대해 이야기해본다.

데스크탑의 포스처

'데스크탑'이라는 단어는 현대 PC에서 돌아가는 모든 애플리케이션을 총망라하는 포괄적인 단어로 사용되고 있다. 인터랙션 디자인의 시초가 이런 데스크탑 소프트웨어를 디자인하는 데서 비롯됐다고 해도 과언은 아니다. 역사적으로 복잡하고 다양한 기술을 바탕으로 만들어진 초기의 플랫폼은 일반인이 다루기가 불가능할 정도로 매우 복잡했다. 이런 문제를 해결하려고 수많은 디자이너가 노력해왔다. 결국 불가능할 정도로 복잡하지는 않지만 그래도 완전히 해결되지 않은 채로 개인용 컴퓨터^{PC, personal computer}라는 플랫폼이 탄생했다. 이 책의 많은 부분은 어떻게 데스크탑 소프트웨어가 사용자의 니즈를 효과적으로 만족시킬 수 있는지를 설명한다. 최근에는 이러한 관점이 보편화되고 있다. 온라인상의 웹사이트는 물론 크고 작은 전자기기를 디자인할 때도 사용자를 고려하고 있다. 특색이 각기 다른 플랫폼에 대해서는 9장 뒷부분에서 더 자세히 살펴본다.

데스크탑 애플리케이션은 독재적 포스처, 일시적 포스처, 데몬형 포스처의 세 가지로 구분할 수 있다. 각 포스처는 행동적 성향이 각기 다르기 때문에 사용자 인터랙션의 양상도 다르게 나타난다. 더욱 중요한 것은 이 세 가지 범위는 인터페이스를 디자인하는 데 좋은 출발점이 된다는 사실이다.

독재적 포스처

장시간 사용자의 집중을 독점해야만 하는 프로그램은 독재적 포스처^{sovereign posture} 애플리케이션에 속한다. 독재적 애플리케이션은 사용자에게 필요한 많은 기능을 한 공간에서 동시에 제공한다. 사용자는 전체화면으로 오랫동안 집중하며 제품을 사용한다. 워드 프로세서나 스프레드시트, 이메일 프로그램이 여기에 해당한다. 대부분의 수직적 애플리케이션이 독재적 포스처를 지닌다. 비교적 긴 시간 동안 사용하고 전반적인 인터랙션이 복잡하게 뒤얽혀 있기 때문이다.

보통 사용자는 본인도 모르게 프로그램의 작업 속으로 빠져들게 된다. 화면을 최대화해서 작업하는 경우가 많다(화면과 창의 관계는 18장에서 더 자세히 살펴본다). 마이크로소프트 아웃룩을 10cm×12cm 정도로 아주 작은 창으로 작업한다고 상상해보자. 이메일을 작성하거나 일정을 보는 주요 작업이 매우 불편할 것이다(그림 9-1 참조). 독재적 제품은 보통 기본적인 도구로서 사용자의 작업 흐름을 주도한다.

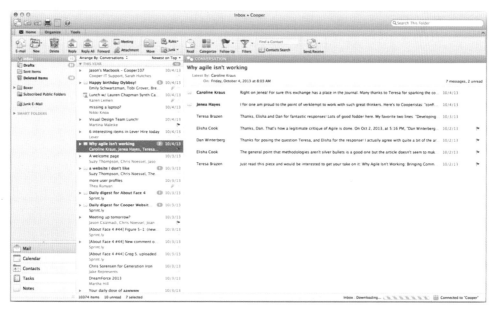

그림 9-1 마이크로소프트 아웃룩은 전형적인 독재적 포스처 애플리케이션의 예다. 꽤 긴 시간 동안 여타 소프트웨어의 방해를 받지 않고 이 프로그램에 집중하게 된다. 여러 패널을 활용해 다양한 내비게이션이 가능하다. 일반적으로 전체화면으로 프로그램을 사용한다.

중급자를 주요 사용자로 선정하라

초보자는 프로그램을 능숙하게 사용하려고 많은 시간과 노력을 쏟는다. 자연스럽게 중급자로 발전한다. 사용자의 학습 곡선은 11장에서 자세히 다룬다. 누구나 초보자로 시작한다. 제품을 사용하는 전체 시간 중 초보자 기간은 상대적으로 짧다. 새로운 입문자는 초반 학습 곡선을 뛰어넘어야만 능숙한 중급자가 될 수 있다. 하지만 사용자가 제품과 함께하는 전체 시간을 따져보면 프로그램을 배우는 데 투자한 초기 시간은 비교적 짧은 편이다.

얼핏 듣기에 이런 프로그램이 초보자와 전문가는 배제한 채 철저히 중급자에게만 최적화돼 있는 게 아닌가 하는 의심이 들 수도 있다. 하지만 디자인 측면에서는 서툰 초보자만을 위한 너무 쉬운 툴이 되기보다는 전문가도 선호할 만한 정교하고 강력한 도구가 되는 것이 중요하다. 가장 보편적인 중급 사용자를 겨냥해, 누구나 자유롭게 사용할 수 있는 범위 내에서 쉽고 강력한 언어를 제시할 수 있다면 그보다 좋은 디자인은 없다. 무엇보다 제품의 정황과 태도, 경향, 퍼소나를 바탕으로 어떤 사용자 그룹에 최적화할지 결정해야 한다는 사실을 잊어서는 안 된다.

중급자가 되기 전의 사용자처럼 애플리케이션을 능숙하게 다루지 못하는 사람이라면 자주 독재적 애플리케이션을 사용하지 않는다. 이런 불규칙한 사용자를 무시할 수는 없다. 하지만 독재적 애플리케이션의 성공 여부는 여전히 중급 사용자에게 달려 있다고 해도 과언은 아니다. 워드스타^{WordStar}를 예로 들어보자. 이 문서 작성 프로그램은 초보자에게는 무척이나 어려운 프로그램이었다. 하지만 중급자에게는 최적화돼 있었다. 70년대 후반과 80년대 초반에 걸쳐 문서 작성 시장을 거의 독점할 정도였다. 하지만 중급자는 물론 문서 작성을 자주 하지 않는 초보자도 만족시키는 쉬운 프로그램이 속속 등장하기 시작했다. 워드스타는 결국 경쟁에서 살아남지 못하고 사라져버렸다.

화면의 공간에 여유를 부려라

독재적 애플리케이션의 인터랙션은 기본적으로 사용자의 모든 관심을 독점한다. 그만큼 가능한 한 많은 화면 공간을 사용하는 것을 두려워해서는 안 된다. 기타 프로그램과 공간을 다툴 필요가 없다. 화면 전체를 여유롭게 필요한 만큼 담대하게 사용한다. 여러 개의 툴바가 필요하면 네 개, 다섯 개도 괜찮다. 다른 포스처의 프로그램에서 여러 개의 툴바는 끔찍하게 복잡한 것일 수도 있다. 하지만 독재적 포스처는 이런 무리한 요구도 충분히 가능하다.

대부분의 독재적 애플리케이션은 전체화면을 사용한다. 명백한 사용자의 지시가 없는 상태라면 독재적 애플리케이션은 기본적으로 최대화되거나 전체화면 모드로 실행된다. 물론 언제든지 창 크기를 줄일 수도 있고, 전체화면을 해제할 수도 있다. 하지만 특별한 상황을 제외하고는 독재적 애플리케이션은 전체화면에 최적화돼 있는 게 사실이다.

> **디자인 원칙** 독재적 애플리케이션은 전체화면에 최적화하라.

시각적 스타일을 최소로 적용하라

대부분 사용자는 몇 시간씩 독재적 애플리케이션을 사용한다. 따라서 색상, 색감, 바탕구조 등에서 오는 시각적인 요소를 세심하게 배려해야 한다. 크고 화려한 컨트롤은 처음 접하는 사람에게는 멋져 보일 수 있지만, 매일 몇 시간씩 이용하는 사용자에게는 불필요하고 거추장스러운 장식이 된다. 장기적인 관점에서 절제된 포인트와 적은 악센트는 지나친 치장보다 훨씬 효과적이다. 전체적 구성을 균형 있게 잡아주고 탄탄하게 모아준다.

> **디자인 원칙** 독재적 인터페이스는 시각적 스타일에 보수적으로 접근하라.

같은 팔레트와 메뉴, 툴바를 몇 시간이고 계속 쳐다보면 무엇이 어디 있는지 화면 구성에 익숙해진다. 툴바나 컨트롤 등은 조금 작아도 무방하다. 화면분할기나 자, 스크롤바 같은 보조 컨트롤은 간격을 조금 줄여도 된다. 디자이너가 픽셀 작업을 조금 줄여도 되는 셈이다.

풍부한 시각적 피드백

독재적 애플리케이션은 다양한 시각적 피드백이 필요한 환경에 효과적이다. 인터페이스에 작은 정보 조각을 효과적으로 배치할 수 있다. 화면은 다양한 요소로 채워진다. 화면의 아래쪽에 상태바가 놓인다. 가장자리에는 보통 타이틀바와 스크롤바가 있다. 눈에 보이는 요소의 구석구석마다 애플리케이션과 데이터, 시스템의 상태를 표시하는 시각적 알림 장치를 추가할 수 있다. 업무의 생산성을 높이는 데 도움이 되는 힌트를 제공하는 정보를 표시한다. 하지만 이렇게 다양한 시각적 피드백을 한꺼번에 제공하다 보면 너무 시끄러운 인터페이스가 될 수도 있다. 각별한 주의가 필요하다.

이런 정보는 교묘하게 숨겨져 있기 때문에 처음 사용할 때는 쉽게 발견할 수 없다. 꾸준히 사용하다 보면 언젠가는 각 장치를 발견할 수 있다. 여러 장치에 숨겨진 정보의 의미를 궁금해할 것이고, 실험적으로 탐구하게 된다. 사용자가 자발적으로 궁금해하고 알고 싶어진다면 배우고자 하는 노력을 아끼지 않는다. 디자이너는 각 장치의 의미와 사용법을 쉽게 배울 수 있는 수단을 제공해야 한다. 사용자는 프로그램을 더 잘, 더 만족스럽게 사용할 수 있게 된다. 프로그램에 대한 충분한 이해를 바탕으로 사용자는 더욱 강력한 사용법을 터득하게 된다. 인터페이스에 다양한 정보 장치를 더하는 건, 육수에 재료를 추가하는 것과 비교할 수 있다. 모드가 없는 시각적 피드백에 대해서는 15장에서 자세히 알아본다.

풍부한 입력장치

독재적 애플리케이션은 풍부한 입력장치를 활용할 수 있다. 이런 애플리케이션은 오랜 시간 동안 지속적으로 일상생활 속에서 사용된다. 그만큼 다각적인 방법으로 이용할 수 있어야 한다. 직접 조작법, 키보드 연상기호, 키보드 가속기 등은 여기에 적합한 입력장치의 예다(18장 참조). 이 중 직접 조작법, 즉 손이나 도구를 통해 화면에 직접 입력하는 방법은 사용자의 세밀한 운동 능력을 요구한다. 디자이너는 사용자가 어떤 자세로 의자에 앉고, 어떤 방식으로 책상에 손을 올려놓으며, 어떻게 마우스 패드에서 마우스가 움직이는지 등 사용자의 자세나 상황을 가정해보고, 그에 맞추어 사용자가 입력하기 쉬운 화면상의 위치가 어디인지 추측해야 한다.

독재적 애플리케이션은 풍부한 입력장치를 최대한 활용한다.

애플리케이션의 모서리에 위치한 컨트롤을 생각해보자. 예를 들어 제트기 화면의 주요 컨트롤 대부분은 조종사 바로 앞에 직접 위치해 있다. 아주 가끔씩 사용하거나 비상시에만 필요한 컨트롤은 팔걸이나 머리 위, 양측 패널 쪽으로 배치된다. 맥용 마이크로소프트 워드는 가장 자주 사용되는 기능을 두 개의 메인 툴바로 그룹 지어 놓았다(그림 9-2 참조). 기능상 자주 사용되지만 시각적으로 어지럽히는 여러 기능을 모아서 화면 밑, 수직 스크롤바 왼쪽의 컨트롤바에 배치했다. 이 컨트롤로 전체화면 구성과 배치를 변경할 수 있다. 일반 뷰, 페이지 레이아웃 뷰, 아웃라인 뷰, 출력용 뷰, 노트북 부, 포커스 뷰 등이 있다. 처음 사용하는 사람은 보통 이 기능이 있는지도 모르고, 아주 우연하게 발견한다고 해도 처음엔 매우 헷갈려 한다. 이 컨트롤바가 화면 밑에 있기 때문에, 초보자는 쉽게 접근하지 못하도록 만들어져 있다. 이렇게 차별된 위치 선정은 꾸준히 사용하면서 알아차릴 수 있도록 고안된 미세하고 조용한 암시장치다. 애플리케이션의 컨트롤을 깊이 이해하고 숙련되어 가면서 하나하나 숨겨진 장치를 발견하고 점점 더 전문적인 사용법을 궁금해하게 된다. 사용자가 충분히 준비됐다고 생각할 때 실험적인 자세로 이런 컨트롤을 만지고 고난이도의 새로운 기능을 배우는 것이다. 이런 과정을 염두에 두고 사용에 따른 컨트롤 위치 선정을 디자인한다면 더욱 정확하고 유용한 레이아웃을 만들 수 있다.

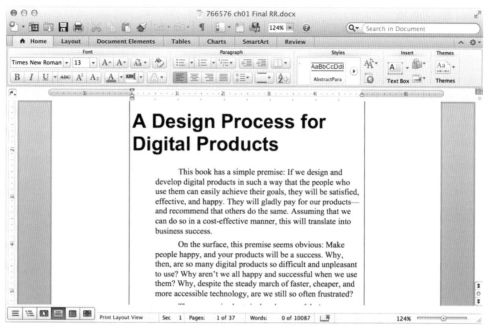

그림 9-2 마이크로소프트 워드는 프로그램의 위와 아래에 모두 컨트롤을 배치했다. 하단의 컨트롤은 뷰를 바꾸는 데 사용된다. 이 컨트롤을 아래쪽에 배치함으로써 전체적인 컨트롤 레이아웃의 시각적 혼란을 피할 수 있었다.

문서 중심 프로그램

프로그램 자체 안에서 모든 것이 함께 돌아가는 독재적 애플리케이션이라면 전체화면으로 디자인하는 것이 편리하다. 사용자가 특별히 다른 프로그램과 함께 작업하고 있거나 여러 개의 문서를 동시에 작업하지 않는 이상, 문서를 담고 있는 메인 창은 일반적으로 최대화된다.

> **디자인 원칙**   독재적 애플리케이션에서는 최대화된 창에서 문서를 띄운다.

대부분의 독재적 애플리케이션은 문서 중심적이다. 문서를 작성하는 기능과 데이터를 확인하는 기능이 공존하는 경우도 있다. 사용자의 모든 관심과 시선이 이 문서에 집중돼야 하기 때문에 독재적인 성향을 띨 수밖에 없다. 어떤 프로그램은 문서를 다루기는 해도 그 기능이 매우 간단하고 획일적인 경우도 있다(이미지를 스캔하는 기능 등). 이렇게 기능이 단순한 프로그램은 굳이 사용자의 모든 관심을 독차지할 필요가 없다. 이럴 때는 새로운 포스처를 적용한다. 일시적 포스처가 그 해결책이다.

일시적 포스처

일시적 포스처^{transient posture}를 갖는 제품은 여타 컨트롤과 함께 공존한다. 조금은 억지스러울 수도 있다. 하나의 단순한 기능만을 수행하기 때문에 잠시 등장했다가 빠르게 사라진다. 이런 프로그램은 필요할 때만 나타나서 제 할 일을 한 뒤, 사용자가 원래 일하고 있는 환경(보통은 독재적 애플리케이션)으로 돌아갈 수 있도록 빠르게 사라져버린다.

일시적 애플리케이션의 기본적 성향은 이들이 갖는 '일시성'에 있다. 화면에 오랜 시간 머무는 프로그램이 아니기 때문에, 사용자는 이런 프로그램에 완전히 익숙해지기가 쉽지는 않다. 이런 제품의 사용자 인터랙션은 매우 분명하고 간결해야 한다. 실수나 혼동을 가져올 수 있는 여지가 없도록 매우 직설적이어야 한다. 예술적이지만 애매모호한 이미지, 아이콘 등은 금물이다. 큰 버튼과 컨트롤, 쉽게 읽을 수 있는 큼직한 폰트가 적절하다.

> **디자인 원칙** ▶ 일시적 프로그램은 간단하고 깔끔하며 직설적이다.

독립적으로 돌아가는 일시적 프로그램도 있지만, 대부분은 독재적 프로그램을 도와주는 역할을 한다. 예를 들면 인터넷 익스플로러에서 웹사이트의 파일을 저장할 때 위치를 지정하기 위해 띄우는 대화상자나, 워드를 사용할 때 다른 파일을 열기 위해 띄우는 대화상자 등이 대표적인 예다. 스피커 볼륨 컨트롤을 예로 들어보자. 일시적 프로그램인 이 컨트롤은 독재적으로 움직이는 다른 더 큰 프로그램의 공간을 빌리게 된다.

시스템 자체가 실제 상황에서 일시적인 성향을 가져야 한다면 어떨까? 일부러 픽셀이나 시각적 요소를 최소화할 필요도, 눈에 덜 띄게 만들 필요도 없다. 가상환경에서 모니터를 돌린다거나 수술실에서 디지털 이미지 시스템을 사용하는 경우가 그 대표적인 예다. 이런 상황에서는 사용자가 이미 기계의 작동에 완전히 집중하게 된다. 그동안 컴퓨터 화면은 일시적이고 순간적인 태도로 데이터를 보여준다. 이때 정보를 매우 정확하게 보여주는 일은 무엇보다 중요하다. 대담한 색상을 사용한다거나 넉넉하게 화면의 공간을 사용하면 효과적인 정보 전달에 도움이 된다(그림 9-3 참조).

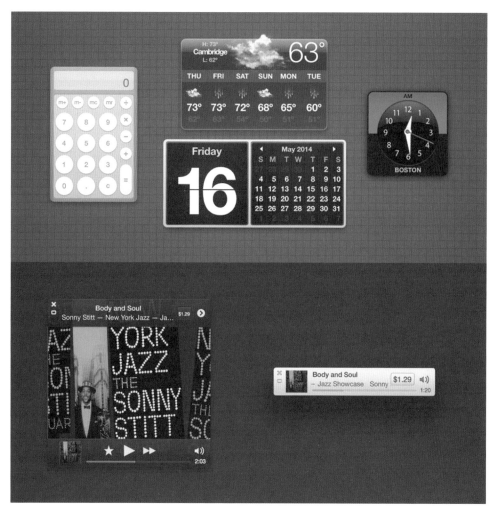

그림 9-3 OS X 대시보드의 위젯과 아이튠즈는 일시적 프로그램의 좋은 예다. 사용자의 관심이 독재적 프로그램에 완전히 돌아서기 전에 일시적인 인터랙션을 제공한다. 다양한 정보 시각화를 바탕으로 시각적 무게감을 조절한다.

더 밝고 명확하게

일시적 프로그램이 화면 전체에 꽉 들어차게 만들어져야 하는 경우도 있다. 독재적 프로그램에 비해 표면에 드러나는 컨트롤의 크기와 비율은 상대적으로 훨씬 더 크고 대담하다. 독재적 프로그램에서 강한 시각적 요소나 디자인을 사용하면 사용자는 몇 주 못 가 흥미를 잃을 것이다. 하지만 일시적 프로그램은 사용자를 괴롭힐 만큼 오랜 기간 동안 화면에 나타날 수 없다. 흥미롭게도 이런 대담한 그래픽은 애플리케이션을 여는 순간 재빨리 사용자를 새로운 프로그램 환경에 적응시키도록 돕는 역할을 한다.

일시적 프로그램의 인터페이스는 직접적이고 공격적으로 다가갈 필요가 있다. 자주 사용하는 프로그램이 아니기 때문에 대부분의 사용자가 얼마 지나지 않아서 기능의 의미나 사용 방법을 쉽게 잊어버리곤 한다. 작은 버튼 위에 '설정'이라는 레이블을 붙이는 것으로는 부족하다. '사용자 환경설정'과 같이 구체적인 이름과 눈에 띄는 버튼을 제공해야 한다. 사용자가 빨리 찾고 쉽게 이해할 수 있어야 한다. 후자의 경우, '동사와 목적어'를 함께 사용하므로 더 쉽게 이해할 수 있다. 이 버튼을 눌렀을 때 어떤 결과가 일어날지 예측해볼 수 있다. 비슷한 방법으로, 일시적 프로그램에서는 어떤 것도 생략돼선 안 된다. 피드백도 혼돈을 피하기 위해 매우 직설적이고 명백해야 한다. 지금 프린터가 사용 중인지, 방금 녹음한 오디오 파일이 몇 초짜리인지 등의 정보를 사용자가 쉽게 알 수 있어야 한다.

더 간단하게

일시적 프로그램이 열리는 순간, 사용자가 필요로 하는 모든 정보와 기능은 단일 창의 표면, 바로 눈앞에 보여야 한다. 사용자의 시선이 창 안에서 벗어나지 않도록 주의한다. 보조창이나 대화상자를 추가로 열어서 사용자의 시선을 분산시키지 않도록 한다. 일시적 프로그램을 디자인할 때 추가적인 대화상자가 너무 많아진다면 전반적인 디자인을 다시 검토해야 봐야 한다는 신호다.

> **디자인 원칙**   일시적 프로그램은 단일 창으로 제한돼야 한다.

일시적 프로그램은 작은 스크롤바나 세밀하고 까다로운 마우스 인터랙션을 추가할 만한 곳이 아니다. 사용자의 미세한 조작 능력은 최소로 요구한다. 간단한 기능에 큼직한 버튼이 좋다. 직접적 기능 조작이 더욱 효과적이다. 어떤 것이든지 직접 조작할 수 있는 버튼을 빠르게 찾고 쉽게 조작할 수 있어야 한다. 물론, 키보드 단축키도 함께 제공해야 한다. 키보드로 조작하는 와중에도 인터페이스에서 사용자의 조작 과정이 즉각적으로 보여야 한다.

흔하지는 않지만 간혹 여러 주제를 포괄하는 일시적 프로그램이 존재하기도 한다. 일시적 프로그램이 한 가지 이상의 기능을 수행해야 한다면, 인터페이스를 통해 시각적으로 모든 기능을 혼란 없이 명확하게 전달해야 한다. 새로운 대화상자 추가 없이 즉각적으로 모든 기능을 단일 창 안에서 처리할 수 있어야 한다. 코드 라인 커뮤니케이션스^{Code Line Communications}에서 만든 아트 디렉터 툴킷^{Art Directors Toolkit}은 좋은 예다. 이 프로그램은 그래픽 디자인 프로그램을 사용할 때 필요한 여러 계산 기능을 제공한다(그림 9-4 참조).

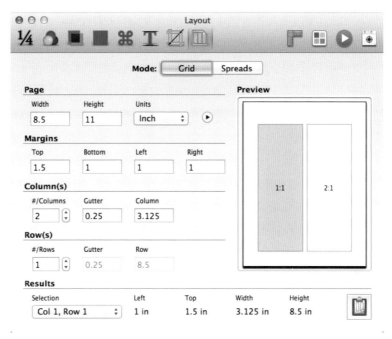

그림 9-4 코드 라인 커뮤니케이션션스에서 만든 아트 디렉터 툴킷은 일시적 프로그램의 예다. 레이아웃 눈금이나 격자의 수치를 계산하는 등 여러 기능을 제공한다. 어도비 인디자인(Adobe InDesign) 같은 레이아웃 프로그램을 사용할 때 매우 유용하다. 서로 분리된 기능을 동시에 제공하기 때문에, 탭으로 구성돼 있다. 언제든지 다양한 기능에 쉽게 접근할 수 있다.

일시적 프로그램은 독재적 프로그램의 특정 기능을 보조하기 위해 소환된다는 사실을 잊지 말자. 일시적 프로그램이 종종 독재적 프로그램의 위에서 겹쳐 보일 수도 있다는 뜻이다. 위치적인 상황 때문에 자칫 밑에 깔려 있는 중요한 정보를 가리는 경우가 발생할 수도 있다. 일시적 프로그램은 반드시 위치 변동이 가능해야 한다. 상단 타이틀바 등 드래깅이 가능한 인터페이스 요소가 있어야 한다.

일시적 프로그램을 관리하는 기능과 요소는 가능한 한 줄이는 것이 정석이다. 대부분의 사용자는 아주 특정한 기능을 수행하고자 이 프로그램을 사용하고 바로 꺼버린다. 불필요한 관리 기능을 사용자에게 요구하는 것은 분명히 합리적이지 못하다.

사용자의 선택을 기억하자

일시적 프로그램과 독재적 프로그램을 함께 사용하는 사용자를 가장 잘 도울 수 있는 방법은 사용자의 행동을 기억하는 것이다. 일시적 프로그램이 마지막으로 열렸을 때를 기억했다가, 다음번에 열 때 같은 크기와 같은 위치로 프로그램을 열 수 있다면, 사용자로서는 훨씬 더 편리하다고 느낄 것이다. 항상 똑같은 디폴트 세팅보다 적절한 사용자 경험을 제공할 수 있다. 사용자가 어떤 모양이나 위치로 애플리케이션을 변형해놓았더라도, 다음번에 다시 소환되어 나타날 때 그 모양과 위치 바로 그대로 다시 놓일 것이다. 이는 논리적인 환경설정이 가능한 경우에만 적용할 수 있다.

> **디자인 원칙** | 일시적 프로그램을 열 때 이전의 위치와 환경설정을 기억한다.

의심할 여지 없이 거의 대부분의 대화상자는 모두 일시적 프로그램이라 할 수 있다. 대화상자를 디자인할 때는 일관성 있게 일시적 프로그램의 규칙을 따르는 것이 좋다(대화상자에 대한 더 자세한 설명은 21장에서 이어진다).

데몬형 포스처

데몬형 포스처^{daemonic-posture} 프로그램과 마주칠 기회는 그리 많지 않다. 눈에 띄지 않는 배경에서 조용히, 보이지 않게, 누군가의 도움이나 간섭을 필요로 하지 않으면서 본인의 임무를 수행한다. 프린터 드라이버나 네트워크 커넥션이 그 예다.

데몬형 프로그램의 인터페이스를 이야기하는 데 그다지 긴 시간이 필요하진 않다. 일시적 프로그램은 어떤 특정 기능을 처리하는 데 목적이 있다. 반면 데몬형 프로그램은 그 과정을 지켜보고 관리한다. 심장이 뛰는 것에 비유를 해보자. 심장박동은 인간의 의식으로 조절할 수 있는 게 아니다. 알아서 혼자 자동적으로 진행되는 일종의 과정이다. 심장박동을 규칙적으로 만들어내는 과정처럼, 데몬형 프로그램은 완벽하게 그 모습을 숨기고 컴퓨터가 켜져 있는 동안 본인만의 프로세스를 조용히 진행한다. 하지만 심장박동과는 다르게 가끔씩 설치가 됐다가 다시 제거되기도 한다. 설정을 바꾸기 위해 종종 사용자 앞에 모습을 드러내기도 한다. 이런 상황에서 사용자는 데몬형 프로그램과 만날 수 있게 된다. 사용자와 데몬형 프로그램 사이에서 일어나는 대부분의 인터랙션은 본질적으로 일시적인 성격을 띤다. 이때 사용자는 마치 일시적 프로그램을 다루는 듯한 느낌을 받게 될 것이다.

일시적 프로그램의 디자인 원칙은 데몬형 프로그램에서도 중요하게 작용한다. 이 프로그램을 사용하는 목적이 무엇인지, 가능한 선택의 범위가 무엇인지 등의 정보를 분명하게 알려줘야 한다. 대부분 사용자는 데몬형 프로그램의 존재 자체도 눈치채지 못한다. 혹 눈치챈다면 예상치 못한 정황 때문에 오히려 사용자의 혼란을 초래하기도 한다. 프린터 드라이버나 통신 접속기 같은 데몬형 프로그램은 비밀스러운 임무를 수행한다. 사용자에게 메시지나 정보를 꼭 알려야 할 때는 혼돈을 주지 않도록 각별한 주의가 필요하다.

디폴트로 프로그램이 숨겨져 있다면, 사용자가 정말로 필요할 때 도대체 어디서 어떻게 찾아야 할까? 이 질문은 다른 어떤 포스처를 가진 애플리케이션보다 데몬형 프로그램에서 조금 더 비중 있게 다뤄진다. 가장 자주 쓰이는 예로 윈도우 8의 상태표시줄 우측에 놓인 아이콘을 생각해보자(OS X도 메뉴바 우측에서 유사한 일을 한다). 거의 필요하지 않을 때 화면에 아이콘을 배치하면 쓸데없이 시각적으로 복잡하기만 할 뿐이다. 계속 유용한 상태 정보를 제공할 경우에만 데몬형 아이콘을 지속적으로 활용해야 한다. 마이크로소프트는 팝업 메뉴로 상태나 접근 기능을 보고할 때 활발히 사용되지 않는 데몬형 아이콘을 숨겨 이 문제를 해결했다(그림 9-5 참조).

그림 9-5 윈도우 8의 태스크바에 놓인 상태표시창. 스피커 아이콘은 비모드형 시각적 상태 정보를 제공한다. 스피커 볼륨이 낮거나 죽어 있으면 아이콘이 변하기 때문이다. 마우스를 아이콘에 갖다 대면 더 상세한 정보를 작은 창으로 볼 수 있다. 오른쪽 클릭으로 볼륨 및 기타 오디오 컨트롤에 접속할 수 있다. 스피커 아이콘 우측에 있는 드랍박스 아이콘은 모드 없이 드랍박스가 자동으로 데스크탑 폴더와 싱크됨을 나타낸다.

맥 OS와 윈도우 모두 컨트롤 패널$^{\text{control panel}}$ 같은 인터페이스를 제공한다. 데몬형 프로그램을 조종하기 위한 효과적인 방법이다. 이 일시적 프로그램으로 사용자는 항상 같은 장소에서 데몬 성향을 띤 작은 애플리케이션을 조정할 수 있다. 데몬형 프로그램에 문제가 생겼을 때는 사용자가 즉각적이고 직접적으로 접근할 수 있다(불필요하게 자주 접근할 필요는 없다). 예를 들어, 프린터에 어떤 문제가 생기면 태스크바의 아이콘이 먼저 문제의 발생을 알려준다. 아이콘을 확인한 뒤 클릭하면 문제의 해결책을 제시해주는 곳으로 이동할 것이다.

웹의 포스처

월드와이드웹$^{\text{WWW, World Wide Web}}$의 출현은 인터랙션 디자이너에게 축복이자 재앙이었다. 그래픽 사용자 인터페이스$^{\text{GUI, graphic user interface}}$의 발견과 동시에 큰 기업의 의사결정자는 사용자 중심 디자인의 언어를 이해하고 적용하려고 부단한 노력을 해왔다. 반면, 웹 인터랙션은 진화 과정의 자연적인 결과로 많은 기술적 제한과 어려움을 겪게 되어, 결국 여타 분야에 비해 10년은 뒤처졌다. 하지만 이 책의 3판이 출간된 이래, 웹은 데스크탑 애플리케이션에서 흔히 사용하는 풍부한 인터랙션(드래그앤드롭, 제스처 등)에 훨씬 더 친숙한 곳이 됐다.

오늘날의 웹사이트는 웹 기술의 발전을 어떤 면에서 재활용하는 기본적인 세 카테고리로 분류할 수 있다. 정보를 담고 있는 웹사이트나, 전자상거래가 이뤄지는 사이트, 웹 애플리케이션 등을 꼽아본다. 더 세세하게 분류할 수도 있지만, 나누면 나눌수록 경계 또한 모호해질 것이다. 그룹을 짓는다는 생각보다는 전체적인 스펙트럼이라고 생각하자. 어떤 웹사이트든지 이 스펙트럼 안에 분류할 수 있다고 상상해보자. 좀 더 쉽게 접근할 수 있을 것이다.

정보 중심 웹사이트 포스처

웹 브라우저는 파일 전송 프로토콜^{FTP, File Transfer Protocol}, 고퍼^{Gopher}, 아치^{Archie} 같은 진부하고 성가신 프로토콜의 도움 없이 연결된 문서를 보는 것을 기본적인 목적으로 한다. 웹은 사이트라고 불리는 여러 문서와 페이지의 집합으로 정의된다. 검색이나 클릭이 주가 되는 정보가 풍부한 온라인 서비스를 일컬어 웹사이트^{web site}라고 부른다. 앞서 설명한 바와 같이 웹사이트는 순차적이고 계층적으로 구성된 페이지나 문서의 모음으로 인식돼왔다. 이런 인식을 바탕으로 웹은 사용자를 한 페이지에서 다른 페이지로 옮겨주는 내비게이션 모델을 만들어냈다. 목표 지향적으로 사용자가 원하는 특정 페이지로 인도해주는 검색 기능도 소개했다.

정보 중심 웹사이트^{informational website}는 1990년대의 초기 웹까지 거슬러 올라가지만, 상당수는 여전히 개인 웹사이트, 회사 마케팅, 지원 사이트, 정보 중심의 인트라넷으로 존재한다. 위키피디아는 세계 5위의 사이트이며, 정보성 웹사이트다. 가장 크게 신경을 써야 할 부분은 크게 비주얼과 레이아웃, 내비게이션 요소와 사이트 구조(정보 설계)로 나뉜다. 피터 모빌^{Peter Morville}이 제시한 '발견 가능성^{findability}'이라는 단어는 정보성 웹사이트의 가장 큰 이슈를 단도직입적으로 설명하는 적절한 방법이다. 사이트 내의 특정 정보를 찾기 쉽게 해주는 것이다.

독재적 성향과 일시적 성향의 균형

페이지별 내비게이션이나 제한된 검색 이상으로 복잡한 트랜잭션을 요하지 않는, 순전히 정보 전달에만 목적을 두는 웹사이트는 다음의 두 가지 조건을 갖춰야 한다. 첫째, 유용한 정보를 적절한 밀도로 보여줘야 한다. 둘째, 초보자와 익숙지 않은 사용자를 위해 검색이 쉽고 배우기 쉽게 만들어야 한다. 많은 정보를 보여주는 사이트에는 보통 독재적인 성향과 일시적인 성향이 함께 공존한다. 두 성향이 서로 균형을 이루느냐 또한 매우 중요하다. 어떤 성향이 더 우세한가는 크게 이 사이트를 이용하는 대상 퍼소나가 누구인지, 그들의 행동 패턴이 어떻게 되는지에 달려 있다. 예를 들어, 주 타깃이 비정기적이고 일시적으로 이용하는 사용자인지, 아니면 주기적으로 내용을 보려고 재방문하는 사용자인지를 생각해보면 사이트의 성격을 정하는 데 큰 도움이 된다.

사이트에 어떤 컨텐츠가 올라오는지는 사용자의 방문 주기와 밀접한 연관이 있다. 실시간 정보가 올라오는 사이트는 한 달에 한 번 업데이트가 되는 사이트에 비해 반복적으로 방문하는 사용자가 많을 것이다. 비정기적으로 업데이트되는 사이트는 시간의 흐름을 타지 않고 가끔씩만 필요한 내용을 주로 다룬다. 독재적 성격보다는 일시적 성향을 띠게 된다. 사용자 방문 주기를 관찰함으로써 사이트가 얼마만큼의 독재적 포스처를 갖는지 알 수 있다.

독재적 성향

세부적인 정보 표현은 독재적 성향을 띠는 애플리케이션에서 가장 빛을 발한다. 디자이너는 넓은 화면을 최대로 이용하고자 한다. 많은 정보와 내비게이션 도구, 사용자가 길을 쉽게 찾을 수 있는 장치를 명쾌하게 표현해낼 수 있기 때문이다.

독재적 성향을 적용할 때 주의해야 할 사항이 있다. 적절한 전체화면 해상도를 고르는 일이다(데스크탑 소프트웨어는 일반적으로 기본이라 여겨지는 화면 해상도가 있어왔다). 해상도는 디자이너에게 큰 문제가 되지 않았다. 하지만 웹에서는 디자인을 최적화하려면 어떤 해상도가 가장 적합한지 초기에 결정을 내려야 한다. '일반적'이라고 생각하는 화면 크기에 디자인을 먼저 최적화하고, 다양한 브라우저 창 크기에 따라 융통성 있게 내용을 보여주는 '반응적 레이아웃'을 만들 수도 있다. 하지만 1차(그리고 때로 2차) 퍼소나가 쓰는 가장 흔한 화면 크기에 디자인을 최적화해야 한다. "퍼소나에 해당하는 사용자 중 몇 명이나 800×600 해상도를 사용하고 있는가?" 등의 질문을 던져본다. 이와 같은 정량적 리서치가 도움이 된다.

일시적 성향

주요 퍼소나의 방문 빈도가 낮을수록 사이트는 더욱더 일시적 성향을 띤다. 이런 사이트에서 많은 정보를 보여주려 한다면, 정보의 탐색과 적응이 쉽고 명백해야 한다는 사실을 명심하자.

비정기적으로 이 사이트를 방문한다면, 사용자는 다음번 방문을 위해 사이트를 북마크할지도 모른다. 어떤 페이지에 있는 정보라도 사용자가 쉽게 북마크를 할 수 있도록 배려해야 한다. 사용자는 언제든지 필요한 정보를 찾아 이 페이지로 다시 돌아올 수 있게 된다.

주간이나 월간 등 간헐적으로 업데이트되는 사이트는 내비게이션의 용이성에 특별히 신경 써야 한다. 쿠키나 서버의 정보를 이용해 사용자가 마지막 방문했던 때가 언제인지, 무엇에 관심을 가졌는지 등을 기억해낸다. 이를 바탕으로 연관성이 높은 정보를 나열한다. 익숙하지 않은 사용자도 최소한의 탐색으로 원하는 정보를 효과적으로 찾을 수 있을 것이다(사용자가 사이트를 찾을 때마다 같은 컨텐츠로 돌아갈 가능성이 크다는 가정).

모바일 웹 접속도 일시적 포스처를 시사할 수 있다. 모바일 사용자는 멀티태스킹을 할 가능성이 크고, 정보를 찾는 데 쓸 수 있는 시간과 인지 자원이 제한돼 있다. 사이트의 모바일 버전은 내비게이션을 정돈하고 장황함을 제거해, 사용자가 찾는 것을 재빨리 찾게 해줘야 한다. 반응적인 기법은 웹사이트를 데스크탑이나 휴대용 화면에 맞게 렌더링하게 해주지만, 내비게이션과 정보 흐름에 신경 써야 한다.

정보 교환 웹사이트 포스처

정보를 얻는 것에서 더 나아가 정보를 교환하는 웹사이트도 있다. 단순한 클릭이나 검색보다 복잡한 기능을 요구한다. 정보 교환 웹사이트transactional website의 대표적인 예는 온라인 쇼핑몰이나 금융 서비스 사이트다(그림 9-6 참조).

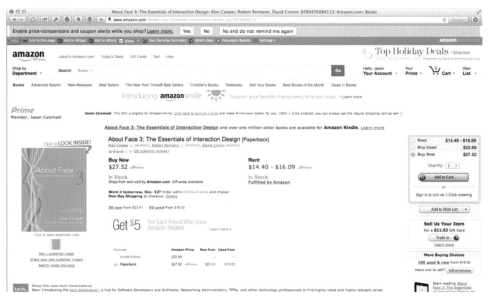

그림 9-6 아마존은 정보 교환 상거래 사이트의 대표적인 예다. 그 부류에서 최초로 가장 성공한 사이트 중 하나다.

정보 중심의 웹사이트처럼 페이지 구조가 계층구조다. 하지만 사용자의 행동을 필요로 하는 복잡한 기능적 요소가 정보 컨텐츠 위에 더해진다. 온라인 쇼핑몰의 경우, 기능적 요소는 쇼핑카트, 결제 기능, 사용자의 신상 정보를 저장하는 쿠키 등이 된다. 어떤 쇼핑 사이트는 구매 관련 옵션을 개인화할 수 있는 정교한 기능을 제공하기도 한다.

정보 교환 웹사이트는 정보 중심 웹사이트처럼 독재적 성향과 일시적 성향을 모두 지닌다. 사실 대부분의 결제 웹사이트는 상당 부분 정보 전달에 더 많은 비중을 둔다. 예를 들어, 온라인 쇼핑몰에서 사용자는 원하는 제품을 검색하고 비교하는 데 시간을 할애한다. 한 사이트에 모든 관심을 집중하기도 했다가, 여러 사이트를 왔다 갔다 하면서 비교하기도 하곤 한다. 이때 무엇보다 중요한 것이 내비게이션의 명확성이다. 명확한 내비게이션은 필요한 정보로 쉽게 접근할 수 있게 한다. 상품 거래의 효과도 더욱 높아진다.

구글이나 빙 같은 검색 엔진은 특수한 정보 교환 웹사이트다. 여타 웹사이트에 쉽게 접근하고, 흩어져 있는 방대한 뉴스와 정보를 하나로 뭉치고자 디자인됐기 때문이다. 구글에서 원하는 사이트를 검색하는 것은 일시적 성향을 지닌다. 야후 등의 포털에서 정보를 통합하는 측면은 매우 독재적인 본성을 갖는다.

정보 교환 사이트는 필요한 만큼만 사용한다. 정보 교환 웹사이트만의 매우 중요한 일시적 특징이다. 로딩 시간을 줄이고 복잡한 시각적 요소를 피한답시고 기능과 정보를 여러 페이지로 나눠 디자인한다면 어떨까? 사용자가 얼마나 많은 클릭을 해야 하고 얼마나 귀찮아하고 혼란스러워할지 다시 한 번 생각해보자. 자레드 스풀Jared Spool의 사용성 조사 업체 유저 인터페이스 엔지니어링User Interface Engineering은 2001년에 전자상거래 사이트를 바탕으로 페이지 로딩 시간에 따른 사용자의 지각력에 대한 조사를 실시했다. 사용자가 느끼는 로딩 시간은 실제로 걸린 시간보다 '효과적인 목표의 달성 여부'와 밀접하게 연관이 있는 것으로 밝혀졌다.[1]

정보 교환 웹사이트를 제작할 때는 페이지를 구성하는 정보 설계의 측면에서 인터랙션 디자인을 충분히 고려해야 한다. 많은 기능 요소를 적절히 사용할 수 있어야 하기 때문이다. 시각 디자인은 이 두 관점의 연장선상에 존재한다. 브랜드 이미지의 효과적인 통신 채널이기도 하다. 브랜드 이미지는 대부분 거래형 사이트의 상업적인 성향을 고려해볼 때 매우 중요한 역할을 한다.

웹 애플리케이션 포스처

웹 애플리케이션web application은 데스크탑 소프트웨어를 사용하는 것과 같이 복잡한 행동을 요구하면서 독창적인 인터랙션을 만들어낸다. 최근 웹 애플리케이션은 레이어가 여럿인 내비게이션 구조를 갖는다. 하지만 실제로 보면 하나의 웹 페이지 안에서 모든 게 이뤄진다. 과거 많은 애플리케이션이 쿼리를 보내고 받는 사이에 페이지의 변환을 만들어내는 수동적인 방법을 통해 돌아갔다. 기술의 발달은 이런 페이지 변환 없이 하나의 창 안에서 비동기적으로 서버와 로컬 데이터를 직접 전송할 수 있게 했다. 데스크탑 애플리케이션과 같은 인터랙션을 웹 브라우저에서도 구현하게 됐다.

이런 웹 애플리케이션의 예를 들어보자.

---

1   Perfetti and Landesman, 2001

- 브라우저에 복제한 과거의 SAP 사 인터페이스부터 세일즈포스 닷컴^{Salesforce.com}과 37시그널즈^{37Signals} 베이스캠프^{Basecamp} 등의 온라인 공동작업 툴에 이르는 기업용 소프트웨어
- 워드프레스^{WordPress} 같은 개인 블로깅 툴이나, 플리커^{Flickr} 같은 사진공유 툴, 드랍박스 같은 클라우드 스토리지 등 개인용 퍼블리싱 및 공유 사이트
- 조호 독^{Zoho Docs}, 구글 문서도구^{Google Docs} 제품군 같은 생산성에 관련된 툴
- 페이스북, 구글 플러스 등의 소셜 소프트웨어
- 훌루^{Hulu}, 판도라^{Pandora}, 알디오^{Rdio} 등 웹 기반 스트리밍 미디어

이런 웹 애플리케이션은 브라우저 창 내에서 구동하며 사용자에게 데스크탑 애플리케이션과 거의 같게 제시된다. 인터랙션을 세심히 디자인해 기술 제약을 반영하는 한 이 경우 단점은 거의 없다(리치한 웹 인터랙션도 여전히 언제나 데스크탑 앱의 성능에 미치지는 못하기 때문이다). 이 애플리케이션은 독재적인 데스크탑 앱의 대체재 역할을 하지만, 사용자가 전용 실행 파일을 설치하는 수고를 원하지 않을 수 있기에 자주 사용하지 않는 기능을 위해 활용할 수도 있다.

여러 브라우저 및 버전에 걸쳐 작동하는 세련된 인터랙션을 디자인, 전달하기가 어려울 수 있다. 그럼에도 불구하고 웹 플랫폼은 협업을 가능하게 하고 돕는 도구를 전달하는 훌륭한 수단이다. 게다가 같은 데이터와 기능을 클라우드로부터 노력 없이 접근하게 해주는 상당한 가치도 있을 수 있는데, 웹 애플리케이션의 핵심 강점 중 하나다.

독재적인 웹 애플리케이션

데스크탑 프로그램처럼 웹 애플리케이션도 독재적, 일시적 포스처를 함께 가질 수 있다. 하지만 웹 애플리케이션은 독재적 포스처 쪽으로 기울어지는 경향이 있다. 웹 애플리케이션 자체가 복잡하고 정교한 기능을 필요로 하는 경우가 많기 때문이다.

웹 애플리케이션에서의 독재적 포스처는 한층 더 복잡한 인터랙션을 지원할 수 있다. 적합한 방법으로 정보를 전달하고 기능을 만들어내는 게 무엇보다 중요하다. 가끔씩 이런 성격 때문에 RIA 같은 풍부한 인터랙션 또한 제공할 수 있다. 웹 애플리케이션의 좋은 예로는 Proto.io가 있다(그림 9-7 참조). 이 온라인 인터랙티브 프로토타이핑 서비스는 인터랙티브한 개체 라이브러리와 동작 규정 도구, 텍스트 레이블의 즉시 편집, 기타 직접적인 조작 도구로 프로토타입의 드래그앤드롭 조합 등의 과업을 제공한다. 독재적인 웹 애플리케이션의 기타 사례로는 지라^{Jira} 같은 브라우저로 전달되는 기업용 소프트웨어와 엔지니어링 도구가 있다.

그림 9-7 Proto.io의 웹 기반 인터랙티브 프로토타이핑 환경은 여러 데스크탑 저작 환경만큼이나 리치하고 세련돼 있다. 모든 인터랙티브한 개체의 드래그앤드롭 조합, 직접적인 조작이 가능하다.

　페이지 중심의 정보 중심, 정보 교환 사이트와 달리, 독재적 성향을 띤 웹 애플리케이션을 디자인할 때는 데스크탑용 프로그램을 디자인하는 마음으로 임하는 것이 좋다. 또한 디자이너로서 기술적인 한계는 무엇인지, 주어진 시간 안에 얼마만큼 만들어낼 수 있는지, 주어진 예산은 얼마나 되는지 등을 파악하고 있어야 한다. 독재적 데스크탑 소프트웨어처럼 대부분의 독재적 웹 애플리케이션은 전체화면을 기본으로 많은 컨트롤과 데이터 요소를 화면에 촘촘하게 배치한다. 비슷하고 관련된 기능과 개체는 특별한 틀이나 화면공간 안에 묶어 정리한다. 사용자는 여러 페이지를 왔다 갔다 하는 혼란 없이 한 공간 안에서 모든 것을 해결한다는 느낌으로 프로그램을 사용할 수 있다. 대부분의 웹사이트에서는 사용자가 어떤 행동을 하면 화면이 바뀌면서 전체화면의 정보가 새로 불러들여지는 것이 일반적이다. 하지만 웹 애플리케이션에서는 새로 전환되는 범위가 최소화돼야 한다.

　독재적 웹 애플리케이션은 여러 페이지로 구성된 여타 사이트와는 다르다. 매우 큰 장점 중 하나는 클라이언트/서버 시스템으로 인한 다수의 페이지 구조와 복잡한 인터랙션의 속박을 깨고 나왔다는 점이다. 빌딩의 엘리베이터는 특정 층에 가기 위한 효과적인 단축키라고 할 수 있다. 웹사이트는 사용자가 원하는 특정 정보를 얻는 데 필요한 단축키다. 하지만 엘리베이터 안에서는 뭔가 실질적인 일을 하지 않는다. 사용자 또한 브라우저에 띄워진 웹사이트에서 실질적인 기능을 하는 다양한 인터랙션을 기대하지 않는다.

일시적인 웹 애플리케이션

브라우저 기반의 사용자 인터페이스로 제공하는 기업용 소프트웨어의 또 다른 장점은 사용자가 컴퓨터에 툴과 장치를 설치하지 않아도 필요할 때면 언제든지 접속해서 사용할 수 있다는 점이다. 1년에 한 번씩 업데이트를 하는 세무 신고 등 일상적인 보고서나, 가끔 사용하는 애드혹 보고서 등, 일시적 포스처를 갖는 웹 애플리케이션은 이런 상황을 돕기 위해 존재한다.

일시적 포스처를 갖는 웹 애플리케이션을 디자인할 때 무엇보다 중요한 건 분명한 위치 표시와 내비게이션이다. 한 애플리케이션이 어떤 사용자에게는 일시적인 용도이지만 다른 사용자에게는 독재적인 용도가 될 수 있다. 물론 이 두 가지 니즈를 한꺼번에 충족시키기는 쉽지 않다. 보통 기업용 웹 애플리케이션에서 나타나는 현상이다. 각기 다른 대상 퍼소나가 같은 정보에 다양하게 접근해야 하는 경우가 그 예다.

모바일 기기의 포스처

이 책의 3판이 출간된 이래, 개인용 컴퓨팅 업계에 엄청난 변화가 일어났다. 고해상도 디스플레이에 고성능 멀티터치 입력 기술을 갖춘 새롭고도 예외적으로 강력한 모바일 기기가 주요 플랫폼으로 선택되어, 이전의 어떤 인터랙티브 기기보다 사람들의 삶에 통합돼, 기능을 융합했다. 입력 방식과 화면 크기, 동적인 이동 중의 활용 정황 등의 제약은 디자이너에게 고유의 과제를, 애플리케이션 포스처에 대한 고유의 고려사항을 제시한다.

스마트폰과 휴대용 기기의 포스처

휴대용 기기는 인터랙션 디자이너에게 특수한 과제를 제시한다. 특히 모바일 활용으로 디자인됐기에, 이 기기는 작고, 가볍고, 전력 소비에 경제적이며, 튼튼하게 제조됐고, 바쁘고 산만한 상황에서 쥐고 조작하기 쉽다. 휴대용 기기에서는 인터랙션 디자이너, 산업 디자이너, 개발자, 기계공학 엔지니어 간의 긴밀한 협업이 정말 필수적이다. 특히 디스플레이의 크기와 명료성, 입력 및 제어의 용이성, 정황에 대한 민감도가 관심사다.

기능과 포스처에 관해 말하자면, 휴대용 기기는 지난 10년간 급격한 진화 기간을 거쳤다. 아이폰 이전에 휴대용 기기는 기껏해야 서툴다고 분류할 만한 입력 및 내비게이션 장치를 갖춘 저해상도의 작은 화면이 특징이었다. 이 기기군 중 최상인 팜 트레오^{Palm Treo}(혁신적인 팜 파일럿^{Palm Pilot}의 직계 후손)도 작은 저해상도의 초보적인(현재 기준에 비춰볼 때) 터치스크린으로 고통을 겪었다. 하드웨어와 터치 입력 제어도 적당히만 성공적이었다. 그런 기기는 기기에 애플리케이션을 추가, 업데이트하기 위해서도 초보적이고 불편한 생태계를 유지했다. 그래서 그 활용이 주로 디폴트 앱 제품군으로 제한되는 경향이 있었다.

하지만 아이폰, 안드로이드 스마트폰의 도입으로 그 모두가 변해, 함께 독립적인 이동 중의 컴퓨팅에 있어서 새 시대의 서막을 알렸다.

위성 포스처

PDA, 미디어 플레이어, 전화가 가능한 커뮤니케이터의 초기에 휴대용 기기는 데스크탑 컴퓨터 시스템의 위성으로 디자인되는 것이 최선이었다. 팜과 초기 윈도우 모바일 기기는 모두 정보 접근 및 조회, 가벼운 입력과 편집 기능 제공만을 주로 겨냥한 데스크탑의 휴대용 확장 도구로만 성공한 편이었다. 이 기기는 데스크탑 시스템에서 로딩한 데이터를 조회(혹은 재생)하는 데 최적이었고, 휴대용 데이터와 데스크탑 데이터의 동기화 수단을 포함했다. 클라우드 스토리지와 서비스가 주류가 되면서, 이 기기는 유선 데스크탑 동기화를 무선 클라우드 동기화로 대체했다.

그 다음으로 위성 포스처satellite posture는 데이터의 검색과 조회를 강조한다. 데스크탑에서 저작하거나 로딩된 컨텐츠를 충실히 표시하기 위해 기기에서 쓸 수 있는 가능한 한 제한된 화면 자산 중 상당 부분을 사용한다. 데이터나 문서의 내비게이션과 조회로 제어는 제한된다. 위성 포스처를 지닌 일부 기기는 화면 내 키보드가 있을 수 있지만, 보통은 작고 짧게 가끔 사용하도록 디자인된다.

위성 포스처는 요새 컨버전스convergence 휴대용 기기보다 흔하지 않다. 아이폰과 그 경쟁자가 진보하면서 그 자체로 작고 완벽한 성능의 컴퓨터가 됐다. 하지만 위성 포스처는 여전히 디지털 카메라, e잉크 킨들(그림 9-8 참조) 같은 극도로 휴대용인 e북 리더, 아이팟 나노 같은 디지털 오디오와 동영상 전용 플레이어 등 컨텐츠 중심 전용 기기의 모델이다. 컨텐츠 내비게이션이나 재생 혹은 둘 다에 집중하는 컨버전스 기기의 애플리케이션은 본질적으로 위성 포스처를 수용할 수 있다.

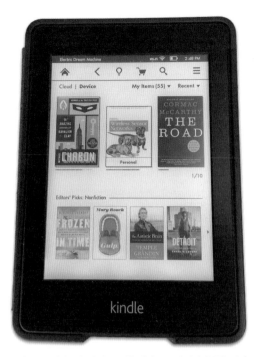

그림 9-8 아마존의 킨들(Kindle)은 위성 포스처 기기의 좋은 사례다. 거의 클라우드로부터 구매해 싱크된 컨텐츠(e북)만 표시한다. 이전 세대의 위성 포스처 기기는 데이터를 호출하기 위해 데스크탑 컴퓨터 동기화에 의존했다. 킨들은 클라우드 서비스에서 직접 동기화를 제공한 최초의 기기 중 하나다.

위성 기기의 새로운 발전 하나는 웨어러블^wearable^ 컴퓨팅의 출현이다. 손목시계와 안경 형태의 기기는 보통 블루투스나 기타 무선 연결을 통해 별도의 컨버전스 기기와 페어링되며, 작은 터치스크린이나 헤드업 디스플레이, 음성 제어로 노티^notification^나 기타 정황 정보를 제공한다. 이 기기는 고도로 일시적인 포스처를 취하는데, 그 순간 관련된 적당한 정보와 가능한 액션만 제공한다. 삼성 기어^Samsung Gear^ 스마트 워치와 구글 글래스^Google Glass^는 이 새롭고 급속도로 진화하는 위성 포스처 기기 종류의 훌륭한 사례다(그림 9-9 참조).

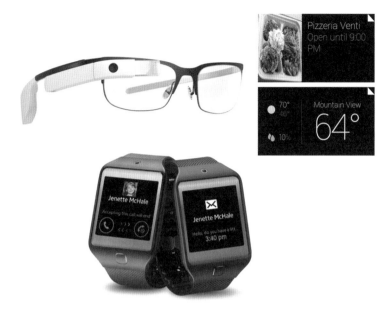

그림 9-9 웨어러블 컴퓨팅의 새 영역은 삼성 기어 스마트 워치와 구글 글래스 등 새 세대의 위성 기기가 대표한다. 이 기기는 완벽히 이동 중인 정황에서 활동을 지원하는 데 필요한 최소한의 옵션들과 간결한 정보를 제공한다.

독립적 포스처

제스처 컴퓨팅의 혁신을 넘어서 아이폰은 거의 단독으로 휴대폰을 일반적인 목적의 휴대용 컴퓨팅 기기로 바꿔놨다. 멀티터치 입력이 있는 초고해상도의 큰 아이폰 화면은 휴대용 앱의 새 포스처를 낳았는데, 우리는 이를 독립적 포스처^{standalone posture}라 부른다.

독립적 포스처 애플리케이션은 독재적, 일시적 애플리케이션 모두와 일부 속성을 공유한다. 독재적 애플리케이션처럼 전체화면이며, 화면 상단이나 하단을 따라 배치된 메뉴(종종 좌우 스와이프 제스처로)와 툴바를 통해 접근 가능한 기능을 활용한다. 독재적 애플리케이션처럼 독립적 애플리케이션도 일시적, 모드형, 대화형 화면이나 팝업을 포함할 수 있는데, 대부분 환경설정이나 파기 액션을 확인할 때 사용해야 한다.

일시적 애플리케이션처럼 독립적 휴대용 애플리케이션은 비교적 큰 컨트롤이나 텍스트를 상대적으로 거의 사용하지 않는다. 멀티터치 화면의 가독성과 손가락 기반 입력이 지닌 한계 때문이다. 일시적 앱처럼 휴대용 기기의 독립적 앱은 스스로 설명이 돼야 한다. 휴대용 앱 활용의 이동성은 대부분이 어떤 주어진 기간 동안에도 상대적으로 짧은 세션 동안 광범위한 앱을 사용하리라는 의미다. 사람들은 이메일, 메신저, 소셜 미디어, 날씨, 뉴스, 전화, 쇼핑, 미디어 재생 앱들을 몇 시간이나 몇 분 만에 오갈 수 있다.

현대적인 스마트폰의 전화 앱도 일시적으로 동작한다. 사용자는 전화를 가능한 한 빨리 건 후, 대화를 위해 인터페이스를 포기한다(그리고 이동통신사가 지원하면, 통화 중에 다른 앱을 사용한다). 전화에서 최상의 인터페이스는 논란의 여지는 있지만, 특히 자동차에서 사용할 때 보이지 않는 것이다. 애플 시리^{Siri} 서비스나 구글 안드로이드 OS에서 제공하는 음성 제어는 전화 걸기에 완벽하다. 전화 인터페이스가 더 일시적일수록 더 좋다.

태블릿 기기 포스처

애플은 스마트폰을 서툰 위성 기기에서 독립적인 휴대용 컴퓨터/컨버전스 미디어 기기로 바꿔놓은 후, 같은 멀티터치, 고해상도 디스플레이 기술을 더 큰 페이지 크기의 태블릿 형태 요소에 성공적으로 적용했다. 아이패드 등 더 큰 포맷(9인치 이상)의 고해상도 태블릿은 손 입력의 한계로 인해 그 자체로 공간 문제가 있긴 하지만, 독재적 포스처 앱을 지원하기에 충분한 공간 이상이 있다. 아이패드용 키노트는 그림 9-10에서 볼 수 있듯이 터치스크린 태블릿에서 데스크탑 스타일의 프리젠테이션 저작을 지원할 수 있다.

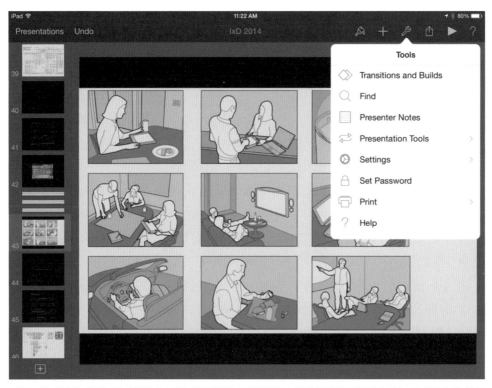

그림 9-10 아이패드용 키노트는 독재적 포스처로, 애플의 맥용 프리젠테이션 소프트웨어의 iOS 버전이다. 데스크탑 버전과 기능이 동등하다.

구글 넥서스Google Nexus 7과 아마존 킨들 파이어Kindle Fire HD 등 특히 16 대 9의 측면 비율인 7인치 태블릿은 더 작은 폼 팩터form factor와 더 큰 태블릿 사이에서 어설픈 차원적 공간에 상주한다. 목록 중심의 보기는 불편할 정도로 넓은 반면, (방향에 따라) 둘 이상의 열이나 행의 그리드 보기는 뭉개져 보인다. 디자이너는 레이아웃을 디자인할 때, 반드시 7인치 태블릿을 너무 큰 전화처럼 취급하지 않아야 한다.

특정 플랫폼 이슈는 차치하고라도 태블릿은 대부분 앱의 독재적 성향을 강화한다. 인기 태블릿 운영체제는 전체화면의 애플리케이션만 허용한다. 이 독재적 앱은 종종 스크롤이나 줌이 가능한 메인 컨텐츠 보기를 지니며, 상단이나 하단, 측면에 툴바나 팔레트가 있다. 그림 9-11처럼 컨셉상 데스크탑 부류와 비슷하지만, 실행 시 더 듬성듬성하고 단순화된다.

그림 9-11 어도비 스케치북 프로(Adobe Sketchbook Pro)는 아이패드용 드로잉 및 페인팅 앱이다. 상단 툴바, 좌우의 숨길 수 있는 툴 팔레트와 함께 줌 가능한 메인 드로잉 영역을 지원한다.

안드로이드 태블릿은 위젯widget이라는 개념을 지원한다. 전경으로 꺼내지 않고도 설치된 독재적 앱의 기능에 접근하는 일시적 포스처의 마이크로앱이다. 사용자는 날씨, 주가, 음악 재생 컨트롤 등에 쉽게 접근하기 위해 이 위젯을 특수한 홈스크린에 배치할 수 있다. 그림 9-12에 보이는 윈도우 서피스도 타일tile이라는 유사한 개념이 있다. 설치된 독재적 앱에서 활성화된 컨텐츠를 포함할 수 있지만, 컨텐츠에만 유사한 일시적 포스처의 접근을 제공하며 컨트롤은 포함하지 않는다.

그림 9-12 윈도우 서피스(Windows Surface)는 동적인 컨텐츠를 포함하는 타일을 지원한다.

기타 플랫폼의 포스처

데스크탑 소프트웨어는 필요할 때마다 사용자의 시선을 장악한다. 작은 모바일 기기나 공공 시설에 들어가는 인터랙션을 디자인할 때는 제품과 서비스를 둘러싸는 환경적인 요소를 고려해야 한다. 특히 소음과 방해 요소에 특별한 주의가 필요하다. 키오스크와 TV, 가전, 자동차 계기판, 카메라, ATM, 실험실 장비 등 임베디드 시스템은 독특한 장단점이 있는 플랫폼을 갖는다. 특별한 관심과 주의 없이 기타 기계에서 돌아가는 애플리케이션을 단순히 디지털화하는 것으로는 부족하다. 보통의 데스크탑 컴퓨터 사용자가 기대하는 멋진 제품을 만드는 일은 쉽지 않을 것이다.

키오스크의 포스처

키오스크는 대중이 사용할 수 있는 특정 장소에 있는 인터랙티브 시스템이다. 키오스크는 몰의 길찾기, 대중교통의 승차권 구매, 공항 체크인, 식료품점의 셀프 체크아웃, 테이크아웃 음식점의 주문대를 위해 존재한다. 크고 전체화면을 사용하려 하는 키오스크의 기본적 성향 때문에 보통은 독재적 포스처를 갖는다. 하지만 항상 독재적 포스처를 고집할 수 없는 몇 가지 이유가 있다. 첫째, 키오스크의 사용자는 보통 시스템을 처음 접하는 경우가 많다. 물론 현금 인출기나 대중교통 승차권 구입기 등은 예외다. 하지만 대부분 매일 쓰는 일상의 용도로 사용되지는 않는다. 둘째, 키오스크 앞에서 엄청나게 많은 시간을 보내는 경우도 드물다. 보통 간단한 거래나 검색, 필요한 정보를 찾고 바로 자리를 뜬다. 셋째, 대부분의 키오스크는 터치스크린이나 화면 가장자리에 놓인 버튼 등으로 데이터를 입력하고 조작한다. 어떤 경우도 기존의 독재적 프로그램처럼 많은 데이터와 요소로 화면이 가득 차 있지 않다. 넷째, 의자에 앉아 화면을 이용하는 것이 자연스럽지 않다. 오히려 잡음이 많고 분위기가 밝은 공공장소에서 사용하는 편이 익숙하다. 사용자 행동이나 억제된 사용 환경 때문에 키오스크의 포스처는 간단한 내비게이션과 크고 컬러풀한 인터페이스 등으로 대표되는 일시적 포스처 쪽으로 기울게 된다. 모바일 기기를 디자인하는 경우처럼 독재적 포스처를 지향하게 된다. 대화상자나 추가적인 창 사용의 자제로 전체화면에서 정보와 행동이 통합되는 게 일반적이다. 따라서 두 흔한 데스크탑 포스처 사이에서 흥미로운 위치에 있다.

거래형 키오스크는 보통 여러 장의 화면을 넘겨가면서 정보를 보여주는 방법으로 사용자를 이끈다. 각 화면의 탐색과 작동이 전체 기기의 포괄적인 탐색보다 더 중요하다. 지금 전체 시스템 안에서 어디에 있는지를 알려주는 것보다, 전체 과정의 어디를 지나고 있는지를 이해시키는 편이 더 도움이 된다. 거래형 키오스크를 이용할 때는 언제 어디에서든지 거래를 취소하고 처음부터 시작할 수 있는 탈출구를 마련하는 것 또한 잊지 말자.

디자인 원칙 ▶ 키오스크는 처음 사용하는 사용자에게 최적화한다.

교육용, 오락용 키오스크는 거래용 키오스크에서 보이는 엄격한 일시적 포스처와는 다르다. 단순 거래 같은 특정 목적을 성공적으로 끝마치는 것이 일반적 키오스크의 주된 용도라면, 이 경우에는 특정 목적 없이 키오스크 환경을 돌아보고 둘러보는 것이 중요하다. 더 많은 데이터와 복잡한 인터랙션, 화려한 시각 전환 등이 효과적으로 사용되기도 한다. 하지만 사용자가 인터페이스를 사용하다 길을 잃어서는 안 된다. 입력 메커니즘을 제한하는 것을 조심스럽게 생각해볼 필요가 있다.

텔레비전 인터페이스 포스처

텔레비전과 콘솔 게임 인터페이스는 흥미로운 포스처 변형을 제공한다. 어떤 면에서는 컨텐츠 브라우징용 모바일 터치스크린 애플리케이션의 위성 포스처를 닮았다. 예를 들어 멀티터치 모바일 UI처럼 내비게이션은 보통 수평적인 동시에 수직적이며, 컨텐츠 옵션은 그리드로 조직되고, 필터링과 내비게이션 옵션은 종종 상단이나 좌측에 있다. 물론 주된 차이는 터치스크린의 직접적인 스와이프와 탭 제스처가 적외선이나 블루투스 리모컨의 5방향 D패드로 대체된다는 점이다.

어떤 면에서 이는 큰 차이다. 현재 포커스된 항목이 필요해진다. 현재 포커스는 사용자가 항상 자신의 위치와 다음에 이동할 수 있는 위치를 알도록 텔레비전 UI에서 명백해야 한다.

플레이스테이션 4는 텔레비전 UI가 태블릿 UI와 비슷한 레이아웃을 쓸 수 있는 좋은 사례다. 큰 버튼과 단순한 좌우, 상하 내비게이션에 기껏 2열이 표준이다(그림 9-13 참조). 정황 없이 이 화면을 보면, 멀티터치 탭이라 믿을지도 모른다.

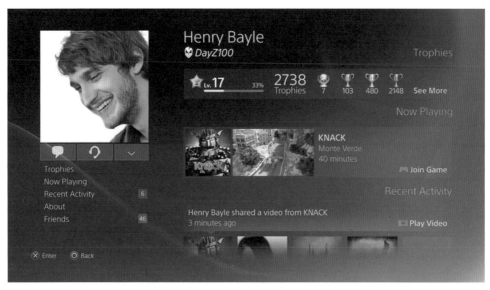

그림 9-13 플레이스테이션 4 UI는 터치스크린 태블릿 앱과 꽤 비슷한데, 이유는 당연하다. 입력장치의 차이에도 불구하고, 내비게이션은 오히려 텔레비전 UI, 여러 컨텐츠를 브라우징하는 멀티터치 태블릿 앱과 비슷하다.

자동차 인터페이스 포스처

자동차 인터페이스는 포스처에 있어서 키오스크와 닮았다. 보통 터치스크린이지만, 화면 영역을 둘러싼 하드웨어 베젤bezel 버튼을 포함하기에 거의 일시적인 인터랙션인 경우가 많다. 키오스크와 달리 사용자가 앉아 있지만, 키오스크와 마찬가지로 사용자는 보통 운전 중일 경우 한 번에 상대적으로 하나의 단순한 트랜잭션을 시도한다. 자동차 인터페이스는 물론 운전자의 산만함을 최소화해야 한다는 추가 제약이 있다. 자동차 제어 유지와 피해 차단이 항상 주요 과업이기 때문이다. 시스템과의 트랜잭션은 기껏해야 2차적이다. 그와 동시에, 동승자가 있을 경우에는 같은 시스템으로 집중적인 사용도 가능해야 한다.

엔터테인먼트, HVAC 제어, 설정 변경에 대해 자동차 인터페이스는 예상대로 일시적이다. 큰 컨트롤과 작은 화면이다. 그러나 내비게이션 인터페이스는 독재적 성향을 더 띨 수 있다. 인터페이스는 이동 동안 지속할 것이며, 여러 시간이나 몇 일일 수도 있다(대부분의 내비게이션 시스템은 자동차를 끄고 기름을 넣거나 호텔에서 하룻밤을 주차한 후에도 그 상태를 기억한다). 또한 상대적으로 복잡한 정보도 표시해야 한다.

자동차 내비게이션 인터페이스는 리치하고 동적인 컨텐츠에 집중한다. 지도와 현재 경로 정보가 중앙 무대를 차지한다. 도로명, 시간, 도착 시간, 목적지까지의 거리, 다음 교차로까지의 거리, 다음 교차로에서의 방향 같은 부가 정보는 화면 주변에 위치한다. 이런 정보 계층구조는 독재적 포스처 인터페이스에 더 전형적이지만, 자동차 시스템의 경우 일시적 UI와 더 비슷하게 디자인해야 한다. 명료하고 단순하며 한눈에 읽힐 수 있다.

전형적인 자동차 인터페이스에서 인상적이고 아름답지만, 어쩌면 약간 걱정스러운 예외는 그림 9-14에 보이는 테슬라 모델^{Tesla Model} S의 인포테인먼트 인터페이스다. 단일한 17인치 멀티터치 화면을 자유롭게 활용하며, 동시에 내비게이션, 엔터테인먼트, HVAC 제어를 위해 조정 가능한 패널이 있다. 인터페이스는 키오스크보다 태블릿의 인터페이스 포스처를 훨씬 더 닮았다. 어쩌면 미래의 물결일지도 모른다. 그 경우 새 자동차는 적극적인 사고 방지 시스템을 포함해, 그렇게 크고 정보가 풍부한 인터랙티브한 화면이 대시보드에 있는 결과로 발생할 수 있는 운전자의 산만함에 대응하기를 바란다.

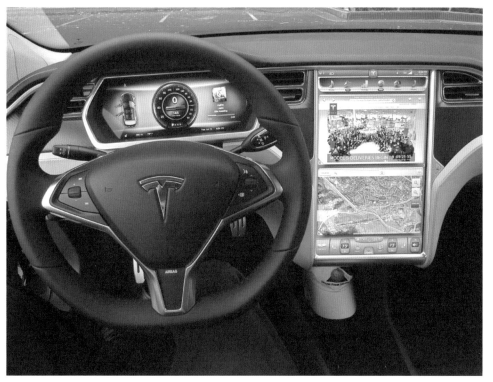

그림 9-14 테슬라 모델 S 인포테인먼트 인터페이스는 그 크기와 인터랙티브한 수준 모두에 있어서 인상적이다. 17인치 멀티터치 화면은 내비게이션, 엔터테인먼트, HVAC 기능이 동시에 표시되도록 허용한다. 시스템 포스처는 자동차 정보 시스템의 전형적인 키오스크보다 태블릿을 더 닮았다.

스마트 가전 포스처

대부분의 가전기기는 매우 간단한 화면을 제공한다. 기기의 상태를 조정하려면 하드웨어 버튼과 다이얼 등에 의존한다. 하지만 최신 세탁기와 건조기처럼 '스마트' 가전기기는 그림 9-15에 보이는 것처럼, 컬러 LCD 터치스크린을 도입해 직접 입력과 풍부한 출력을 가능하게 했다.

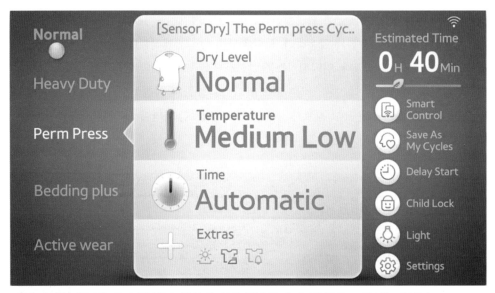

그림 9-15 삼성 세탁기에는 잘 디자인된 컬러 터치스크린 디스플레이가 있는데, 내비게이션 구조도 명료하고 단순하다.

가전기기 인터페이스는 기본적으로 일시적 포스처를 갖는다. 이런 기기를 쓰는 사용자는 기술적인 이해도가 떨어진다. 인터페이스는 매우 간단하고 사실적으로 묘사해야 한다. 많은 사용자는 이미 하드웨어 컨트롤에 익숙해져 있다. 훨씬 구체적인 인터페이스가 가능한 터치스크린이 아니라면 간단한 화면이나 하드웨어 램프를 이용한 촉각, 시각, 음성 피드백이 있는 다이얼이나 버튼이 더 나은 선택이다. 많은 가전기기 제조사는 최근 생산되는 디지털 제품에 필요하지도 않은 기능을 최첨단 기능이라는 이유로 무조건 집어넣고 있다. 멋들어진 LCD 터치스크린의 무분별한 사용으로 너무 많은 기능과 컨트롤이 혼잡하게 배열돼 있어 사용자에게는 더 불편하다.

가전기기의 인터페이스가 일시적 성향을 띠는 또 다른 이유가 있다. 사용자는 특정 목적을 달성하려고 기기를 사용한다. 거래형 키오스크의 사용자처럼 가전기기의 사용자는 목적 없이 기기를 탐색하거나 추가적인 정보를 얻는 데 관심이 없다. 단순히 세탁기를 일반 모드로 돌리거나 얼린 음식을 다시 데우는 등 단순 임무를 무사히 마치고 싶어할 뿐이다.

가전기기 디자인은 또 다른 포스처를 요구할 수 있다. 예를 들어 지금 어떤 모드로 세탁기가 돌아가고 있는지, 어떤 DVR이 녹음되고 있는지를 알려주는 상태 정보는 조용하게 코너에서 최소의 상태 정보를 제공해야 한다. 데몬형 아이콘으로 보여줘야 한다. 최소 상태 정보보다 더 필요하다면 관련 정보를 부가로 보여주는 보조적 포스처가 적합하다.

앱에 좋은 포스처를 부여하자

인터랙티브 제품을 디자인할 때 포스처와 플랫폼의 기본 틀은 아주 초기에 결정해야 한다. 상위 개념의 포스처와 플랫폼을 항상 염두에 둬야 한다. 포스처와 플랫폼을 제대로 디자인하지 못했기 때문에 실패한 사례는 매우 많다. 세부적인 디자인으로 성급히 뛰어들어서는 안 된다. 한 걸음 물러서서 다시 한 번 생각해보자. 최적의 기술 플랫폼은 무엇인지, 훌륭한 행동 포스처는 어떤 것인지 고민해보자. 사용자와 사업적 니즈를 효과적으로 만족시키는 방법을 살펴보자. 포스처와 플랫폼의 결정은 세부적인 인터랙션에도 많은 영향을 미친다.

10장

중급자를 위한 최적화

새 디지털 기기를 구입하거나 새 소프트웨어 앱을 다운로드했을 때를 생각해보자. 새로운 인터페이스에 적응하려면 며칠씩 걸린다. 새 소프트웨어의 사용법을 터득하는 일은 무척 짜증이 난다. 며칠 동안 고생한 뒤 실망만 하는 경우가 많다. 하지만 전문가의 경우에는 어떨까? 디지털 제품에 익숙한 전문가에게 설명이 많은 프로그램은 무척 귀찮다. 전문 사용자를 초보자처럼 대하기 때문이다. 제품을 처음 접하는 초보자와 지식이 풍부한 전문가를 모두 만족시키는 인터페이스를 디자인하기란 매우 어렵다.

초보자와 전문가를 동시에 만족시키는 인터페이스가 있을까? 수많은 인터랙션 디자이너가 이 문제를 고민해왔다.

제품을 개발하는 프로그래머는 전문가에 해당한다. 프로그래머는 발생할 수 있는 모든 상황을 꼼꼼히 점검한다. 거의 발생하지 않는 오류나 사용자가 매우 드물게 사용하는 기능이라도 프로그래머에게는 중요하다. 프로그램이 대응할 수 있도록 코드를 설계한다. 프로그래머는 구현 모델에만 초점을 맞추는 경우가 많다. 인터랙션의 중요도에 상관없이 모든 기능과 옵션을 똑같이 다룬다.

마케팅 팀은 주변 고객에게 제품을 소개한다. 마케팅 부서가 의사소통하는 대상은 제품을 잘 이해하지 못하는 초보자 그룹이다. 마케팅 부서는 실제 사용자 그룹을 잘 이해하지 못한다. 이들은 항상 초보자 중심으로만 인터페이스를 디자인해야 한다고 주장하곤 한다. 제품 사용에 어려움을 겪는 초보자를 도와주는 안내 프로그램이 필수라고 부르짖는다. 이 두 접근법 모두 초급자도 전문가도 아닌 대부분의 사용자에게 좌절감을 주는 경험으로 이어진다.

아예 두 개의 다른 프로그램을 개발한 경우도 있다. 초보자용과 전문가용 인터페이스를 따로 설계한 것이다. 초보자에게는 마법사 형식의 인터페이스를 보여주고, 복잡한 기능은 전문가에게만 제공한다. 전문가가 마법사를 이용해 한 단계씩 일을 처리하려면 무척 짜증이 난다. 하지만 초보자는 복잡한 고급 명령어를 이해할 수 없다. 마법사 인터페이스와 고급 명령어 사이에는 엄청난 차이가 있다.

> **디자인 원칙** 모두에게 사용자 교육을 강요하지 마라.

어떤 인터페이스가 두 사용자를 모두 만족시킬 수 있을까? 이 문제를 해결하려면 사용자가 어떻게 과업을 수행하는지 깊이 이해해야 한다.

변함없는 중급자

대부분의 사용자는 초보자도 전문가도 아니다. 사용자는 중급자다.

사용자의 경험치를 그래프로 그려보면 그림 10-1처럼 정규분포를 보인다. 인구 분포 그래프와 흡사하다. 대부분의 프로그램에서 사용자의 지식 수준을 인원수로 표시하면 이와 같은 결과를 얻을 수 있다. 그래프의 왼쪽과 오른쪽 끝은 비교적 적은 수의 초보자와 전문가를 나타낸다. 가장 넓은 가운데 영역은 중급자를 의미한다.

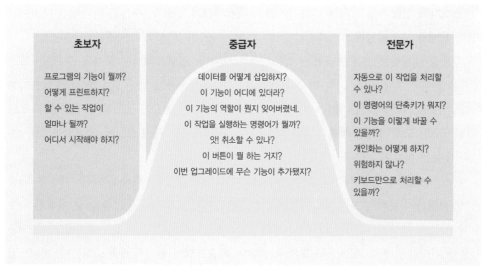

그림 10-1 초보자, 중급자, 전문가가 프로그램을 접할 때 생각하는 질문. 사용자가 궁금해하는 내용은 경험의 정도에 따라 크게 달라진다.

사용자 분포는 끊임없이 변한다. 그림 10-1의 그래프는 어느 한 시점의 정보만 보여준다. 대부분의 중급자는 시간이 지나도 지식 수준이 크게 바뀌지 않는다. 하지만 초보자는 지식을 습득하면서 조금씩 초보 단계를 벗어난다. 전문가는 시간이 지나면서 전문 기술을 조금씩 잊어버리기도 한다. 배우기 쉽고 빨리 잊히는 지식일수록 전문 기술을 유지하기 어렵다. 보통 초보자의 경우 전문가보다 변화의 폭이 크다. 시간이 흐르면 초보자와 전문가는 모두 중급자가 된다.

초보 단계를 거치지 않는 사용자는 아무도 없다. 하지만 누구도 영원히 초보자에 머물러 있지 않는다. 초보자는 말 그대로 능력이 부족한 초보 단계의 사용자를 말한다. 아무도 무능력한 상태를 좋아할 리 없다. 지식을 습득하고 기술을 배우는 만큼 초보자는 빠르게 중급자로 발전한다. 혹은 아예 초보 단계에서 포기해버리는 경우도 있다. 스키를 예로 들어보자. 스키를 배우기 시작했는데 계속 넘어지기만 한다면 두 번 다시 스키장에 가지 않을 것이다. 하지만 첫 경험이 즐거웠다면 얼른 낮은 슬로프를 벗어나 중급 코스로 이동하고 싶을 것이다. 반면 최상급 코스를 완벽하게 소화해내는 전문가는 많지 않다.

디자인 원칙   영원히 초보자로 머물러 있는 사람은 아무도 없다.

초보자는 시간이 지나면 금세 중급자로 발전한다. 초보 단계를 뛰어넘지 못한 사용자는 아예 제품을 포기해버린다. 본인이 중급자로 발전할 수 있는 다른 제품을 찾아 떠난다. 대부분의 사용자는 적당한 수준의 지식과 능력을 갖춘 중급자인 셈이다. 중급자가 제품을 다루는 능력은 상황에 따라 달라진다. 제품을 얼마나 자주 이용하는지에 따라 능력 수준도 오르락내리락한다. 래리 콘스탄틴Larry Constantine은 저서 『Software for Use』(Addison-Wesley, 1999)에서 중급자가 가장 중요한 사용자라고 설명했다. 래리 콘스탄틴은 사용자를 발전하는 중급자improving intermediates라고 불렀다. 이 책에서는 사용자를 변함없는 중급자perpetual intermediates라고 부른다. 초보자는 금세 중급자로 변신하는 반면, 중급자에서 전문가로 발전하는 사용자는 드물기 때문이다.

디자인 원칙   중급자를 위해 최적화하라.

중급자는 제품의 고급 사용법을 익히고 싶어한다. 하지만 일부러 시간을 내서 고급 명령어를 배우기란 쉽지 않다. 대신 제품을 사용하다 보면 저절로 새로운 기능을 배우게 되는 경우도 있다. 중요한 프로젝트를 끝내야 하는 경우를 생각해보자. 몇 주 동안 바쁘게 프로그램을 사용하다 보면 예전에 몰랐던 기능을 우연히 배우게 된다. 전과는 비교도 할 수 없을 정도로 제품을 깊이 이해하게 된다.

하지만 프로젝트를 끝낸 뒤 몇 달 동안 제품을 사용하지 않았다고 해보자. 그동안 배웠던 사용법을 대부분 잊어버릴 것이다. 다시 제품을 사용하려고 할 때는 어려움이 있다. 하지만 제품을 처음 접하는 초보자와는 다르다. 예전에 알고 있던 기능을 다시 기억해내도록 도와주는 장치가 필요하다.

대부분이 중급자임을 감안하면 그들의 니즈를 충족하되 초급자나 고급 사용자를 외면하지 않는 제품은 어떻게 디자인하는가?

인터페이스의 변형

스키장에는 초보자용 코스가 한두 개 정도 있다. 아찔해 보이는 전문가 슬로프도 몇 개 볼 수 있다. 하지만 사람이 가장 붐비는 곳은 중급자 코스다. 중급자 슬로프가 말도 안 되게 어려워서는 안 된다. 지루할 만큼 쉬워서도 안 된다. 초보자가 연습을 거쳐 중급자의 세계로 입문할 수 있게 유도해야 한다. 초, 중급자에게 필요한 안전장치가 전문가의 즐거움을 방해하지 않아야 한다.

사용자 인터페이스를 설계할 때도 마찬가지다. 초보자와 전문가에게만 초점을 맞춰서는 안 된다. 변함없는 중급자를 만족시키는 데 가장 많은 시간과 노력을 들여야 한다. 동시에 초보자와 전문가도 불편함 없이 제품을 사용할 수 있어야 한다. 디지털 제품에서는 변형^{inflection} 프로세스로 마찬가지 일을 할 수 있다.

인터페이스의 변형은 인터페이스 내에서 전형적인 내비게이션을 최소화하도록 구성한다는 뜻이다. 실제로 툴바나 팔레트처럼 가장 자주 기대하던 기능과 제어를 가장 직접적이고 편리한 위치에 배치한다는 의미다. 가끔 쓰는 기능은 인터페이스에 더 깊이 밀어 넣는데, 거기서는 사용자에게 걸리적거리지 않는다. 자주 쓰진 않지만 사용자에게 큰 보상이 있는 고급 기능은 메뉴, 대화상자, 드로어 등에 안전하게 들어갈 수 있는데, 그러면 필요한 경우에만 접근할 수 있다.

> **디자인 원칙** 전형적인 내비게이션의 인터페이스를 변형하라.

대부분의 똑딱이 카메라도 변형의 좋은 사례다. 가장 흔히 사용하는 촬영 기능은 금새 눈치채고 쉽게 접근이 가능하도록 잘 보이는 하드웨어 버튼이 제공한다. 노출 조정처럼 가끔 쓰는 기능은 메뉴나 터치스크린 컨트롤로 인터랙션을 해야 한다.

균형 잡힌 노력

적절한 인터페이스 변형에서 가장 중요한 원칙은 균형 잡힌 노력^{commensurate effort}이다. 모든 사용자에게 적용되지만, 특히 영원한 중급자와 관련된다. 이 원칙은 단순히 사람들이 더 가치 있는 것을 위해 기꺼이 열심히 작업하리라 선언한다. 그런데 그 가치는 사용자의 관점에 따라 다르다. 기술적인 면에서 해당 기능을 구현하기가 얼마나 어려운지와는 상관없이, 전적으로 사용자의 목표와 연관된다.

사용자가 정말 뭔가를 원할 경우에는 이를 확보하고자 더 열심히 작업할 것이다. 상사에게 좋은 인상을 남기기 위해 다중 열, 여러 가지 폰트, 멋진 헤딩을 갖춘 아름다운 문서 서식이 필요하다면, 그 방법을 배우기 위해 애플리케이션의 곳곳을 탐구할 동기가 커질 것이다. 그 사용자는 균형 잡힌 노력을 프로젝트에 쏟을 것이다.

그러나 단일 열에 한 폰트로 평이한 문서만 출력하고자 하는 또 다른 사용자의 경우, 아무리 권유해도 고급 서식 기능을 배우도록 유도하지 못할 것이다. 그런 옵션을 제공해도 환영받지 못하는 잡음이 될 뿐이다.

> **디자인 원칙** ▷ 사용자는 보상이 정당할 경우 균형 잡힌 노력을 한다.

관리하기 복잡한 애플리케이션에 기능을 추가하면, 사용자는 보상이 가치가 있을 경우에만 복잡성을 허용할 의지가 있을 것이다. 그래서 제품의 사용자 인터페이스는 단순한 결과를 달성하기 위해 복잡할 수 없고, 복잡한 결과를 달성하기 위해 복잡할 수 있다(그런 결과가 그리 자주 필요하지 않은 한).

점진적인 노출

균형 잡힌 노력의 예시가 되는 특히 유용한 디자인 패턴은 점진적인 노출^{progressive disclosure}이다. 점진적인 노출에서 자주 사용하지 않거나 고급인 컨트롤은 확장되는 패널에 숨어 있는데, 사용자가 접근 가능하도록 작은 확장/숨김 토글 제어를 제공한다. 이런 디자인은 전문적인 사용자에게는 혜택이다. 토글이 보통 '점착성이 있기' 때문이다. 즉 일단 열린 후에는 그렇게 머문다. 또한 중급자에게 더 고급 기능을 열어주는 쉬운 창을 주지만, 사용하지 않을 때는 깔끔하게 숨기게 해준다. 어도비 크리에이티브 스위트^Creative Suite 도구 중 상당수는 툴 팔레트에서 점진적인 노출을 잘 활용한다(그림 10-2 참조).

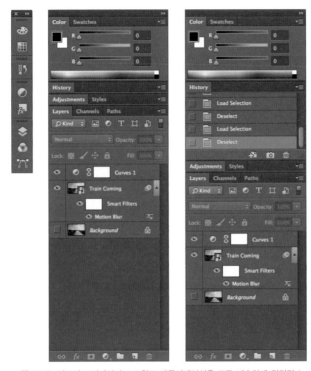

그림 10-2 어도비 크리에이티브 스위트 애플리케이션은 모두 비슷하게 점진적 노출을 이용해 중급자를 위해 툴 팔레트의 복잡성을 길들인다. 전문가는 확장해 점착성 있는 확장 상태를 활용하는데, 세션에 걸쳐 상태를 기억한다.

변형을 위한 구성

일반적으로 컨트롤과 디스플레이는 인터페이스에서 사용 빈도, 이탈한 정도, 위험 요소 노출 정도라는 세 가지 속성에 따라 구성돼야 한다.

- **사용 빈도**는 전형적인 일간 사용 패턴에서 컨트롤, 기능, 개체, 디스플레이를 얼마나 자주 사용하는지를 뜻한다. 가장 자주 사용하는(하루에 여러 번) 항목과 도구는 즉시 닿는 곳에 있어야 한다. 하루에 한두 번 정도로 덜 자주 쓰는 항목은 한두 클릭 이상 떨어져 있지 않아야 한다. 그 밖의 항목은 두세 클릭 떨어져 있을 수 있다. 거의 사용하지 않는 장치는, 퍼소나에 실제 혜택을 제공할 경우 제품에서 제거해선 안 되지만 일상적인 작업 공간에서는 제거해야 한다.

- **이탈한 정도**는 특정 기능이나 명령을 호출해 발생되며, 애플리케이션이 처리 중인 인터페이스나 문서/정보 내의 갑작스런 변화량을 뜻한다. 일반적으로 이런 기능은 인터페이스 속으로 더 깊이 숨기는 편이 좋다.

- **위험 요소 노출의 정도**는 돌이킬 수 없거나 기타 위험한 영향이 있을 수 있는 기능을 다룬다. 미사일을 장착하고자 할 경우에는 공간의 맞은 편에서 두 사람이 동시에 키를 돌려야 한다. 이탈한 기능처럼 사용자가 이런 기능과 마주치기 어렵게 하고 싶을 것이다. 영향이 더 클수록 기능 노출에 더 주의해야 한다.

사용자가 복잡한 기능에 더 숙련될수록 단축키를 찾으니, 제공해야 한다. 중급자가 장기적으로 범위를 넓히는 데 도움이 될 뿐 아니라, 전문적인 사용자에게도 필수적이다.

세 가지 경험 수준을 위한 디자인

초보자를 완전히 무시해서는 안 된다. 중급자가 얼른 전문가가 되도록 재촉해서도 안 된다. 디자이너의 세 가지 목표를 정리해보자.

- 초보자가 중급자로 쉽고 빠르게 발전할 수 있도록 도와야 한다.
- 전문가로 발전하고자 하는 중급자가 어려움을 겪지 않도록 불필요한 장애 요소를 제거해야 한다.
- 무엇보다 대부분의 사용자가 중급 지식 수준으로 소프트웨어를 즐겁게 사용할 수 있도록 해야 한다.

변함없는 중급자에게 좀 더 많은 시간과 노력을 투자해야 한다. 중급자가 문제없이 제품을 사용할 수 있어야 한다. 물론 초보자와 전문가도 고려해야 한다. 하지만 대부분의 사용자는 중급자다. 중급자가 제품을 사용하는 데 불편함이 있어서는 안 된다. 10장에서는 중급자에게 적절한 디자인 방법과 전략을 소개한다.

초보자가 원하는 것

초보자는 매우 조심스럽게 대해야 한다. 친숙하지 않은 제품 때문에 쉽게 실망하거나 당황할 수 있기 때문이다. 디자인의 목적이 결코 초보자를 만족시키는 데 있어서는 안 된다. 아무도 영원히 초보자로 남아 있고 싶어하지는 않는다. 어쩔 수 없이 겪어야 하는 관문일 뿐이다. 훌륭한 디자인은 언제 지나쳤는지도 모를 정도로 초보 단계를 짧고 쉽게 만든다.

인터랙션을 디자인할 때 다음과 같이 상상하면 도움이 된다. 사용자는 매우 똑똑하지만 무척 바쁜 사람들이라고 생각하는 것이다. 특히 초보자에게 맞는 디자인을 할 때는 더욱 그렇다. 도움말은 필수지만 길고 복잡한 설명은 필요 없다. 누구나 쉽고 빠르게 제품을 배울 수 있어야 한다. 제품의 목적도 분명해야 한다. 스키를 배우는 과정을 생각해보자. 스키 강사가 슬로프의 구조와 인공 눈을 제조하는 방법을 설명한다면 어떨까? 아무리 스키에 열정이 있는 학생이라도 중도에 포기하고 말 것이다. 사용자는 소프트웨어를 이용하는 방법을 배우고 싶은 것이지 제품이 어떻게 작동하는지를 알고 싶은 게 아니다.

> **디자인 원칙** 사용자는 매우 똑똑하고 무척 바쁘다고 가정하라.

똑똑한 사람들은 원인과 결과를 이해할 때 더 쉽게 배운다. 제품이 실제로 어떻게 작동하는지는 중요하지 않다. 왜 그렇게 디자인됐는지 이해하는 것이 더 중요하다. 멘탈 모델을 바탕으로 사용자가 이해하기 쉬운 환경을 제공해야 한다. 1장에서 소개한 것처럼 디자인 표현 모델을 사용자 멘탈 모델과 유사하게 설계할수록 바람직하다. 구현 모델을 강요해서는 안 된다. 사용자의 니즈를 깊이 이해한 뒤 적절한 디자인 표현 모델을 구상해야 한다.

반대로 초보자를 중심으로 디자인해야 하는 제품도 있다. 일시적으로 짧게 사용하는 제품(대부분의 모바일 앱)이나, 산만한 방식(구글 글래스 및 기타 헤드업 디스플레이가 여기 해당됨)으로 사용하는 특정 유형의 제품, 장애가 있는 사람들이 이용하는 제품이라면 더욱 그렇다. ATM, 미술관 등 공공장소에 위치한 길안내 키오스크를 생각해보자. (시력 문제와 만성적인 손가락 마비로 인한 탄성 문제가 있는 당뇨병 환자가 사용하는) 혈당 측정기 같은 기기를 디자인할 때는 이 점을 고려해야 한다.

초보자에게 딱 맞는 디자인

초보자는 재빨리 제품의 컨셉과 특징을 이해할 수 있어야 한다. 그렇지 않으면 사용자는 금세 포기하고 말 것이다. 인터페이스는 반드시 사용자의 과업과 멘탈 모델을 바탕으로 디자인해야 한다. 세부 기능과 명령어를 모두 기억하는 사용자는 없다. 하지만 제품의 핵심적인 컨셉은 기억하고 있다. 주요 명령어와 핵심 기능의 대략적인 관계는 파악하고 있다. 인터페이스가 사용자 멘탈 모델에 맞게 설계돼 있다면 누구나 필요한 기능을 쉽게 찾아낼 수 있다.

초보자가 중급자로 발전할 수 있도록 도와주는 장치는 매우 도움이 된다. 하지만 일단 초보자가 중급자로 자리 잡고 나면 거치적거리는 요소가 될 뿐이다. 아무리 훌륭한 장치라도 항상 노출해서는 안 된다. 더 이상 필요가 없을 때를 재빨리 판단하고 감출 줄 알아야 한다.

대부분의 온라인 도움말은 초보자에게 전혀 도움이 되지 않는다. 온라인 도움말의 주요 목적은 상세한 내용을 검색하는 레퍼런스이기 때문이다. 온라인 도움말 디자인은 16장에서 더 자세히 다룬다. 초보자는 레퍼런스를 찾아볼 필요가 없다. 둘러보기 같이 전반적인 컨셉을 소개해주는 가이드가 필요하기 때문이다.

대화상자처럼 별도로 분리된 도우미 장치는 제품의 전반적인 컨셉과 목적, 역할을 설명하는 좋은 방법이다. 프로그램을 실행하는 순간, 주요 목적과 기능을 소개하는 대화상자를 보여주면 된다. 소프트웨어의 주요 특징도 함께 설명한다. 이런 가이드 장치의 목적은 초보 사용자를 돕는 것이다. 제품의 전반적인 컨셉이나 역할 같은 초보자의 관심사에 초점을 맞춰야 한다. 중급자나 전문가가 궁금해하는 내용은 피하는 편이 좋다. 중급자와 전문가의 관심사는 10장의 뒷부분에서 살펴본다.

초보자는 소프트웨어를 배울 때 내비게이션 메뉴에 크게 의존한다(초보자가 메뉴에 집착하는 이유는 18장에서 자세히 다룬다). 메뉴를 일일이 클릭하는 건 무척 느리고 귀찮은 일이다. 하지만 메뉴는 특정 기능을 말로 풀어서 꼼꼼하게 설명해주기 때문에 쉽게 이해할 수 있다. 실수할 위험도 적다. 메뉴를 클릭했을 때 대화상자가 열리는 경우도 있다. 이런 대화상자를 디자인할 때도 주의를 기울여야 한다. 메뉴의 내용을 간결하고 명쾌하게 설명해야 한다. 쉽게 '취소'할 수 있는 버튼을 제공해야 한다.

여러 플랫폼에 걸친 초급자

변함없는 중급자라는 개념이 데스크탑 제품이 아닌 제품에도 적용되느냐는 질문을 종종 받는다. 궁극적으로 데스크탑 소프트웨어에 적용하는 고려사항을 여기서도 적용해야 한다고 믿는다. 플랫폼에 상관없이 잘 디자인된 인터페이스는 그 사용자가 내비게이션과 기능에 재빨리 친숙해져 편안해지도록 도와야 한다.

고려할 만한 점이 또 있다. 작업 흐름의 주요 경로가 아니거나, 캐주얼한 소비자용인 웹사이트, 모바일 앱, 기기는 사용자가 그 구성상의 제약을 기꺼이 기억할 만큼 충분히 자주 접근하지 않을 수 있다. 그래서 그런 인터랙션을 더욱더 투명하고 발견 가능하게 해야 하며, 신규 사용자의 이해 강화를 위해 일시적으로 지원하는 UI 요소나 둘러보기의 필요성도 증가한다.

전문가가 원하는 것

전문가는 매우 중요한 사용자 그룹이다. 전문가의 의견은 초보자에게 큰 영향을 미치기 때문이다. 전문가는 물론 다른 전문가의 말을 듣지만, 잠재 고객에게도 영향력을 행사해, 제품

리뷰와 토론의 분위기를 조성한다. 온라인 제품 평점이 출현해도 마찬가지다. 어쩌면 아마존류가 존재하기 전보다는 덜하겠지만 말이다. 제품을 처음 구입하려고 망설이는 사용자를 생각해보자. 초보자는 중급자의 의견보다는 전문가의 의견을 더 가치 있게 평가한다. 전문가가 "이 소프트웨어는 좋지 않아요."라고 말했다. "이 소프트웨어는 전문가에게는 좋지 않아요."라는 뜻이었을 것이다. 하지만 초보자는 이 숨은 뜻을 알 길이 없다. 초보자에게는 좋은 프로그램이었을지도 모른다. 하지만 전문가의 의견에 따라 구매를 포기할 것이다.

전문가는 다른 사람들이 사용하지 않는 고급 기능을 필요로 한다. 저마다 선호하는 기능이 다른 경우도 많다. 하지만 무엇보다 매일 사용하는 기능을 좀 더 빠르게 실행하고 싶어한다. 누구나 사용하는 기능이라도 전문가는 훨씬 더 많이 사용하기 때문이다. 매일 반복해서 사용하는 경우가 많다. 전문가는 특정 기능을 빨리 실행할 수 있는 단축키가 필요하다.

디지털 제품을 오랫동안 사용하다 보면 자연스럽게 사용자와 인터페이스가 하나가 된다. 억지로 기능을 외우려고 하지 않아도 저절로 자주 사용하는 기능이 머릿속에 들어와 박힌다. 제품을 사용하려면 중요한 기능을 잘 알고 있어야 한다. 제품을 많이 사용할수록 기억해야 하는 내용도 많아진다. 그만큼 저절로 암기되는 내용도 늘어난다.

전문가는 끊임없이 제품을 더 배우고 이해하려고 노력한다. 사용자의 액션과 제품의 행동 패턴, 표현 방식 사이에 연결고리를 찾기 위해 애쓴다. 전문가는 강력한 고급 기능을 즐긴다. 이미 프로그램에 익숙하기 때문에 제품이 복잡해지고 새로운 기능이 추가되더라도 당황하지 않는다.

특수한 제품의 경우에는 전문가 중심의 디자인이 필요할 때도 있다. 전문지식을 갖춘 사용자가 중요한 작업을 처리할 때 필요한 프로그램을 생각해보자. 제품의 디자인도 고급 기능을 효과적으로 표현해야 한다. 개발자와 디자이너가 사용하는 소프트웨어는 어떨까? 과학자가 실험에 사용하는 프로그램이나 의학기기도 전문가를 대상으로 한 제품이다. 이런 제품은 주요 사용자가 충분한 전문지식을 갖추고 있다. 일반 제품과 달리 사용자는 기꺼이 시간과 노력을 들여 제품의 고급 사용법을 꼼꼼히 살펴보고 배운다.

변함없는 중급자가 원하는 것

가장 중요한 실제 사용자인 중급자가 무시되고 있다니 매우 놀라운 일이다. 하지만 이것이 오늘날의 현실이다. 여러 기업용 애플리케이션과 디지털 제품에서 실제 사용자는 고려되지 않는다. 전반적인 디자인은 전문적인 사용자에 경도된다. 동시에 마법사나 악명 높을 정도로 짜증 나는 마이크로소프트의 1990년대 오피스 제품군용 '스마트' 어시스턴트인 클리피 Clippy("도움이 필요하세요?") 같은 서툰 도구가 신규 사용자의 마케팅 인식을 맞추기 위해 제품에 접목된다. 전문가에게는 매우 귀찮은 기능이다. 초보자 역시 금세 프로그램에 익숙해지고 나면 이런 부끄러운 기능은 더 이상 쳐다보지 않는다. 정작 가장 중요한 변함없는 중급자는 변함없이 불필요한 기능에 둘러싸여 있는 셈이다.

변함없는 중급자는 필요한 기능을 빨리 찾고 싶어한다. 제품의 컨셉과 목적을 상세하게 설명해줄 필요는 없다. 기본적인 내용은 이미 잘 이해하고 있기 때문이다. 툴팁^{ToolTips}(도구 설명)은 중급자에게 매우 유용하다(툴팁 디자인은 20장에서 더 자세히 다룬다). 툴팁은 해당 기능의 역할을 일일이 설명하지 않는다. 중요한 내용만 간결하게 소개한다. 툴팁은 잠시 나타났다 사라진다. 여타 디자인 요소를 방해하거나 인터페이스 영역을 잡아먹지도 않는다.

중급자는 레퍼런스를 활용하는 방법도 잘 알고 있다. 한 번에 모든 것을 다 마스터할 수는 없지만, 필요할 때마다 심도 있는 내용을 적극적으로 배우려고 한다. 온라인 도움말은 중급자에게 큰 도움이 된다. 온라인 도움말을 사전처럼 활용한다. 필요한 내용을 검색할 수 있도록 풍부한 자료를 갖추고 있어야 한다. 중급자가 자주 활용하는 기능이 있는 반면, 거의 사용하지 않는 기능도 있다. 처음에는 잘 모르는 기능을 이것저것 시도해본다. 하지만 일정 시간이 지나면 자주 사용하는 기능이 정해진다. 자주 쓰는 기능은 인터페이스의 전면 중앙에 위치하는 것이 좋다. 빠르게 찾을 수 있을뿐더러 기억하기도 쉽기 때문이다.

변함없는 중급자에게 고급 기능은 또 다른 의미를 지닌다. 이런 기능을 사용할 줄 모르거나 전혀 필요하지 않더라도 고급 기능은 의미가 있다. 더 배울 만한 복잡한 기능이 있다는 사실만으로도 중급자에게는 도움이 된다. 발전 가능성이 있는 훌륭한 소프트웨어를 선택했다는 자신감을 심어주기 때문이다. 스키 실력이 중급 수준인 사람을 생각해보자. 저 언덕너머 나무 뒤로 무시무시한 최상급 다이아몬드 블랙 슬로프가 있다는 사실만으로도 스키를 좀 더 열심히 즐기게 된다. 실제로 상급 슬로프를 이용할 마음이 없더라도 말이다. 언젠가는 스키를 좀 더 잘 타게 될 거라는 포부와 꿈을 갖게 하는 것만으로도 충분하다. 훌륭한 스키장에서 스키를 즐기고 있다는 안도감도 함께 느낄 수 있다.

제품은 다양한 사업 요구사항에 대응하는 일도 중요하다. 초보자는 물론 전문가에게 발생할 수 있는 사항도 고려해야 한다. 하지만 이런 사항이 제품의 전반적인 디자인을 생각하는 데 방해가 돼서는 안 된다. 전문가를 만족시키는 고급 요소도 중요하다. 당연히 초보자가 어려움을 겪지 않도록 도와줘야 한다. 그러나 디자이너의 재능과 시간, 노력을 좀 더 값진 곳에 쓰는 것이 중요하다. 가장 중요한 사용자에게 적합한 최고의 인터랙션을 디자인하는 데 힘을 모아야 한다. 가장 대표적인 사용자는 변함없는 중급자라는 사실을 잊지 말자. 디지털 제품이 균형 잡힌 노력이라는 원칙을 따를 때, 학습 기간은 사라지지 않겠지만 사용자의 머릿속에서는 사라지며, 그것도 그만큼 좋다.

11장

디자인 오케스트라

생산적이고 효과적인 제품으로 사용자를 돕는 일은 매우 중요하다. 디자이너가 원하는 대로 제품을 사용할 것이라고 믿는 건 위험하다. 사용자는 상상하지 못한 방법으로 제품을 마음 대로 사용할 수 있기 때문이다. 11장에서는 사용자의 효율적인 사용을 어떻게 도울 수 있는 지 알아본다. 어떻게 사용자가 생산적으로 제품에 집중하며 여타 방해 요소를 피할 수 있는 지, 일종의 정신적 측면의 인간공학에 대해 논의해볼 것이다.

흐름과 투명성

모든 정신을 완전히 특정 행동에 집중하고 있으면 주변의 방해 요소를 전혀 의식하지 않을 수 있다. 이런 상태를 흐름^{flow}이라고 부른다. 미하이 칙센트미하이^{Mihaly Csikszentmihalyi}가 『몰입 Flow: The Psychology of Optimal Experience』에서 처음 소개한 개념이다.

『피플웨어^{Peopleware: Productive Projects and Teams}』에서 톰 디마르코^{Tom DeMarco}와 티모시 리스터 ^{Timothy Lister}는 흐름을 "깊이 명상에 잠긴 상태"라고 정의했다. 흐름은 간혹 '유토피아의 부드 러운 느낌'을 불러일으키기도 하고, 시간의 흐름을 인식하지 못하게 하기도 한다. 흐름의 상 태에 빠진 사람은 굉장히 생산적이 된다. 특히 기계 설계나 디자인, 개발 및 작문 등 구조적 인 행동을 하는 경우에는 그 특징이 두드러진다. 사용자를 더 생산적이고 행복하게 만들려 면 이런 흐름을 이끌어낼 수 있는 인터랙티브 제품을 디자인해야 한다. 흐름을 방해하는 요소를 찾아내고 제거하는 일 또한 함께 따라오는 숙제다. 애플리케이션이 계속 덜컹거리면서 사용자의 흐름을 방해한다면 생산적인 상태를 유지하기란 어려워질 것이다.

대부분의 사용자는 제품이나 기기의 도움으로 쉽게 목표한 바를 이루기를 바란다. 도움을 줘야 할 제품이 인터페이스 때문에 말썽을 부리고 목표했던 것보다 지체된다면 사용자는 꽤 실망할 것이다. 소프트웨어를 다루는 것은 그렇게 아름답고 예쁘고 행복한 일만은 아닌 듯싶다. 물론 엔터테인먼트와 크리에이티브 소프트웨어 같은 경우는 예외다. 하지만 대체적으로 소프트웨어, 특히 비즈니스와 관련된 프로그램을 사용하는 일은 현실적이고 딱딱하다.

> **디자인 원칙** 인터페이스 디자인이 아무리 멋지고 **훌륭해도**, 넘치면 과하다.

인터랙션 자체에 초점을 맞추면, 사용자가 달성하고자 하는 근본적 목표보다 도구나 기술에 더 중점을 두는 꼴이 된다. 인터페이스는 사용자의 목표에 직접적으로 연결된 것이 아니다. 목표를 이루기 위해 만들어진 부가적인 산물이다. 디자인하고 있는 인터랙션에 자꾸 치장을 하려는 자신을 발견한다면 잠시 멈추고 상기하자. 사용자 인터페이스의 궁극적인 목표는 이 인터페이스 자체가 아니다.

흐름을 만들어내려면 소프트웨어의 인터랙션은 무조건 투명해야 한다. 훌륭한 소설에서 소설가가 꾸며낸 트릭은 잘 보이지 않는다. 독자는 이야기를 읽으면서 소설가의 테크닉에 굳이 방해받지 않는다. 디자인도 마찬가지다. 제품과 사용자의 인터랙션이 자연스러우면 디자인 장치는 부드럽게 사라진다. 사용자는 소프트웨어의 중재나 간섭을 느끼지 못하고 제품과 일대일로 소통할 수 있다. 글을 잘 못쓰는 소설가는 너무 뻔한 글을 쓴다. 마찬가지로 서투른 인터랙션 디자이너는 소프트웨어에 뻔한 요소를 불쑥불쑥 드러내곤 한다.

조율

소설가에게 이야기의 흐름에서 떨어진 좋은 문장이란 있을 수 없다. 문장을 투명하게 구성하는 특별한 방법이나 규칙 같은 것도 없다. 모든 것은 주인공이 이야기하려는 바가 무엇인지, 내용에 영향을 미치는 요소가 무엇인지에 전적으로 달려 있다. 전체 하모니에서 불협화음을 만들지 않고자, 조용하고 민감한 문단에서는 단어 하나를 삭제하거나 삽입하는 데도 각별한 신경을 기울인다. 소프트웨어에서도 마찬가지다. 인터랙션 디자이너는 소프트웨어의 오케스트라에서 튀는 음이 있는지 귀 기울여 듣는 연습을 해야 한다. 인터페이스 안의 모든 요소가 하나의 목표를 향해 함께 움직이는 것은 매우 중요하다. 프로그램과 사용자 사이의 소통이 원활하게 조율될 때, 인터페이스는 더욱 투명해질 것이다.

웹스터Webster 사전에서는 조율을 '조화로운 구성'이라고 정의한다. 인터랙티브 제품에도 잘 맞아떨어지는 정의다. 조화로운 구성은 정해진 규칙에 속박되지 않는다. '모바일 메뉴 안에는 무조건 네 개의 버튼이 있어야만 한다'라든지 '여섯 개의 버튼은 너무 많다'는 등의 규칙은 의미가 없다. 물론 '대화상자에 35개의 버튼을 구겨 넣으면 안 된다' 정도의 일반 상식 수준의 규칙은 만들 수 있겠다. 제품이 조화로운지를 분석할 때 가장 어려운 점은 주어진 분석 조건과 상황에 따라 결과가 달라질 수 있다는 사실이다. 알고자 하는 진짜 문제, 예를 들면 사용자가 그 시간에 무엇을 하려 하는지, 목적하는 바가 무엇인지 등을 풀어내기가 힘들다.

조화로운 인터랙션 디자인

오케스트라에서 최상의 하모니를 만드는 절대적인 규칙은 없다. 조화로운 인터랙션의 하모니를 정의하는 규칙 또한 없다. 하지만 여기서 말하는 몇 가지 전략은 더 아름다운 인터랙션의 하모니를 만드는 올바른 방향을 가르쳐줄 것이다.

- 사용자의 멘탈 모델을 따른다.

- 적을수록 많은 것이다.

- 단순하게 조작할 수 있어야 하며, 사용자가 많은 생각을 하지 않게 하라.

- 묻지 말고 선택하게 하라.

- 가까운 곳에 필요한 도구를 배치한다.

- 모드형 대화상자는 피한다.

- 사용자의 입장에서 중요한 디자인에 초점을 맞추고, 극도로 예외적인 경우에도 대처한다.

- 정황 정보를 제공한다.

- 직접적 조작법과 시각적 입력법을 가능하게 한다.

- 애플리케이션의 상태를 알려준다.

- 불필요한 보고는 생략한다.

- 백지장 상태는 피한다.

- 명령과 설정은 명확히 구분한다.

- 비상탈출 손잡이를 조심스럽게 배치한다.

- 빠른 응답을 위해 최적화하고, 늦어질 경우에는 적절히 조절한다.

사용자의 멘탈 모델을 따른다

1장에서 살펴본 사용자 멘탈 모델을 다시 한 번 이야기하고자 한다. 주어진 상황과 과정 안에서 사고 모델은 사람마다 각기 다르다. 사용자는 컴퓨터가 어떻게 작동하는지 세부적으로 상상하지는 않는다. 오히려 소프트웨어가 어떤 식으로 임무를 수행하는지에 대해 어렴풋하고 자연스럽게 마음속 이미지를 형성한다. 사용자의 통찰력과 이미지를 바탕으로 기계의 행동이 만들어지는 데 필요한 공통적 패턴을 찾는다.

더 구체적인 예를 들어보자. 병원의 정보 시스템에서 의사와 간호사는 환자의 상태와 필요한 치료 방법 등을 담고 있는 정보에 대한 멘탈 모델을 갖게 된다. 관습에 따라 정보를 환자의 이름 순서에 따라 정리하는 것이 어느 정도 당연하게 여겨진다. 다수의 의사가 각 환자를 관리하기에, 의사의 이름으로 먼저 분류해 범위를 좁힌 후 환지의 이름 목차로 정렬한다면 환자를 찾는 인터페이스가 더욱 직관적이다. 반면, 병원의 총무과는 검색 상황이 조금 다르다. 총무부에서는 밀린 체납금이 있는지 검색하는 일이 우선적이다. 인터페이스에서 환자의 이름은 그다지 중요하지 않다. 오히려 기한이 지난 미납부 청구서가 얼마나 오래됐는지, 그 금액은 얼마인지가 중요하다. 병원 사무소의 인터페이스는 체납기한이나 체납금액에 따라 정렬되는 것이 옳다. 환자의 이름에 의한 검색은 그 다음이 될 것이다.

적을수록 많은 것이다

일반적인 상식으로 보면 많은 것이 좋다. 인터랙션 디자인의 세계에서는 그 반대다. 제품의 기능은 그대로 살리면서 인터페이스상의 시각적 요소를 줄이는 일은 대단히 중요하다. 결국 적은 것으로 많은 것을 표현해야 한다. 세심한 조율이 필요해지는 순간이기도 하다. 필요 없거나 자주 쓰이지 않는 요소로 인터페이스가 시끌벅적하지 않도록 제품의 힘을 조절하고 재구성해야 한다.

인터페이스가 복잡하다고 훌륭한 것은 아니다. 인터페이스가 복잡한 제품은 전형적으로 기능이 분산돼 있고, 단 하나의 임무에만 집중하게 만든다. 다른 임무나 기능으로의 접속이 어렵다. 1995년에 이 책의 첫판이 나왔을 때, 이런 문제는 어디서나 흔하게 볼 수 있었다. 당시 윈도우 소프트웨어의 '저장' 대화상자를 예로 들어보자. 다른 이름으로 저장하거나 기존의 파일을 지우는 옵션은 없었다. 오직 '저장' 기능에만 초점을 맞췄다. 사용자는 원하는 기능을 사용하려면 한참을 돌아 다른 곳까지 가야 했다. 이런 소프트웨어와 OS는 불필요한 인터페이스를 계속 만들어냈다. 다행히 최근의 운영체제는 이런 부분이 많이 개선됐다. 사용자의 상황에 맞는 기능과 옵션을 제공하고자 무던한 노력을 쏟고 있다. 별것 아닌 간단한 일을 하려고 인터페이스 이곳저곳을 뒤집고 다녀야 하는 불편이 줄어들었다.

하지만 사용자는 먼 길을 가야 한다. 많은 기업용 소프트웨어에서 사용자에 대한 배려가 전혀 없이 모든 기능을 각각 다른 대화상자에 나누어놓은 모습을 자주 목격할 수 있다. 결국 사용자는 특정 정보를 찾으려고 메뉴 명령키를 사용해서 창을 열고, 클립보드에 정보를 복사한 후, 다른 창을 열고자 명령키를 찾고, 새로 열린 창의 빈칸에 정보를 겨우겨우 붙여넣는 등의 불편함을 감수해야 한다. 이런 인터페이스는 거칠고 세련되지 못할 뿐만 아니라, 많은 오류를 발생시킨다. 사람과 기계 사이에 비생산적인 노동을 요구한다. 제품을 일부러 이런 식으로 만든 건 아닐 것이다. 전형적으로 이런 제품은 몇 년에 걸쳐 임시변통식으로 개발을 해왔거나, 여러 개의 나눠진 팀에서 개발을 진행한 경우가 많다. 내부 과정에서 문제가 있다.

모토로라의 유명한 레이저[Razr]는 이런 문제의 예가 될 수 있다. 휴대폰의 산업 디자인이 그 우아함으로 여러 상을 휩쓸고 다닐 동안, 모토로라 제품의 이전 세대에서 꾸준히 쓰여왔던 소프트웨어가 그대로 사용됐다. 여러 개의 팀에서 통합에 대한 별 노력 없이 개발을 진행했다. 예를 들어, 레이저 휴대폰의 전화번호부와 일정표 애플리케이션은 각기 다른 입력 인터페이스를 사용한다. 각 소프트웨어 팀이 다른 해결책을 고안함으로써 두 개의 인터페이스는 같은 일을 서로 다르게 처리하도록 디자인됐다. 개발 자원을 낭비한 셈이다. 사용자가 혼란과 불편을 겪어야 했음은 말할 것도 없다. V3가 그 인기의 정점에 다다른 후 1년이 지나 현대적이고 잘 고려된 사용자 인터페이스와 함께 아이폰이 등장했고, V3와 모든 플립 폰 부류는 곧 역사 속으로 사라졌다. 완벽한 하드웨어, 소프트웨어 경험의 긴밀한 통합은 결국 승리했다.

뮬렛[Mullet]과 사노[Sano]의 고전 『Designing Visual Interfaces』(Prentice Hall, 1994)에서는 디자인 문제를 해결할 수 있는 참신하고 간단한 방법을 흥미롭게 소개했다. 이는 경제적이고 우아한 해결책이기도 하다. 인터랙티브 제품 안에 들어 있는 소프트웨어는 일반적으로 매우 복잡하다. 우아함과 간결함의 중요성이 더욱 대두되고 있다. 사용자의 요구를 더욱 효과적으로 만족시키려면 이런 속성은 매우 중요하다.

인터랙션 디자인의 미니멀리즘은 제품을 이용하는 사용자가 무엇을 성취하고자 하는가, 즉 제품의 목적에 대한 명쾌한 이해와 결코 분리해서 생각할 수 없다. 목적에 대한 이해가 없다면 인터랙티브 제품은 단지 몇 가지 기술과 기능을 난잡하게 섞어놓은 것에 불과하다. 이런 목적에 대한 이해를 가장 잘 나타내주는 좋은 예로서 고전적인 구글 검색창을 살펴보자. 항상 그 자리에 있는 하나의 문자 입력창과 두 개의 버튼(Google Search 버튼은 사용자에게 검색 결과를 보여준다. I'm Feeling Lucky 버튼은 가장 최상의 결과로 바로 이동한다), 구글 로고와 몇 가지 기능을 연결해놓은 링크가 전부다(그림 11-1 참조). 또 다른 예는 아이팟 셔플$^{iPod\ Shuffle}$
이다. 간결하고 최소화된 사용자 인터페이스를 제공한다. 사용자 니즈를 충족시키는 꼭 필요
한 기능을 세심하게 정의한 후, 하나의 스위치와 다섯 개의 버튼만으로 화면 없이 굉장히 사
용성이 좋은 제품을 만들어냈다. 단순한 iOS 텍스트 에디터 앱 iA Writer도 놀라울 정도로
간단하게 문서를 편집할 수 있다. 문자를 입력하는 공간 주변에 불필요한 인터페이스 요소
를 제거했다. 현재 작성 중인 문자는 자동으로 저장이 된다. 사용자는 불필요한 인터랙션을
하지 않아도 된다.

그림 11-1 구글 검색 인터페이스는 미니멀한 인터페이스 디자인의 고전적인 예다. 화면상의
모든 요소는 유용하고 직접적이다.

인터페이스의 간결성을 지나치게 부각시킬 필요는 없다. 최소화는 사용자의 멘탈 모델을
잘 이해함으로써 얻어지는 균형 잡힌 결과물이다. 우아하고 경제적인 디자인의 대표로 항상
언급되는 아이팟 셔플 하드웨어 인터페이스도 가끔씩 어떤 사용자 그룹에서는 굉장히 불편
하게 느껴질 수 있다. 만약 CD 플레이어, 다른 대부분의 디지털 오디오 플레이어의 고해상
도 화면의 세상에서 온 사람이라면 아이팟 제품을 완전히 꺼버리는 재생/정지 토글 조합이
라든지, 제품을 다시 켜기 위해 메뉴 버튼을 꾹 누르는 등의 인터랙션을 매우 이상하다고 생
각할 것이다. 시각적 간결화가 가져오는 심리적 복잡성의 고전적인 예다. 다행히 이런 인터
페이스는 처음 배우는 사람들에게 충분히 쉽고, 오작동이 일어나는 경우도 꽤 적다. 결과적
으로 제품의 전반적인 성공에는 큰 영향을 미치지 않았다.

적을수록 좋다는 원칙을 고수해 사용자가 길을 벗어나지 않게 하고, 흐름을 유지하게
하라.

단순하게 조작할 수 있어야 하며, 사용자가 많은 생각을 하지 않게 하라

많은 개발자가 생각하는 가장 이상적인 인터페이스로 사용자와 소프트웨어 간의 쌍방향 대화 방식을 뽑는다. 하지만 대부분의 사용자는 그렇게 생각하지 않는다. 사용자는 소프트웨어를 차를 운전하는 방식으로 작동시키고 싶어한다. 어딘가에 가고 싶을 때면 차 문을 열고 들어간다. 앞으로 전진하고 싶을 때는 가속 페달을 밟고, 멈춰야 할 때는 브레이크를 밟는다. 방향을 바꿀 때는 운전대를 돌린다.

가장 이상적인 인터랙션은 대화상자 없이 간단한 툴과 도구로 조정하는 것이다. 어떤 목수도 못을 박기 전에 망치와 상의하지 않는다. 망치로 그저 못머리를 때릴 뿐이다. 운전자는 운전 환경을 조정하려고 자동차의 도움을 받는다. 차의 상태와 주변환경에 대한 적절하고 직접적인 피드백을 받는 것이 큰 도움이 된다. 앞유리로 보이는 바깥의 환경, 계기판에 나오는 다양한 정보, 지나가는 공기가 만들어내는 소리, 타이어가 파인 홈을 지나며 내는 소리, 도로에서 느껴지는 측면의 관성력과 진동 등이 직접적인 피드백이다. 목수도 비슷한 피드백을 기대한다. 못이 들어갈 때의 느낌, 철과 철이 부딪치며 내는 소리, 망치의 무게가 만들어내는 반동 등이 그것이다.

운전을 하는 중이나 망치로 못을 박는 도중에 다음과 같은 대화상자(그림 11-2)가 뜨리라고는 상상도 하기 힘들다.

그림 11-2 프로그램에서 이런 종류의 메시지가 흔히 이용되고 있다. 하지만 우리 삶의 곳곳에서도 이런 대화상자가 통용되는 건 아니다. 잔소리하는 기계를 좋아하는 사람은 없다. 안타깝게도 이런 잔소리 같은 메시지를 받는 것은 많은 인터페이스에서 너무나 당연한 일이 돼버렸다. 물론 메시지가 치명적인 오류로부터 보호해줄 수는 있다. 그러나 지나친 잔소리는 사용자를 짜증 나게 한다.

인터랙티브 제품이 사용자를 화나게 만드는 다른 이유는 제품이 자동차나 망치처럼 행동하지 않는다는 점이다. 대화상자를 통해 전하고자 하는 메시지를 피력하고, 사용자의 잘못한 점을 지적한다. 사용자로부터 특정한 대답을 요구한다. 사용자의 관점에서 보면 이 대화상자는 어딘지 거꾸로다. 사용자가 질문을 하고 소프트웨어가 대답을 해야 하는 것 아닐까? 직접 조작법은 사용자가 원하는 대로 직관적으로 작동할 수 있다. 13장에서 이를 자세히 논한다.

묻지 말고 선택하게 하라

대화상자, 특히 확인용 대화상자의 태도는 사용자에게 결정을 하라고 종용한다. 반면, 도구 상자는 사용자의 결정을 도와주도록 가능한 옵션을 알려준다. 확인용 대화상자는 하고 있는 작업을 멈추고 대답을 재촉하며 원하는 바를 얻을 때까지 고집스럽게 사라지려 하지 않는다. 반면에 도구상자는 공손하게 항상 그 자리에 있다. 마치 잘 정리된 가게처럼 물건을 보여주고, 무엇을 고를지 생각할 시간적 여유마저 제공한다.

선택의 기회를 제공하는 일은 매우 중요하다. 하지만 주어진 정보 안에서 자유롭게 선택을 하는 것과 선택을 강요하는 것에는 큰 차이가 있다. 사용자는 자동차를 직접 운전하는 것처럼 소프트웨어를 직접적으로 본인의 의지에 따라 움직이고 싶어한다. 자동차는 대화상자 하나 띄우지 않고 매우 세밀한 선택도 자유롭게 할 수 있도록 만들어져 있다. 자동차를 운전하면서 그림 11-3과 같은 대화상자를 상상이나 할 수 있을까?

그림 11-3 오른쪽, 왼쪽으로 회전하려고 대화상자의 버튼을 클릭해야 한다면 정말 상상만으로도 불편하기 짝이 없다. 보통 사용자가 소프트웨어에 자주 등장하는 대화상자를 어떻게 생각하는지 적나라하게 보여주고 있다. 대화상자의 사용은 되도록 자제한다.

직접적인 핸들 조정은 차와의 의사소통에 적합한 방법이다. 어디로 가야 할지 직접 명령을 할 수 있기 때문에 사용자의 위상을 높여준다. 모드 없는 선택은 사용자에게 디지털 제품을 사용할 때 원하는 통제력과 완성감을 준다.

가까운 곳에 필요한 도구를 배치한다

하나의 입력 도구로 프로그램의 모든 기능을 다 수용할 수는 없다. 오히려 인터페이스가 심하게 복잡해질 수 있다. 대부분의 프로그램은 다수의 도구 세트를 사용자에게 제공하고 있다. 도구 세트는 복잡해질 수 있는 인터페이스를 피하기 위한 타협점인 셈이다. 게다가 도구 선택과 사용을 쉽게 만든다. 자연스러운 흐름을 방해하는 것도 막을 수 있다. 도구와 프로그램의 상태 정보를 명확하고 확실하게 나타내야 한다. 나아가 이런 도구 간 변환을 빠르고 간편하게 할 수 있다면 더욱 좋을 것이다.

도구는 항상 필요한 곳에 가까이 있어야 한다. 초보자나 중급자에게는 팔레트, 툴바에서 원하는 도구를 선택한다. 전문가에게는 키보드 단축키로 접근할 수 있게 만들자. 이런 방식으로 모든 사용자가 쉽게 단일 클릭이나 키보드 조작으로 도구를 선택할 수 있다. 만약 사용자가 어떤 도구를 찾으려고 프로그램에서 헤매야 한다면 작업의 전체적인 집중도를 크게 떨어뜨릴 것이다. 책상에서 열심히 공부하고 있던 학생이 연필을 떨어뜨렸을 때, 바닥에 떨어진 연필을 찾기 위해 방 안 곳곳을 뒤지고 있는 모습과 같다. 사용자는 어떠한 경우에도 일부러 도구를 치우러 다닐 일은 없어야 한다.

모드형 대화상자는 피한다

사용자가 인터랙티브 제품의 도구나 데이터를 조작할 때, 현재 상태와 조작 뒤의 결과를 효과적으로 알려줘야 한다. 이런 정보가 사용자 행동을 방해해서는 안 된다. 언제나 쉽게 볼 수 있고 이해할 수 있어야 한다.

정보나 피드백을 사용자에게 보여주는 방법은 몇 가지가 있다. 불행히도 가장 흔한 방법은 화면에 팝업 대화상자를 띄우는 것이다. 이때 정보는 꽉 막힌 대화상자 안에 갇혀 내용을 확인하는 일 외에는 아무것도 할 수 없다. 이런 대화상자를 '모드형^{modal} 대화상자'라고 부른다. 작업하던 원래 상태로 돌아가려면 사용자의 특정한 행동, 확인을 한다거나 취소를 하는 등의 행동이 필요하다. 하지만 사용자에게 필요한 정보를 제공하는 더 나은 방법으로 비모드형 피드백^{modeless feedback}이 있다.

필요한 정보가 인터페이스 구조에 직접 들어 있고 사용자 행동의 흐름을 방해하지 않아야 한다. 피드백은 모드형 대화상자 없이 자유로워진다. 마이크로소프트의 워드 2010을 예로 들어보자. 현재 사용자가 어떤 페이지를 보고 있는지, 어떤 부분에 있는지, 현재 문서에 몇 장의 페이지가 존재하는지, 커서가 어떤 위치에 있는지 등의 정보는 화면 아래에 위치한 상태바에 모여 있다. 사용자는 필요한 정보를 찾으려고 일하고 있는 상태에서 벗어나지 않아도 된다. 언제든지 쉽게 도움이 되는 정보를 확인할 수 있다(그림 11-4 참조). 그 정보를 물어보려 길을 벗어날 필요가 없다.

그림 11-4 워드 2010에서 작성하고 있는 문서. 거기 담긴 단어의 수와 총 페이지 수는 좌상 단 창에 비모드형으로 표시되는 문서에서 볼 수 있다. '단어 개수(Word Count)'를 클릭하면 더 자세한 정보가 뜬다.

또 다른 좋은 사례는 iOS 노티피케이션 센터다. 곧 있을 약속 등 보고에 중요한 사건이 현재 화면에 활성화되지 않은 앱에 있을 때 간략한 알림을 표시한다. 메시지는 몇 초 동안 화면 상단에 남은 후 사라지고, 표시된 동안 태핑하면 노티를 보내는 앱으로 간다.

제트전투기의 조종실 앞유리를 향하는 쪽에는 결정적인 기기 사용에 보조적인 요소로서 전방 표시(투영)장치, 즉 HUD가 장착돼 있다. 조종사가 항상 주변 상황에 시선을 집중할 필 요는 없다. 하지만 비상시 목표물이나 상대편 전투기에 모든 신경이 쏠려 있을 때, 이런 장치 로 치명적인 측정 수치를 읽어낼 수 있다. 애플리케이션의 화면 가장자리에는 현재 주요 작 업 활동에 관련된 중요한 정보가 표시된다.

어도비 포토샵 같은 그래픽 프로그램에도 작업창의 주변에 줄자 간격, 축소 미리보기 등 비모드형 피드백을 설치해놓았다. 비모드형 피드백은 15장에서 더 자세히 알아본다.

사용자의 입장에서 중요한 디자인에 초점을 맞추고, 극도로 예외적인 경우에 도 대처한다

대부분의 인터랙션이 사용자를 불필요한 인터페이스로 몰고 간다. 대화상자의 경우는 더욱 그렇다. 프로그램이 몇 가지 선택 중 꼭 하나를 골라야 하는 경우에 자주 등장한다. 프로그래 머가 논리의 관점에서 문제를 해결하려는 습관 때문에 생긴다. 결국 소프트웨어 디자인에까 지도 영향을 미친다. 어떤 명제에서 백만 번 중에 999,999번이 사실이고 단 한 번만이 거짓 이라면 논리학자는 이 명제가 거짓이라고 판단한다. 논리 연산Boolean에서 판단하는 방법이 다. 하지만 일상생활에서는 이 명제가 무조건적으로 맞는 말이라 해도 과언이 아니다. 물론 거짓이 될 수 있는 '가능성'이 존재한다. 하지만 무시해도 될 만큼 작은 문제다. '대부분의 경 우 일어날 만한 상황'과 '어쩌다 일어날 수도 있는 예외 경우'를 확실히 분리해야 한다. 사용 자 인터페이스를 더 조화롭게 그리고 설득력 있게 발전시킬 수 있을 것이다.

안타깝게도 개발자는 두 가지 경우를 가능성과 같은 것으로 보는 경향이 있다. 사용자가 프로그램을 닫을 때, 작업 중인 문서를 저장하거나 취소하는 두 가지 옵션을 제공한다. 저장하지 않는다는 옵션을 선택하면 6시간 동안 일해왔던 문서를 그냥 날려버리는 셈이 된다. 두 가지 선택 조건은 논리적으로는 모두 가능하다. 하지만 사용자가 현재 작업하는 문서를 휴지통에 버릴 확률은 천분의 일도 안 될 만큼 희박하다. 그럼에도 불구하고 사용자가 프로그램을 닫을 때면 항상 그림 11-5에서처럼 대화상자를 열어 바뀐 내용을 저장할 것인지 묻는다.

변경사항을 '9장'에
저장하시겠습니까?

그림 11-5 GUI 세상에서 가장 불필요한 것으로 알려진 팝업창. 변경사항을 저장하는 게 당연하지 않은가! 파일을 자동으로 저장하는 것이 자연스러운 흐름이다. 이런 팝업창 인터페이스 때문에 사용자는 컴퓨터와의 직접적인 인터랙션을 할 수 없다. 메모리나 디스크 공간 같은 쓸모없고 헷갈리는 정보를 더 많이 접하도록 유도된다. 불필요한 대화상자의 사용은 자제해야 한다.

그림 11-5에서 보이는 팝업창은 매우 부적절하고 불필요하다. 문서에서 작업한 내용을 일부러 취소하려고 하는 경우가 얼마나 될까? 애인과 밥을 먹을 때마다 옷에 수프를 흘리지 말라고 당부하는 것과 마찬가지다. 14장에서는 팝업창의 사용을 자제하는 방법에 대해 논의한다.

훌륭한 프로그래머는 극도로 예외적인 경우를 효과적으로 처리할 수 있어야 한다. 프로그램의 논리 연산에서는 중요할지 몰라도 사용자의 입장에서는 자주 발생하지 않는 상황에 유연하게 대응해야 한다. 하지만 아무리 일어날 가능성이 적은 엉뚱한 경우라고 해도 사용자 인터페이스에서 직접적으로 처리할 수 있는 길은 만들어놔야 한다. 이런 예외적인 경우를 우격다짐으로 대충 처리해버리는 것은 프로그래머에 의해 디자인된 인터페이스의 전형적인 모습이다. 하루에 수십 번씩 쓰는 기능을 디자인하는 것과 1년에 한 번 정도 쓰는 기능을 디자인하는 것은 디자이너의 마음가짐에 따라 천지차이로 바뀔 수 있다.

버스가 당신의 차를 들이받을 가능성은 있다고 쳐도, 버스에 치일까 봐 무서워 집 밖을 나가지 못하는 일은 없을 것이다. 인터페이스에서 무언가 일어날지도 모른다는 가능성을 마치 분명히 일어날 거라는 식으로 바꾸어 생각하면 안 된다.

정황 정보를 제공한다

소프트웨어가 정보를 표현하는 방법은 사용자의 주목을 끌고자 무리하게 강조된 느낌이 없지 않다. 자주 남용되는 예가 양적인 숫자 정보를 표현하는 방법이다. 그림 11-6에 나타나 있듯이 마이크로소프트 윈도우 3.x의 파일 관리자는 남은 공간을 1바이트 단위까지 지나치게 정확한 숫자를 보여준다.

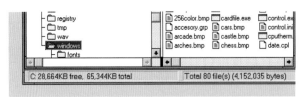

그림 11-6 윈도우 3.x 파일 관리자는 디스크에 남은 공간을 지나치게 정확한 숫자로 보여준다. 한눈에 파악하기 힘들다. 이런 수준의 정밀함이 남은 공간을 아는 데 도움이 될까? 물론 아니다. 디스크 상태를 표기하는 데 이런 일곱 자리 수가 과연 좋은 방법이었을까? 시각적 표현법을 활용해서(파이 도표처럼) 남은 공간을 표시할 수는 없었을까? 다행히 최근 버전의 윈도우에서는 파이 도표를 이용해 디스크 용량을 시각적으로 보여준다.

하단 좌측 코너에는 전체 디스크의 용량과 현재 남은 공간의 용량이 표시돼 있다. 여기에 나타난 숫자 정보는 읽기 어렵고 이해하기도 힘들다. 디스크가 몇 억 바이트 이상이 되는 경우, 고작 몇 백 바이트가 변해도 눈에 띄지 않는다. 차라리 킬로바이트로 단위를 변경하는 편이 더욱 의미 있을 것이다. 애플리케이션이 정밀도를 높이려는 불필요한 노력 때문에 의사소통의 질은 떨어져 버렸다. 정말로 필요한 정보는 아마도 디스크가 꽉 차버리지는 않았는지, 새로운 20MB 프로그램을 설치해도 되는지, 프로그램이 돌아갈 수 있는 충분한 여유 작업 공간도 있는지 등이다. 가공되지 않은 숫자는 정확하긴 하지만 실질적인 도움이 되지는 못한다.

정보 시각화의 전문가인 에드워드 터프티[Edward Tufte]는 정량적 자료를 시각화할 때는 '다른 정보와의 비교'가 중요하다고 강조했다. 하드디스크에 231,728KB가 남아 있다는 사실보다는 전체 디스크의 22%가 비어 있다는 사실이 훨씬 더 중요하다. 터프티의 또 다른 격언 중 하나는 문자나 숫자로 단순히 말하기보다는 '자료를 시각적으로 보여주자'는 것이다.

쓰고 있는 공간과 비어 있는 공간에 다른 색상을 입혀 시각적으로 표현한 파이 도표는 훨씬 이해가 쉽다. 파이 도표는 231,728KB가 과연 무엇을 의미하는지 더욱 명백하게 보여준다. 하지만 정확한 숫자 정보를 버리는 것이 아니다. 과거에는 숫자만으로 정보를 전달하는 방식이었다. 이 숫자를 시각적 정보의 레이블로 단지 자리만 바꾸는 것이다. 논리적으로도 이치에 맞는다. 정보의 의미는 시각적으로 보이고, 숫자는 거들기만 할 뿐이다. 오늘날 윈도우 탐색기에 보이는 그대로다. 불행히도 이 유용한 정보는 모든 탐색기 창 하단에 계속 상태를 나타내기보다, 한 곳에서만 보인다. 그리고 불행히도 다른 많은 애플리케이션에도 문제가 남아 있다.

애플리케이션의 상태를 알려준다

사람이 자고 있을 때는 잠자는 것처럼 보인다. 깨어 있을 때는 깨어 있는 것처럼 보인다. 바쁠 때는 정말 바빠 보인다. 사람의 눈은 하고 있는 작업에 초점이 맞춰진다. 몸짓을 통해 무엇을 하는지 짐작할 수 있다. 몸이 가만히 있을 때는 아무것도 하지 않는 것처럼 보인다. 몸이 움직일 때면 눈도 무언가를 보려고 바쁘게 움직인다. 사람은 서로 의사소통을 하고자 미세한 피드백을 기대한다. 사회적 질서를 유지하는 데도 피드백은 중요하다.

이런 단서는 꽤 중요해, 리싱크 로보틱스^{Rethink Robotics}가 제작한 두 팔의 산업용 로봇 박스터^{Baxter}의 사용자 인터페이스에서 핵심부가 됐다(그림 11-7 참조). 창업자 로드니 브룩스^{Rodney Brooks}는 룸바^{Roomba} 로봇 청소기도 발명했다. 박스터는 가벼운 조업 라인에서 인간들과 함께 일하도록 디자인됐다. 목적지에 도착하기 전 어떤 방향을 쳐다볼 수 있는 만화처럼 움직이는 눈이 있는 크고 얼굴 같은 화면이 있다. 단순하고 보편적인 표정으로 시스템 상태를 보고한다.

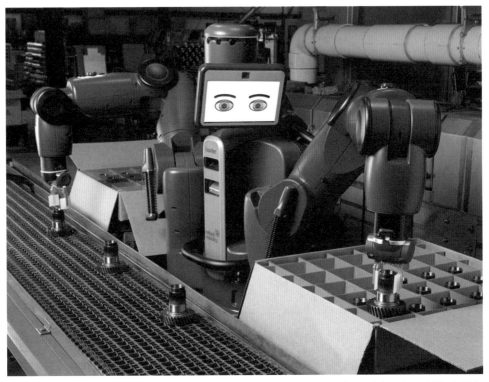

그림 11-7 박스터는 가벼운 조업 라인에서 인간들과 함께 일하도록 디자인된, 팔 두 개의 산업용 로봇이다. 표정으로 상태를 전달한다.

아마 박스터처럼 완전히 인간화할 필요는 없겠지만, 소프트웨어와 제품은 이와 같은 방법으로 작동해야 한다. 프로그램이 잠들어 있을 때는 잠자는 것처럼 보여야 한다. 프로그램이 깨어 있을 때는 깨어 있는 것처럼, 바쁠 때는 바쁜 것처럼 보여야 한다. 컴퓨터가 매우 중요한 내부 작업, 예를 들어 데이터베이스에 접속해서 복잡한 계산을 수행하고 있을 때는 평소처럼 즉각 응답하지 못할 것이라는 점을 분명하게 보여줘야 한다. 컴퓨터가 큰 파일을 보낼 때는 비모드형 진행상황 표시자에서 볼 수 있어야 한다. 인터페이스의 상태 또한 사용자가 직접 알 수 있어야 한다. 그러면 그에 따라 사용자는 다음 단계를 계획할 수 있다.

이메일 프로그램을 예로 들어보자. 메시지가 아직 읽히지 않았다든지, 응답을 받았다든지, 포워딩을 했다든지 등의 정보를 분명한 태도로 보여준다. 이 컨셉을 더욱 발전시킬 수 있다. 마이크로소프트 아웃룩이나 구글 캘린더에서 일정표의 미팅 약속을 보고 있다고 하자. 프로그램에서 몇 명이나 메시지를 읽었고, 누가 미팅에 참석할 것이며, 아직 응답을 하지 않은 사람은 누구인지(인라인으로 바로 또는 툴팁으로) 알 수 있다면 편리하지 않을까?

소프트웨어의 상태는 앞서 간략히 살펴본 풍부한 비모드형 피드백으로 제공하는 게 가장 효과적이다. 풍부한 비모드형 피드백을 제공하는 구체적인 방법은 15장에서 상세히 알아본다.

불필요한 보고는 생략한다

많은 애플리케이션은 진행상황에 대한 세세한 정보를 사용자에게 끊임없이 제공한다. 사용자는 도대체 이 정보로 무엇을 어찌 해야 할지 몰라 당황스러워한다. 소프트웨어는 굳이 팝업 대화상자를 띄워 접속이 됐다느니, 녹음 내용이 저장됐다느니, 로그인했다느니, 거래를 마쳤다느니, 데이터가 발송됐다느니 등의 불필요한 정보와 메시지를 전달한다. 소프트웨어 엔지니어에게 이런 메시지는 그냥 기계의 허밍소리고, 시냇가의 졸졸 소리, 바닷가의 파도가 부서지는 작은 소리로 들리나 보다. 그저 모든 게 다 잘 돌아가고 있다는 사실을 끊임없이 확인시켜주고 싶어하는 것 같다. 실제로 소프트웨어를 디버깅할 때는 이런 메시지가 유용하다.

하지만 보통 사용자에게 알람 메시지는 마치 수평선에서 떠오르는 강렬한 불빛, 조용한 밤에 들리는 비명소리, 방 안에 들어온 갑작스러운 날파리와 비슷하지 않을까? 오히려 너무 많은 정보는 더 큰 혼동을 일으키고 방해만 될 뿐이다. 세세한 기술 정보에 친숙하지 않은 사용자에게 필요한 정보는 '데이터베이스가 수정됐습니다' 정도의 간단한 메시지다. 프로그램에 어떤 문제가 생겼다고 치자. 언제쯤 문제가 복구될 것인지 정도의 메시지면 충분하다. 하지만 사용자의 작업을 방해하면서 어떻게 이를 복원해야 하는지 아주 상세하게 알려줄 필요는 없다. 사용자를 괴롭힐 뿐이다. 뻔히 일어난 일을 군이 일어났다고, 그것도 대화상자를 띄워가며 귀찮게 알려주는 건 가능하면 피하자. 꼭 대화상자를 사용해야 한다면, 현재 일하고 있는 작업환경과 멀리 떨어진 곳에서 조용히 사용하자.

> **디자인 원칙** ▷ 당연한 정보를 나타내는 대화상자는 피한다.

　별것도 아닌 일로 사용자가 작업하고 있는 일을 방해해서는 안 된다. 프로그램의 서버 접속에 문제가 생긴 상황에서도 대화상자를 띄우기보다는 상태표시를 할 수 있는 장치를 프로그램 안에 넣는 편이 좋다. 사용자가 현재 하고 있는 일을 가로막지 않으면서 필요할 때는 언제든지 볼 수 있게 만들자.

백지장 상태는 피한다

목표 지향적 방법론은 조화로운 인터랙션 디자인 오케스트라를 완성하는 중요한 열쇠다. 사용자의 목표를 효과적으로 달성하는 인터랙션을 찾아 끊임없이 탐구해야 한다. 앞장서서 사용자에게 더 나은 인터랙션을 제시하는 애플리케이션은 많지 않다. 사용자가 뭔가를 요구한 후에만 행동을 취하곤 한다. 하지만 '썩 나쁘지 않은' 인터랙션을 제시하면서 조금씩 발전해가는 프로그램도 눈에 띈다. 사용자에게 한 걸음 다가가는 셈이다.

　사용자가 아무 생각도 없을 거라 쉽게 가정하지 말자. 사용자가 모든 일을 다 알고 있다고 가정하지도 말자. 원하는 게 뭔지 알아내려고 이것저것 물어보는 일도 자제하자. 프로그램을 열자마자 마구잡이로 쏟아지는 질문 때문에 당황한 경우가 몇 번이나 있는가? 능숙한 파워 유저가 아닌 이상, 일반 사용자가 원하는 바를 하나하나 일일이 설명해내는 일은 절대로 쉽지 않다. 오히려 소프트웨어가 생각하는 것이 옳다고 믿으면서 프로그램이 제시하는 그대로 따라가는 걸 당연하게 생각한다. 대부분의 과거 사례를 바탕으로 보편적인 가정을 만들어낼 수 있다.

　PC에서 파워포인트로 새 문서를 만든다고 치자. 프로그램은 세세한 부분을 일일이 사용자에게 물어볼 필요가 없다. 알아서 기본 속성을 만들어놓고 새 문서만 만들면 된다. 맥의 옴니그래플Omnigraffle은 더 적절하지 않다. 새 프리젠테이션을 만들 때마다 기본 스타일을 선택하도록 요청한다. 두 프로그램은 자주 쓰거나 최근에 썼던 스타일과 템플릿을 저장한 뒤, 새로운 문서에 바로 적용하면 훨씬 나은 인터랙션을 구현할 것이다.

　'생각'이라는 단어를 인터랙티브 제품과 연결지어 사용하고 있다고 해서, 소프트웨어가 인간처럼 생각하고 논리적으로 올바른 결정을 내려줄 것이라 믿어서는 안 된다. 하지만 소프트웨어는 통계적으로 가장 가능성이 있는 경우의 수를 제시함으로써, 사용자가 완전히 처음부터 시작하지 않도록, 최소한 어디에서부터 시작을 해야 할지 알맞은 기반을 잡도록 도움을 준다. 애플리케이션은 어떤 행동을 해야 할지 '허가'를 구하기보다, 일어난 사실에 대해 '이해'를 구하는 편이 더 현명하다.

> **디자인 원칙** ▷ 허가가 아닌 이해를 구한다.

아무 정보도 없이 완전 처음부터 시작하는 것은 어렵다. 당연히 누군가 만들어놓은 기본 세팅 위에서 시작하는 편이 훨씬 쉽다. 덜 위험하고 쉬운 방법으로 프로그램이 제공하는 기본 값을 사용자가 원하는 대로 미세하게 조정할 수도 있다. 8장에서 논의한 바와 같이 프로그램에 좋은 기억을 새겨두는 것만이 이를 성공적으로 이끄는 유일한 방법이다.

명령과 설정은 명확히 구분한다

변수가 많은 기능을 사용할 때도 문제가 발생한다. 기능을 수행하는 일과 기능을 사용하는 데 필요한 설정 사이의 애매모호함이 원인이다. 소프트웨어에게 단순히 기능을 수행하라고 시킨다면 곧이곧대로 기능만 수행할 뿐 정밀한 설정 내역에 대해 묻지 않을 것이다. 더 자세한 세부사항을 수정하고 싶으면 설정 대화상자를 열어야 한다.

예를 들어, 문서를 출력하는 경우를 생각해보자. 어떤 프로그램은 복잡한 대화상자를 띄워서 몇 장을 프린트할 건지, 종이는 어느 방향인지, 어떤 종이를 사용할 건지, 가장자리는 얼마나 남겨놓을 건지, 컬러인지 흑백인지, 종이에 맞춰 프린트하기 위해 크기를 줄일 것인지, 포스트스크립트 폰트를 사용하는지 아니면 고유 폰트를 사용하는지, 현재 페이지와 선택 내용 및 문서 전체 중 어느 영역을 프린트하는 건지, 파일로 프린트한다면 이름은 무엇으로 저장할 건지 등을 상세하게 물어본다. 이런 모든 세부사항은 당연히 유용하나 사용자가 원한 건 그저 지금 작성하는 문서를 프린트하는 것뿐이다.

좀 더 쉽게 프린트 세부옵션을 조정하는 명령을 따로 제공하는 것은 어떨까. 프린트 명령은 말 그대로 대화상자를 띄우는 일 없이 기본적으로 주어진 세팅에 따라 프린트만 하는 명령이다. 프린트 세부옵션 조정 기능에서는 종이와 매수, 폰트 등 세부옵션을 따로 조정할 수 있다. 설정 대화상자에서 세부사항을 설정하는 것은 물론 직접 프린트도 가능할 것이다.

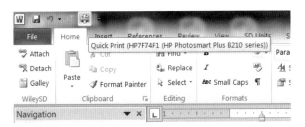

그림 11-8 마이크로소프트 워드의 빠른 출력 버튼은 대화상자 없이 즉시 출력 해준다.

마이크로소프트 워드의 '빠른 출력Quick Print' 버튼은 대화상자 없이 바로 프린트를 할 수 있도록 만들어져 있다(그림 11-8에서 볼 수 있듯이, 불행히도 디폴트로 아주 작고 숨어 있다). 많은 이들에게 적합한 기능이다. 프린터가 여러 개이거나 프린터 네트워크를 갖는 사용자는 프린트하기 전에 최소한 몇 가지 정보를 확인할 필요가 있다. 이런 사용자는 버튼을 클릭하거나 대화상자를 열기 전에 어떤 프린터가 연결돼 있는지 정도의 간단한 정보를 보길 원한다. 도구상자나 상태표시줄에 특별한 형식 없이 간단히 프린터 정보를 표시할 수 있다면 적합할 것이다(윈도우 버전에서 최근에는 버튼과 툴팁 등의 장치를 이용해 이런 정보를 제공하는 모습을 많이 볼 수 있어서 좋지만, 피드백은 개선의 여지가 아직 있다). 워드의 프린트 세부설정 대화상자는 Print인쇄라는 이름으로 리본 버튼의 파일 탭 아래에서 찾아볼 수 있다(18장에서 추가 논의).

세부설정을 조정하는 것과 기능을 실행하는 것에는 큰 차이가 있다. 전자는 후자를 포함하지만 후자는 전자를 포함할 수 없다. 일반적으로 사용자는 기능을 열 번 수행하는 동안, 세부설정을 한 번 하는 걸로 알려져 있다. 열 번 중에 한 번만 노골적으로 사용자에게 세부설정을 하도록 유도하는 편이 낫다. 열 번 중 아홉 번이나 세부설정 인터페이스를 끄게 만드는 건 바람직하지 않다.

마이크로소프트의 인쇄 방법은 이해 가능한 현실적인 방안이다. 도구상자 안에 기능을 직접 실행시키는 버튼을 넣고, 메뉴 안에는 이 기능의 설정 대화상자를 열 수 있게 했다. 설정 대화상자는 매우 상세하고 복잡한 기능으로 사용자를 유도한다. 반면 버튼은 즉각적인 행동을 제공한다.

비상탈출 손잡이를 조심스럽게 배치한다

제트비행기의 모서리에는 눈에 띄는 형광색으로 칠해진 손잡이가 있다. 이 손잡이를 당기면 조종사 자리 밑에서 로켓엔진이 발사되어 의자에 앉은 상태로 비행기를 탈출할 수 있다(그림 11-9 참조). 낙하산으로 무사히 땅에 착륙할 수 있게 돼 있다. 이런 비상탈출 손잡이는 단 한 번만 사용할 수 있기에, 그 중요성과 위급성이 높다.

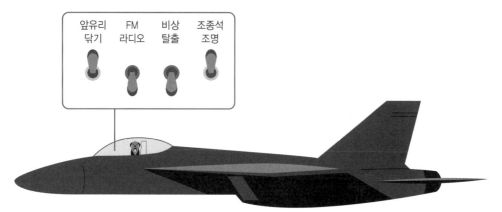

그림 11-9 비상탈출 손잡이는 돌이키지 못할 큰 결과를 초래한다. 조종사는 제트기에 편안히 앉아 있다가 어디로 떨어질지 모른 채 공중에 던져진다. 그동안 제트기는 조종사 없이 운행될 것이다. 비상탈출은 조종사의 안전을 위해 반드시 필요하다. 하지만 혹여 실수로 작동되는 일이 없도록 각별한 신경을 써야 한다. 아무것도 모르는 사용자가 프로그램의 치명적인 요소를 실수로 건드리는 경우는 비상탈출 손잡이를 실수로 작동시키는 경우와 자주 비교된다. 꼭 필요할 때만 사용할 수 있도록 비상탈출 손잡이를 조심스럽게 배치해야 한다.

제트비행기 조종사에게 비상탈출 손잡이가 필요한 것과 마찬가지로, 복잡한 데스크탑 애플리케이션도 비상 조종장치가 필요하다. 사용자는 가끔 인터페이스에서 **지속적 오브젝트** persistent object(12장 참조)를 치워버릴 수도 있고, 극적으로(때로는 돌이킬 수 없게) 프로그램의 기능이나 행동을 완전히 바꿔버리기도 한다. 하지만 실수로 이 비상탈출 기능이 작동되는 일은 절대로 없어야 한다(그림 11-9 참조). 별것도 아닌 작은 기능을 만지다 실수로 비상탈출 인터페이스를 누르는 일이 절대 발생하지 않도록 각별히 신경을 써야 한다.

프로그램의 탈출 손잡이는 간단히 두 가지가 있다. 프로그램상에서 레이아웃을 눈에 띄게 다르게 바꿔서 시각적 효과를 주는 방법과, 절대 되돌릴 수 없는 행동으로 밀어붙이는 방법이 있다. 두 가지 방법 모두 경험이 부족한 사용자에게는 숨겨져야 한다. 두 번째는 당연히 더 위험하다. 첫 번째 방법은 사용자를 놀라게 하고 당황시킬 수는 있으나, 최소한 이전 스크린으로 다시 돌아올 가능성은 남아 있다. 하지만 두 번째의 경우, 사용자는 그저 결과를 받아들이는 것 외에 달리 조치를 취할 방법이 없다.

흐름과 조율의 원리를 다시 한 번 생각해보자. 소프트웨어의 가장 큰 목표는 주어진 시간 안에서 사용자가 최대의 생산성을 올릴 수 있도록 만들어주는 것이다. 사용자는 생산적일 때 행복해진다. 생산적이고 행복한 사용자를 만드는 것이 모든 디지털 제품 제조회사의 바람이자 목표다. 12장에서는 구현 모델의 결과로 생기는 불필요한 장애물을 없앰으로써 사용자의 생산성을 높이는 방법에 대해 이야기해볼 것이다.

빠른 응답을 위해 최적화하고, 늦어질 경우에는 적절히 조절한다

너무 많은 데이터를 처리하거나 서버나 프린터, 네트워크 같은 원격 기기에 접속할 때, 프로그램은 심하게 느려질 수 있다. 컴퓨터 화면에서 대답을 무작정 기다리는 것만큼 사용자를 짜증 나게 하는 일도 없을 것이다. 인터페이스가 지금 현재 제대로 접속하고 있는지 작동하고 있는지를 아는 것은 굉장히 중요한 문제다. 너무나 많고 무거운 시각적 요소 때문에 화면이 버벅거린다면 아무리 아름다운 화면이라고 해도 사용자가 즐거워하지 않을 것이다.

이런 문제를 해결하는 데는 개발자와의 충분한 대화가 무엇보다 중요하다. 플랫폼과 기술적 상황에 따라 대기 시간을 줄이기가 많이 힘들 수도 있기 때문이다. 이미 만들어져서 돌이킬 수 없는 기술이나 개발환경을 바탕으로 디자인하는 경우도 있다. 너무 오래 기다리지 않으면서 사용자가 적절한 인터랙션을 경험할 수 있는 실현 가능한 실행 방법을 해결책으로 제시해야 한다. 어쩔 수 없이 지체되는 상황이 발생하는 경우에는 현재 상황이 어떠한지 명확히 알려준다. 지체를 유발하는 요소를 취소할 수 있는 방법을 준비해두자. 이상적인 시나리오는 기다리는 동안 다른 작업을 할 수 있는 것이다. 하지만 최소한 위의 두 가지라도 확실히 구현하는 것이 더 중요하다.

지금 사용 중인 프로그램이 시간을 많이 요구하는 작업을 자주 해야 할 수도 있다. 사용자가 키보드에 손을 얹어놓고 마우스를 여러 번 클릭하면서 "아니! 내가 전체 데이터베이스를 정렬하라고 한 게 아니라고! 그건 사백삼십만 년이 걸리잖아!"라고 소리치는 일이 없어야 한다.

1960년대 후반의 연구에 의하면 반응 속도에 대한 인간의 지각력은 아래의 몇 가지 분류로 크게 나누어볼 수 있다.[1]

- **0.1초 미만**: 시스템 반응이 즉각적이라고 인지한다. 인터페이스와 데이터를 본인이 직접 조작하면서 느끼는 지각력이다.

- **1초 미만**: 시스템이 반응한다고 느낀다. 시간상의 지체가 있음을 알아채지만, 이는 사용자의 사고 과정을 중단시킬 정도로 길지는 않다.

- **10초 미만**: 분명하게 시스템이 느리다고 생각한다. 마음이 흔들리지만 프로그램에서 관심을 떼지는 않는다. 진행 과정을 보여주는 진행상황 표시자를 제공하는 것은 매우 중요하다.

- **10초 이후**: 프로그램에 더 이상 집중하지 못하게 된다. 결국 커피를 가지러 간다거나 다른 프로그램으로 이동해버린다. 가장 이상적인 방법은 사용자가 다른 작업을 계속

---

1   Miller, 1968

할 수 있게 하면서 오랜 시간이 걸리는 작업을 오프라인이나 작업환경 뒤에서 진행하는 것이다. 어떤 경우에도 남은 시간 등으로 대표되는 상태나 진행상황 정보를 명백히 보여줘야 한다. 언제든지 취소할 수 있도록 비상 버튼도 제공한다.

모션, 타이밍, 전환

사용자 경험의 핵심 요소로 모션과 애니메이션 전환을 사용한 최초의 컴퓨팅 기기는 애플 매킨토시였다. 맥 윈도는 드래그 가능한 앱과 폴더 아이콘에서 열려, 닫힐 때 다시 접혀 돌아갔다. 클릭하면 메뉴는 내려가 열렸고 마우스 버튼을 놓으면 다시 말려 올라갔다. 초기 맥 OS의 스위처Switcher 기능으로 메뉴바의 버튼을 클릭해 현재 열린 애플리케이션을 전환할 수 있었다. 이 버튼은 현재 앱의 화면이 왼쪽으로 미끄러져 수평으로 시야에서 사라지게 했다. 또 다른 열린 앱의 화면은 카루셀처럼 오른쪽에서 미끄러져 들어왔다(흥미롭게도 이 카루셀 같은 앱 전환은 아이패드에서 옵션인 네 손가락의 좌우 스와이프 제스처로 다시 등장했다).

맥 OS와 윈도우의 나중 버전에서는 더 많은 애니메이션 전환이 추가됐다. 대화상자는 더 이상 단순히 등장하지 않았다. 미끄러지거나 튀어나와 자리 잡았다. 확장 가능한 드로어, 팔레트, 패널은 특히 전문적인 소프트웨어에서 흔한 숙어가 됐다.

하지만 아이폰이 등장하고 나서야 모션과 애니메이션 전환이 디지털 제품 경험에 있어 필수적이고 중요한 일부가 됐다. 멀티터치 제스처와 함께 애니메이션 전환으로 모바일 앱은 너무나 반응적이고 몰입하게 하는 듯해, 사용자는 화면에서 깜빡거리는 것, 핀치하고, 비틀고, 스와이프하는 것이 사실 단지 물리적인 환상을 주는 픽셀에 지나지 않음을 거의 잊어버린다.

모션은 개체 간의 관계를 표현, 묘사하는 강력한 장치다. 이 장치는 모바일 기기에서 특히 성공적이었는데, 여기서는 폼 팩터가 화면 내에 표시되는 대상을 제한한다. 애니메이션 전환으로 사용자는 한 가지 보기에서 제시되는 대상이 이전 보기에서 제시된 대상과 어떤 관계인지를 보여주는 강력한 멘탈 모델을 만들 수 있다. 웹에서도 종종 내비게이션과 정적인 전환에 공간의 측면을 만들어주면서 좋은 결과를 낳기 위해 사용한다.

다르게 해보고 싶은 유혹도 느껴지겠지만, 모션과 애니메이션은 항상 간헐적으로 신중히 사용해야 한다. 과도한 모션 사용은 잠재적으로 혼란과 짜증을 유발할 뿐 아니라, 어떤 사람은 병이 날 수도 있다. 이 사실은 애플 iOS 7 발표 후에 보고됐는데, 아마도 어느 정도는 과도한 욕심으로 새로 추가한 시차와 앱의 줌아웃, 줌인 애니메이션 때문이었을 것이다.

인터랙션에서 모션과 애니메이션 전환의 최우선 목표는 사용자 흐름의 상태 지원과 개선이어야 한다. 댄 섀퍼^{Dan Saffer}가 훌륭한 저서 『Microinteractions』(O'Reilly, 2013)에서 논한 대로, 애니메이션과 전환은 다음을 달성하도록 도와야 한다.[2]

- 적절한 곳에 사용자의 관심을 집중시킨다.

- 개체와 그 행동 간의 관계를 보여준다.

- 보기나 개체 상태 간의 전환 동안 정황을 유지한다.

- 진행이나 활동을 인식시켜준다(진행상황 표시자나 스피너^{spinner} 등으로).

- 상태에서 상태로, 기능에서 기능으로 사용자를 안내해주는 가상 공간을 만든다.

- 몰입과 추가적인 참여를 권장한다.

게다가 디자이너는 모션, 애니메이션이 있는 인터랙션을 만들 때, 다음과 같은 자질을 위해 노력해야 한다.[3]

- **짧고, 부드러우며, 반응적**: 애니메이션은 인터랙션을 느리게 해서는 안 된다(따라서 흐름을 방해해서도 안 된다). 방금 열거된 하나 이상의 목표를 성취하는 데 필요한 동안만 지속해야 하며, 어쨌든 반응감을 유지하는 데 1초 이하만 지속해야 한다.

- **단순하고, 의미 있으며, 적절함**: iOS 7에서 애플은 앱 구동을 '죽이는' 법을 바꿨다. 이전에는 멀티태스킹 트레이 내의 앱 아이콘을 태핑해 누르고 있다가, 그 위에 X 아이콘이 뜨기를 기다려 태핑한 후, 홈 버튼을 눌러 모드를 빠져나갔다(제품에서 앱을 삭제하는 데 필요한 행동과 거의 같았다). 이제는 앱의 마지막 화면을 제시할 때 끌어서 날리면 화면 상단 위로 사라진다. 훨씬 더 단순하고 만족스러우며, 촉발하는 기능에 적절하다(그림 11-10에서 볼 수 있듯이, 유감스럽게도 마찬가지로 찾기가 어렵다).

- **자연스럽고 부드러움**: 애니메이션 전환, 특히 제스처 인터페이스에 피드백을 제공하는 전환은 실제 물리적 인터랙션과 거의 비슷하게 관성, 탄성, 무게감 등 모션의 속성을 (모델링은 하지 않더라도) 흉내 내야 한다.

---

2 Saffer, 2012
3 Haase and Guy, 2010

그림 11-10 iOS 7에서 앱을 죽이려면, 앱의 마지막 화면을 올려서 날린다. 앱 아이콘을 태핑해서 유지한 후 '삭제 모드'로 전환하는 예전 방법보다 훨씬 단순하고 만족스럽다.

모션은 리드미컬한 자질이 있을 때 가장 성공하는데, 그 경우 타이밍은 사용자가 다음에 무엇이 보일지 예상하도록 돕는다. 타이밍 변화로 사용자에게 정황, 상태, 모드 등의 변화에 관해 단서를 줄 수 있다. 이 시각적 피드백은 사운드를 사용해 강화할 수도 있다. 사운드는 사용자 인터랙션에 방향성을 제시하거나(iOS의 버튼 '태핑'), 사용자 인터랙션의 효과를 표현하거나(플레이스테이션 3의 메인 수평 메뉴에서 선택한 것이 바뀔 때 클릭하기), 전환을 강화한다(스와이프 제스처에 따르는 '획' 사운드).

노력이 필요 없는 이상적인 상태

유용한 기능을 제공한다고 해서 성공적인 제품이 탄생하는 것은 아니다. 여러 가지 기능적 요소로 조화로운 디자인 오케스트라를 만들어야 한다. 사용자가 업무를 처리하면서 자연스러운 흐름을 느낄 수 있는 지름길이다. 겉모습이 아름답다고 훌륭한 인터페이스가 될 수는 없다. 훌륭한 인터페이스는 사용자의 감탄을 자아내지 않는다. 오히려 사용자의 눈에 전혀 띄지 않는다. 아무 노력을 들이지 않고도 인터페이스를 사용할 수 있다.

흐름의 중요성을 이해하고, 이를 극대화하기 위해 인터페이스를 조율하며, 모션과 전환을 신중히 사용해 사용자가 한 상태나 모드에서 다른 상태나 모드로 쉽게 전환하게 해주면 마법처럼 작용하는 듯하게 보여줄 수 있다.

12장

인터페이스 세금

소프트웨어는 사용자에게 지나치게 어려운 인터랙션을 요구하기도 한다. 사용자는 복잡한 작업을 스스로 처리해야 한다. 디자이너의 목표(혹은 적어도 더 중요한 목표 중 하나)는 그 작업을 최소화하는 동시에 사용자의 목표 달성에도 기여하는 것이다. 디자이너와 개발자가 해당 기술을 활용하는 사용자의 행동에 전혀 주의를 기울이지 않으면, 사용자에게 세금을 부과하는 셈이다. 제작한 제품 인터페이스에 수행하고자 하는 활동의 멘탈 모델을 연관 짓기 어려울 것이다.

사용자는 디지털 제품과의 인터랙션에서 네 가지 작업을 수행한다.

- **인지적 작업**: 제품 동작 외에 텍스트와 조직적 구조를 이해

- **기억 작업**: 제품 동작, 명령문, 비밀번호, 데이터 개체와 컨트롤의 이름 및 위치, 기타 개체들 간의 관계를 기억

- **시각적 작업**: 눈이 화면 중 어디서 시작해야 할지 알아내고, 여러 개체 중 한 개체를 찾으며, 레이아웃을 해독하고, 시각적으로 암호화된 인터페이스 요소를 구별(여러 색의 목록 항목 등)

- **물리적 작업**: 키보드 입력, 마우스 동작, 제스처(클릭, 드래그, 더블클릭), 입력 모드 간 전환, 내비게이션에 필요한 클릭 수

구현 모델 사고를 디지털 제품에 적용할 때 이 네 가지 작업은 좀처럼 사용자를 위해 최소화되지 않고, 사실 거의 정반대다. 결과는 실제로 사용자에게 사용할 때마다 인지적, 물리적 노력이라는 **세금**을 부과하는 소프트웨어다.

물리적 세상에서 즉시 목표를 충족시키지 못하는 의무적인 과업은 때로 불가피하다. 집에서 출근하려고 나가는 상황을 상상해보자. 먼저 주차장으로 간다. 차에 타서 시동을 걸고, 후진을 한 후, 목적지로 출발하려고 전진한다. 목적지에 더 빨리 도착하기보다 자동차의 물리적 속성을 지원하는 행동이다.

〈스타트랙〉에 나오는 우주선을 갖고 있다면, 다이얼만 돌리면 눈 깜짝할 사이에 목적지에 도착해 있을 것이다. 주차장, 기어, 신호등 따위는 당연히 필요 없다. 디지털 제품도 가공의 우주선처럼 물리적 세상에서 목표를 방해하는 장애물이 반드시 있지는 않다. 그러나 구현 모델 디자인은 종종 사용자에게 그렇게 보이도록 한다.

목표 지향 과업과 세금 같은 과업

'아침 출근'이라는 커다란 과업 안에는 많은 작은 과업이 포함돼 있다. 이런 작은 과업 중에는 최종 목표에 직접적으로 관련돼 있는 요소도 있다. 사무실 방향으로 향하는 것과 같은 과업이다. 반면에 인터페이스 세금을 내야 하는 과업은 수행하고자 하는 목표에 직접적인 관련은 없지만, 이를 수행하는 데 꼭 필요한 외부 대행인이나 도구의 수요를 충족시키는 추가 작업이다.

이 사례에서 세금 같은 과업은 꽤 분명하다. 가속 페달을 밟는다거나 핸들을 돌리는 행동은 목적지까지 운전해간다는 목적에 직접적으로 관련이 있지만, 차고문을 여는 것은 목적을 이루기 위해 필요한 부가적인 행동이다. 빨간 신호에 멈추기는 사회가 부과한 것이지, 진정한 목표 달성을 돕지 않는다(이 경우는 사무실에 안전하게 도착한다는 관련 목표 달성을 돕는다). 정비는 차가 계속 잘 가도록 돕지만, 어디든 빨리 데려다주지는 않는다.

소프트웨어도 목표와 직접적으로 관계된 과업과 부가적인 과업으로 나눌 수 있다. 어떤 과업은 어렵지 않게 술술 풀리고 처리하는 데도 큰 노력이 들지 않는다. 반면에 어떤 부가적 과업은 구멍 난 타이어를 갈아 끼우는 일만큼이나 난감하고 귀찮다. 애플리케이션 설치나 네트워크 연결 및 복구, 파일 백업 등이 이런 부가적 과업 범주 안에 들어간다.

세금의 종류

부가적 과업의 가장 큰 문제는 사용자가 실질적으로 생산적인 일을 한다는 느낌보다는 시간을 낭비하고 있다고 느낄 수 있다는 점이다. 부가적 과업을 인터랙션에서 제거할수록 더욱 효과적이며 생산적인 작업환경을 제공할 수 있다. 나아가 제품의 사용성과 사용자 경험이 함께 증진된다.

> **디자인 원칙** 인터페이스 세금을 제거한다.

부가적인 과업은 사용성을 떨어뜨리는 큰 위험 요소 중 하나다. 인터페이스 세금 과업이 제품이나 소프트웨어에 포함되지 않도록 하는 것은 모든 인터랙션 디자이너와 제품 담당 책임자의 의무이자 책임이다.

내비게이션은 세금이다

내비게이션도 디지털 제품에서 대체로 세금이라는 점은 반드시 인지하고 있어야 한다. 게임에서 장애물의 미로를 헤쳐서 골을 찾는 경우를 제외하고는, 소프트웨어나 웹사이트에서 사용자가 인터페이스를 불필요하게 돌아다녀야 하는 경우는 대부분 니즈와 목적, 욕구와는 전혀 관계가 없다. 잘 디자인된 내비게이션은 현재 무엇이 클릭 가능하고, 무엇이 사용자 목적에 잘 일치하는 것인지 효과적으로 인지할 수 있다.

불필요하고 어려운 내비게이션은 사용자를 좌절시킨다. 조잡하게 디자인된 데스크탑이나 웹사이트의 내비게이션은 모바일, 데스크탑, 웹 같은 인터랙티브 제품 사용성의 가장 큰 문제 중 하나다. 개발자의 구현 모델이 만들어낸 문제이기도 하다.

소프트웨어의 내비게이션은 몇 가지 단계로 이뤄진다.

- 창과 뷰, 페이지 사이
- 창과 뷰, 페이지의 여러 틀 및 프레임 사이
- 도구와 명령어, 메뉴 사이
- 하나의 프레임이나 틀에 드러난 정보 사이(스크롤, 패닝, 줌, 링크 클릭 등)

내비게이션의 정의를 다음과 같이 조금 포괄적으로 내려보는 것도 나쁘지 않다. 사용자가 인터페이스의 다른 부분으로 이동하거나 물체, 도구, 데이터의 정확한 위치를 파악하는 데 필요한 행동. 이런 행동을 통해 사용자는 인터랙티브 시스템 안에서 어디에 있는지, 자신이 원하는 바를 찾으려면 무엇을 해야 하는지 한 번 더 생각해야 한다. 이런 행동이 내비게이션이라면 이는 인터페이스 세금이 분명하다. 최소화되거나 제거되는 것이 마땅하다. 내비게이션의 각 종류를 자세한 설명과 함께 알아보자.

다수의 창과 뷰, 페이지 사이의 내비게이션

다수의 애플리케이션 또는 웹 페이지 사이를 돌아다니는 내비게이션은 아마도 가장 사용자를 혼란스럽게 만드는 과정일 것이다. 흐름을 방해해 주의를 흐리고 다른 환경으로 사용자를 밀어낸다. 다른 창으로 이동하는 행동도 기존 창의 내용을 부분적으로, 또는 완전히 차단할 수 있다. 차단하지 않는다고 쳐도, 최소한 사용자는 여러 창을 배치하고자 불필요하게 생각을 해야 한다. 결국 흐름을 방해하는 인터페이스 세금이 된다. 목적을 이루려고 창 사이를 왔다 갔다 해야 한다면, 그 혼란과 불만은 점점 쌓일 것이다. 사용자는 과업에 집중을 못 하게 되고 결국 생산성과 효율성은 떨어진다.

만약 창이 너무 많은 데이터나 시각적 요소로 가득 차 있다면, 사용자는 혼란스러워하다 결국 인터페이스에서 길을 잃어버리는 내비게이션 트라우마navigational trauma를 겪게 될 수도 있다. 독재적 포스처 애플리케이션(9장 참조)은 하나의 메인 창 안에 몇 개의 독립된 틀을 집어넣어 통합된 인터페이스를 만들어서 이런 문제를 피하고 있다.

틀 사이의 내비게이션

창은 보통 몇 개의 틀로 구성된다. 서로 근접해 있지만 화면분할기(21장 참조)에 의해 분리돼 있거나, 서로 겹쳐져서 탭으로 구분돼 있다. 가장 주가 되는 작업 공간에 필요한 기능, 링크, 데이터를 쉽게 파악할 수 있도록 작업 공간 바로 옆에 틀을 배치하면 많은 내비게이션 문제를 해결할 수 있다. 내비게이션이 거의 없는 셈이나 마찬가지다. 만약 몇 개의 틀 사이에서 오브젝트를 이동시킬 수 있다면 그 틀은 서로 인접해 있어야 할 것이다.

문제는 이 틀이 너무 많거나 또는 사용자의 작업 흐름을 전혀 고려하지 않고 배치될 때 발생한다. 지나치게 가까이 붙어 있는 틀은 시각적으로 혼란을 가져온다. 사용자는 분명히 어디서 무엇을 찾아야 할지 헷갈릴 것이다. 다수의 틀이 점차 면적을 차지하면서 또 다른 내비게이션, 스크롤의 사용이 불가피해진다. 단일 화면의 내비게이션에 문제가 발생한다. 가끔 어떤 웹 포탈은 모든 것을 한 화면 안에 다 보여주려고 노력한다. 이 때문에 실제로 큰 내비게이션 문제가 발생하는 경우가 많다.

사용자의 작업 흐름에 따라서 탭으로 연결된 틀이 적합한 경우도 있다. 하지만 탭으로 연결된 틀은 사용자가 그 전에 본 화면이 무엇이었는지 일일이 기억해야 하기 때문에, 또 다른 내비게이션 인터페이스 세금을 가질 수 있다. 그럼에도 불구하고 다수의 문서와 독립적 뷰를 필요로 하는 경우에는(마이크로소프트 엑셀, 그림 12-1 참조), 이런 메인 작업 공간을 탭으로 연결된 틀로 구성하는 것이 적합하다.

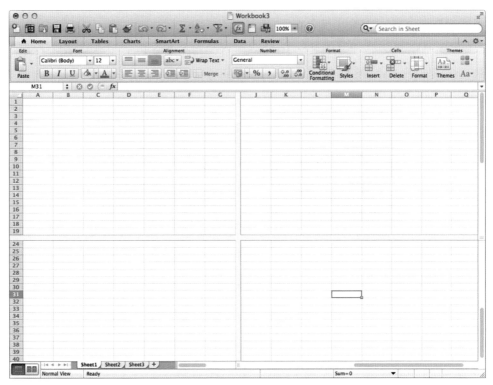

그림 12-1 마이크로소프트 엑셀은 좌측 아래편에서 보다시피 각기 다른 워크시트를 구성하려고 탭으로 연결된 틀을 채택했다. 엑셀은 서로 떨어진 몇 개의 부분을 스크롤 없이 한 화면 안에서 보여주고자 화면분할기를 사용하고 있다. 두 개의 디자인 언어 모두 엑셀 사용자의 내비게이션 인터페이스 세금을 현저히 줄이는 데 큰 역할을 담당하고 있다.

어떤 프로그래머는 복잡한 제품의 기능을 몇 개의 기능으로 나누려고 탭 인터페이스를 이용한다. 이 기능이 몇 개의 기능으로 나뉘면 훨씬 더 사용하기 편할 것이라는 변명을 늘어놓는다. 하지만 실제로 이렇게 분리된 틀에 단일 기능을 각각 넣어서 탭으로 연결하면 과업 인터페이스 세금을 높일 뿐만 아니라 사용자의 이해도까지 저하시킬 수 있다.

탭으로 연결된 화면을 쓰는 것은 분명히 공간을 줄이는 방법이며, 제한된 공간 안에 모든 정보와 기능을 집어넣는 데 꽤 효과적이다(설정 대화상자가 그 전형적인 예시다. 일렬로 모든 환경설정 정보를 하나의 대화상자 안에 늘어놓는다면 꽤 불편할 것이다). 그럼에도 불구하고 대부분의 탭을 이용한 경우는 심각한 내비게이션 인터페이스 세금을 가져온다. 극히 간결한 레이블로 탭 안에 감춰진 방대한 내용을 정확히 설명하기란 절대로 쉽지 않다(핀치에서는 탭에서

리치한 시각적 비모드형 피드백이 도움이 될 수는 있다. 15장 참조). 사용자는 결국 그들이 원하던 도구나 정보를 찾고자 하나씩 탭을 클릭해야만 하는 것이다.

하지만 다수의 탭을 동시에 사용하지 않는 상황에서는 탭으로 연결된 틀이 유용할 수 있다. 보조틀은 일단 포개어 놓고, 사용자는 현재 작업에 알맞은 또는 필요한 틀을 간단히 클릭해서 고를 수 있다. 고전적인 예제인 어도비 일러스트레이터(그림 12-2 참조)의 컬러 믹서와 스와치를 보자. 이 두 도구는 색상을 고르는 상황에서 상호 양립할 수 없게 돼 있다. 사용자는 둘 중 무엇이 지금 상황에 더 적합한지 판단하고 하나를 택한다.

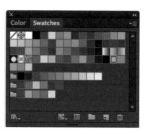

그림 12-2 어도비 일러스트레이터에서 탭으로 연결된 팔레트는 사용자에게 각기 다른 색상 선택 메커니즘을 제공하는 믹서와 스와치 사이를 전환할 수 있게 한다.

도구와 메뉴 사이의 내비게이션

내비게이션이 왜 이토록 중요할까? 그 이유는 여러 도구와 팔레트, 그리고 기능을 함께 사용하고자 하는 사용자의 니즈가 있기 때문이다. 틀이나 창 안에 이런 기능과 도구를 짜임새 있게 배치하려면 쓸데없는 마우스의 움직임을 최소한으로 줄이는 일이 매우 중요하다. 마우스 움직임을 최소한으로 줄이면 사용자의 짜증과 피로를 줄일 수 있다. 하지만 최악의 경우 반복적인 스트레스로 사용성을 크게 떨어뜨리기도 한다. 서로 비슷하고 자주 쓰이는 도구는 공간적으로 함께 그룹 지어 구성하고 언제든지 즉시 사용 가능한 곳에 놓자. 메뉴는 사용자의 내비게이션 노력이 약간은 필요한데, 클릭을 하기 전까지는 그 메뉴 안의 내용을 볼 수 없기 때문이다. 자주 사용하는 기능이라면 메뉴보다는 툴바나 팔레트 안에 배치하는 것이 바람직하다. 메뉴는 자주 쓰이지 않는 기능에만 제한적으로 사용한다(컨트롤을 체계적으로 정리하는 방법은 12장 뒷부분에서 다룬다. 툴바는 18장에서 자세히 알아본다).

바람직하지 않은 예제로, 사용자가 팔레트 컨트롤 사이를 계속 돌아다니게 하는 어도비 포토샵이 있다. 페인트 통 도구와 그라데이션 도구는 같은 위치에 공존한다. 둘 중 하나를 선택하려면 무조건 아이콘을 클릭하고, 메뉴를 보고, 그중 하나를 선택해야 하는 복잡함을 감수해야 한다(그림 12-3 참조). 하지만 둘 다 칠을 하는 도구이고 자주 사용된다. 흐름을 방해하는 도구 내비게이션을 피하기 위해 두 가지 도구를 도구 팔레트에 나란히 배치하는 것이 현명하다.

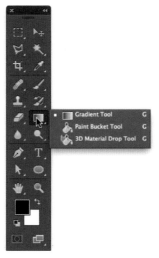

그림 12-3 어도비 포토샵에서 페인트 통 도구와 그라데이션 도구는 콤보 아이콘 버튼(21장 참조) 안에 감춰져 있다. 이 두 가지 기능이 매우 빈번하게 사용된다는 사실을 알면서도, 프로그램은 그때마다 도구 사이를 전환하도록 사용자에게 강요하고 있다.

정보 내비게이션

창이나 틀 안에 담겨 있는 내용 또는 정보의 내비게이션에는 일반적인 몇 가지 방법이 있다. 스크롤(잡고 움직이기), 링크걸기(다른 곳으로 점프하기), 확대/축소하기가 그 대표적인 방법이다. 먼저 나온 두 가지 방법은 꽤 보편적이다. 스크롤은 이미 대부분의 프로그램에 존재한다. 링크걸기도 웹상에서는 매우 대중적이다(이 링크를 거는 디자인 숙어는 웹이 아닌 곳에서도 꾸준히 사용되고 있다). 확대/축소하기는 보통 3D 시각화 작업이나 상세한 2D 데이터 작업에서 주로 쓰인다.

스크롤은 분명히 필요하지만, 사용은 가능한 한 자제하는 편이 좋다. 보통 여러 장의 페이지 아니면 스크롤, 둘 중에 하나 양자택일을 해야 하는 경우가 많다. 우선 사용자의 멘탈 모델과 작업 흐름을 이해하고 무엇이 가장 최선인지 결정하라고 조언하고 싶다.

2D 시각화 또는 드로잉 프로그램에서 수평/수직 스크롤은 꽤 보편적이다. 이런 인터페이스에서 섬네일 지도를 사용하면 내비게이션이 좀 더 쉬워질 수 있다. 이런 기술과 그 밖의 시각적 표지판에 대해서는 12장 뒷부분에서 자세히 다룰 것이다.

링크걸기는 웹에서 매우 중요하게 사용되는 내비게이션 형식이다. 다른 위치로 이동하는 모습이 시각적으로 보이기 때문에 다음 페이지로 넘어갈 때는 그 전 페이지의 내용이나 이미지와 연결된 근거를 제공해 사용자가 어색하지 않게 배려하자.

확대/축소 및 이동은 2D 그리고 3D 정보를 탐색하는 내비게이션 도구다. 2D 드로잉이나 3D 모델링, 3D 환경 건축 모형 등을 재현하는 데 쓰이고 있다. 하지만 이런 두 개 이상의 시점에서 구체적인 데이터가 아니라, 임의적이고 추상적인 데이터를 표현하는 것은 일반적으로 조금 어렵다. 어떤 정보 시각화 툴에서 확대와 축소는 '오브젝트의 속성 디테일을 보여달라'는 의미로 사용되기도 한다. 이는 공간적인 확대/축소보다는 논리적인 확대/축소라고 이해할 수 있다. 오브젝트를 논리적으로 확대한 관점으로서, 오브젝트의(혹은 텍스트의) 속성은 그 위에 겹쳐서 나타난다. 이런 기법은 구글 지도에서 활용하는 것처럼 문제의 속성이 공간 데이터와 긴밀히 결부될 때 아주 효과적이다(그림 12-4 참조). 이런 종류의 인터랙션은 보조판을 이용해서, 그 안에 읽기 편한 형태로 오브젝트의 속성을 보여주는 게 좋다.

그림 12-4 구글 지도 앱은 공간적, 논리적 확대/축소의 조합을 훌륭히 사용한다. 사용자가 지도 위에서 물리적으로 손가락을 벌려 확대하면, 교통편, 교통 정보, 거리명, 업소명 같은 지역 세부정보도 표시된다. 확대/축소는 추상적이기보다 구체적인 데이터 공간(예: 지도)에 적용될 때 가장 효과적이다.

이동과 확대/축소, 이 두 인터랙션을 동시에 해야 하는 내비게이션은 사용자가 무척이나 어려워한다. 물론 최근에는 온라인 지도의 보편화 덕분에 많이 개선됐고 제스처 인터페이스도 이해하기 쉽지만, 아직도 사람들은 가상 공간에서 종종 길을 잃고는 한다. 직접적으로 느끼지 못하는 3D 공간이 아무래도 익숙하지 않기 때문이다. 3D 공간을 2D로 투영해 화면에 보여주니 더욱 헷갈리기 마련이다(18장에서는 이 3D 데이터 처리를 자세히 다룰 것이다).

스큐어모피즘의 세금

산업, 기계 부산물의 시대에서 디지털, 정보 개체의 시대로 놀라운 전환을 경험하고 있다. 그러면 친숙한 이전 시대의 모델과 형식으로 그려서 이 새롭고 덜 확실한 시대에 사용하는 것도 당연하다. 산업혁명의 역사가 보여주듯, 신기술의 결실은 종종 처음에는 이전 기술의 언어로만 표현할 수 있다. 예를 들어 철도 엔진을 철마라 불렀고, 자동차를 말 없는 마차라 불렀다. 불행히도 이 이미지와 언어는 우리가 인정하는 것 이상으로 사고를 채색한다.

자연스럽게 새로운 디지털 환경에서 옛날 스타일의 기계적 재현, 스큐어모피즘skeuomorphism이라는 관행을 사용하는 경향이 있다. 때로 이 옛것의 적용은 유효하다. 기반 기술은 다르더라도 기능이 동일하기 때문이다. 예를 들어 타자기 입력 과정을 컴퓨터 워드 프로세서 작업으로 풀이할 때, 흔한 과업의 기계적 재현을 사용하는 셈이다. 타자기는 특정 행에 상주하기까지 작은 금속 탭들로 캐리지를 빠르게 여러 칸 움직인다. 기술의 자연적인 성장처럼 이 프로세스는 탭의 태빙tabbing이나 세팅setting이라 불렸다. 워드 프로세서도 탭이 있다. 기능이 같기 때문이다. 플래턴platen 주변을 구르는 종이에서 작업하든, 비디오 화면의 이미지에서 작업을 하든, 특정 마진 오프셋margin offset을 재빨리 회전해야 한다.

하지만 기계적 재현을 디지털 세계로 그대로 옮기지 말아야 하는 경우가 더 많다. 친숙한 기계적 부산물을 소프트웨어로 옮길 때 문제에 직면한다. 이 재현은 세금을 유발해, 예전 모델이 허용한 인터랙션보다 훨씬 더 효율적일 수 있는데도 불필요하게 제한한다.

기계적 절차는 보통 디지털 제품보다 손으로 작동하기가 더 쉽다. 단순한 주소록을 생각해보자. 작은 주소록 책자처럼 충실히 화면에 옮기면, 물리적인 주소록보다 훨씬 더 복잡하고 불편하며 사용하기 어려울 것이다. 예를 들어 물리적 주소록은 이름을 기준으로 가나다순으로 저장한다. 그러나 성으로 누군가를 찾고 싶다면 어쩔 것인가? 기계적 부산물은 도움이 되지 못한다. 수동으로 페이지를 스캔해야 한다. 충실히 복제된 디지털 버전은 이름으로 검색하지 못할 것이다. 컴퓨터 화면에서는 종이 기반의 책이 제공하는 시각적이고 만질 수 있는 미묘한 단서(페이지 구석 접기, 연필로 적은 메모)를 잃는다. 스크롤바, 스와이프로 지우기, 내비게이션 드릴다운은 단순한 페이지 넘기기보다 사용, 시각화, 이해가 어렵다.

디자이너는 스큐어모피즘 메타포를 무분별하게 사용해 인터페이스 세금을 늘리기도 한다. 전화기, 복사기, 스테이플러, 팩스, 서랍 안의 폴더가 있는 파일 캐비닛 등의 시각적 메타포를 상상해보자. 무엇이 어떤 기능을 하는지 잘 모를 때는 시각적 메타포를 바탕으로 각 기기의 행동 관계를 나타내주는 게 좋다. 하지만 나중에 사용자가 이런 기본적인 정보를 다 이해한 후에는 각 제품의 역할을 분간해내는 일은 불필요한 인터페이스 세금이 될 수 있음을 명심해야 한다(시각적 메타포의 한계점에 대해서는 13장에서 더 자세히 알아본다).

스큐어모피즘 재현이 차지하는 화면 자산도 독재적 포스처 애플리케이션에서 특히 과도하다. UI 가공보다 컨텐츠의 화면 공간 극대화가 가장 중요하기 때문이다. 너무나 매력적으로 첫날 전화하는 법을 알려줬던 작은 전화는 이제 단지 빠른 소통의 장벽일 뿐이다. 사용자 친화력이라는 이름으로 스큐어모피즘 세금의 함정에 빠지기가 너무나 쉽다. 애플의 iOS는 버전 4, 5, 6에서 불편할 정도로 스큐어모피즘의 방향을 향했지만, 그림 12-5에서 볼 수 있듯이 결국 iOS 7에서는 벗어난 듯하다.

그림 12-5 iOS 6(좌측)에서 애플은 iOS 7(우측)에서 버린 듯한 스큐어모피즘을 어느 정도 과도하게 사용했다.

모드라는 세금

11장에서 '흐름'이라는 컨셉을 살펴봤다. 흐름은 도구를 조화롭게 수용함으로써 만들어지는 극도로 생산적인 정신 상태다. 흐름은 지극히 자연적인 상태로서, 주변의 방해가 없는 상황에서만 이런 상태에 들어갈 수 있다. 한 번 들어가면 나오기가 쉽지 않아서 전화벨 소리 같은 큰 자극이 있어야만 깨어 나올 수 있다. 모드형 오류 메시지나 확인 대화상자도 마찬가지다. 어떤 간섭은 피할 수가 없지만, 어떤 간섭은 쉽게 막아낼 수 있다. 하지만 아무 이유 없이 흐름을 방해하는 것은 나쁜 간섭이다. 분명히 작업에 지장을 주는 인터페이스 세금이다.

> **디자인 원칙** ▷ 특별한 이유 없이 사용자의 흐름을 방해해서는 안 된다.

잘못 디자인된 소프트웨어는 사용자에게 책임을 떠넘긴다. 파일을 열 때 자주 볼 수 있는 "파일을 열 수 없습니다."라는 오류 메시지를 생각해보자. 알고 보면 소프트웨어가 똑똑하지 못해서 파일이 있는 곳을 제대로 찾지 못한 것이다. 하지만 프로그램은 사용자가 파일을 잃어버렸다면서 책임을 돌린다. 때로는 아주 밝은 목소리로 "더 이상 이를 처리할 수 없습니다."라며 재부팅을 하라고 끝까지 버티는 경우도 있다. 사용자는 바보 같은 소프트웨어의 변명 때문에 불편함을 겪고 있다.

오류, 알림, 확인 메시지

오류 메시지와 확인 메시지 대화창만큼 잘 알려진 인터페이스 세금 과업도 없을 것이다. 어느 곳에나 항상 존재하기 때문에 처리하는 것도 꽤나 큰 일이다. 효과적인 확인 메시지는 15장에서 더 자세히 살펴본다. 12장에서는 인터페이스 세금 측면에서 간단히 살펴본다. 메시지 대화상자는 꽤나 귀찮은 인터페이스 세금이기 때문에 가능하다면 사용하지 않는 게 바람직하다.

전형적인 오류 메시지 상자는 절대적으로 불필요하다. 오류 메시지의 대부분이 사용자에게 중요하지도 않고, 애플리케이션이 충분히 쉽게 처리할 수 있는 것이다. 그림 12-6은 어도비 일러스트레이터 6에서 문서를 저장할 때 나오는 오류 메시지 창을 보여준다. 솔직히 무엇을 이야기하고자 하는 것인지 확실하지는 않다. 하지만 얼핏 듣기에는 매우 심각해 보인다.

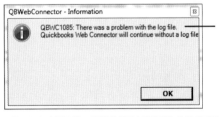

로그 파일에 문제가 있습니다.
Quickbooks Web Connector는
로그 파일 없이 진행합니다.

그림 12-6 불필요하고 못생긴 일러스트레이터 오류 메시지 창. 아무 이유도 없이 작업을 방해하고 있다. 사용자는 도대체 무슨 말인지 알 수가 없다. 확인(OK) 버튼을 제외하고는 다른 옵션이 전혀 없다. 결국 이 버튼을 누를 수밖에 없다. 이런 메시지는 파일을 저장할 때마다 나온다. 사용자는 프로그램이 알아서 해주기를 바란다. 사용자가 직접 나서지 않으면 프로그램이 스스로 문서를 저장하는 것조차 해결하지 못한다. 정확히 어떤 조치를 취해야 하는지도 설명해주지 않는다.

이런 메시지 때문에 사용자는 많은 시간을 낭비한다. 작업하고 있던 디자인을 저장하라고 해놓고 맘 편하게 커피 한 잔 타러 가기 힘든 심정을 이해할 수 있다. 별것도 아닌 일 때문에 프로그램이 기능을 멈추지는 않는지, 도대체 뭐라고 하는 것인지 보러 수시로 확인해야 했던 경험이 있기 때문이다. 21장에서 이런 불필요한 오류 메시지를 어떻게 없앨 수 있는지 논의해보자.

또 다른 경우로 마이크로소프트의 아웃룩을 이야기해보자(그림 12-7 참조).

프로필에서 생성한 규칙이 마이크로소프트 익스체인지 서버에 있는 규칙과 충돌합니다. 두 규칙 중 한 가지만 저장할 수 있습니다. 어떤 규칙을 선택하시겠습니까?

그림 12-7 아무 이유 없이 작업을 방해하는 대화상자. 프로그램이 그 차이점을 구분할 수 있을 만큼 똑똑하다면 그냥 처리하면 된다. 왜 사용자를 귀찮게 하는지 모르겠다. 대화상자가 제시하는 옵션 또한 이해할 수 없다. 둘 중 하나를 고르라고 하는데 한 봉지에는 쓰레기가, 또 다른 봉지에는 집에서 기르는 사랑스러운 강아지가 들어 있다면 어떨까? 선택되지 않은 남은 하나는 버려질 것이다. 하지만 프로그램은 무엇이 어디에 들어 있는지 절대 가르쳐주지 않는다. 취소 버튼을 누르면 어떻게 될까? 결국 계속 반복되는 상황에서 강아지를 찾아다니다 지치게 되는 것이다.

이 대화상자는 유용한 정보는 전혀 제공하지 않고 결과에 대가를 치러야 하는 결정을 하라고 사용자에게 종용하고 있다. 특히나 몇 가지 설정을 변경하고 난 다음에 이런 대화상자가 바로 뜬다면 방금 바꾼 설정대로 가고 싶다고 가정하는 게 이치에 맞지 않을까? 그렇지 않은 경우에라도 사용자가 올바른 결정을 내리려면 더 상세한 정보, 예를 들어 어떤 설정 정보가 충돌하고 있고, 이들 중 어느 것이 더 최근에 만들어졌는지 등의 정보를 함께 보여주는 게 이치에 맞지 않을까? 대화상자의 취소 버튼도 명확하지 않다. 단지 대화상자를 닫는 것인지, 설정 정보는 그대로 남겨두는 것인지, 아니면 예전 설정으로 돌아가는 것인지 명확히 알 수 없다. 잘못된 인터랙션으로 사용자가 두려워하고 불확실해하는 일은 분명히 없어야 한다. 이런 상황을 어떻게 개선해야 할지는 21장에서 자세히 살펴본다.

인터페이스 허가증

명령행이나 문자 기반의 메뉴를 이용하던 시절에는 인터페이스가 간접적으로 사용자에게 서비스를 제공했다. 사용자가 주소를 바꿔야 할 때는 먼저 소프트웨어에게 이를 바꿔도 되는지 물어봐야 한다. 소프트웨어는 그 다음에 주소를 바꿀 수 있는 인터페이스를 화면에 보여준다. 이렇게 묻고 대답하는 절차는 완전한 인터페이스 세금이다. 슬프게도 이는 오랜 시간 동안 당연하다는 듯이 사용돼왔다. 아마존에서 본인의 주소를 바꾸고 싶다면, 버튼을 클릭해서 다른 페이지로 가야만 한다. 하지만 상식적으로 어떤 항목 값을 바꾸고 싶을 때는 그

페이지 안에서 바꿀 수 있어야 하는 게 옳다. 사용자가 애플리케이션에 허락을 받고 다른 페이지로 이동해야 할 절대적인 이유는 없는 것이다.

> **디자인 원칙** ▷ 사용자가 허락을 구할 필요는 없다.

대부분의 애플리케이션은 파일 이름, 숫자 값, 선택 가능한 옵션을 볼 수 있는 곳과 입력 수정할 수 있는 곳으로 따로 구분해놓았다. 입력과 출력이 완전히 다른 프로세스로 구별되는 개발 모델을 따른 것이다. 하지만 사용자의 멘탈 모델은 조금 다르다. 그들은 '아, 여기 숫자가 있으니, 이것을 클릭하고 새로운 숫자를 넣으면 되겠구나.'라고 생각한다. 만약 프로그램이 이런 가정을 제대로 수용하지 못한다면, 인터페이스상의 불필요한 인터페이스 세금이다. 바꿀 수 있는 숫자 값이라면 현재 보이는 그 자리에서 직접 바꿀 수 있게 만들어야 한다.

> **디자인 원칙** ▷ 입력과 출력을 한곳에서 할 수 있어야 한다.

경우에 따라서는 굳이 사용자의 허락을 받지 않는 편이 더 유용할 수도 있다. 소프트웨어가 대화상자를 자꾸 열어 귀찮게 묻는다면, 당연히 짜증이 난다. 사용자는 대화상자를 닫아버리고 다시는 열지 말라고 할지 모른다. 소프트웨어는 대화상자가 매우 유용하다고 생각할 수도 있지만 사용자에게는 불필요하고 귀찮을 뿐이다. 마이크로소프트 윈도우는 이런 무거운 디자인 언어를 꽤 자주 쓰는 편이다(초보자가 읽지도 않고 습관적으로 대화상자를 그냥 닫아버린 경우도 많다. 사용자는 쉽게 그 대화상자가 있는 위치를 찾고 다시 열어볼 수 있어야 한다. 예를 들어, '닫은 대화상자 모두 다시 열기'와 같은 항목을 '도움' 메뉴에 넣을 수 있다).

시각적 인터페이스 세금

사용자는 화면 내 정보를 해독하기 위해 반드시 시각적 작업을 행해야 한다. 예를 들면 긴 목록에서 원하는 항목을 찾는다거나, 화면 안의 정보 중 어디서부터 읽어야 할지를 구분한다거나, 어느 부분이 클릭 가능하고 어떤 요소가 시각적 장식인지를 분간해내는 것이다.

시각적 작업의 상당한 출처는 아주 독특한 스타일의 그래픽이나 인터페이스 요소를 사용하는 것이다(그림 12-8 참조). 아무리 시각적으로 독특하고 브랜드를 강화하더라도 언제나 명료한 커뮤니케이션과 정보 전달에 초점이 맞춰져야 한다는 사실을 잊지 말자. 상황과 분위기, 개인적 취향에 따라 장식이 많은 디자인이 필요하기도 하다. 하지만 과한 장식은 사용자의 시선을 방해한다. 어떤 부분이 컨트롤이고 중요한 정보인지, 장식에 불과한 요소는 무엇인지 사용자가 일일이 해독해야 하는 불편함이 더해진다.

그림 12-8 블루 벨 크리머리(Blue Bell Creameries) 홈페이지는 시각적 과업 인터페이스 세금의 예다. 텍스트는 과도한 스타일로 꾸며져 있고 시각적 요소는 정해진 레이아웃을 한참 벗어나 있다. 무엇이 장식이고 무엇이 진짜 버튼인지 분간해내기가 쉽지 않다. 결국 이 사이트를 이해하려면 사용자가 시각화 해독 작업을 많이 해야만 한다. 물론 이런 디자인이 항상 나쁜 것만은 아니다. 엔터테인먼트 애플리케이션(게임, 퍼즐 등)의 경우 적절한 상황에 적절한 양의 강한 시각적 작업은 효과적일 수도 있다.

창의적인 시각적 인터페이스 디자인이 알맞은 균형을 찾는 방법에 대해서는 17장에서 자세히 알아본다.

인터페이스 세금 탐지기

일반적으로 불필요한 인터페이스 세금으로 치부되는 과업이라도, 특별한 경우나 사용자에게는 유용하게 쓰일 수 있다. 사용자의 의지에 의해 만들어진 과업인지, 아니면 이 과업을 하도록 강요당한 것인지에 따라 구분할 수 있다. 좋은 예로 창 조절을 들 수 있다. 인터페이스 세금인지 아닌지를 판가름할 수 있는 유일한 방법은 퍼소나의 목적에 달려 있다. 퍼소나가 정보를 전송하는 상황을 보려고 두 개의 프로그램을 한 화면 안에서 같이 띄우고자 한다면, 메인 프로그램 창을 조절하는 과업은 절대 인터페이스 세금이 아니다. 하지만 퍼소나에게 특별한 목적이 있지 않은 경우에, 프로그램 창 크기를 조정하는 일은 분명히 인터페이스 세금이라 하겠다.

세금은 소프트웨어 포스처에 따라서도 다를 수 있다(9장 참조). 일시적 포스처 애플리케이션의 사용자는 제품을 효과적으로 사용하기 위해 도움말이 필요한 경우가 많다. 이런 노력에 화면 자산을 할당하면 독재적 포스처 애플리케이션의 경우처럼 세금이 되지 않는다. 일시적 포스처 애플리케이션은 자주 사용하지 않기에, 사용자는 애플리케이션이 하는 일을 이해하고 그 제어법을 기억하는 데 더 도움이 필요하다. 하지만 독재적 포스처 애플리케이션에서는 약간의 세금도 장기적으로는 짜증을 유발한다.

하지만 어떤 액션은 거의 언제나 세금이므로 모든 상황에서 제거해야 한다. 소프트웨어 자체로 처리 가능한 대부분의 하드웨어 관리 과업이 포함된다(디자인 및 엔지니어링 주기를 약간 더 사용했을 경우). 그런 정보의 수요는 사용자 인터페이스에서 걷어내 배후의 더 조용하고 지능적인 애플리케이션 동작으로 대체해야 한다.

세금의 제거

내비게이션 세금은 디지털 제품에서 가장 흔히 발견할 수 있는 세금이므로, 제거의 가장 좋은 출발점이다. 소프트웨어, 웹사이트 또는 제품 기기의 내비게이션은 여러 방법으로 개선할 수 있다(제거, 감소, 속도 개선). 빠르고 효과적인 방법을 몇 가지 알아본다.

- 거쳐야 할 장소의 수를 줄인다.

- 표지판을 만든다.

- 개요를 만든다.

- 기능에 알맞게 컨트롤을 매핑한다.

- 상하구조를 피한다.

- 기계 시대의 모델을 복제하지 않는다.

이를 어떻게 응용해야 할지에 대해서는 각 항목마다 상세히 설명해놓은 이후의 절들을 참조하자.

거쳐야 할 장소의 수를 줄인다

내비게이션을 개선하는 가장 효과적인 방법은 생각보다 간단하다. 꼭 거쳐야 할 장소의 수를 줄이는 것이다. 장소는 모드, 양식, 대화상자, 페이지, 창, 화면 등이 될 수 있다. 만약 모드, 페이지 또는 화면의 수가 최소화된다면 사용자가 현재 있는 그 자리를 떠나 방황할 확률은 극적으로 줄어든다. 앞서 설명한 네 가지의 내비게이션을 적용해보면, 장소를 줄인다는 건 아래의 네 가지 의미로 해석된다.

- 창과 관점의 수를 최대한 줄이자. 하나의 큰 창 안에 두 개 또는 많아야 세 개 정도의 관점이 적당하다. 대화상자, 특히 모드가 없는 대화상자도 가능한 한 줄이자. 너무 다른 페이지와 화면, 또는 형식 틀이 많은 프로그램이나 웹사이트는 정말 내비게이션하기 피곤하다.

- 창이나 웹사이트 안에서, 서로 가까이에 인접해 있는 틀의 수도 사용자의 목적과 관련된 범위에서 제한하자. 독재적 애플리케이션에서 세 개의 틀이면 충분하지만, 그렇다고 이것이 무조건적인 정답은 아니다. 사실상 많은 애플리케이션은 보통 그보다 더 많은 틀을 필요로 한다. 웹페이지에서는 내비게이션 틀과 하나의 내용 틀 이렇게 두 개면 충분하고, 그 이상이 되면 복잡해지기 시작한다. 태블릿 앱은 틀 두 개가 전형적이다.

- 컨트롤의 수도 사용자의 사용 범위 안에서 가능하면 최소로 하자. 퍼소나를 통해 사용자를 정확히 파악하면, 필요한 기능과 컨트롤이 무엇인지 쉽게 이해할 수 있고 필요하지 않은 기능은 과감히 없앨 수 있다.

- 스크롤도 가능하다면 최소로 하자. 충분한 공간 안에 정보를 보여주고, 스크롤로 인한 제약이 필요 없게 만들자. 또한 2D와 3D 화면의 디폴트 뷰, 기본 시점은 많은 이동 없이 사용자가 본인의 위치를 쉽게 가늠할 수 있어야 한다. 특히나 끊임없는 확대/축소는 많은 사용자에게 가장 어려운 종류의 내비게이션이라고 지적받고 있다. 따라서 이 또한 필수가 아닌 자유재량에 맡겨야 한다.

현존하는 온라인 스토어는 보통 내비게이션이 어렵고 복잡하다. 군이 그 이유를 찾아보자면 여러 가지가 있겠지만, 그중 하나는 모든 상황을 다 만족시키는 사이트를 만들고자 하는 디자이너의 욕심을 들 수 있다. 만약 어떤 사용자가 CD에는 관심이 없고 단지 책만을 사고 싶어한다면, CD에 관련된 정보를 메인 화면에서 줄인다. 사용자는 책과 관련된 정보를 더 많이 볼 수 있게 되고, 내비게이션은 더 간단해진다. 이와는 반대로 사용자가 계정 페이지에 자주 방문한다면, 링크나 버튼이 항상 눈에 띄도록 위치 선정에 신경을 써야 할 것이다.

표지판을 만든다

내비게이션을 통해 거쳐야 할 장소의 수를 줄이는 것 외에 사용자가 길을 찾는 데 힘을 더 실어주기 위한 방법으로 참조가 될 정보, 즉 표지판signpost을 제공하는 방법이 있다. 선원이 해안선이나 별 등에 의지해 항해를 했듯이, 사용자는 인터페이스상에서 반복되는 지속적 오브젝트persistent object를 참조해 길을 찾을 수 있다.

데스크탑 환경에서 끊임없이 등장하는 오브젝트 중에는 언제나 프로그램 창이 포함된다. 개개의 애플리케이션은 최상위 레벨의 창을 갖고 있다. 이 창의 주요한 특색은 그 창 안에 반복적으로 등장하는 개체, 즉 메뉴바, 툴바, 팔레트, 상태표시줄이나 줄자 같은 시각적 요소가 있다는 점이다. 일반적으로 인터페이스의 각 창은 이런 반복적 요소 덕에 특징적인 모습을 하고 있고, 사용자가 한눈에 바로 인지할 수 있다.

웹에서도 이와 비슷한 규칙이 적용된다. 잘 디자인된 웹사이트는 반복적으로 등장하는 지속적 오브젝트가 이용되고 있다. 온라인 쇼핑몰에서 쇼핑을 하는 내내 계속 보이는 페이지 상단의 상위 레벨 내비게이션 바 등이 대표적인 예다. 분명한 내비게이션 옵션을 제시할 뿐만 아니라, 레이아웃상에 꾸준히 존재함으로써 사용자가 지금 어디에 있는지를 이해하는 데 도움을 준다(그림 12-9 참조).

하드웨어 기기의 화면에서도 이와 비슷한 규칙이 적용될 수 있지만, 하드웨어의 직접적인 컨트롤을 가지고 그들만의 규칙을 만들 수 있다. 특히나 상태에 관한 시각적 또는 촉각적 피드백이 함께 제공될 때는 그 규칙이 명확히 드러난다. 라디오 버튼을 살펴보자. 채널을 선택하려고 버튼이나 다이얼을 돌리고, 그때마다 그 바늘에 빛이 나서 무엇이 선택됐는지 지금 사용자가 어디에 있는지 명확히 보여준다.

소프트웨어에 따라 조금 다를 수 있으나 프로그램의 주요 창에 담긴 전체 내용은 한눈에 쉽게 인지할 수 있어야 한다(특히 키오스크나 화면이 작은 기기에서는 더욱 그러하다). 어떤 애플리케이션은 데이터를 볼 수 있는 몇 가지 뷰를 제공해 어떤 뷰를 선택하느냐에 따라 화면의 양상을 바꾸기도 한다. 하지만 일반적으로 데스크탑 애플리케이션의 특징적인 모습은 메뉴, 팔레트, 툴바 등이 어떻게 구성돼 있느냐에 따라 크게 달라진다. 또한 이런 중요한 역할을 하는 메뉴와 툴바 등은 사용자가 애플리케이션을 내비게이션할 때 주요 표지판으로 작용한다. 내비게이션을 잘하기 위해 표지판이 무조건 많이 필요한 건 아니다. 하지만 최소한 눈에 띄어야 하는 것은 기본이 아닐까? 표지판은 보이지 않으면 내비게이션에 아무 도움이 안 된다. 이들은 인터페이스상에 고정된 위치로 자리 잡아 있는 것이 최선이다(일부 iOS 브라우저는 사용자가 페이지를 아래로 움직일 때 컨트롤이 위로 스크롤하게 함으로써 이 규칙을 살짝 위반한다. 하지만 사용자가 방향을 바꾸면 즉시 아래로 스크롤한다. 필요한 경우가 되자마자 컨트롤에 다시 초점을 맞추는 현명한 수단이다).

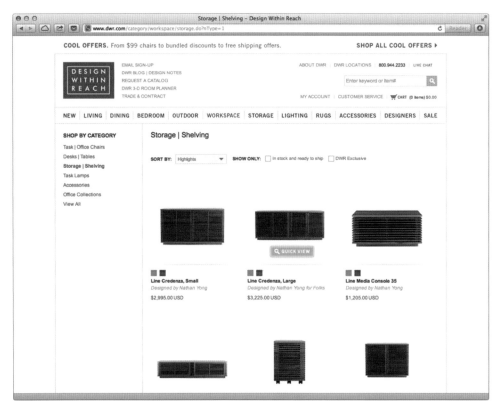

그림 12-9 디자인 위드인 리치(Design Within Reach)의 웹사이트에서는 페이지의 상당 부분에 지속적으로 등장하는 공간(상단에 위치하는 링크나 검색창, 좌측의 탐색 도구 등)을 마련해 사용자에게 편의를 제공하고 있다. 이는 단지 사용자가 갈 수 있는 옵션이 무엇인지 알려줄 뿐만 아니라, 현재 사용자의 위치가 어디인지 이해하는 데도 도움을 준다.

　　웹사이트에서 각 페이지를 디자인할 때는 각각이 사용자에게 어필하도록 만들어져야 한다. 하지만 너무 심하게 하나하나에 힘을 주면 전체적인 방향을 잃을 수가 있다. 각 페이지에 지속적으로 등장하는 공통의 요소를 같은 공간에서 사용하되, 그 외의 공간은 시각적으로 차별화해 만들면 되겠다.

메뉴

소프트웨어에서 가장 눈에 띄는 지속적 오브젝트는 주요 창과 제목, 메뉴바다. 메뉴의 장점은 역시 의존성과 일관성이다. 프로그램 메뉴가 갑자기 바뀐다면, 사용자의 신뢰도는 심하게 떨어질 수 있다. 개인 메뉴뿐만 아니라, 그 메뉴 속의 항목에도 해당하는 일이다.

툴바

프로그램에 툴바가 있다면, 인지 가능한 표지판이라고 생각해야 한다. 툴바는 초보자보다는 영구적 중급자를 위한 디자인 언어이기 때문에, 툴바 안의 아이템이 항상 고정돼야 한다는 제한은 이 경우에 엄격하게 적용될 필요는 없다. 툴바가 당장 필요 없다고 해서 그 자체를 아예 없애면 분명 혼란스러울 것이다. 물론 툴바를 완전히 꺼버리는 옵션은 제공돼야 마땅하지만, 너무 쉽게 또는 자주 사용되게 만들어서는 안 된다. 또한 툴바가 사용자의 부주의로 꺼지고 켜지는 일이 없도록 보호해야 한다. 간혹 어떤 프로그램에는 툴바 안에 켰다 끌 수 있는 컨트롤이 함께 있는 경우도 있다. 이는 매우 부적절하게 비상탈출 버튼을 누르도록 유도하는 것과 마찬가지로 위험하다.

기타 인터페이스 표지판

어떤 데이터를 보고 수정할 수 있는 고정된 위치의 인터페이스나 툴 팔레트 같은 인터페이스도 반복적으로 나타나는 오브젝트라고 생각해야 한다. 이런 표지판은 분명히 눈에 띄고 뚜렷해야 하기 때문에 여백 및 서체의 사용도 중요하다는 사실을 잊지 말자.

개요를 만든다

개요는 인터페이스에서 표지판과 비슷한 목적을 수행한다. 이들은 사용자가 자기 위치를 알도록 도와준다. 하지만 개요는 전체로서 프로그램 안의 위치보다는, 그 내용 안의 위치를 알게 해준다는 점이 다르다. 개요는 꼭 한 자리에 위치해야만 한다. 개요의 내용이 현재 사용자가 어디에서 무엇을 하고 있는지에 크게 연관 있기 때문이다.

개요는 내용의 성질에 따라서 그래픽으로 또는 문자로 구성될 수 있다. 그래픽 개요의 훌륭한 예는 어도비 포토샵의 이름도 적절한 내비게이션 팔레트다(그림 12-10 참조).

 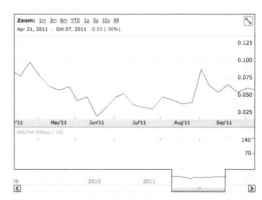

그림 12-10 어도비 포토샵은 왼쪽에 위치한 내비게이션 팔레트를 통해 개요 디자인 언어의 훌륭한 사용 예를 보여준다. 전체 이미지 안에 겹치는 작은 섬네일 아웃라인으로 현재 화면에 보이는 이미지가 전체 중 어느 부분인지 쉽게 이해할 수 있다. 이 팔레트는 내비게이션 정황을 제공할 뿐만 아니라, 화면 공간의 이동과 확대/축소 기능까지 할 수 있게 되어 있다. 비슷한 디자인 숙어로서 오른쪽에 위치한 구글 파이낸스(Google Finance)의 도표 도구를 이야기할 수 있다. 아래의 작은 그래프는 현재 확대되어 보이는 위쪽 그래프가 어디에 위치하고 있는지 그 정황적 이해를 돕는 데 큰 역할을 한다.

웹에서 가장 보편적으로 사용되고 있는 개요는 어디서나 존재하는 브레드크럼^{breadcrumb} 표시다(그림 12-11 참조). 다시 한 번 강조하자면, 대부분의 브레드크럼 표시는 내비게이션에 도움을 줄 뿐만 아니라, 내비게이션의 컨트롤 역할까지 수행한다. 현재 방문자가 데이터 구조 안에서 어디에 위치하는지를 보여줄 뿐만 아니라, 링크 형태로 되어 있어 원하는 다른 위치로 이동할 수 있는 길까지 열어준다. 웹사이트가 과거의 엄격한 계층적 구조에서 최근 결합적 구조로 이동하면서 이 디자인 숙어는 예전의 큰 명성과 인기를 잃어가고 있다.

그림 12-11 아마존(Amazon.com)의 전형적인 브레드크럼이다. 사용자는 그들이 어디를 거쳐왔는지 볼 수 있고, 브레드크럼의 링크를 따라 어디든지 클릭해 이동할 수도 있다.

개요 도구의 마지막 재미있는 예는 주석이 달린 스크롤바다. 주석이 달린 스크롤바는 문서를 스크롤할 때 매우 유용하게 쓰인다. 문서의 선택된 부분에 대한 위치 정보를 제공하려고 스크롤바의 선형적 형태와 본문 정보의 선형적 성격을 기발한 방법으로 결합했다. 스크롤바 엄지를 트랙을 따라 이동시키면 본문의 위치 정보가 이동하는 스크롤바 엄지 바로 옆에 표시된다. 스크롤바의 엄지가 주석 정보를 인지하면 화면에 그 주석 내용을 보여준다(그림 12-12 참조). 마이크로소프트 워드는 이 주석이 달린 스크롤바의 변형을 사용하고 있다. 이는 스크롤을 하는 동안에 지속적으로, 페이지 번호와 가장 가까운 문단의 부분을 툴팁을 통해 보여준다.

그림 12-12 마이크로소프트 워드의 주석이 달린 스크롤바는 사용자가 문서를 내비게이션할 때 유용한 정황 정보를 제공한다.

기능에 알맞게 컨트롤을 매핑한다

매핑mapping은 컨트롤과 이 컨트롤에 영향을 주는 것, 영향으로 인한 결과 사이의 관계를 설명한다. 컨트롤이 시각적으로 또는 상징적으로 오브젝트와 연관성을 찾지 못한다면, 이는 잘못된 매핑의 증거다. 잘못 디자인된 매핑을 가진 인터페이스는 사용자가 작업을 멈추고 그 관계를 다시 한 번 생각하게 만들기 때문에 결과적으로 흐름을 방해한다. 컨트롤의 잘못된 매핑은 사용자에게 인지적 부담을 증가시키고, 심각한 사용자 오류를 초래할 가능성도 있다.

도널드 노먼은 『The Design of Everday Things』(Basic Books, 2002)에서 현실 세계의 매핑 문제에 관한 훌륭한 사례를 제시한다. 스토브가 여러 개인 가스레인지를 이용해본 사람이라면 최소 한 번 정도는 어떤 스위치가 어떤 스토브로 연결되는지 헷갈려봤을 것이다. 그림 12-13에서 보이는 것처럼 전형적인 스토브탑은 보통 상단의 판판한 사각형 공간에 네 개의 버너가 있고 측면에 일렬로 그 컨트롤 스위치를 배치한다.

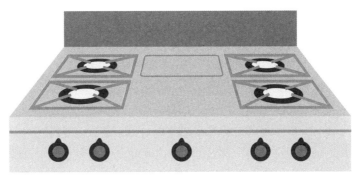

그림 12-13 이는 물리적으로 매핑이 잘못된 스토브탑이다. 가장 왼쪽의 스위치가 왼쪽 앞에 위치한 버너인지 왼쪽 뒤에 위치한 버너인지 분명치 않다. 사용자는 결국 이를 사용할 때마다 매핑을 확인해야 하는 불편함을 겪어야 한다.

물리적 매핑physical mapping의 문제점을 발견할 수 있다. 컨트롤 사용의 결과는 이해 가능하고 분명해야 한다. 위 예제를 보면 사용자가 스위치를 돌리면 버너는 당연히 켜질 것이다. 하지만 이 컨트롤의 목표, 즉 어떤 버너가 켜질지는 불분명하다. 가장 왼쪽의 스위치를 돌리면 좌측 앞에 위치한 버너가 켜질지, 아니면 좌측 뒤에 위치한 버너가 켜질지 직관적이지 않다. 사용자는 결국 시행착오를 거쳐 이를 알아내거나, 스위치 옆에 그려진 아주 작은 아이콘을 가까이 들여다봐야 한다. 매핑의 부자연스러움은 사용자가 이를 사용할 때마다 매핑을 파악하도록 강요하고 있다. 매핑에 대한 인지는 아마도 계속 사용함에 따라 무의식적으로 습득할지 모르지만 완벽히 해결된 건 아니다. 사용자가 당황하거나 무의식적으로 사용할 때, 또는 자주 스토브를 사용하지 않는 사용자의 경우, 계속적으로 이런 실수가 반복될 것이기 때문이다. 실제로 바쁜 상황에서 사용자는 잘못된 스위치를 돌리고 한참 후에야 음식이 데워지지 않았음을 알고는 본인의 실수에 크게 상심할 것이다. 최악의 경우 사용자는 잘못 켜진 버너에 화상을 입을 수도 있고, 부엌이 홀랑 다 타버릴 수도 있다.

결국 해결책은 스토브탑 스위치의 물리적 위치를 바꿔서 어떤 컨트롤이 어떤 버너인지 더 확실하게 알 수 있도록 하는 것이다. 스위치가 버너의 위치와 완전히 똑같은 패턴으로 위치할 필요는 없다. 하지만 그 스위치 위치를 통해 스위치의 목표 버너가 무엇인지 분명해야만 한다. 그림 12-14의 스토브탑은 효과적인 컨트롤 매핑의 좋은 예다.

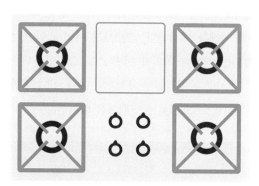

그림 12-14 명확한 공간적 매핑의 예. 스위치와 버너의 공간적 배열을 분명하게 연결해놓음으로써, 스토브탑에서 어떤 스위치가 어떤 버너를 조종하는지 명확하게 알 수 있다.

이 레이아웃에서는 좌측 상단 스위치가 좌측 상단 버너를 조종한다는 사실이 매우 분명하게 드러난다. 각 스위치의 위치는 시각적으로 어떤 버너가 켜지고 꺼질지를 암시한다. 노먼은 이런 직관적인 레이아웃을 '자연스러운 매핑natural mapping'이라고 불렀다.

또 다른 안 좋은 매핑의 예로 그림 12-15를 보자. 이 경우 행동에 대한 논리적 매핑logical mapping이 확실하지 않다.

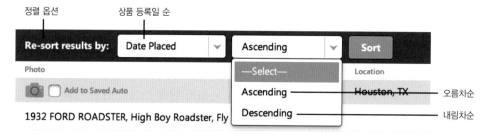

그림 12-15 논리적 매핑의 잘못된 예. 만약 사용자가 가장 최근 아이템을 먼저 보고 싶다면, 이것은 오름차순인지 아니면 내림차순인지 정확하지 않다. 이 경우 사용자가 어떻게 시간을 인지하는지를 제대로 이해하지 못했기 때문에 잘못된 매핑을 만들어낸 것이다.

이 웹사이트는 검색 결과를 정렬하는 데 여러 드롭다운 메뉴를 사용하고 있다. 첫 번째 드롭다운 메뉴는 두 번째 메뉴에 나올 선택옵션을 결정한다. 예를 들어 첫 번째 메뉴에서

'상품 등록일 순'을 선택했다면, 두 번째 메뉴에는 오름차순과 내림차순의 두 가지 옵션이 생긴다.

잘못 매핑한 스토브탑 스위치와는 다르게 이 경우 컨트롤의 목표는 확실하다. 두 번째 드롭다운 메뉴를 선택하면 아래 열거된 목록이 바뀔 것이다. 하지만 이 컨트롤을 이용한 결과가 불확실하다. 도대체 오름차순으로 정렬한다는 게 정확히 무엇을 의미하는 걸까?

날짜별로 정리하려고 사용된 이 용어는 전혀 분명하지가 않다. 오름차순과 내림차순이라는 용어 자체가 대부분 사용자의 시간에 대한 멘탈 모델에 정확히 매핑이 되지 않는 것이다. 일반적으로 사람들은 날짜를 올림 또는 내림의 개념으로 생각하지 않는다. 오히려 날짜와 사건을 최근 또는 예전으로 구분한다. 이 문제를 풀 수 있는 간단한 방법은 옵션의 이름을 그림 12-16처럼 '최근 것부터'와 '오래된 것부터' 같은 용어로 바꾸는 것이다.

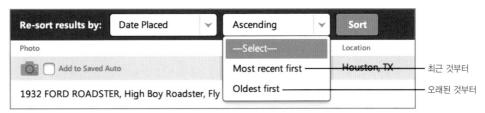

그림 12-16 분명한 논리적 매핑의 예. '최근 것부터'와 '오래된 것부터'는 시간별 정렬을 할 때 사용자가 쉽게 이해할 수 있는 용어다.

가전, 모바일 앱, 데스크탑 소프트웨어, 웹사이트를 막론하고 언제 어디서나 매핑 관련 문제는 생길 수 있다. 매핑은 관심을 갖는 만큼 그 진가가 나타나는 부분이다. 조금만 문제를 찾고 해결하려는 노력을 보이기만 해도 제품은 놀라울 만큼 개선된다. 그 결과는? 사용과 이해가 쉽고 더욱 즐거운 제품이 될 것이다.

상하구조를 피한다

계층적 상하구조는 프로그래머가 오랫동안 사용해왔던 도구 중 하나다. 프로그램 안에 무수한 데이터는 이를 조종하는 코드를 따라서 계층적 상하구조 형태를 띤다. 이런 이유로 많은 개발자는 사용자 인터페이스에 상하구조(구현 모델)를 무의식적으로 집어넣곤 한다. 지금까지의 메뉴는 항상 이런 구조였다. 하지만 추상적인 상하구조는 사용자의 멘탈 모델이 이 구조와 비슷하거나 아니면 카테고리가 상호배타적이지 않은 이상 일반적으로 내비게이션하기가 절대 쉽지 않다. 개발자는 아마 그렇지 않다고 반박할지도 모른다. 하지만 개발자의 멘탈 모델이 이런 상하구조이기 때문에 그들에게는 편안하다고 느껴지는 것이다.

인간이라면 회사나 가족관계를 통해 이 상하구조를 쉽게 이해할 수 있다. 하지만 이 계층적 상하구조는 임의적인 정보를 쌓거나 정리하는 데 있어 쉽게 사용될 만한 컨셉이 못 된다.

대부분의 기계적인 정리 시스템은 간단히 쌓여 있는 물체를 지칭하는 단일 구성(책장 등)과 연결된 구성(책장과 그 속의 파일 캐비닛)으로 이뤄진다. 또한 하나의 레이어 안에 몇 개의 그룹을 갖는 정리 방법은 매우 흔하게 사용되고 있다. 이런 정리 방법은 집이나 회사를 비롯한 거의 모든 곳에서 쉽게 찾아볼 수 있다. 이 경우 단일 구성 이상을 초과하지 않기 때문에 이런 저장 방식을 단층 그루핑^{monocline grouping}이라고 한다.

프로그래머는 어떤 오브젝트가 다른 오브젝트에 끼워져 있는 시스템을 익숙하게 생각한다. 하지만 일반적인 사람들에게는 이 컨셉이 마냥 쉽지만은 않다. 예를 들어보자. 기계적인 세상에서, 필요에 의해 아주 복잡하게 만들어진 저장 시스템이 있다. 이 시스템은 각 레벨마다 다른 기계적 형태 요소를 사용하고 있다. 파일 캐비닛이 있고 그 안에 폴더 속 또 다른 폴더, 또는 서랍 속 또 다른 서랍은 심하게 복잡해 보인다. 심지어 다른 형태로 끼워져 있는 경우(예를 들어 캐비닛 안의 서랍 안에 폴더)도 두 개 레벨 이상을 초과하는 경우는 극히 드물다. 그러나 소프트웨어의 세상을 보면 좀 다르다. 윈도우 시스템이라는 가장 많이 사용하는 데스크탑 운영체제에서는 무한대로 폴더 안에 폴더를 끼워 넣을 수 있다. 컴퓨터를 처음 다루는 초보자가 이 무한대의 폴더 속 폴더를 처음 접했을 때 혼란스러워하는 모습은 그다지 놀랍지 않다.

대부분의 사람은 비슷한 종류의 서류를 모아 보관한다. 논문 관련은 여기로, '프로젝트 M' 관련 자료는 저리로, 개인적인 서류는 서랍 속에. 도널드 노먼(1994)은 이를 무더기 캐비닛^{pile cabinet}이라고 불렀다. 오로지 가상 컴퓨터 세계에서만 '프로젝트 M' 관련 서류를 '최근 고객' 폴더 안에, 그 위에 '고객' 폴더 안에, 그 위에 '비즈니스' 폴더 안에 끼워 넣을 수 있는 것이다.

방대한 양의 데이터로 인한 고민을 해결해줄 방책으로서 컴퓨터 과학은 이 계층적 상하 구조를 제시했다. 하지만 이 구현 모델이 사용자에게 직접적으로 반영될 때(이런 모델에 대해서는 1장을 참조하라), 사용자가 지금껏 갖고 있던 저장 시스템에 대한 멘탈 모델과 다름을 느끼고 약간의 혼돈을 경험한다. 단층 그루핑은 일반 사람들이 소프트웨어를 접하기 이전에 갖고 있는 멘탈 모델이다. 이 단층 그루핑이 컴퓨터 밖의 세상에서는 절대적으로 우세함에도 불구하고, 인터랙션 디자이너는 이 모델을 거스르는 디자인을 할 때는 위험을 감수해야 한다.

컴퓨터에서는 일반적으로 대량의 데이터를 관리해야 한다. 엄청난 양의 데이터를 정리할 때 단층 그루핑은 적절한 시스템이 아니다. 하지만 단층 그루핑이 전혀 쓸모가 없다는 뜻은 아니다. 사용자는 실제로 컴퓨터 시스템을 단층 그루핑 형태로 인지한다. 복잡한 컴퓨터 데이터를 단층 그루핑 시스템인 것처럼 묘사해서 보여주면 문제를 해결할 수 있다. 대신 깊이 얽혀 있는 계층적 상하구조만이 제공할 수 있는 검색과 탐색 도구도 제공해야 한다. 사용자가 깊고 복잡한 트리 구조를 일일이 이해하도록 강요할 필요는 없다. 필요한 정보를 쉽고 빠르게 찾을 수 있는 도구를 만들어 제공하는 것이 더 중요하다. 사용자에게 적합한 검색 및 탐색 도구를 디자인하는 방법은 14장에서 자세히 다룬다.

기계 시대의 모델을 복제하지 않는다

이미 논한 대로 스큐어모피즘 세금은 디지털 인터페이스에서 기계 시대의 액션을 생각 없이 반영했기에 발생하며, 내비게이션 등에 세금을 더한다.

디지털 이전의 세상에서 옮겨진 제품과 기능을 재고하는 데 시간을 좀 보내도 의미가 있을 것이다. 새로운 디지털 버전을 어떻게 디지털 환경을 완벽히 활용하도록 정돈, 적응시킬 수 있는가? 어떻게 세금을 제거해 분별력을 활용할 수 있는가?

책상 달력을 예로 들자. 현실 세계에서 달력은 종이로 만들고 보통 페이지당 한 달 형식으로 구분된다. 종이 크기, 파일 폴더, 브리프케이스, 책상 서랍을 근거로 할 때 합리적인 타협이다.

달력을 재현한 디지털 제품은 꽤 흔하며, 거의 언제나 한 번에 한 달을 표시한다. 아웃룩처럼 한 달 이상을 표시할 수 있더라도, 거의 언제나 한 달 단위로 별개의 날짜를 표시한다. 왜냐고?

종이 달력은 종이 크기에 제한을 받고, 한 달이 편리한 분기점이기에 단일 월만 표시하기 때문이다. 고해상도 디지털 디스플레이는 그리 제약을 받지 않지만, 대부분의 디자이너는 그림 12-17처럼 기계적인 부산물을 충실히 복제한다.

인터랙티브한 화면에서 캘린더는 그림 12-18에 보이는 대로 일, 주, 월의 지속적으로 스크롤되는 연쇄기가 쉬울 수 있다. 8월 28일부터 9월 4일까지 뭔가 일정을 잡으면 주가 임의적인 월별 구분으로 세분화되는 대신 인접할 경우 단순할 것이다.

마찬가지로 디지털 캘린더의 그리드 패턴은 거의 보편적으로 고정된 크기다. 스프레드시트처럼 일의 열 너비와 주의 행 높이가 왜 조정 가능하지 않은가? 분명히 주말의 크기를 조정해 주중에 비해 상대적인 중요성을 반영하고 싶을 것이다. 사업가라면 업무주 달력은 휴가주보다 더 많은 공간을 요할 것이다. 조정 가능한 그리드 인터페이스 숙어는 잘 알려져 있고, 세상의 모든 스프레드시트가 사용하지만, 달력의 기계적인 재현은 너무나 확고히 굳어져 있어, 거기서 벗어나는 앱은 좀처럼 보이지 않는다.

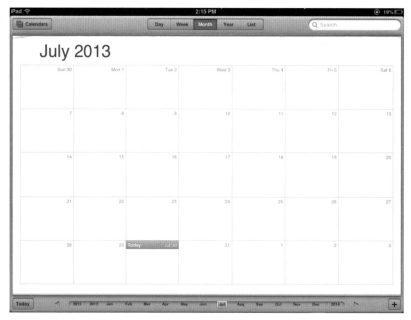

그림 12-17 보편적인 달력은 너무나 친숙해서 정보 시대의 감성에 맞는 디자인을 화면 내에 적용하기를 거의 주저하지 않는다. 달력은 인터랙티브한 디지털 디스플레이가 아니라, 원래 종이가 여러 장 쌓인 데 맞추기 위해 디자인했다. 디지털 캘린더는 어떻게 디자인을 개편하겠는가? 그 어떤 측면이 오랜 기계 시대의 플랫폼이 낳은 부산물인가?

그림 12-18 스크롤은 컴퓨터 사용자에게 친숙한 과업이다. 페이지 중심의 캘린더를 스크롤 중심으로 바꾸면 더 낫지 않겠는가? 이 계속되는 캘린더는 예전 캘린더가 하던 일을 모두 할 수 있고, 월별 경계에 걸친 일정의 기계적 문제도 해결한다. 예전의 제한을 습관적으로 새 플랫폼에 끌고 오지 말아야 한다. 다른 어떤 개선이 생각나는가?

그림 12-17에 보이는 소프트웨어의 디자이너는 아마 달력을 친숙한 것에서 바꿀 수 없는 규범 같은 개체로 생각했을 것이다. 놀랍게도 대부분의 시간 관리 소프트웨어는 시간을 그 구현 모델에서 내적으로 연속체로 처리하며, 그 재현 모델인 사용자 인터페이스에서만 월을 별개로 렌더링한다!

페이지당 한 달의 캘린더가 더 낫다고 주장할 수도 있다. 사용자가 인식하기 쉽고 친숙하기 때문이다. 하지만 새 디지털 모델은 예전의 종이 모델과 그리 다르지 않다. 사용자가 전에 쉽게 할 수 없었던 월별 경계에 걸친 일정 잡기를 하게 해준다는 점을 제외하면 말이다. 상당한 개선을 제공하면 사람들은 새 재현에 적응하기가 어렵지 않다고 생각한다.

애플은 새로 디자인한 iOS7 캘린더 앱에서 이 접근법을 취할 기회를 놓쳤다. 월별 보기에서 수직으로 계속 스크롤되는 캘린더가 있지만... 디자이너는 월별 경계에 구분선을 두기로 했고, 여러 날에 걸친 이벤트를 지정하기 위해 드래그 제스처를 지원하지 않았다. 거의 근접했지만, 아직은 멀었다.

디자인 원칙	상당한 변화는 상당한 개선이어야 한다.

모바일 기기와 데스크탑의 종이 스타일 캘린더는 디자인에 기계 시대의 사고방식이 어떤 영향을 주는지 무언으로 증언을 한다. 사용자 목표 분석으로 제품 사용에 관한 가정에 정보를 제공하지 않으면, 결국 기계 시대에 남는, 세금이 가득한 소프트웨어를 구축하고 말 것이다. 더 나은 소프트웨어는 정보 시대의 사고를 기반으로 한다.

기타 흔한 세금의 함정

이쯤 되면 디자인에 실수로 들어간 인터페이스 세금을 찾으려고 바짝 긴장이 될 수도 있다. 작고 불필요한 과정은 사용자에게 적지 않은 일을 강요하고 있다. 인터페이스 세금을 최소화할 수 있는 효과적인 방법을 알아보자.

- 현재 열려 있는 창 안의 기능을 수행하려고 다른 창을 열지 않는다.

- 계층적 파일 시스템 안에서 파일이 어디에 있는지 사용자가 일일이 기억해야 하는 일은 없어야 한다.

- 창 크기를 사용자가 직접 조절하는 불필요함은 없어야 한다. 작업창 외의 또 다른 창이 열릴 때는 상황에 따라 자동으로 적절하게 크기를 조절해야 한다. 너무 크게 또는

너무 작게 창을 띄워서 계속 스크롤하게 만들어서도 안 된다.

- 사용자가 불필요하게 창을 움직이게 하면 안 된다. 화면에 빈 공간이 있다면, 그곳에 창을 띄운다. 이미 열린 다른 창 위에 겹쳐지게 띄워서 내용을 가릴 수도 있기 때문이다.

- 이미 저장해놓은 세팅이나 환경설정을 다시 재입력하게 하지 않는다. 폰트나 색상, 들여쓰기, 소리 등의 설정을 이미 정해놨다면, 사용자가 이를 바꾸고 싶어하지 않는 이상 다시 새로 설정해야 하는 일은 없어야 한다.

- 기준이 불분명한 데이터의 완성도를 높이고자 사용자가 모든 빈칸을 다 채워야 할 필요는 없다. 사용자가 양식을 작성하면서 몇 개의 항목을 건너뛰고 싶다면, 굳이 값을 입력하라며 몰아붙여서는 안 된다. 사용자에게 그럴 만한 사정이 있을 것이라 생각하자. 대개 데이터베이스의 완성도는 사용자를 괴롭힐 만한 이유가 못 된다.

- 사용자에게 허락을 꼭 받아야 한다고 종용하지 않는다. 보통 이런 경우 출력이 있는 자리에서 입력을 못 하게 하는 때가 많다.

- 사용자의 행동을 재확인하지 않는다. 이는 탄탄한 '취소' 기능을 필요로 한다.

- 사용자 행동의 결과를 오류로 치부하지 않는다.

디지털 제품에서 세금은 사용성과 사용자 만족의 가장 흔하고 성가신 장벽이다. 디자인이나 애플리케이션에 그 추악한 모습을 드러내게 하지 말아야 한다!

메타포, 숙어[1], 어포던스

이 책의 초판이 나왔을 당시, 인터페이스 디자이너들은 인터페이스 디자인의 근거로 삼을 적절한 시각적, 행동적 메타포를 찾아야 한다고 종종 이야기하곤 했다. 애플 매킨토시 도입 후 일이십 년간, 인터페이스 요소를 일상생활의 물건과 유사하게 디자인하면 사용하기도 쉬울 거라는 착각이 팽배해 있었기 때문이다. 심지어 사무실 환경을 컴퓨터 화면에 재현하는 경우도 있었다. 책상과 파일 서류, 전화기, 주소록, 메모장, 창 밖의 건물, 표지판까지 실제 풍경을 그대로 인터페이스에 적용하는 것이다.

안드로이드, 윈도우 폰, iOS 7이 등장하며, 공식적으로 인터랙션 디자인의 포스트 메타포 시대로 넘어갔다. 데스크탑 소프트웨어, 휴대용 기기 초기의 스큐어모피즘, 과도한 시각적 메타포는 사라졌다. 현대적인 기기의 사용자 인터페이스[ii]는(그리고 점차 데스크탑 UI도) 적절히 컨텐츠, 데이터 중심이라, UI 컨트롤의 인지적 흔적이 거의 없을 정도로 최소화한다.

이 메타포로부터의 최근 이행은 오랫동안 지연됐는데, 이유는 합당하다. 메타포를 찾는 데 집중하다 보면 일상생활에서 보는 물리적인 사물을 그대로 표현하는 데 그치기 쉽다. 하지만 컴퓨터 프로그램에서는 현실에서 불가능한 다양한 요소를 디지털로 표현할 수 있다. 제약이 많은 물리적인 환경, 기계적 시스템에 내재된 어리숙함, 2D 제어 인터페이스와 3D인 현실 개체의 매핑에서 벗어나 효과적으로 사용자의 니즈를 만족시킬 수 있는 방법을 찾아야 한다.

---

1 디자인 문법의 '관용적 표현'을 이 책에서 '숙어(idiom)'라고 표현했다. – 옮긴이

메타포로 가득한 인터페이스를 설계한다고 생각해보자. 적절한 메타포를 찾기도 쉽지 않을뿐더러, 실제 사물을 작은 화면에 표현하기도 어렵다. 사용자도 메타포의 의미를 쉽게 이해하지 못하는 경우가 많다. 특히 메타포는 문화에 따라 그 의미가 크게 달라진다. 정보화 시대의 소프트웨어 디자인에서 특히 물리적, 공간적 메타포는 매우 조심스럽게 적용해야 한다. 13장에서는 메타포를 적절히 다루는 방법을 살펴본다. 메타포 대신 적용할 수 있는 다양한 디자인 기법도 알아보자.

인터페이스 패러다임

사용자 인터페이스 시각 요소를 디자인하는 데는 세 가지 접근 방식이 있는데, 구현 모델 중심 implementation-centric, 메타포 중심metaphoric, 숙어적idiomatic 접근 방식으로 나뉜다. 구현 모델 중심의 접근 방식은 실제로 제품이 작동하는 방식을 바탕으로 디자인하는 것이다. 사용자에게는 매우 어려운 인터페이스다. 메타포 중심의 방식은 즉각적으로 이해할 수 있는 이미지를 도입하는 방법이다. 이 방식을 적용할 때는 여러 위험 요소가 따른다. 숙어적 접근 방식은 사용자가 업무를 수행할 때 정보를 습득하고 배우는 방법을 바탕으로 한 것이다. 매우 자연스러운 접근이라 할 수 있다.

과거에는 구현 모델을 중심으로만 인터페이스를 디자인했다. 하지만 점차 메타포를 적용하는 방식으로 발전해왔고, 최근에는 숙어적 접근 방식에 더 초점을 둔다. 세 가지 접근 방식을 바탕으로 디자인한 제품은 주변에서 많이 찾아볼 수 있다. 하지만 컴퓨터, 전화, 태블릿을 비롯한 기타 기기에서 흔히 쓰는 가장 현대적이고 정보 중심인 인터페이스 디자인은 속성상 주로 숙어적이다.

구현 모델 중심 인터페이스

구현 모델을 중심으로 설계된 컴퓨터 프로그램은 특히 기업, 의료, 학술 소프트웨어에서 여전히 매우 많다. 구현 모델 중심이란 실제로 제품이 설계되고 작동하는 방법을 바탕으로 설계된 인터페이스를 말한다. 기능마다 버튼이 하나씩 있고, 프로그래밍 코드의 모듈에 따라 영역도 구분돼 있다. 내부 구조와 알고리즘을 이해해야만 명령어를 입력하고 조작할 수 있다. 인터페이스를 조작할 때마다 프로그램이 어떻게 작동하는지를 배우기란 무척 힘들다. 대부분의 사용자는 프로그램이 작동하는 알고리즘을 이해하지 못한다. 구현 모델 중심의 패러다임을 따른다고 할 때는 전적으로 구현 모델에 의존하는 사용자 인터페이스 디자인이라는 의미다.

구현 모델을 바탕으로 인터페이스를 설계하기는 매우 쉽다. 개발자가 코드를 한 줄 작성할 때마다 인터페이스 요소를 추가하면 된다. 인터페이스에 문제가 발생했을 때 코드의 어느 부분이 잘못됐는지 찾아내기도 쉽다. 개발자는 새로운 제품을 접할 때마다 작동 알고리즘을 확인하려고 하는 경향이 있다. 구현 모델 인터페이스는 개발자에게 아주 만족스러운 디자인이다. 볼트와 나사가 드러난 제품, 알고리즘이 인터페이스에 노출된 소프트웨어는 한눈에 작동 방식을 이해할 수 있다. 대부분의 사용자가 혼란을 겪을 거라는 건 인식하지 못한다. 하지만 사용자는 내부 구조를 이해하지 못한다. 사용자는 제품을 완전히 터득하는 데는 관심이 없다. 제품을 활용해 효과적으로 업무를 수행하는 것이 중요하다.

> **디자인 원칙** ▷ 사용자는 제품을 완전히 터득하는 데는 관심이 없다. 제품을 활용해 효과적으로 업무를 수행하는 것이 중요하다.

'회사구조 모델 중심' 접근 방식도 구현 모델처럼 문제가 많다. 회사구조 중심 접근법이란 제품을 디자인하는 기업의 팀이 어떻게 구성돼 있는지에 따라 인터페이스를 설계하는 방식을 말한다. 사용자가 정보를 어떻게 이해하고 활용하는지는 고려하지 않는다. 개발을 담당한 팀에 따라 웹사이트 메뉴나 프로그램 영역을 구분한다. 각 영역 간에 일관성도 없다. 사용자는 제품을 디자인한 회사가 어떤 구조인지 알지 못한다. 구현 모델과 회사구조 모델은 사용자가 불필요한 정보를 배우도록 강요한다.

메타포 중심 인터페이스

메타포 중심의 접근법은 일상생활에서 익숙한 이미지를 인터페이스에 도입하는 방법을 말한다. 사용자는 제품이 어떻게 작동하는지 이해하지 않아도 된다. 구현 모델 중심의 인터페이스보다 한층 발전된 접근 방식이다. 하지만 인터페이스의 모든 요소에 메타포를 적용하기란 불가능하다.

인터랙션과 인터페이스 디자인에서 메타포는 대부분 시각적 요소로 드러난다. 기능의 용도나 속성의 특징을 이미지로 표현하는 것이다. 아이콘을 보면 해당 프로그램이나 기능의 목적을 짐작할 수 있다. 메타포는 툴바의 작은 아이콘부터 프로그램 전체 화면에 이르기까지 다양하게 적용된다. 가위 모양의 아이콘은 '잘라내기'를 대표하는 아이콘이다. 퀴큰Quicken처럼 전체 크기의 체크북을 사용하는 경우도 있다.

직감, 직관, 학습

컴퓨터 산업, 특히 사용자 인터페이스 디자인 커뮤니티에서 '직관적'이라는 단어는 이해하거나 사용하기 쉽다는 뜻을 나타낼 때 자주 사용한다. 이 단어는 메타포 중심 인터페이스와 긴밀히 결부됐다.

메타포를 적용하면 인터페이스의 의미를 직관적으로 파악할 수 있다. 웹스터 사전은 '직관'을 다음과 같이 정의한다.

> **직관(intuition)** 명사 1: 순간적인 통찰력, 2 a: 즉각적인 이해와 인지, b: 재빠른 인지에 따른 지식, c: 판단, 추리, 경험 따위의 간접 수단에 따르지 않고 대상을 직접 파악하는 능력

이 정의는 우리의 직관에 대해 별로 말해주지 못한다. 사실 '직관적'이라는 사용하기 쉽게 해주는 마법 같은 속성은 없다. 대신 사람들이 어떤 인터페이스를 이해하거나 이해하지 못하는 이유는 구체적이다.

우리는 어떤 소리를 듣거나 냄새를 맡고, 특정 이미지를 보면 본능적으로 반응한다. 복잡한 사고 과정을 전혀 거치지 않는다. 아무리 어린 아이라도 성난 개의 날카로운 이빨을 보면 배운 적이 없더라도 본능적으로 위험을 감지할 수 있다. 본능적인 반응은 우리 마음속에 매우 깊이 뿌리 박혀 있다.

HCI에서 본능의 사례는 컴퓨터 화면의 예상치 못한 이미지 변화에 놀라는 방식, 웹 페이지의 점멸하는 광고에 시선이 끌리는 방식, 컴퓨터의 갑작스런 소음이나 비디오 게임 컨트롤러의 햅틱 진동에 반응하는 방식 등이다.

본능과 달리 직관은 '간섭'으로 작용하는데, 거기서 산재된 주제들 간의 관계를 보고, 차이에 산만해지지 않으면서도 그 유사성으로 학습한다. 세상에서 이전에 학습한 여타 요소와 정신적으로 연결되기에 인터페이스의 메타포 요소의 의미를 이해한다.

예를 들어 실제 쓰레기통이 어떻게 작용하는지 예전에 배워서, 몇 년 뒤 관련짓도록 사고가 준비되기에, 쓰레기통 아이콘의 사용법을 직관적으로 안다. 원래 쓰레기통 사용법은 직관적으로 파악하지 못했다. 단지 배우기 쉬웠을 뿐이다.

메타포 인터페이스는 사용자의 이해를 돕는 매우 강력한 기법이다. 하지만 이를 효과적으로 활용하기란 매우 어렵다. 사용자의 지식을 예측하기란 쉽지 않기 때문이다. 사용자가 어떤 이미지를 어떤 의미로 연결할지는 쉽게 알 수 없다. 어떤 경험과 지식, 시각적 언어를 이해하고 있는지 파악하기 어렵다. 더구나 인터페이스 디자인의 메타포 접근 방식은 곧 보겠지만 다른 심각한 문제도 있다.

글로벌 메타포의 문제점

아직도 인터페이스 디자인을 기계화 시대의 유물에 견주어 표현하는 경우가 있다. 메타포의 가장 심각한 문제가 바로 여기서 발생한다. 그 극단적 사례는 휴대용 커뮤니케이터의 운영 체제인 매직 캡^{Magic Cap}으로, 매킨토시 소프트웨어 전문가인 앤디 허츠펠드^{Andy Hertzfeld}와 빌 앳킨슨^{Bill Atkinson}이 창업한 제너럴 매직^{General Magic}이라는 회사가 도입했다. 전반적인 컨셉상 시대를 앞섰는데, 아이폰보다 거의 15년 전에 그 사용성을 주목할 만한 터치스크린 키보드, 주소록이 있었다.

인터페이스를 살펴보면 거의 모든 요소가 메타포에 의존하고 있다. 책상 위의 서류함에 서 메일을 확인할 수 있다. 부가 기능을 사용하려면 복도로 나가야 한다. 줄지어 있는 문을 열면 기능을 활용할 수 있다. 서드파티^{third-party} 서비스를 활용하려면 건물 밖으로 나간다. 그 림 13-1을 보면 도로에 건물로 표현된 인터페이스를 확인할 수 있다. 건물 안으로 들어가면 특정 기능을 수행할 수 있다.

그림 13-1 제너럴 매직에서 소개한 매직 캡 인터페이스. 1990년대 중반의 소니와 모토로라 제품에 탑재됐다. 전적으로 메타포에 의존한 인터페이스 다. 모든 내비게이션과 인터랙션을 현실 공간을 본떠 만들었다. 흥미로운 디 자인임에는 틀림이 없다. 하지만 사용하기는 결코 쉽지 않다. 일단 중급자가 되고 나면 장애물이 될 뿐이다. 사실 메타포를 적용하지 않은 부분의 인터페 이스는 꽤 훌륭했다. 정보 입력창 등의 인터랙션은 당시에 아주 훌륭한 디자 인이었다. 안타까운 일이 아닐 수 없다.

전적으로 메타포에만 의존하고 있는 셈이다. 덕분에 한눈에 사용법을 알 수는 있다. 하지 만 엄청난 단점이 있다. 일단 기능의 의미를 이해하고 나면 내비게이션이 무척 불편해진다. 다른 기능을 사용하려면 밖으로 나가 다른 건물로 들어가야 한다. 카드 게임을 하고 싶으면 복도로 나가 게임실을 찾아야 한다. 현실에서는 당연한 일이다. 하지만 소프트웨어에서는 말 이 되지 않는다. 엉뚱한 메타포는 버리고 사용자에게 쉽고 빠른 디자인을 제공하는 게 훨씬 좋지 않을까? 제너럴 매직은 나중에 바로가기를 모아둘 수 있는 추가 기능을 제공했다. 하지만 사용하기도 불편할뿐더러 너무 늦은 대처였다.

제너럴 매직에서 활용한 디자인은 글로벌 메타포global metaphor라는 것이다. 큰 주제를 결정짓는 하나의 커다란 메타포를 결정하는 것이다. 이 주제 메타포의 내용에 따라 시스템의 세부적인 메타포를 결정한다. 비디오 게임에는 효과적일 수 있으나, 효율성이 관심사인 경우에는 별로 그렇지 않다.

글로벌 메타포에는 숨겨진 문제점이 많다. 전반적으로 일관성 있는 메타포를 적용하면 각 기능의 관계를 이해하기도 쉬울 거라는 착각은 이런 문제점을 불러온다. 메타포의 장점은 특정 기능의 의미를 바로 파악할 수 있다는 데 있다. 더 나아가 소프트웨어 전체에 메타포를 적용하려는 유혹에 빠져서는 안 된다. 사무실 전화기와 똑같은 형태의 컴퓨터 전화 소프트웨어 인터페이스를 만들어서는 안 된다. 가방 속에 넣어 다니는 전화번호부를 그대로 본떠 만든 주소록 애플리케이션은 너무나도 많다. 왜 기계화 시대의 구식 유물에 집착하면서 디자인을 제한하려는 것일까? 컴퓨터만의 진짜 강점을 찾지 못하는 것일까? 커뮤니케이션 소프트웨어를 디자인할 때 다중 접속을 고려하면 어떨까? 소속이나 기관으로 검색을 하는 기능은 어떨까? 아예 전화번호를 보여주지 않아도 괜찮지 않을까?

알렉산더 그레이엄 벨Alexander Graham Bell은 친구 사진만 가리켜도 전화가 되는 전화를 만들 수 있다면 아주 좋아했을 것이다. 전기 회로와 베이클라이트Bakelite 몰딩이라는 현실적인 제약을 받았기에 그럴 수 없었다. 반면에 오늘날에는 마음대로 커뮤니케이션 인터페이스를 렌더링하는 사치를 누릴 수 있다. 친구 사진을 보여줘도 완전히 합리적이다. 사실 아이폰처럼 현대적인 전화 인터페이스가 그렇다.

컴퓨터 폴더를 예로 들어보자. 폴더는 대부분의 운영체제에 사용된다. 문서를 쉽고 빠르게 정리할 수 있다. 누구나 일상생활에서도 서류 폴더를 정리해본 적이 있다. 폴더의 역할을 단번에 이해할 수 있다. 하지만 컴퓨터 폴더의 인터랙션은 실제 서류 폴더와는 조금 다르다. 사용자에게는 약간 혼란스러울 수도 있다. 예를 들어, 현실에서는 아무도 폴더 속에 폴더를 넣지 않는다. 하지만 컴퓨터에서는 하위 폴더를 끝없이 만들 수 있다. 컴퓨터 초보자에게는 이 개념이 어려울 수 있다. 운영체제의 내비게이션 특징을 이해해야 한다.

메타포에만 의존하면 컴퓨터만의 강력한 기능을 활용할 수 없다. 현실에서는 한 개의 문서가 동시에 두 곳에 존재할 수 없다. 서류함을 정리할 때는 한 가지 규칙만 따라야 한다(가나다순으로 정리할 수도 있고 서류번호 순서대로 정리할 수도 있다). 하지만 디지털 세상에는 이런 제약이 없다. 동일한 문서를 다양한 방식으로 구성해서 보여줄 수 있다. 메타포에 집착하다 보면 컴퓨터의 기능을 크게 제한하게 된다.

디자인 원칙	메타포에 맞게 억지로 디자인을 수정해서는 안 된다.

『Computers as Theatre』(Addison-Wesley, 2013)에서 브렌다 로럴[Brenda Laurel]은 다음과 같이 말했다. "메타포를 활용한 인터페이스는 루브 골드버그[Rube Goldberg]가 그리던 만화 속의 기기와 유사합니다. 작동하지 않을 때마다 끈으로 묶고 테이프를 붙여가며 손을 봐야 하죠. 결국엔 원래 디자인이 뜻하던 바를 전혀 알아볼 수 없게 될 겁니다. 뜯어고친 자국투성이일 테니까요." 이런 엉터리는 모두 제록스 파크[Xerox PARC] 시절부터 비롯된 것이다. 디자인의 가능성을 제한하는 안타까운 현상이다.

메타포의 제약

메타포는 현대적인 정보 시대의 시스템에 적용할 때 여러 가지 제약이 있다. 그중 하나로, 메타포는 그리 잘 확장되지 않는다. 간단한 프로그램에서는 의미가 통하는 메타포가 좀 더 복잡한 제품에서는 말이 되지 않는 경우가 많다. 파일 크기를 아이콘의 크기로 표현하는 경우를 생각해보자. 플로피디스크를 사용하던 시절에는 충분히 적용 가능한 메타포였다. 하드디스크는 20MB 정도였고, 파일도 기껏해야 수백 개가 전부였다. 하지만 요즘은 수천 개의 파일을 몇 테라의 디스크에 저장하고 있다. 이런 상황에서 각 파일과 폴더의 크기를 아이콘 크기로 표현하는 것은 의미가 없다.

훌륭한 메타포를 찾아서 시각적 메타포를 찾기 쉬운 경우도 있다. 프린터나 문서 같이 물리적인 사물의 경우는 그리 어렵지 않다. 하지만 과정이나 관계, 서비스, 변형 같은 주제에 딱 맞는 메타포를 찾기란 매우 어렵다. 하지만 이런 내용은 소프트웨어에서 가장 활발하게 다루는 주제다. 적절한 메타포를 찾기가 거의 불가능한 경우도 있다. 채널 변경이나 아이템 구매, 참고 자료 찾기, 포맷 설정, 해상도 변경, 통계 자료 분석 등의 메타포를 떠올릴 수 있을까? 사용자가 소프트웨어를 사용할 때 가장 많이 찾는 기능이라는 점을 기억하자.

메타포는 디자이너와 사용자가 이미지를 같은 의미로 해석할 때만 효과가 있다. 문화권이 다르면 메타포의 의미가 통하지 않는 경우가 많다. 같은 문화권에서도 상황에 따라 다른 의미로 해석되는 경우가 많다. 웹 페이지에 비행기 모양의 아이콘이 있다고 생각해보자. 이 아이콘은 상황에 따라 '비행기 시간 확인'이 될 수도 있고 '티켓 예매'가 될 수도 있다.

제품을 처음 접하는 초보자에게는 메타포가 어느 정도 도움이 된다. 하지만 일단 사용자가 중급자로 발전하고 나면 메타포는 오히려 방해가 된다. 프로그램의 디지털 기능을 일상생활의 물리적인 제품과 동일시하기 때문이다. 디지털로만 표현 가능한 새로운 가능성을 가로막는다. 정말 적절하고 강력한 경우만 메타포를 사용해, 거의 언제나 숙어적으로 디자인하는 편이 낫다.

규칙의 예외

메타포, 스큐어모피즘 사용자 인터페이스는 일반적으로 피해야 하지만, 항상 규칙에 예외는 있다. 비디오 게임은 게임의 세계에 플레이어를 묶어두기 위해 특별한 인터페이스를 자주 활용한다. 비행 시뮬레이터 같은 시뮬레이션 소프트웨어는 의도적으로 현실 세계의 등가물을 닮은 컨트롤을 사용한다. 메타포 인터페이스를 많이 사용하는 소프트웨어 장르로는 음악 제작 소프트웨어도 있다. 피아노 키, 드럼 패드, 신디사이저 노브와 슬라이더, 기타 프렛과 줄을 시뮬레이션하면 마우스 주도의 데스크탑 인터페이스에서 약간 멍청해 보일 수 있지만, 멀티터치 아이패드 화면에서는 꽤 다른 느낌이다. 그림 13-2처럼 가상의 악기를 표현하면 현실 세계의 악기와 대등하게 표시할 수 있다.

그림 13-2 선라이저(Sunrizer)는 해당 하드웨어 제품과 아주 닮은 아이패드 신디사이저다. 터치스크린에서 시뮬레이션된 노브와 슬라이더는 사용자가 하드웨어 인터페이스에 익숙할 경우 의미 있다. 그 인터랙션이 현실 세계와 너무나 비슷하기 때문이다. 하지만 선라이저의 제작자는 보편적 메타포의 노예가 되지 않고, 오히려 디지털 인터페이스만 가능하기에 현실 세계를 개선했다. 키보드에서 좌우로 스와이프하면 더 높거나 낮은 옥타브 키가 미끄러져 나와, 사실상 화면 너비 값의 제약을 제거한다.

반면, 디지털 악기가 성공하거나 표현적이기 위해 메타포를 써야 하는 건 아니다. TC-11 은 그림 13-3처럼 고유하고도 극히 표현적인 추상적, 숙어적 인터페이스를 사용하는 아이 패드 신디사이저다.

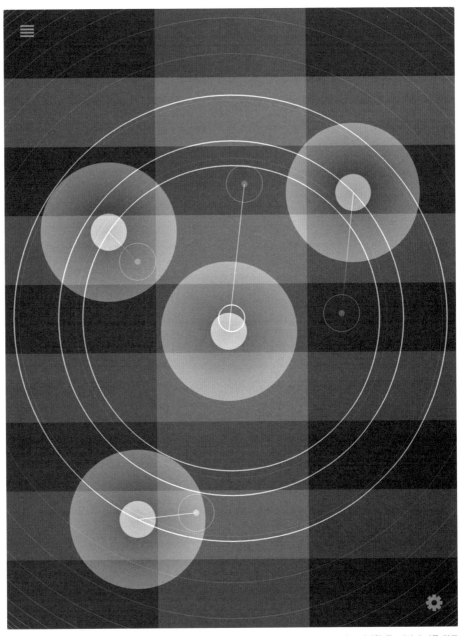

그림 13-3 TC-11은 표현적인 디지털 악기 제작에 완전히 다른 접근법을 취한다. 터치, 제스처로 제작한 톤, 시각 효과를 탐구 해 사용자가 학습해야 하는 고유하고 추상적이며 완전히 숙어적인 사용자 인터페이스다. 새 사운드와 인터랙션을 구축하는 세련 된 패치 에디터도 포함한다.

하드웨어가 제어하는 가젯, 도구, 악기 대신 멀티터치 디스플레이를 사람들이 점차 사용하면서, 현실 세계의 메타포가 결국 사라져 표현적인 제스처에 최적화된 숙어적 인터페이스가 이식되리라 기대해도 합리적이다. 다음 절에서는 숙어적 인터페이스를 제작한다는 게 무슨 뜻인지 알아본다.

숙어적 인터페이스

우리가 숙어를 배우고 사용하는 방법을 생각해보면 숙어적 인터페이스를 쉽게 이해할 수 있다. 테드 넬슨^{Ted Nelson}은 숙어적 인터페이스를 '원칙의 디자인'이라고 불렀다. '정말 죽인다(멋지다)'라든가 '배가 터진다' 같은 숙어는 단어적 의미와는 다른 뜻을 지닌다. 숙어적 인터페이스는 앞서 소개한 두 인터페이스와는 다르다. 기술적인 지식이나 직관적인 판단에 의존하지 않기 때문이다. 사용자가 시각적, 행동적인 숙어를 학습하는 방법을 바탕으로 접근한다. 목표와 과업을 달성하는 데 어떤 숙어를 적용하는지 알아보자.

숙어 표현은 메타포와는 다르다. 유사한 사물의 이미지를 차용하는 것이 아니기 때문이다. "정말 죽인다"라고 말할 때 실제 단어의 뜻은 전혀 관련이 없다. 배가 실제로 터지려고 하는 것도 아니다. 숙어는 이전에 그 독특한 의미를 배웠기 때문에만 이해할 수 있다. 문장 자체의 의미를 파악하거나 이전의 경험과 비교해보는 과정을 통해 이해하는 것이 아니다. 하지만 숙어를 이해하는 속도는 무척 빠르다. 이전에 배웠던 내용을 기억해낸다는 사실을 인지하지도 못하는 경우가 많다.

숙어의 언어적 의미를 분석하는 일은 무척 어렵다. 일상 언어는 숙어로 가득 차 있다. 이전에 들어본 적이 없는 숙어는 전혀 이해할 수 없는 경우가 많다. '조 삼촌이 저 세상으로 갔어'라든가 '삼촌이 어제 밥 수저를 놨어'라는 말을 생각해보자. 왜 '저 세상'이나 '수저'라는 단어가 등장했는지는 중요하지 않다. 하지만 이 말의 의미를 누구나 금세 이해할 수 있다. 이런 표현을 들어본 적이 있기 때문이다. '저 세상'이나 '밥 수저'라는 말이 죽음과 막연하게 연결돼 있다는 사실을 기억하기 때문에 그 뜻을 이해하게 된다.

숙어적 표현이 왜 그런 의미를 지니게 됐는지 유래를 알지 못해도 누구나 자연스럽게 숙어를 활용한다. 너무 당연하게 수많은 숙어를 기억하고 일상생활에 적용한다. 숙어는 실제 두 사물의 유사성을 바탕으로 만들어진 게 아니다. 숙어는 메타포와는 거리가 멀다. 숙어는 아주 오래전에 만들어졌기 때문에 그 시초가 불분명한 경우가 많다.

숙어로 가득한 그래픽 인터페이스

직관적인 그래픽 인터페이스를 살펴보자. 대부분 시각적 숙어로 가득하다는 사실을 알 수 있다. 창과 제목표시줄, 닫기 버튼, 화면분할기, 하이퍼링크, 드롭다운 메뉴 등 사용자가 숙어로 배운 것들이다. 메타포와는 거리가 멀다. 맥에서는 파이어와이어 외장 하드를 분리할 때 아이콘을 쓰레기통으로 드래그한다. 이는 순전히 숙어로 터득한 것이다(엉터리 숙어라는 비평도 많았다). 외장 하드를 쓰레기통으로 버리는 메타포로 해석해서는 안 된다.

마우스는 가장 널리 쓰이는 입력장치다. 마우스는 메타포와 전혀 상관이 없다. 오히려 숙어적으로 학습한다. 마우스의 물리적 외관은 목적이나 용도를 전혀 지시하지 않으며, 경험 중 무엇과도 비교가 불가능해, 학습도 직관적이지 않다('마우스'라는 이름은 그런 면에서 오히려 도움이 안 된다).

〈스타트렉 4〉의 한 장면을 살펴보자. 스코티가 미래에서 20세기의 지구로 날아와 마우스를 사용하는 순간이다. 23세기 최고의 엔지니어인 스코티는 마우스를 입에 대고 명령하려 한다. 마우스의 겉모양만 봐서는 사용법을 전혀 짐작할 수 없기 때문이다. 하지만 데스크탑에서 마우스를 미끄러지게 하자마자 시각적 상징인 커서가 보이고, 컴퓨터 화면에서도 마찬가지로 움직인다. 마우스를 왼쪽으로 움직이면, 커서도 왼쪽으로 움직이고, 마우스를 앞으로 움직이면, 커서도 올라간다. 처음 마우스를 사용하면서 즉시 마우스와 커서가 연결됐다는 감을 잡는다. 이 감은 학습이 극히 쉽고 잊기도 그만큼 어렵다. 이것이 숙어적 학습이다.

대부분의 스마트폰, 태블릿에 보이는 현대적인 멀티터치 사용자 인터페이스도 숙어적이다(화면 위 개체 터치로 활성화하는 것은 직관적이지만, 제스처 숙어는 모두 학습해야 한다). 예전에 애플이 확산시킨 스큐어모피즘이 점차 더 플랫하고 그래픽상으로 심플한 레이아웃, 컨트롤로 대체되면서 더 진실이 되고 있다. 정확히 디자인할 때 터치 제스처는 마우스 동작보다 훨씬 더 쉽게 학습할 수 있다. 마우스 커서라는 가상의 대체물보다 손가락으로 화면 위에서 개체를 더 직접 조작할 수 있기 때문이다.

사실 메타포라고 알려져 있는 GUI도 살펴보면 숙어적으로 디자인된 경우가 많다. 폴더나 창은 메타포라고 알려져 있다. 하지만 창 크기를 조절하거나, 끝없는 상하구조로 연결된 하위 폴더는 현실에서 찾아볼 수 없다. 숙어적으로 디자인했기 때문에 디지털만의 강점을 갖게 된 셈이다.

좋은 숙어는 한 번만 배워야 한다

인터페이스를 배우는 일은 무척 어렵다고 생각하는 경우가 많다. 그동안 구현 모델 중심의 인터페이스만 접해왔기 때문이다. 구현 모델 중심의 디자인을 이해하기란 매우 어렵다. 소프트웨어의 작동법을 일일이 이해해야만 제품을 활용할 수 있기 때문이다. 하지만 뭔가를 배울 때 그 내부 구조까지 이해해야 하는 경우는 거의 없다. 얼굴, 사회생활, 태도, 멜로디, 브랜드명, 아파트 구조, 집과 사무실에 배치된 가구 등을 생각해보자. 친구의 얼굴 내부의 근육과 골격을 이해하는 사람은 극히 드물다. 그저 얼굴의 생김새만 알면 된다. 사람의 얼굴은 한 번 보면 쉽게 기억할 수 있다.

> **디자인 원칙** 숙어는 학습을 통해서만 터득할 수 있다. 훌륭한 숙어는 단번에 익힐 수 있어야 한다.

숙어는 학습을 통해서만 터득할 수 있다. 동시에 쉽게 배울 수 있어야 한다. 훌륭한 숙어란 단 한 번에 배울 수 있는 것이다. '정말 죽인다'라든가 '입에 맞다', '썰렁하다', '누워서 떡 먹기', '코피 나게 공부하자' 등의 표현은 단번에 이해할 수 있다. 한 번만 들으면 그 뜻을 바로 이해하고 기억하는 능력 덕분이다. 디자인에서도 마찬가지다. 라디오 버튼과 닫기 버튼, 드롭다운 메뉴와 체크박스도 금세 익힐 수 있다.

숙어와 브랜드

마케팅과 광고 분야에서는 숙어가 활발하게 사용된다. 간단한 심볼에도 의미를 불어넣는다. 숙어는 브랜드의 핵심인 셈이다. 회사의 이름과 제품에 적절한 의미와 가치를 부여한다. 그림 13-4의 예시를 살펴보면 숙어를 심볼에 적용했을 때의 효과를 이해할 수 있다.

그림 13-4 숙어적 디자인을 활용해 의미를 전달하는 심볼. 실제 사물을 본떠 만든 메타포가 아니다. 1950년대와 1960년대를 겪어본 사람은 이 심볼의 무시무시한 의미를 잘 알고 있다. 핵 방사선을 뜻하는 그림이기 때문이다. 숙어를 모르면 이 그림은 아무 의미 없는 심볼에 지나지 않는다. 국기의 심볼처럼 시각적 숙어는 메타포만큼 강력한 힘을 지니고 있다. 숙어의 의미는 일상생활의 유사한 사물과 연관 짓는 과정에서 나오는 것이 아니다. 숙어를 배우고 사용하는 과정 자체에서 나온다.

숙어 설계

그래픽 사용자 인터페이스는 큰 성공을 거뒀다. 하지만 GUI가 성공한 이유를 정확히 이해하는 사람은 많지 않다. 대부분 '그래픽'이라는 부분에만 초점을 맞추곤 한다. 최초의 GUI인 매킨토시를 예로 들어보자. 초기 맥이 성공한 이유는 그래픽이 아니라 효과적인 인터랙션 때문이다. 사용자에게 꼭 필요한 인터랙션만을 제공하기 때문이다. 사용자가 특정 명령을 입력하는 경우를 생각해보자. 명령행 인터페이스와 마우스로 조작하는 GUI는 매우 다르다. 명령행 인터페이스에서는 사용자가 어떤 글자든 입력할 수 있다. 정확한 명령어를 입력하려면 프로그램의 요구사항을 이해해야 한다. 정확한 기호와 기능을 암기하고 있어야 한다. 단어를 입력하는 순서도 중요할뿐더러 대문자와 소문자도 구분해야 한다.

GUI에서는 마우스 커서를 움직여 원하는 대상을 선택할 수 있다. 이미지나 텍스트를 직접 조작할 수 있다. 사용자는 복잡한 명령어를 암기할 필요가 없다. 원하는 기능을 마우스로 선택하면 된다. 클릭, 더블클릭, 드래그앤드롭 등의 조작을 할 수 있다. 키보드로는 필요한 정보를 입력한다. 명령행 인터페이스에서 복잡한 기호를 입력하던 것과는 다르다. 사용자가 입력해야 하는 내용이 대폭 감소됐다. 하지만 프로그램의 성능은 전혀 축소되지 않았다.

사용자가 조작해야 하는 요소가 많을수록 인터랙션 언어도 복잡해진다. 디자인을 이해하기도 어려워진다. 사용자의 입력을 제한하면 그만큼 표현 능력이 제한된다. 명령행 인터페이스는 아주 복잡한 인터랙션도 소화할 수 있다. 글자를 조합해 만들 수 있는 단어와 문장의 개수에는 끝이 없다. 입력 제한이 없는 인터페이스의 명령어도 마찬가지다.

인터랙션 언어의 구성은 역삼각형으로 표현된다(그림 13-5 참조). 이해하기 쉬운 인터랙션을 제공하려면 역삼각형 패턴을 따라야 한다. 가장 하단 영역은 기초 인터랙션을 나타낸다. 인터랙션 언어를 구성하는 가장 기본적인 요소를 담고 있다. 데스크탑 GUI에서는 마우스 이동, 클릭, 드래그, 키보드 입력이 여기에 해당한다. 터치 제스처 시스템에서는 탭, 드래그로 구성된다.

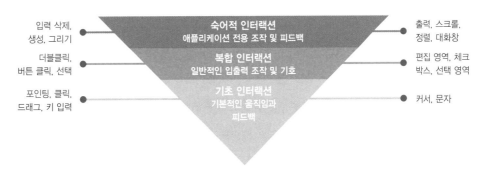

그림 13-5 GUI는 조작이 매우 편리하다. 꼭 필요한 인터랙션 언어만 제공하기 때문이다. 아주 단순한 기초 인터랙션을 바탕으로 제한적인 숙어를 만들어낸다. 기초 인터랙션에는 마우스 이동, 클릭, 드래그가 있다. 간단한 기초 요소만으로도 다양한 복합 인터랙션을 구성할 수 있다. 훨씬 발전된 형태의 숙어적 인터랙션을 디자인할 수 있다. 모든 인터랙션의 기본이 되는 기초 언어는 매우 쉽게 터득할 수 있다.

중간 영역은 복합 인터랙션이다. 기초 인터랙션을 결합한 좀 더 복잡한 인터랙션을 말한다. 텍스트 창 같이 단순한 시각적 요소가 여기에 해당한다. 더블클릭이나 클릭앤드래그, 스와이프, 핀치 등의 조작도 포함한다. 사용자가 조작할 수 있는 다양한 요소도 있다. 버튼이나 체크박스, 하이퍼링크, 리사이즈 핸들이 대표적인 예다.

가장 상위 영역은 숙어적 인터랙션이다. 여러 복합 인터랙션이 결합된 형태다. 제품의 전문 영역과 디자인 문제를 바탕으로 구성한 것이다. 숙어적 인터랙션은 자동으로 만들어지지 않는다. 반드시 사용자의 목표와 행동 패턴을 고려해야 한다. 디자인 숙어가 제시하는 언어를 이해하면 디자인 문제를 효과적으로 해결할 수 있다. 버튼 이름과 입력 영역을 어떻게 설정해야 하는지 알 수 있다. 적절한 내비게이션 메뉴와 리스트 메뉴, 아이콘, 조작 메뉴, 전체 패널과 대화상자 디자인의 방향을 쉽게 찾아낼 수 있다.

역삼각형 패턴을 따르지 않는 인터랙션은 이해하기 어렵다. 컴퓨터뿐 아니라 다양한 디자인이 유사한 패턴을 따르고 있다. 도로표지판도 마찬가지다. 모양과 색상을 활용한 단순한 기초 언어를 바탕으로 다양한 정보를 제공한다. 노란색은 주의, 빨간색은 경고, 녹색은 정보를 나타낸다.

조작 어포던스

도널드 노먼의 책, 『The Design of Everyday Things』(Basic Books, 2002)는 매우 유명하다. 노먼은 어포던스affordance라는 용어를 소개했다. '사용자가 인지하는 제품의 실제 속성'이라는 뜻이다. 제품을 어떻게 다뤄야 하는지 알려주는 기본 특징을 말한다.

어포던스는 인터페이스 디자인에 매우 중요한 컨셉이다. 디자인에서 어포던스가 의미하는 바는 무엇일까? 제품을 보는 것만으로 어떻게 사용해야 하는지를 알 수 있는 경우도 있다. 제품의 어포던스를 이해한 것이다. 사용자가 머리로 알고 있는 것과 제품의 이미지를 연결한 셈이다.

어포던스는 노먼이 정의한 대로 제품의 '실제' 속성일 필요는 없다. 사용자가 '인지하는' 속성이 더욱 중요하다. 어포던스란 사용자의 사고 과정을 바탕으로 한 컨셉이다. 제품의 실제 기능은 중요하지 않다. 어포던스란 제품이 어떤 동작을 할 것인지 사용자가 예상하는 내용을 말한다. 현관문 옆에 달린 버튼을 생각해보자. 이 버튼은 초인종이라는 어포던스를 제공한다. 버튼을 눌렀더니 바닥이 열리면서 함정으로 떨어질 수도 있다. 사실 초인종이 아니었던 것이다. 하지만 이 버튼의 어포던스는 여전히 초인종이다.

왜 이 버튼을 보고 초인종이라고 생각했을까? 살아오는 동안 습득한 내용이기 때문이다. 누구나 버튼이 작동하는 방법과 초인종을 누르는 예절을 배운 적이 있다. 툭 튀어나온 단추가 내부의 전기적 장비와 연결돼 있다는 사실을 잘 알고 있다. 남의 집을 방문할 때는 문을 열기 전에 신호를 보내야 한다고 배웠다.

사회적인 교육의 결과만 어포던스에 영향을 미치는 것은 아니다. 자동차 범퍼에 버튼이 달려 있다고 생각해보자. 이 버튼의 의미와 기능은 명확하지 않다. 버튼이 있을 만한 위치가 아니기 때문이다. 하지만 조작 방법은 쉽게 알 수 있다. 손가락으로 꾹 누르는 것이다. 어떻게 알 수 있었을까? 인간은 도구를 다루는 동물이기 때문이다. 손가락 마디 정도 크기의 튀어나온 물체는 누르는 것이다(2살짜리도 이런 행동은 쉽게 한다). 막대기 형태의 물체는 스위치처럼 꽉 쥐어보려 할 것이다. 노먼이 설명한 어포던스란 바로 이런 것이다. 겉모습만 보고 어떻게 조작해야 하는지 직관적으로 알 수 있다. 이런 사고 과정을 구체적으로 조작 어포던스 manual affordance라고 부른다. 제품의 조작부가 손이나 발에 꼭 맞게 디자인된 경우가 있다. 특별한 설명 없이도 한눈에 조작법을 알 수 있다. 제품의 형태와 신체의 관계를 효과적으로 활용한 것이다. 직관적인 인터페이스를 디자인하는 지름길이라 할 수 있다.

노먼은 어포던스의 효과를 열성적으로 소개한 바 있다. 복잡한 설명서보다 훌륭한 어포던스가 훨씬 효과적이다. 밀어서 여는 문에는 가로로 놓인 막대를 설치해야 한다. 손으로 잡고 미는 힘을 가할 수 있도록 적절한 형태와 위치를 선정한다. 어포던스를 제대로 적용하면 손잡이는 "미세요"라고 소리친다. 이 문을 처음 보는 사람도 주저 없이 밀어서 문을 열 것이다. "미세요"라고 적힌 스티커를 붙일 필요도 없다. 손잡이의 형태가 주는 어포던스가 매우 강력하기 때문이다.

조작 어포던스의 종류는 많지 않다. 튀어나온 손잡이는 잡아당긴다. 작은 버튼이나 평평한 막대는 손으로 누른다. 바닥에 튀어나온 상자는 발로 밟는다. 둥근 원통형의 물체는 돌린다. 작은 다이얼은 손가락으로, 큰 바퀴는 두 손으로 돌린다. 기본적인 조작 어포던스를 이해하는 일은 중요하다. 시각적 사용자 인터페이스의 기본이 되기 때문이다.

윈도우 7과 맥 OS X 등의 운영체제는 다양한 3D 효과를 적용하고 있다. 명암과 그림자 효과를 활용해 입체적인 이미지를 보여준다. 안드로이드 킷캣Kitkat, 윈도우 8, OS 매버릭스 Mavericks로 구식이 된 스큐어모피즘 단서이지만, 조작 어포던스를 효과적으로 전달하려는 것이다. 화면 위로 튀어나와 보이는 버튼은 '누르세요', '미세요'라는 어포던스를 제공한다. 최근의 플랫하고 시각적으로 미니멀한 사용자 인터페이스는 시각적 단순화를 위해 이 가상의 조작 어포던스를 제거해 사용 편의성을 위협한다.

조작 어포던스의 결과

디지털 세계에서 어포던스가 조작 결과까지 알려주지는 않는다. 특정 인터페이스 요소가 어떤 기능을 하는지 예측할 길이 없다. 버튼을 눌렀을 때 어떤 일이 벌어질지 알 수 없다. 물리적인 기계의 경우는 각 부품이 어떻게 연결돼 있는지를 파악해보면 된다. 하지만 컴퓨터 소프트웨어는 내부 연결 구조를 들여다볼 수 없다. 버튼의 기능을 설명하는 글이나 그림에 의존해야 한다. 과거의 경험을 바탕으로 습득해야 한다. 윈도우 7 스크롤바를 예로 들어보자. 스크롤바는 드래그할 수 있다는 어포던스를 제공한다. 하지만 스크롤바의 역할을 알려주는 요소는 명확하지 않다. 작은 상하좌우 화살표가 전부다(모바일 앱에서는 없는 경우가 많음). 실제 역할은 크기가 큰 문서 중에서 화면에 나타나는 영역을 조정하는 것이다. 스크롤바의 기능을 따로 배우고 습득해야만 알 수 있다.

주요 조작부에는 기능을 설명하는 글이나 아이콘을 첨부해야 한다. 명확한 레이블이 없으면 직관적으로 기능을 파악할 수 없다. 따로 배워서 암기하거나 여러 번 실수를 거듭하는 수밖에 없다. 설명서를 읽거나, 다른 사람으로부터 배워야 한다. 일단 시도해본 뒤 직접 결과를 확인하는 방법도 있다. 전혀 직관적인 방법이 아니다. 오직 경험에만 의존해야 한다.

사용자의 기대에 맞는 어포던스

물리적인 제품은 형태와 기능이 일치한다. 제품의 모양과 연결된 형태를 보면 기능을 짐작할 수 있다. 톱은 나무를 자르는 데 쓴다. 뾰족하고 날카로운 칼날이 있기 때문이다. 잡기 편한 손잡이도 달려 있다. 방문의 손잡이를 당기면 문이 열린다. 반대쪽 모서리에 경첩이 달려 있는 것을 볼 수 있다. 하지만 디지털 세상에서는 형태와 기능이 직접 연결되지 않는다. 개발자가 프로그램 코드를 작성해야만 기능이 구현되기 때문이다. 톱이나 문 손잡이는 겉모습만 봐도 조작 결과를 쉽게 예측할 수 있다. 하지만 컴퓨터 화면은 그렇지 않다. 툭 튀어나와 보이는 것은 버튼이다. 하지만 반드시 이 버튼을 눌러야만 조작할 수 있는 것은 아니다. 컴퓨터에서는 뭐든지 가능하다. 형태와 조작법, 기능이 일치하지 않는다. 눈에 보이는 것과 구현 프로그램 사이에는 명확한 관계가 없다. 톱은 잘 썰 수도 있고 그렇지 않을 수도 있다. 하지만 결코 전혀 엉뚱한 인터랙션을 요구하지는 않는다. 컴퓨터 그래픽은 얼마든지 거짓 어포던스를 제공할 수 있다.

어포던스 디자인은 사용자와의 약속이다. 버튼을 디자인할 때는 '조작법이 누르는 것'이라고 약속을 하는 셈이다. 버튼을 클릭하면 살짝 들어가 보여야 한다. 버튼의 기능을 분명히 명시해야 한다. 버튼을 눌렀을 때 예상할 만한 결과를 보여줘야 한다. 아주 당연한 규칙이다.

하지만 엉터리 어포던스는 주변에서 쉽게 찾아볼 수 있다. 수많은 개발자가 거짓 어포던스로 사용자를 속이고 있다. 푸시 버튼은 비교적 일반적인 사례다. 대부분의 인터페이스 요소에서 어포던스 문제가 발생한다. 수많은 웹사이트가 어포던스를 제대로 적용하지 못하고 있다. 중요한 기능 요소와 장식적인 요소가 구분되지 않는 경우도 많다. 조작 어포던스를 적용할 때는 신중한 주의를 기울여야 한다. 사용자의 기대에 맞는 인터페이스를 제공해야 한다.

직접 조작법과 유연성

그래픽 인터페이스의 강점은 화면에 보이는 요소를 직접 조작할 수 있다는 데 있다. 이런 방식을 직접 조작법 direct manipulation 이라고 부른다. 사용자는 버튼을 클릭하고 슬라이더를 이동할 수 있다. 다양한 기능을 시각적 요소를 활용해 직접 작동할 수 있다. 정보는 아이콘으로 표현된다. 화면의 요소를 직접 선택하고 수정하는 작업은 오늘날 인터페이스 디자인에 있어 매우 중요한 컨셉이다. 이런 인터페이스를 설계할 때는 다양한 입력장치도 고려해야 한다.

직접 조작법이라는 개념은 1974년에 벤 슈나이더만 Ben Shneiderman 이 처음으로 소개했다. 직접 조작이 가능한 인터페이스의 특징은 다음과 같다.

- 애플리케이션을 구성하는 요소가 시각적으로 표현된다.

- 시각적 요소를 직접적인 행동으로 조작할 수 있다. 조작 과정이 시각적으로 표현된다 (직접 조작과 반대 개념인 명령어는 문자로 표현된다).

- 처리 결과가 즉시 시각적으로 나타난다.

직접 조작법의 특징을 다시 확인해보자. 사용자에게 제공되는 시각적 피드백을 매우 강조하고 있다. '시각적 조작법'이라고 불러도 과언이 아니다. 프로그램에서 어떤 일이 일어나고 있는지 계속해서 사용자에게 시각적으로 알려주기 때문이다. 시각적 조작의 어포던스와 리치한 시각적 피드백은 직접 조작의 인터페이스 디자인에서 두 핵심 요소다.

디자인 원칙   직접 조작법을 차용할 때는 반드시 시각적 피드백을 제공해야 한다.

직접 조작법을 차용했으면서도 제대로 피드백을 제공하지 않는 프로그램도 많다. 이런 디자인은 훌륭한 인터랙션 경험을 제공할 수 없다.

직접 조작법의 활용

직접 조작으로 우리가 원하는 바를 가리킬 수 있다. A에서 B로 개체를 움직이고 싶으면, 거기로 클릭, 탭하거나 드래그한다. 일반적인 규칙으로 좀 더 흐름을 유도하는 더 나은 인터페이스는 세련된 직접 조작의 숙어가 풍부하다.

저작 도구는 이를 아주 잘한다. 예를 들어 대부분의 워드 프로세서로 자의 마커를 드래그해 탭과 들여쓰기를 설정할 수 있다. 사실 "여기가 내가 문단을 시작하고 싶은 곳이다."라고 말할 수 있다. 이어서 애플리케이션은 사용자에게 어딘가의 텍스트 상자에 1.347을 입력하도록 강요하는 대신 왼쪽 여백에서 정확히 1.347인치라 계산한다.

마찬가지로 대부분의 디자인 도구(어도비 크리에이티브 스위트^{Creative Suite} 등)는 개체를 고도로 직접 조작하게 해준다(클릭해서 입력하는 변형의 여러 파라미터가 남아 있기는 하지만). 구글의 스냅시드^{Snapseed} 사진 편집기는 직접 조작을 잘 활용하는 소비자형 멀티터치 앱의 훌륭한 사례다. 복잡한 슬라이더나 숫자 텍스트 필드 대신 제스처가 디지털 사진 편집을 위해 이미지 처리 파라미터를 제어한다.

그림 13-6은 탭으로 어떻게 여러 제어 포인트를 배치, 선택할 수 있는지 보여준다. 이 포인트는 드래그로 움직일 수 있다. 그리고 현재 선택한 포인트를 핀치하면 필터 적용 범위를 보여주기 위해 사용자에게 붉은 틴트가 있는 원의 형태로 피드백을 주면서 적용된 필터의 직경을 조정한다. 수평으로 스와이프해 포인트 주변의 녹색 미터와 화면 하단의 숫자 단위 모두가 추적하는 필터의 강도를 제어한다. 수직 스와이프는 명도, 대비, 채도를 선택한다. 제스처에 많은 기능을 내장하지만, 리치한 시각적 비모드형 피드백, 이미지 조정의 유연성 때문에 몇 번 사용하면 익숙해진다.

직접 조작의 원칙은 여러 상황에 적용된다. 목록 항목의 정렬을 바꿔야 할 때, 사용자는 가나다순으로 정렬하고 싶을 수도 있지만, 알고리즘이 제공할 수 없는 개인적 취향에 따른 순서이기를 바랄지도 모른다. 사용자는 이 근본적인 동작에 알고리즘이 간섭하지 않고도 원하는 정렬로 직접 항목을 드래그할 수 있어야 한다.

드래그앤드롭도 대화상자, 메뉴의 지겨운 반복적 사용으로부터 사용자를 해방시켜줄 수 있다. 그림 13-7에 보이는 소노스 데스크탑 컨트롤러^{Sonos Desktop Controller}에서 사용자는 현재 재생 목록의 어느 위치에든 곡들을 직접 드래그하거나, 즉시 재생하기 위해 집의 어느 스피커에든 드래그할 수 있다. 메뉴를 열어 옵션을 선택할 필요가 없다.

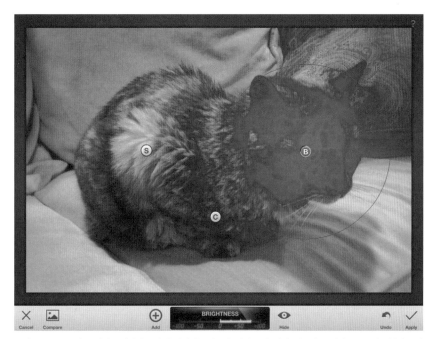

그림 13-6 구글의 스냅시드 아이패드 사진 편집기는 제스처 제어로 탭, 핀치, 비틀기, 스와이프를 통해 시각적 효과 파라미터를 배치, 조작한다. 실시간 미리보기 외에 숫자 피드백을 제시하지만, 숫자 텍스트 입력은 전혀 필요 없고, 사실 누락된 것이 아니라, 허용되지도 않는다.

그림 13-7 소노스 데스크탑 컨트롤러로 검색 및 브라우징 결과에서 곡과 앨범을 재생 목록 내 어디로든, 즉시 재생하기 위해 NOW PLAYING 영역으로도, 집안 내 어느 방으로도 드래그할 수 있다. 드래그앤드롭 제스처 하나로 한다. 앱의 태블릿 버전으로도 유사하게 음악의 직접 조작이 가능하다.

13장 메타포, 숙어, 어포던스   **379**

복잡한 숫자 데이터를 입력하기 위한 직접 조작 인터페이스는 거의 보이지 않는다. 보통 숫자 입력 필드나 슬라이더가 주어진다. 그래픽으로 제시되는 숫자 데이터의 직접 조작 중 훌륭한 사례는 그림 13-8에 보이는 아이패드용 애딕티브 신시$^{Addictive Synth}$ 앱이다. 손가락으로 음악 신디사이저의 웨이브폼, 이펙트 파라미터를 스케치한 후, 화면 내 피아노 키보드에서 결과를 즉시 재생할 수 있다.

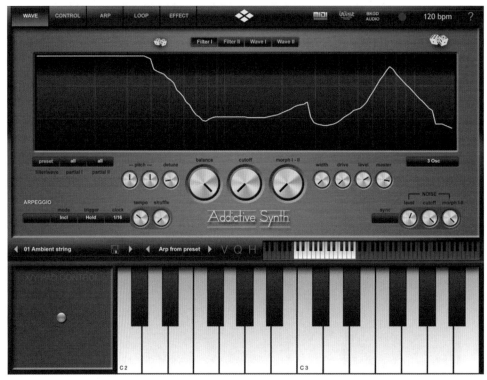

그림 13-8 애딕티브 신시는 사용자가 손가락으로 자신의 웨이브폼, 오디오 이펙트 커브를 드래그한 후 실시간으로 결과를 들을 수 있는 음악 신디사이저다. 앱 이름에 이유가 있다. 몰입과 만족의 경험이기 때문이다.

직접 조작은 단순하고 직선적이며 사용과 기억도 쉽다. 하지만 앞서 논한 대로 직접 조작 숙어는 대부분의 숙어와 마찬가지로 일단 학습해야 한다. 다행히 이 인터랙션의 시각적, 직접적 속성이 물리적 세계의 개체 인터랙션과 아주 닮았기에, 숙어 학습은 보통 쉽다. 학습 후 좀처럼 잊지 못한다.

직접 조작이 항상 적절하지는 않다

애플의 '사용자 인터페이스 스타일 가이드$^{Human Interface Style Guide}$' 문서도 직접 조작법의 중요성을 강조하고 있다. 애플은 "사용자는 스스로 인터페이스를 관리하고 통제하고 싶어한다."

라고 명시했다. iOS의 인터페이스를 살펴보면 애플이 직접 조작법을 구현하는 데 얼마나 공을 들였는지 확인할 수 있다. 하지만 사용자 중심 디자인의 대가인 도널드 노먼(2002)은 직접 조작법의 단점을 지적했다. "직접 조작법에는 큰 단점이 있다. 사용하기 쉽고 재미있긴 하지만 정작 중요한 작업은 하기 힘들다. 사용자는 디자인 요소를 직접 조작하는 데 익숙하지 않기 때문이다." 과연 누구의 말을 믿어야 할까? 물론 두 의견이 모두 맞다. 직접 조작법은 매우 강력한 기능이다. 하지만 이 조작법이 빛을 발하려면 사용자가 충분한 기술을 갖추고 있어야 한다(CAD 시스템을 이용한 비행기 설계 등). 사용자가 기능의 목적과 사용법을 터득해야만 조작법의 숙어를 이해할 수 있다. 예를 들어 파일을 끌어다 다른 폴더로 이동하는 숙어를 생각해보자. 사용자가 마우스를 자연스럽게 조작하는 능력과 폴더를 정확하게 겨냥하는 능력이 요구된다. 직접 조작법을 디자인할 때는 이런 내용을 항상 염두에 둬야 한다. 인터페이스에 직접 조작법을 적용하면 사용자에게 큰 도움이 된다. 하지만 너무 지나치지 않도록 주의해야 한다. 퍼소나의 목표와 기술을 고려해야 한다. 사용자에게 필요한 게 뭔지 항상 기억하자. 어떤 디자인이 사용자를 만족시킬 수 있는지를 점검해보자.

유연성과 힌트

노먼의 어포던스 개념으로 돌아가면, 사용자에게 인터페이스 요소를 어떻게 직접 조작할 수 있는지 시각적으로 전달해야 한다. 유연성이라는 단어는 입력에 반응하고 사용자가 조작할 수 있는 개체나 화면 영역을 가리킬 때 사용한다. 예를 들어 버튼 컨트롤은 손가락이나 마우스 커서로 '푸시'할 수 있기에 유연하다. 드래그 가능한 개체는 모두 유연하며, 스프레드시트 내 모든 셀과 워드 프로세서 문서 내 모든 문자는 유연하다.

대부분 개체가 유연하다는 사실은 사용자에게 시각적으로 전달해야 한다. 해당되지 않는 상황은 애플리케이션 학습 및 사용 능력에 개의치 않는 전문 사용자 전용의 리치하고 복잡한 기능일 경우뿐이다. 이 경우 유연성을 전달하는 데 할애됐어야 할 화면 자산과 시각적 관심은 다른 데서 더 적절히 사용할 수 있다. 이 경로를 가볍게 받아들이도록 결정하지 말아야 한다.

> **디자인 원칙** ▷ 시각적으로 가능할 때마다 유연성을 전달한다.

사용자에게 개체의 유연성을 전달하거나 그 힌트를 주는 기본적인 세 가지 방법이 있다.

- 개체 자체의 일부로 정적인 시각적 어포던스를 만든다.

- 입력 포커스나 기타 시스템 이벤트의 변경에 대응해, 개체의 시각적 어포던스를 동적으로 바꾼다.

- 데스크탑 포인터 주도 인터페이스의 경우 개체 위를 지나고 개체와 인터랙션이 있을 때 커서의 시각적 어포던스를 바꾼다.

정적인 힌트

정적인 힌트는 개체의 유연성을 개체의 정적인 렌더링 자체가 전달하는 경우다. 예를 들어, 버튼 컨트롤의 가짜 3D 스컬프팅^{sculpting}은 푸시를 위한 (가상의) 조작 어포던스를 제공하기에 정적인 시각적 힌트다.

개체와 컨트롤이 많은 복잡한 데스크탑 인터페이스에서 정적인 개체의 힌트는 때로 렌더링된 화면 요소의 비실용적인 수를 요한다. 어포던스를 제공하기 위해 모두 3차원의 느낌이 있다면, 인터페이스는 조각 정원처럼 보일 수 있다. 잠시 후 논하겠지만 동적인 힌트는 이 문제에 해결책을 제시한다.

하지만 정적인 힌트는 모바일 사용자 인터페이스에 잘 어울린다. 보통 어떤 경우에도 화면에 개체가 더 적고, 반드시 손가락으로 조작할 만큼 충분히 커서, 어포던스에 필요한 시각적 단서에 방대한 공간을 남겨야 한다.

아이러니하게도 모바일 UI의 현재 트렌드는 텍스트, 플랫한 모노크롬 아이콘, 직선의 플랫한 버튼과 카드만 사용 가능한 시각적 요소일 정도로 플랫하고 시각적으로 단순화된 요소를 지향한다. 그래서 시각적 계층구조를 만들든, 유연성과 어포던스를 나타내든, 두 관점 모두에서 디자이너에게 여러 과제가 생긴다. 최종 결과는 모바일 인터페이스가 시각적으로 더 단순해지면서도 더 학습이 어려워지는 것이다.

동적인 힌트

동적인 힌트는 데스크탑 사용자 인터페이스에서 사용하는 경우가 대부분이다. 이렇게 작용한다. 커서가 유연한 개체 위를 지나면, 개체는 그림 13-9처럼 일시적으로 그 외관을 바꾼다. 이 액션은 어떤 마우스 버튼도 클릭하기 전에 발생하며, 커서가 위를 지날 때만 촉발된다. 흔히 '롤오버^{rollover}'라 부른다. 그 좋은 사례는 툴바에서 아이콘 버튼의 동작이다(21장 참조). 버튼 같은 지속적인 어포던스가 없더라도, 어떤 단일 아이콘 버튼 위라도 커서가 지나가면 어포던스가 나타난다. 결과는 컨트롤이 버튼의 동작을 지니는 동적인 힌트이며, 지속적인 어포던스를 제거하면 툴바의 시각적인 복잡함이 줄어든다.

그림 13-9 좌측의 버튼은 정적인 시각적 힌트의 사례다. 입체적인 렌더링이 그 '클릭 가능성'을 제안한다. 우측의 툴바 아이콘 버튼은 동적인 시각적 힌트를 예시한다. 볼드 토글이 한눈에 버튼처럼 보이진 않지만, 마우스 커서가 그 위를 지나갈 때 변하며, 그에 따라 어포던스가 생긴다.

유감스럽게도 터치스크린 기기는 정말로 동적인 개체 힌트에 해당하는 것이 없다. 디자이너와 사용자는 사용 가능하다면 유연성을 나타내는 어떤 정적인 힌트든 만족해야 한다.

유연한 반응의 힌트

데스크탑의 유연한 반응 힌트는 마우스 커서를 클릭하지만 손을 떼지 않거나 컨트롤을 손가락으로 누르는 동안 발생해야 한다. 컨트롤은 상태 변화를 겪을 준비가 됐음을 나타내야 한다(추가 정보는 18장 참조). 이 액션은 중요하며, 자신의 컨트롤을 만드는 개발자가 소홀히 하는 경우가 많다.

푸시 버튼은 시각적으로 올라간 상태에서 시각적으로 들어간 상태로 바뀌어야 한다. 체크박스는 그 박스를 하이라이트하되, 아직 체크를 보여주지는 말아야 한다. 유연한 반응은 액션을 유발하거나 그 상태를 바꾸는 컨트롤 모두에 중요한 피드백 장치다. 사용자에게 마우스 버튼을 놓으면 어떤 액션이 곧 나올지 알려준다. 유연한 반응은 취소 장치의 중요한 부분이기도 하다. 사용자가 버튼을 클릭하면, 그 버튼은 들어가며 반응한다. 사용자가 마우스나 손가락을 버튼으로부터 움직이며 여전히 누르고 있으면, 화면 위 버튼은 그 올라간 정지 상태로 돌아간다. 사용자가 이어서 마우스 버튼을 놓거나 손가락을 올리면, 화면 내 버튼은 활성화되지 않는다(유연한 반응이 없는 경우와 일관됨).

커서 힌트

커서 힌트는 데스크탑에서 또 다른 유연성 힌트의 접근법이다. 개체나 화면 영역 위를 지나면서 커서의 외관을 바꿔 유연성을 전달한다. 예를 들어 커서가 창의 프레임 위를 지날 때, 커서는 창의 가장자리를 늘릴 수 있는 축을 보여주는 두 머리의 화살표로 바뀐다. 프레임을 확장할 수 있다고 알려주는 유일한 시각적 어포던스다.

커서 힌트는 무엇보다도 사용자에게 힌트가 없을 경우 장식이 안 된 개체가 유연함을 분명히 나타낸다. 개체로 어떤 직접 조작 액션이 가능한지 알려줄 때도 유용한 경우가 많다(방금 언급한 창 프레임처럼).

일반적으로 컨트롤은 정적, 동적 시각적 힌트를 제시해야 하는 반면, 유연한 (조작 가능한) 데이터는 커서 힌트를 제시해야 하는 경우가 더 많다. 예를 들어 그 분명한 재현을 방해하지 않고 빽빽한 표 데이터가 시각적으로 유연성의 힌트를 주게 하기는 어려우니, 커서 힌트는 가장 효과적인 방법이다. 어떤 컨트롤은 사용자가 제대로 버튼으로 감지하기에 작고 어려우며, 커서 힌트는 그런 컨트롤의 성공에 중요하다. 마이크로소프트 엑셀의 열 구분자와 화면분할기는 그림 13-10처럼 좋은 사례다.

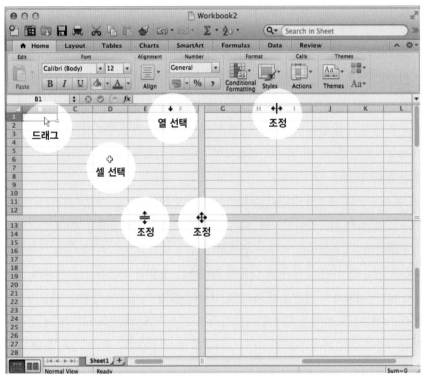

그림 13-10 엑셀은 그 자체로 명백히 유연하지 않은 여러 컨트롤을 커서 힌트로 하이라이트한다. 행과 열의 쌍마다 그 사이에 짧은 수직선을 드래그해, 열 너비와 행 높이를 설정할 수 있다. 커서는 유연성의 힌트인 동시에 허용 가능한 드래그 방향을 나타내는 두 머리의 수평 화살표로 바뀐다. 화면분할기 컨트롤도 마찬가지다. 선택하지 않은 편집 가능한 셀 위에 마우스를 올려놓으면, 더하기 커서를 보여주며, 선택한 셀 위에 있으면, 드래그 커서를 보여준다.

다시 한 번 말하지만, 불행히도 터치스크린 사용자와 디자이너는 이런 유연성의 힌트를 사용하지 못한다. 19장에서 더 자세히 논하겠지만, 터치스크린 앱 디자인은 사용자에게 어떤 개체를 조작할 수 있고, 언제 그럴 수 있으며, 어떤 액션과 제스처를 지원하는지 사용자가 알 수 있게 다른 전략을 활용해야 한다.

메타포로부터의 탈출

앱을 구축하면서 사용자를 몰입시키는 편리한 시각적 메타포로 돌아가려는 유혹에 빠질 수 있다. 그 유혹을 피해야 한다. 시각적인 글로벌 메타포는 경험을 구성하는 진정한 일부인 얼마 안 되는 특수한 정황에만 사용해야 한다. 메타포를 빠른 학습 가능성이나 단기적인 편리함을 지원하는 버팀목으로 사용하지 말아야 한다.

대신 사용자가 더 효과적이고 효율적일 수 있게 해주고, 풍부하고 유연한 피드백이 가득하며, 사용자가 유행 지난 기계 시대의 메타포, 인터랙션의 제약보다 앱의 컨텐츠와 기능에 집중할 수 있는 기억할 만하고 적절한 숙어를 만들어야 한다. 디자이너와 사용자의 궁극적인 희망대로 디자이너는 사용자가 중급 사용자가 되도록 도움을 주게 될 것이다.

14장

데이터 입력, 저장, 추출의 재발견

디지털 세계에서 데이터 입력, 저장, 추출 등 데이터 관리는 구현 모델의 사고가 가장 명백한 곳이다.

여러 폼에 정보를 입력하다가 잘못 입력했다는 불쾌하거나 혼란스러운 오류 대화상자의 말을 얼마나 자주 들었는가? 아마 전화번호에 하이픈을 입력했거나, 어쩌면 이름만 받으려는 필드에 성과 이름을 모두 입력했을 것이다. 혹은 우연히 숫자만 입력해야 할 필드에 텍스트를 입력했을 것이다. 빨리 누가 옳은지 시비를 가려야 한다.

문제는 데이터 입력에서 끝나지 않는다. 어머니께 컴퓨터 사용법을 가르쳐본 사람이라면 누구나 공감할 것이다. '원래 어려운 것'이라는 말로 어물쩍 넘어갈 생각일랑 접어두길 바란다. 시작은 항상 순조롭다. 워드 프로세서를 켜고 몇 개의 문장을 입력한다. 여기까지는 누구나 잘 따라온다. 종이에 글을 적는 것과 별반 다를 바 없기 때문이다. 문제는 닫기 버튼을 클릭했을 때다. 대화상자가 튀어나와서 묻는다. "바뀐 내용을 저장하시겠습니까?" 어머니는 막다른 골목에 부딪힌다. 돌아보며 물을 것이다. "이게 무슨 소리니? 뭐가 잘못됐어?" 그리고 일단 진정하시도록 얘기한 후 저장을 하고 나면 긴박하고 어려운 질문이 하나 더 생긴다. "어디로 갔지? 다시 찾으려면 어떻게 해야 하지?"

아니면 자신의 스마트폰일 수도 있다. 친구에게 멋진 사진을 보여주고 싶지만, 긴 섬네일의 행렬을 감안할 때 필요 이상으로 찾느라 시간을 보내야 한다.

잘못된 것은 디자인이다. 사람에게 컴퓨터처럼 생각하라고 강요한다. 데이터 입력, 저장,

추출에 관한 내부 메커니즘을 사용자가 맞닥뜨려야 할 이유가 전혀 없다. 그럼에도 불구하고 강제로 들이민다. 당황스러운 것은 당신과 어머니뿐만이 아니다. 컴퓨터를 제법 능숙하게 다루는 사용자라 할지라도 곧잘 헷갈리거나 실수할 수 있다. 사용자는 하드웨어와 소프트웨어를 구입하는 데 수백만 원을 들였다. 마이크로소프트 오피스한테서 "하루 종일 뼈 빠지게 작업한 문서를 과연 저장해야 할까요?"라는 멍청한 질문이나 듣자고 그 돈을 들인 게 아니란 소리다.

14장에서는 제품 사용자의 멘탈 모델에 더 맞는 데이터 입력, 파일 및 저장, 검색의 문제를 처리하는 다양한 접근법을 제시한다. 다행히 우리만 이렇게 생각하지는 않는다.

데이터 입력의 재고

8장에서 인터랙션이 많은 제품은 매우 현명하고 사려 깊은 사람처럼 행동해야 한다고 배웠다. 하지만 사용자가 정보를 입력해야 하는 시점에서는 매우 무례하게 행동하는 프로그램이 많다. 정보를 입력하는 인터페이스가 구현 모델을 바탕으로 설계됐기 때문이다. 사용자가 자연스럽게 받아들일 수 있는 정보 입력창을 설계하는 일은 매우 중요하다. 14장에서는 사용자의 니즈를 바탕으로 효과적인 정보 입력 인터페이스를 디자인하는 법을 살펴본다. 데이터베이스를 중심으로 디자인된 문제투성이 인터페이스 사례도 함께 살펴보자.

정보의 진실성과 정보 면역성

적절한 정보를 입력해야만 프로그램도 제대로 작동할 수 있다. 콩 심은 데 콩 나고 팥 심은 데 팥 나는 법이다. 잘못된 정보가 입력되면 아무리 열심히 처리를 하더라도 제대로 된 결과를 얻을 수 없다. 처음부터 이상한 정보는 입력되지 않도록 방지하면 문제를 해결할 수 있다. 인터페이스에 잘못된 정보를 입력할 수 없도록 설정한다. 정보의 진실성data integrity을 체크하는 관문을 설치하는 셈이다.

정보의 진실성을 확인하는 일은 매우 중요하다. 잘못된 거짓 정보가 여기저기 도사리고 있기 때문이다. 엉터리 정보가 입력되지 않도록 잘 걸러내야 한다. 공항의 입국심사 절차처럼 프로그램에 입력되는 정보를 검사한다. 정보가 입력되는 시점에 진실성을 점검하는 장치가 필요하다. 심사를 통과한 정보만 프로그램에 받아들여야 한다. 한 번 심사를 통과한 정보는 오류가 발생할 염려가 없다. 입력 시점에 한 번만 정보를 체크하면 프로그램을 실행할 때마다 반복해서 검사할 필요가 없다.

하지만 사용자가 데이터를 입력한 뒤, 정보의 진실성을 체크하는 방식은 데이터베이스를 중심으로 한 접근법이다. 사용자의 니즈는 고려되지 않는다. 사용자가 입력한 정보가 적절하지 않으면 프로그램은 문을 닫아버리기 때문이다. 개인용 오피스 프로그램은 정보의 진실성을 확인하지 않는 경우가 많다. 파워포인트는 사용자가 어떤 정보를 입력하든 상관하지 않는다. 반면 대규모 데이터베이스를 관리하는 대기업의 홈페이지를 이용할 때면 항상 정보 입력 문제에 부딪히게 된다. 온라인에서 DVD를 구입하려 할 때도 수많은 정보를 입력해야 한다.

기업에서 직원 관리 시스템을 관리하는 사원은 말할 것도 없다. 누구나 컴퓨터에 하루에도 몇 번씩 정보를 입력한다. 미가공된 정보를 인터페이스에 입력하는 것이다. 하지만 미가공된 정보가 항상 프로그램의 인터페이스가 요구하는 형식으로 준비돼 있는 것은 아니다. 전혀 다른 방식으로 구성돼 있거나 내용이 잘못된 경우도 있다. 게다가 폼의 엄격한 요구를 벗어나 이 데이터를 빨리 처리해 고객을 기쁘게 할 수 있다. 그러나 그런 문제에 있어 전혀 유연하지 않은 시스템에 직면해 이 사람들은 분을 삭이거나 시스템을 교란해 일을 처리할 방법을 찾아야 한다. 사용자가 정보를 입력하는 일이 얼마나 어려운지 컴퓨터가 미리 알고 있을 수는 없을까? 사용자가 자연스럽게 정보를 입력할 수 있도록 인터페이스를 구성할 수는 없을까?

효율성은 차치하고 이 문제는 더 무시할 수 없는 측면이 있다. 사용자 중심의 디자인으로 설계된 프로그램은 잘못된 정보를 입력했다고 멈춰버리지 않는다. 이런 대응 방식은 극히 데이터 중심의 접근이기 때문이다. 프로그램은 사용자가 목표를 쉽게 달성할 수 있도록 디자인해야 한다. 사용자가 자유자재로 프로그램을 조작할 수 있도록 설계해야 한다. '결정은 사용자가 하고, 일은 컴퓨터가 한다.' 잘못된 정보를 입력했을 때 이를 발견하고 멈춰버리는 것만이 해결책은 아니다.

더 발전된 방법으로 대응해야 한다. 처음부터 오류가 발생하지 않도록 면역 체계를 갖춰야 한다. 이상한 정보를 입력했을 때 이를 파악하고 현명하게 대처할 수 있도록 프로그램을 설계하는 방법이다. 제품에 정보 면역성^{data immunity}을 부여하는 셈이다.

정보 면역성 프로그램에 정보의 면역성을 부여하는 일은 그리 어렵지 않다. 오류를 알리기 전에 사용자가 입력한 정보를 다시 한 번 검토해보면 된다. 숫자를 입력해야 하는 곳에 '9' 대신 '구'라고 입력한 경우를 생각해보자. 정보의 의미를 파악하지 않고 바로 수식 처리를 하면 오류가 발생할 수밖에 없다. 하지만 사용자는 '구'라는 글자도 숫자 '9'로 쉽게 이해할 수 있다. 계산을 하기 전에 정보를 검토하고 변환하면 오류를 막을 수 있다.

사용자는 의도한 정보를 프로그램에 입력할 수 있어야 한다. 하지만 잘못된 정보를 확인한 뒤 수정하려고 할 때는 어떨까? 사용자가 어떤 정보를 잘못 입력하고 어떻게 수정하려고 할지 예측하기란 어렵다. 프로그램이 이런 상황을 미리 예상하고 대응할 수는 없을까? 숫자 대신 문자를 입력했을 때 자동으로 숫자로 변경할 수는 없을까? 그동안 사용자가 실수했던 부분을 기억했다가 사용자의 의도를 미리 파악할 수는 없을까?

사용자의 의도를 자동으로 파악하기란 힘들다. 대신 사용자에게 상세한 설명을 제공할 수는 있다. 어떤 부분이 잘못됐는지, 어떤 문제가 발생했는지 자세하게 설명해줘야 한다.

사용자가 '9.38'이라고 입력해야 하는 칸에 'ㄴㅇㄹ'이라고 입력했다면 소프트웨어가 제대로 작동할 수 없다. 그렇다고 프로그램을 강제로 종료해버리는 것도 좋지 않다. 정보 입력 인터페이스를 훌륭히 설계하는 것은 결과 화면을 잘 디자인하는 것만큼 중요하다. 처음부터 인터페이스를 신중하게 디자인하면 잘못된 정보를 입력할 확률도 낮다. 'ㄴㅇㄹ' 등의 이상한 정보를 입력했을 때 바로 시각적으로 현재 상황을 알려줄 수 있다. 인터페이스가 엉망이면 사용자의 행동도 엉망이 된다.

사용자가 잘못된 정보를 입력했을 때 이를 수정하기란 매우 쉬운 경우가 많다. 사용자가 정보를 재빨리 수정할 수 있도록 최대한 도와줘야 한다. 미국 주소를 입력하면서 주 란에 'TZ', 도시에 '댈러스'라고 입력한 경우를 생각해보자. 'TZ'를 'TX(텍사스)'로 수정할 수 있도록 인터페이스를 설계하는 건 매우 간단하다.

누락된 정보 구조대

중요한 정보가 누락된 경우는 어떨까? 프로그램도 제대로 작동할 수 없을뿐더러 사용자도 원하는 결과를 얻을 수 없다. 회사의 물품 관리 프로그램을 생각해보자. 회사에서 판매한 제품의 수입 내역을 빼먹고 입력하지 않았다면 데이터베이스는 엉망이 된다. 하지만 프로그램이 멈춰버리고 오류 메시지만 보여주는 것은 바람직하지 않다. 자동차를 예로 들어보자. 유리 세정액이 채워지지 않았다고 시동이 꺼져버린다면 무척 짜증이 날 것이다.

중요한 정보가 빠진 경우라도 좀 더 유연하게 대응해야 한다. 누락된 정보를 사용자가 당장 입력할 수 없는 경우도 있다. 지금 입력할 수 있는 정보를 먼저 입력하고, 나중에 추가 데이터를 입력하는 방식으로 일을 처리하는 사용자도 있다. 물론 사용자는 어떤 필수 정보가 누락됐는지 쉽게 확인할 수 있어야 한다. 프로그램이 멈춰버리거나 바로 오류 메시지만 보여주는 디자인은 좋지 않다. 현재 상황을 효과적으로 자연스럽게 알려주고 필요한 정보를 추가할 수 있게 해야 한다.

회사의 사무용품 구매 내역을 기록하는 회계직원의 입장에서 생각해보자. 이 데이터베이스 관리 프로그램을 수천 번도 넘게 사용해왔을 것이다. 화면만 봐도 어떤 문제가 있는지를 바로 파악할 수 있다. 잘못된 정보를 입력했을 때는 이를 바로 파악하는 것이 중요하다. 입력된 정보에 오류가 있을 때 시각적인 요소나 소리로 은근하게 알려준다면 매우 효과적일 것이다.

필요한 정보를 제대로 입력할 수 있도록 인터페이스를 디자인해야 한다. 제품번호, 종류 등의 정보는 정확히 입력해야 한다. 이런 정보를 일반 텍스트 상자에 입력하게 해서는 안 된다. 숫자만 넣을 수 있는 입력창이나 자동완성, 드롭다운 목록 등을 활용한다. 주소나 전화번호는 자동으로 형식을 파악하게 한다. 오류 메시지 창을 띄우는 것보다는 은근하게 필요한 내용을 전달하는 게 좋다. 지금 화면에 어떤 상황이 벌어지고 있는지 쉽게 이해할 수 있어야 한다. 제멋대로 행동하는 프로그램에 사용자가 이끌려가서는 안 된다.

누락된 정보가 있어도 유연하게 대응하는 프로그램을 디자인하자. 이름이나 가격, 개수, 코드번호 등이 누락된 경우에는 다른 부분에서 해당 정보를 불러올 수 있는지 확인한다. 대체할 수 있는 정보가 없는 경우에는 다음에 필요한 정보를 추가 입력하도록 설계할 수도 있다. 이렇게 추가적인 기능을 설계하려면 시간과 비용을 투자해야 한다. 하지만 엉터리 디자인으로 사용자의 생산성을 떨어뜨리면 더 많은 추가 비용이 발생한다. 불만고객을 응대하는 고객센터를 운영하는 일도 만만치 않다. 정보 면역성을 고려하면 개발자가 처리해야 하는 코드가 훨씬 많아진다. 개발자는 처음부터 제대로 된 정보만 입력받도록 정보의 진실성을 주장하는 경우가 많다. 수많은 회계직원이 골머리를 앓는 원인인 셈이다.

개발자의 편의를 중심으로 프로그램을 디자인해서는 안 된다. 개발 중심으로 정보 입력 인터페이스를 디자인하면 사용자는 수많은 오류 메시지를 받게 된다. 사용자의 생산성을 떨어뜨릴뿐더러, 제품을 유지보수하는 데 들어가는 추가 비용을 높이는 지름길이다. 사용자 중심으로 디자인을 생각하고 접근해야 한다.

과거에는 회계직원만 정보 입력 인터페이스를 사용했다. 수십 명의 회계직원이 좁은 방에 모여 앉아 지루한 작업을 반복했다. 종이에 써 있는 내용을 그대로 기계에 옮겨 치는 것이다. 하지만 오늘날 정보를 입력하는 작업은 더 이상 단순한 반복노동이 아니다. 생산성이 매우 중요한 작업이 됐다. 매우 바쁜 전문가들이 중요한 정보를 컴퓨터에 입력해야 한다. 전자상거래가 보편화되면서 일반 사용자도 데이터베이스에 직접 정보를 입력하게 됐다. 정보 입력 인터페이스의 사용자는 더 이상 엉터리 디자인을 그대로 받아들이지 않는다. 프로그램이 현명하게 대응하지 못하면 사용자는 쉽게 짜증을 낸다. 정보를 입력한 뒤 몇 초 내에 원하는 결과를 얻지 못하면 다른 프로그램을 찾아 떠나고 만다. 좀 더 사용자 중심의 디자인을 찾으려 할 것이다.

폭신폭신한 인터페이스

사용자가 자연스럽게 느끼는 행동을 바탕으로 인터페이스를 설계해야 한다. 데이터베이스를 중심으로 디자인하면 정확한 정보만 입력받을 수는 있다. 하지만 사용자에게는 매우 불편하다. 전반적인 사용자 경험과 제품의 성공은 데이터베이스 관리보다 훨씬 중요하다. 데이터베이스를 관리하는 개발자의 시각에서 제품을 디자인해서는 안 된다. 훌륭한 인터랙션 디자인은 데이터베이스와 사용자를 효과적으로 연결해준다.

사용자의 일상적인 행동 패턴을 바탕으로 폭신폭신하고 유연한 인터랙션을 설계하는 일은 결코 쉽지 않다. 회계직원이 문서를 정리하는 경우를 생각해보자. 책상 위에 문서를 쌓아두고 항상 맨 위에 놓인 서류의 내용이 잘 보이도록 정리해둘 것이다. 컴퓨터 프로그램에서도 저장된 정보의 목록과 가장 중요한 정보를 쉽게 파악할 수 있어야 한다. 잠시 보류 중인 문서도 표시해둘 수 있어야 한다. 마지막으로 했던 작업을 취소하는 기능도 있어야 한다. 하지만 사용자의 행동 패턴을 바탕으로 디자인하다 보면 지나치게 많은 기능을 추가하게 되는 경우도 있다.

사용자가 프로그램을 활용하는 동안 히스토리를 저장한 뒤 분석하는 테스트를 거치면 이 문제를 해결할 수 있다. 나중에 히스토리를 확인한 뒤 가장 적절한 기능만 추가하는 것이다. 사용자가 자연스럽게 프로그램을 조작하는 과정을 상세하게 기록으로 남겨둔다.

사용자 오류와 디자인 책임

오류가 발생할 때마다 알림창을 사용자에게 뿌리는 프로그램이 많다. 물론 오류가 발생할 때마다 이를 정확히 파악하는 일도 중요하다. 오류를 처리할 수 있도록 프로그램의 다른 부분으로 이 메시지를 전달해야 한다. 하지만 사용자에게 일일이 오류를 보여줄 필요는 없다. 사용자가 항상 옳다고 가정하는 것이 좋다. 사용자가 어떤 정보를 입력하든 이를 받아들여야 한다. 프로그램 내부에서 이 정보를 적절하게 처리해야 한다. 프로그램이 '정보 면역성'을 지닌 셈이다.

잘못된 정보를 그대로 연산에 적용해야 하는 것은 아니다. '사용자가 구명조끼가 필요 없다고 했으니, 그냥 바다로 뛰어들게 하지 뭐'라고 생각해서는 안 된다. 정보 입력 인터페이스를 디자인할 때는 사용자가 항상 옳다고 가정하는 게 좋다. 하지만 실제로 사용자가 항상 옳은 것만은 아니다. 사용자는 늘 실수를 하게 마련이다. 디자인에 아무 문제가 없더라도 사용자는 오류를 범한다. 이런 경우에도 오류를 처리하는 건 디자인의 몫이다. 어떻게 하면 효과적으로 사용자의 오류를 막을 수 있을까?

디자인 원칙   디자인에 아무 문제가 없더라도 사용자 오류는 디자인의 책임이다.

오류 메시지가 꼭 필요한 경우도 있다. 하지만 오류창을 보여준 뒤 그대로 멈춰버리는 프로그램은 매우 무책임하다. 사용자가 어떤 정보를 시험해보고 싶다면, 애플리케이션은 이를 따라야 한다. 사용자에게 해가 되지 않는 방향으로 유연하게 데이터를 처리해야 한다. 탐험가가 정글의 이곳저곳을 탐색해보려고 한다면, 충직한 가이드는 어디든 따라가야 한다. 대신 위험 상황을 대비해 충분한 물과 밧줄을 챙겨야 한다.

사용자에게 경고를 해야 할 때는 오류창보다는 은은하게 전달하는 것이 좋다. 어떤 문제가 발생했는지 명확하게 표시한다. 자동차의 계기판을 생각해보자. 위험 속도는 붉은색으로 표시돼 있다. 시속 130km를 넘었다고 자동차가 멈춰버리지는 않는다. 컴퓨터 프로그램도 마찬가지다. 잘못 입력된 정보가 있으면 해당 입력창의 색상을 변경할 수 있다.

사용자가 잘못된 정보를 입력했다고 프로그램이 작동을 멈춰서는 안 된다. 심각한 오류가 아니라면 어떤 문제가 발생할 수 있는지 알게 해주는 것으로 충분하다. 사용자가 문제를 파악하고 수정할 수 있도록 은은하게 메시지를 전달한다. 프로그램이 직접 문제를 고치려고 나서면 사용자는 쉽게 짜증이 난다. 컴퓨터의 해결책은 사용자의 의도와는 반대일 수도 있기 때문이다. 사용자가 문제를 파악하고 직접 수정하면 다음번에는 이 문제를 좀 더 효과적으로 피할 수 있다. 사용자가 입력한 정보는 항상 저장해둔다. 다시 이전 단계로 돌아가 잘못된 정보를 수정할 수 있어야 하기 때문이다. 어느 부분에 문제가 있는지 명확히 표시한다. 프로그램은 사용자의 행동을 주의 깊게 관찰하고 보조한다. 직접 나서서 수정하려고 해서는 안 된다.

디자인 원칙   프로그램이 직접 나서서 오류를 수정하려고 해서는 안 된다.

마이크로소프트 워드에 문서를 입력하는 경우를 생각해보자. 맞춤법 검사는 무척 유용한 기능이다. 철자가 틀린 단어는 빨간 밑줄로 은은하게 알려준다(그림 14-1 참조). 짜증 나는 오류창이 뜨는 것도 아니다. 해당 단어를 오른쪽 클릭하면 교체할 수 있는 후보 단어를 보여준다. 사용자가 직접 원하는 단어를 선택해서 수정할 수 있다.

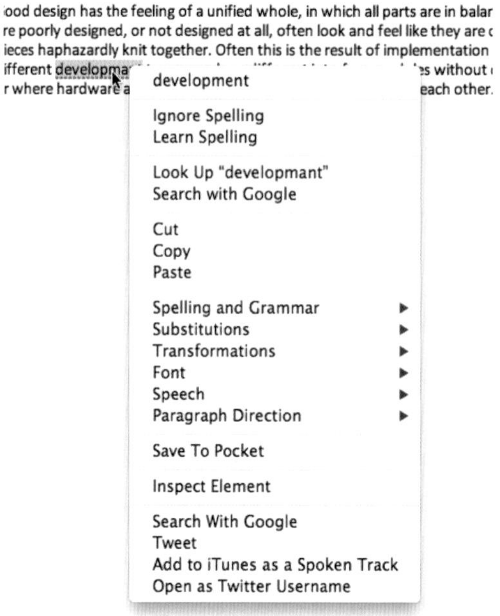

그림 14-1 마이크로소프트 워드의 맞춤법 검사 기능. 철자가 틀린 단어는 빨간 밑줄로 은은하게 알려준다. 짜증 나는 팝업창이 뜨지 않는다. 해당 단어를 오른쪽 클릭하면 교체할 수 있는 후보 단어를 보여준다. 이 디자인 숙어는 데스크탑과 모바일 앱이 폭넓게 모방했다.

맞춤법 검사 대신 자동수정 기능도 있다. 문서를 입력하는 동시에 잘못된 단어를 바로 알아서 수정하는 기능이다. 철자가 한두 개 틀렸을 때 바로 수정해주기 때문에 무척 유용하다. 하지만 어떤 단어가 자동으로 수정됐는지 한눈에 파악하기 어렵다. 자동으로 수정된 단어는 은은하게 표시해준다면 훨씬 좋을 것이다. 사용자의 의도와는 다르게 수정된 단어가 생길 수도 있기 때문이다(예를 들어, 전문 분야의 보고서를 작성할 때는 흔히 사용하지 않는 약어나 기술 용어가 많이 등장하기도 한다).

사용자의 의도와 다르게 내용을 자동으로 수정해버리면 무척 짜증이 난다. 예를 들어, 별표나 숫자를 입력하면 자동으로 글머리 기호로 변경해버린다. 이 기능이 필요할 때도 있다. 적절한 상황에서는 매우 유용한 기능이다. 하지만 의도하지 않은 순간에 자동으로 기호를 변경해버리면 굉장히 불편하다. 자동으로 수정된 내용을 되돌리는 방법도 명확하지 않다. 때때로 자동수정 기능은 프로그램이 지나치게 나서서 사용자의 입력을 수정하려고 한다. 자동수정 기능을 꺼버릴 수는 있지만 그 방법도 아주 간단하지는 않다. 최신 버전의 워드는 사용자 입력이 자동으로 수정될 때마다 추가 옵션을 선택할 수 있는 메뉴를 제공하고 있다.

정보가 잘못 기재된 문서는 일상생활에서 쉽게 찾아볼 수 있다. 누구나 정보가 한두 개쯤 누락된 문서를 작성하고 주고받는다. 문제를 발견하면 나중에 수정할 수 있도록 메모를 해둔다. 만약 까먹고 수정을 하지 않았다면 다음번에 문제를 다시 발견했을 때 고치면 된다. 결국 *끝까지* 문제를 수정하지 않더라도 어떻게든 살아간다. 이런 오류를 줄일 수 있도록 프로그램을 디자인하면 무척 도움이 될 것이다. 온라인에서 값비싼 물건을 구입한 뒤 주소를 잘못 기재하면 무척 곤란하기 때문이다. 데이터베이스를 중심으로 정보 입력 인터페이스를 설계해서는 안 된다. 정보의 진실성만 주장해서도 안 된다.

데이터 저장의 재고

지켜본 바에 의하면 파일 시스템, 즉 애플리케이션과 데이터 파일을 저장하는 디스크 장치의 개념을 잘 이해하는 사용자는 많지 않다. 이것은 컴퓨터의 가장 핵심적인 요소다. 오류가 발생할 경우 치명적인 결과를 초래할 수 있다. 사람들은 주기억장치(메인 메모리)와 디스크 저장장치를 명확히 구별하지 못한다. 하지만 소프트웨어 디자인을 보면 마치 모든 사용자가 둘의 차이점을 당연히 알고 있다는 식이다. 심지어 우리 어머니조차도 말이다. 컴퓨터의 방식대로 문서를 이해하라고 사용자를 윽박지른다.

최근에 웹 애플리케이션과 그 밖의 데이터베이스 지향 소프트웨어가 성행하기 시작했다. 파일 시스템에 대한 기존의 구현 모델적인 접근 방식을 벗어던질 절호의 기회였다. 앞서 언급한 대로 구글은 사용자에게 걱정과 혼동을 덜어주며 자동 저장하는 클라우드 기반 웹 앱으로 선도해왔다.

iOS 같은 모바일 운영체제는 생성한 애플리케이션에 긴밀히 문서를 결부해 저장 문제에 대처하려 한다. 애플리케이션을 열어 그것으로 생성한 문서들에 접근해야 한다. 문서는 자동으로 저장되고, 애플리케이션 내에서 추출도 된다. 그래서 앱 중심의 패러다임에 익숙해지면, (다른 애플리케이션으로 문서 작업을 해야 할 때까지는) 훨씬 더 단순해진다. iOS는 예를 들어 사진 등 몇몇 문서 유형으로만 긴밀한 결부 규칙을 깬 후, 컨테이너들 안에서 필요한 유형을 다시 찾게 된다.

데이터 저장 문제

데이터 스토리지에서 인터랙션 문제의 근원은 예상한 대로 구현 모델에 있다. 실행 중인 애플리케이션은 두 개의 위치에 공존한다. 열린 파일은 모두 마찬가지다. 메모리와 디스크에 동시에 존재한다(모바일 기기에서는 플래시 스토리지). 기술적으로는 이것이 최선이다. 즉시 반응할 수 있는 데이터(동적인 RAM 메모리)와 미래를 대비해 저장해놓은 데이터(디스크/플래시 메모리)의 메커니즘이 상이하기 때문이다. 하지만 상식에는 어긋난다. 사용자(물론 개발자는 예외다)의 멘탈 모델에 존재하는 문서는 단 하나뿐이다. 우리가 만들고 변형할 수 있는 한 개의 문서만이 존재한다.

변경한 문서 저장

불행히도 대부분의 소프트웨어는 데이터 스토리지 구현 모델의 혼란스러운 재현을 제시한다. 그림 14-2를 보라. '변경사항 저장하기' 대화상자가 열리면 사용자는 일말의 두려움과 혼란을 느낀다. 이내 습관적으로 '예' 버튼을 누른다. 어차피 사용자의 대답은 항상 똑같다. 그러니까 대화상자는 쓸모없다. 당장 제거해야 한다.

그림 14-2 문서를 편집하고 닫기를 누르면 워드는 위와 같이 묻는다. 개발자가 파일 시스템의 구현 모델을 죄 없는 사용자에게 강요하고 있다. 프로그램을 처음 사용하는 경우라면 종종 의도치 않게 '아니오'를 선택하는 실수를 범하기도 한다. '변경사항 저장하기' 대화상자에는 명백한 오류가 있다.

저장하기와 저장하지 않기는 동등한 확률의 행동이 아니다. 하지만 대화상자는 이 둘을 아주 공평하게 취급한다. 실제로 사용자가 '아니오'를 선택할 확률은 예를 선택할 확률에 비해 현저히 낮다. 앞서 11장에서 언급했듯이, 확률과 경우의 수를 헷갈려서는 안 된다. 물론 사용자가 '아니오'를 선택할 수도 있다. 하지만 대부분은 '예'를 선택할 것이다. 어머니는 생각할 것이다. '당연한 것을 왜 묻지? 내가 이만큼 열심히 작업하고 문서를 닫았으면 보관하고 싶은 것이 당연하잖아. 아니면 무슨 뜻이겠어?'

애플리케이션을 잘 살펴보면 문서나 파일 관리에 대해 고심한 흔적조차 없는 경우가 허다하다. 그 와중에 애플의 아이포토iPhoto와 아이튠즈는 사용하기 쉽고 풍부한 기능성을 제공한다. 사용자는 파일의 존재를 인식할 필요조차 없다. 아이튠즈를 살펴보자. 재생 목록을 만들고, 편집하고, 공유하고 아이팟에 옮길 수 있다. 굳이 저장하기 명령을 따로 실행하지 않아도 몇 년 동안 사라지지 않는다. 아이포토도 비슷하다. 카메라에서 뽑아낸 이미지 파일을 정리하고, 구경하고, 이메일로 전송하고, 출력할 수 있다. 이 모든 것이 이뤄지는 동안 사용자는 파일 시스템에 대해 고민할 필요가 전혀 없다. 그리고 iOS와 안드로이드를 구동하는 모바일 기기는 대체로 명시적인 저장이라는 개념을 제거했다.

문서 닫기와 원치 않는 변경사항 숨아내기

컴퓨터를 오래 사용하다 보면 요령이 생기게 마련이다. 문서의 닫기 기능이 원치 않는 변경사항을 취소할 수 있는 좋은 방법임을 깨닫게 된다. 즉흥적으로 가지고 놀던 문서를 폐기하는 용도로 사용하기도 한다. 하지만 이것은 정석이 아니다. 변경사항의 적용 여부는 그때그때 결정해야 한다. 한꺼번에 몰아서 하는 것은 결코 좋은 방법이 아니다. 정석대로라면 되살리기 기능을 사용해야 한다. 빠진 부분은 저장 없이 문서를 닫는 데 의존하지 않고, 세션 수준의 되살리기를 수행하는 좋은 방법이다(어도비 포토샵 등의 몇몇 애플리케이션이 지원하는 번복 기능 등).

영리한 사용자는 개발자가 전혀 생각지도 못한 방식으로 대화상자를 활용한다. 많은 수의 명령을 한꺼번에 취소해야 할 때 일일이 되살리려면 몹시 번거롭다. 더 좋은 방법이 있다. '변경사항 저장하기' 대화상자에서 '아니오'를 선택하는 것이다. 엉뚱한 파일에 본의 아니게 많은 수정을 가한 것을 뒤늦게야 발견했다면? 원본 상태로 되돌리기 위한 수단으로 '변경사항 저장하기' 대화상자를 이용할 수 있다. 제법 유용한 방법이지만 최선은 아니다. 이러한 문제를 해결할 수 있는 더 좋은 방법이 존재한다.

다른 이름으로 저장

최초로 문서를 저장하거나 파일 메뉴에서 '다른 이름으로 저장하기' 명령어를 선택하면 '다른 이름으로 저장하기' 대화상자가 발행된다. 전형적인 형태는 그림 14-3과 같다.

대화상자는 두 가지 기능을 제공한다. 첫째, 문서의 이름을 지정할 수 있다. 둘째, 문서를 저장할 위치를 지정할 수 있다. 두 기능을 제대로 사용하려면 사용자는 파일 시스템을 속속들이 이해하고 있어야 한다. 나중에 필요할 때 어떤 식으로 파일을 불러들일지도 미리 계산해야 한다. 파일명은 기억하기 쉽게, 컴퓨터가 받아들일 수 있는 형식으로 짓는다. 파일 디렉토리의 조직 구조도 알아야 한다. 파일명을 짓는 것은 상대적으로 쉽다. 디렉토리의 구조를 이해하는 일은 훨씬 어렵다. 사용자는 포기하고 바탕화면에 문서를 저장하거나 애플리케이션이 임의로 지정한 디렉토리에 그대로 저장한다. 이따금 애플리케이션이 기본 디렉토리의 위치를 잃어버리는 경우가 있다. 파일 하나 찾으려고 전문가를 불러야 하는 웃지 못할 상황이 벌어지기도 한다.

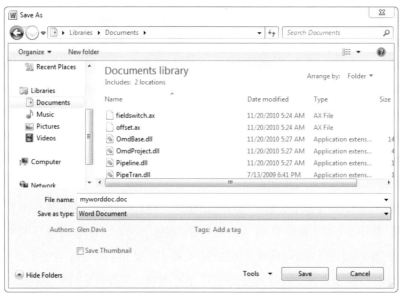

그림 14-3 '다른 이름으로 저장하기' 대화상자는 두 가지 기능을 제공한다. 첫째, 사용자가 파일명을 지정할 수 있다. 둘째, 저장할 디렉토리의 위치를 고를 수 있다. 하지만 대부분의 사용자는 저장의 개념을 제대로 이해하지 못한다. 대화상자의 제목과 사용자의 멘탈 모델이 일치하지 않기 때문이다. 문제는 그뿐만이 아니다. 대화상자에서 파일명과 위치를 지정할 수 있다면 파일명을 수정하거나 위치를 옮기는 일도 가능해야 한다. 하지만 조악한 디자인이 이것을 허락하지 않는다.

'다른 이름으로 저장하기' 대화상자의 목적이 무엇인지 분명히 해야 한다. 파일의 이름과 위치를 지정하는 것이 목적이라면 지금의 대화상자는 엄연한 실패작이다. 사용자는 딱 한 번 파일의 이름과 위치를 지정할 수 있다. 새 문서를 열지 않는 한 결코 변경할 수 없다. 대화상자로는 해결이 불가능하다. 심지어 애플리케이션의 어떤 도구로도 불가능하다. 그런 주제에 파일명과 위치를 지정하는 것이 주 목적이라고 주장하는 건 어불성설이다. 윈도우 7에서는 대화상자를 통해 파일명을 변경할 수 있다. 하지만 현재 작업 중인 문서만은 예외다. 엥? 초보자는 헷갈릴 수밖에 없다. 경험이 쌓이면 알게 될 것이다. 문서를 닫고 윈도우 탐색기를 띄우고 파일명을 바꾼 다음 애플리케이션으로 돌아와서 '열기' 대화상자를 메뉴에서 불러들이고 문서를 새로 열어야 한다는 사실을.

파일명을 바꾸기 위해 굳이 탐색기를 열라고 사용자에게 강요하는 것은 대수롭지 않다. 진짜 함정은 따로 있다. 윈도우 사용자는 보통 한 개 이상의 애플리케이션을 열어놓고 동시에 작업하는 경향이 있다. 사용자는 습관적으로 애플리케이션의 파일을 열어놓은 채로 탐색기를 연다. 이것이 미끼다. 사용자는 십중팔구 함정에 발이 묶인다. 사용자에게 그림 14-4와 같은 오류 메시지가 전달된다. 열린 파일의 이름을 변경하는 것은 규칙 위반이다. 운영체제는 오류 메시지 대화상자를 통해 거부 의사를 밝힌다.

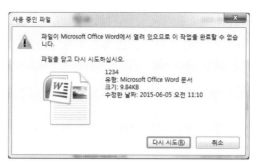

그림 14-4 사용자가 워드에서 편집 중인 문서의 이름을 바꾸려고
한다. 바보 같은 탐색기는 이토록 쉬운 문제조차 전혀 해결할 줄 모른
다. 게다가 불손하기까지 하다. 건방지게도 오류 메시지를 띄운다. 사
용자는 편집 애플리케이션과 운영체제로부터 동시에 퇴짜를 맞은 셈
이다. 초보자의 경우 파일명을 변경하는 것이 어떠한 경우에라도 불
가능하다는 그릇된 결론을 내릴 수 있다.

사용자는 단지 문서의 이름을 바꾸고 싶었을 뿐이다. 그런데 건방진 운영체제가 퇴짜를
놓았다. 문서가 열려 있는 동안에 이름을 바꿀 수 있는 유일한 권한과 의무는 애플리케이션
이 갖고 있다. 그런데 정작 애플리케이션은 시도조차 거부하고 있다.

보관

문서의 복사본을 만들거나 보관할 수 있는 직접적인 기능이 없다. '다른 이름으로 저장하기'
대화상자를 통해 간접적으로 해결하는 것이 현재로서는 최선이다. 하지만 지나치게 불분명
한 방법이다. '알파'라는 이름으로 파일을 저장했다고 가정하자. 사용자는 '다른 이름으로 저
장하기' 대화상자를 열어서 다른 파일명을 지어내야 한다. 애플리케이션은 '알파'를 닫고 디
스크 한쪽 구석으로 보낸다. 이제 사용자는 '새 알파' 위에서 작업한다. 애플리케이션의 이러
한 행동은 비상식적이다. 사용자는 복사본과 원본의 개념을 분리하지 않는다. 같은 문서로
인식한다.

제법 그럴듯한 시나리오를 하나 소개하겠다. 사용자가 20분 동안 알파를 편집했다. 디스
크에 복사본을 보관해야겠다는 생각이 들었다. 원본에 실험적인 변화를 시도하고 싶기 때문
이다. '다른 이름으로 저장하기' 대화상자를 불러들였다. 파일명을 '새 알파'로 지정했다. 애
플리케이션은 '알파'를 닫고 '새 알파'를 사용자 앞에 대령한다. 문제는 사용자는 여태껏 한
번도 '알파'를 저장하지 않았다는 점이다. 지난 20분간 사용자가 열심히 작업한 것이 하나
도 반영되지 않았다는 뜻이다. 현재 열린 문서는 '새 알파'다. 지난 20분 동안 작업한 결과는
'새 알파' 안에만 존재한다. 사용자는 보관 중인 '알파'를 믿고 '새 알파'를 마구 잘라내고 붙
였다. 알고 보면 사용자는 하나밖에 없는 소중한 원본을 훼손하고 있는 셈이다.

망치로 나사를 조일 수도 있고 펜치로 못을 박을 수도 있다. 하지만 목수는 그런 식으로 일하지 않는다. 잘못된 도구로 작업하는 데는 한계가 있기 때문이다. 도구가 작품을 망치고 말 것이다. '다른 이름으로 저장하기' 대화상자는 복사본을 만들거나 관리하기에 적합한 도구가 아니다. 잘못된 도구를 사용한 대가를 언젠가는 치르게 될 것이다. 결국 억울한 것은 사용자다.

통합 파일 모델 디자인

잘 디자인한 소프트웨어라면 문서를 단일한 것으로 취급해야 한다. 디스크의 복사본과 메모리의 복사본으로 분리해서 취급하면 절대 안 된다. 통합 파일 모델^{unified file model}에서 사용자는 굳이 컴퓨터의 내부 메커니즘을 상대할 필요가 없다. 파일 시스템이 알아서 디스크와 메모리 사이의 데이터를 관리한다.

대부분 애플리케이션의 표준 파일 운영체제는 '열기', '저장하기', '닫기'를 기본으로 구성된다. 여기에 '다른 이름으로 저장하기', '변경사항 저장하기', '열기' 대화상자가 추가되는 형태가 일반적이다. 이들 대화상자는 곧잘 사용자를 헷갈리게 만든다. 심지어 주어진 태스크를 전혀 수행하지 못하는 경우도 허다하다. 사용자의 멘탈 모델을 좀 더 훌륭히 뒷받침할 수 있는 문서 운영 방법에는 어떤 것이 있는지 알아보자.

우선 문서를 단일 개체로 취급하는 것이 가장 중요하다. 그 밖에도 사용자가 필요로 하는 몇 가지 기능이 있다. 목표 지향적인 관점에서 접근하는 게 좋다. 각 목표마다 상응하는 기능을 독립적으로 제공한다.

- 자동으로 저장하기
- 복사본 만들기
- 파일명 지정하고 바꾸기
- 파일 위치 지정하고 바꾸기
- 문서 포맷 지정하기
- 변경사항 복구하기
- 변경사항 모두 버리기
- 버전 생성하기
- 상태 알리기

자동으로 저장하기

문서를 저장하는 것은 사용자가 알아야 할 가장 중요한 기능 중 하나다. 저장^{save}이란 메모리의 복사본에 가해진 변경사항을 디스크의 복사본에 그대로 옮겨 적용하는 것을 뜻한다. 통합 모델은 두 개의 복사본 개념을 인터페이스상에서 완전히 추방한다. 저장하기 기능이 주요 인터페이스에서 사라진다. 하지만 애플리케이션에서 사라지는 건 아니다. 저장하기는 여전히 꼭 필요한 기능이기 때문이다.

> **디자인 원칙** ▶ 문서와 설정을 자동으로 저장하라.

애플리케이션은 문서를 자동으로 저장해야 한다. 사용자가 작업을 끝마치고 닫기 기능을 소환하면 애플리케이션은 주저하지 말고 변경사항을 디스크의 복사본에 적용한다. 쓸데없이 '다른 이름으로 저장하기' 대화상자를 불러내서 작업 흐름을 가로막지 않도록 주의한다.

이상적인 상태라면 이것으로 끝내도 충분하다. 하지만 컴퓨터와 소프트웨어는 언제 고장 날지 모른다. 전원이 꺼질 수도 있고 그 밖에 어떤 예상치 못한 재앙이 닥칠지 아무도 모른다. 애써 작업한 내용을 언제 잃어버릴지 알 수 없다. 사용자가 미처 저장하기도 전에 전원이 꺼져버리면 메모리가 손상되고 변경사항이 삭제된다. 물론 디스크의 복사본은 안전하다. 하지만 마지막 저장 이후로 여러 시간 동안 작업한 내용이 모조리 날아가 버렸다. 이런 사태를 방지하려면 애플리케이션이 일정한 시간 간격으로 문서를 자동 저장해야 한다. 더 좋은 방법은 아무리 사소한 내용이라도 사용자가 변경을 가하는 즉시 저장하는 것이다. 한 자 한 자 입력할 때마다 매번 새로이 문서를 저장한다. 기술적으로 충분히 가능하다. 또 다른 방법은 변경사항을 메모리에 기억해놓았다가 일정한 시간 간격으로 디스크에 기록하는 것이다.

자동 저장 기능은 절대로 사용자 인터페이스의 반응 속도를 저해해서는 안 된다. 뒤로 숨어서 몰래 실행하거나 사용자가 인터랙션을 멈춘 순간을 틈타서 실행한다. 쉬지 않고 타자를 입력할 수는 없다. 생각을 정리하거나 페이지를 넘기기 위해서 혹은 커피를 한 모금 마시기 위해서 잠깐씩 숨을 돌려가며 작업하게 마련이다. 애플리케이션은 그 순간을 노려야 한다. 사용자가 수 초 이상 작업을 멈추면 저장한다.

자동 저장 기능은 모든 사용자에게 유용하다. 한편 컴퓨터를 오래 사용하다 보면 불시에 프로그램이 꺼져서 데이터가 손실되는 경험을 한 번쯤 겪게 된다. 이에 대한 두려움이 너무나 큰 나머지 문단마다 혹은 문장마다 습관적으로 Ctrl+S 버튼을 눌러대는 사람들이 있다. 이처럼 사용자가 원할 때 수동적으로 저장할 수 있는 기능이 반드시 필요하다. 하지만 사용자가 의무적으로 저장하기를 실행해야 하게끔 디자인해서는 안 된다.

복사본 만들기

말 그대로 '복사본 만들기'라는 이름의 기능이 필요하다. 복사본이란 원본과 내용이 일치하되 물리적으로는 전혀 상관없는 별개의 파일을 뜻한다. 원본에 아무리 수정을 가해도 복사본에는 아무런 영향도 끼치지 않는다. 예를 들어 '알파'라는 이름의 파일이 있으면 '알파 복사본'이라는 파일명의 복사본을 자동으로 생성해야 한다. 이미 그 파일명을 가진 문서가 있으면 '알파 복사본 #2'라는 파일명으로 복사본을 만든다. 복사본은 원본과 동일한 디렉토리에 저장한다. 파일명 끝에 시간이나 날짜 스탬프를 추가하면 좋은 옵션일 수 있다.

복사본 만들기를 대화상자에 담고 싶은 유혹에 빠지기 쉽다. 하지만 절대로 흔들리면 안된다. 애플리케이션은 이 기능을 조용하고 효과적으로 센스 있게 처리해야 한다. "복사본을 만드시겠습니까?" 같은 멍청한 대화로 사용자를 농락해서는 안 된다. 아주 간단한 기능이다. 이 정도는 컴퓨터가 알아서 처리하는 게 좋다.

파일명 지정하고 바꾸기

대부분의 애플리케이션에서 문서를 최초로 저장할 때, 이름을 선택할 수 있다. 그러나 거의 어떤 애플리케이션도 그 파일의 이름을 바꿀 수는 없다. 물론 '다른 이름으로 저장하기'를 할 수 있지만, 그러면 새 이름으로 다른 파일만 생겨, 예전 이름의 예전 파일은 변화가 없이 그대로 남는다.

애플리케이션의 타이틀바에 문서명이 표시돼야 한다. 문서명을 바꿀 때 타이틀바를 클릭해서 즉시 편집할 수 있게 해야 한다. 이보다 더 간단하고 직접적인 방법은 없다. OS X의 옴니그래플은 여기서 설명한 대로 파일명 바꾸기를 지원하는 몇몇 애플리케이션 중 하나다(그림 14-5 참조).

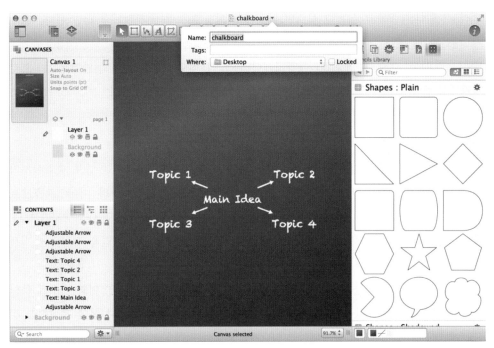

그림 14-5 OS X의 옴니그래플은 파일명 바꾸기(Rename)를 지원한다. 문서창의 타이틀바에서 파일명을 클릭하면, 이름을 바꾸는 동시에 파일을 옮길 수 있는 팝업이 뜬다.

위치 지정하고 바꾸기

문서를 완전히 새로 작성하기보다는 이미 존재하는 문서를 편집해야 하는 경우가 더 많다. 백지 상태로 작업을 시작하는 경우는 흔치 않다. 기존의 문서를 열어서 작업하는 경우가 일반적이다. 파일 시스템의 어딘가에 이미 위치를 확보하고 있는 셈이다. 처음 문서를 생성할 때 혹은 처음 저장할 때 위치를 지정하게 하는 건 고정관념에 불과하다. 구현 모델을 벗어나면 아무 의미 없는 행동이다. 새 파일은 사용자가 쉽게 찾을 수 있는 곳(예를 들면 바탕화면)에 저장해야 한다.

> **디자인 원칙**   사용자가 발견할 수 있는 곳에 파일을 저장하라.

일을 저장하기에 가장 적합한 장소는 사용자와 제품의 성격에 따라 달라진다. 매일 사용하는 복잡한 애플리케이션은 전용 문서 디렉토리를 따로 지정해주는 것이 좋다. 하지만 자주 사용하지 않는 애플리케이션이라면 최대한 사용자의 눈에 잘 띄는 곳에 파일을 저장해야 한다.

문서를 다른 곳으로 옮기고 싶으면 메뉴에서 해당 기능을 소환하게끔 하면 된다. '옮기기' 대화상자를 열면 사용자가 원하는 곳 어디든지 파일을 옮길 수 있다('다른 이름으로 저장하기' 대화상자에 비해 적절한 이름). 애플리케이션은 기본적으로 모든 파일의 위치를 자동으로 지정해야 한다. 군이 다른 곳으로 옮겨야 할 경우에만 대화상자를 부른다.

특정 포맷 지정하기

그림 14-3의 대화상자를 보자. 맨 아래쪽에 파일 포맷을 지정할 수 있는 콤보 대화상자가 있다. 거기에 있으면 안 되는 기능이다. 쓸데없이 저장 절차만 복잡해진다. 마이크로소프트 워드의 사용자가 가벼운 마음으로 포맷을 변경하는 찰나 무시무시한 확인 대화상자가 뜬다. 사용자가 의도적으로 파일을 덮어쓰려는 경우는 몹시 드물다. 반면 파일을 저장하는 것은 아주 흔한 행동이다. 전혀 성격이 다른 두 가지를 함께 묶으면 곤란하다.

리치 텍스트 포맷이든 일반 텍스트 포맷이나 워드 포맷이든 사용자는 이를 디스크 복사본과 연결해 생각하지 않는다. 특정 포맷을 지정하는 것과 디스크의 복사본을 저장하는 것 사이에 아무런 인과관계도 발생해서는 안 된다. 포맷을 지정하는 기능은 '문서 속성' 대화상자에 포함시키는 편이 더 어울린다. 문서명 근처에서 변경하게끔 한다. 대화상자 안에 반드시 경고성 문구를 넣어 포맷 변경 시 중요한 데이터 손실이 발생할 수 있음을 명확하게 알린다.

그래픽 관련 애플리케이션의 경우 하나의 이미지를 다양한 포맷으로 저장해야 하는 경우가 종종 발생한다. 이때는 '내보내기' 대화상자를 이용한다. 몇몇 애플리케이션은 이미 이 기능을 제공하고 있다.

변경사항 복구하기

사용자가 의도치 않게 명령을 실행한 경우에 이를 되돌릴 수 있는 방법이 필요하다. 이러한 경우를 대비해 우리가 잘 아는 도구가 있다. 바로 되살리기다(이 내용은 15장에서 자세히 다룬다). 파일 시스템은 되살리기의 대용품이 아니다. 되살리기 기능을 뒷받침할 수 있는 메커니즘인 것은 사실이다. 하지만 사용자가 이것을 파일 시스템의 주된 용도로 인식하게 해서는 안 된다. 파일 시스템에 들어가 직접 변경사항을 취소하게끔 하는 건 되살리기 기능을 죽이는 일이다.

뒷부분에서 버전 기능을 다룰 예정이다. 통합 파일 모델에 맞춰 되살리기를 구현할 때 주의할 점은 무엇인지 그때 설명하겠다.

변경사항 모두 버리기

때로는 변경사항을 모두 취소하고 싶을 때가 있다. 문서를 연 이후로 발생한 모든 변경사항을 한꺼번에 취소하고 되살릴 수 있는 기능이 필요하다. 파일 시스템을 이해하지 않고도 사용자가 목적을 달성할 수 있어야 한다. '변경사항 모두 버리기' 기능을 메뉴에 추가하면 간단히 해결된다. 이전 버전을 복구하는 것도 좋은 방법이다. 버전 체계에 대해서는 잠시 후에 설명하겠다. 모두 버리기 기능은 심각한 데이터 손실을 초래할 수 있으므로 눈에 잘 띄는 경고성 문구를 반드시 삽입한다. 모두 버리기 기능을 되살릴 수 있는 방법도 물론 마련해야 한다.

버전 생성하기

버전version을 생성하는 것은 복사본을 만드는 일과 유사하다. 차이점이 있다면 버전은 애플리케이션이 직접 관리한다는 점이다. 사용자는 각 버전을 통틀어서 하나의 문서로 인식한다. 사용자는 버전이 생성된 각 순간으로 언제든지 되돌아갈 수 있다. 애플리케이션은 사용자에게 버전 목록을 제공한다. 목록에는 생성 시간, 크기, 길이 등의 통계 자료가 포함돼 있다. 원하는 버전을 클릭하는 즉시 해당 버전의 문서로 작업 중인 파일이 교체된다. 동시에 작업 중이던 문서는 새로운 버전으로서 저장된다. 요즘은 디스크 공간이 충분하기 때문에 정기적으로 버전을 생성할 수가 있다.

파일 메뉴 새로 구성하기

파일 메뉴는 그림 14-6처럼 새로 구성돼야 한다. 아래의 기능이 포함된다.

- '새로 만들기'와 '열기' 항목은 전과 같이 유지한다.
- '닫기'를 선택하면 대화상자 없이 문서를 닫는다. 자동으로 변경사항을 저장한다.
- '이름 바꾸기 / 옮기기' 항목을 선택하면 대화상자가 열린다. 사용자는 작업 중인 파일의 이름을 바꾸거나 위치를 옮길 수 있다.
- '복사본 만들기'는 새 파일에 현재 문서의 복사본을 만든다.
- '출력하기'는 프린터와 관련된 모든 기능을 하나의 대화상자 안에 담는다.
- '버전 생성하기'는 '복사본 만들기'와 비슷해 보이지만 애플리케이션이 모든 버전을 책임지고 관리한다는 점에서 차이가 있다. 메뉴에서 '이전 버전으로 복구하기' 항목을 선택하면 대화상자가 열린다.

- '변경사항 모두 버리기'는 문서를 연 이후로 작업한 내용을 모두 버린다.

- '속성' 항목은 대화상자를 통해 사용자가 문서의 포맷을 변경할 수 있게 한다.

- '나가기' 항목은 전과 같이 유지한다. 작업 중인 문서와 애플리케이션을 닫는다.

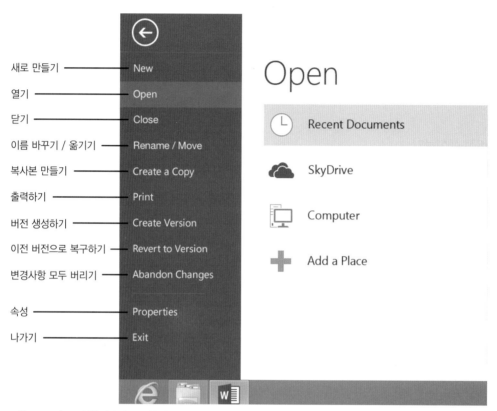

그림 14-6 새로 구성한 파일 메뉴는 사용자의 멘탈 모델을 잘 반영한다. 개발자의 구현 모델 따위는 내다 버려라. 존재하는 파일은 오직 한 개뿐이다. 문서의 소유권은 사용자에게 있다. 원하면 복사본을 만들거나 이름을 바꿀 수 있다. 지금까지 변경한 내용을 모두 버릴 수도 있다. 특정한 포맷을 지정할 수도 있다. 사용자는 임시 메모리에 저장된 복사본과 디스크에 저장된 복사본의 관계를 이해하거나 걱정하지 않아도 된다.

파일 메뉴의 새로운 이름

기존의 구현 모델을 버리고 신선한 통합 모델을 소개하는 마당에 '파일^{File}'이라는 낡은 메뉴 명을 고수할 필요가 없다. 파일이라는 이름은 구현 모델을 반영한 것이다. 사용자의 멘탈 모델과는 상관없다. 새로운 이름에는 두 가지 후보가 있다.

애플리케이션이 취급하는 문서의 종류를 메뉴명으로 할 수 있다. 예를 들어 스프레드시트 애플리케이션의 가장 왼쪽 메뉴는 시트가 된다. 영수증을 발행하는 애플리케이션이라면 영수증이라고 이름 붙인다.

일반적으로 '문서'라고 명칭을 통일해버릴 수도 있다. 워드 프로세서, 스프레드시트, 그래픽 관련 애플리케이션에서는 이 방법이 통한다. 하지만 몇몇 특수한 애플리케이션에서는 부적절할 수도 있다.

파일 자체를 다루는 애플리케이션도 있다. 운영체제의 셸이나 유틸리티가 여기에 해당한다. 이 경우에는 메뉴에 파일이라는 명칭을 쓰는 것이 적절하다.

상태 알리기

다른 애플리케이션에서 사용 중인 파일의 내용은 변경할 수 없다. 시스템은 사용자가 파일을 열기 전에 미리 그 사실을 알려야 한다. 파일명을 붉은색으로 표시하거나 특별한 심볼을 이름 옆에 다는 것으로 충분하다. 처음 한 번은 그림 14-4와 같은 오류 메시지를 확인해야 하지만 시각적인 힌트를 통해 왜 그런 오류가 발생했는지 금방 깨우칠 것이다.

현재의 파일 시스템에서 작업 중인 모든 파일은 메모리와 디스크에 두 개의 복사본이 존재한다. 애플리케이션 역시 마찬가지다. 실행 중인 모든 애플리케이션은 메모리와 디스크에 두 개씩 존재한다. 예를 들어, 사용자가 윈도우 태스크바의 시작 메뉴를 열고 워드 프로세서를 선택하는 상황을 생각해보자. 애플리케이션이 열리고 태스크바에 워드라는 이름의 버튼이 생겼다. 사용자가 다시 시작 메뉴를 열었다. 그런데 워드는 여전히 거기 있다! 공구상자에서 분명히 망치를 꺼냈는데 돌아보니 여전히 망치가 들어 있는 셈이다.

이것은 바꾸면 안 된다. 작동 중인 소프트웨어의 복사본을 여러 개 생성할 수 있는 능력은 컴퓨터의 가장 큰 장점이기도 하다. 대신 사용자가 이 부자연스러운 현상을 이해할 수 있게 도와줘야 한다. 시작 메뉴 가운데 실행 중인 애플리케이션만 따로 표시하는 것도 하나의 방법이다.

변화가 필요하다

이쯤 되면 개발자 입장의 독자는 슬슬 배알이 뒤틀릴 것이다. 신성한 영역을 감히 더럽히려 한다고 불쾌해할지도 모른다. 디스크에 존재하는 순수한 상태의 복사본을 지켜야 해! 결코 이것을 빼앗길 수 없다고 생각할 것이다. 진정하시라. 파일 시스템의 구현 방식을 문제 삼을 생각은 추호도 없다. 다만 사용자에게 굳이 드러낼 필요가 없다고 말하는 것뿐이다. 디스크 복사본의 장점을 잘 살리는 동시에 사용자의 멘탈 모델에도 충실할 수 있는 방법을 찾아야 한다.

사용자의 멘탈 모델에 따라 파일 시스템을 그려보자. 기존의 파일 시스템에 비해 몇 가지 우월한 점을 집어낼 수 있다. 첫째, 효율성이 향상된다. 파일 시스템을 파악하고자 쓸데없이 정력과 신경을 낭비할 필요가 없기 때문이다. 주어진 태스크에만 집중하면 된다. 운영체제의 복잡한 계략에 휘말려 실수로 수 시간의 작업물을 잃어버릴 염려도 사라진다.

둘째, 어머니도 쉽게 컴퓨터를 배울 수 있다. 더 이상 인터페이스의 비상식적인 행동에 당황하지 않아도 된다. 애플리케이션을 열고 어머니 앞에서 간단히 문서 작업을 시범 보이자. 작업을 마치면 문서는 그대로 디스크에 저장된다. 일기장을 다루는 것과 조금도 다를 바 없다. 어머니는 더 이상 "다른 이름으로 저장하라니, 이게 대체 무슨 소리니?"라고 묻지 않을 것이다. 어머니는 컴퓨터를 구매할 필요와 능력은 있지만 그것을 거부하고 불신하고 제대로 사용할 줄 모르는 모든 사용자층을 대변한다.

셋째, 인터랙션 디자이너는 비루하기 짝이 없는 파일 시스템을 어떻게든 제품으로 소화해내기 위해 머리를 싸맬 필요가 없다. 운영체제의 필요에 의해서가 아닌 사용자의 목표에 맞춰 애플리케이션의 명령 체계를 재구성해야 한다.

중급 이상의 사용자는 이미 잘못된 표준에 길들여져 있기 때문에 새로운 숙어에 익숙해지기까지 적응 기간이 필요하다. 하지만 확실한 사실은 그들이 생각보다 훨씬 빨리 적응할 것이라는 점이다. 그들은 구현 모델에 의거한 형편없는 인터페이스에도 잘 적응했다. 참으로 대단한 끈기와 적응력이 아닐 수 없다. 향상된 모델을 익히는 것쯤은 일도 아니다. 기능성에도 전혀 문제가 없다. 초급 사용자에게는 훨씬 많은 이익이 돌아간다. 개구리 올챙이 적 기억 못 한다는 말이 있다. 우리는 이제 컴퓨터 전문가가 다 됐다. 하지만 지금 이 시각에도 매일 새로운 사용자가 컴퓨터의 세계에 입문하고 있다. 에베레스트마냥 거대한 인터랙션의 장벽에 부딪혀 고군분투한다. 이 장벽을 조금이라도 낮추기 위해서라면 무슨 짓이든 해야 한다. 그것이 우리의 임무다. 작은 변화가 큰 결과를 낳는다. 사소한 차이가 악명 높은 봉우리를 정복할 수 있는 발판이 된다.

데이터 추출의 재고

오늘날의 새로운 디지털 세계에는 엄청난 양의 정보가 넘쳐나고 있다. 애플리케이션 하나가 제공하는 미디어의 양이 얼마나 많은지 놀라운 일이 아닐 수 없다. 노트북, 모바일 기기에서 인터넷과 네트워크에 접속해 다양한 정보를 맛볼 수 있다. 정보에 접근하고 추출하는 가능성에는 끝이 없다. 불행히도 이런 사실은 복잡한 디자인 문제를 던져준다. 사용자가 찾고자 하는 정보를 쉽게 발견하려면 어떻게 해야 할까? 사용자가 정말로 필요로 하는 정보를 찾아내려면 어떻게 할 수 있을까?

검색과 탐색 분야에서 다양한 연구가 진행돼왔다. 구글 등의 회사는 다양한 검색 엔진을 발전시켜왔다. 애플 등의 회사는 OS X의 스팟라이트^{Spotlight} 같은 효과적인 기능을 제안했다 (뒷부분에서 좀 더 자세히 다룬다). 구글과 애플의 디자인이 매우 훌륭하기는 하지만 이제 겨우 첫걸음인 셈이다. 구글이 인터넷에서 문서나 비디오를 검색하는 데 뛰어나다고 해서 구글의 인터랙션을 어디에나 적용할 수 있는 건 아니다. 다른 검색, 추출 시나리오에서는 새로운 인터랙션이 필요할 수 있다.

어떤 영역에서든지 훌륭한 인터랙션 디자인은 사용자의 멘탈 모델과 정황에 대한 깊은 이해를 바탕으로 만들어진다. 검색과 탐색 영역에서도 마찬가지다. 사용자에 대한 이해를 바탕으로 명확한 목적을 만족시키는 정보 저장 및 추출 구조를 설계할 수 있다. 14장에서는 인터랙션 디자인 관점에서 데이터 검색의 여러 방법론을 살펴본다. 유용한 정보를 효과적으로 찾는 사용자 중심의 접근법을 소개한다.

정보 저장 및 추출 시스템

저장 시스템^{storage system}이란 특정 요소를 저장 공간 내에 안전하게 보관하는 것을 말한다. 오브젝트를 담을 수 있는 통이 필요하고, 해당 오브젝트를 넣고 꺼낼 수 있는 도구가 필요하다. 추출 시스템^{retrieval system}이란 저장 공간 안에서 필요한 요소를 찾아내는 과정을 말한다. 이름이나 위치, 컨텐츠의 기타 속성 등 특정 기준에 따라 요소를 찾게 된다.

실제 일상생활에서 저장과 추출은 필연적으로 연결돼 있다. 책장에 책을 꽂고(저장) 다시 찾아서 꺼내는 일(추출)은 떼려야 뗄 수 없다. 하지만 디지털 세상에서는 그렇지 않다. 저장과 추출이 자연적으로 연결돼 있다고 믿는 것은 어리석다. 이런 잘못된 생각을 깨고 나오는 일은 매우 중요하다. 디지털 세계만의 저장과 추출 방법을 이해하면 훨씬 더 멋지고 효과적인 검색 인터랙션을 디자인할 수 있다.

디지털 세상의 저장 및 추출 메커니즘은 오랫동안 '폴더'나 '디렉토리'라는 개념을 바탕으로 형성돼왔다. 폴더 메타포는 컴퓨터의 저장 및 추출 시스템을 쉽게 이해할 수 있도록 도와주기는 했다(일상생활에서 사용하는 폴더처럼 다룰 수 있기 때문이다). 하지만 13장에서 살펴봤듯이 메타포를 기반으로 한 인터랙션은 제약이 매우 많다. 폴더나 디렉토리를 주요 추출 메커니즘으로 활용하기에는 부족하다. 사용자가 필요한 파일이 어느 폴더에 있는지 정확히 기억하고 있어야 한다. 매우 안타까운 일이 아닐 수 없다. 디지털 시스템은 훨씬 더 훌륭한 인터랙션을 제공할 수 있는 가능성이 무궁무진하기 때문이다. 실제 일상생활에서는 찾아볼 수 없는 디지털만의 강점을 뽐낼 수 있다. 어떻게 디지털 추출 시스템을 발전시킬 수 있는지 생각해보자. 하지만 먼저 각 시스템이 작동하는 방법을 간단히 살펴본다.

일상생활에서의 추출

책이나 망치를 갖고 있다고 여기에 이름을 붙일 필요는 없다. 이 물건들이 항상 놓여 있어야 하는 영구적인 저장소를 결정할 필요도 없다. 책을 구분하는 방법은 제목만 있는 것이 아니다. 색상이나 형태로도 구분할 수 있다. 하지만 책의 개수가 엄청나게 많아진다면 어떨까? 특정 방법으로 정리하고 구성한다면 필요한 아이템을 찾고 사용하기가 더 편리해질 것이다.

위치에 따른 추출

책이나 망치는 항상 적절한 위치에 놓아둬야 한다. 필요할 때 찾을 수 있어야 하기 때문이다. 휘파람을 불면 망치가 뛰어올 거라고 기대할 수는 없다. 어디에 저장했는지 기억했다가 직접 가서 찾아와야 한다. 일상생활에서는 물건의 위치야말로 필요한 요소를 찾아내는 주요 방법이다.

물건을 어디에 뒀는지 그 위치(주소)를 기억하는 것은 그 물건을 찾고 다시 저장하는 데 매우 중요하다. 수저를 찾는다고 생각해보자. 보통 수저를 보관해두는 장소로 가야 할 것이다. 수저 자체의 속성을 기억하는 건 별 도움이 되지 않는다. 책을 찾을 때는 어떨까? 마지막으로 책을 놓아둔 위치로 가야 한다. 다른 책들과 함께 놓여 있을 거라고 예상해볼 수도 있다. 마찬가지로 책의 속성은 도움이 되지 않는다. 책의 내용을 기억해봤자 실제로 책을 찾는 데는 큰 효력이 없다.

일상생활에서 저장 시스템과 추출 시스템은 동일하다. 모두 위치를 기억하는 것에 기반한다. 서로 밀접하게 연결된 저장 및 추출 시스템인 셈이다.

인덱스 추출

위치를 기반으로 한 추출 방식은 꽤 그럴싸하게 들린다. 하지만 큰 결점이 있다. 사람의 기억력에 의존해야 한다는 점이다. 집에서 책이나 망치, 수저를 찾을 때는 문제가 없을지 모른다. 하지만 국회 도서관에 보관된 엄청난 양의 책을 검색할 때는 말이 되지 않는다.

도서관 수준으로 양이 엄청나게 늘어나면, 필요한 책을 찾을 수 있도록 도와주는 분류체계가 필요하다. 미국에서는 듀이 십진 분류법^Dewey Decimal System^, 세계적으로는 국제 십진 분류법^Universal Decimal Classification^을 적용한다. 주제에 따라 모든 책에 '도서 정리 번호'를 붙인다. 그 다음 번호에 따라 분류하고, 저자 이름 순으로 다시 분류한다. 결국 도서관의 모든 책은 주제에 따라 그룹화된다.

이제 남은 문제는 원하는 책의 도서 정리 번호를 알아내는 일이다. 아무도 모든 도서 번호를 암기할 수는 없다. 인덱스^index^를 활용하면 이 문제를 해결할 수 있다. 모든 책의 속성을 기록해둔 컬렉션을 말한다. 책 제목 같은 속성을 기준으로 검색해서 책의 위치를 알아낼 수 있다.

일반적으로 도서관 카드 카탈로그는 세 가지 속성을 제공한다. 바로 저자와 주제, 책 제목이다. 도서관 시스템에 새로운 책을 등록하고 특정 번호를 부여한다. 그러면 세 개의 인덱스 카드가 생성된다. 여러 세부 정보와 십진 분류 체계 번호도 추가된다. 각 인덱스 카드는 저자 이름, 주제, 책 제목으로 머리말이 붙는다. 이 카드는 각 인덱스 보관함에 알파벳순(혹은 가나다순)으로 정리된다. 책을 찾고자 한다면 인덱스를 검색한 뒤 해당 번호를 알아내면 된다. 이제 해당 번호의 책이 있는 책장으로 찾아가야 한다. 책장에 붙어 있는 안내판을 따라 해당 번호대의 책들이 모여 있는 곳으로 이동한다. 특정 책장만 살펴봄으로써 검색의 영역을 좁히는 셈이다. 관련된 번호대의 책을 중심으로 살펴보다가 마침내 원하는 책을 찾게 된다.

원하는 책을 추출하는 과정은 실제 책이 보관된 저장 시스템 안에서 이뤄진다. 하지만 어떤 책을 찾아야 하는지 논리적으로 검색하는 과정은 추출 시스템에서 일어난다. 책장과 책 번호는 저장 시스템이다. 인덱스 카드 정보는 추출 시스템이다. 추출 시스템에서 원하는 책을 검색한 뒤, 저장 시스템으로 가서 해당 책을 가져온다. 특정 대학 도서관이나 전문 도서관이라면 사용자가 직접 책이 보관된 장소로 갈 수 없는 경우도 있다. 사용자는 추출 시스템에만 접근할 수 있다. 사서가 저장 시스템으로 이동해서 해당 책을 가져다준다. 추출 시스템과 저장 시스템이 분리돼 있다. 독특한 책의 번호가 두 시스템을 연결해주는 다리인 셈이다. 물리적인 사물을 다룰 때, 추출 및 저장 시스템을 관리하는 일은 매우 많은 노동을 요구하기도 한다. 특히 전산화가 전혀 되지 않은 오래된 도서관은 시스템을 변경하는 일도 무척 어렵다. 인덱스를 하나 더 추가한다고 생각해보자. 책의 등록 날짜로 검색할 수 있는 인덱스를 추가하려면 어마어마한 작업이 필요하다.

디지털 세계의 추출

디지털 세계는 일상생활에서 책과 책장, 카드를 정리하는 일과는 다르다. 컴퓨터에서는 인덱스 하나를 추가하는 일이 그리 어렵지 않다. 대부분의 컴퓨터 시스템에 컨텐츠를 기반으로 한 역동적인 추출 메커니즘을 쉽게 도입할 수 있다. 하지만 거의 모든 시스템이 저장 시스템으로만 존재한다. 추출 시스템은 전혀 갖추고 있지 않다. 디스크에서 파일을 하나 찾으려면 정확한 이름과 위치를 기억하고 있어야 한다. 도서관에 가서 모든 인덱스 카드 카탈로그를 불태워버린 것과 마찬가지다. '책에 직접 적혀 있는 번호를 모두 기억해두면 쉽게 찾을 수 있지 않느냐'고 주장하는 것과 다름없다. 컴퓨터 파일을 찾아내는 과정은 100% 사용자의 기억력에만 의존하고 있다. CPU는 아무 일도 안 하고 빈둥대고 있다.

컴퓨터는 수백 개의 인덱스를 동시에 처리할 수 있다. 하지만 이런 가능성은 철저히 무시되고 있다. 디스크에 저장된 파일을 가리키는 인덱스는 어디에서도 찾아볼 수 없다. 파일을 다시 찾으려면 어디에 저장해뒀는지, 파일명은 뭐였는지 정확히 기억하고 있어야 한다. 현대 소프트웨어 디자인을 후퇴시키는 아주 어리석은 결정이 아닐 수 없다. 이는 컴퓨터 파일이 저장되는 조직화 시스템과 파일 자체가 완벽히 독립적이기 때문에 발생한 현상이다. 일상생활에서는 저장하는 개체와 저장 공간이 떨어져 존재할 수 없다.

현재 사용하고 있는 디스크 방식의 파일 저장 시스템에 문제가 있는 것은 아니다. 적절한 추출 시스템이 없기 때문에 문제가 발생한 것이다. 저장 시스템만 만들어두고 "이게 추출 시스템이다."라고 부른 것이 화근이다. 슈퍼에서 사온 식료품 재료를 보고 "매우 훌륭하게 완성된 요리다."라고 말한 셈이다. 파일 저장 시스템은 전혀 바꿀 필요가 없다. 유닉스 모델도 괜찮다. 애플리케이션은 이전에 사용했던 파일의 이름과 위치를 쉽게 기억한다. 애플리케이션 입장에서는 추출 시스템이 필수적이지 않다. 추출 시스템은 사용자, 바로 우리에게 필요하다.

디지털 추출 방법

디지털 시스템에서는 필요한 문서를 찾아내는 데 기본이 되는 세 가지 방법이 있다. 위치 추출positional retrieval은 마지막으로 파일을 저장해둔 위치를 기억했다가 찾아내는 방법이다. 이름 추출identity retrieval(아이덴티티 추출)은 파일의 명확한 이름을 기억했다가 추출하는 방법이다(위치 추출과 이름 추출은 함께 어우러져 사용되는 경우가 많다). 마지막으로, 연상 추출associative retrieval 혹은 속성 기반 추출attribute-based retrieval이라고 부르는 방법이 있다. 문서의 내부 속성이나 특성을 기반으로 파일을 찾아내는 기술을 말한다. 예를 들어, 표지가 빨간색인 책을 찾고 싶을 수 있다. 노면 전차 시스템을 주제로 다루는 책이나 증기 기관차 사진이 실려 있는 책을 검색할 수도 있고, 시어도어 주다Theodore Judah에 대해 좀 더 알고 싶을 수도 있다. 이럴 때는 연상 추출법을 활용해야 한다.

대부분의 디지털 저장 시스템은 위치 추출과 이름 추출을 병합해서 제공한다. 하지만 연상 추출을 도입한 디지털 시스템은 거의 없다. 속성을 기반으로 한 검색이 전혀 불가능한 셈이다. 문서의 위치와 이름을 매번 기억해야 한다. 사용자의 기억력에만 의존하고 있다. 필요한 문서를 찾으려면 어디에 저장해뒀는지, 이름은 뭔지 정확히 알고 있어야 한다. 대출받은 돈의 할부 상환금을 계산해둔 스프레드시트 파일을 찾는다고 생각해보자. '대출'이라는 폴더 아래 '상환 1'이라는 이름으로 저장했을 수 있다. 이 위치와 이름을 한 글자도 틀리지 말고 외워야 한다. 위치나 이름을 모두 기억하지 못한다면 해당 문서를 찾기란 쉽지 않다.

속성 기반 추출 시스템

오리지널 매킨토시의 그래픽 인터페이스 같은 경우는 위치 추출 시스템으로도 문제가 없었다. 데스크탑 메타포가 무리 없이 작동했기 때문이다(아무도 책상 위에서 필요한 문서를 찾을 때 인덱스를 사용하지 않는다). 144KB 용량의 플로피디스크에 저장할 수 있는 파일의 개수도 고작 몇 개에 지나지 않았다. 하지만 오늘날의 컴퓨터는 500만 배도 넘는 파일을 저장할 수 있다(게다가 로컬 네트워크만 접속해도 파일의 개수는 엄청나게 늘어난다). 그런데도 여전히 구식의 메타포를 기반으로 한 추출 시스템으로 현대의 데이터를 관리하고 있다. 저장 시스템의 구현 모델에만 집착하면서 파일을 검색하고 추출하는 셈이다. 현대 컴퓨터의 강력한 기능은 철저히 무시하고 있다. 하지만 최근의 컴퓨터는 아주 쉽게 문서를 찾아낼 수 있는 능력이 있다. 파일을 저장하는 시스템과는 구분해야 한다.

속성 기반 추출 시스템을 활용하면 사용자에게 의미 있는 속성과 컨텐츠를 기반으로 필요한 문서를 찾아낼 수 있다(마지막으로 편집한 날짜 등). 사용자에게 훨씬 편리한 메커니즘을 제공할 수 있다. 사용자가 생각하는 방식대로 파일을 검색할 수 있기 때문이다. '에이콘'이라는 클라이언트에게 발송한 제안서를 찾고자 하는 영업부 직원을 예로 들어보자. 마음속으로 '어제 작성하고 출력했던 [에이콘]과 관련된 모든 워드 문서를 확인해보자'라고 생각할 것이다.

훌륭한 속성 기반 추출 시스템은 유사어나 관련 주제로도 필요한 문서를 검색할 수 있어야 한다. 사용자가 직접 속성을 설정하거나 '태그'를 추가할 수도 있다. 공통된 속성을 가진 문서를 검색하면 쉽게 문서 그룹을 만들 수 있다. 영업부 직원의 사례를 다시 떠올려보자. 여러 클라이언트에게 제안서를 보내곤 한다. 두 개의 제안서가 똑같을 수는 없다. 각 제안서는 특정 클라이언트에게 종속된다. 하지만 모든 제안서는 서로 관련이 있다고 볼 수 있다. 제안서의 공통적인 목적은 '새로운 사업을 제안하는 것'으로 동일하기 때문이다. 사용자가 두 가지 방법으로 모두 검색할 수 있다면 아주 편리할 것이다. 모든 제안서를 한데 모아서 볼 수도 있어야 한다. 동시에 각 문서는 특정 클라이언트에 종속돼서 독특한 내용을 담고 있어야 한다. 위치 추출만 기반으로 한 파일 시스템은 여러 속성을 유지할 수 없다. 한 번에 한 속성에 따라서만 분류해야 한다(클라이언트 혹은 문서 종류).

컴퓨터는 각 문서가 활용되는 정황에 눈을 치켜 뜨고 귀를 기울여야 한다. 이를 바탕으로 추출 시스템은 훨씬 발전할 수 있다. 컴퓨터가 다양한 정보를 기억하면 사용자의 부담이 줄어든다. 예를 들어, 컴퓨터는 다음과 같은 정보를 기억할 수 있다.

- 생성한 사용자나 문서에 기여한 사용자

- 문서를 처음 제작한 기기

- 문서를 처음 제작한 애플리케이션

- 문서의 내용과 포맷

- 마지막으로 문서를 열었던 애플리케이션

- 문서의 크기(문서가 특히 엄청나게 크거나 작지는 않은지)

- 오랫동안 사용하지 않은 문서가 있는지

- 마지막으로 문서를 열어뒀던 시간

- 마지막으로 수정했던 시점에 추가하거나 삭제한 정보의 양

- 새로 제작한 문서인가 아니면 다른 파일로부터 복사한 문서인가

- 문서를 수정한 빈도

- 문서를 자주 조회했지만 거의 편집하지 않은 경우

- 출력 여부와 출력 장소

- 출력 빈도(출력 바로 전에 수정된 부분은 어디인가)

- 팩스 발송 여부 및 수신자

- 이메일 발송 여부 및 수신자

스팟라이트는 애플 OS X의 검색 기능이다. 스팟라이트는 뛰어난 속성 기반 추출 기능을 제공한다(그림 14-7 참조). 사용자에게 의미 있는 속성을 중심으로 문서를 검색할 수 있다. 또한 검색 결과를 '스마트 폴더'로 저장해둘 수 있다. 특정 클라이언트와 관련된 문서를 그룹으로 묶어 확인할 수 있다. 제안서만 하나로 묶어 찾아볼 수도 있다(대신 사용자가 특정 문서가 '제안서'라는 것을 따로 표시해둬야 한다. 스팟라이트가 문서의 내용을 직접 판단해주지는 않는다). 스팟라이트가 효과적인 이유 중 하나는 결과를 매우 빠른 속도로 보여주기 때문이다. 윈도우의 검색 기능과 크게 차별화되는 점이기도 하다. 이는 컴퓨터를 사용하지 않는 휴지 기간 동안 자동으로 인덱스를 작성하기 때문에 가능한 것이다.

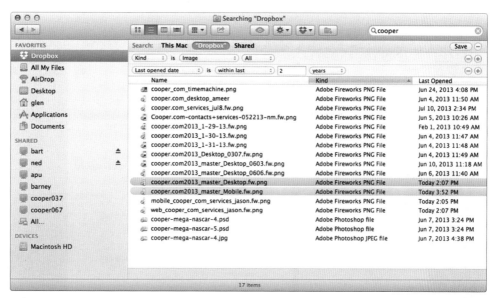

그림 14-7 애플 OS X의 검색 기능인 스팟라이트. 사용자에게 의미 있는 속성을 중심으로 문서를 검색할 수 있다. 이름뿐 아니라 문서의 종류, 마지막으로 편집한 시점 등으로 검색한다.

속성 기반 추출 시스템을 활용하면 사용자가 문서를 미리 잘 정리해두지 않아도 필요한 파일을 찾아낼 수 있다. 사용자가 직접 태그^{tag}를 추가하거나 문서의 속성을 정의할 수 있다면 가치는 더욱 상승한다. 기술적으로는 판단할 수 없는 의미 있는 속성을 사용자가 추가할 수 있다. 사용자가 실제로 일상생활에서 문서를 다루고 토론하는 방식에 따라 구조적 정리 체계를 부여할 수 있다. 태그를 활용한 추출 메커니즘을 '폭소노미^{folksonomy}'라고 부른다. 폭소노미는 정보 아키텍트인 토머스 밴더 월^{Thomas Vander Wal}이 처음 소개한 말이다. 특히 협업이 중요한 소셜 미디어에서는 폭소노미가 매우 유용하다. 이미 규격화된 택소노미^{taxonomy}(분류체계)를 제공하는 것보다 낫다. 모든 사용자가 이미 정해진 통제 어휘집^{controlled vocabulary}에 따라 생각하고 행동하도록 강요하지 않아도 된다. 태그를 활용해 효과적인 정보 추출 시스템을 도입한 대표적인 예로는 플리커^{Flickr}, 딜리셔스^{del.icio.us}, 아주 인기 있는 소셜 고유 앱 트위터^{Twitter} 등이 있다(그림 14-8 참조).

그림 14-8 해시태그가 메인스트림 문화의 일부가 된 트위터는 폭넓은 수용에 도달한 폭소노미의 고전적인 사례다.

관계형 데이터베이스와 디지털 수프

데이터베이스 기술을 활용하는 소프트웨어는 일반적으로 사용자에게 두 가지를 강요한다. 첫째, 어떤 형식의 데이터를 사용할지 미리 명확히 정의할 것. 둘째, 처음에 정의한 데이터 형식을 끝까지 따를 것. 하지만 소프트웨어를 사용하는 일반 사용자는 다음과 같은 특징이 있다. 첫째, 처음부터 뭘 원하는지 정확히 알고 있는 사용자는 거의 없다. 둘째, 원하는 바를 표현하더라도 곧 마음을 바꾼다.

정리가 불가능한 데이터의 정리

인터넷 시대를 살다 보면 하루가 멀다 하고 데이터베이스와 씨름하게 된다. 관계형 데이터베이스가 요구하는 것과 사용자의 특성은 다르기 때문이다. 필요한 정보를 처음부터 명확히 정의할 수도 없을뿐더러 한 가지 정의 규칙을 끝까지 따르기도 힘들다. 다음의 두 가지 사례는 인터넷 시대의 딜레마를 잘 보여준다.

첫 사례는 전자 메일이다. 각 메일은 데이터베이스의 레코드에 해당한다. 레코드는 명확한 아이덴티티를 지닌다. 같은 종류의 오브젝트로 구성된 테이블에 속한다. 하지만 이메일은 이런 방식으로 구분해봤자 효과가 없다. 받은메일함과 보낸메일함으로 구분하는 방식도 있다. 하지만 필요한 메일을 찾는 데는 큰 도움이 되지 않는다. 예를 들어, 제리로부터 메일을 한 통 받았다고 생각해보자. 메일의 내용은 샐리에 관한 것이다. 이 내용은 지금 진행하는 Ajax 프로젝트와도 관련이 있다. 에이콘 컨설팅 회사와도 연관이 있다. 임원 회의에서 진행할 프리젠테이션에 대한 내용도 다룬다. 사용자는 이 메일을 '제리'라는 폴더에 저장할 수도 있고, '샐리'나 'Ajax'라는 폴더에 저장할 수도 있다. 하지만 세 폴더 모두에 저장할 수 있다면 어떨까? 어떤 이유에서든 6개월 뒤에 이 메일을 다시 검색한다고 생각해보자. 검색어가 뭐가 됐든 이 메일을 쉽게 찾을 수 있어야 한다.

두 번째 사례는 웹이다. 파일이 전혀 정리되지 않은 하드디스크를 생각해보자. 중복된 파일도 많을뿐더러 수많은 문서가 한데 엉켜 있다. 웹도 마찬가지다. 정리된 구조가 전혀 없다. 인터넷에는 엄청난 양의 정보가 떠돌아다닌다. 규격화된 특정 시스템으로 끝없는 양의 정보를 관리한다는 건 불가능한 일이다. 설사 웹을 정리 정돈할 수 있는 방법이 발견된다고 해도, 이를 적용할 길은 없다. 웹에 있는 정보는 수백만 명의 개인이 소유하고 있기 때문이다. 아무도 특정 통제를 따르려고 하지 않을 것이다. 웹은 데이터베이스의 레코드와 다르다. 인터넷에서는 특정 규칙에 따라 정보를 구분하고 판단할 수 없다.

데이터베이스의 문제

데이터베이스에는 더 심각한 문제가 있다. 데이터베이스의 각 레코드는 규격화된 하나의 특성만 취할 수 있다. 같은 타입 혹은 같은 종류의 레코드는 그룹으로 묶인다. 레코드 하나는 고객 한 명이나 청구서 한 개를 대표할 수 있다. 하지만 실제로 고객이나 청구서가 될 수는 없다. 레코드의 필드 하나는 이름이나 주민등록번호를 대표할 수 있다. 하지만 필드가 실제 이름이나 주민등록번호가 되는 것은 아니다. 데이터베이스는 사용자가 저장 시스템을 순서에 따라 정렬할 수 있게 도와준다. 모든 데이터베이스의 기본적인 컨셉이라 할 수 있다. 하지만 실제로 일상생활에서처럼 정보를 찾는 데는 전혀 효과적이지 않다. 이메일 사례를 다시 떠올려보자. 제리로부터 받은 이메일은 'e-mail'이라는 타입으로 분류된다. 하지만 이는 결코 도움이 되지 않는다. '제리'라는 타입 혹은 '샐리'라는 타입으로도 분류돼야 한다. 'Ajax'나 '에이콘 컨설팅', '임원 회의'라는 타입도 돼야 한다. 때때로 레코드의 아이덴티티를 변경할 수도 있어야 한다. 레코드의 저장이 완료된 뒤에도 수정할 수 있어야 한다. 'Ajax'라는 타입이 이메일로만 구성된 것은 아닐 수 있다. 프로젝트 계획서가 될 수도 있다. 이런 상황에서 레코드의 타입을 미리 정해두는 것은 불가능하다. 특정 레코드가 'Ajax' 타입이라고 분류하는 기준은 레코드 외부에서 오는 것일 수도 있다. 데이터베이스가 작동하는 방식과 사용자가 정보를 찾는 방식에는 엄청난 차이가 있다.

데이터베이스에서 정보를 추출하는 방법이 레코드의 타입을 검색하는 것만 있는 건 아니다. 특정 검색 기준에 맞춰 내용을 분석한 뒤 해당 레코드를 불러오는 방법도 있긴 하다. 예를 들면 송장 번호가 '77329'인 청구서를 불러올 수 있다. 혹은 '굿이어 타이어 앤 러버'라는 문자열을 지닌 사용자를 찾아낼 수 있다. 하지만 여전히 앞서 살펴본 이메일 문제를 효과적으로 해결해주지 못한다. '제리', '샐리', 'Ajax', '에이콘 컨설팅', '임원 회의' 등의 키워드로 이메일 데이터베이스를 검색할 수 있다고 해보자. 미리 해당 키워드 필드를 데이터베이스에 정의해야만 한다. 하지만 사용자가 처음부터 데이터 필드를 정의하고 해당 규칙을 끝까지 따르는 일은 불가능하다. 나중에 '회사 피크닉'이라는 키워드 필드가 필요하다면 어떻게 할까? 게다가 키워드 필드의 개수를 정하는 일도 어렵다. 이는 데이터 프로세싱 분야에서 오랫동안 고심해온 난제이기도 하다. 10개의 필드를 제공하면 분명 11개를 원하는 사용자가 있을 것이다.

속성 기반 검색이 나간다

관계형 데이터베이스 기술은 적절하지 않다. 그럼 어떤 방법을 도입해야 할까? 데이터베이스가 요구하는 대로 정보를 미리 정의해두는 건 불가능하다. 사용자의 사고방식에 맞는 저장 및 추출 시스템 대안이 존재할까?

문제 해결의 열쇠는 저장 시스템과 추출 시스템을 분리하는 데 있다. 효과적인 인덱스를 추출 시스템으로 활용하면, 기존의 데이터베이스는 저장 시스템으로 아무런 문제가 없다. 저장 공간을 일종의 디지털 수프^{digital soup}로 생각해볼 수 있다. 어떤 종류의 레코드라도 수프에 던져넣을 수 있는 것이다. 디지털 수프는 정보의 크기나 길이, 종류, 내용에 상관없이 어떤 레코드든지 받아들인다. 레코드가 새로 입력될 때마다 프로그램은 토큰을 발생시킨다. 레코드를 다시 찾으려면 이 토큰이 있으면 된다. 토큰을 도로 가져오면 수프는 사용자가 원하는 레코드를 찾아줄 것이다. 이는 현재의 저장 시스템과 크게 다르지 않다. 토큰을 효과적으로 관리할 수 있는 추출 시스템이 필요할 뿐이다.

속성 기반 검색이 나서야 할 차례다. 특정 검색어를 담고 있는 인덱스와 복사된 토큰을 연결하면 된다. 무제한으로 인덱스를 생성할 수 있기 때문에 마법과 같은 검색이 가능해진다. 각 인덱스는 특정 검색어를 대표하고 복사된 토큰을 담게 된다. 디지털 수프 속에 그동안 받은 모든 이메일이 다 들어 있다고 생각해보자. '제리', '샐리', 'Ajax', '에이콘 컨설팅', '임원 회의'라는 인덱스를 따로 생성할 수 있다. 이제 '임원 회의'에 관련된 이메일을 따로 검색할 수 있다. 수십 개의 폴더를 일일이 클릭해가면서 필요한 메일을 찾아 헤매지 않아도 된다. 검색 한 번이면 필요한 정보가 눈앞에 놓인다.

물론 각 이메일마다 인덱스를 만들어주는 기능도 필요하다. 하지만 인터랙션 디자인의 측면에서는 비교적 간단한 일이다. 다음의 두 가지 측면에 주의를 기울여야 한다. 첫째, 시스템이 이메일 메시지를 분석해서 자동으로 적절한 인덱스 정보를 추출해야 한다. 이름이나 인터넷 주소, 우편 주소, 전화번호 등의 중요한 정보를 판단한다. 둘째, 사용자가 자유롭게 아무 때나 원하는 지시자를 추가할 수 있어야 한다. 특정 이메일 메시지에 원하는 속성 값을 쉽게 더할 수 있어야 한다. 이런 속성 값은 실제 이메일에 포함된 단어일 수도 있고 아닐 수도 있다. 직접 키보드로 입력하는 것도 괜찮다. 하지만 목록에서 선택하거나, 드래그앤드롭 등의 좀 더 발전된 사용자 인터페이스 숙어를 도입할 수 있다. 사용자의 과업을 훨씬 더 부드럽게 만들어준다.

추출 시스템을 저장 시스템으로부터 분리하면 장점이 매우 많다. 저장 시스템의 부담은 줄어들고 추출 시스템은 강력해진다. 하루가 다르게 엄청난 정보가 넘쳐나고 있다. 훌륭한 디지털 수프 시스템은 예상치 못하게 흘러들어오는 정보에도 자연스럽게 대처할 수 있도록 도와준다. 사용자에게 강력한 정보 관리 도구를 제공하는 셈이다. 구식의 데이터베이스가 요구하는 대로 미리 정보 구조를 규격화하고 정해진 규칙에 따를 필요도 없다. 어차피 처음부터 불가능한 일이라면 왜 과거의 법칙에 연연하는가?

제한적인 자연어 출력

앞부분에서는 속성 기반 추출법의 장점을 살펴봤다. 하지만 이런 시스템이 정말로 성공하려면 사용자가 쉽게 사용할 수 있는 인터페이스가 필요하다. 여러 속성으로 매우 복잡하게 얽혀 있는 정보를 재빨리 이해할 수 있는 방법을 제공해야 한다.

효과적인 방법으로 자연어 처리 기술이 있다. 사용자가 자연스러운 문장으로 질의를 할 수 있는 방식이다. 문제는 대부분의 컴퓨터가 자연어 질의를 완벽히 이해하지 못한다는 점이다. 통제된 어휘만을 사용하는 실험실에서는 어느 정도 작동하는 것처럼 보일 수도 있다. 하지만 실제 일상생활에서 사용하기에는 부족하다. 방언이나 구어적 표현도 난무하고, 같은 문장을 다른 뜻으로 해석할 수도 있기 때문이다. 게다가 자연어 인식 엔진은 쉽게 도입할 수 없다. 비용도 엄청날뿐더러 고도의 프로그래밍 기술이 요구된다.

좀 더 나은 방법으로 쿠퍼^{Cooper}에서 **자연어 출력**^{natural language output}이라고 부르는 기술이 있다. 여러 프로젝트에서 성공적으로 판명된 기법이다. 프로그램상에서 사용자가 선택할 수 있는 컨트롤을 몇 개의 배열로 제한해서 제공하는 것이다. 컨트롤을 조합해서 읽어보면 자연스러운 문장처럼 들린다. 사용자가 원하는 옵션을 변경함으로써 새로운 문장을 만들 수 있다. 제한된 질의 범위 내에서 사용자가 직접 선택을 한다는 데 가치가 있다. 그림 14-9를 보면 작동 방식을 쉽게 이해할 수 있다.

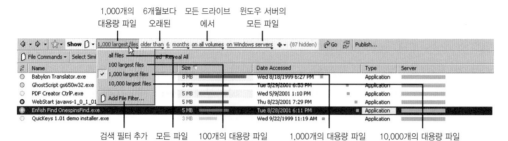

그림 14-9 속성 기반 검색 엔진에 적용된 자연어 출력 인터페이스의 예시. 쿠퍼에서 디자인한 소프텍 저장 관리자(Softek's Storage Manager)의 한 화면이다. 데이터베이스를 검색할 때 자연적인 문장을 검색 옵션 컨트롤로 활용할 수 있다. 복잡한 자연어 처리 기술을 도입하지 않았다. 밑줄 처진 부분을 클릭하면 드롭다운 메뉴가 열리면서 선택 가능한 옵션을 보여준다. 사용자가 직접 옵션을 선택하면서 새로운 문장을 구성한다. 해당 문장에 따른 결과가 하단에 뿌려진다.

자연어 출력 인터페이스는 구식의 관계형 데이터베이스 쿼리를 표현할 때도 효과적이다. 일반적인 데이터베이스 쿼리는 보통 사용자에게 매우 어렵다. SQL 같은 데이터베이스 명령어와 논리 연산을 이해해야 하기 때문이다.

사람의 언어와 논리 연산 명령어는 매우 다르다. 논리 연산에서 쓰는 AND와 OR는 영어에서 쓰는 뜻과 같지 않다. 게다가 '이 기준에 맞는 모든 자료' 혹은 '이 옵션을 제외한 모든 자료'를 검색하는 것이 더 자연스럽다. 사용자에게 훨씬 쉬운 검색 방법이다. 검색 옵션도 제한적일뿐더러 이해하기에도 명쾌하다. 일반 문장처럼 읽고 결과를 비교해볼 수 있다.

프로그래밍 관점에서는 자연어 출력을 구현할 때 까다로운 부분도 있다. 왼쪽에서 옵션을 하나 선택하면 우측에서 선택 가능한 옵션이 자동으로 변경돼야 하는 경우도 있기 때문이다. 순차적으로 선택 가능한 옵션이 업데이트되는 셈이다. 효과적인 자연어 출력을 구현하려면 미리 옵션의 구조와 선택 가능한 항목을 잘 구성해둬야 한다. 각 컨트롤은 실시간으로 변경하거나 숨길 수 있어야 한다. 앞서 어떤 옵션을 선택했는가에 따라 다음 컨트롤의 내용이 바뀐다. 컨트롤 자체에서 그때그때 실시간으로 새로운 정보를 불러와 보여줘야 한다.

지역화에 따른 문제도 있다. 여러 언어를 대상으로 디자인을 할 때 이런 문제가 발생한다. 말의 구조와 순서가 전혀 다른 언어를 대상으로 디자인하는 경우라면(영어와 독일어, 한글 등) 문법에 따른 고려가 필요하다.

속성 기반 추출 엔진과 자연어 출력 인터페이스는 결코 쉽지 않다. 대단한 디자인과 프로그래밍 노력이 요구된다. 하지만 사용자가 얻는 장점은 엄청날 것이다. 데이터를 관리하는 데 있어 강력하고 유연한 도구를 얻게 되는 셈이다. 사용자가 관리해야 하는 정보의 양은 기하급수적으로 늘어나고 있다. 지금이야말로 훌륭한 방법론에 투자해야 할 때다. 정보 관리가 필요한 곳이면 어디나 목표 지향 방법론을 도입해야 한다.

15장

오류 방지와
의사결정에 대한 정보 제공

디지털 혁명의 초기에는 소프트웨어 애플리케이션의 그래픽 인터페이스 중 상당 부분을 대화상자와 메시지가 차지했다. 사용자에게 무엇을 잘못했는지 말하거나, 실제 혹은 가정된 기술적 한계 때문에 컴퓨터나 소프트웨어가 무엇을 처리할 수 없는지 경고했다. 그 당시 이 책의 초판이 나왔고, 아마 상상할 수 있겠지만, 이 상태에 꽤 비판적이었다.

오늘날 오류 메시지의 이러한 두 카테고리 중 두 번째 유형은 컴퓨팅, 스토리지, 커뮤니케이션 속도가 여러 배수로 모두 증가하고 프로그래밍 도구와 기법이 마찬가지로 세련되게 진보하면서 줄어들었다.

오류 메시지의 첫 번째 유형은 사용자의 실수를 나무라는데, 역시 사라지기 시작했다(적어도 소비자, 모바일 애플리케이션은). 디자이너들은 발생 전에 오류를 제거해, 사용자가 행동을 되돌리고, 행동 전에 결과를 볼 수 있는 거의 마법 같은 능력을 제공하며 더 나은 방법을 발견했다. 오류 방지와 의사결정에 대한 정보 제공에 있어서 이 세 전략이 15장의 주제다.

풍부한 비모드형 피드백으로 대화상자를 대체하라

오늘날 대부분의 컴퓨터와 기기는 고해상도 화면과 고성능 음성 시스템을 지원한다. 그런데 (게임 분야를 제외하고는) 정작 이것을 제대로 활용하는 애플리케이션이 없다. 프로그램의 상태, 사용자의 태스크, 그 밖의 잡다한 내용을 소통하기 위해 시청각 기능을 적극 활용하면 좋다. 도구상자 전체를 활용해서 사용자에게 상태 피드백을 전달할 수 있다. 그런데 디자이너와 개발자는 대화상자로만 문제를 해결하려 한다. 오류, 경고, 확인 등 특정 대화상자가 적절한 전달 방법이 아닌 이유의 추론은 21장에서 논한다.

아무리 한심한 디자이너라도 사용자가 대화상자를 몹시 귀찮아한다는 사실쯤은 알고 있어야 한다. 대화상자로는 프로그램의 미묘한 상태 변화를 소통할 수 없다. 하지만 사용자에게 정작 필요한 것은 미묘한 변화에 대한 지속적인 피드백이다. 다른 대안이 필요하다.

이번 절에서는 풍부한 비모드형 피드백에 대해 알아보자. 애플리케이션의 주요창을 벗어나지 않은 채로 정보를 제공하는 방법이다. 사용자의 작업 흐름을 끊을 필요도 없고 애물단지 대화상자도 치워버릴 수 있다.

풍부한 시각적 비모드형 피드백

비모드형 피드백의 가장 중요한 요소로서 풍부한 시각적 비모드형 피드백RVMF, rich visual modeless reedback을 꼽을 수 있다. 이와 같은 방식의 피드백은 애플리케이션의 진행 상태 혹은 오브젝트의 속성에 대한 깊이 있는 정보를 전달한다. '시각적'이란 표현이 붙는 이유는 화면의 픽셀을 활용하기 때문이다. 정보가 항상 변함없이 표시된다는 점에서 비모드형으로 분류된다. 사용자는 정보를 불러내기 위해 특정 행위를 취할 필요가 없다. 모드를 전환할 필요도 없다.

마이크로소프트 아웃룩 2013의 예를 살펴보자. 이메일 발신자 이름 옆에 작은 아이콘이 붙어 있다. 이 아이콘은 해당 사용자와 채팅이나 전화통화가 가능한지를 표시한다. 이메일보다 실시간 대화가 유용할 경우 이 아이콘을 참고하면 된다. 이 작은 아이콘 덕분에 사용자는 채팅용 메신저를 열 필요가 없다. 아이콘을 오른쪽 클릭하면 바로 대화창을 연결할 수 있다. 너무나 쉽고 편리하다. 사용자는 머리를 쓸 필요가 없다. 다른 예로 쿠퍼의 디자인을 살펴보자. 그림 15-1을 보라.

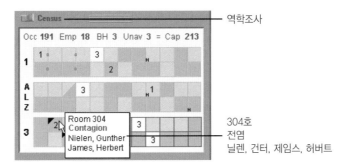

역학조사

304호
전염
닐렌, 건터, 제임스, 허버트

그림 15-1 쿠퍼가 디자인한 건강 관련 정보 시스템이다. RVMF의 좋은 예다. 병원의 병실을 도표로 그렸다. 색으로 남성, 여성, 혼성으로 구성된 병실과 빈 병실을 구분한다. 숫자는 빈 침대의 개수를 뜻한다. 병실과 병실 사이의 작은 상자는 공용 화장실을 의미한다. 검은 삼각형은 질병을 뜻한다. 작은 H는 예약된 침대를 의미한다. RVMF를 툴팁으로 보강했다. 병실 호수와 환자의 이름, 해당 호실과 관련된 중요한 정보를 확인할 수 있다. 전체 병실, 침대, 직원의 숫자 등이 화면 윗줄에 표시된다. 도표를 읽는 법은 금방 배울 수 있다. 읽을 줄만 알면 간호사와 직원은 시설의 상황을 한눈에 파악할 수 있다.

또 다른 예가 있다. iOS에서 앱스토어^{App Store}로 앱을 다운로드할 때, 다운로드 중인 파일은 홈스크린에 작고 동적으로 업데이트되는 진행상황 표시기가 있는 아이콘으로 나타난다. 앱이 다운로드, 설치상 얼마나 진행됐는지 시각적으로 보여준다(그림 15-2 참조).

그림 15-2 애플 앱스토어에서 앱을 구매할 때 앱 아이콘은 아이패드나 아이폰 홈스크린에 나타난다(우상단). 아이콘의 동적으로 업데이트되는 원형 인디케이터는 다운로드 및 설치 진행상황을 표시한다.

마지막으로 게임의 예를 살펴보자. 〈시드 마이어의 문명^{Sid Meier's Civilization}〉이라는 게임이다(그림 15-3 참조). 이 게임의 주요 인터페이스에서 여러 가지 RVMF를 발견할 수 있다. 문명의 개척자로서 사용자가 그려나가는 역사 지도가 대표적이다. 문명은 RVMF를 활용해 도시의 여러 가지 면을 사용자와 소통한다. 모든 것을 시각적으로 형상화했다. 도시가 발전할수록 건물은 세련돼진다. 건물이 커지면 아이콘도 커지고 장식이 세밀해진다. 사회적인 불안이 생기면 도시에 연기가 피어오른다. 독립군과 민간인의 상황도 시각적으로 묘사된다. 조그만 미터기에 건강 상태 및 세력의 크기가 표시된다. 지형마저 RVMF의 요소를 담고 있다. 군대가 이동하고 도시가 자라남에 따라 영향력의 정도가 지형 위에 점선으로 표시된다. 도로를 정비하고 숲을 파괴하고 광산을 개발할수록 지형도 계속 변한다. 물론 대화상자도 존재하지만, 게임은 필요한 대부분의 정보를 말이나 대화상자 없이도 분명하게 소통하고 있다.

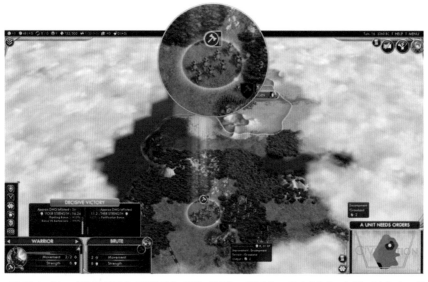

그림 15-3 〈시드 마이어의 문명〉은 문명의 형성 과정을 개척하는 게임이다. 그 인터페이스는 리치한 시각적 비모드형 피드백의 수십 가지 사례를 제시한다.

데스크탑과 애플리케이션의 모든 것에 RVMF를 적용할 수 있다. 프린터 아이콘으로 출력이 얼마만큼 진행됐는지 표시한다. 아이콘을 통해 현재 디스크가 얼마나 가득 찼는지 항상 확인할 수 있게 한다. 특정 대상을 드래그하기 위해 선택하면 그것을 끌어다 놓을 수 있는 모든 위치가 자동으로 발광하도록 만들 수도 있다.

애플리케이션의 여러 가지 오브젝트의 속성을 떠올려보자. 어떤 상태 정보가 사용자에게 중요한지 따져보자. 이것을 어떻게 시각적으로 표현할 수 있을지 고민하자. 사용자가 한눈에 상황을 파악할 수 있는 방법은 무엇이 있을지 생각해보자. 사용자가 원한다면 좀 더 상세한 정보도 제공할 수 있어야 한다. RVMF를 적용해 애플리케이션의 주요창에 정보를 표시하면 지긋지긋한 대화상자를 없앨 수 있다!

한 가지 주의할 점이 있다. 초보자에게는 교육이 필요하다는 점이다. 툴팁만으로는 설명이 부족하다. 각각의 시각적 상징이 무엇을 뜻하는지 사용자가 배워나갈 시간이 필요하다. 일단 익히고 나면 그 다음부터는 환상적이다. 하지만 익숙해지기 전까지는 메뉴나 대화상자의 도움이 필요하다. 요컨대, RVMF는 몹시 유용하지만 심각한 오류에 대한 경고용으로 사용하기에는 다소 위험 요소가 있다. 평상시와 위급 상황을 초보자도 분명하게 구분할 수 있도록 각별히 신경 써서 디자인한다.

음성 피드백

사무직 중에는 장시간 컴퓨터 앞에 앉아서 정보만 전문적으로 입력하는 직업이 있다. 이런 직업을 가진 사용자는 서류에 시선을 고정한 채로 키보드의 감각에만 의지해서 정보를 입력한다. 굳이 화면을 확인하는 것은 시간낭비다. 따라서 입력 중에 오류가 발생하면 시각적 피드백 못지않게 음성 피드백이 요구된다. 입력이 성공적으로 이뤄지고 있다는 것도 청각적으로 확인해주면 좋다. 사용자가 서류에서 눈을 뗄 필요가 없도록 말이다.

이와 같은 음성 피드백은 오류 대화상자에 덤으로 딸려 나오는 '삐' 소리와 엄격히 구별돼야 한다. 오류 시 적절한 음성 피드백은 오히려 침묵이다. 사람들은 긍정적인 피드백보다 부정적인 피드백에 소리를 사용하려는 경향이 있지만 틀렸다.

부정적인 음성 피드백: 사용자의 실패를 알리는 소리

사용자가 음성 피드백을 좋아하지 않는다는 속설이 있다. 사용자는 컴퓨터가 만들어내는 소리를 싫어하고 삑삑대는 소음을 못 참아 한다는 것이다. 마이크로소프트와 애플은 경고음의 품질을 높이기 위해 유명 사운드 디자이너를 고용하는 등 열심히 최선을 다했다. 심지어 윈도우 95를 개발할 때는 전설의 음악가 브라이언 이노Brian Eno를 초빙했다. 하지만 아무리 아름다운 소리를 써도 경고음은 경고음일 뿐이다. 싫은 것은 소리가 아니다. 소리가 전하는 메시지가 싫은 것이다.

나쁜 상황이 벌어졌을 때 연주되는 소리를 부정적인 음성 피드백negative audible feedback이라고 한다. 대부분의 시스템에서 오류 대화상자는 짧은 삐 소리와 함께 나타난다. 둘의 조합은 매우 강력해서 이제 사람들은 짧게 끊어지는 삐 소리를 들으면 반사적으로 오류를 떠올린다. 삐 소리는 사용자의 실패를 상징한다. 천하에 얼간이라는 뜻을 음 하나로 표현하다니 대단하다. 사람들은 경고음을 증오했다. 소프트웨어 개발자는 사용자가 음성 피드백을 싫어한다는 단순한 결론에 도달했다. 물론 이것은 전혀 사실이 아니다. 오류가 발생한 상황이 싫은 것이지 소리를 싫어하는 게 아니다.

부정적인 음성 피드백에는 몇 가지 문제점이 있다. 문제점이 발견된 상황에서 연주되기 때문에 비상경보음의 성격을 띤다. 비상경보음은 의도적으로 시끄럽고 듣기 싫게 디자인하는 경우가 많다. 한밤중에 화재가 발생했을 때 깊이 잠든 사람을 깨워 목숨을 살리려면 어쩔 수 없다. 보험이나 마찬가지다. 살면서 절대로 마주치고 싶지 않은 소리다. 사용자는 프로그램이 처리할 수 없는 일을 원하고 요구할 때가 많다. 대단히 일상적인 인터랙션의 일부분이다. 비상경보음은 일상에서는 들을 일이 없는 소리다. 부정적인 음성 피드백의 가장 용서할 수 없는 부분은 성공을 침묵하게 만든다는 점이다. 사람들은 잘하면 칭찬받기를 원한다. 잘못하고 있음을 아는 것도 물론 중요하지만 굳이 귀로 확인할 필요는 없다. 사람들이 부정적인 피드백보다 긍정적인 피드백을 좋아하는 것은 당연한 노릇이다.

음소거와 경고음 중에 고르라면 사람들은 전자를 고를 것이다. 반면에 음소거와 부드럽고 듣기 좋은 소리의 긍정적 피드백 중에 고르라면 사람들은 후자를 선택할 것이다. 다만 고품질의 긍정적 음성 피드백을 들어본 적이 한 번도 없기 때문에 사용자는 소리라면 으레 부정적인 인터페이스를 떠올리고 만다.

긍정적인 음성 피드백

세상 모든 것이 실패보다는 성공을 축하하는 의미로 소리를 사용한다. 소프트웨어만 예외다. 사용자가 방문을 닫을 때 달칵 소리가 나면 문이 제대로 잠겼다는 뜻이다. 아무 소리도 나지 않으면 문이 제대로 닫기지 않았다는 뜻이다. 상대방이 말을 하면 이해했다는 의미로 '응', '맞아' 하고 맞장구친다. 반면 상대방이 아무런 말이 없으면 뭔가 소통에 문제가 있다는 뜻이다. 시동을 걸기 위해 자동차 열쇠를 돌렸는데 아무 소리가 없으면 문제가 있다는 뜻이다. 복사기의 스위치를 눌렀는데 쥐 죽은 듯이 고요하면 뭔가 잘못된 게 틀림없다. 가스레인지를 켰는데 훅 하고 불이 붙는 소리가 들리지 않으면 정상이 아니다. 전기식 레인지는 음성 피드백을 제공하지 않기 때문에 가스레인지에 비해 사용성 면에서 불리하다. 불빛으로만 상태를 표시한다.

성공적인 작업 수행을 축하하는 의미로 소리를 사용하는 것을 긍정적인 음성 피드백 positive audible feedback이라고 한다. 대부분의 소프트웨어에는 소리가 없다. 자판 두드리는 소리, 마우스를 클릭하는 소리가 고요히 울려 퍼질 뿐이다. 바로 그거다! 그게 바로 긍정적인 음성 피드백이다. 자판을 한 자 한 자 두드릴 때마다 사용자는 희미하지만 긍정적인 소리를 듣는다. 기술력으로는 완전한 무소음 키보드를 만드는 것이 충분히 가능하다. 하지만 그런 키보드를 만드는 회사는 없다. 사용자는 바로 그 소리를 통해 키보드의 상태를 파악하기 때문이다. 그래서 한편으로 아이패드 같은 태블릿 컴퓨터도 터치스크린 키보드의 음성 피드백을 디폴트로 제공한다. 피드백이란 결코 특별한 게 아니다. 조그맣게 달칵 하는 소리만으로도 충분하다. 단, 반드시 일관성 있게 사용해야 한다. 아무런 소리도 들리지 않으면 사용자는 자판이 눌리지 않았구나 하고 금새 깨닫는다. 이것이 긍정적인 음성 피드백의 힘이다. 오류를 파악하는 데 더없이 효과적이다.

긍정적인 음성 피드백에 반응하는 것은 인간의 본능이나 마찬가지다. 비난이나 잔소리를 좋아하는 사람은 아무도 없다. 오류 대화상자는 늘 사용자에게 뭔가를 잘못했다고 말한다. 소리까지 내서 강조할 필요 없다. 글만으로도 충분히 알아듣고 불쾌하다. 경고음을 없애는 편이 사용자 입장에서는 그나마 나은 셈이다.

소프트웨어는 사용자에게 지속적으로 음성 신호를 제공해야 한다. 키보드처럼 말이다. 아주 작은 소리여도 좋다. 올바른 동작을 취할 때마다 식별 가능한 음성 피드백을 지원하면 사용자는 애플리케이션을 훨씬 친근하고 쉽게 사용할 수 있다. 한 자씩 올바른 값을 입력할 때마다 달칵 하는 소리로 확인시켜준다. 입력을 성공적으로 끝마치면 적절한 효과음을 연주한다. 애플리케이션이 이해할 수 없는 값을 입력한 경우에는 조용히 침묵한다. 섬세한 방법으로 사용자에게 문제를 인지시킨다. 사용자는 자존심을 다치지 않고 문제를 바로잡을 수 있다. 사용자가 아이콘을 드래그하면 실제로 물건을 끌 때 나는 소리와 비슷한 효과음을 연주하자. 성공적이지 않으면 원래 지점으로 시각적으로 점프해 돌아가는 것과 함께 침묵으로 대응한다.

컴퓨터 게임 분야를 살펴보면 긍정적인 음성 피드백이 몹시 발달해 있다. 맥 OS X도 나름대로 좋은 긍정적 음성 피드백을 갖췄다. 문서를 저장하거나 드래그할 때 작은 소리를 들을 수 있다. 물론 음성 피드백의 효과는 음량에 따라서도 크게 좌우된다. 윈도우와 맥은 각각 표준 음량 기준을 제공하고 있다. 이를 기준으로 하면 적절하다. 사용자가 음악을 듣고 있을 경우도 고려해야 한다. 감상을 방해할 정도로 큰 소리를 내는 것은 곤란하다.

인터랙션 디자이너에게 풍부한 비모드형 피드백은 더없이 훌륭한 무기다. 불쾌하고 쓸모없는 대화상자를 우아하면서도 강력한 비모드형으로 교체하는 것은 엄청난 일이다. 사용자를 제품의 안티에서 팬으로 돌아서게 할 수 있다. RVMF를 활용해서 어떻게 하면 애플리케이션을 발전시킬 수 있을지 마음껏 상상해보자!

되살리기, 재실행, 역순의 히스토리

되살리기Undo 덕분에 이미 지나간 행동을 되돌릴 수 있다. 놀라운 기능이다. 단순하고 우아하다. 존재 가치가 명백하다. 한편 되살리기가 현재 어떤 식으로 적용되고 있는지를 목표 지향적 관점에서 살펴보면 소프트웨어마다 그 목표와 방법이 제각각이다. 사용자에게 되살리기가 꼭 필요한 기능임에는 분명하지만 그것을 제대로 적용하기란 생각만큼 쉽지 않다.

되살리기는 멘탈 모델을 따라야 한다

되살리기는 위기에 처한 사용자를 구원하는 긴급구조대와 같다. 빛나는 갑옷의 기사나 언덕을 넘어 돌진하는 멋진 기병대 혹은 절체절명의 순간에 맞춰 등장한 슈퍼맨에 비유할 수 있다. 컴퓨터의 입장에서 보면 아무짝에도 쓸모없는 기능이다. 컴퓨터 사전에 실수란 없기 때문이다. 하지만 인간은 다르다. 인간은 누구나 언제든지 실수를 할 수 있다. 때문에 되살리기가 필수적이다. 되살리기는 프로그램의 그 어떤 요소보다도 사용자의 멘탈 모델에 충실하다. 설계 방법이나 구현 모델에 크게 구애받지 않는다.

　사람은 어쩌다 실수를 저지르는 것이 아니다. 실수는 일상의 한 부분이며 몹시 자연스러운 행동이다. 컴퓨터는 부정 출발, 훔쳐보기, 뜸들이기, 재채기, 약간의 호기심 어린 도전, '어'라든지 '있잖아요'를 전부 오류로 치부한다. 하지만 이것은 더없이 인간적인 행동이다. 사람이 자잘한 잘못이나 실수를 저지르는 것은 너무나 당연하다. 이것을 '오류'나 비정상으로 치부한다면 소프트웨어를 올바로 디자인할 수 없다. 오히려 역효과만 부추긴다.

실수에 대처하는 사용자 멘탈 모델

누구나 실수를 하지만 아무도 본인이 실수를 저지르리라고는 예상하지 않는다. 혹은 단순히 믿고 싶지 않기 때문에 현실을 부정하는 것인지도 모른다. 퍼소나의 멘탈 모델은 오류 가능성을 전혀 고려하지 않는다는 특징이 있다. 멘탈 모델에 의하면 오류는 인간의 몫이 아니라는 뜻이다. CPU를 기반으로 한 구현 모델은 어떨까? CPU는 애초에 오류 가능성이 전무하다. 따라서 구현 모델을 따를 경우 모든 과실의 책임은 자연히 사용자에게로 넘어간다. 대부분의 소프트웨어가 떳떳하게 무죄를 주장하면서 모든 잘못을 사용자에게 따지고 드는 근거다.

　사용자 인터페이스를 올바로 디자인하려면 사용자가 실수를 저지를 수 있다는 생각 자체를 버려야 한다. 사용자가 하는 모든 행동이 정당하다. 대부분의 사람은 본인의 과실을 인정하려 들지 않는다. 프로그램은 사용자의 이러한 심리를 거슬러서는 안 된다.

되살리기와 탐험정신

사용자가 하는 모든 행동이 옳다는 관점에서 바라보면 세상이 달리 보일 것이다. 사용자를 코드 덩어리 혹은 컴퓨터의 하수인 취급하는 나쁜 태도는 버려라. 사용자는 미지의 세계를 여행하는 탐험가다. 탐험을 하다 보면 시시때때로 바닥이 보이지 않는 골짜기나 막다른 골목에 부딪히게 마련이다. 탐구심은 인간의 매우 자연스러운 욕구다. 다양한 행동을 시도하고 보이지 않는 경계선을 확인하려고 노력한다. 시험해보지 않고 어떻게 도구의 쓰임새를 판단할 수 있을까? 물론 탐구심의 정도는 사람마다 천차만별이다. 하지만 탐구심이 전혀 없는 사람은 없다.

개발자는 마치 컴퓨터처럼 생각한다. 인간의 탐구심 어린 행동을 코드로 다스려야 하는 오류라고 여긴다. 구현 모델은 순수한 탐구 행위를 '실수 연발'이라고 해석한다. 사용자의 멘탈 모델을 바탕으로 해석하자면 지극히 정상적이고 자연스러운 행동이다. 애플리케이션은 사용자의 실수에 퇴짜를 놓는 심술꾸러기가 될 수도 있고 탐험의 도우미가 될 수도 있다. 되살리기는 사용자의 탐험을 뒷받침하는 가장 기초적인 도구인 셈이다. 마음이 바뀌면 언제든지 행동을 취소하고 이전 상황으로 되돌릴 수 있다.

되살리기는 기능적인 측면보다 오히려 심리적인 효과가 크다. 사용자를 안심시킨다. 언제든지 탈출할 수 있다는 확신이 있으면 동굴 안에 발을 들여놓기가 훨씬 수월한 법이다. 되살리기 기능은 안전줄이나 마찬가지다. 막다른 벽에 다다르면 언제든 되돌아올 수 있도록 사용자를 안심시키고 탐험정신을 북돋는다.

주목할 점이 있다. 막상 필요한 상황이 닥치기 전에는 사용자가 되살리기 기능의 존재를 거의 인식하지 못한다는 사실이다. 악재를 당하기 전에는 보험 정책에 대해 깊이 따져보지 않는 것과 같은 이치다. 사용자는 어설프게 준비를 갖춘 상태에서 동굴 속으로 들어간다. 문제 상황에 직면했을 때 비로소 본격적으로 안전줄(즉 되살리기)을 찾기 시작한다.

되살리기 디자인하기

되살리기는 꼭 필요하다. 하지만 사용자의 태스크와 목표에 직접적으로 영향을 미치는 것은 아니다. 되살리기는 사용자가 목표를 달성하기 위한 일종의 필요조건 혹은 든든한 배경인 셈이다. 사용자의 목표 달성에 직접 기여하지는 않지만 방해가 되는 부정적인 사태로부터 사용자를 보호한다.

사용자는 저마다 다른 방식으로 되살리기를 이미지화한다. 컴퓨터와 친숙하지 않은 사용자에게는 만능 비상 단추처럼 여겨질 것이다. 각종 사고로부터 사용자를 구출한다. 좀 더 경험 있는 사용자라면 삭제된 자료의 저장소쯤으로 이미지화할 것이다. 컴퓨터와 혼연일체의 경지에 오른 논리적인 사용자라면 역순서로 하나씩 행동을 취소하는 절차라고 이해할 것이다. 되살리기를 효과적으로 디자인하려면 이처럼 다양한 퍼소나의 멘탈 모델을 모두 충족시킬 수 있어야 한다.

성공적인 되살리기 시스템을 디자인하는 몇 가지 비결을 공개하겠다. 첫째, 사용자가 자주 사용하는 도구를 중점적으로 지원한다. 둘째, 사용자가 실패했다는 뉘앙스를 (시각적으로든 청각적으로든 문자로든) 절대로 풍기지 않는다. 되살리기는 오류를 바로잡는 도구가 아니다. 탐험을 지원하는 도구다. 오류는 단발의 부정확한 행동을 뜻한다. 탐험은 전혀 다르다. 탐험은 길고 연속적인 탐색 과정이다. 탐험의 과정에서 발견된 지식 가운데 일부는 보관되고 나머지는 폐기된다.

되살리기는 프로그램에 총체적으로 영향을 미치는 상위 기능으로서 디자인하는 것이 바람직하다. 무조건 가장 최근의 실행 명령을 취소한다. 그것이 직접 조작이든 대화상자를 통한 조작이든 상관하지 않는다. 현재 되살리기 디자인의 가장 큰 문제점은 (예를 들어 엑셀에서) 일단 문서를 저장한 후에는 기능이 먹히지 않는다는 점이다. 사용자는 작업 중에 수시로 문서를 저장한다. 프로그램이 불시에 꺼져서 작업물을 잃어버리지는 않을까 염려하기 때문이다. 완성물로 판단했기 때문에 저장하는 것이 결코 아니다. 주어진 디스크 드라이브는 몹시 넉넉하다. 되살리기용 문서를 저장할 공간을 아낄 이유가 없다.

문서 안에 따로 불러들인 개체가 있을 경우에도 문제가 생길 수 있다. 워드 문서에 스프레드시트를 불러들였다고 가정하자. 스프레드시트를 수정한 다음 되살리기를 적용하면 어떻게 될까? 스프레드시트에 가한 마지막 실행이 취소되는 게 아니라, 가장 최근에 워드 문서에 적용한 실행이 취소된다. 이 점이 사용자에게 혼란을 준다. 사용자는 스프레드시트를 포함한 문서 전체를 하나의 통합된 개체로 인식한다. 하지만 프로그램은 사용자의 멘탈 모델을 수용하지 않는다. 구현 모델을 강요한다. 불러들인 개체와 문서를 따로 분리한다. 각 문서에 별도의 편집기, 별도의 되살리기가 존재하는 셈이다.

다양한 종류의 되살리기

대부분의 소프트웨어가 되살리기 기능을 지원한다. 매우 다양한 종류의 되살리기가 존재하지만 이를 구분하는 마땅한 용어가 없다. 무조건 '되살리기Undo'라고 부른다. 언어적 제약이 디자인에도 영향을 끼친다. 다양한 변형을 허용하지 않기 때문에 디자인에 발전이 없다. 되살리기를 몇 가지로 나누어 정의하고 각각의 차이점을 비교해보자.

점진적, 단계적 행동

되살리기는 사용자의 행동에 적용된다. 사용자 행동은 크게 단계 요소와 데이터 요소로 나눌 수 있다. 단계 요소는 사용자가 한 행동 그 자체다. 데이터 요소는 행동에 의해 영향을 받는 정보다. 사용자가 되살리기 기능을 소환하면 단계 요소의 순서가 거꾸로 뒤집힌다. 행동에 데이터 요소가 포함돼 있는 경우, 예를 들어 데이터를 추가하거나 수정하거나 삭제했을 경우에 데이터는 각 단계에 맞춰 적절히 편집된다. 잘라내기, 붙여넣기, 그리기, 문자 입력하기, 삭제하기 등의 행동은 모두 데이터 요소를 포함한다. 이러한 종류의 행동에 되살리기를 적용하면 문자나 이미지가 영향을 받는다. 이처럼 데이터 요소를 포함하는 행동을 점진적 행동incremental action이라고 부른다.

한편 대부분의 사용자 행동은 데이터 요소를 포함하지 않는다. 워드 프로세서에서 문단을 포맷을 바꾸거나 그리기 프로그램에서 이미지의 각도를 수정하는 행동을 예로 들 수 있다. 데이터 위에 적용되지만 원본 데이터를 추가하거나 수정하거나 삭제하지는 않는다. 오로지 단계 요소만 존재한다. 이것을 단계적 행동procedural action이라고 부른다. 현재 대부분의 되살리기 기능이 단계적 행동과 점진적 행동을 명확히 구분하지 않는다. 뭉뚱그려서 가장 최근의 행동을 취소할 따름이다.

장님식 되살리기와 설명식 되살리기

일반적으로 되살리기는 메뉴 항목이나 툴바의 컨트롤을 통해 접근할 수 있다. 되살리기 숙어를 실행하면 마지막 실행이 취소된다. 사용자는 이 점을 잘 알고 있다. 하지만 그 실행이 무엇이었는지에 대한 구체적인 언급은 어디에도 나와 있지 않다. 이것을 장님식 되살리기blind Undo라고 한다. 하지만 어떤 실행이 취소될 것인지 시각적으로 보여주거나 글자로 설명할 수도 있다. 이것을 설명식 되살리기explanatory Undo라고 한다.

예를 들어, 사용자가 마지막으로 '디자인'이라는 단어를 입력했다고 가정하자. 메뉴상의 되살리기 기능의 명칭이 '디자인 입력 취소하기'로 바뀐다면 어떨까? 설명식 되살리기는 장님식 되살리기보다 훨씬 즐겁게 사용할 수 있다. 메뉴 항목에 설명식을 적용하는 것은 크게 어렵지 않다. 하지만 툴바에 적용하려면 훨씬 까다롭다. 이때는 툴팁을 활용할 것을 제안한다(툴바와 툴팁에 대해서는 18장에서 구체적으로 설명한다).

단발성 되살리기와 복합성 되살리기

오늘날 가장 흔히 사용하는 종류의 되살리기는 단발성과 복합성이다. 단발성 되살리기single Undo는 가장 기본적인 형태의 되살리기다. 단계적, 점진적 구분할 것 없이 가장 최근에 사용자가 취한 행동의 효과를 무효화한다. 단발성 되살리기를 두 번 연달아 실행하면 첫 번째 되살리기가 취소된다. 시스템은 처음 되살리기를 실행하기 직전의 상태로 돌아간다.

단발성 되살리기는 매우 효과적이다. 너무나 간편하기 때문이다. 인터페이스가 단순하고 명확하다. 설명하고 기억하기 쉽다. 사용자에게는 딱 한 번 되살리기를 사용할 수 있는 기회가 주어진다. 오늘날 가장 널리 통용되는 방식이다. 일반적으로 가장 적절하고 이상적인 방식이기도 하다. 몹시 단순한 기능이지만 사용자는 이 단순한 기능이 없다는 이유만으로 제품에 등을 돌리기도 한다. 그만큼 중요하다.

대부분의 사용자는 본인의 실수를 즉시 알아챈다. 이게 아닌데 싶은 느낌이 들 때가 있다. 잠시 작업에서 손을 떼고 상황을 판단한다. 인터페이스가 명확하다면 사용자는 본인의 실수가 무엇인지 눈으로 확인할 수 있다. 되살리기 기능을 선택한다. 문제가 발생하기 이전의 상태로 되돌린다. 작업을 바로잡고 다시 진행한다.

복합성 되살리기multiple Undo는 기능을 여러 번 연달아 실행할 수 있다. 가장 최근의 명령부터 차례대로 순서를 거슬러 올라가며 한 개 이상의 명령을 되살린다. 되살리기가 올바로 기능하려면 사용자의 마지막 명령을 기억하는 것은 기본이다. 가능하면 데이터가 변화된 기록을 빠짐없이 전부 기억해두는 게 좋다. 복합성 되살리기를 적용할 때는 사용자가 여태껏 실행한 명령의 순차적 목록이 필요하다. 목록의 길이는 사용자가 고급 설정에서 임의로 조정할 수 있다. 복합성 되살리기는 점진적 성격을 띤다. 필요하다면 데이터를 없애거나 갈아치운다. 되살린 명령은 목록에서 하나씩 삭제된다.

단발성 되살리기의 한계

사용자가 간단한 명령을 끊어서 연달아 사용하는 경우가 있다. 여기서 단발성 되살리기의 한계가 드러난다. 사용자가 본인의 실수를 즉각 알아채지 못했을 때 문제가 생긴다. 예를 들어 사용자가 여섯 문단의 글을 삭제하고 다시 한 단어를 삭제했다. 문득 앞의 여섯 문단을 삭제하면 안 되겠다 싶은 생각이 들어서 되살리려고 해도 이미 때는 늦었다. 되살리기 기능을 열심히 실행해봤자 마지막 한 단어만 나타났다 사라질 뿐이다. 여섯 문단은 영원히 미궁 속으로 사라졌다. 한마디로 단발성 되살리기는 상황에 전혀 융통성 있게 대처하지 못하고 있다. 고지식한 반응으로 사용자를 애먹인다. 단어 한 개보다 글 여섯 문단이 훨씬 중요하다는 것쯤은 누구나 알 수 있다. 이토록 자명한 사실을 프로그램은 간단히 무시한다. 한마디로 프로그램은 눈 뜬 장님이나 마찬가지다. 한낱 오백 원짜리 동전을 손에 쥐려고 오만 원짜리 지폐를 바닥에 내팽개치는 셈이다.

일부 애플리케이션은 사용자가 마우스를 클릭하기만 하면 무조건 마지막 명령으로 간주한다. 무의미한 클릭 한 번에 중요한 작업이 통째로 날아갈 수 있다. 복합성 되살리기는 이러한 문제를 해결한다. 하지만 복합성 되살리기에도 나름대로의 심각한 문제점이 있다.

복합성 되살리기의 한계

단발성 되살리기의 약점을 보완하기 위해 복합적, 점진적 방식의 되살리기를 만들어냈다. 프로그램은 사용자의 행동 하나하나를 기억하고 저장한다. 되살리기를 잇달아 실행하면 사용자가 내린 명령이 역순으로 하나씩 취소된다. 앞선 예시에서 사용자가 되살리기를 한 번 실행했을 때 하나의 단어가 되살아났다. 두 번째 되살리기를 실행하면 여섯 문단이 복구된다. 여섯 문단을 살리기 위해 쓸데없이 마지막 단어 한 개마저 되살린 셈이다. 사용자가 마지막 단어 한 개를 다시 지워야 비로소 작업이 온전하게 마무리된다. 일종의 기회비용인 셈이다. 사용자는 이를 겸허히 받아들인다. 얻어진 결과에 비하면 이 정도 수고는 약과이기 때문이다. 응급상황에서 구급차 비용을 따지지 않는 것과 마찬가지다. 생명이 오락가락하는 판에 사소한 것에 신경 쓸 겨를이 없다. 하지만 사용자가 개의치 않는다고 해서 문제가 사라지는 것은 아니다. 후입선출^{LIFO, last in, first out} 방식에 철저히 의존하는 메커니즘에는 명백히 오류가 있다. 상황에 따라서는 배보다 배꼽이 커지는 경우가 충분히 발생할 수 있다.

앞선 예시를 조금 바꿔 생각해보자. 여섯 문단을 삭제한 후 사용자가 다른 문서를 열었다. 양쪽 문서를 오가며 찾기와 단어 교체하기 기능을 실행했다. 이제 여섯 문단을 복구하려면 사용자는 매우 복잡한 기회비용을 지불해야 한다. 양쪽 문서에 적용한 찾기와 단어 교체를 모조리 되살린 다음 새로 작업해야 한다. 단어 하나 쓱싹 지우는 것과는 비교가 안 된다. 기회비용치고는 너무나 어렵고, 복잡하고, 신경 쓰이는 작업이다. 좀 더 좋은 방법이 있다. 무조건 순서에 의존해서는 안 된다. 사용자가 목록 중에서 원하는 명령을 선택적으로 취소할 수 있게 해야 한다.

복합성 되살리기에는 구조적 결함이 있다. 대부분의 되살리기는 다분히 기능 중심적인 성향을 띤다. 사용자가 실행한 기능 하나하나를 독립적인 작업으로 간주하고 기억한다. 순차적인 명령의 목록은 구현 모델에 입각해 작성한 것이다. 되살리기 시스템은 사용자의 목표가 아닌 데이터와 코드의 구조를 고려해 설계됐다. 되살리기 버튼을 누를 때마다 정확히 한 개의 기능만큼 작업이 취소된다. 이러한 멘탈 모델은 문제가 아주 단순한 경우에나 적합하다. 사용자가 즉시 실수를 깨닫고 이를 바로잡기 위해 행동을 취한다. 두세 번 되살리기를 반복하면 문제를 해결할 수 있다. 하지만 사용자가 난해하고 복잡한 문제에 봉착할수록 복합성 되살리기의 문제점이 점차 드러난다.

재실행

재실행^{Redo}은 되살리기를 구현하는 와중에 파생된 부수적인 기능이다. 되살리기는 항상 역순으로만 진행된다. 따라서 특정 기능을 되살리려면 그 이후에 실행했던 모든 기능을 먼저 취소해야 한다는 특징이 있다. 재실행이란 간단히 말해서 되살리기를 되살리는 기능이다. 일단 되살리기를 구현하고 나면 개발자 입장에서 재실행을 추가하는 것은 식은 죽 먹기다.

재실행은 복합성 되살리기의 고질적인 문제점을 해결한다. 사용자가 십여 개의 명령을 뒤로 물러야 하는 상황이라고 가정하자. 사용자는 되살리기 버튼을 몇 차례 재빨리 클릭한다. 원하는 상태로 작업이 되살아나는지 지켜본다. 이때 사용자는 종종 되살리기 버튼을 너무 많이 클릭하는 실수를 범한다. 하지 말았어야 할 것까지 되살려 버렸음을 깨닫는다. 이때 사용자는 재실행을 통해 되살리기를 되살릴 수 있다. 재실행은 마지막으로 실행한 되살리기를 취소한다.

단발성 되살리기를 연속적으로 실행할 경우, 두 번째 되살리기는 재실행과 동일하게 기능한다.

집단적 되살리기

마이크로소프트 워드는 복합성 되살리기의 응용된 형태를 도입했다. 이것을 집단적 되살리기^{group multiple Undo}라고 부르기로 하자. 이 방식이 이토록 널리 유행하다니 참 안타까운 노릇이다. 복합성 되살리기 모음은 되살리기 목록의 각 명령에 대해 문자 설명을 제공한다. 과거 동작의 목록을 검토해 되살리기를 할 작업을 목록에서 선택할 수 있다. 문제는 하나의 명령을 선택하면 그 이후에 실행한 모든 명령이 깡그리 되살아난다는 점이다(그림 15-4 참조). 이러한 되살리기 방식은 어도비 제품에서 흔히 접할 수 있다.

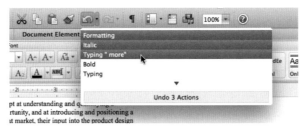

그림 15-4 마이크로소프트 오피스의 되살리기/재실행 기능이다. 여러 개의 명령을 되살릴 수 있다. 하지만 반드시 집단적으로 적용된다. 예를 들어 세 가지 명령을 거슬러 한 가지 명령만 되살리는 것은 불가능하다. 재실행도 마찬가지다.

결론적으로, 사용자는 이후의 모든 불필요한 명령을 되살리지 않으면 잃어버린 여섯 개의 문단을 결코 되찾을 수 없다. 한 개 이상의 명령을 되살리면 재실행은 되살아난 명령의 목록을 역순으로 작성한다. 재실행은 되살리기와 마치 그림자처럼 닮았다. 원하는 명령은 무엇이든 선택할 수 있지만 이후에 되살린 명령까지 몽땅 재실행되는 것을 각오해야 한다.

프로그램은 집단적 되살리기에 대해 두 가지 시각적 힌트를 제공한다. 사용자가 목록에서 다섯 번째 항목을 선택하면 이전의 네 가지 항목이 자동으로 선택된다. 또한 문자로 '5개 명령 되살리기'라고 친절하게 알려준다. 디자이너가 굳이 문자로 설명을 덧붙여야만 했던 까닭이 있다. 개발자가 구현한 방식이 사용자의 멘탈 모델과 어긋났기 때문이다. 사용자는 목록에서 하나의 명령만 선택해서 되살릴 수 있기를 기대한다. 하지만 프로그램은 이것을 지원하지 않는다. 주의사항이 따라붙을 수밖에 없었던 것이다. 당기기 위한 손잡이를 설치해놓고 '미시오'라는 푯말을 붙인 셈이다. 그럼에도 불구하고 사람들은 무의식중에 스위치를 당길 것이다. 복합성 되살리기는 대단히 유용한 메커니즘이다. 원하는 명령만 선택적으로 되살릴 수 있다면 훨씬 더 훌륭해질 것이다. 모든 명령을 굳이 통째로 되살려야 할 까닭이 없다.

되살리기의 응용

단순한 형태의 되살리기는 사용자의 멘탈 모델과 조화를 이룬다. '방금 실행한 것이 마음에 들지 않아. 버튼을 클릭해서 즉시 되살려야겠어.'라고 사용자는 생각한다. 하지만 상황이 복잡해질수록 단발성 되살리기의 모델은 사용자의 멘탈 모델과 점점 멀어진다. 전형적인 되살리기 및 재실행 숙어의 변형된 형태에는 어떤 것이 있는지 살펴보자.

비연속적인 집단적 되살리기

단순히 입력에 오타가 생긴 경우와는 다른 상황을 상상해보자. 사용자가 논리적인 벽에 부딪혔다. 여러 단계를 거치고 보니 전혀 이해할 수 없는 영역에 도달한 것이다. 상황에 이르기까지 사용자가 실행한 여러 가지 기능은 서로 복잡하게 얽혀 있다. 그것을 모조리 취소하고 싶지는 않다. 특정 기능은 유지하되 일부만 되살리고 싶다. 순서는 상관없다. 예를 들어 사용자가 글을 입력하고 편집하면서 작업하고 있다. 문자 입력을 일부 취소하되 편집된 형식은 그대로 유지하고 싶다면 어떡해야 할까? 이러한 작업을 구현하고 설명하기란 매우 까다롭다. 닐 루벤킹$^{Neil\ Rubenking}$은 다음의 치명적인 사례를 들어 문제점을 지적했다. 사용자가 문서 전체를 통틀어 '엉망진창'이라는 단어를 '개판'으로 교체하고, 다음 순서로 '개'를 '고양이'로 교체했다고 가정하자. 두 번째 교체사항은 그대로 유지한 채로 첫 번째 교체사항만 되살리고 싶다면? 프로그램은 과연 이 '고양이판'을 제대로 처리할 수 있을까?

이처럼 여러 기능이 뒤얽힌 상황에서 현재와 같이 단순한 방식의 되살리기는 무용지물이다. 후입선출 방식은 단순 명쾌한 상황에서나 써먹을 수 있다. 사용자가 메뉴의 여러 기능을 탐구하는 중이었다면 어떨까? 다양한 기능을 시도해보고 그중 유용하다고 판단된 일부만을 유지하고 싶다면? 물론 실행한 순서는 관계없다. 이 경우 일반적인 장님식 되살리기는 곤란하다. 훨씬 더 설명적일 필요가 있다. 되살릴 기능이 무엇인지에 대한 강력한 표시가 요구된다. 나아가 사용자가 표시된 기능 가운데 원하는 것을 선택할 수 있어야 한다. 사용자에게 지난 명령의 목록을 제공하고 되살릴 기능을 선택하게 하는 것은 매우 어려운 문제다.

특화된 되살리기

백스페이스 키는 일종의 특화된 되살리기다. 오타를 입력했을 때 백스페이스 키를 누르면 잘못 입력한 문자를 지울 수 있다. 사용자가 오타를 입력하고 문단 포맷하기 기능을 실행했다고 가정하자. 백스페이스 키를 반복적으로 누르면 오타만 삭제되고 문단 포맷은 그대로 유지된다. 실행 순서에 얽매이지 않고 선택적으로 되살리기를 적용한 셈이다. 글의 입력 순서에 관계없이 원하는 문자를 선택적으로 취소할 수도 있다. 커서의 위치만 옮기면 가능하다.

백스페이스의 행동 방식에 대해 논리적인 문제점이 지적된다. 반면 경험론적 관찰 결과에 의하면 사용자 입장에서는 문제될 것이 없다. 사람들은 비연속적이되 점진적인 되살리기(글로 설명하려니 몹시 어렵다. 이 점을 양해 바란다)를 아주 자연스럽게 받아들인다. 모든 것이 가시적이기 때문이다. 사용자는 백스페이스 키를 눌렀을 때 어떤 문자가 삭제될 것인지 눈으로 쉽게 확인할 수 있다. 일단 백스페이스 자체는 점진적 되살리기에 속한다. 역순으로 거슬러 올라가며 데이터를 차례로 복구하기 때문이다. 문제는 사용자가 커서를 움직였을 경우다. 논리적으로라면 사용자는 큰 혼란을 겪어야 한다. 점진적으로 쌓아올린 목록의 밑장을 빼는 격이기 때문이다. 하지만 경험상 백스페이스로 인해 곤란해하는 사용자를 만나보지 못했다. 백스페이스의 사용은 몹시 순조롭다. 커서를 이해하는 사용자의 멘탈 모델에 잘 부합하기 때문이다. 사용자는 커서가 놓인 위치에 문자가 입력된다는 사실을 알고 있다. 따라서 문자를 삭제할 때도 커서의 위치가 기준점이 되는 것이 너무나 당연하다.

백스페이스의 사례를 토대로, 점진적 되살리기를 여러 개의 특화된 분야로 세분화할 수 있다. 예를 들어 포맷-되살리기 기능이라면 포맷과 관련된 명령에 대해서만 영향력을 발휘한다. 사용자가 글을 입력하고 글꼴을 이탤릭체로 바꿨다고 가정하자. 글을 좀 더 입력하고 이번에는 문단의 들여쓰기 정도를 수정했다. 다시 한 문단을 더 입력하고 포맷-되살리기 버튼을 누르면 어떻게 될까? 들여쓰기를 수정한 부분만 되살아날 것이다. 다시 한 번 포맷-되살리기를 누르면 이번에는 이탤릭체를 적용했던 것이 취소된다. 본문의 내용에는 전혀 영향을 끼치지 않는다.

특화된 되살리기^{category-specific Undo}를 문서 외의 프로그램에 적용한다면 어떨까? 그래픽 프로그램을 예로 들어보자. 색상 도구, 형태 도구, 잘라내기와 붙여넣기 도구에 대해 각각 특화된 되살리기 기능을 제공할 수 있다. 되살리기를 독립적으로 세분화하지 못할 이유가 전혀 없다.

색상과 관계된 도구에는 연필, 펜, 채우기, 스프레이, 브러시 등의 그림 도구와 사각형, 선, 타원, 화살표 등의 모양 도구가 전부 포함된다. 변형과 관련된 도구에는 늘이기, 회전시키기, 명암, 채도, 선굵기 등이 포함된다. 잘라내기와 붙여넣기 도구에는 올가미, 요술봉, 클론, 드래그 등이 포함된다. 워드 프로세서의 백스페이스 기능과 그래픽 프로그램의 특화된 되살리기는 조금 다르다. 예를 들어 색상과 관련하여 되살리기를 실행하면 그것은 현재의 선택 범위와 무관하게 작동한다. 즉 현재의 선택 범위와 상관없이 가장 마지막에 적용한 색상계 기능이 복구될 것이다. 서구 텍스트는 정해진 순서가 있다. 좌측 상단에서 우측 하단으로 읽는 것이 일반적이다. 따라서 글을 지울 때도 우측 하단에서 좌측 상단을 향해 이동한다. 이것은 매우 강력하고 본능적인 사용자의 멘탈 모델을 형성한다. 그림은 다르다. 정해진 규칙이나 순서가 없다. 되살리는 순서는 점진적 목록의 순서에만 충실하면 그만이다.

물론 현재의 선택 범위 내에서만 되살리기를 적용할 수 있다면 더욱 훌륭할 것이다. 사용자가 특정 오브젝트를 선택한 상태에서 변형계 되살리기를 실행했다고 가정하자. 해당 오브젝트에 가장 최근에 가했던 변형이 복구될 것이다.

사용자는 점진적 되살리기에 익숙하다. 특화된 되살리기가 처음에는 낯설고 불편하게 느껴질지도 모른다. 하지만 백스페이스의 사례는 특화된 되살리기의 무궁한 가능성을 증명하고 있다. 프로그램이 모드형 되살리기 도구를 널리 사용하기 시작하면 사용자는 금방 이것에 적응할 것이다. 언젠가는 워드 프로세서의 백스페이스만큼이나 당연하게 여겨질 것이다.

삭제된 데이터의 저장소

오랫동안 문서 작업을 하다 보면 삭제된 데이터를 확인해야 할 때가 있다. 삭제된 여섯 문단을 다시 예로 들어보자. 복잡한 찾기와 교체하기 작업을 거치고 나면 되살리기를 통해서 삭제된 정보를 확인하기가 어려워진다. 사용자는 생각할 것이다. '프로그램이 삭제된 정보만 따로 모아 한곳에 저장해놓았다면 얼마나 좋을까?' 사용자가 저장된 위치에 곧바로 접근할 수 있다면 좋을 것이다.

사용자에게 필요한 건 선입후출 방식으로 기록한 명령의 목록이 아니다. 필요한 것은 실제 데이터다. 삭제된 데이터를 모아놓은 저장소가 필요하다. 구체적으로 어떤 기능 때문에 글이 사라졌는지에는 관심 없다. 하지만 현재 되살리기의 구현 모델은 사용자가 매번 스스로 실행한 명령을 기억하기를 강요한다. 정확히 어떤 명령을 내렸는지 기억했다가 그것을 되살리는 식으로 데이터를 복구한다. 사용자에게 편리하게 인터페이스를 디자인하려면 점진적 명령의 목록과는 별개로 삭제된 글과 데이터를 따로 수집할 필요가 있다. 사용자는 언제든지 쉽게 저장소에 접근할 수 있어야 한다. 문서 형태로 열어서 잘라내고 붙여넣는 방식 또는 선택하고 드래그하는 방식으로 원하는 데이터를 손쉽게 복구할 수 있게 배려한다. 삭제된 시간과 원본 문서의 이름을 표기하면 사용자는 쉽게 데이터를 탐색할 수 있을 것이다.

사용자는 원한다면 언제든지 저장소를 둘러볼 수 있다. 사라진 여섯 개의 문단을 찾는 일은 쉽다. 얼마나 복잡한 단계를 거쳐 그것이 삭제됐는지는 아무도 신경 쓰지 않는다. 삭제된 데이터의 저장소는 기존의 점진적 복합성 되살리기 기능을 보완하고 완성한다. 어차피 모든 데이터는 어디에든 저장되게 마련이다. 단지 사용자가 손쉽게 접근할 수 있도록 조금 다듬을 뿐이다. 삭제된 데이터의 저장소를 구비하는 것은 스프레드시트, 그래픽 프로그램, 정산 프로그램 등 애플리케이션의 종류에 상관없이 언제나 유용하다.

버전 생성과 회귀

살다 보면 때로는 지나온 먼 길을 되돌아보게 된다. 하지만 소소한 과정이나 행동을 일일이 기억하고 답습할 필요는 없다. 점진적 되살리기는 꼭 필요하다. 다만 목록이 필요 이상 길어지는 것을 경계할 뿐이다. 버전을 생성(이 내용은 14장에서 더욱 자세히 다뤘다)하는 것은 전체 문서의 복사본을 남기는 일이다. 시간 단위로 사진을 찍어 일상의 기록을 남기는 행위에 비유할 수 있다. 버전을 생성할 때는 문서를 통째로 저장하기 때문에 파일 시스템과도 관련이 있다. 버전 생성은 사용자의 자발적 요청에 의해 만들어진다는 점에서 그 밖의 되살리기 시스템과 차별화된다. 사용자 스스로 문서의 복사본을 저장한다. 복사본을 생성한 뒤에는 안심하고 원본을 편집할 수 있다. 나중에 편집한 내용이 마음에 들지 않으면 이전에 저장해놓은 복사본을 열면 된다.

개발자는 중요한 소스 코드를 저장하기 위한 방편으로 흔히 버전을 생성한다. 한편 코드 외의 영역에서 버전 개념은 아직까지 생소하다. 37시그널즈[37signals]의 라이트보드[Writeboard]라는 제품은 작업 중간에 자동으로 버전을 생성한다. 사용자는 다양한 버전을 비교할 수 있다. 물론 이전 버전으로 회귀할 수도 있다(그림 15-5 참조).

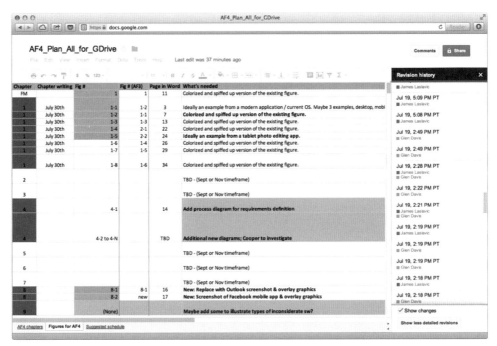

그림 15-5 구글 문서도구는 단일 문서로 여러 사람이 협업하게 해준다. 사용자가 문서의 수정사항을 저장할 때마다 새 버전을 만들어 사용자가 각기 다른 버전을 보게 해준다. 소중한 작업물을 덮어쓸 걱정 없이 협업하게 해주기에 꽤 유용할 수 있다.

효과적인 버전 생성을 위해서는 '회귀revert' 명령어를 어떻게 디자인할 것인지가 가장 중요하다. 우선 저장된 버전의 전체 목록을 사용자에게 제공한다. 이때 각 버전에 대한 부연설명이 필요하다. 생성 날짜와 시간, 만든 사람, 문서 크기, 그 밖에 사용자가 추가로 메모한 내용이 있으면 표시한다. 각 버전의 차이점을 이해하고 회귀할 버전을 고른다. 사용자가 선택한 버전으로 회귀하면 여태껏 작업하던 문서는 새로운 버전으로 저장된다.

박제하기

박제하기freezing는 문서에 데이터를 가두고 더 이상 수정할 수 없게 만든다. 이미 입력한 사항은 절대로 수정이 불가능하다. 새로운 데이터를 덧붙일 수만 있다. 박제된 문단은 건드릴 수 없지만 문단 사이에 새로운 글을 추가하는 것은 가능하다.

박제하기는 문서보다 그래픽을 다루는 프로그램에서 더욱 빛을 발한다. 그림 위에 정착액을 뿌렸다고 생각하면 된다. 여태껏 그린 내용이 반영구적으로 고정된다. 물론 원한다면 새로운 획을 덧그릴 수 있다. 화면 속에 가둬진 이미지는 더 이상 수정이 불가능하다. 하지만 그 위에 새로운 작업을 가하는 것은 사용자의 자유다. 코렐 페인터Corel Painter의 웻 페인트Wet Paint나 드라이 페인트Dry Paint 명령어를 실행하면 박제하기를 경험할 수 있다.

되살리기 방지 기능

모든 명령을 되살릴 수 있는 것은 아니다. 프로그램이 직접 조작할 수 있는 범위를 벗어나면 되살릴 수 없다. 예를 들어 일단 전송한 이메일은 취소할 수 없다(지메일은 보내기를 클릭한 후 몇 초 동안 실제로 보내지 않아 아주 잠시 이메일을 중단하게 해주는데, 사실 꽤 똑똑하다. 그림 15-6 참조).

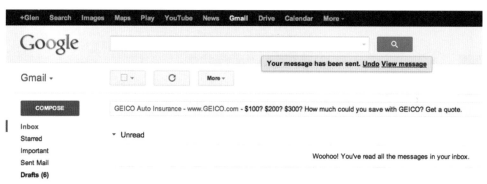

그림 15-6 지메일은 일시적으로 이메일 보내기라는 되살리기 불가능한 명령을 되살리게 해준다. 실제 보내기 전에 보내기를 클릭한 후에도 몇 초 동안 기다린다.

왜 파일명을 되살릴 수 없을까? 되살리기의 목적에 대한 전통적인 관점에 속하지 않기 때문이다. 개발자는 보통 파일명 바꾸기에 대해 진정한 되살리기 기능을 제공하지 않는다.

사업 규칙상 혹은 기관의 정책 때문에 되살리기 기능을 막아놓는 경우도 종종 발견할 수 있다. 자금의 입출금 내역을 기록하거나 의료 기록을 입력하는 경우에 그러하다. 이러한 환경에서 '되살리기'는 부적절하게 여겨진다. 하지만 되살리기 기능 자체를 막아버리는 건 사용자의 멘탈 모델에 어긋난다. 좀 더 나은 방법이 있다. 되살리기는 가능하되 수정사항을 감사 추적할 수 있게 하는 것이다.

지금 사용하고 있는 애플리케이션을 잘 살펴보라. 쓸데없이 되살리기를 막아놓은 경우가 없는지 찬찬히 검토하라. 생각보다 아주 많이 발견할 수 있다. 아마도 깜짝 놀랄 것이다.

비교하기: 어떻게 보일까?

되살리기-재실행 콤비는 매우 편리한 비교 도구다. 판단하기 어려운 상황을 사용자가 직접 비교해볼 수 있도록 강력하게 뒷받침한다. 예를 들어 글의 오른쪽 정렬과 왼쪽 정렬을 시각적으로 비교하고 싶을 때가 있다. 기본적으로 왼쪽 정렬된 상태에서 오른쪽 정렬을 실행한다. 되살리기를 클릭해서 왼쪽 정렬된 상태를 확인한다. 다시 재실행을 클릭해서 왼쪽 정렬된 상태를 확인한다. 이처럼 되살리기와 재실행을 반복 실행하면 서로 다른 두 가지 상태를 비교할 수 있다. 이것을 비교하기^{comparison} 또는 만약에?^{what-if?} 기능이라고 부르기로 하자. 되살리기의 이러한 기능은 결코 의도된 것이 아니다. 사용자의 멘탈 모델에 맞춰 비교하기 명령어를 인터페이스에 따로 추가할 수도 있다. 현재 상태와 한 단계 이전 상태를 오가며 비교하는 기능이다.

TV 리모컨 중에 점프 기능을 지원하는 것이 있다. 점프 버튼을 누르면 현재 채널과 바로 전에 시청하던 채널을 넘나든다. 두 가지 프로그램을 동시에 시청하고 싶을 때 유용하다. 점프 기능은 되살리기-재실행 콤비를 한 개의 명령어로 압축한 것이나 마찬가지다. 같은 기능을 50% 더 가볍게 사용하는 셈이다(12장 참조).

비교의 목적으로 사용할 때 되살리기와 재실행은 하나의 통합된 기능으로 봐야 한다. 재실행은 "이것을 적용하시오."라고 말하고 되살리기는 "이것을 적용하지 마시오."라고 말한다. 비교하기라는 하나의 독립된 버튼으로 구현하면 행동이 더욱 명확해질 것이다. 여태껏 워드 프로세서 프로그램을 예로 들어 설명했는데 막상 비교하기는 그래픽 관련 프로그램에 적용했을 때 가장 빛을 발한다. 이미지에 시각적 변형을 가하고 그것이 과연 효과적인지 비교할 필요가 있다. 변형된 형태와 본래 형태를 (혹은 여러 변형을 동시에) 쉽고 빠르게 비교할 수 있는 능력은 디지털 아티스트에게 몹시 중요하다. 많은 제품이 그림 15-7처럼 섬네일 형식의 '미리보기' 이미지로서 비교 기능을 지원한다.

비교하기 기능은 상대적으로 고급 기능에 속한다. 일반 TV 시청자는 점프 기능을 거의 사용하지 않는다. 비교하기 버튼도 마찬가지다. 중급 이상의 숙련된 사용자를 위한 것이다. 하지만 사용성을 해치지도 않는다. 그리고 사진 조작 및 기타 저작 도구 같은 일부 애플리케이션에서 발생 전에 미래를 보여주는 시각적인 비교 도구는 거의 필수적이다.

그림 15-7 포토 토스터(Photo Toaster)를 비롯한 아이패드의 수많은 사진 처리 앱은 작업 중인 이미지의 섬네일 미리보기를 제공하는데, 각기 다른 효과나 이미지 파라미터 변경의 결과를 보여준다. 섬네일을 태핑하면 이미지에 수정사항이 적용되는데, 그 자체로 일종의 미리보기다. 추가로 탭을 한 번 더 하면 되살릴 수 있기 때문이다.

다양한 니즈를 위한 디자인

1부에서 논한 대로, 퍼소나와 시나리오는 실제 사용자의 목표, 행동, 니즈, 멘탈 모델에 디자인을 집중할 수 있게 도와준다. 사용자 니즈의 전반적인 패턴을 이해하면 제품 디자인의 방향을 결정할 수 있다. 16장에서는 이 잘 알려진 니즈에 부합하는 전략인 학습 가능성, 도움말, 맞춤형 가능성, 현지화 및 국제화, 접근성을 탐구한다.

학습 가능성과 도움말

사용자의 경험 수준에 따라 니즈를 분류할 때는 명령 모드와 업무 세트를 기준으로 한다. 폴백fallback 옵션은 불충분함이 입증되기는 했지만, 다양한 형식의 온라인 도움말이다. 이번 절에서는 사용자가 인터페이스를 이해, 학습하도록 돕는 이 방법들을 다룬다.

명령 모드

사용자 인터페이스는 축소 지향적 의미에서 사용자가 컴퓨터에 데이터와 명령어를 입력하는 수단이다. 데이터 입력은 일반적으로 꽤 단순하다. 음성 인식 알고리즘에 말하기, 빈 페이지나 텍스트 필드에 입력하기, 손가락이나 스타일러스로 그리기, 오브젝트를 클릭해 드래그하기, 메뉴나 유사한 위젯에서 값을 선택하기 등이다. 기능을 활성화하는 명령어는 학습이 약간 더 어렵다. 사용자가 사용 가능한 명령어와 그 사용 방법을 알아내야 하기 때문이다.

명령 모드^{command modality}란 사용자가 프로그램에 지시를 내릴 때 사용하는 여러 가지 테크닉을 뜻한다. 직접 조작 핸들, 드롭다운 메뉴, 팝업 메뉴, 툴바, 키보드 가속기 등은 모두 명령 모드에 해당한다.

잘 디자인된 사용자 인터페이스는 여러 명령 모드를 제공한다. 애플리케이션의 핵심적인 기능은 메뉴, 툴바, 키보드 가속기, 제스처, 직접 조작 컨트롤 등을 통해 다양한 방법으로 접근할 수 있다. 어떤 방법을 선택하든 동일한 명령을 수행할 수 있다. 사용자는 저마다 경험 수준도 작업 습관도 천차만별이다. 복합적인 명령 벡터는 사용자 각자 구미에 맞는 방법을 선택할 수 있도록 배려한다. 모바일 앱은 여러 모드에 대한 성능이 덜하지만, 보통 특정 기능을 찾을 때 탐색할 인터페이스 요소가 더 적다는 트레이드오프가 있다.

교육적, 즉각적, 비가시적 명령어

일부 명령 모드는 특별히 초급자를 고려해 디자인한다. 그중에서도 메뉴와 대화상자(그림 16-1에 보이는 전통적인 애플리케이션 메뉴바에서 찾을 수 있음)는 특히나 그런 성격이 강하다. 이것을 교육적 모드^{pedagogic modality}라고 부른다. 초급자는 주로 메뉴에 의지해 새로운 프로그램을 익혀나간다. 반면 중급자 이상은 효율적인 즉각적 모드^{immediate modality}와 비가시적 명령어^{invisible command}를 선호한다.

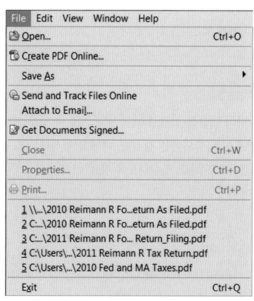

그림 16-1 어도비 리더의 윈도우 버전에서 메뉴는 사용자에게 애플리케이션 기능의 텍스트 개요를 제시하며, 키보드의 연상기호, 가속기를 환기시키고, 툴바 아이콘을 제공한다. 불행히도 이 교육적 숙어는 모바일 앱에서 공간 제약 때문에 좀처럼 사용할 수 없다.

드래그 핸들 같은 직접 조작 컨트롤, 슬라이더, 노브 같은 실시간 조작 컨트롤, 푸시 버튼이나 툴바의 컨트롤은 즉각적 모드에 속한다. 버튼을 누르는 순간 기능의 결과를 즉시 확인할 수 있다. 직접 조작은 중간 과정 없이 정보를 곧바로 소환한다. 반면 메뉴나 대화상자는 즉시 반응하지 않는다. 하나 이상의 중간 과정이 요구된다.

키보드 가속기와 제스처는 즉각성의 아이디어로 한 단계 더 나아간다. 시각적 인터페이스 내에 이 명령어의 궤적은 없고, 비가시적인 키보드 입력, 스와이프, 핀치, 손가락 플릭만 있다. 이런 명령어 인터페이스는 비가시적인 모드를 표현한다. 사용자는 비가시적인 명령어를 기억해야 한다. 보통 인터페이스가 존재한다는 시각적 지시를 거의 혹은 전혀 제시하지 않기 때문이다. 비가시적 명령어는 널리 사용되는 규약을 따르거나(터치스크린 인터페이스에서 스크롤을 위해 위아래로 플릭하는 등) 신규 사용자에게 그 존재를 알릴 신뢰할 만한 방법이 있지 않은 한, 사용자를 위해 초기에 확인돼야 한다. 비가시적 명령어는 중급 사용자가 많이 사용하며, 전문가는 더욱더 많이 쓴다.

야생의 정보와 머릿속의 정보

도널드 노먼은 그의 저서 『The Design of Everyday Things』(Basic Books, 2002)에서 명령 모드와 관련해서 참고하면 유용한 관점을 제시한다. 사용자는 야생의 정보와 머릿속의 정보에 각기 다른 방식으로 접근한다는 것이다.

야생의 정보란 인터페이스나 주변환경에서 쉽게 발견할 수 있는 정보를 뜻한다. 도시의 지도 정보를 제공하는 키오스크를 예로 들 수 있다. 사람들은 63빌딩의 정확한 위치를 기억할 필요가 없다. 지도에서 금방 찾을 수 있기 때문이다.

머릿속의 정보는 이와 정반대다. 경험으로 배우고 익힌 지식을 뜻한다. 지도에 없는 지름길을 예로 들 수 있다.

머릿속의 정보는 야생의 정보보다 훨씬 빠르고 유용하다. 대신에 거저 얻지 못한다. 배우고, 잊지 않게 끊임없이 노력하고, 때때로 정보를 새로 갱신해야 하는 수고가 필요하다. 야생의 정보는 느리고 복잡하지만 맘 편히 믿고 의지할 수 있다는 장점이 있다.

교육적 명령어는 필연적으로 야생의 정보로 이뤄진다. 반대로 비가시적 명령어는 기억해야 하기에, 머릿속의 정보로 간주해야 한다. 즉각적인 명령어는 그 사이 어딘가에 속한다.

메뉴 항목이나 대화상자는 반드시 정보성 정황으로 채워야 한다. 그래서 교육적인 명령어다. 반대로 키보드 가속기는 비가시적 명령어를 구성한다. 사용하려면 사용자가 시각적 인터페이스로 표현되지 않을 기능과 키보드 등가물에 관한 정보를 사전에 기억했어야 하기 때문이다.

기억 벡터

새로운 사용자는 교육적 명령어만으로 만족한다. 하지만 경험이 쌓이고 중급자로 나아갈수록 고유의 업무 세트를 형성하게 되고, 교육적 인터페이스의 느리고 반복적인 수다가 점점 시시하게 느껴지기 시작한다. 사용자는 잦은 과업에 대해 좀 더 즉각적인 명령어를 원하게 된다. 자연스럽고 정당한 욕망이다. 사용자의 이런 욕망을 충족시켜야만 사용하기 쉬운 소프트웨어라는 명예를 얻을 수 있다. 두 가지를 고려해야 한다. 첫째, 교육적 명령어 하나하나마다 동등한 기능의 즉각적(혹은 비가시적) 명령어를 마련한다. 둘째, 각각의 교육적 명령어에 해당하는 즉각적 명령어가 무엇인지 사용자가 터득할 수 있는 방법을 마련해야 한다. 이러한 방법을 기억 벡터^{memorization vector}라고 부른다.

기억 벡터를 디자인하는 몇 가지 방법이 있다. 가장 나쁜 방법은 사용자 문서의 형태를 취하는 것이다. 살짝 나은 방법은 온라인 도움말 시스템을 빌리는 것이다. 둘 다 사용자가 스스로 필요성을 깨닫고 찾아 나서기 전까지는 정체를 드러내지 않는 소극적인 방법이다.

좀 더 우월한 방법은 인터페이스에 기억 벡터를 곧장 설계해넣는 것이다. 대부분의 데스크탑 애플리케이션 메뉴에는 이미 두 가지 표준 방법이 있다. 대부분의 프로그램 메뉴에서 이것을 활용 중이다. 마이크로소프트의 윈도우 애플리케이션은 키보드 기반의 즉각적 명령어를 두 가지로 정의하는데, 바로 연상기호^{mnemonic}와 가속기^{accelerator}(단축키)다. 예를 들어 마이크로소프트 워드에서 저장하기의 연상기호는 Alt+F 다음 S이다. Alt+F는 파일 메뉴로 이동하고, S는 저장 명령어를 발급한다. 윈도우에서 연상기호의 기억 벡터는 사용자가 Alt 키를 누를 때 메뉴와 항목의 이름에서 특정 알파벳에 밑줄을 긋는 방법으로 표현된다. 혹은 오피스 제품군의 경우 모드형 툴팁으로 표현된다(그림 16-2 참조). 이어서 사용자는 적절한 키를 누르거나 Alt 키를 다시 눌러 힌트를 가린다.

저장하기의 가속기는 Ctrl+S이다(맥은 Cmd+S). 메뉴의 저장하기 항목 이름 오른쪽에 Ctrl+S라고 분명하게 적혀 있다. 가속기의 기억 벡터다. 어도비 리디는 그림 16-1에 보이는 것처럼 상응하는 메뉴 명령어 왼편에 툴바 명령어 아이콘도 포함시켜 한 단계 더 나아간다. 반면 마이크로소프트는 오피스 제품군 애플리케이션에서 리본 UI의 컨트롤 툴팁의 일부로 가속기를 보여준다(그림 16-2 참조).

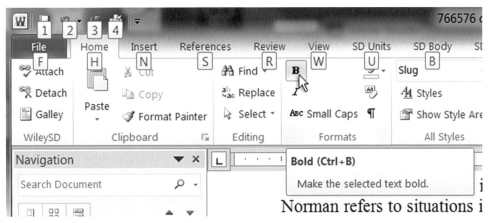

그림 16-2 오피스 제품군 애플리케이션은 Alt 키를 누를 때 작은 팝업 박스로 연상기호를, 툴팁으로 키보드 가속기를 표시한다. 표준 메뉴를 툴바 같은 리본 UI로 대체했기 때문이다.

맥 애플리케이션은 보통 연상기호를 지원하지 않지만, 종종 가속기와 팔레트, 툴바 아이콘 매핑을 둔다. 이 벡터 중 어느 것도 초급자의 신경을 거스르지 않는다. 프로그램이 웬만큼 눈에 익기 전에는 그런 것이 있는지조차 눈치채지 못할 것이다. 나중에서야 시각적인 힌트를 알아채고 그것이 무엇을 의미하는지 궁금해지기 시작한다. 사용자는 다들 똑똑하다. 가속기쯤은 혼자서도 충분히 터득한다. 별다른 도움이 필요 없다. 연상기호는 좀 더 까다롭다. 하지만 일단 도움을 빌려서라도 Alt 메타키의 사용법을 익히고 나면 대단히 쉽게 기억된다.

모바일 운영체제는 특히 기억 벡터가 부족하다. 이 신호를 둘 어떤 '여유' 공간이나 복합적인 인터랙션도 없기 때문일 수 있다(13장 참조). 사용자가 처음 기기나 앱을 사용할 때 처음 구동 시 둘러보기(하단 참조), 재생되는 튜토리얼이 가장 가깝다. 모바일 플랫폼이 성숙해지면서 디자이너가 이 가교를 어떻게 제공해줄지, 누군가 더 빠른 제스처를 알려주기까지 사용자가 느리지만 발견 가능한 컨트롤에 영원히 만족할지 두고 보겠다.

18장에서 논하겠지만, 아이콘 버튼icon button은 매우 훌륭한 기억 벡터다. 작은 아이콘은 메뉴의 내용을 성공적으로 툴바에 옮겨온다. 사용자 인터페이스상에 기능이 위치한 곳이라면 어디든 해당 기능을 상징하는 아이콘이 따라붙어야 한다. 각각의 메뉴, 아이콘 버튼, 대화상자와 기능을 언급하는 모든 도움말, 인쇄된 설명서에 항상 아이콘을 덧붙인다. 시각적 상징을 적극적으로 활용하는 것이야말로 최고로 효과적인 기억 벡터다. 하지만 아직까지 업계에서는 많이 활용하고 있지 않은 방법이기도 하다.

업무 세트

사용자는 자주 사용하는 명령어를 무의식중에 암기한다. 중급자 이상이 되면 기억 속에 자주 사용하는 명령어 및 기능의 세트가 구성된다. 이를 업무 세트working set라고 부른다. 사용자마다 업무 세트를 구성하는 명령어는 모두 제각각이다. 하지만 사용 패턴이 비슷한 사용자끼리는 겹치는 부분이 생기게 마련이다. 예를 들어 거의 모든 엑셀 사용자가 수식과 라벨을 입력하고, 폰트를 지정하고, 결과물을 출력한다. 여기에 추가적으로 영희는 그래프 기능을 애용하고, 철수는 주로 여러 개의 스프레드시트를 복합적으로 사용하는 식이다.

사용자 연구와 모델링을 통해 패턴을 찾아내면 디자이너는 다수의 사용자가 만족할 수 있는 업무 세트를 적절히 구성할 수 있다. 목표 지향 디자인 방법론을 통해 최소공약수의 업무 세트minimal working set를 이끌어낸다. 시나리오를 활용하면 퍼소나가 어떤 기능을 원하는지 발견할 수 있다. 발견된 니즈는 최소공약수의 업무 세트로 직접 연결된다.

업무 세트를 구성하는 명령어는 사용자가 가장 자주 사용하는 것이다. 제일 빠르고 쉽게 실행할 수 있어야 한다. 최소공약수의 업무 세트에 해당하는 기능에 대해서는 최소한 한 가지 이상의 즉각적 모드를 제공해야 한다.

최소공약수의 업무 세트는 개별 사용자의 업무 세트의 부분집합에 불과하다. 사용자의 개별 선호도와 요구사항에 맞춘 기능을 추가해야 비로소 개인의 업무 세트가 완성된다. 맞춤형 소프트웨어는 일정 범위의 기능을 사용자에게 제공하고 그 안에서 각자가 원하는 것을 선택하게 한다. 이 경우 최소공약수의 업무 세트를 벗어난 기능에 대해서도 즉각적 모드를 적용할 수 있는 방법이 필요하다. 초급자를 고려해야 하기 때문에 교육적 모드의 성격도 함께 요구된다. 요컨대 대부분의 기능은 복합적 명령 모드의 성격을 띤다.

대부분 복합적 모드의 형태를 취하지만 한 가지 예외가 있다. 위험한 명령어(전체 삭제, 삭제, 작업 취소 등)는 쉽게 실행하거나 접근할 수 없도록 조치해야 한다. 이때는 메뉴나 대화상자를 활용한다(11장의 디자인 원칙을 적용하자. 비상탈출 손잡이를 조심스럽게 배치한다).

컨텍스트 도움말과 지원하는 인터페이스

말할 필요도 없이 최상의 애플리케이션 도움말은 사용자가 찾느라 흐름을 깰 필요도 없이 인터페이스 내에서 필요할 때 도움을 제공하는 것이다(11장 참조). 앱을 처음 사용하는 상황이든, 개별 컨트롤이나 기능의 사용에 특화돼 있든, 수많은 패턴이 컨텍스트 도움말을 지원하거나 사용자가 관련 과업을 더 쉽게 성취하게 해준다.

가이드 투어와 오버레이

가이드 투어^{guided tour}와 오버레이^{overlay}는 모바일 플랫폼에서 인기를 얻은 패턴이다. 초기 학습 가능성 문제에 합리적인 해결책을 제시하기 때문이다. 모바일 앱은 즉각적, 비가시적 명령 모드에 의존해야 하기에(보통 교육적 명령 모드에 공간이 불충분하기 때문), 투어와 오버레이는 신규 사용자를 교육할 일종의 교육법에 대한 수요를 채운다.

이 패턴은 모바일에 더 최적화돼 있지만, 데스크탑 앱에서도 점차 사용이 늘고 있다. 둘 다 전형적인 용도에 가장 중요한 기능을 간략히 개괄해, 새 앱을 사용자에게 소개하려는 과제에 대처하려 한다.

가이드 투어는 일련의 화면이나 카드를 통해 필요한 기능, 인터페이스 동작을 소개해주는데, 각각 간략한 텍스트와 이미지를 포함한다(그림 16-3 참조). 중요도에 따라 기본 기능들을 설명하거나, 앱을 이용한 문서 생성, 편집, 공유 등 전형적인 일련의 프로세스를 사용자에게 안내한다. 사용자는 스와이프나 탭으로 투어의 다음 화면으로 넘어간다. 투어는 마법사^{wizard}와 어느 정도 비슷한 구조다. 주된 차이는 앱 내 뭔가를 설정하기 위해 사용자 입력을 요청하는 대신, 일련의 카드, 화면, 대화상자 등이 제품 기능 및 동작을 예시하기 위해서만 존재한다는 점이다.

그림 16-3 피프티쓰리 사(FiftyThree Inc.)의 iOS 앱 페이퍼(Paper)는 가이드 투어로 주요 기능과 인터랙션을 설명한다. 사용자는 일러스트 기반의 카드들을 스와이프하는데, 각각 서로 다른 기능이나 인터랙션을 설명한다. 앱을 처음 열 때, 회사 로고를 태핑해 접근 가능한 About 메뉴에서 Welcome 투어를 사용할 수 있다.

OS X은 마우스, 트랙패드^{trackpad} 제스처 설정에 그 흥미로운 변형이 있다. 대부분 정적인 카드의 연쇄를 보여주기보다, UI는 제스처를 수행하는 손의 반복적이고 짧은 동영상 클립으로 설정 중인 제스처를 예시한다.

가이드 투어는 보통 앱을 처음 구동할 때, 그리고 때로는 중요한 새 기능과 함께 앱의 새 버전이 출시될 때 자동으로 런칭한다. 사용자가 화면을 방문하지 않고 바로 작업에 들어가는 경우, 투어의 화면마다 '건너뛰기' 버튼이 사용 가능해야 한다. 물론 마지막에 투어를 다시 보지 않겠다는 화면도 필요하다. 투어의 마지막 화면은 수동으로 투어를 다시 런칭할 방법도 포함해야 한다.

일반적으로 투어는 최대 5~7개 화면을 넘지 말아야 한다. 너무 길면 사용자가 아마 방금 본 내용을 기억할 수 없을 것이다. 투어가 끝나지 않아 보일 경우 안달하기도 할 것이다.

오버레이는 기능 소개의 다른 접근법으로, 기능이 교육적으로 반드시 필요하지 않은 상대적으로 단순한 앱에 가장 어울린다. 이름이 암시하듯, 오버레이는 화살표와 설명적인 텍스트가 임베딩된 인터페이스 위에 덧씌워진 투명한 시트와 같다. 최종 결과는 앱의 핵심 기능이나 동작을 지적해 그 활용을 간략히 설명해주는 주석들이다(그림 16-4 참조).

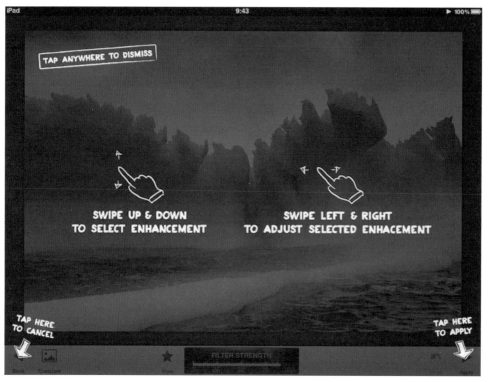

그림 16-4 스냅시드(Snapseed) 앱은 핵심 기능과 동작을 보여주기 위해 오버레이를 사용한다. 닫기 박스를 사용하는 오버레이와 달리, 스냅시드로는 화면 어디든 태핑해서 없앨 수 있다. 처음 사용 후 오버레이는 Help 메뉴에서 여전히 접근 가능하다.

가이드 투어처럼 오버레이는 보통 앱을 처음 구동할 때 런칭한다(혹은 주요 새 출시 버전으로 업데이트할 때). 오버레이는 앱 어딘가에서 다시 런칭할 수단을 포함해야 하는데, 설정 메뉴 내나, 화면에 방해되지 않는 구석에 배치된 작은 도움말 아이콘을 통한 경우가 많다.

그림 16-5에 보이는 자이트^{Zite}는 오버레이의 아이디어와 연속적인 가이드 투어의 개념을 결합한 뉴스리더 앱이다. 스와이프로 접근하는 일련의 전체 화면 오버레이로 사용자를 교육한다. 화면 중앙에 큰 Done 버튼으로 끝난다.

그림 16-5 자이트(Zite)는 가이드 투어와 오버레이를 조합해 독자에게 앱을 소개하는 뉴스리더 앱이다. 메뉴 시스템에서 탭으로 언제라도 투어를 사용할 수 있다.

이 접근법은 논한 기능마다 전체화면의 공간적 정황에서 보여줄 수 있어서, 잠재적으로 사용자가 스스로 교육을 받기가 약간 더 쉬워진다는 점에서 유용하다.

갤러리와 템플릿

모든 사용자가 문서를 능숙하게 꾸밀 줄 아는 것은 아니다. 하지만 대부분의 프로그램은 사용자에게 백지를 들이민다. 몇 가지 도구를 던져주고 사용자 스스로 문서를 꾸미게 한다. 통나무와 망치, 톱, 대패를 무작정 손에 쥐어주는 것과 마찬가지다. 일부 사용자는 기본 수준에서 만족하지만 좀 더 가공된 수준을 요구하는 사용자도 있다. 이때의 문서는 사포질과 페인트칠을 기다리는 거친 상태의 식탁이나 의자와 마찬가지다.

예를 들어 그림 16-6에 보이는 맥용 옴니그래플^{OmniGraffle} 같은 앱은 다이어그램, 순서도, 사용자 인터페이스 목업$^{mock-up}$을 생성하게 해준다.

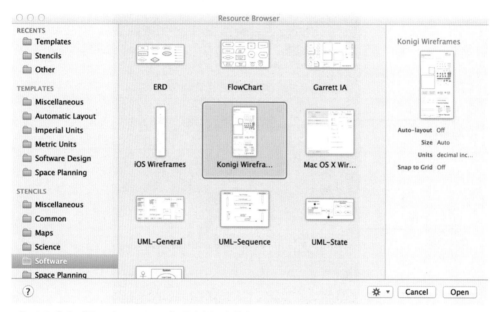

그림 16-6 옴니그래플 프로(OmniGraffle Pro)는 문서 수준, 선, 형태 수준에서 모두 갤러리와 템플릿을 제공한다.

틀림없이 일부 사용자는 처음부터 다이어그램을 만들고 싶겠지만, 대부분 레이아웃 템플릿^{template}의 형식으로 주어진 스타일 옵션으로 시작할 기회가 있다면 바로 뛰어들 것이다(옴니그래플은 이를 스텐실^{stencil}이라 부른다). 물론 사용자는 선택한 후 템플릿을 수정할 수 있어야 한다. 사용자가 갤러리^{gallery}에서 템플릿을 고를 수 있게 하라.

> **디자인 원칙** 모든 애플리케이션은 갤러리를 통해 사용자에게 다양한 디자인 서식을 제공해야 한다.

몇몇 프로그램이 이미 갤러리 기능을 제공하고 있지만(예: 마이크로소프트 오피스, 애플 아이워크^{iWork} 제품군) 이러한 경향은 더욱 많은 소프트웨어로 확대돼야 한다. 백지 상태는 사용자를 위협하고 주눅이 들게 한다. 사용자가 불편한 상황을 맞닥뜨리지 않도록 배려해야 한다. 갤러리를 통해 기본적인 디자인 틀을 제공하는 것이 현명한 해결책이다.

입력, 컨텐츠 영역의 힌트

컨텍스트 도움말의 흔하지만 미묘한 형태는 힌트^{hint}라 알려져 있다. 입력 필드에서 간략한 도움말이나 용례를 제시하는 작고 주로 회색인 텍스트다. 이 텍스트는 입력 필드 아래 있을 수 있지만(보통 작은 크기), 입력 포커스가 맞춰지기 전에 필드 내에 있는 경우도 많다. 필드 안에 커서가 생긴 후에는 입력 힌트^{input hint} 텍스트가 지워지며, 필드는 입력 준비가 된다. 처음에는 비어 있는 컨텐츠 영역이 더 크거나 중앙인 앱에서 그 확장된 아이디어가 인기를 얻었다. 손가락으로 올리지 않으면 그냥 비워둬 사용자가 시작하는 법을 알아내도록 하기보다, 현명한 앱은 이 빈 공간으로 뭘 해야 할지 더 수다스럽게 설명해준다. 혹은 그림 16-7에 보이는 것처럼 컨텐츠 영역 힌트^{content area hint}의 일부로 단 한 번만 설정 컨트롤을 제공하기도 한다.

그림 16-7 카메라+(Camera+)는 처음 런칭할 때 보통 비어 있는 사진 컨텐츠 영역으로 수다스러운 힌트와 설정 컨트롤을 제공하는 iOS 사진 앱이다.

마법사의 장단

마이크로소프트는 마법사^{wizard}라는 특별한 숙어를 개발했다. 이것은 많은 개발자와 사용자 인터페이스 디자이너 사이에 빠르게 퍼져나갔다. 마법사는 일련의 대화상자를 통해 사용자가 성공적으로 기능을 수행할 수 있도록 단계별로 이끈다. 이런 대화상자의 절차는 복잡하기 그지없다. 주로 프로그램, 운영체제, 연결된 하드웨어 기기를 어떻게 운영해야 하는지 설명할 때 활용된다.

각각의 마법사 대화상자는 사용자에게 한두 가지의 질문을 던진다. 마지막 대화상자에 이르러서야 비로소 사용자가 원하는 기능을 수행한다. 철저히 프로그램 중심적인 질문 방식이다. 이것은 중요한 디자인 원칙을 위반한다. 묻지 말고 선택하게 하라(11장 참조).

마법사는 절차와 단계를 강요한다. 사용자와 프로그램 사이에 유기적인 대화를 차단한다. 마법사는 확인 대화상자의 오류를 고스란히 답습한다. 사용자는 내용을 확인하지도 않은 채 기계적으로 '다음' 버튼을 누른다. 최악은 자꾸만 사용자가 알지도 못하는 것을 물어본다는 점이다. 본인 IP 주소를 외우고 있는 일반 사용자가 얼마나 될까?

마법사가 적절한 경우도 있다. 한 경우는 하드웨어 기기의 초기 설정 동안이다. 거기서 등록, 활성화, 기타 기기와 서비스의 연동이 필요하다. 아이폰과 아이패드는 짧은 마법사로 시작해 사용자를 홈스크린으로 내보내기 전에 언어를 선택하고 다양한 서비스를 활성화한다. 마찬가지로 소노스의 스마트 스피커는 마법사로 전체 홈 오디오 네트워크에 추가된 새 기기를 확인하는데, 컨트롤러가 버튼 누르기를 감지해야 한다.

마법사 포맷의 또 다른 적절한 활용은 온라인 설문 인터페이스다. 설문이 질문들이기에 마법사는 설문을 적절히 위협적이지 않은 단위로 쪼갤 수 있는 한편, 진행상황 표시자로 격려할 수 있다.

대부분의 다른 정황에서 마법사를 만드는 더 나은 방법은 사용자에게 질문을 하지 않는 심플하고 자동인 기능을 만드는 것이다. 그냥 맡은 일만 하고, 적절한 속성과 구성에 관해 합리적으로 가정한다(과거 행동을 근거로 하거나, 잘 조사한 디폴트로). 이어서 사용자는 표준 도구로 적절한지 보면서 산출물을 변경할 수 있다. 다시 말해 최상의 마법사는 사실 갤러리나 템플릿의 스마트한 버전에 더 가깝다.

사용자 인터페이스를 향상하기 위해 마법사를 디자인했다고 주장하지만 효과는 정반대다. 개발자가 복잡한 기능을 능구렁이처럼 방치하고 넘어갈 수 있는 좋은 구실을 제공할 뿐이다. 개발자는 "좋아, 마법사를 만들자고. 그럼 전부 해결돼."라고 자위한다. "설명서에 자세한 설명을 싣겠습니다."라며 듣기 좋은 말로 사용자에게 책임을 전가하는 전형적인 수법이다.

툴팁과 툴팁 오버레이

툴팁(18장 참조)은 비모드형 인터랙티브 도움말의 한 사례이며, 데스크탑, 스타일러스 애플리케이션에 아주 효과적이다. 만약 사람에게 질문했다면 그는 화면에서 해당 대상물을 찾아 손가락으로 가리키면서 설명할 것이다. 본질적으로 툴팁은 이렇게 작동하기에, 인터랙션은 꽤 자연스럽다.

불행히도 모바일 인터페이스에서 터치스크린은 아직 손가락의 호버hover 상태를 지원할 수 없다. 그러나 대부분의 모바일 앱은 화면 내 비모드형 설명을 허용할 만큼 충분한 공간이 없는 반면, 주요 인터랙션은 어쨌든 발생한다. 이 사태의 모바일 솔루션은 데스크탑 스타일 툴팁과 모바일 오버레이 개념의 혼합, 즉 툴팁 오버레이다.

툴팁 오버레이ToolTip overlay는 보통 도움말 버튼을 태핑해 촉발된다. 간략히 말해 주요 기능에 대해 툴팁 같은 레이블이나 메모는 현재 화면에서 표시되는데, 각각 근거리에서 관련 컨트롤을 가리킨다(그림 16-8 참조). 차이는 모두 즉시 켜져 모드형으로 제시된다는 점인데, 없애려면 태핑해야 하는 닫기 박스가 함께 있는 경우가 많다.

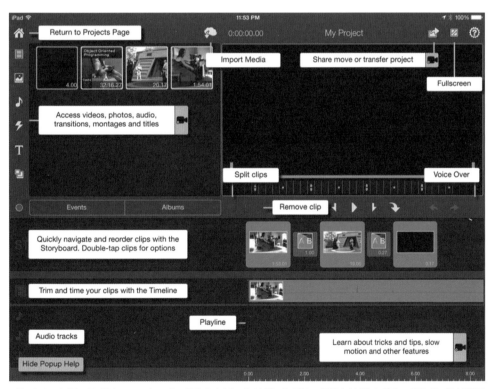

그림 16-8 피너클 스튜디오(Pinnacle Studio)는 툴팁 오버레이 기능이 있는데, 팝업 도움말이라 불린다. 앱의 도움말 메뉴에서 런칭한다. 팝업 도움말이 활성화된 동안에도(보통 원하지 않겠지만) 계속 앱을 사용할 수 있기에 그 구현이 흥미롭다. 더 아래 좌측 구석의 노란 버튼을 태핑해 없앤다.

이 접근법은 과할 수 있지만, 사용자가 컨트롤과 기능을 기억하도록 돕기 위해 일종의 '컨닝페이퍼'로 사용할 경우, 복잡한 저작 앱에 적절할 수 있다. 그래서 이 숙어는 환영하는 화면^{welcome screen}에서는 사용하지 않는 편이 좋다.

전통적인 온라인 도움말

가이드 투어, 오버레이, 기타 초급자를 위한 '빠른 시작'의 도움말을 둬야 한다. 하지만 더 수다스러운 전통적인 온라인 도움말은 이미 제품을 성공적으로 사용하고, 그 지평을 넓히고자 하는 영원한 중급자에게 집중해야 한다.

오만 가지 기능을 탑재한 복잡한 프로그램을 구매하면 반드시 참고 문서가 따라온다. 사용자가 프로그램을 좀 더 풍부하게 사용하고자 할 때 여기서 해답을 찾을 수 있다. 여러 사용자는 일반적인 인터넷 검색 엔진을 향해 답을 찾을 테니, 거기에 있는 답이 결정적인지 확인해야 한다. 인쇄된 설명서는 사용자가 애플리케이션 기능을 전체적으로 탐구할 때 편리할 수 있지만, 특정 질문에 빠른 답을 구할 때는 불편하다. 이 영역에서 온라인 도움말이 색인과 풀텍스트^{full-text} 검색으로 빛날 수 있다.

풀텍스트 검색과 색인

풀텍스트 검색 성능의 존재 때문에 색인에 관련된 철저한 작업을 하려는 유혹에 빠질 수 있지만, 이 결정을 재고할 좋은 이유가 있다. 풀텍스트 검색은 도움말 텍스트의 워딩^{wording} 자체만큼만 완벽하며, 사용자의 멘탈 모델을 반영하는 언어는 포괄하지 못할 수 있다.

똑같은 문제지만 사용자는 '셀을 검은색으로 만들려면 어떻게 하지?'라고 생각할 수도 있고 '셀의 채우기를 100%로 설정하려면 어떻게 해야 하지?'라고 생각할 수도 있다. 도움말 텍스트나 그 색인이 사용자의 표현이나 사고방식을 포착하지 못하면, 도움말 시스템은 실패할 것이다. 도움말 텍스트 그 자체보다 색인 내의 유의어 매핑을 만들면 보통 더 쉬워진다. 도움말 본문을 기준으로 색인을 작성하면 안 된다. 프로그램의 전 기능 기준으로 하나도 빠뜨리지 말아야 한다. 이것은 쉽지 않다. 색인 전문가가 프로그램의 모든 기능을 하나하나 꿰뚫고 있어야만 가능하다.

색인은 본문보다도 목록이 더욱 중요하다. 사용자 입장에서 도움말 내용이 다소 부실한 것은 참을 수 있지만 항목이 한 개라도 빠지면 참을 수 없다. 텍스트와 색인을 생성할 때 더 목표 지향적으로 생각할수록, 사용자가 답을 찾을 때 떠오를 항목에 더 잘 매핑할 수 있다.

이르마 S. 롬바우어^{Irma S. Rombaur}와 마리온 롬바우어 베커^{Marion Rombaur Becker}의 저서 『The Joy of Cooking』(Scribner, 2006)은 훌륭한 색인의 표본을 제시한다. 현존하는 가장 완벽하

고 강력한 색인이라고 감히 말할 수 있다.

완벽한 색인을 갖추는 것보다, 도움말이 필요 없게 인터페이스를 통째로 새로 디자인하는 편이 쉬울 정도다. 좋은 온라인 도움말은 아주 유용하고 종종 중요하지만, 형편없는 디자인 제품의 버팀목이어서는 절대 안 된다. 좋은 디자인은 사용자의 도움말 시스템에 대한 의존도를 아주 줄여줄 것이다.

개요 설명

온라인 도움말 시스템에 또 한 가지 빠진 것이 있는데, 바로 개요overview다. 사용자는 매크로 입력 명령어가 어떻게 작동하는지가 궁금한데 도움말은 "매크로 입력 명령어란 시스템에 매크로를 입력할 수 있는 도구입니다."라며 쓸데없는 정의만 나열한다. 사용자가 정작 알고 싶은 것은 기능의 범위와 효과, 장점, 단점, 언제 사용하면 좋은지, 다른 제품에서 이와 비슷한 기능을 찾는다면 무엇과 비교할 수 있는지이다. 반드시 이 근본 개념을 설명하기 위해 섹션을 개요로 이끌어라.

인앱 사용자 가이드

소프트웨어 애플리케이션은 점차 온라인으로 출력된 매뉴얼 없이 전달되지만, 참조 문서의 필요성은 여전히 존재한다. 사용자 가이드는 보통 잘 디자인된 모바일 앱이나 심플한 데스크탑 애플리케이션에는 필요하지 않을 것이다. 그러나 디지털 오디오 워크스테이션 및 기타 태블릿 기반 미디어 편집 도구, 거의 어떤 종류든 데스크탑 생산성 소프트웨어 등 태블릿 기반의 저작 도구에는 도움말 메뉴에서 항상 접근 가능한 통합 사용자 가이드를 제공하면 유용하다(그림 16-9 참조).

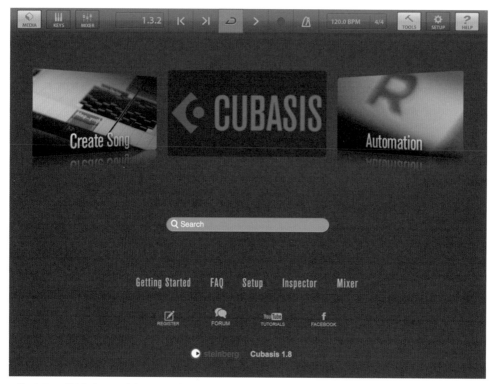

그림 16-9 스테인버그(Steinberg)의 큐베이시스(Cubasis) 앱은 검색 가능한 인앱 사용자 가이드 외에 사용자 포럼, 동영상 튜토리얼 링크를 포함한 세련된 도움말 시스템이 있다.

인앱^{in-app} 가이드가 도움말의 첫 행이어서는 안 된다. 그 과업은 가이드 투어나 오버레이가 처리해야 한다. 대신 인앱 가이드는 상세한 정보나 복잡한 기능 사용의 참고 자료여야 한다. 앱이 복잡한 전문 도구라면, 사용자는 웹사이트에 찾으러 가지 않고도 앱 내 가이드를 포함한 데 고마움을 느낄 것이며, 가이드의 목차에 하이퍼링크가 있고, 가이드 자체가 풀텍스트 검색이 가능하며, 잘 색인돼 있고, 출력 가능하면 더욱더 그럴 것이다.

맞춤형

인터랙션 디자이너는 제품을 사용자 맞춤형으로 디자인할 것인가의 문제로 종종 고민한다. 사용자의 니즈와 디자이너의 신념을 저울질하는 건 상당히 골치 아픈 일이다. 비슷한 요소 가운데 무엇을 옮기고 숨길 것인지를 결정해야 때 특히 그렇다. 프로그램의 내비게이션 효과를 좌우하는 중요한 결정이기 때문이다. 그럴 때는 한 발짝 떨어져서 다른 각도에서 문제를 들여다보는 게 좋다.

개인화

사람은 외부 환경을 변화시켜 자신에게 맞추려는 경향이 있다. 중급자든 초급자든 마찬가지다. 개인의 독특한 취향에 맞게 프로그램의 모양과 행동을 바꾸고 싶어한다. 사무실 풍경을 떠올려보면 이해하기 쉽다. 회사는 누구에게나 똑같은 책상을 제공하지만 직원은 각자 사랑하는 사람의 사진, 식물, 그림, 인상적인 문구, 만화 포스터 등으로 자기만의 영역을 가꾼다.

영구적인 물체, 이를테면 벽의 표면을 장식함으로써 본질을 훼손하지 않고도 개인성을 획득할 수 있다. 다 같은 복도지만 M. C. 에셔Escher의 포스터가 걸려 있기 때문에 나의 복도는 좀 더 특별하다. 요컨대 개인화personalization란 영구적인 대상물의 표면을 장식하는 행위를 뜻한다.

화면을 구성하고 있는 여러 요소의 색을 바꾸는 것은 의심할 여지 없이 개인화다. 윈도우는 사용자가 인터페이스 구성요소의 색상을 자유롭게 지정할 수 있게 허락한다. 바탕화면의 패턴과 색을 바꿀 수 있는 것은 물론이고 시스템 글꼴도 맘대로 지정할 수 있다. 개인화는 모드화된 개성이다(이 장 뒷부분에서 논한다). 개인화에 대해서는 호불호가 갈린다. 사람들은 개인화에 열광하거나 몹시 싫어한다. 물론 디자이너는 두 부류의 사용자를 모두 고려해야 한다.

소프트웨어를 개인화하기 위한 도구는 단순하고 사용하기 쉬워야 한다. 미리보기를 제공하는 것은 필수다. 무엇보다도 취소하기 쉬워야 한다. 사용자 맘대로 색상을 바꿀 수 있게 하는 대화상자라면 모든 설정을 초기화할 수 있는 기능도 반드시 함께 제공해야 한다.

개인화는 사용자가 익숙하고 좋아하는 것의 영역에서 이뤄진다. 개인화된 영역 내에서 사람들은 안락함과 기쁨을 느낀다. 소프트웨어도 마찬가지다. 애플리케이션을 개인적으로 꾸밀 수 있는 권한을 사용자에게 부여하자. 내비게이션이 향상될 뿐만 아니라 애플리케이션의 사용이 한층 재미있어질 것이다.

한편 영구적인 대상물 자체를 옮기는 것은 곤란하다. 내비게이션에 장애를 초래하기 때문이다. 주말 동안 누군가 사무실에 들어와서 책상 배치를 죄다 바꿔버린다면 월요일에 큰 혼란이 일 것이다(내비게이션에 있어서 지속적인 오브젝트의 중요성은 12장에서 자세히 다뤘다).

명백한 모순인가? 사실은 아니다. 영구적인 대상물에 장식을 더하면 내비게이션이 훨씬 용이해진다. 반면 영구적인 대상물 자체를 옮겨버리면 내비게이션이 어려워진다. 환경설정configuration이란 영구적인 대상물을 이동, 추가 혹은 삭제하는 행위를 뜻한다.

환경설정

프로그램 사용 경험이 늘어날수록 환경설정에 대한 욕구도 점차 커진다. 중급자 이상이 되면 개인적인 업무 세트를 구성하게 되고, 이를 중심으로 인터페이스를 재구성하고 싶어진다. 프로그램 자체의 속도와 편의성을 조정하고 싶어진다. 엄청난 일처럼 들리지만 사실은 꽤나 간소하다. 사용자가 바라는 맞춤 수준이란 그리 대단한 것이 아니기 때문이다.

전문가 수준의 사용자에게 환경설정은 필수적이다. 기본적인 내비게이션 메뉴 이상의 기능을 필요로 한다. 이미 해당 제품에 너무 익숙해졌기 때문이다. 하루에 수 시간 동안이나 한 프로그램만 사용하는 전문 사용자도 많다. 다량의 업무를 완료하는 데 특정 애플리케이션이 핵심적인 역할을 하는 경우도 있다.

툴바의 컨트롤을 맘대로 이동할 수 있는 것도 개인화의 일종이다. 단, 툴바의 가장 왼쪽에 위치한 세 개의 컨트롤은 영구적 대상물로 봐야 한다. 구체적으로 '새 파일', '파일 열기', '파일 저장하기'가 여기에 해당한다. 이것을 옮기기 시작하면 개인화가 아니라 환경설정 쪽에 가까워진다. 이처럼 개인화와 환경설정 사이의 경계는 다소 불분명하다.

프로그램이 제대로 작동하는 한 사용자는 환경설정 기능이 없어도 불평하지 않는다. 엄청난 전문가 수준의 사용자라면 다소 아쉬운 기분이 들겠지만 어쨌든 프로그램이 제대로 작동하는 한 계속 사용할 것이다. 하지만 인터페이스의 유연성이 정말로 핵심적인 경우도 종종 있다. 업무 흐름이 시시각각 변하는 경우에는 소프트웨어가 이것을 실시간으로 유연하게 보조하는 것이 무엇보다 중요하다.

기업의 IT 관리자는 특별히 환경설정을 중요시한다. 직원의 업무 습관을 좀 더 섬세하게 제어하기 위해서다. 기성 소프트웨어 제품의 메뉴와 툴바에 새로운 매크로와 명령어를 더함으로써 기업 고유의 업무 프로세스와 표준을 강화한다. 실제로 IT 관리자가 프로그램을 구입할 때 가장 많이 보는 것이 바로 환경설정 기능이다. 라이선스를 수십 개씩 사들이기로 결정하기 이전에 그것을 기업의 업무 스타일에 딱 맞게 바꿀 수 있다는 확신이 필요하다. 현존하는 소프트웨어 중 가장 환경설정이 용이한 애플리케이션이 마이크로소프트 오피스인 것은 결코 우연이 아니다.

모드화된 개성의 행동 양식

숙어의 효과가 사용자의 부류에 따라 달라진다는 사실은 사용자 실험을 통해 이미 여러 차례 밝혀졌다. 절반이 갑이라는 숙어를 선호하면 다른 절반은 을을 선호하게 마련이다. 사용자는 각자 개성적이지만 선호도에 따라 크게 두세 개의 그룹으로 묶을 수 있다. 이것을 모드화된 개성^{idiosyncratically modal}이라고 부른다.

개발자의 선호도도 비슷하게 갈린다. 한 무리는 메뉴 항목을 지지하고 다른 무리는 아이콘 버튼을 옹호한다. 두 가지 방법론을 놓고 갑론을박하며 싸운다. 간단한 진실을 앞에 두고 눈 가린 채 아웅 한다. 둘 다 사용하라!

사용자가 선호하는 숙어에 대해 의견이 엇갈리면 소프트웨어 디자이너는 두 가지 숙어를 모두 제공해야 한다. 두 부류의 사용자는 모두 제품에 만족할 권리가 있기 때문이다. 어느 한쪽만 만족시키고 나머지를 화나게 하는 것은 좋지 않다. 이 과정에 디자이너와 개발자의 개인적인 선호도가 섞인다면 더욱 나쁘다.

윈도우는 모드화된 개성을 어떤 식으로 메뉴 디자인에 적용할 것인가를 보여주는 매우 훌륭한 사례다. 어떤 사람들은 원조 매킨토시 방식의 메뉴를 선호한다. 메뉴바 항목에 마우스를 끌어다 놓고 클릭하면 메뉴가 열린다. 마우스 버튼을 계속 누른 채로 열린 메뉴 위를 드래그해 내려간다. 원하는 항목 위에서 멈춘다. 마우스 버튼에서 손을 떼면 선택이 이뤄진다. 다른 무리의 사람들은 이 방식을 어려워한다. 마우스 버튼을 계속 누른 채로 드래그해야 하기 때문이다. 윈도우는 현명하게 대처했다. 일단 메뉴바 항목을 클릭하고 버튼에서 손을 떼면 메뉴가 열린다. 마우스를 움직여(이때 사용자는 마우스 버튼에서 손을 뗀 상태다) 원하는 항목 위에 멈춘다. 항목을 다시 한 번 클릭하고 손을 떼면 선택이 이뤄진다. 메뉴가 닫힌다. 한편 사용자는 원조 매킨토시의 방식대로 마우스 버튼을 계속 누른 채로 드래그해서 항목을 선택할 수도 있다. 두 가지 숙어가 평화롭게 공존한다는 점에서 몹시 빼어나다. 사용자는 두 가지 숙어를 맘껏 오가며 사용할 수 있다. 물론 한 가지 방식만을 고수해도 상관없다. 사용자는 손 하나 까딱하지 않았다. 아무런 설정도 옵션도 선택하지 않았다. 저절로 두 가지 방식을 동시에 지원한다.

윈도우 95부터는 제3의 모드화된 개성 숙어가 메뉴에 도입됐다. 사용자가 메뉴바 위를 마우스로 드래그하면서 움직이면 각 메뉴가 차례대로 열린다. 놀랍게도 세 가지 숙어는 너무나 조화롭게 호환된다(하지만 리본 UI에는 이 동작을 옮기지 않았다). 요즘은 맥도 위의 세 가지 숙어를 모두 지원한다.

현지화와 국제화

현지화localization는 특정 언어와 문화로 애플리케이션을 번역한다는 뜻이다. 국제화globalization는 애플리케이션을 여러 언어와 문화에 걸쳐 가능한 한 보편적으로 만든다는 뜻이다. 각기 다른 언어와 문화로 애플리케이션을 디자인하면 디자이너에게 특수한 과제가 제시된다. 성공의 열쇠는 명령 모드에 달렸다.

직접 조작법, 툴바의 아이콘 버튼 같은 즉각적 인터페이스는 숙어적이며(13장 참조) 문법적이기보다는 시각적인 특징이 있다. 따라서 국제화하기 쉽다. 물론 디자이너는 각기 다른 문화권에서 오해가 발생하지 않도록 색상이나 상징을 결정할 때 세심한 주의를 기울여야 한다. 예를 들어 일본에서 체크박스에 X 표시를 하는 것은 선택하지 않겠다는 의미가 더욱 강하다. 하지만 일반적으로 비 은유적인 숙어는 국제화된 인터페이스에 두루 사용해도 무방하다.

반면에 메뉴 항목, 각종 필드, 툴팁, 도움말 등의 교육적 벡터는 언어에 민감하다. 현지 언어로 번역하는 작업이 필수적이다. 인터페이스를 현지화할 때 유의할 사항은 다음과 같다.

- 언어마다 단어나 구절의 길이가 제각각이다. 예를 들어 독일어의 경우 영어보다 평균적으로 문자 표현이 훨씬 길다. 스페인어 문장은 가장 긴 경향이 있다. 특히 공간에 제약이 있는 모바일 기기는 적절히 버튼 및 기타 텍스트 레이블을 계획해야 한다.

- 아시아권 언어의 경우 알파벳순으로 정렬하기가 곤란한 경우가 많다.

- 월-년의 순서, 시간을 12시간 단위로 표현할 것인지 혹은 24시간 단위로 표현할 것인지는 나라마다 다르다.

- 숫자에 점을 찍는 방법, 화폐 단위도 각양각색이다(몇몇 국가에서는 미국과는 정반대의 의미로 점과 쉼표를 사용한다).

- 어떤 국가에서는 주에 숫자를 붙여 사용한다. 예를 들어 50주는 12월 중순을 뜻한다. 그레고리력^{Gregorian calendar}을 사용하지 않는 국가도 있다.

메뉴 항목과 대화상자를 번역할 때는 프로그램 전체적인 시각에서 살펴야 한다. 번역된 인터페이스가 전체적으로 조화를 이루고 있는지, 일관되게 사용되고 있는지 확인해야 한다. 개별적으로 직역한 항목과 이름표를 모아놓으면 관계가 어색하고 헷갈릴 수 있다. 단어를 정확히 번역하는 것만큼이나 인터페이스의 전체적인 맥락을 유지하는 일도 중요하다.

접근성

접근성을 위한 디자인은 연령, 사고, 질환 때문에 인지, 감각, 동작의 장애가 있는 사람 외에 그런 장애가 없는 사람을 위해서도 효과적으로 사용할 수 있도록 앱을 디자인한다는 뜻이다.

세계보건기구는 전 세계적으로 7억 5천만 명에게 장애가 있다고 추산한다.[1] 그럼에도 불

---

1   World Health Organization, 2003

구하고 접근성은 자주 간과하는 인터랙션 디자인, 일반적인 사용자 경험 내의 한 영역이다. 장애가 있는 사용자는 기술 제품에서 제대로 서비스하지 않는 경우가 많다.

모든 애플리케이션이 접근성 전략이나 디자인을 요하지는 않을 수 있지만, 대부분의 기업, 소비자 애플리케이션은 접근성 있는 인터페이스가 필요한 사용자가 있다고 생각하는 편이 안전하다. 심각하거나 심신을 미약하게 하는 질환으로 고통을 겪는 환자나 노인을 겨냥한 애플리케이션은 특히 그렇다.

접근성의 목표

접근성 있는 제품이나 서비스를 위해서는 장애가 있는 사용자와 그렇지 않은 사용자 모두를 위해 다음 조건을 맞춰야 한다.

- 사용자는 모든 도움말과 정보, 피드백을 인지하고 이해할 수 있다.

- 사용자는 어떤 컨트롤이나 입력도 인지, 이해하고 쉽게 조작할 수 있다.

- 사용자는 쉽게 이동할 수 있고, 항상 인터페이스와 내비게이션 구조에서 현재 어디 있는지 알 수 있다.

모든 사용자를 위한 인터페이스를 단 한 번 제시하더라도 이 조건들(특히 처음 둘)은 충족돼야 한다. 전형적인 접근성 전략은 접근성 옵션들마다 별개의 접근성 모드를 디자인하는 것이다. 이 옵션은 화면 대비와 색상을 바꾸거나, 텍스트 크기, 가중치를 바꾸거나, 스크린 리더와 오디오 기반 내비게이션 시스템을 켠다.

접근성의 퍼소나

디자인의 조사, 모델링 국면 동안 접근성 전략의 일부로 퍼소나 세트에 접근성 퍼소나accessibility persona를 만들고 싶을 수 있다. 당연히 이 퍼소나를 만드는 이상적인 방법은 제품 사용에 영향을 줄 장애가 있는 제품 사용자나 잠재 사용자와의 인터뷰일 것이다. 불가능하다면 여전히 어느 정도 덜 타깃팅해서 접근성 이슈에 초점을 맞추게 해줄 임시적인 퍼소나를 만들 수 있다. 보통 접근성 퍼소나는 주요 퍼소나와 비슷한 수요를 지니지만, 경험을 해치지 않고 처리해야 할 특수한 니즈가 있는 이차적 퍼소나로 간주될 것이다. 그래도 때로 접근성 퍼소나를 주요 퍼소나로 선택하면 OXO와 스마트 디자인Smart Design의 굿 그립스Good Grips 제품처럼 혁신적인 제품을 낳을 수 있다. 관절염 환자에게 최적화된 부엌용 도구가 결국 모두에게 더 만족스러웠던 것이다.

접근성 가이드라인

다음 10가지 가이드라인은 제품과 디자인의 트레이드오프에 관한 한, 장애가 있는 사용자의 특수한 니즈를 탐구하기 위한 대체재가 아니다. 오히려 접근성 있는 애플리케이션 디자인에 접근하는 합리적인 출발점을 제시한다. 각각에 대한 자세한 설명은 아래에 이어진다.

- OS 접근성 도구와 가이드라인을 활용한다.

- 사용자가 선택한 시스템 설정을 덮어쓰지 않는다.

- 표준 키보드 접근 방법을 활성화한다.

- 시력이 제한된 사람을 위해 디스플레이 옵션을 통합한다.

- 시각 전용, 청각 전용 산출물을 제공한다.

- 시각적 요소를 깜빡이거나 번쩍거리거나 스크롤하거나 점멸시키지 않는다.

- 단순하고 명확하며 간략한 언어를 사용한다.

- 모든 사용자를 지원하는 반응 시간을 사용한다.

- 레이아웃과 과업 흐름의 일관성을 유지한다.

- 시각적 요소의 텍스트 등가물을 제공한다.

OS 접근성 도구와 가이드라인을 활용한다

일부 운영체제는 iOS의 보이스오버^{VoiceOver}, 안드로이드의 토크백^{TalkBack} 등의 스크린 리더, 오디오 내비게이션 도우미 같은 접근성 지원을 시각 장애인에게 제공한다. 애플리케이션은 이 OS 수준의 도구 사용을 지원하도록 구조화되고, 접근성 기능의 디자인과 구현의 사용자 인터페이스 가이드라인을 준수해야 한다. 다음 사항을 명심해야 한다.

- 애플리케이션은 이미 애플리케이션 기능을 위해 OS 수준의 접근성 기능을 활성화하기로 약속한 키보드 입력이나 제스처를 사용하지 말아야 한다.

- 애플리케이션은 접근성 기능을 켤 때 적절히 작동해야 한다.

- 애플리케이션은 스크린 리더 등 OS, 서드파티 지원 기술로 호환성을 보장할 수 있을 때 입력물, 산출물의 표준 애플리케이션 프로그래밍 인터페이스^{API}를 사용해야 한다.

사용자가 선택한 시스템 설정을 덮어쓰지 않는다

애플리케이션은 색상 스키마, 폰트 크기, 타입페이스 등 인터페이스의 접근성 옵션을 지원하는 시스템 수준의 설정을 덮어쓰지 말아야 한다. 애플리케이션의 디폴트 설정에는 해당되지 않으며, 일부 접근성 옵션은 시각적 스타일의 OS 수준 힌트로 돌아가야 한다. 마찬가지로 애플리케이션은 입력 방법과 기기의 모든 시스템 수준 접근성 설정을 절충해야 한다.

표준 키보드 접근 방법을 활성화한다

데스크탑 애플리케이션에서 키보드 가속기와 연상기호 외에(18장 참조), 합리적인 탭 내비게이션 스키마도 활용돼야 한다. 사용자는 사용자 인터페이스 컨트롤과 컨텐츠 영역 전체를 탭 키로 횡단할 수 있어야 한다. 화살표 키로 사용자는 목록, 표, 메뉴 컨텐츠를 관통할 수 있어야 한다. 엔터 키는 버튼과 토글을 활성화해야 한다.

시력이 제한된 사람을 위해 디스플레이 옵션을 통합한다

애플리케이션 설정은 시력에 문제가 있는 사용자에게 광범위한 옵션을 지원해야 한다.

- 주로 흰 배경색에 검은 텍스트를 사용하는 고대비(최소 80퍼센트) 디스플레이 옵션
- 타입페이스를 확대하고 그 가중치를 높이는 옵션(이상적으로는 독립된 설정)
- 적용 가능할 경우 색맹에 친화적인 정보 표시 옵션
- 디폴트 인터페이스에서 사용할 경우 UI 요소에서 동작, 애니메이션을 최소화하는 옵션

게다가 애플리케이션은 데이터나 기능의 의미를 전달하는 방법으로 색상에만 의존해서는 안 된다. 크기, 위치, 명도, 형태, 텍스트 레이블 등의 속성으로 의미를 더 명확히 해야 한다.

시각 전용, 청각 전용 산출물을 제공한다

스크린 리더, OS 수준 접근성 서비스가 제공하는 인터페이스 등 시각적 인터페이스 형식으로 시각 장애가 있는 사용자를 지원할 수 있어야 한다. 애플리케이션은 청각 장애가 있는 사용자를 위해 풍부한 시각적, 청각적 피드백도 지원해야 한다. 보통 시각 장애가 있는 사용자를 위한 UI는 별개의 애플리케이션 모드로 실현된다. 청각 장애가 있는 사용자 지원은 보통 청각적, 시각적 요소 모두를 포함하기 위해 표준 사용자 피드백 장치를 세심히 디자인해 표준 UI 내에서 관리할 수 있다.

시각적 요소를 깜빡이거나 번쩍거리거나 스크롤하거나 점멸시키지 않는다

이 제안은 그 자체로 설명되는 편이다. 초당 두 번(2Hz) 이상의 속도로 깜빡이거나 번쩍거리면 시력에 장애가 있는 사용자는 혼란스러울 수 있다. 간질 등 기타 뇌에 질환이 있는 사람에게 발작을 초래할 수도 있다. 더구나 보통의 사용자에게도 짜증을 유발한다. 자동으로 텍스트 및 기타 애니메이션을 스크롤하면 시력에 장애가 있는 사람에게 인지가 어렵고 혼란스러울 수 있다.

단순하고 명확하며 간략한 언어를 사용한다

설명이 별로 필요 없는 또 다른 직선적인 제안이다. 주의해야 할 일이다. 인터페이스 내 텍스트 레이블과 도움말 텍스트가 더 짧을수록(여전히 적절히 설명적인 한), 학습과 사용이 더 쉬울 것이다.

모든 사용자를 지원하는 반응 시간을 사용한다

사용자가 더 긴 반응 시간을 선택하게 해줘야 한다. 더 긴 지속 시간의 좋은 불문율은 애플리케이션 내 현재 평균 반응 시간의 10배다. 런칭 후 일시적인 알림이 여전히 보이는 시간의 길이도 포함한다. 액션에도 어떤 타이머든 적용해야 한다. 일반적으로 액션에 타임아웃을 둘 정말 좋은 이유가 있지 않은 한(보안 등), 이상적으로는 피해야 한다. 꼭 필요하다면 타임아웃 기간을 사용자가 조정 가능하게 해야 한다.

레이아웃과 과업 흐름의 일관성을 유지한다

다시 한 번 말하지만, 이 충고는 모든 사용자에게 좋다. 인지, 동작, 시각에 장애가 있는 사람은 여러 다양하거나 호환되지 않는 내비게이션과 액션 패러다임보다 단일한 한 번의 패러다임을 기억, 실행해야 할 경우 가장 좋은 서비스를 받는다. 키보드로 인터페이스를 어떻게 내비게이션하면 화면에서 효과적일지 고려해, 모든 보기와 창에 걸쳐 가능한 한 일관성을 유지하려 해야 한다.

시각적 요소의 텍스트 등가물을 제공한다

마지막으로, 스크린 리더가 발음할 수 있도록 데스크탑 애플리케이션이나 웹사이트에서 순수하게 시각적인 요소와 컨트롤을 모두 텍스트로 마킹해야 한다. 예를 들어, 마이크로소프트 윈도우는 스크린 리더가 발음할 수 있는 비가시적 툴팁을 허용한다. 애플리케이션 디폴트 사용자에게는 보이지 않는다.

마찬가지로 웹 인터페이스가 시각적 요소에 태그를 할당해야 한다. 그래야 텍스트 기반 브라우저, 브라우저 기반 보이스 리더 및 기타 웹 기반 접근성 도구 사용자가 이해할 수 있다.

시각 인터페이스 디자인

사용자를 이해하는 일은 중요하다. 사용자가 목표를 달성할 수 있도록 제품의 인터랙션을 신중하게 설계해야 한다. 하지만 인터랙션을 효과적으로 표현해내지 못하면 아무 소용이 없다. 적절한 표현 방식을 찾는 데도 많은 노력이 들어간다. 인터랙티브 제품에서 인터랙션은 시각적으로 표현된다. 디지털 화면을 이용하는 것이다(물리적인 형태로 인터랙션을 표현하는 경우도 있다. 이럴 때는 직접 누르는 버튼의 형태와 촉감 등을 고려해야 한다).

17장에서는 효과적인 인터페이스 디자인 전략을 소개한다. 3부에서는 좀 더 구체적인 내용을 상세하게 알아보는데, 인터랙션 및 인터페이스 숙어와 규칙을 배운다.

예술과 디자인의 차이

순수 미술과 시각 디자인은 모두 시각적 매체를 다룬다. 예술가와 디자이너는 모두 시각 요소에 정통한 사람들이다. 하지만 그 목적과 역할은 전혀 다르다. 예술가는 눈으로 감상할 수 있는 예술품을 만든다. 미적인 감흥을 불러일으키는 게 목적이다. 예술 작품은 작가의 주관적인 해석이다. 개인이 관심 있어 하는 감성적이고 지적인 내용이 주제가 된다. 사회적인 주제가 대상이 될 수도 있다. 예술 작품에는 제약사항이 거의 없다. 결과물이 독특하고 특이할수록 가치도 높아진다.

디자이너는 남을 위해 결과물을 제작한다. 예술가가 자기 해석을 바탕으로 표현하는 반면, 시각 디자이너는 명확한 의사전달이 목표다. 케빈 뮬렛Kevin Mullet과 대럴 사노Darrell Sano는 저서 『Designing Visual Interfaces』(Prentice Hall, 1994)에서 다음과 같이 말했다. "디자인은 정보를 명확히 전달하는 최고의 표현 방식을 찾는 것이다." 목표 지향 방법론에서는 이해와 사용이 쉬운 디자인도 중요하다. 브랜드를 전달하려는 기업의 목표와 퍼소나의 경험 목표도 만족시켜야 한다.

사용자 인터페이스 디자인이 미적인 요소와는 전혀 관계없다는 말이 아니다. 기능적인 뼈대를 바탕으로 그래픽을 고민해야 한다. 시각적 표현 방식은 주관에 따라 평가가 달라진다. 하지만 개인의 취향은 최소화해야 한다. 명확한 사용자 경험 목표와 사업 목표는 본능적 반응을 고려할 때도 중요하다. 훌륭한 브랜드와 사용자 경험에 걸맞은 시각 인터페이스를 디자인할 때 큰 도움이 된다(내부적 처리에 관한 더 자세한 내용은 3장을 참고하라).

시각 인터페이스 디자인의 재료

인터페이스 디자인은 기본적으로 시각적 요소를 어떻게 배치하는가 하는 것이다. 여러 요소의 구성이 제품의 인터랙션과 정보를 효과적으로 전달해야 한다. 각 요소는 형태와 색상 등의 개별 속성을 지닌다. 여러 요소와 속성이 한데 어울려 특정 의미를 전달한다. 각 요소와 속성이 따로따로 의미를 지니는 것은 아니다. 요소 사이의 관계와 차이점, 유사점이 더 중요하다. 각 요소가 모여 인터페이스를 구성할 때 사용자에게 의미 있는 정보를 제공한다. 유사한 속성을 지닌 두 요소가 있다고 가정하자. 두 요소는 서로 관련된 정보를 담고 있다. 반대되는 속성을 지닌 두 요소는 어떨까? 서로 관련이 없다는 뜻이다. 대비 효과가 강할수록 사용자의 주의를 모은다. 시각 인터페이스 디자인은 구별되는 시각적 외관으로 오브젝트를 구별하는 인간의 능력을 활용하기에, 시각적 대비 효과는 글로 설명하는 것보다 훨씬 강력하다.

시각 인터페이스를 가공할 때, 다음 고려사항을 명심해야 한다.

정황

모든 단일한 시각 디자인 가이드라인은 사용되는 정황에 속한다. 사용자가 머리 위에 조명이 있는 큰 화면의 데스크탑 컴퓨터에서 정보 노동을 하는 중인가? 아주 작은 생물학적 세부를 찾아 화면을 스캔하며 암실에 서 있는가? 태양광 속에 디자인을 담은 도시를 걸어 지나고 있는가? 소파에 웅크리고 그냥 빈둥거리고 있는가? 브랜드 전달과 비슷하게(하단 참조), 사용 정황은 시각 디자인을 제한하는 조건의 일부로 받아들여야 한다.

형태

둥글게? 네모 모양으로? 아니면 아메바처럼? 어떤 물건을 볼 때 형태는 매우 중요한 속성이다. 사람들은 외곽선을 보고 대상을 인식한다. 파인애플 형태의 실루엣이 푸른 솜털로 뒤덮여 있다고 생각해보자. 여전히 누구나 파인애플 모양이라고 말할 것이다. 하지만 형태를 구분 짓는 능력은 색상이나 크기를 인지하는 능력보다 고도의 기술이다. 더 많은 주의를 기울여야 한다. 형태만으로는 극적인 대비 효과를 기대할 수 없다. 사용자의 주의를 모으려면 다른 속성을 활용해야 한다. 사물을 구분할 때 형태만으로는 부족하다. 아이콘의 모양이 비슷해 실수로 다른 프로그램을 클릭하는 경우도 있다. 맥 OS의 아이튠즈와 iDVD, 아이웹과 아이포토가 대표적이다. 이 아이콘은 형태만 다를 뿐 크기와 색상, 재질은 비슷하다.

크기

크게? 혹은 작게? 화면상의 여타 요소와 비교했을 때의 크기는? 크기가 클수록 시선을 모은다. 큼지막한 요소 하나가 작은 요소들에 둘러싸여 있다면 더욱 튀어 보인다. 크기는 수치로도 표현할 수 있다. 순서를 따질 수도 있다. 자연스럽게 사용자는 크기에 따라 번호를 매긴다. 크기가 암시하는 양과 중요도를 인지한다. 각기 다른 서체가 적용된 문구를 예로 들어보자. 크기가 클수록 중요한 내용이다. 굵게 표시된 글씨는 가는 글씨보다 중요하다. 크기는 정보의 상하구조를 표현하는 좋은 방법이다. 크기가 다른 요소는 사용자의 주의를 쉽게 환기시킨다. 자크 베르탱$^{Jacques\ Bertin}$은 저서 『The Semiology of Graphics』(University of Wisconsin Press, 1983)에서 요소를 구분하는 데 크기의 역할이 매우 중요하다고 언급한 바 있다. 특정 요소의 크기가 아주 다르면 형태 등의 요소는 중요한 역할을 하지 못한다.

색

대부분 느슨하게 색을 이야기하지만, 디자이너는 인터페이스에서 색을 고려할 때 아주 정확하고 용의주도해야 한다. 어떤 선택이든 사용자의 목표, 환경, 컨텐츠, 브랜드를 일단 고려해야 한다. 결국 명도, 색상, 채도의 맥락에서 인터페이스 색을 생각하는 편이 가장 유용하다.

명도

밝게? 혹은 어둡게? 밝기와 어둡기는 어떤 배경에 적용하느냐에 따라 크게 달라진다. 어두운 배경에 검은 글자는 흐릿해 보인다. 어두운 배경에 흰 글자는 두드러져 보인다. 요소를 구분할 때, 크기와 마찬가지로 명암은 매우 중요하다. 사진이 너무 밝거나 어둡게 나오면 찍힌 사람을 알아볼 수 없다. 사용자는 명암 대비를 단번에 인지한다. 명암의 차이가 명확한 요소는 한눈에 확인할 수 있다. 명암에도 순서를 매길 수 있다. 지도를 예로 들어보자. 명암에 따라 등고선의 높낮이와 인구 밀도를 쉽게 파악할 수 있다.

색상

빨강? 주황? 노랑? 색상의 차이는 사용자의 시선을 유도한다. 분야에 따라 색상의 의미도 달라진다. 회계사는 붉은색을 쇠퇴, 검은색을 성장으로 해석한다(적어도 서구에서는). 증권 시장에서 푸른색은 매입, 붉은색은 양도를 의미한다. 색상은 자라온 문화적 환경에 따라 다른 의미를 지닌다. 교통신호를 배우며 자라온 서구인들에게 붉은색은 '정지' 혹은 '위험'을 뜻한다. 하지만 중국인에게는 '행운'의 색상이다. 마찬가지로 서구에서 흰색은 순수와 평화의 상징이다. 하지만 아시아에서는 죽음과 장례를 뜻하기도 한다. 크기나 명암과는 달리 색상은 수치로 표현하기 힘들다(본질적으로 정량적인 속성이 아니다). 순서를 매기기에는 적합하지 않다.

색상은 아주 조심스럽게 적용해야 한다. 효과적인 인터페이스를 디자인하려면 너무 많은 색상을 사용해서는 안 된다. 제한된 개수의 색상을 적용해야만 사용자가 여러 요소 간의 유사점과 차이점을 쉽게 인식할 수 있다. 오색 찬란한 디자인은 사용자를 혼란스럽게 한다. 정보를 전달하는 능력도 떨어진다. 브랜드를 표현하고자 하는 니즈와 정보를 노출하고자 하는 니즈를 모두 고려해야 한다. 이는 결코 단순한 작업이 아니다. 색상 선정의 바다를 무사히 건너려면 재능 있는 시각 디자이너가 필요하다(다른 팀원도 시각 디자인을 깊이 이해해야 한다). 색상은 색맹이 일반 인구에 흔하며 여러 색맹 유형이 있기 때문에도 까다롭다.

채도

색상이 봄철의 꽃처럼 밝은가? 아니면 회색 돌처럼 탁한가? 채도는 색상, 명도와 비슷하게 강한 대비가 작용할 때 관심을 끈다. 사파이어 오브젝트는 이끼색 오브젝트들 열 안에서 두드러질 것이다. 채도는 더 큰 채도가 더 큰 명도에 긴밀히 결부된다는 점에서 정량적이다. 채도가 높은 색상은 흥분과 역동성을 암시할 수 있지만, 요란한 불협화음으로 읽힐 수도 있다.

앞서 언급한 오색 찬란한 디자인은 팔레트 전반의 너무 강한 채도로 악화될 수 있고, 실제 컨텐츠와 경합을 벌일 수 있다.

HSV 조합

색상, 채도, 명도는 HSV라는 쉽게 파악할 수 있는 모델로 모든 색을 인터페이스 내에서 함께 설명할 수 있는 세 변수가 된다(또 다른 흔한 체계인 RGB로 디자이너는 주어진 색의 붉은색, 녹색, 파란색 값을 지정할 수 있다). 디자이너는 이 세 변수 내에서 대비의 사용법, 전체 팔레트에 걸친 그 관계에 신중해야 한다.

방향

위로? 아래로? 양쪽 방향으로? 방향성이 있는 정보를 표현할 때 매우 유용한 속성이다(위, 아래, 뒤로, 앞으로 등). 하지만 방향은 한눈에 파악하기 어렵다. 요소의 형태가 불명확하거나 크기가 작으면 더욱 힘들다. 방향은 부가적인 속성으로만 활용하는 게 좋다. 하향세의 주식은 어떻게 표현해야 할까? 아래 방향의 화살표에 붉은 색상을 적용하면 된다.

재질

거칠게 혹은 부드럽게? 평평하게 혹은 울퉁불퉁하게? 물론 컴퓨터 화면의 재질이 실제로 바뀌는 것은 아니다. 하지만 그래픽으로 재질의 느낌을 전달할 수 있다. 재질을 인지하려면 고도의 집중이 요구된다. 정보의 중요한 차이점을 전달하거나 사용자의 주의를 유도하는 효과는 떨어진다. 재질을 표현하려면 다양한 픽셀을 조합해야 한다. 하지만 어포던스를 제공하는 데는 뛰어나다. 휴대기기에 고무로 코팅된 부분이 있다면 손으로 잡으라는 뜻이다. 사용자 인터페이스에 오톨도톨 튀어나와 보이는 부분은 드래그할 수 있다. 튀어나와 보이고 그림자가 적용된 버튼은 누를 수 있다.

현재의 '플랫'이나 스큐어모피즘이 아닌 디자인의 유행으로 재질이나 소재 시뮬레이션의 사용이 줄었다. 그러나 아주 미니멀한 디자인에서도 소량의 질감을 적절히 적용하면 사용자 인터페이스의 학습 가능성이 상당히 개선될 수 있다.

위치

특정 요소의 상대적인 위치를 확인해본다. 주변의 여타 요소와의 관계를 비교해본다. 크기와 마찬가지로 위치는 수치로 표현할 수 있다. 순서를 매길 수도 있다. 정보의 상하구조를 효과적으로 전달할 수 있다.

위치를 활용하면 사용자가 정보를 확인하는 순서를 유도할 수 있다. 서구의 독자는 가장 중요한 정보나 자주 쓰이는 기능을 좌측 상단에 배치한다. 위치는 공간적 관계를 정의할 때도 유용하다. 화면상의 개체와 실제 공간의 개체 사이의 관계를 보여줄 수 있다. 종종 의료, 조종간 인터페이스에도 해당된다.

한편 공간의 관계로 개념적 관계를 암시할 수 있다. 화면 내 함께 모인 항목들은 유사하다고 해석된다. 공간적 위치를 사용해 논리적 관계를 표현할 경우 동작으로 더욱 강화할 수 있다. iOS의 메일 앱에서 받은메일함에서 개별 이메일로 전환하는 수평 애니메이션은 애플리케이션 구성에 쓰는 논리 상하구조를 강화해준다.

텍스트와 타이포그래피

사용자 인터페이스에서 텍스트는 매우 중요한 요소다. 글로 쓰인 정보는 난해한 지식은 물론 뉘앙스까지 전달할 수 있다. 하지만 적절한 텍스트를 적용하려면 세심한 주의를 기울여야 한다. 사용자를 혼란스럽게 할 수도 있기 때문이다. 효과적이고 좋은 타이포그래피는 그 자체로 연구 분야이지만 다음은 좋은 불문율이다.

사용자는 글자의 대략적인 형태를 바탕으로 텍스트를 인식한다. 형태가 분명할수록 내용을 인지하기도 쉬워진다. 모두 대문자로 쓴 영문은 이해하기 어렵다 WORDS TYPES IN ALL CAPITAL LETTERS ARE HARDER TO READ. 소리지르는 것 같다. 대문자와 소문자로 이뤄진 익숙한 패턴이 망가져 버리기 때문이다. 내용을 이해하려면 더 많은 노력을 쏟아야 한다. 인터페이스에 모두 대문자로만 쓰인 문장은 피한다.

단어를 인지하는 과정은 글을 읽는 것과 다르다. 단어를 훑어가면서 내용을 정황 내에서 해석하는 과정이기 때문이다. 물론 컨텐츠에서는 괜찮지만 인터페이스는 그렇지 않다. 인터페이스를 내비게이션하고자 할 때 읽어야 하는 글이 너무 많아서는 안 된다.

디자인 원칙	먼저 시각적으로 전달하라. 그 다음 텍스트로 설명하라.

인터페이스에서 텍스트가 꼭 필요할 때는 다음의 가이드라인을 따른다.

- **대비가 높은 텍스트를 적용하라.** 텍스트와 바탕화면의 대비를 높게 설정해야 한다. 유사한 색상을 적용하면 읽기가 어렵다. 일반적으로 80% 이상의 대비 효과를 적용한다.

- **적절한 폰트와 크기를 설정하라.** 일반적으로 버다나^{Verdana}와 타호마^{Tahoma} 등 날카로운 산세리프 폰트가 가독성이 높다. 타임즈^{Times}나 조지아^{Georgia} 같은 세리프 타입페이스는 지저분하게 보일 수도 있다. 하지만 적절한 크기와 폰트 스무딩^{smoothing}, 안티앨리어싱$^{anti-aliasing}$ 등을 적용하면 이런 문제를 해결할 수 있다. 대개 10픽셀보다 작은 크기의 폰트는 읽기 어렵다. 작은 크기를 사용해야 할 때는 안티앨리어싱 없이 산세리프 폰트를 적용하는 게 좋다.

- **명쾌한 문장을 작성하라.** 가능한 한 적은 개수의 단어로 이해하기 쉬운 문장을 작성하라. 의미를 명쾌하게 전달한다. 약어는 피한다. 줄임말을 써야 할 때는 정해진 규칙에 따른다.

정보의 상하구조

사용자는 시각 인터페이스를 제시받으면, 거기서 가장 중요한 오브젝트나 정보, 나머지 가시적인 컨텐츠와 컨트롤과의 관계를 평가하는 무의식적인 프로세스를 거친다. 사용자에게 해독 프로세스를 가능한 한 빠르고 쉽게 해주기 위해 시각 디자이너는 정보 상하구조^{information} ^{hierarchy}를 만드는데, 인터페이스를 계층화하기 위해 시각적 속성의 차이를 이용한다(크기, 명도, 위치 등). 일시적 애플리케이션의 경우 정보 상하구조는 아주 명확해, 주어진 레이아웃의 중요도 '등급' 간 대비가 강해야 한다. 독재적 애플리케이션에서 정보 상하구조는 더 미묘할 수 있다.

동작과 장기적 변화

이번 절에서 언급한 요소는 모두 정보, 부분 간 관계를 전달하고, 관심을 요구하며, 모드 간 전환을 쉽게 하고, 명령어의 효과를 확인할 수 있다. 예를 들어 데스크탑용 iOS에서 요소는 단순히 나타났다 사라지는 일이 거의 없다. 독^{dock}에서 애플리케이션 아이콘을 클릭한 후 명령어를 접수해서 애플리케이션이 로딩 중임을 확인하려 점프할 것이다. 창을 최소화한다고 사라지지는 않는다. '지니^{genie}' 애니메이션이 줄여서 왜곡하며, 독의 섬네일 위치로 미끄러뜨린다. 애니메이션은 최소화 명령어를 접수받았음을 확인하고, 사용자에게 다시 소환하기까지 정확히 창이 어디서 최소화된 채 기다리는지 말해준다. 요소가 장기적으로 변하는 방식, 특히 동작을 마스터하는 것이 시각 인터페이스 디자이너에게 중요한 스킬이다.

시각 인터페이스 디자인 원칙

사람의 두뇌는 매우 뛰어난 컴퓨터와 같다. 중요한 패턴을 순식간에 찾아낸다. 엄청난 양의 정보 속에서도 의미를 발견한다. 시각적으로 받아들이는 정보가 아무리 많아도 두뇌는 모두 감당할 수 있다. 재빨리 특별한 패턴을 찾고, 중요도를 매길 수 있기 때문이다. 눈으로 보는 세계에 의미를 부여하는 셈이다. 이렇게 우리의 뇌에는 눈에 보이는 것을 패턴으로 구성하는 능력이 있다. 시각 정보를 재빨리 효과적으로 해석하는 능력도 여기서 온 것이다. 야구공을 허공에 던졌을 때를 생각해보자. 펜과 종이로는 경로, 속도, 무게, 바람의 측정과 공식이 필요할 것이다. 그러나 잠깐 보는 것만으로도 공의 궤적과 떨어질 위치를 미리 예상할 수 있다. 눈과 뇌가 순식간에 계산을 해낸 것이다. 복잡한 사고 과정을 거칠 필요가 없다. 시각 인터페이스를 디자인할 때는 이런 능력을 최대한 활용해야 한다. 시각 정보 해석 능력을 바탕으로 제품의 기능과 인터랙션을 훌륭하게 전달할 수 있다.

17장에서 시각 인터페이스 디자인의 세계를 모두 살펴볼 수는 없다. 하지만 몇 가지 중요한 원칙을 소개하고자 한다. 인터페이스를 좀 더 사용성 높고 멋지게 설계할 수 있는 방법이다. 앞서 소개한 바와 같이 뮬렛과 사노는 시각 디자인 원칙을 상세하게 분석한 바 있다. 그중 가장 중요한 컨셉 몇 가지를 알아볼 것이다.

훌륭한 시각 인터페이스의 특징은 다음과 같다.

- 톤/브랜드를 전달한다.

- 시각적 속성을 활용해 요소를 그룹화하고 명확한 상하구조를 만든다.

- 모든 정보마다 명쾌한 시각적 구성과 흐름을 제공한다.

- 사용자가 주어진 화면에서 할 수 있는 일을 알린다.

- 명령어에 대응한다.

- 중요한 이벤트에 관심을 끈다.

- 일관된 시각적 체계를 구축해 경험 전반의 일관성을 보장한다.

- 시각적 작업량을 최소화한다.

- 심플하게 디자인한다.

각 원칙을 상세하게 살펴보자.

톤/브랜드를 전달한다

점점 더 인터랙티브 시스템은 고객이 브랜드를 경험하는 주된 방법이 되어간다. 그래서 브랜드의 고려사항은 결코 사용자의 목표를 덮어쓰지 말아야 하는 한편, 효과적인 인터페이스는 그 제품 라인과 구성에 대한 브랜드의 약속을 체화해야 한다. 포토샵은 크리에이티브 스위트와 비슷한 느낌에, 어도비 브랜드와 맞는다. 아웃룩은 나머지 오피스 제품군과 비슷한 느낌에, 마이크로소프트를 경쟁사 제품과 구별해준다.

그러므로 인터페이스의 디자인을 수행하기 전에 그 브랜드가 무엇을 약속하는지 이해해야 한다. 회사가 이를 잘 표현하지 않을 경우 까다로울 수 있다. 마케팅과 광고 소재에서 명시적으로 전달된 적이 있다 하더라도 드물고, 규모가 작거나 생긴 지 얼마 안 된 회사는 무엇인지 확인할 기회도 없었을 수 있다. 크고 공개된 회사는 거의 언제나 마케팅이나 디자인 부서가 제공할 수 있거나, 인터랙션 디자이너와 작업해 구축할 의지가 있다.

쿠퍼는 고객과 작업해 경험의 속성, 즉 제품이나 서비스를 통해 모든 인터랙션의 느낌을 함께 설명하는 몇 가지 수식어 모음을 확인하게 해준다(그 생성 방법에 대한 논의는 5장을 참고한다). 이 속성은 속성 자체를 변형하거나 명확히 해주는 더 적은 단어를 포함하는 '단어 클라우드'로 종종 제시된다. 결정한 후 속성은 인터랙션 디자인의 가이드라인 역할을 한다. 시각 디자인에 직접 영향을 주는 경우가 대부분이지만, 기능적으로 유사한 디자인들 중에서 결정할 때 인터랙션 디자이너를 안내하기 위해 사용할 수 있다.

속성은 때로 그 단어 간의 긴장을 표현한다. 예를 들어 '안전한'과 '민첩한'은 같은 클라우드에 있을 수 있다. 초기 스타일 연구가 한두 가지 경험의 속성을 위해 최적화할 수 있기에, 유용한 긴장이다. 반대로 그래서 이해관계자와의 구별 및 논의가 더 쉬워지며, 각각 브랜드와 어떤 관계인지 보여준다.

시각적 속성을 활용해 요소를 그룹화하고 명확한 상하구조를 만든다

시각적 요소를 볼 때, 사용자는 무의식적으로 스스로에게 질문을 던진다. "여기서 가장 중요한 정보가 무엇인가?" 바로 이어서 다음 질문을 묻는다. "각 요소가 어떻게 연관돼 있는가?" 인터페이스는 상하구조를 만들고 관계를 확립해 이 질문에 모두 답할 수 있어야 한다.

시나리오는 사용자가 정보를 파악하는 순서를 알려준다. 어떤 정보를 가장 먼저 파악하는지, 두 번째로 확인하는 정보와 필요할 때만 찾는 정보는 무엇인지 확인한다. 이 순서에 따라 시각적인 상하구조를 설계한다.

색, 크기, 위치 등의 속성을 활용해 상하구조의 깊이를 표현한다. 가장 중요한 정보는 제일 크게 설정한다. 색상과 채도, 명암의 대비도 커야 한다. 배경 색상에서 두드러져 보이기 때문이다. 여타 요소보다 위에 놓거나 튀어나와 보이게 배치해야 한다. 원색이 적용된 요소는 특히 튀어 보인다. 덜 중요한 요소에는 회색빛의 차분한 색을 적용한다. 배경색과 크게 다르지 않은 색상과 명암을 설정한다. 크기도 작아야 한다. 튀어나오지 않은 위치에 배치한다. 채도가 낮은 중립적인 색상은 중요도가 낮은 정보임을 암시한다.

물론 시각적 속성을 적용할 때도 주의를 기울여야 한다. 아주 중요한 정보라고 새빨간 색으로 거대하게 튀어나온 곳에 배치할 수는 없기 때문이다. 한 가지 속성만 변경해도 충분히 눈에 띈다. 중요도가 다른 두 요소가 똑같이 강조된 경우도 있다. 이때 더 중요한 요소를 더 심하게 강조하는 것은 좋지 않다. 덜 중요한 요소를 좀 더 차분하게 표현하는 게 좋다. 더 중요한 정보가 나타났을 때 강조할 수 있는 여유공간을 남겨두는 셈이다. 만약 이 책의 모든 글자가 빨간색으로 굵게 처리돼 있다면 어떨까? 정보의 강약을 표현할 수 있을까?

시각적인 상하구조를 설계하는 일은 결코 쉽지 않다. 시각 인터페이스 디자인에서 가장 어려운 일이라 해도 과언이 아니다. 고도의 기술과 재능이 필요하다. 훌륭한 시각적 상하구조는 인터페이스에 녹아든다. 사용자는 상하구조가 있는지조차 인식하지 못한다. 오히려 잘못 설계된 상하구조는 어김없이 눈에 띈다. 사용자를 혼란스럽게 하기 때문이다.

관계의 확립

서로 관련이 있는 시각적 요소를 판단할 때는 사용자 시나리오를 참고한다. 어떤 요소의 기능이 유사한지 알 수 있다. 사용자가 어떤 기능을 자주 함께 사용하는지도 파악할 수 있다. 함께 사용하는 기능은 보통 그룹으로 묶어 가까운 곳에 배치하는 게 좋다. 마우스 움직임을 최소화할 수 있기 때문이다. 같이 사용하진 않지만 비슷한 기능은 어떨까? 가까운 곳에 배치하진 않더라도 시각적으로 유사하게 표현할 수 있다.

가까운 곳에 위치한 요소는 서로 관련이 있다. 요소의 그룹을 세심하고 정교하게 표현한 인터페이스는 많지 않다. 대부분 관련된 요소 주변에 테두리를 친 게 전부다. 네모상자투성이 인터페이스도 많다. 겨우 한두 개의 기능을 따로 그룹으로 만든 경우도 있다. 상자 대신 거리로 그룹을 표현할 수도 있다. 툴바를 예로 들어보자. 각 버튼이 4픽셀 간격으로 놓여 있다고 가정해보자. 새 파일, 파일 열기, 파일 저장은 유사한 기능이다. 파일 관리라는 그룹으로 묶을 수 있다. 이 그룹과 그 밖의 버튼 그룹 사이는 좀 더 넓게 8픽셀 간격을 적용하면 된다.

가까운 곳에 놓인 요소만 그룹이 되는 것은 아니다. 유사한 시각적 속성을 적용해 그룹을 만들 수 있다. 비슷한 속성이 만들어내는 패턴은 사용자가 쉽게 인지할 수 있다. 예를 들어 HTML의 표준적인 파란 링크로 사용자는 컨텐츠 관련 내비게이션 옵션을 위한 화면을 쉽게 구분한다.

어떤 그룹인지, 시각적으로 전달하는 최상의 방법은 무엇인지 결정한 후, 어떻게 구분 가능해야 하는지, 그룹이 디스플레이에서 얼마나 두드러지게 나타나야 하는지 고려한다.

실눈뜨기 테스트

시각 인터페이스 디자인이 요소의 상하구조와 관계를 효과적으로 표현했는지 점검하는 좋은 방법이 있다. 실눈뜨기 테스트squint test라고 부르는 것이다. 눈을 지그시 감고 한쪽 눈으로만 인터페이스를 바라본다. 내용은 전혀 알아볼 수 없다. 어떤 요소가 튀어 보이는지, 어떤 요소가 한 그룹으로 보이는지 확인한다. 디자인을 바라보는 시각을 바꿔보는 것이다. 이전에는 발견하지 못했던 문제를 밝혀낼 수 있다. 효과적인 레이아웃과 화면구성을 설계하는 지름길이다.

모든 정보마다 명쾌한 시각적 구성과 흐름을 제공한다

사용자 인터페이스는 시각적 요소와 기능적 행동 요소로 구성된다. 각 요소는 그룹으로 묶인다. 여러 그룹이 모여 패널을 구성한다. 각 패널은 화면이나 모드, 페이지를 만든다. 여러 요소를 가까운 곳에 배치하거나, 유사한 시각적 속성을 적용함으로써 그룹으로 묶을 수 있다. 상위 단계의 큰 그룹이 있을 수도 있고, 작은 단위의 소그룹이 있을 수도 있다. 각 애플리케이션마다 여러 단계의 그룹 구조가 존재한다. 명확한 구조를 설계하는 것은 매우 중요하다. 사용자가 인터페이스를 쉽게 내비게이션할 수 있기 때문이다. 사용자의 업무 흐름에 맞는 내비게이션이 가능해진다. 탄탄한 시각적 구조를 설계하는 데 필수적으로 고려해야 하는 요소가 있다. 특히 중요한 요소를 중심으로 살펴보자.

그리드 눈금과 정렬

시각적 요소를 효과적으로 정렬하는 것은 매우 중요하다. 사용자에게 좀 더 체계적으로 정돈된 경험을 제공할 수 있기 때문이다. 한 그룹에 속한 요소는 가로나 세로로 줄을 맞춰야 한다(그림 17-1 참조). 일반적으로 화면상의 모든 요소를 정렬해야 하는 게 맞다. 최대한 다른 요소와 줄을 맞춘다. 정렬에서 튀어나온 요소를 디자인하기로 결정했다면 신중한 주의를 기울여야 한다. 명확한 근거와 이유가 있어야 한다. 특별히 눈에 띄는 요소를 디자인하는 등 목적이 분명해야 한다.

그림 17-1 어도비 라이트룸(Adobe Lightroom)은 그리드에 따라 요소를 효과적으로 배치했다. 레이블과 컨트롤, 다양한 요소 그룹을 줄 맞춰 정렬했다. 촘촘한 그리드에 맞춰 일관성 있는 구조를 보여준다. 오른쪽 패널의 컨트롤 레이블이 우측 정렬된 모습을 볼 수 있다. 레이블과 조작 요소를 연관 짓기는 쉬운 반면 레이블 내용을 빠르게 파악하기는 어렵다.

- **레이블 정렬:** 조작 컨트롤이 세로로 나열돼 있을 때, 레이블도 줄을 맞춰 정렬한다. 레이블의 길이가 너무 길 때는 예외를 적용할 수 있다. 내용을 빠르게 파악하는 일이 중요할 때는 우측 정렬보다는 좌측 정렬이 낫다.

- **그룹 내의 요소 정렬:** 체크박스, 라디오 버튼, 텍스트 상자 등이 연관된 것끼리 그룹으로 묶여 있을 때는 각 요소의 정렬에 유의한다. 그리드 눈금에 맞춰 그룹 내의 요소를 정렬한다.

- **여러 그룹 정렬:** 다양한 요소를 포함한 그룹이나 패널 등 화면 요소를 정렬한다. 최대한 그리드 눈금에 맞춰 효과적으로 정렬해야 한다. 눈금에 따른 그리드는 시각 디자인 세계에서 가장 강력한 도구라 할 수 있다.

그리드 체계grid system는 2차 세계 대전 이후 스위스의 타이포그래퍼 사이에서 인기를 끌었다. 탄탄하고 일관성 있는 구조를 설계할 수 있기 때문이다. 특히 복잡한 인터페이스를 설계할 때는 더할 나위 없이 좋은 방법이다. 시각적으로나 기능적으로 복잡한 디자인에서는 그리드가 무척 중요하다. 먼저 인터랙션 디자이너가 전반적인 디자인 설계도를 제작한 뒤 인터페이스 요소를 결정한다(디자인 설계도는 5장에서 자세히 다룬다). 이때 시각 인터페이스 디자이너가 그리드에 따른 레이아웃을 효과적으로 잡을 수 있도록 도와야 한다. 중요한 상위 요소는 충분히 강조해야 한다. 덜 중요한 정보와 기능도 포함할 수 있도록 자리를 남겨둬야 한다.

그리드 체계를 적용할 때는 먼저 화면을 가로와 세로로 큼직하게 구분한다(그림 17-2 참조). 효과적인 그리드는 최소 눈금 단위도 고려해야 한다. 각 요소 간의 최소 간격을 의미한다. 예를 들어, 최소 눈금 단위가 4픽셀이라고 하자. 작은 컨트롤 요소 사이의 간격이 4픽셀이 된다. 요소 그룹이나 큼직한 패널 사이의 간격은 4의 배수가 돼야 한다.

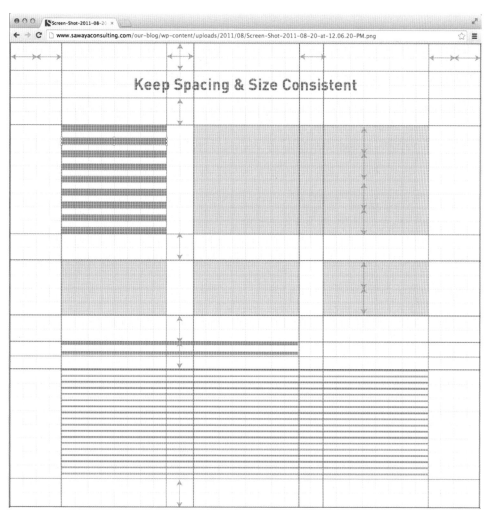

그림 17-2 웹사이트를 디자인할 때 적용할 수 있는 기본적인 레이아웃 그리드를 보여준다. 다양한 요소의 위치와 크기를 가늠해볼 수 있다. 여러 페이지를 디자인하더라도 일관된 구성을 적용할 수 있다. 디자이너가 쉽고 빠르게 화면의 레이아웃을 결정할 수 있도록 도와준다. 사용자가 정보를 파악할 때도 큰 도움이 된다.

훌륭한 그리드 체계는 각 요소 간의 관계도 고려해야 한다. 각 요소의 크기가 어떻게 다른지 생각한다. 이 크기의 차이를 비율로 따져본다.

- 보통은 '황금 비율'이나 파이 비율(약 1.61)을 적용한다. 황금 비율은 매우 유명하다. 자연에서 쉽게 찾아볼 수 있는 비율인데다, 사람의 눈에 아주 안정되게 보이는 비율이기 때문이다.

- 황금 비율은 루트 2의 값이다(약 1:1.14). A4 용지 같은 세계 표준 종이 비율이다.

- 컴퓨터 화면(4:3)도 황금 비율과 유사하다.

물론 제품의 정보와 기능에 따라 비율도 다르게 적용해야 한다. 특정 요소의 정보가 공간을 얼마나 필요로 하는지 고려해야 한다. 각 요소의 위치적 관계를 먼저 정의한다. 여러 요소 사이의 간격이 충분하지 않으면 황금 비율은 아무 소용이 없다. 빽빽이 들어찬 정보는 아무리 멋진 비율로 구성돼 있어도 알아보기 힘들 것이다.

훌륭한 그리드는 모듈로 구분할 수 있어야 한다. 그러면 여러 페이지를 디자인하더라도 항상 일관성 있는 디자인을 적용할 수 있다. 동시에 페이지마다 필요에 따라 적절히 변화를 줄 수 있어야 한다. 단순함과 일관성은 어떤 디자인에서든 매우 중요하다. 두 영역의 크기가 꽤 유사한 경우라면 어떨까? 두 영역을 똑같은 크기로 설정하는 게 좋다. 성질이 다른 두 요소를 디자인할 때는, 아예 전혀 다르게 디자인하는 편이 좋다. 최소 눈금 단위가 너무 작으면 안 된다. 그리드가 너무 복잡해져서 내용을 알아볼 수 없기 때문이다. 어중간한 차이는 매우 불안정해 보인다(사용자는 왜 그런지 콕 집어 말할 순 없어도 디자인이 불안정하다는 사실을 눈치챌 것이다). 그리드가 제 힘을 발휘하지 못하고 디자인을 망치는 셈이다.

레이아웃을 설계할 때는 결단력이 필요하다. 정사각형에 가까운 듯한 디자인은 좋지 않다. 차라리 명쾌하게 정사각형으로 설정하라. 특정 영역의 너비가 화면의 절반이나 3등분, 4등분과 유사한 경우라면 어떨까? 명확히 절반, 3등분, 4등분으로 디자인하라. 정확하고 명쾌한 비율을 적용해야 한다.

시각 인터페이스에 그리드를 적용했을 때의 장점은 다음과 같다.

- **사용성**: 사용자가 중요한 인터페이스 요소를 쉽고 빠르게 습득할 수 있다. 그리드는 각 요소를 일관성 있게 배치할 수 있도록 도와주기 때문이다. 각 화면의 제목이 항상 정확히 같은 위치에 있다고 생각해보자. 사용자는 두 번 생각할 필요가 없다. 제목을 찾으려고 화면을 둘러보지 않아도 된다. 일관된 위치와 간격도 매우 중요하다. 시각적인 정보를 이해하는 본능적인 해석 능력을 도와준다. 훌륭한 그리드를 적용하면 화면의 내용을 좀 더 쉽게 읽어내려 갈 수 있다.

- **미적 아름다움**: 각 요소 간의 관계와 적절한 간격을 세심하게 결정하는 일은 매우 중요하다. 사용자가 자연스럽게 받아들일 수 있는 정돈된 디자인을 제공하기 때문이다.

좀 더 다양한 기능을 사용하고 체험해볼 수 있도록 사용자를 인터페이스로 이끄는 지름길이다.

- **효율성**: 기본 레이아웃을 미리 설정해두면 여러 페이지를 제작하는 데 들어가는 시간과 노력이 크게 절감된다. 디자인을 시작하기 전에 명확한 그리드를 설정하고 적용하는 것은 매우 중요하다. 디자인을 이리저리 고치고 수정하는 횟수도 줄어든다. 효과적인 그리드는 다양한 페이지에 적용할 수 있다. 정보에 따라 적절히 변경 및 확장해서 사용하면 된다. 개발자도 필요에 따라 적절한 레이아웃을 설계할 수 있다.

최적의 정보 탐색 경로

그리드에 맞춰 정보를 배치하는 일은 매우 중요하다. 동시에 효과적인 정보 탐색 경로를 설계해야 한다. 사용자가 인터페이스를 살펴보는 순서를 유도하는 것이다(그림 17-3 참조). 정보를 탐색할 때 시선이 위에서 아래로, 왼쪽에서 오른쪽으로 이동한다는 점을 고려해야 한다(서양 언어와 한글이 아닌 경우에는 다를 수 있다).

좋은 정보 탐색 경로
인터페이스를 따라 자연스럽게
시선이 흘러간다.

나쁜 정보 탐색 경로
정보가 여기저기에 흩어져 있다.

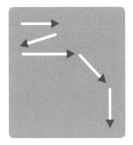 

그림 17-3 인터페이스에서 시선의 흐름은 최적의 정보 탐색 경로를 따라 이동해야 한다. 사용자가 효과적으로 과업을 수행하고 목표를 달성할 수 있는 지름길이다.

대칭과 균형

대칭은 인터페이스를 디자인할 때 매우 유용한 툴이다. 시각적 균형을 제공할 수 있기 때문이다. 대칭을 이루지 않은 인터페이스는 불안정해 보인다. 한쪽으로 쓰러질 것 같은 느낌이 든다. 경험이 많은 시각 디자이너는 비대칭 인터페이스로도 균형을 창조하는 법을 잘 알고 있다. 개별 요소의 시각적 무게를 적절히 조절하는 것이다. 서로 다른 어린이를 시소의 양쪽에 적절히 앉히는 것과 유사하다. 사용자 인터페이스에 비대칭 디자인을 적용하기는 매우 어렵다. 제한된 화면 영역 덕분에 빈 여백을 할당하는 일이 결코 쉽지 않기 때문이다. 여기서도 실눈뜨기 테스트가 유용하다. 화면 구성이 한쪽으로 기울어 있지 않은지 판단할 수 있다.

사용자가 주어진 화면에서 할 수 있는 일을 알린다

처음 화면이나 기능과 마주친 사용자는 시각 디자인이 화면에서 무엇을 할 수 있는지 결정해주기를 기대한다. 13장에서 논한 대로 어포던스의 원칙이다. 어포던스는 컨트롤의 디자인과 컨텐츠 카테고리를 레이아웃, 아이콘, 시각적 상징으로 가능한 경우 결과를 미리 시각화해 세분화한다.

아이콘 사용

이미지에 기능적인 역할만 있는 것은 아니다. 아이콘은 브랜드 가치를 전달하는 데도 중요한 역할을 한다. 거칠고 만화스러운 아이콘은 어린이용 웹사이트에 적절하다. 정교하고 정확하게 제작된 아이콘은 생산성을 목표로 한 애플리케이션에 어울린다. 어떤 스타일을 적용하든 일관성이 중요하다. 어떤 아이콘은 굵고 검은 선으로 둥근 테두리를 그린 반면, 어떤 아이콘은 얇고 각진 외곽선을 갖고 있다면 시각적 스타일이 흐트러진다.

아이콘 디자인은 고도로 전문적인 기술이 필요한 분야다. 작은 크기의 이미지로 의미를 전달해야 해야 하기 때문이다. 엄청난 시간과 연습이 필요한 작업이다. 경험 있는 시각 디자이너의 몫이다. 인지과학 측면에서도 아이콘은 매우 복잡한 작업이다. 여기서는 몇 가지 중요한 내용만 짚어본다. 사용성 높은 아이콘에 대해 더욱 깊이 알고자 하는 독자에게는 윌리엄 호턴[William Horton]의 『The Icon Book』(Wiley, 1994)을 강력히 추천한다. 이 책에 소개된 예시는 조금 오래되긴 했지만 기본 원칙에는 변함이 없다.

기능 중심 아이콘

기능이나 실행 명령을 대표하는 아이콘을 특정 물체로 표현하는 작업은 무척 어렵다. 특히 추상적인 개념을 시각적인 아이콘으로 제작하는 일은 더욱 그렇다. 이럴 때는 이미 검증된 숙어에 의존하는 게 가장 좋다. 억지로 추상적인 개념을 있는 그대로 표현하려고 하다 보면 이치에 맞지 않는 경우가 많다. 툴팁이나 텍스트 레이블을 붙이는 것보다 숙어를 이용하는 편이 낫다(툴팁은 18장에서 자세히 다룬다).

명확하고 구체적인 기능을 표현하는 경우에는 다음과 같은 원칙을 적용할 수 있다.

- 기능과 기능을 행하는 대상을 모두 표현하면 이해를 도울 수 있다. 동사만 사용하는 것보다 동사와 명사를 함께 사용하는 편이 쉽다('잘라내기' 명령을 예로 들어보자. 가위

는 꽤 메타포적인 이미지다. 종이 문서를 X 모양이 가로지르는 이미지가 더 이해하기 쉬울 수 있다).

- 메타포를 활용할 때는 특히 주의를 기울인다. 대상 사용자에게 의도하지 않은 의미가 전달될 수 있기 때문이다. 엄지손가락을 치켜든 이미지는 서구 문화에서는 'OK'를 의미한다. '승인'을 전달하고자 할 때 적절한 아이콘으로 활용할 수 있다. 하지만 중동을 비롯한 일부 문화에서는 매우 모욕적인 이미지로 받아들일 수 있다. 세계화를 고려한 애플리케이션이라면 이런 메타포는 피해야 한다.

- 연관된 기능은 시각적으로 그룹으로 묶는다. 정황 정보를 전달할 수 있기 때문이다. 관련된 기능을 가까운 곳에 위치시킨다. 이것이 불가능할 때는 동일한 색상 등 공통된 시각 속성을 적용한다.

- 아이콘을 단순하게 디자인한다. 불필요한 시각적 디테일은 피한다.

- 가능한 한 동일한 요소를 재사용한다. 사용자가 새로운 요소를 다시 배울 필요가 없다.

시각적 요소와 심볼의 관계

한 종류의 아이콘에 독특한 심볼을 적용하면 사용자가 쉽게 인지할 수 있다. 예를 들어, 사진 관리 앱에서는 이미지 파일마다 섬네일이 나타낸다. 상징적인 심볼을 항상 메타포를 기반으로 제작할 수는 없다. 따라서 숙어를 기반으로 디자인하는 경우가 많다(숙어의 강력한 기능은 13장에서 자세히 다룬다). 시각적 요소를 효과적으로 사용하면 필요한 요소를 찾아 훨씬 빠르게 내비게이션할 수 있다. 텍스트 레이블만 사용할 때보다 매우 유용하다. 심볼과 특정 요소 사이의 관계를 구축하는 것이 중요하다. 해당 요소가 화면에 등장할 때마다 동일한 심볼을 적용하면 된다.

각기 다른 요소는 시각적으로도 다른 심볼을 적용해야 한다. 비슷한 아이콘으로 가득 찬 화면에서 특정 아이콘 하나를 골라내는 일을 생각해보자. 유사한 단어로 가득한 페이지에서 단어 하나만 골라내는 일만큼 어렵다. 다른 행동을 보이는 요소를 시각적으로 대비시키는 일도 매우 중요하다. 버튼과 슬라이드, 체크박스 등 다양한 컨트롤 요소가 여기에 해당한다.

디자인 원칙   다르게 행동하는 요소는 시각적으로도 다르게 보이도록 디자인한다.

시각적 심볼과 아이콘 묘사

컴퓨터 화면이 그래픽을 표현할 수 있는 기술은 나날이 발전하고 있다. 아이콘을 비롯한 시각적 요소를 아주 정교하고 디테일하게 묘사하고자 하는 욕구도 증가한다. 거의 사진처럼 보이는 아이콘을 제작할 수도 있다. 하지만 이런 트렌드가 사용자의 궁극적인 목표를 효과적으로 달성하는 것은 아니다. 특히 생산성을 목표로 한 애플리케이션의 경우는 더욱 그렇다. 아이콘은 단순하고 명확하게 제작해야 한다.

이런 아이콘이 멋들어져 보일진 몰라도 작은 크기로 보일 때는 결코 훌륭하지 않다. 불필요하게 주의를 집중시킬 뿐이다. 제대로 의미를 전달하려면 필요 이상으로 넓은 영역을 차지하게 된다. 시각적 결속력도 떨어뜨린다. 사진처럼 정교한 이미지로는 추상적인 기능을 적절히 표현하기 어렵기 때문이다(물리적인 하드웨어와 연결된 기능 정도만 제대로 표현할 수 있다). 정교하게 묘사된 아이콘은 대문자로만 적어놓은 텍스트와 마찬가지다. 각 아이콘의 차이점을 쉽고 명확하게 구분할 수 없다.

행동의 시각화

인터페이스 기능의 결과를 설명할 때 언어만 사용하는 것보다(텍스트 설명조차 없는 것보다는 낫지만), 시각적 이미지를 사용하는 편이 좋다. 결과가 어떤 모습이 될지 미리 보여준다. 아이콘을 활용해 조작 어포던스를 제공하는 것과 헷갈려서는 안 된다. 텍스트로 세팅과 상태를 전달함과 동시에, 이미지나 다이어그램을 활용해 행동을 묘사하는 것을 말한다. 행동을 시각화하면 보통 더 많은 공간을 필요로 한다. 하지만 그만큼 의미를 명확하게 전달하는 효과는 매우 뛰어나다. 최근 들어서는 마이크로소프트도 행동 시각화의 힘을 인지하기 시작했다. 마이크로소프트 워드의 대화상자를 생각해보자. 각 기능의 의미를 문자만으로 설명하는 대신 풍부한 시각화를 적용하고 있다. 포토샵을 비롯한 여러 이미지 조작 애플리케이션은 이미 오래전부터 행동 시각화를 제공해왔다. 이미지 편집 기능의 결과를 섬네일로 미리 보여주는 것이다.

> **디자인 원칙** ▷ 기능과 행동을 시각적으로 전달하라.

마이크로소프트 워드의 인쇄 미리보기를 생각해보자(그림 17-4 참조). 인쇄 미리보기는 설정된 종이 크기와 여백을 기준으로 실제 문서가 어떻게 출력될지 보여준다. 왼쪽 여백 1.2인치가 얼마만큼일지 머릿속에 바로 그려볼 수 있는 사용자는 많지 않다. 인쇄 미리보기를 활용하면 문제가 없다. 결과만 보여주는 대신 직접 입력도 가능했다면 더 좋았을 것이다. 미리보기 이미지의 왼쪽 여백을 드래그해서 조절하는 것이다. 커서를 드래그할 때마다 해당 수치도 자동으로 오르내리며 변한다. 시각적 이미지를 제공하더라도 텍스트 입력상자는 여전히 중요하다. 시각화가 텍스트를 완전히 대체할 수는 없다. 현재 설정의 정확한 수치 값을 보여주기 때문이다. 시각적 컨트롤은 그 결과 값이 어떻게 보일지 정확하게 묘사해준다.

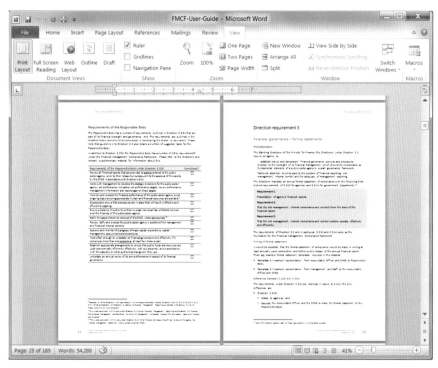

그림 17-4 마이크로소프트 워드의 인쇄 미리보기. 애플리케이션 기능의 시각화를 효과적으로 표현한 예다. 사용자는 1.2인치의 여백을 머릿속으로 그려보려고 애쓰지 않아도 된다. 설정 값을 바꿀 때마다 결과가 어떻게 나타날지 쉽게 확인할 수 있다.

명령어에 대응한다

스와이프, 탭, 클릭으로 명령어를 실행한 후, 사용자는 어떤 반응을 보고 시스템이 '들었는지' 파악해야 한다. 어떤 경우는 산출물이 즉각적이고 즉시적이다. 사용자는 선택한 텍스트의 새 타입페이스를 선택했고, 그 텍스트는 새 타입페이스로 표시되기 위해 변한다. 이 반응은 도구 자체 이상으로 추가 시각 디자인이 필요하지 않다.

반응이 10분의 1초 이상, 1초 미만 걸리면 명령어를 접수했다는 미묘한 시각적 단서 하나, 활동이 완료될 때 또 하나를 제시해야 할 것이다.

반응이 10초까지 걸리면, 사용자에게 짧은 지연에 관해 알려주고, 프로세스가 진행 중이라는 시각적 단서를 제시해야 할 텐데, 걸릴 시간의 추산과 함께 일종의 루핑^{looping} 애니메이션인 경우가 가장 흔하다. 흔한 사례는 빨리 로딩되리라 예상되는 웹 페이지 상단 바의 단일 픽셀 진행상황 표시자다.

반응이 10초 이상 걸리면, 보통 지연을 설명하는 경고 하나, 배경에서 프로세스가 진행 중임을 알려주는 진행 중인 상태 업데이트를 위한 경고 하나에 이어 과업으로 돌아갈 수 있도록 프로세스가 완료될 때 사용자를 존중하는 단서를 디자인하는 편이 가장 좋다.

중요한 이벤트에 관심을 끈다

더 오래된 소프트웨어는 사용자가 중요한 시스템을 찾으러 둘러봐야 하는 도구로 간주된다. 그러나 좀 더 목표 지향적인 더 나은 소프트웨어는 그 정보를 사용자에게 적극적으로 제공한다. 배지^{badge}는 이 원칙을 체화하는 여러 스마트폰의 한 사례다. 일견에 사용자는 상대가 한 수를 다 둔 게임 두 개를 하고, 문자 메시지를 몇 개 보내고, 확인해야 할 소셜 미디어 댓글이 있음을 인지한다.

관심을 끄는 도구는 인간 인지의 근본이 개입하며, 모두 대비를 기반으로 한다. 크기, 색, 동작 등의 대비다. 관심을 끌고 싶은 것을 다르게 만들면, 관심을 끌 것이다. 간단히 들리지만, 두 가지 과제가 있다.

첫 번째는 관심을 끄는 장치가 의식적 제어하에 있지 않다는 점이다. 환경상 갑작스런 변화를 우리에게 경고하기 위해 진화했음을 고려할 때 의미가 있다. 그러니까 화면 내 큰 대비로 제시하고, 현재 과업으로부터 그려나간다. 잘못 적용할 경우 무례하게 받아들여질 수 있다(이 원칙에 관한 자세한 내용은 8장을 참고한다). 웹 초기의 비난받아 마땅한 블링크 태그가 주요 사례다. 깜빡이는 오브젝트는 다른 데 관심을 두기 어려울 정도로 너무 강하게 관심을 끈다.

두 번째 과제는, 관심의 신호를 효과적으로 유지하기 어렵지만 경험의 키워드와 맞출 수 있다는 점이다. 앱이 고요하다고 여겨질 경우, 클랙슨은 사용자의 관심을 끌 테지만 앱이 한 약속도 깰 것이다.

시각적 작업량을 최소화한다

시각적 소음$^{visual\ noise}$은 어포던스와 정보를 전달하는 주요 목표로부터 산만하게 하는 과도한 시각적 요소가 일으킨다. 사용자 인터페이스도 마찬가지다. 시각적 소음이 발생하는 원인은 다양하다.

- 장식적인 꾸미기

- 정보를 더하지 않는 3D 렌더링

- 컨트롤을 구분하기 위한 규칙 박스 및 기타 시각적으로 '과한' 요소

- 요소의 밀집

- 강렬한 색, 질감, 대비

- 너무 많은 색 사용

- 약한 시각적 상하구조

분주한 인터페이스^{cluttered interface}는 제한된 영역에 지나치게 많은 기능을 보여주려고 한다. 결국 각 요소가 서로 부딪히게 된다. 시각적으로 무질서하고, 지나치게 장식적이고, 가득 들어찬 화면은 사용자에게 인지적 부담을 준다.

심플하게 디자인한다

일반적으로 인터페이스는 단순한 기하학적 도형을 활용하고 곡선을 최소화해야 한다. 제한된 색상 팔레트를 활용한다. 채도가 너무 높지 않고 중립적인 색상을 중심으로 대비가 강한 몇 가지 악센트 색상을 조화시킨다. 악센트 색상은 중요한 정보를 강조하는 역할을 한다. 너무 많은 타이포그래피를 적용해서는 안 된다. 한두 개의 글꼴이 적절하다.

필요 이상으로 변화를 많이 주는 것은 일관성 있고 사용성 높은 디자인의 적이다. 요소 사이의 간격이 거의 비슷하다면, 완전히 똑같은 간격을 배정하라. 두 폰트의 크기가 거의 비슷하다면, 정확히 같은 크기를 적용하라. 색상과 크기 등 모든 시각적 요소에 각기 다르게 적용된 속성은 분명한 이유를 바탕으로 적용해야 한다. 왜 이렇게 디자인했는지 명쾌한 이유를 댈 수 없다면 해당 요소를 제거하라.

훌륭한 인터페이스 디자인은 시각적 효율성이 높다. 인터페이스뿐 아니라 모든 시각 디자인 분야에 적용되는 법칙이다. 소수의 시각적, 기능적 요소만으로도 최대의 효과를 낸다. 그래픽 디자이너와 산업 디자이너 모두 활발히 사용하는 기술이 있다. 개별 요소를 하나씩 제거해보는 방법이다. 의도한 메시지가 명쾌하게 전달되는지 테스트해볼 수 있다.

디자인 원칙	디자인이 망가질 때까지 요소를 하나씩 제거하라. 망가지기 전 마지막 요소를 다시 추가함으로써 완성한다.

비행기 조종사이자 시인인 앙투완 드 생텍쥐페리Antoine de Saint-Exupéry는 다음과 같이 유명한 말을 남겼다. "완벽이란 더 이상 더할 것이 없을 때 얻어지는 게 아니다. 더 이상 뺄 것이 없을 때 완성된다." 인터페이스를 제작하는 동안 끊임없이 시각적인 단순함을 찾아 헤매야 한다. 깔끔함을 유지하면서도 많은 유용한 정보를 제공할 수 있다면 가장 좋다.

단순함을 향한 추구와 밀접한 관련 있는 컨셉으로 지렛대 효과가 있다. 한 개의 인터페이스 요소가 여러 목적으로 활용되는 것을 말한다. 마이크로소프트 윈도우 8을 예로 들어보자. 창의 제목 옆에 아이콘이 위치해 있다(그림 17-5 참조). 이 아이콘은 창에 나타난 내용이 무엇인지 표시해준다(해당 창이 탐색기인지 워드 문서인지 나타낸다). 동시에 최소화, 최대화, 닫기 등의 창 조작 명령으로도 활용할 수 있다.

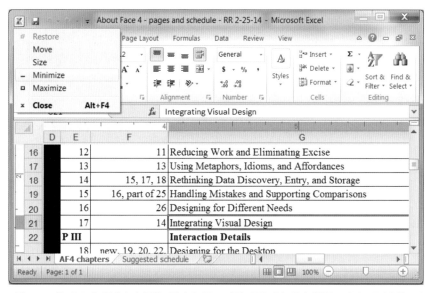

그림 17-5 윈도우 8 타이틀바의 아이콘은 지렛대 효과를 보여주는 좋은 예다. 창의 내용을 보여주는 동시에 창 조작 기능의 역할도 한다.

시각 정보 디자인의 원칙

시각 인터페이스 디자인과 마찬가지로 시각 정보 디자인에도 다양한 디자인 원칙이 있다. 이런 원칙은 여러 디자이너에게 큰 도움이 된다. 정보 디자인의 대가인 에드워드 터프티는 훌륭한 시각 디자인은 "시각적으로 표현된 명쾌한 생각"이라고 말했다. 보는 이의 '인지적인 과업(목표)'과 디자인 원칙을 깊이 이해할 때만 훌륭한 시각 디자인을 할 수 있다고 주장했다.

터프티는 정보 디자인을 할 때 직면하는 가장 중요한 문제 두 가지를 지적했다.

- 다차원 정보(두 개 이상의 변수를 포함한 정보)를 2차원 평면 위에 표현하기 어렵다.

- 밀집된 정보를 표현하기에 디스플레이의 해상도가 충분히 높지 않다. 컴퓨터 화면도 마찬가지다. 움직임을 표현할 수 있고 인터랙션을 가미할 수는 있지만 밀집도는 떨어진다. 컴퓨터 디스플레이는 종이에 비해 정보의 밀집도가 낮다(애플이 일부 제품으로 판매하는 레티나retina 디스플레이는 픽셀 밀도가 더 높지만, 표준은 아니며, 모든 사용자에 대해 가정하기는 위험하다).

모두 맞는 말이다. 하지만 시각 인터페이스 디자이너는 종이로는 표현할 수 없는 강력한 기능을 활용할 수 있다. 즉 '인터랙션'을 가미할 수 있다. 종이의 경우는 모든 데이터를 한 번에 뿌려줘야 한다. 반면 전자 디스플레이는 점차적으로 정보를 추가 노출할 수 있다. 사용자가 세부 정보를 필요로 할 때 보여주면 된다. 해상도 때문에 발생하는 제약점을 어느 정도 해결할 수 있다.

인쇄 디자인과 디지털 미디어 디자인에는 여러 가지 차이점이 있다. 하지만 공통적으로 적용할 수 있는 정보 디자인 원칙도 존재한다. 이런 원칙은 언어나 문화, 시간에 따라 변하는 것이 아니다. 이런 원칙을 활용하면 어떤 매체에서든 정보의 효과를 극대화하는 데 도움이 된다.

터프티의 매우 훌륭한 책인 『The Visual Display of Quantitative Information』(Graphics Press, 2001)을 보면 정보 디자인의 7가지 '대법칙'이 나온다. 여기서는 이 대법칙을 간단하게만 살펴본다. 디지털 인터페이스와 컨텐츠를 디자인할 때 깊은 관련이 있다.

터프티는 시각적으로 표현된 정보는 다음의 규칙을 따라야 한다고 주장했다.

- 시각적 비교를 강화하라.

- 인과관계를 보여라.

- 다중 변수를 표시하라.

- 텍스트, 그래픽, 데이터를 한 화면에 조화롭게 배치하라.

- 컨텐츠의 질과 연관성, 진실성을 확실히 하라.

- 시간에 따라 나열해서는(겹쳐서는) 안 된다. 공간에 따라 나열하라.

- 정량적 자료의 정량성을 제거해서는 안 된다.

위의 7가지 원칙을 하나씩 알아보자. 소프트웨어가 탑재된 미디어의 정보를 디자인할 때 큰 도움이 되는 법칙이다.

시각적 비교를 강화하라

연관된 변수와 트렌드를 비교할 수 있는 도구를 제공해야 한다. 전과 후의 상태를 비교하는 경우도 있을 수 있다. 정보는 비교를 통해 사용자에게 더욱 가치 있어진다. 이해하기도 쉬워진다(그림 17-6을 보면 그 예를 확인할 수 있다). 어도비 포토샵을 비롯한 여러 그래픽 프로그램은 미리보기 기능을 제공한다. 그래픽 효과를 적용하기 전과 후의 효과를 실시간으로 비교해볼 수 있다.

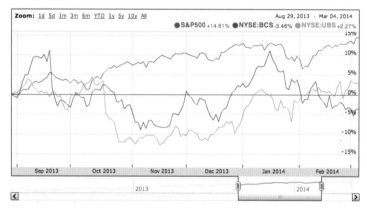

그림 17-6 구글 파이낸스의 그래프. 일정 기간 동안의 두 주식 시세를 S&P 500 지수와 비교한다. 시각적 패턴을 바탕으로 바클레이 은행(BCS, Barclays Bank)과 UBS가 밀접하게 관련돼 있다는 사실을 파악할 수 있다. S&P 500과는 큰 연관이 없다.

인과관계를 보여라

정보 그래픽을 디자인할 때 원인과 결과를 명쾌하게 보여라. 터프티는 그의 저서에서 우주 탐색선 챌린저호의 참사를 소개한 바 있다. 나사(NASA)의 과학자가 제작한 도표가 좀 더 명쾌하게 표현됐더라면 피할 수 있었던 사고였다. 발사 시의 공기 온도와 오링(O-ring) 실패 시의 극심한 효과의 관계를 알기 쉽게 표현했어야 했다. 인터랙티브 인터페이스에서는 풍부한 시각적 비모드형 피드백이 매우 중요하다(15장에서 자세히 다룬다). 사용자의 행동에 따른 가능한 결과를 알려주는 효과적인 방법이다. 어떻게 행동을 취할지 힌트를 제공하는 수단이기도 하다.

다중 변수를 표시하라

여러 개의 연관된 변수를 활용해 정보를 표현하는 데이터도 있다. 이럴 때는 해당 변수를 동시에 한 화면에 표현할 수 있어야 한다. 그렇다고 정보의 명확성이 떨어져서는 안 된다. 인터랙션이 가미된 시스템에서는 사용자가 특정 변수를 켜고 끌 수도 있다. 각 변수를 비교하고 연관도나 인과관계를 쉽게 파악할 수 있다. 투자자들은 보통 여러 변수의 연관도에 관심이 많다. 보안 수준이나 인덱스, 지시자 등의 관계에 주목한다. 다중 변수를 시간에 따라 그래프로 표현해보면 변수 간의 관계가 드러나기도 한다(그림 17-6 참조).

텍스트, 그래픽, 데이터를 한 화면에 조화롭게 배치하라

범례를 따로 떼어서 제작한 도표를 분석하려면 사용자는 더 많은 사고 과정을 거쳐야 한다. 레이블과 범례가 도표 내에 녹아 들어가 있는 다이어그램이 더욱 효과적이다. 도표의 범례를 읽고 분석하는 과정에서 여러 내비게이션 문제가 발생한다. 도표와 범례 사이로 시선을 이리저리 이동해야 하기 때문이다. 머릿속으로는 두 곳에서 본 정보를 하나로 합쳐서 이해해야 한다. 그림 17-7은 텍스트와 그래픽, 데이터가 함께 어우러진 인터랙티브한 예시를 보여준다. 입력과 출력이 한 곳에서 이뤄진다. 사용자에게는 매우 효과적인 디자인이다.

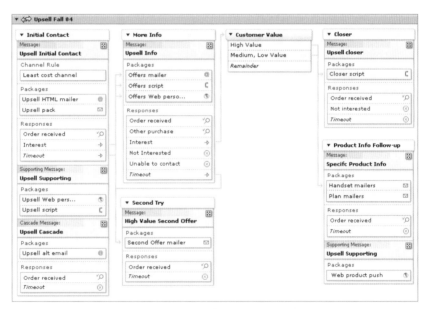

그림 17-7 쿠퍼 사에서 제작한 '커뮤니케이션 기획 도표'. 외주 마케팅 캠페인을 관리하는 인터페이스다. 문자로 된 정보를 시각적으로 구성해서 보여준다. 다른 종류의 개체마다 아이콘을 첨가해 더욱 효과적이다. 현재 커뮤니케이션 기획안의 상태를 잘 보여준다. 그뿐 아니라 드래그앤드롭으로 사용자가 직접 구조를 조정할 수도 있다.

컨텐츠의 질과 연관성, 진실성을 확실히 하라

단지 기술적으로 가능하다는 이유만으로 정보를 제공해서는 안 된다. 보여주려는 정보가 과연 사용자가 특정 목표를 달성하는 데 도움이 되는지 고민해보자. 사용자의 정황과 깊은 관련이 있는 정보인지 살핀다. 필요도 없고 질도 낮은 정보라면 사용자는 제품의 디자인을 의심하게 될 것이다. 제품의 컨텐츠와 행동, 시각적 브랜드를 바탕으로 사용자의 믿음을 얻어야 한다.

시간에 따라 나열해서는(겹쳐서는) 안 된다. 공간에 따라 나열하라

시간에 따른 변화를 표현해야 할 때가 있다. 이 경우 공간에 따라 요소를 나란히 배치해가면 훨씬 이해하기 쉽다. 각 요소를 겹쳐서 배치하는 것보다 뛰어나다. 만화는 시간에 따른 흐름을 표현한 훌륭한 예다. 시간이 흘러감에 따라 바뀌는 내용을 나란히 배치해서 보여준다.

물론 정지된 정보를 보여주는 경우에만 해당하는 내용이다. 어떤 소프트웨어에서는 애니메이션이 훨씬 효과적인 경우도 있다. 기술적인 내용(메모리 제약이나 인터넷 접속 속도 등)이 문제가 되지 않는다면 움직이는 영상을 고려할 수 있다.

정량적 자료의 정량성을 제거해서는 안 된다

트렌드를 나타내기 위해 정량적 자료를 그래프나 도표로 표현할 수도 있다. 정량적인 정보를 한눈에 파악할 수 있기 때문이다. 하지만 숫자 자체를 그대로 드러냈을 때의 효과를 무시해서는 안 된다. 윈도우의 디스크 속성창을 예로 들어보자. 하드디스크의 공간을 파이 그래프로 보여준다. 빈 공간이 얼마나 남았는지 대략 파악할 수 있다. 하지만 정확한 용량이 숫자와 기가바이트로도 나타나 있다.

일관성과 표준

회사 내에 위치한 사용성 조직의 역할 중 하나는 디자인의 일관성을 지키는 문지기가 되는 것이다. 일관성consistency이란 여러 소프트웨어의 다양한 모듈이 비슷한 모습과 느낌, 행동을 보이는 것을 의미한다. 한 회사에서 판매하는 모든 제품에 걸쳐 일관성이 적용되기도 한다. 어도비, 구글 같은 대기업 소프트웨어 제조사는 수시로 작은 회사의 제품을 흡수하기도 한다. 브랜드를 유지하는 데 있어 일관성은 고민해야 할 중대한 문제다. 흡수한 회사의 소프트웨어를 기존의 자사 제품과 비슷하게 보이도록 만드는 일은 최대 관심사라 할 수 있다. 스스로 개발한 소프트웨어와 함께 브랜드 가치가 높은 제품으로 탈바꿈해 선보이는 것이다. 애플과 마이크로소프트는 자사의 개발자뿐 아니라 외부의 서드파티 제작진도 유사한 룩앤필 look-and-feel을 유지하도록 선도한다. 자사의 OS 플랫폼에서 돌아가는 외부 프로그램도 비슷한 느낌을 제공해야 하기 때문이다. 플랫폼과 프로그램이 끊김 없이 편안한 사용자 경험을 제공할 수 있게 하려는 것이다.

인터페이스 표준의 장점

인터페이스 표준을 적절히 활용하면 매우 큰 효과를 볼 수 있다. 하지만 그 대가도 치러야 한다. 제이콥 닐슨Jakob Nielsen은 하나의 인터페이스 표준을 정했을 때의 장점을 설명한 바 있다. 사용자가 인터페이스를 빠르게 배울 수 있고 생산성을 높일 수 있다는 것이다. 오류는 줄이고 시간당 처리하는 업무량을 증가시킨다. 이는 굉장한 장점이다. 사용자가 프로그램의 행동을 쉽게 예측할 수 있기 때문이다. 같은 표준을 적용한 다른 애플리케이션이나 동일 프로그램의 다른 부분에서 체험한 과거의 경험을 바탕으로 제품을 활용하게 된다.

인터페이스 표준은 기업의 입장에서도 도움이 된다. 고객 상담과 기술 지원 비용을 절감할 수 있다. 인터페이스 표준이 제공하는 일관성 덕분에 제품을 배우고 사용하기 쉬워지기 때문이다. 개발에 들어가는 시간과 비용도 줄어든다. 형식화된 인터페이스 표준이 의사결정을 쉽게 만들기 때문이다. 개발 팀이 모여 인터페이스를 어떻게 구성할지 다투지 않아도 된다. 훌륭한 표준은 제품 관리 비용도 절감시킨다. 디자인과 코드를 효과적으로 재활용할 수 있게 된다.

인터페이스 표준의 함정

어느 표준이나 함정이 있게 마련이다. 표준은 표준 자체가 훌륭할 때만 효과가 있다. 닐슨은 표준을 처음 만들 때 세심한 주의를 기울여야 한다고 주장했다. 표준은 정말로 사용성이 높은 인터페이스를 제작할 수 있는 방향을 제시해야 한다. 표준의 설명을 따라 인터페이스를 제작하는 개발자에게도 사용이 쉬워야 한다.

인터페이스 표준을 디자인 만병통치약으로 생각해서는 안 된다. 표준만 활용하면 훌륭한 인터페이스를 제작할 수 있다고 믿는 것은 어리석다. 유명한 글쓰기 가이드만 따르면 멋진 소설을 쓸 수 있다고 주장하는 것과 다름없다. 대부분의 인터페이스 표준은 주요 규칙과 시각적인 룩앤필 정도만 설명한다. 실제 제품의 상세한 행동이나 제품의 논리적인 구조는 알려주지 않는다. 여기에는 합당한 이유가 있다. 인터페이스 표준은 일반적인 내용만 다루기 때문이다. 실제 제품이 만들어지고 사용되는 구체적인 정황을 알 도리가 없다. 특별한 정황속에서 사용자의 행동이나 사용 패턴에 대해서는 전혀 설명할 수 없다. 사용자의 인지 능력이나 이해력 같은 일반적인 이슈만 다룬다. 때때로 시각적 브랜딩에 대한 가이드를 제공하기도 한다. 표준이 설명하는 내용은 매우 중요하다. 하지만 어떻게 표현하는지에 대한 것만 다룰 뿐이다. 실제 인터랙션을 설계하는 방법은 포함돼 있지 않다. 인터페이스의 표현은 인터랙션을 바탕으로 이뤄져야 한다.

표준과 가이드라인, 경험 법칙

물론 인터페이스 표준은 매우 효과적이다. 하지만 사용자의 목표가 변함에 따라 표준도 진화해야 한다. 기술도 변하고 사용자에 대한 이해도 깊어지기 때문이다. 애플이나 마이크로소프트의 인터페이스 표준이 절대적이라고 믿는 디자이너나 개발자도 많다. 마치 모세가 십계명을 받았듯 표준이 하늘에서 내려온 거라고 믿는 모양이다. 애플이나 마이크로소프트는 종종 자유롭게 표준을 무시한다. 때때로 가이드라인을 업데이트하기도 한다. 마이크로소프트가 제안한 인터페이스 표준을 절대로 변경해서는 안 된다는 금지문구가 있는 것도 아니다. 변화는 자연스러운 현상이다. 인터페이스 디자인은 아직 성숙기에 접어들고 있다. 표준이 최고라고 믿고 진정한 혁신을 짓밟는 것은 결코 현명한 선택이 아니다.

오리지널 매킨토시는 대단히 훌륭한 업적이라 할 수 있다. 과거 애플의 모든 플랫폼과 표준을 한 단계 뛰어넘은 세계를 제시했기 때문이다. 반면 맥의 강점은 애플 외부의 회사로부터 형성된 것이다. 애플의 선두를 따라 인터페이스의 모습과 업무, 행동을 유사하게 디자인했기 때문이다. 마찬가지로 윈도우에는 워드와 엑셀, 아웃룩을 서슴없이 베껴서 만든 외부 제품이 많다. 하지만 이런 제품이 성공을 한 것도 사실이다.

인터페이스 표준은 상세한 가이드라인이나 경험 법칙 정도로 취급해야 한다. 인터페이스 가이드라인을 너무 충직히 따라서는 안 된다. 사용자의 정황과 니즈를 충분히 고려해가며 적용해야 한다. 그렇지 않으면 엉뚱한 인터랙션 모델을 바탕으로 엉터리 인터페이스를 제작하게 되고 만다.

가이드라인 무시하기 작전

인터페이스 표준을 어떻게 활용해야 할까? "과연 인터페이스 표준이 효과적인가?"라고 묻는 것은 소용이 없다. "언제 표준을 무시해도 되는가?"라고 물어야 한다. 정답은 "반드시 정당한 이유가 있을 때에만"이다.

디자인 원칙 　 아주 뛰어난 대안이 있지 않다면 표준을 따른다.

그렇다면 정당한 이유란 뭘까? 새로운 디자인 숙어가 월등히 뛰어난 걸로 판명됐다면 이유가 될까? 하지만 어떻게 새로운 숙어의 뛰어남을 판단할 수 있을까? 수치적인 자료만으로는 결정짓기 힘든 경우가 많다. 정답은 새로운 숙어를 대상 사용자 집단(퍼소나)에 속하는 많은 사람이 사용해본 뒤 훌륭하다고 판단했을 때이다. 인터페이스에 해당 숙어를 포함할 만한 좋은 이유가 된다. 툴바도 이런 방식으로 탄생했다. 개요보기나 탭 등의 여러 새로운 디자인 숙어도 마찬가지다. 연구원은 실험실에서 새로운 디자인을 꾸준히 연구해왔을지 모른다. 하지만 실제 사용자가 활용해보고 적합하다고 판단한 뒤에만 성공적이라 부를 수 있다.

가이드라인을 따르지 않기로 한 결정이 결국 비효과적이었다고 드러날 수도 있다. 제품에 악영향을 미칠 수도 있다. 하지만 실수로부터 뭔가를 배울 수 있게 된다. 크리스토퍼 알렉산더는 이를 '스스로 인지하지 않는 프로세스unselfconscious process'라고 불렀다. 아주 조금씩 느리게 앞으로 나아가는 과정이다. 본인은 인식하지 못한 상태에서 발전해간다. 더 나은 해결책을 찾아 노력하는 과정에서 자연스럽게 일어나는 일이다. 새로운 숙어(는 물론 기존 숙어의 새로운 사용 행태)는 위험하다. 조심스러운 접근이 필요하다. 목표 지향 디자인 방법론이 필수적이라 할 수 있다. 실제 사용자와 실제 업무환경에서 테스트를 거치는 것이 무엇보다 중요하다.

여러 애플리케이션에 걸친 일관성과 표준

여러 소프트웨어를 판매하는 기업의 경우, 다양한 제품에 일관성을 적용하는 경우도 있다. 사용자 인터페이스 측면에서 완벽히 일관된 디자인을 제공하고자 할 수도 있다. 이때 표준과 가이드라인을 구축하려고 하면 새로운 양상의 문제를 접하게 된다.

앞서 살펴본 대로 시각적 브랜딩의 측면에서는 이치에 맞는 디자인을 찾는 일이 중요하다. 이는 매우 복잡하고 정교한 작업이기도 하다. 퍼소나와 시장을 분석한 결과 두 제품의 사용자가 전혀 다르다는 사실을 발견했다고 치자. 사용자의 목표와 니즈도 판이하게 다르다. 이럴 때는 두 개의 전혀 다른 시각적 브랜드를 만드는 것이 더 이치에 맞을 수도 있다. 하나의 동일한 브랜드를 강조하는 것보다 각 고객에게 맞는 차별화된 브랜드가 좋을 수도 있다. 소프트웨어의 행동과 인터랙션 측면에서 일관성 문제는 더욱 중요하다. 사용자가 여러 애플리케이션을 하나의 제품군으로 취급하면서 사용한다면 통일된 표준은 매우 중요하다. 하지만 이 경우에도 생각할 문제는 있다. 파워포인트 같은 그래픽 중심의 프리젠테이션 애플리케이션이 워드 같은 텍스트 중심 프로그램과 동일한 인터페이스를 제공해야 옳을까? 마이크로소프트의 취지는 좋았다. 하지만 글로벌 스타일 가이드를 지나치게 강조한 경향이 있다. 엑셀이나 워드의 메뉴 구조를 파워포인트에 적용했을 때 얻는 장점이 별로 없기 때문이다.

오히려 사용자의 멘탈 모델에서 벗어난 구조를 취함으로써 사용성이 떨어진다. 하지만 적당한 시점에서 선을 그은 흔적도 보인다. 파워포인트에 워드나 엑셀에는 없는 슬라이드 정렬 패널이 있기 때문이다. 파워포인트에만 있는 독특한 기능이다.

일관성은 비유연성을 뜻하지 않는다. 죽기살기로 항상 지켜야 하는 것은 아니라는 점을 기억하자. 일관성을 고집하기 부적절한 곳을 살펴보자. 인터페이스와 인터랙션 스타일 가이드라인은 소프트웨어와 함께 성장하고 진화해야 한다. 때로는 규칙을 무시하고 조절할 줄도 알아야 한다. 사용자의 목표를 만족시키는 일이 더 중요하기 때문이다(때로는 기업의 목표에 맞춰 규칙을 변경해야 할 때도 있다). 어쩔 수 없이 규칙을 무시해야 할 때는 기존의 표준과 호환 가능한 방향으로 디자인을 변경하거나 추가하는 것이 좋다. 가이드란 표준에 적혀 있는 문자 자체가 아니다. 규칙에 담겨 있는 정신과 가치가 진정한 표준이다.

> **디자인 원칙** ▶ 일관성은 비유연성을 뜻하지 않는다.

디자인 언어

시각 인터페이스 디자이너의 가장 중요한 도구 중 하나는 '디자인 언어'라는 개념이다. 이 디자인 언어를 형태, 색, 타이포그래피 등 디자인 요소의 '어휘집', 그 요소의 구성, 조합 방식으로 생각해야 한다. 적절한 감성적 톤을 만들고, 사람이 인식, 이해, 이상적으로는 사용할 수 있는 패턴을 확립해 제작 중인 제품, 서비스 브랜드에 긍정적인 연상관계를 만들 수 있다.

좋은 사례는 마이크로소프트 윈도우 8, 윈도우 폰, 엑스박스^{Xbox} 사용자 인터페이스의 토대인 메트로^{Metro} 디자인 언어다. 컨텐츠 타일 등 공통적인 시각적 요소들로 마이크로소프트는 분명히 인지 가능한 다양한 인터페이스와 경험을 만들었다(그림 17-8 참조).

어떤 경우는 이 언어가 고유의 표현으로 출현한다. 그러나 우리의 경험상, 목적에 대한 브랜드의 적절성과 적합성에 관한 한, 잠재적인 다양한 시각과 인터랙션 언어를 평가하는 명시적인 프로세스를 통해 도달하는 편이 가장 좋다. 최상의 디자인 언어는 사용자 중심으로 제품 디자인 프로세스를 통해 진화한다. 모든 디자인 결정은 여타 결정에 대비해 합리화되며, 변형은 사용자에게 의미, 유용성, 적절한 감성적 톤을 낳는 데 필요한 정도로만 축소된다.

디자인 언어는 종종 표준과 스타일 가이드로 전달되지만, 둘이 동의어는 아님을 지적해야 한다. 스타일 가이드가 있다고 해서 잘 개발한 디자인 언어가 있다는 뜻은 아니며, 그 역도 마찬가지다. 스타일 가이드나 표준 매뉴얼이 없어도 유용한 디자인 언어를 둘 수 있다(하지만 스타일 가이드를 취합하면 디자이너가 디자인 언어를 합리화, 단순화하도록 도울 수 있다고는 해야겠다).

그림 17-8 마이크로소프트 메트로 디자인 언어의 크로스플랫폼 사례

3

인터랙션 세부사항

데스크탑 디자인

현대 데스크탑 인터페이스는 대부분 제록스 알토$^{Xerox\ Alto}$에서 따온 것이라 해도 과언이 아닙니다. 알토는 오늘날 파크^{PARC} 주식회사의 모체인 제록스 팔로알토 리서치 센터$^{PARC,\ Palo\ Alto}$ $^{Research\ Center}$에서 1973년 개발한 혁신적 데스크탑 시스템이다. 파크가 개발한 알토는 그래픽 인터페이스를 적용한 최초의 컴퓨터였으며, 일반 비즈니스용 데스크탑으로서의 가능성을 염두에 두고 디자인됐다. 알토를 만들며 파크 연구진은 데스크탑 UI의 네 기둥이 된 창, 아이콘, 메뉴(및 기타 위젯), 포인터, 즉 줄여서 WIMP를 개발했다.

네트워크 기반 오피스 시스템으로서 디자인된 알토는 문서의 작성, 편집, 위지윅^{WYSIWYG} 방식 보기, 저장, 불러오기, 사용자 간 전자식 데이터 전송, 출력이 모두 가능하다. 알토 시스템과 상업적으로 실패한 후속 시스템인 제록스 스타$^{Xerox\ Star}$는 오늘날 보편화된 데스크탑 사용 방식의 혁신에 매우 중요하고도 다양한 공헌을 했다. 마우스, 사각형 창, 스크롤바, 입력 버튼, '데스크탑'이라는 메타포, 객체 지향 프로그래밍$^{object\text{-}oriented\ programming}$, 드롭다운 메뉴, 이더넷^{Ethernet}, 레이저 출력 등이 그것이다.

파크가 오늘날의 컴퓨터 산업과 기술에 끼친 영향은 실로 대단하다. 애플의 대표 스티브 잡스$^{Steve\ Jobs}$도 마이크로소프트의 빌 게이츠$^{Bill\ Gates}$도 파크의 알토 앞에선 한 목소리로 놀라움과 경의를 표했다.

제록스가 컴퓨팅의 미래에서 낙오되려던 찰나임이 분명해지자, 침몰하는 배에서 뛰어내린 파크의 가장 현명한 인재 중 상당수를 채용한 후, 스티브 잡스는 리사^{Lisa}의 형태로 알토/

스타를 부활시키려 했다. 리사는 놀랍도록 멋지고, 친근하고, 흥미로우며, 또한 무지무지 비쌌다(1983년 당시 리사의 가격은 무려 9995달러였다). 또한 끔찍하게 느렸다. 드롭다운 메뉴 같은 새로운 그래픽 숙어도 컴퓨팅의 새로운 시각적 언어에 도입했다.

이때쯤 썬 마이크로시스템즈 등의 회사에서 시각적으로 그보다 덜 세련된 데스크탑 인터페이스도 값비싸고 더 강력한 유닉스 워크스테이션에 등장하기 시작했는데, 하드코어 학술, 공학 사용자에게 어느 정도 먹혔다. 스티브 잡스는 리사의 상업적 실패에 연연하지 않았다. 곧 상용 가능한 알토의 부활을 꿈꾸며 은밀한 지하세계의 작업에 착수한다.

그 결과가 바로 전설의 매킨토시다. 이후 매킨토시가 우리의 기술과 디자인, 그리고 문화에 끼친 영향은 실로 어마어마하다. 맥^{Mac}은 홀로 이 업계에 디자인과 미학의 중요성을 환기시켰다. 맥의 영향은 단지 사용자 중심의 기준을 한 단계 끌어올린 데 그치지 않으며, 과거에 기술에만 집착한 나머지 컴퓨터 산업이 간과해온 다양한 주변 분야의 인재들을 주류로 합류시켰다. 마이크로소프트는 맥용 첫 소프트웨어 몇 가지를 만든 후, PC용 자체 WIMP 인터페이스 윈도우를 개발했고, 20년 이상 개인용 컴퓨팅 패러다임을 정의했다.

18장에서는 여러 가지 현대 데스크탑 GUI의 상세한 디자인 고려사항을 다룬다. 창의 동작과 그 구조적, 내비게이션 요소 외에도 포인터 주도의 화면 내 오브젝트 선택과 조작에 집중한다.

데스크탑 앱의 해부

소프트웨어 포스처에 관한 이전 논의를 기억한다면(9장 참조), 데스크탑 인터페이스의 두 주요 유형은 독재형과 일시형이었다. 지금까지 데스크탑 애플리케이션에서 이뤄지는 실제 작업 중 대부분은 독재적 애플리케이션에서 이뤄진다. 일시형은 짧거나 간헐적이거나 대체로 백그라운드 과업을 지원하는 역할로 존재한다(음악 재생이나 메신저 등). 결과적으로 이번 절에서는 독재적인 데스크탑 앱의 기본적인 구조적 패턴에 집중한다. 이 장의 뒷부분 외에 21장에서도 논할 요소다.

주요창과 부가창

(운영체제 자체에 비해) 데스크탑 애플리케이션의 최상위 구조는 창, 즉 이동과 크기 조정이 가능한 컨테이너로, 그 안에 앱의 컨텐츠, 기능 컨트롤이 주로 상주한다. 애플리케이션의 구조화에 관한 한, 주요창을 두고, (많은 경우) 하나 이상의 부가창을 두겠다 생각할 수 있다.

주요창

주요창primary window은 애플리케이션의 컨텐츠를 포함하는데, 보통 생성, 편집, 공유 가능한 문서의 형식으로 표현된다. 조작, 설정 가능한 속성이 있는 기타 오브젝트나 조회, 재생 가능한 미디어를 포함하는 경우는 그보다 드물다. 주요창은 컨텐츠, 다양한 컨텐츠 오브젝트 간 내비게이션 수단, 컨텐츠 조작이나 제어를 위해 자주 사용하는 기능들로 구분하는 경우가 많다. 주요창은 보통 독재적 포스처로 가정해 디자인하기에, 화면 대부분을 채우고 전체화면 모드를 지원한다.

부가창

부가창secondary window은 주요창을 지원해, 보통 대화상자의 형식으로 그보다 덜 자주 사용하는 속성, 기능에 접근하게 해준다. 대화상자와 그 구조는 21장에서 논한다. 애플리케이션이 주요창에 위치한 패널이 분리돼 별도로 조작하게 해준다면, 이 이동식floating 패널이나 팔레트도 보조창 역할을 한다.

주요창의 구조

앞서 언급했듯이, 주요창은 여러 기능 영역으로 하위 구분된다.

- 작업 영역의 컨텐츠
- 메뉴바
- 작업 영역 내에서 컨텐츠 오브젝트로 이동하거나, 오브젝트를 선택하거나, 선택한 컨텐츠에서 작업하도록 돕는 여러 툴바, 패널, 팔레트

메뉴와 툴바

메뉴와 툴바는 '이 문서를 닫아라', '현재 선택한 부분의 색상을 반전하라' 등 애플리케이션에게 수행하도록 안내할 수 있는 관련 액션들의 모음이다. 메뉴는 화면 상단 근처에 배열된 단어들을 클릭해 접근하며, 운영체제의 표준화 규칙에 해당되는 경우가 많다. 툴바는 애플리케이션에 더 특화되어 있으며, 메뉴를 통해 호출하거나 취소하는 경우가 많고, 활성화 후에는 시각적인 아이콘 모음으로 기능을 제시하는데, 작은 레이블이 있는 경우가 흔하다.

주요창 내에 기능 메뉴를 포함할 때는 메뉴바 내의 창 상단에 걸쳐 나타난다. 전통적인 툴바는 메뉴바 바로 위에 나타난다(혹은 OS X의 경우 창 상단 전반에 걸친다). 마이크로소프트 리본 등 더 새로운 UI 숙어는 메뉴와 툴바 모두의 위치를 차지하려 해, 툴바 같은 탭 있는 구

성물로 대체한다. 툴바보다 더 수다스럽기에 메뉴의 교육적 기능 중 일부를 공유한다. 메뉴, 툴바, 관련 UI 숙어는 18장 뒷부분에서 상세히 논한다.

컨텐츠 패널

컨텐츠 패널은 폼이나 문서의 편집 가능한 보기든, (예를 들어 소프트웨어 뮤직 신디사이저의 경우처럼) 복잡한 컨트롤 패널이든, 대부분의 데스크탑 애플리케이션 내에서 주요 작업 영역을 형성한다. 애플리케이션은 보통 주요 컨텐츠 영역이 하나다. 그러나 여러 문서의 편집이나 (CAD 소프트웨어처럼) 문서 나란히 보기를 지원하는 애플리케이션은 여러 컨텐츠 패널이 있을 수 있다. 이 패널들은 서로 영향을 주거나 그 사이에 오브젝트를 드래그앤드롭하게 해줄 수 있다.

인덱스 패널

인덱스 패널은 편집이나 설정을 위해 궁극적으로 컨텐츠 보기(들)에 나타나는 문서나 오브젝트에 내비게이션과 접근권을 제공한다. 때로 인덱스 보기에서 오브젝트를 선택하면 컨텐츠 영역에 표시된다(인덱스 패널에서 이메일을 선택하면 그 내용이 컨텐츠 패널에 표시되는 이메일 앱처럼). 인덱스 패널에서 컨텐츠 패널로 드래그한 오브젝트가 패널에 추가돼, 그 기존 컨텐츠가 그대로인 경우도 있다. 이 동작은 저작 도구에 전형적인데, 거기서 인덱스 패널은 애셋 라이브러리나 메타데이터를 주재하는 데 쓰는 경우가 많다.

도구 팔레트

툴바와 시각적 유사성이 많지만 도구 팔레트는 고유의 목적에 부합한다. 사용자는 도구 세트 중 하나를 선택해 애플리케이션의 작업 모드 간을 빠르게 오갈 수 있다. 도구마다 클릭, 드래그 등 액션에 다양한 작업 세트를 할당한다. 이 모드 변화는 보통 현재 선택한 모드나 도구의 시맨틱semantics에 맞추기 위해 커서의 시각 디자인 변화로 힌트를 준다.

도구 팔레트는 보통 수직이며, 주요창의 왼쪽 끝에 위치한다(적어도 디폴트는). 18장 뒷부분에서 도구 팔레트를 더 상세히 논한다.

사이드바

사이드바는 상대적으로 최근이지만 인기 있는 인터랙션 숙어다. 모드형, 비모드형 대화상자에 의존할 필요 없이 오브젝트나 문서 속성을 조작하게 해주는 경우가 대부분이다. 그래서 복잡한 저작 애플리케이션의 작업 흐름이 정돈된다. 보통 사이드바는 주요창의 좌우측에 위치한다. 그러나 두 곳에 모두 있을 수 있고, 창 하단을 따라서나, 툴바 자리에 위치하기도 한다. 18장 뒷부분에서 사이드바를 상세히 논한다.

데스크탑의 창

파크에서 시작된 WIMP의 근본은 애플리케이션 컨트롤과 문서를 포함하는 사각형 창이라는 아이디어다. 현대 GUI의 근간을 이루는 이 사각형 테마는 너무도 강력하고 보편화되어 마치 이것에 비주얼 인터랙션의 사활이 걸린 양 여겨지기도 한다.

사각 창을 통해 데이터를 디스플레이하게 된 데는 많은 이유가 있다. 가장 단순한 이유를 들자면 디스플레이 생산 기술에 제일 잘 들어맞는 모양이었기 때문이다. CRT와 LCD는 다른 어떤 형태보다도 사각형을 구현하는 데 유리하다. 좀 더 중요한 이유는, 인간이 기존에 생산해내는 데이터가 대부분 사각 틀의 구조 안에 존재했기 때문이다. 구텐베르크^{Gutenberg} 이후로 우리는 네모난 종이 위에 쓰인 문자를 읽는 데 익숙해져 왔으며 사진, 필름, 비디오 등 대부분의 미디어가 사각형 틀을 취하고 있다. 사람은 사각형을 이용한 그래프와 도표에 대해 대체로 인지가 빠르다. 마치 사각형과 인간의 의식 사이에는 무언가 특별한 상관관계라도 있는 듯하다. 사각형은 공간활용도 측면에서도 매우 뛰어나다. 중첩 창 방식을 허용함으로써 사용자는 피상적인 명령어를 입력하는 수고 없이도 운영 중인 여러 프로그램을 좀 더 효과적으로 컨트롤할 수 있게 됐다.

중첩 창

파크 시스템 외에 리사, 맥의 애플리케이션은 메타포적인 데스크탑에서 중첩된 형태로 렌더링됐다. 서로 드래그해서 올리고(아래 창을 흐릿하게 함), 포개며, 각각 크기를 조정할 수 있다.

중첩 창은 모호한 명령어를 입력하지 않고, 동시에 구동 중인 애플리케이션들 간에 컨트롤을 옮기는 더 나은 방법이 있음을 분명히 입증했다. 중첩된 형태의 시각적 메타포는 초기에는 꽤 효과적인 듯했다. 책상은 서류로 가득 뒤덮여 있다. 그중 한 장의 서류를 골라 읽고 편집하려면 우선 필요한 종이를 서류더미에서 꺼내어 위쪽에 올려놓아야 한다. 그리고 나서 작업을 시작할 것이다. 만약 이것이 실제 책상 위에서 벌어지는 일이라면 아무런 문제될 것이 없다.

한편 그것이 조금만 다른 상황이었다면, 즉 책상은 여전히 온갖 서류로 넘쳐나고 더구나 그 책상의 크기가 대각선으로 15인치에 지나지 않는다면 상황은 그다지 좋지 않다. 중첩 가능한 창이라는 컨셉 자체는 훌륭하다. 하지만 실제 사용 결과는 그다지 효율적이지 못하다.

여러 애플리케이션과 서류를 스크린상에 한꺼번에 열어놓았을 때 포개진 종이의 메타포는 어긋나기 시작한다. 벌여놓은 창은 저마다 크기도 제각각 난장판이다.

문제는 여기에 그치지 않는다. 마우스를 조금만 벗어나서 클릭해도 사용 중이던 프로그램은 불쑥 사라지고 대신 엉뚱한 창이 튀어나오기 일쑤다. 마이크로소프트의 실험 결과에 의하면 일반적인 사용자는 워드 프로세서로 문서를 작성하던 중 몇 번이고 자신의 작업물이 '날아갔다'고 오해해 쓸데없이 프로그램을 재실행했다. 이러한 문제점 해결을 위해 개발된 것이 바로 마이크로소프트의 태스크바^{taskbar}와 애플의 익스포제^{Expose} 기능이다. 이 도구들은 매력적이고 유용한 방법으로 창을 관리한다(비록 최소화해 독^{Dock}에 접어놓은 창에는 적용되지 않는다는 문제점이 남아 있지만).

한편, 중첩 창 방식이 야기하는 혼란은 같은 디자인 숙어를 사용하는 여타 기능에서도 똑같이 드러난다. 대화상자, 메뉴, 유동적 도구 팔레트 등을 예로 들 수 있다. 각 애플리케이션 안에서만 한정지어 본다면 이와 같은 창 방식의 인터페이스는 대단히 자연스러우며 또한 잘 만들어진 기능이기도 하다. 더욱이 이는 누군가 요점만을 추려 사용자에게 건네는 듯한, 은근히 마음을 움직이는 메타포적 성격마저 지닌다. 문제는 여러 열린 애플리케이션을 사용하려 확장할 때 발생한다. 중첩된 레이어 수만으로도 시각적인 노이즈와 분주함으로 이어질 수 있으며, 어떤 레이어가 어떤 애플리케이션에 속하는지 모호해진다.

타일구조 창

파크 GUI의 혁혁한 성과를 둘러싼 대세에 발맞춰 빌 게이츠는 매킨토시의 성공에 대항할 상품을 서둘러 짜깁기해 선보였다. 이름하여 윈도우^{Windows}다.

마이크로소프트 윈도우의 첫 번째 버전을 살펴보면, 이전 제록스나 애플의 행보와는 다소 차이를 보인다. 중첩 사각 창을 사용해 작업대 위에 펼쳐진 종이를 형상화하는 대신, 윈도우 1.0은 이른바 타일링^{tiling} 방식을 선보이며 사용자로 하여금 한 번에 하나 이상의 애플리케이션을 화면상에 열어놓을 수 있게 했다(하지만 제록스 파크의 CEDAR는 최초의 타일구조 창 관리자로 윈도우보다 앞선다).

타일링이란 다수의 애플리케이션을 일정한 규격의 픽셀로 나누어 연동이 가능하도록, 사각 모자이크 방식으로 나열함을 의미한다. 타일링은 중첩 창이 지니는 위치 선정 및 내비게이션의 문제점을 해결하기 위한 이상적인 대안으로서 개발됐다. 타일구조 창의 내비게이션은 중첩 창 사이를 오가는 내비게이션에 비해 훨씬 깔끔하다. 그러나 이때 소비되는 픽셀의 양은 엄청나다. 윈도우 1.0은 CEDAR처럼 엄격히 타일링을 강제하지 않았기에, 깨끗이 정렬된 타일 창에 사용자가 손을 대서 흔드는 순간 사용자는 다시금 중첩 창의 혼돈 속으로 내몰리는 것을 피할 수 없다. 결국 타일링은 주류 언어에서 소멸했지만, 매우 흥미로운 구석에서 여전히 그 자취를 발견할 수 있다. 궁금하다면 현 윈도우 태스크바상에서 오른쪽 클릭을 시도해보라. 윈도우 8의 새 시작화면에는 동적으로 업데이트되는 앱 컨텐츠 타일의 모자이크가 있는데, 타일구조 창 개념으로 돌아가지만, 더 적절하고 유용한 체화다.

가상의 데스크탑 공간

여러 개의 창을 중첩하는 방식은 가동 중인 다수의 프로그램 사이를 쉽게 오가도록 하는 편의성 측면에서 매우 취약하다. 따라서 사업자들은 이를 개선하기 위한 새로운 방식을 찾으려고 꾸준히 노력했다. 일부 플랫폼의 몇몇 세션^{session} 관리자나 가상 바탕화면^{virtual desktop} 기능은 일반 바탕화면의 가시 범위에 비해 여섯 배나 확장된 작업 크기를 제공한다(애플은 이와 유사한 기능을 맥 OS X에 스페이스^{Spaces}로 도입했다). 가상 바탕화면 UI는 보통 모든 데스크탑 공간의 섬네일 이미지를 표시하며, 각각 서로 다른 앱들과 열린 창들, 로그인 세션 내내 보존할 수 있는 그 상태를 표시할 수 있다. 사용자는 섬네일 클릭을 통해 언제든 손쉽게 원하는 가상 바탕화면으로 이동 가능하다(이동을 위해 키보드 명령어를 입력할 수도 있다). 몇몇 버전에서는 섬네일상에 표시된 아주 작은 작업창을 한 바탕화면에서 다른 바탕화면으로 끌어다 놓는 식의 이동도 가능하다. 이런 앱과 창의 메타 관리는 작업 중인 여러 앱을 동시에 열어놓는 파워유저에게 유용할 수 있다.

전체화면 애플리케이션

가상의 바탕화면은 파워유저에게 복잡한 문제에 대한 합리적으로 우아한 해결책인 반면, 정작 중요한 논점을 흐려놓았다. 어떻게 하면 사용자가 한 프로그램에서 다른 프로그램으로 손쉽게 이동할 수 있을까?

작은 화면 하나를 여러 개의 창이 공유하는 것은(중첩 방식이든 타일 방식이든) 가끔 유용하긴 해도 결코 좋은 해결책은 아니다. 현재 프로그램의 성향은 전체화면을 할애해 운영하는 방식으로 빠르게 흘러가고 있다. 각 애플리케이션은 그들이 '타석에 섰을 때' 가능한 한 화면 전체를 차지하려 든다. 태스크바 같은 도구는 선수 교체에 필요한 시각적 장치로서 애플리케이션에서 최소한의 픽셀을 차지할 뿐이다(재미있게도, 이러한 컨셉은 초기 맥의 스위처 Switcher 기능과 유사하다. 스위처는 하나의 전체화면 애플리케이션에서 다른 전체화면으로 넘어가기 위한 맥 고유의 디스플레이 장치였다). 이 방법은 픽셀 운용 면에서 훨씬 효율적이며 사용자에게도 덜 혼란스럽다. 특히 한 가지 프로그램을 장시간에 걸쳐 사용하는 경우에 더욱 유용하다. 맥 OS X과 윈도우 8에서 사용자는 사용 중인 애플리케이션을 전체화면으로 설정할 것인지 창으로 표시할 것인지 선택할 수 있다. 태블릿 경험(과 휴대폰 경험도)의 영향력이 점차 늘며, 전체화면 경험에 대한 편향도 커져간다.

틀 구조 애플리케이션

타일구조의 장점만을 골라 독자적인 전체화면 애플리케이션을 지원할 수 있는 디자인 숙어가 있는데, 바로 틀 방식 창 구조multipaned windows다. 틀 구조는 하나의 창을 공유하는 독립적인 다수의 하위 창 혹은 여러 개의 틀로 구성된다. 근접한 각 틀은 고정된 혹은 움직이는 구분자divider 또는 화면분할기splitter에 의해 나뉜다. 틀 구조 애플리케이션의 대표적인 예로는 마이크로소프트 아웃룩이 있다. 아웃룩에서 각 틀은 편지함 목록, 선택된 편지함의 내용물, 선택된 메시지, 그리고 다가오는 행사와 할 일을 하나의 창 위에서 표현한다(그림 18-1 참조).

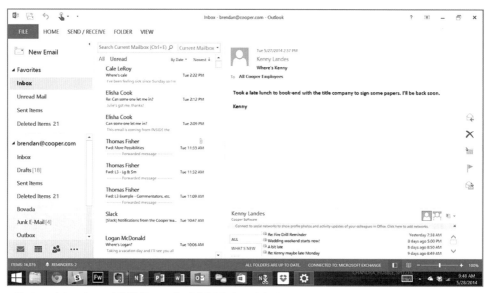

그림 18-1 마이크로소프트 아웃룩은 틀 구조 애플리케이션의 대표주자다. 가장 왼쪽의 틀에는 편지함 목록이 위치하며, 편지 또는 달력으로 보기를 전환할 수 있다. 중앙 상단의 틀에는 선택된 편지함의 모든 메시지가 표시되며, 그 밑의 틀에는 선택된 메시지의 내용이 게시된다. 오른쪽 틀은 다가오는 세 개의 행사와 할 일을 보여준다.

틀 구조의 장점은 각각 독립적이지만 연관된 정보를 한 독재적 포스처 화면 위에 쉽게 구성해 게시할 수 있다는 것이다. 이것은 내비게이션과 창 운영 면에 있어서 대단히 경제적이다. 구조가 복잡한 독재적 애플리케이션일수록 틀 구조 디자인이 요구된다. 특히, 하나의 틀이 제공하는 정보 단위가 인접한 틀의 보기 및 데이터 구조에 영향을 끼치도록 디자인된 경우 틀 구조의 반복적이고 효율적인 패턴이 더욱 잘 드러난다.

틀 구조의 또 다른 응용 형태로는 쌓아올린 틀stacked panes 혹은 탭tab이 있다. 이와 같은 형식은 환경설정 등 복잡한 대화상자에서 주로 발견되는데, 독재적 창 운영에도 종종 유용하다. 대부분의 현대 웹 브라우저로 사용자는 한 번에 여러 사이트를 상단 탭에 열어둘 수 있다. 마이크로소프트 엑셀이 또 다른 대표적인 예다. 엑셀에서는 화면 아래의 탭을 통해 관련된 표로의 이동이 가능하다. 엑셀은 '시트Sheets'를 통해 쌓아올린 틀 구조를 차용한다.

창 상태

전체화면으로 확대하는 기능이 있으면, 애플리케이션의 주요창은 최소화, 최대화, 복수화 등 셋 중 한 가지의 상태를 띤다.

옛날 OS에서 최소화된 창은 아이콘 형태로 줄어들어 바탕화면에 집적되어 보관됐다. 윈도우에서 최소화한 창은 태스크바상의 버튼 형태로 표현된다. 맥 OS X에서 최소화된 창은 독Dock으로 보내진다. 최대화된 창은 다른 모든 프로그램을 아래에 깔고 화면 전체를 가득 채운다.

마이크로소프트와 맥은 둘 다 어쩐지 마지막 세 번째 상태를 직접 지칭하는 용어의 사용을 꺼려왔다. 결국 이 상태에 대한 유일한 힌트는 마이크로소프트 시스템 메뉴(타이틀바의 왼쪽 상단 모서리를 클릭한다)상에 나타나는 단어 복구Restore에서 찾을 수 있다. 이 기능은 최대화된 최상위 창을 그 세 번째 상태로 되돌린다. 이처럼 복구됐다고 불리고 있기는 하지만, 우리는 이 세 번째 상태를 복수화라고 부르기로 한다.

복수화된 상태는 창이 아이콘으로 최소화되거나 전체화면으로 최대화된 경우의 중간 상태를 의미한다. 복수화된 창은 아이콘 및 기타 복수화 창과 더불어 화면을 공유한다. 복수화된 여러 개의 창은 타일 방식 혹은 중첩 방식으로 표현될 수 있다.

독재적인 애플리케이션은 기본적으로 최대화 상태로 설정돼 있다. 이러한 프로그램은 다른 프로그램과 병행해 사용하거나 다른 프로그램이나 문서 사이에 데이터를 드래그해서 이동해야 하는 경우가 아니라면, 굳이 복수화할 이유가 없다. 한편 윈도우 익스플로러, 파인더, 계산기, 여러 메신저와 기타 소셜 미디어 애플리케이션 같은 몇몇 보편화된 애플리케이션의 경우 복수형 창 표현이 적절하다.

창과 문서: MDI와 SDI

하나의 스프레드시트에서 셀을 복사해 다른 스프레드시트로 복사하려고 할 때, 각 스프레드시트를 차례로 여닫는 과정은 매우 소모적이다. 만약 두 개의 스프레드시트를 동시에 열어놓을 수 있다면 좋을 것이다. 여기에는 두 가지 해결책이 있다. 먼저, 한 개의 프로그램에서 두 개 이상의 스프레드시트를 동시에 열어놓고 작업하는 방법이다. 또는 하나의 프로그램을 여러 번 열어서 작업하되, 열린 각 프로그램이 한 개씩의 스프레드시트를 담당하도록 하는 방법이다.

윈도우 초기에 마이크로소프트는 좀 더 경제적이라는 단순한 이유로 전자의 방법을 택했다. 복합 문서 인터페이스multiple document interface, 즉 MDI라 불렀다. 한 개의 프로그램으로 다수의 스프레드시트(혹은 문서)를 작업하는 방법은 프로그램을 여러 개로 늘려 작업하는 것보다 바이트 소모와 CPU 운영 면에서 훨씬 경제적이며, 당시는 일단 프로그램이 제대로 돌아가는지 여부가 관건인 시절이었다. 결국 기술이 진화하며 마이크로소프트는 MDI를 포기하고 다른 접근법인 단일 문서 인터페이스single document interface, 즉 SDI를 수용했다.

MDI는 어떤 정황에서는 실은 꽤나 괜찮은 모델이었다. 구체적으로는 사용자가 일정한 조건하에서 주어진 정보를 다각도로 분석하고자 할 때 특히 유리하다(예를 들어 포토샵의 관련 스크린 목업들).

디자인 원칙	어떤 인터랙션 숙어의 유용성도 정황에 따라 다르다.

SDI는 일반적으로 꽤 효과적이며 사용자에게 더 단순해 보이지만, 보편적인 만병통치약은 아니다. 예를 들어, 워드 안에서 문서를 오가는 것이 특별히 불편하게 설계되지 않은 이상 구매대행자가 판매자의 청구서 기록과 영수증을 대조하는 단순 작업을 위해 굳이 기업 시스템을 여러 개 열어 이들 사이를 오갈 필요는 없다.

MDI는 창 안의 창 속성 때문에 남용 사례가 무궁무진하다. 문서 보기가 (MDI 초기 버전들처럼) MDI 컨테이너 내의 전체 창 관리를 요할 경우 내비게이션은 강압적이 된다. 최소화, 최대화, 복수화가 도입한 세금에 관한 이전 논의에서 설명한 모두가 MDI 애플리케이션 내 문서 창에서 배가되는데, 창 관리 세금의 정말 끔찍한 사례다. 대부분 완전히 열린 한 문서에서 다음 문서로 깔끔하게 전환하거나 포토샵처럼 열린 문서의 타일, 탭을 허용하는 편이 훨씬 낫다.

창 디자인

자주 사용하는 프로그램은 주요창과 부가창(대화상자)이라는 두 종류의 창으로 구성된다. 애플리케이션상에서 어떻게 창을 운영할지 결정하는 일은 디자인의 체제(5장 참조)를 정의하는 매우 중요한 작업이다.

불필요한 방

애플리케이션을 집이라고 가정했을 때, 각 창은 독립된 방을 의미한다. 전체적인 집의 모습은 애플리케이션의 주요창으로 표현되며, 각 방은 틀, 문서창 혹은 대화상자에 해당한다. 특수한 목적이 있어 집 안의 방들로 도저히 해결할 수 없는 경우가 아닌 이상, 대개 새로 방을 짓는 일은 하지 않는다. 마찬가지로, 이미 존재하는 창으로 해결할 수 없는, 혹은 하지 말아야 할 별도의 목적이 없는 한 애플리케이션에 새 창을 더하는 일은 금해야 한다.

이처럼 새 창의 목적을 고려할 때는 항상 사용자의 목표와 정서에 부합하도록 사고하는 것이 중요하다. 즉 어떠한 방이 목적을 지닌다는 것은 그 방의 사용이 일정한 목표와 연관됨을 의미한다. 이는 단순한 직무나 기능 수행과는 무관하다.

디자인 원칙	한 개의 대화상자는 하나의 방과 같다. 새 방을 지으려면 그만큼 충분한 이유가 필요하다.

오늘날에도 부가창에 대한 선호도는 데스크탑 소프트웨어가 벗어나지 못하는 문제다. 개발자는 종종 애플리케이션을 기능별로만 구분하려는 경향이 있고, 사용자 인터페이스는 우선순위 없이 병렬식으로 설계되곤 한다. 개발자가 얼마나 손쉽게 대화상자를 생성할 수 있는지를 생각한다면 결과는 뻔하다. 기능 한 개당 하나씩의 대화상자가 생성될 것이다. 좀 더 나은 사용자 인터페이스를 만들고자 할 경우 개발자는 상용 GUI 도구의 편의성에 의존하기는 어렵고, 손수 개발에 나서야 한다. 그러면 사용자 경험에 대한 우려보다 속도가 우선시될 때 불필요한 방이 너무 많다는 문제가 생긴다. 이 부가창은 사실 주요창 내의 틀이나 기타 표면에 통합돼야 하는 기능들을 담는다.

예를 들어, 어도비 포토샵에서 사진의 밝기와 대비를 바꾸려면(조정 레이어는 신경 쓰지 않고) 사용자는 먼저 이미지 메뉴로 이동한 후 '조정'이라는 하위 메뉴를 선택한다. 그리고 '밝기/대비' 명령어를 선택한다(그림 18-2 참조). 그러면 조정할 수 있는 대화상자가 나온다. 이러한 일련의 행위는 사용자에게 너무나 익숙한 나머지 대개 인식조차 되지 않는다. 그러거나 말거나 이것은 형편없는 디자인이다. 이미지 조정은 사진 편집 프로그램의 꽃이다. 이미지가 당연히 주요창을 차지하는 것처럼 이를 조정하는 도구 역시 거기 있어야 마땅하다. 이미지의 밝기와 대비를 조정하는 것은 애플리케이션의 궁극적인 목적에 부합해 없어서는 안 될 기능이며, 결코 곁다리가 아니다.

그림 18-2 밝기/대비 조정은 포토샵의 수많은 방 중 하나에 불과하다. 우리는 이 기본적인 기능을 수행하기 위해 대화상자를 불러들여야만 한다는 사실에 너무나 익숙하게 길들여진 나머지 그 불합리성을 미처 눈치채지 못한다. 그러나 이는 사용자에게 불필요한 작업을 요구하고, 더구나 대화상자는 화면상의 가장 중요한 요소인 이미지를 크게 가리기까지 한다. 최신 포토샵 버전에서는 이런 컨트롤을 비모드형 사이드바로 옮기기 시작했다.

    기능을 대화상자에 담으면 주요 기능으로부터 분리됐다는 느낌이 강조된다. 밝기/대비 조정을 대화상자로 처리하는 것은 좋지만, 이는 어색한 인터랙션을 야기한다. 개발자의 관점에서 보자면 밝기/대비 조정은 포토샵의 다른 수많은 독립 기능과 마찬가지로 그저 또 하나의 기능에 지나지 않을 수도 있다. 따라서 고유의 용기에 담아 분리하는 게 자연스러워 보일지도 모른다. 그러나 사용자의 관점에서 볼 때 밝기/대비 조정은 핵심적인 작업 과정이며, 따라서 응당 주요창에 구비돼야 옳다.

    어도비 라이트룸^{Adobe Lightroom}에서는 상황이 훨씬 좋아졌다. 이 애플리케이션은 여러 개의 보기에 대한 옵션 혹은 '방'을 제공하며, 각 방은 제각기 특수한 목적을 지닌다. 도서관Library, 현상^{Develop}, 슬라이드쇼^{Slideshow}, 인화^{Print}, 웹^{Web} 등이 그것이다. 현상 안에서, 밝기 및 대비 조정은 이미지를 조정하는 데 필요한 기타 도구와 함께 주요창의 오른쪽 틀에 놓인다(그림 18-3 참조).

그림 18-3 어도비 라이트룸의 인터페이스는 포토샵에 비해 현저히 향상됐다. 중요한 도구는 목적에 따라 분류되며 이미지와 나란히 주요창 위에 위치한다.

디자인 원칙　기능을 그것이 사용되는 창 위에 바로 제공하라.

말할 필요도 없이 부가창의 선호도는 사용자에게 내비게이션, 창 관리 세금으로 이어진다. 앱에서 이런 창의 공해를 피하려 해야 한다.

필요한 방

하지만 때로 특정 기능을 위한 별개의 방이 적절하거나 필요하기도 하다. 수영장에 찾아온 사람에게 온갖 사람들로 붐비는 로비에서 옷을 갈아입으라고 요구한다면 이상할 것이다. 교양인이라면 대개 별도의 탈의실을 원한다. 이처럼 필요할 경우 별도의 방을 제공하는 것은 당연하다.

사용자가 실행하고자 하는 기능이 일상적 사용자 행위의 틀에서 벗어난 경우 대체로 이를 실행하기 위해 특별한 공간 마련이 요구된다. 예를 들어, 데이터베이스를 삭제하는 일은 일상적인 행위가 아니다. 이를 위해서는 일련의 설정 과정 및 평소에는 자주 사용하지 않던 기능의 조작이 요구된다. 접속이나 기록 검사처럼 매일 반복되는 진부한 기능이 있는가 하면, 대량의 저장 기록을 한꺼번에 삭제하는 것은 어쩌다 한 번 하는 이벤트에 가깝다. 대량삭제 기능은 분명 별도의 대화상자를 필요로 한다. 이 기능을 수행하기 위해 프로그램은 사용자를 별도의 방(새 창 혹은 대화상자)으로 인도할 필요가 있다.

목표 지향적 사고방식에 의거해 우리는 각 기능의 효과를 판별할 수 있다. 그래픽 프로그램을 사용해 그림을 그릴 때 사용자의 목표는 매력적이고 효과적인 이미지를 창조해내는 것이다. 모든 그림도구가 이 목표와 직접적으로 연관되지만 그중에서도 특히 연필, 브러시 그리고 지우개 도구가 가장 긴밀한 연관성을 갖는다. 이 도구는 기존 미술가들이 자신의 화구를 손에 잡기 편리한 방식으로 화판 위에 나열하듯이 작업 공간 속에 녹아들어야 한다. 즉 미술가는 멀리 손을 뻗치거나 자리에서 일어나는 수고 없이도 즉시 필요한 도구를 손에 쥘 수 있어야 한다. 마찬가지로 프로그램상의 그림도구는 작업 공간의 가장자리를 따라 나열되며, 한 번의 클릭만으로 쉽게 조작할 수 있어야 한다. 다시 말해, 사용자가 이 도구를 사용하기 위해 따로 메뉴바로 이동하거나 대화상자를 여는 수고가 있어서는 안 된다.

예를 들어, 코렐 페인터^{Corel Painter}는 그림도구를 쟁반에 담는 형태로 제공한다. 사용자는 원하는 대로 자주 사용하는 도구를 쟁반의 앞쪽에 배치할 수 있다. 쟁반은 프로그램 시작 시 기본으로 제공되며, 그림을 그리는 주요창의 일부분으로서 존재한다. 원하면 언제든 쟁반과 팔레트를 숨길 수 있으며, 창의 어떤 위치로도 이동 가능하다. 사용자가 붉은색이 도는 가는 목탄 브러시를 임의로 만들었다고 가정하자. 앞으로도 이 브러시를 다시 사용할 예정이라면 단순히 브러시를 팔레트에서 분리해내어 자신이 원하는 어디에든 따로 보관할 수 있다. 이는 마치 화가가 이젤에 달린 통 속에 자신이 사용하는 목탄을 보관하는 것과 마찬가지의 이치다. 코렐 페인터에서 도구를 다루는 방식은 실제로 그림을 그리는 과정에서 우리가 도구를 다루는 방식과 매우 흡사하다.

한편, 사용자가 클립아트를 불러들이려고 한다면 물론 이것의 궁극적인 목표는 역시 훌륭한 그림을 창조해내는 데 있다. 그러나 이때 사용되는 도구가 그리는 행위 자체에 맞닿아 있지는 않다. 클립아트 모음과 그림을 그린다는 사용자의 목표 사이에 직접적인 상관관계는 없다. 이는 단지 목적을 위한 수단에 불과하다. 실제로 삽화집을 직접 화판 위에 얹어놓고 보관하는 미술가는 아마 없을 것이다. 그보다는 화판 옆, 손을 뻗으면 닿을 만한 자리에 선반을 두고 그 위에 삽화집을 보관하는 편이 현실적이다. 그리기 애플리케이션에서 클립아트 기능은 물론 그 접근이 용이해야겠지만, 대체로는 불필요한 도구를 다소 포함하는 기능이므로 별도의 용기, 즉 대화상자에 담는 게 적당하다.

사용자가 그림 작품을 완성했다는 것은 효과적인 이미지 창조라는 기본 목표를 성공적으로 달성했음을 뜻한다. 이 시점에서 사용자의 목표는 재정비된다. 이제 사용자의 새로운 목표는 그림을 저장하고, 보호하며, 이를 통해 소통하는 것이다. 펜과 연필의 역할은 끝났다.

클립아트도 더 이상 필요하지 않다. 이런 도구는 이제 뒷선으로 물러날 때다. 전통적인 미술 가라면 그림을 화판에서 분리해 복도로 가져나가 작품 위에 정착액을 흩뿌리고, 그림을 말 아 지관통에 보관할 것이다. 이때 미술가는 의도적으로 자신의 화구를 멀리한다(그는 정착액 이 화구에 튀거나 혹은 실수로 이미 완성된 작품에 페인트를 쏟거나 목탄을 묻히는 사고를 경계한다). 지관통은 자주 사용하는 도구는 아니며, 그리는 행위 자체와는 전혀 무관하다. 미술가는 이 것을 장 속 깊이 보관한다. 이와 대등한 과정을 소프트웨어에 비추어 살펴보면, 사용자는 그 리기 프로그램을 끝마친 후 그림도구를 물리고, 하드 드라이브상에서 자신의 이미지를 저장 하기에 적합한 공간을 찾는다. 전자우편을 통해 이미지를 다른 사람들과 나눈다. 이 기능들 은 목표와 동기 면에서 그리기 과정과 명확히 구별된다.

사용자의 목표를 진단함으로써 우리는 애플리케이션이 취해야 할 적절한 형식에 자연히 도달할 수 있다. 모든 기능을 무조건 대화상자에 쓸어 넣는 대신에 어떤 기능은 결코 대화상 자에 가둬서는 안 된다는 사실을 깨달을 수 있을 것이다. 그 밖의 몇몇 기능은 대화상자에 담되 인터페이스의 주요창과 매우 긴밀한 방식으로 배치해야 하고, 개중에 몇몇 기능은 프 로그램상에서 완전히 제거돼야 한다.

메뉴

메뉴는 GUI 명예의 전당에 모셔진 디자인 숙어 가운데서도 가장 오래된 축에 속한다. GUI 가 가능해진 배경에는 수많은 컨셉과 기술의 도움이 있었다. 바로 마우스, 메모리 맵 방식의 비디오, 강력한 프로세서, 팝업창 등이다. 팝업창은 화면의 주요 부분을 가리면서 나타나는 직사각형을 가리킨다. 이것은 작업이 끝날 때까지 사라지지 않으며, 작업이 끝나면 이전 화 면으로 원상 복구된다. 팝업창의 메커니즘은 드롭다운 메뉴drop-down menu(풀다운 메뉴pull-down menu 라고도 한다)와 대화상자에 활용된다.

현대 GUI의 메뉴는 메뉴바에서 화면 혹은 창의 가장 위쪽에 수평으로 표시된다. 사용자 는 메뉴바를 가리키거나 클릭할 수 있으며, 클릭하는 즉시 하위 목록이 작은 창의 형태로 그 밑에 나타난다. 창 내 메뉴 제목의 시각적 롤오버 효과rollover effect는 유연성(상호성)을 나타낸 다. 드롭다운 메뉴의 변형된 형태로서 대상물을 클릭할 때(대개는 오른쪽 클릭할 경우) 튀어나 오는 창이 있다. 이것을 팝업 메뉴pop-up menu라고 부른다. 메뉴 제목은 없다.

메뉴를 연 후 사용자는 한 번 클릭하거나 드래그하고 마우스를 놓는 동작을 통해 선택을 한다. 사용자가 메뉴에서 무언가를 선택하면 즉시 기능이 발효되거나 혹은 대화상자, 추가 옵션, 설정을 불러들이거나 둘 중 하나다. 그 후 메뉴는 다시 메뉴 제목으로 접혀 돌아간다.

교육적 벡터로서의 메뉴

16장에서 간략히 논한 대로, 메뉴는 교육적 벡터pedagogic vector를 나타낸다. 25년 전의 사용자 인터페이스 패러다임과 반대로 메뉴와 대화상자는 정상적인 사용자가 일상 기능을 수행하는 주된 방법이 아니다. 애플리케이션을 처음 접하는 사용자로서는 그것이 무슨 일을 어디까지 해낼 수 있는지 짐작하기 어렵다. 이때 애플리케이션의 능력과 목적을 설명할 수 있는 좋은 방법이 있다. 메뉴와 대화상자를 통해 사용 가능한 기능의 세트를 구성해 한눈에 볼 수 있게 제공하는 것이다. 식당 입구 또는 벽면에 전시된 메뉴를 생각하면 쉽다. 손님은 이 식당에서 어떤 음식을 어떤 구성으로 팔고 가격은 얼마인지 금방 알 수 있다.

> **디자인 원칙** 메뉴를 통해 사용자에게 교육적 벡터를 제시하라.

프로그램이 할 수 있는 일과 할 수 없는 일의 범위를 이해하는 것은 학습에 필요한 가장 기초적인 배경지식에 속한다. 아무리 좋은 프로그램이라도 사용자에게 쉽고 친근한 방법으로 프로그램이 할 수 있는 일을 설명하지 못해 외면당하는 경우가 허다하다.

툴바 및 직접 조작 숙어는 처음 프로그램을 접하는 사용자에게 너무 복잡하다고 느껴질 수 있다. 그러나 문자를 기반으로 하는 메뉴의 특성상 기능은 충분히 설명 가능하다. 새로운 사용자 입장에서는 '포맷 갤러리Format Gallery'(그림 18-4 참조)라고 적힌 단어를 읽는 것이 아래와 같이 생긴 아이콘 버튼을 해석하는 것보다(물론 툴팁이 도움이 되기는 하지만) 이해가 빠르다.

그림 18-4 새로운 사용자 입장에서는 '포맷 갤러리'라고 적힌 메뉴 항목이 위와 같은 모양의 아이콘 버튼보다 훨씬 쉽게 이해된다. 그러나 일단 프로그램에 익숙해지면 얘기는 완전히 달라진다.

애플리케이션을 아주 자주 사용하지는 않더라도 어느 정도 익숙한 상태의 사용자에게 메뉴는 도구의 색인 기능을 한다. 일단 기능이 있다는 사실은 알겠는데 그것이 어디에 있는지 혹은 명칭이 무엇인지 불분명할 때 사용자는 언제든 메뉴를 참고할 수 있다. 사용자는 사소한 사항까지 외우고 있을 필요가 없다. 메뉴는 그럴 때 사용하라고 있는 것이다.

자주 사용하는 사용자에게 메뉴는 수백 개의 가능한 명령어 중 하나에 접근할 안정적인 물리적 장소나 단축키에 관한 간단한 리마인더를 제공한다.

메뉴의 주된 목적이 명령을 수행하는 것이라면 최대한 표현이 간결할수록 더 좋은 디자인이라 말할 수 있다. 그러나 메뉴의 주된 존재 이유는 사용자에게 무엇이 가능하고 어떻게 실행하며 어떤 단축키가 가능한지를 교육하는 데 있다. 따라서 간결함은 우리가 필요로 하는 게 아니다. 오히려 지양해야 맞다. 메뉴는 주어진 기능의 성격을 잘 설명할 수 있어야 한다. 단지 기능을 실행할 수 있는 지점을 제공하는 것만으로는 충분치 않다. 그러므로 메뉴 항목의 문자는 좀 더 서술적일 필요가 있다. 이를테면 '열기'보다는 '문서 열기', '자동정렬'보다는 '아이콘 자동정렬'이라고 표현하는 것이 바람직하다. 사용자는 익숙하지 않은 전문용어는 결코 사용하지 않는다. 사용자에게 교육적 벡터를 훌륭히 제시하기 위해, 모쪼록 메뉴는 애플리케이션이 제공하는 기능과 동작의 완벽한 모음을 제공해야 한다. 요약된 메뉴는 전체 프로그램의 규모는 물론이고, 다양한 기능을 폭넓게, 명확히 전달할 수 있어야 한다.

메뉴의 또 다른 교육 목표는 메뉴 외에 명령어를 실행할 수 있는 방법에 대해 사용자에게 힌트를 제공하는 것이다. 메뉴 명령어 옆에 아이콘 버튼을 추가하거나 키보드 단축키에 대한 설명을 집어넣음으로써 사용자에게 기능을 실행하는 좀 더 빠른 방법을 가르칠 수 있다(이 장의 더 나중에 논한다). 이와 같은 정보는 메뉴를 통해 사용자에게 무의식중에 전달된다. 이것은 사용자가 준비되기 전까진 전혀 의식되지 않지만, 사용하고자 하는 때가 됐을 때 사용자는 이미 이것이 낯설지 않음을 깨닫게 된다.

마지막으로, 사람들이 애플리케이션 사용법을 가장 잘 익히려면 약속의 두려움 없이, 혹은 복구 불가능한 피해를 초래하지 않고 검토 및 실험할 수 있어야 한다. 메뉴 항목에서 런칭하는 대화상자에서 전체적인 되살리기 기능, 취소 버튼은 이 기능을 잘 지원한다.

사용이 불가능한 메뉴 항목

주어진 상황에서 사용이 불가능하거나 관계없는 기능을 막아서 사용자가 선택하지 못하게 하는 것은 메뉴의 중요한 관례 중 하나다. 사용 불가 상태가 되면 대부분 흐릿하게 표현하거나 회색으로 글자색을 바꿔 표현한다. 이와 같은 숙어는 대단히 친숙하고 유용하다. 이것은 메뉴가 좀 더 나은 교육적 도구로 기능할 수 있도록 돕는다. 사용자는 특정 명령어만 적용이 가능한 정황을 더 잘 이해할 수 있다.

> **디자인 원칙**　　적용할 수 없는 메뉴 항목은 사용이 불가능하게 막아라.

체크표시 메뉴

항목 앞의 체크표시는 대개 프로그램 인터페이스의 일부를 기능하지 못하게 하거나 혹은 반대로 기능하도록 하기 위해 사용된다(툴바 기능을 켜고 끄는 것을 생각하면 된다). 또는 데이터의 출력 방식을 조정하는 방법으로도 사용된다(와이어프레임 보기와 렌더링된 이미지 보기 중에 선택하는 경우를 예로 들 수 있다). 체크표시의 디자인 숙어는 비단 컨트롤 기능을 제공할 뿐만 아니라 컨트롤의 상태를 함께 표시하기 때문에 사용자의 이해가 빠르고 효과적이다.

이와 같은 디자인 숙어는 비교적 간단한 구조의 메뉴에 특히 잘 어울린다. 애플리케이션이 복잡하고 정교할수록 더 많은 메뉴 공간이 요구되고, 따라서 필요한 항목을 찾아내기 위해 메뉴를 열고 스크롤하는 과정도 그만큼 골치 아파진다. 자주 껐다 켰다 하는 속성은 툴바를 통해서도 접근이 가능하도록 해야 한다. 자주 접속하지 않는 기능의 경우 또는 메뉴 공간이 만석인 경우에는 비슷한 속성을 모아 따로 대화상자를 마련하는 것이 좋다. 이를 통해 디자이너는 기능에 대해 좀 더 상세한 안내와 정황을 제공할 수 있는 공간을 확보할 수 있다 (자주 사용하지 않는 기능에 대해 설명하는 것은 거의 필수사항이다).

체크표시 메뉴는 두 가지 상태를 오가며 항상 선택되지 않은 쪽의 상태를 표시하는 플립플롭 메뉴에 비해 훨씬 추천할 만하다. 플립플롭 메뉴의 문제점은 21장에서 다루는 플립플롭 버튼의 문제점과 동일하다(사용자는 그것이 선택권을 표시하는 것인지 상태를 표시하는 것인지 헷갈리곤 한다). 플립플롭 메뉴에 '툴바 보기'라고 적혀 있다고 가정하자. 사용자는 이것을 지금 툴바 기능이 켜져 있는 상태라고 해석해야 할까, 아니면 메뉴를 클릭할 경우 툴바가 켜진다라는 의미로 받아들여야 할까? 플립플롭 대신 체크표시 메뉴를 사용하라. 애매모호한 문제를 간단히 해결할 수 있다.

메뉴 아이콘

문자에 시각적 상징물을 덧붙이면 사용자는 굳이 문자를 다 읽지 않아도 재빨리 기능을 식별할 수 있다. 또한 시각적 상징물은 비슷한 기능을 가진 컨트롤 사이에 시각적 연대감을 조성한다. 좀 더 강력한 시각적 숙어를 위해 메뉴 항목은 툴바의 아이콘 버튼 같은 아이콘을 공유하는 것이 좋다.

> 디자인 원칙 　 같은 명령에 대해서는 동일한 시각적 상징물을 적용하자.

리본 컨트롤을 수용함으로써 마이크로소프트는 오피스 제품군에서 메뉴와 툴바를 단일한 개체로 통합했지만, 표준 메뉴를 계속 제공하는 애플리케이션에 대해 메뉴와 툴바의 시각적 연결고리를 만들어 학습 가능성을 개선하는 강력한 수단을 남겼다.

가속기

가속기^{accelerator} 혹은 '단축키'는 기능을 실행하는 방법으로 키보드를 통한 쉬운 경로를 제공한다. 단순히 기능키(예: F9)를 사용하거나 부속키(예: Ctrl, Alt, Option, Command 버튼)와 조합해 사용한다. 일반적으로 단축키는 드롭다운 메뉴의 오른쪽에, 혹은 리본 컨트롤로 애플리케이션의 툴팁에서 표시해 사용자로 하여금 메뉴를 이용하는 과정에서 자연스럽게 눈에 익도록 한다. 실제 구현은 디자이너의 고유 권한이다. 우리는 너무 자주 이 사실을 망각한다.

좋은 단축키를 디자인하기 위해 다음 세 가지를 꼭 명심하자.

- 기준을 준수한다.

- 매일 사용하는 기능을 중심으로 적용한다.

- 사용법을 명확히 제시한다.

표준 가속기가 존재한다면 이것을 적극 활용하자. 특히 편집 메뉴에 속하는 대표적인 기능의 경우 표준을 준수하는 게 좋다. 사용자는 마우스를 움직여 표준 메뉴를 열고 복사하기를 선택한 후 다시 메뉴를 열어 붙여넣기를 선택하는 것보다 Ctrl+C와 Ctrl+V를(맥에서는 클로버 키로) 사용하는 게 훨씬 편리하다는 사실을 금방 깨달을 것이다. 애플리케이션을 사용할 때 사용자를 실망시키지 말아야 한다. 출력을 위해서는 Ctrl+P, 저장을 위해서는 Ctrl+S의 표준을 사용하는 것을 잊지 말자.

사용자가 매일 사용하는 기능이 무엇인지 가려내기란 생각보다 만만치 않다. 자주 사용될 법한 기능을 선별해 단축키를 지정한다. 다행히도 사용자가 항상 사용하는 기능이란 그리 많지 않다. 문제는 사용자마다 선호하는 기능이 천차만별이라는 점이다.

제일 좋은 방법은 기능에 대해 간단한 분류법을 반복해서 시행하는 것이다. 먼저 기능을 세 개의 그룹으로 나눈다. 누구나 매일 사용하는 기능, 아무도 매일 사용할 리 없는 기능, 그리고 그 외의 모든 기능으로 구분한다. 첫 번째 그룹은 응당 단축키를 적용해야 마땅하고, 두 번째 그룹은 적용할 필요가 전혀 없다. 문제는 마지막 그룹이다. 불가피하게 가장 클 것이다. 이 그룹에 대해서만 다시 한 번 분류법을 시행한다. 유력한 기능일수록 F2, F3, F4 같이 간단한 단축키를 적용하고, 사용자가 그다지 자주 사용할 것 같지 않은 기능일수록 Alt+7처럼 다소 모호한 단축키를 적용한다.

메뉴에 단축키를 명시하는 것을 절대로 잊지 말자. 굳이 설명서를 뒤지거나 도움말에서 찾아야 하는 것이라면 단축키는 아무런 소용이 없다. 대부분 해당 메뉴 항목의 오른쪽에 표시한다. 처음에는 눈에 띄지 않지만 프로그램을 반복해서 사용하는 과정에서 영원한 중급자는 이를 발견하고 기뻐할 것이다(11장 참조). 이러한 발견을 통해 사용자는 일정한 성취감과 함께 프로그램에 대한 소속감을 형성한다. 이 두 가지 감정은 소비심리를 고양시키는 효과가 있다.

단축키와 짝지을 부속키를 할당할 때, 복사하기는 Ctrl+C, 붙여넣기는 Ctrl+P 등 명령어 이름의 첫 글자를 사용하려 해야 한다. 그러면 가속기를 기억할 수 있고, 사용하기도 쉬워진다.

몇몇 프로그램은 사용자 지정 단축키를 제공한다. 많은 사례를 통해 이것은 매우 유용할 뿐 아니라 경우에 따라서는 없어서는 안 될 필수사항으로 판명됐다. 사용자로 하여금 본인이 자주 사용하는 기능에 대해 단축키를 스스로 지정할 수 있게 함으로써 사용자는 소프트웨어를 자신의 업무 스타일에 맞춰 개성 있게 꾸밀 수 있다. 단, 맞춤형 도구에는 항상 되돌리기 또는 기본 설정 컨트롤이 따라붙는 것을 잊지 말자.

접근키

윈도우와 몇몇 유닉스 GUI는 메뉴와 대화상자의 직접 조작에 대응하는 표준 키보드 명령법으로서 접근키^{access key} 혹은 연상기호^{mnemonic}를 제공한다.

마이크로소프트의 스타일 가이드는 단축키 설정과 함께 접근키에 관한 내용을 아주 자세하게 다루고 있다. 접근키를 별 볼 일 없다고 치부하고 넘겨서는 안 된다는 증거다. 연상기호는 Alt 키와 화살표 키, 그리고 메뉴의 항목 또는 타이틀의 밑줄 쳐진 알파벳을 섞어 사용한다. Alt 키를 눌러서 애플리케이션이 연상기호 모드에 돌입하면 화살표 키를 통해 적절한 메뉴로 이동할 수 있다. 이와 같은 방법으로 메뉴를 연 다음 적절한 알파벳 키를 누르면 기능이 실행된다. 연상기호의 주 목적은 각각의 메뉴 명령과 동일하게 작동하도록 키보드를 이용한 경로를 제공하는 것이다. 따라서 연상기호는 메뉴의 일부가 아닌 전부에 적용돼야 하며, 문자 기반 프로그램의 경우는 각별히 중요하다. 이것은 추가적인 편의를 위한 것이 아니다. 노련한 사용자일수록 작업 시 키보드 의존도가 높다는 사실을 명심하자. 전문 사용자층의 마음을 사로잡으려면 연상기호를 사려 깊고 통일성 있게 부여할 것을 재차 당부한다. 연상기호는 옵션이 아니라 필수다.

폭포식 메뉴와 단층 그루핑

표준 드롭다운 메뉴의 응용된 형태로서, 사용자가 1차로 선택한 항목에 대해서만 2차적 메뉴 항목을 제공하는 방법이 있다. 메뉴 항목 오른쪽에 오른쪽 화살표로 주 메뉴에 표시된다. 이와 같은 메커니즘을 폭포식 메뉴cascading menu라고 부른다(그림 18-5 참조). 폭포식 메뉴는 복잡한 계층구조 속으로 우리를 인도한다. 사용자는 항목의 위치를 제대로 짚어내기 어려울뿐더러 마우스를 정확한 위치로 움직여야 하는 난이도 있는 기술이 요구된다(윈도우의 시작 메뉴 같은 복합 단위의 폭포식 메뉴를 마우스로 쫓다 보면 이를 실감할 수 있을 것이다).

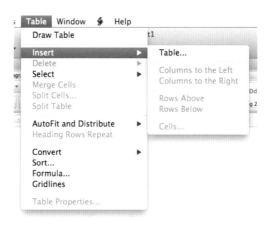

그림 18-5 마이크로소프트 워드의 폭포식 메뉴. 사용자가 원하는 명령어를 찾기는 어렵지만 좀 더 많은 수의 명령어 세트를 구성할 수 있다는 장점이 있다.

폭포식이나 계층적 메뉴는 GUI 초기에 지배적이었다. 현대 GUI의 메뉴는 상당히 플랫해져, 이제 대부분 한 단계 깊이만으로 단층 그루핑monocline grouping, 즉 수평적인 상하구조다. 여러 경우 특히 신규 사용자를 위해 인터랙션을 최적화할 때, 사용자 선택의 구성을 평평히 하면(명령어든 오브젝트든), 애플리케이션 사용자 인터페이스의 발견, 학습 가능성이 상당히 개선될 수 있다.

(18장 뒷부분에서 더 길게 논할) 대화상자는 메뉴의 단순화를 허용한 장치였다. 대화상자로 소프트웨어 디자이너는 어떤 메뉴 항목의 하위 선택도 모두 단일한 인터랙티브 컨테이너 내에 포괄할 수 있었다.

현대의 고해상도 디스플레이가 성장하면서, 메뉴바에 충분한 선택을 표시해 모든 애플리케이션 기능을 약 10여 개의 의미 있는 그룹으로 조직할 수 있는데, 그룹마다 한 단어의 메뉴 제목이 대표한다. 그룹마다 메뉴도 충분히 여유가 있어, 그 모든 관련 기능을 포함할 수 있었다. 오늘날은 메뉴의 추가 수준까지 갈 필요가 거의 없다.

폭포식 메뉴는 대단히 정교하고 독재적인 애플리케이션에만 적용할 수 있다. 이때도 자주 사용하지 않는 기능에 대해서만 적용을 제한한다. 폭포식 메뉴를 굳이 구현하려는 경우에는, 사용자가 마우스를 서툴게 조작해 엉뚱한 메뉴를 여는 일이 없도록 각 메뉴 사이에 충분한 공간을 둬야 한다.

툴바, 팔레트, 사이드바

어디서나 흔히 볼 수 있는 툴바는 비교적 최근에 개발된 GUI이다. 툴바는 마이크로소프트에 의해 처음 시장에 소개됐다. 툴바는 느린 발견 가능성, 기능 실행을 위한 육체적 추가 작업 등 메뉴 시스템의 단점을 보완하는 중요한 수단이다. 툴바 기능은 비모드형이다. 항상 평이하게 잘 보이기에, 사용자는 마우스 동작과 클릭 한 번으로 촉발할 수 있다.

주로 가로형 널빤지 모양으로 상단에 위치하는 아이콘 버튼 모음이거나, 주요창의 한쪽 면에 부착된 수직형 널빤지 모양으로 존재한다(그림 18-6 참조). 한마디로 툴바란 가시적이고, 즉각적이며, 그래픽 요소를 적용한 기능을 한두 줄로 나열한 것이라 할 수 있다.

그림 18–6 맥용 워드(상단), 인디자인(중앙), 옴니그라플(하단)의 툴바다. 워드와 인디자인 툴바가 마우스오버나 선택 시만 버튼 윤곽선을 보여주는 아이콘 버튼을 어떻게 사용하는지 주목해야 한다. 이는 공간을 절약하고 가독성을 높이는 효과가 있다.

툴바와 메뉴

툴바는 메뉴와 함께 사용자가 성숙해가면서 그 니즈를 만족시키기 위해 작용한다. 메뉴는 경험 적은 사용자를 교육하고 자주 사용하지 않는 고급 기능을 조직하려는 목적이 주인 완전한 툴세트인 반면, 툴바는 자주 사용하는 명령어용이며, 영원한 중급자를 위해 재단된다. 서로를 완벽히 보완하며, 그때그때 각기 다른 사용자 니즈에 대처한다.

> **디자인 원칙** 툴바는 경험이 많은 사용자가 자주 사용하는 기능에 빠르게 접근할 수 있는 경로를 제공한다.

따라서 툴바를 단순히 메뉴의 빠른 버전이라 생각하면 실수다. 오히려 대부분의 사용자가 가장 자주 사용할 본질적인 기능의 그릇으로 생각해야 한다.

툴바와 비모드형 대화상자

위에서 메뉴의 모드가 어떻게 문제가 되는지 논했다. 전통적으로 두 비모드형 도구 숙어를 자주 사용해 메뉴에 의존할 때 생기는 문제 중 일부를 우회해왔다. 비모드형 대화상자(21장에서 더 자세히 살펴본다)는 두 숙어 중 더 오래됐다. 더 최근의 숙어는 툴바다. 어느 편이 더 나은가?

툴바는 비모드형이지만, 비모드형 대화상자가 낳는 소동을 도입하지 않는다. 비모드형 대화상자에 없는 유용한 두 특징도 보유한다. 첫째, 시각적으로 모드형 대화상자와 다르며, 둘째, 항상 사용 가능하기에 없앨 걱정을 할 필요가 없다. 다른 문제도 해결한다. 툴바는 특히 대화상자에 비해 화면 공간상 믿을 수 없을 정도로 효율적이며, 작업 중인 공간을 덮지 않는다.

사용자는 툴바 상태가 선택한 대상을 반영하고, 툴바 내 위젯과의 인터랙션이 선택한 대상이나 애플리케이션에 직접적, 즉각적인 영향을 준다는 점도 정말로 이해하는 듯해, 전반적인 학습 가능성에도 도움이 된다.

반면 비모드형 대화상자는 관습적으로 자유롭게 흐르는 창이다. 사용자는 마음대로 어디든 화면 내에 배치할 수 있다. 하지만 그래서 창 관리의 세금이 생긴다. 분명히 숙제지만, 때로 작업 중인 대상 바로 옆에 툴세트를 두면 편리할 수도 있다.

도킹 툴바^{docking toolbar}는 이 문제의 좋은 해결책이다. 도킹 툴바를 클릭해서 드래그한 후 애플리케이션 끝에 세우면, 즉시 그 자체로 작은 창이 형성되는데, 더 간결한 사각형 레이아웃인 경우가 흔하다. 필요한 곳으로 옮긴 후, 다 끝나면 다시 애플리케이션 주요창의 어떤 끝으로든 드래그해서 되돌릴 수 있는데, 거기서 툴바로 돌아가 수평, 수직으로 끝에 도킹된다.

툴바 버튼

툴바는 툴바 버튼, 즉 아이콘 버튼을 탄생시켰다. 아이콘 버튼은 버튼과 아이콘의 훌륭한 결합체다. 아이콘 버튼은 기능을 가시적 연상기호로 표현하는 대단히 훌륭한 방법이다. 아이콘 버튼은 새로운 사용자에게는 해석이 어렵다는 단점이 있지만 그 밖의 사용자에게는 대단히 유용하다.

툴바의 1차적 목적은 자주 사용하는 도구에 대해 빠른 접근 경로를 제공하는 것이다. 따라서 툴바는 숙련된 사용자로 하여금 재빨리 인식이 가능한 장치를 갖춰야 한다. 이와 같은 이유에서 그림문자와 상징이 문자보다 적합하다. 버튼의 유연함에 이미지가 갖는 빠른 인지도의 장점을 더한 것이 아이콘 버튼이다. 아이콘 버튼에는 작은 영역 안에 많은 것을 집약할 수 있는 힘이 있다. 그러나 이는 장점인 동시에 단점이기도 하다. 이것이 바로 아이콘의 함정이다.

일부 디자이너는 누구라도 딱 보고 한눈에 의미를 파악할 수 있는 시각적 메타포를 창조하기 위해 머리를 싸맨다. 하지만 이것은 애초부터 불가능한 미션이다. 이것은 디자이너가 툴바의 목적을 제대로 이해하지 못하고 있다는 증거이며, 메타포를 향한 헛된 희망을 반영할 뿐이다. 메타포에 대해서는 13장에서 이미 다뤘다.

아이콘 버튼의 이미지가 기능의 목적을 직접 가르칠 필요는 없다. 그저 사용자가 쉽게 인식할 수 있으면 그것으로 충분하다. 기능의 목적을 깨우치는 것은 다른 수단을 통해서도 충분히 가능하다. 가장 효과적인 수단 중 하나는 상응하는 메뉴 항목에 아이콘 버튼을 포함시키는 것이다(앞서 논의한 대로). 그러면 메뉴의 교육이 툴바 컨트롤의 이해로 확대된다.

툴팁

아이콘 버튼에 텍스트와 이미지 모두로 레이블을 달면 좋은 아이디어처럼 보일 수도 있다. 이 논쟁은 논리적일 뿐 아니라 이전에도 있었다. 매킨토시 데스크탑의 원래 아이콘은 옛날 웹 브라우저의 아이콘 컨트롤처럼 텍스트 자막이 있었다. 아이콘은 빠른 분류를 허용할 때 유용하지만, 그 이상으로 정확히 오브젝트의 용도가 무엇인지 말해줄 텍스트가 필요하다.

문제는 텍스트와 이미지 모두 사용하면, 픽셀에 관한 한 아주 값비쌀 수 있다는 점이다. 화면 공간은 모든 툴바나 패널 아이콘의 수다스러운 레이블을 허용하기에는 너무 값비싼 경우가 많다. 아이콘에 레이블을 달기로 하는 디자이너는 니즈가 다양한 사용자의 두 집단을 만족시키려 한다. 한 집단은 친절하고 관용적인 환경에서 배우고 싶고, 다른 집단은 자주 사용하는 항목이 어디 있는지 알지만, 때로 덜 사용하는 기능에 관해 간략한 리마인드가 필요하다. 툴팁은 두 사용자 부류 간의 간극을 메우기 위해 효과적인 방법을 제공한다.

툴팁은 텍스트 레이블의 결함이 전혀 없이 아이콘 버튼에 교육적 벡터를 추가하는 현명하고 효과적인 사용자 인터페이스 숙어다(그림 18-7 참조). 본질적으로 툴팁은 아주 작고 일시적인 팝업창에 텍스트 레이블을 제공한다. 우선 툴팁은 사용자가 대상물로 화살표를 가져간 다음 도움말을 떠우기까지 약간의 시간차를 둔다. 이는 사용자가 원할 경우 툴팁이 뜨기 전에 재빨리 프로그램을 실행하기에 충분한 시간이다. 사용자는 더 이상 작은 팝업 때문에 성가실 필요가 없다. 한편 자주 사용하지 않아서 잘 모르는 아이콘 버튼이 있다면 단 0.5초만 더 투자하면 된다.

그림 18-7 마이크로소프트 툴팁이다. 아이콘이 무엇을 뜻하는지 잊어버린 사용자는 장황한 문자 레이블 없이도 쉽게 도움을 받을 수 있다.

일반적으로 툴팁은 한 단어 혹은 아주 짧막한 구문으로 기능을 설명한다. 마이크로소프트 오피스 2007의 슈퍼 툴팁은 도움말의 구체적 내용물을 툴팁에 도입하고 있다. 정황에 민감한 툴팁의 장점을 잘 살린다면 툴팁과 도움말 메커니즘의 결합은 애플리케이션을 배우는 좋은 길을 사용자에게 제시할 수 있을 것이다.

> **디자인 원칙** 툴바와 그 밖에 아이콘을 적용한 컨트롤에는 어디든 툴팁을 사용하라.

툴팁은 중급자의 툴바 컨트롤 접근성을 좀 더 향상한다. 툴팁이 있었기에 툴바는 단순히 메뉴 명령어의 대체품 이상의 그 무엇으로 발전할 수 있었다. 덕분에 툴바는 독재적 애플리케이션의 명령 체계를 주관하는 주요 숙어로 자리매김할 수 있었다. 그 결과 메뉴는 다소 뒷선으로 물러났고, 초보자를 위한 명령 벡터를 제공하거나 고급 기능 혹은 자주 사용하지 않는 기능을 실행하는 목적으로 사용되고 있다. 아이콘 버튼이 앞으로 나서고 메뉴가 배경으로 물러서는 구조는 사용자의 편의성을 향상했다. 이와 같은 구조는 마이크로소프트 오피스 2007의 리본 컨트롤로 이어진다. 리본 컨트롤은 시각적 효과는 물론이거니와 문자적 표현이 훨씬 강화된 툴바로서, 메뉴를 완전히 대체했다. 리본에 대해서는 18장의 마지막에서 좀 더 자세히 다루기로 한다.

툴바 컨트롤 제한

툴바 컨트롤이 현재 선택된 대상에 적용되지 않는 경우에는 기능이 제한돼야 한다. 이 경우 툴바는 사용자의 명령에 응답해서는 안 된다. 따라서 아이콘 버튼을 누를 수 없게 제한하거나 컨트롤을 회색으로 흐리게 표시하는 등 사용자에게 해당 명령어를 사용할 수 없음을 분명히 보여줘야 한다. 일부 프로그램은 사용할 수 없는 컨트롤은 툴바에서 아예 사라지게 만든다. 하지만 여기에는 부작용이 따른다. 사용자는 툴바의 명령 구성을 위치로 기억한다. 아이콘 버튼이 갑자기 사라져버릴 수 있다는 사실을 아는 순간 사용자는 툴바를 더 이상 신뢰하기 어려워진다. 툴바의 숙어는 일시적이고 변덕스러워진다. 이는 초보자는 물론이거니와 경험자에게도 결코 달갑지 않은 일이다.

툴바의 진화

툴바란 단순히 메뉴를 빠르게 만든 것 그 이상이라는 사실을 깨닫기 시작하면서 잠재돼 있던 툴바의 가능성은 점점 더 분명하게 드러났다. 디자이너는 툴바에 꼭 아이콘 버튼만 적용하란 법은 없다는 사실을 깨달았다. 곧 디자이너는 툴바에 사용할 수 있는 새로운 디자인 숙어 개발에 착수했다. 이와 같은 새로운 시도 덕분에 툴바는 메뉴로부터 완전히 독립할 수 있었으며 오히려 우월하다고 평가되기도 한다. 이제 툴바는 그 자체로 고유한 주요 컨트롤 기기로서 인정받고 있다.

아이콘 버튼 다음으로 툴바에 안착한 컨트롤은 콤보상자다. 여러 애플리케이션의 스타일, 글꼴, 글꼴 크기 컨트롤 등을 예로 들 수 있다. 이와 같은 선택 컨트롤은 툴바에 자연스럽게 어울린다. 이것은 드롭다운 메뉴와 동일한 기능을 제공하는 한편 현재 선택된 스타일, 글꼴 및 글꼴 크기도 함께 표시한다. 콤보상자의 디자인 숙어는 드롭다운보다 더 많은 정보를 제공하며, 이것은 사용자에게 유용하게 다가간다.

콤보상자의 도입 이후 사람들은 툴바에 온갖 디자인 숙어를 죄다 갖다 붙이기 시작했다. 그림 18-6에서 그중 몇 가지 예를 확인할 수 있다.

다양한 컨트롤의 도입으로 툴바는 이전보다 훨씬 풍부해졌다. 처음 세상에 소개된 툴바의 역할은 자주 사용하는 '기능'에 대해 빠른 접근 경로를 제공하는 것에 불과했다. 그러나 진화를 거듭하면서 툴바의 컨트롤은 점차 프로그램의 데이터 '상태'를 반영하기 시작했다. 단순히 보통체와 이탤릭체 사이를 오가는 것만 가능했던 아이콘 버튼으로 이제는 현재 선택된 문장이 이탤릭체인지 아닌지 상태 표시까지 가능해졌다. 아이콘 버튼은 애플리케이션의 스타일을 조정할 수 있을 뿐 아니라 현재 선택된 문서의 스타일이 무엇인지까지 나타낸다.

툴바에 메뉴를 포함하는 것도 시간 문제였다. 그림 18-8은 마이크로소프트 워드 툴바 중 되살리기 기능의 드롭다운 메뉴다. 이처럼 정교하고 강력한 디자인 숙어의 개발은 기존의 메뉴바를 2차적인 명령 벡터로서 점점 더 뒷방으로 내몰았다.

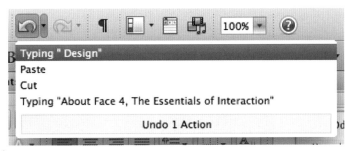

그림 18-8 오늘날의 툴바는 드롭다운 메뉴를 포함한다. 드롭다운 메뉴의 도입으로 툴바의 기능성은 크게 강화됐다.

움직이는 툴바

어도비 크리에이티브 스위트 등 일부 애플리케이션은 움직이고 분리 가능한 툴바나 팔레트를 지원한다. 2007 이전의 마이크로소프트 오피스 툴바는 보이거나 숨길 수 있다. 활성화된 툴바는 다섯 가지로 위치시킬 수 있다. 일단 툴바는 프로그램 주요창의 네 변 중 하나에 정착 가능하다. 한편 사용자가 툴바를 모서리에서 떼어내면 이때부터 프로그램은 툴바를 유동적 툴바로 인식한다. 유동적 툴바는 그림 18-9에서 볼 수 있듯이 작은 타이틀바를 지닌다.

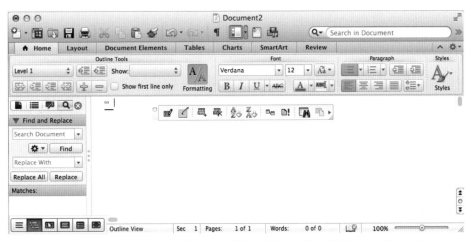

그림 18-9 툴바는 수평(위) 혹은 수직(좌)으로 정착 가능하다. 혹은 모서리에서 떼어내어 유동적 팔레트로 만들 수도 있다.

사용자가 툴바를 자유로이 옮길 수 있게 되자 툴바끼리 위치가 겹치는 경우 하나의 툴바가 다른 툴바를 일부 가려버리는 현상이 나타났다. 마이크로소프트는 확장용 콤보 아이콘 버튼 혹은 드롭다운 메뉴를 설치함으로써 이 문제를 간단히 해결했다. 이것은 가려서 보이지 않는 툴바에만 적용되며, 사용자는 드롭다운 메뉴를 통해 숨겨진 항목에 접근할 수 있다(그림 18-10 참조).

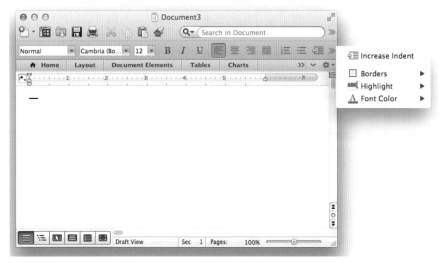

그림 18-10 마이크로소프트는 사용자가 툴바를 중첩해서(더 작은 크기에 맞춰서) 발생하는 문제에 영리하게 대처했다. 여전히 모든 기능에 접근 가능하다.

2007 이래 마이크로소프트는 툴바의 궁극적인 유연성을 더 예측 가능하고 친절한 리본 컨트롤(18장 뒷부분에서 더 자세히 살펴본다), 단일한 빠른 접근 가능한 툴바로 옮겼다. 하지만 여전히 숨은 리본과 툴바 항목 접근을 위해 같은 메뉴 숙어를 활용한다.

맞춤형 툴바

마이크로소프트는 딜레마에 부딪혔다. 툴바는 모든 사용자가 공통적으로 자주 사용하는 기능에 적용하는 것이 원칙이지만, 사람마다 개인적으로 선호하는 기능 몇 개쯤은 있게 마련인 탓이다. 마침내 마이크로소프트는 솔루션을 찾아냈다. 우선 전형적인 사용자라면 늘 사용할 법한 컨트롤을 최대한 예상해 제공한다. 사용자 각자가 이것을 구미에 맞게 변형할 수 있도록 한다(오피스 2007 이후에서 나중에 논할 리본도 마찬가지로 맞춤화가 가능하다).

그러나 이러한 솔루션은 자주 사용하지 않는 기능 일부를 기본 설정에 포함함으로써 다소 의미가 약해졌다. 자동 문자 삽입 같은 기능은 대다수의 사용자가 늘 사용하는 실용적인 기능으로 보기는 어렵다. 이런 항목은 어쩌면 기능 체크리스트의 일부였거나, 제품 관리에 양보한 결과였을지도 모른다. 때때로 요긴하긴 하지만 어쨌든 자주 사용되는 기능은 아니다. 이처럼 부적절한 상황을 제대로 걸러내려면 퍼소나와 시나리오를 사용하는 것이 효과적이다(3장과 4장 참조).

워드는 고급 사용자에게 자신의 구미에 맞춰 최대한 자유롭게 툴바를 조정할 수 있는 권한을 부여한다. 이처럼 광범위한 수준으로 맞춤화를 허용하는 데는 다소 위험 요소가 있다.

사용자가 무모하게 권력을 남용한 나머지 툴바를 엉망진창으로 만들어버릴지도 모르기 때문이다. 그러나 일을 엄청나게 망치는 것도 그만큼 재주가 필요한 법이다. 흉측하고 쓸모 없는 것을 만들어내기 위해 일부러 노력하고 투자하는 사람은 아마 없을 것이다. 대개는 몇 개만 수정하는 데 그친다. 그나마도 몇 달 혹은 몇 년에 한 번씩 띄엄띄엄 이뤄진다.

정황적(팝업) 툴바

정황적 툴바는 툴바의 디자인 숙어의 유용한 진화물이다. 정황적 툴바는 오른쪽 클릭을 하면 나타나는 정황 메뉴와 마찬가지로 마우스 화살표 옆에 소규모의 아이콘 버튼 집합을 제공한다. 경우에 따라서는 사용자가 선택한 대상물에 따라 특정 아이콘 버튼이 표시될 때가 있다. 예를 들어 문자를 선택하면 문자 포맷에 관한 옵션이 버튼으로 제공된다. 선택된 대상물이 그림인 경우에는 그림 속성을 수정할 수 있는 버튼이 활성화된다. 정황적 툴바의 응용된 숙어를 마이크로소프트 오피스 2007에서 다수 찾아볼 수 있다(일명 '미니 툴바'라고 부른다). 어도비 포토샵(툴바가 도킹하지만, 정황에 따라 변화)과 애플의 로직^{Logic}(툴바가 모드형 커서 팔레트다) 등에서도 이와 비슷한 숙어가 사용된다.

리본

18장 초반에 언급했듯이, 마이크로소프트는 오피스 2007을 통해 새로운 GUI 숙어를 소개하고 있다. 이른바 리본^{ribbon}이다(그림 18-11 참조). 툴바에 아주 크고 수평인 탭^{tab} 형식을 도입함으로써 문자 레이블과 그룹 기능을 보강한 것이다. 다양한 아이콘 버튼, 텍스트 명령어도 제시한다. 탭은 메뉴와 비슷한 형식의 그루핑을 지원한다(파워포인트 2010의 파일^{File}, 홈^{Home}, 삽입^{Insert}, 디자인^{Design}, 전환^{Transitions}, 애니메이션^{Animations}, 슬라이드쇼$^{Slide\ Show}$, 검토^{Review}, 보기^{View} 등을 예로 들 수 있다).

그림 18-11 마이크로소프트 파워포인트의 리본은 탭을 가미한 메뉴/툴바로서, 기존의 메뉴 시스템과 툴바를 완전히 대체한다.

도구 팔레트

도구 팔레트$^{tool\ palette}$는 인터랙션 숙어로 툴바보다 선행한다. 오리지널 맥페인트^{MacPaint}가 어쩌면 최초로 사용한 애플리케이션일지도 모른다. 그 이후로 온갖 그래픽 애플리케이션과 저작 환경의 요소였다.

도구 팔레트는 툴바와 중요한 측면에서 다르다. 이미 논한 대로 툴바는 보통 현재 선택한 바를 근거로 동작하는 즉시 접근하는 명령어의 모음인데, 선택한 오브젝트 속성의 값을 바꾸는 경우가 많다. 반면 도구 팔레트는 상호배타적인 컨트롤들을 포함하는데(한 번에 하나만 활성화한다는 의미), 각각 다음의 애플리케이션 동작 모드를 나타낸다.

- 오브젝트 생성 모드

- 오브젝트 선택 모드

- 오브젝트 조작 모드

도구 팔레트는 대부분 맥페인트까지 거슬러 올라가는 역사적 이유로 수직 방향에 보통 아이콘 버튼이나 콤보 아이콘 버튼 두 열로 구성되는 경향이 있다. 콤보 아이콘 버튼은 클릭하면 다른 유사 도구를 드러낼 수 있다. 예를 들어 어도비 일러스트레이터에서 지우개를 클릭해 누르고 있으면 가위, 칼 도구에도 접근할 수 있다.

팔레트는 보통 도킹하고 떠다니며, 툴바 기능을 흉내 낸다. 팔레트는 그래픽 관련 애플리케이션에서 특히 자주 보인다. 사용자의 능률적인 작업 흐름을 깨지 않으려면 비모드형 도구에 얼마나 쉽게 접근할 수 있는지가 제일 관건이기 때문이다. 어도비 파이어웍스^{Adobe} Fireworks(지금은 없음)처럼 본래 매크로미디어^{Macromedia}가 개발한 애플리케이션은 처음으로 팔레트에 강력한 도킹 구조를 부여하기 시작했다. 화면 운영의 부담을 최소화하기 위해서다. 최신 버전의 포토샵과 일러스트레이터도 이 점을 차용하고 있다(그림 18-12 참조).

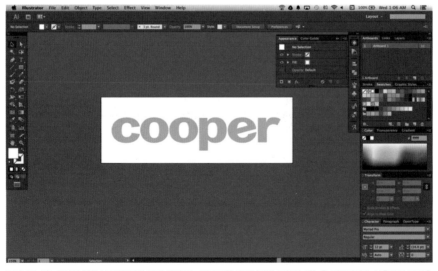

그림 18-12 어도비 일러스트레이터의 도킹 팔레트는 비모드형 대화상자와 동일한 기능을 제공하지만 사용자의 부담은 훨씬 덜하다. 대화상자를 열고, 움직이고, 닫는 일체의 수고가 필요 없기 때문이다. 겉모양은 툴바와 많이 닮았다. 기본 컨트롤과 위젯을 탑재하고 있다. 직접적, 가시적, 지속적으로 기능을 제공한다.

사이드바, 태스크패널, 드로어

비모드형 명령 체계 진화 과정의 대미를 장식한 것은 사이드바sidebar 혹은 태스크패널task pane의 등장이다. 애플리케이션 창의 일부를 떼어내어 기존의 대화상자 기능을 대신한다. 사이드바를 적용한 최초의 애플리케이션이라면 오토데스크Autodesk의 3D 스튜디오 맥스가 대표적이다. 사이드바에서 모델링에 필요한 오브젝트 파라미터를 조정하게 했다. 오늘날 사이드바는 매우 널리 사용된다. 마이크로소프트 윈도우 익스플로러, 인터넷 익스플로러는 이른바 익스플로러바를 제공한다. 모질라 파이어폭스 역시 사이드바를 제공하고 있다. 애플의 아이라이프iLife 애플리케이션은 인스펙터Inspectors라는 속성창 개념의 사이드바를 제공한다. 마이크로소프트 오피스도 고유의 태스크패널을 제공한다. 어도비 라이트룸Adobe Lightroom은 사이드바를 가장 전면적으로 포용한 예다. 애플리케이션의 거의 모든 기능이 사이드바의 형태로 제공된다(그림 18-13 참조). 어도비 크리에이티브 스위트 애플리케이션의 최근 버전은 기능에 대한 대부분의 모드형 접근을 대체하는 탄탄한 탭 있는 태스크패널이 있는 유사한 접근법을 수용하기 시작했다.

그림 18-13 어도비 라이트룸의 사이드바는 수십 개의 대화상자를 대체한다. 이런 접근 방식은 그림 18-12에 소개한 팔레트의 경우와 흡사하다. 그러나 팔레트와는 달리 사용자가 맘대로 위치를 지정할 수 없고, 사용자가 개개의 도구를 별도로 여닫을 수 없다(단, 사이드바를 통째로 숨길 수는 있다). 이처럼 강압적인 방식을 통해 사용자는 화면 운영의 의무로부터 완전히 해방된다. 대화상자와 비교하면 엄청난 진보다.

사이드바는 발전 가능성이 무궁무진하다. 쿠퍼 디자인은 이것을 핵심적으로 활용 중이다. 이름이 사이드바라고 해서 꼭 화면 옆으로만 배치되는 것은 아니다. 흔한 예로 '작업 공간' 바로 밑에 속성창을 두는 경우가 있다. 여기서 선택한 대상을 편집한다. 화면 운영의 부담감, 혼란이 최소화된다(그림 18-14 참조). 사이드바는 현재 선택한 바를 근거로 변하는 꾸준한 컨트롤이나 정황적 컨트롤을 포함할 수 있다.

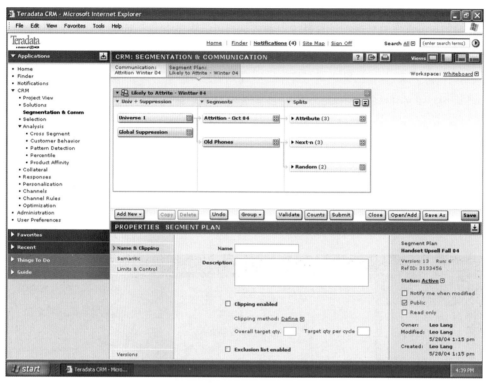

그림 18-14 쿠퍼 디자인이 개발한 소비자 경영(CRM) 애플리케이션이다. 사용자가 작업 공간(화면 왼편에 위로부터 절반을 차지하는 부분)에서 대상을 선택하면, 그 속성이 바로 밑 속성창에 표시된다. 사용자의 작업환경을 꾸준히 유지하고, 화면 운영의 부담을 최소화한다.

드로어^{drawer}는 태스크패널의 최종 변형을 나타낸다. 주요 컨텐츠 영역의 화면 공간을 유지할 목적으로, 패널은 열려서 튀어나온 드로어에서 대부분 혹은 완전히 화면 밖으로 끌어낼 수 있다. 더 작은 데스크탑 화면에서는 편리할 수 있지만, 태스크패널이 그렇게 깔끔히 제거한 화면 관리 세금 중 일부를 되살리기도 한다. 여러 어도비 제품이 지원하는 이에 대한 대안은 키보드 입력으로 이차적 패널과 팔레트를 모두 숨기는(그리고 복구하는) 기능이다. 그러면 파워유저는 일시적으로 도구의 복잡함을 제거해 저작 중인 컨텐츠에 더 집중할 수 있다.

포인팅, 선택, 직접 조작

적절한 포인팅 장비$^{pointing device}$가 있어야만 직접 조작법을 구현할 수 있다. 사물을 가리키는 가장 쉬운 방법은 손가락을 이용하는 것이다. 항상 편리하다. 아마 지금 당장도 근처에 여럿

이 있을 것이다. 하지만 고해상도 데스크탑 화면에서 정확도가 떨어진다는 단점이 있다. 픽셀 하나까지 정확하게 짚어내는 데 손가락 끝은 너무 무디기 때문이다. 대부분의 데스크탑 화면은 여전히 포인팅을 인식하지 못한다(눈도 포인팅에 아주 좋지만, 보통 다른 용도로 쓴다). 좀 더 정확한 입력 장비는 쉽게 찾아볼 수 있다. 가장 대표적인 예시는 바로 마우스다.

고려할 수 있는 포인팅 장비는 마우스 말고도 트랙볼과 터치패드, 태블릿 등 여러 가지가 있다. 트랙볼과 터치패드는 작동 방식이 마우스와 매우 비슷하다. 물론 제품 자체의 인체공학적인 요소는 다르다. 태블릿과 터치스크린은 전혀 다르게 생각해야 하는 요소가 많다.

마우스는 상대적인 좌표를 인식하는 입력장치다. 마우스를 움직이면 현재 위치를 중심으로 커서가 이동한다. 하지만 태블릿은 보통 절대좌표 모드를 적용한다. 태블릿의 특정 위치는 화면의 좌표와 정확하게 대응된다. 펜으로 태블릿의 왼쪽 위 구석과 오른쪽 아래 구석을 찍으면 마우스 커서도 화면의 왼쪽 위에서 오른쪽 아래로 바로 이동한다.

터치 스크린은 데스크탑이나 노트북 컴퓨터에서 구현하면(이 글을 쓰는 시점에는 불행히도 실제로 손가락으로 사물을 가리킬 수 있어도 불필요하거나 혼란스럽지만) 포인터나 커서의 개념을 전달한다. 터치스크린 인터랙션을 상대적인 포인팅 숙어와 짝지으려 하면 혼란스러울 뿐이다.

데스크탑 터치스크린 기기가 존재해야 한다면, iOS 등 모바일 터치스크린 UI에서 단서를 얻어 커서와 그에 따르는 전부를 없애야 한다. 동시에 아무도 여러 시간 내내 수직 화면과 인터랙션을 나누며 팔을 허공에 띄우고 싶지 않기에, 이 기기는 터치 입력을 위해 수평 방향을 지원해야 한다.

이번 절의 나머지 부분에서는 더 흔한 마우스 기반 등 기타 상대적이고 포인터 기반인 데스크탑 인터랙션에 집중한다.

마우스와 함께

마우스를 움직이는 방법은 크게 두 종류가 있다. 짧은 동작과 긴 동작이다. 커서를 이동하려는 요소가 가까울 때는 손바닥을 책상에서 떼지 않고도 마우스를 움직일 수 있다. 하지만 좀 더 멀리 커서를 이동해야 할 때는 마우스를 들어 손을 움직여야 한다. 짧은 동작을 할 때는 마우스를 책상에 붙인 채로 손가락과 손목을 이용해 이리저리 움직인다. 긴 동작을 할 때는 팔의 힘을 이용해 마우스를 들어서 옮겨야 한다. 짧은 동작과 긴 동작을 번갈아가며 하는 것은 쉽지 않다. 각기 다른 근육을 바꿔가면서 사용해야 하기 때문이다. 마우스를 자유자재로 다루려면 시간과 노력이 필요한 법이다(마우스 사용법을 배우는 것은 그림 그리는 법을 배우는 것과 마찬가지다. 실력을 향상하려면 기술과 연습이 필요하다). 자판을 보지 않고 키보드를 입력할 때 자구 손을 움직이면 무척 불편하다. 매번 다시 손가락 위치를 찾아 근육을 조절해야 하기 때문이다. 마우스를 조작할 때도 마찬가지다. 필요한 기능이 항상 화면의 반대쪽 끝에 위치해 있다면 손을 계속해서 움직여야 한다. 짧은 동작과 긴 동작을 번갈아가면서 해야 한다. 사용자가 부담을 느끼게 해서는 안 된다.

마우스 버튼을 클릭할 때도 근육을 잘 다뤄야 한다. 손에 힘을 주지 않으면 버튼을 클릭하는 동안 커서가 미끄러질 수도 있기 때문이다. 다른 아이콘을 잘못 클릭할 수도 있다. 손바닥 뒷부분을 책상에 붙이고 마우스를 움직여 원하는 요소를 정확히 가리켜야 한다. 마우스가 움직이지 않도록 고정하면서 버튼을 클릭한다. 만약 클릭하려는 요소가 멀리 떨어져 있을 때는 먼저 팔의 힘을 이용해 마우스를 들어서 옮겨야 한다. 스크롤바 같은 컨트롤은 매우 복잡한 인터랙션을 요구한다. 사용자가 사용하는 근육을 계속 바꿔가면서 조작해야 하기 때문이다(그림 18-15 참조).

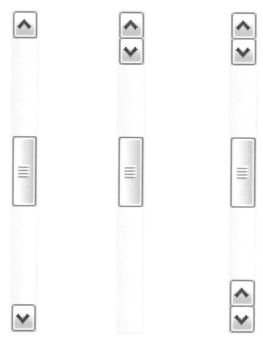

그림 18-15 가장 왼쪽의 스크롤바는 윈도우 사용자에게 매우 익숙한 그래픽 인터페이스 컨트롤이다. 하지만 사용하기에 불편한 점이 많다. 위쪽 화살표 버튼과 아래쪽 화살표 버튼을 번갈아가면서 클릭하려면 커서를 위아래로 움직여야 하기 때문이다. 마우스를 위에서 아래까지 드래그한 뒤 아래쪽 버튼을 겨냥해서 정확히 클릭해야 한다. 하지만 가운데 그림처럼 조금만 수정하면 이 문제를 해결할 수 있다. 두 개의 버튼을 연결해 배치하는 것이다(맥 OS의 스크롤바는 가운데 그림과 유사하다. 두 버튼이 스크롤바의 아래쪽에 붙어 있다). 가장 오른쪽의 스크롤바는 좀 더 다양한 인터랙션이 가능하다. 하지만 시각적으로 복잡해 보인다는 단점이 있다. 마우스의 스크롤휠과 정전용량형 제스처 센서를 사용하는 것도 좋은 방법이다.

인터페이스를 디자인할 때는 항상 사용자의 기술과 태도, 사용 정황에 주의를 기울여야 한다. 인터페이스를 조작하는 데 얼마나 많은 움직임이 필요한지 살펴야 한다. 강력하고 사용성 높은 기능을 제공하는 동시에 복잡하지 않고 힘도 적게 드는 인터페이스를 디자인해야 한다. 함께 사용하는 기능은 가까운 곳에 배치하는 것이 좋다.

마우스에 익숙하지 않은 초보자뿐 아니라 컴퓨터 전문가조차도 마우스가 불편할 때가 있다고 느낀다. 특히 많은 양의 정보를 입력해야 하는 경우에는 키보드와 마우스에서 손을 왔다 갔다 하는 게 번거로울 때가 많다. 최소한의 동작으로 숙련된 타이피스트는 한 번에 1,600개의 개별 명령어에 접근할 수 있다. 마우스는 분명히 그렇지 못하다. 아이콘 하나를 클릭하려고 손을 움직여서 마우스를 조작하고 다시 키보드로 손을 옮기는 일은 무척 짜증이 난다. 예전에는 모든 컴퓨터 조작을 키보드로 처리할 수 있었다. 하지만 지금은 마우스가 없으면 전혀 사용할 수 없는 프로그램도 있다. 훌륭한 디자인은 메뉴를 탐색하고 중요한 과업을 수행할 때 키보드와 마우스를 모두 사용할 수 있어야 한다.

> **디자인 원칙**   메뉴 탐색과 중요한 과업을 수행할 때 마우스와 키보드를 모두 사용할 수 있어야 한다.

생각보다 많은 사용자가 마우스를 제대로 사용하는 데 어려움을 겪고 있다. 인터페이스를 디자인할 때는 마우스에 익숙한 사용자뿐 아니라 초보자도 고려해야 한다. 마우스를 중심으로 설계한 인터랙션이 있다면 키보드를 사용해서 해당 기능을 수행할 수 있는지 검토해 봐야 한다. 물론 모든 기능을 키보드와 마우스로 동시에 조작할 수 있는 것은 아니다. 캔버스에 그림을 그리는 인터랙션을 키보드로 조작하도록 디자인할 수는 없다. 하지만 대부분의 기업용 제품이나 생산성 관리 프로그램은 키보드와 마우스를 모두 사용할 만한 인터랙션으로 구성돼 있다. 키보드로 입력하는 명령어를 지원하는 것도 좋다.

마우스 버튼과 컨트롤

마우스가 처음 개발됐을 때 버튼의 개수에 대한 논란이 많았다. 한 개의 버튼이면 충분하다는 사람도 있었고, 두 개는 있어야 한다는 주장도 있었다. 여러 개의 버튼을 달고 나오는 마우스도 있다. 버튼을 하나씩 클릭할 수도 있고 여러 개를 동시에 클릭할 수도 있다. 5개의 버튼이 달린 마우스는 32개의 클릭 조합이 가능하다. 애플은 버튼이 한 개 달린 맥 마우스로 시작했고, 마이크로소프트는 버튼을 두 개 탑재했다. 유닉스를 활용하는 썬 마이크로시스템즈는 버튼 세 개짜리 마우스를 내놓았다. 애플은 사용자와 테스트한 결과 한 개의 버튼이 가장 최적이라고 판단했다. 초보자도 쉽게 이해할 수 있기 때문이다. 원버튼 마우스는 애플의 상징이기도 했다. 하지만 사용자가 초보자 단계를 벗어나 중급자 단계로 들어서면 오른쪽 마우스 버튼이 절실하게 필요해진다. 마우스에 버튼을 하나만 탑재하면 쉽고 단순하긴 하지만 중요한 기능을 사용하지 못하는 경우가 많다. 심플함을 위해 강력한 기능을 희생하는 셈이다. 애플도 오른쪽 클릭의 정황 메뉴의 중요성을 인정하기 시작했다. 요즘은 애플의 마우스도 (숨은) 오른쪽 클릭이 가능하다. 일시적으로 하드웨어 스크롤볼 아래에 세 번째 버튼도 추가했다. 그러나 오늘날의 애플 마우스는 거의 기능 없는 마우스 표면으로 버튼과 제스처 스와이프의 어포던스를 모두 제거해, 사용자에게 스스로 그 존재와 목적을 알아내게 한다. 반면 마이크로소프트는 친숙한 두 마우스 버튼과 스크롤휠로 계속 만족하는 듯하다.

왼쪽 마우스 버튼

직접 조작법에서 대부분의 실행 명령은 왼쪽 마우스 버튼으로 조작된다. 컨트롤을 실행하고, 정보를 선택하고, 그림을 그리는 등 다양한 액션이 가능하다. 왼쪽 마우스 버튼은 '실행'과 '선택'을 의미한다. 버튼이나 체크박스를 생각해보자. 왼쪽 마우스 버튼을 클릭하면 버튼이 눌리고 체크박스가 선택된다. 정보 영역을 클릭하면 해당 정보가 선택된다. 선택을 하는 인터랙션은 18장 뒷부분에서 자세히 다룬다.

오른쪽 마우스 버튼

오른쪽 마우스 버튼은 마이크로소프트 등에 없는 것이나 다름없었다. 이 버튼에 기능이 탑재된 것은 비교적 최근의 일이다. 몇 명의 실험적인 프로그래머가 오른쪽 버튼에 기능을 추가하기 시작했다. 초기에는 추가적인 옵션이나 고급 기능에 지나지 않았다. 볼랜드^{Borland}라는 회사는 마우스 오른쪽 버튼을 누르면 인터페이스 요소의 속성을 보여주도록 설계했다. 하지만 이때까지는 오른쪽 클릭의 효과가 그리 크지 않았다. 마이크로소프트에서 볼랜드의 리드를 따라 윈도우 95를 출시하면서 오른쪽 버튼의 역할이 크게 바뀌었다. 애플도 마지못해 마이크로소프트의 리드를 따랐고, 요즘은 오른쪽 클릭은 없어서는 안 될 정도로 중요하다. 요소의 속성을 바로 확인할 수 있고, 정황이나 클릭하는 대상에 따라 필요한 다른 메뉴를 보여주기 때문이다.

스크롤휠과 스크롤볼

포인팅 장비에 있어 스크롤휠은 무척 혁신적인 기능이다. 다양한 형태의 스크롤휠이 있지만, 일반적으로는 마우스의 가운데 손가락 부분에 장착된 경우가 많다. 휠을 앞쪽으로 돌리면 화면은 위로 올라가고, 뒤쪽으로 돌리면 화면은 아래로 내려간다. 누르면 세 번째 마우스 버튼처럼 작용하지만, 실제로 이 기능을 잘 활용하는 앱은 거의 없다. 스크롤휠을 누르면 실수로 스크롤을 약간 하지 않기가 오히려 어렵기에 그래도 괜찮다.

스크롤을 활용하면 스크롤바 인터페이스를 조작하기가 훨씬 쉬워진다(그림 18-15 참조). 일부 스크롤휠 형태로 스크롤 제어를 수직 외에 수평으로도 할 수 있다. 애플 매직 마우스 등 일부 마우스는 물리적 휠이나 볼을 정전용량형 제스처 센서로 대체했다.

부속키

마우스와 함께 부속키^{modifier key}를 활용하면 더욱 다양한 직접 조작법이 가능하다. 메타키란 Ctrl 키, Alt 키, 애플의 Command 키, Shift 키를 말한다.

흔히 이 키들로 명령문을 수정한다. 예를 들어 C 키를 누르면 텍스트 필드에 'c'가 들어가지만, Ctrl 키를 누르고 같은 버튼을 누르면 '선택한 부분을 복사하라'는 뜻이다. 윈도우 탐색기를 살펴보자. Ctrl 키를 누른 채로 파일을 드래그앤드롭하면 이동이 아닌 복사가 된다. 이 키는 흔히 마우스 동작의 조정에도 쓴다. Shift 키를 누른 채로 마우스를 움직이면 커서가 정확한 직선으로만 이동한다(위, 아래로 움직이거나 좌, 우로만 움직인다). 메타키를 눌렀을 때의 마우스 인터랙션은 18장 뒷부분에서 자세히 다룬다.

애플은 메타키의 사용법을 잘 정리해뒀다. 프로그램마다 일관성 있게 메타키를 활용하고 있다. 윈도우의 경우는 인터페이스마다 메타키가 다른 방법으로 사용되곤 한다. 하지만 최근 들어서는 어느 정도 일관성이 잡혀가고 있다(애플과 유사한 방법으로 정리됐다).

메타키를 누를 때마다 마우스 커서로 이를 알려주는 것도 좋은 방법이다. 마우스 커서의 기능과 행동이 바뀔 때마다 커서의 모양도 살짝 변경되면 알기 쉽다.

> **디자인 원칙**   메타키를 누를 때마다 마우스 커서에서 이를 알 수 있어야 한다.

포인팅

포인팅은 마우스의 가장 기본적인 조작법이다. 그래픽 인터페이스에 있어서 없어서는 안 될 인터랙션이다. 포인팅이란 사용자가 마우스를 움직여 원하는 요소 위에 커서를 올려놓는 것을 말한다. 마우스를 클릭하지 않더라도 마우스 커서를 올리면 해당 요소는 이를 시각적으로 표시해주는 경우가 많다. 대부분 해당 요소의 그래픽이 은은하게 살짝 변경된다. 은은하게 사용자에게 피드백을 제공하는 방법은 18장 뒷부분에서 자세히 다룬다.

클릭

클릭이란 마우스 커서가 특정 요소를 가리키는 상태에서 버튼을 눌렀다 떼는 것을 말한다. 일반적으로 마우스 버튼을 클릭하면 특정 요소를 선택하거나 현재 상태를 변경하게 된다. 텍스트 모드에서 마우스를 클릭하면 선택 커서가 해당 위치로 이동한다. 버튼 컨트롤에서 마우스 버튼을 누르면 인터페이스의 버튼도 눌린 상태가 된다. 손가락을 떼면 버튼이 클릭되고 해당 기능이 실행된다.

> **디자인 원칙**   마우스를 한 번 클릭하면 특정 요소를 선택하거나 기능을 실행시킨다.

하지만 사용자가 버튼을 누른 상태에서 마우스를 움직이면, 버튼은 눌리기 이전 상태로 돌아간다(하지만 손가락을 떼기 전까지 입력 포커스는 버튼에 맞춰진다). 입력 포커스와 다른 곳에서 마우스 버튼을 떼면 해당 기능은 실행되지 않는다. 이런 인터랙션은 편리한 경우가 많다. 버튼을 누른 상태에서 마음이 바뀌었거나, 실수로 다른 버튼을 클릭했을 때 쉽게 취소할 수 있기 때문이다. '마우스다운'과 '마우스업'을 구분해서 다루는 방법은 18장 뒷부분에서 자세히 다룬다.

마우스 포인팅과 클릭

마우스를 조작하는 방법은 기본적으로 크게 두 가지로 나눌 수 있다. 커서를 움직여서 특정 요소를 가리키는 것과, 버튼을 클릭하는 것이다. 더 복잡한 액션도 있지만 자세히 살펴보면 모두 포인팅과 클릭이 조합된 것이다. 마우스로 가능한 모든 액션이 다음에 정리돼 있다(메타키 조합은 생략했다). 하나씩 상세히 설명할 수 있도록 각 액션에 좀 더 쉽게 부를 수 있는 이름을 붙였다(괄호 안에 이름을 적어뒀다).

- 마우스 커서로 특정 요소를 가리키는 것(포인팅)

- 포인팅하고 왼쪽 버튼을 누른 뒤, 손가락을 떼는 것(클릭)

- 포인팅하고 오른쪽 버튼을 누른 뒤, 손가락을 떼는 것(오른쪽 클릭)

- 포인팅하고 왼쪽 버튼을 누른 뒤, 드래그하고, 손가락을 떼는 것(클릭과 드래그)

- 포인팅하고 왼쪽 버튼을 누른 뒤, 떼고, 다시 왼쪽 버튼을 누른 뒤, 손가락을 떼는 것 (더블클릭)

- 포인팅하고 왼쪽 버튼을 누른 뒤, 오른쪽 버튼을 누르고, 두 손가락을 모두 떼는 것 (동시클릭)

- 포인팅하고 왼쪽 버튼을 누른 뒤, 떼고, 다시 클릭한 뒤, 드래그하고, 손가락을 떼는 것(더블클릭과 드래그)

전문적인 사용자라면 위의 7가지 액션을 모두 활용할 것이다. 하지만 대개는 처음 5가지 액션만 주로 사용한다.

클릭과 드래그

클릭과 드래그는 다양한 인터랙션에 활용된다. 선택하고, 형태를 변경하고, 위치를 바꾸고, 그림을 그리고, 드래그앤드롭을 하는 데 클릭과 드래그가 필요하다. 좀 더 상세한 내용은 18장에서뿐 아니라 이 책의 뒷부분에서 계속해서 다룬다.

클릭과 드래그를 인식하는 영역을 설정할 때는 주의를 기울여야 한다. 사용자가 마우스를 잘못 조작할 때도 있기 때문이다. 윈도우 스크롤바를 살펴보자. 스크롤바를 클릭한 뒤 드래그하는 동안 커서가 조금 벗어나더라도 스크롤이 멈추진 않는다(버튼의 경우 커서가 버튼을 벗어나면 클릭되지 않는다). 하지만 커서가 일정 영역을 벗어나면 스크롤바는 원래 위치로 되돌아가 버린다. 스크롤은 사용자가 오랫동안 드래그를 해야 하기 때문에 인식 영역을 충분히 잡아주는 게 좋다. 하지만 커서가 너무 멀리 떨어지면 스크롤이 멈추는 것도 일리가 있다. 사용자가 스크롤이 아닌 다른 작업을 하려고 했을 수도 있기 때문이다. 어떤 프로그램은 스크롤 인식 영역이 너무 작아 짜증이 나는 경우가 많다.

트랙패드에서 클릭앤드래그가 가능할 경우 그렇게 하면, 특히 방금 설명한 시나리오에서 거의 이상적이지 않다. 정전용량형 표면에서 드래그 행동은 마우스 드래그만큼 탄탄하지 않아서, 대부분의 트랙패드에서 상대적으로 작은 표면 영역은 도움이 안 된다. 애플은 아마 바로 이 이유로 점차 더 많은 터치 제스처를 지원하면서 그 트랙패드를 확대해왔을 것이다.

더블클릭

더블클릭은 마우스를 한 번 클릭하는 것을 두 번 연속해서 하는 것을 말한다. 그렇다면 더블클릭은 마우스를 한 번 클릭했을 때의 결과도 동시에 보여줘야 한다. 실제로 마우스 커서가 특정 데이터를 포인팅하고 있을 때는 더블클릭이 싱글클릭의 결과도 보여준다. 마우스를 한 번 클릭하는 것은 특정 요소를 선택한다는 뜻이다. 더블클릭은 선택한 뒤, 특정 기능을 실행하는 것이다.

더블클릭의 정의는 애플의 맥을 경유해 제록스 알토/스타에서 정리한 바 있다. 아직까지도 그래픽 인터페이스의 표준으로 남아 있다. 하지만 더블클릭은 마우스 사용에 익숙하지 않은 사용자에게는 어려운 경우가 많다. 컴퓨터를 처음 접하는 사용자에게는 더블클릭이 무척 어렵다는 사실을 쉽게 잊곤 한다. 항상 한 번 클릭하는 것만으로도 더블클릭과 같은 효과를 낼 수 있는 기능을 인터페이스에 포함해야 한다.

아이콘이나 파일을 더블클릭하는 것은 매우 자연스러운 인터랙션이다. 하지만 더블클릭을 활용하지 않는 인터페이스도 많다. 두 번째 클릭은 무시하기도 한다. 때로는 컨트롤을 두 번 연달아서 클릭한 것으로 인식하기도 한다. 이 경우 심각한 문제가 발생하기도 한다. 토글 버튼을 더블클릭하면 다시 처음 상태로 되돌아가 버린다(빠르게 활성화됐다가 다시 비활성화된다). 클릭하자마자 같은 위치에 다른 버튼이 생기는 경우에는 예상하지 못한 결과가 발생하기도 한다. 확인 버튼을 누르자마자 다음 단계의 확인 버튼이 생기고 바로 클릭돼버릴 수도 있기 때문이다. 오브젝트가 더블클릭 가능할 경우 알려주는 어포던스도 없다. 일반적으로 더블클릭은 싱글클릭으로 충분할 경우 피해야 한다.

동시클릭

동시클릭^{chord-clicking}은 마우스의 두 버튼을 동시에 클릭하는 것을 말한다. 두 버튼을 정확하게 동시에 눌렀다가 뗄 필요는 없다. 동시클릭으로 인식되려면 첫 번째 버튼이 눌린 상태에서 두 번째 버튼을 클릭해야 한다.

동시클릭에는 두 가지 종류가 있다. 첫 번째는 특정 요소를 포인팅한 뒤 단순히 두 버튼을 동시에 클릭하는 것이다. 이런 인터랙션은 별로 자연스럽지 않기 때문에 많이 활용되지 않고 있다. 몇몇 특이한 프로그래머가 이런 종류의 동시클릭을 적용하곤 한다. Shift 키를 누르고 클릭하는 대신 동시클릭을 적용하는 경우도 있다.

드래그를 취소하는 데 동시클릭을 적용할 수도 있다. 왼쪽 버튼을 클릭해서 드래그를 하다가 오른쪽 버튼을 클릭해서 드래그를 취소하는 것이다. 그다지 자연스럽게 들리지 않는 인터랙션이다. 하지만 다양한 애플리케이션이 이런 방식을 차용하고 있다.

더블클릭과 드래그

동시클릭과 마찬가지로 고급 기능에 해당하는 인터랙션이다. 마우스를 더블클릭한 뒤 드래그하는 것은 꽤 어렵기 때문이다. 머리를 두드리면서 배를 문지르는 일만큼이나 어렵다. 전문적인 독재적 프로그램에만 사용하는 경우가 많다. 이런 프로그램은 세 번 연속 클릭하는 트리플클릭을 차용하는 경우도 있다. 더블클릭과 드래그는 고급 선택 기능에 적용할 수 있다. 마이크로소프트의 워드를 살펴보자. 텍스트를 더블클릭하면 해당 단어의 전체 영역이 자동으로 선택된다. 이 상태에서 드래그를 하면 단어 단위로 선택 영역이 확장된다.

독재적인 프로그램은 좀 더 고급화된 선택 기능을 제공하는 경우가 많다. 더블클릭과 드래그는 매우 유용한 인터랙션이 될 수 있다. 하지만 대개는 기본적인 마우스 인터랙션에 충실한 편이 좋다.

마우스다운, 마우스업 이벤트

마우스를 클릭할 때마다(혹은 트랙패드를 태핑할 때마다) 컴퓨터는 마우스다운^{mouse-down}과 마우스업^{mouse-up}이라는 두 가지 이벤트를 인식한다. 마우스다운은 마우스 버튼을 누르는 것, 마우스업은 마우스 버튼에서 손가락을 떼는 것을 말한다. 두 가지 이벤트를 다루는 방식은 제품과 플랫폼에 따라 달라진다. 한 제품과 플랫폼 내에서는 일관성이 유지돼야 한다.

특정 요소를 선택할 때는 마우스다운 이벤트에서 선택이 이뤄져야 한다. 드래그를 하는 경우를 생각해보자. 마우스 버튼을 누른 상태에서 드래그하게 된다. 아무것도 선택하지 않은 상태에서 드래그를 할 수는 없기 때문에 마우스다운에서 선택이 완료돼야 한다.

> **디자인 원칙** 특정 요소나 정보를 선택할 때는 마우스다운 상태에서 선택이 완료돼야 한다.

하지만 선택이 아니라 기능을 실행하는 경우에는 상황이 조금 다르다. 컨트롤 요소에 커서를 위치시키고 마우스다운 상태가 되면 컨트롤은 임시로만 활성화가 돼야 한다. 손가락을 떼어 마우스업 상태가 된 경우에만 해당 기능을 실행한다(그림 18-16 참조).

그림 18-16 윈도우 8 체크박스의 상태 변화. 첫 번째 그림은 선택되지 않은 체크박스다. 두 번째 그림은 마우스 커서를 올린 상태를 보여준다(마우스오버). 세 번째는 마우스를 클릭했을 때(마우스다운). 네 번째 그림은 마우스 버튼에서 손가락을 떼었을 때의 상태다(마우스업). 네 번째는 아직 마우스 커서가 체크박스 위에 있다. 다섯 번째는 마우스 커서가 이동한 상태를 나타낸다. 마우스 버튼을 누른 상태에서 체크박스가 시각적 피드백을 제공한다. 하지만 실제 체크표시는 마우스 버튼을 떼는 순간 나타난다.

마우스다운은 임시로만 컨트롤을 활성화한다. 마우스업 상태에서 기능을 실행한다. 이런 방법은 사용자가 실수로 클릭했을 때 쉽게 이를 취소할 수 있게 해준다. 버튼을 클릭한 뒤 마우스를 움직여 다른 곳에서 손가락을 떼면 해당 기능이 실행되지 않는다. 체크박스의 경우도 마찬가지다. 체크박스에서 마우스 버튼을 누르면 색이 짙어지면서 시각적으로 피드백을 준다. 하지만 실제 체크표시는 손가락을 떼는 순간 나타난다. 이런 인터랙션은 '은은한 선택 힌트'라고 한다. 은은한 선택 힌트는 13장에서 더 다뤘다.

트랙패드, 트랙볼, 제스처 센서

노트북을 사용해봤다면 거의 누구나 트랙패드를 사용해봤을 것이다. 많이들 회의, 커피숍, 식탁, 침대에 노트북을 가져갈 때 마우스를 두고 간다. 트랙패드가 마우스보다 약간 더 오류 있는 동작을 낳을 수 있으니 주의해야 한다. 정전용량형 표면의 손가락 접촉에 의존해, 드래그앤드롭이나 섬세한 위치 제어가 어렵기 때문이다. 전형적인 데스크탑 앱에 별로 영향을 주지 말아야 하지만, 사용자가 트랙패드만 쓰거나 많이 쓰리라는 점을 알 경우 고려사항이다.

윈도우 트랙패드는 보통 트랙패드 외에 별도의 좌우 버튼을 포함한다. 최근 애플 트랙패드는 이 버튼을 트랙패드 자체에 현명하게 보이지 않도록 내장시켰다. 애플 트랙패드를 누르면 적절히 버튼 클릭이 이뤄지며, 좌우 마우스 버튼 동작도 활성화된다. 한 손가락 탭은 좌클릭과 같고, 두 손가락 탭은 우클릭과 같다.

트랙볼은 흔하지 않지만, 섬세한 동작 제어가 바람직하고 공간이 값비싸거나, 볼의 회전 운동이 화면 내 오브젝트 조작에 잘 매핑되는 특수한 애플리케이션에서 여전히 사용한다 (3D 모델링 애플리케이션). 클릭앤드래그 작업은 트랙볼을 쓰면 어느 정도 이상하니, 트랙볼을 입력 수단으로 이용하는 전용 애플리케이션은 아마 그런 인터랙션의 니즈를 최소화하도록 디자인해야 할 것이다.

멀티터치 제스처 센서가 있는 마우스(와 트랙패드)는 점점 더 흔해져 애플 컴퓨터의 표준이다. 운영체제는 보통 그 자체의 용도로 지원하는 제스처를 유지한다. 그러나 애플리케이션이 제스처를 사용할 수 있는 경우, 그 구현을 세심히 검토해야 한다. 그런 제스처는 아주 좋은 이유 없이는 OS 제스처에 간섭하지 말아야 하며, 기능 접근이나 내비게이션 수행의 주요 방법이어서는 안 된다. 제스처에 어포던스가 부족하기에, 오히려 키보드 가속기 및 기타 명령어 단축키처럼 파워유저 기능으로 간주해야 한다.

커서

포인팅과 데스크탑 내 선택은 커서^{cursor}를 통해 이뤄지며, 커서는 마우스의 위치를 화면에 표시하는 역할을 한다. 일반적으로 커서는 왼쪽 위를 향하는 작은 화살표 모양이다. 하지만 프로그램에 따라 어떤 모양으로든 변경할 수 있다(윈도우 8의 경우 32×32픽셀로 제한돼 있다). 커서가 실제로는 픽셀 하나만 클릭하도록 되어 있다. 따라서 커서의 형태도 어느 위치를 클릭하는지 정확하게 알 수 있어야 한다. 커서를 디자인할 때는 실제로 클릭하는 픽셀을 표시해야 한다. 이 픽셀을 핫스팟^{hotspot}이라고 부른다. 일반적인 화살표 모양의 커서에서는 왼쪽 상단의 화살표 끝 부분이 핫스팟이 된다. 어떤 모양의 커서든 간에 핫스팟은 픽셀 하나뿐이다.

직접 조작법을 제대로 적용하려면 시각적으로 충분한 피드백을 제공해야 한다. 사용자가 인터페이스의 어떤 부분을 조작할 수 있는지 한눈에 알 수 있어야 한다. 어떤 부분이 정보 영역이고 어떤 부분이 장식인지 명쾌하게 디자인해야 한다. 13장에서 논한 대로 마우스 커서에서 시각적인 피드백을 제공하는 것도 매우 중요하다.

선택

선택^{selection}이란 인터페이스에서 요소나 기능을 클릭하는 것을 말한다. 선택은 매우 단순한 인터랙션이다. 특정 아이템을 가리킨 뒤 클릭하는 것이 전부이기 때문이다(물론 키보드나 버튼 입력장치를 활용할 수도 있다). 선택은 더 복잡한 인터랙션의 바탕이 된다. 일단 특정 요소를 선택하고 나면, 선택된 요소에 더 복잡한 기능을 추가 적용할 수 있기 때문이다. 이런 인터랙션을 명사-동사 명령^{object verb ordering}이라고 부른다.

선택과 명령

사용자는 인터페이스를 활용할 때 원하는 명령을 내릴 수 있어야 한다. 모든 명령은 무엇을 수행하고자 하는지를 설명하는 동사가 필요하다. 해당 기능을 어떤 대상에 적용하려고 하는지 명사도 있어야 한다.

명령을 실행하는 방법에는 두 가지가 있다. 동사를 먼저 적용하는 방식('던져라, 그 공을')과 명사를 먼저 적용하는 방식('그 공을 던져라')이 있다. 일반적으로 동사-명사 명령과 명사-동사 명령이라고 부른다. 요즘의 인터페이스는 두 가지 방식을 모두 활용한다.

동사-명사 명령은 영어의 문장 구조와 일치한다. 명령행에서 키보드로 명령어를 입력하던 시절에는 동사-명사 구조를 따르는 것만이 적절하게 여겨졌다(예를 들어, 유닉스에서는 파일을 지울 때 'rm filename.txt'라고 입력한다).

하지만 그래픽 사용자 인터페이스에서는 동사-명사 명령어를 적용하는 데 문제가 있었다. 그래픽 인터페이스에는 명령행처럼 규격화된 명령어 체계가 없기 때문이다. 명령을 수행하는 다양한 인터랙션을 구현하는 데 어려움이 있었다. 사용자가 동사로 된 명령어를 내리면 명사를 받아들일 수 있는 상태로 전환해야 했다. 동사를 적용할 수 있는 대상을 받아들여야 했기 때문이다. 사용자가 한 개의 요소를 선택하면 해당 명령은 끝이 났다. 하지만 사용자가 한 개 이상의 요소를 동시에 선택하고자 할 때는 문제가 있었다. 사용자가 미리 몇 개의 요소를 선택할지 명시하지 않으면 시스템은 알 길이 없었다. 혹은 사용자가 원하는 만큼 요소를 선택한 뒤, 선택이 끝났다는 명령을 다시 내려야 했다. 두 가지 방법 모두 사용자에게는 전혀 자연스러운 인터랙션이 아니다. 학습하기도 매우 어려운 디자인 숙어다. 동사-명사 명령은 언어적인 명령어 체계가 잘 갖춰진 명령행에서는 잘 돌아간다. 하지만 그래픽 사용자 인터페이스에서는 효과적이지 않다.

명사-동사 형태의 명령은 이런 문제를 해결해준다. 요소를 하나 선택하자마자 명령이 실행돼버리는 위험도 없다. 먼저 실행하고자 하는 대상을 모두 선택한 뒤 기능에 해당하는 동사를 선택하면 되기 때문이다. 애플리케이션은 선택된 모든 요소에 해당 기능을 적용한다. 여러 개의 요소를 여러 번 선택할 필요도 없다. 다양한 요소를 선택한 뒤 여러 개의 기능을 반복해서 적용할 수도 있다. 특정 요소를 선택하면 여기에 적용할 수 있는 기능만 보여줄 수 있기 때문에 무척 편리하다. 사용자가 모든 기능 목록을 확인할 필요가 없기 때문이다. 시각적, 인지적 부담이 훨씬 줄어드는 셈이다(그래픽 인터페이스에서는 모든 기능을 시각적으로 표현해야 한다).

그래픽 인터페이스에서는 선택이 매우 중요해졌다. 동사-명사 명령 인터페이스에서는 '선택'이라는 컨셉 자체가 필요하지 않았다. 어떤 기능을 적용하려면 선택된 대상을 표시하는 방법이 필요해졌다.

명사-동사 방식의 명령 체계는 금방 이해하기 어려울 수도 있다. 하지만 한 번 배우고 나면 쉽게 잊히지 않는다(아웃룩에서 메일을 먼저 선택한 뒤 삭제 버튼을 누르는 것은 금세 자연스러워진다). 영어의 문장 구조를 생각해보면 목적어인 명사를 먼저 선택하는 것은 어색하게 느껴질 수도 있다. 하지만 일상생활에서는 대상을 먼저 선택하는 일이 매우 자연스럽다. 병을 먼저 집은 뒤 병따개로 마개를 열기 때문이다.

직접 조작법을 차용하지 않는 인터페이스에서는 선택의 개념이 없을 수도 있다. 모드형 대화상자를 생각해보자. 일반적으로 대화상자는 선택 가능한 목록과 확인 버튼으로 구성된다. 사용자는 기능을 먼저 선택한 뒤 대상을 골라야 한다.

직접 조작법 인터페이스에서는 명사-동사 방식의 명령이 일반적이다. 하지만 동사-명사 명령이 더 유용한 경우도 있다. 명령을 내리기 전에 대상이 명확하지 않은 경우도 있기 때문이다. 지도 소프트웨어를 생각해보자. 지도 프로그램을 시작할 때마다 사용자가 항상 정확한 주소를 알고 있는 건 아니다(주소록을 통해 지도 프로그램을 시작하는 경우에는 주소를 먼저 선택하게 된다). 대개 사용자는 일반적인 지도(세계지도 등)를 먼저 확인한 뒤, 정확한 주소를 입력한다.

구분선택과 연속선택

선택은 매우 단순한 인터랙션이다. 하지만 선택 인터랙션도 몇 가지로 구분할 수 있다. 인터페이스에서는 다양한 요소를 선택하게 된다. 선택하는 대상의 특성에 따라 인터랙션도 두 가지로 나뉜다.

선택하는 대상이 개별적인 요소로 정확히 구분되는 경우도 있다. 각 요소를 따로 조작할 수 있다. 바탕화면의 아이콘이나 일러스트레이터의 벡터 오브젝트는 서로 구분돼 있다. 이런 오브젝트는 한 공간 내에 서로 떨어진 개체로 존재한다. 각 개체를 따로 선택할 수 있다. 이런 요소를 **구분된 정보**$^{discrete\ data}$라고 부른다. 구분된 정보는 **구분선택**$^{discrete\ selection}$이 가능하다. 구분된 정보가 항상 같은 종류의 정보일 필요는 없다. 구분된 정보를 연속해서 선택할 수 없는 경우도 있다.

선택 대상이 연속된 정보인 경우도 있다. 작은 정보의 조각들이 연속적으로 배열된 경우다. 워드 프로세서의 문장이나 스프레드시트의 셀을 생각해보자. 수백, 수천 개의 오브젝트가 연결돼 하나의 정보를 구성한다. 이런 정보는 연속적으로 선택하는 경우가 많다. 이런 정보와 선택 방식을 연속된 정보$^{contiguous\ data}$, 연속선택$^{contiguous\ selection}$이라고 부른다.

연속선택과 구분선택에서 모두 '클릭' 및 '클릭과 드래그'를 고려해야 한다. 마우스를 한 번 클릭하는 것은 구분된 요소를 하나 선택한다는 뜻이다. 마우스를 클릭한 뒤 드래그하면 좀 더 많은 요소를 한꺼번에 선택할 수 있다. 하지만 이 두 인터랙션에는 큰 차이가 있다.

워드 프로세서의 문서는 연속적인 정보다. 문서의 글자는 일정한 순서로 나열돼 있어야 한다. 글자의 순서를 바꾸면 문장의 의미도 망가져 버린다. 워드의 문서에 포함된 글자는 처음부터 끝까지 의미에 따라 나열돼 있다. 일반적으로 글자를 선택할 때는 단어나 문장 단위로 선택하게 된다. 무작위로 선택한 글자의 조합은 의미가 없다. 물론 기능적으로는 연속되지 않은 단어와 문단을 선택할 수도 있다. 하지만 선택된 영역을 시각적으로 확인하기도 어려울뿐더러 사용자가 원하지 않는 결과가 발생하는 경우가 더 많다. 구분된 정보는 특정한 순서가 없다.

물론 구분된 정보도 특정 순서에 따라 배열할 수 있다(폴더의 파일을 작성된 날짜에 따라 정렬할 수 있다). 하지만 이런 순서는 필연적인 것이 아니다. 언제든 사용자는 각 요소를 따로 선택할 수 있다(Ctrl 키를 누른 채 선택하면 떨어져 있는 정보도 동시에 선택할 수 있다). 물론 구분된 정보를 특정 순서에 따라 정렬한 뒤 연속적으로 선택하는 경우도 있다(파일을 시간 순서로 정렬한 뒤 오래된 파일만 전부 선택할 수 있다). 벡터 기반의 프로그램에서는 오브젝트를 연속적으로 선택하는 경우도 있고 개별적으로 선택하는 경우도 있다. 일러스트레이터나 파워포인트를 생각해보자. 가까이 있는 오브젝트를 한꺼번에 드래그해서 선택할 수 있다. 혹은 서로 떨어져 있는 도형을 각각 선택할 수도 있다.

선택 비활성화

일반적으로 사용자가 특정 요소를 선택하면 먼저 선택돼 있던 요소는 해제된다. 이런 인터 랙션을 선택 비활성화 mutual exclusion 라고 한다. 새로운 선택이 이전의 선택을 비활성화하는 셈이다. 특정 오브젝트를 클릭하면 해당 요소가 선택된다. 다른 요소를 클릭하기 전까지 선택 상태가 지속된다. 선택 비활성화는 구분선택과 연속선택에 모두 적용된다.

　어떤 애플리케이션의 경우는 선택된 요소를 다시 클릭하면 선택이 해제된다. 이때는 아무것도 선택되지 않는 상황이 발생할 수 있다. 명령을 내려도 적용되는 요소가 아무것도 없는 셈이다. 디자인하는 제품에 이런 인터랙션이 적절한지 신중히 검토해야 한다.

추가 선택

선택한 요소가 화면 밖으로 스크롤돼서 보이지 않는 경우도 있다. 화면에 보이는 요소를 클릭하면 이전에 선택된 요소가 선택해제된다. 긴 문서에서 많은 양의 텍스트를 한꺼번에 선택해야 하는 경우도 있다. 이럴 때는 선택한 정보를 관리하기가 쉽지 않다. 화면에 보이지 않는 부분이 있기 때문에 내용이 어떻게 바뀌고 있는지를 확인할 수 없기 때문이다. 선택한 정보가 스크롤되어 화면 밖으로 사라지는 인터랙션은 꽤나 복잡하다. 하지만 대부분의 프로그램에서 연속선택은 스크롤과 연결된 경우가 많다.

　선택 비활성화와는 반대로 구분된 요소를 계속해서 선택 영역에 추가하는 기능도 있다. 이런 인터랙션을 추가 선택 additive selection 이라고 한다. 목록상자 인터페이스를 생각해보자. 여러 옵션을 계속해서 선택할 수 있다. 선택한 옵션을 다시 한 번 클릭하면 선택이 해제된다. 원하는 옵션을 모두 선택한 뒤 확인 버튼을 누르면 한꺼번에 기능이 적용된다.

　대부분의 프로그램은 구분선택을 할 때 이전의 선택이 비활성화되는 방식을 기본으로 채택하고 있다. 추가 선택을 하려면 메타키를 활용해야 한다. 윈도우의 경우 Shift 키를 누르면 연속선택이 된다. Ctrl 키를 누르면 추가적인 구분선택을 할 수 있다. 드로잉 프로그램을 생각해보자. 그래픽 요소를 선택한 상태에서 Shift 키를 누르고 다른 요소를 선택하면 추가 선택이 된다.

일반적으로 연속선택이 주를 이루는 프로그램에서는 추가 선택을 제공하지 않는 게 좋다(선택된 영역을 한눈에 볼 수 있는 화면이 있다면 추가 선택을 제공할 수 있다). 대신 연속해서 선택된 영역을 확장할 수 있는 기능이 필요하다. 메타키를 누르고 선택 영역을 확장할 수 있게 한다. 워드의 경우는 Shift 키를 누르면 이미 선택된 영역에 추가로 선택한 영역을 더할 수 있다.

윈도우 목록상자나 파일 탐색기는 추가 선택을 할 때 Ctrl 키와 Shift 키를 모두 활용한다. 목록상자의 항목이나 탐색기의 파일은 모두 구분된 정보다. Ctrl 키를 누른 뒤 요소를 클릭하면 구분된 요소가 추가로 선택된다. 하지만 Shift 키를 누르면서 선택하면 선택 영역이 연속적으로 확장된다. 구분된 정보가 연속적인 선택 영역에 포함되는 셈이다. 이런 인터랙션은 혼란스러운 경우가 많다. 구분된 정보를 선택하는 일반적인 디자인 숙어가 아니기 때문이다.

그룹 선택

클릭과 드래그는 그룹화된 정보를 선택하는 데 유용하다. 연속된 정보에서는 마우스를 클릭하는 순간부터 드래그를 한 뒤 마우스를 떼는 순간까지의 정보가 선택된다. 메타키를 적용하면 좀 더 고급화된 기능을 활용할 수 있다. 워드의 경우를 살펴보자. Ctrl 키를 누른 채로 선택을 하면 문장 전체를 선택할 수 있다. 이 상태로 드래그를 하면 문장 단위로 선택 영역을 확장할 수 있다. 독재적 프로그램은 더욱 복잡한 고급 기능도 생각해볼 수 있다. 전문 사용자는 고급 기능도 잘 기억하고 활용하기 때문이다. 하지만 이런 고급 기능도 이해하기 쉽고 명쾌해야 한다.

구분된 정보에서 클릭과 드래그는 요소를 드래그앤드롭하는 것을 의미한다. 하지만 구분된 요소 사이의 공간에서 클릭과 드래그를 시작하면 상황이 달라진다. 그림 18-17처럼 선택 영역을 보여주는 사각형을 그리게 된다.

선택 영역 사각형^{drag rectangle}은 마우스가 움직임에 따라 실시간으로 크기가 조절된다. 마우스를 클릭한 부분이 좌측 상단의 모서리가 되고, 마우스를 떼는 부분이 우측 하단 모서리가 된다. 마우스 버튼을 떼는 순간 이 선택 영역 안에 포함된 모든 요소가 그룹으로 선택된다.

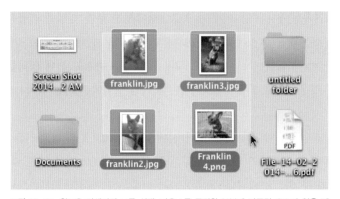

그림 18-17 윈도우 탐색기의 그룹 선택. 마우스를 클릭한 부분에 아무런 요소가 없을 때는 선택 영역 사각형을 그릴 수 있다. 클릭과 드래그를 한 뒤 마우스를 떼는 시점에 사각형 안에 포함된 모든 요소가 그룹으로 선택된다. 다양한 드로잉 프로그램이나 워드 프로세서에서 자주 활용되는 인터랙션이다. 마우스를 클릭한 시점부터 좌측 상단에서 우측 하단으로 사각형을 그리게 된다.

선택 영역 표시

사용자는 선택된 영역을 한눈에 알 수 있어야 한다. 다양한 요소로 가득 찬 화면에서도 선택된 요소는 쉽게 파악할 수 있어야 한다. 하지만 선택표시가 해당 요소의 특징을 가려서는 안된다.

> **디자인 원칙** ▷ 선택된 요소를 한눈에 파악할 수 있어야 한다.

선택된 요소와 그렇지 않은 요소를 한눈에 구분하는 것은 매우 중요하다. 여타 요소와 조금 다르게 표시하는 것만으로는 충분하지 않다. 색을 잘 구분하지 못하는 사용자도 고려해야 한다. 선택된 요소를 색상만으로 표시해서는 안 된다.

과거에는 선택된 요소는 반전시켜서 표현하곤 했다(검은색은 흰색으로, 흰색은 검은색으로 바꾸는 것이다). 대비가 명확하게 두드러지는 표현 방식이다. 하지만 컬러 모니터에서는 큰 효과가 없다. 다양한 표현 방식으로 선택 영역을 표시할 수 있다. 배경 색상을 변경하거나 외곽선을 표시할 수 있다. 3D 그래픽을 적용하거나 영역과 핸들을 추가할 수도 있다. 애니메이션이 있는 표식을 붙일 수도 있다.

드로잉 프로그램이나 페인팅, 애니메이션, 프리젠테이션 소프트웨어를 생각해보자. 이런 경우에는 선택된 오브젝트의 속성을 변경해 선택 영역을 표시하는 것은 좋은 방법이 아니다. 선택된 요소의 주변에 영역과 핸들^{handle}을 표시해주는 게 좋다. 대부분의 드로잉 프로그램은 이런 방식을 취하고 있다. 선택된 오브젝트의 주변에 작은 네모를 나타내는 것이다. 핸들을 마우스로 조작할 수 있다는 사실을 쉽게 알 수 있다.

오브젝트가 명확하지 않은 프로그램도 있다(어도비 포토샵은 벡터 오브젝트가 아닌 사진 이미지를 다룬다). 사진 이미지는 좀 더 복잡하기 때문에 핸들을 한눈에 파악하기 어렵다. 이럴 때는 좀 더 확실한 방법이 필요하다. 어떤 색상의 이미지에서도 잘 보이는 선택표시를 적용해야 한다. 선택 영역이 애니메이션되면 쉽게 찾아낼 수 있다.

매킨토시의 맥페인트^{MacPaint}는 처음으로 선택 영역을 움직이는 점선으로 표현했다. 선택 영역을 따라 점선이 조금씩 움직이는 것이다. 점선의 움직임은 마치 개미떼가 지나가는 것처럼 보인다. 이런 효과를 개미 행진^{marching ant}이라고 부르기도 한다. 요즘은 마키^{marquee}라고 부르는 경우가 더 많다. 실제 마키, 즉 구식 영화관의 정문 앞에 번쩍이는 불빛의 움직임과 비슷하기 때문이다. 어도비 포토샵도 마키를 적용하고 있다. 사진 위의 영역을 선택하면 마키가 나타난다. 선택 영역을 한눈에 확인할 수 있다(전문 사용자는 단축키로 선택 영역이 보이지 않도록 설정할 수도 있다. 사진에 좀 더 집중하면서 편집할 수 있기 때문이다). 마키의 애니메이션은 매우 단순하다. 적절한 수준의 움직임을 결정하려면 세심한 주의가 필요하다. 어떤 이미지를 적용하더라도 선택 영역이 잘 보이도록 설정해야 한다.

추가 입력과 대체 입력

특정 요소를 선택하고 나면 선택된 요소에 추가적인 액션을 적용할 수 있다. 선택된 부분에 새로운 데이터를 입력하거나 오브젝트를 붙여넣을 수도 있다(키보드 입력이나 붙여넣기 명령으로). 구분된 정보가 한 개 혹은 여러 개 선택된 경우를 생각해보자. 이 상태에서 새로운 정보를 입력하면 선택된 정보에 추가적인 내용이 더해진다. 새로운 정보가 더해지는 방법은 여러 가지가 있다. 원래 정보는 사라지고 새로운 정보로 대체^{replacement}되는 경우도 있고, 프로그램에 따라 특수한 방법으로 처리되는 경우도 있다. 파워포인트를 살펴보자. 도형이 선택된 상태에서 키보드를 입력하면, 도형 내부에 글자가 추가된다.

연속선택의 경우는 데이터가 선택된 상태에서 추가로 입력되는 정보가 항상 이전의 정보를 대체한다. 워드 프로세서를 생각해보자. 문장이 선택된 상태에서 키보드를 쳐보자. 원래 문장은 사라지고 새로 입력하는 문장이 남는다. 연속선택에서 선택된 영역은 단순히 위치만을 의미한다. 선택된 영역의 정보는 큰 의미가 없다. 연속된 정보 사이의 위치가 더 중요하다. 이 영역을 추가 입력 위치^{insertion point}라고 부른다.

워드 프로세서에서는 캐럿^{caret}이 글자가 입력되는 위치를 나타낸다. 캐럿이란 두 글자 사이에서 깜박이는 가는 선모양의 커서를 말한다. 캐럿은 두 글자 사이에 위치하기 때문에 아무엇도 선택한 상태가 아니다. 화면의 다른 곳을 클릭하면 캐럿도 이동한다. 하지만 마우스를 드래그하기 시작하면 캐럿은 사라지고 문장을 덮는 넓은 선택 영역이 나타난다.

스프레드시트에서도 연속선택이 가능하다. 하지만 워드 프로세서의 연속선택과는 개념이 다르다. 스프레드시트에는 정보를 담고 있는 셀이 연속적으로 나열돼 있다. 워드 프로세서처럼 두 셀 사이를 선택할 수는 없다. 마우스를 한 번 클릭하면 정확히 셀을 하나 선택하는 셈이 된다. 스프레드시트에서 추가 입력 위치는 명확하지 않다. 향후 디자인 발전 가능성이 엿보이는 부분이다. (두 행 사이에 새로운 행을 삽입하려면 과정이 복잡하다. 두 행 사이에 캐럿을 위치시키고 키보드를 입력하기 시작하면 새로운 행을 추가할 수 있지 않을까?)

워드 프로세서와 스프레드시트의 선택 인터랙션이 모두 가능한 경우도 있다. 파워포인트의 슬라이드를 살펴보자. 왼쪽의 슬라이드 정렬 창에서는 다양한 선택 모드가 가능하다. 한 개의 슬라이드를 선택할 수도 있고, 두 슬라이드의 사이를 선택할 수도 있다. 슬라이드 하나를 선택하면 해당 슬라이드가 화면에 나타난다. 두 슬라이드 사이의 공간을 선택하면 깜박이는 캐럿이 표시된다.

추가 입력 위치를 제공하는 프로그램에서는 특정 요소를 선택하려면 클릭과 드래그를 해야 한다. 워드 프로세서를 생각해보자. 한 글자를 선택하는 경우라도 해당 글자 하나를 드래그해야 한다. 사용자는 클릭과 드래그에 익숙해야만 프로그램을 원활하게 활용할 수 있다. 드래그앤드롭으로 요소를 이동하려면 더 복잡한 과정이 필요하다. 워드에서 선택 영역을 이동하려면 먼저 클릭과 드래그로 영역을 선택해야 한다. 그 다음 해당 문장을 다른 위치로 드래그앤드롭한다. 엑셀에서는 셀의 특정 위치를 클릭해야만 드래그앤드롭이 가능하다. 셀 모서리의 한두 픽셀만 드래그앤드롭을 인식한다. 선택된 영역을 이동시키려면 재빨리 드래그앤드롭을 완료해야 한다. 그렇지 않으면 다른 영역이 새로 선택될 수도 있기 때문이다. 워드 프로세서에서 클릭과 드래그로 단어를 선택하는 일은 꽤 까다롭다. 더블클릭을 하면 특정 단어 전체를 선택할 수 있는 대안도 있다.

드래그앤드롭

드래그앤드롭은 직접 조작법의 핵심이다. 드래그앤드롭이 없는 WIMP 인터페이스란 있을 수 없다. 드래그앤드롭이란 특정 요소를 클릭한 상태에서 다른 위치로 이동하는 것을 말한다. 원하는 위치에서 마우스 버튼을 떼면 된다. 생각만큼 드래그앤드롭이 효과적으로 활용되지 않고 있다. 하지만 이 인터랙션에는 무궁한 가능성이 있다.

특히 웹이 인기를 얻기 시작하면서 많은 개발자가 웹 인터랙션을 분별없이 적용하기 시작했다. 웹 방식의 인터랙션이 최고의 인터랙션이라는 잘못된 생각이 자리 잡기도 했다. 이에 따라 드래그앤드롭이 필요한 곳에 전혀 적절하지 않은 인터랙션이 적용된 경우도 있다. 다행히도 웹 기술이 발전하면서 인터넷 브라우저에서도 드래그앤드롭을 다양하게 사용할 수 있게 됐다. 여전히 드래그앤드롭을 효과적으로 활용하기에는 부족한 면이 있긴 하지만, 이제는 다양한 플랫폼에서 리치 인터랙션이 주목을 받고 있다.

드래그앤드롭^{drag-and-drop}은 '요소를 클릭한 뒤 새로운 위치로 이동시키는 것'을 의미한다. 하지만 좀 더 넓은 의미의 기능이 있다. 정확한 의미는 '요소를 클릭한 뒤 움직여서 새로운 형태를 적용하는 것'이다.

맥은 처음으로 드래그앤드롭을 멋지게 적용했다. 이 인터랙션의 가능성을 보여준 셈이다. 하지만 처음에는 드래그앤드롭이 그 효과를 모두 보여주지 못했다. 우선 드래그앤드롭이 운영체제 전체에 적용되지 않았었다. 오직 파인더^{Finder}에서만 가능한 인터랙션이었다. 또 처음에는 맥이 멀티태스킹을 지원하지 않았다. 한 번에 하나의 프로그램만 실행해야 했기 때문에 다른 애플리케이션으로 파일을 드래그하는 게 불가능했다.

애플은 훌륭하게도 최초로 제작한 사용자 인터페이스 가이드에서부터 드래그앤드롭 인터랙션을 상세하게 설명했다. 반면 마이크로소프트는 상황이 다르다. 초기 버전의 윈도우는 드래그앤드롭을 지원하지 않았을뿐더러 개발 문서에도 관련 설명이 누락돼 있다. 하지만 지금은 마이크로소프트도 드래그앤드롭을 멋지게 지원하고 있고, 꽤 훌륭한 기능도 제안하고 있다. 독^{Dock}에 장착할 수 있는 팔레트나 이동 가능한 툴바 등을 예로 들 수 있다.

그래픽 사용자 인터페이스에는 다양한 '직접 조작법' 인터랙션이 있다. 하지만 드래그앤드롭은 특히 직접적인 조작이 가능한 인터랙션이다. 파일을 직접 선택해서 옮길 수 있기 때문이다. 파일을 다른 폴더로 옮길 때도 드래그앤드롭을 활용한다. 문서를 열 때도 활용할 수 있다(파일을 애플리케이션 아이콘 위로 끌어넣으면 된다). 드로잉 프로그램의 경우는 캔버스에서 오브젝트를 이동할 수 있다.

덜 직접적인 드래그앤드롭도 있다. 특정 영역으로 오브젝트를 끌어넣어서 기능을 실행하는 것이다. 이런 인터랙션은 활용 사례가 적긴 하지만 매우 유용하다. 맥 OS X의 오토메이터^{Automator}는 이 인터랙션을 잘 활용하고 있다(그림 18-18 참조).

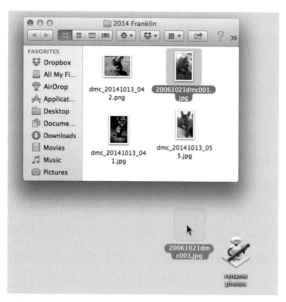

그림 18-18 맥 OS X의 오토메이터는 자주 실행하는 작업을 일괄처리할 수 있는 프로그램이다. 사진의 이름을 변경하는 것과 같은 작업을 업무 아이콘으로 만들 수 있다. 파일이나 폴더를 해당 업무 아이콘으로 끌어넣으면 기능이 적용된다. 엄밀히 말하면 직접 조작이 아닐 수도 있다. 하지만 명령어를 입력하는 것보다 훨씬 직접적으로 일괄작업을 실행할 수 있다.

드래그앤드롭의 시각적 피드백

앞서 설명했듯이, 사용자가 조작할 수 있는 요소는 은은한 힌트를 제공해야 한다. 정지된 이미지로 힌트를 줄 수도 있고, 마우스의 움직임에 반응하는 실시간 피드백을 제공할 수도 있다. 아이콘을 드래그할 수 있다는 사실은 금방 파악할 수 있다. 아이콘이나 텍스트 등 특정 요소를 사용자가 직접 조작할 수 있다는 인터랙션은 쉽게 잊히지 않는다. 하지만 구체적으로 어떻게 조작할 수 있는지 상세한 방법은 오래 기억하기 어렵다. 사용자가 오브젝트를 클릭하거나 드래그하는 순간 명확한 피드백을 제공해야 한다. 인터페이스를 처음 접하는 사용자나 오랜만에 다시 활용하는 사용자도 쉽게 알 수 있어야 한다(글자로 설명해주는 것도 한 가지 방법이다). 되돌리기 기능을 제공하면 자유롭게 조작해본 뒤 취소할 수 있다.

드래그앤드롭을 하려고 마우스를 클릭하는 순간 커서 아래에 놓인 요소는 드래그앤드롭의 대상 오브젝트가 된다. 버튼을 누른 채로 마우스를 움직이면 대상 오브젝트도 따라 움직인다. 커서가 움직이면서 여러 다른 요소 위를 지나게 된다. 마우스 버튼을 떼기 전까지는 어떤 오브젝트가 드래그앤드롭의 목적지가 될지 알 수 없다. 마우스 커서가 지나는 모든 오브젝트가 드롭 후보 대상drop candidates이 된다. 대상 오브젝트와 드롭 목적지는 하나씩만 존재한다. 하지만 드롭 후보 대상은 여러 개가 될 수 있다.

드롭 후보 대상은 마우스 커서의 핫스팟이 지날 때마다 시각적인 피드백을 제공해야 한다. 마우스 버튼을 떼는 순간 드롭을 받아들일 거라는 사실을 알려줘야 한다. 드롭이 불가능한 요소도 마우스의 움직임을 인식했다는 피드백을 전달해야 한다. 이런 피드백은 커서의 움직임에 따라 반응하므로 실시간 시각적 힌트인 셈이다.

드롭 후보 대상 위를 지날 때 마우스 커서에서 피드백을 제공하는 것은 명확하지 않다. 커서는 어떤 대상을 드래그하고 있는지를 표현하는 데 집중해야 하기 때문이다. 드롭이 가능한 영역이라고 알려주는 것은 드롭 후보 대상에서 직접 표시하는 게 가장 좋다.

마우스 커서의 피드백과 드롭 후보 대상의 피드백은 명확히 구분해야 한다. 하지만 마이크로소프트 윈도우는 적절하지 않은 피드백을 제공하고 있다. 드롭이 불가능한 요소 위로 아이콘을 드래그하면 마우스 커서에서 피드백이 제공된다. 이것은 사용자 중심이 아닌 개발 코드 중심으로 디자인된 것이다. 드롭 후보 대상의 디자인을 변경하는 것보다 마우스 커서를 변경하는 편이 훨씬 쉽기 때문이다. 하지만 마우스 커서는 드래그하는 대상을 표현하는 데 집중해야 한다. 드롭 후보 대상과 관련된 피드백은 드롭 후보 대상에 직접 표시하는 게 바람직하다.

윈도우의 마우스 커서 힌트는 인터랙션도 이상하지만 그래픽도 적절하지 않다. '금지'라는 뜻으로 통용되는 심볼을 사용하고 있기 때문이다(동그라미에 대각선이 그어 있는 것). 이런 심볼은 사용자에게 뭔가 할 수 없다는 신호를 전달하기 때문에 불쾌할 수밖에 없다. 부정적인 피드백은 적절하지 않다. 사용자는 '마우스 버튼을 떼지 말 것!'이나 '지금 마우스 버튼을 떼면 심각한 손상을 입을 수 있음!' 등으로 메시지를 잘못 해석할 수도 있다. 하지만 이때 오브젝트를 드롭해도 아무 일도 발생하지 않는다. 마이크로소프트의 예시는 여러 가지 잘못된 디자인 숙어를 적용하고 있다. 마이크로소프트 스타일 가이드가 이를 명시하고 있다면 반드시 수정해야 한다.

사용자가 마우스 버튼을 떼면 드롭이 실행된다. 지금 선택돼 있는 드롭 후보 대상이 드롭 목적지가 된다. 마우스 버튼을 뗀 곳이 드롭이 불가능한 곳인 경우에는 아무 일도 발생하지 않는다. 드롭 목적지가 없기 때문이다. 시각적으로 아무런 피드백을 제공하지 않아도 된다. 드래그앤드롭 인터랙션은 아무 일도 없이 조용히 끝나버리는 셈이다. 사용자가 액션을 취소한 것도 아니다. 취소 표시를 보여줄 필요도 없다.

드래그 힌트

드래그가 가능한 요소를 알려줄 때 커서 힌트를 적용하는 것은 바람직하지 않다. 특히 오브젝트 중심의 프로그램 환경에서 커서 힌트는 문제가 된다. 드래그가 불가능한 요소보다 가능한 요소가 더 많기 때문이다. 오브젝트 위를 지날 때마다 커서의 모양이 바뀌면 무척 정신이 없을 것이다. 이럴 때는 드래그 힌트를 제공하지 않는 것도 좋다. 사용자가 직접 클릭하고 드래그해보게 하는 것이다. 윈도우 탐색기나 맥의 파인더에서도 이런 방식을 차용하고 있다. 하지만 힌트가 전혀 없다면 사용자는 혼란스러울 수도 있다. 드래그되는 요소를 찾기 어려울 수도 있기 때문이다. 부가적인 표시를 추가하는 것도 좋은 방법이다. 툴팁을 보여주거나 글로 설명해줄 수도 있다.

특정 오브젝트를 클릭하고 드래그하기 시작했다면, 드래그앤드롭이 진행 중이라는 사실을 시각적으로 알려줘야 한다. 가장 확실한 방법은 드래그하는 대상에 애니메이션을 적용하는 것이다. 대상 오브젝트가 실시간으로 움직일 수 있다.

드래그앤드롭 인터랙션에서는 커서의 핫스팟을 명확하게 파악할 수 있어야 한다. 큼직한 오브젝트를 드래그하는 경우를 생각해보자. 예를 들어 가로 세로 6센티미터의 사각형을 1센티미터 사각형 안에 드롭해야 한다고 해보자. 대상 오브젝트가 너무 커서 드롭 목적지를 제대로 볼 수가 없다. 대상 오브젝트가 여러 개의 드롭 후보 대상 위로 떨어질 수도 있다. 마우스 커서의 핫스팟이 정확하게 드롭 목적지를 가리켜야 하지만 쉽지 않다. 이럴 때는 드래그하는 대상을 외곽선으로만 표시하거나 작은 섬네일로 표시하는 게 바람직하다. 마우스 커서가 가리키는 곳을 쉽게 확인할 수 있기 때문에 드래그앤드롭이 훨씬 수월해진다. 일반적으로 화살표 모양의 커서 끝 부분이 정확한 핫스팟이 된다.

움직이는 대상을 외곽선으로만 표시할 때는 여러 가지 장점이 있다. 대상의 원본 이미지가 처음 위치에 그대로 남아 있기 때문이다. 원본 이미지와 마우스 커서의 상대적인 거리를 시각적으로 확인할 수 있다.

드롭 후보 대상 표시

특정 요소를 클릭한 뒤 마우스를 드래그하면서 다양한 요소 위를 지나게 된다. 드래그하는 대상이 외곽선으로 표시된다면, 이 외곽선과 마우스 커서가 여러 드롭 후보 대상을 거치게 된다. 마우스 커서 밑에 놓인 요소는 드롭을 할 수 있다는 점을 시각적으로 표시해야 한다.

마우스 버튼을 떼는 순간 대상 오브젝트가 드롭 후보 대상에 적용될 것이라는 사실을 알려 줘야 한다(물론 프로그램은 해당 요소 위에 대상 오브젝트를 드롭할 수 있는지 아닌지를 미리 판단해야 한다).

화면에 보이지 않는 요소에는 드롭을 할 수 없다. 프로그램이 실행되는 동안 화면에 보이는 요소 위에만 특정 오브젝트를 드롭할 수 있다. 일반적으로 화면에 보이는 요소는 많아야 백 개를 넘지 않는다. 드롭 후보 대상을 표시하는 일은 생각만큼 복잡하지 않다.

삽입 위치 표시

특정 요소를 드래그해서 두 오브젝트 사이에 드롭할 수 있는 경우도 있다. 워드에서는 텍스트 선택 영역을 드래그해 두 문장 사이에 끼워 넣을 수 있다. 목록에서는 항목을 드래그해서 순서를 재정렬할 수 있다. 이런 경우에는 드래그하는 오브젝트가 놓일 위치를 나타내는 힌트가 필요하다. 그래픽 사용자 인터페이스와 연속적 데이터를 다룰 때 모두 필요한 부분이다. 드래그앤드롭한 요소가 어디에 삽입되는지를 나타난다.

파워포인트에서 슬라이드를 재정렬하는 경우를 생각해보자. 드래그앤드롭으로 슬라이드의 순서를 변경할 수 있다. 슬라이드를 하나 선택한 뒤 다른 위치로 옮기면 된다. 슬라이드를 드래그하는 동안 삽입 위치를 나타내는 표시가 슬라이드 사이에 나타난다(텍스트를 수정할 때 볼 수 있는 캐럿과 유사한 선 모양의 커서를 말한다). 워드에서도 텍스트를 드래그하는 동안 이런 삽입 표시를 볼 수 있다. 드래그하는 요소가 정확히 어떤 위치에 놓이게 되는지를 한눈에 알 수 있다.

두 오브젝트 사이로 특정 요소를 드래그할 수 있다면, 삽입 위치를 명확하게 표시해야 한다. 삽입 위치 표시는 아이콘이 드롭 후보 대상을 표시해주는 것과 유사하다. 드래그하는 오브젝트가 정확히 어디에 드롭되는지를 알려줘야 한다.

완료 피드백

드래그하는 대상 오브젝트를 적절한 곳에 드롭하면 필요한 기능이 수행된다. 이때 드래그앤드롭이 완료됐다는 시각적인 피드백을 제공하는 일은 매우 중요하다. 파일을 다른 폴더로 이동하는 경우를 생각해보자. 드래그앤드롭을 완료하면 원본 폴더에서는 파일이 사라지고, 새 폴더에 파일이 생성된다. 복사나 이동이 아니라 기능을 수행하는 경우도 있다. 문서를 프린터 아이콘 위로 드래그앤드롭하는 경우를 생각해보자. 프린터 아이콘은 해당 문서를 받아 출력하겠다는 것을 시각적으로 알려줘야 한다. 아이콘이 애니메이션될 수도 있고, 단순히 정지된 상태가 변경될 수도 있다.

자동스크롤

오브젝트를 선택한 뒤 드래그하는 경우를 생각해보자. 프로그램 창의 모서리 근처로 드래그하면 어떻게 될까? 물론 오브젝트는 새로운 위치로 이동된다. 하지만 여전히 프로그램 창 안쪽에 있어야 할까? 아니면 바깥쪽으로 넘어가야 할까?

마이크로소프트 워드를 생각해보자. 사용자가 특정 문장을 선택한 뒤 창 밖으로 드래그하면 어떻게 될까? '이 문장을 바탕화면이나 다른 프로그램으로 이동할 것'이라는 의미일 수 있다. 혹은 '이 문장을 같은 문서의 다른 위치로 이동할 것. 하지만 스크롤되어 지금은 화면에 보이지 않는 부분으로 이동할 것'이 될 수도 있다. 첫 번째 경우에는 별다른 문제가 없다. 하지만 두 번째 경우에는 프로그램이 자동스크롤auto-scroll을 지원해야 한다. 마우스를 드래그한 방향으로 화면이 자동으로 스크롤되는 것이다. 같은 문서에서 지금은 보이지 않는 부분이 화면에 나타나게 된다.

드래그앤드롭 인터랙션에서 자동스크롤은 매우 중요하다. 드래그하는 오브젝트를 화면에 보이지 않는 곳으로도 이동할 수 있는 강력한 기능을 제공하기 때문이다.

> **디자인 원칙**　화면에 보이지 않는 곳으로 드래그앤드롭할 때는 자동스크롤을 지원해야 한다.

예전에는 프로그램의 모서리로 오브젝트를 드래그하면 항상 자동스크롤이 적용됐다. 하지만 여기에는 두 가지 심각한 문제가 있다. 첫째, 만약 애플리케이션이 전체화면으로 설정돼 있다면 어떨까? 커서를 창 밖으로 이동하는 것이 불가능하다. 둘째, 애플리케이션 모서리에 다른 프로그램이 놓여 있는 경우는 어떨까? 다른 프로그램으로 오브젝트를 이동하는 경우와 자동스크롤을 하려는 경우를 구분하기 힘들다.

마이크로소프트는 이 문제를 효과적으로 해결하고 있다. 마우스 커서가 창 안쪽에 있을 때만 자동스크롤이 적용되는 것이다. 커서를 드래그해서 애플리케이션 창의 모서리 쪽으로 가져가면 자동스크롤이 된다. 하지만 커서가 창 밖으로 나가서는 안 된다. 워드의 경우를 생각해보자. 문장을 선택한 뒤 창 아래쪽으로 드래그한다. 모서리에서 30픽셀 정도 가까워졌을 때 전체 내용이 위로 스크롤되기 시작한다. 마찬가지로 커서를 위쪽 모서리로 드래그하면 텍스트는 아래로 이동한다.

마우스의 위치에 따라 자동스크롤 속도가 바뀌는 기능은 무척 유용하다(그림 18-19 참조). 마우스 커서가 창의 모서리에 가까워질수록 스크롤 속도가 빨라진다. 커서가 모서리에서 30픽셀 정도 떨어져 있을 때는 텍스트가 초당 한 줄씩 이동한다. 하지만 커서가 15픽셀 정도 가까워지면 텍스트는 초당 두 줄씩 스크롤된다. 사용자가 스크롤 속도를 직접 조절할 수 있기 때문에 무척 편리하다. 다양한 상황에서 무척 유용하게 활용할 수 있는 기능이다.

그림 18-19 자동스크롤 반응 영역. 마우스 커서의 위치에 따라 자동스크롤 속도가 달라진다. 하지만 실제로 탐색기는 이런 기능을 지원하지 않고 있다. 커서가 프로그램 창의 모서리에 가까워질수록 스크롤 속도가 빨라지면 무척 유용하다(물론 속도가 지나치게 빨라져서는 안 된다. 적절한 속도 제한을 설정해야 한다). 커서가 창 안쪽에 있을 때만 자동스크롤이 작동하도록 설정한 부분은 훌륭하다. 다른 프로그램으로 오브젝트를 이동하는 경우와 명확히 구분된다.

자동스크롤은 사용자가 커서를 드래그한 뒤 잠시 기다렸다가 시작해야 한다. 만약 커서가 모서리 부분에 가까워지자마자 스크롤이 시작된다면 문제가 된다. 마우스를 천천히 조작하는 사용자는 원하지 않는 상황에서 자동스크롤이 돼버릴 수 있기 때문이다. 자동스크롤의 반응 시간을 늦추면 이 문제를 해결할 수 있다. 스크롤 영역에 커서가 들어온 뒤 일정 시간이 지난 후에 스크롤을 시작하는 것이다. 0.5초 정도가 적당하다.

마우스 커서를 워드 창 밖으로 드래그하면 자동스크롤은 정지된다. 대신 다른 프로그램으로 선택한 텍스트를 이동하는 작업이 시작된다. 예를 들어, 워드의 텍스트를 드래그해서 파워포인트 위에 놓았다고 해보자. 마우스 버튼을 떼는 순간 해당 텍스트는 파워포인트 슬라이드 위로 이동한다. 마우스 버튼을 뗀 부분으로 이동하게 된다. 마우스 커서를 계속 드래그해서 파워포인트 창의 모서리로 가져가면 어떨까? 파워포인트 창에서 자동스크롤이 시작된다. 이는 매우 편리하고 강력한 기능이다. 현재 화면에 보이지 않는 부분까지도 특정 오브젝트를 드래그앤드롭할 수 있기 때문이다.

드래그앤드롭의 침착한 반응

마우스를 클릭하거나 드래그할 때, 오브젝트는 마우스의 움직임에 좀 더 침착하게 반응해야 한다. 아이콘을 정확하게 클릭하기란 무척 어렵다. 일반적으로 클릭과 동시에 한두 픽셀 정도 커서가 움직이게 마련이다. 프로그램이 침착하게 반응하지 못한다면 이런 움직임을 드래그앤드롭으로 인식해버릴 수 있다. 하지만 겨우 한두 픽셀을 드래그앤드롭하는 것은 아무 의미가 없다(드로잉 프로그램에서는 한두 픽셀을 이동하는 게 중요할 때도 있다. 하지만 이때도 마우스의 움직임에 너무 민감하게 반응해서는 안 된다. 실수로 오브젝트를 이동하는 일이 없도록 침착하게 반응해야 한다).

마우스는 버튼을 클릭할 때마다 컴퓨터로 신호를 보낸다. 엔지니어는 마우스 버튼을 클릭할 때마다 발생하는 기계적인 접촉을 바운스bounce라고 부른다. 작은 금속이 서로 맞닿으면서 신호를 발생시킨다. 구식의 전자회로에서 아주 잠깐 접촉이 일어나는 것은 별로 중요하지 않다. 초인종이 백만분의 일 초 동안 울려봤자 아무 소용이 없다. 하지만 컴퓨터 같이 정교한 회로에서는 상황이 다르다. 따라서 바운스가 발생할 때마다 초기의 아주 짧은 대기 시간을 추가하는 게 좋다. 오디오의 전원을 누르면 천분의 일 초 정도 뒤에 소리가 나오기 시작한다. 끊어져 들어오는 짧은 신호에도 반응하면 오디오가 켜졌다 꺼졌다 반복할 수도 있기 때문이다. 마우스에서도 마찬가지다. 한두 픽셀의 짧은 초기 드래그에는 침착하게 반응해야 한다.

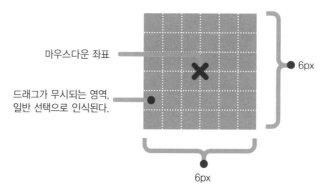

그림 18-20 드래그할 수 있는 오브젝트의 경우 클릭 직후의 미세한 드래그는 무시한다. 사용자가 오브젝트를 클릭하면 일반적인 선택을 하려고 하는 것이다. 하지만 버튼을 클릭하는 순간 마우스가 한두 픽셀 정도 미세하게 움직일 수 있다. 이 움직임을 드래그로 인식해서는 안 된다. 드래그 인식 영역으로 넘어가기 이전의 움직임은 무시해야 한다. 예를 들어 마우스다운 좌표로부터 3픽셀로 인식 영역을 설정할 수 있다. 커서가 클릭 좌표로부터 3픽셀 이상 움직이면 드래그로 인식한다. 오브젝트가 움직이기 시작하는 것이다. 드래그 인식 수준을 신중하게 설정해야 한다.

의도하지 않은 드래그앤드롭이 발생하지 않도록 드래그를 인식하는 수준drag threshold을 설정해야 한다. 마우스다운 이벤트가 발생한 뒤 드래그를 인식하기 시작한다. 드래그가 지속되는 시간이 일정 수준을 넘지 않으면 효과가 발생하지 않는 것이다. 예를 들어 3픽셀 이상 드래그했을 때만 드래그앤드롭으로 인식한다. 실수로 아이콘을 이동시켜버리는 오류가 발생하지 않는다. 사용자가 아이콘을 클릭한 순간 커서가 3픽셀 이하로만 움직였다면, 이것은 일반 선택으로만 인식된다. 미세한 드래그는 무시된다. 하지만 마우스가 3픽셀 이상 움직이면 드 래그로 판단할 수 있다. 그림 18-20에서는 마우스 움직임에 따른 판단 기준을 보여준다. 전 자회로의 바운스 기능처럼 마우스를 클릭하고 드래그할 때도 인식 수준을 고려해야 한다.

디자인 원칙 ▶ 클릭 직후의 미세한 드래그는 무시한다.

드래그 인식 수준을 설정하는 일이 훨씬 복잡한 경우도 있다. 3D 프로그램의 경우는 3차 원 공간에서 모든 방향으로 드래그 인식 수준을 고려해야 한다. 드래그 인식 수준이 매우 중 요한 프로그램을 디자인한 적이 있었다. 고객 정보를 표로 보여주는 프로그램이다. 사용자는 각 열을 드래그해서 항목의 순서를 변경할 수 있다. 예를 들면, 고객의 이름을 드래그해서 원 하는 위치로 이동시킬 수 있다. 드래그앤드롭으로 항목의 순서를 바꾸는 것은 매우 자주 활 용되는 인터랙션이었다. 하지만 또 다른 드래그 액션이 필요했다. 특정 항목을 다른 항목 위 로 드래그해서 두 열을 하나로 합치는 기능을 추가해야 했다(그림 18-21 참조).

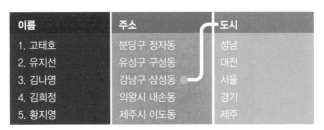

그림 18-21 고객 정보를 표로 보여주는 프로그램. 특정 항목을 다른 항목 위로 드래 그해서 두 열을 하나로 합칠 수 있어야 했다. 하지만 특정 열을 드래그해서 항목의 순서 를 변경할 때도 드래그앤드롭 인터랙션을 적용하고 있었다(예를 들어 주소와 도시의 순 서를 바꿀 수 있다). 좌우와 상하의 마우스 움직임에 따라 드래그 인식 수준을 다르게 적용함으로써 이 문제를 해결했다.

먼저 사용자의 멘탈 모델을 조사했다. 사용자는 특정 항목을 관련된 다른 항목 위로 직접 드래그하고 싶어했다. 벽돌을 쌓듯이 두 개의 열을 하나로 쌓는 것이다. 드래그앤드롭 인터랙션이 필요했다. 하지만 항목의 순서를 바꿀 때도 드래그앤드롭을 적용하고 있었다. 수평적 드래그와 수직적 드래그를 구분함으로써 이 문제를 해결했다. 마우스를 좌우로 드래그하면 항목의 순서를 바꾸는 액션으로 인식했다. 마우스가 상하로 움직이면 두 개의 열을 하나로 합치는 인터랙션을 시작했다.

사용자는 상하 드래그보다는 좌우 드래그를 더 많이 활용했다. 따라서 드래그 인식 수준도 방향에 따라 다르게 적용했다. 4방향으로 정확히 같은 픽셀의 인식 영역을 설정하는 대신, 실패 모양으로 설정했다(그림 18-22 참조). 좌우로 정보를 드래그하려면 4픽셀 이상만 마우스를 움직이면 된다. 실패 모양이기 때문에 좌우로 드래그하는 중에 실수로 상하로 이동하는 일이 없다. 상하로 오브젝트를 이동하려면 8픽셀 이상 마우스를 움직여야 한다. 좌우로 움직이는 것보다 좀 더 주의가 필요하다. 사용자는 이런 인터랙션을 자연스럽게 받아들였다.

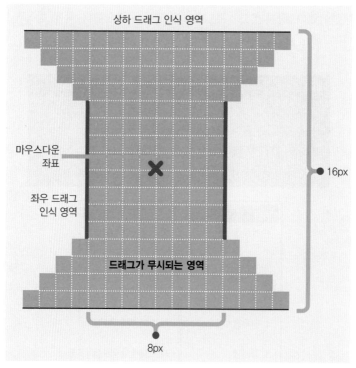

그림 18-22 실패 모양의 드래그 인식 영역. 마우스를 좌우로 움직일 때와 상하로 움직일 때 각기 다른 드래그 인식 영역이 적용된다. 이 프로그램에서는 사용자가 좌우로 드래그하는 일이 더 많았다. 실패 모양의 인식 영역은 실수로 상하로 드래그하는 일을 방지해준다. 상하로 오브젝트를 이동하고 싶을 때는 좀 더 주의가 필요하다. 하지만 한 번 익숙해지면 매우 쉬운 작업이다.

방향에 따라 다른 드래그 인식 수준을 설정하는 것은 유용할 때가 많다. 비지오^{Visio}에서는 직선을 그릴 때와 곡선을 그릴 때 각기 다른 드래그 인식 수준을 적용한다.

정교한 스크롤

포인팅 장비로서 마우스는 단점도 많다. 오브젝트를 드래그하거나 드로잉 프로그램에서 그림을 그리다 보면 마우스의 약점을 쉽게 알 수 있다. 원하는 정확한 위치로 이동하기가 쉽지 않다. 특히 인치당 72픽셀의 해상도에서 화면의 6분의 1 비율로 움직이는 마우스를 활용할 때는 문제가 많다. 마우스를 1픽셀 움직이려면 500분의 1인치만큼 마우스를 이동해야 하는 셈이다. 결코 쉽지 않은 작업이다.

정교한 스크롤^{fine scrolling} 모드를 제공하면 이 문제를 해결할 수 있다. 좀 더 미세한 조작이 가능한 모드를 제공하는 것이다. 필요에 따라 마우스의 움직임과 화면의 커서 움직임의 비율을 조절할 수 있는 기능을 제공한다. 정교한 움직임이 필요한 프로그램은 상세한 스크롤 모드를 고려해야 한다. 특히 드로잉이나 페인팅 프로그램, 프리젠테이션, 이미지 편집 애플리케이션에서는 필수적인 기능이다. 정교한 스크롤 모드를 제공하는 방법은 여러 가지가 있다. 드래그를 하는 동안 메타키를 누르면 버니어^{vernier} 모드로 전환될 수도 있다. 버니어 모드는 평소에는 10픽셀로 인식하는 움직임이 1픽셀로 줄어드는 모드를 말한다.

> **디자인 원칙**　정교한 조작이 중요한 프로그램은 버니어 모드를 제공해야 한다.

드래그를 하는 동안 키보드 방향키를 조작하게 할 수도 있다. 마우스 버튼을 누른 상태에서 방향키를 누르면 오브젝트가 한 픽셀씩 정교하게 이동하는 것이다. 마우스 버튼을 떼면 드래그가 완료된다. 어도비 포토샵 같은 여러 픽셀 작업 애플리케이션으로 사용자는 화살표 키로 단일 픽셀로 선택한 부분을 이동하며, Shift 키를 같이 쓰면 표준적인 픽셀보다 10배로 이동할 수 있다.

버니어 모드를 종료할 때 문제가 발생할 수도 있다. 마우스 버튼을 떼는 순간 손을 움직이기 쉽기 때문이다. 방향키를 사용해 정확한 위치로 이동시킨 오브젝트가 버튼을 떼는 순간 한두 픽셀 움직여버릴 수도 있다. 버니어 모드에서는 마우스의 움직임을 둔하게 만들면 이 문제를 해결할 수 있다. 일정 수준 이하의 마우스 움직임은 무시해버리는 것이다. 예를 들어, 5픽셀 이하의 이동은 인식하지 않을 수 있다. 사용자는 일단 마우스를 사용해 대략적으로 오브젝트를 이동한 뒤, 버니어 모드에서 방향키로 미세하게 위치를 조절할 수 있다. 버니어 모드에서는 마우스가 둔해지기 때문에 버튼에서 손가락을 떼도 오브젝트의 위치가 변경되지 않는다. 다시 마우스로 오브젝트를 크게 이동하고 싶다면 5픽셀 이상 마우스를 이동시키면 된다. 버니어 모드는 종료된다.

프로그램에서 방향키가 중요하게 활용되지 않는 경우도 있다. 이럴 때는 마우스 키를 누르지 않고 바로 방향키를 눌러도 버니어 모드가 적용되게 할 수 있다. 이런 기능을 제공하면 드로잉 프로그램에서는 더욱 쉽게 버니어 모드로 들어갈 수 있다. 어도비 포토샵이나 일러스트레이터, 마이크로소프트 파워포인트는 바로 화살표 키를 눌러 오브젝트를 이동시킬 수 있다. 파워포인트에서 방향키를 누르면 오브젝트가 눈금을 따라 이동한다. 기본 설정으로는 2밀리미터 정도 이동한다. Alt 키를 누른 상태에서 방향키를 사용하면 1픽셀씩 움직인다.

컨트롤 조작

그래픽 사용자 인터페이스는 다양한 컨트롤로 구성돼 있다. 컨트롤은 인터페이스를 구성하는 벽돌과 같은 셈이다. 컨트롤 인터페이스는 21장에서 더욱 자세하게 다룬다. 18장에서는 다양한 컨트롤과 마우스의 인터랙션을 간략히 살펴보자.

대부분 컨트롤은 복잡한 인터랙션이 필요한 경우가 많다. 기본적인 메뉴만 해도 단순한 클릭보다는 드래그앤드롭을 해야 할 때가 많다. 컨트롤에 직접 조작법을 적용하는 일은 매우 까다롭다. 마우스를 크게 움직이고 클릭하는 단순한 작업이 아니기 때문이다. 사용자가 세심한 주의를 기울여야 한다. 고급 사용자는 메뉴보다 툴바 아이콘을 더 많이 활용한다. 하지만 메뉴는 초보자를 중심으로 무척 활발하게 사용되는 컨트롤이다. 프로그램을 자주 이용하지 않는 사용자에게도 메뉴 컨트롤이 중요하다. 메뉴는 인터랙션 디자인의 골칫거리인 셈이다. 초보자에게 무척 중요한 컨트롤임에도 불구하고 조작이 매우 어렵기 때문이다.

메뉴의 기능을 실행하는 법을 다른 방법으로도 제공하는 것이 가장 좋다. 이 외의 해결책은 없다. 메뉴의 기능이 자주 사용되는 것이라면 좀 더 쉽게 해당 기능을 실행하는 방법을 제공한다. 클릭과 드래그로 메뉴를 실행하는 것보다 툴바 버튼을 클릭하는 게 더 쉽고 간편하다.

윈도우는 메뉴 컨트롤을 사용할 때 클릭한 뒤 드래그를 유지하지 않아도 특정 기능을 선택할 수 있다. 맥도 이 기능을 도입했다. 단순히 클릭을 반복하는 것으로 원하는 메뉴를 찾아갈 수 있다. 메뉴를 클릭하면 하위 메뉴가 펼쳐진다. 원하는 항목을 선택하고 클릭하면 해당 기능이 실행된다. 펼쳐진 메뉴는 닫힌다. 메뉴를 한 번 클릭하는 순간 메뉴 모드^{menu mode}가 시작되는 셈이다. 프로그램의 포커스가 메뉴에 맞춰진다. 메뉴를 하나 클릭하는 순간 모든 메뉴 항목이 활성화된다. 메뉴 모드에서는 마우스를 움직이기만 하면 다른 메뉴가 펼쳐진다.

마우스 버튼을 클릭할 필요가 전혀 없다.

모드형 도구와 팔레트

사용자는 특정 모드형 도구^{modal tool}를 팔레트에서 선택한다. 모드형 도구를 선택하면 프로그램은 이 도구만을 위한 모드로 전환된다. 사용자는 오직 이 도구의 기능만 수행할 수 있게 된다. 마우스 커서도 이 도구에 맞는 형태로 변경된다.

드로잉 영역에서 마우스를 클릭하거나 드래그하면 해당 도구의 기능이 실행된다. 예를 들어 스프레이 캔을 선택한 경우를 생각해보자. 프로그램은 스프레이 모드로 전환된다. 마우스를 클릭할 때마다 오직 스프레이만 적용된다. 다른 도구를 선택할 때까지는 이 기능을 반복해서 적용할 수 있다. 아무리 많이 클릭해도 스프레이의 잉크가 떨어질 일은 없다. 다른 도구를 사용하고 싶다면 툴박스로 돌아가 다른 아이콘을 클릭하면 된다. 예를 들어 스프레이로 그린 그림을 지우고 싶다면 지우개 도구를 선택한다. 프로그램은 지우개 모드로 들어간다. 화면의 어디에서 마우스를 클릭하더라도 커서는 오직 지우개의 역할만 한다. 아무런 도구도 선택되지 않은 기본 선택 모드로 돌아갈 수 있는 버튼도 있어야 한다. 일반적으로는 팔레트에 선택 모드 버튼이 함께 들어 있다. 어도비 포토샵도 선택 버튼을 팔레트에 보여준다.

모드형 도구는 그림을 그리고 지우는 기능에 적절하다. 동그라미를 그리는 도형 도구나 지우개 도구에 모드형 도구 방식을 적용한다. 지우개 도구를 선택하면 커서가 지우개 모양으로 바뀌고 화면에 있는 그림을 지우게 된다. 도형 도구를 선택하면 마우스를 드래그해서 도형을 그릴 수 있다. 마우스를 클릭하고 드래그하면 클릭 지점부터 도형이 그려진다(도형의 중심에서 밖으로 그릴 수도 있고, 한쪽 모서리에서 그리기 시작할 수도 있다). 원하는 크기가 될 때까지 마우스를 드래그한다. 마우스 버튼을 떼는 순간 도형이 완성된다.

페인트 같이 간단한 프로그램에서는 모드형 도구가 효과적이다. 팔레트에 나열된 도구의 개수가 몇 개 되지 않기 때문이다. 하지만 어도비 포토샵처럼 좀 더 발전된 형태의 드로잉 프로그램에서는 매번 모드형 도구를 선택하는 일이 무척 불편할 수 있다. 사용자가 프로그램에 익숙해지면 좀 더 자주 도구와 커서를 변경해야 하기 때문이다. 매번 마우스를 팔레트로 이동해서 다른 도구를 선택하려면 시간이 꽤 오래 걸린다. 모드형 도구는 초보자에게는 무척 유용한 방식이다. 하지만 좀 더 강력한 기능을 제공하는 프로그램에서 중급자와 고급 사용자에게는 오히려 귀찮은 요소가 될 수 있다. 대신 포토샵은 키보드 단축키를 활용해서 도구를 빠르게 변경할 수 있다.

모드형 도구를 다루는 데 발생하는 문제는 대부분 도구의 개수가 너무 많기 때문이다. 사용자가 한 번에 다뤄야 하는 도구의 개수가 많을수록 프로그램의 효율성은 떨어진다. 팔레트에 수많은 모드형 도구가 나열돼 있다면 도구를 활용하는 일이 무척 복잡해진다. 만약 어도비 일러스트레이터 팔레트의 도구 개수가 24개가 아닌 8개만 있다면 어떨까? 인터페이스를 이해하고 활용하는 일이 무척 쉬워질 것이다.

어도비 일러스트레이터에는 모드형 도구의 개수가 무척 많다. 대신 메타키를 활용한 다양한 모드 전환 방법을 제공하고 있다. 일반적으로 Shift 키를 누른 채로 드래그하면 정확한 직선으로 오브젝트를 이동할 수 있다. 또한 일러스트레이터는 어도비만의 독특한 메타키 모드를 적용했다. 예를 들어 Alt 키를 누른 채로 오브젝트를 드래그하면 해당 요소가 복사된다. 꼭짓점 선택 모드에서 Alt 키를 누르면 전체 도형을 선택할 수 있다. Alt 키는 두 가지 기능으로 활용된다. 하지만 이 차이를 파악하기는 쉽지 않다. 오브젝트를 클릭한 뒤 Alt 키를 누르고 드래그하면 해당 요소가 복사된다. 하지만 Alt 키를 먼저 누른 채로 마우스를 클릭하면 특정 오브젝트 전체를 선택할 수 있다. 여기서 선택한 오브젝트를 드래그하려면 Alt 키에서 손가락을 떼고 마우스를 움직여야 한다. 그렇지 않으면 해당 오브젝트가 복사되기 때문이다. 오브젝트를 선택해서 위치를 이동하는 간단한 작업조차도 무척 복잡하다. 어도비의 메타키 인터랙션은 결코 단순하지 않다.

물론 이런 기능은 잘 활용하면 무척 강력한 효과를 발휘한다. 하지만 익숙해지기 무척 어려운 기능이다. 한 번 배운 뒤에도 오래도록 기억하기 힘들다. 하루에 8시간씩 일러스트레이터를 붙들고 있어야 하는 그래픽 디자이너라면 어려움을 극복하고 이런 인터랙션을 사용할지 모른다. 자동차 레이서가 운전을 더 잘하려고 차 내부의 복잡한 작동원리를 이해하는 것과 마찬가지다. 하지만 일러스트레이터를 활용하는 대부분의 사용자는 이런 복잡한 인터랙션을 이해하는 데 무리가 있다. 쉽게 배우고 이해할 수 없는 까다롭고 별난 프로그램일 뿐이다.

커서 충전 도구

커서 충전 도구^{charged cursor tool}는 툴박스에서 도구를 선택한 뒤 한 번만 사용할 수 있는 기능을 말한다. 도구를 클릭하면 해당 기능을 사용할 수 있도록 커서가 충전된다.

충전된 커서로 캔버스를 클릭하면, 해당 도구의 기능이 실행된다. 도형을 그리는 도구라면 마우스 버튼을 뗀 위치에 도형이 생성된다. 커서 충전 도구는 특정 기능을 실행하는 것보다는 그림을 그리는 역할로 많이 활용된다(하지만 마이크로소프트는 '서식복사' 기능에 커서 충전 도구를 적용했다). 파워포인트는 도형을 그리는 데 커서 충전 도구를 활용하고 있다. 그래픽 팔레트에서 사각형을 선택하면 마우스 커서가 사각형을 한 번 그릴 수 있는 상태로 충전된다.

충전된 커서는 마우스를 한 번 클릭하는 것만으로는 적용되지 않는 경우가 많다. 파워포인트의 경우를 생각해보자. 충전된 커서로 도형을 그리려면 마우스를 클릭한 뒤 드래그해야 한다. 마우스로 드래그하는 만큼 도형의 크기가 결정되기 때문이다. 하지만 비주얼 베이직 같은 경우는 단순히 한 번 클릭하는 것만으로도 도형을 그릴 수 있다. 마우스를 한 번 클릭하면 기본으로 정해진 크기로 도형이 생성된다. 도형의 크기를 조절할 수 있도록 각 모서리에는 핸들이 나타난다(핸들은 '크기 조절과 형태 변경' 절에서 자세히 다룬다). 핸들을 드래그해서 도형의 크기와 모양을 바꿀 수 있다. 클릭한 뒤 드래그하는 것과 한 번 클릭하는 것으로 모두 도형을 그릴 수 있도록 제공하는 게 좋다. 사용자가 원하는 방법을 선택할 수 있기 때문이다.

충전된 커서의 상태를 제대로 보여주지 않는 경우도 있다. 비주얼 베이직에서는 커서 충전 도구를 선택하면 마우스 커서가 십자 모양으로 바뀐다. 하지만 델파이에서는 커서에 아무런 변화가 없다. 커서의 기능이 바뀌었다면 이를 시각적으로 확실히 보여줘야 한다. 충전된 커서를 해제하는 방법도 고려해야 한다. 커서를 충전한 뒤 해당 기능을 사용하지 않고 선택 모드로 돌아갈 수 있어야 하기 때문이다. Esc 키 누르기는 널리 쓰이고 효과적인 해제 숙어다.

2D 오브젝트 조작

컨트롤과 마찬가지로 오브젝트도 사용자가 직접 조작할 수 있다. 화면에 보이는 정보 요소는 물론 드로잉 프로그램의 2D 그래픽 오브젝트를 클릭하고 드래그할 수 있다. 여기서 오브젝트란 단순히 아이콘을 말하는 게 아니다. 18장 앞부분에서 소개한 다양한 정보를 말한다. 오브젝트를 직접 조작하는 방법은 크게 네 가지로 나눌 수 있다. 위치를 바꾸고, 크기를 조절하고, 형태를 변경하고, 연결하는 방법을 차례로 살펴보자.

위치이동

위치이동repositioning은 무척 단순한 인터랙션이다. 오브젝트를 클릭해서 새로운 위치로 드래그하면 된다. 하지만 위치이동 인터랙션 덕분에 다른 직접 조작법을 적용하기 어려운 경우가 많다. 위치를 이동하려면 드래그앤드롭을 해야 한다. 기타 인터랙션을 설계할 때 드래그앤드롭을 적용하기가 힘들어진다. 애플리케이션 내 컨텐츠는 이슈가 아니다. 직접 조작이 드래그앤드롭의 의도일 가능성이 크기 때문이다. 그러나 인터페이스 내 오브젝트에는 문제를 뜻할 수 있다.

오브젝트의 특정 영역을 클릭해야만 위치를 이동할 수 있도록 설정하면 이 문제를 해결할 수 있다. 예를 들어, 윈도우나 맥 OS에서 창을 이동하는 경우를 생각해보자. 상단의 타이틀바를 드래그해야만 창을 이동할 수 있다. 창의 다른 부분을 드래그하면 위치를 변경할 수 없다. 대신 드래그앤드롭을 활용해서 다른 인터랙션을 다양하게 적용할 수 있다. 타이틀바의 색상이 창의 다른 부분과 다르기 때문에 드래그 영역을 인지할 수 있다(이는 매우 효과적인 디자인 숙어다).

하지만 타이틀바를 드래그할 수 있다는 시각적인 힌트가 아주 명쾌하진 않다. 일반적으로는 특정 영역을 조작할 수 있다는 사실을 좀 더 확실하게 보여줘야 한다. 타이틀바에 마우스를 가져가면 커서가 변경되거나, 클릭할 수 있는 느낌의 재질로 표현하면 좀 더 확실하게 보여줄 수 있다.

오브젝트를 이동하려면 먼저 해당 오브젝트를 선택해야 한다. 선택 인터랙션은 마우스다운 이벤트에서 일어난다. 오브젝트를 클릭하자마자 마우스 버튼을 떼지 않더라도 선택된다. 해당 요소를 드래그해서 새로운 위치로 이동할 수 있다. 특정 요소를 클릭한 뒤 드래그해서 위치를 변경하는 것은 사용자에게 매우 익숙하고 자연스러운 인터랙션이다.

하지만 이런 인터랙션은 연속적인 정보를 다룰 때는 문제가 된다. 워드의 경우를 생각해보자. 텍스트를 선택하고 이동하려면 두 번 클릭을 해야 한다. 첫 번째로 마우스를 클릭하고 드래그하면 텍스트 영역이 선택된다. 잠시 기다렸다가 선택된 영역을 클릭하고 드래그하면 위치가 변경된다. 조금은 복잡한 인터랙션이다. 하지만 연속 정보를 선택하고 이동하는 데는 좋은 방법이 없다. 마이크로소프트에서 연속 정보를 선택할 때 메타키를 활용하면 조금은 쉬워진다. 특정 메타키를 누른 채로 드래그하면 문장 단위로 빨리 선택할 수 있기 때문이다. 하지만 선택을 완료하고 다시 위치를 이동할 때는 여전히 문제가 남아 있다.

위치를 변경하는 동안 메타키를 누르면 이동하는 방향이 제한된다. Shift 키를 누른 채로 드래그하면 수평이나 수직으로만 움직일 수 있다. 이런 인터랙션을 구속된 드래그^{constrained drag}라고 부른다. 이 기능은 드로잉 프로그램에서 매우 유용하다. 특히 가로 세로로 잘 정렬된 도표를 그릴 때는 무척 중요하다. 마우스가 처음 이동하는 5픽셀 정도의 움직임 방향에 따라 마우스의 움직임이 구속된다. 사용자가 Shift 키를 누른 채로 마우스를 살짝 오른쪽으로 움직이면 그 다음부터는 커서가 가로축을 따라서만 이동한다. 프로그램에 따라 구속된 드래그를 하는 중에도 방향을 변경할 수 있는 경우도 있다.

가이드^{guide}를 제공하는 것도 오브젝트를 이동하는 데 도움이 된다. 일반적으로 가이드란 사용자가 화면에 가상으로 그어놓은 선을 말한다. 어도비 일러스트레이터에서는 캔버스에 가이드를 그린 뒤 오브젝트가 이동하는 위치를 확인할 수 있다. 가이드에는 '스냅^{snap}' 기능을 적용할 수 있다. 마우스를 움직일 때마다 오브젝트가 가이드에 자석처럼 달라붙는 것이다. 가이드를 따라 오브젝트를 정렬할 수 있다. 가이드 스냅 모드에서도 키보드를 사용해 오브젝트를 이동하면 가이드를 무시할 수 있다.

옴니그라플의 스마트 가이드^{Smart Guides}는 스냅 기능의 발전된 형태다. 오브젝트를 이동할 때마다 실시간으로 현재 위치에 대한 피드백을 제공한다. 캔버스의 위치나 여타 오브젝트와의 거리에 따라 사용자에게 도움이 될 만한 가이드를 자동으로 보여준다. 기타 오브젝트와 동일한 간격으로 놓으려면 어디로 이동해야 하는지, 기타 오브젝트와 일직선으로 정렬하려면 어떻게 해야 하는지 등을 보여준다. 구글의 스케치업^{SketchUp}은 유사한 기능을 3D 공간에 적용했다. 스케치업은 18장 뒷부분에서 자세히 다룬다.

크기 조절과 형태 변경

그래픽 인터페이스에서 크기 조절과 형태 변경은 거의 동일한 기능이다. 창의 크기를 조절하는 경우를 생각해보자. 창의 우측 하단을 클릭한 뒤 마우스를 드래그해서 창의 크기와 비율을 동시에 변경할 수 있다. 창의 한쪽 모서리만 드래그하는 것도 가능하다. 창의 모서리로 마우스를 가져갈 때마다 커서의 모양이 바뀐다.

창의 크기를 조절할 때는 커서의 모양이 바뀌는 것만으로도 충분하다. 하지만 드로잉, 모델링 프로그램에서 그래픽 오브젝트를 편집할 때는 좀 더 명확한 피드백이 필요하다. 어떤 오브젝트가 선택됐는지, 어디를 클릭해야 크기와 형태를 조절할 수 있는지 확실히 알 수 있어야 한다. 여기서 제공하는 시각적인 피드백은 실제 오브젝트와는 명확히 구분할 수 있어야 한다. 시각적 힌트의 크기가 너무 커서 편집하고 있는 오브젝트의 주변 영역을 가려서도 안 된다. 크기를 조절하는 동안에도 오브젝트를 확실히 볼 수 있어야 한다.

핸들을 보여주면 이 문제를 효과적으로 해결할 수 있다. 크기 조절 핸들^{resize handle} 혹은 그냥 핸들이라고 부른다(그림 18-23 참조). 핸들은 선택을 나타내기도 하기에 이중의 목적에 부합한다. 자연스러운 공생관계다. 크기 조절을 위해서는 보통 오브젝트를 선택해야 하기 때문이다.

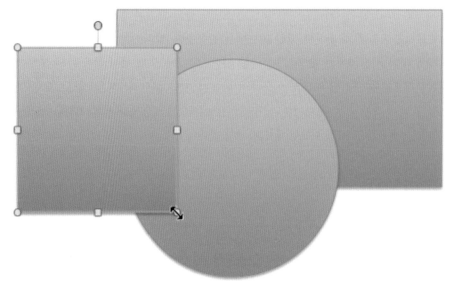

그림 18-23 오브젝트를 선택하면 8개의 핸들이 나타난다. 각 꼭짓점과 모서리의 중앙에 나타난 핸들을 확인할 수 있다. 핸들을 통해 어떤 오브젝트가 선택돼 있는지 쉽게 확인할 수 있다. 크기를 조절하고 형태를 변경하려면 선택된 요소를 한 눈에 확인할 수 있어야 하기 때문이다. 밑에 있는 이미지를 반전시킨 형태로 핸들을 제공하는 프로그램도 있다. 하지만 색 상이 화려한 이미지를 편집할 때는 이런 핸들을 확인하기 어렵다. 위의 그림은 마이크로소프트 파워포인트 2010 버전의 핸들을 보여준다. 핸들이 은은하게 입체적으로 디자인됐기 때문에 한눈에 구분할 수 있다. 사각형이 아닌 오브젝트는 오브 젝트 주변의 사각형 박스 내에 핸들을 표시한다.

한쪽 모서리의 중앙에 위치한 핸들을 드래그하면 한쪽 방향으로만 크기를 조절할 수 있다. 다른 쪽 모서리는 같은 위치에 머물러 있는다. 꼭짓점의 핸들을 드래그하면 두 방향으로 동시에 크기를 변경할 수 있다. 시각적으로 쉽게 인지할 수 있는 인터랙션이다.

핸들은 편집 중인 오브젝트 위에 겹쳐서 나타난다. 따라서 편집이 끝나고 나면 핸들은 사라져야 한다. 윈도우 창도 크기를 조절할 수 있지만 창의 모서리에 항상 핸들을 표시할 수는 없는 일이다. 창의 모서리를 프레임으로 처리하는 것도 좋은 방법이다. 선택된 오브젝트가 너무 클 때는 핸들이 화면에 보이지 않는 경우도 있다. 화면에 보이지 않는 핸들은 조절할 수 없다. 어떤 오브젝트가 선택됐는지 확인하는 데도 도움이 되지 않는다.

위치를 변경할 때와 마찬가지로 크기를 조절할 때도 메타키를 활용할 수 있다. 예를 들어 Shift 키를 누른 채로 크기를 조절하면 항상 같은 비율이 유지된다. 이 기능은 무척 유용할 때가 많다. 오브젝트를 세로나 가로 방향으로만 늘릴 수도 있고, 같은 비율로 확장할 수도 있다.

오브젝트가 사각형인 경우에는 핸들이 무척 유용하다. 오브젝트를 사각형으로 둘러쌀 수 있는 경우에도 문제가 없다. 이런 핸들은 순서도나 기업 조직도를 그릴 때는 적절할 수 있다. 하지만 좀 더 복잡한 형태의 도형을 다룰 때는 어떨까? 이런 경우에는 버텍스 핸들vertex handle 을 사용할 수 있다. 버텍스 핸들은 복잡한 오브젝트를 다루는 강력한 기능이다.

대부분의 드로잉 프로그램은 펜 툴을 제공한다. 펜 툴은 점을 찍어가면서 다각형(폴리라인polyline)을 그릴 수 있는 도구를 말한다. 마지막 꼭짓점이 처음 찍은 꼭짓점과 일치하면 도형이 완성되면서 다각형이 그려진다. 이런 도형을 선택하면 일반적인 8개의 핸들이 아니라, 사용자가 찍은 여러 개의 꼭짓점을 보여준다. 각 꼭짓점을 드래그하면서 도형의 형태를 좀 더 세부적으로 변경할 수 있다. 전체적인 크기와 비율을 변경하는 것보다 강력한 기능이다. 그림 18-24는 버텍스 핸들이 적용된 도형을 보여준다.

그림 18-24 버텍스 핸들이 적용된 도형. 다각형의 각 꼭짓점마다 버텍스 핸들이 나타나 있다. 사용자는 각 핸들을 클릭한 뒤 드래그하여, 다각형의 형태를 좀 더 세부적으로 편집할 수 있다. 드로잉 프로그램에서는 매우 유용하고 강력한 기능이다.

파워포인트에서는 마우스를 드래그해서 자유롭게 도형을 그릴 수 있는 기능이 있다. 이런 오브젝트를 클릭하면 일반적인 사각형 선택 영역과 8개의 핸들을 보여준다. 하지만 오브젝트를 오른쪽 클릭한 뒤 '포인트 편집Edit Points' 메뉴를 클릭하면 8개의 핸들이 사라지고 버텍스 핸들이 나타난다. 두 가지 종류의 핸들을 모두 지원하는 것은 매우 중요하다. 8개의 핸들은 도형의 전체적인 크기와 비율을 조절하는 데 무척 유용하다. 버텍스 핸들은 도형의 형태를 좀 더 세부적으로 편집하는 데 필요하다.

직선이 아닌 곡선으로 이뤄진 도형의 경우는 어떨까? 베지어 핸들Bézier handle은 곡선을 다룰 수 있는 강력한 기능을 제공한다. 다각형의 버텍스 핸들처럼 베지어 핸들은 도형의 실제 모서리에 나타난다. 동시에 도형의 구부러진 정도를 편집할 수 있다. 베지어 핸들을 잘 다루려면 어느 정도 기술이 필요하다. 베지어 핸들은 다양한 드로잉, 모델링 프로그램에서 활발하게 활용되고 있다.

오브젝트 연결

두 오브젝트를 서로 연결connection하는 것은 직접 조작법의 강력한 기능 중 하나다. 특정 오브젝트에서 다른 오브젝트로 마우스를 클릭한 뒤 드래그하면 된다. 연결 모드에서는 첫 번째 오브젝트가 두 번째 오브젝트로 이동하는 대신 두 오브젝트 사이에 연결선이 생성된다.

프로젝트 관리 툴이나 기업 조직도를 그릴 때는 무척 유용한 기능이다. 프로젝트 관리 프로그램에서는 네트워크 도표에서 특정 과업을 여타 업무와 연결할 수 있다(일반적으로 퍼트 PERT 차트라고 부른다). 두 과업 사이를 드래그하면 화살표가 생성된다. 이런 상황에서는 드래그하는 방향이 매우 중요하다. 마우스를 클릭한 부분이 먼저 완료돼야 하는 과업을 의미한다. 마우스 버튼을 뗀 부분이 나중에 수행하는 과업이다.

오브젝트를 연결할 때도 시각적인 피드백을 제공해야 한다. 마우스를 움직일 때마다 연결선이 고무줄처럼 늘어나게 한다. 클릭한 오브젝트에서 마우스 커서까지 화살표가 나타난다. 커서가 이동하면 연결선도 늘어난다. 하지만 한쪽 끝은 첫 번째 오브젝트에 묶여 있다. 마우스 커서를 다른 오브젝트로 가져가면 두 오브젝트가 서로 연결될 수 있는지 피드백을 제공해야 한다. 커서의 이미지를 변경해 이를 알려줄 수 있다. 마우스 버튼을 떼면 두 오브젝트 사이에 명확한 선이 나타나게 된다. 오브젝트의 특성에 따라 연결이 가능한 경우도 있고 불가능한 경우도 있다. 드래그를 하는 동안 연결을 쉽게 취소할 수도 있어야 한다. Esc 키를 클릭하거나 동시에 마우스 버튼을 모두 클릭하면 연결 모드를 취소할 수 있게 한다.

두 개의 오브젝트를 연결하면 두 개의 오브젝트가 하나의 큰 오브젝트로 될 수 있다. 두 오브젝트의 크기를 한꺼번에 조절하고 속성을 변경할 수도 있다. 하지만 개별 오브젝트를 따로 선택하고 이동할 수 있어야 한다. 오브젝트 하나만 선택해서 삭제할 수도 있어야 한다. 두 오브젝트를 연결하는 인터랙션이 매우 중요한 경우도 있다. 예를 들어 프로젝트 계획 및 관리 애플리케이션에서는 연결선이 매우 중요한 정보를 의미한다. 이런 프로그램에서는 오브젝트 연결 인터랙션을 신중하게 디자인해야 한다.

연결 인터랙션은 그 밖의 인터랙션보다 피드백을 쉽게 디자인할 수 있다. 마우스를 움직일 때마다 고무줄처럼 늘어나는 연결선만으로도 매우 명확하기 때문이다. 하지만 오브젝트의 속성에 따라 연결이 가능한 경우도 있고 불가능한 경우도 있다. 이럴 때는 현재 마우스가 가리키는 오브젝트의 연결 가능 여부를 명확하게 보여줘야 한다. 하지만 사용자가 마우스를 직접 이동해보기 전까지는 연결 가능한 오브젝트를 확인하기 어렵다. 연결 가능한 오브젝트에 시각적인 힌트를 적용하면 이 문제를 해결할 수 있다. 이런 힌트는 아주 은은하게 적용하는 게 좋다. 모든 오브젝트를 연결할 수 있을 때는 이런 힌트를 생략해도 된다. 연결이 가능한 오브젝트로 마우스 커서를 이동했을 때는 해당 오브젝트가 활성화돼야 한다. 마우스를 떼는 순간 연결선이 생성된다는 사실을 한눈에 알 수 있어야 한다.

3D 오브젝트 조작

실제로는 2D인 화면과 입력장치를 가지고 3D 오브젝트를 다루는 일은 무척 까다롭다. UI 리서치 분야에서는 3차원 공간에서 정보를 입력할 수 있는 장치를 개발하려는 연구가 계속 되고 있다. 2차원의 입력 인터랙션을 3차원으로 확장하려는 것이다. 하지만 아직까지 획기 적인 3차원 입력장치는 소개되지 않았다.

3D 애플리케이션은 크게 두 가지로 나눌 수 있다. 정확한 눈금이 중요한 CAD 프로그램 과 애니메이션 툴은 특징이 각기 다르다. 3차원 모델을 제작하는 방식은 비슷하다. 하지만 애니메이션을 제작할 때는 복잡한 인터랙션이 필요하다. 3차원 모델을 시간에 따라 이동시 켜야 하기 때문이다. 대개는 모델링 프로그램에서 먼저 3차원 오브젝트를 제작한 뒤, 애니메 이션 전용 프로그램으로 불러와 움직임을 조작한다.

3D 오브젝트를 조작하는 인터랙션은 책 한 권으로도 설명이 부족하다. 여기서는 3차원 공간에서 오브젝트를 다루는 기본적인 컨셉만 살펴본다.

디스플레이 인터랙션과 이슈

2차원의 화면에 3차원 공간을 표현하는 데는 어려움이 많다. 원근감과 변위를 표현하기도 어렵기 때문이다. 물론 값비싼 디스플레이 고글을 활용하면 이 문제를 해결할 수 있다. 하지 만 일반적인 모니터 화면에서 3차원 인터페이스를 디자인하기란 쉽지 않다. 가까이 있는 오 브젝트 때문에 멀리 있는 오브젝트는 쉽게 조작할 수 없다는 문제도 있다. 18장 뒷부분에서 는 3D 인터페이스의 입력과 내비게이션 이슈도 살펴본다. 가상현실 사용자 인터페이스를 보편화하기에는 아직 무리가 있다. 3차원 인터페이스에는 아직 해결되지 않은 문제가 많기 때문이다.

다중 뷰포인트

다중 뷰포인트multiple viewpoints를 적용하면 3D 인터페이스의 문제를 해결할 수 있다. 다중 뷰포 인트는 가장 일반적인 3D 인터페이스의 형태다. 하지만 인터랙션 측면에서는 여전히 문제 가 많다. 대부분의 3D 프로그램은 다중 뷰포인트를 제공한다. 똑같은 오브젝트를 다양한 방 향에서 보여주는 것이다. 일반적으로 윗면, 정면, 측면을 보여준다. 각 뷰는 가로축과 세로축 에 따라 정렬돼 있다. 사용자는 화면의 줌을 조절할 수 있다. 보통 네 번째 화면에는 원근 투 시 장면을 보여준다. 오브젝트가 보이는 화면의 속성을 사용자가 직접 조절할 수 있다. 각 뷰 가 구분된 창으로 나타나는 프로그램도 있다. 각 창은 개별 창 프레임과 컨트롤을 제공한다. 이럴 때는 오브젝트를 조작하는 인터랙션이 매우 복잡해진다. 창이 서로 겹치기도 한다. 각 창마다 컨트롤을 제공하기 때문에 화면의 영역도 좁아진다. 한 창에서 각기 다른 뷰포인트를 제공하는 것이 좋다. 사용자가 뷰포인트의 개수를 한 개에서 네 개까지 설정하게 하면 된다(세 개의 뷰포인트는 큰 뷰 하나와 작은 크기의 뷰 두 개를 제공한다). 마우스를 한 번 클릭하는 것만으로 뷰포인트의 개수를 변경할 수 있어야 한다. 키보드 단축키를 활용하거나 툴바의 아이콘을 제공하면 된다.

다중 뷰포인트에도 단점이 있다. 사용자가 동시에 여러 개의 뷰포인트를 확인해야만 오브젝트의 위치를 가늠할 수 있기 때문이다. 사용자는 3차원의 복잡한 정보를 빠르게 파악해야 한다. 윗면, 정면, 옆면의 뷰를 확인한 뒤 머릿 속에서 3차원 공간을 그려봐야 한다. 아무리 3차원 프로그램에 익숙한 사람이라도 조금은 어려운 일이다. 하지만 다중 뷰포인트는 3차원 오브젝트를 조작하는 데 무척 도움이 된다. 가로축과 세로축을 따라 오브젝트를 정렬하기도 쉽다.

기준 그리드, 원근 표시, 그림자, 축

다중 뷰포인트만으로는 3차원 공간을 파악하는 데 무리가 있다. 기준 그리드와 원근 표시, 그림자, 축 등은 사용자에게 큰 도움이 된다. 사용자가 3차원 오브젝트의 위치와 움직임을 좀 더 쉽게 이해할 수 있어, 원근 투시 화면에 보이는 오브젝트를 재빨리 파악할 수 있다.

기준 그리드^{baseline grid}는 각 화면의 벽과 같은 역할을 한다. 오브젝트가 놓이는 바닥 역할을 하는 셈이다. 가로축과 세로축을 나타내는 격자는 사용자가 오브젝트의 위치를 쉽게 파악할 수 있게 해준다. 카메라의 시야를 보여주는 뷰포인트에서는 그리드가 무척 유용하다. 화면이 회전할 때마다 방향과 움직임을 쉽게 이해할 수 있기 때문이다.

원근 표시^{depthcueing}는 화면에서 오브젝트가 얼마나 멀리 있는지를 파악할 수 있게 해준다. 멀리 놓여 있는 오브젝트는 좀 더 흐리게 나타난다. 원근 표시는 화면의 모든 영역에 걸쳐 나타난다. 오브젝트 하나에만 해도 원근 표시가 적용된다. 오브젝트의 크기와 형태, 부피를 쉽게 알아볼 수 있다. 그리드와 원근 표시를 함께 적용하면 3차원 공간을 이해하는 데 큰 도움이 된다. 그리드의 방향을 파악하기도 쉽다.

그림자^{shadow}를 적용하는 것도 3차원 공간을 이해하는 데 도움이 되는 방법이다. 한쪽 방향에서 빛을 비추는 것처럼 선택된 오브젝트의 그림자를 그리드 위에 표시하는 것이다. 3차원 공간에서 사용자가 오브젝트를 이동할 때마다 그림자도 따라 이동한다. 어떤 방향으로 오브젝트가 이동하는지 쉽게 이해할 수 있다. 오브젝트의 크기를 조절할 때도 도움이 되는 기능이다.

그림자는 3차원 공간을 이해하는 데 무척 유용하다. 하지만 시각적으로는 복잡해 보일 수 있다. 그리드를 각 면마다 제공하는 것도 무리가 있다. 이럴 때는 바닥면에만 그리드를 제공하고 오브젝트에 축pole을 적용하는 방법으로 문제를 해결할 수 있다. 그리드와 축의 관계를 확인하면 3차원 공간을 파악할 수 있다. 사용자가 오브젝트를 선택하면 세로축이 확장되어 그리드와 연결되는데, 오브젝트를 이동하면 세로축도 따라 움직인다. 3차원 공간에서 오브젝트가 어디로 이동하는지 그리드에서 쉽게 파악할 수 있게 된다. 그리드에서의 축의 위치가 x축과 y축에서의 오브젝트 위치를 나타낸다. 축의 길이는 z축의 위치를 나타낸다.

가이드와 실시간 힌트

앞서 설명한 인터랙션은 시각적 비모드형 피드백을 잘 보여주는 예다. 시각적 비모드형 피드백은 15장에서 자세히 다룬다. 프로그램에 따라 그리드와 축을 모두 제공하는 것은 불필요할 수도 있다. 예를 들어 구글 스케치업을 살펴보자. 스케치업은 3D 오브젝트를 대략적으로 그려볼 수 있는 프로그램이다. 사용자가 여러 방향으로 선을 그어보고 스케치해볼 수 있다. 줄자와 각도기를 활용해 모델을 제작한다. 3차원의 방향을 쉽게 이해할 수 있도록 각 축은 다른 색상으로 표시돼 있다. 하늘과 땅의 배경화면을 껐다 켤 수도 있다. 스케치업은 3D 오브젝트의 대략적인 형태만 제작해보는 프로그램이다. 일반적인 복잡한 3D 모델링이나 애니메이션과는 차이가 있다. 단순하면서도 강력한 인터페이스가 적절하다. 배우기도 쉽고 사용하기도 편리하기 때문이다(그림 18-25 참조).

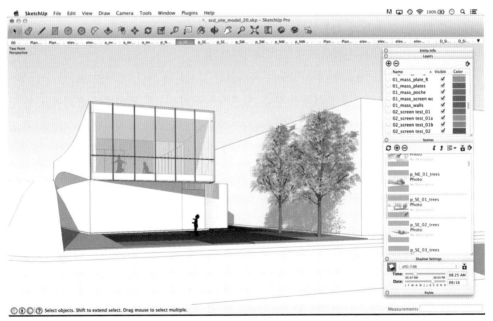

그림 18-25 구글의 스케치업 인터페이스. 스케치업은 3D 오브젝트를 대략적으로 그려볼 수 있는 프로그램이다. 인터페이스가 매우 단순하면서도 강력한 3D 기능을 제공한다. 도구의 개수도 적고, 항상 적절한 피드백을 제공하기 때문에 무척 이해하기 쉽다. 하늘과 땅의 배경화면을 껐다 켤 수도 있다. 위치와 방향, 시간에 따라 실시간으로 그림자와 명암도 표시해준다. 사용자가 3차원 공간을 쉽게 이해할 수 있게 해준다. 2D 애플리케이션처럼 그리드와 가이드를 설정할 수도 있다. 마우스를 스크롤할 때마다 카메라를 회전하거나 줌할 수 있다. 그 밖의 도구를 선택하는 것도 쉽다. 도구마다 툴팁으로 기능을 설명해준다. 선을 긋고 오브젝트를 정렬하는 과정도 간단하다.

와이어프레임과 경계상자

오브젝트의 와이어프레임^{wireframe}과 경계상자$^{bounding\ box}$를 표시하면 시각적으로 오브젝트의 형태를 쉽게 파악할 수 있다. 오래된 컴퓨터에서는 오브젝트를 항상 와이어프레임으로만 표시해야 했다. 오브젝트의 단면을 실시간으로 렌더링하는 데 컴퓨터의 성능이 따라주지 않았기 때문이다. 하지만 요즘에는 선택된 오브젝트를 바로 렌더링하는 게 일반적이다. 선택되지 않은 오브젝트는 와이어프레임으로 표시한다. 비활성화된 오브젝트는 투명하게 표시하는 경우도 있다. 모든 오브젝트를 렌더링하면 컴퓨터에 부담이 따르기도 한다. 무척 복잡한 화면에서는 선택된 오브젝트에 경계상자만 표시하는 경우도 있다. 가장 효과적인 방법은 아니지만 적절한 수준에서 문제를 해결할 수 있다.

입력 인터랙션과 이슈

3D 프로그램도 2D의 인터랙션을 다수 차용하고 있다. 드래그 핸들이나 버텍스 핸들은 3D 환경에서도 적용된다. 하지만 3D 프로그램에서 사용자의 입력을 인식할 때는 특별히 고려해야 하는 사항이 많다.

드래그 인식 수준

2D의 모니터 화면을 보면서 3D 환경을 조작하기란 쉽지 않다. 2D로 이동하는 커서의 움직임을 3D 환경으로 어떻게 적용할지 고민해야 한다. 마우스를 움직일 때마다 3차원 공간에서는 오브젝트가 어떻게 이동해야 하는지 생각해보자.

2차원 공간에서는 가로와 세로 방향의 움직임만 고려하면 된다. 하지만 3차원 공간에서는 세 방향으로의 움직임을 고려해야 한다. 일반적으로 마우스를 위아래로 움직이면 한 방향의 축을 따라서만 오브젝트가 이동한다. 45도 각도로 마우스를 움직이면 두 방향의 축을 따라서 이동한다. 스케치업에서는 특정 축을 따라서 오브젝트를 이동할 때는 색상 점선이 나타나 이를 알려준다. 툴팁으로도 현재 상황을 설명해준다. 3차원 환경에서는 실시간으로 피드백을 제공하는 것이 매우 중요하다. 마우스 커서 등을 활용해 풍부한 피드백을 전달해야 한다.

선택 인터랙션

3D 공간에서는 오브젝트를 선택하는 일이 무척 까다롭다. 모든 오브젝트가 와이어프레임으로 나타나거나 투명하게 표시되기 때문에 서로 겹쳐 보이기 때문이다. 어느 부분을 클릭해야 원하는 오브젝트를 선택할 수 있는지 파악하기 어렵다. 마우스를 이동할 때마다 밑에 놓

인 오브젝트를 활성화해 보여주면 도움이 된다. 하지만 앞에 놓인 오브젝트에 완전히 가려진 오브젝트를 선택할 수는 없다. 여러 개의 오브젝트를 선택하는 일은 훨씬 더 어렵다.

직접 조작법 대신 다른 방법을 제공하는 프로그램도 있다. 오브젝트 목록이나 탐색기를 활용하는 것이다. 3D 화면 밖의 인터페이스를 활용해야 한다. 이런 방법도 도움이 되긴 한다. 하지만 좀 더 직접적인 선택 방법을 활용할 수도 있다.

분명한 접근법 하나는 사용자에게 선택하고 싶은 오브젝트 이름을 입력하거나 말하게 하는 것이다. 장면에 입방체 하나만 있다면, 시스템이 구별하기 쉽다. 또 다른 방법은 속성이다. '녹색 형태를 선택하라.' 사용자가 인터페이스에서 오브젝트에 이름을 다는 수고를 했다면, 고유의 ID도 쓸 수 있다. 그래도 대부분의 3D 조작은 마우스로 수행하기에, 이러면 모드 전환이 약간 필요해 이상적이지는 않다. 더 마우스 중심의 처리 방법이 있다.

특정 영역에 마우스를 가져가면 겹쳐 있는 오브젝트 중 하나를 선택할 수 있는 메뉴를 제공하는 것이다(해당 영역에 오브젝트가 하나뿐일 때는 메뉴를 보여줄 필요가 없다). 꼭짓점이나 모서리, 단면을 선택할 수 있을 때는 선택 가능 영역을 시각적으로 표시해야 한다. 마우스를 가져가면 해당 요소를 선택할 수 있다는 사실을 쉽게 알 수 있어야 한다.

3차원 공간을 쉽게 탐색할 수 있는 인터랙션도 큰 도움이 된다. 선택 인터랙션을 직접 바꾸지 않더라도 오브젝트를 탐색할 수 있는 좋은 방법이다. 스케치업에서는 마우스휠을 사용해 화면의 줌과 회전을 조절할 수 있다. 휠을 돌리면 화면을 줌인하거나 줌아웃할 수 있다. 휠을 누르면 마우스 커서가 회전 상태로 바뀐다. 마우스를 움직이면 3D 오브젝트의 주변을 돌면서 확인할 수 있다. 3차원 공간을 무척 쉽게 탐색할 수 있는 인터랙션이다. 3차원 공간에서 쉽게 이동할 수 있으면 원하는 오브젝트를 선택하기도 쉬워진다.

오브젝트 회전과 카메라 조작

3D 애플리케이션은 3차원 공간을 조작하는 인터랙션이 매우 중요하다. 세 방향의 축을 따라 오브젝트의 위치를 변경할 수 있다. 크기를 조절하고 형태를 바꿀 수도 있다. 축을 따라 회전하는 것도 가능하다. 하지만 오브젝트뿐 아니라 카메라도 조작할 수 있다. 전체 시야를 회전시키고, 카메라의 초점을 변경할 수 있다. 카메라를 줌인하고 줌아웃하는 것도 고려해야 한다.

키보드 단축키와 메타키를 적용하는 등의 인터랙션은 매우 고급 기능이다. 3D 프로그램에서 카메라를 다루는 인터랙션은 훨씬 더 복잡하다. 화면이 변경될 때마다 카메라가 움직이는 것인지 실제 오브젝트가 변경된 것인지 구분하기 쉽지 않기 때문이다. 하지만 실제로 두 상황은 전혀 다른 인터랙션이다. 전체 캔버스의 섬네일을 제공하면 이 문제를 해결할 수 있다. 화면 한쪽 구석에 섬네일을 배치한 뒤 크기를 조절할 수 있게 한다. 전체 3D 환경에서 절대적인 오브젝트의 위치와 크기를 한눈에 확인할 수 있다. 3D 환경에서 길을 잃더라도 이 섬네일을 확인하면 쉽게 오브젝트를 찾을 수 있다(이런 섬네일은 2D 프로그램에서도 유용하다. 커다란 그래픽을 편집할 때 큰 도움이 된다).

19장

모바일과 기타 기기 디자인

모바일 기기의 사용자 경험은 애플이 아이폰을 도입한 2007년 6월에 완전히 변했다. 거의 하룻밤 새 무엇이 모바일 정보 기기여야 하는지의 정의가 급진적인 변화를 겪었다. 아이폰의 도입 전에 모바일 사용자 경험은 기기 표면 위나 슬라이딩 드로어 내에 숨은 작은 하드웨어 키보드를 뜻했다. 사용하기 불편한 작은 다섯 방향의 소형 D패드에 의존하지 않고는 효과적으로 작동할 수 없는 스타일러스가 필요한 경우가 대부분인, 작고 서툴며 반항적인 모노 터치스크린도 의미했다.

아이폰은 엉망인 사용자 경험을 다음 요소로 대체했다.

- 거대한 고해상도 멀티 터치스크린에 손가락으로 제대로 사용할 수 있을 정도로 큰 화면 내 제어를 규정한 OS
- 상대적으로 발견과 학습이 쉬웠고, 이제는 상징적인 제스처 숙어들
- 방향성, 위치, 배경 조명에 관한 정황 정보를 전달하는 센서들과 새로운 세대의 모바일 앱에 추가적인 수준의 지능을 더한 동작

1년도 지나지 않아 구글은 자체적인 멀티터치 모바일 운영체제 안드로이드를 소개했다. 상당수의 제스처와 내비게이션 숙어를 경쟁자인 iOS로부터 빌려왔다. 구글이 미학적 관점, 세련된 사용자 경험의 관점에서 iOS와 맞먹기까지 여러 해의 반복이 필요했지만, 모바일 업계의 윈도우가 돼, 스마트폰 시장을 대부분 점유하게 됐다(아이러니하게도 윈도우 폰 OS는 꽤

늦게 게임에 뛰어들었고, 시장 점유율에서 상당히 뒤처졌다). 이 글을 쓰는 시점에 기본적인 모바일 사용자 경험은 '스마트' 모바일 플랫폼 전반에 걸쳐 눈에 띄게 동질적이다. 이 기기 중 90 퍼센트 이상이 크고 제스처 기반인 멀티 터치스크린을 활용하며, 숙어도 비슷하고 센서가 여럿 달린 하드웨어에 (iOS 7부터) '플랫'한 시각적 스타일을 융합하는 것조차 유사하다.

아이패드 발표에 관해서도 거의 정확히 같은 이야기를 할 수 있다. 이 기기는 마이크로소프트와 기타 여러 회사가 반복 시도 후 포기한 시장인 태블릿 기기의 역사를 다시 썼다. 하지만 아이폰의 성공이 사실 아이패드의 즉각적인 성공을 보장했다(데스크탑 컴퓨팅 업계의 초기 부정적 의견에도 불구하고).

오늘날 아이패드, 안드로이드, 마이크로소프트의 멀티터치 태블릿 판매는 저사양 노트북 컴퓨터 판매를 심각하게 잠식했고, 이 동향은 분명히 지속될 것이다. 대부분의 사람에게 즉시 켜지고, 꺼도 그 상태를 자동으로 저장하며, 백그라운드에서 자체 소프트웨어 업데이트를 관리하고, 클라우드에서 설치하며, 창 관리 세금을 제거하고, 손가락 끝을 이용한 직접적인 인터랙션을 허용하는 컴퓨팅 기기는 데스크탑 소프트웨어와 포인터 기반 입력의 복잡성 대비 극적인 개선이다. 이것이 데스크탑과 노트북 컴퓨터의 미래에 의미하는 바가 무엇인지 상상해보기 어렵지 않다.

19장의 대부분은 휴대폰, 태블릿 포맷의 모바일 기기에 있어 가장 중요한 디자인 고려사항과 디자인 패턴을 일부 설명한다. 마지막 부분에서는 공중 키오스크, 기기, 자동차 인터페이스 등 기타 기기의 플랫폼 인터페이스도 간략히 논한다.

모바일 앱의 해부

데스크탑 애플리케이션 포스처는 독재적인 경우가 대부분인 반면(9장 참조), 모바일 앱은 그 속성상 일시적이다. 모바일 앱 대부분의 이동성과 고도의 정황 주도성(어쩌면 게임은 예외지만, 게임의 인터랙션 디자인은 일반적으로 그 자체로 고유의 주제다)은 특히 휴대용 모바일 기기에서 일시적 자세를 강제한다. 이 일시적 앱이 호스트 기기의 전체 화면을 차지한다 해도 여전히 일시적이다. 여기서 일시성은 사용자와 앱의 인터랙션 특성이 강제한다. 즉 짧고, 간헐적이며, 특정 과업에 집중하는 특성이다.

> **디자인 원칙** 대부분의 모바일 앱은 일시적 포스처를 지닌다.

모바일 앱의 일시적 속성에 기여하는 그 밖의 주요 요인은 호스트 기기의 물리적 폼 팩터다. 멀티터치 인터페이스를 지원하는 휴대폰 크기의 화면 때문에 화면 내 오브젝트는 사용자가 다른 인터랙션을 우발적으로 촉발하지 않으면서도 손가락으로 활성화하기 쉬울 만큼 커야 한다. 태블릿 크기의 화면은 약간 더 여유가 있지만 여전히 손가락 규모의 제어를 요한다.

이 두 요인은 데스크탑 대화상자의 정보, 컨트롤 밀도^{control density}와 유사한 모바일 화면의 정보, 컨트롤 밀도로 이어진다. 고해상도 디스플레이 기술은 모바일 기기의 세부 정보 그래픽과 선명한 텍스트를 허용해주면서도, 개별 오브젝트의 수와 공간은 사용성과 가독성을 유지하려면 상당히 제한적이다. 줌의 대안적인 솔루션은(12장 참조), 기술적으로 가능하면서도 복잡성과 혼란을 한층 더할 것이다. 그 자체가 이미 약간 문제가 있는 논리적인 줌은 여러 모바일 플랫폼의 앱들 사이를 내비게이션하는 (우스꽝스럽기는 하지만) 전형적인 방법이기 때문이다.

모바일 폼 팩터

모바일 앱이 거의 언제나 일시적이라 해도 안전한 반면, 모바일 기기의 폼 팩터는 내비게이션, 레이아웃, 행동 전략, 활용 패턴에 상당한 영향을 미친다.

현대의 멀티터치 모바일 기기는 주로 다음과 같은 세 가지 폼 팩터 범주에 속한다.

- **휴대기기**는 휴대폰, 아이팟 터치 등 미디어 기기로 구성된다. 대각선으로 4~6인치인 크고 좁은(보통 16:9 비율) 화면이 특징이며, 수직 방향으로 가장 자주 사용한다.

- **태블릿**은 대각선으로 9~10인치인 화면을 활용하는 기기들로 구성된다(애플의 태블릿은 4:3이며, 구글과 마이크로소프트는 16:9이다). 안드로이드와 윈도우 태블릿은 디자인상 수평에 치중된 반면, 애플 태블릿은 두 방향 모두로 더 자주 사용하는 듯하다.

- **미니 태블릿**은 대각선으로 7~8인치인 화면을 활용하는 기기들로 구성된다. 더 큰 부류처럼 4:3 비율(애플)이거나 16:9 비율(구글, 마이크로소프트)이다.

다음 절에서는 각 폼 팩터의 기본 구조 패턴에 집중하는데, 이 장 뒷부분과 21장에서 논할 요소다.

휴대용 포맷의 앱

모바일 터치스크린 운영체제는 다행히 창 관리의 복잡성을 없애고, 대신 제한된 공간을 훨씬 더 잘 활용하는 전체화면 애플리케이션을 선택했다. 이 결정은 애플의 뉴턴^{Newton}, 팜의 아주 인기 있던 팜파일럿^{PalmPilot} 등 초기 휴대용 터치스크린 기기로 거슬러 올라간다. 현대의 모바일 디스플레이가 이제는 조악해 보이는 그 화면 해상도보다 여러 배 크지만 여전히 의미가 있다.

현대의 휴대용 포맷 기기는 이전 시스템에서 활용한 기본 레이아웃 패턴 중 일부도 여전히 사용한다. 목록, 그리드, 바, 드로어 등 UI 요소의 수직 스택이다. 카루셀^{carousel}, 스윔레인^{swimlane}, 카드 같은 고성능의 고해상도 그래픽과 멀티터치 스크린 덕에 가능한 새 구조적 패턴은 이제 널리 인정받는 모바일 숙어다.

스택

스택^{stack}은 어쩌면 특히 휴대용 기기에서 게임이 아닌 모바일 앱 중 대부분이 사용하는 주요 패턴일 것이다. 좁고 위아래가 긴 스마트폰 및 기타 휴대용 모바일 기기의 폼 팩터 때문에 대부분의 컨텐츠, 컨트롤 유형의 디스플레이가 목록 같아질 수밖에 없다. 주된 예외사항은 아이콘과 섬네일이며, 아래에 더 자세히 소개한다. 스택은 보통 목록이나 그리드로 배치된 컨텐츠 영역이 있는 수직으로 구성된 구조이며, 컨텐츠 내비게이션과 기능 접근을 위해 상단이나 하단 혹은 둘 다에 바가 있다. 대부분의 iOS, 안드로이드, 윈도우 폰 앱은 그림 19-1에 보이는 것처럼 이 최상위 패턴을 따른다.

그림 19-1 전형적인 모바일 앱은 컨텐츠, 컨트롤, 내비게이션 요소 등 스택 레이아웃 패턴을 사용한다.

화면 카루셀

화면 카루셀screen carousel은 사용자가 좌우 스와이프 제스처로 재빨리 내비게이션할 수 있는 여러 인스턴스나 변형이 있는 대시보드 같은 디스플레이에 가장 적절한 대안적인 최상위 패턴이다. 이 패턴의 고전적인 사례는 그림 19-2에 보이는 iOS 날씨Weather 앱이다. 날씨 앱의 경우 사용자는 각기 다른 지역을 나타내는 동일한 레이아웃의 카드나 패턴 간을 스와이프한다. 카루셀 화면의 몇몇 인터랙션은 카드에서 발생한다. 전형적으로 스택 패턴에서 보이는 드릴다운 내비게이션이 보통은 없다. 카루셀은 연관된 상하단 바가 있을 수도 있고 없을 수도 있지만, 보통 카루셀 컨텐츠 내 사용자 위치를 표시하는 페이지 마커 위젯이 있다. 카루셀은 순환 흐름circular flow을 제공하지 않고, 오히려 가장 좌우의 추가 스와이프를 허용하지 않는 경우가 많다. 대부분 순환으로 만들지 않을 이유가 없다. 화면 간 내비게이션이 훨씬 쉬워지기 때문이다.

그림 19-2 iOS 날씨 앱은 화면 카루셀 패턴의 고전적인 사례다. 거기서는 좌우로 스와이프해 자급자족하는 대시보드 같은 화면의 여러 인스턴스 사이를 내비게이션할 수 있다. 하단 바의 플레이스 마커 위젯은 사용자에게 화면 순서 내 현재 위치를 보여준다. 이 패턴의 구현은 카루셀의 끝부터 시작까지 래핑하지 않아서, 세트를 넘어서는 내비게이션이 필요 이상으로 어려워진다.

방향과 레이아웃

대부분의 현대 모바일 기기는 화면 방향(수직, 수평)을 감지할 수 있는데, 앱이 동적으로 현재 방향에 더 잘 맞는 레이아웃을 배치할 수 있다는 뜻이다. 하지만 대부분의 앱은 회전해도 수직 방향을 고수한다. 목록, 그리드 기반 컨텐츠 브라우징에서는(이 주제는 '브라우징 컨트롤' 절에서 더 자세히 다룬다) 수평 방향을 가정하는 편이 좋다. 보통 사용자는 휴대폰을 수직 방향으로 한 손으로 조작하기 때문이다.

하지만 사진, 동영상 캡처, 편집 등의 앱에서는 회전하면 수평 방향을 허용해야 맞다. 매체 자체가 그 방향일 수 있기 때문이다. 그런 앱에는 아이콘 컨트롤이 가장 맞는다. 화면을 따라 바로 회전할 수 있기에 사용자의 혼란이 최소화되기 때문이다(그림 19-3 참조). 하지만 사용자가 컨트롤의 의미를 쉽게 파악할 수 있도록 보장하기 위해 더 조심해야 한다는 뜻이기도 하다.

그림 19-3 iOS의 슬로 셔터(Slow Shutter) 앱은 수직에서 수평으로 아주 부드럽게 전환한다. iOS의 네이티브 카메라(Camera) 앱도 이런 전환을 허용한다. 하지만 텍스트 레이블을 포함한 스크롤 선택 바를 사용하기에, 결과적으로 앱이 수평 방향일 때 텍스트는 회전해서 읽기 어렵다.

태블릿 포맷 앱

태블릿 포맷 앱은 화면 공간에 관한 한 휴대용 포맷 앱보다 훨씬 더 여유가 있다. 아이패드의 4:3 비율과 큰 화면 크기는 내비게이션과 기능 제어에 상당한 여유를 보장하지만, 윈도우와 안드로이드 태블릿도 영화 같은 16:9 비율로 꽤 서비스 가능할 만하다.

스택과 인덱스 패널

휴대용 포맷의 모바일 앱처럼 태블릿 포맷 앱도 주요 영역과 하나 이상의 탭, 내비게이션, 액션 바를 수직으로 쌓는 스택 패턴에 의존한다. 하지만 태블릿의 추가 공간은 앱이 필요로 할 경우, 하나 이상의 지원 패널도 허용한다. 보통 추가 패널은 받은메일함이나 검색 결과 등 컨텐츠 항목을 열거하는 인덱스 패널(18장 참조)이며, 주 컨텐츠 패널에 상세히 표시되는 현재 선택 부분이다. 디스플레이 공간의 좋은 활용이다. 드릴다운하는 한 수준을 제거하고, 사용자가 재빨리 긴 컨텐츠 목록을 내비게이션해 검토할 수 있기 때문이다.

이 추가적인 인덱스 패널은 그 자체로 관련 내비게이션과 기능이 있을 수 있는데, 패널 상하단의 바에 상주한다. 인덱스 패널 내 오브젝트 목록은 이메일 등 여러 출처에서 나오는 경우가 흔하다(그림 19-4 참조). 그래서 탭이나 드릴다운 접근법으로 내비게이션을 처리해야 한다. 19장 뒷부분에서 이를 상세히 논한다. 검색과 필터 위젯도 태블릿 인덱스 패널에서 흔한 컨트롤이다.

그림 19-4 iOS의 아이패드 메일 앱은 메일 폴더와 그 컨텐츠를 포함하는 인덱스 패널을 제시한다. 수평 모드에서 패널은 앱 내비게이션 바 좌측의 버튼으로 런칭하며, 없앨 때까지 화면 나머지와 중첩된다. 수평 모드에서 패널은 영구히 상세 컨텐츠 패널에 인접한다.

수평 모드에서 인덱스 패널은 보통 버튼으로 런칭해 주 컨텐츠 영역과 중첩된다. 앱의 인덱스 패널 컨텐츠가 특히 좁지 않은 한, 아마 이 접근법을 택하고 싶을 것이다(그림 19-4 참조). 중첩되지 않는 패널은 맞을 정도로 충분히 좁을 경우, 수평의 경우도 탁월한 인터랙션을 제공한다.

수평으로 회전할 때 표준 패턴은 중첩된 패널이 영구적으로 인접한 패널이 되도록 요구한다.

팝업 컨트롤 패널

태블릿 화면은 보통 휴대용 포맷 앱에서 요구하듯 전체 화면 위를 오버레이하지 않고 내비게이션을 전체화면 컨트롤 패널 화면으로 대체할 수 있는 팝업을 지원할 만큼 충분히 크다. 이 팝업은 신중히 사용하면 백그라운드 화면의 정황을 유지해 과업 흐름을 개선하고, 사용자에게 그다지 다른 방으로 갈 기분이 들지 않게 할 수 있다(18장 참조).

팝업 패널은 특정 컨트롤이나 컨텐츠 오브젝트에 결부되고, 그 오브젝트와 결부된 파라미터를 수정할 때 사용한다는 점에서 대화상자와 다르다. 이 관계는 보통 그림 19-5에 보이는 대로, 팝업 캔버스에서 결부된 컨트롤까지 확장되는 말풍선 캐럿으로 표시된다.

그림 19-5 iOS의 프로크리에이트(Procreate) 디지털 페인팅 앱은 팝업 컨트롤 패널을 앱의 툴바에서 드로잉 도구를 설정하는 수단으로 철저히 활용한다. 이 팝업 패널은 다른 데서는 사각형인 패널에서 출현하는 말풍선 같은 캐럿을 통해 도구와의 관계를 표시한다.

방향 기반의 레이아웃

휴대용 포맷 앱보다 태블릿 앱은 방향에 더 신경 써야 한다. 태블릿 앱에서 보통 컨트롤 회전만 준비해서는 접근법이 불충분하거나 바람직하지 않다. 대신 탭, 내비게이션, 툴바는 적절히 화면 상단이나 측면으로 재배치해, 감지할 수 있도록 화면 위에서 스스로 방향을 다시 잡아야 한다. 버튼에서 사용 가능한 중첩된 패널들은 주 컨텐츠 패널 근처에 레이아웃을 잡아야 한다(그림 19-4 참조). 이 접근법은 단순한 앱에 맞다. 그러나 더 복잡한 앱이나 스트리밍 동영상 앱(수평), e북 리더(수직)나 복잡한 컨트롤의 고정 레이아웃에 의존하는 모든 저작 도구 등 한 방향에 대해 편향이 강한 활동에 전담된 앱은 한 방향만 지원하기로 할 수 있다. 다음 두 절에서는 이 두 가지 경우를 더 자세히 설명한다.

모바일과 데스크탑 유사 레이아웃

현대 터치스크린 태블릿의 고해상도 디스플레이는 대각선 10인치 화면으로 줄어들었지만, 여러 노트북, 데스크탑 디스플레이와도 맞먹는다. 태블릿 앱을 데스크탑 앱의 축소된 터치 기반 버전처럼 취급하려는 유혹에 빠질 수 있다. 하지만 대부분 좋은 아이디어가 아니다. 미디어 브라우징과 기타 검색, 브라우징, 조회/구매 유형 앱에 대해 이번 장에서 개괄한 접근법이 적절하다.

하지만 유사한 데스크탑 앱을 대체하려는 생산성 앱, 창의적인 저작 도구의 복잡성 때문에, 더 데스크탑 같은 툴바와 패널을 수용하는 경우가 좀 더 많다. 그림 19-6에 보이는 것처럼 오디오, 비디오 제작 앱은 특히 더 데스크탑 같은 접근법에 잘 어울리는 듯하다. 여기서는 상대적으로 더 밀집된 컨트롤 레이아웃, 여러 패널, 복잡한 툴바 및 컨트롤 패널, 큰 팝업 패널이나 드로어, 드래그앤드롭 숙어가 맞다.

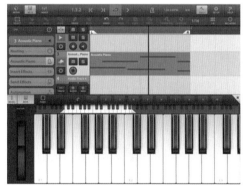

그림 19-6 스테인버그의 큐베이시스(Cubasis)와 코렐의 피너클 스튜디오(Pinnacle Studio)는 데스크탑 앱과 더 많이 닮은 더 복잡한 레이아웃에 잘 어울리는 미디어 제작 앱의 사례다.

앱이 이 카테고리에 속하면 다음 원칙을 염두에 둬야 한다.

- 툴바, 컨트롤 패널, 메뉴 항목에 (히트 영역hit area이라 알려진) 등록 탭, 항목 간 여백이 손가락으로 쓸 만큼 적절한 규모인지 확인한다.

- 드래그앤드롭은 터치스크린에서 우발적인 드롭의 가능성이 있으니, 피하거나 허용해야 한다.

- 팝업 패널은 가능한 한 발생지를 가리키고 분명히 레이블이 달린 헤더가 있어야 한다.

- 작업 흐름을 가능한 한 선형적으로 유지하기 위해 기능의 계층구조에 긴밀히 관심을 둔다. 가능한 한 언제나 사용자를 과업 성취를 위한 단일 경로에 둔다.

- 레이아웃이 복잡한 앱은 대부분 수직, 수평 모두 지원하려 하기보다 한 방향을 선택해 고수하기로 해야 한다. 다른 방향에 대해서는 완전히 다른 디스플레이의 기회를 고려한다.

하드웨어 같은 컨트롤 레이아웃

특정 앱, 특히 음악 제작 분야의 앱은 하드웨어 기반의 컨트롤 표면과 닮은 인터페이스가 그 분야 사용자에게 어필한다. 그런 인터페이스는 마우스나 트랙패드로 가짜 하드웨어 컨트롤을 작동해야 하기에 데스크탑에서는 꽤 어색할 수 있지만, 디스플레이에 멀티터치 입력 인

그림 19-7 포지티브 그리드(Positive Grid)의 파이널 터치(Final Touch) 앱은 아이패드의 프로 음질 오디오 마스터링을 제공한다. 하드웨어 컨트롤 메타포를 철저히 사용하면서도, 그 스마트한 레이아웃과 작업 흐름은 하드웨어 같은 컨트롤과 조합된 직접 조작 숙어의 신중한 사용으로 극히 강력하면서도 사용하기 쉽게 해준다.

터페이스를 도입하자 이 공식이 상당히 변했다. 디자이너는 여전히 히트 영역과 여백에 대해 손가락 사용을 고려해야 한다. 회전 컨트롤을 작동하기 위해 순환하는 드래그 제스처 외에 수평이나 수직 드래그 제스처를 허용해야 한다(그리고 일관되게 사용해야 한다). 핵심 인터 랙션이 하드웨어의 메타포에 인위적으로 제한되지 않도록 주의도 해야 한다. 노브나 슬라이더는 볼륨 설정이나 트랙 믹싱에 맞지만, 오디오 파형 셰이핑^{shaping}과 스크러빙^{scrubbing} 등의 활동에 직접 조작을 이용하면 그림 19-7에 보이는 것처럼 창의적인 프로세스에 완전히 새로운 수준의 풍부함을 제시할 수 있다.

미니 태블릿 포맷 앱

구글 넥서스 7, 킨들 파이어 등 미니 태블릿은 큰 지갑이나 주머니에 편하게 맞아, 소비자에게 인기 있는 비싸지 않은 모바일 기기다. 하지만 사용자 경험 관점에서 좁은 16:9 화면 비율, 두 화면 방향 모두의 지원, 작은 크기의 조합은 터치 기반 경험의 디자이너에게 과제인 셈이다. 전체 크기 태블릿만큼 손가락 크기 컨트롤을 위한 여유는 별로 없다. 그러나 동시에 전화를 위해 디자인한 앱으로서는 특히 표준 OS 위젯을 사용할 경우, 미학적으로 비율이 맞아 보이기에는 여유가 다소 많다.

휴대용, 태블릿 포맷 앱이 활용하는 내비게이션, 레이아웃 전략은 약간의 결함은 있지만 미니 태블릿에 효과적일 것이다.

- **인접 패널**: 수직 방향의 전체 크기 태블릿에서 일반적으로 좋은 아이디어가 아닌 인접 패널은 보통 미니 태블릿에서 고려하기에 너무 비좁다. 수평 방향에서는 기껏해야 인접하는 두 패널(과 어쩌면 수직 탭바)을 지원할 수 있다. 특히 수평 방향에서는 중첩하는 팝업 패널과 드로어가 더 맞다. 드로어는 다음 절에서 논한다.

- **툴바**: 수직 보기에서는 위아래로 길고 좁은 폼 팩터와 휴대기기보다 늘어난 화면 크기 때문에 액션으로부터 산만함을 느낄 수 있다. 수평 방향에서 내비게이션 바와 쌓인 툴바는 컨텐츠에 수직 공간을 거의 남기지 않는다. 수직 툴바는 때로 미니 태블릿에 더 맞을 수 있다. 툴바는 다음 절에서 논한다.

- **목록**: 단일 열 목록은 수평 방향에서도 미니 태블릿에서 비율이 안 맞아 보이는 경향이 있다. 그리드, 스윔레인, 카드 접근법은 두 방향 모두에서 사용자의 흐름에 대한 감각에 더 효과적인 경향이 있다. 컨텐츠가 정말 목록 기반이면, 수직 방향, 인접 인덱스, 수평 방향의 상세 패널에서 수직 탭이나 툴바 사용을 고려한다. 각 숙어들은 다음 절에서 더 상세히 논한다.

- **팝업 대화상자와 전체화면 대화상자**: 미니 태블릿은 전화 스타일의 전체화면 숙어를 메뉴와 대화상자에 쓰면 효과적이지 않을 정도로 크다. 전체 크기 태블릿처럼 팝업 대화상자로 구현해야 한다. 툴바의 팝업 컨트롤 패널도 효과적이겠지만, 열릴 때 화면의 대부분을 차지할 수 있다.

모바일 내비게이션, 컨텐츠, 컨트롤 숙어

21장에서 자세히 논하겠지만 모바일 애플리케이션은 데스크탑, 웹 애플리케이션과 여러 컨트롤을 공유한다. 하지만 현대 모바일 기기 대부분이 활용하는 고유의 폼 팩터와 멀티터치 입력 기술 때문에, 모바일 앱 사용에 특히 적합한 고유의 숙어들이 진화했다.

그중 가장 흔하고 중요한 숙어들을 알아보자.

브라우징 컨트롤

대부분의 모바일 앱은 브라우징^{browsing}에 최적화된다. 음악, 동영상, 소셜 네트워킹 업데이트, 음식점 리뷰, 이메일, 쇼핑, 검색 결과 중 무엇이라도 모바일 앱에서 엄청나게 자주 가벼운 조사를 한다. 폼 팩터와 입력 옵션의 한계 때문에 데이터 입력보다 컨텐츠 브라우징과 컨텐츠 선택이 모바일 기기에서 훨씬 더 쉽다. 정황을 감안하면 모바일 앱이 컨텐츠를 브라우징하는 풍부한 패턴 세트를 개발해왔음이 놀랍지도 않다.

목록

목록^{list}은 휴대용 포맷의 터치스크린 기기의 컨텐츠 구성에 가장 자주 사용하는 패턴이다. 목록은 라인 항목, 텍스트 블록, 컨트롤(체크박스나 버튼)과 그 레이블, 이미지나 동영상 섬네일 등을 포함하는 경우가 많다.

목록에서 컨텐츠 항목을 태핑하면 보통 계층구조에서 한 수준을 드릴다운해서, 컨텐츠나 그루핑의 다음 수준을 드러낸다. 때로 목록 항목을 태핑하면 항목을 제어하는 옵션들을 제공하는 모드형 팝업이나 화면이 런칭될 수도 있고, 항목 자체의 상세 보기로 내비게이션할 수도 있다.

곧 논하겠지만 목록 보기는 탭바와 함께 작동해 컨텐츠의 여러 화면에 각각 별도로 유지되는 목록 내에서 접근하게 해주는 경우가 많다. 애플의 뮤직 앱은 그 좋은 사례로, 앨범, 아티스트, 곡 목록을 각기 다른 탭에서 쓸 수 있고, 각각 (약간 다르지만 관련된) 드릴다운 계층구조가 있다(그림 19-8 참조).

그림 19-8 iOS 뮤직 앱은 앨범, 아티스트, 곡 등의 탭 목록이 있다. 목록들 간 내비게이션은 하단 탭바로 이뤄진다.

목록은 길이상 한정될 수도 있고, 무한 스크롤infinite scrolling도 허용할 수 있다. 이런 스크롤은 아주 큰 세트에서(웹 검색 결과 등) 항목의 초기 세트를 제시한 후 사용자가 목록 하단에 도달할 때마다 결과의 추가 블록을 제시한다. 무한 스크롤은 제한된 컴퓨팅 자원 때문에 필요한 타협이지만, 누적 로딩 시간을 1초 정도 이내로 유지할 수 있는 한, 꽤 우아한 해결책이다.

그리드

그리드grid로 앱, 섬네일, 기능 아이콘 등의 컨텐츠를 일반적인 열과 행으로 조직한다. 그 가장 명백한 사례는 아이폰의 홈스크린인데, 앱 아이콘의 편집 가능한 그리드가 있다. 안드로이드도 유사한 인터페이스를 지원한다. 마이크로소프트는 앱 아이콘 그리드의 개념을 취해, 더

혁신적인 시작 화면 그리드로 바꿨다. 그림 19-9에 보이는 것처럼 앱과 노티를 미학적으로
만족스럽고 유용하게 섞는다.

그림 19-9 iOS와 안드로이드 홈스크린은 유사한 앱 그리드를 사용하는데, 둘 다 오리지널 팜파일럿에서 차용한다. 반면 마이크로소프트는 준(Zune) 인터페이스를 메트로(Metro) UI로 진화시켰는데, 고유의 시작화면 그리드는 앱과 노티를 매끄럽고 아름답게 조합한다.

앱 내에서 그리드 보기(갤러리 보기라고도 함)는 미디어 오브젝트를 제시할 때 사용하는 경우가 많다. 사진, 동영상, (커버 아트가 있는) 음악 앨범이나 이미지, 텍스트, 때로 버튼이나 링크 요소를 포함하는 작고 테로 둘러싸인 카드(나중에 더 자세히 다룸)를 포함한다. 컨텐츠 오브젝트의 그리드 제시에서 한 가지 도전과제는 사용자가 내비게이션 방법을 이해하는지 확인하는 것이다. 아이폰의 홈스크린은 수평 스와이프로 그리드 '페이지'들 사이를 내비게이션한다. 알디오^{Rdio}(그림 19-10 참조) 등 그리드를 주 내비게이션, 선택 장치로 쓰는 대부분의 앱은 페이지가 없고 때로 무한인 수직 스크롤로 추가 그리드 오브젝트를 노출한다(이 경우는 앨범). 스크롤 방향은 최하단의 가시적인 행이 일부 잘리도록 앨범 아트 크기를 조정해 멋지게 명시된다. 그래서 위쪽 수직 스와이프가 더 많은 선택을 드러내리라는 필수적인 시각적 힌트가 제시된다.

그림 19-11에 보이는 애플의 포토^{Photos} 앱은 훨씬 더 빡빡한 네 열 그리드를 카메라 롤^{Camera Roll}에 쓰는데, 역시 수직으로 스크롤한다.

그리드는 애플의 뮤직 앱처럼 아이폰이 수평 방향으로 회전할 때 그림 19-12처럼 수평으로도 스크롤할 수 있다.

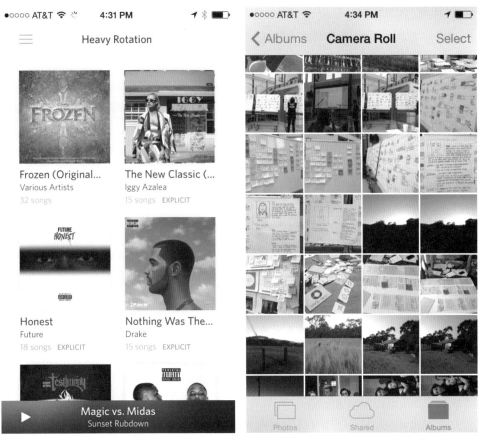

그림 19–10 두 열의 스크롤 그리드로 앨범 선택을 표시하는 알디오 스트리밍 음악 앱. 최하단의 가시적인 행이 잘려 있어, 스크롤이 수직적이라는 힌트를 준다.

그림 19–11 애플 포토 앱의 카메라 롤은 아이폰에서 네 개의 수직 스크롤 열이 있는 더 빡빡한 그리드를 쓴다.

그림 19–12 아이폰에서 수평 보기로 회전할 때, 애플의 뮤직 앱은 수평으로 스크롤 가능한 앨범 아트 그리드를 표시한다. 아트를 태핑하면 앨범아트를 포함하는 앨범 보기로 드릴다운하는데, 트랙 리스트와 전송 컨트롤을 수직으로 스크롤한다.

핀치 제스처로 그리드를 줌인, 줌아웃을 허용하려는 유혹에 빠질 수 있지만, 특히 휴대용 폼 팩터의 좁은 수직 방향에서는 일반적으로 좋은 생각이 아니다. 가독성과 아이콘, 섬네일의 히트 영역 외에 텍스트 레이블과 메타데이터의 열 너비에 관해 이슈가 곧 발생한다.

목록처럼 그리드 내의 컨텐츠 항목을 태핑하면 보통 계층구조로 드릴다운해, 컨텐츠 항목이나 컨트롤의 또 다른 그리드나 목록이 드러난다. 혹은 항목 제어를 위한 옵션들을 제공하는 모드형 팝업을 런칭한다. 아니면 그림 19-12에 보이듯 항목 자체의 상세 보기가 열린다.

목록처럼 그리드는 유한하거나 무한한 스크롤일 수 있는데, 거기서 추가 항목의 행이나 열은 그리드 끝에 도달할 때 누적으로 추가된다.

컨텐츠 카루셀

화면 카루셀은 수평 스와이프 제스처로 각기 다른 데이터를 포함하는 유사한 전체화면 레이아웃들 사이를 내비게이션한다. 컨텐츠 카루셀^{content carousel}은 단일 화면 레이아웃 내에 상주하지만 같은 제스처 유형으로 그 화면 내 제시되는 각기 다른 컨텐츠 오브젝트들 간의 내비게이션을 허용한다. 미디어 섬네일(혹은 더 큰 이미지)인 경우가 많지만, 미디어와 포맷 있는 텍스트를 모두 포함하는 텍스트나 카드일 수도 있다.

컨텐츠 카루셀은 화면 가장자리를 파낼 수 있도록 세심히 크기를 조정하고 여백을 둔 컨텐츠 항목들의 행을 나타낸다. 혹은 좌측 가장자리에서 우측 가장자리로 화면을 채우고, 좌우 화면 가장자리 근처의 화살표나 페이지 마커 위젯을 사용한다. 아이패드 앱스토어 앱 상단의 카루셀 등 일부는 다른 카루셀 앞의 카루셀 내에 핵심 항목을 두는 3D 레이어 효과를 사용한다.

적절히 디자인한 카루셀은 사용자가 다시 처음으로 계속 스와이프하게 하기보다, 끝부터 시작까지 순환하며 되돌려야 한다. 또한 카루셀 내 마지막 항목에 도달할 때 시각적으로 분명히 알려야 한다.

보통 컨텐츠 카루셀로 앱이 게시하거나 부각하려는 오브젝트의 상대적으로 작은 세트를 제시한다. 그렇기에 한 카루셀만 화면에서 활용해야 하며, 레이아웃에서 가장 눈에 띄는 위치를 차지해야 한다. 그 훌륭한 사례는 그림 19-13에 보이는 아이폰의 크래클^{Crackle} 앱이다. 이 앱은 Featured 탭 상단에 큰 카루셀이 있다. 사용자가 처음으로 돌아갔을 때 알 수 있도록 페이지 마커 위젯을 되돌리고 포함한다(이 기법은 짧은 목록의 항목을 포함하는 카루셀에만 효과가 있다). 몇 초마다 카루셀을 자동으로 진행시키기도 하는데, 숙어의 흔한 변형이다. 그러면 사용자가 동작을 이해하는 데 도움이 되고, 앱도 더 동적인 느낌을 얻으며, 사용자의 게시된 항목에 대한 노출도 보장된다. 사용자가 컨텐츠를 읽거나 집중하기 어렵게 너무 빨리 카루셀을 자동으로 진행시키지 않도록 주의해야 한다. 전환의 방향 상실을 피하기 위해 이 애니메이션은 사용자가 화면 내 다른 요소와 인터랙션을 나누는 동안 정지해야 한다.

그림 19-13 아이폰의 크래클 앱(좌측)은 그 Featured 탭의 컨텐츠 카루셀에 대한 좋은 사례를 제공한다. 효과도 좋다. 그러나 카루셀 항목마다 세부 드릴다운을 나타내는 화살표는 다음 카루셀 항목으로 내비게이션할 방법에 더 가까워 보이도록 크기를 조정하고 위치를 잡는다. 아이폰의 사파리(우측)는 브라우저 탭 대신 수직 카루셀의 사례를 제공한다. 아이패드 앱스토어 앱(중앙)은 3D 레이어 효과를 활용한다.

수직 방향의 카루셀은 훨씬 덜 흔하다. 애플은 iOS 7 아이폰의 사파리에서 브라우저 탭 대신 활용한다. 사용자는 브라우징을 위해 위아래로 스와이프하며, 선택하기 위해 태핑하고, 탭을 지우기 위해 왼쪽으로 스와이프한다(그림 19-13 참조).

스윔레인

스윔레인^swimlane^은 그리드와 카루셀 개념의 현명한 매쉬업이다. 카루셀의 타고난 브라우징 가능성과 그리드만 허용 가능한 데이터 밀도를 조합한다.

간단히 말해, 스윔레인은 카루셀의 수직 스택인데, 각각 다른 스윔레인과 독립적으로 수평으로 스크롤할 수 있다. 다른 스윔레엔으로의 내비게이션은 단순히 수직 스크롤의 문제다. 따라서 스윔레인은 사용자가 최소한의 내비게이션으로 컨텐츠의 여러 카테고리를 브라우징할 수 있는 현명한 방법이다. 한 카테고리를 다 스와이프하면 그 아래 다음 카테고리가 그대로 기다리고 있다. 컨텐츠 오브젝트의 열들을 동시에 움직이는 고정 그리드를 사용할 때보다 큰 장점이다.

넷플릭스^Netflix^ 앱은 카테고리 기반 컨텐츠에 스윔레인을 훌륭히 활용한다. 사용자는 카테고리를 수직으로 스크롤하고 카테고리 브라우징을 위해 수평으로 스크롤한다. 화면의 수직 방향이 그림 19-14에 보이는 것처럼 컨텐츠에 좁은 뷰포트^viewport^를 내줘도 효과가 좋다. 애플 앱스토어는 카루셀과 스윔레인들을 Featured 탭에서 모두 사용한다. 내비게이션 제스처가 화면 내 모든 요소에 대해 동일하기에 이 조합은 효과가 좋다.

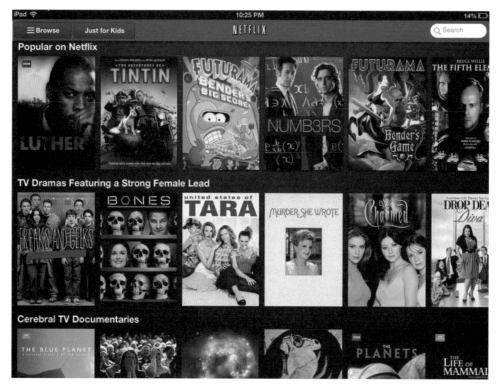

그림 19–14 넷플릭스 앱은 그 주요 브라우징 패러다임으로 스윔레인을 사용한다. 애플의 앱스토어는 카루셀 사용과 Featured 탭에서 부각된 항목들의 스윔레인들을 조합한다.

목록의 처음으로 다시 자동으로 되돌리는 스윔레인은 거의 보지 못했다. 그러나 사용자가 목록 내 출발점으로 돌아갔을 때 알려주는 시각적 피드백을 받도록 끝과 시작 오브젝트 간에 일종의 마커로 그렇게 해야 한다. 스윔레인을 보통 게시된 항목의 유한한 목록에 사용하는 반면, 무한 스크롤 목록에도 사용하는 것을 상상해볼 수 있다(예를 들어 카테고리 분류된 검색 결과를 상상해보자). 하지만 스윔레인은 카루셀과 달리 결코 자동으로 진행해서는 안 된다.

카드

카드card는 어떤 면에서 오리지널 맥의 하이퍼카드HyperCard로 그 기원이 거슬러 올라갈 수 있는, 모바일에 있어 상대적으로 새로운 숙어다. 당시 맥은 저해상도였다(현재 모바일 기기보다 훨씬 낮았다). 그러므로 디스플레이의 한계에 어울리게 정보를 멋지게 포맷한 덩어리로 텍스트와 시각 미디어를 결합할 수 있다면 의미가 있어 보였다. 하이퍼카드는 대중을 위한 저작 환경이 의도였지만, 결국 개발자가 리치미디어rich-media의 컨텐츠 중심 인터랙션을 쉽게 생성하는 방법으로 끝났다.

현대 모바일 애플리케이션으로 넘어오면, 같은 니즈가 발생한다. 리치미디어 컨텐츠의 의미 있는 단위를 제한된 디스플레이에서 쉽게 소비하려면 어떻게 제시하는가? 여기에 대부분의 모바일 인터랙션이 지니는 소셜, 정황의 속성을 더하면, 현대의 카드 기반 UI 사례가 나오는데, 미디어, 텍스트, 웹 링크, 미디어의 댓글, 공유, 태깅, 추가 등 소셜 액션의 자급자족적인 인터랙티브 오브젝트다. 페이스북, 링크드인 모두 그림 19-15에서 볼 수 있듯이 휴대용 앱의 중심 숙어로 카드를 사용한다.

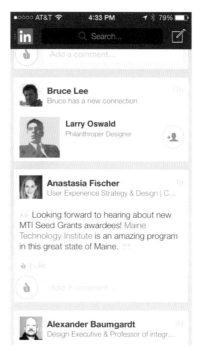

그림 19-15 페이스북과 링크드인의 앱은 모두 중심 숙어로 카드를 사용한다.

구글 검색 앱의 구글 나우^{Google Now} 기능은 카드에 다른 접근법을 취한다. 소셜 인터랙션보다 정황 정보에 더 집중한다(다른 구글 앱 활용에서 추출한 시간, 위치, 정보). 구글의 카드는 날씨, 지도, 주가, 음식점 리뷰, 캘린더와 이메일 데이터에서 추출한 노티 등 다른 구글 서비스에서 추출한 데이터의 작은 요약이다. 컨텐츠를 태핑하면 사용자는 원래 전체 앱이나 웹 인터페이스로 돌아가, 필요한 경우 더 깊은 인터랙션 경로가 생긴다(그림 19-16 참조). 구글의 카드도 우상단 구석의 아이콘을 태핑해 접근 가능한 개별 설정이 있다. 그러면 카드가 넘어가 설정 인터페이스 접근 경로가 드러난다.

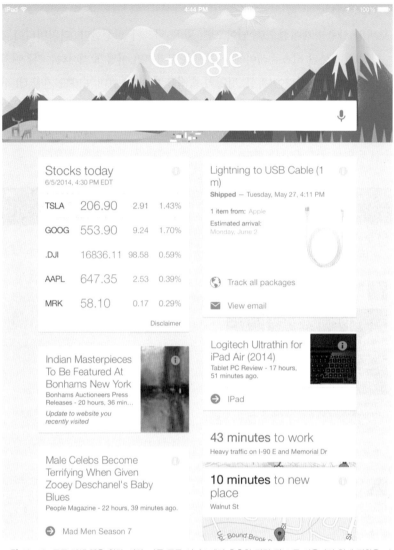

그림 19-16 구글 검색 앱은 위치, 시간, 다른 구글 서비스에서 추출한 관련 정보 등 사용자의 현재 정황을 기반으로 유용한 정보의 요약된 스니펫(snippet)을 출력하는 카드를 사용한다.

    카드는 스크롤되는 수직 목록에 표시되는 경우가 대부분이지만, 그리드, 카루셀, 스윔레인 레이아웃이 되기도 한다. 페이스북의 페이퍼^{Paper} 앱은 비표준적인 레이아웃에서 카드를 사용하는 좋은 사례를 제시한다. 화면의 상단 절반은 개별 포스트들을 순환하는 카테고리 카드다. 태핑하면 그림 19-17에 보이는 것처럼 포스트가 전체화면 카드로 확장된다. 카테고리 카드 아래 카테고리에 맞는 포스트들의 스윔레인이 무한 스크롤된다. 여기서 위로 스와이프하면 스윔레인이 전체화면 높이 값으로 확장돼, 더 세부 컨텐츠가 보인다(아래로 스와이프하면 화면 하단으로 돌아간다). 확장된 카드 내 어떤 공유 컨텐츠도 태핑하면 사용자는 컨텐츠의 원 출처로 간다.

그림 19-17 페이스북의 페이퍼 앱은 목록 아닌 레이아웃에서 사용하는 카드의 좋은 사례다. 앱의 컨텐츠 내비게이션은 컨텐츠 카테고리의 카드 카루셀(각각 자동으로 최근 컨텐츠들을 순환한다)과 사용자가 브라우징할 수 있는 무한카드 스윔레인으로 이뤄진다.

내비게이션과 툴바

바^{bar}는 휴대용 모바일 앱의 다양한 기능, 컨텐츠 영역의 주 내비게이션 장치다. 목록, 그리드처럼 모바일 터치스크린의 초기로 거슬러 올라간다. 바는 아이콘이나 텍스트 레이블이 있는 탭이나 버튼(혹은 여러 iOS 앱에서는 때로 둘 다) 같은 컨트롤로 구성되는 화면 상하단의 좁은 수평 영역이다. 이 컨트롤의 어포던스는 더 눈에 띄곤 했다. 하지만 이에 불리하게도 주요 모바일 운영체제는 플랫한 시각적 스타일으로 경도돼왔다. 시각적 복잡성이 상당히 줄지만, 활성화된 컨트롤을 확인하는 사용자의 인지 작업은 더 많이 필요한 불행한 부작용도 있다. 이 시점에는 바 내에 주재하는 텍스트나 아이콘이 일종의 내비게이션 컨트롤이라 가정하도록 대부분의 사용자가 훈련됐다.

탭바

탭바$^{tab bar}$는 텍스트나 아이콘 혹은 둘 다의 버튼 세트다(iOS 탭 버튼은 그 아래 텍스트 레이블이 있는 아이콘을 자주 활용한다). 탭 버튼을 태핑하면 탭에서 예상할 수 있는 것처럼 주 컨텐츠 영역의 다른 목록이나 그리드 보기로 전환한다. 탭바 내 탭마다 그 자체로 관련 목록과 그리드의 컨텐츠 계층구조를 유지하며, 보통 앱이 구동 중인 동안 그 계층구조 상태를 유지한다. 탭바는 iOS 화면 하단에서 흔히 찾을 수 있고, 그림 19-18에 보이는 대로 안드로이드, 윈도우 폰 화면 상단이나 근처에서 더 자주 보인다.

그림 19-18 iOS, 안드로이드, 윈도우 폰의 탭바 사용. iOS 탭바는 보통 화면 하단에 있고, 안드로이드 탭바는 일반적으로 내비게이션 바 아래(혹은 안드로이드 용어로는 액션바) 보조 내비게이션을 형성한다. 윈도우 폰은 바를 사각형으로 렌더링하지 않고 순수하게 텍스트인 탭바를 사용한다.

일부 태블릿 앱은 화면 좌측으로 정렬된 수직 탭바를 사용한다. 스포티파이^{Spotify}와 트위터^{Twitter}는 현재 그림 19-19에 보이는 것처럼 iOS 태블릿 앱에서 이 탭바 변형을 사용한다.

그림 19-19 트위터와 스포티파이는 태블릿 앱에서 수직 탭바를 사용한다. 명료성을 위해 아이콘과 텍스트를 포함하는 버튼을 사용하는데, 사용 가능한 수직 공간의 많은 양을 감안할 때 꽤 효과적이다.

더보기 컨트롤

대부분의 휴대용 화면의 좁은 비율과 손끝 크기의 히트 영역을 제공해야 하는 필요성 때문에 바에 상주할 수 있는 컨트롤의 실제 수는 5개 정도로 제한된다. iOS와 안드로이드는 모두다음 두 전략으로 이 제약에 대처한다.

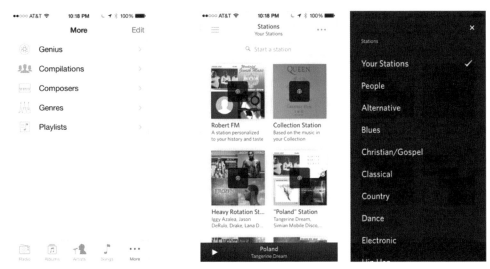

그림 19-20 iOS 뮤직 앱(좌측), 알디오(우측)의 더보기 컨트롤. 알디오의 더보기 컨트롤은 장르별 라디오 스테이션을 허용하는 모드형 팝업을 런칭한다.

그림 19-20에 보이는 더보기 컨트롤More... control은 모바일 앱의 제한된 화면 공간을 우회하는 탭바나 액션바 컨트롤이다. iOS에서는 보통 추가 내비게이션 옵션들의 화면을 보여주는 탭이다. 사용자가 그 화면에서 바로 옵션을 드래그하게 해주는 편집 모드인 경우가 많은데,

드래그한 옵션을 새 옵션을 드롭한 바에서 슬롯을 차지하는 옵션으로 교체한다. 안드로이드에서 더보기는 액션 메뉴 우측에 상주하며(이 장의 더 나중에 나오는 '내비게이션 바와 액션바' 절 참조), 추가 내비게이션 옵션이나 (더 전형적으로) 기능의 팝업 메뉴를 연다. 아이폰의 알디오^{Rdio} 스트리밍 음악 앱 등 일부 iOS 앱은 전체화면 모드형 팝업으로 추가 옵션을 선택하는 방법으로 화면 우상단에서 유사한 숙어를 사용한다.

탭 카루셀

더보기 컨트롤이 대처하는 문제의 다른 접근법이 탭 카루셀^{tab carousel}인데, 탭의 개념과 수평으로 스와이프 가능한 카루셀 개념을 우아하게 조합한다. 탭은 여느 때처럼 탭바에 보이지만 화면 가장자리로 확장된다. 선택한 탭은 탭바 내에서 중앙에 있거나 부각된다. 또 다른 탭을 태핑하면 선택이 된다. 탭바를(그리고 어떤 경우는 제어하는 보기를) 스와이프하면 좌우의 인접 탭이 선택돼, 그림 19-21에 보이는 대로 보기에 컨텐츠가 미끄러져 들어간다.

그림 19-21 스포티파이의 아이폰 앱은 'Your Music' 섹션에서 탭 카루셀을 사용하는데, 주 내비게이션 드로어로 접근한다.

여타 카루셀 보기처럼 탭바 내 스크롤 가능성의 힌트를 제공하기 위해 적어도 하나의 탭 레이블이 초기에 화면 가장자리로 확장하며 표시돼야 한다. 윈도우 폰은 그 앱 내 주 내비게이션 장치로 탭 카루셀의 변형을 사용한다. 탭바는 렌더링되지 않고, 순수한 텍스트 탭을 활용한다(그림 19-18 참조).

내비게이션 바와 액션바

화면 상단에 위치한 내비게이션 바$^{nav\ bar}$는 그림 19-22에 보이는 대로, 목록이나 그리드 계층 구조로 내비게이션하는 방법을 제공한다. 보통 최소한 좌측에 백 버튼, 중앙에 현재 목록, 그리드 및 기타 컨텐츠 화면 유형을 포함한다. 안드로이드는 이 컨트롤 세트를 액션바$^{action\ bar}$라 부른다. 기능 메뉴나 버튼은 우측에 포함되는 경우가 많다.

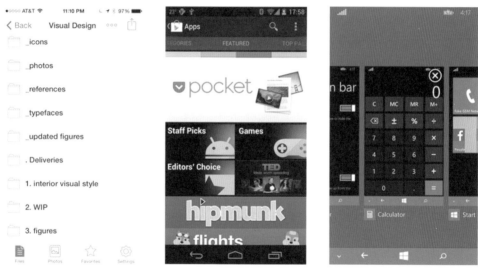

그림 19-22 iOS(좌측), 안드로이드(중앙), 윈도우 폰(우측)의 내비게이션 바 사용. 안드로이드는 화면 상단의 액션바 사용을 권장하는데, 내비게이션과 기능 접근을 통합한다. 안드로이드와 윈도우 폰도 화면 하단에 시스템 수준의 내비게이션 바를 활용한다. 윈도우 폰의 메트로 디자인 언어는 상단 내비게이션 바 사용을 권하지 않는다.

대부분의 안드로이드(와 8.1부터의 윈도우 폰)는 하단에 시스템 수준의 내비게이션 바가 있다. 뒤로가기 컨트롤(앱이나 계층구조에 상관없이 사용자를 이전에 본 화면으로 데려다줌), 홈 컨트롤, '최근 사용' 컨트롤(윈도우 폰은 검색도 포함한다). 하단에 편재된 바의 존재는 안드로이드 앱이 보통 앱 내비게이션 대부분을 화면 상단에 둔다는 뜻이다.

툴바와 팔레트

툴바tool bar는 현재 앱 컨텐츠나 선택한 앱 컨텐츠에서 기능을 실행하는 버튼을 포함한다. 윈도우 폰은 액션바에 네 개의 액션 버튼을 허용하는데(앱바app bar라 함), 보통 화면 하단에 위치한다.

iOS 앱은 내비게이션 바의 우측에 액션 버튼을 한두 개 배치하는 경우가 많지만, 단순히 보기나 공유보다 미디어 저작이나 편집을 하게 해주려 설계된 앱은 표준적인 화면 하단 탭바를 툴바로 대체하는 경우가 많다.

구글은 그 화면 상단 액션바 사용을 권장하는데, 백 내비게이션과 액션 버튼을 조합한다. 사용자가 여러 보기를 내비게이션해야 할 경우 그 아래 탭바 추가를 추천한다. 구글의 액션바는 쌓인 액션과 탭바가 너무 많은 공간을 차지할 경우, 액션바 자체의 드롭다운을 통한 전환도 지원한다.

대부분의 오디오 재생 앱은 재생 관련 컨트롤을 포함하는 전송 바나 컨트롤 패널을 '재생 중' 화면 하단에 배치한다.

데스크탑 부류와 유사한 툴바의 변형인 도구 팔레트tool palette는(18장 참조), 문서 작업 도구의 접근법으로 아이콘 버튼을 사용한다(드로잉, 페인팅 도구는 가장 명백한 사례다). 태블릿 앱의 도구 팔레트는 도구 선택과 설정을 허용하기 위해 팝업 컨트롤 패널을 많이 활용한다.

수직 툴바와 팔레트

태블릿에서 팝업 컨트롤 패널과 팔레트를 지원하는 더 복잡한 툴바는 화면 상하단 모두에서 사용한다. 수직 툴바는 화면 좌우 가장자리를 따라 이동한다(그리고 때로 둘 다). 그림 19-23에 보이는 아트 스튜디오Art Studio는 리치하고 복잡한 툴바를 많이 활용하는 앱의 좋은 사례다.

그림 19-23 아트 스튜디오 앱은 수직 툴바 외에 하단 툴바에 임베딩된 데스크탑 같은 메뉴바와 슬라이더도 사용한다. 이런 저작 도구는 데스크탑 애플리케이션의 복잡성에 맞먹기 시작한다. 태블릿 화면은 여러 컨트롤에서 꽤 복잡해지기에, 아트 스튜디오로 작업하는 동안 숨길 수 있는데, 어도비 포토샵 등 데스크탑 디자인 도구와 비슷하다.

도구 카루셀

카루셀이 탭바와 이종교배된 것처럼 툴바와도 조합돼, 수평 스와이프로 접근할 경우 화면 전반에 적절히 맞출 수 있는 것보다 더 많은 기능을 허용한다. 도구 카루셀tool carousel은 그림 19-24에 보이는 구글 스냅시드Snapseed 같은 이미지 프로세싱 앱에서 특히 인기 있다. 도구 카루셀의 각 항목은 이미지에 적용된 필터나 효과의 간단한 사례를 설명하는 동시에 보여 주는 레이블 달린 섬네일이다(이상적으로는 이미지가 당시 실제 편집 중인 이미지이겠지만, 크기는 이슈가 될 수 있다).

두 바를 쌓아 복잡성을 길들이는 방식으로 복잡한 기능 세트를 구축할 수 있다. 툴바로 도구 카테고리(효과, 필터, 보정)를 선택할 수 있고, 도구 카루셀은 카테고리 내 특정 도구나 변형마다 항목들을 포함한다.

그림 19-24 구글의 스냅시드 앱은 카루셀로 도구를 선택하게 해준다. 선택 후 도구에 적절한 컨트롤이 나타나는데, 어떤 경우는 특정 설정을 선택하는 보조 도구 카루셀을 포함한다.

메뉴바: 모바일에서 피할 숙어

복잡한 저작 도구가 태블릿에 진출하면서, 데스크탑 애플리케이션의 굴레도 태블릿 사용자 인터페이스에 더 많이 진입하고 있다. iOS용 아트 스튜디오(그림 19-23 참조), 큐베이시스(그림 19-6 참조) 등의 앱은 복잡하고 데스크탑 같은 컨트롤 레이아웃을 사용한다. 아트 스튜디오는 데스크탑 같은 메뉴바를 구현해 너무 멀리 간다.

몇 가지 이유로 좋은 아이디어가 아니다. 첫째, 메뉴바의 텍스트 레이블 행은 보통 탭바를 의미하며, 데스크탑 스타일 메뉴바 인터랙션은 태블릿에서 기대하는 바가 아니다. 둘째, 기능 중 대부분은 메뉴에 숨어 있다. 일단 노출된 후 기능이 무엇을 할지 메뉴 레이블에서 여전히 분명하지 않다. 툴바와 도구 카루셀을 모두 사용하는 접근법(이전 절에서 설명한 대로)은 메뉴바가 할 수 있는 일을 해주지만, 시각적 밀도는 덜하면서도 더 시각적인 설명 방식이다.

드로어

드로어^{drawer}는 탭과 유사한 내비게이션 요소의 수직 목록에 접근하게 해주는 현명한 숙어다. 주 컨텐츠 영역 아래 레이어에 상주하는 패널에 숨겨 최소한의 화면 공간만 사용한다. 드로어 아이콘은 세 개의 짧게 쌓인 행이 지니는 형태 때문에 햄버거 메뉴 아이콘이라고도 한다. 이 아이콘을 태핑하거나 때로 주 컨텐츠 영역 전체를 스와이프하면 컨텐츠 영역이 수평으로 미끄러져 그 아래 드로어를 드러낸다. 탭처럼 현재 선택한 부분이 부각된다. 드로어 항목을 태핑하면 동시에 컨텐츠 영역 내 표시된 바를 바꿔 드로어를 다시 잽싸게 닫는다. 드로어의 항목들은 보통 텍스트이지만, 아이콘 및 기타 장식이 있을 수 있다. 추가적인 컨트롤도 드로어에 상주할 수 있다. 그림 19-25에 보이는 구글의 아이폰용 지메일 앱은 드로어 숙어의 전형적인 활용을 예시한다.

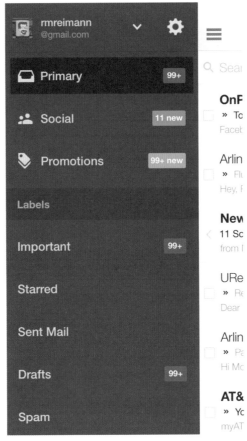

그림 19-25 아이폰 지메일 앱은 드로어와 그 안에서 추가 내비게이션 요소들을 사용한다. 계정 관리 UI가 상단에서 미끄러져 내려오는 동안 설정 UI는 하단에서 미끄러져 올라와(그리고 전체화면을 차지해) 약간 산만하다. 두 컨트롤이 드로어에 나란히 있는데도 말이다.

보조적인 액션의 드로어

드로어로 내비게이션 탭바를 대체하거나, 앱 내 보조적인 오브젝트 세트와 인터랙션할 수 있다. 드로어는 보통 좌측에서 미끄러져 열리지만 항상 그렇지는 않다. 우측에서 디플로이되는 드로어에 일부 보조적인 액션이 들어간다. 아이폰용 페이스북의 현재 버전은 주 내비게이션에 꽤 표준적인 하단 탭들을 사용한다(더보기 탭 등). 그림 19-26에서 볼 수 있듯이, 채팅의 온라인 친구 목록에 접근하게 해주는 우측 드로어도 제공한다.

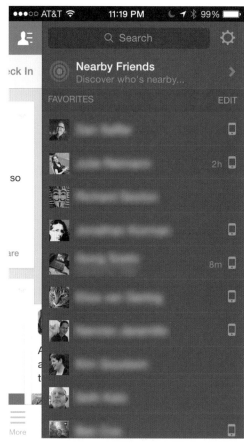

그림 19-26 아이폰용 페이스북 앱은 우측 드로어로 온라인 친구에게 접근해 채팅할 수 있다.

더블 드로어

iOS의 흥미로운 타임라인 기반 소셜 네트워킹은 주 화면 공간을 덜 차지하는 숙어를 위해 성공적으로 탭과 툴바 사용을 최소화했다. 그림 19-27에 보이는 패스Path 디자인은 보기들 간 주요 내비게이션의 표준적인 좌측 드로어, 친구들과의 메시징을 위한 페이스북 같은 우측 드로어 등 두 드로어를 사용한다. 또한 패스는 활성화될 때 주 컨텐츠 영역의 좌측 구석에서 활짝 열리는 비표준적이지만 흥미로운 도구 메뉴 컨트롤도 사용한다. 이 기능들에 접근하기 위해 탭을 더하지만, 인터랙션은 명료하고 실행 시 만족스러우며, 컨텐츠 영역을 부각시켜준다.

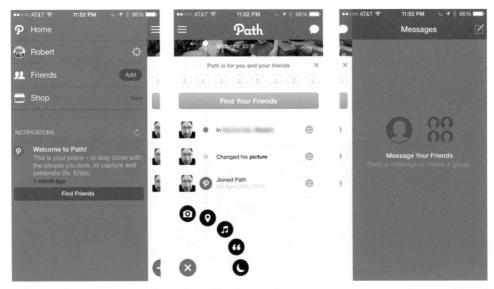

그림 19-27 아이폰용 패스 앱은 주 내비게이션에 표준적인 좌측 드로어, 친구들과의 메시징에 우측 드로어를 모두 사용한다. 게다가 패스는 태핑할 때 주 컨텐츠 영역의 좌측 하단 구석에서 활짝 열리는 비표준적인 팝업 액션 메뉴도 사용한다.

항목 수준의 드로어

일부 휴대용 포맷 앱은 슬라이드해야 드러나는 드로어 개념을 취해 목록 내 개별 항목들에 적용했다. (앱에 따라) 항목을 좌우로 슬라이드하면 항목 아래 툴바가 드러나는데, 기능은 그 항목에서 액션을 수행한다. 이리면 컨텐츠 영역 상하단의 툴바가 필요하지 않다. 이 접근법이 현명해 보일 수도 있지만 실제로는 여러 결함이 있다.

- 목록 항목에 일종의 시각적 단서를 추가하지 않는 한 사용자가 발견하기 어렵다. 그러나 이어서 모든 항목에 추가해야 해서 수평 공간을 낭비한다. 데스크탑 애플리케이션은 인터페이스를 복잡하게 하지 않고도 그런 컨트롤을 드러내는 마우스오버 상태의 혜택이 있지만, 모바일 앱은 그렇지 않다.

- 스와이프한 항목은 드로어가 열릴 때 모호해질 수 있기에, 사용자는 무엇인지 기억해, 기억을 돕는(메모리) 작업에 추가해야 할 것이다.

- 항목당 스와이프 제스처는 항목 삭제 제스처, 글로벌 내비게이션 드로어 열기 제스처 등 더 표준적인 수평 제스처가 혼란스럽거나 불가능해질 수 있다는 의미다.

그림 19-28에 보이는 아이폰용 슬래커Slacker 스트리밍 음악 앱은 목록과 그리드 항목 모두의 항목 수준 드로어에 있어서 적절한 사례를 제시한다. 아티스트, 스테이션, 앨범 등의 그리드 항목에서 좌측으로 스와이프하고, 트랙의 목록 항목을 스와이프하면 정보 버튼을 포함하는 드로어가 드러난다. 태핑하면 사용자는 세부 메타데이터 화면으로 간다. 이 아이디어는 UI 복잡성을 줄이는 한편, 그 발견 가능성은 낮다. 개별 그리드 항목의 스와이프는 비표준적인 인터랙션이기 때문이다. 그러므로 이런 인터랙션은 환영이나 도움말 UI에서 설명을 요하며, 그 다음 대부분의 사용자가 발견할지 여부도 의문이다.

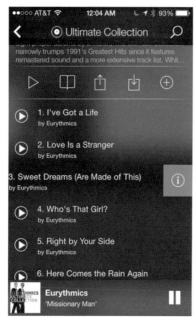

그림 19-28 슬래커의 스트리밍 음악 앱은 그리드와 목록 보기 모두에서 항목 수준의 드로어를 사용해, 선택한 항목의 세부 메타데이터 화면으로 사용자를 보내는 정보 버튼에 접근하게 해준다. 복잡성을 피한다는 점에서는 우아하지만, 그 발견 가능성은 낮다.

피해야 할 드로어 동작

그림 19-25에 보이는 지메일 앱의 드로어 구현은 옵션 접근의 과도한 애니메이션 전환을 세심히 고려할 필요성에 관해 오브젝트의 교훈도 소개한다.

지메일 앱의 주 드로어는 드로어 아이콘을 태핑하거나 컨텐츠 패널을 우측으로 스와이프할 때 컨텐츠 패널이 우측으로 스와이프하며 예상대로 열린다. 그 안에서 내비게이션 선택(이메일 폴더)은 예상대로 위아래로 스크롤된다.

거기서부터 복잡해진다. 계정 관리 UI는 드로어 상단의 액션바에 있는 토글 컨트롤이다. 활성화하면, 계정을 선택하거나 패널을 없애기까지 드로어의 컨텐츠를 덮는 패널이 아래로 슬라이드한다. 그리고 계정 관리 토글 옆에 설정 버튼이 있는데, 화면 하단에서 위로 슬라이드해 열린 드로어와 주 컨텐츠 영역에서 보이는 부분을 모두 덮는 또 다른 슬라이드 패널을 런칭한다. 혼란스러워 보이지 않느냐면 사실 그렇다.

패널이 너무 튀어나와 슬라이드돼(각각 서로 다른 방향으로 움직여, UI의 각기 다른 레이어에 영향을 줘), 사용자에게 산만하고 혼란스러울 수 있다.

디자인 원칙   애니메이션 화면 전환 수를 제한하라.

구글 지메일 앱과 달리 그림 19-29에 보이는 iOS 구글플러스[Google+] 앱은 드로어 관습을 깬다. 아래의 드로어를 드러내기 위해 컨텐츠 영역을 슬라이드하게 하기보다 주 컨텐츠 영역 위에서 드로어를 슬라이드해 연다. 이런 동작은 보통 컨텐츠의 인덱스 패널이 수평 모드에서 열릴 때 태블릿에서 보인다. 구글이 이미 지메일 앱에 사용 중인 더 적절한 드로어 숙어를 왜 고수하지 않는지 수수께끼다.

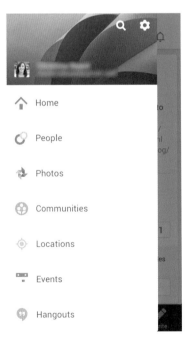

그림 19-29 구글플러스 앱은 드로어의 컨텐츠를 드러내기 위해 컨텐츠 영역을 슬라이드하는 대신 컨텐츠 인덱스 패널에 더 가깝게 컨텐츠 영역 위로 슬라이드해 드로어 패턴을 깬다.

드로어의 논란

드로어 사용이 기능을 숨겨 사용자 참여가 방해받는다는 주장 때문에, 햄버거 메뉴를 사용하는 드로어가 문제가 됐다. 커뮤니티 내 일부는 드로어를 전적으로 포기하기를 격렬히 옹호해왔다. 우리는 벼룩 잡으려다 초가삼간 태운다 믿는다.

분명히 이 주장에는 진실도 있다. 내비게이션 계층구조 전체를 단일 아이콘 버튼 뒤로 숨기면 문제가 있지만, 햄버거 버튼 대신, 혹은 그 외에 드로어의 초기 사용 상태를 열린 채로 두거나, 초기 도움말 오버레이를 활용해 텍스트 버튼 사용(이를테면 메뉴)으로 해결할 수도 있다(19장 뒷부분의 환영, 도움말 화면 관련 절 참조). 경우에 따라 햄버거 스타일은 사용자가 컨트롤로 인식하지 않아, 가시적인 커뮤니케이션에 실패할 경우 더 큰 문제일 수 있다.

드로어의 혜택은 컨텐츠의 여유가 더 크고 분명한 주요 인터페이스, 거의 어떤 기능도 스와이프(그리고 가능하면 스크롤)와 탭 한 번이면 가능하게 만드는 수단을 포함한다. 기능 세트가 복잡한 앱에서는 해결책일 수 있다.

사용자가 여러 기능을 지속적으로 사용하리라 기대하는 앱에서는 드로어도 효과적일 수 있다. 그리고 자주 사용하지 않지만 가끔 필요한 기능이 있는 앱은 드로어 접근법에서 혜택을 얻을 수 있다. 반면 캐주얼하게만 사용하는 앱은 내비게이션에 탭(이나 그 변형 중 하나)을 사용하는 편이 가장 좋을 수 있다. 사용자는 드로어 내에 숨은 기능의 존재를 상기시키기 위해 충분히 자주, 집중해 앱을 사용하지 않을 것이기 때문이다.

태핑하면 드러나는 조작과 직접 조작

데스크탑 앱과 터치스크린 모바일 앱의 주된 차별화 요소 중 하나는 손가락으로 화면 내 오브젝트를 조작하는 기능이다. 목록, 카루셀, 드로어 등 내비게이션 구성요소로 사용자는 더 몰입해서 내비게이션할 수 있고, 같은 원칙을 컨텐츠 제작, 편집에 적용할 수 있다.

태핑하면 드러나는 컨트롤

그림 19-30에 보이는 아이드로^{iDraw} 앱은 태핑하면 드러나는 컨트롤의 좋은 사례를 제시한다. 오브젝트를 태핑하면 조작 도구가 드러난다.

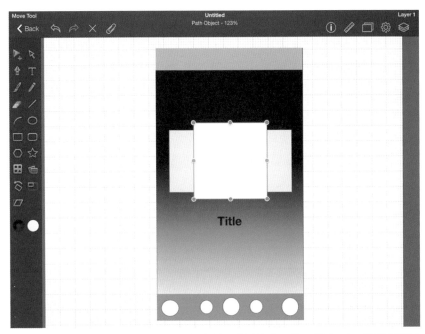

그림 19-30 아이드로어 앱은 오브젝트를 태핑하면 나타나는 전통적인 데스크탑 스타일의 드래그 핸들을 사용한다. 추가적인 선택 모드 덕에 연속으로 태핑하면 추가 오브젝트를 그룹으로 선택할 수 있다.

    마찬가지로 스트리밍 동영상 앱은 보통 재생 동안 숨어 있는 컨트롤의 태핑하면 드러나는 숙어를 사용한다. 유튜브 앱의 동영상 재생 영역 중 어디든 태핑하면(그림 19-31 참조) 보내기, 볼륨 등 기타 컨트롤이 런칭된다.

그림 19-31 유튜브는 태핑할 때 동영상 디스플레이에서 포개진 아이콘으로 보내기, 볼륨 및 기타 컨트롤을 일시적으로 사용 가능하게 한다. 이 디자인 방법은 복잡성을 제거해주지만, 발견을 해야 한다. 다행히 대부분의 동영상 앱이 이 숙어를 사용해, 재생 영역 태핑은 발견에 관한 한 그리 심한 확장은 아니다.

직접 조작 컨트롤

일부 앱은 터치 기반의 화면이 허용하는 직접 조작의 다음 단계로 넘어간다. 편집 중인 오브젝트에서 제스처로 슬라이더 등 불편한 간접 조작 숙어를 대체한다. 구글 스냅시드Snapseed 이미지 편집기 등 그중 최고의 앱은 제스처가 편집 중인 오브젝트에 어떤 영향을 줄지 대략 보여주는 동적인 피드백 힌트를 제시한다. 예를 들어 틸트 시프트 효과를 사용할 때, 이미지를 태핑하면 센터 보정점 외에 효과의 앵글과 전환 간격을 나타내는 이중 선들도 표시된다 (그림 19-32 참조). 사용자는 효과의 중앙 지점을 이동하고, 수평으로 스와이프해 전환 영역을 넓히거나 좁히고(아래 온도계 같은 디스플레이로도 추적), 화면 내에서 엄지, 검지를 비틀어 효과의 앵글을 바꿀 수 있다. 발견과 학습도 약간 필요하지만, 재빨리 학습된 본능이 돼, 사진 편집과 수정에 엄청나게 몰입하는 방법을 제시한다.

그림 19-32 스냅시드는 이미지 편집에 혁신적이고 고도로 몰입하는 직접 조작 도구를 제공한다. 그런 인터페이스가 보통 포함하는 전통적인 노브와 슬라이더 열에 대한 필요성을 없앤다. 이 접근법의 대가는 발견하는 데 학습이 더 필요하다는 데 있지만, 그 단점은 스냅시드처럼 도구마다 한 번의 환영/도움말 화면과 함께 상쇄될 수 있다.

검색, 정렬, 필터링

검색은 모바일 앱의 핵심 사용자 활동이다. 사실 논란의 여지는 있지만, 전화 통화 외에 가장 중요한 모바일 활동이다. 사람들은 최근 메일이든, 노래나 동영상이든, 구매 품목이든, 현실에서 근처에 있는 무엇이든 모바일 앱으로 찾는다.

위에서 언급한 대로 복잡한 데이터 입력은 모바일 앱의 이동 중인 세계에서 쉽거나 실용적이지 않다. 다행히 검색 노력을 최소화하는 유용하고 다양한 방법도 있고, 모바일 앱이 제공할 수 있는 정황 정보도 있다.

명시적인 정렬과 암시적인 검색

앞서 언급한 대로 모바일 앱은 대체로 브라우징에 최적화된다. 그 브라우징 행동을 활용해 사용자의 검색 쿼리 구축 니즈에 미리 대처해줄 수 있다. 스마트한 앱은 사용자가 과거에 보거나 '좋아요'를 했거나 구매한 것을 계속 추적할 수도 있다. 이어서 유사한 속성을 공유하거나 사용자와 취향이 유사한 사람이 '좋아요'를 한 항목을 서비스할 수 있다(이 첫 옵션에 관해서는 아래 참조). 넷플릭스는 그 모바일 앱의 근거가 이 원칙이라(그림 19-14 참조), 사용자의 시청 습관에서 얻은 TV 프로그램과 영화의 스웜레인 카테고리를 제공한다. 검색도 여전히 할 수 있지만, 인터페이스의 초점은 아니다.

검색 쿼리 구축

물론 가능한 최상의 브라우징 옵션으로도 사용자의 구체적인 대상을 찾는 검색 니즈는 거의 불가피하다. 모바일 앱 정황의 과제는 검색어의 충분한 표현을 허용하되, 사용자에게 최소의 데이터 입력을 요구하는 것이다. 가장 유용한 접근법 중 몇 가지는 이렇다.

- **음성 검색**: 세 주요 모바일 플랫폼은 인앱 음성 검색을 지원하니, 분명히 앱에서 이를 옵션으로 삼아야 한다. 음성 검색은 분명히 간단한 검색어 입력을 지원하는 영역에서 용이하다. 하지만 완전히 의존할 만한 일반적인 검색어까지는 갈 길이 멀었으니, 검색어 수동 입력 및 수정 니즈는 여전히 존재한다.

- **자동완성**: 사용자가 입력할 때 입력한 문자에 맞는 인기 옵션 목록을 표시해주면 키보드 입력 시간과 사용자 좌절이 극적으로 줄 수 있다.

- **미리 태핑하기**: 자동완성의 추가 상세화다. 미리 태핑하면 사용자는 앱이 자동완성의 결과로 제공하는 자동완성 검색어 옵션을 취해, 검색창에 로딩한 후, 새 자동완성 쿼리를 돌릴 수 있다. 일부 검색어에는 과할 수 있지만, 분명히 웹 검색, 검색어 정확도

가 중요할 더 기술적인 영역에서는 유용하다. 그림 19-33에 보이는 구글 검색 앱은
미리 태핑하기를 사용한다.

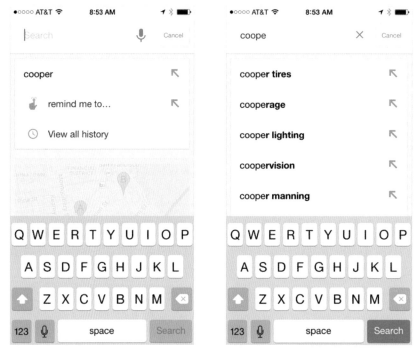

그림 19-33 구글의 검색 앱은 음성 검색과 최근/자주 입력한 검색어 추천(좌측), 자동완성(우측), 미리 태핑하기(둘
다)를 사용한다.

- **최근/자주 입력한 검색어**: 인간은 보통 같은 것을 반복적으로 찾는 습관이 있는 생물이
다. 어떤 검색 기능이든 과거 검색어를 기억해 사용자가 검색창을 태핑하자마자 제시
해야 한다. 이상적으로는 이 결과가 가장 자주, 가장 최근에 검색한 순서로 구성돼야
한다. 구글 검색 앱처럼, 바람직한 경우 관련 검색어로 시작할 수 있도록 미리 태핑하
기도 지원해야 한다.

- **자동추천**: 엄밀한 자동완성의 더 세련된 개선인 자동추천은 퍼지 매칭$^{fuzzy\ matching}$ 기법
으로 철자법을 교정하고 통제된 어휘와 유의어 옵션을 그 옵션 목록에 제시한다. 보
통 자동추천 옵션은 아래 많은 추천 결과 세트와 함께 상단에서 엄밀한 자동완성 옵
션의 작은 세트를 포함한다.

- **분류된 추천**: 자동추천을 기반으로 여러 데이터 유형에 걸친 검색이 필요한 앱은 카
테고리마다 추천 옵션을 제공할 수 있다. 그림 19-34에 보이는 iOS 스포트라이트
^{Spotlight} 검색은 이를 잘한다. 앱, 주소록, 음악, 동영상, 메일, 메시지, 캘린더, 노트, 리

마인더 등에서 추출해 즉시 카테고리화된 추천을 (적절한 경우 섬네일 이미지와 함께)
제공한다.

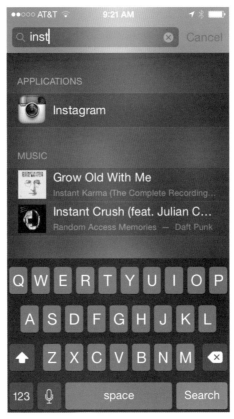

그림 19-34 iOS 스포트라이트 검색은 음성 검색, 자동추천, 분류된 추천을 사용한다.

정렬과 필터링

모바일 기기에서 정렬과 필터링은 결국 같은 경우가 많다. 사용자가 보통 이동 중인 모바일 정황이라 제한된 시간과 제한된 화면 공간이 조합돼, 기껏해야 화면 몇 개를 스크롤하고 싶어하는 사용자에게 검색 결과 수가 제한되기 때문이다. 따라서 효과적인 정렬의 결과는 하단에서 그 정렬의 항목 필터링이다. 게다가 사용자가 정렬과 필터링의 차이를 항상 이해하는 건 아니라는 사실 때문에 모바일에서 이 기능의 적절한 전략을 예상할 수 있다. 단일한 컨트롤로 병합해야 한다. 불행히도 여러 유명 앱은 이를 별로 이해하지 못한다.

그림 19-35에 보이는 아마존 아이폰 앱은 최근 검색어를 기억하는 검색이라 직선적이다. 검색 결과의 내비게이션 바에 분명한 Refine 버튼도 있다. 지금까지는 좋다. 그러나 상세

화 UI는 옵션별 정렬이 보이기도 전에 분류를 선택하도록 짜증 나게 강요하며(혹은 다른 어떤 필터 옵션이라도), 선택하기도 전에 결과 페이지로 돌려보낸다! 결과적으로 사용자는 추가 정렬 및 필터 옵션이 사용 가능함을 깨닫지 못할 수도 있다.

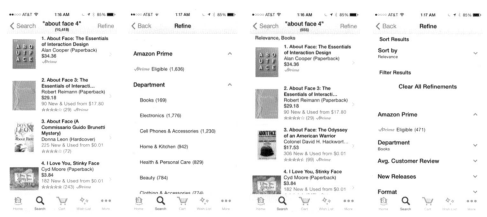

그림 19-35 아마존의 아이폰 앱은 한 번에 상세화 옵션 하나만을 선택하도록 허용하고 분류 필터를 선택하기까지 대부분의 상세화 옵션을 숨김으로써 사용자를 좌절시킨다. 틀림없이 아마존 백엔드의 데이터베이스 통합 이슈 때문이겠지만, 아마존의 고객이 고통받는다.

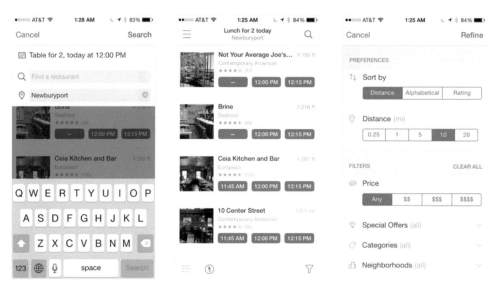

그림 19-36 오픈테이블의 앱은 필터 컨트롤 배치(중앙)를 제외하면 검색(좌측)과 필터링(우측)을 잘 해낸다. 특히 스크롤해 내려갈 때 완전히 사라지기에 화면 우하단에서 거의 보이지 않는다(스크롤해 올라가면 다시 나타나기는 한다).

그림 19-36에 보이는 오픈테이블^{OpenTable} 앱은 사용자를 위해 더 나은 접근법을 취한다. 인터페이스의 검색 옵션은 내장된 음식점 예약 앱에 적절한 필터가 있다. 시간과 장소 외에 음식점에 예상되는 키워드 검색도 있다. 시간과 장소도 모두 섬세하게 미리 채워져 있다. 검

색 상세화 옵션은 분명하고 심플하다. 상단이 가장 중요하고 하단에 더 까다로운 기준이 접혀 있다. 오픈테이블의 유일한 실수는 필터 컨트롤을 화면 우하단의 어느 정도 모호한 아이콘 뒤에 배치한다는 점인데, 사람들이 거기서 거의 놓칠 것이다.

옐프Yelp는 앱의 상세화에 상식적인 접근법을 취한다. 결과 화면의 검색창 좌측에 눈에 띄는 Refine 버튼이 있다(그림 19-37 참조). 버튼을 태핑하면 필터와 정렬 컨트롤을 섞은 전체화면 대화상자가 열리는데, 각각 분명히 레이블이 달려 상단부터 하단까지 적절한 우선순위가 있다.

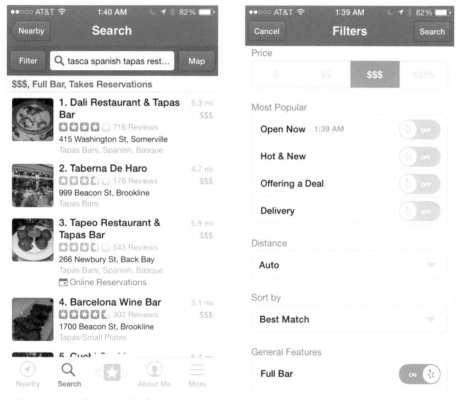

그림 19-37 옐프 앱은 검색과 필터링을 제대로 한다. 분명한 레이블이 달린 Filter 버튼은 결과 화면 좌상단에 있고(좌측), 전체 화면의 모드형 팝업은 필터와 정렬 기준을 적절히 섞는다(우측). 결과 화면은 어떤 필터를 설정했는지 확인하는 좁은 필터 바도 보여준다(좌측).

옐프와 아마존은 모두 또 다른 세부사항을 제대로 처리한다. 필터링된 결과는 결과 보기 상단에 자리 잡은 좁은 필터 바로 나타난다. 이 바는 결과의 현재 모든 필터에 대한 간결한 텍스트 요약을 포함한다. 이 인터페이스에 수평으로 스와이프해 활성화된 필터의 전체 목록을 볼 수 있는 기능을 더하면 좋을 것이다(목록은 옐프 인터페이스에서 잘려 있다). 또 다른 장점은 상세화 화면으로 돌아갈 필요 없이 태핑해서 필터를 토글해 켜거나 끌 수 있는 기능일 것이다.

환영 화면과 도움말 화면

많은 모바일 인터페이스가 꽤 학습하기 쉬운 반면, 일부 모바일 디자인에 고유한 요인은 학습 가능성을 떨어뜨린다.

- 제한된 화면 공간은 텍스트 레이블이나 주어진 시간에 화면에 있을 수 있는 도움말 텍스트의 양을 아주 제한한다.

- 멀티터치 인터페이스는 제스처 사용을 액션 완료의 중심에 놓는데, 손가락이 화면을 가로질러 터치하거나 움직이기까지 가시적인 어포던스가 없다.

- 마우스 주도의 데스크탑 인터페이스와 달리 툴팁 및 기타 정황적 힌트를 둘 마우스오버 상태가 없다.

일부 다른 대안이 존재하지만, 사용자의 모바일 인터페이스 학습을 돕는 가장 단순하고 효과적인 방법은 환영 화면과 도움말 화면이다.

환영, 도움말 인터페이스는 모바일 앱에서 동전의 양면인 경우가 대부분이다. 사용자의 구매와 로그인 후 앱 최초 진입에서 환영^{welcome} 화면은 앱의 중요한 활동과 사용 방식을 안내한다. 모바일 정황에서 도움말^{help}도 거의 동일한 많은 정보를 제공하지만, 사용자가 요청할 경우 온디맨드$^{on \ demand}$로 한다. 대부분의 모바일 앱은 탭이나 기타 보기마다 별도의 환영, 도움말 화면을 요할 만큼 복잡하지 않지만, 여러 컨트롤과 옵션, 액션이 있는 더 세련된 저작 도구에는 맞을 수 있다.

이번 절에서는 사용자가 앱의 주요 제스처와 인터랙션을 학습하게 해주는 인기 있는 환영, 도움말 숙어를 설명한다. 이 장치의 더 자세한 내용은 16장을 참조하면 된다.

가이드 투어

가이드 투어$^{guided \ tour}$는 보통 카드 카루셀로 구성되는데, 각각 관련 앱 기능의 특정 기능이나 설정 사용을 설명하는 텍스트, 이미지, 동영상을 포함한다. 가이드 투어는 첫 사용 시, 주요 릴리스 후 새 기능을 강조하기 위해 활용하며, 부차적으로 도움말 역할을 한다. 여러 앱은 인앱 설정 대화상자에서, 그보다는 뜸하지만 상하단 내비게이션 바에 위치한 도움말 버튼이나 메뉴에서 사용자가 다시 런칭하게 해준다. 가이드 투어는 사용자가 카드나 화면에서 투어로부터 나갈 수 있게 해줘야 한다.

디자인 원칙	가이드 투어로 최초 사용자에게 방향을 제시해야 한다.

오버레이

오버레이^{overlay}는 사용자가 시작하도록 돕는 또 다른 단순한 방법이다. 오버레이는 반투명한 레이어로 전체 화면을 덮는데, 거기서 도움말은 손으로 그린 것처럼 렌더링되고 화살표로 제스처를 가리키거나 컨트롤을 부각해 표시되는 경우가 많다. 화면 어디든 태핑하면 오버레이가 취소된다(때로 닫기 박스로도 가능하다). 가이드 투어처럼 오버레이는 도움말 버튼이나 설정 대화상자에서 다시 활성화할 수 있다.

> **디자인 원칙**   오버레이로 제스처를 분명히 하라.

툴팁 오버레이

툴팁 오버레이^{ToolTip overlay}는 단일 오버레이 화면의 모든 주요 기능을 툴팁처럼 표시하려는 오버레이의 변형이며, 더 복잡한 저작 앱의 정황에서 사용하는 경우가 많다. 그렇기에 이 숙어는 환영 화면보다 도움말 화면으로 사용하는 편이 가장 좋다.

멀티터치 제스처

제스처는 모바일 경험의 핵심이다. 제스처로 가능한 경험은 꽤 풍부하고 몰입적이지만, 실제 핵심 제스처 수는 꽤 적고, 그래서 더 좋다. 사용자가 니즈를 충족하는 데 아주 다양한 제스처 어휘가 필요하지는 않다. 제스처를 심플하고 직선적으로 유지하면 발견과 학습이 쉬워진다.

가장 자주 사용하는 멀티터치 제스처의 주된 용도를 알아보자.

선택, 활성화, 토글을 위한 태핑

탭으로 오브젝트를 선택하고 컨트롤의 활성화 상태를 토글한다. 태핑한 항목은 적절히 선택 부분을 하이라이트하거나, 활성화/비활성화 상태로 하거나, 애니메이션 처리해야 한다.

태핑과 홀딩

태핑과 홀딩은 좋은 의도에서 나온 제스처 숙어이며, 아마 그럴 자격이 있을 것이다. 보통 데스크탑의 오른쪽 클릭과 유사하게 오브젝트에서 컨텍스트 팝업 메뉴를 여는 데 사용한다. 하지만 이 숙어는 그리 발견 가능하지 않아 친숙한 사용자가 거의 없다. 그러므로 이 제스처는 추천할 만하지 않다.

대신 가시적인 메뉴 컨트롤을 오브젝트에 배치해야 한다. 혹은 태핑 후 선택하는 모델을 액션 메뉴와 조합해 사용해야 한다.

드래그로 스크롤

드래그로 스크롤은 수평이나 수직으로 작용하며, 기본적인 직접 조작 제스처다.

수직 드래그로 목록을 스크롤하거나, 드래그 핸들과 조합해 오브젝트의 정렬을 목록에서 조정할 수 있다. 목록에서 아래 방향으로 드래그하면 목록이 이미 상단으로 스크롤됐을 때 새로고침을 시작할 수 있다. 위 방향으로 드래그하면 목록에서 마지막으로 표시된 항목 다음 항목을 점진적으로 추가할 수 있다.

일부 모바일 OS가 지원하는 상하단 드로어도 수직 드래그로 접근할 수 있다.

수평 드래그는 카루셀이나 스윔레인을 스크롤할 수 있고, 좌우 드로어를 열 수 있다.

드래그로 이동

드래그로 한 목록, 패널, 컨테이너에서 다른 목록, 패널, 컨테이너로 오브젝트를 이동, 복사하거나, 오브젝트를 임의로 캔버스나 그리드 내에서 이동할 수 있다.

드래그로 제어

드래그로 노브, 스위치, 슬라이더, 수직 x-y 컨트롤 패드, 컨텍스트 터치 컨트롤을 제어하고, 캔버스에서 (페인팅 앱의 브러시 등) 팔레트 도구를 작동할 수도 있다.

스와이프 업/다운

위로 스와이프하면 보통 위로 드래그하는 것과 같다. 반면 iOS는 데스크탑 편집 모드에서 스와이프 업 제스처로 작동 중인 앱을 닫기 위해 사용한다. 목록이나 그리드를 위로 스와이프하면 가속도를 시뮬레이션하며 한동안 계속 스크롤된다.

아래로 스와이프하면 보통 아래로 드래그하는 것과 같다. 목록이나 그리드를 아래로 스와이프하면 가속도를 시뮬레이션하며 한동안 계속 스크롤된다.

좌로 스와이프

좌로 스와이프하면 보통 좌로 드래그하는 것과 같다. 카루셀이나 스윔레인을 좌로 스와이프하면 가속도를 시뮬레이션하며 한동안 계속 스크롤된다.

좌로 스와이프하면 우측 드로어가 열리거나 좌측 드로어가 닫힐 수도 있다.

애플의 사파리 브라우저는 좌로 스와이프해 포워드forward 버튼처럼 내비게이션한다. 구글 크롬 브라우저는 좌로 스와이프해 탭 편집 모드에서 브라우저 탭을 삭제한다.

우로 스와이프

보통 우로 스와이프하면 우로 드래그하는 것과 같다. 카루셀이나 스윔레인을 우로 스와이프하면 가속도를 시뮬레이션하며 한동안 계속 스크롤된다.

우로 스와이프하면 좌측 드로어가 열리거나 우측 드로어가 닫힐 수도 있다.

애플의 사파리 브라우저는 우로 스와이프해서 백back 버튼처럼 내비게이션한다. 구글 크롬 브라우저는 우로 스와이프해서 탭 편집 모드일 때 브라우저 탭을 제거한다.

핀치 인/아웃

핀치 인 제스처로 오브젝트를 물리적으로 축소, 줌아웃한다(지도 보기 등에서). 혹은 물리적, 개념적으로 중첩된 구조에서 줌아웃하거나 계층구조상 한 단계 올라가는 시맨틱 줌을 수행할 수 있다.

핀치 아웃 제스처로 오브젝트를 물리적으로 확대, 줌인한다(지도 보기 등에서). 혹은 물리적, 개념적으로 중첩된 구조에서 줌인하거나 계층구조상 한 단계 내려가는 시맨틱 줌을 수행할 수 있다.

회전

회전은 엄지와 검지를 활용해 터치스크린 표면에서 시계 방향이나 시계 반대 방향으로 돌리는 제스처다. 이 제스처로 노브 컨트롤을 활성화할 수 있다. 그러나 노브는 아마 대안적이거나 더 발견 가능한 제스처로 노브에서 시작하는 수평, 수직 드래그 액션도 지원해야 할 것이다. 이미지 편집 앱의 픽셀 선택처럼 오브젝트 회전에 사용할 수도 있다.

인간의 손목 구조를 감안할 때, 이 제스처는 어느 정도 실행이 어색하다. 피프티쓰리 사FiftyThree Inc.의 iOS 앱 페이퍼Paper는 이 제스처로 되살리기/재실행을 제어한다. 새로운 접근법이지만, 사용성 관점에서 더 표준적인 되살리기/재실행 화살표 아이콘보다 열등해 보인다.

여러 손가락 스와이프

다양한 모바일 OS는 다양한 여러 손가락 스와이프 제스처를 사용한다. 예를 들어, iOS는 구동 중인 앱들 간의 전환을 위해 네 손가락의 좌우 스와이프를 허용하는 옵션을 지원한다.

전반적으로 여러 손가락 제스처는 그리 발견 가능하지 않고 앱에서 사용할 때 OS 수준의 제스처에 간섭할 수 있다. 사용하지 않거나 특수한 니즈를 위해 유보하는 편이 가장 좋다.

앱 간 통합

독립적인 앱 접근법이 있는 현대 스마트폰은 사용자가 앱스토어로 기기에 놀라운 기능을 쉽게 추가할 수 있는 훌륭한 에코시스템^{ecosystem}을 창조했다. 이 접근법에는 아킬레스건이 하나 있다. 독립적인 앱은 서로 기능과 데이터를 통합하도록 권장하지 않는 경향이 있다. 예를 들어 아이폰에는 전화 앱, 주소록 앱, 캘린더 앱, 메시지 앱, 메모 앱, 리마인더 앱이 있다. 하지만 이 앱은 거의 완전히 독립적이며, 아주 기본적인 방식 외에는 서로 소통하지 못한다.

아이폰 및 기타 현대 스마트폰은 현재 전화와 주소록 앱을 꽤 잘 통합해낸다. 전화가 걸려오면 주소록에서 성과 이름을 볼 수 있고, 주소록에서 버튼을 태핑하면 전화를 걸 수 있다. 하지만 이 통합은 한 걸음 더 나아갈 수 있다. 주소록에서 이름을 클릭하면 약속, 이메일, 로그에서 불러온 통화, 송신자 이름을 포함한 메모, 그 사람과 관련된 웹사이트 등 그 사람과 관련된 모든 문서의 시간 역순 목록(혹은 목록 세트)이 나올 수 있다.

마찬가지로 전화가 걸려오면 전화는 위치를 확인하거나(극장 등), 현재 캘린더로 회의 중인지 알 수 있다. VIP 목록에 있는 송신자의 통화가 아닌 한, 자동으로 벨소리를 죽일 수 있다.

불행히도 전화 제조사는 아직 이런 통합을 전화 앱의 핵심 제품군에 적용하지 않았다. 하지만 IFTTT^{If This Then That} 등 일부 현명한 앱은 서비스에 참여하는 앱이 앱 통합의 특정 수준을 허용하는 커스터마이징 가능한 규칙으로 함께 엮일 수 있게 해준다(그림 19-38 참조).

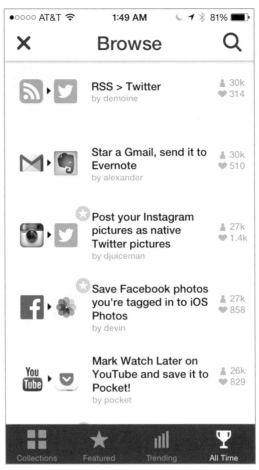

그림 19-38 IFTTT 앱으로 사용자는 출력, 입력 트리거를 지정하게 해주고, 효과적으로 단순한 앱 통합을 허용해줘. 앱들을 함께 엮을 수 있다.

음악 제작용인 오디오버스^Audiobus(그림 19-39 참조)는 다른 호환 가능한 iOS 애플리케이션이 여러 오디오 스트림 입력을 여러 오디오 출력으로 라우팅하게 해주는 통합 지향의 iOS 앱이다. 그러면 사실상 아이폰이나 아이패드 내에 가상의 녹음 스튜디오가 통째로 생긴다.

그림 19-39 오디오버스 앱으로 사용자는 호환 가능한 구동 중인 앱의 오디오 스트림을 한데 엮을 수 있다. 그러면 입력, 출력, 효과를 지원해 아이패드 내에 가상의 녹음 스튜디오가 통째로 생긴다.

기타 기기

데스크탑 컴퓨터나 고해상도 모바일 기기에서 구동하는 소프트웨어와 달리, 기기에 임베딩된 인터페이스의 인터랙션 디자인은 보통 제한된 화면과 렌더링에 필요한 컴퓨팅 자원과 조합되는 제품 주변에서 일어나는 현실의 노이즈, 활동과 공존하는 경험을 창조하기 위해 특별한 관심을 요한다. 키오스크 및 TV, 전자레인지, 자동차 대시보드, 카메라, 은행 기기, 실험 장비 등 기타 임베디드 시스템은 자체적인 기회와 한계가 있는 고유의 플랫폼이다.

일반적인 디자인 원칙

임베디드 시스템(통합된 소프트웨어 시스템이 있는 물리적 기기)은 전형적인 소프트웨어 인터랙션을 포함할 수 있다는 사실에도 불구하고, 데스크탑 시스템과 구별되는 고유의 과제가 개입한다. 사례로는 스마트 가전, 의료용 인포매틱스[informatics] 기기가 있다. 임베디드 시스템을 디자인할 때마다, 스마트 가전이든, 키오스크 시스템이든, 휴대용 기기든, 다음 기본 원칙을 명심해야 한다.

- 임베디드 시스템은 데스크탑 컴퓨터가 아니다.
- 하드웨어와 소프트웨어의 디자인은 서로 연결되고 통합된다.
- 제품이 놓일 환경과 상황에 맞춰 디자인한다.
- 가능하다면 모드를 적절히 사용하자.
- 디자인 범위를 제한하자.
- 해상도에 따라 화면 탐색 구조를 조절하자.
- 복잡한 입력장치는 최소화하자.

각 원칙을 좀 더 상세히 알아보자.

임베디드 시스템은 데스크탑 컴퓨터가 아니다

임베디드 시스템을 디자인할 때 가장 중요한 원칙은 지금 만드는 것이 비록 컴퓨터 스크린처럼 생긴 화면에서 보이고 있기는 하지만 절대 PC는 아니라는 사실이다. 이 제품을 사용할 사용자의 입장에서 생각해보자. 만약 가전제품이나 소형 기기라면 이 제품을 어떻게 사용해야 할지 대략적으로 머릿속에 그려본다. 반면에 이 제품이 공공장소에 설치된 큰 키오스크라면 사용자는 쉽게 어찌 사용해야 할지 그려내지 못한다. 디자이너의 입장으로 돌아와 보자. 소형 카메라나 전자레인지를 디자인하는 상황에서 데스크탑 컴퓨터에서 사용되는 복잡한 컴퓨터 용어를 사용한다면 사용자는 쉽게 이해하지 못할 것이다. 비슷한 시각으로, 특수한 목적으로 제작된 의료기기를 사용하는 의사나 간호사는 복잡한 컴퓨터 운영체제나 파일 시스템을 통해 원하는 파일을 찾는 데 몇 분씩 걸리는 것을 이해하지 못한다.

개발자, 특히나 과거에 데스크탑 프로그램을 주로 만들어왔던 이들은 곧잘 잊어버리는 사실이 있다. 그들이 만드는 제품의 일부가 소프트웨어이기는 하지만 커다란 컬러 모니터와 충분한 파워와 메모리, 키보드, 마우스 등이 다 갖춰진 데스크탑 환경에서 돌아가는 소프트웨어가 아니라는 점이다. 물론 몇몇 특별한 경우 임베디드 시스템이라도 원하는 모든 장비를 다 갖출 수 있다. 하지만 무엇보다도 중요한 건, 이 시스템을 사용하는 환경이 데스크탑 컴퓨터가 아니라는 사실이다. PC에서는 당연한 디자인 숙어도 새로운 환경의 시스템에서는 적합하지 않을 수 있다. 오븐을 끄는 버튼 위에 '취소'라는 레이블을 붙인다면 이상하지 않을까? 자동 온도 조절장치를 사용할 때, 온도를 조절하려고 '작업환경'으로 가야 한다면 부자연스럽지 않을까? 퍼스널 컴퓨터에서 일반적으로 사용되는 인터페이스 숙어를 작은 소형 기기에 억지로 집어넣으려고 해서는 안 된다. 먼저 제품의 특성을 파악하고 제품만의 독자적인 디지털 기술을 이용해 적절한 사용자 경험을 어찌 만들어낼지를 고려해야 한다.

하드웨어와 소프트웨어의 디자인은 서로 연결되고 통합된다

임베디드 시스템은 커스텀 하드웨어에서 혜택을 얻는 경우가 많다. 데스크탑 컴퓨터는 모든 의도에 대비하려는 의도지만, 임베디드 시스템은 보통 특정 과업을 성취하도록 도우려는 의도다. 단가, 동력, 형태상의 제약 때문에 하드웨어를 기반으로 하는 탐색장치와 입력 컨트롤은 보통 화면상에 함께 존재한다.

시스템 인터페이스의 하드웨어와 소프트웨어 요소를 제대로 디자인하려면 각 요소 사이의 자연스러운 관계가 무엇보다 중요하다. 동시에 목표 지향적이며 인간공학적이고 심미적인 관점 또한 잊어서는 안 된다. 지난 수십 년간 최상의 가장 혁신적인 디지털 기기, 예를 들면 티보^TiVo나 아이팟^iPod 등은 이런 전체론적인 관점을 잘 반영한 예라고 볼 수 있다. 효과적이고 주목이 가는 사용자 경험을 만들고자 자연스럽게 기기 장비와 그 안에 들어가는 애플리케이션을 조합했다(그림 19-40 참조). 불행히도 산업 디자이너가 외부 형태를 먼저 완성하고 소프트웨어 팀이 그 안을 채우는 기존의 일반적인 개발 프로세스에서는 이런 제품이 나오기 힘들다.

그림 19-40 쿠퍼 사에서 디자인한 스마트 데스크탑 전화기. 하드웨어와 소프트웨어 컨트롤의 강력한 통합을 보여준다. 간단한 버튼 및 컨트롤 조작으로 스피커 음량 조절, 새 통화 연결, 음성 메시지, 전화번호부 관리, 통화 기록, 전화 회의, 엄지휠, 터치스크린 작동 등 많은 기능을 편리하게 이용할 수 있다. 시스템에 너무 많은 기능을 넣기보다는 쉽고 간단하지만 꼭 필요한 기능에만 초점을 맞춰 디자인했다. 제품 중심에 위치한 터치스크린으로 문자별 검색 등의 인터페이스를 가능하게 한 것 또한 재미있는 특징이다.

제품이 놓일 환경과 상황에 맞춰 디자인한다

임베디드 시스템이 데스크탑 프로그램과 다른 또 하나의 차이점은 제품이 위치하는 상황이 얼마나 중요한 역할을 하느냐이다. 물론 간간이 어떤 PC 소프트웨어는 특정 상황에 맞춰 제작되기도 한다. 데스크탑에서 돌아가는 프로그램을 만드는 디자이너는 보통 상대적으로 조용하고 안정적인 위치에 놓여 사용될 것이라고 쉽게 가정한다. 물론 노트북이 데스크탑 시스템으로서 동력과 무선 접속망을 갖게 되면서 이런 가정이 무게를 잃고는 있다. 하지만 노트북 또한 꽤나 안정적인 위치에서 고정된 자세로 큰 움직임 없이 이용되는 것은 사실이다.

이런 관점에서 임베디드 시스템은 극과 극으로 나뉜다. 소형 기기처럼 항상 들고 다니는 경우가 있다. 상영 중인 극장처럼 활발한 작업장에 있을 수도 있다. 반면, 공공장소에 설치된 키오스크는 항상 움직임 없이 그 자리에 그대로 서 있다. 가전제품처럼 위치가 고정된 임베디드 시스템은 보통 매우 강한 상황적 요소를 갖게 된다. 스마트 오븐에 붙어 있는 꽤나 진부해 보이는 컨트롤과는 달리, 파티를 위해 만들어진 반짝거리는 저글링 판은 무척 혼란스럽게 움직인다. 차 내부의 대시보드에 장착된 내비게이션 시스템의 경우도 재미있는 예다. '소프트 키'의 적절하지 못한 위치 때문에 운전 중 도로에서 시선을 떼는 위험을 감수해야만 한다. 비슷한 예로 공장에서 일하는 기술자의 경우, 읽기 힘들거나 암호 같은 레이블이 붙은 조작 버튼은 작업환경에서 큰 위험을 가져올 수 있다. 심지어 생명을 위협할 수 있는 상황을 초래할 수 있음을 명심하자.

임베디드 시스템은 사용 환경을 철저하게 고려해 디자인해야 한다. 소형 기기의 경우, 언제 어디서 어떻게 사용되는지를 고려해볼 필요가 있다. 어떻게 이 기기를 들고 다니는지, 한 손으로 작동 가능한지 두 손이 꼭 필요한지, 당장 사용할 게 아니라면 어디에 보관해야 하는지, 사용 상황과 환경이 어떤지, 상황이 시끄러운지 밝은 곳인지 어두운 곳인지, 사용자가 기기를 공공장소에서 사용하는 것에 대해 어떻게 생각하는지 등의 질문을 스스로에게 던져보자.

키오스크의 경우는 이 기기가 놓이는 장소에 대한 고려, 즉 어디에 놓일 것인가가 매우 중요하다. 놓인 환경에서 이 기기가 어떤 역할을 하는지, 사람이 지나다니는 공간의 한가운데에 놓여 있는 것인지, 어떤 부가 정보를 제공하는지, 왜 사람들이 이 기기를 찾게 되는지, 얼마나 많은 사람이 동시에 이 기기를 쓸 수 있는지, 얼마나 많은 기기를 설치해야 사람들이 기다리지 않고 사용할 수 있는지, 기기를 사용할 만큼 충분한 공간이 확보 가능한지, 이 기기 때문에 다른 혼란을 초래하진 않는지 등 많은 질문을 던져보자. 키오스크에 대해서는 19장 뒷부분에서 더욱 자세히 살펴본다.

가능하다면 모드를 적절히 사용하자

모드란 소프트웨어가 취하는 다양한 상태를 말한다. 같은 위치에 있는 입력과 컨트롤일지라도 모드에 따라 다른 기능을 수행할 수 있다. 데스크탑에 설치되는 프로그램은 이런 모드를 자유자재로 사용하고 있다. 포토샵의 툴 팔레트가 좋은 예다. 하나의 툴을 고르면 마우스와 키보드 행동은 그 툴과 관련된 기능으로 매핑이 된다. 마우스와 키보드에 의해 입력된 값은 이 툴에서 다른 툴로 바꿀 때마다 다른 기능으로 인식된다.

불행히도 복잡하고 불분명한 인터랙션은 사용자를 더 힘들게 할 수도 있다. 더욱이 화면이 작고 입력장치가 제한된 기기의 경우, 제품에 어떤 모드가 있는지 전달하기가 쉽지 않다. 모드를 전환하려면 불필요한 과정을 거쳐야 할 때도 있다. 피처폰을 예로 들어보자. 이 작은 기기는 계층구조 안에서 수도 없이 많은 모드로 구성돼 있다. 보통 간단한 전화나 전화번호부 정도의 기능이 대부분의 핸드폰 사용을 차지한다. 사용자는 다른 기능을 사용하려다 결국 못 찾고 포기하게 된다. 심지어 진동 모드로 바꾸는 등의 아주 기본적인 기능도 찾기 힘든 경우가 있다. 기기를 사용하려면 일반 사용자도 심도 있는 고뇌와 연구를 해야 하는 셈이다.

임베디드 시스템을 디자인할 때, 모드의 수를 제한하는 게 중요하다. 모드의 전환은 환경적인 변화에 맞춰서 자연스럽게 전환되는 것이 이상적이다. 예를 들어 스마트폰의 경우, 전화가 오면 전화 모드로 바뀌고 이 통화가 끝나면 다시 이전 모드로 돌아가는 것은 상식적으로 충분히 이해가 가능하다. 모드가 반드시 필요하다면, 인터페이스상에서 확실하게 이동이 가능해야 한다. 이전 모드로 돌아가는 출구 또한 분명해야 한다.

디자인 범위를 제한하자

대부분의 임베디드 시스템은 특정한 상황을 고려해 만들어진다. 이런 시스템을 보통의 PC 플랫폼 안에서 작동시키려는 시도는 애초에 포기하는 게 좋다. 한곳에서 모든 걸 다 하려고 노력하는 만능 기기보다는 제한된 몇 개의 임무만을 집중적으로 수행하는 기기가 적합하다.

스마트폰, 슬레이트^{slate} 컴퓨터 등 많은 기기가 데스크탑 시스템과 정보를 공유한다. 데스크탑이 여의치 않은 상황에서도 쉽게 위성으로 중요 정보를 접속하고 기능을 사용할 수 있다. 이런 시스템을 디자인할 때 데스크탑 중심의 관점으로 접근하는 것은 충분히 이치에 맞는다. 상황에 맞는 시나리오를 작성해보고, 이런 위성 시스템이 더욱 유용하게 쓰이려면 어떤 기능이 필요한지 생각해보자.

해상도에 따라 화면 탐색 구조를 조절하자

많은 기기는 제한된 화면 크기에 억제돼 있다. 제품단가, 형태, 이동성, 아니면 전원 필요 여부 등을 따져보고, 사용자가 필요로 하는 정보에 적합한 화면이 어떤 것인지를 결정해야 한다. 이에 알맞은 디자인을 제공한다. 화면에 제약이 많은 임베디드 시스템을 디자인하는 데는 하나하나의 픽셀, 화면 조각, 심지어 평방 밀리미터까지 매우 중요하다. 화면 공간상의 제약은 간결한 정보와 복잡한 내비게이션 사이에서 항상 충돌하게 된다. 필요한 기능을 적절하게 제한함으로써 상황을 다소 개선할 수 있다. 하지만 화면과 내비게이션 사이의 긴장은 항상 존재할 것이다.

시스템 화면은 정보와 시각 요소를 계층구조로 구성해 세심하게 디자인해야 한다. 제품의 특징을 가장 잘 전달할 수 있는 전체적인 구조를 찾고, 가장 중요한 내용이 무엇인지 결정하자. 그 다음 보조적인 정보를 생각한다. 화면을 깜빡여 각기 다른 정보 간을 오가지 않게 한다. 예를 들어, 어떤 오븐을 보면 디지털 컨트롤에 하나의 온도만이 표시될 수 있게 만들어져 있다. 사용자가 목표 온도를 입력하면, 입력한 수치와 현재 온도가 번갈아가며 나타난다. 왔다 갔다 하는 두 개의 숫자는 굉장히 헷갈리는 것이 사실이다. 좀 더 나은 해결책으로 목표 온도 값 바로 옆에 현재 온도가 얼마나 목표치에 가까운지 보여주는 작은 막대그래프를 배치하면 어떨까? 하드웨어 조작과 관련된 상태를 보여주려고 화면 구성을 완전히 새로 하거나, 아예 하드웨어 자체로 그 상태를 나타내면 더욱 좋다. 토글 버튼이나 스위치, 슬라이더, 노브 등이 그 예다.

복잡한 입력장치는 최소화하자

거의 대부분의 임베디드 시스템은 PC의 키보드 같은 입력장치보다 훨씬 더 간소화된 입력장치를 사용한다. 특히 문자 입력의 경우는 생각보다 훨씬 어렵고 느리고 어색할 수 있다. 터치스크린이나 음성 인식, 필체 인식, 트랙 포인터, 엄지보드[thumb-board] 등은 비교적 정교한 입력장치다. 하지만 풀 사이즈의 키보드와 마우스에 비하면 당연히 불편하다. 가능하다면 간소한 입력장치를 사용하는 것을 추천한다.

키오스크는 휴대폰 같은 휴대기기보다 상대적으로 큰 화면을 제공한다. 하지만 가능한 한 복잡한 문자 입력을 피하는 것이 좋다. 공공 키오스크는 질병 벡터라는 불행한 위험요소가 있으니, 디폴트는 음성, 근접 스위치[proximity switch], 비접촉식 제스처 입력 등 비접촉 입력을 시도해야 한다. 더 필요한데 화면이 충분히 크다면 터치스크린을 사용해 소프트 키보드를 넣을 수도 있다. 키보드의 모든 버튼을 충분히 크게 만들어서 실수로라도 잘못 입력하는 일이 없게 해야 한다. 터치스크린을 이용할 때는 드래깅 같은 복잡한 인터랙션은 피한다. 초보자에게는 간단한 터치로(그리고 적절한 어포던스로) 시스템을 조작하게 하는 편이 쉽다.

소형 기기 디자인

소형 기기는 인터랙션 디자이너에게 새로운 숙제를 안겨준다(하드웨어와 소프트웨어 폼 팩터, 인터페이스를 모두 디자인해야 하는 기기).

- 들고 다니는 상황을 생각한다. 제품이 어떻게 사용되는가를 이해하는 데 있어 빠져서는 안 되는 것이 바로 실제로 만져지는 형태 모델이다. 형태를 결정할 때는 기기의 크기와 모양, 접혔다 구부리는 관절 등을 반영해야 한다. 무게까지 고려하면 더 효과적이다. 제품이 사용하게 될 상황과 사용자 시나리오를 상상해보면 디자인을 하는 데 큰 도움이 된다. 예를 들어, 휴대폰이나 TV 리모컨은 어두운 사용 환경을 고려해 버튼에 불이 들어와야 한다. 우편물 배달 추적기는 보통 낮시간에만 사용되기 때문에 이런 기능이 필요 없다.

- 한 손만으로 가능한지 양손이 필요한지 초기에 결정한다. 사용자가 어떤 모드로 이 기기를 사용하는지는 시나리오를 만들어가면서 명확해진다. 기본적으로는 한 손으로 작동하게 하고, 고난이도의 작업 때만 두 손을 쓰게 하는 것은 꽤 일반적이다. 하지만 고난이도의 작업이 자주 있지 않을 때만 가능하다.

- 다중 창과 추가 팝업창을 피한다. 낮은 해상도의 작은 화면에서 둥둥 떠다니는 추가적인 창을 넣을 자리는 없다. 인터페이스는 전체화면을 장악하는 독재적 포스처 프로그램과 비슷해야 한다. 모드형 대화상자는 반드시 피한다. 오류 메시지는 15장에서 제시하는 기술을 이용해 대체하는 것이 좋다.

키오스크 디자인

표면상으로 키오스크는 데스크탑 PC의 인터페이스와 많은 공통점이 있다. 크고 천연색의 화면과 비교적 견고한 프로세서는 큰 유사점이다. 하지만 사용자 인터랙션이 개입되면 이 둘은 전혀 다른 성격을 띤다. 독재적인 PC 애플리케이션 사용자와 비교해 키오스크를 사용하는 사람들은 아주 불규칙적으로 한 번, 많아야 두세 번 정도 사용하기 때문이다. 키오스크는 일반적으로 키보드나 마우스를 사용하지 않는다. 사용이 가능하더라도 크게 효과적이지 않다. 키오스크는 소음과 방해가 꽤 심한 공공장소에 놓인다. 다른 사람들과 동시에 사용하는 상황도 있을 수 있다. 이런 환경적 요소는 키오스크 디자인 곳곳에 섬세하게 배려해야 한다 (그림 19-41 참조).

그림 19-41 미국 로스앤젤레스에 위치한 게티 센터(J. Getty Center)의 정보 키오스크인 게티가이드(GettyGuide). 게티와 트리플코드(Triplecode)의 공동작업으로 쿠퍼 사에서 디자인했다.

거래용과 탐색용

키오스크는 크게 거래용 시스템과 탐색용 시스템으로 분류할 수 있다. 거래용 키오스크는 특정한 목적을 위한 서비스나 전자상거래를 제공한다. 은행의 입출금 기계ATM와 기차나 버스 터미널, 공항에서 쓰이는 티켓 머신, 영화 매표소 기계 등이 이런 거래용 키오스크에 속한다. 셀프 주유기나 자판기도 간단한 거래용 키오스크의 범주에 포함할 수 있다. 이런 일시적인 성향의 키오스크는 현금을 받고, 티켓을 프린트하는 등 구체적이고 뚜렷한 목적을 갖는다. 이런 시스템을 사용하는 사용자도 특별한 다른 관심 없이 목적했던 바를 가능한 한 쉽고 빠르게 달성하고자 한다.

　탐색용 키오스크는 박물관이나 쇼핑몰의 정보 디스플레이로 흔히 볼 수 있다. 탐색용 키오스크는 교육적이고 오락적 요소를 갖는다. 하지만 사용자가 박물관에 가는 목적은 탐색용 키오스크를 보기 위해서가 아니다. 더 주된 관심사인 전시를 보는 사람들에게 관련된 정보와 다양한 경험을 제공하는 보조적 역할을 한다. 미국 시애틀에 위치한 경험 뮤직 프로젝트Experience Music Project처럼 인터랙티브한 키오스크 자체가 전시의 주된 요소가 되는 예외적인 경우도 있다. 거래용 키오스크와 달리, 탐색용 키오스크를 사용하는 사용자는 모든 가능성을 열어둔 채로 시스템에 접근한다. 궁금해하기도 하고, 가지고 놀고 싶어하거나, 영감을 얻기를 기대하기도 한다. 하지만 특별히 뭔가 해야 한다는 뚜렷한 목적은 없다. 물론 가까운 화장실이나 쉬어갈 만한 카페를 찾는 등의 목적으로 이용할 수는 있다. 그러나 탐색 과정에서 사용자는 기대했던 것 이상의 경험 가능성을 발견하게 된다. 탐색용 키오스크에서 사용자와의 관계를 만들어내는 필수적인 행동은 바로 '탐색'이다. 키오스크의 인터페이스는 탐색의 관점에서 쉽고 분명해야 한다. 사용자가 시각적으로(가능하다면 청각적으로도) 즐겁고 편안해야 한다. 모든 화면은 그 자체만으로도 매력적이어야 한다. 사용자가 시스템에 존재하는 다른 내용을 더 궁금해하도록 유도한다. 더 깊이 탐색할 수 있도록 호기심을 충분히 자극해야 한다.

공공장소에서의 인터랙션

거래용 키오스크는 사용자를 특별히 유인해야 할 만한 장치를 필요로 하지 않는다. 하지만 최적의 장소를 고르는 일은 필수적이다. 한눈에 시선을 사로잡을 수 있고 자연스러운 사용자의 이동 흐름에 대비해야 하기 때문이다. 가장 효과적인 방법은 표지판과 사인 시스템의 조합을 적절히 사용하는 것이다. ATM 같은 거래용 키오스크를 디자인할 때 보안은 꼭 필요한 항목이다. 이런 키오스크가 안전하지 않은 곳에 있는 것처럼 보인다면 사용자는 항상 불안해할 것이다. 결국 이 키오스크의 사용 자체를 꺼리게 된다. 거래용 키오스크의 위치와 건축적인 설계는 인터랙션과 제품 외형 디자인이 시작됨과 동시에 맞물려 고려되는 것이 바람직하다.

탐색용 키오스크도 신중하게 위치를 선정해야 한다. 길찾기 시스템을 통합하는 것도 좋은 방법이다. 박물관에 전시된 더 중요한 대상을 방해하지 않는 선에서 탐색용 키오스크를 배치한다. 하지만 충분히 가깝게 놓음으로써 키오스크와 주요 대상이 '연결'되어 있음을 각인시킨다. 많은 사람이 동시에 사용하는 상황을 대비해 충분한 공간을 확보하자. 탐색용 키오스크는 가족과 같이 단체나 그룹이 함께 사용하는 경우도 많다. 또 다른 문제는 그 장소에 몇 개의 키오스크를 설치해야 하는가이다. 키오스크가 들어설 장소에서 사용자 조사를 거친 뒤, 최적의 숫자를 찾는다. 보통 거래용 키오스크를 사용하는 사람들은 이 시스템에서 많은 시간을 할애하지 않는다. 분명한 목적을 갖고 사용하기 때문에, 차례를 기다리는 것을 크게 마다하지 않는 편이다. 반면 탐색용 키오스크를 사용하는 경우 천천히 둘러보다 보면 시간이 꽤 걸린다. 누군가가 기기를 사용하고 있다면 관심이 있더라도 굳이 기다리지는 않는다. 사용자는 탐색용 키오스크에 엄청나게 유용한 내용이 있을 것이라고 크게 기대하지 않는다. 줄을 서서 기다리는 일은 의미 없게 느껴질 것이다. 대부분의 사용자가 이 기기가 비어 있을 때만 탐색용 키오스크를 사용한다고 가정하는 건 어느 정도 맞는 말이다.

키오스크 인터페이스를 디자인할 때는 소리의 사용에도 세심한 주의가 필요하다. 탐색용 키오스크는 특히 다양한 사운드 효과와 소리 피드백 등을 풍부하게 제공한다. 키오스크가 종속돼 있는 공간이나 주가 되는 전시 요소를 방해하지 않는 선에서 음량을 적절히 조절하는 게 옳다. 거래용 키오스크에서 소리 피드백은 자제해서 사용해야 한다. 하지만 신용카드를 가져가라든지, 구매 후 잔돈을 잊지 말라든지 등 중요한 사항을 다시 한 번 상기시켜주는 목적으로는 매우 유용하다.

키오스크는 보통 공공장소에 설치된다. 장애가 있는 사용자를 위한 고려가 필요하다. 디자인의 접근성에 대한 더 자세한 논의는 16장을 참고한다.

마지막으로, 앞서 언급한 대로 공공 오브젝트는 더러워져서 질병의 벡터가 될 수 있다. 키오스크가 비접촉식이면서도 여전히 사용자의 목표를 도울 수 있는지 알아보려 노력해야 한다.

입력 매니지먼트

대부분의 키오스크는 터치스크린이나 화면의 기능과 연결된 하드웨어 버튼 및 키패드의 조합을 사용한다. 터치스크린을 사용하는 경우, 일반 터치스크린 인터페이스에 적용되는 원칙이 똑같이 적용된다.

- 클릭 목표 지점을 큼직하게 디자인한다. 터치스크린 속의 오브젝트는 손가락으로 충분히 조작 가능할 만큼의 면적을 제공해야 한다. 높은 색대비와 선명한 색상으로 눈에 띄어야 하며, 실수로 누르는 일이 생기지 않도록 그 위치 또한 신중해야 한다. 버튼 크기는 최소 20mm 이상은 돼야 한다. 사용자가 매우 가까이에서 화면을 사용하거나 응급 상황에는 디자인이 달라질 수 있다. 팔 길이가 유난히 다른 특정 사용자 그룹을 대상으로 하거나 급박한 응급 상황 안에서 사용되는 제품의 경우는 버튼 크기를 더 크게 키워야 한다. 터치스크린의 버튼이 충분한 크기인지를 알아볼 수 있는 가장 좋은 기본 방법이 있다. 화면을 실제 크기로 출력한 후 손가락에 잉크를 묻혀 직접 찍어보자. 실제 사용하는 듯한 느낌으로 속도와 상황을 재연하면 더욱 효과가 크다. 지문이 클릭한 타깃의 가장 자리를 벗어난다면 버튼의 크기를 늘리는 게 좋다.

- 터치 키보드를 지양한다. 터치스크린 키오스크를 디자인하다 보면 데이터 입력을 하고자 가상 키보드를 사용하고픈 충동을 많이 느낀다. 하지만 이런 입력 메커니즘은 아주 최소한의 문자 입력을 사용하는 것으로 제한해야 한다. 터치 키보드의 사용은 사용자에게 어색할 뿐만 아니라 지문자국을 남겨서 화면을 지저분하게 만드는 단점이 있다.

- 드래그앤드롭을 피한다. 터치스크린에서 드래그앤드롭 인터랙션은 매우 어렵다. 대부분의 터치스크린 시스템을 사용하는 시간도 매우 짧다. 드래그앤드롭 인터랙션에 익숙해지는 것도 무리다. 스크롤 인터랙션도 꼭 필요하지 않다면 피하는 게 좋다.

어떤 키오스크는 터치스크린 대신 화면의 기능에 매칭된 하드웨어 버튼을 제공한다. 모바일 기기처럼 이런 화면 구성은 모든 화면마다 버튼의 구성과 기능이 한결같아야 한다는 불편함이 있다. 이런 버튼은 화면에서 너무 멀리 떨어지면 안 되고 너무 큰 공간을 차지해서도 안 된다(화면 구성과 버튼이 연결된 디자인은 12장에서 자세히 논의한다). 일반적으로 터치스크린을 디자인할 때는 하드웨어 버튼과 함께 사용하는 것을 고려하는 편이 좋다.

텔레비전 인터페이스 디자인

티보^{TiVo}처럼 텔레비전 시스템을 위한 케이블, 위성 셋톱박스는 리모트 컨트롤 인터페이스에 의해 전적으로 작동된다. 보통 한 공간 안에서 TV는 저 끝에, 사용자는 다른 끝에 위치한다. 리모트 컨트롤이 무전 주파수를 사용하지 않는 이상(보통은 일방형 적외선), 사용자는 리모컨을 TV나 셋톱박스를 향해 조준하고 작동해야 한다. 상황적 요소 때문에 더 편리한 시스템 탐색과 작동, 효과적인 정보 전달 및 컨트롤을 디자인하는 일에 많은 도전과 제약이 따른다.

목록, 그리드, 카루셀, 스윔레인이 텔레비전 인터페이스에 모두 꽤 잘 매핑됨이 입증됐다. D패드 내비게이션이 상하, 좌우 동작으로 구성되기 때문이다. 넷플릭스 같은 서비스의 디자이너에게는 좋은 소식이다. 모바일 기기와 셋톱박스 모두에 존재하기 때문이다. 그런 인터페이스는 종종 그 플랫폼들 간에 약간만 수정하면 적응할 수 있다. 17장에서 논한 대로 마이크로소프트 메트로 디자인 언어는 데스크탑, 모바일, 셋톱 플랫폼에 성공적으로 적용된다.

텔레비전 인터페이스에서 주의해야 할 추가 고려사항은 이렇다.

- 멀리 떨어진 상황에서도 쉽게 읽을 수 있도록 화면 레이아웃과 시각적 요소를 배치한다. 최근에 HDTV의 보급으로 시각적 부분이 많이 개선됐다고는 하지만, 사용자는 컴퓨터 모니터보다 TV 화면으로부터 많이 떨어져 앉게 된다. 문자나 화면 컨텐츠는 PC의 인터페이스 요소보다 더 커야 한다. 크기는 화면에서 정보를 어떤 식으로 구성하느냐에 따라 달라진다.

- 화면은 간단하게 구성한다. 사람들은 컴퓨터를 다루는 것처럼 텔레비전이 작동할 것이라 기대하지 않는다. 리모컨에 의존해야 하는 탐색 메커니즘은 제한적이다. 가장 적합한 접근 방법은 위, 아래, 좌, 우, 중앙의 다섯 개 방향키를 가진 컨트롤러다. 물론 스크롤휠이나 그 밖의 입력 메커니즘으로 더 혁신적인 입력장치를 사용할 수도 있다.

하지만 텔레비전 외의 다른 셋톱 기기의 입력 방식과 충돌할 수 있다. 기능의 위치를 나타내는 화면의 색상 배치나 옵션의 종류를 알려주는 힌트 등을 제공하는 것도 좋다. 이런 시각적 길찾기 테크닉을 이용하면 더 편리한 인터랙션을 만들 수 있다. 티보는 이 일을 특히 잘한다.

- 컨트롤 통합을 항상 염두에 둔다. 여러 홈 엔터테인먼트 기기를 TV와 연결해 사용하려면 각기 다른 리모컨으로 조작해야 한다. 이 점은 홈 엔터테인먼트 시스템의 큰 문제점으로 남아 있다. 이상적인 해결책은, 하나의 리모콘이 최소의 배열로 다른 가정용 오락 기기의 매우 기본적인 몇 가지 기능을 조작할 수 있는 것이다. 분명히 사용자의 큰 호응을 얻을 것이다. 사용자가 어떤 리모컨을 선택할지 모르기 때문에 리모컨을 디자인할 때마다 다른 리모컨으로 조작하는 상황도 고려해야 한다. 다른 기기의 작동 상태 정보와 계속 연결돼 있을 수도 있다. 로지텍^{Logitech} 사의 하모니^{Harmony} 통합 리모트 컨트롤은 두 가지 기능을 모두 제공한다. USB로 컴퓨터에 연결하면 웹 애플리케이션까지 조종할 수 있다.

- 리모컨을 간단하게 디자인한다. 복잡한 리모컨에 많은 사용자가 당황하고 있다. 전형적인 홈 엔터테인먼트 리모컨에 들어 있는 수많은 기능 중 대다수가 거의 사용되지 않는다. 특히 통합 리모컨으로 등장하는 경우에는 버튼이 40개, 50개, 심지어 60개가 넘는 경우도 있다. 버튼이 많은 리모컨이 이제는 놀랍지도 않은 게 현실이다.

  이 문제의 대안으로 화면이 달려 있는 리모컨이 등장했다. 상황에 따른 컨트롤이 가능하다. 적은 수의 버튼으로 다양한 조작이 가능하다. 화면이 달린 리모컨은 터치스크린이나 화면에 인접한 소프트 버튼으로 조작할 수도 있다. 하지만 이런 터치스크린 접근 방식에도 단점이 있다. 대부분의 터치스크린은 촉각적 피드백을 줄 수 없기 때문이다. 터치스크린을 조작하려면 TV에서 눈을 떼야만 한다. 소프트 버튼의 경우도 마찬가지로 똑같은 문제가 있다. 하지만 공간을 줄일 수 있다는 큰 장점도 있다. 리모컨에 화면이 더해졌으니 여러 페이지를 제공해서 내비게이션을 만들어보고 싶은 충동을 느낄 수도 있다. 하지만 이미 TV의 큰 화면과 리모컨 안의 또 다른 화면으로 사용자의 시선은 분산돼 있다. 리모컨의 화면 인터페이스를 복잡하게 만든다면 사용자에게는 불편하고 귀찮은 일이 될 수 있기 때문에 조심해야 한다.

- 제품의 기능보다 사용자 목표와 행동에 초점을 맞춘다. 대부분의 가정용 오락 시스템을 더 효과적으로 사용하려면 사용자가 시스템의 상태와 정황을 깊이 이해해야 한다. 영화를 보는 상황을 예로 들어보자. TV를 어떻게 켜는지, DVD 재생기를 어떻게 켜는지, TV에 연결된 DVD를 보려면 모드를 어떻게 바꾸는지, 어떻게 서라운드 음량을 켜

느지, 어떻게 와이드 화면으로 볼 수 있는지 등을 기본적으로 알아야 한다. 이런 기능을 모두 수행하려면 세 개 이상의 리모컨이 필요할 수도 있다. 통합 리모컨을 수도 없이 많이 눌러야 할지도 모른다. 로지텍 사의 하모니는 조금 다른 접근 방법을 택했다. '영화 보기'처럼 사용자 행동을 중심으로 버튼을 배열한다. '설정 시간'과 같이 사용자가 입력한 정보를 어디에 어떤 플랫폼으로 사용할지를 생각해서 적합한 방법으로 애플리케이션을 디자인했다. 이런 방식은 꽤 고난이도의 개발이 요구된다. 하지만 잘만 만들어진다면 시장에서의 성공은 따놓은 당상이다.

자동차 인터페이스 디자인

특별히 정교한 내비게이션과 엔터테인먼트 기능을 제공하는 자동차 인터페이스는(그 분야에서는 텔레매틱스telematics라 함) 운전자 안전을 고려해야 하기 때문에 특유의 어려움이 있다. 복잡하고 헷갈리는 인터페이스는 운전 중 주의를 분산시켜 위험할 수도 있다. 이런 시스템은 위험한 사태를 방지하기 위해 주의 깊은 디자인과 꼼꼼한 사용성 평가가 필수적이다. 자동차 계기판과 중앙 콘솔, 핸들이 갖는 공간적 제약 때문에 이 과제는 더욱 어려워진다.

- 손이 핸들에서 멀어지는 시간을 최소화한다. 재생/멈춤, 무소음, 넘김/탐색 등 일반적으로 흔히 사용되는 기본 내비게이션 컨트롤은 사용자의 손과 가까운 핸들과 조수석 옆의 중앙 콘솔, 양쪽에 모두 배치한다.

- 한결같은 레이아웃으로 화면을 통일한다. 한결같은 화면 레이아웃으로 통일하면 운전자는 다른 페이지로 넘어가도 익숙한 환경으로 어떻게 작동해야 할지 쉽게 인지할 수 있다.

- 직접 컨트롤을 사용한다. 레이블이 붙은 컨트롤이 소프트 버튼보다 더 나을 수 있다. 촉각 피드백과 함께 터치스크린 버튼을 이용하는 것이 소프트 버튼보다도 선호된다. 시스템을 조작하면서 무엇이 어디에 있는지 머릿속에 그려볼 수 있기 때문이다. 운전자의 지각력이 덜 필요하고 직관적으로 사용할 수 있다.

- 입력장치를 주의 깊게 고른다. 여러 버튼보다는 하나의 다이얼로 조정하는 편이 훨씬 쉽다. 인터페이스를 덜 혼란스럽게 만들려면 돌아가는 다이얼을 확실히 돌출시켜 쉽게 손에 닿을 수 있도록 하자. 적절하게 디자인된다면 사용자의 직관만으로 거친 조작부터 세밀한 조작까지 해낼 수 있을 것이다.

- 컨트롤마다 물리적 디자인을 분명히 차별화한다. 가능한 한 터치로 관리 가능하도록 하기 위해서다.

- 디스플레이의 시각 디자인에 아주 강한 대비와 아주 얇은 시각적 계층구조를 써서 정보를 빨리 훑어보게 해줘야 한다.

- 예측 가능한 모드 및 환경 변경을 디자인한다. BMW는 아이드라이브^{iDrive} 시스템에서 다이얼과 조이스틱의 조합인 하나의 컨트롤로 자동차 엔터테인먼트, 기후 조정, 내비게이션 등을 모두 연결했다. 하지만 간단하고 쉽게 만들자는 컨셉 아래 단 하나의 컨트롤 안에 너무 많은 기능을 통합했다. 환경과 모드 변환 등 아주 간단한 기능에도 불필요한 주의를 기울여야 한다. CD에서 FM으로, 또는 기후 조정에서 내비게이션으로 바꾸는 모드 변환은 손에 만져지는 단일 터치나 버튼 조작으로 조정하는 것이 쉽다. 이런 모드 버튼의 위치는 인터페이스 안에 고정하는 편이 사용상 안전하다.

- 소리 피드백을 제공한다. 버튼을 누르거나 다이얼을 돌렸을 때 소리로 확인시켜줌으로써 운전자는 도로에서 눈을 뗄 필요가 없어진다. 하지만 이 소리 피드백도 너무 시끄럽거나 정신을 어지럽힐 정도로 크면 안 된다. 자동차 내부 내비게이션 시스템의 경우를 예로 들어보자. 좌회전 및 우회전, 거리 이름 등 청각적 설명이 조금 먼저 나와야 운전자는 이를 듣고 생각하고 반응할 시간적 여유를 갖게 된다. 길안내를 해주는 음성 피드백은 유용하게 쓰이고 있다. 음성 인식은 또 다른 가능성이다. 명령을 음성으로 말하면 인터페이스가 이를 알아듣고 특정 기능을 작동시킨다. 하지만 자동차 운전 환경은 시끄럽기 마련이다. 명령문을 말로 하는 것이 명확하지 않거나 확인하려고 다시 한 번 반복해야 한다면 매우 불편하다. 버튼을 누르는 편이 훨씬 더 직관적이고 쉬울 듯하다. 이런 기능은 마케팅 관점에서는 훌륭한 특색일 수 있다. 하지만 사용자에게 더 편리하고 안전한 운전자 사용 경험을 만들어낼 수 있을지 의문이다.

소리 인터페이스 디자인

음성 메시지 시스템이나 자동 콜센터 등에서 흔히 접할 수 있는 소리 인터페이스는 또 다른 특별한 도전과제다. 내비게이션은 가장 어려운 과제 중 하나다. 이 시스템은 계층적으로 기능이 구조화된 트리형 시스템이다. 현재 어느 위치에 있는지 시각적으로 보여줄 수 없다면 사용자가 쉽게 길을 잃을 수 있다. 전화기의 트리형 음성 인터랙션이 흔한 예인데, 잘못 디자인된 음성 시스템 때문에 훌륭한 제품 자체의 가치를 깎아내릴 수도 있다. 하지만 거의 대부분의 음성 인터페이스는 이런 트리형 구조여서, 옵션이 음성 인식 뒤에 숨겨져 있다는 큰 단점이 있다.

다음은 소리 인터페이스를 디자인할 때 필요한 간단한 원칙이다.

- 사용자 멘탈 모델을 바탕으로 기능의 이름과 배열을 결정한다. 모든 디자인에 적용

되는 중요한 원칙이다. 기능이 오직 음성으로만 제공될 때는 훨씬 더 중요하다. 기능이 상황에 따라 설명될 때도 매우 중요하다. 가상의 상황적 시나리오를 만들어 어떤 기능이 가장 중요한 기능인지를 가려내고 이 기능을 언제든지 쉽게 접근 가능하도록 만들자. 가장 중요한 공통 옵션을 맨 처음에 들려주라는 뜻이기도 하다.

- 현재 가능한 기능을 확실히 알려준다. 사용자가 버튼을 누르거나 행동을 취하는 즉시, 바로 어떤 기능이 가능한지, 어떻게 사용할 수 있는지를 신속하게 알려줘야 한다.

- 이전 단계와 최상위 단계로 돌아갈 수 있는 길을 제공한다. 사용자가 어떤 행동을 한 직후에는 쉽게 바로 전 단계로 돌아갈 수 있어야 한다. 트리 구조의 가장 상위 단계로 올라갈 수 있는 방법도 제공해야 한다.

- 직접 상담원과 이야기할 수 있는 길을 열어놓는다. 어렵지 않다면 언제든지 직접 상담원의 도움을 받을 수 있도록 서비스를 제공하자. 특히나 사용자가 인터페이스의 이용에 큰 어려움을 겪고 있다면 이는 매우 필수적이다. 일부 더 세련된 시스템은 사용자의 스트레스와 분노를 듣고(욕의 파싱은 흔하다) 자동으로 사람에게 연결해주도록 훈련돼 있다.

- 응답할 충분한 시간적 여유를 주자. 시스템은 보통 음성 또는 번호 키를 통한 정보 입력을 필요로 한다. 사용자가 대답을 하기까지 얼마 정도의 시간이 소요되는지는 간단한 테스트를 바탕으로 알아볼 수 있다. 꼭 기억해야 할 사항은 전화번호 키를 통한 입력이 어떤 사용자에게는 익숙하지 않을 수 있다는 점이다. 특히 문자 정보를 입력할 때는 시간이 매우 오래 걸릴 수도 있다.

20장

웹 디자인

월드와이드웹$^{WWW, World Wide Web}$의 출현은 인터랙션 디자이너에게 축복이자 재앙이었다. 그래픽 사용자 인터페이스$^{GUI, graphic user interface}$의 발견과 동시에 큰 기업의 의사결정자는 사용자 중심 디자인의 언어를 이해하고 적용하려고 부단한 노력을 해왔다. 그리고 'UX'라는 용어는 사업 임원들 사이에 폭넓게 유행을 탔다. 반면, 웹 인터랙션은 진화 과정의 자연적인 결과로 많은 기술적 제한과 어려움을 겪게 되어, 결국 여타 분야에 비해 몇 년 뒤처졌다.

이 책의 초판이 1995년 8월에 출간됐을 때 웹은 학술적, 과학적 컴퓨팅이라는 기원으로부터 갓 시작하고 있었다. 당시 웹은 사실 링크와 인라인 이미지 몇 개가 있는 텍스트 문서의 퍼블리싱과 읽기에만 적합했다(폼^{form} 요소는 몇 달 후 HTML 2.0에 도입됐다). 2003년 이 책의 2판이 출간됐을 때, 소비자 웹과 기업 인트라넷을 포함한 기업 웹은 탄생했지만(그리고 몇 년 전 주요 산업 내파에도 생존했지만), 인터랙션에 있어서 아주 제한적이었다. 내비게이션과 기본 데이터 입력에 강력한 규약이 있었지만, 더 세련된 일을 하기란 거의 불가능했다.

닷컴 버블이 꺼진 후에도 웹의 전망은 모두에게 명백했다. 시장은 대학을 갓 졸업한 사회 새내기와 기존의 그래픽 디자이너, 웹의 무궁무진한 가능성을 보고 흥분한 젊은 애호가들로 넘쳐났다. 인터랙티브한 시각적 표현이라는 새 형식으로 매력적인 커뮤니케이션(과 상거래)을 창조하는 기회였다. 이런 환경적 제약 속에서 가장 우선적으로 풀어야 할 문제는, 기본적인 수준의 인터랙션과 시각화에 대한 이해를 바탕으로 사용자 경험을 만들어내야 한다는 점이었다. 어찌 보면 너무 당연한 사실이었다.

하지만 2007년 이 책의 3판이 나올 때가 되자, 더 강력한 웹 기술이 흔히 사용됐다. HTML5, CSS3, AJAX 등으로 가능해진 RIA^rich Internet application의 등장으로, 드래그앤드롭, UI 요소로의 데이터 스트림 기능, 훨씬 더 강력한 화면 구조화 성능 등 훨씬 더 세련된 UI 성능이 가능해졌다. 브라우저 내에서 다양한 행동 인터랙션이 가능해짐에 따라, 소프트웨어 수준의 정교한 인터랙션 디자인이 자연스럽게 시장에 등장했다. 하지만 여러 산업 영역에서 마이크로소프트 닷넷 네이티브 윈도우 애플리케이션은 여전히 소프트웨어 제작, 전달의 지배적 패러다임이었다.

2014년에 4판을 출간하면서 지평은 대체로 변했다. 깃허브^GitHub가 탄생하면서 오픈소스 운동은 고도의 성능에 대체로 상호 호환 가능한 고도로 세련된 HTML5 사용자 인터페이스 컴포넌트의 인상적인 바다를 창조했다(Bootstrap, jQuery 에코시스템 등). 구글과 애플 같은 회사의 투자 덕에 웹 브라우저가 HTML, 자바스크립트를 빨리 렌더링하고 처리하는 능력은 더 효과적으로 변했고, 웹 스택의 더 심층 작업도 고도의 성능을 지니게 됐다.

소프트웨어 기반 경험을 웹에 디플로이하면 여러 가지 장점이 있다. 연속적인 디플로이가 가능하므로, 지속적 개선도 가능하다. 네트워크 기반 애플리케이션은 우리의 생활, 작업이 있어서 소셜, 협업 방식에 훨씬 더 잘 어울릴 수 있다. 그리고 훨씬 더 일시적인 활용에 맞출 수 있다. 소프트웨어 설치(와 업데이트)는 제품이나 서비스와의 인터랙션을 위해 사람들이 항상 개입하기를 바랄 만한 업무가 아니다.

이 모두가 누적돼, 디자이너가 현대 웹 브라우저에서 실행되도록 구축할 수 없는 경험은 거의 없는 상황이 됐다. 세련된 저작 도구를 지원하기 위해서만 네이티브 애플리케이션을 구축하는 경우가 점차 늘고 있다(예를 들어 그래픽 디자인, 3D 모델링, 동영상 편집, 프리젠테이션, 코드 편집기 등). 더구나 웹은 사람들이 커뮤니케이션에 사용하고 회사는 고객과의 인터랙션에 사용하는 가장 중요한 인기 채널이 됐다.

즉 웹 경험의 품질은 점차 중요해지고, 브라우저 내 복잡한 행동의 전달력 증가 때문에 애플리케이션 품질의 인터랙션 디자인이 요구된다는 뜻이다. 하지만 보이는 시각화에만 신경을 쓰는 시각 디자이너와, 정보의 흐름에만 초점을 맞추는 정보 아키텍트만으로는 부족했다. 새로운 시대를 맞이하는 웹 인터페이스의 사용자 경험을 더 효과적으로 이끌어낼 수 없었다.

이제는 여러 인터랙션 디자인 친화적인 기능(리치한 시각적 비모드형 피드백 등)을 포함하는 이미 코딩된 UI 컴포넌트를 위해 깃허브를 브라우징하기가 쉽다. 그러나 이 모든 리치한 성능에도 불구하고, 여전히 제품이나 서비스와 사람들이 인터랙션을 갖는 니즈와 욕구에 정확히 무엇이 맞으며, 이 요소로 일관되고 유용한 경험을 어떻게 창조하느냐라는 중요한 질문이 여전히 남는다.

여러 면에서 웹 디자인을 일반화하기는 어렵다. 아주 넓은 곳이 됐기 때문이다. 같은 브라우저 창에도 여러 탭에서 매스미디어, 기업용 소프트웨어, 전자상거래, 소셜 네트워킹 사이트를 볼 수 있다.

사람들은 웹 경험마다 분명히 각기 다른 기대수준을 갖지만, 특히 처음 보거나 가끔만 방문하는 사람은 도달한 웹사이트나 애플리케이션마다 스스로 방향을 찾기 위해 관습에 의존해야 한다. 이 규약이 계속 진화하는 동안 대체로 매체 속성에도 결부된다. 인터랙션 디자이너가 브라우저 기반의 경험을 창조할 때는 이를 반드시 고려해야 한다.

20장은 인터랙션 디자인에 초점을 둔다. 꽤 방대한 분량의 세세한 설명이 필요한 웹사이트 디자인은 크게 다루지 않기로 하겠다. 대신 스티브 크룩Steve Krug의 『(사용자를) 생각하게 하지마!Don't Make Me Think, Revisited』와 루이스 로젠펠드Louis Rosenfeld와 피터 모빌Peter Morville이 쓴 『인포메이션 아키텍처Information Architecture for the World Wide Web』를 참고하길 권한다. 가장 기본적인 웹 디자인의 요소를 매우 간결하고 직설적인 화두로 설명하고 있다. 'A List Apart'라는 웹사이트 또한 더 기술적인 부분에 초점을 맞추긴 하지만 양질의 정보를 볼 수 있는 훌륭한 원천이다.

페이지 기반 인터랙션

웹이라는 매체의 근본 특성은 페이지page라는 개념으로 거대하게 형성된다. 그 발상부터 전체 기술 스택은 페이지를 중심으로 형성됐다. 웹용 AJAX, MVC 프레임워크의 발전으로 페이지의 구조화 방식, 페이지들 간의 관계가 꽤 세련될 수 있다. 가장 중요한 규약과 웹 경험의 디자인 고려사항 중 상당 부분은 페이지라는 개념과 결부된다.

네이티브 애플리케이션 소프트웨어(데스크탑이든 모바일이든), 브라우저 기반 소프트웨어 모두 작업하는 디자이너는 디자인 중인 매체에 관해 인지하고, 의도적이어야 한다. 네이티브 애플리케이션은 보통 화면이나 보기라는 맥락에서 구성된다. 페이지와 유사하지만 경험의 두 구성 방식 간에 의미 있고 중요한 차이가 있는데, 이 장에서 논할 것이다.

내비게이션과 길찾기

무엇보다도 보기 간 내비게이션은 네이티브 애플리케이션에서 발생할 수 있는 반면, 보통 전형적인 웹 애플리케이션의 내비게이션 양에 비하면 아무것도 아니다. 그에 관한 사고방식 중 하나는 네이티브 애플리케이션이 보통 사용자가 처할 수 있는 공간이나 모드 수에 제한이 있고, 각기 다른 컨텐츠로 그 공간이나 모드마다 채울 수 있다는 것이다. 반면 웹에서는 컨텐츠마다 보통 그 자체의 위치(혹은 URL)가 있고, 요령은 사람들이 원하는 컨텐츠까지 가도록 돕는 법을 알아내는 것이다.

그래서 정보 구조 분야로 넘어간다. 상용 웹 초기에 웹사이트를 디자인, 구축하는 사람들은 새 디자인 이슈가 여러 하이퍼링크 페이지를 지원하다가 발생함을 인식했다. 즉 페이지들에 걸친 컨텐츠를 의미 있게 조직, 구조화하는 과제다. 새로운 디자이너 부류인 인포 아키텍트information architect는 논리적 구조, 컨텐츠 흐름이라는 비가시적인 디자인 문제에 대처하기 위해 원칙과 관행을 구축했다.

정보 구조의 주제를 깊이 다루는 것은 이 책의 범위를 벗어난다. 그러나 웹 경험이 보통 일종의 논리적 구성으로 수많은 다양한 페이지로 구성된다는 이 현상은 인터랙션 디자이너에게 내비게이션에 관한 의미 있는 인터랙션을 만든다는 과제도 줬다.

주 내비게이션

상용 웹의 초기 이래, 주 내비게이션primary navigation이라는 용어는 사용자가 웹사이트나 애플리케이션의 주요 영역이나 섹션에 도달하는 방식을 의미했다. 한동안 거의 모든 웹사이트와 애플리케이션이 상단, 우측 등을 따라 계속 따라다니는 링크를 포함했다.

상단 내비게이션은 대부분의 경우 탁월한 접근법이다(그림 20-1 참조). 측면 내비게이션은 페이지를 복잡하게 만들고, 페이지의 시각적 진입점을 점유해, 사용자는 컨텐츠를 읽기 위해 훑어보고 지나칠 수밖에 없다. 상단 내비게이션의 가장 큰 한계는 제한된 길이의 소수 항목에만 맞출 수 있다는 점인데, 사실은 최대 혜택 중 하나일 수도 있다. 디자이너는 웹사이트나 애플리케이션의 주요 영역 수를 줄이고, 제목을 짧고 강렬하게 유지할 수밖에 없어서, 보통 사용자에게 이해하기 쉽고 유용한 결과가 나올 가능성이 더 높다.

그림 20-1 베이스캠프(Basecamp)는 페이지 상단에 주 내비게이션을 배치하는 흔한 관행의 예다. 최상단의 검은 바로 사용자는 각기 다른 애플리케이션을 오가는데, 베이스캠프의 로고 옆 내비게이션은 베이스캠프 자체의 주 영역에 접근하게 해준다.

대부분의 불문율처럼 예외도 있다. 이종의 큰 컨텐츠 공간이 있으면, 수평바에 맞도록 항목을 줄이면 사용자에게 의미 없이 추상적인 내비게이션 용어가 나올 수 있다. 좌측 내비게이션의 최대 장점은 더 길 수 있는 항목인데, 항목이 더 많을 수 있고, 사용자도 좌측 정렬이기에 훑어보기가 더 쉽다. 아마존은 페이지 디자인 최적화에 분석을 사용한다고 잘 알려져 있고, 인간에게 알려진 거의 모두를 판매하는데, 현재는 일부 페이지의 제품 카테고리 분류에 좌측 내비게이션을 사용한다. 그러나 홈페이지를 제외한 모든 페이지에서 이 내비게이션은 사용자가 Show by Department를 마우스오버해 드러내기 전까지 숨어 있다(그림 20-2 참조).

그림 20-2 아마존은 홈페이지에서 사용자에게 측면 내비게이션으로 표시하는 접근법을 쓰지만, 다른 모든 페이지에 접근하려면 마우스오버를 해야 한다.

그래서 웹 디자인의 또 다른 중요한 주제로 넘어간다. 시스템 내 사용자 위치, 더 나아가 페이지 내 위치에 따라 동적으로 숨겼다 보여주는 내비게이션 컨트롤이다. 점차 인기를 얻는 성공적인 패턴은 이 상단 내비게이션 바를 사용자가 스크롤할 때 브라우저 창 상단에 계속 고정하는 것이다. 사용자가 더 아래쪽의 컨텐츠에 참여하면서 바가 화면 공간과 시각적 관심을 덜 차지하도록 브랜딩 및 기타 요소를 최소화한다(그림 20-3 참조).

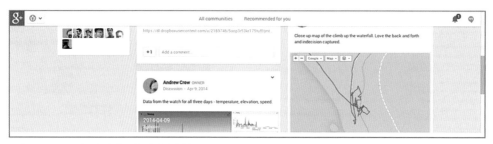

그림 20-3 구글플러스의 헤더는 계속 따라다니지만, 그 자체는 사용자가 페이지를 스크롤해 내려갈 때 줄어든다.

주 내비게이션의 최상의 접근법을 고려할 때는 모바일 웹 브라우저를 쓰는 사람을 고려해야 한다. 중요한 플랫폼이라면(그리고 요즘 세상에서는 대부분 그래야 한다), 내비게이션이 더 작은 화면에서 얼마나 잘 작동하는지 반드시 숙고해야 한다. 흔한 기능적 접근법은 내비게이션을 따라다니게 표시하지 않고, 사용자가 메뉴나 '햄버거 아이콘' 컨트롤(쌓인 수평선 세 개)을 클릭할 때만 드러내는 것이다.

> **디자인 원칙** ▷ 따라다니는 헤더로 정황을 유지하라.

대부분의 사용자가 햄버거 아이콘을 이해하는지 건전한 논쟁이 현재 진행 중이다. 통계적으로 의미 있는 연구 한 건은 적어도 일부 사용자에게 '메뉴'라는 단어가 햄버거 아이콘보다 성과가 좋았음을 보여줬다.[1] 모바일 웹에 관한 이후의 절에서 그림 20-13은 보스턴 글로브$^{Boston Globe}$가 상단 내비게이션에 반응적인 접근법을 활용해 더 작은 브라우저 창에 맞게 내비게이션 항목 수를 줄여, 결국 스마트폰 크기의 화면에 맞는 단일한 '섹션' 메뉴로 줄이는 방식을 보여준다.

---

1   http://exisweb.net/menu-eats-hamburger

보조 내비게이션과 그 이하

애플리케이션의(혹은 애플리케이션 제품군의) 전체 정보 공간은 몇 개의 최상위 링크에서 의미 있게 내비게이션할 수 없는 경우가 많다. 사용자가 거의 분명히 이 지점을 지나 검색하겠지만, 컨텐츠는 계속 따라다니는 내비게이션의 이차 수준, 어쩌면 그 이하로 추가 수준을 낳을 수도 있다. 독재적 애플리케이션의 전문 사용자는 세 개 이상의 레이어 층위까지 내비게이션 경로를 기억할 수도 있다. 그러나 우리 경험상 대부분의 중급자와 초보 사용자는 세 단계 계층구조에 묻히면 정보를 찾느라 고생한다. 좋은 검색 메커니즘은 이 문제를 경감할 수 있지만, 애플리케이션의 구성 방식에 대해 사용자가 유용한 멘탈 모델을 만들기가 더 쉽도록 가능한 한 내비게이션 공간을 플랫하고 간결하게 유지하는 편이 가장 좋다.

내비게이션의 이차 및 그 이하 수준에서 기본적이지만 효과적인 메커니즘이 여럿 있다. 좌측 메뉴나 수평 내비게이션 링크의 두 번째 열을 추가할 수 있다(주 내비게이션에 이 접근법을 사용할 경우. 그림 20-4 참조).

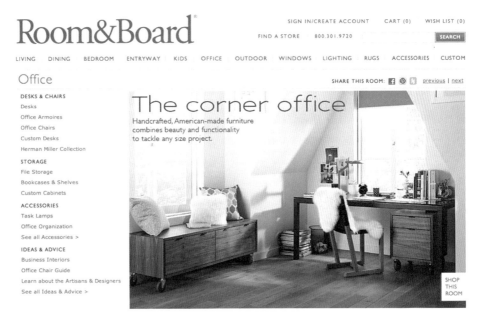

그림 20-4 룸앤보드(Room & Board)의 웹사이트는 고전적인 좌측 이차 내비게이션으로 사이트의 주요 섹션 내 하위 페이지에 접근한다.

이차 내비게이션에 유용한 접근법은 팻 내비게이션[fat navigation]이다. 사용자가 주 내비게이션을 클릭하면 확장돼, 더 큰 세트의 컨텐츠 영역 옵션이 드러난다(그림 20-5 참조). 이런 내비게이션은 효과적일 수 있다. 사용자의 주 내비게이션 인터랙션에서 자연스럽게 흐르기 때문이다. 모드형에 일시적이기에 사용하는 공간의 양에 훨씬 더 관대할 수 있다.

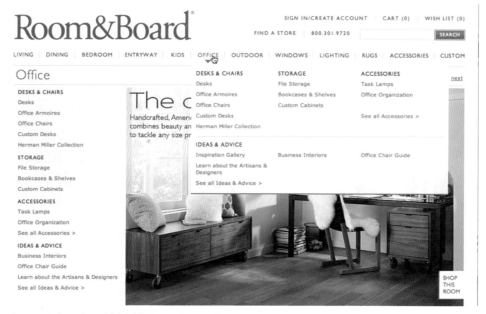

그림 20-5 룸앤보드의 주 내비게이션을 마우스오버하면, 사용자가 일단 오피스 섹션 페이지로 내비게이션할 필요 없이, 하위 페이지에 쉽게 접근 가능한 링크가 나온다.

사용자의 사이트 구성에 대한 멘탈 모델을 더 강화하기 위해, 내비게이션 구조상 깊이에 상관없이, 현재 위치에 관해 지속적인 피드백을 제공해야 한다. 이를 위한 두 가지 일반적인 방법은 내비게이션 요소 자체 내 시각적 피드백과, 사이트 계층구조 내내 사용자의 경로를 나타내는 링크의 연쇄인 브레드크럼^{breadcrumb}이다(그림 20-6 참조).

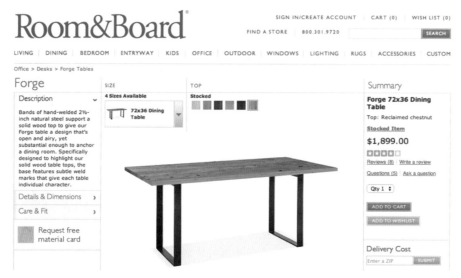

그림 20-6 룸앤보드 웹사이트에서 책상 페이지를 보면, 브레드크럼으로 현재 위치를 보고 다시 위로 내비게이션할 수 있다.

일부 사이트에서 브레드크럼 '단계'마다 클릭하면 측면 링크들의 팝업 메뉴가 열려, 사용자는 여러 클릭 없이도 사이트 계층구조의 각기 다른 부분으로 더 쉽게 내비게이션할 수 있는데, 최근 윈도우 OS의 파일 탐색기 인터페이스로부터 차용한 기능이다.

> **디자인 원칙**   측면 링크들이 있는 브레드크럼은 빠른 내비게이션을 돕는다.

컨텐츠 내비게이션

또 다른 중요한 유형의 내비게이션은 사진, 기사 등 컨텐츠의 내비게이션이다. 이 항목들은 수가 많고 변하기 쉬운 경우가 많으며, 그 사이의 관계도 엄격히 선형적이거나 계층적이기보다 느슨히 연관된 경우가 많다. 이 사실 때문에 여러 내비게이션 과제와 패턴이 생긴다.

항목들을 일종의 리스팅, 즉 기사 헤드라인과 설명문, 사진 갤러리로 제시하는 경우가 가장 흔하다. 이 리스팅의 현대적 디자인은 트위터, 페이스북 등 블로그, 소셜 미디어 때문에 인기를 얻은 '피드feed' 포맷에서 영감을 받은 경우가 많다.

일부 항목은 더 새롭거나, 더 중요하거나, 사용자에게 흥미로울 가능성이 더 크기에, 게재된 컨텐츠를 부각해도 유용하다. 더 눈에 띄는 타이포그래피를 사용하거나, 페이지 내 크기와 위치를 바꾸거나, 더 시각적인 포맷으로 게재물들 간을 순환하는 카루셀을 사용해 해결할 수 있다.

흔히 컨텐츠를 여러 방식으로 조직하고(주제, 저자, 퍼블리싱 일자별 등), 사용자는 이 조직 스키마 중 하나 이상으로 찾고 있는 컨텐츠를 발견하고 싶다. 이 경우 여러 내비게이션 스키마를 노출해 컨텐츠를 브라우징하거나, 다음 절에서 논하는 분류된 검색 기법을 활용하는 편이 바람직할 수 있다.

검색

웹에서 가장 중요한 내비게이션 방법 중 하나가 검색이다. 우리의 관찰과 여러 연구를 통해 검색 알고리즘이 지속적으로 개선되지만, 대부분의 사람들은 찾는 바를 발견하기 위한 쿼리 생성에 그리 능하지 않음이 드러났다. 구글이 내비게이션을 사용하는 대신 검색하도록 어느 정도 사람들을 훈련시켰음은 대체로 사실이 아니다.[2]

---

2   http://www.nngroup.com/articles/incompetent-search-skills/

웹사이트나 애플리케이션의 효과적인 검색 패턴은 사용자가 처음 검색어에서 찾는 바를 포함하는 페이지로 이동하게 해줘야 한다는 의미다. 이 경우 효과적인 전략이 여러 가지 있다. 때로 여러 가지를 연속해서 사용하면 사용자가 찾는 바를 발견하는 데 도움이 된다. 19장은 이 전략과 모바일 앱의 정황에서 그 변형을 논하지만, 이 개념은 여기서 보는 대로 웹에도 마찬가지로 잘 적용된다.

가장 성공적인 검색 혁신 중 하나는 사전 입력^{type ahead}으로도 알려진 자동완성^{auto-complete}이었다. 사용자가 검색어를 입력할 때, 자동완성된 검색어의 여러 옵션이 제시된다. 이전 검색어를 근거로 할 수도 있고(구글처럼), 실제 결과(애플 OS X의 스포트라이트^{Spotlight} 검색 기능처럼)일 수도 있다. 자동완성은 사용자가 의미 있는 결과 세트를 얻을 가능성이 큰 검색어를 입력할 가능성을 아주 높인다(그림 20-7 참조).

그림 20-7 구글 검색의 자동완성은 사용자가 이미 검색 필드에 입력한 바를 근거로 확장된 검색어 목록을 제공한다.

명시^{disambiguation}, 혹은 자동추천^{auto-suggest}은 구글이 검색의 일부로 표준화한 또 다른 도구다. 그림 20-8에서 볼 수 있듯이, 검색 사용자가 더 흔한 검색어에 유사한 철자법의 단어를 입력하면(혹은 더 흔히 실제 검색하려던 의도의 단어를 잘못 입력하거나 철자법이 틀렸을 경우), 구글은 결과와 함께 추천 목록을 표시한다. 결과의 일부로 최상위 추천의 링크도 제공한다.

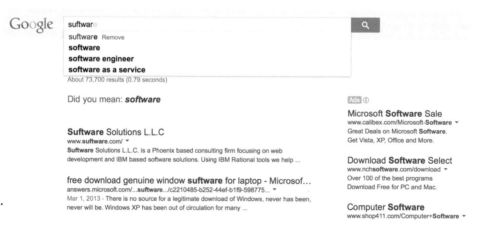

그림 20-8 구글 검색은 자동추천도 지원하는데, 사용자가 입력한 바를 근거로 퍼지 매칭 기반의 검색어 목록을 제시한다. 본질적으로 검색창이 철자법 오류를 자동 수정할 수 있다.

즉 사용자가 생산적으로 검색어를 형성하더라도 여전히 살펴볼 항목 수가 많이 있을지도 모른다. 바로 거기서 사용자가 찾고 있는 항목의 속성을 지정할 수 있는 분류된 검색^{faceted} ^{search}이 정말 유용할 수 있다(그림 20-9 참조).

> **디자인 원칙**   자동완성, 자동추천, 분류된 검색은 사용자가 더 빨리 검색할 수 있게 돕는다.

구조화된 방식으로 사용자가 검색어를 좁히게 해주면 정확히 찾는 바를 지정하는 쿼리를 형성하는 데 도움이 된다. 효과적으로 분류된 검색 메커니즘은 사용자에게 검색 중인 항목 세트의 특징에 가시성을 제공하고, 기대하던 항목을 효율적으로 찾을 만큼 결과 세트를 충분히 작게 만드는 법에 관해 아이디어를 줘야 한다. 14장에서는 속성 기반 정렬과 필터링 관련 접근법을 논한다.

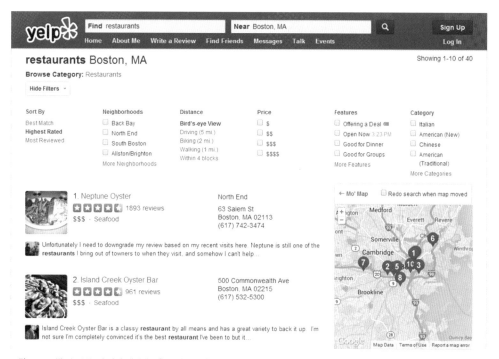

그림 20-9 옐프는 분류된 검색 메커니즘을 제시해, 사용자가 재빨리 검색을 튜닝하게 해준다.

분류된 추천^{categorized suggestion}은 검색어를 각기 다른 여러 카테고리나 영역에 걸쳐 적용 가능할 때, 사용자가 관련 결과로 빨리 가는 또 다른 방법이다. 추천 목록을 제공하는 시스템으로 가능한데, 각각 검색을 특정 카테고리 범위에 맞춘다. 소매 카테고리 수십 개가 있는 아마존은 분류된 추천을 잘 활용한다(그림 20-10 참조).

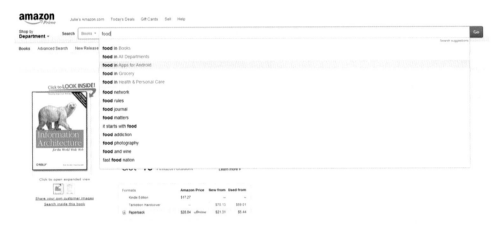

그림 20-10 아마존은 주 검색창에서 분류된 추천을 잘 활용한다. 검색창 좌측의 드롭다운을 통한 명시적인 범위와, 입력 후 분류된 추천을 모두 허용한다.

스크롤

페이지 기반 웹 경험에서 가장 명백하지만 중요한 기능 중 하나는 스크롤의 확산이다. 화면/보기 기반 네이티브 경험은 여러 패널의 고정된 화면 레이아웃인 경우가 많다. 각각 스크롤되는 컨텐츠가 있어도, 거의 언제나 네이티브 애플리케이션에 계속 따라다니는 핵심 기능이 있으면 좋은 디자인이다. 사람들은 편집 중인 문서의 스크롤을 보는 데 익숙하지만, 툴바가 함께 스크롤되면 놀라서 당황할 가능성이 아주 크다.

반면 웹 경험에서 중요한 정보와 기능은 스크롤로 접근해야 하는 경우가 많다. 웹 디자이너는 오랫동안 '폴드fold'를 걱정해왔다. 폴드는 수직적인 위치인데, 그 아래는 컨텐츠가 페이지 로딩 후 보이지 않는다. 하지만 터치스크린 인터랙션, 애플 매직 트랙패드Magic Trackpad 같은 것의 수가 급증하면서 스크롤은 훨씬 더 자연스럽고 예전의 귀찮은 스크롤바보다 더 예상할 만한 일이 됐다.

더구나 모바일 기기로 웹 컨텐츠에 접근하는 경우가 늘면서 반응적 디자인의 중요성이 대두됐다. 웹 페이지는 그 자체로 사용자 화면의 크기에 적절히 스스로의 포맷을 잡도록 디자인된다(다음 절에서 더 자세히 설명한다). 반응성이 컨텐츠 영역을 더 작은 화면에서 좁히기에, 화면에 맞는 바나 폴드 위로 가는 바를 제어하려 할 때 훨씬 더 어렵다.

이 모두로 인해 성공적인 웹 디자인의 가장 중요한 측면 중 하나가 사용자를 페이지 스크롤 시 컨텐츠나 기능을 거쳐 진행하도록 참여시키는 것이라는 결과가 발생한다. 에디토리얼 유형의 컨텐츠뿐 아니라, 더 고도로 인터랙티브한 기능에도 적용된다. 한 사례는 인기 있는 '패럴렉스parallax' 효과다. 각기 다른 화면 내 요소가 각기 다른 속도의 사용자 스크롤에 반응한다.

기업 소프트웨어 중 상당수가 터치 인터랙션 시대에 발맞추려 한다. 그럼에도 불구하고 전통적으로 여러 페이지로 세분화된 컨텐츠 인터랙티브 요소를 모아서 더 길고 스크롤 가능한 페이지에 넣어서, 더 매끄러운 참여를 유도하는 인터랙션을 창조할 실제 기회가 있다.

디자인 원칙 ▷ 스크롤을 참여하는 경험으로 만들어라.

한 가지 방법은 흰 공간과 강력한 타이포그래피 시스템을 써서 효과적인 시각적 리듬을 만드는 것이다. 터치 사용자를 위해 사용성을 개선하고 사용자가 스크롤할 때 확장성을 개선하기 위해 폰트, 컨트롤 크기에도 관대해야 한다. 사용자가 긴 페이지에 있을 때 방향성도 계속 알아야 한다. 네스트Nest 웹사이트(그림 20-11)는 스크롤되는 긴 페이지들로 구성된다. 예를 들어 'Life with Nest' 페이지는 네스트가 스스로를 장기적으로 프로그래밍하는 방식의 타임라인이며, 사용자가 스크롤해 내려가면 주 내비게이션은 페이지 상단에 도킹되고, 사용자가 보고 있는 날짜에 관해 시각적 단서가 있다.

컨텐츠의 단일 '단위'가 단일한 긴 페이지에서 스크롤하게 해주면 뜻이 통하지만, 일부 사이트는 여전히 여러 페이지에 걸쳐 구분한다. 그 이유는 수직 스크롤이나 페이지 로딩 크기를 최소화하려는 것보다, 여러 로딩으로 광고 매출을 극대화하는 데 있는 듯하다. 컨텐츠가 유한하면 그런 페이지네이션pagination 때문에 컨텐츠의 발견, 저장, 사용이 출력 기능으로도 복잡한 과업이 된다. 페이지네이션은 검색 결과, 뉴스 기사 등 유사한 요소의 아주 긴 목록에만 의미가 있다.

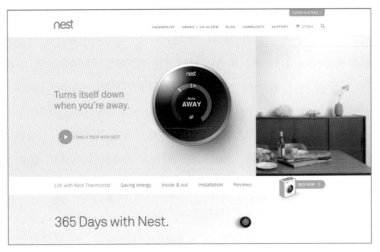

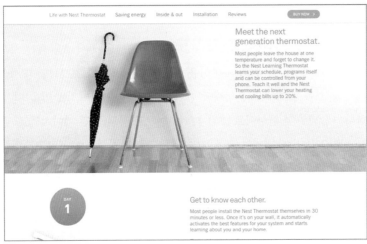

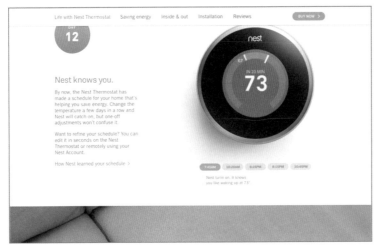

그림 20-11 네스트 웹사이트는 스크롤되는 수많은 긴 페이지로 구성된다.

헤더와 푸터

명백하고 아주 중요한 스크롤 페이지의 특성은 페이지 상하단이 사용자 흐름 개선의 고유한 기회가 있는 특별한 곳이라는 점이다. 종종 헤더^{header}라 불리는 상단은 사용자가 페이지에 도달할 때 처음 보는 것일 수 있다. 그러나 많은 경우 의도적으로 가장 중요한 컨텐츠를 전면 헤더 아래에 둬서, 헤더가 배경으로 약간 물러나게 한다. 헤더는 거의 언제나 로고타입 ^{logotype} 같은 브랜드 요소와, 주 내비게이션 같은 따라다니는 내비게이션 항목을 포함한다. 헤더는 흔히 웹사이트나 애플리케이션이 사용자에게 로그인 여부를 알려주는 곳이다. 마지막으로, 검색 기능은 헤더에 주재하는 경우가 많다.

페이지 하단, 즉 푸터^{footer}는 운이 좋고 현명한 경우 사용자가 마지막으로 가는 곳이다. 페이지에서 그 전에 나온 컨텐츠를 모두 봤기 때문이다. 그래서 사용자가 다음에 어디를 가야 하는지 추천하기에 아주 좋은 곳인데, 관련 컨텐츠인 경우가 많다. 여러 미디어 사이트에서 이 패턴을 사용하면 효과가 좋음을 알 수 있다. 푸터의 또 다른 효과적인 사용은 법적 고지 등 사이트나 애플리케이션의 좀처럼 방문하지 않는 영역의 지속적인 접근용, 모든 최상위, 차상위 페이지를 포함한 완벽한 팻 내비게이션용이다(그림 20-12 참조). 분명히 효과적인 접근법일 수 있다. 그러나 사용자가 그 링크들에 접근해야 할 상황과, 페이지 하단으로 스크롤해 찾을 정도로 사용자가 웹에 숙련돼 있는지 여부를 고려해야 한다.

그림 20-12 자포스닷컴(Zappos.com)의 팻 푸터는 압축된 사이트맵 외에 기타 소셜, 프로모션 컨텐츠, 링크도 포함한다.

페이징과 무한 스크롤

소셜 미디어 스트림, 검색 결과 등의 중요한 스크롤 관련 패턴 중 하나는 흔히 무한 스크롤 $^{infinite\ scrolling}$이라 불린다. 사용자가 페이지를 스크롤해 내려가면 페이지는 하단에 더 많은 결과를 채운다. 시차를 줄일 수 있다고 가정하면 유용하고 자연스러운 느낌의 인터랙션일 수 있다.

미리 정해진 수의 결과가 페이지에 표시되는 결과 페이징^{paging}과 대조되며, 사용자가 이전, 다음 페이지 외에 (보통) 결과 맨 처음, 맨 끝, 결과 중 임의의 페이지로 이동할 수 있도록 내비게이션 링크가 지원된다.

디자인 원칙	무한 스크롤과 사이트 푸터는 상호배타적인 숙어다.

무한 스크롤을 구현할 경우 사용자가 페이지 하단으로 결코 도달할 수 없으니, 페이지 푸터를 결코 볼 수 없음을 기억해야 한다. 무한 스크롤과 페이지 푸터는 상호배타적인 내비게이션 숙어다.

더구나 무한 스크롤은 그 밖의 잠재적인 사용성 과제도 도입할 수 있으니, 신중히 사용해야 한다.

- 키보드, 스크린리더 내비게이션은 보통 무한 스크롤과 (작동한다 하더라도) 잘 맞지 않아 접근성 이슈로 이어진다.

- 세심히 디자인하고 구현하지 않는 한, 무한 스크롤은 브라우저 백 버튼 사용 후 그 자리를 유지하지 못할 수 있다(그리고 돌아가기 위해 이어지는 포워드 버튼 사용도). 그러면 사용자는 무력해져, 잃어버린 항목을 찾느라 다시 스크롤하는 힘겹고도 좌절감을 주는 경험으로 이어질 수 있다.

목록 맨 하단에 있는 항목을 직접, 예측 가능하게 페이징하지 못하면, 무한 스크롤은 뉴스 피드 등 정황에 가장 적절하다. 목록 맨 하단의 정보가 그 상관도를 순식간에 잃고, 최근 항목 브라우징이 주 활동이기 때문이다.

무한 스크롤은 사용자가 목록 끝에 빨리 가야 하거나, 어딘가 내비게이션한 후 특정 목록 항목으로 돌아가야 하는 인터페이스에서는 절대 사용하지 말아야 한다.

모바일 웹

웹의 초기 이래 디자인은 각기 다른 운영체제와 브라우저를 사용하는 화면 크기가 제각각인 사용자들에게 맞춰야 했다. 태블릿과 휴대폰에서 웹사이트나 애플리케이션과 인터랙션을 갖는 사람이 급증하면서 폭넓은 화면 크기에서 우아하고 적절히 디자인을 렌더링해야 했다.

그림 20-13 보스턴 글로브 웹사이트는 컨텐츠가 데스크탑, 태블릿, 휴대폰에서 어떻게 흐르고 거기에 어떻게 접근하는지에 따라 변하는 각기 다른 브레이크포인트 화면 너비 값이 있다.

이 다양한 화면 크기를 처리하는 현대적 접근법을 흔히 반응적 디자인^{responsive design}이라 한다. 여러 책과 기사에서 많은 시간을 두고 논하며 다루는 심오한 주제다. 이선 마르코트^{Ethan Marcotte}의 『Responsive Web Design』(A Book Apart, 2011)을 추천한다.

이 방법은 어느 시점에 컨텐츠 영역의 크기가 유연하게 조정되는 모드형 레이아웃 그리드를 만드는 것이다. 브레이크포인트^{breakpoint}라는 핵심 화면 너비 값에서 이 그리드는 더 중대한 변화를 겪을 수 있다. 예를 들어 너비 값이 1024픽셀 이상인 화면은 페이지에 나란히 세 개의 데이터 시각화를 표시하기로 할 수 있다. 그러나 너비 값이 1024픽셀 이하이면 데이터 시각화는 서로 상하로 쌓인다. 보스턴 글로브 웹사이트는 반응적 기법을 사용하는 사이트의 좋은 사례다(그림 20-13 참조).

디자인 원칙	사이트가 한 가지 버전만 있다면, 반응적으로 만들어라.

반응적 디자인의 기본 사고는 각기 다른 화면 크기마다 웹사이트나 애플리케이션의 여러 버전을 두지 않고, 표시 중인 화면에 동적으로 적응시키는 단일 버전을 두는 것이다. 이 접근법은 장단이 있다. 장점은 팀이 단일한 개념적 프레임워크 내에서 작업한다는 것이다. 단점은 개발자가 단일 UI를 구축하기 복잡할 수 있다는 것인데, 모든 브레이크포인트가 별도로 디자인해야 할 레이아웃이라는 뜻이다.

한 대안적(그리고 때로 더 효과적인) 접근법은 사이트나 애플리케이션의 별도 모바일 버전 생성이다. 그 가장 큰 이유 중 하나는 화면 크기가 모바일 웹에서 고려사항 중 하나일 뿐이라는 점이다. 디자인의 터치 인터랙션 및 기타 센서에 대한 적응 방식 외에 일광 및 까다로운 조명 조건에서의 작동 방식도 생각해야 한다. 이 사용 조건 때문에 때로 모바일 사용자를 위해 웹 애플리케이션의 별도 버전을 생성하는 편이 더 나은 선택이다.

미래

웹 기술이 더 강력해지고, 브라우저가 더 리치한 인터랙션 패턴을 제공하는 여정을 계속하면서, 브라우저는 가장 중요한 UI 플랫폼 중 하나로 남을 것이다. 가장 세련된 시각화, 인터랙션은 HTML5에서 가능할 수 있다. 브라우저는 로컬 데이터 캐시를 개선해, 로컬에 설치된 네이티브 애플리케이션과 브라우저 창에서 구동하는 애플리케이션 간의 마지막 남은 차이 중 하나를 없앨 가능성이 크다.

웹과 TV, 출판 등 '전통적' 미디어가 계속 융합하면서, 새 컨텐츠 모델, 새 스토리텔링 방법, 미디어와 인간의 새 인터랙션 방식의 여러 가능성을 볼 수 있다. 협업 컨텐츠 제작을 허용하는 미디엄^{Medium}, 뉴욕타임스의 아름다운 'Snow Fall' 멀티미디어 저널리즘 기사 같은 훌륭한 사례를 보면, 웹은 소프트웨어와 미디어의 진정한 융합을 볼 수 있는 가장 중요한 곳 중 하나임이 분명하다.

21장

디자인 세부사항: 컨트롤과 대화상자

플랫폼마다 시각적 트래핑^{trapping}은 어느 정도 서로 다를 수 있지만, 컨트롤과 대화상자는 오늘날 사용 가능한 디지털 제품 중 대부분과 인터랙션을 갖는 사용자에게 공통적인 언어를 구성한다. 이 표준 오브젝트들은 대부분의 GUI 개발 라이브러리 중 일부로 사용 가능하지만, 여전히 여러 소프트웨어 애플리케이션에서 잘못 사용한다.

21장에서는 흔한 인터랙티브 GUI 컨트롤 중 대부분을 개괄하고 적절한(그리고 부적절한) 사용 정황도 논한다.

컨트롤

컨트롤^{control}은 사용자가 디지털 제품과 소통하기 위해 조작 가능한, 제품에 완비된 화면 요소를 일컫는다. 컨트롤(위젯^{widget}, 가젯^{gadget}, 혹은 기즈모^{gizmos}라고도 불린다)은 그래픽 사용자 인터페이스를 구성하는 가장 기본 단위라고 할 수 있다.

사용자 목적에 입각해 볼 때, 컨트롤은 각기 네 가지의 기본 기능을 수행한다.

- 필수 컨트롤^{imperative control}은 기능을 시행한다.
- 선택 컨트롤^{selection control}을 통해서는 옵션과 데이터 선택이 가능하다.
- 입력 컨트롤^{entry control}은 데이터 입력에 사용된다.

- 출력 컨트롤^{display control}은 사용자가 프로그램을 시각적으로 직접 조작하기 위해 사용된다.

둘 또는 그 이상의 기능을 복합하는 경우도 있다.

필수 컨트롤

인간과 컴퓨터의 상호작용을 위해서는 명사(혹은 목적어), 동사, 형용사, 부사를 포함하는 언어가 필요하다. 새로운 명령어를 제시할 때, 우리는 이에 특정 동사(명령문의 시행을 설명하는)를 지정한다. 그리고 그 시행의 효과를 설명하기 위해 특정한 명사를 사용한다. 이미 존재하는 단어를 활용하기도 하고 때로는 신조어를 만들어 쓰기도 한다. 명사와 동사의 의미를 보충하기 위해 형용사 또는 부사를 덧붙이기도 한다.

이 중 동사에 대응하는 것이 바로 필수 컨트롤인데, 필수 컨트롤이 즉각적인 시행을 유발하기 때문이다. 필수 컨트롤은 동작을 시행하며, 이는 매우 즉각적으로 작동한다. 메뉴 항목(18장에서 다룬다)도 일종의 필수 컨트롤이다. 컨트롤의 세계에서 가장 본질적인 요소는 버튼이다. 버튼은 수없이 많은 얼굴을 지녔지만 실상은 하나다. 버튼을 클릭하는 순간 이에 연결된 시행(동사)은 즉시 발효된다.

버튼

흔히 버튼은 양각 형태의 입체적 느낌으로 표현됐다. 하지만 모바일 업계에서 시작된 플랫한 어포던스의 유행으로 입체적 느낌이 없어져, 이 컨트롤의 학습 가능성이 감소될 위협에 처했다(그림 21-1 참조). 어떤 버튼이 사각형(때로는 타원형)으로 존재할 때, 이것은 사용자에게 필수 컨트롤을 암시한다. 사용자가 버튼을 클릭하는 즉시 명령은 시행될 것이다. 대화상자의 경우, 사용자로 하여금 적절한 행위를 유도하기 위해 설정 값의 버튼을 일부러 눈에 띄게 만드는 경향이 있다.

그림 21-1 마이크로소프트 윈도우(좌상단)와 맥 OS X(우상단), 안드로이드(좌하단), iOS(우하단)의 표준 버튼. 푸시 버튼은 예전에 누를 수 있음을 뜻하는 양각 입체감의 어포던스가 있었지만 더 플랫한 형태가 점차 트렌드가 되는 듯하다.

버튼은 디자이너가 사용할 수 있는 시각적으로 가장 영향력 있는 무기 중 하나다. 사용자 인터페이스 전반에 걸쳐 버튼은 지금껏 대단히 다양한 형태로 진화해왔다. 입체를 가장한 버튼 형태는 사용자 행위를 유도하기 위한 목적으로 오늘날 대단히 보편화됐다.

버튼의 사용성은 일정 부분 그것의 시각적 반응에 의지하며, 이는 곧 버튼의 '누를 수 있는 가능성^{pressability}'을 의미한다. 사용자가 버튼 위로 화살표를 옮겨 마우스를 클릭할 때, 화면상 버튼의 시각적 형태는 양각에서 음각으로 변하며 그것이 실행됐음을 알린다. 이는 13장에서 논의한 바 있는 실시간 시각적 힌트의 일례다. 잘못 디자인된 프로그램과 웹사이트의 버튼은 클릭을 해도 아무런 변화가 없다. 이는 사용자를 전혀 배려하지 않은 처사다. 사용자는 '방금 내가 무언가를 하긴 한 건가?'라는 의구심과 함께 혼란에 빠진다. 사용자는 버튼이 변화하는 모습, 즉 반응을 기대한다. 그리고 디자이너는 사용자의 이러한 기대를 충족시킬 의무가 있다.

플랫한 디자인이 이런 유연함을 없앴지만, 사용자가 라운딩된 사각 형태로 수십 년간 훈련, 경험했기 때문에 가능한 일이었을 뿐이다.

아이콘 버튼

툴바(이에 대해서는 18장에서 좀 더 깊이 다뤘다)는 현존하는 표준 도구로서 우리에겐 메뉴바 만큼이나 친숙하다. 툴바는 보급화 전략의 일환으로서 대화상자에서 사용하는 버튼을 차용했다.

대화상자 시절의 버튼은 직사각형 모양에 문자를 올린 전형적인 형태를 취했다. 툴바의 시대로 넘어가면서 버튼의 모양은 정사각형으로 변하고 문자는 생략됐으며 대신에 아이콘을 올렸다. 그리하여 절반은 버튼, 절반은 아이콘인 아이콘 버튼$^{icon\ buttcon}$이 이 땅 위에 태어났다(그림 21-2 참조).

그림 21-2 마이크로소프트 오피스의 아이콘 버튼. 왼쪽은 윈도우용 오피스의 예시이며, 오른쪽은 같은 프로그램의 맥 OS X용 예다. 화살표가 그것을 기리키기 전까지 아이콘 버튼은 입체적 형상을 띄지 않는다.

윈도우 98에서 아이콘 버튼, 콕 집어 툴바의 아이콘 버튼은 진화를 거듭했으며, 툴바가 시각적으로 복잡해지는 것을 방지하기 위해 사용 중인 아이콘 버튼을 제외하고는 양각 표현이 자제됐다. 그러나 안타깝게도 이처럼 절제된 아이콘 버튼 언어는 초보 사용자에게 더욱 큰 사용상의 불편과 혼란을 안겨줬다. 결국 윈도우 2000에서 툴바 아이콘 버튼은 화살표가 그것을 가리키는 경우에만 양각으로 표시되는 형태로 타협됐다.

이론적으로 아이콘 버튼은 사용성이 매우 높게 설계됐다. 아이콘 버튼은 언제든지 가시적이며, 드롭다운 메뉴처럼 사용자로 하여금 시간이나 정확성을 요하지도 않는다. 항상 가시적이기 때문에 기억하기도 쉽다. 아이콘 버튼의 장점과 툴바의 장점을 따로 떼어 구분하기란 쉽지 않은데, 그만큼 이 둘은 불가분의 관계라고 말할 수 있다.

아이콘 버튼의 고질적인 문제점은 그것의 버튼적 성향보다는 아이콘적 성질에 의거한다. 대부분의 사용자는 자신이 취해야 할 행위에 대한 시각적 암시를 이해하는 데 크게 어려움이 없다. 문제는 아이콘 버튼 위의 이미지가 의미하는 바가 그다지 명쾌하지 못한 데서 비롯한다.

아이콘의 의미를 한눈에 명확히 해석하기란 쉽지 않은데, 그 대신 우리는 툴팁의 도움을 받을 수 있다. 잘 만들진 아이콘은 사용자가 꾸준히 그 기능을 사용함에 따라 학습되고 기억된다. 이러한 현상은 중급 혹은 고급 사용자에게서 자주 관찰된다.

그러나 제아무리 최고의 아이콘 디자이너라 할지라도 생전 처음 프로그램을 접하는 초보자마저 아무런 문자적 해설 없이도 사용 가능한 아이콘 시스템을 고안해내기란 쉽지 않다. 툴팁이 도움이 되는 건 분명하지만, 그렇더라도 아이콘 버튼 하나하나마다 화살표를 옮겨가며 설명이 뜰 때까지 일일이 기다리는 것은 결코 즐거운 경험이라고 할 수 없다. 이 경우 명확한 단어를 제시하는 메뉴를 사용하는 게 오히려 편할 수도 있다. 마이크로소프트의 리본 컨트롤은 18장에서도 다뤘는데, 텍스트와 아이콘을 조합한 하이브리드 접근법을 취한다. 화면 공간을 차지하는 대신 신규 사용자나 자주 사용하지 않는 명령도 더 분명하고 쉽게 해준다.

하이퍼링크

하이퍼링크hyperlink 혹은 간단히 링크link라 부르는 이것은 웹에서 시작해 다채로운 애플리케이션에 도입됐다. 전형적으로 밑줄이 그어진 문자의 형식을 취하며(물론 CSS 스타일로 이 표준을 온갖 방식으로 꾸밀 수 있다. 디폴트, 반전 색상을 바꾸거나, 마우스오버 시 포커스 하이라이트 색을 줄 수 있다), 내비게이션을 위한 필수 컨트롤이다. 링크는 매우 간단하고, 직선적이며, 유용한 인터랙션 언어다. 밑줄 친 단어에 흥미를 느낀 사용자는 이것을 클릭하고, 그러면 링크는 새로운 정보를 담은 페이지로 사용자를 데려간다. 링크는 현재 아마존닷컴 등 복잡한 전통적 웹사이트의 내비게이션 인프라를 형성하며(그림 21-3 참조), 어느 정도 놀랍게도 할 일을 다 하고 있다.

Kingsoft Office for Android (Free)
Kingsoft Office Corporation
☆☆☆☆☆ (472)
$0.00

Office Mac Home and Student
2011...
Microsoft
☆☆☆☆☆ (732)
$139.99 $112.22

Microsoft Office Home & Student
2010...
Windows
☆☆☆☆☆ (1,520)
$220.00

그림 21-3 아마존닷컴 등 복잡한 전통적 웹사이트는 내비게이션 인프라 중 상당부를 심플한 하이퍼링크에 의존하는데, 대부분 눈에 띄게 효과가 좋다.

이미지도 링크로 사용할 수 있다. 하지만 특히 마우스오버로 유연성을 강조해 나타낼 수 없는 모바일 브라우저에서 어포던스의 부족은 문제일 수 있다.

안타깝게도 링크 언어의 성공과 사용성은 많은 디자이너에게 그릇된 편견을 심어줬다. 아이콘 버튼이나 버튼처럼 일반화된 필수 컨트롤을 전부 다 밑줄 친 단어로 대체하면 자연히 사용성도 높아지고 성공적인 사용자 인터페이스를 구축할 수 있을 것이라 믿었다. 물론 이는 사실이 아니다. 사용자에게 링크는 내비게이션 언어로서 이미 널리 학습돼 있기 때문에 링크를 클릭했는데 명령이 실행된다면 혼란을 야기할 뿐이다. 요컨대 링크는 정보 사이를 내비게이션하는 목적으로 사용되며, 버튼이나 아이콘 버튼은 기능을 실행한다.

대화상자의 흔한 웹 전술은 '디폴트' 선택에 버튼, 그 밖의 옵션에는 인접하는 하이퍼링크를 조합하는 옵션을 제시하는 것이다. 버튼에 더 큰 시각적 가중치가 있고 더 쉬운 선택을 위한 공간이 있기에 효과적이다. 불행히도 너무 자주 사용해, 사용자가 링크를 보지 못하고 속는다. 그리고 옵션이 하나만 있다고 생각해 값비싼 선택을 한다. 그렇기에 잠재적으로 사용자의 사이트에 대한 신뢰와 브랜드에 해가 되는 착취하는 전술로 간주될 수 있다.

> **디자인 원칙**　내비게이션에는 링크, 명령에는 버튼 혹은 아이콘 버튼을 사용하라.

선택 컨트롤

필수 컨트롤은 동사를 담당하기 때문에 동작을 취할 대상을 지칭하는 명사를 필요로 한다. 선택과 입력 컨트롤은 명사를 정의하는 두 가지 컨트롤이다(동시에 방향성을 조정하는 언어이기도 하다). 선택 컨트롤은 사용자로 하여금 공인된 선택사항 중에서 명사를 고를 수 있게 한다. 선택 컨트롤은 실행 조건을 설정하는 데도 사용된다(직접 조작 언어의 경우, 선택 컨트롤은 이미 정의 내린 명사에 대한 형용사 혹은 부사의 역할로서 사용된다). 선택 컨트롤의 예로는 체크박스, 목록상자, 드롭다운 리스트, 팝업 리스트 등이 있다.

일반적으로 선택 컨트롤은 직접적으로 실행을 유도하지는 않는다(실행을 위해서는 필수 컨트롤이 반드시 필요했다). 하지만 오늘날 이와 같은 원칙은 많이 허물어졌는데, 웹페이지의 내비게이션을 위해 드롭다운 리스트를 사용하는 경우처럼 때로는 이와 같은 선택 컨트롤의 변칙적 사용이 사용자의 혼란을 야기할 수 있다. 반면, 글꼴 크기를 조정하기 위해 드롭다운을 사용하는 것은 매우 자연스럽다.

두 가지 접근론에는 저마다 장단점이 있다. 실행을 결정하기 전에 사용자에게 두 가지 이상의 선택권이 주어지는 경우에는 명시적 형태의 필수 컨트롤(예: 버튼)이 반드시 존재해야 한다. 한편, 사용자가 실행 결과를 즉시 확인할 필요가 있거나 손쉽게 실행을 취소할 수 있도록 해야 하는 경우에는 선택 컨트롤이 필수 컨트롤의 기능을 겸비하는 편이 좀 더 적절할 것이다.

체크박스

체크박스check box는 시각적 컨트롤 언어로 발명된 가장 초기의 산물 중 하나다. 그리고 이것은 단일 혹은 이지선다형의 선택을 표현하는 가장 대표적인 도구다(그림 21-4 참조). 체크박스는 화살표를 가져갔을 때 강조되는 효과 혹은 오목한 입체 효과를 통해 사용자로 하여금 클릭을 강력히 유도한다(모바일 시각 디자인의 플랫한 동향은 여기서도 학습 가능성을 위협한다). 클릭하면 체크박스에 체크표시가 생기고 이를 통해 사용자는 자신이 의도한 대로 일이 수행됐음을 쉽게 확인할 수 있다. 클릭하면 선택된 것이고, 다시 한 번 클릭하면 취소된다. 체크박스는 매우 단순하고 시각적이며 명쾌하다.

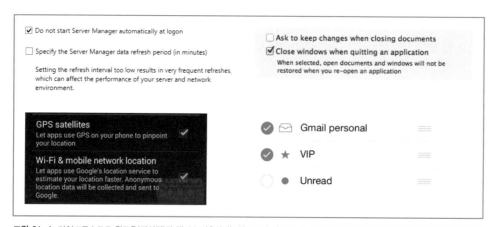

그림 21-4 마이크로소프트 윈도우(좌상단)와 맥 OS X(우상단), 안드로이드(좌하단), iOS(우하단)의 표준 체크박스의 예. 다시 한 번 말하지만, 플랫함을 지향하는 동향은 학습 가능성을 줄인다. iOS도 사각형보다 원형 컨트롤을 사용해 표준 체크박스 숙어를 깨뜨린다.

그러나 체크박스는 기본적으로 문자에 기반한 컨트롤이다. 체크박스는 매우 친숙하고 효과적인 인터랙션 언어이지만, 메뉴에서와 마찬가지로 여기에도 장단점이 있다. 잘 작문된 문자열은 체크박스의 의도를 분명하게 전달할 수 있다. 그러나 때로 너무 상세히 표현된 문자열은 사용자로 하여금 천천히 읽어 내려가는 수고를 요구하며, 화면을 심히 낭비한다.

체크박스는 전통적으로 정사각형 모양을 취한다. 사용자는 형태를 통해 시각적 대상을 파악하며, 정사각형은 체크박스의 표준적 상징이다. 정사각형 자체는 좋은 것도 나쁜 것도 아니다. 어쩌다 보니 체크박스에 정사각형을 사용하게 됐고 그것이 많은 사용자의 인식 속에 자리 잡았을 뿐이다. 이러한 패턴을 굳이 깨뜨릴 이유는 없다. 마케팅이나 그래픽 디자이너가 뭐라고 떠들든 간에 제발 체크박스를 마름모 혹은 원형으로 디자인하려 들지 말 것을 간곡히 당부한다.

토글 버튼

체크박스는 이진법 상태 변화를 허용하기에 꽤 효과적이지만, 이 숙어는 툴바에 그리 어울리지 않는다. 하지만 체크박스의 그래픽적인 측면을 더욱 개발하고 싶다면 아이콘 버튼을 사용하라. 한 번 클릭된 후에는 계속해서 음각(혹은 눌린) 상태를 유지하고 다시 한 번 클릭하면 볼록하게 회복되는 단순한 전략의 변형된 버튼을 일컬어 토글 버튼$^{toggle\ button}$이라 부른다(그림 21-5 참조). 이때의 토글 상태는 순간적인 것이 아니며, 다시 한 번 사용자가 클릭하기 전까지 이전의 상태를 계속 유지한다. 일반적인 아이콘 버튼과 토글 버튼의 컨트롤적 성향은 매우 달라서 그것을 필수 컨트롤에서 선택 컨트롤로 재분류해야 할 정도다.

그림 21-5 토글 버튼의 각 이미지는 기본 상태, 화살표를 가져갔을 때, 클릭했을 때, 선택됐을 때의 상태를 보여준다.

토글 버튼은 1차적 선택 언어로서 체크박스를 훨씬 능가하며, 모드를 지양하는 인터랙션에 있어 특히 적합하다. 작업을 방해하고 중단시키면서 사용자의 결정을 요구하지 않기 때문이다. 토글 버튼은 체크박스보다 공간 활용도 면에서 경제적이다. 토글 버튼은 문자로 기능을 설명하는 대신 시각적 장치에만 의존하기 때문에 크기가 훨씬 작다. 한편, 필수 컨트롤로서의 아이콘 버튼이 지닌 단점은 토글 버튼에서도 그대로 드러난다. 아이콘은 자의적 성향을 띠며, 따라서 직관적이지 못하다. 하지만 괜찮다. 우리에게는 툴팁이 있기 때문이다. 이 조그만 팝업창만 있으면 픽셀을 낭비하는 일 없이도 아이콘 버튼의 기능을 설명하기에 충분하다.

상태가 변하는 버튼: 피해야 할 선택 숙어

상태가 변하는 버튼은 인터페이스 공간을 절약하기 위해 사용되는 흔해 빠진 대안이다. 불행하게도 여기에는 사용자 혼란이라는 쓰라린 대가가 따른다. 플립플롭 버튼 위에 적힌 동사는 컨트롤에 의해 야기될 수 있는 몇 개의 상태 중 하나를 지시한다. 가장 전형적인 예는 오디오 재생기에서 재생과 일시정지 기능을 한 개의 버튼에 몰아넣는 것이다. 사용자가 버튼을 클릭하기 전에는 재생을 의미하는 세모꼴의 아이콘이 표시된다. 그리고 사용자가 그것을 클릭한 후에는 일시정지를 의미하는 두 개의 세로줄 모양으로 바뀐다.

컨트롤이라 함은 사용자가 그것을 클릭할 수 있음을 의미하고, 재생 아이콘은 클릭의 결과 음악이 재생될 것임을 암시한다. 한편 버튼은 일시정지 아이콘으로 모습을 바꿈으로써 그것을 클릭했을 때 재생이 멈출 것임을 암시한다. 문제는 컨트롤상에 표시된 아이콘이 현재의 재생 상태(재생 중, 혹은 일시정지된 상태)를 표시하는 것으로 사용자가 오해할 수 있다는 점이다. 즉 버튼을 읽는 데 있어 두 가지 상반된 해석이 가능한 것이다. 컨트롤은 프로그램의 현재 상태를 나타내는 지표로도 혹은 상태 전환의 기능을 담당하는 선택 컨트롤로도 이해될 수 있다. 하지만 실제로 이 두 가지 기능을 겸비하는 것은 불가능하다(그림 21-6 참조). 물론 음악 플레이어에서 선택을 확인하기 위해 재생 중인 음악이 있지만, 그런 명시적 확인을 사용할 수 없는 인터페이스도 많다.

그림 21-6 상태가 변하는 버튼은 매우 유용하다. 두 개의 기능을 한 개의 컨트롤에 집약함으로써 공간을 절약할 수 있기 때문이다. 문제는 그것이 컨트롤의 아주 중요한 의무를 유기함에 있다. 상태가 변하는 버튼은 프로그램의 현재 상태를 사용자에게 제대로 설명하지 못한다. 만약 프로그램이 꺼진 상태에서 버튼에 '켜짐'이라고 쓰인 경우 이것이 무엇을 의미하는지 분명하지 않다. 반면 프로그램이 꺼진 상태에서 '꺼짐'이라고 버튼에 쓰인 경우 프로그램을 켜려면 대체 어디를 눌러야 할까? 이 경우에는 스위치 컨트롤을 사용하는 방법이 제일이다.

해결책은 버튼 위에 직접 동사 혹은 동사구를 적어 설명하는 것이다. 이보다 좀 더 나은 방법은 상태가 변하는 버튼의 사용 자체를 아예 포기하는 것이다. 차라리 일부 오디오 플레이어처럼 두 개의 버튼으로 기능을 분리하는 것도 하나의 방법이다. 그러면 토글의 상태 변화 속성이 더 명시적일 것이다. 이 후자의 접근법은 활성화 상태를 나타내는 아이콘 하이라이트도 포함할 경우, 거의 완벽할 것이다. 하지만 불행히도 거의 모든 오디오 플레이어 앱이 현재 망가진 상태 변화 숙어를 사용해서 재생, 일시정지 아이콘을 토글링하며, 대부분의 사용자는 이제 어쨌든 여기에 익숙해졌다.

라디오 버튼

체크박스와 비슷하게 생긴 것이 있는데 바로 라디오 버튼[radio button]이다(그림 21-7 참조). 라디오가 자동차에 처음 도입됐을 무렵, 다이얼을 조작해 주파수를 맞추는 행위가 운전자에게 매우 위험하다는 사실이 밝혀졌다. 곧이어 자동 주파수 설정 기능을 갖춘 여러 개의 크롬 버튼으로 구성된 조작 패널이 최신 유행 아이템으로 급부상했다. 각 버튼은 사용자가 미리 지정한 방송국으로 주파수를 연결한다. 이제 운전자는 도로에서 한눈 파는 일 없이도 좋아하는 방송국을 쉽게 찾아 들을 수 있게 됐다. 단추 하나만 누르면 끝이다. 이와 같은 디자인 언어는 매우 강력하며, 현재까지도 인터랙션의 여러 측면에서 매우 유용하게 쓰인다.

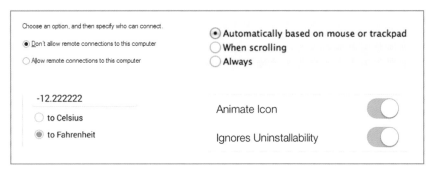

그림 21-7 그림의 좌상단은 마이크로소프트 윈도우의 라디오 버튼이다. 우상단은 애플 OS X의 라디오 버튼이다. 안드로이드는 좌하단이다. iOS는 우하단인데, 라디오 버튼 숙어는 없지만, 라디오 버튼을 다른 플랫폼에서 사용할 만한 경우 스위치 컨트롤을 활용한다.

라디오 버튼의 핵심은 그것이 버튼 간 상호합의하에 단독으로만 기능을 수행한다는 점에 있다. 즉 하나의 옵션이 선택되면 그 밖의 옵션은 자동으로 선택이 해제된다. 한 번에 오직 하나의 버튼만 선택 가능하다.

요컨대 라디오 버튼은 반드시 두 개 이상의 그룹으로 구성되며, 그중 한 개의 버튼은 무조건 선택된 상태다. 한 개의 라디오 버튼이란 불가능하며, 만약 그러한 것이 있다면 그것은 오히려 체크박스로 간주해야 맞을 것이다(이 경우, 체크박스 혹은 그와 유사한 다른 선택 컨트롤을 사용하는 것이 바람직하다).

라디오 버튼은 체크박스보다도 훨씬 많은 공간을 차지한다. 한 개의 라디오 버튼은 체크박스와 엇비슷한 정도의 공간을 차지하지만 라디오 버튼은 그룹으로만 존재하기 때문에 결국 그 숫자만큼 차지하는 공간도 배가된다. 그러나 많은 공간을 차지한다고 해서 무조건 나

뻔 것은 아니다. 경우에 따라서는 공간 사용을 허용할 수밖에 없는데, 선택 가능한 보기를 사용자가 볼 수 있게 모두 나열하는 것이 무엇보다 중요한 경우에 특히 그렇다. 라디오 버튼은 교육적인 목적의 기능에 잘 어울린다. 어쩌다 한 번씩 사용하는 대화상자의 기능이다. 반면 사용자가 매일 사용하는 애플리케이션에 적용하기에는 드롭다운 목록상자가 더욱 적합하다.

체크박스가 종종 정사각형으로 표현되는 것과 마찬가지의 이유로 라디오 버튼은 원형으로 표현된다.

체크박스가 그랬듯이 라디오 버튼 역시 아이콘 버튼의 영향을 받았다. 애플리케이션상에서 종전에 라디오 버튼이 차지하던 자리는 아이콘 버튼으로 점점 대체됐다. 두 개 이상의 토글 아이콘이 서로 연결되어 그룹 지어진 경우(그리하여 한 번에 한 개의 아이콘 버튼만이 실행 가능한 경우) 이는 기본적으로 라디오 버튼과 똑같이 작동한다. 이 더 현대적인 구성은 결국 전통적인 원형 라디오 버튼보다 그 기계적인 전신에 더 가깝게 보이고 그렇게 행동한다.

그림 21-8에 소개된 워드 툴바의 정렬 컨트롤은 라디오 아이콘 버튼의 좋은 예다.

그림 21-8 워드의 정렬 컨트롤은 라디오 아이콘 버튼으로 구성되어 라디오 버튼처럼 작동한다. 하나는 늘 선택된 상태이며, 다른 하나를 클릭하면 이전의 아이콘 버튼은 편편한 모양의 기본 형태로 되돌아간다. 이는 매우 공간 절약적인 언어이며, 자주 사용하는 옵션에 적용하기에 적합하다.

모든 아이콘 버튼 언어는 공간 활용도가 뛰어나다는 장점을 지닌다. 경험이 많은 사용자는 패턴 인식을 통해 쉽게 기능을 구분해낼 수 있으며, 그렇지 못한 이들은 툴팁에 의지한다. 영민한 사용자라면 초보자라도 툴팁만으로 충분히 기능을 이해할 것이고, 아니면 이에 대응하는 다른 명령 체계를 통해서 비록 더디더라도 스스로 필요한 기능을 습득해나갈 것이다.

스위치

스위치 컨트롤switch control은 라디오 버튼 두 개를 함께 사용한 좀 더 간결한 버전이다(체크박스 하나보다 더 이해하기 쉬운 버전이다. 두 상태의 레이블이 모두 명시적이기 때문이다). 보통 켜고 끄는 두 상태가 있는데, 그림 21-9처럼 스위치 양쪽에 레이블이 달린다. 스위치 양 옆을 클릭하거나 모바일에서 적절한 방향으로 스와이프하면 스위치의 3D 어포던스가 켜짐, 꺼짐 위치로 미끄러진다. 모바일 앱의 설정 화면에서 편리하다. 여러 앱 기능을 종종 선택적으로 켜고 끌 수 있기 때문이다. 데스크탑, 웹 앱에서는 덜 흔하며 사용하기에 다소 어색하다.

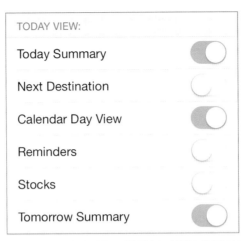

TODAY VIEW:

Today Summary

Next Destination

Calendar Day View

Reminders

Stocks

Tomorrow Summary

그림 21-9 스위치 컨트롤은 모바일 앱에서 지배적이다(여기서 보이는 iOS에서처럼). 특히 켜고 끌 수 있는 제품 기능을 포함한 설정 화면에서 그렇다.

콤보 아이콘 버튼

콤보 아이콘 버튼combo icon buttcon은 드롭다운 형식으로 변형된 버전의 라디오 아이콘 버튼이다. 콤보상자 컨트롤과의 유사성 때문에 콤보 아이콘 버튼이라 부른다(그림 21-10 참조). 콤보 아이콘 버튼은(윈도우에서) 아래쪽을 향하는 작은 화살표가 오른쪽에 달려 있는 점을 제외하면 보통의 단일 아이콘 버튼처럼 보인다. 그러나 사용자가 화살표를 클릭하면 여러 개의 아이콘 버튼으로 이뤄진 드롭다운 메뉴가 나타난다. 사용자는 이들 중 하나의 아이콘 버튼을 고를 수 있으며, 선택된 아이콘 버튼은 툴바의 화살표 옆에 표시된다. 클릭 한 번에 아이콘 버튼은 필수 컨트롤로 바뀐다. 일반적인 메뉴와 마찬가지로, 콤보 아이콘 버튼 역시 사용자가 그것을 클릭해 왼쪽 버튼을 누른 채로 드래그하여 자신이 원하는 새로운 아이콘 버튼 위에서 마우스를 놓는 방식으로도 실행된다.

콤보 아이콘 버튼의 응용된 형태로는, 마이크로소프트 툴바처럼 아래쪽을 향하는 화살표를 콤보 아이콘 버튼의 오른쪽에 배치하는 대신 아래쪽 혹은 오른쪽을 향하는 작은 삼각형을 콤보 아이콘 버튼 아이콘의 우측 하단 모서리에 배치하는 경우가 있다. 어도비 제품의 팔레트에는 이와 같이 응용된 형태의 콤보 아이콘 버튼이 적용돼 있다. 이때 콤보 아이콘 버튼을 클릭해 버튼을 누른 채로 잠시 기다리면 메뉴가 나타난다(어도비 팔레트의 콤보 아이콘 버튼 메뉴는 아래로 펼쳐지는 대신 오른쪽으로 펼쳐진다. 그림 21-11 참조). 이처럼 디자이너는 인터랙션 언어를 응용해 사용할 수 있으며, 창조적인 소프트웨어 디자이너는 부족한 공간에 더욱 많은 기능을 구겨 넣기 위해 다양한 변형을 시도한다.

그림 21-10 마이크로소프트 오피스의 콤보 아이콘 버튼은 마치 콤보 상자처럼 작용하는 토글 버튼 그룹으로 이뤄져 있다.

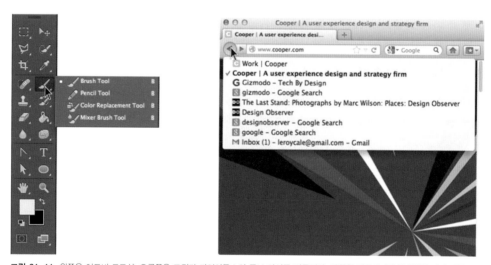

그림 21-11 왼쪽은 어도비 포토샵, 오른쪽은 모질라 파이어폭스의 콤보 아이콘 버튼이다. 다양한 애플리케이션에서의 각기 다른 콤보 아이콘 버튼 언어를 보여준다. 포토샵에서 콤보 아이콘 버튼은 커서 도구를 다양한 모드로 교체하기 위해 사용되고, 파이어폭스는 이전에 방문한 웹 페이지로 되돌아가기 위한 것이다. 전자의 경우 콤보 아이콘 버튼은 사용자 인터페이스를 하기 위한 목적으로 사용되며, 후자의 경우 명령을 실행하기 위해 사용된다.

워드에서 마이크로소프트의 변형을 확인할 수 있다. 글꼴 색상 및 문서의 하이라이트 색상을 결정하는 콤보 아이콘 버튼 메뉴는 아이콘 버튼의 모음이라기보다는 오히려 작은 색상 팔레트처럼 보인다. 그림 21-11에서 볼 수 있듯이 이들 메뉴는 강력한 기능과 정보를 아주 작은 형태의 컨트롤로 압축한다. 이는 마우스를 능숙하게 사용하는 숙달된 사용자를 위한 기능이며, 초보자를 고려한 기능은 아니다. 그렇더라도 비슷한 다른 도구에 대한 기초적인 사용 경험만 있으면 누구나 빠르게, 그리고 쉽게 익힐 수 있다. 사용자가 장시간 사용하는 독립적인 성격의 프로그램에 최적의 인터랙션 언어다. 상대적으로 작은 표적을 사용하는 메뉴를 통해 작업하려면 그만큼 숙달된 손놀림이 요구되지만, 메뉴바로 이동해서 메뉴 목록을 열고 원하는 항목을 선택한 뒤 대화상자가 열리기를 기다리고 색상을 선택한 후 확인 버튼을 누르는 과정보다는 훨씬 빠르다.

리본 컨트롤 숙어를 도입하면서 마이크로소프트는 전통적인 콤보 아이콘 버튼에서 벗어나 이 아이디어의 또 다른 변형을 제공했다. 더 표준적인 메뉴에 붙은 아이콘 버튼이었다. 아이콘 버튼을 클릭하면 필수 컨트롤이 나온다. 우측 화살표나 하단 버튼을 클릭하면 관련되지만 자주 접근하지 않는 기능과 함께 메뉴가 런칭된다(그림 21-12 참조).

그림 21-12 마이크로소프트 오피스의 리본 컨트롤은 콤보 아이콘 버튼의 새로운 변형을 포함한다. 버튼을 클릭하면 필수 컨트롤이 런칭되고, 화살표를 클릭하면 관련 기능의 더 전통적인 메뉴가 열린다.

목록 컨트롤

목록 컨트롤list control은 사용자가 제한된 세트의 문자열 중 하나를 선택할 수 있게 한다. 각 문자열은 명령, 대상 혹은 속성을 표현한다. 이것은 사용되는 운영체제 또는 응용 여부에 따라 **목록상자**list box 혹은 **리스트뷰**listview라고도 불린다. 라디오 버튼과 마찬가지로 목록 컨트롤은 인터랙션을 간소화하는 효과적인 도구다. 사용자가 부적절한 선택을 할 가능성을 방지하기 때문이다.

목록 컨트롤은 오른쪽 변에 세로 스크롤바가 달린 조그만 문자 영역으로 구성된다(그림 21-13 참조). 이 애플리케이션은 각 대상을 한 줄의 문자에 담아 상자 속에 표시하고 스크롤바를 통해 목록을 위아래로 훑을 수 있게 한다. 사용자는 클릭을 통해 한 번에 한 줄의 문자만 선택할 수 있다. 목록 컨트롤의 응용된 양식은 사용자가 복수의 문자열을 선택하도록 허용하기도 하며, 대개 Shift 혹은 Ctrl 키를 누른 상태에서 마우스를 클릭함으로써 실행할 수 있다.

그림 21-13 왼쪽은 윈도우가 표준으로 사용하는 목록 컨트롤이다. 오른쪽의 그림은 드롭다운 컨트롤이 닫혔을 때와 열렸을 때의 상태를 보여준다.

드롭다운^{drop-down}은 목록 컨트롤의 응용 중 하나다. 가장 흔히 접할 수 있는 컨트롤의 하나인 드롭다운은 기본적으로 사용자가 선택한 단 한 줄의 문자만을 보여주지만, 화살표 버튼을 누르면 숨어 있던 다른 선택 가능한 항목의 보기가 나타난다(그림 21-13 참조).

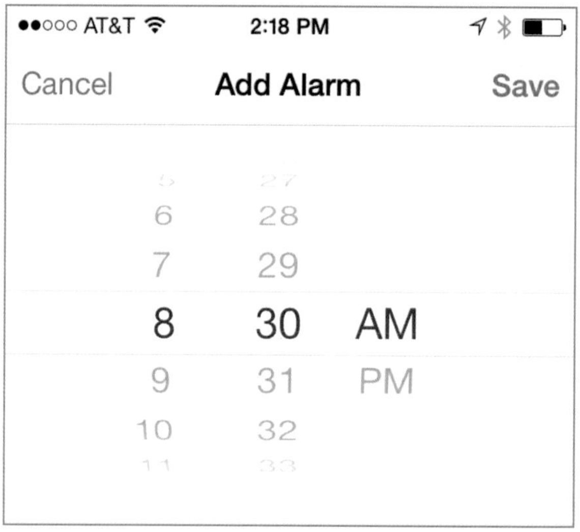

그림 21-14 iOS는 제스처 기반의 '배럴 컨트롤' 리스트뷰 변형을 지원한다. 독립적으로 스와이프 가능한 스크롤되는 행도 지원한다. 배럴 컨트롤은 따라서 여러 관련 목록 컨트롤을 단일 위젯으로 병합할 수 있다.

애플의 iOS 운영체제는 때로 '배럴 컨트롤^{barrel control}'이라 불리는, 목록 컨트롤의 제스처 기반 변형을 소개했다. 거기서 텍스트 항목 목록은 기대하던 항목이 컨트롤 중앙에 있기까지 스와이프해 회전시키는 실린더를 중심으로 래핑된 것처럼 렌더링된다. 배럴 모양의 렌더링 외에 이 컨트롤의 흥미로운 변화는 독립적으로 스크롤되는 열을 포함할 수 있다는 점이다. 그래서 날짜, 시간 선택 등의 목적에 이상적이다. 이 현명한 접근법은 여러 관련 목록 컨트롤을 그림 21-14처럼 단일 위젯으로 병합한다.

초기의 목록 컨트롤은 오로지 문자만을 취급했다. 안타깝게도 이와 같은 성향은 오늘날의 목록 컨트롤 디자인에도 영향을 미친다. 시각적인 요소 없이 꼬리에 꼬리를 물고 이어지는 문자의 나열은 마치 오아시스 없는 삭막한 모래밭과도 같다. 하지만 윈도우 95부터 마이크로소프트는 리스트뷰 컨트롤의 각 줄 말머리에 아이콘을 달 수 있게 했다. 이는 매우 유용하다. 중요한 입력사항 옆에 부착된 그래픽 요소가 사용자에게 얼마나 유용한지는 이미 많은 경우를 통해 증명됐다(그림 21-15 참조). 기능의 미리보기식 노출 방법으로 드롭다운 혹은 리스트뷰 컨트롤을 활용하는 것은 인터페이스 디자인의 새로운 관습이 됐다. 컨트롤이 선택 컨트롤과 필수 컨트롤의 기능을 동시에 담당하는 경우에 자주 사용된다. 예를 들어, 마이크로소프트 워드가 그와 같은 선택 방식을 취한다.

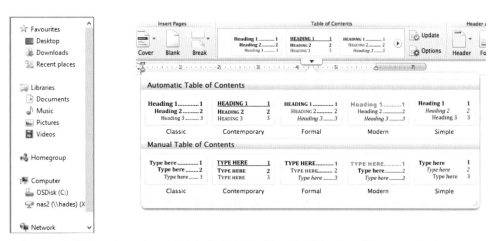

그림 21-15 왼쪽은 윈도우의 목록 컨트롤이다. 아이콘을 말머리에 도입함으로써 사용자로 하여금 원하는 애플리케이션을 쉽게 식별할 수 있도록 했다. 오른쪽은 오피스 2010의 드롭다운 목록이다. 이때 목록의 각 항목은 선택 시 적용될 효과의 미리보기 성격을 띤다.

디자인 원칙   그래픽 아이콘을 이용해 중요한 문자 항목을 구별하라.

리스트뷰는 이름에서 드러나듯이 목록 보기에 특히 탁월하며, 사용자는 목록 중 하나 또는 그 이상의 항목을 선택할 수 있다. 리스트뷰에서는 항목을 드래그하는 것도 가능하다(드롭다운 목록에서는 이것이 불가능하다). 리스트뷰 내부적으로 항목의 드래그와 이동이 가능할 때, 사용자는 자신이 원하는 대로 항목을 특정한 순서로 지정할 수 있다(이후의 '목록 맞춤 정렬' 절을 참고한다).

이어마킹

일반적으로 사용자는 기능에 정보를 입력하는 수단으로서 목록 컨트롤에서 항목을 선택한다. 여러 개의 보기 중 원하는 글꼴을 선택하는 것이 그 예다. 목록 컨트롤의 선택 방식은 매우 전형적이다. 키보드를 비롯한 입력 수단을 통해 직사각형 모양의 포커스를 조정하며, 선택된 항목은 특정 색상으로 하이라이트된다.

때로는 목록 컨트롤을 통해 여러 항목을 선택할 수도 있는데, 이 경우에 인터랙션은 꽤 복잡해진다. 목록 컨트롤의 선택 언어는 단일 선택에 적합하게 설계된 반면 복합 선택multiple selection에는 취약하다. 일반적으로 복합 선택은 항목 필드 전체를 바탕화면 위의 아이콘처럼 한눈에 확인할 수 있을 때에 가능하다. 바탕화면 위의 모든 아이콘은 가시적이기 때문에 만약 그중 두 개 혹은 그 이상의 아이콘을 동시에 선택하면 사용자는 쉽게 자신의 선택을 확인할 수 있다.

그러나 선택 가능한 항목의 범위가 너무 커서 한눈에 확인할 수 없을 경우 일부분을 스크롤 처리해 가리는 것이 불가피하다. 이처럼 선택과 관련한 디자인 언어는 때로는 너무 커서 다루기 힘든 경우가 있다. 목록 컨트롤을 다룰 때 흔히 접하는 애로사항이다. 기본적으로 선택 언어는 한 번에 한 개씩만 선택되는 방식을 취한다. 즉 사용자가 하나를 선택하면 이전의 선택은 자동으로 해제된다. 한편 복합 선택을 하는 경우, 사용자는 우선 첫 번째 항목을 선택한 후 스크롤해 숨어 있던 목록을 확인하고 여기서 두 번째 항목을 선택한다. 이때 첫 번째 항목은 숨겨진 상태로 가시적으로 그 상태를 확인할 수 없기 때문에 사용자는 자신이 Shift 혹은 Ctrl 키를 사용하지 않은 상태에서 두 번째 선택을 함으로써 이전 선택이 해제됐음을 인식하지 못한다.

대안이 있기는 한데 썩 훌륭하진 않다. 표준 목록 컨트롤의 선택 알고리즘인 한 번에 하나씩만 선택되는 방식을 버리고 사용자가 클릭하는 족족 모두 선택되게 하는 것이다. 이 방법은 (얼핏) 완벽하게 작동하는 듯하다. 사용자는 원하는 수만큼 항목을 선택하고 그 항목은 선택된 상태를 유지한다. 문제는 이것이 일반적인 목록 컨트롤과 다르게 작용한다는 사실을 사용자에게 알려줄 시각적인 근거가 취약하다는 점이다. 사용자가 첫 번째 선택을 하고 스크롤해 숨어 있던 목록에서 더 맘에 드는 항목을 발견했다고 가정하자. 그는 두 번째 선택을 함과 동시에 자신의 첫 번째 선택이 자동으로 취소되기를 기대하기 쉬운데, 한 번에 하나씩만 선택되는 방식의 표준 언어에 길들여진 탓이다. 요컨대 이는 표준에 익숙한 사용자의 기대를 저버리느냐 혹은 그렇지 않은 쪽을 저버리느냐의 문제다. 그야말로 진퇴양난이다.

스크롤이 대상물을 가리는 경우, 복합 선택의 언어는 더욱 개선되고 선명해져야 한다. 단일 선택과는 다른 언어를 사용하되, 시각적으로 눈에 띄어야 한다. 하지만 그것이 대체 뭐란 말인가?

우리는 이미 선택 상태를 표기하는 좋은 언어를 알고 있다. 바로 체크박스다. 체크박스는 그 기능과 설정을 사용자에게 명확하게 전달하며, 좋은 디자인 언어가 으레 그렇듯이 매우 쉽게 익힐 수 있다. 또한 체크박스는 그것이 한 번에 하나씩만 선택하지 않는다는 사실을 매우 분명히 드러낸다. 따라서 문제가 되는 모든 목록에 체크박스를 적용한다면, 사용자는 자신이 어떠한 항목을 선택하고 선택하지 않았는지 분명하게 인지할 수 있을 뿐 아니라 한 번에 하나씩이 아닌 복합 선택이 가능하다는 사실 또한 자명하니 일거양득이 아닐 수 없다. 이처럼 체크박스를 적용한 복합 선택의 대안을 이어마킹earmarking이라 부른다(그림 21-16 참조).

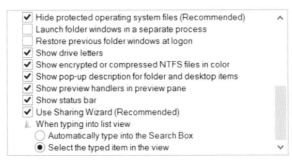

그림 21-16 대개의 선택 언어는 한 번에 하나라는 규칙을 따른다. 그러나 복합 선택을 위해 이 규칙을 버려야 할 경우, 선택항목의 목록 중 일부가 스크롤에 가려질 때 혼란이 생긴다. 이어마킹은 이에 대안을 제시한다. 각 항목의 말머리에 체크박스를 첨부하고 이것을 통해 사용자의 선택을 표시한다. 체크박스는 매우 친숙한 GUI 언어로서 한 번에 하나씩이 아닌 복합 선택이 가능함을 사용자에게 분명히 전달한다. 사용자는 이것을 어떻게 사용할지 단번에 알 수 있다.

목록의 드래그앤드롭

목록 컨트롤은 직접 조작 언어로 사용될 때 마치 상품의 진열처럼 취급된다. 보고서 작성 프로그램을 예로 들면, 사용자는 목록에서 필요한 항목을 선택해 드래그앤드롭함으로써 보고서 위에 간단하게 열을 추가할 수 있다. 일반적인 선택 언어와는 조금 차이가 있는데, 철저하게 포획적인 작업이기 때문이다. 드래그앤드롭 가능한 목록 컨트롤의 적용이 많은 프로그램에서 매우 유용하게 쓰일 것임을 믿어 의심치 않는다.

드래그 가능한 목록을 통해 사용자는 효과적으로 자신에게 필요한 항목을 모을 수 있다. 흔히 사용되는 GUI 언어로서 두 개의 목록을 나란히 제공하는 수법이 있는데, 이때 하나는 선택 가능한 항목의 보기를, 다른 하나는 선택된 항목을 제시한다. 그림 21-17에 나타나 있듯이, 두 목록 사이에는 하나 또는 쌍방향의 짝을 이루는 두 개의 버튼이 존재해 각 항목이 상자 사이를 이동할 수 있게 한다. 그러나 항목을 일일이 선택하고 이동 버튼을 누르는 중간 과정 없이 단지 드래그해 원하는 항목을 상자 사이에 이동할 수 있다면 우리는 이를 통해 훨씬 나은 사용자 경험을 제공할 수 있다.

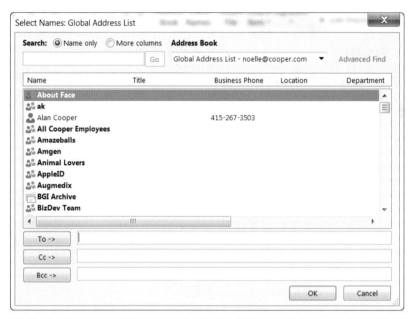

그림 21-17 마이크로소프트 아웃룩 익스프레스의 대화상자다. 왼쪽의 목록에서 주소를 드래그해 각각 받는 사람, 참조, 숨은 참조를 의미하는 오른쪽의 목록에 간단히 추가할 수 있다면 좋을 것이다. 또한 각 목록 필드에서 가로 스크롤바의 불필요한 사용에 주목하라. 특히 왼쪽 필드 같은 경우 툴팁을 이용하면 번거롭게 스크롤바를 설치하지 않고도 완전한 정보를 표시할 수 있다(대화상자의 가로 크기를 늘리는 것도 방법이다. 위와 같은 크기로 제한할 이유가 하나도 없다).

목록 맞춤 정렬

때로는 목록 컨트롤의 항목을 드래그해 같은 목록상의 다른 위치로 이동시켜야 하는 경우가 있다(사실 이런 일은 디자이너가 상상하는 것 이상으로 훨씬 빈번히 발생한다).

오늘날 많은 프로그램이 중요한 목록에 한해 자동정렬 기능을 제공한다. 예를 들어 윈도 두 탐색기에서는 파일명, 확장자, 수정 날짜, 파일 크기에 따른 정렬이 가능하다. 상당히 좋은 기능이지만, 사용자의 개인적인 선호도 혹은 중요도에 따라 목록을 정렬할 수 있다면 더 좋지 않을까? 알고리즘에 의해 각 프로그램은 사용자의 접근 빈도수를 계산해낼 수 있지만 이 결과가 사용자의 선호도와 정확히 일치하지는 않는다. 얼마나 최근에 파일에 접근했는지를 요인으로 추가하면 정확도를 높일 수는 있어도 역시 선호도에 완전히 일치하기는 어렵다.

전체 목록과는 별개로 사용자가 본인에게 중요한 것을 개인적으로 목록의 위쪽으로 옮겨와 일정한 범위 내에서 (그것이 가나다순이든 무언이든 간에) 마음대로 정렬할 수는 없을까? 예를 들어 사용자가 본인이 근무하는 부서 사람의 목록을 자리 배치에 따라 내림차순으로 정렬하려 한다고 가정하자. 이를 해결할 만한 자동 기능은 없다. 즉 수동으로 드래그해 하나하나 순서를 짜맞추는 수밖에 없다. 오랜 시간 애플리케이션에 숙달된 사용자가 바라는 맞춤 방식이다. 디렉토리를 완벽하게 구미에 맞게 정리하기까지는 많은 시간과 노력이 필요하며, 프로그램은 이렇듯 열심히 정렬된 순서를 반드시 기억해야만 한다(기억하지 못한다면 사용자가 순서를 재배치할 수 있다 한들 의미가 없다).

항목을 드래그해 맞춤식으로 순서를 정렬하는 것은 매우 강력한 기능이지만, 자동스크롤링 기능(18장 참조)을 요구한다. 만약에 사용자가 하나의 항목을 목록에서 골랐는데 그것을 내려놓고 싶은 위치가 스크롤에 가려 보이지 않는다면, 사용자는 드래그한 항목을 내려놓지 않고도 목록을 스크롤할 수 있어야 한다.

가로 스크롤

목록 컨트롤은 대개 위아래로 조정하는 세로 스크롤을 포함한다. 그러나 경우에 따라서는 가로 스크롤을 차용할 수도 있다. 가로 스크롤을 이용하면 개발자는 별다른 노력 없이도 기나긴 문자열을 목록 컨트롤에 아주 손쉽게 집어넣을 수 있다. 하지만 이것은 사용자에게 고통만을 안길 뿐이다.

가로 스크롤은 끔찍한 일이다. 이것은 절대로, 결코 허용돼선 안 될 기능이다. 단, 스프레드시트처럼 커다란 표를 작성할 때 행과 열의 크기를 잠가놓은 상태에서 머리글을 통해 각 셀의 내용을 제공하는 경우만은 예외이다. 한 항목을 읽기 위해 가로로 스크롤하면 결과적으로 목록에 있는 모든 항목의 앞 글자가 가려진다. 요컨대, 제대로 읽을 수 있는 것이 하나도 없으며 텍스트의 연속성은 무참히 파괴된다.

디자인 원칙　　가로 스크롤은 절대로 사용불가

도저히 가로 스크롤이 불가피하다고 여겨지더라도 일단은 다른 대안을 모색해야 한다. 우선은 왜 그렇게 긴 문자가 목록에 꼭 들어가야만 하는지 스스로에게 묻는 것부터 출발하

라. 문자를 간소화할 수는 없는지, 두 줄로 나눠 글이 가로로 늘어지는 걸 막을 수는 없는지, 사용자가 긴 용어를 입력해야만 하는 경우 단축어 사용을 허용할 수는 없는지, 문자 대신 그래픽을 적용할 수는 없는지, 툴팁을 활용하는 방법은 어떨지 스스로에게 묻는다. 목록 자체의 가로 크기를 늘릴 수 있는지도 고려해볼 만하다. 창 혹은 대화상자의 구성요소를 재배치함으로써 목록 필드의 가로 크기를 더욱 확보할 수 있을지 생각해본다.

목록 컨트롤의 가로 크기를 확보하기가 불가능한 경우, 문자를 두 줄로 분산하는 것이 현재로서는 가장 추천할 만한 방법이다. 단, 둘째 줄의 말머리를 들여쓰기해 여타 항목과 확실히 구분되도록 유의한다. 혹은 생략해서 자른 후 툴팁으로 전체 텍스트를 제공한다. 전자는 각 항목마다 줄의 높이가 제각각이 돼버린다는 단점이 있긴 하지만 가로 스크롤보다는 훨씬 낫다. 후자는 목록 항목이 유사한 텍스트로 시작할 경우 문제일 수 있다.

이것은 오직 문자에 한해서 적용되는 이야기라는 걸 잊어서는 안 된다. 그래픽이나 큰 표에서 가로 스크롤은 전혀 문제될 게 없다. 그러나 문자를 기본으로 하는 목록에서의 가로 스크롤바는 수동으로 페달을 밟아 전력을 공급해야만 돌아가는 컴퓨터나 마찬가지로 어처구니없는 악재다.

목록에 데이터 입력

오늘날 윈도우와 그 밖의 운영체제에서 목록 및 트리tree 컨트롤은 즉석편집 기능을 제공한다. 윈도우 탐색기를 예로 들면, 파일이나 디렉토리의 이름 바꾸기 기능이 그것이다. 맥 OS X 혹은 마이크로소프트 윈도우에서 이름 바꾸기를 하려면 일단 사용자는 파일을 연속으로 두 번 클릭한다. 이때 너무 빨리 클릭하지 않도록 주의하는데, 컴퓨터가 그것을 더블클릭으로 인식해서 프로그램을 열어버리면 곤란하기 때문이다. 그 다음에 원하는 새 파일명을 입력하면 된다. 다른 상황에서 편집이 가능한 항목이라면 목록 컨트롤상에서도 편집이 가능해야 한다.

즉석편집이 문제시되는 극단적 활용 사례는 목록에 새로운 항목을 추가하려는 경우다. 많은 디자이너가 새 항목을 추가하는 데 즉석입력이 아닌 다른 디자인 숙어를 사용한다. 우선 버튼을 클릭하거나 메뉴에서 항목을 찾아 들어가는 방법으로 새 항목을 목록에 추가한 뒤, 사용자는 비어 있는 새 항목의 이름을 즉석편집의 방법으로 지정할 수 있다. 만약 이미 존재하는 목록 사이의 공간을 더블클릭해서 바로 그 자리에 빈 항목을 새로 추가할 수 있다면, 혹은 목록의 시작과 끝에 '엔트리를 추가하기 위해 클릭하시오'라는 딱지를 붙이고 언제든 항목을 추가할 수 있는 열린 공간이 주어진다면 좋을 것이다. 또 다른 솔루션은 콤보상자를 사용하는 것인데, 이에 대해서는 다음 문단에서 계속 이야기하기로 한다.

드롭다운 목록과 팝업 목록

드롭다운 목록drop-down list(팝업 목록이라고도 불림)은 라디오 버튼 스택을 대체한다. 사용자에게 목록에서 단일한 선택을 할 간결한 방법을 제시한다(그림 21-13 참조). 현재 선택은 팝업 목록이 닫힐 때 표시된다. 일반적으로 팝업 목록은 데스크탑 애플리케이션 메뉴바에 있는 명령 중심의 목록과 달리 명령 실행보다 오브젝트 선택에 집중한다. 하지만 예를 들어 실시간 검색 필터의 일부나, 웹사이트 내 페이지로 내비게이션하는 장치로 사용될 경우, 때로 즉시 정보 표시에 영향을 준다.

콤보상자

이름에서도 느껴지듯이 이것은 목록상자와 편집 필드의 콤비네이션을 뜻한다(그림 21-18 참조). 콤보상자combo box는 목록에 데이터를 입력하는 뚜렷한 방법론을 제시한다. 일반적인 목록상자와 마찬가지로, 콤보상자에 드롭다운의 변형을 적용하면 화면을 좀 더 경제적으로 활용할 수 있다.

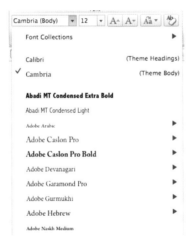

그림 21-18 마이크로소프트 워드의 드롭다운 콤보상자는 사용자가 드롭다운 메뉴를 통해 글꼴을 선택하거나 혹은 편집 필드에 원하는 이름을 직접 입력함으로써 글꼴을 선택할 수 있게 디자인됐다.

콤보상자는 문자 입력 영역과 목록의 선택 영역을 확실히 구분해 사용자의 혼란을 최소화한다. 단일 선택의 경우, 콤보상자는 최상의 선택이다. 새로운 항목을 입력하기 위해서는 편집 필드를 활용할 수 있으며, 이와 동시에 현재의 선택항목이 목록상에 표시된다. 편집 필드에 현재의 선택항목이 입력되면 사용자는 다시 이것을 편집할 수 있다. 다소 궁색한 방식의 직접 입력 기능이라고 볼 수 있다.

콤보상자의 편집 필드는 현재의 선택항목을 표시하는 데 사용되고, 따라서 콤보상자는 자연스럽게 단일 선택을 지원한다. 다시 말하면 콤보상자는 복합 선택이 불가능하다. 단일 선택은 한 번에 하나의 선택만이 가능함을 의미하고, 이와 같은 맥락에서 콤보상자는 빠르게 라디오 버튼의 자리를 대체해나갔다. 공간 활용도가 뛰어나고 새로운 항목을 역동적으로 추가할 수 있다는 점도 라디오 버튼에는 없는 콤보상자만의 장점이다.

드롭다운의 응용된 형태를 콤보상자에 적용하면 공간을 크게 낭비하지 않고도 현재의 선택항목을 나타낼 수 있다. 목록은 필요할 때만 나타난다. 이는 마치 메뉴에서 당장 필요한 명령어의 목록을 선별해 제공하는 방식과도 유사하다. 콤보상자는 팝업 형식의 목록 컨트롤이다.

드롭다운 콤보상자의 경제적인 공간 활용은 그것이 제공하는 정보의 복잡성을 고려할 때 매우 놀라운 것이다. 프로그램 주요 화면의 한 자리를 영구적으로 차지한대도 무리가 없을 만큼 작다. 툴바에 끼워 넣기에도 적합하다. 드롭다운 콤보상자는 독자적인 형태의 애플리케이션에 배치하기에 매우 효과적이다. 툴바에 콤보상자를 사용하는 것은 같은 기능을 메뉴로 적용하는 것보다 훨씬 유용하다. 왜냐하면 콤보상자는 사용자에게 메뉴를 끌어내리는 등의 번거로운 확인 동작을 요구하지 않고도 선택 목록을 표시하기 때문이다.

목록 컨트롤에 드래그앤드롭을 적용하고자 하는 경우, 콤보상자를 통해 적용돼야 한다. 예를 들어 콤보상자를 열고, 스크롤해 선택을 하고, 선택된 항목을 드래그해 작성 중인 문서에 내려놓을 수 있는 디자인 언어는 매우 강력한 것이다(마우스오버 시 드래그 핸들의 형태는 유연성을 제공할 수 있다). 드래그앤드롭 기능은 콤보상자에 표준으로서 구비돼야 한다.

트리 컨트롤

트리 컨트롤^{tree control}(때로 '트리뷰^{treeview}'라고도 함)은 목록의 여러 보기 방식 중 하나로서 계층 구조를 표시하는 데 특히 유용하다. 대개 가로 방향 가지치기 형식으로 표현되며, 각 엔트리에는 아이콘이 달려 있다. 개요 처리기^{outline processor}에서 주로 사용하는 방식으로 엔트리를 접었다 펴는 것이 가능하다. 개발자는 트리 컨트롤 표현 방식을 선호한다. 파일 시스템 내비게이터^{file system navigator}에 자주 적용되며, 계층구조를 이루는 정보 표현에 대단히 효과적이다.

안타깝게도 트리 컨트롤은 도구상자에서 가장 부적절하게 사용되는 컨트롤 중 하나다. 이것은 사용자에게 큰 불편을 초래한다. 많은 사람이 계층적인 데이터 구조를 이해하기 어려워한다. '직관적'이라는 이유로 개발자들이 비 계층구조의 데이터에 무리하게 트리 컨트롤을 적용한 인터페이스 사례는 수없이 많다. 개발자에게는 그것이 직관적인지 몰라도, 이는 사용자가 대상을 계층구조가 아닌 좀 더 흥미로운 관계 속에서 파악하는 것을 차단한다는 큰 문제점을 안고 있다.

한마디로, 트리 컨트롤은(그것이 아무리 유혹적이어도) 그것이 표현하는 대상이 (이를테면 족보처럼) '자연스럽게' 계층구조를 이루는 경우에만 허용된다. 개발자의 편의에 따라 자의적인 대상을 트리 구조에 자의적으로 배치하면 사용성에 큰 문제를 일으킬 수 있다.

입력 컨트롤

입력 컨트롤은 사용자로 하여금 새로운 정보를 애플리케이션에 입력할 수 있게 한다.

문자 편집 필드는 가장 대표적인 입력 컨트롤이다. 선택 컨트롤과 마찬가지로, 입력 컨트롤은 프로그램의 명사를 대표한다. 콤보상자는 편집 필드를 포함하고 있기 때문에, 콤보상자의 변형 중에는 입력 컨트롤로 간주되는 것도 있다. 또한 사용자가 숫자 값을 입력할 수 있는 컨트롤은 무엇이든 입력 컨트롤로 간주한다. 스피너spinner, 게이지gauge, 슬라이더slider, 노브knob는 모두 입력 컨트롤이다.

제한된 입력 컨트롤과 무제한 입력 컨트롤

사용자가 입력할 수 있는 값을 제한하는 컨트롤을 제한된 입력 컨트롤bounded entry control이라 부른다. 예를 들어, 1부터 100까지 움직이는 슬라이더는 제한적이다. 사용자가 어떠한 동작을 취하든 간에 프로그램이 결정한 특정 값을 초과하는 숫자는 입력이 불가능하다. 그리하여 제한된 입력 컨트롤은 사용자가 부적절한 값을 입력하는 것을 차단한다.

반면, 간단한 문자 필드의 경우 사용자가 입력하는 어떠한 숫자나 알파벳 데이터라도 모두 수용한다. 이것은 열린 입력 언어로서 무제한 입력 컨트롤의 대표적 예시이기도 하다. 무제한 입력 컨트롤unbounded entry control을 사용할 때 사용자는 쉽게 부적절한 값을 입력할 수 있다. 물론 프로그램은 이를 거부하겠지만 사용자 입장에선 어쨌든 입력 가능하다.

한마디로, 제한된 입력 컨트롤은 제한된 범위의 입력 값이 필요할 때 사용하면 된다. 만약 프로그램이 7과 35 사이의 숫자를 필요로 하는데 사용자에게 −1,000,000부터 +1,000,000까지의 숫자 값을 제공하는 것은 아무짝에도 도움이 안 된다. 최소값 7과 최대값 35로 제한을 두는 편이 좀 더 용이하다(이때 제한 값을 분명히 표시할수록 유용하다). 사용자는 바보가 아니다. 즉각 주어진 한계를 이해하고 받아들일 것이다.

입력 컨트롤을 논할 때, 사용성의 질이 중요한 것이지 얼마나 많은 양의 데이터를 입력할 수 있는가가 중요한 게 아니다. 제한된 입력 컨트롤은 가능하면 시각적인 표현을 동원해 수용 가능한 데이터 범위를 사용자에게 분명히 전달하는 것이 중요하다. 사용자가 이미 입력하고 난 뒤에 거부를 표현하는 문자 필드는 제한된 입력 컨트롤에 속하지 않는다. 이는 단지 무례한 컨트롤일 뿐이다.

대개의 소프트웨어가 필요로 하는 양적 값은 제한적이다. 그러나 여전히 많은 프로그램이 무제한 입력을 허용하는 숫자 필드를 사용하고 있다. 사용자가 의도하지 않게 프로그램이 받아들일 수 없는 값을 입력한 경우 프로그램은 오류 메시지 상자를 발행한다. 이것은 애초에 가능하지도 않은 것을 가지고 사용자를 우롱하는 처사다. 사용자가 17을 입력하면 프로그램은 그제서야 "4와 8 사이의 숫자만 입력하실 수 있습니다."라는 오류 메시지를 띄운다. 최악의 인터페이스 디자인이다. 자동적으로 4, 5, 6, 7, 8까지로만 입력을 제한하도록 컨트롤을 설계하는 편이 훨씬 낫다. 만약 제한된 선택 범위가 숫자가 아닌 문자로 구성된 경우에는 슬라이더나 콤보상자, 목록상자 등을 이용하면 된다.

그림 21-19는 마이크로소프트의 윈도우 디스플레이 설정 대화상자에서 사용하는 슬라이더 형식의 제한된 입력 컨트롤을 나타낸다. 보통의 슬라이더 혹은 스크롤바처럼 작동하며, 각기 다른 해상도 설정을 가리키는 여러 개의 눈금이 있다. 마이크로소프트라면 좀 더 쉬운 방법으로 편집 불가능한 콤보상자를 사용할 수도 있었다. 슬라이더는 허용된 입력 값의 범위를 사용자에게 암시하는 데 매우 효과적이다. 반면 콤보상자는 일단 클릭하기 전까진 자신이 가진 카드를 상대에게 내보이지 않는다. 슬라이더에 비해 사용자에게 덜 친절한 태도라고 볼 수 있다.

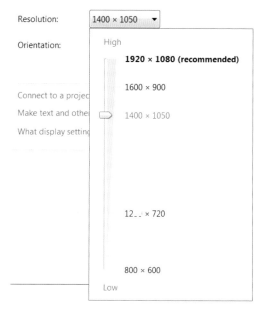

그림 21-19 제한된 입력 컨트롤은 사용자로 하여금 오로지 주어진 범위 내에서만 값을 입력하도록 유도한다. 애꿎은 사용자가 부적절한 값을 입력하고 거부당하는 뻔한 사태를 미연에 방지한다. 위의 그림 은 윈도우 디스플레이 설정 대화상자 속 제한된 슬라이더다. 작은 슬 라이더에는 여러 개의 눈금이 있다(이상하게도 드롭다운 메뉴 안에 디플로이돼 있다). 슬라이더를 왼쪽에서 오른쪽으로 움직이면 눈금 밑 의 설명은 허용 가능한 다양한 해상도를 반영하며, 트랙바의 눈금이 나오지 않을 때도 추천 해상도가 표시된다.

스피너

스피너 컨트롤^{spinner control}은 비교적 흔히 사용되는 숫자 입력 컨트롤이며, 마우스 또는 키보 드, 손가락을 이용하여 입력할 수 있는 데이터의 범위를 제한한다. 데스크탑 스피너는 그림 21-20에서 볼 수 있듯이 작은 편집 필드와 두 개의 납작한 버튼으로 구성된다. iOS에서는 스 테퍼^{stepper}라 불리며, 플러스 버튼과 마이너스 버튼이 나란히 있어서, 손가락으로 실행하기가 훨씬 더 쉽다.

그림 21-20 MS 워드의 페이지 설정 대화상자는 여러 개의 스피너 컨트롤을 사용하고 있다. 대화상자의 왼쪽에서만 일곱 개의 스피너를 확인할 수 있다. 사용자는 작은 화살표 버튼을 클릭해 숫자 값을 키우거나 줄일 수 있다. 이때 값은 아주 조금씩 단계적으로 변화한다. 사용자가 숫자 값에 갑자기 큰 변화를 주고 싶거나 원하는 설정 값이 명확한 경우, 편집 필드에 직접 문자를 입력할 수도 있다. 컨트롤의 화살표 버튼은 제한적으로 작동하지만 편집 필드는 무제한이다.

스피너에서 제한적 컨트롤과 무제한 컨트롤의 경계는 모호해진다. 사용자는 두 개의 작은 화살표 버튼 중 한 개를 눌러서 작게 쪼개진 불연속 숫자를 단계적으로 조정해 입력 값을 결정한다. 단계의 범위는 제한적이다(숫자는 프로그램이 지정한 최대 및 최소 한계를 넘지 못한다). 만약 사용자가 자잘한 단계를 무시하고 한 번에 크게 입력 값을 바꾸고 싶거나 특정한 수를 입력하려는 경우에는 편집창을 클릭하고 키보드를 눌러서 직접 숫자를 입력할 수도 있다. 한 가지 아쉬운 것은 이 편집창이 무제한 컨트롤이라는 점이다. 즉 사용자는 언제든 주어진 범위 밖의 값을 입력할 수 있다. 그림 21-20의 페이지 설정 대화상자를 보면, 사용자가 부적절한 값을 입력하는 경우 이 프로그램 역시 여느 무례한 프로그램과 마찬가지로 반응한다. 오류 메시지 창을 띄우고 최대와 최소 범위를 설명한 뒤 (때로는) 사용자로 하여금 확인 버튼을 누른 후에야 그가 하던 작업을 계속할 수 있게 한다.

아무튼, 스피너는 대개 제한된 입력 컨트롤의 역할을 충실히 수행하며 편집 필드를 동반하는 훌륭한 디자인 언어다.

다이얼과 슬라이더

다이얼^{dial}과 슬라이더^{slider}는 물리적인 기계의 작동원리로부터 직접 메타포를 따와서 완성한 디자인 언어다. 특히 다이얼은 공간 활용도가 뛰어나며, 두 컨트롤 모두 시각적 피드백 측면에서 매우 효과적이다(그림 21-21 참조).

그림 21-21 코르그(Korg)의 아이폴리식스(iPolysix) 앱은 신디사이저 소프트웨어다. 이 소프트웨어는 여러 개의 다이얼과 슬라이더를 사용하고 있으며, 이와 같은 인터페이스는 매우 효과적이다. 작곡자와 프로듀서에게 친숙한 하드웨어의 언어를 그대로 사용하기 때문이기도 하지만, 좀 더 중요한 이유는 이해하기 쉬운 시각적 피드백을 사용자에게 제공하기 때문이다. 원하는 사운드를 설정하기 위해 시각적인 표현 대신 긴 숫자의 목록과 씨름하는 건 작곡자의 창의적인 활동에 별로 도움이 될 것 같지 않다. 아이폴리식스는 사용자가 손가락을 상하, 좌우 스와이프보다 호를 그려 움직이게 한다. 그래서 조작하기 더 쉬울 것이다.

부적절히 설계된 다이얼은 다루기가 매우 어렵다. 공간이 중요하지 않는 곳에서는 슬라이더가 더 나은 옵션인 경우가 많다. 시각적으로 동작이 한 축을 따라간다는 사실을 제안하기 때문이다.

개발자는 때로 사용자가 마우스나 손가락을 이용해 호를 그려 작동하도록 다이얼을 설계하는데, 이는 대단히 어려운 동작이다. 적절히 설계된 다이얼이라면 2차원적인 선형 동작을 인식할 수 있어야 한다. 다이얼을 클릭한 채로 마우스를 위 혹은 오른쪽으로 움직이면 값이 커지고, 아래 혹은 왼쪽으로 움직이면 값이 작아진다. 속도는 조정 단위를 제어할 수 있다. 물론 이와 같은 언어는 사용자의 학습을 요한다(초보자는 마우스를 잡고 호를 그리기 위해 노력할 확률이 크다).

다이얼은 숙달된 사용자를 위해 특화된 애플리케이션에 적용하기에 가장 적합한 언어다. 초소형 크기와 탁월한 시각적 효과 때문에 오디오 소프트웨어 부문에서 특히 인기가 많다.

슬라이더와 다이얼은 기본적으로 제한된 입력 컨트롤에 속하지만, 때로는 데이터의 출력을 조정하는 컨트롤로 사용되기도 한다. 대부분의 경우, 데이터의 출력 값을 조정하려면 스크롤바를 사용하는 편이 좀 더 현명하다. 스크롤바는 움직이는 데이터의 크기를 쉽게 지정해 나타낼 수 있지만 슬라이더는 그렇지 못하기 때문이다. 반면 슬라이더는 지도나 사진 섬네일의 비율을 조정하는 등의 데스크탑 줌 인터랙션zooming interaction에 강하다. 직접 조작 인터페이스는 터치 기술의 핀치인/아웃 규약을 고수하는 편이 더 낫다.

엄지휠

엄지휠thumbwheel은 다이얼의 응용된 형태이지만 사용성은 훨씬 뛰어나다. 화면상의 엄지휠은 마치 마우스의 스크롤휠처럼 생겼다. 작동하는 방식도 스크롤휠과 비슷하다. 3D 애플리케이션에서 특히 인기가 많은데, 일단 크기가 엄청 작은데다가 무제한 컨트롤로서 패닝panning과 줌zooming을 조정하기에 안성맞춤이기 때문이다. 스크롤바와 달리 엄지휠은 무제한 컨트롤이기 때문에 그 크기나 비율에 구애받지 않는다. 이와 같은 컨트롤은 방향성이 자유로운 움직임(이를테면 줌) 또는 순환하는 데이터의 움직임을 조정하기에 알맞다.

그 밖의 제한된 입력 컨트롤

전통적인 GUI 컨트롤 언어와 낡은 아날로그적 사고방식에 얽매이지 않는 새로운 세대의 디자이너는 시각적 효과 및 제스처를 이용해 좀 더 실험적인 사용자 인터페이스를 선보이고 있다. 2차원 상자의 내부를 클릭하면 그 지점의 x, y 좌표가 두 개의 입력 값을 결정하는 간단한 메커니즘부터 시작해서 좀 더 정교한 직접 조작 인터페이스(그림 21-22 참조)까지 종류가 매우 다양하다. 이런 컨트롤은 대개 제한된 입력 컨트롤의 범주에 속하며, 이와 같은 컨트롤을 디자인할 때는 사용자의 제스처와 기능 사이의 관계성을 특히 신중하게 검토해야 한다. 또한 대부분 이와 같은 컨트롤은 시각적 피드백을 제공한다. 이들 컨트롤은 또한 사용자가 변수를 다양하게 변화시켜 프로그램을 가지고 놀도록 유도하기 위해 도전적인 디자인 언어를 사용하는 경향이 있다.

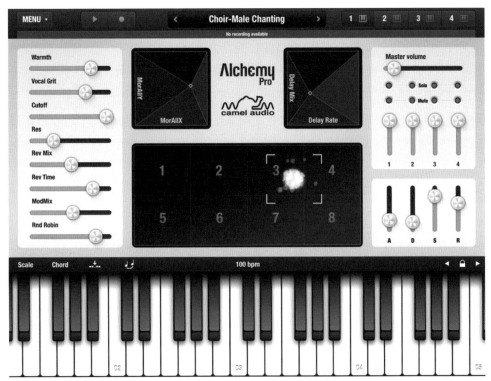

그림 21-22 카멜 오디오(Camel Audio)의 알케미 프로(Alchemy Pro) 앱은 2차원으로 만든 제한된 입력 컨트롤의 여러 변형을 차용하고 있다. 훌륭한 시각적 피드백을 제공하며, 사용자는 하나의 컨트롤로 여러 개의 변수를 다룰 수 있다. 사용자가 좀 더 풍부한 제스처 표현을 경험하게끔 지원한다. 컨트롤의 제한된 성향은 현재의 설정이 주어진 범위 안에서 어떤 의미를 갖는지의 정황을 사용자에게 설명하고, 부적절한 값을 입력하는 행위를 방지한다. (오류 대화상자가 음악 활동을 자꾸 방해하는 것을 달가워할 작곡가가 누가 있을까?)

무제한 입력: 문자 편집 컨트롤

문자 편집 컨트롤text edit control은 가장 기본적인 무제한 입력 컨트롤이다. 이는 사용자로 하여금 키보드를 이용해 알파벳과 숫자 값을 입력하게 하는 매우 간단한 형태의 컨트롤이다. 편집 필드는 대개 하나 혹은 두 개의 단어를 입력할 수 있을 정도로 작은 크기의 영역을 제공할 뿐이지만, 충분히 정교한 문자 편집기 역할을 해낸다. 사용자는 편집 필드 옆에 딸린 기본 도구(이에 대해서는 18장에서 논의한 바 있다)를 이용해 문자를 자유자재로 편집할 수 있다.

문자 편집 컨트롤은 데이터베이스 애플리케이션(예: 웹사이트의 데이터베이스)의 입력 필드로 활용하거나 혹은 대화상자의 추가 입력창, 콤보상자의 입력창 등에 주로 활용된다. 제한된 입력 컨트롤이 요구되는 곳에 문자 편집 컨트롤이 적용된 경우도 종종 볼 수 있는데,

만약 필요한 입력 값의 범위가 제한된 경우 문자 편집 필드를 사용하는 것은 옳지 않다. 허용 가능한 입력 값이 숫자에 한하는 경우 슬라이더처럼 제한된 숫자 입력 컨트롤을 사용하는 것이 맞다. 만약 허용 가능한 입력 값이 문자열로 이뤄진 경우에는 목록 컨트롤을 적용해 사용자가 틀린 값을 입력하는 사고를 방지한다.

허용 가능한 값의 집합이 제한적이더라도 그 크기가 너무 커서 목록 컨트롤을 적용하기 어려운 경우가 있다. 예를 들어 프로그램이 띄어쓰기 및 기호 포함 30자의 문자 입력을 요구하는 경우를 생각해보자. 이 경우 비록 입력 조건이 제한적일지라도 문자 편집 컨트롤의 적용이 불가피하다. 대신에 주어진 조건이 이게 전부인 경우 간단한 조치를 통해 30자 이상 필드 입력이 불가능하게 디자인할 수 있다. 하지만 이는 데이터 검증 면에서 다소 문제가 있다.

검증

무제한 문자 입력 필드를 제공하는 경우, 그러나 필드가 일정한 형식의 입력만을 받아들이는 경우에 사용자가 '검증된' 입력 값을 사용하게 하는 안내가 필요하다. 흔히 사용하는 수법은 사용자가 입력을 완료한 뒤 오류 메시지를 내보냄으로써 그것이 부적절함을 알리는 것이다. 당연히 이 방법은 사용자에게 거부감을 불러일으키며, 궁극적으로는 프로그램의 효용성마저 훼손한다. 계속 얘기하지만, 가장 좋은 솔루션은 제한된 입력 컨트롤을 사용해 사용자로 하여금 애초에 부적절한 값을 입력할 수 있는 가능성을 차단하는 것이다. 하지만 이 방법이 여의치 않은 경우도 있다. 예를 들어, 긴 신용카드번호를 입력하는 경우가 그렇다.

검증 컨트롤^{validation control}은 무제한 문자 입력 컨트롤의 일종으로서, 검증 및 피드백 시스템을 내장하고 있다. 날짜나 전화번호, 우편번호, 주민등록번호 등을 입력하는 데 흔히 쓰인다.

검증 컨트롤은 이미 널리 사용되고 있는 디자인 언어이기는 하나 아직 개선의 여지가 많이 남아 있다. 검증 컨트롤을 성공적으로 디자인하기 위한 열쇠는 다름 아닌 사용자에게 최대한 친절하게 피드백을 제공하는 것이다. 그래야 즉시 오류를 포착해, 왜 입력이 오류인지 이해한 후 고치는 법을 알 수 있다.

일단, 구분되는 기능은 시각적으로도 차별화하라(17장)는 디자인 원칙을 명심하자. 검증 컨트롤은 그렇지 않은 여타 컨트롤과 시각적으로 차별화돼야 한다. 문자 편집창에서 다른 글꼴을 사용하거나 테두리를 색상 처리하는 방법, 바탕색 처리하는 방법 등이 있다.

비밀번호 등 기타 보안 입력은 사용성에 관한 고려를 엄격히 따를 수 없음에 주의해야 한다(해커와 사기꾼에게 유용하지 않도록). 이런 입력은 자체 고려사항이 있다.

적극적 검증과 소극적 검증

어떤 컨트롤은 사용자가 키보드를 누르는 즉시 거부를 표시한다. 이처럼 사용자가 키보드를 입력하는 과정에서 컨트롤이 즉시 적극적인 거부를 표시할 경우 이를 적극적 검증^{active validation}이라 한다. 문자만 취급하는 입력 컨트롤의 경우 숫자판 입력이 아예 불가능한 경우가 있다. 몇몇 컨트롤은 0부터 9까지의 숫자판 외에 모든 입력을 거부한다. 그 밖에도 스페이스바, 탭, 대시^{dash} 및 기타 기호문자의 입력을 실시간으로 거부하고 차단하는 컨트롤이 있다. 어떤 컨트롤은 굉장히 똑똑해서 사용자가 숫자를 입력하는 즉시 그것을 계산한다. 그리고 이것이 검사합계^{checksum} 알고리즘을 통과하지 못할 경우 바로 거부한다.

적극적 검증 컨트롤이 키보드 입력 값을 거부할 때는 사용자에게 그것이 거부됐음을 명백히 드러낼 필요가 있다. 또한 그것이 왜 거부됐는지를 분명히 설명해야 한다. 설명을 통해 사용자는 문제점을 제대로 파악할 수 있으며, 다음번에는 애플리케이션이 원하는 값을 제대로 입력할 것이다. 반면 제대로 된 설명이 주어지지 않을 경우 고장 난 게 아니냐며 애꿎은 키보드만 탓하는 경우도 있다.

때로는 프로그램에서 허용 가능한 데이터 범위에 대해 사용자가 입력을 최종적으로 완료하기 전까지는 판단이 불가능한 경우가 있다. 이 경우 검증은 컨트롤이 사용자의 관심 범위를 완전히 벗어난 후에야 이뤄진다. 즉 이때 사용자는 이미 입력 과정을 마친 뒤 다음 단계로 넘어간 상태다. 검증은 사용자가 대화상자를 닫기 이전에 이뤄져야 한다(또는 대화상자가 컨트롤을 포함하지 않는 경우 다른 기능을 불러들여 검증 과정을 거친다. 웹 페이지에서 '주문 확인'을 클릭하는 경우가 그 예다). 이처럼 컨트롤이 사용자의 데이터 입력이 완료될 때까지 기다린 뒤 다음 단계에서 값을 편집할 때, 이를 소극적 검증^{passive validation}이라 부른다.

예를 들어, 어떤 컨트롤은 사용자가 주소를 완전히 입력할 때까지 기다렸다가 그것이 유효한 주소인지의 여부를 데이터베이스에 확인한다. 각 문자 값이 유효할지언정 전체 주소는 그렇지 않을 수도 있다. 프로그램은 사용자가 문자 값을 입력하는 순간마다 주소 확인을 시도할 수도 있다. 그러나 이와 같은 과정은 과부하를 야기하며 결과적으로 프로그램 속도를 저하시킬지도 모른다. 게다가 프로그램이 매 순간 주소를 검증하는 게 가능하다 할지라도 사용자는 여전히 잘못된 이름을 입력할 것이다.

해결책은 입력 필드 초읽기 타이머를 배치하고 사용자가 키보드 값을 입력할 때마다 이 것을 갱신하는 것이다. 타이머가 0을 가리킬 때마다 검증을 시작한다. 타이머는 0.5초 정도로 설정하는 게 적당하다. 사용자가 1초에 2타 이상의 타자 속도를 유지하는 한 이와 같은 시스템의 반응성은 꽤 훌륭하다. 만약 사용자가 0.5초 이상 휴지하면 프로그램은 사용자가 생각하기 위해 동작을 멈춘 것으로 받아들이고 이제까지 입력된 데이터에 대한 검증을 시작한다.

풍부한 시각적 피드백을 위해서는 입력된 데이터의 유효성을 표현하기 위해 입력 필드의 색깔을 바꾸는 것도 방법이다. 예를 들어 분홍색을 기본 색상으로 하는 필드가 데이터의 검증 과정을 거쳐 흰색 혹은 녹색으로 변하는 식으로 말이다.

힌트

검증 컨트롤의 문제를 해결하는 또 다른 좋은 솔루션은 힌트^{hint}다. 이 조그만 팝업창은 툴팁과 매우 유사하게 기능한다. 힌트상자의 기능은 적극적 혹은 소극적 검증 컨트롤의 허용 가능한 데이터의 범위를 설명하는 것이다. 툴팁은 사용자가 화살표를 컨트롤 위로 가져갔을 때 나타난다. 힌트상자는 컨트롤이 부적절한 입력 값을 발견하는 순간 나타난다(화살표가 필드 위에 1초 이상 움직이지 않는 상태로 머무를 때도 나타난다). 예를 들어 사용자가 숫자만 취급하는 필드에 숫자가 아닌 값을 잘못 입력한 경우 프로그램은 오류가 발생한 입력 지점에 바로 힌트상자를 내보낸다. 이때 입력 값을 상자로 가리지 않도록 주의한다. 힌트상자에는 0-9라고 짧게 표시된다. 간결하면서도 효과적으로 정보를 전달하는 것이 중요하다. 이 경우 사용자의 입력 값은 물론 거부됐다. 그러나 적어도 무시당하는 기분은 느끼지 않아도 된다. 그림 21-23에서 볼 수 있듯이 힌트상자는 소극적 검증 방법으로도 활용할 수 있다.

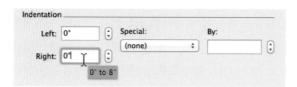

그림 21-23 툴팁의 인터랙션 언어는 매우 효과적이며 다른 용도로도 활용할 수 있다. 아이콘 버튼에 사용하는 노란색 툴팁 대신 우리는 분홍색 힌트상자를 무제한 편집 필드에 사용할 수 있다. 힌트상자만 있으면 오류 메시지 창은 필요 없다. 위의 그림은 사용자가 허용 범위보다 작은 값을 입력한 경우다. 이때 힌트상자가 대체 값 0이 선택된 이유를 설명한다. 사용자는 새로운 값을 입력하거나 프로그램이 제안한 최소값을 그대로 사용할 수도 있다.

무제한 데이터 취급

글꼴의 크기를 정할 때처럼, 편집 필드는 프로그램에 숫자 값을 입력하는 데 주로 사용된다. 5부터 500까지의 숫자 중 사용자 마음대로 아무것이나 입력하면 필드는 그 값을 받아 프로그램에 넘겨준다. 만약 사용자가 엉터리로 입력하면 컨트롤은 이에 대해 결단을 내려야 한다. 예를 들어, 마이크로소프트 워드에서 사용자가 글꼴 크기를 입력하는 필드에 'ㄹㅋㅁㄴ'이라고 입력하면 프로그램은 다음과 같은 오류 메시지 창을 띄운다. "유효한 숫자가 아닙니다." 그리고 선택된 글꼴의 크기를 이전 크기로 되돌린다. 오류 대화상자는 대체로 우스꽝스런 기능이다. 그러나 위의 경우처럼 아무런 의미 없는 입력 값에 대해 거부를 표시하는 건 매우 적절하다. 만약 사용자가 입력한 문자 값이 '팔'이었다면 어땠을까? 프로그램은 역시나 같은 오류 메시지 창을 띄울 것이다. 그러나 만약 프로그램이 문자를 스스로 해석해 숫자 값으로 전환하도록 프로그램됐다면 훨씬 좋지 않을까? 프로그램이 임의로 문자 '팔'을 숫자 '8'로 바꾸는 것은 사용자 입장에서 크게 문제되지 않는다. 그러나 '팔'이 유효 값이 아니라는 대답은 엄연한 의미에서 옳지 않다. 누구나 알고 있듯이 '팔'은 '8'과 동일한 의미를 지니며, 따라서 이 값은 유효하다. 이에 대해 프로그램의 센스 없는 태도는 실망스러운 것이다.

단위와 측량

스스로 적절한 단위를 찾아낼 수 있을 만큼 문자 편집 컨트롤이 똑똑해질 수는 없을까? 예를 들어 프로그램에서 길이 측량을 위해 사용자가 '5ㅅ' 또는 '5센', '5센티'라고 입력한다고 생각해보자. 컨트롤은 숫자 5뿐만 아니라 그 단위인 센티미터 역시 함께 보고해야 한다. 사용자가 '5mm'라고 입력한 경우 컨트롤은 이를 5밀리미터라고 프로그램에 정확히 보고해야 한다. 스케치업SketchUp은 세련된 건축 스케칭 애플리케이션으로서 위와 같은 피드백을 충실히 제공한다. 마찬가지로 잘 디자인한 재무 분석 애플리케이션은 '5mm'이 5백만을 뜻함을 알아야 한다.

표에서 열의 너비를 조정하기 위해 값을 입력한다고 가정하자. 사용자는 숫자만 혹은 숫자와 단위를 조합해 위에 묘사한 방식으로 입력할 수 있다. '설정 값'이라고 단어를 입력하면 프로그램은 지정된 설정 값으로 열의 너비를 조정할 것이다. 사용자가 '안성맞춤'을 입력하면 프로그램은 자동으로 주어진 환경에 가장 적합한 너비로 열을 조정할 것이다. 그런데 이 시나리오에는 문제가 있다. '설정 값' 혹은 '안성맞춤'에 대한 기준이 사람마다 지극히 주관적이기 때문이다. 하지만 해결책이 없는 건 아니다. 콤보상자를 사용하면 된다. 사용자가 드롭다운 목록에서 몇몇 지정된 표준 너비와 설정 값, 안성맞춤 값을 찾아 사용하게 하면 된다. 마이크로소프트는 이와 같은 아이디어를 워드에 적용했다. 그림 21-24에서 이를 확인할 수 있다.

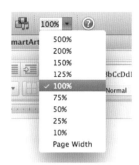

그림 21-24 드롭다운 콤보상자는 제한된 입력 필드로 사용하기에 최적의 도구다. 숫자 값이 아닌 입력 값에 대해서도 취급 가능하기 때문이다. 사용자는 '페이지 너비' 또는 '전체 페이지' 등의 단어를 번거롭게 기억하고 입력할 필요가 없다. 그저 드롭다운 목록에서 선택하면 된다. 프로그램은 선택된 단어를 적절한 숫자 값으로 해석한다. 이는 프로그램과 사용자 모두에게 만족스러운 결과를 돌려준다.

사용자는 콤보상자의 목록에서 '페이지 너비' 혹은 '전체 페이지' 같은 항목을 확인할 수 있다. 이제 적절한 것을 고르기만 하면 된다. 정보는 가시적이며 선택 가능한 형태로 사용자의 머릿속에서 프로그램으로 옮겨진다.

문자 편집 컨트롤을 출력 용도로 사용하는 것은 한심한 발상이다

문자 편집 컨트롤은 우리에게 친숙한 글꼴과 흰 상자로 상징되며 사용자의 데이터 입력을 유도한다. 그러나 소프트웨어 개발자는 문자 편집 컨트롤을 읽기 전용의 결과보기 창으로 사용하곤 한다. 편집 컨트롤은 물론 출력을 확인하는 용도로도 쓸 수 있다. 그러나 이러한 용도로만 사용하는 것은 마치 미끼를 드리워 사용자를 낚는 듯한 행위이며, 사용자를 불쾌하게 만든다. 출력물이 문자 데이터라면 문자 편집 컨트롤이 아니라 문자 출력 컨트롤을 사용하라. 예를 들어, 디스크상의 사용 가능한 공간을 표시할 때 문자 편집 필드를 사용하지 마라. 사용자는 여기에다 더 큰 숫자를 입력함으로써 사용 가능한 공간을 늘릴 수 있다고 착각하기 때문이다. 어쨌거나 문자 편집 필드가 전달하는 첫 번째 바디랭귀지는 바로 입력이다.

만약 편집 가능한 정보를 출력하는 경우라면 문자 편집 컨트롤을 사용해도 좋다. 다만 편집 필드 내에 게시된 결과 값에 대해 여느 문자 편집 컨트롤과 마찬가지로 편집 가능하도록 보장해야 한다. 그러지 못할 바에는 차라리 출력 컨트롤을 사용하라.

> **디자인 원칙** ▷ 결과보기 전용 문자에 대해서는 편집이 불가능한 (출력) 컨트롤을 사용하라.

출력 컨트롤

출력 컨트롤^{display control}은 정보의 시각적 표현을 화면에 출력하고 관리하는 데 사용한다. 전형적인 예로는 스크롤바와 화면분할기가 있다. 자료 및 읽기 전용 정보 등을 출력하는 컨트롤과 더불어 대상이 화면에 시각적으로 표현되는 상태를 관리하기 위한 컨트롤도 출력 컨트롤의 범주에 속한다. 쪽수 매김, 자, 눈금, 안내선, 그룹상자, 딥^{dip} 혹은 범프^{bump}라 불리는 3D 선 등이 그것이다. 하나하나 길게 설명하기보다는 문제가 되는 몇 개의 컨트롤을 골라 집중 조명하기로 한다.

문자 컨트롤

가장 간단한 출력 컨트롤을 들라면 아마도 문자 컨트롤^{text control}일 것이다. 문자 컨트롤은 화면 어딘가에 메시지를 출력하는 역할을 한다. 이것이 수행하는 관리자 역할이란 꽤나 단순한데, 여타 컨트롤의 이름표처럼 사용자가 함부로 바꾸면 안 되는 출력 데이터에 사용된다.

문자 컨트롤과 관련된 딱 한 가지 중요한 문제는 그것이 편집 컨트롤이 쓰여야 할 자리에 종종 사용된다는 점이다(혹은 그 반대이거나). 컴퓨터에 저장된 대부분의 정보는 사용자가 수정할 수 있다. 소프트웨어가 정보를 출력하는 도중에 그것을 수정하는 것은 안 될까? 어째서 값을 입력하는 메커니즘과 그 값을 출력하는 메커니즘은 일치하지 않는 걸까? 프로그램에서 이들 연관된 기능을 분리하도록 요구하는 것은 말이 안 된다. 수정 가능한 값을 출력하는 모든 프로그램이 편집 가능한 필드를 사용할 것을 추천한다. 특별 편집 모드는 언제나 좋은 예시가 된다.

지난 수년간 어도비 포토샵은 이미지에 글씨를 넣기 위해 따로 대화상자를 여는 방법을 쭉 고집해왔다. 사용자는 글씨가 이미지 위에서 실제로 어떻게 보일지를 도무지 알 수가 없었다. 때문에 사용자는 자신이 원하는 결과를 얻을 때까지 계속해서 과정을 반복하고 또 반복해야만 했다. 결국 어도비는 이 문제를 고쳤다. 위지윅^{WYSIWYG} 방식에 입각해 사용자가 이미지 레이어 위에서 직접 문자를 편집할 수 있도록 마침내 허락했다. 진작에 고쳤어야 했지 말이다.

스크롤바

스크롤바는 현대 GUI의 가장 중요한 니즈를 수행한다. 스크롤바를 이용하면 작은 사각형(특히 창 혹은 틀) 안에 대량의 정보를 효과적으로 담을 수 있다. 안타깝게도 스크롤바는 상당히 짜증스럽고, 조작이 어려우며, 픽셀을 쓸데없이 낭비하는 경향이 있다. 스크롤바는 대단히 남용되는 동시에 그것이 지닌 문제점은 간과되고 있다. 한편 창 속의 내용물과 문서를 내비게이션하기 위한 도구, 즉 출력 컨트롤로서 스크롤바의 사용은 적절하다.

스크롤바의 딱 한 가지 장점은 창 내에서 사용자의 현재 위치에 대해 유용한 컨텍스트를 제공한다는 점이다. 스크롤바에는 엄지(섬thumb)라고 불리는 작은 상자가 있어서 이를 드래그할 수 있다. 이것을 통해 사용자는 자신의 현재 위치와 더불어 스크롤 가능한 전체 '영역'의 크기를 짐작할 수 있다.

대부분의 스크롤바는 정보를 사용자에게 나눠주는 데 인색하다. 잘 디자인된 스크롤바의 엄지는 전체 문서에서 현재 가시적인 부분이 차지하는 비율을 크기로서 전달한다.

스크롤바는 거의 모든 유형의 콘텐츠에 유용하지만, 다음과 같은 정보도 함께 전달할 수 있어야 한다.

- 총 몇 개의 페이지로 구성돼 있는가
- 현재의 쪽수(기록 및 그림의 수)
- 각 페이지의 섬네일

더구나 스크롤바는 개발된 기능이 거의 없다. 문서 내에서의 내비게이션 기능을 강화하려면 좀 더 강력한 도구를 제공할 필요가 있다. 그 예는 다음과 같다.

- 페이지/장/부/핵심어를 기반으로 하는 건너뛰기 버튼
- 문서의 시작과 끝으로 건너뛰기 위한 버튼
- 즐겨찾기 도구
- 툴바 자체의 배경에 있는 검색 가능한 항목의 위치를 시각적으로 표시하는 주석 달린 스크롤바(스크롤바 섬네일은 이 경우 꽤 효과적이도록 부분적으로 투명해야 한다.)

마이크로소프트 워드의 최근 버전에 적용된 스크롤바는 위의 기능 가운데 상당수를 만족시킨다.

정황 정보의 전달에 불리하다는 점을 제외했을 때, 스크롤바의 최대 단점은 매우 정교한 수준의 마우스 조작을 요한다는 점이다. 문서를 위 또는 아래로 스크롤하는 것은 위와 아래로 스크롤하는 것보다는 훨씬 쉽다. 신중하게 마우스 조작에 집중해야 하기 때문에 정작 문서의 내용물에는 신경 쓸 겨를이 없다. 몇몇 스크롤바는 양 끝에 위아래 화살표를 배치한다. 전체화면으로 확장할 수 있는 창에서 이 기능은 꽤 유용하다. 반면 크기가 작은 창에는 필요가 없다. 만들어봤자 괜히 화면만 복잡해질 뿐이다(18장의 이 숙어 관련 논의 참조).

너도나도 스크롤바를 가져다 쓰더니 급기야는 아주 불행한 오용 사례를 초래했다. 가장 심각한 문제는 시간에 관련한 것이다. 철학과 이론적인 관점을 배제하고 일반적으로 이야기할 때 시간이란 시작도 끝도 없는 것이라고 말할 수 있다. 그렇다면 달력에서 스크롤바의 엄지를 드래그하는 건 과연 어떤 의미가 있을까?(그림 21-25 참조)

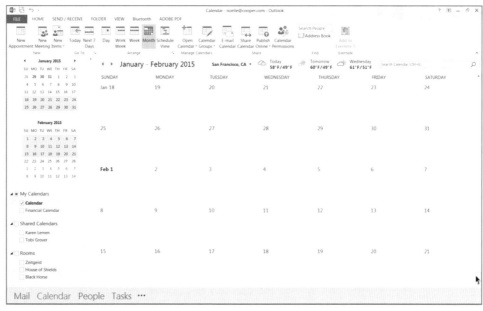

그림 21-25 그림의 스크롤바는 끝없는 시간 위를 내비게이션해야 한다는 점에서 그 한계를 드러낸다. 엄지를 스크롤바의 왼쪽으로 끝까지 옮기면 이는 사용자를 일 년 뒤의 미래로 데려간다. 이와 같은 연결은 다분히 자의적이며 한정적이다.

모바일 플랫폼에서, 그리고 이제는 일부 데스크탑 앱에서도 스크롤바는 스크롤이 발생할 때만 나타난다. 그래서 제스처로 스크롤이 이뤄지는 모바일에서 더 의미 있다. 하지만 사용자가 사실 원하지 않을 때도 문서 내 어딘지 발견하기 위해 스크롤을 해야 한다는 뜻이기도 하다.

데스크탑에서 트랙패드 제스처나 마우스휠(그리고 그 정전용량형 등가물)도 스크롤바가 OS X 같은 일부 플랫폼에서 숨게 해준다. 주로 실제 스크롤보다 뷰포트 패널 내 컨텐츠 위치를 나타내기 위해 사용한다. 하지만 데스크탑에서 스크롤바를 숨기면 몇 가지 사용성 문제가 있다.

- 패널이 스크롤 가능함이 사용자에게 분명하지 않을 수 있다. 일부 항목을 패널 끝에서 부분적으로 흐리게 만들어 수정할 수 있는데, 스크롤이 가능하다는 강력한 시각적 단서다.

- 세밀한 스크롤 제어는 훨씬 더 어려워진다. 스크롤바가 사용 중이지 않을 때 사라지는 경우, 위치를 수정하기가 어려워진다. 세밀한 제어를 활성화할 때 동작이 필요하기 때문이다. 그러므로 스크롤의 세밀한 튜닝이 필수적인 애플리케이션에서는 항상 숨길 수 있는 스크롤바를 사용하는 아이디어가 현명하지 않다.

- 큰 화면에서는 사용자가 마우스를 가져갈 수 있기까지 툴바가 숨을 가능성이 아주 커서, 다시 호출하려면 스크롤해야 한다.

스크롤바를 대체할 만한 도구가 몇 가지 있다. 그중에서도 문서 탐색기^{document navigator}가 가장 추천할 만하다. 문서 탐색기는 전체 문서를 섬네일로 축소해 문서의 특정 부분으로 곧바로 이동할 수 있게 하는 도구다(그림 21-26 참조). 대부분의 이미지 편집 애플리케이션(포토샵을 예로 들 수 있다)은 사용자가 줌인한 상태에서 문서 탐색이 용이하도록 문서 탐색기 도구를 제공한다. 시간 길이를 기본으로 하는 종류의 문서, 예를 들어 비디오나 오디오 문서를 탐색할 때도 매우 유용하다. 문서 탐색기의 최대 장점은 전체 문서의 구성과 흐름을 사용자가 시각적으로 확인할 수 있다는 점이다. 한편 바로 그 이유 때문에 너무 긴 문서에 적용하는 것은 적합하지 않다. 이때는 문서의 구조를 개요의 형식으로 보여주는 편이 좋다. 마이크로소프트 워드의 문서 지도^{Document Map}를 예로 들 수 있다.

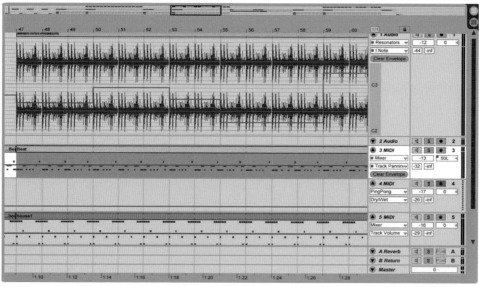

그림 21-26 에이블튼 라이브(Ableton Live)의 편곡창 위편에 문서 탐색기가 있다. 전체 노래의 개요를 확인할 수 있다. 검은 사각 틀은 현재 활성화된 작업 영역을 나타낸다. 이로써 작업이 어떤 식으로 진행되고 있는지를 확인할 수 있다. 사용자는 사각 틀을 노래의 다른 부분으로 옮김으로써 곡의 특정 부분으로 바로 이동할 수 있다.

화면분할기

화면분할기^{splitter}는 단독 애플리케이션을 복합적으로 연계된 여러 개의 틀로 나누기에 유용한 도구다. 각 틀을 통해 사용자는 정보를 보고, 조작하고 전송할 수 있다. 가변적인 화면분할기의 경우에는 반드시 커서 힌트를 통해 그것을 움직일 수 있음을 사용자에게 명시해야 한다. 디자인을 하다 보면 모든 화면분할기를 가변적으로 만들고 싶은 유혹에 빠지기 쉽다. 그러나 가변적 화면분할기는 신중하고 선택적으로 적용해야 한다. 일반적으로 화면분할기는 그틀이 담고 있는 내용물을 확인 가능한 범위 내에서만 움직일 수 있도록 해야 한다. 인접한 틀끼리 부딪힐 위험이 있는 경우에는 드로어 방식을 적용하는 게 더욱 적합하다.

드로어와 레버

드로어^{drawer}는 단독 애플리케이션에서 사용하는 틀의 일종이다. 사용자는 매우 간단한 동작으로 드로어를 열고 닫을 수 있다. 열리는 정도를 사용자가 설정할 수 있는 경우에는 화면분할기와 함께 사용되기도 한다. 드로어는 대체로 그 주변에 설치된 컨트롤을 클릭해서 열 수 있다. 이 컨트롤은 항상 사용자의 눈에 보이도록 위치해야 하며 주로 래칭 버튼, 래칭 아이콘 버튼 혹은 레버^{lever}를 사용한다. 레버의 작동 방식은 래칭 버튼, 래칭 아이콘 버튼과 유사하며, 추가로 회전된 방향을 통해 열림 혹은 닫힘 상태를 표시할 수 있다.

드로어는 비록 자주 사용하지는 않지만 애플리케이션의 주요 작업 공간에 위치할 필요가 있는 기능 및 컨트롤을 담기에 아주 좋다. 드로어는 대화상자와는 달리 주요 작업 공간을 덮어쓰지 않는다는 장점이 있다. 상세한 속성, 검색 가능한 대상 혹은 요소의 목록, 히스토리 등에 드로어를 적용할 수 있다.

모바일 기기에서 레버가 있고 수평으로 미끄러지는 드로어는 보편적으로 활용돼, 주 내비게이션 패널에 성공적으로 자리 잡는다. 사용자를 다양한 기능 화면('햄버거' 아이콘과 드로어 숙어를 사용하며 일단 인기를 얻은 후, 페이스북이 대체로 폐기), 순서 있는 목록에서 고른 컨텐츠로 데려다주는데, 이는 여러 모바일 메일 애플리케이션에서 전형적이다. 혹은 iOS 페이스북 앱의 우측 채팅 드로어 등 선택한 드로어 항목과 인터랙션을 제공하는 UI로 데려다준다.

대화상자

대화상자는 애플리케이션의 주요창 위에 얹힌다. 대화상자는 정보를 제공하고 입력 값을 요구함으로써 사용자를 대화에 참여시킨다. 사용자는 대화상자에 표기된 정보를 읽고 수정한 다음 바뀐 내용을 인증하거나 취소한다. 확인 후 대화상자는 사라지고 사용자는 애플리케이션의 주요창으로 되돌아갈 수 있다.

기본적인 인터랙션은 기본 창에 배치하라.

비모드형 툴바와 리본 컨트롤의 시대에 여러 컨트롤이 잔뜩 들어찬 대화상자는 나쁜 인터랙션 디자인의 상징과도 같다. 복잡한 대화상자를 사용자에게 강요하는 방식으로는 자연스러운 인터랙션을 이끌어내기 어렵다. 사용자를 요리사에, 애플리케이션을 주방에 비유하면 대화상자는 식품창고와 같다. 식품창고는 요리에서 2차적 역할을 담당한다. 대화상자도 마찬가지다. 대화상자는 주인공이 아니라 조연배우다. 대화상자는 자동차를 앞으로 진행시키는 데 일조하지만 엔진은 아니다. 애플리케이션의 주요 액션과 컨트롤은 그 주 화면이나 창에 속한다.

대화상자의 올바른 사용

때로는 사용자를 작업 흐름에서 벗어나 특정 인터랙션에 집중하게 할 필요도 있다. 대화상자는 주류에서 다소 벗어난 기능이나 요소에 적용하기에 적합하다. 헷갈리고 위험하고 잘 사용하지 않는 종류라면 무엇이든 대화상자에 담을 수 있다. 특히나 그것이 애플리케이션에 즉각적이고 중대한 상태 변화를 일으키는 것이라면 대화상자의 사용을 권장한다. 발생할 결과에 익숙하지 않은 사용자를 경고하고 보호할 필요가 있다. 전체 문서를 싹 초기화해버리는 기능을 예로 들어보자. 이러한 기능은 프로그램에 중대한 상태 변화를 불러온다. 대화상자의 거대하고 친절한 취소 버튼은 바로 이런 때를 대비해 존재하는 것이다. 기능이 실수로 실행되는 것을 방지한다. 그뿐 아니라 해당 기능의 위험성에 대한 자세한 설명도 친절하게 곁들인다. 대화상자는 섬네일 이미지를 통해 특정 기능으로부터 발생할 잠재적 효과를 사용자에게 시각적으로 전달한다(물론 15장을 참조하면 이런 종류의 기능은 반드시 실행취소가 가능하도록 보장해야 한다).

대화상자는 주요 인터랙션의 흐름에서 벗어난 기능을 담기에 적합하다.

대화상자는 한 가지 주제에 정보를 집중시키기에 매우 효과적이다. 고객 등 특수한 대상의 속성 정보를 표시해야 하는 경우를 예로 들 수 있다. 프로그램의 특정 기능에 관련된 모든 정보사항을 한데 모아 표시하는 목적으로 사용할 수도 있다. 출력 보고가 그 예다. 사용자 입장에서 이것은 매우 유용하다. 관련된 모든 정보와 컨트롤을 한눈에 볼 수 있기 때문이다. 사용자는 인터페이스 위를 이리저리 방황하지 않아도 된다. 대화상자를 통해 탐색 과정을 간소화할 수 있다.

<table>
<tr><td>디자인 원칙</td><td>대화상자는 특수 대상 혹은 애플리케이션의 특정 기능과 관련된 여러 정보와 컨트롤을 한곳에 모아 정리하기에 적합하다.</td></tr>
</table>

메뉴와 마찬가지로 대화상자는 애플리케이션을 처음 접하는 사용자에게 효과적인 명령 벡터의 역할을 수행한다. 대화상자는 설명적이고 체계적이다. 특히 애플리케이션의 주요창에 위치한 직접 조작 기능에 대한 교육 벡터로 활용하기에 적합하다. 하지만 이런 인터페이스도 현대의 데스크탑 앱에서 비모드형 컨트롤 패널이나 컨텍스트 툴바에 더 효과적으로 배치할 수 있다.

대화상자는 두 부류의 주인을 섬긴다. 첫째, 프로그램 활용 빈도수가 높은 사용자다. 이들은 프로그램을 능숙하게 다룰 줄 알며, 좀 더 전문적인 혹은 위험한 기능에 도전한다. 둘째, 프로그램을 가끔씩 이용하는 사용자다. 이들은 프로그램의 전체적인 규모와 기능을 이해하지 못하며, 기초적인 기능을 수행하기 위해 대화상자에 의존한다. 상반된 성격의 두 주인을 함께 만족시키려면 대화상자는 작고 경제적이면서도 강력하고, 빠르면서도 부드럽고, 무엇보다도 의사전달이 명확하고 설명이 친절해야 한다. 모순돼 보일 수 있다. 그러나 사실은 매우 상호보완적이다. 이를테면 대화상자의 빠르고 강력한 성향은 설명적 기능을 강화한다.

대화상자의 기초

대부분의 대화상자는 정보성 문구와 컨트롤, 그리고 컨트롤에 따라붙는 이름표로 구성된다. 몇몇 아주 기본적인 관례가 존재하긴 하지만 대화상자와 관련해 의무적으로 따라야 할 엄격한 규칙 따윈 없다. 좋은 시각적 인터페이스 디자인 실력을 갖추고 GUI 컨트롤을 제대로 적용하는 것은 언제나 중요하다. 대화상자를 구성할 때는 강력한 시각적 체계를 갖추도록 각별히 노력해야 한다. 비슷한 요소를 모아 시각적으로 그루핑하고, 글 읽는 방향에 따라 나열한다(서구 문명에서는 왼쪽에서 오른쪽으로, 위에서 아래 순으로 요소를 배치한다). 시각적 인터페이스 디자인에 대한 자세한 사항은 17장에서 다룬다.

활성화된 대화상자는 언제나 화면의 맨 위에서 열린다. 사용자가 이를 못 보고 지나치기란 거의 불가능하다. 물론 사용자가 인터랙션하는 과정에서 다른 대화상자 혹은 새로 실행한 애플리케이션으로 기존의 대화상자를 덮어버릴 가능성을 배제할 수는 없다. 따라서 언제든 손쉽게 대화상자를 눈에 띄는 위치로 되돌릴 수 있도록 배려해야 한다.

대화상자의 목적을 분명히 전달하는 제목이 필요하다. 예를 들어 기능에 관한 대화상자라면 타이틀바에는 기능의 구체적인 역할을 설명할 말이 필요하다.

오브젝트의 속성을 정의하기 위해 대화상자를 열 경우, 타이틀바는 해당 오브젝트의 이름 또는 설명을 포함해야 한다. 윈도우의 속성 대화상자는 이 원칙에 충실하다. 사용자가 백업이라는 이름의 디렉토리에 대한 속성 대화상자를 요청했다고 하자. 대화상자의 타이틀바에는 백업 속성이라고 쓰일 것이다. 뭔가를 선택하기 위한 대화상자라면 어떨까? 타이틀바에 주어진 선택사항의 일부분이라도 표시된다면 사용자에게 무척 유용할 것이다.

대체로 대화상자는 최소한 한 개 이상의 끝내기 명령^{terminating command}을 포함한다. 끝내기 명령을 실행하면 대화상자가 닫히고 화면에서 사라진다. 모드형 대화상자라면 최소한 두 개의 끝내기 명령이 필요하다. 사용자는 '확인' 또는 '취소'를 선택할 수 있다. 대화상자의 우측 상단에 위치한 닫기 상자도 일종의 끝내기 명령이다.

물론 대화상자가 끝내기 명령을 전혀 포함하지 않는 경우도 있다. 일부 대화상자는 프로그램에 의해 일방적으로 생성됐다가 사라진다. 사용자에게 로딩 상황을 보고하기 위한 대화상자가 그 예다. 이때 디자이너는 의도적으로 끝내기 명령을 생략한다. 그러나 이것은 매우 잘못된 디자인이다. 왜 잘못된 디자인인지는 여러 가지 예를 통해 차차 설명하겠다.

모드형 대화상자와 비모드형 대화상자

대화상자는 두 가지로 분류된다. 모드형 대화상자와 모드 형식을 취하지 않는 비모드형 대화상자로 구분할 수 있다. 흔히 접하는 대화상자는 대부분 모드형이다. 모드형 대화상자^{modal dialog}가 열리면 모체가 되는 애플리케이션의 작업은 전면 중단된다. 모든 진행사항이 순간적으로 마비된다. 프로그램의 다른 창을 클릭하려고 시도해봤자 '띵' 하고 듣기 싫은 경고음만 되돌아올 뿐이다. 모드형 대화상자가 열려 있는 동안 애플리케이션의 모든 컨트롤과 오브젝트는 제 기능을 잃는다. 물론 다른 프로그램을 사용하는 것은 전혀 문제없다. 하지만 대화상자가 사라지는 건 아니다. 본래의 프로그램으로 돌아가면 모드형 대화상자는 언제까지나 바로 그 자리에서 당신을 기다리고 있을 것이다.

모드형 대화상자는 이해하기 쉽다. 모드형 대화상자의 소통 방식은 꽤나 분명하다. "하던 일을 멈추고 나를 보시오. 우선 내 문제부터 해결합시다. 그럼 당신이 하던 작업으로 돌려보내주겠소."라고 대화상자는 말한다. 이처럼 융통성 없는 대응 방식은 다소 기분이 상하긴 해도 주장만큼은 분명히 전달한다. 모드형 대화상자가 너무 많고 쓸데없고 멍청해서 짜증나더라도 어쨌든 그 목적만큼은 사용자에게 분명하게 전달된다.

모드형 대화상자의 기능이 전체 애플리케이션 혹은 문서 전체에 적용되는 경우도 있다. 하지만 대부분은 선택 범위에 한해서 적용된다. 그런데 사용자가 일단 대화상자를 불러들인 뒤에는 선택 범위를 변경할 수 없다. 모드형과 비모드형 대화상자의 가장 큰 차이점이다.

모드형 대화상자는 모체가 되는 애플리케이션을 마비시킨다. 따라서 애플리케이션 모드형 application modal이라고 부르는 것이 좀 더 정확한 표현이다. 마찬가지로 시스템 모드형system modal 대화상자도 가능하다. 이는 시스템상의 모든 프로그램을 마비시킨다. 시스템 모드형은 살면서 웬만하면 마주치지 않는 편이 좋다. 시스템 모드형이 발동했다는 것은 전체 시스템에 영향을 끼칠 만큼 대단히 치명적인 사태(예를 들어 하드디스크가 녹아내리고 있다든가)가 발생했음을 뜻하기 때문이다.

비모드형 대화상자modeless dialog는 모드형처럼 흔치 않다. 비모드형 대화상자가 열려도 모체 프로그램은 계속 작동한다. 작업이 중단되지도 애플리케이션이 마비되지도 않는다. 프로그램의 여러 가지 기능과 컨트롤, 메뉴, 툴바는 활성화 상태를 유지한다. 비모드형 대화상자에도 끝내기 명령이 있다. 그러나 모드형 대화상자와 비교하면 별다른 기능도 없으면서 오히려 혼란스럽기만 하다.

비모드형 대화상자를 이해하고 사용하는 것은 모드형에 비해 훨씬 어렵다. 작동 방식이나 규모를 가늠하기 힘들기 때문이다. 한 번 불러들인 비모드형 대화상자는 사용자가 프로그램의 주요창으로 돌아가도 여전히 주변에 머문다. 대화상자가 열려 있는 동안에도 선택 범위를 마음껏 변경할 수 있다는 뜻이다. 사용자는 몇 번이고 선택하고 변경하고 선택하고 변경하고 선택하고 변경하는 것을 반복할 수 있다. 마이크로소프트 워드를 예로 들어보자. 찾기와 대체하기 대화상자를 열자. 사용자는 손쉽게 문서로 가 단어를 찾고(이미 문서상의 해당 단어가 모두 자동으로 선택된 상태다) 단어를 수정한 뒤 대화상자로 돌아올 수 있다. 사용자가 본문에서 단어를 수정하는 동안에도 대화상자는 계속해서 열린 상태다.

심지어 주요창과 비모드형 대화상자 사이에 오브젝트를 드래그해서 옮길 수도 있다. 비모드형 대화상자의 이런 특징은 그리기 프로그램의 팔레트나 도구에 활용하면 매우 효과적이다.

향상된 비모드형 대화상자를 위한 두 가지 해결책

인터랙션과 관련된 디자인 문제를 해결하는 데 주어진 시간과 자원이 다분히 제한된 상황이라면, 여러 가지 문제점이 있긴 해도 비모드형 대화상자를 그대로 사용할 것을 권장한다. 단, 다음에 소개할 두 가지 디자인 원칙을 반드시 적용한다.

> **디자인 원칙** ▷ 모드형과 비모드형 대화상자를 시각적으로 차별화하라.

첫째, 모드형 대화상자는 하나 이상의 끝내기 명령이 있어야 하는데, 보통 대화상자 끝의 큰 푸시 버튼 형식이다.

둘째, 비모드형 대화상자는 끝내기 명령 버튼을 사용하지 말아야 한다. 대신 창 타이틀바에서 닫기 컨트롤을 사용해야 한다.

> **디자인 원칙** ▷ 비모드형 대화상자에 끝내기 버튼 명령을 사용하지 마라.

셋째, 모드형 대화상자는 타이틀바에 닫기 컨트롤을 사용하지 말아야 하는데, 비모드형 대화상자와의 차별화를 돕기 위해서일 뿐 아니라, 닫기 컨트롤이 실행하는 기능이 사용자에게 불분명할 수 있기 때문이다. (클릭하면 취소가 되는가? 아니면 대화상자에 입력한 바를 확인하는가?)

모드형 대화상자의 이슈

최악의 경우는 하나의 대화상자 안에서마저 말을 이리저리 뒤바꾸는 경우다. 분명히 '취소'였던 것이 어느새 '적용' 버튼이 돼 있는가 하면 '닫기'로 변한다. 사용자가 어떤 행위를 취하느냐에 따라 표현이 자꾸만 달라진다. 이런 식의 변화는 해석하기 어렵고 사용자의 혼란만 가중시킨다. 심할 경우 사용자는 위협감마저 느낄 수 있다. 한 번 명시된 버튼은 절대로 변하면 안 된다. 사용자가 아무런 옵션도 선택하지 않은 상태에서 '확인' 버튼을 누르는 경우가 종종 있다. 이때는 '아무것도 하지 말고 조용히 상자를 접어라'는 뜻으로 해석하면 된다. 실제 사용자의 행동심리가 그렇기 때문이다.

끝내기 버튼의 경우, 한 번 정해진 표현은 절대로 바꾸지 마라.

모드형 대화상자의 장점은 철저하고 일관되게 '확인'과 '취소' 버튼을 제공한다는 점이다. 모드형 대화상자에서 '확인'은 '내가 제공한 정보를 받아들이고 대화상자를 끝내시오'라는 뜻이다. 모드형 대화상자에서 '취소' 버튼은 언제나 '지금껏 내가 입력한 정보를 모두 삭제하고 대화상자를 닫으시오'라는 뜻으로 통한다.

비모드형 대화상자의 문제점

많은 프로그램에서 비모드형 대화상자는 몹시 이상한 형태로 적용돼 있다. 비모드형 대화상자의 작동 방식은 통일성이 없고 무척 혼란스럽다. 시각적으로는 모드형 대화상자와 매우 흡사하지만 기능은 전혀 다르다. 비모드형 대화상자의 인터랙션에 대한 표준적인 관례가 전혀 없다 해도 과언이 아니다. 끝내기 방식에 관해서라면 더욱 그러하다.

대부분의 문제는 사용자가 모드형 대화상자에 너무 친숙하다는 데서 발생한다. 모드형 대화상자는 불러들인 순간의 선택 범위에 한해서만 적용된다. 대화상자가 닫히기 전까진 적용 범위에 변화가 없을 것임을 보장한다. 반대로 비모드형 대화상자에서 선택 범위는 언제든지 변할 수 있다. 어떻게 하면 좋을까? 글을 수정하기 위해 비모드형 대화상자를 열었다고 상상해보자. 사용자가 뜬금없이 주요창에서 글 외의 오브젝트를 선택한다면? 대화상자의 기능이 즉시 회색으로 변하면서 비활성화돼야 할까? 대화상자 자체가 바뀌어야 할까? 사라져야 할까? 이런 질문에 모두 답하려면 대단히 세심한 디자인 과정이 요구된다. 퍼소나의 필요, 목표, 멘탈 모델을 측정하기 위한 일련의 과정과도 비견할 수 있다. 모드형 대화상자는 애플리케이션을 무조건 마비시키면 그만이다. 비모드형 대화상자를 디자인하는 건 훨씬 어렵다.

비모드형 대화상자 속에는 여러 가지 버튼이 있어서 즉각적인 기능을 수행한다. 기능 버튼을 눌러도 상자는 계속 열려 있다. 비모드형 대화상자에서 유일하게 일관된 버튼인 '닫기'를 누르기 진까지 선택한 기능이 계속 유지된다.

비모드형 대화상자를 디자인할 때는 픽셀을 최대한 효율적으로 사용하도록 주의해야 한다. 일단 비모드형 대화상자가 열리면, 화면 맨 위 중앙 자리를 차지한 채로 꼼짝 않고 버틴다. 어쩔 수 없이 노른자 자리를 내줘야 하지만 불필요하게 픽셀을 낭비하는 일이 없도록 각별히 신경 쓰자.

비모드형 대화상자와 되살리기

비모드형 대화상자가 항상 활성화돼 있기에, 등가의 개념은 혼란에 휩싸인다. 사용자는 터미널의 실행 명령을 예상하고, 모드형 대화상자처럼 수정사항을 조건에 따라 변경하지 않는다.

비모드형 대화상자에서 버튼의 실행은 대단히 신속하게 이뤄진다. 보통 해당 버튼을 클릭하자마자 바로 결과로 넘어간다. '내가 취한 행위를 모두 취소한다'는 개념 따윈 없다. 프로그램을 사용하다 보면 여러 번의 선택 과정을 거쳐 수십 개의 실행을 취하게 마련이다. 이때 실행을 취소하는 가장 적절한 언어는 되살리기^{Undo}다. 보통 툴바 혹은 편집 메뉴 아래 위치한다. 비모드형 대화상자를 사용하는 애플리케이션이라면 되살리기 기능을 제공하는 것은 상식이다. 되살리기는 모드형 대화상자가 열려 있는 동안은 사용이 불가능하지만, 비모드형 대화상자가 열려 있는 동안에는 활성화 상태를 유지한다.

비모드형 대화상자에서 유일하게 일관된 끝내기 명령어는 '닫기'다. 비모드형 대화상자는 반드시 정해진 위치에(예를 들면, 오른쪽 하단 구석에) 닫기 버튼을 제공해야 한다. 각 대화상자마다 일관성을 유지해야 한다. 정확히 같은 위치에 같은 문자 표기로 디자인한다. 절대로 닫기가 사용 불가능한 경우가 생겨선 안 된다. 만약 닫기 버튼이 단순히 대화상자를 닫는 것 외에 추가적인 결과를 초래한다면, 이것은 비모드형이 아닌 모드형 대화상자로 봐야 한다.

비모드형 대화상자와 사이드바

주요창에서 따라다니며 활동을 지원하려는 비모드형 대화상자는 모두 사이드바 컨트롤 패널로 리캐스팅^{recasting}하기에 좋은 후보다(18장 참조). 사용자에게 현재 과업을 벗어나 별도의 유동적 창 내에서 컨트롤들을 관리하도록 강요하지 않고도 비모드형 대화상자의 모든 장점을 보유한다. 화면 해상도가 늘어나면서 툴바나 사이드바 패널 내에 꼭 배치해야 할 문서 구성을 자주 사용하는 컨트롤들의 존재 이유가 늘고 있다.

대화상자의 다섯 가지 목적

모드형과 비모드형 대화상자의 개념은 모두 개발자가 만들었다. 그것이 우리의 디자인에도 크게 영향을 끼치기 때문에, 개발자의 의도가 무엇이었는지 목표 지향적인 관점에서 분석할 필요가 있다. 대화상자는 다섯 가지 기본적인 정보를 담기에 몹시 유용하다. 속성, 기능, 진행, 노티, 공지가 그 다섯 가지다.

속성 대화상자

사용자는 선택한 대상의 속성 또는 설정이 변하는 것을 속성 대화상자^{property dialog}를 보고 확인할 수 있다. 때로는 하나의 선택된 대상이 아니라 전체 애플리케이션 또는 문서의 속성을 다루기도 한다(그림 21-31은 어느 정도 훌륭한 예다). 선택한 오브젝트의 설정 컨트롤을 포함하는 컨트롤 패널로 속성 대화상자를 생각할 수 있다.

속성 대화상자는 보통 비모드형이다. 선택한 부분의 속성을 수정할 때 대화상자는 표준 대화상자, 특히 모드형보다 태스크패널이나 사이드바로 구현할 때 더 유용한 경우가 많다 (18장 참조). 한 번 설정한 후 잊어버리거나 자주 접근하지 않는 기타 속성에 사용하지 않는 한 유효하다.

기능 대화상자

기능 대화상자^{function dialog}는 거의 메뉴로부터 소환된다. 대부분 모드형 대화상자가 많고, 단일 기능을 소화한다. 출력하기, 대량의 데이터베이스 기록을 한꺼번에 편집하기, 대상물 삽입하기, 맞춤법 검사하기 등의 기능을 예로 들 수 있다.

사용자는 기능 대화상자를 통해 원하는 기능을 행사할 수 있다. 행동 양식의 세부사항도 조정 가능하다. 출력할 때, 사용자는 흔히 출력하기 대화상자를 불러낸다. 여기서 출력할 페이지를 지정하고, 출력 매수를 결정하고, 프린터를 지정한다. 그 밖에도 출력 기능과 직접적으로 관계된 여러 가지 설정사항을 조정할 수 있다. 마지막으로 '확인' 버튼을 누르면 수정된 설정을 확인할 수 있을 뿐만 아니라, 대화상자가 종료되고 문서 출력이 시작된다.

즉 기능의 설정과 실행이라는 두 가지 기술을 하나로 묶은 것이다. 그런데 사실 사용자가 매번 기능을 실행할 때마다 설정을 조정하지는 않는다. 따라서 가능하면 두 가지를 분리하는 편이 낫다(물론 밀접한 연결고리가 필요한 것은 확실하다).

오늘날의 소프트웨어를 살펴보면 기능이 대체로 (명쾌하기보다는) 유연한 특징이 있고, 수많은 옵션을 제공한다. 설정과 실행을 분리하지 않는 것은 사용자에게 복잡한 사고방식을 강요하는 셈이다. 정작 사용자는 반복적인 작업을 아주 단순한 방식으로 해결하고 싶을 뿐이다.

진행 대화상자

진행 대화상자^{process dialog}는 굳이 사용자가 원해서라기보단 애플리케이션의 자체적 필요에 의해 태어났다. 애플리케이션이 현재 내부적으로 몹시 바쁜 상태이므로 요청한 작업의 속도가 느려지고 있다고 설명한다.

시간이 걸리는 작업이라면 애플리케이션은 이 점을 사용자에게 분명히 알려야 한다. 얼마만큼의 시간이 필요한지, 문제가 있어서 작업이 지연되는 게 아니라는 점을 정확히 알린다. 그렇지 않으면 사용자 입장에선 답답할 수밖에 없다. 최악의 경우 프로그램이 망가진 것으로 간주하고 뭔가 치명적인 조치를 취할지도 모른다.

많은 프로그램이 모래시계 모양의 대기 커서에 의존해 진행 상태를 암시한다. 좀 더 친절한 방법은 진행 대화상자를 사용하는 것이다.

진행 대화상자를 제대로 만들려면 다음 사항이 요구된다.

- 상당히 시간이 걸리는 작업임을 사용자에게 분명히 알린다.

- 시간 소요가 지극히 정상적이며, 결코 문제가 있어서 지연되는 게 아니라는 점을 사용자에게 분명히 알린다.

- 작업을 끝마치기까지 얼마나 더 기다려야 할지 사용자에게 분명히 알린다.

- 얼마나 더 많은 오브젝트나 항목에 작업해야 하는지 알린다(적용 가능한 경우).

- 사용자가 언제든 실행을 중단하고 다시금 프로그램의 조종권을 획득할 방법을 마련한다.

진행 대화상자를 띄우는 것만으로도 첫 번째 요구사항은 해결된다. 사용자는 뭔가 진행 중이구나 바로 알 수 있다. 세 번째 요구사항은 일종의 진행 미터기progress meter를 제공해서 해결할 수 있다. 작업이 얼마나 진행됐고, 얼마가 남았는지를 백분율로 표시한다. 두 번째 요구사항은 훨씬 까다롭다. 애플리케이션에 실제로 오류가 발생했을 때 대화상자가 열린 채로 있다면, 자칫 사용자는 작업이 아무런 문제 없이 진행되고 있다고 오해할 수 있다. 때문에 작업의 진척상황을 멈춤 없이, 반드시 실시간으로 보여줄 필요가 있다. 미터기는 작업량을 기준으로 하지 말고 작업 시간을 기준으로 디자인한다. 작업이 50% 진행됐다는 것과 작업 시간이 50% 남았다는 것은 의미가 전혀 다르다.

컴퓨터의 작업 시간이 길어지면 사용자는 짜증이 나게 마련이다. 단지 컴퓨터가 '디스크를 읽는 중'이라는 고정된 글귀만으로는 부족하다. 뭔가 진행 중이라는 말인데 사실인지 확인할 길이 없기 때문이다. 가장 좋은 방법은 진척 상황을 애니메이션으로 보여주는 것이다. 파일을 이동하거나 복사하거나 삭제할 때, 윈도우는 진행 대화상자를 띄운다. 폴더에서 폴더로 혹은 휴지통으로 종이가 날아가는 애니메이션을 보여준다. 단순해 보여도 효과는 놀랍다. 덕분에 사용자는 컴퓨터가 정말 뭔가 하고 있구나 느낀다. 일이 순조롭게 진행되고 있음을 머리가 아니라 감각으로 느낄 수 있다. 사용자에게 확신을 준다.

작업이 오래 걸린다는 사실을 알게 된 사용자가 마음을 바꿀 수 있다. 취소 버튼이 있기 때문에 작업을 중단하고 나중으로 미룰 수 있는 결정권이 생긴다. 때로는 실행을 중단하는 것뿐만 아니라 실행한 흔적마저 모조리 없애고 싶을 수도 있다.

좋은 방법은 두 개의 버튼을 만드는 것이다. 하나는 '취소', 또 하나는 '중지'라고 이름 붙인다. 사용자가 원하는 것을 선택할 수 있게 한다.

진행 상태 보고가 필요한지 검토할 때 달리 생각해야 한다. 대화상자는 별도의 방이다. 대화상자에 담고자 하는 내용이 주요창으로부터 분리된 기능에 대한 것인지를 늘 확인할 필요가 있다. 만약 주요창 안에서 보이는 기능이라면 기능의 상태도 주요창에 표시해야 한다. 예를 들어, 윈도우에서라면 복사 대화상자가 매력적이고 적절하다. 반면 탐색기는 주로 하는 일이 파일 복사다. 따라서 애니메이션을 탐색기의 주요창 안에 내장된 기능으로 설계해야 한다.

물론 진행 대화상자에 애니메이션을 담는 것이 프로그램의 주요창에 내장하는 것보다 훨씬 쉽다. 취소 버튼을 만들어넣기도 훨씬 용이하다. 따라서 진행 대화상자를 택하는 현실적인 타협을 하게 된다. 하지만 이 점은 분명히 하자. 우리는 그러한 타협을 함으로써 이 방에서 해결해야 할 일을 다른 방으로 끌고 가고 있다. 쉬운 해결책일 뿐 옳은 해결책은 아니다. 구글 크롬이나 마이크로소프트 인터넷 익스플로러 같은 웹 브라우저는 훨씬 우아한 방식으로 문제를 해결한다. 본연의 임무가 웹 페이지를 로딩하는 것이므로, 이와 관련된 진행 미터기를 상태표시줄에 내장했다(그림 21-27 참조).

그림 21-27 구글 크롬 같은 웹 브라우저는 매번 페이지를 띄울 때마다 진행 대화상자를 열 필요가 없다. 진행 미터기가 현재 로딩 중인 페이지의 탭에 내장돼 있기 때문이다. 다른 브라우저는 이 미터기를 URL 필드 안이나, 창 하단 상태 창에 배치한다. 사용자는 웹 페이지가 아직 뜨지 않았어도 로딩이 진행되고 있다는 사실을 쉽게 눈치챌 수 있다.

노티 대화상자

노티 대화상자^{notification dialog}는 트리거된 이벤트의 결과, 다른 사용자의 커뮤니케이션 결과 등의 중요한 메시지를 보고한다. 알람, 약속, 이메일, 메신저 노티가 좋은 사례다. 순수하게 자체적인 내부 문제나 성공을 전달하기 위해 앱에 엮이지 않고 런칭되는 시스템이 생성한 경고와 대조된다(이전 절에서 논의).

모바일 제품은 노티를 많이 사용하도록 지원하는데, 커뮤니케이션 및 시간, 장소 변화를 근거로 한 기타 이동 중 정보를 모두 포함한다. 이 숙어 중 일부는 데스크탑과 웹 앱에서 더 확산됐다. 커뮤니케이션 앱이 그 플랫폼들에서도 확산됐기 때문이다.

모바일 플랫폼은 노티 센터^{notification center}로 노티를 잘 모았다. 그래서 사후에 노티를 조회할 수 있다. 사용자는 운전을 멈추거나, 잡으려던 버스에 자리를 잡던가, 통화 중이던 전화를 끝내기까지 메시지나 트리거된 알람에 대응하지 못할 수도 있다.

노티는 화면 주변의 작은 팝업창이나 드로어로 자주 나타난다. 자신에게 관심을 끌기 위해 미묘한 애니메이션도 있다. 비모드형으로 머무르거나 짧은 지연 후 닫혀서, 뭔가 관심을 여전히 요한다는 사실을 사용자에게 경고하기 위해 노티 센터에 마커나 배지를 남길 수 있다. 노티는 최상위 노티 센터에서 리뷰를 위해 수집도 되는 한 이런 방식으로 꽤 효과가 좋다. 그리고 읽지 않은 새 노티의 도착은 인터페이스에 분명하고 눈에 띄게 꾸준히 표시된다.

공지 대화상자

공지 대화상자^{bulletin dialog}는 진행 대화상자와 마찬가지로 사용자가 원해서가 아니라 프로그램 개발 과정에서 태어났다. 공지 대화상자의 세 유형은 오류, 경고, 확인이다. 각각 애플리케이션의 내부 상태에 관해 보고하고, 그에 관한 사용자의 결정을 요구한다. 요망하기 그지없는 악마의 도구다. 그 어떤 GUI보다도 최고로 남용되고 있다.

오류 메시지 창은 공지 대화상자의 성격을 함축적으로 잘 표현한다. 일반적으로 애플리케이션의 이름이 타이틀바에 뜨고, 프로그램에 대한 설명이 간략하게 따라붙는다. 아이콘으로 문제의 종류 및 심각성을 표시하고, 확인 버튼을 만들어넣으면 완성이다. 때로는 온라인 도움말로 연결되는 버튼이 추가되기도 한다. 그림 21-28에 워드의 오류 메시지 창을 예로 들었다.

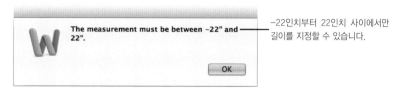

—22인치부터 22인치 사이에서만 길이를 지정할 수 있습니다.

그림 21-28 공지 대화상자의 몹시 전형적인 예다. 사용자는 전혀 눈곱만큼도 원한 적이 없지만 프로그램은 언제나 이것을 띄운다. 공지 대화상자가 전하는 메시지란 대부분 프로그램이 작업에 실패했거나 실패할 뻔 했는데 겨우 살아났다고 뻐기는 내용이다. 프로그램이 알아서 문제를 해결하기보다는 사용자를 추궁하는 편이 더 쉽다고 판단한 모양이다. 사용자는 이것을 다음과 같이 받아들인다. "길이는 –22인치와 22인치 사이에서만 지정할 수 있다는 걸 모르나. 그 정도는 기본이고 상식이다. 너 같은 멍청이가 저지른 실수를 내가 바로잡아줄 것 같니!"

애플리케이션의 모드형 대화상자도 비슷하다. 사용자가 끝내기 명령어를 실행할 때까지 프로그램은 진행 중이던 작업의 전면 파업을 선언한다. '확인' 버튼을 누를 때까지 모두 멈춘다. 차단 공지^{blocking bulletin}라고도 부르는데, 사용자가 대답하기 전까지 프로그램을 원천봉쇄하기 때문이다.

프로그램이 공지 대화상자를 띄웠다가 일방적으로 닫아버리는 경우도 있다. 이런 종류를 순간 공지^{transitory bulletin}라고 부른다. 사용자의 개입 없이 금방 대화상자가 사라지고 프로그램이 재가동되기 때문이다.

오류 보고에 순간적인 공지를 적용하기도 한다. 오류 메시지를 띄움으로써 문제 자체가 해결되는 경우에 그렇다. 혹은 다른 이유로 문제가 이미 사라졌음이 감지됐을 때 순간적인 공지를 띄운다. 어떤 개발자는 단순히 경고하는 의미로 오류 메시지 창을 띄우기도 한다. "디스크에 공간이 얼마 남지 않았습니다."와 같은 문자를 띄우고 약 10초 후에는 알아서 접는다. 이런 동작은 사용성 이슈가 많다.

오류 혹은 확인 메시지 창이 뜨면 프로그램이 필연적으로 중단된다. 사용자가 내용을 확인하지 못하고 지나치는 사태를 방지하기 위해서다. 마침 다른 곳을 보고 있다가 완전히 놓칠 수도 있고, 최악의 경우 사라져가는 메시지의 끝자락만 겨우 목격하는 수도 있다. 이때 사용자는 뭔가 대단히 중요한 사실을 놓친 것은 아닐까 몹시 초조해진다. 불안이 엄습한다. 방금 뭘 놓친 거지? 꼭 알아야 될 사항이 아닐까? 나중에 몹시 후회할 일이 생기지는 않을까? 시스템이 불안정한가? 프로그램이 망가지려나? 대화상자의 퇴장과 함께 문제도 벌써 사라진 줄을 모르고 사용자는 내내 걱정에 휩싸인다.

굳이 대화상자를 띄워서 전달할 정도로 중요한 내용이라면, 사용자에게 메시지가 분명히 전해졌는지 반드시 확인해야 한다. 순간 공지는 이 점을 보장하지 않는다. 따라서 오류 보고나 확인의 목적으로는 결코 사용하면 안 된다. 오류, 경고, 확인 공지는 거의 언제나 차단 공지임이 분명하다.

속성 대화상자와 기능, 노티 대화상자는 사용자가 원했기 때문에 존재한다. 이들은 사용자를 섬긴다. 공지 대화상자는 애플리케이션이 제멋대로 발행하는 것이다. 사용자가 아니라 애플리케이션을 섬긴다. 이 짜증 나며 종종 쓸데없는 대화상자 중 대부분은 더 유용하고 지원하는 인터랙션 패턴을 위해 제거해야 한다. 21장 끝에서 자세히 논한다.

대화상자의 내용물 관리

디자이너가 아무리 신중하게 정리해도 속성, 옵션, 기타 등등 대화상자 속은 금방 복잡해진다. 대표적인 수납 비법 몇 가지를 공개한다.

탭 대화상자

탭 대화상자^{tabbed dialog}는 1990년대에 소프트웨어 시장에서 표준으로 자리 잡은 비법이다. 상당히 유용하지만, 너무 간편한 나머지 개발자에 의해 남용되고 있다. 깊이 상관없는 기능마저 하나의 대화상자에 몽땅 쓸어 넣는 구실이 됐다.

반면, 도메인 혹은 애플리케이션상에 존재하는 다양한 오브젝트의 수많은 속성을 가볍고 깔끔하게 정리할 수 있다는 장점이 있다(그림 21-29 참조). 기능 대화상자 속에 복잡하게 들어찼던 컨트롤을 경제적이고 효율적인 방법으로 배치할 수 있게 됐다. 탭 대화상자 이전에는 어설픈 확장형^{expending} 혹은 종속형^{cascading} 대화상자 정도가 유일한 대안이었다. 이 점에 대해서는 곧 자세히 다루기로 한다.

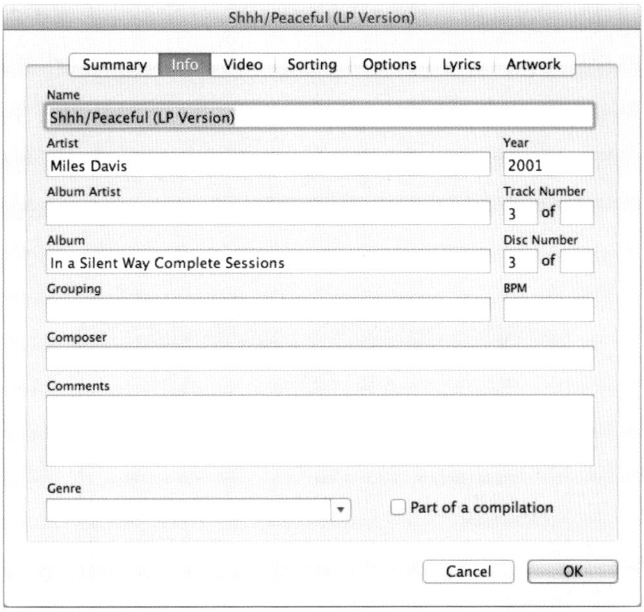

그림 21-29 아이튠즈의 탭 대화상자다. 곡의 다양한 속성 정보를 하나의 대화상자 안에 효율적으로 배치했다. 사용자는 하나의 대화상자 안에서 곡에 대해 알고 싶은 모든 것을 찾을 수 있다. 끝내기 명령어가 탭 영역 바깥(우측 하단)에 위치하고 있다는 점에 주목하자.

　　그런데 과유불급이라고, 컨트롤의 개수가 쓸데없이 늘어나면 인터페이스의 사용성이 저해된다. 탭을 한데 모으려면 반드시 정당한 사유가 있어야 한다. 탭 사이에 의미 있고 논리적인 상관관계가 요구된다. 그렇지 못한 탭 대화상자는 사용자를 위한 인터페이스라고 볼 수 없다. 단지 개발자가 편한 방법을 취한 것뿐이다.

　　탭 대화상자를 적용하려면 일단 탭을 묶어줄 명확한 주제가 필요하다. 탭을 정리하는 방법에는 두 가지가 있다. 직렬식과 병렬식이다. 병렬식의 경우, 각 탭은 주제의 다양한 측면을 반영한다. 탭끼리의 관계는 동등하고 평행하다. 그림 21-29의 아이튠즈를 예로 들 수 있다. 곡의 속성 탭은 병렬식 구조를 취하고 있다. 하나의 곡과 관련된 속성과 설정은 몹시 다양해서 탭이 아니었다면 정리하기가 상당히 곤란할 뻔했다. 직렬식 구조의 경우, 각 탭은 주제의 단일한 측면을 반영한다. 탭끼리의 관계는 계층적이다. '고급 설정' 탭이 대표적인 예다.

　　탭은 사용자가 물건을 수납하는 멘탈 모델을 잘 반영했기 때문에 성공을 거뒀다. 다양한 컨트롤을 여러 병렬 패널에 한 단계 더 깊이 그루핑한다. 하지만 자주 남용돼 문제다.

　　지나치게 많은 수의 컨트롤을 한 대화상자에 몰아넣는 실수를 범하기 쉽다. 탭을 자꾸만 추가하고 싶은 유혹을 이겨내지 못한 것이다. 이제는 없어진 마이크로소프트 워드의 옵션 대화상자가 대표적인 예다. 그림 21-30을 보라. 무려 10개가 넘는 탭을 나열하고 있다. 억지로 구겨 넣다 보니 삼단으로 쌓아올린 셈이 됐다. 이것을 중첩 탭stacked tab이라고 부른다. 원하는 옵션을 골라내기가 어려워진다. 탭마다 제목이 붙어 있긴 하지만 대부분의 사용자는 탭을 하나하나 눌러가며 내용을 확인하는 과정을 거친다. 최악은, 사용자가 맨 윗줄의 탭을 선택하면 줄 전체가 순식간에 맨 아랫줄로 이동한다는 점이다. 당연히 나머지 두 줄은 위쪽으로 밀려난다. 이 점을 좋아하는 사용자를 본 적이 없다. 방금 전에 클릭한 탭이 눈 깜짝할 새에 어디론가 사라져버렸으니 황당할 수밖에 없다. 당연히 마이크로소프트는 이 숙어를 대체로 폐기했다.

그림 21-30 이제는 사라진 워드의 옵션 대화상자다. 탭을 남용한 대표적인 사례다. 사용자는 한참을 헤맨 뒤에야 비로소 원하는 옵션을 찾을 수 있다.

중첩 탭은 사용자 인터페이스 디자인의 황금률을 반영한다. 모든 언어에는 (제아무리 훌륭한 것이라도) 현실적인 한계선이 존재한다. 5개의 라디오 버튼은 좋다. 50개의 라디오 버튼은 나쁘다. 한 줄로 소화할 수 있는 대여섯 개의 탭이라면 문제없다. 그러나 중첩해야 할 지경에 이른다면 곤란하다.

디자인 원칙 ▷ 모든 인터랙션 숙어에는 한계선이 존재한다.

차라리 몇 개의 대화상자로 분리하는 편이 낫다. 예를 들어 '옵션'이란 카테고리 자체가 지나치게 방대하다. 애매모호한 주제 아래 무작정 기능을 때려 넣는 것은 사용자에게 아무런 도움도 되지 못한다. 12개의 탭은 사실상 무관하다. 따라서 탭 사이를 오가야 할 필요도 없다. 사용자를 위한다면 대화상자를 적절히 분리하라. 개발자 입장에서는 더 많은 노동이 요구될지라도 말이다.

> **디자인 원칙** 탭을 중첩하지 마라.

확장형 대화상자

확장형 대화상자expanding dialog는 접혀 있던 부분을 펼치는 형태로 추가적인 컨트롤을 제공한다. 더보기More 버튼이나 확장Expand 버튼이 있어서 사용자가 이것을 누르면 대화상자가 커진다. 새로 펼쳐진 부분에는 여러 가지 부가기능이 있다. 고급 사용자에게 한층 복잡한 기능을 제공할 목적으로 주로 사용된다. 그림 21-31을 보자. 마이크로소프트 워드의 찾기Find 대화상자다.

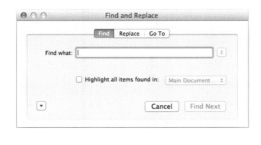

그림 21-31 확장형 대화상자의 내표적인 예로 마이크로소프트 워드의 찾기 대화상자를 꼽을 수 있다. 왼쪽은 기본 상태를 나타내고, 오른쪽은 화살표 토글 버튼을 누른 결과물이다.

확장형 대화상자는 초급 사용자가 지나치게 복잡한 기능에 노출되지 않도록 배려함으로써 혼란과 부담을 덜어준다. 확장형 대화상자의 두 가지 상태는 초급 모드와 고급 모드로 나눠 생각하면 쉽다. 한편, 각별히 신경 쓸 점이 있다. 프로그램이 초급자용과 고급자용을 대놓고 구분할 경우 이것은 자칫 양쪽 사용자 모두에게 불쾌감을 안겨줄 수 있다. 이전에 사용자가 어떤 설정으로 대화상자를 사용했는지 잘 기억했다가 적절한 보기 방식을 제공한다. 펼친 상태에서는 닫기 혹은 축소 버튼이 꼭 필요하다는 점도 잊지 말자.

종속형 대화상자

종속형 대화상자^{cascading dialog}는 악마의 언어다. 대화상자의 어떤 버튼을 누르면 또 다른 대화상자가 펼쳐진다. 새로 생긴 대화상자는 첫 번째 대화상자를 덮어버린다. 이 두 번째 대화상자가 제3의 대화상자를 불러내기도 한다. 계속 이어진다면 화면이 난장판 되는 건 시간문제다! 다행히 종속형 대화상자는 이미 망하고 없는 언어다. 하지만 아주 가끔씩 그 흔적을 찾아볼 수 있다. 그림 21-32의 윈도우 비스타를 보자.

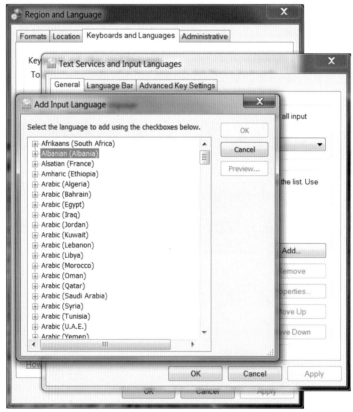

그림 21-32 윈도우에는 여전히 종속형 대화상자의 흔적이 남아 있다. 각 대화상자는 별도의 끝내기 버튼을 제공하지만 그 적용 범위를 명확히 설명하지 않는다. 이런 식의 모호함은 사용자에게 전혀 도움이 되지 않는다.

종속형 대화상자는 한마디로 혼돈 그 자체다. 새로운 대화상자가 이전 대화상자를 (비록 일부일지언정) 덮어버리는 것이 일단 문제다. 하지만 이것 자체는 치명적이지 않다. 콤보상자와 팝업 메뉴 역시 그런 식이기 때문이다. 겹치지 않게 대화상자를 옆으로 끌어다 놓을 수도 있다. 진정한 혼돈의 핵은 끝내기 버튼이다. 각 대화상자의 취소 버튼은 어디까지 적용되는 것일까? 확인은 또 무슨 뜻인가?

어쩔 수 없이 종속형 대화상자를 적용해야 하는 경우에는, 애초에 인터랙션이 제대로 설계됐는지 프레임워크를 재점검하자. 치명적인 구조적 결함을 발견할 확률이 높다. 탭 대화상자, 사이드바, 툴바(거기서 대화상자를 런칭할 수 있음)로 해결할 수 있다.

대화상자는 사용자가 목표를 달성하기 위해 꼭 필요한 조력자가 될 수도 있고, 번거로운 장애물이 될 수도 있다. 대화상자를 남발하지 않도록 주의하자. 대화상자를 불러들이기 이전에 꼭 따로 방을 마련해야만 하는지 깊이 생각하자. 이 두 가지만 잘 지키면 사용자의 작업 흐름을 깨뜨리는 오류를 최소화할 수 있다. 사용자가 성공적으로 작업을 수행하기 위한 밑거름이 된다.

오류, 경고, 확인의 제거

이미 공지 대화상자를 다뤘다. 애플리케이션에 문제가 있거나 사용자의 판단이 필요할 때, 사용자에게 알려야 할 사항이 있을 때 공지 대화상자를 띄운다. 요컨대 공지 대화상자는 세 가지로 요약할 수 있다. 오류, 경고, 확인의 목적으로 사용된다. 현대 GUI 디자인에서 최고로 몹쓸 것이다. 올바른 디자인이라면 세 가지 공지 대화상자는 모두 사라져야 한다. 그 이유와 방법을 알아보자.

오류 대화상자

오류 대화상자error dialog는 사용자 인터페이스 언어를 통틀어 가장 남용되고 있다. 대체로 디자인이 조악하고, 쓸모없고, 무례하다는 특징이 있다. 제일 나쁜 것은 사후약방문이라는 점이다. 줄어들고는 있지만, 애플리케이션에서 가능한 한 언제 어디서나 악당을 색출해야 한다.

오류 대화상자의 문제

오류 메시지 따위는 아무도 원치 않는다. 사용자는 오류를 미연에 방지하길 원한다. 애플리케이션은 사용자의 입력사항을 거부할 권리도 의무도 없다. 많은 실무 디자이너가 이런 주장을 근거 없다고 간주하고 가볍게 무시한다. 하지만 사용자의 관점에서 꼼꼼히 따져보라. 말이 될 뿐만 아니라 몹시 타당한 주장이라는 사실을 알게 될 것이다.

소프트웨어가 사람을 기계 취급하기 시작한 역사는 초창기로 거슬러 올라간다. 컴퓨터가 사람에게 입력을 요구하고 사람이 CPU 수준의 완벽한 정보를 제공하지 못하면 불평하는 것. 컴퓨터가 생겨난 이래 오랫동안 개발자는 이것이 소프트웨어가 사람과 인터랙션하는 올바른 방법이라고 여겼다. 소프트웨어가 인간의 필요를 수용하는 게 아니라 인간이 소프트웨어의 방식에 따르라고 요구한다. 이러한 철학을 집대성한 것이 바로 오류 메시지다.

사람에게는 감정이 있다. 컴퓨터는 없다. 코드는 코드에게 거부당해도 개의치 않는다. 노여워하지도 않고, 상처받지도 않고, 위로받을 대상을 찾지도 않는다. 사람은 다르다. 면전에서 대놓고 멍청하다는 소릴 들으면 화가 나게 마련이다. 오류 메시지를 읽는 것은 멍청이 소리를 듣는 것과 마찬가지다. 그런 소리는 누구라도 듣기 싫은 것이 당연하다(그림 21-33 참조). 알면서도 모른 척 개발자는 계속해서 오류 대화상자를 만들어낸다. 달리 어떻게 소프트웨어를 만들어야 할지 모르기 때문이다.

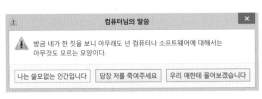

그림 21-33 아무리 듣기 좋게 포장해도 사용자가 오류 메시지를 읽는 방법은 오직 하나다.

많은 개발자와 사용자 인터페이스 디자이너가 잘못 생각하고 있는 것이 있다. 사용자가 잘못한 점은 지적해줘야 한다고 믿는다. 틀린 생각이다. 잘못된 글꼴 크기를 입력했다는 게 뭐 그리 중요한가? 그 정도는 프로그램이 알아서 근사치의 크기로 융통성 있게 대응하면 된다. 소소한 실수를 대놓고 지적하는 것은 몹시 무례한 일이다. 이 사이에 고춧가루가 꼈다거나 남대문이 열렸다고 면전에 말하는 것은 서로 무안한 일이다. 세심한 사람이라면 주변 사람들이 눈치채지 않게 소리 없이 알려주는 방법을 택한다. 개발자는 어떤가? 모든 작업을 중단시키고 무식하게 생긴 상자를 화면 정중앙에 띄운다. '띵' 하는 효과음까지 곁들여서. 이것이 제대로 된 방법이라고 생각하는 걸까?

오류 메시지란 심각한 문제에 대해 사용자에게 주의를 주는 것이라고 많은 디자이너와 개발자가 믿고 있다. 누가 그런 헛소문을 퍼뜨렸는지 모르겠다. 아주 잘못된 생각이다. 오류 대화상자는 첫째, 현재 사용자가 프로그램에 아무런 영향력을 행사할 수 없음을 뜻한다. 둘째, 애플리케이션이 얼마나 멍청한지 스스로 인정한다는 뜻이다. 단순히 작업의 흐름이 깨지는 문제가 아니다. 프로그램이 '제멋대로' 중단시켰다는 점이 문제다. 오류 대화상자만 모두 사라져도 인터페이스의 질은 대단히 향상된다.

> **디자인 원칙** 제멋대로 사용자의 작업 흐름을 끊어버리는 오류 대화상자 따위는 전부 사라져야 한다.

솔직히 누구의 잘못인가?

오류 메시지는 사용자가 실수를 저질렀을 때 발행된다는 것이 일반적인 통념이다. 사실, 오류가 발생하는 이유의 대부분은 컴퓨터가 헷갈렸기 때문이다. 사용자는 생각보다 큰 실수를 저지르지 않는다. 가장 전형적인 '오류'는 무의식중에 범위 외의 숫자를 입력하는 경우와 입력 값 사이에 원치 않는 공백이 생기는 경우다. 컴퓨터의 기준에서 부적합한 값을 입력한 것이 과연 사용자의 잘못인가? 프로그램이 명확하게 범위를 설명하지 않았기 때문 아닌가?

정보를 정확한 순서대로 입력하지 않으면 소프트웨어는 오류로 치부한다. 하지만 사람은 순서에 다소 문제가 있더라도 융통성 있게 해석할 줄 안다. 조금 횡설수설하더라도 말을 끝까지 들으면 이해할 수 있다. 소프트웨어는 그런 여유가 없다. 순서만 어긋났을 뿐인데 입력 자체에 오류가 난 것으로 간주해, 악마 같은 오류 대화상자를 곧바로 발행한다.

예를 들어, 사용자가 고객 ID 번호를 제공하지 못하면 대부분의 애플리케이션은 입장을 거부한다. 멋대로 작동을 멈추고 사용자에게 '지금 당장' 고객번호를 입력하라고 귀찮게 한다. 사용자가 나중에 고객번호를 입력하리라고 믿고 일단 작업을 계속 진행할 수도 있다. 신규 사용자라서 새로 고객 ID를 만들어야 할 수도 있다. 아직 고객번호를 확인하지 못했다고 살짝 귀띔만 해줘도 충분하다(15장에서 자세히 논한 대로). 조용히 지켜보다 세션이 종료되기 전까지만 필요한 정보를 받아내면 된다. 이것이 사람의 방식이다.

사람은 몇몇 정보를 입력하는 것을 종종 잊을 때가 있다. 컴퓨터는 일단 충분히 기다렸다가 사용자에게 신호를 보내야 한다. 하루 혹은 일주일마다 명확히 해결해야 할 부분을 모아서 사용자에게 보고하면 된다. 애플리케이션은 정보 거래 내역을 기억하고 있기 때문에 이를 추적해서 고칠 수 있다. 수동식 시스템이 작동하는 방식이다. 전산화된 시스템이 따라 하지 못할 이유가 없다. 정보 하나가 빠졌다고 전체 작업을 중단시킬 필요가 있을까? 사용자가 전반적으로 작업을 잘 진행하고 있다면 크게 문제될 게 없다. 작업의 흐름을 깨지 않는 것이 무엇보다도 중요하다. 이 점에 대해서는 후반부에서 자세히 다루기로 한다.

오류 메시지는 전혀 효과가 없다

오류 메시지에는 큰 모순이 있다. 사용자를 오류로부터 막지 못한다는 점이다. 오류 메시지가 문제로부터 사용자를 지켜줄 것이라고 믿겠지만 착각이다. 정작 오류 메시지가 보호하고 있는 대상은 사람이 아니라 프로그램이다. 오류 메시지는 마치 감시꾼처럼 눈을 희번덕대며 프로그램의 가장 민감한 부분을 방어한다. 결코 사용자가 실수하고 다치기 쉬운 부분에 대해서가 아니다. 마치 프로그램이 사용자보다 더 중요하다는 듯하다. 소프트웨어를 다루는 동안 사용자는 오만 가지 문제에 부딪힌다. 아무리 많은 오류 메시지를 내보내도 소용없다. 기껏해야 사용자가 숫자 입력란에 문자를 입력하는 행위 정도는 막을 수 있을지 모른다. 어차피 이런 실수는 일부러 하래도 하기 힘들다. 하지만 사용자가 숫자를 잘못 입력하는 것은 막을 수 없다.

오류 메시지 박멸하기

오류 메시지를 무작정 없앨 수는 없다. 프로그램이 소리소문없이 망가지도록 내버려둘 수는 없기 때문이다. 문제에 덜 민감한 방향으로 애플리케이션을 융통성 있게 새로 디자인해야 한다. 좀 더 강력한 소프트웨어로서 오류 메시지를 대체해야 한다. 뒤늦게 불평할 것이 아니라 애초에 오류가 생기지 않도록 방지하는 게 중요하다. 치료보다는 예방이다. 프로그램 자체를 건강하게 설계해서 쉽게 문제를 일으키지 않도록 해야 한다. 철저히 예방했음에도 불구하고 어쩔 수 없이 문제가 발생했을 경우에만 오류를 보고한다. 사용자가 오류를 일으킬 가능성을 모조리 차단한다면 오류 메시지도 사라질 것이다. 오류 메시지를 당연하고 일상적인 것으로 받아들이면 안 된다. 오류 메시지는 지극히 위급한 상황에서만 발행되는 것이다. 아스피린이 아니라 응급수술이다. 오류 메시지는 최후의 방편이다.

    디자이너는 '잘못된 입력 값'의 정의부터 새로 내려야 한다. 사람이 입력한 값에 대해서 소프트웨어는 무조건 그것이 옳다고 받들어야 한다. 사람이 코드보다 훨씬 중요하기 때문이다. 거부란 있을 수 없는 일이다. 소프트웨어는 사용자의 뜻을 이해하기 위해 무슨 짓이든지 해야 한다. 프로그램은 컴퓨터 안이 어떻게 돌아가는지 잘 알지만 그뿐이다. 현실에서 무슨 일이 벌어지고 있는지는 전혀 모른다. 중요한 건 현실이다. 컴퓨터의 의견 따위는 하찮은 것이다.

오류를 원천 봉쇄하기

오류 메시지를 없애는 가장 확실한 방법은 사용자가 오류를 범할 가능성을 원천 봉쇄하는 것이다. 제한적인 성격의 위젯을 사용하면 사용자가 잘못된 숫자를 입력하는 것을 막을 수 있다. 스피너와 드롭다운 리스트를 예로 들 수 있다. 키보드로 마음대로 숫자를 입력하는 방식은 좋지 않다. 선택 범위에 제한을 가한다. 예를 들어 사용자가 알아서 주^州의 코드를 입력하게 하는 건 좋은 방법이 아니다. 올바른 코드 목록을 제공하거나 지도에서 직접 지역을 선택하게 한다. 요는 사용자가 엉터리 주를 입력하지 못하게 하는 것이다.

디자인 원칙 ▶ 오류를 원천 봉쇄하라.

오류 메시지를 없애는 다른 좋은 방법은 애플리케이션을 엄청 똑똑하게 만드는 것이다. 쓸데없는 질문으로 사용자를 귀찮게 할 필요가 없을 만큼 똑똑해지면 된다. "입력이 잘못됐습니다. 사용자는 xxxx를 입력하십시오."라는 오류 메시지를 볼 때마다 생각한다. 그렇게 잘 알면 네가 알아서 xxxx라고 입력하지 그랬냐고. 왜 쓸데없이 사용자를 괴롭히는지 모르겠다. 왜 사용자더러 무작정 파일을 찾으라고 해서 엉뚱한 파일을 열게 하나? 전에 작업했던 파일을 기억했다가 적절한 선택 목록을 제공하면 얼마나 좋은가? 사용자에게 현재 시간을 입력하라고 하는 것도 우스운 일이다. 그 정도는 시스템 내부적으로 충분히 검색할 수 있다.

물론 개발자 입장에서는 일이 많아질 수밖에 없다. 하지만 사용자가 만족할 수 있는 소프트웨어를 만드는 것이 개발자의 일이다. 사용자더러 개발자의 편의에 맞추라고 할 수는 없다. 사용자를 그저 입력 도구로 치부하는 개발자는 평생 가도 제대로 된 소프트웨어를 디자인할 수 없다.

사용자가 개발자의 고충을 알아주길 바라서는 안 된다. 사용자는 오류 대화상자 이면의 기술적인 사정 따윈 모른다. 프로그램이 인간의 방식을 거부한다고 느낄 뿐이다. 사용자가 오류 대화상자를 어떻게 읽는지 그림 21-34를 보면 알 수 있다.

그림 21-34 대부분의 사용자가 오류 대화상자를 위와 같이 읽는다. 오류 대화상자의 언어는 카프카적 질문으로 다가온다. 무엇을 선택하든 그 뒤에는 후회와 어둠만이 기다리고 있을 뿐이다.

오류 메시지가 도착했을 땐 이미 물은 엎질러진 후다. "나쁜 일은 어쨌든 일어난다. 막을 수가 없다. 뒤늦게 깨닫고 절망할 뿐이다."라는 말이 있다. 뒤늦게 알아봤자 아무짝에도 쓸모

없다. 마음만 괴로울 뿐이다. 모든 오류 대화상자에는 '확인' 버튼이 있다. 사용자에게 죄를 시인하라고 강요한다. 마치 오래된 전쟁영화를 찍는 것 같다. 들판을 건너던 중에 하필 재수 없게 지뢰를 밟은 기분이다. 발 밑에서 지뢰가 딸깍 하는 소리를 분명히 들었다. 당장은 멀쩡히 살아 있지만 발을 떼는 순간 터져 죽을 것이다. 죽지 않더라도 몸의 중요한 부분이 날아갈 것이다. 사용자는 오류 메시지를 볼 때마다 몹시 스트레스를 받는다.

긍정적 피드백

사람들이 소프트웨어를 어려워하는 이유는 컴퓨터가 긍정적인 피드백을 주는 법이 없기 때문이다. 사람들은 부정적인 지적보다 긍정적인 격려가 있을 때 더욱 학습 효과가 좋다. 사용자는 소프트웨어를 정확하고 올바르게 사용하기를 원한다. 소프트웨어를 잘 다룰 수 있는 방법을 배우고 싶어한다. 잘못했다고 손바닥을 때리는 선생님은 필요 없다. 다만 잘한 일이 있을 땐 상까지는 안 바라도 최소한 칭찬 한마디쯤은 듣고 싶은 것이 인지상정이다. 자부심도 생기고 제품에 대한 애착도 더욱 강해질 것이다.

상보다 벌이 효과적임을 증명하는 수많은 사례가 있다. 대부분 하고 싶지만 하지 말아야 할 행동을 금지하는 경우다. 예를 들어 55마일 이하로 운전 속도를 제한하거나, 간통을 금지하거나, 세금 조작을 금지하기 위해 벌을 도입한다. 반면 사람들이 원하는 것을 이루도록 도와줄 때는 긍정적인 피드백이 최선이다. 스키를 배워본 사람은 알 것이다. 소리만 고래고래 지르는 강사 밑에게서는 아무것도 배울 수 없다.

디자인 원칙 소프트웨어에게 야단맞으면 사용자는 모멸감을 느낀다.

소프트웨어 애플리케이션의 부정적인 피드백이 지니는 결점을 이야기하는 중이라는 점을 명심해야 한다. 사람에게 부정적인 피드백을 받았다면 다소 언짢기는 해도 때에 따라 정당화할 수 있다. 선수의 정신력을 강화하려고 코치가 일부러 심한 말을 하는 경우가 종종 있다. 험한 세상에 나가기 전에 학생을 단단히 준비시키기 위한 교수의 배려도 있다. 하지만 컴퓨터가 사람에게 부정적 피드백을 주는 일은 정당화할 수 없다. 기계의 부정적인 피드백은 모욕에 불과하다. 코치와 교수는 믿고 존경할 만한 경험을 가진 인간이다. 컴퓨터는 인간이 모욕감을 참으면서까지 귀 기울여야 할 지혜가 없다.

예외는 없을까?

오류 메시지 제거의 규칙에 예외는 있을까? 별로 없다. 기술이 향상될수록 컴퓨터 하드웨어의 유연성 및 이동성도 발전한다. 오늘날의 컴퓨터는 전선 없이도 네트워크와 주변기기에 접속할 수 있다. 하드웨어를 필요에 따라 불러내거나 사라지게 할 수 있다는 뜻이다. 프린터, 모뎀, 서버가 마치 파도처럼 나타났다 사라진다. 무선 인터넷과 블루투스의 발전으로 이 모든 일이 가능해졌다. 두 개의 무선 네트워크 사이를 왔다 갔다 하는 것이 과연 오류일까? 문서를 출력할 때 연결된 프린터가 없는 게 문제가 될까? 편집 중인 문서가 위치한 드라이브를 더 이상 검색할 수 없을 때 이것을 오류라고 할 수 있을까?

위의 예시 중 오류에 해당하는 건 하나도 없다. 서버에서 파일을 열고 편집하다가 점심 시간이 됐다. 노트북을 들고 근처 음식점에 갔다고 상상해보자. 평소에 사용자가 파일을 저장하는 서버에 더 이상 접속할 수 없음을 알았을 때 컴퓨터는 영리하게 대처해야 한다. 무선 네트워크와 VPN을 통해 서버에 접속할 수도 있고, 임시로 로컬 드라이브에 파일을 저장했다가 사용자가 회사로 돌아가면 서버의 파일을 새것으로 덮어쓸 수도 있다. 아무튼 사용자는 평소처럼만 작업하면 된다. 어떤 오류도 없다. 상황이 바뀔 때마다 일일이 어떻게 하라고 컴퓨터에게 지시할 필요도 없다.

대부분의 오류 메시지는 필요 없는 것이다. 반드시 없애야만 한다는 시각에서 바라보면 얼마나 불필요한 것이었는지가 훤히 드러난다. 오류 메시지 없이도 얼마든지 문제를 해결할 수 있는 방법이 많다는 사실에 깜짝 놀랄 것이다. 물론 프로그램을 대대적으로 손봐야 하는 경우도 있다. 현실적으로 따져보고 손해가 너무 큰 경우에만 오류 대화상자를 사용한다. 이때 개발자는 오류 대화상자가 결코 해결책이 될 수 없으며, 어쩔 수 없이 타협했을 뿐임을 잊지 말아야 한다.

촌각을 다투는 시급한 상황이라면 작업 흐름을 끊어서라도 즉시 사용자에게 알려야 한다. 예를 들어, 증권 시장이 개시되면 투자자는 계획을 세워 거래를 시작한다. 투자자가 계획한 상한가에 주가가 임박하면 즉시 보고해야 한다. 마감 시간 안에 팔지 못하면 거래는 다음 날로 넘어가기 때문이다. 그 시점에는 더 이상 거래를 하고 싶지 않을 수 있다.

최후의 수단: 오류 메시지 개선하기

오류 대화상자를 없애기 위해 애플리케이션을 수정하는 일이 절대로 불가능한 경우라면 오류 대화상자라도 좀 더 낫게 수정해야 한다. 이 방법은 최후의 수단으로만 사용해야 한다. 오류 대화상자를 도저히 어떤 방법으로도 제거할 수 없을 때만 허용한다.

오류 대화상자는 공손하고, 이해하기 쉽고, 사용자에게 반드시 도움이 되는 내용을 전달해야 한다. 오류 대화상자를 발행하는 것은 애플리케이션의 잘못으로 인해 사용자의 작업을 방해하는 행위다. 따라서 무조건 공손하게 굴어야 한다. 사용자에게 책임을 눈곱만큼도 전가해서는 안 된다. 사실이 아니기 때문이다.

사용자가 이해하기 쉬운 언어를 사용해야 한다. 사용자가 내용을 읽고 프로그램의 문제를 해결하기 위한 적절한 계획을 세울 수 있어야 한다. 문제점의 범위가 어디까지인지, 대안은 무엇인지, 프로그램은 기본적으로 어떤 조치를 취할 것인지, 어떤 정보가 손상됐는지 밝혀야 한다.

프로그램이 문제를 사용자에게 모조리 떠넘기는 것은 곤란하다. 최소한 한 가지 이상의 실행 가능한 대안을 제시해야 한다. 다양한 방법으로 문제를 해결할 수 있도록 버튼을 여러 개 삽입한다. 프린터가 검색되지 않는 상황이라면, 오류 대화상자는 출력을 연기하거나 다른 프린터를 선택할 수 있는 대안을 제시해야 한다. 데이터베이스가 꽉 차서 제대로 돌아가지 않는 상황이라면, 원만하게 작동할 수 있게 재정비하는 방법을 제시해야 한다. 그 작업이 얼마나 걸릴지 어떤 부작용을 초래할 수 있는지 명확히 밝힌다.

오류 대화상자의 올바른 예를 그림 21-35에서 확인할 수 있다. 공손하고, 이해하기 쉽고, 사용자에게 도움이 되는 내용을 전달한다. 절대로 사용자를 비난하지 않는다.

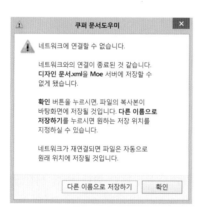

그림 21-35 오류 대화상자를 꼭 만들 수밖에 없는 상황이라면 위의 예시를 참고하라. 공손한 말투로 문제점이 무엇인지 명확하게 설명한다. 좋은 대안을 제시한다. 버튼을 누르면 무슨 일이 일어날지 정확히 설명하고 있다.

경고 및 확인 대화상자

사용자의 작업 흐름을 멋대로 끊어먹는 것은 경고 대화상자와 확인 대화상자 역시 마찬가지다. 경고^{alert} 대화상자는 프로그램이 하고 있는 일을 사용자에게 알린다. 확인^{confirmation} 대화상자는 그 일을 중단시킬 수 있는 권한을 사용자에게 부여한다. 경고와 확인 대화상자는 프로그램 여기저기에 깔린 잡초나 마찬가지다. 15장에서 논한 대로 더 유용한 숙어를 위해 죄다 뽑아버려야 한다.

경고 대화상자: 뻔한 잔소리

경고 대화상자는 18장의 기본적인 디자인 원칙을 무시한다. "한 개의 대화창은 하나의 방과 같다. 새 방을 지으려면 그만큼 충분한 이유가 필요하다."고 강조했다. 애플리케이션이 하는 일을 일일이 알려주는 것은 좋은데 왜 군이 새 방을 만드나?

자신 없는 일은 하지 말고 어차피 할 일은 떠벌릴 것 없이 당당하게 처리하라. 잘못될 여지가 있다고 판단될 경우 사용자의 지시 없이 아무 동작도 취하면 안 된다. 예를 들어 작업 중인 파일을 자동으로 디스크에 저장할 때, 애플리케이션은 그것이 옳은 일이라는 확신을 가져야 한다. 물론 사용자는 애플리케이션이 혼자 무슨 일을 저질렀는지 확인할 수 있는 방법이 필요하다. 하지만 진행 중인 작업을 중단하면서까지 확인할 필요는 없다. 파일을 저장해야 한다는 확신이 없으면 저장하지 마라. 사용자가 알아서 하게 놔둬라.

사용자가 프로그램에게 뭔가 지시했을 경우에는 어떨까? 파일을 드래그해서 휴지통에 넣었다고 치자. 사용자가 방금 파일을 드래그해서 휴지통에 넣었다는 뻔한 얘기를 군이 작업을 중단시키면서까지 떠벌릴 필요가 있을까? 적절한 시각적 피드백으로 충분히 해결할 수 있다. 사용자가 실수로 파일을 휴지통에 넣을까 봐 염려해서 그런다면 강력한 되살리기 기능을 제공하면 된다.

경고 대화상자를 만드는 이유는 애플리케이션이 하고 있는 일을 사용자에게 상세히 알리기 위해서다. 훌륭한 목적이다. 하지만 인터랙션의 매끄러운 흐름을 방해할 만큼의 가치는 없다. 경고 대화상자는 도움말보다는 골칫덩어리에 가깝다. 그림 21-36을 보라. 찾기 대화상자를 보면 사용자가 언제든 탐색을 취소할 수 있도록 취소 버튼이 마련돼 있다. 괜히 쓸데없이 경고 대화상자를 더해서 작업의 맥을 끊고 있다. 본 작업으로 돌아가려면 사용자는 첫째, 경고 대화상자의 확인 버튼을 눌러야 하고 둘째, 찾기 대화상자의 취소 버튼을 눌러야 한다. 새 대화상자를 불러낼 필요 없이 찾기 대화상자 안에서 충분히 해결할 수 있는 내용이다. 사용자의 수고가 반은 줄 것이다.

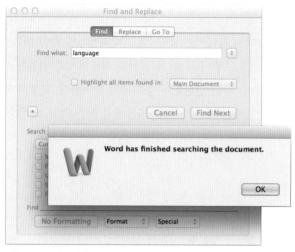

그림 21-36 경고 대화상자의 전형적인 예. 불필요하고, 부적절하다. 멋대로 작업 흐름을 중단시킨다. 워드는 문서 검색을 끝냈다. 문서의 검색 결과도 어차피 찾기 기능의 일부다. 왜 새 대화상자를 불러낼까?

경고 없애는 법

경고 대화상자는 종류가 아주 많다. 만들기 쉬워서 그렇다. 코드 한 줄이면 뚝딱 대화상자를 만들 수 있다. 반면 애니메이션을 구현하려면 수천 줄의 코드가 요구된다. 개발자는 종종 옳은 선택이 아니라 쉬운 선택을 하게 된다. 따라서 디자이너는 꼭 공지해야 하는 정보를 판별해서 이를 구체적으로 개발자에게 지시해야 한다. 개발자가 무조건 쉽게 일을 처리해버리지 않도록 옆에서 꼼꼼히 확인한다. 내 집을 짓는 것과 마찬가지다. 배관공사가 복잡하다는 이유로 화장실을 짓지 않기로 건설업자가 일방적으로 결정해버린다면 얼마나 황당할까? 끔찍한 결과를 초래하고 만다.

물론 소프트웨어가 하는 일을 사용자가 알게 하는 것은 좋다. 하지만 대화상자가 아니라 주요창에 내장된 애니메이션으로 처리해야 한다. 사용자가 필요할 때면 언제든지 프로그램의 상태를 직관적으로 알아차릴 수 있게 한다. 찾지도 않은 대화상자를 행하는 것은 좋지 않다. 사용자가 기능을 요청했을 때 이를 곧바로 행하지 않고 경고 대화상자로 한 번 맥을 끊고 가는 것 또한 아주 나쁜 습관이다.

소프트웨어는 유연하고 너그러운 덕목을 갖춰야 한다. 사용자에게 아첨하고 알랑방귀를 뀌라는 뜻이 아니다. 그림 21-37을 보자. 잘못된 경고 대화상자의 전형적인 예다. 애플리케이션이 성공적으로 동기화했다는 '당연한' 사실을 알리고 있다. 동기화하라고 명령을 내린지 불과 몇 초 만에 알려준다. 불 보듯 뻔한 사실을 군이 알리겠다고 작업 진행을 중단시킨다. 애플리케이션이 대단히 장한 일을 해냈으니 좀 알아달라고 사용자에게 보챈다. 만약 컴퓨터가 아니라 사람이라면 부담스러워서 결코 가까이 하고 싶지 않은 부류다. 물론 적절한 선의 피드백은 매우 유용하다. 하지만 굳이 대화상자로 처리해야 할까?

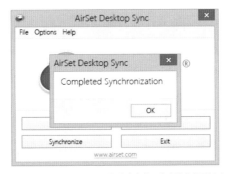

그림 21-37 AirSet Desktop Sync의 대화상자는 쓸데없이 앙탈부리고 있다. 동기화하라고 명령했으니 그렇게 하는 것이 당연하다. 대단한 일도 아니건만 작업을 가로막는다. 해야 할 일을 했을 뿐인데 일일이 알아주고 칭찬해줘야 하나? 이런 식으로 사용자의 시간을 낭비하는 것은 곤란하다.

확인 대화상자: 대화상자는 "늑대다!"라고 외쳤다

작업에 대한 확신이 없을 때 애플리케이션은 대화상자를 발행해서 사용자에게 재차 확인한다. 그림 21-38을 보자. 이것을 확인 대화상자라고 한다. 애플리케이션은 종종 사용자의 다음 행위를 예측하면서 작업해나간다. 가끔 프로그램이 예측이 불확실하다고 판단되면 사용자에게 직접 확인한다. 확인 대화상자는 프로그램이 사용자에게 일방적으로 발행하는 것이다. 사용자의 입장보다 프로그램의 입장을 대변하는 도구라는 뜻이다.

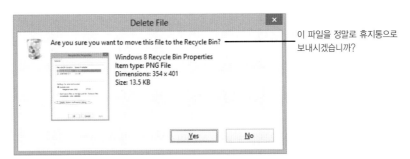

이 파일을 정말로 휴지통으로 보내시겠습니까?

그림 21-38 윈도우에서 매번 파일을 삭제할 때마다 대화상자가 튀어나와서 정말이냐고 확인한다. 물론이다. 사용자는 언제나 진심이다. 혹시나 생각이 바뀔 경우 언제든 파일을 복구할 수 있는 장치를 마련해주면 된다. 윈도우의 휴지통이 그 임무를 훌륭히 수행하고 있다. 휴지통이라는 훌륭한 복구장치가 있는데도 매번 확인창을 띄우는 이유가 뭘까? 확인창을 자주 남발하면 사용자는 아무 생각 없이 그것을 승인하는 버릇이 생긴다. 정작 꼭 확인해야 하는 중요한 내용을 사용자가 제대로 확인하지 않고 승인해버릴 우려가 크다. 절대로 쓸데없이 확인 대화상자를 만들지 마라.

확인 대화상자는 개발자가 무심하고 무책임하게 코드를 작성했다는 증거다. 개발자는 프로그램에 특정 행위를 지시할 뿐 책임은 회피하려고 한다. 특정 행위는 프로그램의 상황에 따라 자동으로 발휘되기도 하지만 대부분은 사용자가 명령을 내리면 그에 대한 피드백으로서 발휘된다. 확인 대화상자는 사용자가 내린 명령을 그대로 실행했을 경우 돌이킬 수 없거나 치명적인 결과를 초래할 것으로 예상될 때 주로 발행된다.

확인 대화상자는 사용자에게 모든 책임을 전가한다. 사용자가 애플리케이션을 믿고 일을 맡겼으면 애플리케이션은 그 일을 제대로 수행해야 할 의무가 있다. 올바른 해결책은 결과를 언제든 쉽게 되돌릴 수 있도록 하는 것이다. 비모드형 피드백을 충분히 제공해서 사용자가 올바로 일을 처리할 수 있게 유도한다.

확인 대화상자는 인간의 특이한 습성을 드러낸다. 전혀 기대하지 못한 순간에만 중요성을 드러낸다는 점이다. 아직까지는 무슨 소린지 감이 안 올 것이다. 좀 더 구체적으로 설명하겠다. 일상적인 작업 과정에서 반복적으로 확인 대화상자를 마주치다 보면 금방 면역이 생긴다. 눈길도 주지 않고 습관적으로 메시지를 승인하는 버릇이 생긴다. 정말 중요하고 위험한 순간에 직면했을 때 확인 대화상자는 사용자의 이목을 끄는 데 실패하고 만다. 검토 없이 대충 승인해버리는 습관이 깊이 배어버렸기 때문이다. 양치기 소년의 이야기와 마찬가지다. 정말로 늑대가 나타났을 때는 이미 늦었다. "늑대가 나타났다!"고 목청껏 외쳐도 사람들은 귀 기울이지 않는다.

확인 대화상자가 제대로 기능하려면 꼭 필요한 상황에서만 발행해야 한다. 사용자가 '아니오' 혹은 '취소' 버튼을 누를 것이 거의 확실한 상황에서만 발행한다. 사용자가 '예' 혹은 '확인' 버튼을 누를 것 같으면 발행하면 안 된다. 맞다고 할 것이 뻔한 상황이면 굳이 물어볼 필요가 없기 때문이다.

확인 대화상자 박멸하기

확인 대화상자를 없애기 위한 세 가지 디자인 원칙이 있다. 가장 좋은 방법은 '묻지 말고 그냥 하라'는 것이다. 본인의 디자인에 확신을 가져라(사용자 연구가 그러한 확신을 뒷받침한다. 이 점은 2장에서 다뤘다). 사용자는 당신의 당당한 신념을 존중할 것이다.

> **디자인 원칙** ▷ 묻지 말고 행하라.

물론 애플리케이션이 항상 사용자의 구미에 맞는 일만 할 수는 없다. 싫어하는 일을 저지르기도 하지만 이때를 대비해 돌이킬 수 있는 방법을 마련해놓아야 한다. 매번 확인 대화상자를 발행하는 대신 혹시나 일이 잘못됐을 때 사용자가 손쉽게 일을 바로잡을 수 있도록 되살리기 명령어를 준비한다.

되살리기는 매우 강력하고 유용한 기능이다. 파일을 잘못 삭제하거나 덮어쓴 경험을 떠올려보면 이해하기 쉽다. 파일을 완전히 삭제하기 전에 디렉토리를 마련해 1개월 동안 저장한다. 윈도우의 휴지통도 같은 전략을 사용한다. 한 가지 차이점은 정기적으로 자동 삭제되는 기능이 없다는 점이다. 사용자 스스로 쓰레기통을 비워야 한다.

> **디자인 원칙** ▶ 어떤 행위든지 되살릴 방법을 마련하라.

되살리기보다 더 좋은 방법은 애초에 사용자가 후회할 선택을 하지 않게 적절히 유도하는 것이다. 풍부한 시각적 피드백을 통해 애플리케이션에 무슨 일이 벌어지고 있는지 사용자가 항상 알 수 있게 해야 한다. 자동차의 계기판을 통해 차체의 여러 가지 상황을 운전자가 항시 체크하는 것과 마찬가지다.

도저히 되살리기가 기능을 발휘할 수 없는 상황도 때로는 존재한다. 그런데 이런 경우는 확인 대화상자로도 해결할 수 없다. 애초에 사고가 벌어지지 않도록 사용자를 최선을 다해 보호하는 수밖에 없다. 고속도로에서 사고를 방지하는 방법을 떠올려보자. 주기적으로 명확한 경고문을 곳곳에 세워둔다. 비모드형 경고문을 인터페이스에 직접 삽입하라. 어도비 포토샵의 예를 살펴보자. 그림 21-39를 보라. 대화상자는 문서의 크기가 인쇄 가능한 범위를 초과한다고 말한다. 여태껏 아무 말이 없다가 왜 뒤늦게 호들갑인가? 작업 내내 언제든 사용자가 인쇄 범위를 확인할 수 있도록 시각적 지표를 제공했다면 좋았을 것이다. 물론 사용자가 이것을 가리기를 원할 땐 언제든 가릴 수 있어야 한다. 툴바의 출력 아이콘 버튼에 마우스를 가져가면 출력 범위 바깥 부분의 명도가 낮아지도록 조치하는 방법도 있다. 명확한 비모드형 피드백이 최선의 방법이다.

이미지의 크기가 출력 가능한
범위를 초과합니다. 일부 이미지가
잘려나갈 수 있습니다.

그림 21-39 뒤늦게 나타난 대화상자는 아무런 도움이 안 된다. 처음부터 작업창에 출력 가능한 범위를 점선으로 표기했다면 어떨까? 사용자는 위와 같은 대화상자를 상대할 필요가 없다.

> **디자인 원칙** 　 비모드형 피드백을 통해 사용자가 위기 상황을 피해가도록 유도하라.

돌이킬 수 없는 사고는 극히 드물다. 쉽게 돌이킬 수 있음에도 불구하고 쓸데없이 확인 대화상자를 남발하는 경우가 훨씬 많다. 그림 21-38의 경우가 대표적이다. 파일을 휴지통으로 옮기는 데 일일이 확인할 필요가 없다. 휴지통이라는 것이 왜 존재하는가? 혹시나 실수로 삭제된 파일이 있다면 언제든지 되살릴 수 있게 하려고 있는 것이다.

세부사항의 중요성

이 책 내내 논한 큰 그림의 원칙은 사용자를 기쁘게 하고 만족시키는 제품을 제작할 때 엄청난 효과가 있을 수 있지만 항상 세부사항이 중요함을 기억해야 한다.

좌절감을 주는 컨트롤과 잘못 배치한 대화상자는 전반적인 제품 컨셉이 훌륭하더라도 끊임없이 조금씩 짜증을 유발할 수 있다. 반드시 세부사항을 놓치지 말아 제품의 세부 인터랙션이 사용자의 목표, 과업, 열망을 지원하도록 해야 한다.

목표 지향적 디자인 뒤에 숨은 개념을 고수하고 그 사고를 가장 세밀한 디자인 세부까지 프레임워크 전반에 걸쳐 사용하면 경쟁에서 앞설 제품을 만들고, 사용자 중 헌신적인 팬을 만들어, 어쩌면 한 번에 한 픽셀씩 세상이 더 나은 곳이 될 것이다.

디자인 원칙

1장

- 인터페이스는 구현 모델이 아닌 사용자 멘탈 모델에 맞게 디자인해야 한다.
- 목표 지향 디자인의 인터랙션은 사용자 멘탈 모델을 바탕으로 해야 한다.
- 추측을 바탕으로 인터랙션을 디자인해서는 안 된다.

3장

- 사용자가 스스로 멍청하다고 느껴서는 안 된다.
- 하나의 인터페이스 디자인마다 한 개의 1순위 퍼소나를 배정한다.

4장

- '어떻게' 디자인할지 결정하기 이전에 '무엇'을 디자인할지 결정한다.
- 디자인의 초기 단계에는 인터페이스를 마술 상자라고 가정한다.

5장

- 마음에 들지 않는 시안은 바로 폐기한다. 임원진은 꼭 이런 시안을 점찍는다.
- 조화로운 사용자 경험을 제공한다. 형태와 인터랙션이 부드럽게 어울려야 한다.

8장

- 사람은 생각을 하고, 컴퓨터는 일을 한다.
- 소프트웨어는 사려 깊은 인간처럼 행동해야 한다.
- 사용자가 직접 입력해야 하는 정보라면, 애플리케이션도 이 정보를 기억할 만하다.

9장

- 기술적 플랫폼을 결정할 때는 인터랙션 디자이너의 의견을 충분히 반영해야 한다.
- 독재적 애플리케이션은 전체화면에 최적화하라.
- 독재적 인터페이스는 시각적 스타일에 보수적으로 접근하라.
- 독재적 애플리케이션은 풍부한 입력장치를 최대한 활용한다.
- 독재적 애플리케이션에서는 최대화된 창에서 문서를 띄운다.
- 일시적 프로그램은 간단하고 깔끔하며 직설적이다.
- 일시적 프로그램은 단일 창으로 제한돼야 한다.
- 일시적 프로그램을 열 때 이전의 위치와 환경설정을 기억한다.
- 키오스크는 처음 사용하는 사용자에게 최적화한다.

10장

- 모두에게 사용자 교육을 강요하지 마라.
- 영원히 초보자로 머물러 있는 사람은 아무도 없다.
- 중급자를 위해 최적화하라.
- 전형적인 내비게이션의 인터페이스를 변형하라.
- 사용자는 보상이 정당할 경우 균형 잡힌 노력을 한다.
- 사용자는 매우 똑똑하고 무척 바쁘다고 가정하라.

11장

- 인터페이스 디자인이 아무리 멋지고 훌륭해도, 넘치면 과하다.
- 당연한 정보를 나타내는 대화상자는 피한다.
- 허가가 아닌 이해를 구한다.

12장

- 인터페이스 세금을 제거한다.
- 특별한 이유 없이 사용자의 흐름을 방해해서는 안 된다.
- 사용자가 허락을 구할 필요는 없다.
- 입력과 출력을 한곳에서 할 수 있어야 한다.
- 상당한 변화는 상당한 개선이어야 한다.

13장

- 사용자는 제품을 완전히 터득하는 데는 관심이 없다. 제품을 활용해 효과적으로 업무를 수행하는 것이 중요하다.
- 메타포에 맞게 억지로 디자인을 수정해서는 안 된다.
- 숙어는 학습을 통해서만 터득할 수 있다. 훌륭한 숙어는 단번에 익힐 수 있어야 한다.
- 직접 조작법을 차용할 때는 반드시 시각적 피드백을 제공해야 한다.
- 시각적으로 가능할 때마다 유연성을 전달한다.

14장

- 디자인에 아무 문제가 없더라도 사용자 오류는 디자인의 책임이다.
- 프로그램이 직접 나서서 오류를 수정하려고 해서는 안 된다.
- 문서와 설정을 자동으로 저장하라.
- 사용자가 발견할 수 있는 곳에 파일을 저장하라.

16장

- 모든 애플리케이션은 갤러리를 통해 사용자에게 다양한 디자인 서식을 제공해야 한다.

17장

- 먼저 시각적으로 전달하라. 그 다음 텍스트로 설명하라.
- 다르게 행동하는 요소는 시각적으로도 다르게 보이도록 디자인한다.
- 기능과 행동을 시각적으로 전달하라.
- 디자인이 망가질 때까지 요소를 하나씩 제거하라. 망가지기 전 마지막 요소를 다시 추가함으로써 완성한다.
- 아주 뛰어난 대안이 있지 않다면 표준을 따른다.
- 일관성은 비유연성을 뜻하지 않는다.

18장

- 어떤 인터랙션 숙어의 유용성도 정황에 따라 다르다.
- 한 개의 대화상자는 하나의 방과 같다. 새 방을 지으려면 그만큼 충분한 이유가 필요하다.
- 기능을 그것이 사용되는 창 위에 바로 제공하라.
- 메뉴를 통해 사용자에게 교육적 벡터를 제시하라.
- 적용할 수 없는 메뉴 항목은 사용이 불가능하게 막아라.
- 같은 명령에 대해서는 동일한 시각적 상징물을 적용하자.
- 툴바는 경험이 많은 사용자가 자주 사용하는 기능에 빠르게 접근할 수 있는 경로를 제공한다.
- 툴바와 그 밖에 아이콘을 적용한 컨트롤에는 어디든 툴팁을 사용하라.
- 메뉴 탐색과 중요한 과업을 수행할 때 마우스와 키보드를 모두 사용할 수 있어야 한다.
- 메타키를 누를 때마다 마우스 커서에서 이를 알 수 있어야 한다.
- 마우스를 한 번 클릭하면 특정 요소를 선택하거나 기능을 실행시킨다.
- 더블클릭은 마우스를 한 번 클릭한 뒤 특정 기능을 적용하는 것이다.
- 특정 요소나 정보를 선택할 때는 마우스다운 상태에서 선택이 완료돼야 한다.
- 선택된 요소를 한눈에 파악할 수 있어야 한다.
- 드롭 후보 대상은 마우스 커서가 지날 때마다 시각적인 피드백을 제공해야 한다.
- 마우스 커서는 드래그하고 있는 대상을 시각적으로 표현해야 한다.
- 화면에 보이지 않는 곳으로 드래그앤드롭할 때는 자동스크롤을 지원해야 한다.
- 클릭 직후의 미세한 드래그는 무시한다.
- 정교한 조작이 중요한 프로그램은 버니어 모드를 제공해야 한다.

19장

- 대부분의 모바일 앱은 일시적 포스처를 지닌다.
- 애니메이션 화면 전환 수를 제한하라.
- 가이드 투어로 최초 사용자에게 방향을 제시해야 한다.
- 오버레이로 제스처를 분명히 하라.
- 따라다니는 헤더로 정황을 유지하라.
- 측면 링크들이 있는 브레드크럼은 빠른 내비게이션을 돕는다.
- 자동완성, 자동추천, 분류된 검색은 사용자가 더 빨리 검색할 수 있게 돕는다.
- 스크롤을 참여하는 경험으로 만들어라.
- 무한 스크롤과 사이트 푸터는 상호배타적인 숙어다.
- 사이트가 한 가지 버전만 있다면, 반응적으로 만들어라.

20장

- 따라다니는 헤더로 정황을 유지하라.
- 측면 링크들이 있는 브레드크럼은 빠른 내비게이션을 돕는다.
- 자동완성, 자동추천, 분류된 검색은 사용자를 더 빨리 검색하도록 돕는다.
- 스크롤을 참여하는 경험으로 만들어라.
- 무한 스크롤과 사이트 푸터는 상호배타적인 숙어다.
- 사이트가 한 가지 버전만 있다면, 반응적으로 만들어라.

21장

- 내비게이션에는 링크, 명령에는 버튼 혹은 아이콘 버튼을 사용하라.
- 그래픽 아이콘을 이용해 중요한 문자 항목을 구별하라.
- 가로 스크롤은 절대로 사용불가
- 제한된 정보를 입력할 때는 제한된 컨트롤을 사용하라.
- 결과보기 전용 문자에 대해서는 편집이 불가능한 (출력) 컨트롤을 사용하라.
- 기본적인 인터랙션은 기본 창에 배치하라.
- 대화상자는 주요 인터랙션의 흐름에서 벗어난 기능을 담기에 적합하다.
- 대화상자는 특수 대상 혹은 애플리케이션의 특정 기능과 관련된 여러 정보와 컨트롤을 한곳에 모아 정리하기에 적합하다.

- 기능 대화상자의 타이틀바에는 기능의 역할을 구체적으로 설명하라.
- 속성 대화상자의 타이틀바에는 해당 오브젝트의 이름을 명시하라.
- 모드형과 비모드형 대화상자를 시각적으로 차별화하라.
- 비모드형 대화상자에 끝내기 버튼 명령을 사용하지 마라.
- 끝내기 버튼의 경우, 한 번 정해진 표현은 절대로 바꾸지 마라.
- 사용자가 오해하지 않도록, 애플리케이션이 멈춘 것처럼 보여도 제대로 돌아가고 있다고 알려라.
- 오류 보고나 확인 목적으로는 절대로 순간적인 공지를 사용하지 마라.
- 모든 인터랙션 숙어에는 한계선이 존재한다.
- 탭을 중첩하지 마라.
- 제멋대로 사용자의 작업 흐름을 끊어버리는 오류 대화상자 따위는 전부 사라져야 한다.
- 오류를 원천 봉쇄하라.
- 소프트웨어에게 야단맞으면 사용자는 모멸감을 느낀다.
- 묻지 말고 행하라.
- 어떤 행위든지 되살릴 방법을 마련하라.
- 비모드형 피드백을 통해 사용자가 위기 상황을 피해가도록 유도하라.

부록 B

참고문헌

- Adlin, Tamara and Pruitt, John. 2010. *The Essential Persona Lifecycle*. New York: Morgan Kaufmann.

- Alexander, Christopher. 1964. *Notes on the Synthesis of Form*. Cambridge, MA: Harvard University Press.

- Alexander, Christopher. 1979. *The Timeless Way of Building*. New York: Oxford University Press.

- Alexander, Christopher, et al. 1977. *A Pattern Language*. New York: Oxford University Press.

- Bertin, Jacques. 2010. *Semiology of Graphics*. Redlands, CA: Ersi Press.

- Beyer, Hugh and Holtzblatt, Karen. 1998. *Contextual Design*. New York: Morgan Kaufmann.

- Borchers, Jan. 2001. *A Pattern Approach to Interaction Design*. Hoboken, NJ: John Wiley & Sons.

- Borenstein, Nathaniel S. 1994. *Programming as if People Mattered*. Princeton: Princeton University Press.

- Buxton, Bill. 1990. "The 'Natural' Language of Interaction: A Perspective on Non-Verbal Dialogues." Laurel, Brenda, ed. *The Art of Human-Computer Interface Design*. Boston: Addison-Wesley.

- Carroll, John M., ed. 1995. *Scenario-Based Design*. Hoboken, NJ: John Wiley & Sons.

- Carroll, John M. 2000. *Making Use: Scenario-Based Design of Human-Computer Interactions*. Cambridge, MA: The MIT Press.

- Constantine, Larry L. and Lockwood, Lucy A. D. 1999. *Software for Use*. Boston: Addison-Wesley.

- Constantine, Larry L. and Lockwood, Lucy A. D. 2002. *forUse Newsletter* #26, October.

- Cooper, Alan. 1999. *The Inmates Are Running the Asylum*. Indianapolis: Sams.
  한국어판: 『정신병원에서 뛰쳐나온 디자인』(안그라픽스, 2004)

- Crampton Smith, Gillian and Tabor, Philip. 1996. "The Role of the Artist-Designer." Winograd, Terry, ed. *Bringing Design to Software*. Boston: Addison-Wesley.

- Csikszentmihalyi, Mihaly. 1990. *Flow: The Psychology of Optimal Experience*. New York: Harper & Row.
  한국어판: 『몰입』(한울림, 2004)

- DeMarco, Tom and Lister, Timothy. 2013. *Peopleware*, Third Edition. Boston: Addison-Wesley.
  한국어판: 『피플웨어』(인사이트, 2014)

- Dillon, Andrew. "Beyond Usability: Process, Outcome and Affect in Human Computer Interaction." Paper presented at the Lazerow Lecture at the Faculty of Information Studies, University of Toronto, March 2001. Retrieved from www.ischool.utexas.edu/~adillon/publications/beyond_usability.html.

- Dreyfuss, Henry. 2003. *Designing for People*. New York: Allworth Press.

- Gamma, Erich, et al. 1995. *Design Patterns: Elements of Reusable Object-Oriented Software*. Boston: Addison-Wesley.

- Garrett, Jesse James. 2011. *The Elements of User Experience*, Second Edition. San Francisco: New Riders.

- Gellerman, Saul W. 1963. *Motivation and Productivity*. New York: Amacom Press.

- Goodman, Elizabeth, Kuniavsky, Mike, and Moed, Andrea. 2012. *Observing the User Experience*. New York: Morgan Kaufmann.

- Goodwin, Kim. 2001. "Perfecting Your Personas." *Cooper Newsletter*, July/August.

- Goodwin, Kim. 2002. "Getting from Research to Personas: Harnessing the Power of Data." User Interface 7 West Conference.

- Goodwin, Kim. 2002a. Cooper U Interaction Design Practicum Notes. Cooper.

- Goodwin, Kim. 2009. *Designing for the Digital Age*. Hoboken, NJ: John Wiley & Sons.

- Grudin, J. and Pruitt, J. 2002. "Personas, Participatory Design and Product Development: An Infrastructure for Engagement." *PDC '02: Proceedings of the Participatory Design Conference*.

- Heckel, Paul. 1994. *The Elements of Friendly Software Design*. San Francisco: Sybex.

- Hoober, Steven and Berkman, Eric. 2012. *Designing Mobile Interfaces*. Sebastopol, CA: O'Reilly.

- Horn, Robert E. 1998. *Visual Language*. Bainbridge Island, WA: Macro Vu Press.

- Horton, William. 1994. *The Icon Book: Visual Symbols for Computer Systems and Documentation*. Hoboken, NJ: John Wiley & Sons.

- Johnson, Jeff. 2007. *GUI Bloopers 2.0*. New York: Morgan Kaufmann.

- Jones, Matt and Marsden, Gary. 2006. *Mobile Interaction Design*. Hoboken, NJ: John Wiley & Sons.

- Kobara, Shiz. 1991. *Visual Design with OSF/Motif*. Boston: Addison-Wesley.

- Korman, Jonathan. 2001. "Putting People Together to Create Good Products." *Cooper Newsletter*, September.

- Kramer, Kem-Laurin. 2012. *User Experience in the Age of Sustainability*. New York: Morgan Kaufmann.

- Krug, Steve. 2014. *Don't Make Me Think, Revisited*. San Francisco: New Riders.
  한국어판: 『(사용자를) 생각하게 하지마!』(인사이트, 2014)

- Kuutti, Kari. 1995. "Work Processes: Scenarios as a Preliminary Vocabulary." Carroll, John M., ed. *Scenario-Based Design*. Hoboken, NJ: John Wiley & Sons.

- Laurel, Brenda. 2013. *Computers as Theatre*, Second Edition. Boston: Addison-Wesley.

- Lidwell, William, Holden, Kritina, and Butler, Jill. 2010. *Universal Principles of Design*, Revised and Updated Edition. Boston: Rockport Publishers.

- Macdonald, Nico. 2003. *What Is Web Design?* Brighton, UK: RotoVision.

- McCloud, Scott. 1994. *Understanding Comics*. Northampton, MA: Kitchen Sink Press.

- Mikkelson, N. and Lee, W. O. 2000. "Incorporating user archetypes into scenario-based design." *Proceedings of UPA 2000*.

- Miller, R. B. 1968. "Response time in man-computer conversational transactions." *Proceedings of the AFIPS Fall Joint Computer Conference*, vol. 33, 267-277.

- Mitchell, J. and Shneiderman, B. 1989. "Dynamic versus static menus: An exploratory comparison." *SIGCHI Bulletin*, vol. 20, no. 4, 33?37.

- Moggridge, Bill. 2007. *Designing Interactions*. Cambridge, MA: The MIT Press.

- Morville, Peter. 2005. *Ambient Findability*. Sebastopol, CA: O'Reilly.

- 한국어판: 『검색 2.0: 발견의 진화』(한빛미디어, 2006)

- Morville, Peter and Rosenfeld, Louis. 2007. *Information Architecture for the World Wide Web*, Third Edition. Sebastopol, CA: O'Reilly.
  한국어판: 『인포메이션 아키텍처』(인사이트, 2011)

- Mulder, Steve and Yaar, Ziv. 2006. *The User Is Always Right*. San Francisco: New Riders.

- Mullet, Kevin and Sano, Darrell. 1995. *Designing Visual Interfaces*. Upper Saddle River, NJ: Prentice Hall.

- Neil, Theresa. 2014. *Mobile Design Pattern Gallery*, Second Edition. Sebastopol, CA: O'Reilly.

- Nelson, Theodor Holm. 1990. "The Right Way to Think About Software Design." Laurel, Brenda, ed. *The Art of Human-Computer Interface Design*. Boston: Addison-Wesley.

- Newman, William M. and Lamming, Michael G. 1995. *Interactive System Design*. Boston: Addison-Wesley. Nielsen, Jakob. 1993. *Usability Engineering*. Waltham, MA: Academic Press.

- Nielsen, Jakob. 2000. *Designing Web Usability*. San Francisco: New Riders.

- Nielsen, Jakob. 2002. UseIt.com.

- Norman, Don. 2013. *The Design of Everyday Things*, Revised and Expanded Edition. New York: Basic Books.

- Norman, Donald A. 1994. *Things That Make Us Smart*. New York: Basic Books.

- Norman, Donald A. 1998. *The Invisible Computer*. Cambridge, MA: The MIT Press.

- Norman, Donald A. 2005. *Emotional Design*. New York: Basic Books.

- Nudelman, Greg. 2013. *Android Design Patterns*. Hoboken, NJ: John Wiley & Sons.

- Papanek, Victor. 1984. *Design for the Real World*. Chicago: Academy Chicago Publishers.

- Perfetti, Christine and Landesman, Lori. 2001. "The Truth About Download Times." UIE.com.

- Pinker, Stephen. 1999. *How the Mind Works*. New York: Norton.

- Raskin, Jeff. 2000. *The Humane Interface*. Boston: Addison-Wesley.

- Reimann, Robert. 2002. "Perspectives: Learning Curves." *edesign magazine*, December.

- Reimann, Robert. 2005. "Personas, Scenarios, and Emotional Design." UXMatters.com.

- Reimann, Robert M. 2001. "So You Want to Be an Interaction Designer." *Cooper Newsletter*, June.

- Reimann, Robert M. 2002. "Bridging the Gap from Research to Design." Panel presentation, IBM Make IT Easy Conference.

- Reimann, Robert M. and Forlizzi, Jodi. 2001. "Role: Interaction Designer." Presentation to AIGA Experience Design 2001.

- Rheinfrank, John and Evenson, Shelley. 1996. "Design Languages." Winograd, Terry, ed. *Bringing Design to Software*. Boston: Addison-Wesley.

- Rogers, Yvonne, Sharp, Helen, and Preece, Jenny. 2011. *Interaction Design*, Third Edition. Hoboken, NJ: John Wiley & Sons.

- Rombauer, Irma S. and Becker, Marion Rombauer. 1975. *The Joy of Cooking*. New York: Scribner.

- Rudolf, Frank. 1998. "Model-Based User Interface Design: Successive Transformations of a Task/Object Model." Wood, Larry E., ed. *User Interface Design: Bridging the Gap from User Requirements to Design*. Boca Raton, FL: CRC Press.

- Saffer, Dan. 2010. *Designing for Interaction*, Second Edition. San Francisco: New Riders. 한국어판: 『Interaction Design 인터랙션 디자인』(에이콘출판, 2012)

- Saffer, Dan. 2013. *Microinteractions*. Sebastopol, CA: O'Reilly.

- Sauro, Jeff and Lewis, James R. 2012. *Quantifying the User Experience*. New York: Morgan Kaufmann.

- Schön, D. and Bennett, J. 1996. "Reflective Conversation with Materials." Winograd, Terry, ed. *Bringing Design to Software*. Boston: Addison-Wesley.

- Schumann, J., Strothotte, T., Raab, A., and Laser, S. 1996. *Assessing the Effect of Non-Photorealistic Rendered Images in CAD*, CHI 1996 Papers, 35-41.

- Scott, Bill and Neil, Theresa. 2009. *Designing Web Interfaces*. Sebastopol, CA: O'Reilly. Shneiderman, Ben, et al. 2009. *Designing the User Interface*, Fifth Edition. Upper Saddle River, NJ: Prentice Hall.

- Simon, Herbert A. 1996. *The Sciences of the Artificial,* Third Edition. Cambridge, MA: The MIT Press.

- Snyder, Carolyn. 2003. *Paper Prototyping*. New York: Morgan Kaufmann.

- Tidwell, Jennifer. 2011. *Designing Interfaces*. Sebastopol, CA: O'Reilly.

- Tufte, Edward. 1983. *The Visual Display of Quantitative Information*. Cheshire, CT: Graphic Press.

- Van Duyne, Douglas K., Landay, James A., and Hong, Jason I. 2006. *The Design of Sites*, Second Edition. Upper Saddle River, NJ: Prentice Hall. 한국어판: 『THE DESIGN OF SITES 한국어판』(에이콘출판, 2011)

- Veen, Jeffrey. 2000. *The Art and Science of Web Design*. San Francisco: New Riders.

- Verplank, B., Fulton, J., Black, A., and Moggridge, B. 1993. "Observation and Invention: Use of Scenarios in Interaction Design." Tutorial Notes, InterCHI '93, Amsterdam.

- Vora, Pawan. 2009. *Web Application Design Patterns*. New York: Morgan Kaufmann.

- Weiss, Michael J. 2000. *The Clustered World: How We Live, What We Buy, and What It All Means About Who We Are*. New York: Little, Brown and Company.

- Wigdor, Daniel and Wixon, Dennis. 2011. *Brave NUI World*. New York: Morgan Kaufmann.

- Winograd, Terry, ed. 1996. *Bringing Design to Software*. Boston: Addison-Wesley.

- Wirfs-Brock, Rebecca. 1993. "Designing Scenarios: Making the Case for a Use Case Framework." *Smalltalk Report*, November/December.

- Wixon, Dennis and Ramey, Judith, eds. 1996. *Field Methods Casebook for Software Design*. Hoboken, NJ: John Wiley & Sons.

- Wood, Larry E. 1996. "The Ethnographic Interview in User-Centered Task/Work Analysis." Young, Indi. 2008. *Mental Models*. Brooklyn, NY: Rosenfeld Media.

찾아보기

About Face 4 인터랙션 디자인의 본질

목표 지향 디자인부터 스마트기기 환경까지, 시대를 초월하는 UX 방법론

발 행 ㅣ 2015년 6월 30일

지은이 ㅣ 앨런 쿠퍼 • 로버트 라이만 • 데이비드 크로닌 • 크리스토퍼 노셀
옮긴이 ㅣ 최윤석 • 고태호 • 유지선 • 김나영

펴낸이 ㅣ 권 성 준
편집장 ㅣ 황 영 주
편 집 ㅣ 임 다 혜
디자인 ㅣ 박 주 란

에이콘출판주식회사
서울특별시 양천구 국회대로 287 (목동 802-7) 2층 (07967)
전화 02-2653-7600, 팩스 02-2653-0433
www.acornpub.co.kr / editor@acornpub.co.kr

한국어판 ⓒ 에이콘출판주식회사, 2015, Printed in Korea.
ISBN 978-89-6077-725-5
ISBN 978-89-6077-731-6 (세트)
http://www.acornpub.co.kr/book/about-face-4

이 도서의 국립중앙도서관 출판시도서목록(CIP)은 서지정보유통지원시스템 홈페이지(http://seoji.nl.go.kr)와
국가데이터공동목록시스템(http://www.nl.go.kr/kolisnet)에서 이용하실 수 있습니다.(CIP제어번호:
CIP2015016957)

책값은 뒤표지에 있습니다.